CURSO DE DIREITO CIVIL BRASILEIRO

Responsabilidade Civil

7

Sobre a autora

Detentora de inúmeros prêmios desde os tempos de seu bacharelado na PUCSP, Maria Helena Diniz tem brilhante carreira acadêmica, com cursos de especialização em Filosofia do Direito, Teoria Geral do Direito, Direito Administrativo, Tributário e Municipal.

Além de parecerista, é autora de mais de trinta títulos publicados pelo selo Saraiva Jur, tendo traduzido prestigiada obras do direito italiano e escrito mais de cem artigos em importantes revistas jurídicas nacionais e internacionais. Todas as suas obras têm alcançado excelente aceitação do grande público profissional e universitário, como a prestigiada coleção *Curso de direito civil brasileiro* (8 volumes), que é maciçamente adotada nas faculdades de Direito de todo o País. Igual caminho têm seguido seus outros títulos:

- *A ciência jurídica*
- *As lacunas no direito*
- *Atualidades jurídicas* (em coordenação — 7 volumes)
- *Código Civil anotado*
- *Código Civil comentado* (em coautoria)
- *Comentários ao Código Civil v. 22*
- *Compêndio de introdução à ciência do direito*
- *Conceito de norma jurídica como problema de essência*
- *Conflito de normas*
- *Dicionário jurídico* (4 volumes)
- *Dicionário jurídico universitário*
- *Direito civil no século XXI* (em coordenação — esgotado)
- *Direito fundacional*
- *Lei de Introdução às Normas do Direito Brasileiro interpretada*
- *Lei de Locações de Imóveis Urbanos comentada*
- *Lições de direito empresarial*
- *Manual de direito civil*
- *Norma constitucional e seus efeitos*
- *O estado atual do biodireito*
- *Sistemas de registro de imóveis*
- *Sucessão do cônjuge, do companheiro e outras histórias* (em coordenação)
- *Tratado teórico e prático dos contratos* (5 volumes)

É incontestável a importância do trabalho desta autora, sem dúvida uma das maiores civilistas do nosso tempo.

A Editora

Maria Helena Diniz

Mestre e Doutora em Teoria Geral do Direito e Filosofia do Direito pela PUCSP. Livre-docente e Titular de Direito Civil da PUCSP por concurso de títulos e provas. Professora de Direito Civil no curso de graduação da PUCSP. Professora de Filosofia do Direito, de Teoria Geral do Direito e de Direito Civil Comparado nos cursos de pós-graduação (mestrado e doutorado) em Direito da PUCSP. Coordenadora do Núcleo de Pesquisa em Direito Civil Comparado nos cursos de pós-graduação em Direito da PUCSP. Professora Emérita da Faculdade de Direito de Itu. Membro benemérito do Instituto Sílvio Meira, Membro da Academia Paulista de Direito (cadeira 62 – patrono Oswaldo Aranha Bandeira de Mello), da Academia Notarial Brasileira (cadeira 16 – patrono Francisco Cavalcanti Pontes de Miranda), do Instituto dos Advogados de São Paulo e do Instituto de Direito Comparado Luso-Brasileiro. Presidente do Instituto Internacional de Direito.

CURSO DE DIREITO CIVIL BRASILEIRO

Responsabilidade Civil

7

35ª edição
Revista e atualizada

2021

saraiva jur

ISBN 978-85-536-0769-3 obra completa

saraiva EDUCAÇÃO | saraiva jur

Av. Paulista, 901, 3º andar
Bela Vista – São Paulo – SP – CEP: 01311-100

SAC | sac.sets@somoseducacao.com.br

DADOS INTERNACIONAIS DE CATALOGAÇÃO NA PUBLICAÇÃO (CIP)
ANGÉLICA ILACQUA CRB-8/7057

Diniz, Maria Helena
Curso de direito civil brasileiro – volume 7 : responsabilidade civil / Maria Helena Diniz. – 35. ed. – São Paulo: Saraiva Educação, 2021.
776 p.

Bibliografia
ISBN 978-65-5559-030-2 (impresso)

1. Direito civil. I. Título.

CDD 340
20-0466 CDU 347

Índice para catálogo sistemático:

1. Direito civil

Direção executiva	Flávia Alves Bravin
Direção editorial	Renata Pascual Müller
Gerência de projetos e produção editoriais	Fernando Penteado
Planejamento	Josiane de Araujo Rodrigues
Novos projetos	Sérgio Lopes de Carvalho Dalila Costa de Oliveira
Edição	Clarissa Boraschi Maria (coord.) Deborah Caetano de Freitas Viadana
Produção editorial	Daniele Debora de Souza (coord.) Daniela Nogueira Secondo
Arte e digital	Mônica Landi (coord.) Camilla Felix Cianelli Chaves Claudirene de Moura Santos Silva Deborah Mattos Guilherme H. M. Salvador Tiago Dela Rosa
Projetos e serviços editoriais	Kelli Priscila Pinto Laura Paraíso Buldrini Filogônio Marília Cordeiro Nicoly Wasconcelos Razuk
Diagramação	Markelangelo Design e Projetos Editoriais
Revisão	Rita de Cássia Sorrocha Pereira
Capa	Casa de Ideias / Daniel Rampazzo
Produção gráfica	Marli Rampim Sergio Luiz Pereira Lopes
Impressão e acabamento	Edições Loyola

Data de fechamento da edição: 3-11-2020

Dúvidas? Acesse www.editorasaraiva.com.br/direito

CL 606746 CAE 736338

Ao Prof. Dr. Oswaldo Aranha Bandeira de Mello, jurista de escol, cuja lembrança perdura entre nós pelo exemplo de vida, de dignidade e de trabalho, a nossa homenagem e eterna saudade.

Índice

Capítulo III
Responsabilidade contratual por inadimplemento da obrigação

Capítulo IV
Responsabilidade extracontratual

Prefácio

O tema "responsabilidade civil", pela sua vastidão, por ser atinente a todos os ramos do direito, e não apenas ao direito civil, e pela complexidade que engendra, além de árduo, não se encontra bem estruturado nem na legislação nem na seara doutrinária e jurisprudencial, erigindo-se, por isso, num desafio a todos os que pretendam escrever sobre ele.

As exigências da vida moderna e as condições econômicas do desenvolvimento técnico-industrial fizeram com que a "responsabilidade civil" se tornasse o grande problema da atualidade.

Nossa obra não tem a veleidade de ser completa ou perfeita. Não abrangemos, nestas páginas, toda a temática que envolve a teoria da responsabilidade civil, analisando-a minuciosamente, mas procuramos tão somente traçar considerações gerais relativas a seus princípios básicos e seus pressupostos. Fixamos aqui os seus aspectos mais interessantes, buscando uma sistematização jurídica da responsabilidade civil, voltada para o dinamismo do direito, perscrutando as necessidades da vida hodierna e suas grandes transformações sociais. Para tanto, elegemos as teorias concernentes à responsabilidade civil mais adequadas à realidade brasileira, com o intuito de sermos úteis aos que se interessam por esse assunto.

Maria Helena Diniz

CAPÍTULO I

Introdução ao Estudo da Responsabilidade Civil

1. A responsabilidade civil como uma problemática jurídica

A responsabilidade civil é, indubitavelmente, um dos temas mais palpitantes e problemáticos da atualidade jurídica, ante sua surpreendente expansão no direito moderno e seus reflexos nas atividades humanas, contratuais e extracontratuais, e no prodigioso avanço tecnológico, que impulsiona o progresso material, gerador de utilidades e de enormes perigos à integridade da vida humana.

Deveras, a todo instante surge o problema da responsabilidade civil, pois cada atentado sofrido pelo homem, relativamente à sua pessoa ou ao seu patrimônio, constitui um desequilíbrio de ordem moral ou patrimonial, tornando imprescindível a criação de soluções ou remédios — que nem sempre se apresentam facilmente, implicando indagações maiores — que sanem tais lesões, pois o direito não poderá tolerar que ofensas fiquem sem reparação. Quem deverá ressarcir esses danos? Como se operará a recomposição do *statu quo ante* e a indenização do dano? Essa é a temática da responsabilidade civil[1].

---

1. Serpa Lopes, *Curso de direito civil*, 2. ed., Freitas Bastos, 1962, v. 5, p. 186 e 187; Giorgio Giorgi, *Teorie delle obbligazioni nel diritto moderno italiano*, 3. ed., Firenze, Fratelli Cammelli, 1892, v. 5, p. 195; Karl Larenz, *Derecho de obligaciones*, Revista de Derecho Privado, 1959, t. 2, p. 563; Pontes de Miranda, *Tratado de direito privado*, Rio de Janeiro, Borsoi, 1971, t. 22, p. 51; Carlos Alberto Bittar, *Responsabilidade civil*; teoria e prática, 1989; Rogério M. C. Sampaio, *Responsabilidade civil*, São Paulo, Atlas, 2002; Losco e Mariotti, *La responsabilità civile*, 1997; G. Visintini, *Trattato breve della responsabilità civile*, 1997; Eduardo Viana Pinto, *Responsabilidade civil*, Porto Alegre, Síntese, 2003; Arnaldo Rizzardo, *Responsabilidade civil*, Rio de Janeiro, Forense, 2005; Fernando Gaburri e outros, *Responsabilidade civil. Direito Civil*, v. 5 (coord. V. D. de Araújo e orientação G. Hironaka), S. Paulo, Revista dos Tribunais, 2008; Anderson Schreiber, *Novos paradigmas da responsabilidade civil*, São Paulo, Atlas, 2007; Mário Alberto Konrad e Sandra L. N. Konrad, *Direito civil 2*, Coleção Roteiros Jurídicos, São Paulo, Saraiva, 2008, p. 3 a 39; Rogério Don-

Toda manifestação da atividade que provoca prejuízo traz em seu bojo o problema da responsabilidade, que não é fenômeno exclusivo da vida jurídica, mas de todos os domínios da vida social[2]. Realmente, embora alguns autores, como Josserand, considerem a responsabilidade civil como "a grande vedete do direito civil"[3], na verdade, absorve não só todos os ramos do direito — pertencendo à seara da Teoria Geral do Direito, sofrendo as naturais adaptações conforme aplicável ao direito público ou privado, mas os princípios estruturais, o fundamento e o regime jurídico são os mesmos, comprovando a tese da unidade jurídica quanto aos institutos basilares, uma vez que a diferenciação só se opera no que concerne às matérias, objeto de regulamentação legal —, como também a realidade social, o que demonstra o campo ilimitado da responsabilidade civil[4]. Por repercutir em todas as atividades humanas, tutelando inclusive os direitos da personalidade, múltiplos são os dissídios doutrinários e díspares são os posicionamentos dos tribunais, "quanto à definição de seu alcance, à enunciação de seus pressupostos e à sua própria textura"[5], tornando-se um dos árduos e complexos problemas jurídicos e de mais difícil sistematização[6].

---

nini, Prevenção de danos e a extensão do princípio *neminem laedere*, in *Responsabilidade civil*: estudos em homenagem a Rui Geraldo C. Viana, São Paulo, Revista dos Tribunais, 2009, p. 483-503; Edvaldo Brito, A responsabilidade civil no atual direito positivo brasileiro, *RT*, 997: 227-248; Regnoberto Marques de Melo Jr., Responsabilidade civil em risco, *RT*, 997: 413-36.

2. Marton, *Les fondements de la responsabilité civile*, Paris, 1938, n. 97, p. 304.

3. Louis Josserand, L'évolution de la responsabilité, in *Évolutions et actualités* (Conférences de droit civil), Paris, Sirey, 1936, p. 29.

4. Teisserie, *Le fondement de la responsabilité*, 1901; Pinto Coelho, *A responsabilidade civil*, 1906; Tessana, *Le limitazioni di responsabilità*, 1909; Henri Lalou, *La responsabilité civile*; principes élémentaires et applications pratiques, Paris, Dalloz, 1932, p. V; Henri e Léon Mazeaud, *Traité théorique et pratique de la responsabilité civile, délictuelle et contractuelle*, 4. ed., Paris, Sirey, 1947, t. 1, p. 14; Luchet, *La thèse de la competence administrative en matière de responsabilité civile de l'État*, Nancy, 1935; René Chapus, *Responsabilité publique et responsabilité privée*, LGDJ, Paris, 1957; Carlos Alberto Bittar, *Responsabilidade civil nas atividades nucleares*, tese apresentada ao concurso de livre-docência para o Departamento de Direito Civil da Faculdade de Direito da USP, 1982, p. 1-3; Jorge Peirano Facio, *Responsabilidade extracontratual*, Montevideo, Barreiro & Ramos, 1951, p. 1; M. Helena Diniz, Responsabilidade civil das pessoas jurídicas, *Revista da Procuradoria-Geral do Estado do Ceará*, 4:72, 1981; Fernando Noronha, Desenvolvimento contemporâneo da responsabilidade civil, *RT*, *761*:31; Carlo Castronovo, *La nuova responsabilità civile*, 1997; Marton, *Les fondements de la responsabilité civile*, 1938; Daniel de A. Levy, *Responsabilidade civil*: de um direito dos danos a um direito das condutas lesivas, São Paulo, Atlas, 2012.

5. Carlos Alberto Bittar, op. cit., p. 4.

6. Manoel Ignácio Carvalho de Mendonça, *Doutrina e prática das obrigações*, 3. ed., Rio de Janeiro, Freitas Bastos, 1938, t. 2, p. 428; Serpa Lopes, op. cit., p. 186; Rui Stocco, A responsabilidade civil, *O novo Código Civil — estudos em homenagem a Miguel Reale*, São Paulo, LTr, 2003, p. 780-837.

2. As funções da responsabilidade civil na atualidade

Grande é a importância da responsabilidade civil, nos tempos atuais, por se dirigir à restauração de um equilíbrio moral e patrimonial desfeito e à redistribuição da riqueza de conformidade com os ditames da justiça, tutelando a pertinência de um bem, com todas as suas utilidades, presentes e futuras, a um sujeito determinado, pois, como pondera José Antônio Nogueira, o problema da responsabilidade é o próprio problema do direito, visto que "todo o direito assenta na ideia da ação, seguida da reação, de restabelecimento de uma harmonia quebrada". O interesse em restabelecer o equilíbrio violado pelo dano é a fonte geradora da responsabilidade civil. Na responsabilidade civil são a perda ou a diminuição verificadas no patrimônio do lesado ou o dano moral que geram a reação legal, movida pela ilicitude da ação do autor da lesão ou pelo risco. Isto é assim porque a ideia de reparação é mais ampla do que a de ato ilícito, pois, se este cria o dever de indenizar, há casos de ressarcimento de prejuízo em que não se cogita da ilicitude da ação do agente. Além do ato ilícito há outros fatos geradores de responsabilidade. Deveras, hipóteses há, como mais adiante veremos, em que o dano é reparável sem o fundamento da culpa, baseando-se no risco objetivamente considerado. Contudo, não se poderia, ainda, olvidar a existência de casos de responsabilidade por ato lícito, em que o dano nasce de um fato, permitido legalmente, praticado pelo responsável, obrigando-o a ressarcir o lesado do prejuízo que lhe causou. Deveras, "haverá obrigação de reparar o dano independentemente de culpa, nos casos especificados em lei, ou quando a atividade normalmente desenvolvida pelo autor do dano implicar, por sua natureza, risco para os direitos de outrem" (CC, art. 927, parágrafo único). Pelo Enunciado n. 38 do Conselho da Justiça Federal (aprovado nas jornadas de Direito Civil de 2002): "A responsabilidade fundada no risco da atividade, como prevista na segunda parte do parágrafo único do art. 927 do atual Código Civil, configura-se quando a atividade normalmente desenvolvida pelo autor do dano causar a pessoa determinada um ônus maior do que aos demais membros da coletividade". Pelos Enunciados n. 377 (aprovado pelo Conselho da Justiça Federal na IV Jornada de Direito Civil): "O art. 7º, inc. XXVIII, da Constituição Federal não é impedimento para a aplicação do disposto no art. 927, parágrafo único, do Código Civil quando se tratar de atividade de risco", n. 446 (aprovado na V Jornada de Direito Civil): "A responsabilidade civil prevista na segunda parte do parágrafo único do art. 927 do Código Civil deve levar em consideração não apenas a proteção da vítima e a atividade do ofensor, mas também a prevenção e o interesse da sociedade", n. 448 (aprovado na V Jornada de Direito Civil): "A regra do art. 927, parágrafo único, segunda parte, do CC aplica-se sempre que a atividade normalmente desenvolvida, mesmo sem defeito e não essencialmente perigosa, induza, por natureza, risco especial e diferenciado aos direitos de outrem. São critérios de avaliação desse risco, entre outros, a estatística, a prova técnica e as máximas de experiência". Enunciado 555 (aprovado na VI Jornada de Direito Civil) — "Os direitos de outrem" mencionados no parágrafo único do art. 927 do Código Civil devem abranger não apenas a vida e a integridade física, mas também outros direitos, de caráter patrimonial ou extrapatrimonial. Pelo Enunciado n. 589: "A compensação pecuniária não é o único modo de reparar o dano extrapatrimonial, sendo admitida a reparação *in natura*, na forma de retratação pública ou outro meio (aprovado na VII Jornada de Direito Civil).

O estado de necessidade regulado no Código Civil, arts. 188, II, 929 e 930, indica-nos a possibilidade de conciliar a licitude da ação e o dever de indenizar o dano, pois, havendo deterioração ou destruição de coisa alheia, para remover perigo iminente, o dono da coisa terá direito à indenização, se não foi o culpado pelo perigo que se removeu. A obrigação recairá sobre o autor do fato, que terá, porém, ação regressiva contra o terceiro, causador do perigo, ou contra a pessoa em defesa de quem se danificou a coisa (CC, art. 930, parágrafo único). O mesmo se diga, p. ex., da indenização pela servidão de passagem forçada (CC, art. 1.285); pelo escoamento de águas para o prédio inferior (CC, art. 1.289, e Cód. de Águas, art. 92); pela passagem de cabos e tubulações (CC, art. 1.286); pela servidão forçada de aqueduto (CC, art. 1.293, e Cód. de Águas, arts. 117 a 138); pela servidão eventual de trânsito (CC, art. 1.313); pelo alargamento necessário da servidão predial (CC, art. 1.385, § 3º) etc. Nestas hipóteses todas as ações são lícitas, mas o autor terá de indenizar os danos que, porventura, tais atos venham causar. A obrigação de indenizar, fundada sobre a responsabilidade civil, visa suprimir a diferença entre a situação do credor, tal como esta se apresenta em consequência do prejuízo, e a que existiria sem este último fato. A indenização é estabelecida em atenção ao dano e à situação do lesado, que deverá ser restituído à situação em que estaria se não tivesse ocorrido a ação do lesante. De forma que tal indenização será fixada em função da diferença entre a situação hipotética atual e a situação real do lesado, ou melhor, o dano mede-se pela diferença entre a situação existente à data da sentença e a situação que, na mesma data, se registraria, se não fora a lesão[7].

A responsabilidade civil cinge-se, portanto, à reparação do dano causado a outrem[8], desfazendo tanto quanto possível seus efeitos, restituindo o prejudicado ao *statu quo ante*[9]. A responsabilidade civil constitui uma relação obrigacional que tem por objeto a prestação de ressarcimento. Tal obrigação de ressarcir o prejuízo causado pode originar-se: *a*) da inexecução de contrato; e *b*) da lesão a direito subjetivo, sem que preexista entre lesado e lesante qualquer relação jurídica que a possibilite[10].

A responsabilidade civil pressupõe uma relação jurídica entre a pessoa que sofreu o prejuízo e a que deve repará-lo, deslocando o ônus do dano sofrido pelo lesado para outra pessoa que, por lei, deverá suportá-lo[11], aten-

---

7. Esta é a lição de: José Antônio Nogueira, As novas diretrizes do direito, *Revista de Direito, 94*:15 e s.; Fernando Jorge Pessoa, *Ensaio sobre os pressupostos da responsabilidade civil*, Lisboa, 1972, p. 63 e s.; Enric Jardi, *La responsabilidad civil derivada de acto ilícito*, Barcelona, Bosch, 1958, p. 27 e s.; Karl Larenz, op. cit., v. 1, p. 192 e 193; Henri Fromageot, *De la faute comme source de la responsabilité en droit privée*, Paris, 1891; Diogo Leite de Campos, Enriquecimento sem causa, responsabilidade civil e nulidade, *RT, 560*:263-5; Caio M. S. Pereira, *Instituições de direito civil*, 4. ed., Rio de Janeiro, Forense, 1978, v. 3, p. 500-2; Antunes Varela, *Direito das obrigações*, Rio de Janeiro, Forense, 1977, p. 256 e 278-81; Santos Briz, *La responsabilidad civil*, 1986; Bustamante Alsina, *Teoría general de la responsabilidad civil*, 1997; Giselda Mª F. N. Hironaka, Tendências atuais da responsabilidade civil: marcos teóricos para o direito do século XXI, *O direito civil no século XXI* (coord. M. Helena Diniz e Roberto Senise Lisboa), São Paulo, Saraiva, 2003, p. 213-29; Ronnie Preuss Duarte, Responsabilidade civil e o novo código; contributo para uma revisitação conceitual, in *Novo Código Civil — questões controvertidas*, São Paulo, Método, 2005, p. 433-470; Nelson Rosenvald, *As funções de responsabilidade civil — a reparação e a pena civil*, São Paulo: Atlas, 2013, v. 7.
8. Alvino Lima, Da culpa ao risco, *RF, 83*:385; Planiol, Ripert e Esmein, *Traité pratique de droit civil français*, Paris, LGDJ, 1952, v. 6, n. 475.
9. José de Aguiar Dias, *Da responsabilidade civil*, 6. ed., Rio de Janeiro, Forense, 1979, v. 1, p. 22.
10. Orlando Gomes, *Obrigações*, 4. ed., Rio de Janeiro, Forense, 1976, p. 339. CPC, art. 53, IV, *a*: É competente o foro do lugar do ato ou fato para a ação de reparação de dano.
11. Léon Husson (*Les transformations de la responsabilité*, Paris, PUF, 1947, p. 329) escreve que a responsabilidade *"apparaît comme consistant essentiellement à transférer par une in-*

dendo assim à necessidade moral, social e jurídica de garantir a segurança da vítima violada pelo autor do prejuízo[12]. Visa, portanto, garantir o direito do lesado à segurança, mediante o pleno ressarcimento dos danos que sofreu, restabelecendo-se na medida do possível o *statu quo ante*. Logo, o princípio que domina a responsabilidade civil na era contemporânea é o da *restitutio in integrum*, ou seja, da reposição completa da vítima à situação anterior à lesão, por meio de uma reconstituição natural, de recurso a uma situação material correspondente ou de indenização que represente do modo mais exato possível o valor do prejuízo no momento de seu ressarcimento[13], respeitando assim, sua dignidade.

Infere-se daí que a responsabilidade aparece como uma sanção. A sanção é, nas palavras de Goffredo Telles Jr., uma medida legal que poderá vir a ser imposta por quem foi lesado pela violação da norma jurídica, a fim de fazer cumprir a norma violada, de fazer reparar o dano causado ou de infundir respeito à ordem jurídica. A sanção é a consequência jurídica que o não cumprimento de um dever produz em relação ao obrigado. A responsabilidade civil constitui uma *sanção civil*, por decorrer de infração de norma de direito privado, cujo objetivo é o interesse particular, e, em sua na-

---

tervention volontaire, qui modifie le cours brutal des événements, la charge d'un dommage de la personne qui l'a subi directement, en vertu des lois physiques, biologiques, psychologiques ou sociales, à une autre personne qui est considérée comme devant la supporter".

12. A esse respeito, bastante esclarecedores são os ensinamentos dos Mazeaud, op. cit., p. 11, v. 1, n. 14; de René Savatier, *Les métamorphoses économiques et sociales du droit civil d'aujourd' hui*, 2. ed., Paris, p. 245 e s.; de Cornu, *Étude comparée de la responsabilité délictuelle, en droit privé et en droit public*, Paris, 1951; de Starck, *Essai d'une théorie générale de la responsabilité civile considérée en sa double fonction de garantie et de peine privée*, Paris, L. Rodstein, 1947.

13. Michel Gendrel, Influence de la dépréciation monétaire sur le droit de la responsabilité civile, in estudos dirigidos por Paul Durand, *Influence de la dépréciation monétaire sur la vie juridique privée*, Paris, 1961, p. 145 e 150, n. 13; Arnoldo Wald, Correção monetária das indenizações decorrentes de responsabilidade civil, *RT*, *434*:16; Lucienne Ripert, *La réparation du préjudice dans la responsabilité délictuelle*, Paris, 1933, n. 1; René Chapus, op. cit., p. 509; Henri de Page, *Traité élémentaire de droit civil belge*, v. 2, n. 913; Adriano de Cupis, *Il danno*, Milano, Giuffrè, 1979, p. 305. Romualdo Baptista dos Santos, Responsabilidade civil e dignidade da pessoa humana. *Ensaios sobre responsabilidade civil na pós-modernidade*, coord. Giselda Hironaka e Maria Clara Falavigna, Porto Alegre, Magister, 2007, p. 369-86; Silvana L. L. Cecilia, A dignidade da pessoa humana como objeto de responsabilidade civil, *Ensaios*, cit., p. 387-406. O princípio da *restitutio in integrum* está consagrado expressamente no art. 249 do Código Civil alemão, que tem a seguinte redação: "Quem deve perdas e danos é obrigado a restabelecer a situação que teria existido se o prejuízo decorrente do ato ilícito não tivesse ocorrido".

tureza, é *compensatória*, por abranger indenização ou reparação de dano causado por ato ilícito, contratual ou extracontratual e por ato lícito. A responsabilidade, observa Marton, é a situação de quem, tendo violado uma norma, vê-se exposto às consequências desagradáveis, decorrentes dessa violação, traduzidas em medidas que a autoridade encarregada de velar pela observância do preceito lhe imponha. Vem a ser uma reação provocada pela infração a um dever preexistente. É, desse modo, a consequência que o agente, em virtude de violação de dever, sofre pela prática de seus atos. Tem uma função essencialmente indenizatória, ressarcitória ou reparadora[14]. Portanto, dupla é a função da responsabilidade:

a) garantir o direito do lesado à segurança;

b) servir como sanção civil, de natureza compensatória, mediante a reparação do dano causado à vítima[15], punindo o lesante e desestimulando a prática de atos lesivos.

---

14. Francisco dos Santos Amaral Neto, Responsabilidade civil-II, in *Enciclopédia Saraiva do Direito*, v. 65, p. 346; Goffredo Telles Jr., anotações de aula proferida no Curso de Pós-Graduação na USP, em 1971; Du Pasquier (*Introduction à la théorie générale et à la philosophie du droit*, n. 135, p. 112) diz: "*La sanction est la conséquence attachée par le droit la violation d'une règle juridique. Elle constitue une réaction, c'est à dire en général un événement desfavorable à l'auteur de la violation. Au besoin, elle peut être imposée par la force publique. C'est une règle de droit qui la détermine*"; Marton, op. cit., n. 33, p. 251; Oswaldo Aranha Bandeira de Mello, Conceito de responsabilidade e responsabilidade civil, *RDPubl*, *3*:20-3, itens 22 e 23, 1968; Antunes Varela, op. cit., p. 213; Maurício B. Bunazar, Taxonomia da sanção civil: para uma caracterização do objeto da responsabilidade civil, *Revista "Juris" da FAAP*, n. 5:39-42. Sobre a classificação de sanção, *vide* M. Helena Diniz, *Conceito de norma jurídica como problema de essência*, São Paulo, Saraiva, 1999, p. 101-2.

15. Starck, op. cit.; Goffredo Telles Jr., *O direito quântico*, 5. ed., São Paulo, Max Limonad, 1980, cap. VII; Wilson J. Comel, Indenização do dano moral: prevalência do critério da compensação sobre o da sanção, *Revista Síntese — Direito Civil* e *Processual civil*, *84*:122-141. Marcelo Benacchio (Responsabilidade civil preventiva, *Informativo IASP*, *98*:38-9) observa que Beck repensa a responsabilidade civil e vislumbra que deve ter função não só punitiva, reparatória, mas também preventiva, atuando, nesta hipótese, antes da ocorrência do dano, evitando novos danos e impedindo a realização do dano por meio de ações concretas destinadas a evitá-los. Seria útil na tutela de direitos da personalidade, direito ambiental e direitos difusos. A responsabilidade civil preventiva reger-se-ia pelos princípios da prevenção, que envolve riscos determinados e da precaução, que trata dos riscos incertos, prováveis. É uma garantia à simples ameaça de dano (CF, arts. 5º, V, X, XXXV, 225, § 1º, V e VII; CC, art. 12; CDC, art. 6º, I e VI). Por exemplo os julgados relativos à interdição de locais insalubres, vedação de publicação de notícias ofensivas aos direitos da personalidade. O *dano punitivo* (indenização punitiva), não previsto legalmente no Brasil, decorre do direito anglo-saxão e consiste numa quantia pecuniária paga à vítima de um ilícito, sanando seu prejuízo extrapatrimonial integralmente, indo o restante para um fundo público, para benefi-

Assim, graficamente, temos:

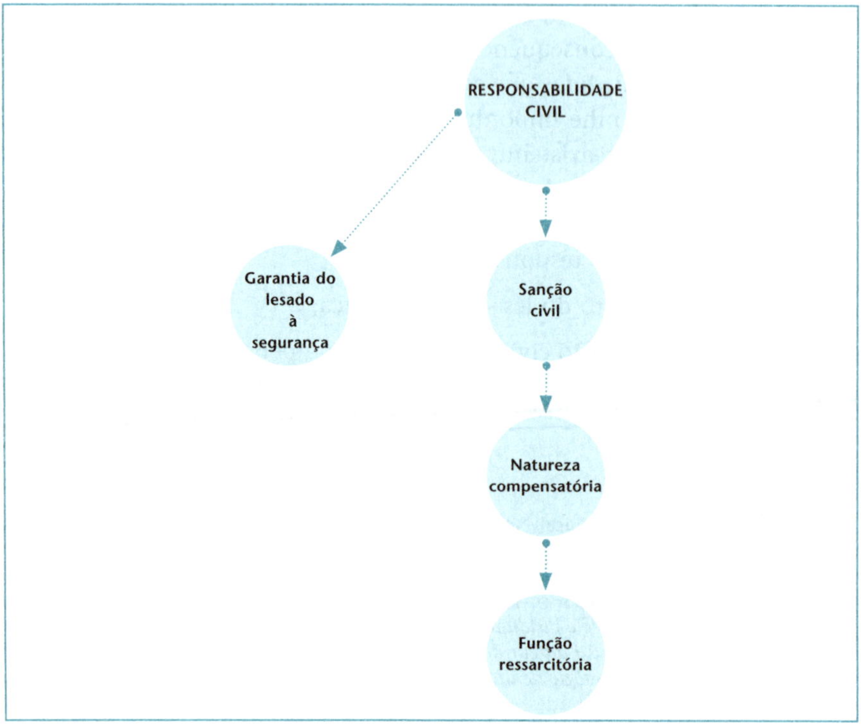

ciar outras pessoas, tal como ocorre nas hipóteses de multas previstas na Lei n. 8.078/90, art. 56, transferindo-se ao patrimônio do lesado apenas o necessário à reparação completa do dano sofrido por ele, a título de punição do ofensor, que atuou com culpa grave, com o escopo de desestimulá-lo a praticar novamente o mesmo ato ou conduta socialmente inaceitável, e de servir de exemplo aos demais membros da coletividade. Atende, portanto, a finalidade de punição, prevenção e exemplaridade. Sobre dano punitivo: Iádia de O. Varesano, A polêmica recepção dos *punitive damages* no direito brasileiro, *Revista Síntese — direito empresarial — 30*: 9-33; Rodrigo P. Fermann, Restrições à indenização punitiva no direito brasileiro — Princípio da reparação integral como norte para fixação da indenização, *Revista Síntese — direito empresarial — 30:* 34-70; Wladimir A. M. F. Cunha, *Danos extrapatrimoniais e função punitiva*, tese de doutorado defendida na FDUSP em 2012. Prazo prescricional de três anos para pretensão de reparação civil: CC, art. 206, § 3º, V.

3. A evolução da responsabilidade civil

A responsabilidade civil apresenta uma evolução pluridimensional, pois sua expansão se deu quanto à sua história, aos seus fundamentos, à sua extensão ou área de incidência (número de pessoas responsáveis e fatos que ensejam a responsabilidade) e à sua profundidade ou densidade (exatidão de reparação)[16].

Historicamente[17], nos primórdios da civilização humana, dominava a vingança coletiva, que se caracterizava pela reação conjunta do grupo contra o agressor pela ofensa a um de seus componentes.

Posteriormente evoluiu para uma reação individual, isto é, vingança privada, em que os homens faziam justiça pelas próprias mãos, sob a égide da Lei de Talião, ou seja, da reparação do mal pelo mal, sintetizada nas fórmulas "olho por olho, dente por dente", "quem com ferro fere, com ferro será ferido". Para coibir abusos, o poder público intervinha apenas para de-

---

16. Arnoldo Wald, op. cit., *RT*, *434*:14.

17. Sobre sua evolução histórica, *vide* Henri e Léon Mazeaud, op. cit., t. 1, n. 18, p. 31 e s.; Carlos Alberto Bittar, op. cit., p. 24-9; Alvino Lima, op. cit., p. 10 e s.; Aguiar Dias, op. cit., p. 23-40; Arangio Ruiz, *Istituzioni di diritto romano*, 14. ed., Napoli, 1960; Thomas Marky, *Curso elementar de direito romano*, São Paulo, Bushatsky, 1971, p. 158; Girard, *Manuel élémentaire de droit romain*, 8. ed., p. 412 e s.; Alexandre Correia e Gaetano Sciascia, *Manual de direito romano*, 3. ed., São Paulo, Saraiva, 1957, v. 1, p. 363 e s.; Colin e Capitant, *Cours élémentaire de droit civil français*, 8. ed., t. 2, n. 181; W. Barros Monteiro, *Curso de direito civil*, 17. ed., São Paulo, Saraiva, 1982, v. 5, p. 391 e 392; Sílvio A. B. Meira, *A Lei das XII Tábuas*; fonte de direito público e privado, 3. ed., Rio de Janeiro, Forense, 1972, p. 32 e s.; Serpa Lopes, op. cit., p. 192-4; Álvaro Villaça Azevedo, Responsabilidade civil-I, in *Enciclopédia Saraiva do Direito*, v. 65, p. 332-4; W. Londres da Nóbrega, *A Lei das XII Tábuas*, Rio de Janeiro, 1947; Francisco dos Santos Amaral Neto, op. cit., p. 348; José Rubens Costa, Da responsabilidade civil contratual e delitual, *RF*, *256*:110-1.

clarar quando e como a vítima poderia ter o direito de retaliação, produzindo na pessoa do lesante dano idêntico ao que experimentou. Na Lei das XII Tábuas, aparece significativa expressão desse critério na tábua VII, lei 11ª: "*si membrum rupsit, ni cum eo pacit, talio esto*" (se alguém fere a outrem, que sofra a pena de Talião, salvo se existiu acordo). A responsabilidade era objetiva, não dependia da culpa, apresentando-se apenas como uma reação do lesado contra a causa aparente do dano.

Depois desse período há o da composição, ante a observância do fato de que seria mais conveniente entrar em composição com o autor da ofensa — para que ele reparasse o dano mediante a prestação da *poena* (pagamento de certa quantia em dinheiro), a critério da autoridade pública, se o delito fosse público (perpetrado contra direitos relativos à *res publica*), e do lesado, se se tratasse de delito privado (efetivado contra interesses de particulares) — do que cobrar a retaliação, porque esta não reparava dano algum, ocasionando na verdade duplo dano: o da vítima e o de seu ofensor, depois de punido. A *Lex Aquilia de damno* veio a cristalizar a ideia de reparação pecuniária do dano, impondo que o patrimônio do lesante suportasse os ônus da reparação, em razão do valor da *res*, esboçando-se a noção de culpa como fundamento da responsabilidade, de tal sorte que o agente se isentaria de qualquer responsabilidade se tivesse procedido sem culpa. Passou-se a atribuir o dano à conduta culposa do agente. A *Lex Aquilia de damno* estabeleceu as bases da responsabilidade extracontratual, criando uma forma pecuniária de indenização do prejuízo, com base no estabelecimento de seu valor. Esta lei introduziu o *damnum iniuria datum*, ou melhor, prejuízo causado a bem alheio, empobrecendo o lesado, sem enriquecer o lesante. Todavia, mais tarde, as sanções dessa lei foram aplicadas aos danos causados por omissão ou verificados sem o estrago físico e material da coisa. O Estado passou, então, a intervir nos conflitos privados, fixando o valor dos prejuízos, obrigando a vítima a aceitar a composição, renunciando à vingança. Essa composição permaneceu no direito romano com o caráter de pena privada e como reparação, visto que não havia nítida distinção entre a responsabilidade civil e a penal.

Na Idade Média, com a estruturação da ideia de dolo e de culpa *stricto sensu*, seguida de uma elaboração da dogmática da culpa, distinguiu-se a responsabilidade civil da pena.

Mas a teoria da responsabilidade civil só se estabeleceu por obra da doutrina, cuja figura dominante foi o jurista francês Domat (*Lois civiles*, Liv. VIII, Seção II, art. 1º), responsável pelo princípio geral da responsabilidade civil: "*Toutes les pertes et tous les dommages qui peuvent arriver par le fait de quelque personne, soit imprudence, légéreté, ignorance de ce qu'on doit savoir, ou autres fautes semblables, si légères qu'elles puissent être, doivent être réparées par celui dont l'imprudence ou autre faute y a donné lieu*". Essa ideia veio a ser adotada pelo art. 1.382 do Código Civil francês, que prescreve: "*Tout fait quelconque de l'homme, qui cause à autrui un dommage, oblige celui par la faute duquel il est arrivé, à le réparer*", influenciando quase que todas as legislações que estabeleceram como seu fundamento a culpa.

Todavia, a responsabilidade civil também evoluiu em relação ao *fundamento* (razão por que alguém deve ser obrigado a reparar um dano)[18], baseando-se o dever de reparação não só na culpa, hipótese em que será subjetiva, como também no risco, caso em que passará a ser objetiva, ampliando-se a indenização de danos sem existência de culpa.

A insuficiência da culpa para cobrir todos os prejuízos, por obrigar a perquirição do elemento subjetivo na ação, e a crescente tecnização dos tempos modernos, caracterizado pela introdução de máquinas, pela produção de bens em larga escala e pela circulação de pessoas por meio de veículos automotores, aumentando assim os perigos à vida e à saúde humana, levaram a uma reformulação da teoria da responsabilidade civil dentro de um processo de humanização. Este representa uma objetivação da responsabilidade, sob a ideia de que todo risco deve ser garantido, visando a proteção jurídica à pessoa humana, em particular aos trabalhadores e às vítimas de acidentes, contra a insegurança material, e todo dano deve ter um responsável. A noção de risco prescinde da prova da culpa do lesante, contentando-se com a simples causação externa, bastando a prova de que o evento decorreu do exercício da atividade, para que o prejuízo por ela cria-

---

18. Quanto à expansão da responsabilidade civil relativamente ao seu fundamento, consulte Arnoldo Wald, in artigo escrito na *RT*, *434*:14, e *A influência do direito francês sobre o direito brasileiro no domínio da responsabilidade civil*, Rio de Janeiro, Imprensa Nacional, 1953; Carlos Alberto Bittar, op. cit., p. 28 e 29; Louis Josserand, op. cit., p. 49; Alvino Lima, *Culpa e risco*, São Paulo, Revista dos Tribunais, 1960; Álvaro Villaça Azevedo, op. cit., p. 334 e 335; Rodatà, *Il problema della responsabilità civile*, Milano, Giuffrè, 1964, p. 16 e s.; Wilson Melo da Silva, *Responsabilidade sem culpa e socialização do risco*, Belo Horizonte, Bernardo Álvares, 1962, p. 349 e s.; Robert Bouillenne, *La responsabilité civile extra-contractuelle devant l'évolution du droit*, Bruxelles, E. Bruylant, 1947, p. 37; Orlando Gomes, op. cit., p. 341-4; Rubens Leonardo Marin, Dos sentidos da responsabilidade civil no Código Civil de 2002, e sua correlação aos tipos, *Direito civil — direito patrimonial e direito existencial* (coord. Tartuce e Castilho), São Paulo, Método, 2006, p. 425-38.

do seja indenizado. Baseia-se no princípio do *ubi emolumentum, ibi ius* (ou *ibi onus*), isto é, a pessoa que se aproveitar dos riscos ocasionados deverá arcar com suas consequências[19].

É preciso deixar bem claro que a culpa continua sendo o fundamento da responsabilidade civil, que o risco não a anulou, constituindo-se, ao seu lado, também como fundamento da responsabilidade civil. Reforça essas ideias Antônio Chaves[20], ao escrever: "numa ocasião em que se contam às centenas de milhares as vítimas de acidentes de trânsito e das negligências ou imperícias profissionais, apresenta-se não sob o manto de conveniência, mas de uma necessidade imperiosa lançar mão da teoria do risco". A esse respeito bem claro é o atual Código Civil, ao estatuir no art. 927 e parágrafo único: "Aquele que, por ato ilícito (arts. 186 e 187), causar dano a outrem, fica obrigado a repará-lo. Haverá obrigação de reparar o dano, independentemente de culpa, nos casos especificados em lei, ou quando a atividade normalmente desenvolvida pelo autor do dano implicar, por sua natureza, risco para os direitos de outrem".

A expansão da responsabilidade civil operou-se também no que diz respeito à *sua extensão* ou *área de incidência*[21], aumentando-se o número de pessoas responsáveis pelos danos, de beneficiários da indenização e de fatos que ensejam a responsabilidade civil.

Todo aquele que causar dano a outrem, seja pessoa física ou jurídica, fica obrigado a repará-lo, restabelecendo o equilíbrio rompido (CC, art. 186 c/c art. 927), cabendo ao lesado a prova, no caso concreto, de dolo ou culpa do agente. Quando a responsabilidade advém de ato do próprio imputado, ela será *direta*. Na responsabilidade extracontratual por *fato próprio* (CC, art. 942), será imprescindível a prática de ato lesivo pelo agente e, em sendo pessoa jurídica, por quem em seu nome atue (representante ou administrador). Todavia, houve uma evolução estendendo a responsabilidade de certa pessoa, por presunção de culpa, por fatos de terceiros pelos quais o imputado responde, no sentido de estabelecer uma solidariedade, p. ex.,

---

19. Carlos Alberto Bittar, op. cit., p. 28, e nota 74, p. 69, 70 e 73; Giselda Maria F. Novaes Hironaka, *Responsabilidade pressuposta*, tese de livre-docência apresentada na USP em 2002; Henrique G. Herkenhoff, Responsabilidade pressuposta, *Direito civil — direito patrimonial e direito existencial* (coord. Tartuce e Castilho), São Paulo, Método, 2006, p. 395-424.

20. Antônio Chaves, *Responsabilidade civil*, 1. ed., São Paulo, Bushatsky, 1972, p. 36.

21. Relativamente à extensão de responsabilidade civil, *vide* Arnoldo Wald, op. cit., *RT*, *434*:14; Carlos Alberto Bittar, op. cit., p. 30-1, 43, 44 e 46-59.

entre pais e filhos menores, com fundamento na falta de vigilância (*RT*, *244*:256, *286*:213, *492*:117); entre tutores e tutelados; entre curadores e curatelados por *culpa in vigilando*; entre comitentes e prepostos por *culpa in eligendo* (Súmula 341 do STF), abrangendo dentre os responsáveis as pessoas jurídicas que exerciam exploração industrial etc.; entre transportadores e causadores do dano, seguradores e terceiros culpados. Hoje, pelos arts. 932, I a III, 933, 734 e 750, tais pessoas, mesmo que não haja culpa de sua parte, responderão pelos atos praticados por terceiros, consagrando-se a responsabilidade civil objetiva. Pelo seguro obrigatório de responsabilidade civil por acidentes causados a terceiros os seguradores se responsabilizam por atos de terceiros culpados, porque a indenização deve ser completa, por maior que seja o dano. P. ex.: se alguém, distraidamente, vem a atropelar chefe de numerosa família, matando-o, poderá ser condenado a reparar o prejuízo, mediante pagamento de indenização, que poderá incluir o dever de dar pensão alimentícia a todos os que viviam a expensas do finado. De modo que, às vezes, para se conseguir a indenização integral da vítima, o causador do dano poderia arruinar-se. Para sanar tal inconveniente, surge o seguro obrigatório (*RTJ*, *93*:801; Súmula 246 do STJ; *RT*, *566*:132), que transferirá o encargo de reparar o dano à comunidade, evitando que o dever de indenizar faça do responsável uma outra vítima, como pondera Savatier. Portanto, como os prejuízos serão pagos pelo segurador, os proprietários de veículos, em caso de colisão que cause atropelamento, poderão obter a reparação do prejuízo sem desembolsar qualquer quantia, espalhando-se assim pela comunidade o dano experimentado por um de seus membros, hipótese em que surge a socialização da responsabilidade, sendo, portanto, o seguro um dos mecanismos de garantia do pagamento da indenização. Em todas essas hipóteses de responsabilidade por fato de terceiro, o devedor da indenização do dano é outra pessoa que não o autor direto do dano. Possibilitava-se essa repercussão da responsabilidade mediante uma presunção de culpa[22], e atualmente pela admissibilidade da responsabilidade civil objetiva pelo risco assumido.

Estende-se ainda a responsabilidade por fatos de animais e coisas sob a guarda do imputado, que será seu dono ou detentor, prevalecendo em al-

---

22. Silvio Rodrigues, *Direito civil*, 7. ed., São Paulo, Saraiva, 1983, v. 4, p. 2-4; Savatier, op. cit., n. 2; Elcir Castello Branco, *Do seguro obrigatório de responsabilidade civil*, Ed. Jurídica e Universitária, 1971, p. 25; Orlando Gomes, op. cit., p. 347 e 348. *Vide*: Decreto n. 2.867/98, que teve dispositivos alterados pelo Decreto n. 7.833/2012 (sobre DPVAT) e Circular n. 10/95, da SUSEP, sobre seguro obrigatório de danos pessoais causados por veículos automotores. *RJE*, *3*:10.

guns casos a ideia de culpa presumida (CC, arts. 936 e 937) e em outros a do risco (CC, arts. 931 e 938). Deveras, pelo Enunciado n. 42 do CJF (aprovado nas jornadas de Direito Civil de 2002): "o art. 931 amplia o conceito de fato do produto existente no art. 12 do Código de Defesa do Consumidor, imputando responsabilidade civil à empresa e aos empresários individuais vinculados à circulação dos produtos", no Enunciado n. 43 do STJ (aprovado naquelas jornadas) fica esclarecido que: "a responsabilidade civil pelo fato do produto, prevista no art. 931 do novo Código Civil, também inclui os riscos do desenvolvimento", e no Enunciado n. 378 do Conselho da Justiça Federal (STJ), aprovado na IV Jornada de Direito Civil, acatada está a ideia de que: "Aplica-se o art. 931 do Código Civil, haja ou não relação de consumo". Os empresários e as empresas assumem o risco de sua atividade, visto que o produto colocado em circulação deve ser seguro para não lesar ninguém. Só poderão elidir tal responsabilidade se comprovarem que o evento danoso se deu por força maior, caso fortuito ou culpa da vítima. O art. 931 terá, no nosso entender, em que pese opinião em contrário, aplicação nas hipóteses que não configurarem relação de consumo, visto que esta cai sob a égide da Lei n. 8.078/90, que continuará regendo os casos de responsabilidade civil pelo fato ou vício do produto. Assim esse dispositivo consagra a responsabilidade civil objetiva de empresa ou empresário pelo risco advindo da sua atividade empresarial, provocado por produto, colocado em circulação junto ao público, p. ex., a *terceiro* (montador de veículo), lesado pelo seu produto (peça de automóvel contendo grave defeito de fabricação) posto em circulação. O mesmo se diga, como lembra Matiello, de companhia distribuidora de gás, que responderá por dano causado a transeunte pela explosão de botijão que transporta.

E o Projeto de Lei n. 699/2011: "para deixar mais clara a redação do art. 931, bem como para deixar expresso o seu âmbito de abrangência, a alcançar também a responsabilidade do empresário e da empresa pelos serviços prestados e não apenas pelos produtos postos em circulação", propõe a seguinte redação ao dispositivo, com o acréscimo da cláusula final: "ressalvados outros casos previstos em lei especial, os empresários individuais e as empresas respondem independentemente de culpa pelos danos causados pelos produtos postos em circulação ou pelos serviços prestados". Pelo Parecer Vicente Arruda, rejeitada foi essa proposta contida no PL n. 6.960/2002 (atual PL n. 699/2011) nos seguintes termos: "A responsabilidade pelos serviços prestados que ora se pretende inserir já está contida no art. 927 do Código, que impõe a obrigação de reparar o dano ilícito. O produto, pela sua entrada em circulação, já acarreta a responsabilidade do produtor. A do serviço implica falha na prestação, ou seja, quebra da prestação contratual".

Percebe-se, portanto, que na seara da responsabilidade extracontratual, ao lado da responsabilidade por fato próprio, ter-se-ão os casos de responsabilidade por fato de terceiro, de animais e de coisas, que configuram responsabilidade *indireta*[23] ou *complexa*[24].

Na responsabilidade contratual, por haver um vínculo entre as partes — que estão ligadas por uma relação obrigacional —, o seu fato gerador é a inexecução da obrigação. Haverá responsabilidade contratual tanto no caso de inadimplemento total ou parcial como no de retardamento (mora — CC, arts. 394 a 401) da obrigação, exigindo-se sempre a culpa na sua caracterização (CC, art. 392). Para garantir o pagamento da indenização, é frequente o uso de cláusula penal[25] (CC, arts. 408 a 416).

Em regra, apenas o lesado ou seus herdeiros teriam legitimação para exigir a indenização do prejuízo, porém, atualmente, se tem admitido que a indenização possa ser reclamada pelos que viviam sob a dependência econômica da vítima, ainda que não sejam seus sucessores, pois, por sofrerem as consequências do dano, foram indiretamente prejudicados. Consequentemente os beneficiários da indenização também passaram a ser em maior número, substituindo-se ao parente o dependente econômico, cuja situação emana de circunstâncias fáticas apreciáveis em cada caso concreto (*RT, 295*:173). P. ex., nos dias atuais admite-se a indenização em favor de companheiro da vítima de acidente do trabalho (Dec.-Lei n. 7.036/44, art. 21, parágrafo único (ora revogado pela Lei n. 6.367/1976); Dec. n. 3.048/99, arts. 16, I e §§ 5º e 6º, e 22, I, *b*) ou de transporte, se entre eles não havia impedimento para o matrimônio (Súmula 35 do STF; *RT, 214*:359, *269*:629, *277*:703; *RF, 155*:154). E, se forem vários os lesantes, todos responderão solidariamente, caso em que o credor da indenização poderá dirigir-se a qualquer deles para pleitear a reparação a que faz jus[26].

23. Carvalho de Mendonça, *Doutrina e prática das obrigações*, 3. ed., Rio de Janeiro, 1938, t. 2, p. 455 e s.; Matiello, *Código Civil comentado*, São Paulo, LTr, 2003, p. 582.
24. Planiol, Ripert e Esmein, op. cit., t. 6, p. 833 e s.; Serpa Lopes, op. cit., v. 5, p. 267 e s.
25. Carlos Alberto Bittar, op. cit., p. 32, 49, 50, 51 e 80.
26. Arnoldo Wald, op. cit., *RT, 434*:14 e 15; M. Helena Diniz, *Curso de direito civil brasileiro*, Saraiva, 1982, v. 5, p. 209; Orlando Gomes, op. cit., p. 346-8; Hedemann, *Derecho de obligaciones*, p. 544.

Quanto à *densidade* ou *profundidade da indenização*, o princípio é o da responsabilidade patrimonial, segundo o qual a pessoa deverá responder com o seu patrimônio pelos prejuízos causados a terceiros, exceto nos casos em que se disponha a proceder, ou seja possível, a execução pessoal e nos de intervenção de terceiro para a realização devida, especialmente no campo contratual[27]. Essa responsabilidade deverá ser total, cobrindo o dano em todos os seus aspectos, de tal sorte que todos os bens do devedor respondem pelo ressarcimento, com exceção dos inalienáveis e dos gravados. Se houver mais de um autor, ter-se-á solidariedade (CC, art. 942), mas o *solvens* terá ação regressiva, exceto se o causador do dano for descendente seu, absoluta ou relativamente incapaz (CC, arts. 934, 186, 389, 946 e 947). Pessoa incapaz, que lesar outrem, deverá, tendo recursos econômicos, indenizar, subsidiária e equitativamente, os prejuízos que causou, se seu responsável não tiver obrigação de arcar com tal ressarcimento ou não tiver meios suficientes para tanto. Se o lesado não conseguir obter do representante do incapaz o que lhe é devido, por falta de meios financeiros, o magistrado poderá condenar o lesante incapaz ao pagamento de uma indenização equitativa. Primeiro responderá perante terceiro (lesado) o representante do incapaz com seus bens, por ser seu responsável, e o lesante, em regra, apenas subsidiariamente (CC, art. 928). O representante goza de "benefício legal" na sua relação com tutelado e curatelado, para fins de exercer seu direito de regresso (CC, art. 934). Na relação com terceiro, que foi lesado por ato do incapaz, o seu representante, juntamente com ele, terá responsabilidade solidária (CC, art. 942, parágrafo único) e objetiva (CC, arts. 932 e 933), podendo ser acionado. Poderá haver, ainda, mitigação da indenização (CC, art. 928 e parágrafo único), e, até mesmo, sua exclusão, se ela vier a privar o incapaz (lesante) e os que dele dependerem dos meios necessários à sua subsistência. O representante legal arcará sozinho, se puder, com a indenização devida ao lesado, não exercendo, obviamente, seu direito de regresso (CC, art. 934) se o tutelado ou curatelado não tiver recursos financeiros ou puder ficar privado do necessário para sua subsistência. Se o representante não tiver condições para tanto, o incapaz deverá arcar com uma indenização equitativa, que poderá também não se dar se vier a deixá-lo em estado de penúria. Deverá haver uma plena e integral reparação dos direitos do lesado, até onde suportarem as forças do patrimônio do devedor, apresentando-se para o credor como uma compensação pelo prejuízo sofri-

27. Carlos Alberto Bittar, op. cit., p. 44.

do. Ressalta o Enunciado n. 381 do Conselho da Justiça Federal (STJ), aprovado na IV Jornada de Direito Civil, que "O lesado pode exigir que a indenização, sob a forma de pensionamento, seja arbitrada e paga de uma só vez, salvo impossibilidade econômica do devedor, caso em que o juiz poderá fixar outra forma de pagamento, atendendo à condição financeira do ofensor e aos benefícios resultantes do pagamento antecipado".

Procurar-se-á sempre que possível conduzir a vítima ou seus herdeiros à situação anterior à lesão sofrida, mediante a restauração ou reconstituição natural (que nem sempre é possível — morte, calúnia, injúria, e mesmo quando possível é insuficiente para reparar integralmente o dano), e o recurso à situação material correspondente ou indenização por equivalente. Neste último caso operar-se-á uma conversão da obrigação em dívida de valor (CC, art. 947), garantindo-se sempre o restabelecimento total do equilíbrio violado pelo evento danoso. Ex.: ante a impossibilidade da reconstituição natural na *restitutio in integrum* ou reparação *in natura*, procurar-se-á atingir, como diz De Cupis, uma "situação material correspondente", p. ex., nos delitos contra a reputação, a publicação, pelo jornal, de desagravo; no caso de poluição, a remoção do aparato causador do dano; na hipótese de um dano estético, a correção *in natura* por meio de cirurgia plástica. Mas, comumente, dá-se pagamento de certa soma em dinheiro, mesmo na reparação de danos morais, como os alusivos à honra, à vida, à imagem, caso em que se tem a "execução por equivalente", como ponderam Marty e Raynaud[28].

---

28. Antunes Varela, op. cit., p. 254-62; Adriano de Cupis, op. cit., p. 305; Arnoldo Wald, op. cit., *RT*, *434*:15; Carlos Alberto Bittar, op. cit., p. 45, 75 e 76; Haluk Tandogan, *Théorie générale des obligations*, Genève, Librairie de l'Université, 1972, p. 50 e 52-4; Larenz, op. cit., t. 1, p. 190; Starck, op. cit., p. 313 e s.; Morello, *Indemnización del daño contractual*, Buenos Aires, Abeledo- Perrot, 1967; Marty e Raynaud, *Droit civil*; les obligations, Paris, Sirey, 1962, v. 50, t. 2, p. 551. O Projeto de Lei n. 699/2011 propõe a seguinte redação para o art. 947: "Se o devedor não puder cumprir a prestação na espécie ajustada, ou seu cumprimento não restaurar o estado anterior, substituir-se-á pelo seu valor, em moeda corrente", pois, como ensina Regina Beatriz Tavares da Silva, "são duas as formas de reparação de danos: reparação natural ou específica e reparação pecuniária ou indenizatória. Na reparação natural ocorre a entrega do próprio objeto ou de objeto da mesma espécie em substituição àquele que se deteriorou ou pereceu, de modo a restaurar a situação alterada pelo dano, tendo como exemplo a contrapropaganda, que pode ser imposta ao fornecedor que incorrer na prática de publicidade enganosa ou abusiva, de modo a desfazer o respectivo malefício, conforme prevê o art. 60 do Código do Consumidor (Lei 8.078/90). Em princípio a reparação deve ocorrer *in natura*, com a reposição das coisas ao estado anterior, de modo que, tanto de acordo com o Código Civil de 1916, como nos termos do CC/2002, a indenização pecuniária é subsidiária. No entanto, a reparação indenizatória ou pecuniária é a mais comum, em face das dificuldades inerentes à reparação natural e, especialmente, ao não

A reparação deverá abranger não só o dano material, mas também, segundo alguns julgados, o estético (STF, *RTJ*, *39*:320 e *47*:316) e o moral[29], sempre em atenção às alterações do valor do prejuízo, posteriormente a sua ocorrência, inclusive desvalorização monetária[30].

Não há limitação de valor para a reparação do dano, salvo nos casos de estipulação contratual em que haja previsão de cláusula penal, vinculação de certos bens, delimitação por valor de seguro etc.[31].

O Código Civil, nos arts. 389 a 416, traça normas, no campo contratual, atinentes ao cumprimento das obrigações e, nos arts. 944 a 954, refere-se à liquidação das obrigações resultantes de atos ilícitos, como homicídio, delitos contra a liberdade pessoal e a honra, a saúde etc.

Ocorrendo lesão de direito subjetivo, configura-se o dano, surgindo o direito à reparação, que poderá ser, como vimos, a reconstituição do *statu quo ante* (sanção direta) ou uma indenização (sanção indireta), consistente no pagamento de certa soma em dinheiro cujo valor deverá ser estabelecido por lei, pelo consenso entre as partes e pelo juiz. Proceder-se-á à avaliação do dano, calculando-se a diferença entre a situação atual e a que existia sem o ato lesivo. Ter-se-á, então, a liquidação, isto é, fixação do *quantum* devido, ou modo de restaurar a situação anterior, ou seja, operação de

---

restabelecimento por esta da situação anterior, como por exemplo na retratação em caso de ofensa à honra ou a direito moral do autor, a qual, via de regra, não restaura o estado anterior, devendo ser fixada uma indenização pecuniária. Para que reflita as necessidades atuais e a realidade, propomos que o presente dispositivo seja alterado". O Parecer Vicente Arruda, a esse respeito, ao analisar o PL n. 6.960/2002 (substituído pelo PL n. 699/2011), assim se manifestou: "Pela manutenção do texto. Na realidade só existem duas maneiras de indenizar o dano: ou cumprir a prestação na espécie ajustada ou pagar o seu valor em moeda corrente. Se a prestação não restaurar o estado anterior não terá havido prestação na espécie ajustada e então só resta a prestação pecuniária".

29. Roberto H. Brebbia, *El daño moral*, 2. ed., Buenos Aires, Ed. Orbir, 1967, p. 109 e s.; Toulemon e Moore (*Le préjudice corporel et moral en droit commum*, p. 99) afirmam: *"Cette tendance générale de la jurisprudence apparaît comme une manifestation de cet esprit nouveau du monde contemporain, qui exige un respect de plus en plus attentif, de plus en plus scrupuleux des droits de la personne humaine: la considération de plus en plus marquée envers le dommage moral, le souci de réparer l'atteinte la plus légère, portée à chaque droit, la préocupation de ne pas faire supporter le poids de ce malheur universel qu'est la dévalorisation monétaire par la seule victime, ne puisent-ils pas leur inspiration aux sources profondes ou s'alimentent les rêves de justice, même les plus utopiques du monde civilisé?"*.

30. Arnoldo Wald, op. cit., *RT*, *434*:15.

31. Carlos Alberto Bittar, op. cit., p. 76.

concretização da indenização[32]. Segundo Giorgio Giorgi, a liquidação poderá ser: *a*) *legal*, se a própria lei definir os contornos e o meio de efetivação do pagamento (como, p. ex., nas hipóteses descritas no nosso CC, arts. 948 a 954, e nos acidentes de trabalho, CF, art. 7º, XXVIII, Lei n. 8.213/91, arts. 104, I e II, 120 e 121); *b*) *convencional*, se consistir na realização do ressarcimento por acordo de vontade das partes que estipulam o seu valor e suas condições; *c*) *judicial*, se se perfizer em juízo, sendo estabelecida em sentença, mediante atuação do órgão judicante e por meio de liquidação por arbitramento, isto é, procedimento pelo qual técnicos (peritos) calculam o *quantum* a ser pago ao lesado, ou por liquidação pelo procedimento comum, p. ex., se houver necessidade de alegar e provar fato novo conforme o caso (CC, art. 212, V, e CPC, art. 509, I e II)[33].

O lesado ou seu sucessor, para obter a reparação do dano, deverá, salvo no caso de liquidação convencional, promover a ação cabível, pelo procedimento comum (CPC, art. 319 e s.), quanto às atividades não perigosas, com as poucas exceções expressas no campo do procedimento comum (CPC, art. 318 e s.) ou no Juizado Especial Cível (LJE, art. 3º, II) conforme o valor da causa (CPC, art. 1.063). A ação para obter a indenização sujeita-se ao prazo de três anos de prescrição fixado no art. 206, § 3º, V e IX, do Código Civil, mas há outros prazos para certas ações de indenização, devido à conveniência de reduzir o prazo comum para possibilitar uma mais rápida apreciação do juiz da matéria. É o que ocorre, p. ex., com a pretensão do segurado contra o segurador ou deste contra aquele contado o prazo de um ano, para o segurado, no caso de seguro de responsabilidade civil, da data em que for citado para responder a ação de indenização proposta pelo terceiro prejudicado, ou da data que a este indeniza com anuência do segurador, e quanto aos demais seguros, da ciência do fato gerador da pretensão (CC, art. 206, § 1º, II, *a* e *b*)[34].

Para fixar a indenização, o magistrado deverá verificar (CC, arts. 944, 945 e 946), p. ex.: *a*) o grau de culpa, pois, se para o dano concorreram a culpa do lesante e a do lesado, esse fato não poderá deixar de ser levado em conta na fixação da indenização, de tal sorte que ao montante global do prejuízo sofrido se abaterá a quota-parte que, para o magistrado, for imputável à culpa da vítima. Deveras, "Se houver excessiva desproporção entre

32. Serpa Lopes, op. cit., p. 385; Carlos Alberto Bittar, op. cit., p. 78; Bassi e Rubini, *La liquidazione del danno*, Milano, Giuffrè, 1974; Francisco dos Santos Amaral Neto, op. cit., p. 357.

33. Giorgio Giorgi, op. cit., p. 347 e s.; Carlos Alberto Bittar, op. cit., p. 78 e 79.

34. Carlos Alberto Bittar, op. cit., p. 79; Antunes Varela, op. cit., p. 261 e 262.

a gravidade da culpa e o dano, poderá o juiz reduzir equitativamente a indenização" (CC, art. 944, parágrafo único). Todavia, "redução equitativa da indenização tem caráter excepcional e somente será realizada quando a amplitude do dano extrapolar os efeitos razoavelmente imputáveis à conduta do agente" (Enunciado n. 457 do Conselho da Justiça Federal, aprovado na V Jornada de Direito Civil). E acrescenta o Enunciado n. 46 do CJF (aprovado nas Jornadas de Direito Civil de 2002) que: "a possibilidade de redução do montante da indenização em face do grau de culpa do agente, estabelecida no parágrafo único do art. 944 do novo Código Civil, deve ser interpretada restritivamente, por representar uma exceção ao princípio da reparação integral do dano, não se aplicando às hipóteses de responsabilidade objetiva"; mas, é preciso ressaltar que, pelo Enunciado n. 380 do Conselho da Justiça Federal (STJ), aprovado na IV Jornada de Direito Civil, "atribui-se nova redação ao Enunciado n. 46 da I Jornada de Direito Civil, com a supressão da parte final; não se aplicando às hipóteses de responsabilidade objetiva"; *b*) a influência não só da situação econômica da vítima e do agente como também a de acontecimentos naturais ou sociais, observada na apuração do nexo causal; e *c*) a influência do lucro obtido pelo lesado na reparação (como na hipótese de receber veículo novo, em substituição ao danificado, já usado); caso em que deverá deduzir do montante do prejuízo sofrido o valor do benefício, desde que este esteja ligado por um nexo de causalidade ao fato gerador da obrigação de indenizar, não tendo sido oriundo de circunstâncias fortuitas. Trata-se da regra da *compensatio lucri cum damno*[35]. E, além disso, segundo o Enunciado n. 379 do Conselho da Justiça Federal (STJ), aprovado na IV Jornada de Direito Civil, "o art. 944, *caput*, do Código Civil não afasta a possibilidade de se reconhecer a função punitiva ou pedagógica da responsabilidade civil".

---

35. Serpa Lopes, op. cit., p. 388 e s.; Cahali, *Dano e indenização*, São Paulo, Revista dos Tribunais, 1980, p. 119; Carlos Alberto Bittar, op. cit., p. 79; Antunes Varela, op. cit., p. 256 e 257; Mario Pogliani, *Responsabilità e risarcimento da illecito civile*, 2. ed., Milano, Giuffrè, 1969, p. 67-79; Pablo Stolze Gagliano e Rodolfo Pamplona Filho, *Novo curso de direito civil*, São Paulo, Saraiva, 2003, v. 3.

4. A responsabilidade moral, civil e criminal

A. Generalidades

Sendo a responsabilidade a situação de quem, tendo violado norma ou obrigação, causando dano, se vê submetido às consequências decorrentes de seu ato lesivo, isto é, à reparação do prejuízo, pela recomposição do *statu quo ante* ou pela indenização, pode apresentar-se, por isso, quanto à natureza da norma violada, sob três aspectos: moral, civil e penal. Daí ser conveniente assinalar suas semelhanças e diferenças[36].

B. Responsabilidade moral e jurídica

O domínio da moral é mais extenso do que o do direito, de sorte que este não abrange muitos problemas subordinados àquele, pois não haverá responsabilidade jurídica se a violação de um dever não acarretar dano. A responsabilidade jurídica apresenta-se, portanto, quando houver infração de norma jurídica civil ou penal, causadora de danos que perturbem a paz social, que essa norma visa manter. Assim sendo, se houver prejuízo a um indivíduo, à coletividade, ou a ambos, turbando a ordem social, a sociedade reagirá contra esses fatos, obrigando o lesante a recompor o *statu quo ante*, a pagar uma indenização ou a cumprir pena, com o intuito de impedir que ele volte a acarretar o desequilíbrio social e de evitar que outras pessoas o imitem.

A responsabilidade moral, oriunda de transgressão à norma moral, repousa na seara da consciência individual, de modo que o ofensor se senti-

36. Aguiar Dias, op. cit., p. 3; Serpa Lopes, op. cit., p. 189; Marton, op. cit., n. 33, p. 251.

rá moralmente responsável perante Deus ou perante sua própria consciência, conforme seja ou não um homem de fé. Não há qualquer preocupação em saber se houve ou não um prejuízo, pois um simples pensamento poderá induzir essa espécie de responsabilidade, terreno que não pertence ao campo do direito. A responsabilidade moral não se exterioriza socialmente e por isso não tem repercussão na ordem jurídica. A responsabilidade moral, quando a violação a certo dever atingir uma norma jurídica, acompanhará o agente, que continuará sob o jugo de sua consciência, mesmo quando por um julgamento venha a se isentar de qualquer responsabilidade civil ou penal.

A responsabilidade moral supõe que o agente tenha: *a*) livre-arbítrio, porque uma pessoa só poderá ser responsável por atos que podia praticar ou não; e *b*) consciência da obrigação[37].

C. Responsabilidade civil e penal

A responsabilidade jurídica abrange a responsabilidade civil e a criminal. Enquanto a responsabilidade penal pressupõe uma turbação social, ou seja, uma lesão aos deveres de cidadãos para com a ordem da sociedade, acarretando um dano social determinado pela violação da norma penal, exigindo para restabelecer o equilíbrio social investigação da culpabilidade do agente ou o estabelecimento da antissociabilidade do seu procedimento, acarretando a submissão pessoal do agente à pena que lhe for imposta pelo órgão judicante, tendendo, portanto, à punição, isto é, ao cumprimento da pena estabelecida na lei penal, a responsabilidade civil requer prejuízo a terceiro, particular ou Estado. A responsabilidade civil, por ser repercussão do dano privado, tem por causa geradora o interesse em restabelecer o equilíbrio jurídico alterado ou desfeito pela lesão, de modo que a vítima poderá pedir reparação do prejuízo causado, traduzida na recomposição do *statu*

37. Serpa Lopes, op. cit., p. 189; Marton, op. cit., n. 97, 98 e 105; Aguiar Dias, op. cit., p. 4-6; Henri e Léon Mazeaud, op. cit., p. 7 e 8, 4 e 5; Waldir Vitral, Responsabilidade criminal, in *Enciclopédia Saraiva do Direito*, v. 65, p. 437; A. Machado Pauperio, Responsabilidade civil e criminal, in *Enciclopédia Saraiva do Direito*, v. 65, p. 411. Georges Ripert (*La règle morale dans les obligations civiles*, 2. ed., 1927, p. 228) afirma que "la responsabilité civile n'est que la détermination et la sanction légale de la responsabilité morale". Joatton, *Essai critique sur la théorie générale de la responsabilité civile*, Paris, Rousseau et Cie., 1933, p. 43-57; M. J. Dabin, *Philosophie de l'ordre juridique positif*, Paris, Sirey, 1929, p. 554.

quo ante ou numa importância em dinheiro. Na responsabilidade penal o lesante deverá suportar a respectiva repressão, pois o direito penal vê, sobretudo, o criminoso; na civil, ficará com a obrigação de recompor a posição do lesado, indenizando-lhe os danos causados, daí tender apenas à reparação, por vir principalmente em socorro da vítima e de seu interesse, restaurando seu direito violado[38].

Infere-se daí que a teoria da responsabilidade funda-se, em regra, no ato ilícito, apesar de a ordem jurídica admitir, como vimos, outras fontes de responsabilidade. O ato ilícito constitui uma ação (comissão ou omissão), imputável ao agente, danosa para o lesado e contrária à ordem jurídica. Essa violação jurídica poderá consistir em desobediência a um dever previsto no ordenamento jurídico (ilícito civil ou penal) ou a uma obrigação assumida (inexecução de contrato). Tal ação poderá ser praticada pelo próprio lesante ou por pessoa, animal ou coisa que esteja sob sua guarda. Para que ocorra o dever de reparar o dano causado a outrem, o agente deverá ser passível de responsabilização, isto é, deverá haver suscetibilidade de atribuição do resultado ao lesado, pois a imputabilidade é um dos pressupostos do ato ilícito. Assim sendo, excluir-se-á, p. ex., a responsabilidade se o lesante for portador de doença mental ou tiver desenvolvimento mental incompleto ou retardado. Todavia, será preciso esclarecer que a irresponsabilidade criminal não significa sempre irresponsabilidade civil, porque casos existem em que alguém é tido como irresponsável no campo criminal, sem que deixe de ser responsável na esfera civil. P. ex.: se uma criança de dez anos matar alguém por usar arma de fogo que está ao seu alcance, crime não haverá, por não ter ela capacidade de exercer direitos, assumindo responsabilidade. Logo, ela não será processada penalmente, e muito menos seus pais ou tutor, visto que a responsabilidade criminal tem caráter pessoal. Mas, apesar de não haver responsabilidade penal, haverá a civil, pois a pessoa a quem couber a guarda do menor deverá indenizar os herdeiros do falecido pela morte ocorrida[39].

---

38. Oswaldo Aranha Bandeira de Mello, op. cit., v. 3, item 22; Carlos Alberto Bittar, op. cit., p. 24; Aguiar Dias, op. cit., v. 1, p. 6, 8 e 41; Henri Lalou, op. cit., n. 13, p. 7; Serpa Lopes, op. cit., p. 189; M. Helena Diniz, Responsabilidade civil, cit., p. 64; José Cretella Jr., Responsabilidade penal, in *Enciclopédia Saraiva do Direito*, v. 65, p. 486 e 487; Silvio Rodrigues, op. cit., p. 5.

39. Carlos Alberto Bittar, op. cit., p. 14-24; Virgile Rossel, *Manuel du droit fédéral des obligations*, Lausanne, F. Payot, 1892; Hudelot e Metman, *Des obligations*, 4. ed., Paris, 1908, p. 309; Raymundo M. Salvat, *Tratado de derecho civil argentino*, 2. ed., Buenos Aires, 1958, v. 4, p. 15; Pirson e Villé, *Traité de la responsabilité civile extra-contractuelle*, Bru-

Certos atos ilícitos, devido à sua gravidade por infringir norma de direito público, constituindo crime ou contravenção, e por causar dano a terceiro, e às suas consequências, têm repercussão tanto no cível como no criminal, hipótese em que haverá dupla reação da ordem jurídica: a imposição de pena ao criminoso e a reparação do dano causado à vítima. É o que ocorre, p. ex., em caso de assassinato, em que o delinquente deverá ser condenado à pena de reclusão do art. 121 do Código Penal e a reparar o prejuízo causado aos familiares da vítima, pagando, sem excluir outras reparações, despesas com seu tratamento, funeral e luto da família e prestando alimentos às pessoas a quem o falecido os devia (CC, art. 948)[40], levando-se em conta a duração provável da vida da vítima.

É preciso ainda não olvidar o disposto no art. 935 do Código Civil, que estabelece o princípio da independência da responsabilidade civil relativamente à criminal, porém não se poderá questionar mais sobre a existência do fato (isto é, do crime e suas consequências) ou quem seja o seu autor, quando essas questões se encontrarem decididas no crime. Há, portanto, uma independência relativa. Com o trânsito em julgado da sentença penal condenatória, será possível obter no cível sua execução para fins de reparação do dano (CPP, art. 63), sem contudo questionar a existência do fato ou de quem seja o autor. A execução civil advém da condenação criminal do lesante, mesmo que na sentença penal não haja menção à responsabilidade civil, cujo *quantum debeatur* será apurado no juízo cível (CPC, art. 509, I e II). Se aquela sentença for absolutória poderá, ou não, influenciar o juízo cível, conforme o fundamento da absolvição. Nada obsta, p. ex., que haja a suspensão prejudicial do processo-crime para aguardar a solução da lide no cível (CPP, arts. 92 a 94; *RT*, *542*:232) ou vice-versa (CPP, art. 64). A reparação do dano pode dar-se pela ação indenizatória, independentemente de sentença condenatória, proposta paralelamente com a ação penal (CPP, arts. 64 a 67) ou pela execução, no cível, de sentença penal condenatória (CPP, art. 63). Realmente, havendo um dano oriundo de crime, a decisão penal condenatória servirá de título executivo no cível. Por tal razão, ape-

---

xelles, E. Bruylant, 1935, t. 1, p. 103 e s.; Marton, op. cit., p. 251 e s.; Luigi Devoto, *L'imputabilità e le sue forme nel diritto civile*, Milano, Giuffrè, 1964; Henri e Léon Mazeaud, op. cit., n. 9, p. 6; René Dekkers, *Précis de droit civil belge*, Bruxelles, 1955, v. 2, n. 210, p. 207; Waldir Vitral, op. cit., p. 438-41; A. Machado Pauperio, op. cit., p. 412 e 413; Araken de Assis, *Eficácia civil da sentença penal*, 1993; Roberto Abreu, *A sentença criminal e a responsabilidade civil*, 1987.

40. Silvio Rodrigues, op. cit., p. 6.

nas depois de seu trânsito em julgado, o prazo de prescrição (CC, art. 200) iniciar-se-á correndo por inteiro. A questão prejudicial (conceito de direito material) reclama decisão anterior à do mérito, requerendo verificação de um fato cuja apreciação é condição indispensável àquele julgamento, por isso deve ser discutida numa ação independente. Por tal razão, se a conduta se originar de fato verificado no juízo criminal, ter-se-á causa impeditiva do curso da prescrição no cível, que só começará a correr após a data do trânsito em julgado da sentença definitiva, à qual se confere executoriedade. O art. 200 do Código Civil refere-se, portanto, à prescrição da execução daquela sentença (pretensão executiva). Logo, enquanto o juízo criminal não tiver formado convicção sobre tais questões, os processos correrão independentemente, e as duas responsabilidades (civil e penal) poderão ser, de fato, independentemente investigadas. Em nosso ordenamento a instância criminal julga o fato em seu aspecto social reprimindo o delinquente por meio de penas; logo, a pretensão pecuniária só poderá ser pedida no juízo cível, que julga quanto à vítima que pleiteia a reparação do prejuízo. A ação civil, que busca a satisfação do dano causado pela infração penal, designa-se *actio civilis ex delicto*. Portanto, será impossível a reparação de dano no processo criminal. Assim, se alguém, com seu automóvel, atropelar outrem, causando morte, poderá sofrer não só ação penal, mas também a cível para indenizar os herdeiros da vítima quanto aos gastos ocorridos com o tratamento desta (se sobreviveu algum tempo), funeral e luto e quanto ao estabelecimento de uma pensão para os que viviam a expensas do morto[41].

41. Roberto Rosas, Responsabilidade civil e criminal, in *Enciclopédia Saraiva do Direito*, v. 65, p. 414-9; A. Machado Pauperio, op. cit., p. 412; Carlos Roberto Gonçalves, *Comentários ao Código Civil*, São Paulo, Saraiva, 2003, v. 11, p. 462-83; Alcides de Mendonça Lima, *Comentários ao Código de Processo Civil*, Rio de Janeiro, Forense, s/d, p. 303; M. Helena Diniz, *Código Civil anotado*, São Paulo, Saraiva, 2003, comentário ao art. 200. *Vide*: CP, art. 91, I; CPP, arts. 63 a 68; *RTJ*, *102*:127; *RT*, *647*:129, *620*:83, *716*:162, *775*:213; *RF*, *257*:199; *JTACSP*, *91*:118. O mesmo fato pode gerar responsabilidade penal, administrativa e civil. Se o réu for absolvido no processo penal, por ausência de prova (CPP, art. 386, VII), nada obsta a que no cível venha a ser condenado à reparação do dano que causou. Todavia, em duas hipóteses a sentença criminal absolutória faz coisa julgada no cível, não permitindo o ressarcimento do dano se: *a*) reconhecer inexistência material do fato (CPP, art. 386, I) ou afirmar que o réu não é o autor do crime (CPP, art. 66; CC, art. 935); *b*) admitir que o ato foi praticado em legítima defesa, estrito cumprimento do dever legal ou exercício regular de direito (CPP, arts. 65 e 386, V; CC, art. 188) e, havendo reconhecimento de estado de necessidade, não se exonera o autor da responsabilidade pelo dano (CC, arts. 929 e 930). Se houver condenação criminal, certa será a obrigação de indenizar o dano, não podendo discutir a jus-

tiça daquela decisão no cível. A sentença penal condenatória serve de título executivo judicial (CPC, art. 515, II), se transitada em julgado (CC, art. 200) e se for líquida. Se for ilíquida, o lesado deverá primeiro promover sua liquidação no juízo cível para depois executá-la (Nelson e Rosa Nery, *Novo Código Civil e legislação extravagante anotados*, São Paulo, Revista dos Tribunais, 2002, p. 325). Consulte: José Carlos Barbosa Moreira, A sentença penal como título executório civil, *RDPn*, *4*:41; Roberto Abreu, *A sentença criminal e a responsabilidade civil*, 1987; Ada Pellegrini Grinover, *Eficácia e autoridade de sentença penal*, 1978; 1º TARJ, *ADCOAS*, 1983, n. 90.334: "A absolvição no Juízo Criminal, por falta de provas, não importa na impossibilidade de condenação no Cível. Na Jurisdição Criminal, não se negando o fato na sua materialidade e autoria, enseja reabrir-se o debate acerca da culpa no foro cível, onde pode haver condenação, sem que ocorra qualquer antinomia, porque um pequeno grau de culpa, insuficiente para justificar a aplicação da pena, pode ser bastante para ensejar o ressarcimento". No mesmo sentido: *RT*, *464*:265; *RTJ*, *83*:649. Pelo Enunciado n. 45 do Centro de Estudos Judiciários do Conselho de Justiça Federal: "no caso do art. 935, não mais se poderá questionar sobre a existência do fato ou sobre quem seja o seu autor se estas questões se acharem categoricamente decididas no juízo criminal". Observa Matiello (*Código Civil comentado*, São Paulo, LTr, 2003, p. 586) que: Se a sentença penal decidir que o fato existiu e que certa pessoa foi sua autora, no cível não se poderá questionar tais aspectos. Com isso, evita-se que haja decisões contraditórias. Seria inconcebível que um juízo criminal absolvesse o réu, negando a autoria do crime, e o cível o condenasse a reparar dano por ter sido o autor do ilícito. Nada obsta a que se aprecie o mesmo fato no crime e no cível, concomitantemente ou não. Mas a decisão na seara criminal, apontando existência do fato e quem seja seu autor fará coisa julgada no juízo cível. Daí o art. 315 do Código Processual Civil permitir ao órgão judicante a suspensão da tramitação do processo, enquanto os fatos estiverem sendo apurados no juízo criminal. A decisão penal vincula o juízo cível apenas nos aspectos acima abordados. Logo, quem for absolvido na ação criminal por insuficiência de provas poderá ser condenado a reparar os danos causados à vítima de acidente de trânsito.

Quadro Sinótico

INTRODUÇÃO AO ESTUDO DA RESPONSABILIDADE CIVIL

1. A RESPONSABILIDADE CIVIL COMO UMA PROBLEMÁTICA JURÍDICA	• A responsabilidade civil constitui um dos temas mais problemáticos da atualidade jurídica ante sua surpreendente evolução no direito moderno, seus reflexos nas atividades humanas e no progresso tecnológico e sua repercussão em todos os ramos do direito e na realidade social. • Devido ao seu campo ilimitado, não há entendimento uniforme doutrinário e jurisprudencial quanto à definição de seu alcance, à enunciação de seus pressupostos e à sua própria textura.	
2. AS FUNÇÕES DA RESPONSABILIDADE CIVIL NA ATUALIDADE	• *a*) Garantir o direito do lesado à segurança. • *b*) Servir como sanção civil, de natureza compensatória.	
3. A EVOLUÇÃO DA RESPONSABILIDADE CIVIL	• *a*) Quanto à sua história	• Da vingança coletiva evolui para a privada, em que os homens faziam justiça pelas próprias mãos, sob a égide da Lei de Talião (Lei das XII Tábuas, tábua VII, lei 11ª). Depois desse período a *Lex Aquilia de damno* veio a estabelecer as bases da responsabilidade, criando uma forma pecuniária de indenização dos prejuízos, com base no estabelecimento de seu valor. No período medieval, com a estruturação da ideia de dolo e de culpa, distinguiu-se a responsabilidade civil da criminal. Mas a teoria da responsabilidade civil só se firmou por obra da doutrina.
	• *b*) Em relação ao seu fundamento	• Isto porque, ao lado da *culpa*, constitui-se, ante a sua insuficiência para cobrir todos os prejuízos, como fundamento da responsabilidade civil, o *risco*, visando a proteção jurídica à pessoa humana, em particular dos trabalhadores e das vítimas de acidentes, contra insegurança material.

<table>
<tr><td rowspan="2">3. A EVOLUÇÃO DA RESPONSABILIDADE CIVIL</td><td>• c) Relativamente à sua extensão ou área de incidência</td><td>• Houve um aumento não só no número das pessoas responsáveis pelos danos, admitindo-se, ao lado da responsabilidade direta ou por fato próprio do imputado, a indireta por fatos de animais e coisas sob sua guarda, fundada em alguns casos na ideia de culpa presumida, e em outros, na do risco, mas também no número de beneficiários da indenização, substituindo-se ao parente o dependente econômico, e no número de fatos que ensejam a responsabilidade civil.</td></tr>
<tr><td>• d) Quanto à densidade ou profundidade da indenização</td><td>• Vigora a esse respeito o princípio da responsabilidade patrimonial. Tal responsabilidade deverá ser total, buscando uma plena e integral reparação dos direitos do lesado ou de seus herdeiros, mediante a restauração natural, o recurso à situação material correspondente ou à indenização por equivalente.</td></tr>
<tr><td>4. A RESPONSABILIDADE MORAL, CIVIL E CRIMINAL</td><td colspan="2">• Quanto à natureza da norma violada, a responsabilidade poderá ser: moral, civil ou penal. A responsabilidade moral, resultante da violação de uma norma moral, repousa na seara da consciência individual, de sorte que o ofensor se sentirá moralmente responsável perante Deus ou perante sua consciência, conforme seja ou não um homem de fé. Não há qualquer preocupação em saber se houve ou não um dano. Supõe que o agente tenha livre-arbítrio e consciência da obrigação. A responsabilidade jurídica aparece quando houver infração de norma jurídica civil ou penal, causadora de danos que perturbem a paz social, que essa norma visa manter. Abrange a responsabilidade civil e a penal. Enquanto a responsabilidade penal pressupõe lesão aos deveres de cidadãos para com a sociedade, acarretando um dano social determinado pela violação de norma penal, exigindo, para restabelecer o equilíbrio, a aplicação de uma pena ao lesante, a responsabilidade civil requer prejuízo a terceiro, particular ou Estado, de modo que a vítima poderá pedir reparação do dano, traduzida na recomposição do statu quo ante ou numa importância em dinheiro. Certos atos ilícitos têm repercussão tanto no cível como no criminal, hipótese em que haverá dupla reação da ordem jurídica: a imposição da pena ao criminoso e a reparação do dano causado à vítima. A respeito, não se pode olvidar o disposto no art. 935 do CC, que estabelece o princípio da independência da responsabilidade civil relativamente à criminal.</td></tr>
</table>

CAPÍTULO II

Teoria Geral da Responsabilidade Civil

1. Conceito de responsabilidade civil

O vocábulo "responsabilidade" é oriundo do verbo latino *respondere*, designando o fato de ter alguém se constituído garantidor de algo. Tal termo contém, portanto, a raiz latina *spondeo*, fórmula pela qual se vinculava, no direito romano, o devedor nos contratos verbais. Deveras, na era romana a *stipulatio* requeria o pronunciamento das palavras *dare mihi spondes? Spondeo*, para estabelecer uma obrigação a quem assim respondia. Todavia, a afirmação — de que o responsável será aquele que responde e que responsabilidade é a obrigação do responsável, ou melhor, o resultado da ação pela qual a pessoa age ante esse dever — será insuficiente para solucionar o problema e para conceituar a responsabilidade. Se ele agir de conformidade com a norma ou com seu dever, seria supérfluo indagar da sua responsabilidade, pois ele continuará responsável pelo procedimento, mas não terá nenhuma obrigação traduzida em reparação de dano, como substitutivo do dever de obrigação prévia, porque a cumpriu, de modo que o que nos interessa, ao nos referirmos à responsabilidade, é a circunstância da infração da norma ou obrigação do agente. A responsabilidade serviria, portanto, para traduzir a posição daquele que não executou o seu dever[1].

Grandes são as dificuldades que a doutrina tem enfrentado para conceituar a responsabilidade civil[2]. Autores existem que se baseiam, ao defini-la, na culpa. P. ex.: Pirson e Villé conceituam a responsabilidade como a obrigação imposta pelas normas às pessoas no sentido de responder pelas

---

1. Sobre essas conceituações, *vide* Serpa Lopes, *Curso de direito civil*, 2. ed., Freitas Bastos, 1962, v. 5, p. 187 e 188; Aguiar Dias, *Da responsabilidade civil*, 6. ed., Rio de Janeiro, Forense, 1979, v. 1, p. 2 e 3; Bonnecase, *Précis de droit civil*, 1934, t. 2, n. 471.

2. Henri e Léon Mazeaud e Tunc, *Traité de la responsabilité civile*, 5. ed., Ed. Montchrétien, 1957, v. 1, p. 1 e 2.

consequências prejudiciais de suas ações; Sourdat a define como o dever de reparar dano decorrente de fato de que se é autor direto ou indireto; e Savatier a considera como a obrigação de alguém reparar dano causado a outrem por fato seu, ou pelo fato das pessoas ou coisas que dele dependam[3]. Outros, como Josserand, a veem sob um aspecto mais amplo, não vislumbrando nela uma mera questão de culpabilidade, mas sim de repartição de prejuízos causados, equilíbrio de direitos e interesses, de sorte que a responsabilidade, na concepção moderna, comporta dois polos: o objetivo, onde reina o risco criado, e o subjetivo, onde triunfa a culpa[4].

Ante essas dissensões doutrinárias, observa Serpa Lopes que a responsabilidade é a obrigação de reparar um dano, seja por decorrer de uma culpa ou de uma outra circunstância legal que a justifique, como a culpa presumida, ou por uma circunstância meramente objetiva[5].

Com base nessas considerações poder-se-á definir a responsabilidade civil como a aplicação de medidas que obriguem alguém a reparar dano moral ou patrimonial causado a terceiros em razão de ato do próprio imputado, de pessoa por quem ele responde, ou de fato de coisa ou animal sob sua guarda ou, ainda, de simples imposição legal[6]. Definição esta que guarda, em sua estrutura, a ideia da culpa quando se cogita da existência de ilícito (responsabilidade subjetiva), e a do risco, ou seja, da responsabilidade sem culpa (responsabilidade objetiva)[7].

---

3. Pirson e Villé, *Traité de la responsabilité civile extracontractuelle*, Bruxelles, E. Bruylant, 1935, t. 1, p. 5. Henri e Léon Mazeaud (*Leçons de droit civil*, Montchrétien, 1956, t. 2, n. 372, p. 294) escrevem que: "*Une personne est civilement responsable quand elle est tenue de réparer un dommage subi par autrui*". Sourdat, *Traité de la responsabilité civile*, 6. ed., t. 1, n. 1; Savatier, *Traité de la responsabilité civile en droit français*, 2. ed., LGDJ, 1951, v. 1, p. 1.

4. Josserand, *Évolutions et actualités*, Paris, Sirey, 1936, p. 29 e 49.

5. Serpa Lopes, op. cit., p. 188 e 189.

6. Concepção baseada nas ideias de Oswaldo Aranha Bandeira de Mello, Conceito de responsabilidade e Responsabilidade civil, *RDPubl*, São Paulo, v. 3, item 23, 1968; Francisco dos Santos Amaral Neto, Responsabilidade civil-II, in *Enciclopédia Saraiva do Direito*, v. 65, p. 347, e Carlos Alberto Bittar, *Responsabilidade civil nas atividades nucleares*, tese apresentada no concurso de livre-docência em direito civil na Faculdade de Direito da USP, 1982, p. 24.

7. Álvaro Villaça Azevedo, Responsabilidade civil-I, in *Enciclopédia Saraiva do Direito*, v. 65, p. 336.

Quadro Sinótico

CONCEITO DE RESPONSABILIDADE CIVIL	• A responsabilidade civil é a aplicação de medidas que obriguem uma pessoa a reparar dano moral ou patrimonial causado a terceiros, em razão de ato por ela mesma praticado, por pessoa por quem ela responde, por alguma coisa a ela pertencente ou de simples imposição legal.

2. Pressupostos da responsabilidade civil

A. Noções gerais em torno dos requisitos da responsabilidade civil

Bastante difícil é a caracterização dos pressupostos necessários à configuração da responsabilidade civil, ante a grande imprecisão doutrinária a respeito. Deveras, díspares são as conclusões dos juristas sobre os elementos imprescindíveis à caracterização da responsabilidade civil, pois, p. ex., Marty e Raynaud[8] apontam o "fato danoso", o "prejuízo" e o "liame entre eles" com a "estrutura comum" da responsabilidade; Savatier[9] apresenta a culpa e a imputabilidade como seus pressupostos; Trabucchi[10] exige o fato danoso, o dano e a antijuridicidade ou culpabilidade.

Ante tais divagações, entendemos que a responsabilidade civil requer[11]:

---

8. Marty e Raynaud, *Droit civil*; les obligations, Paris, Sirey, 1962, v. 50, t. 2, p. 352. No mesmo teor de ideias: Alex Weill e François Terré, *Droit civil*; les obligations, 12. ed., Paris, Dalloz, 1975, p. 655; Jaime Santos Briz, *La responsabilidad civil*, 2. ed., Madrid, Montecorvo, 1972, p. 23, 123 e 127, nas quais faz menção à *ação e antijuridicidade, dano* e *relação causal*.

9. Savatier, op. cit., v. 1, p. 5, 205 e s., 285 e 291 e s. Nesse mesmo sentido, Chironi, *La colpa nel diritto civile odierno*, 2. ed., Torino, Fratelli Bocca, 1903, v. 1, p. 34 e 312 e s.

10. Trabucchi, *Istituzioni di diritto civile*, 22. ed., Padova, CEDAM, 1977, p. 208, 209, 219 e s.

11. *Vide* Mario Pogliani, op. cit., p. 6-26; Forchielli, *Il rapporto di causalità nell'illecito civile*, Padova, 1960, p. 9. Carlos Alberto Bittar, op. cit., p. 59 e s.; M. Helena Diniz, Responsabilidade civil das pessoas jurídicas, *Revista da Procuradoria-Geral do Estado do Ceará*, *4*:65, 1981; Silvio Rodrigues, *Direito civil*, 7. ed., São Paulo, Saraiva, 1983, v. 4, p. 13-9; Antônio Disney Montingelli, Da responsabilidade civil dos pais, patrões e outros (algumas considerações sobre os arts. 1.521 e 1.523 do Código Civil), *RJTJSP*, Lex, *70*:20; Aguiar Dias, op. cit., v. 1, p. 119 e 120; Giselda Maria F. Novaes Hironaka, *Direito civil — Estudos*, Belo Horizonte, Del Rey, 2000, p. 263-316; Ronaldo

a) Existência de uma *ação*, comissiva ou omissiva, qualificada juridicamente, isto é, que se apresenta como um ato ilícito ou lícito, pois ao lado da culpa, como fundamento da responsabilidade, temos o risco. A regra básica é que a obrigação de indenizar, pela prática de atos ilícitos, advém da culpa. Ter-se-á ato ilícito se a ação contrariar dever geral previsto no ordenamento jurídico, integrando-se na seara da responsabilidade extracontratual (CC, arts. 186 e 927), e se ela não cumprir obrigação assumida, caso em que se configura a responsabilidade contratual (CC, art. 389)[12]. Mas o dever de reparar pode deslocar-se para aquele que procede de acordo com a lei, hipótese em que se desvincula o ressarcimento do dano da ideia de culpa, deslocando a responsabilidade nela fundada para o risco. P. ex.: arts. 927, parágrafo único, e 931 do Código Civil preveem casos de responsabilidade por ato lícito; e, além disso, nem mesmo nos acidentes de trabalho há responsabilidade sem culpa (CF/88, art. 7º, XXVIII, 2ª parte). O patrão é obrigado a indenizar acidente de trabalho sofrido pelo empregado, se tiver concorrido culposa ou dolosamente para sua produção, sem que se possa dizer, com certeza, que praticou ato ilícito. Há atos que, embora não violem a norma jurídica, atingem o fim social a que ela se dirige, caso em que se têm os atos praticados com abuso de direito, e, se tais atos prejudicarem alguém, ter-se-á o dever ressarcitório. Deveras, a obrigação de indenizar dano causado a outrem pode advir de determinação legal, sem que a pessoa obrigada a repará-lo tenha cometido qualquer ato ilícito. A ação consubstancia-se num ato humano do próprio imputado ou de terceiro[13], ou num fato de animal ou coisa inanimada.

b) Ocorrência de um *dano* moral e/ou patrimonial causado à vítima por ato comissivo ou omissivo do agente ou de terceiro por quem o imputado responde, ou por um fato de animal ou coisa a ele vinculada. Não pode ha-

---

Alves de Andrade, A responsabilidade civil sob a ótica do novo Código Civil, *Simpósio sobre o novo Código Civil brasileiro* (Coord. Pasini, Lamera e Talavera), São Paulo, 2003, p. 117-34.

12. *RT*, *400*:164, *456*:112, *474*:92, *477*:235, *481*:187, *494*:221, *507*:122, *512*:262, *551*:107 e 138. Josserand (*Cours de droit civil positif français*, t. 2, p. 198) escreve: *"le problème de la responsabilité n'est plus uniquement un problème de conscience, mais aussi un problème d'ordre économique, car il ne s'agit plus de châtier, mais de réparer, d'indemniser, de rétablir une équilibre économique rompu par le fait illicite"*.

13. Carlos Alberto Bittar (op. cit., p. 62 e 63) ensina: "Se se tratar de pessoa jurídica, a ação deverá ser desenvolvida por quem a represente (administrador ou representante) ou por quem esteja a seu serviço (preposto ou empregado), ou seja, necessária se faz a existência de relação vinculativa própria entre a pessoa que causa o dano e a entidade".

ver responsabilidade civil sem dano, que deve ser certo, a um bem ou interesse jurídico, sendo necessária a prova real e concreta dessa lesão (*RT*, *481*:88, *425*:188, *508*:90, *478*:92 e 161, *470*:241, *469*:236, *455*:237, *477*:79, *457*:189)[14]. E, além disso, o dano moral é cumulável com o patrimonial (STJ, Súmula 37; *BAASP*, *1865*:109).

c) *Nexo de causalidade entre o dano e a ação* (fato gerador da responsabilidade), pois a responsabilidade civil não poderá existir sem o vínculo entre a ação e o dano. Se o lesado experimentar um dano, mas este não resultou da conduta do réu, o pedido de indenização será improcedente. Será necessária a inexistência de *causa excludente de responsabilidade*, como, p. ex., *ausência de força maior, de caso fortuito ou de culpa exclusiva da vítima*. Realmente não haverá a relação de causalidade se o evento se deu, p. ex., por culpa exclusiva da vítima (*RF*, *282*:232); por culpa concorrente da vítima (CC, art. 945; *RT*, *477*:111, *481*:211, *480*:88; *AJ*, *107*:604), caso em que a indenização é devida por metade (*RT*, *226*:181) ou diminuída proporcionalmente (*RT*, *231*:513); por culpa comum da vítima e do agente; por força maior ou caso fortuito (CC, art. 393), cessando, então, a responsabilidade, porque esses fatos eliminam a culpabilidade ante a sua inevitabilidade (*RT*, *479*:73, *469*:84, *477*:104, *582*:208, *604*:84; *RF*, *275*:165). O mesmo se diga se houver cláusula de não indenizar[15], que, em alguns casos, é nula (CC, art. 734, 2ª parte).

---

14. M. Helena Diniz, *Curso de direito civil brasileiro*, 2. ed., São Paulo, Saraiva, 1983, v. 1, p. 271 e 272. Sobre o dano, *vide RT*, *436*:97, *433*:88, *368*:181, *458*:20, *434*:101; *RF*, *221*:200; *RTJ*, *39*:38, *41*:844; *Jurisprudência do STF*, *2*:716, *2*:544, *3*:1043.

15. Silvio Rodrigues, *Direito civil*, cit., 3. ed., São Paulo, Max Limonad, 1966, v. 1, p. 3435; M. Helena Diniz, *Curso*, cit., v. 1, p. 272; W. Barros Monteiro, *Curso de direito civil*, São Paulo, Saraiva, 1966, v. 1, p. 291 e 292; Caio M. S. Pereira, *Instituições de direito civil*, 5. ed., Rio de Janeiro, Forense, 1976, v. 1, p. 580; Carlos Alberto Dabus Maluf, Do caso fortuito e da força maior — excludentes de culpabilidade no Código Civil de 2002, in *Responsabilidade civil*: estudos em homenagem a Rui Geraldo C. Viana, São Paulo, Revista dos Tribunais, 2009, p. 81-102. "O art. 945 do Código Civil que não encontra correspondente no Código Civil de 1916, não exclui a aplicação da teoria da causalidade adequada" (Enunciado n. 47 do Centro de Estudos Judiciários do Conselho da Justiça Federal). Giselda M. F. N. Hironaka (*Responsabilidade pressuposta*, Belo Horizonte, Del Rey, 2005) defende a tese da responsabilidade pressuposta, segundo a qual se deverá primeiro indenizar o lesado para depois averiguar de quem foi a culpa, ou quem assumiu o risco. Coloca, essa autora, o dano como ponto central da responsabilidade civil, deixando a culpa em segundo plano, pressupondo a responsabilidade do agente pelo fato de, com sua conduta, colocar alguém numa situação de perigo.

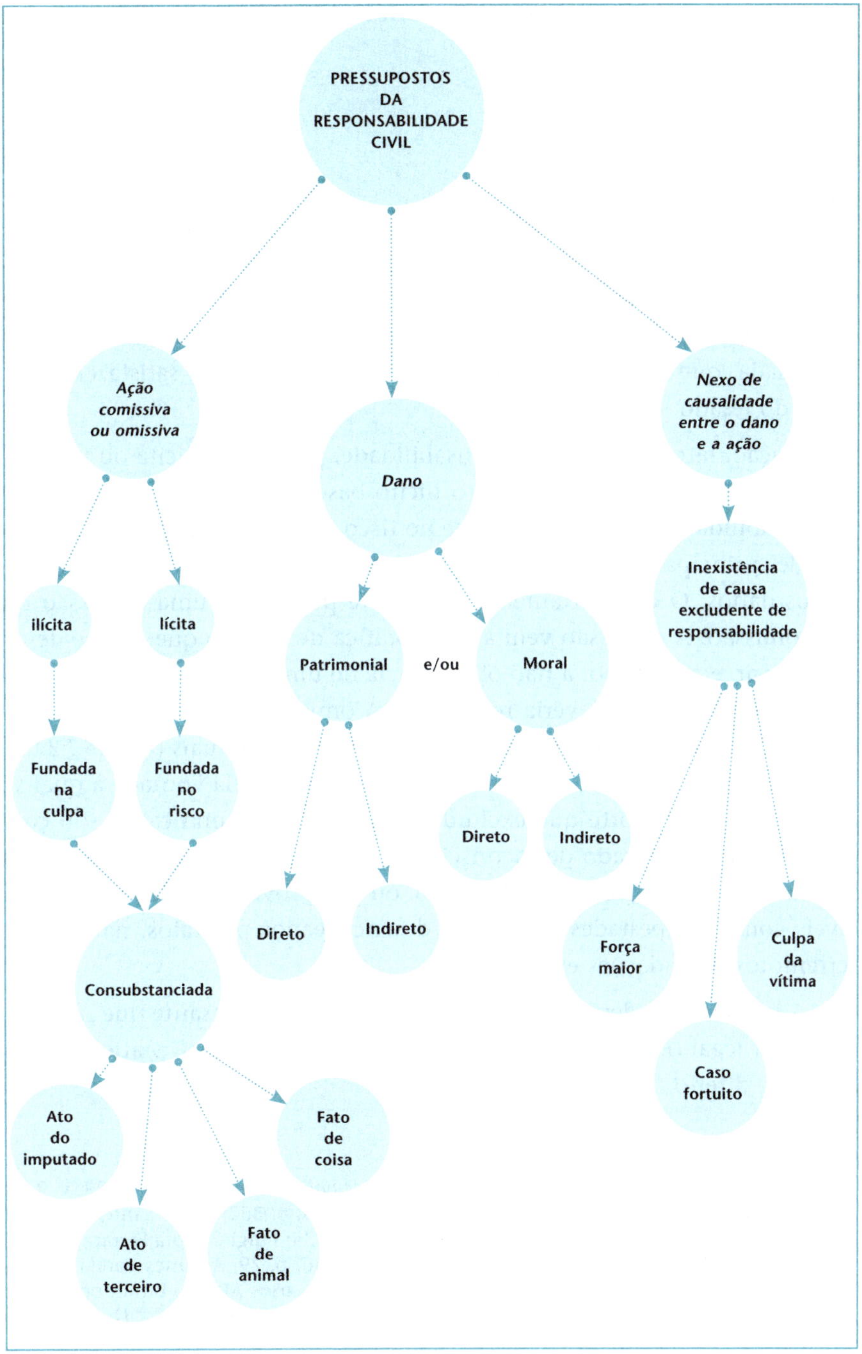
PRESSUPOSTOS DA RESPONSABILIDADE CIVIL
Ação comissiva ou omissiva
Dano
Nexo de causalidade entre o dano e a ação
ilícita
lícita
Fundada na culpa
Fundada no risco
Consubstanciada
Ato do imputado
Ato de terceiro
Fato de animal
Fato de coisa
Patrimonial
e/ou
Moral
Direto
Indireto
Direto
Indireto
Inexistência de causa excludente de responsabilidade
Força maior
Caso fortuito
Culpa da vítima

Passemos agora ao estudo pormenorizado da caracterização de cada um desses pressupostos.

B. Ação

b.1. Conceito de ação

A ação, elemento constitutivo da responsabilidade, vem a ser o ato humano, comissivo ou omissivo, ilícito ou lícito, voluntário e objetivamente imputável, do próprio agente ou de terceiro, ou o fato de animal ou coisa inanimada, que cause dano a outrem, gerando o dever de satisfazer os direitos do lesado.

A ação, fato gerador da responsabilidade, poderá ser ilícita ou lícita. A responsabilidade decorrente de ato ilícito baseia-se na ideia de culpa, e a responsabilidade sem culpa funda-se no risco, que se vem impondo na atualidade, principalmente ante a insuficiência da culpa para solucionar todos os danos. O comportamento do agente poderá ser uma comissão ou uma omissão. A comissão vem a ser a prática de um ato que não se deveria efetivar, e a omissão, a não observância de um dever de agir ou da prática de certo ato que deveria realizar-se. A omissão é, em regra, mais frequente no âmbito da inexecução das obrigações contratuais (*RT*, *452*:245). Deverá ser voluntária no sentido de ser controlável pela vontade à qual se imputa o fato, de sorte que excluídos estarão os atos praticados sob coação absoluta; em estado de inconsciência, sob o efeito de hipnose, delírio febril, ataque epilético, sonambulismo, ou por provocação de fatos invencíveis como tempestades, incêndios desencadeados por raios, naufrágios, terremotos, inundações etc.

A indenização deriva de uma ação ou omissão do lesante que infringe um dever legal (*RT*, *417*:167), contratual ou social, isto é, se praticado com abuso de direito (*RT*, *167*:269, *171*:141)[16].

---

16. Sobre o assunto, consulte Karl Larenz, *Derecho de obligaciones*, Madrid, 1959, v. 2, p. 564; Francisco dos Santos Amaral Neto, op. cit., v. 65, p. 352; Jaime Santos Briz, op. cit., p. 24; Álvaro Villaça Azevedo, op. cit., v. 65, p. 334; Luigi Cariota Ferrara, *Il negozio giuridico nel diritto privato italiano*, Napoli, Morano, p. 29; Antunes Varela, *Direito das obrigações*, Rio de Janeiro, Forense, 1977, p. 211; Carlos Alberto Bittar, op. cit., p. 43; Silvio Rodrigues, op. cit., v. 4, p. 22; Nehemias Domingos de Melo, *Da culpa e do risco*, São Paulo, Juarez de Oliveira, 2005.

b.2. Culpa como fundamento da responsabilidade civil

b.2.1. Ato ilícito como fonte da obrigação de indenizar

No nosso ordenamento jurídico vigora a regra geral de que o dever ressarcitório pela prática de atos ilícitos decorre da culpa, ou seja, da reprovabilidade ou censurabilidade da conduta do agente. O comportamento do agente será reprovado ou censurado quando, ante circunstâncias concretas do caso, se entende que ele poderia ou deveria ter agido de modo diferente. Portanto, o ato ilícito qualifica-se pela culpa. Não havendo culpa, não haverá, em regra, qualquer responsabilidade. O Código Civil, em seu art. 186, ao se referir ao ato ilícito, prescreve que este ocorre quando alguém, por ação ou omissão voluntária (dolo), negligência ou imprudência (culpa), viola direito ou causa dano, ainda que exclusivamente moral, a outrem, em face do que será responsabilizado pela reparação dos prejuízos. Estabelece esse diploma legal o ilícito como fonte da obrigação de indenizar danos causados à vítima. Logo, a lei impõe a quem o praticar o dever de reparar o prejuízo resultante.

O ato ilícito é o praticado culposamente em desacordo com a norma jurídica, destinada a proteger interesses alheios; é o que viola direito subjetivo individual, causando prejuízo a outrem, criando o dever de reparar tal lesão. Para que se configure o ilícito será imprescindível um dano oriundo de atividade culposa. A prática de ato ilícito, infringindo preceito normativo de tutela de interesse privado, produzindo dano a um bem jurídico, lesando direitos pessoais ou reais, dá origem ao ressarcimento do prejuízo. É de ordem pública o princípio que obriga o autor do ato ilícito a se responsabilizar pelo prejuízo que causou, indenizando-o. Os bens do responsável pelo ato ilícito ficarão sujeitos à reparação do dano causado, e, se a ofensa tiver mais de um autor, todos responderão solidariamente pela reparação, mediante seus bens, de tal maneira que ao titular da ação de indenização caberá opção entre acionar apenas um ou todos ao mesmo tempo (*RT*, *432*:88; *AJ*, *107*:101; CC, arts. 928, parágrafo único, e 942, parágrafo único).

É mister esclarecer, ainda, que o ilícito tem duplo fundamento: a infração de um dever preexistente e a imputação do resultado à consciência do agente. Portanto, para sua caracterização, é necessário que haja uma ação ou omissão voluntária, que viole norma jurídica protetora de interesses alheios ou um direito subjetivo individual, e que o infrator tenha conhecimento da ilicitude de seu ato, agindo com dolo, se intencionalmente procura lesar outrem, ou culpa, se consciente dos prejuízos que advêm de seu ato, assume o risco de provocar evento danoso. Assim, a ação contrária ao direito, praticada sem que o agente saiba que é ilícita, não é ato ilícito, embora seja antijurídica. P. ex.: se alguém se apossa de um objeto pertencente a outrem, na crença de que é seu; se A não paga o que deve a B porque, por equívoco, considera cancelada sua dívida. Dever-se-á, então, verificar se o agente é imputável, para efeitos de responsabilidade civil e se, em face da situação, podia ou devia ter agido de outra maneira. Fácil é denotar que a ilicitude e a culpa são conceitos distintos, embora em certo sentido complementares do comportamento do agente. Enquanto, como pontifica Antunes Varela, a ilicitude considera a conduta do autor do dano, em sua objetividade, como negação dos valores tutelados pela norma jurídica, a culpa atém-se aos aspectos individuais ou subjetivos daquele comportamento e às circunstâncias concretas que levaram à sua efetivação[17].

b.2.2. Definição e classificação da culpa

A culpa em sentido amplo, como violação de um dever jurídico, imputável a alguém, em decorrência de fato intencional ou de omissão de diligência ou cautela, compreende: o dolo, que é a violação intencional do dever jurídico, e a culpa em sentido estrito, caracterizada pela imperícia, imprudência ou negligência, sem qualquer deliberação de violar um dever. Portanto, não se reclama que o ato danoso tenha sido, realmente, querido pelo agente, pois ele não deixará de ser responsável pelo fato de não se ter apercebido do seu ato nem medido as suas consequências.

O dolo é a vontade consciente de violar o direito, dirigida à consecução do fim ilícito, e a culpa abrange a imperícia, a negligência e a imprudência. A imperícia é falta de habilidade ou inaptidão para praticar certo ato; a negligência é a inobservância de normas que nos ordenam agir com atenção,

---

17. Francisco dos Santos Amaral Neto, op. cit., p. 351-5; Álvaro Villaça Azevedo, op. cit., p. 335; Von Tuhr, *Tratado de las obligaciones*, Madrid, Reus, 1934, v. 1, p. 265; Larenz, op. cit., p. 568; M. Helena Diniz, *Curso*, cit., v. 1, p. 268; Enneccerus, *Tratado de derecho civil*, Barcelona, Bosch, 1953, v. 2, p. 195; Hedemann, *Derecho de obligaciones*, Madrid, 1958, p. 530; Caio M. S. Pereira, op. cit., v. 1, p. 565; Silvio Rodrigues, op. cit., v. 1, p. 341; Orlando Gomes, *Obrigações*, 4. ed., Rio de Janeiro, Forense, 1976, p. 309-18 e 326, e *Introdução ao direito civil*, 3. ed., Rio de Janeiro, Forense, 1971, p. 443 e 444; Antunes Varela, op. cit., p. 211, 214, 215, 219, 220 e 230-3; Vaneska D. de Aráujo, O lugar da culpa e os fundamentos da responsabilidade no direito contemporâneo, *Ensaios sobre responsabilidade civil na pós-modernidade*, coord. Giselda Hironaka e Maria Clara Falavigna, Porto Alegre, Magister, 2007, p. 407-37. STJ, Súmula 43.

capacidade, solicitude e discernimento; e a imprudência é precipitação ou o ato de proceder sem cautela. Não há responsabilidade sem culpa, exceto disposição legal expressa, caso em que se terá responsabilidade objetiva.

Pondera Francisco dos Santos Amaral Neto que, havendo culpa, a obrigação de reparar o dano causado é a mesma, haja dolo ou culpa em sentido estrito. Todavia, há certas hipóteses, na responsabilidade contratual, em que só o dolo ou só a culpa originam o dever ressarcitório (CC, art. 392). Em matéria de acidente de trabalho, o patrão será responsável se o empregado agir com culpa, mas não se obrar com dolo[18].

René Savatier, de modo lapidar, define-a como a inexecução de um dever que o agente podia conhecer e observar. Pressupõe, portanto, um dever violado (elemento objetivo) e a imputabilidade do agente (elemento subjetivo). A imputabilidade abrange a possibilidade, para o agente, de conhecer e de observar o dever[19], pois para que alguém pratique ato ilícito e responda pela reparação do dano que causou será necessário que tenha capacidade de discernimento, de modo que aquele que não puder ter vontade própria ou for desprovido de entendimento não incorrerá em culpa, por ter inidoneidade para praticar ato ilícito. Para que haja dever de ressarcir prejuízo, será preciso que o fato gerador possa ser imputável ao seu autor, isto é, que seja oriundo de sua atividade consciente. Logo, para haver responsabilidade, será imprescindível a prática ou ocorrência de um ato dominável ou controlável pela vontade do imputado[20].

Pode ser a culpa classificada[21]:

a) Em função da natureza do dever violado

Se tal dever se fundar num contrato (CC, art. 389), tem-se a *culpa contratual*, p. ex., se o locatário que deve servir-se da coisa alugada para os usos convencionados não cumprir essa obrigação; e, se originário de violação de pre-

---

18. Yussef Said Cahali, Culpa (Direito civil), in *Enciclopédia Saraiva do Direito*, v. 22, p. 24; Agostinho Alvim, *Da inexecução das obrigações e suas consequências*, 5. ed., Saraiva, 1980, n. 176; Francisco dos Santos Amaral Neto, op. cit., p. 354 e 355; Álvaro Villaça Azevedo, op. cit., p. 335; Antunes Varela, op. cit., p. 222-5 e 228-30; Bonvicini, *La responsabilità civile*, Milano, Giuffrè, 1971, t. 1, p. 165-212 e 233-46; Maria Clara O. D. Falavigna e Rita Kelch, *Teoria e prática da responsabilidade civil*, São Paulo, Letras Jurídicas, 2004, p. 29-46.

19. Savatier, n. 4.

20. Antunes Varela, op. cit., p. 211; Antônio Disney Montingelli, op. cit., p. 20.

21. W. Barros Monteiro, op. cit., v. 5, p. 393 e 394; M. Helena Diniz, *Curso*, cit., v. 1, p. 269 e 270; Serpa Lopes, op. cit., p. 208-27; Chironi, *La colpa nel diritto civile odierno*, 1903, 3. v.

ceito geral de direito, que manda respeitar a pessoa e os bens alheios, a *culpa* é *extracontratual* ou aquiliana (CC, arts. 186 e 927), p. ex., o proprietário de um automóvel que, imprudentemente, o empresta a um sobrinho menor, sem carta de habilitação, que ocasiona um acidente (*RT*, *443*:143)[22].

Quem pedir indenização pela culpa contratual não precisará prová-la, basta constituir o devedor em mora. Demonstrado o inadimplemento contratual, competirá ao devedor provar a inexistência de culpa, ocorrência de caso fortuito, força maior, ou de outra causa excludente de responsabilidade. Se, contudo, pretender indenização pela culpa aquiliana, será necessário prová-la, sem constituir o devedor em mora, uma vez que está em mora de pleno direito o autor de um delito. Portanto, na culpa aquiliana, o ônus da prova caberá à vítima, por inexistir a presunção de culpa como ocorre na relação contratual[23].

b) Quanto à sua graduação

A culpa será *grave* quando, dolosamente, houver negligência extrema do agente, não prevendo aquilo que é previsível ao comum dos homens. A *leve* ocorrerá quando a lesão de direito puder ser evitada com atenção ordinária, ou adoção de diligências próprias de um *bonus pater familias*. Será *levíssima*, se a falta for evitável por uma atenção extraordinária, ou especial habilidade e conhecimento singular. A esse respeito *vide* o Código Civil, art. 392. Para a grande maioria dos juristas a gravidade da culpa não exerce qualquer influência na reparação do dano. Todavia, o Código Civil, no art. 944 e parágrafo único, acertadamente, autoriza o magistrado a decidir por equidade, em casos de culpa leve ou levíssima, ao estatuir no *caput*: "a indenização mede-se pela extensão do dano", e no parágrafo único: "Se houver excessiva desproporção entre a gravidade da culpa e o dano, poderá o juiz reduzir, equitativamente, a indenização"[24]. Consequentemente, se o agente agiu com culpa leve ou levíssima, causando grande prejuízo à vítima, o magistrado, em caso de responsabilidade civil subjetiva, poderá reduzir o *quantum* indenizatório ao patamar que entender mais justo.

22. W. Barros Monteiro, op. cit., v. 1, p. 287 e 288; Diogo L. M. de Melo, *Culpa extracontratual*, São Paulo, Saraiva, 2013. Sobre a culpa aquiliana, *vide RT*, *372*:323, *440*:74, *438*:109, *440*:95 e artigo de José Rubens Costa, Da responsabilidade civil contratual e delitual, *RF*, *256*:116.

23. Serpa Lopes, op. cit., p. 210 e 211; Yussef Said Cahali, Culpa, cit., v. 22, p. 26 (*RT*, *477*:111, *470*:241); Francisco dos Santos Amaral Neto, op. cit., p. 355.

24. W. Barros Monteiro, op. cit., v. 1, p. 288; Yussef Said Cahali, Culpa, cit., v. 22, p. 25; Lomonaco, *Istituzioni di diritto civile italiano*, v. 5, p. 179; Silvio Rodrigues, op. cit., v. 1, p. 342 e 343, e v. 4, p. 160-3; Orlando Gomes, *Obrigações*, cit., p. 327.

c) Relativamente aos modos de sua apreciação

Considerar-se-á *in concreto* a culpa quando, no caso *sub judice*, se atém ao exame da imprudência ou negligência do agente, e *in abstracto*, quando se faz uma análise comparativa da conduta do agente com a do homem médio ou da pessoa normal, ou seja, do *diligens pater familias* dos romanos. Em nosso direito, segundo Agostinho Alvim, a culpa é, em regra, apreciada abstratamente, pois nosso Código Civil, ao dizer nos arts. 582 e 629 que sua apreciação é *in concreto*, não visa propriamente apreciá-la concretamente, mas sim encarecer a responsabilidade do agente. O homem normal cuida razoavelmente de sua pessoa e de suas coisas e respeita os interesses alheios, por isso a doutrina, principalmente no campo extracontratual, vem aceitando a tese da medição da culpa *in abstracto*, entendendo que a cada indivíduo será lícito exigir que os demais sejam medianamente diligentes e prudentes, para que não esteja exposto ao risco de sofrer danos perfeitamente evitáveis. Por prevalecer o critério da culpa *in abstracto*, dever-se-á aferir o comportamento do agente pelo padrão admitido, dando-se flexibilidade à apreciação do órgão judicante[25].

d) Quanto ao conteúdo da conduta culposa

Se o agente praticar um ato positivo (imprudência), sua culpa é *in committendo* ou *in faciendo* (*RTJE*, *80*:100; *77*:130; *RT*, *661*:96; *JTACSP*, *124*:106, *123*:139); se cometer uma abstenção (negligência), tem-se culpa *in omittendo* (*JTACSP*, *123*:144), p. ex., professor de natação que, por estar distraído, não acode o aluno, deixando-o morrer afogado. Entretanto, a omissão só poderá ser considerada causa jurídica do dano se houver existência do dever de praticar o ato não cumprido e certeza ou grande probabilidade de o fato omitido ter impedido a produção do evento danoso. A culpa *in eligendo* (Súmula 341 do STF; *RJTJSP*, *149*:168) advém da má escolha daquele a quem se confia a prática de um ato ou o adimplemento da obrigação. Todavia, se, hoje, alguém admitir ou manter a seu serviço empregado não habilitado legalmente ou sem aptidões requeridas, não há mais que se indagar se houve ou não culpa *in eligendo*, respondendo, por isso, independentemente daquela culpa, pelos atos lesivos por ele praticados (CC, arts. 932, III, e 933). Consequentemente, a responsabilidade do empregador será objetiva. A *in vigilando* decor-

25. Antunes Varela, op. cit., p. 225-8; Agostinho Alvim, op. cit., n. 152, W. Barros Monteiro, op. cit., v. 1, p. 289; Silvio Rodrigues, op. cit., v. 1, p. 343; Yussef Said Cahali, Culpa, cit., v. 22, p. 27; Francisco dos Santos Amaral Neto, op. cit., p. 355; Orlando Gomes, *Obrigações*, cit., p. 328.

re da falta de atenção com o procedimento de outrem (*RTJE*, *80*:128; *RJ*, *156*:104), cujo ato ilícito o responsável deve pagar. Convém lembrar que, p. ex., pelos arts. 932, IV, e 933 a ausência ou não de fiscalização do dono de hotel ou de estabelecimento de ensino, relativamente aos seus hóspedes e educandos, não será levada em conta, visto que aquele responderá, objetivamente, pelos atos daqueles, mesmo que não tenha havido culpa de sua parte (*RT*, *238*:26, *477*:107; Súmula 341 do STF). A falta de vigilância pode recair sobre a coisa, p. ex., a hipótese de empresa de transportes que permite a saída de ônibus sem freios, originando acidentes (CC, arts. 927, parágrafo único, e 734). Em todas as hipóteses acima mencionadas, alusivas ao art. 932, I a IV, do Código Civil, não mais se poderá fazer menção à culpa nem à presunção de culpa *juris et de jure*, e muito menos à *juris tantum*, diante do disposto no art. 933 do Código Civil, de que responderão as pessoas indicadas nos incisos I a V do art. 932, ainda que não haja culpa de sua parte, pelos atos de terceiros que estiverem sob sua responsabilidade. Culpa *in custodiendo* é a falta de cautela ou atenção em relação a um animal ou objeto (CC, arts. 936 e 937), sob os cuidados do agente[26]. Infere-se daí que a lei, em certos casos, com o escopo de facilitar a prova do ilícito, estabelece presunções *iuris tantum* de culpa, isto é, que admitem prova em contrário. O lesado exonerar-se-á do ônus da prova, que se transferirá ao lesante. Em regra, em nosso direito presumem-se, p. ex., culpados por falta de vigilância, os detentores de animais pelos prejuízos causados por esses a terceiros; o proprietário do edifício ou construção pelos danos resultantes da ruína (CC, arts. 936 e 937)[27].

b.2.3. Imputabilidade

A imputabilidade, elemento constitutivo de culpa, é atinente às condições pessoais (consciência e vontade) daquele que praticou o ato lesivo, de modo que consiste na possibilidade de se fazer referir um ato a alguém, por proceder de uma vontade livre[28]. Assim, são imputáveis a uma pessoa todos

---

26. Caio M. S. Pereira, op. cit., v. 1, p. 569; Yussef Said Cahali, Culpa, cit., v. 22, p. 28; W. Barros Monteiro, op. cit., v. 1, p. 288 e 289; Antônio Disney Montingelli, op. cit., p. 21; Francisco dos Santos Amaral Neto, op. cit., p. 355; Antunes Varela, op. cit., p. 212; Marco R. Cohen, *L'abstention fautive*, Paris, Sirey, 1929, p. 44; *RT*, *494*:35.

27. Francisco dos Santos Amaral Neto, op. cit., p. 355; Orlando Gomes, *Obrigações*, cit., p. 329 e 330. Sobre culpa de terceiro: *RT*, *646*:120, *643*:128, *182*:88; *RJTJSP*, *124*:164, *160*:12; *JTACSP*, *122*:197, *120*:166.

28. Serpa Lopes, op. cit., p. 191; Savatier (op. cit., t. 1, n. 161) ensina: "*La culpabilité*

os atos por ela praticados, livre e conscientemente. Portanto, ter-se-á imputabilidade, quando o ato advier de uma vontade livre e capaz. Para que haja imputabilidade é essencial a capacidade de entendimento (ou discernimento) e de autodeterminação do agente.

Há certas circunstâncias que constituem exceções à imputabilidade, como[29]:

---

suppose l'imputabilité. Il n'est pas de faute sans culpabilité; et il n'est pas de culpabilité sans que l'acte illicite soit imputable à l'agent". Consulte, ainda, Leone, L'imputabilità nella teoria del reato, *Riv. it. pen.*, 1937, p. 361; Devoto, *L'imputabilità e le sue forme nel diritto civile*, Milano, 1964, p. 96; Salvi, *L'imputabilità civile*, Milano, 1954.

29. A. Cammarota, *Responsabilidad extracontractual*, Buenos Aires, Depalma, 1947, v. 1, ns. 42-56; Mazeaud e Tunc, op. cit., v. 1, n. 447, v. 2, n. 1.486, p. 477; Orlando Gomes, *Obrigações*, cit., p. 330 e 331; A. Neagu, *Faute subjective dans la responsabilité civile*, Paris, 1927; Karl Larenz, op. cit., p. 291 e s.; Henri Lalou, *Traité pratique de la responsabilité civile*, 5. ed., Paris, 1955, n. 832 e s.; Orozimbo Nonato, Reparação do dano causado por pessoa privada de discernimento, *RF*, *83*:373; Serpa Lopes, op. cit., p. 227-38; Henoch D. Aguiar, *Responsabilidad civil*, Buenos Aires, 1950, v. 2, p. 206 e s.; Rabut, *La notion de faute en droit privé*, Paris, 1949, n. 42; Alvino Lima, *Culpa e risco*, São Paulo, Revista dos Tribunais, 1960, n. 30, p. 162 e s.; Savatier, op. cit., v. 1, n. 199, p. 247; Blanc Jouvan, La responsabilité de l'infans, *Rev. Trim.*, p. 28 e s., 1957; Aguiar Dias, op. cit., n. 157; Jean Lafon, *La responsabilité civile du fait des malades mentaux*, Paris, 1960; Mario Pogliani, op. cit., p. 41-58 e 81-91; Bonvicini, op. cit., t. 1, p. 247-263 e 508-517; Briguglio, *Lo stato di necessità nel diritto civile*, Padova, 1963, p. 20 e s. e 39; J. Deliyannis, *La notion d'acte illicite*, Paris, 1952, p. 179 e 180; M. Helena Diniz, *Curso*, cit., v. 1, p. 272 e 273; W. Barros Monteiro, op. cit., v. 1, p. 293 e 294; Caio M. S. Pereira, op. cit., v. 1, p. 579 e s.; Silvio Rodrigues, op. cit., v. 1, p. 353 e 354, v. 4, p. 256 e 257; Francisco dos Santos Amaral Neto, op. cit., p. 353 e 354; Antunes Varela, op. cit., p. 21522; Aboaf, *L'état de nécessité et la responsabilité délictuelle*, Paris, 1941; Ratiglia, *Nuove teorie sullo stato di necessità*, Palermo, 1923; Roger Pallard, *L'exception de nécessité en droit civil*, Paris, 1949; E. Contieri, *Lo stato di necessità*, Milano, 1939; Martinho Garcez Neto, *Prática da responsabilidade civil*, 3. ed., São Paulo, Saraiva, 1975, p. 57-68; Cunha Gonçalves, *Tratado de direito civil*, Coimbra, 1929, v. 1, p. 458; Álvaro Villaça Azevedo, op. cit., p. 341; Roberto H. Brebbia, *La responsabilidad en los accidentes desportivos*, t. 1, 1962; Piras, *Saggio sul comportamento necessitato nel diritto privato*, Sassari, 1948, p. 26; Matilde M. Zavala de González, *Responsabilidad por el daño necesario*, Buenos Aires, 1985. *Vide*: Código Federal de Obrigações da Suíça, art. 54; Código Civil italiano, art. 2.047. Pelos Enunciados n. 39, 40 e 41 do CJF (STJ) (aprovados nas jornadas de Direito Civil) ter-se-á que: "a impossibilidade de privação do necessário à pessoa, prevista no art. 928, traduz um dever de indenização equitativa, informado pelo princípio constitucional da proteção à dignidade da pessoa humana. Como consequência, também os pais, tutores e curadores serão beneficiados pelo limite humanitário do dever de indenizar, de modo que a passagem ao patrimônio do incapaz se dará não quando esgotados todos os recursos do responsável, mas quando reduzidos estes ao montante necessário à manutenção de sua dignidade. O incapaz responde pelos prejuízos que causar de maneira subsidiária ou excepcionalmente, como devedor principal, na hipótese do ressarcimento devido pelos adolescentes que praticarem atos infracionais, nos termos do art. 116 do Estatuto da Criança e do Adolescente, no âmbito das medi-

a) *Menoridade*, porém apenas os menores de 18 anos estão acobertados pelo manto da inimputabilidade. Todavia, pelo nosso direito, seja o menor imputável ou não, o ato ilícito por ele praticado acarretará responsabilidade objetiva (CC, art. 933) da pessoa (pais ou tutor) a quem incumbe sua vigilância (CC, art. 932, I e II), reparando-se assim os prejuízos causados ao prejudicado, tendo, porém, direito de reaver o que pagou, salvo se o causador do dano for seu descendente (CC, arts. 934 e 942, parágrafo único). Pelo art. 928, parágrafo único, se o representante legal não tiver o dever de reparar o dano, nem recursos financeiros para fazê-lo, o incapaz, como já dissemos alhures, responderá excepcional, equitativa e subsidiariamente pelo prejuízo que causou, desde que não fique privado do necessário para prover a sua subsistência (alimentação, educação, tratamento médico etc.) ou a daqueles que dele dependerem. Em caso de tutela aplica-se também o disposto no art. 928 e parágrafo único.

b) *Demência* ou estado grave de desequilíbrio mental, acarretado pelo alcoolismo ou pelo uso de drogas, ou de debilidade mental, que torne o agente incapaz de controlar suas ações, por não poder manifestar sua vontade (CC, art. 4º). Assim sendo, o agente portador de insanidade mental não responderá pelo prejuízo por ele causado, e a responsabilidade passará à pessoa encarregada da sua guarda, haja ou não culpa *in vigilando* (CC, arts. 932, II, 933 e 942, parágrafo único). O representante do incapaz (curador) responde pela reparação civil. Essa responsabilidade é objetiva, pois se fosse subjetiva, se provasse que não houve negligência sua relativamente ao dever de guarda, a vítima poderia não receber o que teria direito pelo pre-

---

das socioeducativas ali previstas. A única hipótese em que poderá haver responsabilidade solidária do menor de 18 anos com seus pais é ter sido emancipado nos termos do art. 5º, parágrafo único, inc. I, do novo Código Civil". E o Projeto de Lei n. 699/2011 pretende alterar a redação ao art. 928, para: "O incapaz responde pelos prejuízos que causar, observado o disposto no art. 932 e no parágrafo único do art. 942", evitando, assim, "eventual conflito entre o *caput* do art. 928, em sua redação atual, e o artigo 942, que estabelece a responsabilidade solidária dos incapazes e das pessoas designadas no artigo 932, ou seja, dos pais e dos filhos, do tutor e do tutelado, do curador e do curatelado, estamos propondo a alteração da parte final do *caput* do art. 928. O dispositivo em questão, ressalte-se, ao estabelecer expressamente a responsabilidade civil do incapaz, representa notável avanço e está de acordo com os mais modernos e festejados diplomas legais do mundo". Mas o Parecer Vicente Arruda a rejeitou, ao comentar o PL n. 6.960/2002 (hoje PL n. 699/2011), alegando que: A proposta suprime a oração "se as pessoas por ele responsáveis não tiverem obrigação de fazê-lo", o que acarreta sérias consequências, como p. ex. no tocante aos pródigos (o art. 1.782 só retira dele a capacidade de emprestar, transigir, dar quitação, alienar, hipotecar, demandar ou ser demandado).

juízo sofrido. Mas o lesado poderá excepcionalmente ficar privado da reparação civil, pois o Código Civil, informado pelo princípio do respeito à dignidade da pessoa humana (CF, art. 1º, III), ao apresentar norma responsabilizando subsidiária e equitativamente o amental pelo dano por ele causado a terceiro, poderá excluir a reparação civil, ao dispor: "Art. 928: O incapaz responde pelos prejuízos que causar, se as pessoas por ele responsáveis não tiverem obrigação de fazê-lo ou não dispuserem de meios suficientes. Parágrafo único. A indenização prevista neste artigo, que deverá ser equitativa, não terá lugar se privar do necessário o incapaz ou as pessoas que dele dependem". O representante, na relação com o incapaz, se pagou dano por ele causado, terá, ainda, direito de regresso (CC, art. 934).

c) Anuência da vítima, que por ato de vontade interna ou de simples escolha elege um de seus interesses em detrimento de outro. Assim sendo, se o prejudicado consente na lesão a seu próprio direito, não haverá ilicitude na conduta do lesante, e o dano não será indenizável. Como se trata de um consentimento, será imprescindível que essa vontade seja livre, isenta de qualquer vício e que promane de pessoa capaz, com desenvolvimento mental que lhe permita compreender os riscos a que se expõe, para que exonere o lesante da responsabilidade. Tal anuência poderá ser: 1) *direta*, tornando inequívoca sua resolução de sacrificar um bem que lhe pertença, para obter outro. P. ex.: se um indivíduo gravemente enfermo consente, estando devidamente esclarecido, em tomar um novo remédio em experimentação, mas cujos efeitos não são conhecidos, para conseguir sua cura, o médico não responderá civilmente pelas consequências, visto ser sua obrigação de meio, e ante o fato de ter agido com ética e de ter seguido, com empenho, as regras técnicas de sua profissão (CC, art. 951). Se uma pessoa não anuir expressamente para uma operação destinada a amputar-lhe uma perna, afetada pela gangrena, ou a torná-la infecunda, o médico deverá responder civilmente pelos resultados da intervenção cirúrgica. Igualmente, se alguém autorizar vizinho, quando estiver ausente, a entrar livremente em sua casa, utilizar seu telefone ou abrir sua correspondência, todos esses atos são lícitos e, se causarem qualquer prejuízo, não serão estes indenizados; ou 2) *indireta*, quando o indivíduo aceita os riscos normais de um empreendimento, p. ex.: se ele se aventurar numa corrida esportiva, numa luta de boxe ou num jogo de futebol (*RJTJSP*, *40*:172), está aceitando apenas riscos normais dessas atividades, e não os anormais, isto é, os provenientes de lesões sofridas por uma conduta contrária às normas do esporte que está praticando.

d) *Exercício normal de um direito*: assim, se houver lesão a direito alheio causado por um ato perpetrado no exercício regular de um direito reconhecido, não haverá imputabilidade, excluindo qualquer responsabilidade pelo prejuízo, por não ser procedimento contrário ao direito (CC, art. 188, I, 2ª parte). P. ex.: o credor que penhora os bens do devedor e o proprietário que ergue construção em seu terreno, prejudicando a vista do vizinho, não serão responsáveis pelo dano. Só haverá imputabilidade se houver abuso de direito ou seu exercício irregular ou anormal (CC, art. 187). O Código Civil, art. 1.277, que reprime o uso nocivo da propriedade, consigna um exemplo de abuso de direito, pois permite ao proprietário ou inquilino impedir que a utilização do direito de propriedade pelo seu vizinho lhe prejudique a segurança, o sossego e a saúde. Assim, se alguém em sua propriedade produzir ruído que exceda à normalidade, ter-se-á abuso de direito, que será reduzido às devidas proporções por meio de ação judicial apropriada (*RT*, *434*:239, *445*:229, *403*:218, *494*:225).

e) *Legítima defesa*, tida como excludente de imputabilidade (CC, art. 188, I, 1ª parte; *RJTJSP*, *41*:120). O Código Civil, no art. 930, parágrafo único, ao se referir ao dano causado pelo ofensor em repulsa à agressão de terceiro ofendido, exclui da responsabilidade o autor de ato lesivo praticado em legítima defesa (*RT*, *206*:238; *RF*, *107*:271, *95*:606) e terá ação regressiva para haver importância que, porventura, tiver pago contra aquele em defesa de quem causou dano. Assim (CP, art. 25), se com o uso moderado de meios necessários alguém repelir injusta agressão, atual ou iminente, a direito seu ou de outrem, legítimo será o dano infligido ao agressor pelo agredido, não acarretando qualquer reparação por perdas e danos, sendo improcedente qualquer pedido de indenização formulado pelo prejudicado. O procedimento lesivo do agente, por motivo legítimo estabelecido em lei, não acarreta o dever de indenizar, se o lesado for o próprio ofensor, porque a própria norma jurídica lhe retira a qualificação de ilícito. Mas se alguém causar dano em caso de legítima defesa de terceiro, e vier a repará-lo, poderá, mediante ação regressiva, cobrar de quem defendeu o que despendeu. P. ex.: A é agredido por B, C, em defesa de A, joga objeto de arte, pertencente a D, em B, danificando-o. Se C vier a indenizar D, poderá reclamar o reembolso de A.

f) *Estado de necessidade*, que consiste na ofensa do direito alheio para remover perigo iminente, quando as circunstâncias o tornarem absolutamente necessário e quando não exceder os limites do indispensável para a remoção do perigo (CC, art. 188, II e parágrafo único), exclui, em regra, a responsabilidade (*RF*, *257*:217; *RT*, *100*:533, *491*:74, *477*:104, *509*:69). Ter-se-á um dilema: ou se sofre um mal iminente e inevitável, ou se escapa dele sacrificando um bem alheio. Não se exige que o direito sacrificado seja inferior ao direito salvaguardado, nem mesmo se requer a absoluta ausência de outro meio menos prejudicial. Geralmente, o perigo resulta de acontecimento fortuito, natural ou acidental, criado pelo próprio prejudicado ou terceiro. A ação é lícita, mas nem sempre isenta o agente do dever de indenizar, a não ser que o dono da coisa destruída ou deteriorada seja o culpado da situação que gerou o estado de necessidade. O ato praticado no estado de necessidade tem por característica essencial o fato de a vítima não ter provocado nem facilitado o seu próprio dano. P. ex.: se A, dirigindo cautelosamente seu carro, para não ferir B, que atravessa a rua distraidamente, lança seu veículo sobre o carro de C, estacionado regularmente. Como C não agiu culposamente, deverá ser indenizado. Logo, sendo B o culpado, A, após pagar o prejuízo sofrido pelo dono do veículo estacionado, poderá reembolsar-se do que pagou junto a B (CC, art. 930). Se o proprietário do carro abalroado o tivesse estacionado em local proibido, sua culpa teria o condão de excluir direito à reparação junto ao autor do dano. Deveras, reza o Código Civil, art. 929, que: "Se a pessoa lesada, ou o dono da coisa, no caso do inciso II do art. 188, não forem culpados do perigo, assistir-lhes-á direito à indenização do prejuízo que sofreram", e o art. 930: "No caso do inciso II do art. 188, se o perigo ocorrer por culpa de terceiro, contra este terá o autor do dano ação regressiva para haver a importância que tiver ressarcido ao lesado". Só não haverá dever ressarcitório se o prejudicado for o próprio ofensor ou o próprio autor do perigo (*RJTJSP*, *41*:112; *RT*, *509*:69). Se o culpado for o dono do bem danificado, não haverá direito a qualquer indenização, de modo que ele sofrerá as consequências de sua culpa. Não se caracteriza, p. ex., como estado de necessidade o motorista que, preocupado com um princípio de incêndio em seu veículo, perca a direção e invada a contramão, provocando colisão em outro (*RT*, *395*:289). Por outro lado, constituem hipóteses de estado de necessidade: o sacrifício de um automóvel alheio para salvar vida humana; a destruição de prédio alheio para evitar que um incêndio se propague em todo o quarteirão; matar um cão de outrem, atacado de hidrofobia e que ameaça morder várias pessoas (*RT*, *180*:226); arremessar carro contra edifício alheio, danificando-o, para evitar morte por abalroamento de caminhão; jogar latas de gasolina na rua, destruindo carroça, para evitar que um incêndio se propague por toda a garagem (*RT*, *163*:642). A indenização deverá, portanto, ser arbitrada equitativamente.

b.3. Responsabilidade sem culpa

Como em certos casos a teoria da culpa, que funda a responsabilidade civil na culpa, caracterizada como uma violação de um dever contratual ou extracontratual, não oferece solução satisfatória, devido, p. ex., aos progressos técnicos, que trouxeram um grande aumento de acidentes, a corrente objetivista desvinculou o dever de reparação do dano da ideia de culpa, baseando-o na atividade lícita ou no risco com o intuito de permitir ao lesado, ante a dificuldade da prova da culpa, a obtenção de meios para reparar os danos experimentados. Assim, o agente deverá ressarcir o prejuízo causado, mesmo que isento de culpa, porque sua responsabilidade é imposta por *lei* independentemente de culpa e mesmo sem necessidade de apelo ao recurso da presunção. O dever ressarcitório, estabelecido por lei, ocorre sempre que se positivar a autoria de um fato lesivo, sem necessidade de se indagar se contrariou ou não norma predeterminada, ou melhor, se houve ou não um erro de conduta. Com a apuração do dano, o ofensor ou seu proponente deverá indenizá-lo. Mas, como não há que se falar em imputabilidade da conduta, tal responsabilidade só terá cabimento nos casos expressamente previstos em lei. A responsabilidade objetiva funda-se num princípio de equidade, existente desde o direito romano: aquele que lucra com uma situação deve responder pelo risco ou pelas desvantagens dela resultantes (*ubi emolumentum, ibi onus; ubi commoda, ibi incommoda*). Essa responsabilidade tem como fundamento a atividade exercida pelo agente, pelo perigo que pode causar dano à vida, à saúde ou a outros bens, criando risco de dano para terceiros (CC, art. 927, parágrafo único). P. ex.: é o que ocorre com pessoas que empreendem atividades destinadas à produção de energia elétrica ou de explosivos; à exploração de minas; à instalação de fios elétricos, telefônicos e telegráficos; ao transporte aéreo, marítimo e terrestre; à construção e edificação de grande porte etc.

É preciso deixar bem claro que o perigo deve resultar do exercício da atividade e não do comportamento do agente[30]. Como pontifica Marco

---

30. *Vide* João Batista Lopes, Perspectivas atuais da responsabilidade civil no direito brasileiro, *RJTJSP*, Lex, *57*:18; Francisco dos Santos Amaral Neto, op. cit., p. 352; Caio M. S. Pereira, op. cit., v. 3, p. 505 e s.; Carlos Alberto Bittar, op. cit., p. 68-74 e 84-99; Antônio Disney Montingelli, op. cit., p. 21-3; Weill e Terré, op. cit., p. 132 e s.; Larenz, op. cit., t. 2, p. 664; Marton, *Les fondements de la responsabilité civile*, Paris, Sirey, 1938, p. 18 e s.; Renato Scognamiglio, Responsabilità civile, in *Novissimo Digesto Italiano*, v. 15, p. 646 e s.; Geri, Le attività pericolose e responsabilità, in *Diritto e pratica nell'assicurazione*, 1961, n. 3, p. 288; Wilson Melo da Silva, *Responsabilidade sem culpa*, n. 25 e s.;

Comporti, a atividade perigosa é a que contém notável potencialidade danosa, em relação ao critério da normalidade média, revelada por meio de estatísticas e elementos técnicos e da experiência comum[31]. Logo, todo aquele que desenvolve atividade lícita que possa gerar perigo para outrem deverá responder pelo risco, exonerando-se o lesado da prova da culpa do lesante. A vítima deverá apenas provar o nexo causal, não se admitindo qualquer escusa subjetiva do imputado.

A responsabilidade, fundada no risco, consiste, portanto, na obrigação de indenizar o dano produzido por atividade exercida no interesse do agente e sob seu controle, sem que haja qualquer indagação sobre o comportamento do lesante, fixando-se no elemento objetivo, isto é, na relação de causalidade entre o dano e a conduta do seu causador[32].

A obrigação de indenizar é, portanto, imposta por lei a certas pessoas, independentemente da prática de qualquer ato ilícito, considerando-se que[33]: *a*) determinadas atividades humanas criam um risco especial para outrem. No direito brasileiro essa responsabilidade vem sendo disciplinada por leis especiais, como, p. ex., as sobre estradas de ferro (Dec. n. 2.681/12, regulamentado pelo Dec. n. 51.813/63 (ora revogado), alterado pelos Decs. n. 59.809/66, 58.365/66 e 61.588/67, ora modificados pelo Decreto s/n. de 18-2-1991); o Código Brasileiro de Aeronáutica (Lei n. 7.565/86; *RT*, *520*:140; *RF*, *154*:158); o Código de Mineração (Dec.-Lei n. 277/67, com as modificações do Dec.-Lei n. 318/67 e da Lei n. 9.314/96); a sobre transporte marítimo (Dec.-Lei n. 116/67); o Código de Defesa do Consumidor (arts. 12 e 14); a legislação sobre meio ambiente (Lei n. 6.938/81) e atividades nucleares (Lei n. 6.453/77); o Código de Trânsito Brasileiro (Lei n. 9.503/97) e a Cons-

---

Bonvicini, *La responsabilità civile*, Milano, Giuffrè, 1971, t. 1, p. 252, e t. 2, p. 700; Saleilles, *Les accidents de travail et la responsabilité civile*; essai d'une théorie objective de la responsabilité délictuelle, p. 50 e s.; Jorge Bustamante Alsina, *Teoría general de la responsabilidad civil*, 2. ed., Buenos Aires, Abeledo-Perrot, 1973, p. 307; Starck, Domaine et fondement de la responsabilité sans faute, *Rev. Trim. de Droit Civile*, p. 475 e s., 1958; Flávio Tartuce, *Responsabilidade civil objetiva e risco* — a teoria do risco concorrente, São Paulo, Método, 2011.

31. Marco Comporti, *Esposizione al pericolo e responsabilità civile*, Napoli, Morano, 1965, p. 291. Pela CLT, art. 189, as atividades perigosas são aquelas cujas "condições, natureza ou método de trabalho exponham os empregados a agentes nocivos à saúde, acima dos limites de tolerância fixados em razão da natureza e da intensidade do agente e do tempo de exposição aos seus efeitos".

32. Carlos Alberto Bittar, op. cit., p. 89 e 91; Silvio Rodrigues, op. cit., v. 4, p. 170; Savatier, op. cit., v. 1, p. 274.

33. Orlando Gomes, *Obrigações*, cit., p. 374; Von Tuhr, op. cit., t. 1, p. 201.

tituição Federal de 1988 (art. 37, § 6º). Além disso, o Decreto-Lei n. 73/66 regula o seguro obrigatório de responsabilidade civil para os proprietários de veículos automotores[34], a fim de garantir a indenização em caso de acidente. O mesmo se diga da responsabilidade do hoteleiro pelo furto de valores praticado por empregados contra hóspedes (*RT*, *222*:537), do empresário individual e das empresas pelos danos causados pelos produtos postos em circulação (CC, art. 931) e do banco que paga cheque falsificado (Súmula 28 do STF; *RT*, *514*:120, *508*:223, *547*:190). "O art. 931 amplia o conceito de fato do produto existente no art. 12 do Código de Defesa do Consumidor, imputando responsabilidade civil à empresa e aos empresários individuais vinculados à circulação dos produtos." E "a responsabilidade civil pelo fato do produto, prevista no art. 931 do novo Código Civil, também inclui os riscos do desenvolvimento" (Enunciados n. 42 e 43, aprovados na *Jornada de direito civil*, promovida, em setembro de 2002, pelo Centro de Estudos Judiciários do Conselho da Justiça Federal). Porém, "a regra do art. 931 do novo CC não afasta as normas acerca da responsabilidade pelo fato do produto previstas no art. 12 do CDC, que continuam mais favoráveis ao consumidor lesado" (Enunciado n. 190 do Conselho da Justiça Federal, aprovado na III Jornada de Direito Civil); e *b*) o exercício de certos direitos deve implicar o dever de reparar o prejuízo que origina (CC, arts. 1.251, 1.289 e 1.293).

Portanto, no nosso ordenamento jurídico reconhece-se em determinadas hipóteses a responsabilidade objetiva, conservando, porém, o princípio da imputabilidade do fato lesivo, fundado na culpa. Temos, de um lado, a culpa, e, de outro, o risco — por força de lei — como fundamentos da responsabilidade civil[35]. O atual Código Civil, como vimos alhures, esposa essa orientação ao se referir no art. 927 e parágrafo único não só ao dever de ressarcir dano causado por ato ilícito, mas também à obrigação de reparar prejuízo, independentemente de culpa, tanto nos casos especificados em lei como quando atividade normalmente desenvolvida pelo lesante implicar, por sua natureza, risco para os direitos de outrem. Consideram-se atividades de risco, p. ex., a de transporte, a de distribuição de combustíveis, a de fabricação de explosivos. "A responsabilidade, fundada no risco da atividade, configura-se quando a atividade normalmente desenvol-

---

34. Carlos Alberto Bittar, op. cit., p. 95. *Vide* Lei n. 9.503/97.

35. Carlos Alberto Bittar, op. cit., p. 85; Bonvicini, op. cit., t. 1, p. 446; Fernando Campos Scaff, A responsabilidade do empresário pelo fato do produto e do serviço, do Código Civil ao Código de Defesa do Consumidor, *RT*, *737*:23-33; Matiello, *Código Civil*, cit., p. 582.

vida pelo autor do dano causar a pessoa determinada um ônus maior do que aos demais membros da coletividade" (Enunciado n. 38 do Centro de Estudos Judiciários do Conselho da Justiça Federal).

Na *responsabilidade subjetiva* o ilícito é o seu fato gerador, de modo que o imputado, por ter-se afastado do conceito de *bonus pater familias*, deverá ressarcir o prejuízo, se se provar que houve dolo ou culpa na ação. Sua responsabilidade será individual, podendo ser direta ou indireta. Será direta, quando o agente responder por ato próprio. Será indireta, apenas nas situações previstas em lei, nas quais se admite culpa presumida *juris et de jure*, operando-se, consequentemente, conforme o caso, a inversão do *onus probandi*, ou, ainda, gerando responsabilidade civil objetiva (CC, art. 933). Logo, relativamente à responsabilidade indireta, o imputado responderá objetivamente, por força do art. 933 do Código Civil, por ato de terceira pessoa, com a qual tenha vínculo legal de responsabilidade (CC, art. 932, I a IV), ou, subjetivamente, por fato de animal ou de coisas inanimadas sob sua guarda (como sucede com donos ou detentores de animais, donos de edifícios em ruínas — mas a responsabilidade civil é objetiva, segundo o Enunciado n. 556 do CJF, aprovado na VI Jornada de Direito Civil). Será preciso provar a culpa do lesante na produção do dano (CC, arts. 936 e 937). E os habitantes de casas, pelas coisas caídas ou lançadas, por colocarem em risco a segurança da coletividade, terão responsabilidade objetiva — CC, art. 938).

Na *responsabilidade objetiva*, a atividade que gerou o dano é lícita, mas causou perigo a outrem, de modo que aquele que a exerce, por ter a obrigação de velar para que dela não resulte prejuízo, terá o dever ressarcitório, pelo simples implemento do nexo causal. A vítima deverá pura e simplesmente demonstrar o nexo de causalidade entre o dano e a ação que o produziu. Nela não se cogita de responsabilidade indireta, de sorte que reparará o dano o agente ou a empresa exploradora, havendo tendência de solicitação dos riscos[36], nem do fortuito como excludente de responsabilidade,

---

36. Sobre responsabilidade objetiva e subjetiva, *vide* Carlos Alberto Bittar, op. cit., p. 31, 98 e 99; Hans Planitz, *Principios de derecho civil germánico*, Barcelona, Bosch, 1959, p. 270 e s.; Eduardo Bonasi Benucci, *La responsabilità civile*, Milano, Giuffrè, 1955, p. 157 e s.; Eugène Gaudemet, *Théorie générale des obligations*, Paris, Sirey, 1965, p. 304 e 323 e s.; Robert Bouillenne, *La responsabilité civile extracontractuelle devant l'évolution du droit*, Bruxelles, E. Bruylant, 1947, p. 37 e s., 125 e s. e 159 e s.; Mario Pogliani, *Responsabilità e risarcimento da illecito civile*, Milano, Giuffrè, 1969, p. 115 e 213 e s.; Comporti, op. cit., p. 7 e s. e 22 e s.; Larenz, op. cit., t. 2, p. 563 e s. e 663 e s.; Alpa e Bessone, *La responsabilità civile*, Milano, Giuffrè, 1976, p. 23 e s. e 121 e s.; Weill e Terré, op. cit., p. 644 e s.; Atilio Anibal Alterini, *El incumplimiento considerado en si propio*, Buenos Ai-

como pondera Arnoldo Medeiros da Fonseca[37].

A *responsabilidade sem culpa* ou *objetiva*, fundada na teoria do risco, decorre, p. ex., em nosso direito[38], de:

1) *Acidente do trabalho*, antes do advento da CF/88, art. 7º, XXVIII (*v.* Dec. n. 13.724/19, mantido pelo Dec. n. 24.637/34 — ora revogado pelo Decreto s/n. de 13-5-1991—, reafirmado pelo Dec.-Lei n. 7.036/44 e pela Lei n. 5.316/67 — revogada pela Lei n. 6.367/76; Dec. n. 99.999/91 (ora revogado pelo Decreto s/n. de 5-9-91); Regulamento do Seguro de Acidentes de Trabalho, aprovado pelo Dec. n. 61.784/67 — revogado pelo Dec. n. 79.037/76; Lei n. 6.367/76, que, ao revogar o Dec.-Lei n. 7.036/44, regulamentado pelo Dec. n. 79.037/76 — ora revogado pelo Dec. n. 3.048/99 —, manteve a mesma orientação; CLPS, Dec. n. 89.312/84 — ora revogado pelo Dec. n. 3.048/99, arts. 100, 122, VII e VIII, 160 a 163 e 171 a 178; Lei n. 8.213/91, arts. 20 a 23; Dec. n. 3.048/99, arts. 336 a 346; Leis n. 8.870/94, 9.032/95, 10.839/2004 e 11.430/2006; *RT*, *582*:210), pois o operário vitimado sempre fazia jus à sua indenização, houvesse ou não culpa sua ou do patrão. Pela teoria do risco profissional era ele inerente à atividade exercida, sem que se levasse em consideração a culpa do patrão ou do empregado acidentado. A responsabilidade objetiva abrangia os danos provenientes de culpa do lesado, mas não os oriundos de dolo. O empregador tinha o dever de ressarcir o dano, simplesmente porque era o proprietário dos instru-

---

res, Cooperadora de Derecho y Ciencias Sociales, 1963, p. 81 e s. e 106 e s.; Ronaldo Gerd Seifert, Responsabilidade extracontratual subjetiva e objetiva no Código Civil de 2002, *Revista de Direito*, *11*:89-100, Valinhos, Anhanguera Educacional, 2006.

37. Arnoldo Medeiros da Fonseca, *Caso fortuito e teoria da imprevisão*, 3. ed., Rio de Janeiro, Forense, 1958, p. 182 e s.

38. Orlando Gomes, *Obrigações*, cit., p. 375-9; Silvio Rodrigues, op. cit., p. 171-3; Alvino Lima, op. cit., p. 202-10; Antônio Disney Montingelli, op. cit., t. 2, p. 23; W. Barros Monteiro, op. cit., p. 395-9 e 402; Bonvicini, op. cit., p. 1160-86; Antunes Varela, op. cit., p. 209, 262-78, 238 e 239; Caio M. S. Pereira, op. cit., p. 508-11; Helvécio Lopes, *Os acidentes do trabalho*, p. 69; Celso Antônio Bandeira de Mello, Responsabilidade extracontratual do Estado por comportamentos administrativos, *Revista da Procuradoria-Geral do Estado de Mato Grosso do Sul*, *1*:11-25, 1979; Oswaldo Aranha Bandeira de Mello, *Princípios gerais de direito administrativo*, Forense, 1978, v. 2, p. 487; Martinho Garcez Neto, op. cit., p. 22 e 23; Pietro Trimarchi, *Rischio e responsabilità oggettiva*, 1961; Carlos Alberto Bittar e Carlos Alberto Bittar Filho, *Direito civil constitucional*, São Paulo, Revista dos Tribunais, 2003, p. 161 a 177; Maria Odete Duque Bertasi, A teoria do risco e o novo Código Civil, Breve estudo, *Revista do IASP*, *12*:209-21; Rafael Marinangelo. Um panorama histórico sobre a evolução da responsabilidade civil objetiva, *RIASP* *33*:55-96. Sobre acidentes do trabalho: *RF*, *108*:452, *102*:461, *117*:164, *124*:119, *97*:691; *RT*, *169*:448, *124*:614, *156*:718; *AJ*, *108*:468; Súmula STJ, n. 226.

mentos que provocaram o acidente, porque era ele quem recolhia os benefícios da prestação dos serviços e assumia, no contrato de trabalho, a obrigação de zelar pela segurança do empregado, de modo que a indenização constitui uma contraprestação àquele que se arriscou no seu trabalho, suportando os incômodos resultantes desse risco. Isto era assim porque a crescente utilização dos instrumentos mecânicos e o despreparo inicial de muitos operários aumentaram o número de acidentes, mas como a complexa organização do trabalho nas várias unidades fabris e a diferença de poder econômico entre patrão e empregados dificultavam a indagação probatória concernente à fixação da culpa, visto que o ônus da prova recaía sobre o devedor faltoso, adotou-se então a teoria do risco. Logo, o patrão, por ser o beneficiário do emprego da máquina, devia suportar não só os riscos da perda de materiais, mas também os decorrentes dos acidentes sofridos pelos seus operários. Entretanto, essa indenização era menor do que aquela a que o operário teria direito pela legislação comum, porque o risco não cobria todo o prejuízo causado pelo infortúnio, pois as várias incapacidades que podem lesar o empregado estão catalogadas e tarifadas em bases módicas e razoáveis. Assim sendo, a responsabilidade pecuniária do patrão não ultrapassava as cifras prefixadas. *Hoje*, por força do art. 7º, XXVIII, da CF/88 e do Decreto n. 3.048/99, a *responsabilidade do patrão por acidente de trabalho é subjetiva*, por isso a entidade patronal, ante o risco que sofrerá por culpa ou por dolo seu, segura sua responsabilidade por acidente de trabalho, por lesão auditiva (*RT*, *769*:193) ou por doença profissional contraída pelos empregados. No direito brasileiro há obrigatoriedade desse seguro, para dar cobertura aos danos ocorridos em virtude do risco profissional, devendo ser ele realizado na previdência social.

2) *Acidentes resultantes do exercício de atividades perigosas* (CC, art. 927, parágrafo único), como, p. ex., a manipulação de produtos químicos, a fabricação de inflamáveis, a utilização de um veículo (terrestre, marítimo ou aéreo). Deveras, sempre haverá obrigação de reparar o dano, independentemente de culpa, nos casos especificados em lei ou *quando a atividade normalmente desenvolvida pelo lesante implicar, por sua natureza*, risco para os direitos de outrem (CC, art. 927, parágrafo único). É direito do trabalhador (urbano ou rural) receber o adicional de remuneração para as atividades penosas, insalubres ou perigosas (CF, art. 7º, XXIII) e também um seguro contra acidentes de trabalho, a cargo do empregador, sem excluir a indenização a que este está obrigado, quando incorrer em dolo ou culpa (CF, art. 7º, XXVIII), mas nada disso constitui, como já vimos, impedimento para a aplicação do disposto no art. 927, parágrafo único, do Código Civil quando se tratar de atividade de risco (Enunciado n. 377 do Conselho da Justiça Federal,

aprovado na IV Jornada de Direito Civil). Em caso de acidentes nas estradas de ferro (Dec. n. 1.832/96 e Lei n. 2.681/12, regulamentada pelo Dec. n. 51.813/63 (ora revogado pelo Decreto n. 90.959/1985), alterado pelos Decs. n. 59.809/66, 58.365/66 e 61.588/67 — ora modificados pelo Decreto s/n. de 18-2-1991), no que atina aos danos sofridos pelos proprietários marginais da linha, a responsabilidade das estradas de ferro será objetiva, mesmo se tais prejuízos forem resultantes de força maior ou caso fortuito (p. ex., incêndio provocado por carvões inflamados, expelidos pelas locomotivas — *RF*, *12*:302). Cessará tal responsabilidade se o dano advier do fato de o proprietário ter violado alguma disposição legal ou regulamentar concernente a edificações, plantações, escavações, depósito de materiais ou guarda de gado à beira das estradas de ferro. Todavia, quanto às pessoas e às mercadorias transportadas, estabelece-se uma responsabilidade contratual, baseada no risco, relativamente aos acidentes de que os viajantes sejam vítimas (CC, art. 734) e à perda, furto ou avaria de que as coisas sejam objeto, mas haverá exclusão da responsabilidade se se provar caso fortuito e força maior ou culpa da vítima. Entretanto, a responsabilidade do transportador por acidente com o passageiro não é elidida por culpa de terceiro, contra o qual tem ação regressiva (CC, art. 735).

Quanto aos danos causados por aeronaves a terceiros, pelo Código Brasileiro de Aeronáutica, a empresa proprietária se responsabiliza por todos os prejuízos que a aeronave causar a pessoas ou bens, sem exceção dos alijamentos de força maior, porém a reparação do dano poderá ser diminuída ou excluída na medida em que couber culpa à pessoa lesada. Será objetiva a responsabilidade que recai sobre o explorador da aeronave em relação a terceiro lesado, por cobrir fatos lesivos decorrentes de força maior.

Relativamente aos prejuízos causados a passageiros transportados em ônibus, bondes, elevadores ou automóveis ou a terceiros, em razão de acidente, nossos juízes e tribunais, outrora, aplicaram, por analogia, a presunção de culpa do condutor de trens, que só poderia ser elidida na hipótese de força maior, caso fortuito, estranhos ao funcionamento do veículo (quebra da barra da direção, rebentamento dos pneus etc.) ou à pessoa do condutor do veículo (vertigem súbita, sono invencível etc.), e de culpa da vítima. Tal responsabilidade do condutor do veículo estender-se-ia ao dono ou seu detentor, com base na circunstância de que o comitente respondesse pelos atos do preposto, mas para tanto seria imprescindível que o veículo não circulasse sem a vontade ou contra a vontade do dono, como, p. ex., em caso de furto.

Tanto o proprietário como o condutor de barco (Dec.-Lei n. 116/67) deverão reparar os prejuízos, sem que se verifique se infringiram ou não as normas relativas à arte de navegar.

Pelos arts. 734 e 927, parágrafo único, do Código Civil vigente, a responsabilidade do transportador é objetiva.

A responsabilidade por culpa é substituída pela do risco, não mais importando a culpabilidade do lesante, bastando a relação causal entre o desenvolvimento da atividade e o prejuízo por ela provocado. Com isso o lesado não terá de comprovar a culpa do lesante.

Como se vê, a responsabilidade objetiva criou um risco sobre as estradas de ferro, as empresas de navegação aérea, donos e condutores de automóveis, de ônibus etc., que, por isso, passaram a segurar sua responsabilidade eventual por danos oriundos de acidente. O seguro obrigatório da responsabilidade civil (*Ciência Jurídica*, *69*:109) constitui uma forma de socialização do risco, pois, além de incidir sobre o responsável, o encargo da indenização dilui-se por todos os segurados, garantindo assim a reparação ao lesado nos casos em que a cobertura do dano poderia falhar em razão de falta de bens, insolvência ou falência do responsável.

3) *Furto de valores praticado por empregados de hotéis contra hóspedes* (*RT*, *222*:537), que será indenizado pelo hoteleiro independentemente da indagação de culpa concorrente, *in vigilando* ou *in eligendo* (CC, arts. 932, IV, e 933).

4) *Atuação culposa de preposto ou serviçal, no exercício de seu trabalho,* pois o empregador responderá pelos erros e enganos daquele, não lhe sendo permitido que prove não ter havido de sua parte culpa *in eligendo* ou *in vigilando* (CC, arts. 932, III, e 933).

5) *Queda de coisas de uma casa ou seu lançamento em lugar indevido* (CC, art. 938), causando dano, que acarretará responsabilidade objetiva do habitante, o qual deverá ressarcir o prejuízo causado, mesmo quando a queda, ou o lançamento do objeto, não lhe for imputável, por ter sido, p. ex., praticado por terceiro. Se o terceiro foi o causador do dano, o habitante não deixará de responder, apesar de ter contra aquele ação de *in rem verso*. Não há que se cogitar da culpabilidade, embora a ideia de culpa possa existir no dever de velar para que nada tombe e no de não lançar coisas em locais inconvenientes ou impróprios. Assim, o lesado por ferimentos provocados por objetos caídos de uma casa ou lançados à rua pela porta ou janela ou por acidentes, causadores de incêndio ou moléstias, devido a detritos lançados em local indevido, não precisará provar a culpa do habitante da casa, mas apenas que os objetos causadores da lesão provieram daquela casa ou da parte por ele habitada. Se a coisa causadora do dano proveio de um edifício de apartamentos, será necessário fazer prova sobre a fração do prédio de onde se lançou o objeto, já que poderá haver responsabilidade solidária

dos moradores da ala de onde caiu tal objeto (*RT, 616*:64); se não se conseguir tal apuração, será impossível responsabilizar todos os moradores dos vários apartamentos do edifício. Será, ainda, inadmissível que o habitante da casa destrua seu dever ressarcitório, alegando que uma neblina o havia impedido de ver o transeunte atingido pela coisa que lançara. Todavia, sua responsabilidade não cobrirá os danos resultantes de força maior, como a queda de objeto ocasionada por um forte vendaval ou tempestade.

6) *Pagamento de cheque falsificado por banco*, pois a Súmula 28 do STF prescreve que "o estabelecimento bancário é responsável pelo pagamento de cheque falso, ressalvadas as hipóteses de culpa exclusiva ou concorrente do correntista" (*RT, 68*:254, *169*:614, *185*:319, *193*:830, *564*:187).

7) *Comportamentos administrativos prejudiciais a direito de particular*, pois a Constituição Federal, art. 37, § 6º, acolhe a teoria do risco administrativo, segundo a qual basta, para que o Estado responda civilmente, que haja dano, nexo causal com o ato do funcionário e que o funcionário se ache em serviço no momento do evento prejudicial a terceiro. Não requer dolo ou culpa do agente público, sendo suficiente que ele tenha causado dano a direito de particular. Celso Antônio Bandeira de Mello esclarece-nos, com muita propriedade, que no caso de prejuízo causado por ato de pessoas que exercem função pública, ainda que eventual, episódica ou transitoriamente, a responsabilidade civil do Estado é objetiva, mas ele terá direito de regresso contra o agente público para haver o que pagou de indenização.

8) *Atos praticados no exercício de certos direitos*. Realmente o Código Civil, art. 1.285, apesar de reconhecer ao dono do prédio encravado o direito de constituir uma passagem sobre o prédio vizinho, obriga-o a pagar uma indenização pelo incômodo causado ao proprietário deste. O art. 1.289 do Código Civil, por sua vez, estatui que: "Quando as águas, artificialmente levadas ao prédio superior, ou aí colhidas, correrem dele para o inferior, poderá o dono deste reclamar que se desviem, ou se lhe indenize o prejuízo que sofrer". A esse respeito, o art. 92 do Código de Águas dispõe: "Mediante indenização, os donos dos prédios inferiores, de acordo com as normas da servidão legal de escoamento, são obrigados a receber as águas das nascentes artificiais", e acrescenta no parágrafo único: "Nessa indenização, porém, será considerado o valor de qualquer benefício que os mesmos prédios possam auferir de tais águas". Pelo Código Civil, art. 1.293, havendo canalização de águas, o prejudicado terá direito a uma prévia indenização. Se houver dano, em caso de servidão eventual de trânsito, o lesado terá direito a reparação (CC, art. 1.313). Segundo o Código Civil, art. 1.251, o bene-

ficiário da avulsão deverá indenizar o dono do imóvel desfalcado, se exercer o direito de conservar a terra acrescida.

C. Dano

c.1. Conceito e requisitos do dano

O *dano* é um dos pressupostos da responsabilidade civil, contratual ou extracontratual, visto que não poderá haver ação de indenização sem a existência de um prejuízo. Só haverá responsabilidade civil se houver um dano a reparar (*RSTJ*, *63*:251). Isto é assim porque a responsabilidade resulta em obrigação de ressarcir, que, logicamente, não poderá concretizar-se onde nada há que reparar[39]. Com muita propriedade, pontifica Giorgio Giorgi[40] que "*nessun dubbio sulla verità di questo principio: sia pura violata l'obbligazione, ma se il danno manca, manca la materia del risarcimento*". Não pode haver responsabilidade civil sem a existência de um dano a um bem jurídico, sendo imprescindível a prova real e concreta dessa lesão. Deveras, para que haja pagamento da indenização pleiteada é necessário comprovar a ocorrência de um dano patrimonial ou moral, fundados não na índole dos direitos subjetivos afetados, mas nos efeitos da lesão jurídica (*RT*, *436*:97, *433*:88, *368*:181, *458*:20, *434*:101, *481*:88, *425*:188, *478*:92, *470*:241, *469*:236, *455*:237, *478*:161, *477*:79, *457*:189, *224*:186, *398*:181, *471*:91, *469*:226, *443*:123, *481*:82; *RF*, *221*:200; *RTJ*, *39*:38 e *41*:844; *Jurisprudência do STF*, *2*:716, *2*:544, *3*:1046). De modo que, como nos ensina Artur Oscar de Oliveira Deda, quando a vítima reclama a reparação pecuniária em virtude do dano moral que recai, p. ex., sobre a honra, nome profissional e família, não pede um preço para sua dor, mas

---

39. Yussef Said Cahali, Dano (Direito civil), in *Enciclopédia Saraiva do Direito*, v. 22, p. 204; Henri e Léon Mazeaud, op. cit., v. 3, n. 2.078; Eugène Gaudemet, op. cit., p. 305; M. Helena Diniz, *Curso*, cit., v. 1, p. 270 e 271; Carnelutti, *Il danno e il reato*, Padova, 1930, p. 181; René Demogue, *Traité des obligations en général*, 1928, v. 4, p. 27; Antunes Varela, op. cit., p. 240; Serpa Lopes, op. cit., p. 256; Carlos Alberto Bittar, op. cit., p. 63; Eduardo A. Zannoni, *El daño en la responsabilidad civil*, Buenos Aires, Astrea, 1982, p. 1; Adriano De Cupis, *Il danno*, 1979, 2 v.; Jorge Mosset Iturraspe, *Responsabilidad por daños*, 1998, 7 v.; M. Zavala de González, *Resarcimiento de daños*, 1996, 3 v.; Maria Celina B. de Moraes, *Danos à pessoa humana*, Rio de Janeiro, Renovar, 2003; Silvio Neves Baptista, *Teoria geral do dano*, São Paulo, Atlas, 2003; Maria Clara O. D. Falavigna e Rita Kelch, *Teoria e prática*, cit., p. 47-72; Clóvis do Couto e Silva. O conceito de dano no direito brasileiro e comparado. *Doutrinas essenciais — obrigações e contratos* — coord. G. Tepedino e Luiz E. Fachin, São Paulo, Revista dos Tribunais, 2011, v. II, p. 1099-116.
40. Giorgio Giorgi, *Teoria delle obbligazioni*, 7. ed., Torino, UTET, 1930, v. 2, p. 137, n. 95.

apenas que se lhe outorgue um meio de atenuar, em parte, as consequências do prejuízo. Na reparação do dano moral, o dinheiro não desempenha função de equivalência, como no dano material, porém, concomitantemente, a função satisfatória e a de pena. Se a responsabilidade civil constitui uma sanção, não há por que não se admitir o ressarcimento do dano moral, misto de pena e de compensação. Portanto, há danos cujo conteúdo não é dinheiro, nem uma coisa comercialmente redutível a dinheiro, mas a lesão a um direito da personalidade, visto que não se podem avaliar a dor, a emoção, a afronta, a aflição física ou moral, ou melhor, a sensação dolorosa experimentada pela pessoa. O dano moral que se traduz em ressarcimento pecuniário não afeta, *a priori*, valores econômicos, embora possa vir a repercutir neles. O dano patrimonial compreende, como logo mais veremos, o dano emergente e o lucro cessante, ou seja, a efetiva diminuição no patrimônio da vítima e o que ela deixou de ganhar (*RT*, *490*:94, *507*:201 e *509*:69). É preciso não olvidar que há casos, principalmente na seara da responsabilidade contratual, em que a lei presume a existência de um dano exonerando o lesado do ônus de provar a sua ocorrência. Trata-se de casos em que a presunção absoluta de dano dispensa a alegação do prejuízo. Hipótese típica de *dano presumido* é a mora nas obrigações pecuniárias, em que o credor, ainda que se não alegue prejuízo, terá direito à indenização, ou melhor, aos juros moratórios (CC, arts. 404 e 407). Igualmente, para se exigir a cláusula penal, não será preciso que o credor alegue o dano (CC, art. 416). É, ainda, o caso: *a*) do segurador que, ao tempo do contrato, sabe estar passando o risco de que o segurado se pretende cobrir e, não obstante, expede a apólice — pagará em dobro o prêmio estipulado (CC, art. 773); *b*) daquele que demandar por dívida já paga, no todo ou em parte, sem ressalvar as quantias recebidas, ou pedir mais do que lhe for devido — deverá responder a penas previstas no art. 940 do Código Civil; *c*) de reprodução fraudulenta de obra literária, científica ou artística, não se conhecendo o número de exemplares que constituem a edição fraudulenta — pagará o transgressor o valor de três mil exemplares além dos apreendidos (Lei n. 9.610/98, art. 103, parágrafo único)[41].

---

41. M. Helena Diniz, *Curso*, cit., v. 1, p. 270 e 271; Orlando Gomes, *Introdução ao direito civil*, 3. ed., Rio de Janeiro, Forense, 1971, p. 446; Carlos Eduardo S. e Souza e Matheus Lourenço Rodrigues da Cunha, Indústria do dano ou indústria da lesão? uma análise crítica diante da constitucionalização da responsabilidade civil, *RT*, 997: 175-210. Sobre o *dano moral*, *vide* o Código Civil português, art. 496, n. 2; o Código Civil da Etiópia, art. 2.116, n. 3; o nosso Código de Telecomunicações (Lei n. 4.117/62, alterada em parte pelo Decreto-Lei n. 236/67 e revogada pela Lei n. 9.472/97, salvo quanto às disposições penais por ela disciplinadas e aos dispositivos referentes à radiodifusão); o

Convém lembrar como o faz o Enunciado n. 456 do Conselho da Justiça Federal (aprovado na V Jornada de Direito Civil) que: "A expressão 'dano' no art. 944 abrange não só os danos individuais, materiais ou imate-

Código Civil italiano, art. 2.059; o Código Civil brasileiro, arts. 186, 949, 953, 954, e as lições de Wilson Melo da Silva, *O dano moral e sua reparação*, 2. ed., Rio de Janeiro, Forense, 1966; Alcino de Paula Salazar, *Reparação do dano moral*, Rio de Janeiro, 1943; Artur Oscar de Oliveira Deda, Dano moral (Reparação), in *Enciclopédia Saraiva do Direito*, v. 22, p. 279-92; Carlos Alberto Bittar, op. cit., p. 64 e 65; Antunes Varela, op. cit., p. 244-48; Weill e Terré, op. cit., p. 668 e s.; Larenz, op. cit., p. 194 e s.; Aguiar Dias, op. cit., v. 2, p. 314 e s.; Alfredo Minozzi, *Studio sul danno non patrimoniale* (*danno morale*), Milano, SEL, 1901; Henri e Léon Mazeaud, op. cit., p. 371 e s.; Savatier, op. cit., p. 37-101; Jorge Luiz Souto Maior, O dano social e sua reparação, *Rev. LTr*, n. *71*-11(2007); Flávio Tartuce. Reflexões sobre o dano social. *Ensaios sobre responsabilidade civil na pós-modernidade*, Porto Alegre, Magister, v. 2, p. 169-90; Antonio Junqueira de Azevedo, *Novos estudos e pareceres de direito privado*, São Paulo, Saraiva, 2009, p. 377-84; Brasiello (*I limiti della responsabilità civile per danni*, Milano, Giuffrè, 1959, n. 52, p. 174 e 175) escreve: "negare la resarcibilità dei danni morali è un regresso"; Francisco dos Santos Amaral Neto, op. cit., p. 356 e 357; Zanoni, op. cit., p. 4; Georges Ripert (*La règle morale dans les obligations civiles*, 3. ed., p. 366, n. 181) observa que: "*S'il est vrai que la loi civile sanctionne le devoir moral de ne pas nuire à autrui comment pourrait-elle, alors qu'elle défend le corps et les biens, rester indifférente en présence de l'acte nuisible qui s'attaque à l'âme?*". *Vide* também as decisões contidas nas *RT*, *490*:215, *379*:168, *469*:61, *385*:134, *491*:201, *486*:222, *494*:70 e *551*:202; Súmula 491 do STF. Sobre dano presumido, consulte Aguiar Dias, op. cit., v. 1, n. 40; Yussef Said Cahali, Dano, cit., v. 22, p. 207 e 208; Antunes Varela, op. cit., p. 240, nota 99; Agostinho Alvim, *Da inexecução das obrigações e suas consequências*, 5. ed., São Paulo, 1980, n. 143. Sobre cumulação entre dano moral e material: *RT*, *613*:184; STF, *ADCOAS*, 1983, n. 89.546: "Determinado o início das pensões aos pais, a partir da data em que a vítima de atropelamento em via férrea completaria 12 anos, isto não autoriza a satisfação de dano moral autônomo, ao argumento de cobrir-se dessa forma o período anterior àquela idade em que é possível o trabalho do menor. A indenização por lucros cessantes com base na Súmula 491 não é cumulável com a de dano moral, mesmo em correspondência a períodos diversos"; 1º TARJ, *ADCOAS*, 1983, n. 90.337: "Se o Código Civil de 1916, por seus arts. 1.547 e 1.550, delineia a reparação do dano, por ofensa à honra, que é de caráter moral, é certo que, ainda que implicitamente, agasalha espécies análogas de violação a direitos morais, como o de afetividade familiar, componente como bem, da própria vida humana, que, além de ensejar proteção no direito à integridade física, comporta garantia no direito à integridade moral, que compreende, de par com a estima própria, ou a honra, e a estima alheia, ou a reputação, a estima familiar, ou a afetividade do recesso do lar. O direito à afetividade familiar inclui-se, como desdobramento que o é do direito à integridade moral, no rol dos direitos à própria existência, cuja fonte maior radica na Constituição, que, por seu art. 153, *caput*, assegura, não só aos brasileiros, mas aos estrangeiros no país residentes, inviolabilidade dos direitos concernentes à vida. O dano moral é compensável, porque, como *specie iuris* autônoma, não atinge, necessariamente, o patrimônio da pessoa, sendo inassimilável, por seus requisitos de configuração, ao chamado dano material, com que é juridicamente cumulável, na pretensão indenizatória"; 1º TARJ, *ADCOAS*, 1983, n. 90.338: "Se a lesão de direito é objeto de ampla reparação, descabe o cúmulo com a indenização destacada do dano moral, por representar inegável *bis in idem*".

riais, mas também os danos sociais, difusos, coletivos e individuais homogêneos a serem reclamados pelos legitimados para propor ações coletivas".

Ao lado do *dano individual*, que constitui lesão a patrimônio (dano patrimonial) ou a direito da personalidade (dano moral) da pessoa, temos, ainda, o *dano social* (seja ele patrimonial ou moral), que, por atingir o valor social do trabalho, o meio ambiente, a infância, a educação, a habitação, a alimentação, a saúde, a assistência aos necessitados, o lazer etc., alcança toda a sociedade, podendo provocar insegurança, intranquilidade ou redução da qualidade de vida da população. É uma lesão à sociedade no seu nível de vida, tanto por rebaixamento de sua segurança quanto por diminuição de sua qualidade de vida. Constitui, na lição de Antonio Junqueira de Azevedo, causa de: a) *indenização punitiva* por dolo ou culpa grave do agente, cujo ato reduziu as condições coletivas de segurança, tendo por escopo a restauração do nível social de tranquilidade diminuído por aquela infração culposa ou dolosa; e b) *indenização dissuatória*, se ato em geral praticado por pessoa jurídica trouxer diminuição do índice de qualidade de vida da população, para que não haja repetição, pelo agente ou por outros, daquele ato.

Como nos ensina Carlos Alberto Bittar, o dano individual é prejuízo ressarcível experimentado pelo lesado, traduzindo-se, se patrimonial, pela diminuição patrimonial sofrida por alguém em razão de ação deflagrada pelo agente, mas pode atingir elementos de cunho pecuniário e moral. O dano pode referir-se à pessoa ou aos bens de terceiro (inclusive direitos), nos dois sentidos enunciados, patrimonial e moral — e em ambos — mas, especialmente nessa última hipótese, deve ser determinado consoante critério objetivo, como pondera Barassi, e provado em concreto[42].

O dano pode ser definido como a lesão (diminuição ou destruição) que, devido a um certo evento, sofre uma pessoa, contra sua vontade, em qualquer bem ou interesse jurídico, patrimonial ou moral[43].

---

42. Carlos Alberto Bittar, op. cit., p. 64 e 65; Ludovico Barassi, *La teoria generale delle obbligazioni*, Milano, Giuffrè, 1964, v. 2, p. 423. João Batista de Castro Junior, Dano moral coletivo e dano sociomoral: distinção dada pela construtura hermenêutica constitucional. *Revista de Direito Civil Contemporâneo*, n. 2, p. 185 a 206.

43. Conceito baseado em Lucio Bove (Danno, in *Novissimo Digesto Italiano*, v. 5, p. 144), para quem o termo "dano" revela, em si, dispêndio, perda, depauperamento calcado na raiz "da", proveniente do antigo particípio de "dare", indicando uma certa abdicação infligida; Karl Larenz, op. cit., t. 1, p. 193; Francisco dos Santos Amaral Neto, op. cit., p. 357; Zannoni, op. cit., p. 1 e 4; Orlando Gomes, *Obrigações*, cit., p. 332; Antonio Borrel Maciá, *Responsabilidades derivadas de culpa extracontractual civil*, 2. ed., Bar-

"Se o dano material e o moral decorrerem do mesmo fato, as indenizações serão cumuláveis" (STJ, Súmula 37; no mesmo sentido: *Bol. AASP, 1865*:109; *Ciência Jurídica, 55*:161; *RJE, 1*:184; *RT, 613*:184).

Assim, para que haja dano indenizável, será imprescindível a ocorrência dos seguintes *requisitos*[44]:

a) *Diminuição ou destruição de um bem jurídico, patrimonial ou moral, pertencente a uma pessoa*, pois a noção de dano pressupõe a do lesado. O dano acarreta lesão nos interesses de outrem, tutelados juridicamente, sejam eles econômicos ou não. Se alguém atropelar uma pessoa, os danos causados podem consistir na privação da vida da vítima do acidente, nos ferimentos, na amputação de órgãos, nas deformações estéticas, na incapacitação física ou intelectual, na inutilização do vestuário etc. Se alguém caluniar outrem, os

---

celona, 1958, p. 211; Von Ihering (*3 estudios jurídicos*, Buenos Aires, Atalaya, p. 49) assevera: "*Fuera del dinero hay otros bienes a los cuales el hombre civilizado concede un valor que quiere sea protegido por el derecho*"; Agostinho Alvim, op. cit., n. 139; Paoli, *Il reato, il risarcimento, la riparazione*, Bologna, 1925, p. 120; Hans Albrecht Fischer, *Reparação dos danos no direito civil*, São Paulo, 1938, p. 9, nota 5; Carnelutti, op. cit., p. 10 e s.; Minozzi, op. cit., p. 16 e s.; Elcir Castello Branco, Dano aquiliano, in *Enciclopédia Saraiva do Direito*, v. 22, p. 220-2.

44. Relativamente aos requisitos do dano, *vide*: Zannoni, op. cit., p. 22-31; De Cupis, *El daño*, Barcelona, 1975, p. 107, n. 8; Alberto G. Spota, *Los titulares del derecho al resarcimiento en la responsabilidad aquiliana*, 1947; Jorge J. Llambías, *Tratado de derecho civil*; obligaciones, 3. ed., Buenos Aires, 1978, t. 1, n. 241 e 247; Raymundo M. Salvat, *Tratado de derecho civil argentino*; fuentes de las obligaciones, 2. ed., Buenos Aires, 1958, t. 4, n. 2.923; Jorge Bustamante Alsina, op. cit., p. 149, n. 324 e 325, 335 e 339; Francesco Messineo, *Manual de derecho civil y comercial*, Buenos Aires, 1954, t. 2, p. 9; Juan M. Farina, Damnificado directo e indirecto, in *Enciclopédia Jurídica Omeba*, t. 5, p. 497; Orgaz, *El daño resarcible*, 3. ed., p. 28 e 79-85; Guillermo A. Borda, *Tratado de derecho civil*; obligaciones, 4. ed., Buenos Aires, 1976, t. 2, n. 1.581 e 1.584; Mosset Iturraspe, *Estudios sobre responsabilidad por daños*, Santa Fé, Ed. Rubenzal y Culzoni, t. 1, n. 59 e 60; Atilio A. Alterini, *Responsabilidad civil*, 2. ed., Buenos Aires, 1979, p. 127, n. 151, 153 e 160; Domenico Barbero, *Sistema de derecho privado*, Buenos Aires, 1967, t. 1, p. 172, n. 59; Luis M. Boffi Boggero, *Tratado de las obligaciones*, Buenos Aires, 1973, t. 2, p. 263 e 270 e s.; Luis Moisset de Espanés, Reflexiones sobre el daño actual y el daño futuro, con relación al daño emergente y al lucro cesante, *El Derecho, 59*:791; Henoch D. Aguiar, *Hechos y actos jurídicos*, Buenos Aires, 1950, t. 3, n. 193; Weill e Terré, op. cit., p. 667; Santos Briz, op. cit., p. 140 e s.; Yussef Said Cahali, Dano, cit., v. 22, p. 206 e 207; Belluscio-Zannoni, *Código Civil comentado*, Buenos Aires, 1979, t. 2, p. 691; Leonardo Colombo, *Da culpa aquiliana*, Buenos Aires, 1965, n. 216; Jorge A. Carranza, *El dolo en el derecho civil y comercial*; Pothier, *Oeuvres Choisies*, anot. M. Bugnet, Paris, 1845-1862; Carlos Alberto Bittar, op. cit., p. 65; Marty e Raynaud, op. cit., p. 352; Mazeaud e Tunc, op. cit., n. 210 e 217; Scialoja, *Dizionario pratico del diritto privato*, v. 2, p. 542; Elcir Castello Branco, op. cit., p. 222 e 223; Antunes Varela, Dano indireto, in *Enciclopédia Saraiva do Direito*, v. 22, p. 261-4.

danos poderão consistir na afetação do bom nome do caluniado, na perda do emprego ou de algum negócio, na doença nervosa que o atingido contrai etc. Esses prejuízos são designados como *danos reais* causados pelo fato lesivo. Todo prejuízo é o dano a alguém. Não há dano sem lesado, pois só pode reclamar indenização do dano aquele que sofreu a lesão. Se, p. ex., alguém destruir uma *res nullius*, que não pertence a ninguém, não está provocando um prejuízo juridicamente relevante, por não haver vítima do dano. Quanto à pessoa lesada pelo evento danoso, pode-se falar em vítima direta e indireta. A *direta* diz respeito à pessoa do lesado. A *indireta*, à pessoa da família (CC, art. 12, parágrafo único) ou, excepcionalmente, a terceiros. Ex.: no caso de homicídio, não há lesado direto, visto que a vítima do dano faleceu, mas haverá lesados indiretos que sofrem lesão a um bem jurídico próprio, p. ex., o cônjuge supérstite e os filhos que dependiam para sobreviver do trabalho da vítima. Igualmente, uma pessoa que sofreu lesões corporais poderá incluir em seu pedido de indenização a prestação de alimentos a sua família ou a outros parentes durante o tempo necessário a sua cura.

b) *Efetividade ou certeza do dano*, pois a lesão não poderá ser hipotética ou conjetural. O dano deve ser real e efetivo, sendo necessária sua demonstração e evidência em face dos acontecimentos e sua repercussão sobre a pessoa, ou patrimônio desta (*RT*, *302*:161, *333*:407, *355*:218, *413*:133, *434*:266, *438*:74; *RSTJ*, *63*:251), salvo nos casos de dano presumido. A certeza do dano refere-se à sua existência e não à sua atualidade ou a seu montante, como nos ensina Acuña Anzorena[45]. A atualidade ou futuridade do dano é atinente à determinação do conteúdo do dano e ao momento em que ele se produziu. O dano pode ser atual ou futuro, isto é, potencial[46], desde que seja consequência necessária, certa, inevitável e previsível da ação, como, p. ex., quando uma pessoa é vítima de lesões corporais num acidente de trânsito e perde um braço, o que diminuirá sua capacidade de trabalho. A certeza do dano, portanto, constitui sempre uma constatação de fato atual que poderá projetar, no futuro, uma consequência necessária[47], pois, se esta for contingente, o dano será incerto.

c) *Causalidade*, já que deverá haver uma relação entre a falta e o prejuízo

45. Acuña Anzorena, in Salvat, *Hechos ilícitos*, v. 4, p. 77, n. 2.729, nota 24.

46. Giorgi (op. cit., p. 138, n. 95) escreve que dano potencial é o "*già avverato, oppure non ancora verificato, ma certo nella sua esistenza futura, o di certezza assoluta, o di certezza relativa al fatto speciale e concreto*".

47. Orgaz, op. cit., p. 63; Mosset Iturraspe, op. cit., v. 1, n. 60.

causado[48], ou seja, o dano deverá estar encadeado com a causa produzida pelo lesante. O *dano* poderá ser *direto* ou *indireto* em relação ao fato gerador. O dano será *direto* se oriundo da ação, como sua consequência imediata, ou melhor, se for resultante do fato lesivo, como, p. ex., a injúria, a morte imediata provocada pelo disparo do revólver, doença ocasionada pela insalubridade do local de trabalho. No dano direto há uma relação imediata entre a causa destacada pelo direito e a perda sofrida pela pessoa. O dano será *indireto* se consistir numa consequência da perda mediatamente sofrida pelo lesado, representando uma repercussão ou efeito da causa noutros bens que não os diretamente atingidos pelo fato lesivo. É o que decorre de fatos supervenientes que agravam o prejuízo diretamente suportado, p. ex., o vendedor de gado entrega animais doentes, que contagiam outros pertencentes ao comprador; se alguém mata um pai de família, privará de subsídios o filho menor. Trata-se do dano por mero reflexo ou, como preferem os franceses, *dommage par ricochet*[49].

A destruição de vidro de uma vitrina por desordeiro é dano direto, porém o estrago causado pelas chuvas nos artigos expostos, em razão da falta de vidro, é dano indireto. A avaria de um cabo elétrico, por negligência de um operário eletricista, prejudicando a companhia distribuidora de energia, é dano direto, mas a paralisação do trabalho numa fábrica têxtil, causada pela destruição do cabo, acarretando grandes prejuízos para a empresa, é dano indireto. Geralmente só se indenizam os danos diretos, mas, em certos casos, o lesante responderá pelos prejuízos decorrentes de circunstâncias ulteriores[50].

d) Subsistência do dano no momento da reclamação do lesado. Se o dano já foi reparado pelo responsável, o prejuízo é insubsistente, mas, se o foi pela vítima, a lesão subsiste pelo *quantum* da reparação; o mesmo se diga

48. Fromageot pondera: "*Pour que l'action en réparation puisse prendre naissance au profit de la victime il faut que le dommage se rattache directement à la faute du défendeur et que cette relation ne soit pas rompue*" (*De la faute en droit privé*, p. 42).

49. Weill e Terré, op. cit., p. 667. O CJF, na VI Jornada de Direito Civil, aprovou: a) Enunciado n. 552 — "Constituem danos reflexos reparáveis as despesas suportadas pela operadora de plano de saúde decorrentes de complicações de procedimentos por ela não cobertos". (*Vide* Súmula n. 10 da ANSA; Lei n. 9.656/98, art. 35-7 e b) Enunciado n. 560 — "No plano patrimonial, a manifestação do dano reflexo ou por ricochete não se restringe às hipóteses previstas no art. 948 do Código Civil."

50. Antunes Varela, Dano indireto, cit., v. 22, p. 261-4; Pietro Trimarchi, *Causalità e danno*, Milano, Giuffrè, 1967, p. 67, 70 e 74; Massimo C. Bianca, *Dell'inadempimento delle obbligazione*, Bologna, Zanichelli, 1973; Orlando Gomes, *Obrigações*, cit., p. 334.

se terceiro reparou o dano, caso em que ele ficará sub-rogado no direito do prejudicado.

e) *Legitimidade*, pois a vítima, para que possa pleitear a reparação, precisará ser titular do direito atingido. Os titulares poderão ser os lesados, ou seus beneficiários, isto é, pessoas que dele dependam ou possam reclamar alimentos.

f) *Ausência de causas excludentes de responsabilidade*, porque podem ocorrer danos, como logo mais veremos detalhadamente, que não resultem dever ressarcitório, como os causados por caso fortuito, força maior, ou culpa exclusiva da vítima etc.

c.2. Dano patrimonial

c.2.1. Conceito

Para se definir o dano patrimonial ter-se-á de partir do conceito de patrimônio, visto que o termo "dano patrimonial" vincula a noção de lesão ao conceito de patrimônio. O patrimônio é uma universalidade jurídica constituída pelo conjunto de bens de uma pessoa, sendo, portanto, um dos atributos da personalidade e como tal intangível[51]. Ou melhor, como pondera Fischer, patrimônio é a totalidade dos bens economicamente úteis que se encontram dentro do poder de disposição de uma pessoa[52].

O *dano patrimonial* vem a ser a lesão concreta, que afeta um interesse relativo ao patrimônio da vítima, consistente na perda ou deterioração, total ou parcial, dos bens materiais que lhe pertencem, sendo suscetível de avaliação pecuniária e de indenização pelo responsável[53]. Constituem danos patrimoniais a privação do uso da coisa, os estragos nela causados, a incapacitação do lesado para o trabalho, a ofensa a sua reputação, quando tiver repercussão na sua vida profissional ou em seus negócios[54].

O dano patrimonial mede-se pela diferença entre o valor atual do patrimônio da vítima e aquele que teria, no mesmo momento, se não houvesse a lesão. O dano, portanto, estabelece-se pelo confronto entre o patri-

---

51. Zannoni, op. cit., p. 33; Aguiar Dias, op. cit., v. 2, p. 398.
52. Hans Fischer, op. cit., p. 16.
53. Conceito baseado em: Antunes Varela, Dano indireto, cit., v. 22, p. 241-3; Zannoni, op. cit., p. 34; Fischer, op. cit., p. 25; Orlando Gomes, *Obrigações*, cit., p. 332; Yussef Said Cahali, Dano, cit., v. 22, p. 208.
54. Antunes Varela, Dano indireto, cit., v. 22, p. 243.

mônio realmente existente após o prejuízo e o que provavelmente existiria se a lesão não se tivesse produzido. O dano corresponderia à perda de um valor patrimonial, pecuniariamente determinado[55]. O dano patrimonial é avaliado em dinheiro e aferido pelo critério diferencial. Mas, às vezes, não se faz necessário tal cálculo, se for possível a restituição ao *statu quo ante* por meio de uma reconstituição natural[56].

Em toda obrigação ressarcitória o indenizante deverá procurar um estado de coisas que se aproxime da situação frustrada, isto é, a que existiria se não tivesse ocorrido o dano. A reparação do dano poderá processar-se: *a*) pela reparação natural, isto é, restauração do *statu quo* alterado pela lesão, que poderá consistir na entrega da própria coisa que, p. ex., havia sido furtada ou de objeto da mesma espécie, em troca do deteriorado; e *b*) pela indenização pecuniária quando for impossível restabelecer a situação anterior ao fato lesivo[57].

c.2.2. Dano emergente e lucro cessante

O dano patrimonial abrange, como se infere do disposto no Código Civil, arts. 402 e 403 (*RT*, *490*:94, *507*:201, *509*:69), não só o dano emergente (o que o lesado efetivamente perdeu) mas também o lucro cessante (o aumento que seu patrimônio teria, mas deixou de ter, em razão do evento danoso). Logo, ao se admitir indenização por lucro cessante, procurar-se-á, em razão de juízo de probabilidade, averiguar a *perda de chance* ou de oportunidade, de acordo com o normal desenrolar dos fatos (TJFR, Ap. Cível n. 146781800, Acórdão n. 12348, 4-2-2000, 3ª Câmara Cível, rel. E. Achille Grandinetti). Para conceder indenização o magistrado deveria, portanto, considerar se houve[58]:

---

55. Aguiar Dias, op. cit., p. 399; Larenz, op. cit., n. 193; Antunes Varela, Dano indireto, cit., v. 22, p. 242; Consolo, *Il risarcimento del danno*, Milano, 1908, n. 1 e 26; Giusiana, *Il concetto del danno giuridico*, Milano, 1944, n. 15, p. 39; Polacco, *L'obbligazioni nel diritto civile italiano*, v. 1, n. 126.

56. Fischer, op. cit., p. 33; Aguiar Dias, op. cit., v. 2, p. 400.

57. Aguiar Dias, op. cit., p. 407 e 408; Fischer, op. cit., p. 139 e 151-3.

58. Mazeaud e Tunc, op. cit., n. 216 e s.; Orgaz, op. cit., p. 20 e s.; De Cupis, op. cit., p. 122 e 322; Orlando Gomes, *Obrigações*, cit., p. 188-9; Agostinho Alvim, op. cit., n. 140 e 142-54; W. Barros Monteiro, op. cit., v. 4, p. 333-5; Antunes Varela, Dano indireto, cit., v. 22, p. 242; Von Tuhr, op. cit., t. 2, p. 85; Serpa Lopes, op. cit., v. 2, n. 349 e 350; M. Helena Diniz, op. cit., v. 2, p. 329; Aguiar Dias, op. cit., v. 2, p. 401-14; Fischer, op. cit., p. 47, 69, 74 e s.; Zannoni, op. cit., p. 34-56; Luis Moisset de Espanés, op. cit., p. 792, n. 3A; Jaime Santos Briz, *La responsabilidad civil*, Madrid, Montecorvo, 1986, p.

1º) Dano *positivo* ou *emergente*, que consiste num *deficit* real e efetivo no patrimônio do lesado, isto é, numa concreta diminuição em sua fortuna, seja porque se depreciou o ativo, seja porque aumentou o passivo, sendo, pois, imprescindível que a vítima tenha, efetivamente, experimentado um real prejuízo, visto que não são passíveis de indenização danos eventuais ou potenciais, a não ser que sejam consequência necessária, certa, inevitável e previsível da ação. Tais prejuízos se traduzem num empobrecimento do patrimônio atual do lesado pela destruição, deterioração, privação do uso e gozo etc. de seus bens existentes no momento do evento danoso e

---

269; Sílvio de Salvo Venosa, *Direito Civil*, São Paulo, Atlas, 2002, v. 4, p. 200 e 201; Alterini e Cabana, *La responsabilidad*, Buenos Aires, Abeledo-Perrot, 1995, p. 330; Sérgio Savi, *Responsabilidade civil por perda de uma chance*, São Paulo, Atlas, 2006; Vaneska Donato Araújo, A perda de uma chance, *Direito civil — direito patrimonial e direito existencial* (coord. Tartuce e Castilho), São Paulo, Método, 2006, p. 439-70; Rafael Peteffi da Silva, *Responsabilidade civil pela perda de uma chance*, São Paulo, Atlas, 2007; Maria Luisa A. Vieira, La pérdida de oportunidad como daño indemnizable, in *Estudos de direito do consumidor* (org. António Pinto Monteiro), Coimbra, 2005, n. 7, p. 137-73; Fernando Noronha, *Direito das obrigações*, São Paulo, Saraiva, 2003, v. 1, p. 665; Jeová Santos, *Dano moral indenizável*, São Paulo, Revista dos Tribunais, 2003, p. 107-8; Dalvaney Araújo. A responsabilidade civil advinda da perda de uma chance. *De jure*, *15*:260-70. Sobre *dano existencial* consulte: Flaviana R. Soares, *Responsabilidade civil por dano existencial*, Porto Alegre, Livraria do Advogado, 2009; Amaro A. de Almeida Neto, Dano existencial — a tutela da dignidade da pessoa humana, *Revista Síntese — Direito Civil e Processual Civil*, *80*: 9-36; Mª Emília C. do Nascimento, Responsabilidade Civil por dano existencial, *Revista Síntese — Direito Civil e Processual Civil*, *80*: 37-56; Hidemberg A. da Frota e Fernanda L. Bião, A dimensão existencial da pessoa humana, o dano existencial e o dano ao projeto de vida: reflexões à luz do direito comparado, *Revista Síntese — Direito Civil e Processual Civil*, *80*: 57-83; Ezequiel Moraes, Brevíssimas considerações sobre o dano existencial, *Revista Síntese — Direito Civil e Processual Civil*, *80*: 84; Soraya S. N. Escorel, *Bullying* escolar e a visão do Ministério Público no enfrentamento do problema, *Revista Jurídica "De jure"*, *20*:184-204; Luiz Carlos de Assis Jr., A responsabilidade civil do advogado na teoria da perda de uma chance, *Revista Síntese — Direito Civil e Processual Civil*, *85*:9-21; Claudia M. de A. R. Viegas e outros, A responsabilidade civil pela perda de uma chance nas relações jurídicas civis e do trabalho, *Revista Síntese*, cit., p. 22-48; Silvia B. P. de Figueiredo, A perda de uma chance, *Revista Síntese*, cit., p. 49-51; Claudinéia O. de A. Mota, Aspectos destacados da teoria da responsabilidade civil pela perda de uma chance no direito brasileiro, *Revista Jurídica "De jure"*, *26*:221-231; Cristiano C. de Farias, A perda de uma chance, *Revista IBDFAM*, *26*:13. *Dano existencial*: interessante é, sobre o tema, a obra de Rogério Donnini, *Responsabilidade civil na pós-modernidade*, Porto Alegre, Sergio A. Fabris Editor, 2015, p. 97 a 112; Marli A. S. Pialarissi, O dano existencial nas vítimas de incesto, *Revista Jurídica Luso-Brasileira*, n. 2, p. 663 a 700, 2017; M. Helena Diniz, Responsabilidade civil pela perda de uma chance: breve análise, *RT*, 997: 293 a 308; Helena M. Marquet e Adriane M. Toaldo, A perda do tempo útil caracterizadora do dano moral, *Revista Síntese – direito civil e processual civil*, *119*: 78-96; *JB*, *152*:117: "Se os lucros cessantes não são comprovados no processo de conhecimento, é inadmissível apurá-los no processo de execução".

pelos gastos que, em razão da lesão, teve de realizar. Na condenação relativa a dano emergente, a indenização poderá processar-se de duas formas: o lesante será condenado a proceder à restauração do bem danificado ou a pagar o valor das obras necessárias a essa reparação. A indenização relativa ao dano emergente pretende restaurar o patrimônio do lesado no *estado* em que anteriormente se encontrava. Se a obrigação não cumprida consistir em pagamento em dinheiro, a estimativa do dano emergente já estará previamente estabelecida pelos juros de mora e custas processuais, sem prejuízo da pena convencional (CC, art. 404). Os juros moratórios funcionam como uma espécie de prefixação das perdas e danos; o mesmo se diz das custas processuais e honorários advocatícios (CPC, arts. 82, § 2º, e 85).

2º) Dano *negativo* ou *lucro cessante* ou *frustrado*, alusivo à privação de um ganho pelo lesado, ou seja, ao lucro que ele deixou de auferir, em razão do prejuízo que lhe foi causado. Para se computar o lucro cessante, a mera possibilidade é insuficiente, embora não se exija uma certeza absoluta, de forma que o critério mais acertado estaria em condicioná-lo a uma probabilidade objetiva, resultante do desenvolvimento normal dos acontecimentos, conjugado às circunstâncias peculiares do caso concreto (*RT*, *434*:163, *494*:133). Trata-se não só de um eventual benefício perdido, como também da *perda da chance* (*perte d'une chance* ou *loss of a chance*), de oportunidade ou de expectativa (frustração de uma oportunidade) em que seria obtido, como diz Jeová Santos, um benefício, caso não houvesse o corte abrupto em decorrência de um ato ilícito), que requer o emprego do tirocínio equitativo do órgão judicante, distinguindo a possibilidade da probabilidade e fazendo uma avaliação das perspectivas favoráveis ou não à situação do lesado, para atingir a proporção da reparação e deliberar seu *quantum*. Consequentemente, nesta última hipótese, a indenização não seria do ganho que deixou de ter, mas, na verdade, da chance. A chance frustrada, para Fernando Noronha, caracteriza-se pela perda de oportunidade de obtenção de uma vantagem ou pela frustração da oportunidade de evitar um dano. Enfim, a perda da chance é, de modo genérico, a frustração de probabilidade de obtenção de um benefício na esfera jurídica de quem foi lesado, moral ou patrimonialmente, por um ato comissivo ou omissivo do lesante. Trata-se de um tipo de dano indenizável pela perda de uma oportunidade de alcançar uma vantagem futura. A perda da chance é um dano real indenizável se se puder calcular o grau de probabilidade de sua concretização ou da cessação do prejuízo. Se assim é, o dano deve ser apreciado, em juízo, segundo o maior ou menor grau de probabilidade de converter-se em certeza. A chance, ou oportunidade, seria indenizável por implicar perda de uma expectativa ou probabilidade. A perda de uma oportunidade é um dano cuja avaliação é difícil, por não ser possível a condução da vítima ao *statu quo ante*, pois não mais terá a chance perdida. O lesado deve ser indenizado pelo equivalente daquela oportunidade; logo o prejuízo terá um valor que variará conforme maior ou menor probabilidade de a chance perdida se concretizar. Como exemplos de *perda da chance* poder-se-ão apontar: o ato culposo de um *advogado* que se atrasa, sem motivo justificável, em audiência e instrução, determinando revelia e confissão, inviabilizando a chance de vencer a demanda (2º TACSP — Ap. Cível n. 620.806-00/0 — rel. Des. Ferraz Felizardo — j. 25.6.2002), que não apresenta recurso cabível, retirando de seu constituinte a oportunidade de ver sua pretensão examinada em instância superior, que poderia dar-lhe ganho de causa, que não ajuíza ação de cobrança de seguro provocando consumação do prazo prescricional (TJMG, 15ª C. Cív., Ap. Cív. 10540.04.0001229-1/001, j. 10.11.2005) ou ação rescisória, no prazo decadencial de dois anos (STJ, AI 932.446/RS — j. 19.10.2007) ou, ainda, que pratica ato de negligência, se sabendo do extravio dos autos, não promove sua restauração (TJRS, 5ª C. Cív., Ac 591.064.837, j. 29.8.1991); jogador de tênis que tem carreira frustrada por acidente que paralisa seu braço direito; candidato a concurso público que, por um acidente de trânsito, se vê impedido de comparecer na data marcada para o exame; o corredor que, na Olimpíada, empurrado por um insano mental, perde a primeira colocação, chegando em terceiro lugar; candidato a vaga de universidade pública que, por erro do serviço do banco arrecadador do valor da inscrição, se vê impedido de prestar o vestibular (1ª Turma Recursal Cível do Juizado Especial Cível de Porto Alegre, AC n. 71000588822, rel. João Pedro Cavalli Jr., j. 2810-2004); associado de sindicato que perde chance de ver sua pretensão apreciada pela justiça trabalhista, porque advogado indicado pelo sindicato ajuizou a demanda depois de transcorrido o prazo prescricional (9ª Câm. Cível do TJRS, AC n. 70006227599, rel. Adão Sérgio do Nascimento Cassiano, j. 29-9-2004); paciente, portador de pneumonia dupla, com febre alta, liberado prematuramente por médico que o orienta a fazer uso de antipirético, agravando sua saúde, retardando seu reingresso na instituição hospitalar e provocando sua morte, fazendo-o perder a chance razoável de sobreviver (TJRS — Ap. Cível n. 596070979 — rel. Des. Araken de Assis — 5ª Câm. Cível, j. 15.6.1996); grávida, que esconde sua gravidez e o posterior nascimento da criança do pai, frustrando a convivência paterno-filial. A perda da chance, para Vaneska Donato Araújo, de auferir vantagem ou evitar evento desfavorável constitui prejuízo, ou seja, um dano moral em razão da oportunidade perdida. Abrange dois tipos de dano: o da perda da oportunidade, que é certo, pois a chance foi definitivamente perdida, e o dano incerto, correspondente a todo prejuízo oriundo da não realização da chance. Se for substancial a probabilidade de concretização da chance, sua frustração constituirá um prejuízo. Para Jeová Santos, a perda da chance deverá ser quantificada, considerando-se: *a*) a situação do lesado se a oportunidade invocada como perdida tivesse se realizado; *b*) a chance em si mesma, a ser avaliada em função do interesse prejudicado, do grau de probabilidade de sua produção e do caráter reversível ou irreversível do prejuízo que provoque sua frustração; e *c*) o montante indenizatório que adviria da realização da chance. Como se pode ver, o lesado não receberia a totalidade da vantagem esperada, mas uma porcentagem proporcional à probabilidade de sua concretização. Constitui lucro cessante, p. ex., o prejuízo que, para o credor, resultaria do retardamento culposo da obrigação, quando a inexistência do objeto da prestação devida no seu patrimônio o prive de certos lucros (juros de mora), de modo que os juros moratórios representariam uma compensação geral pelos lucros frustrados.

Pelo Enunciado n. 444 da V Jornada de Direito Civil: "A responsabilidade civil pela perda de chance não se limita à categoria de danos extrapatrimoniais, pois, conforme as circunstâncias do caso concreto, a chance perdida pode apresentar também a natureza jurídica de dano patrimonial. A chance deve ser séria e real, não ficando adstrita a percentuais apriorísticos".

A perda da chance, oriunda de lesão extrapatrimonial, abarca o *dano existencial*, ou dano a um projeto de vida, por ser uma lesão à existência e à dignidade da pessoa, decorrente da violação de um de seus direitos fundamentais, que provoca frustração, ou melhor, modificação nas atividades cotidianas por ela exercidas na consecução de um plano de vida pessoal, pouco importando a repercussão econômica, dando azo a um ressarcimento para que haja proteção à personalidade. P. ex.: senhora, que costumava viajar com amigas, é atropelada e fica obrigada a usar cadeira de rodas, sofre dano existencial, por haver uma alteração em seus hábitos e deterioração em sua qualidade de vida, por perder convívio com seu grupo de viagem e alegria de conhecer o mundo. Houve uma privação em sua liberdade ou em seu direito de fazer ou deixar de fazer o que aprouver ou de concretizar metas. O mesmo se diga de quem foi vítima de *bullying* no meio escolar, ou preso por erro judiciário ou ficou impedido de ter filho por negligência médica etc. ... O dano à existência gera mudança brusca no dia a dia, modificando a relação da vítima na esfera familiar, amorosa, social, escolar, profissional etc. ... As normas que regem a indenização por dano moral podem ser aplicadas na ressarcibilidade do dano existencial (CF/88, arts.

1º, III, 5º, V e X; CC, arts. 12, 186, 927, 948, 949; STJ, Súmula 37; STF, Súmula 491). Trata-se da perda do gozo ou qualidade de vida, que abrange frustração de projetos, desejos, inclinações, chance etc., impondo à vítima uma reprogramação e a um relacionar-se de forma diferente no contexto sociocultural ou no mundo que a circunda, visto que sofreu lesão no seu direito de autodeterminação ou de moldar sua vida e seu destino.

3º) *Nexo de causalidade entre o prejuízo e a conduta do lesante*, pois, se o dano advier de negligência da própria vítima, não haverá ressarcimento, porque não existe norma que impeça o sujeito responsável de diminuir seu próprio patrimônio.

Sinteticamente, ensina Antunes Varela[59] que o dano emergente consiste no prejuízo causado em direitos já existentes na titularidade da vítima por ocasião do evento lesivo, e o lucro cessante abrange os danos alusivos a direitos ainda não pertencentes ao lesado a essa data. Na hipótese de ofensas corporais, serão dano emergente as despesas efetuadas com o transporte do ferido para o hospital, com o tratamento médico, com o internamento até o completo restabelecimento da vítima, e serão lucro cessante os ganhos e as vantagens que o agredido obteria se não tivesse sofrido a agressão. P. ex.: ao apurar os danos oriundos de inadimplemento contratual, o magistrado deverá agir com prudência (*RF, 224*:124), pois a reparação dos prejuízos não poderá ser arbitrária, de forma que será necessário que estipule uma indenização justa, correspondente, na apreciação do dano emergente, ao prejuízo real, efetivamente sofrido pelo lesado, recompondo a primitiva situação, e, na apreciação do lucro cessante, ao lucro *in potentia proxima*, procurando-se os ganhos mais prováveis e anulando-se, assim, os efeitos da lesão, de forma a restabelecer o credor na posição que teria se o devedor tivesse cumprido a obrigação que lhe incumbia. A reparação do dano abrangerá, então, a restauração do que o credor perdeu e a composição do que deixou de ganhar, apuradas segundo um juízo de probabilidade, atendo-se o juiz, ao fixar o *quantum*, ao tempo de julgamento, ao lugar da estimação, que será aquele em que o pagamento teria de efetuar-se[60], e à pessoa do lesado, principalmente sua situação patrimonial, para poder estabelecer a repercussão que teve sobre ela a inexecução da obrigação. P. ex.: o prejuízo sofrido com a perda de um au-

59. Antunes Varela, Dano indireto, cit., v. 22, p. 243.

60. Larenz, op. cit., p. 198; Chironi, *Colpa contratuale*, 2. ed., Torino, 1897, v. 2, n. 418; Giorgi, *Teoria delle obbligazioni nel diritto moderno italiano*, 7. ed., Firenze, 1930, v. 2, n. 240; Caio M. S. Pereira, op. cit., 6. ed., 1981, v. 2, p. 292; W. Barros Monteiro, op. cit., v. 4, p. 336; M. Helena Diniz, op. cit., v. 2, p. 330.

tomóvel por um vendedor profissional não se compara ao sofrido com a perda de um carro semelhante por uma empresa de transporte[61].

Finalmente, é preciso lembrar que o lesante deverá suportar o ônus da inflação, pois: *a*) a Súmula 562 do STF dispõe: "na indenização de danos materiais decorrentes de ato ilícito cabe a atualização de seu valor, utilizando-se, para esse fim, dentre outros critérios, os índices de correção monetária"; *b*) a Lei n. 6.899/81 determina a atualização monetária em qualquer débito oriundo de decisão judicial, inclusive custas e honorários advocatícios[62]; e *c*) o art. 404 prescreve: "As perdas e danos, nas obrigações de pagamento em dinheiro, serão pagas com atualização monetária segundo índices oficiais regularmente estabelecidos, abrangendo juros, custas e honorários de advogado, sem prejuízo da pena convencional". A correção ou atualização monetária, na composição de perdas e danos consequentes de ato ilícito, visa tornar justa a indenização, ante a desvalorização da moeda, pois do contrário a vítima teria o seu patrimônio desfalcado (*RT*, *446*:91).

c.2.3. Dano patrimonial direto e indireto

c.2.3.1. Distinção entre dano patrimonial direto e indireto

Três são os critérios de distinção entre dano patrimonial direto e indireto[63]:

1) Considera-se *direto* o dano que causa imediatamente um prejuízo no patrimônio da vítima, p. ex., destruição de um carro que lhe pertence; e *indireto* o que atinge interesses jurídicos extrapatrimoniais do lesado, como os direitos da personalidade, causando, de forma mediata, perdas patrimoniais, p. ex., despesas com o tratamento de lesões corporais. O dano patrimonial indireto é, portanto, uma consequência possível, porém não necessária, do evento prejudicial a um interesse extrapatrimonial, constituindo um dano moral que produz reflexos prejudiciais à economia do ofendido (*RT*, *436*:97, *433*:88, *368*:181, *458*:20, *434*:101; *RTJ*, *39*:38, *41*:844; *RF*, *221*:200).

2) Designa-se *dano direto* o causado à própria vítima do fato lesivo e *indireto* o experimentado por terceiros em razão desse mesmo evento danoso.

---

61. Orgaz, op. cit., 1952, p. 145 e 146; Serpa Lopes, op. cit., p. 427.

62. W. Barros Monteiro, op. cit., p. 336. *Vide* Decreto n. 92.592/86, art. 7º (ora revogado pelo Decreto s/n. de 25-4-1991), e Decreto-Lei n. 2.284/86, art. 7º (artigo revogado pelo Decreto n. 2.290/1986).

63. Zannoni, op. cit., p. 91-3; Llambías, op. cit., t. 1, n. 238; Orgaz, op. cit., n. 5, 32 e 38; Bustamante Alsina, op. cit., n. 336 e 346; Alterini, op. cit., n. 152.

3) Denomina-se *dano direto* o prejuízo que for consequência imediata da lesão e *dano indireto* o que resultar da conexão do fato lesivo com um acontecimento distinto. Todavia, em vez de dano direto ou indireto, seria preferível falar-se em dano provocado como consequência imediata ou mediata do fato, de modo que tal questão se ligaria mais à relação de causalidade do que ao dano, ainda que incida na extensão da indenização[64]. Esta última distinção é, como apontamos alhures, atinente a um dos pressupostos da responsabilidade civil: o nexo causal entre o dano e o seu fato gerador.

Consideraremos aqui o dano patrimonial indireto sob o prisma dos dois primeiros critérios.

c.2.3.2. Lesão ao direito da personalidade como dano patrimonial indireto

c.2.3.2.1. Direitos da personalidade

A fim de satisfazer suas necessidades nas relações sociais, o homem adquire direitos e assume obrigações, sendo, portanto, sujeito ativo e passivo de relações jurídico-econômicas. O conjunto dessas situações jurídicas individuais, suscetíveis de apreciação econômica, designa-se *patrimônio*, que é sem dúvida a projeção econômica da personalidade. Porém, a par dos direitos patrimoniais, a pessoa tem direitos da personalidade[65].

Como assevera Goffredo Telles Jr., a personalidade consiste no conjunto de caracteres próprios da pessoa[66]. A personalidade não é um direito, de modo que seria errôneo afirmar que o ser humano tem direito à personalidade. A personalidade é que apoia os direitos e deveres que dela irradiam[67], é objeto de direito, é o primeiro bem da pessoa, que lhe pertence como primeira utilidade, para que ela possa ser o que é, para sobreviver e se adap-

---

64. Boffi Boggero (op. cit., t. 2, p. 259, § 509) escreve: "*es daño inmediato el que acontece según el curso natural de las cosas y mediato el que surge de ese curso, pero con el aditamento de la conexión con un acontecimiento distinto*". Sobre o assunto, *vide*: Roberto H. Brebbia, *Hechos y actos jurídicos*, Buenos Aires, 1979, t. 1, p. 87; Osvaldo C. Paludi, *La relación de causalidad en la responsabilidad civil por el hecho propio*, Buenos Aires, 1976, p. 61; Cazeaux e Trigo, *Derecho de las obligaciones*, 2. ed., La Plata, Ed. Platense, 1979, t. 1, p. 324; Zannoni, op. cit., p. 92 e 93.

65. Caio M. S. Pereira, op. cit., v. 1, p. 202 e 203. Consulte: Pierre Kaiper, Les droits de la personnalité; aspects théoriques et pratiques, *Revue Trimestrielle de Droit Civil*, 1971, p. 486. *Vide*: CC, arts. 11 a 21.

66. G. Telles Jr., Direito subjetivo-I, in *Enciclopédia Saraiva do Direito*, v. 28, p. 315.

67. Ruggiero e Maroi, *Istituzioni di diritto privato*, Milano, 1955, v. 1, § 35.

tar às condições do ambiente em que se encontra, servindo-lhe de critério para aferir, adquirir e ordenar outros bens[68].

O direito objetivo autoriza a pessoa a defender sua personalidade, de forma que, para Goffredo Telles Jr., os direitos da personalidade são os direitos subjetivos da pessoa de defender o que lhe é próprio, ou seja, a identidade, a liberdade, a sociabilidade, a reputação, a honra, a autoria etc. Por outras palavras, os direitos da personalidade são direitos comuns da existência, porque são simples permissões dadas pela norma jurídica, a cada pessoa, de defender um bem que a natureza lhe deu, de maneira primordial e direta[69].

R. Limongi França[70] apresentou, cientificamente, a estrutura da especificação e classificação dos direitos da personalidade, assim formulada: os direitos da personalidade são direitos de defender: 1) a *integridade física*: a vida (a concepção e a descendência — gene artificial, inseminação artificial ou de proveta; o nascimento — aborto; o planejamento familiar — limitação de filhos; a proteção do menor pela família ou pela sociedade; a habitação; a educação; o trabalho; o transporte adequado; a segurança física; o aspecto físico da estética humana; a proteção médica e hospitalar; o meio ambiente ecológico; o sossego; o lazer; o desenvolvimento vocacional profissional e artístico; a liberdade física; o prolongamento artificial da vida; a reanimação; a velhice digna etc.), os alimentos, o próprio corpo vivo ou morto, o corpo alheio vivo ou morto, as partes separadas do corpo vivo ou mor-

68. G. Telles Jr., op. cit., p. 315.

69. G. Telles Jr., op. cit., p. 315 e 316. *Vide* ainda: Orlando Gomes, Direitos da personalidade e responsabilidade civil, *Revista de Direito Comparado Luso-Brasileiro*, n. 2, p. 9918; Francesco Degni, *Le persone fisiche e diritti della personalità*, Torino, 1939, p. 161; Fábio Maria de Mattia, Direitos da personalidade: aspectos gerais, *RF*, *262*:79-88. Simón Carrejo (*Derecho civil*, Bogotá, Ed. Temis, 1972, t. 1, p. 299 e 300) assevera que: "*en el lenguaje jurídico actual la expresión 'derechos de la personalidad' tiene significado particular, referido a algunos derechos cuya función se relaciona de modo más directo con la persona humana, pues se dirigen a la preservación de sus más íntimos e imprescindibles intereses. En efecto, esos derechos constituyen un mínimo para asegurar los valores fundamentales del sujeto de derecho; sin ellos, la personalidad quedaría incompleta e imperfecta, y el individuo, sometido a la incertidumbre en cuanto a sus bienes jurídicos fundamentales... Puede decirse que los derechos de la personalidad son los derechos subjetivos de carácter privado y no patrimonial, primordiales y absolutos, a través de los cuales el ordinamiento reconoce y tutela los intereses básicos e inherentes a la persona en si misma considerada*"; Cifuentes, *Los derechos personalísimos*, Buenos Aires, Córdoba, 1974, p. 119-37; Larenz, *Allgemeiner Teil des deutschen burgerlichen Rechts*, trad. esp., 3. ed. Miguel Izquierdo y Macias Picavea, p. 161 e 164.

70. R. Limongi França, *Manual de direito civil*, 3. ed., Revista dos Tribunais, 1975, v. 1, p. 411, e Coordenadas fundamentais dos direitos da personalidade, *Revista de Direito Comparado Luso-Brasileiro*, n. 2, p. 52-6. Sobre o assunto, *vide*: Zannoni, op. cit., p. 97 e 98; Lei n. 8.069/90, arts. 3º a 19, 53 a 69 e 71.

to (o espermatozoide; o óvulo; o uso do útero para procriação alheia; o exame médico; a transfusão ou a alienação de sangue; o transplante; a experiência científica; o transexualismo; a mudança artificial do sexo; o débito conjugal; a liberdade física; o sepulcro; a cremação; a utilização científica do cadáver; a doação de órgãos do corpo morto; o culto religioso no enterro); 2) a *integridade intelectual*: a liberdade de pensamento, a autoria científica, artística e literária e a atuação de esportista participante ou não de espetáculo público; 3) a *integridade moral*: a honra, a honorificência, o recato, o segredo pessoal, doméstico, político, religioso e profissional, a imagem, a identidade pessoal, familiar e social (profissional, política e religiosa), a liberdade civil, política e religiosa, a segurança moral, a intimidade, o aspecto moral da estética humana, a identidade sexual, o nome, o título, o pseudônimo, a alcunha.

Como se vê, destinam-se a resguardar a dignidade humana, mediante sanções, que devem ser suscitadas pelo ofendido[71]. Por tal razão prescreve o art. 12 do Código Civil: "Pode-se exigir que cesse a ameaça, ou a lesão, a direito da personalidade, e reclamar perdas e danos, sem prejuízo de outras sanções previstas em lei". Tais sanções devem ser aplicadas por meio de medidas cautelares que suspendam os atos que desrespeitam a integridade física, intelectual e moral, movendo-se, em seguida, uma ação que irá declarar ou negar a existência da lesão, que poderá ser cumulada com ação ordinária de perdas e danos a fim de ressarcir danos morais e patrimoniais[72].

c.2.3.2.2. Dano ao corpo

c.2.3.2.2.1. Tutela legal ao corpo humano

O dano à integridade corporal e à vida humana é direto e extrapatrimonial, mas pode provocar indiretamente uma lesão patrimonial, constitutiva de dano emergente e de lucro cessante. O corpo humano, ao lado do valor moral que representa, pode originar um valor econômico que deve ser indenizado. A integridade física é um bem suscetível de apreciação pecuniária, de modo que sua perda deverá ser reparada, levando-se em conta não só todas

71. Orlando Gomes, *Introdução*, cit., p. 139 e 148.

72. Orlando Gomes, *Introdução*, cit., p. 168; Kayser, Les droits de la personnalité; aspects théoriques et pratiques, *Revue Trimestrielle de Droit Civil*, 1971, p. 486 e 500-6; Fábio Maria de Mattia, Direitos da personalidade-II, in *Enciclopédia Saraiva do Direito*, v. 28, p. 163 e 164; M. Helena Diniz, *Curso*, cit., v. 1, p. 81 e 82; Jean Carbonnier, *Droit civil*, Paris, PUF, 1969, v. 1, p. 246; Bonvicini, op. cit., t. 1, p. 33 e 34.

as manifestações, atuais e futuras da atividade que possam ser avaliadas, mas também as circunstâncias relativas àqueles que pleiteiam a indenização.

A lesão à integridade física de alguém constitui ilícito previsto tanto no Código Civil, art. 949, como no Código Penal, art. 129, e objetiva-se pelo dano anatômico (escoriação, equimose, ferida, luxação, fratura, cicatriz, aleijão, mutilação etc.), que poderá acarretar ou não perturbação funcional (alteração na sensibilidade, na motricidade, nas funções vegetativas — digestão, respiração, circulação, excreção —, na atividade sexual, no psiquismo).

O Código Civil, arts. 186 e 927, ao prescrever que todo aquele que violar direito ou causar prejuízo a outrem por ação ou omissão voluntária, negligência ou imprudência, deve reparar o dano, admite a reparação civil do dano ao corpo, por constituir um ato ilícito.

A lesão ao corpo, em regra, repara-se pela cura, de forma que o modo de ressarcir previsto no art. 949 do Código Civil é indireto, por estabelecer dever de indenizar a vítima das despesas com o tratamento (p. ex., gasto com medicamentos, cirurgia, ortopedia, honorários médicos, exames clínicos etc.) e de recompor o seu patrimônio pelo pagamento de lucros cessantes (rendimentos que deixou de ter pelo não exercício de suas atividades) até o final da convalescença, além de algum outro prejuízo que o ofendido prove haver sofrido.

A lei anterior obrigava, ainda, o lesante a pagar uma sobrecarga de ressarcimento igual à multa cabível na lesão corporal dolosa, no grau médio da pena criminal correspondente (CP, art. 129, § 5º). Tomavam-se as penas, máxima e mínima, e dividia-se por dois, encontrando-se o lapso médio, que correspondia à indenização do art. 1.538 do Código Civil de 1916. O art. 950 do Código Civil de 2002 estatui que, "se da ofensa resultar defeito pelo qual o ofendido não possa exercer o seu ofício ou profissão, ou se lhe diminua a capacidade de trabalho, a indenização, além das despesas do tratamento e lucros cessantes até ao fim da convalescença, incluirá uma pensão correspondente à importância do trabalho para que se inabilitou, ou da depreciação que ele sofreu" (*RT*, *465*:214). O art. 950 refere-se às despesas de tratamento, que abrangem as feitas com assistência médica, enfermagem, remédios, aparelhos ortopédicos, radiografias etc., e aos lucros cessantes até o final da convalescença, mas será preciso que não se possibilite à vítima converter essa verba em enriquecimento indevido. Essa parcela deverá ser razoável para obter, na medida do possível, a recuperação do lesado. Assim, se o ofendido desejar tratamento dispendioso feito por médico renomado, se isto não for indispensável à sua cura, ele deverá arcar sozinho com o excesso do preço do serviço médico. Após a convalescença terá direito a uma pensão fixada judicialmente, correspondente ao que recebia mensalmente, se o lesado sofreu total incapacidade laborativa, pois, se for parcial, terá direito a um *quantum*, a título de pensão, correspondente à diferença entre o que percebia e o que passou a receber.

E, ainda, se preferir, o lesado poderá, em vez da pensão, exigir que a indenização seja arbitrada e paga de uma só vez (CC, art. 950, parágrafo único). Instituído está o direito potestativo do lesado para exigir pagamento da indenização de uma só vez, mediante arbitramento do valor pelo juiz, atendido ao disposto nos arts. 944 e 945 e à possibilidade econômica do ofensor (Enunciado n. 48, aprovado na jornada de direito civil, promovida em setembro de 2002, pelo Centro de Estudos Judiciários do Conselho da Justiça Federal). É opção do lesado a que o lesante não pode impugnar. Feita essa opção, o ofensor deverá pagar de uma vez a indenização que englobará as verbas alusivas às despesas com tratamento, lucros cessantes, pensão etc. E observa Matiello, quanto à pensão, toma-se o número de anos de pensionamento (estabelecido na sentença) e o valor unitário das parcelas, de maneira que a multiplicação desses elementos conduzirá ao montante final, que deverá ser pago de uma vez só. Mas como tal pensão pode ser vitalícia e não pelo tempo provável de vida do lesado, o órgão judicante poderá ter dificuldade em estipular o *quantum* a ser pago de uma só vez.

Além disso, o Decreto-Lei n. 73/66 instituiu o Seguro Obrigatório de Danos Pessoais para cobrir a responsabilidade civil por morte, invalidez permanente e despesas de assistência médica e suplementares da vítima de acidente de trânsito causado por veículo automotor (terrestre, fluvial, lacustre, marítimo, aéreo) ou por sua carga (art. 20, *b*), independentemente de culpa do condutor do veículo que causou o dano (Lei n. 6.194/74, art. 5º). A indenização por morte é de R$ 13.500,00; por invalidez permanente, de até R$ 13.500,00; pelas despesas de assistência médica e suplementares comprovadas, de até R$ 2.700,00 como reembolso à vítima (Lei n. 6.194/74, art. 3º, I a III, com alteração da Lei n. 11.482/2007). Esse seguro obrigatório cria uma obrigação (*ex lege*) autônoma e distinta da responsabilidade civil comum dos arts. 949 e 950 do Código Civil. De maneira que o acidentado poderá exigir, cumulativamente, o cumprimento das duas obrigações. É preciso ainda lembrar que, se o acidente se der no trabalho, a vítima terá direito indenizatório oriundo do sistema previdenciário, exigível à parte[73].

---

73. Esta é a lição de: Walter Moraes, Dano ao corpo, in *Enciclopédia Saraiva do Direito*, v. 22, p. 213-7; Zannoni, op. cit., p. 106 e s.; Orgaz, La vida humana como valor económico, *El Derecho*, *56*:849, nota 2; Aguiar Dias, op. cit., v. 2, p. 466 e 467; Carlos Alberto Bittar, *Responsabilidade civil por danos morais*, cit., p. 208-18; Matiello, *Código*, cit., p. 596.

Configura crime de estelionato, previsto no Código Penal, art. 171, V, lesar a saúde ou agravar as consequências da doença, com o escopo de haver indenização ou valor de seguro. A cominação é apenas penal porque o direito civil somente se refere ao dano a bem alheio, e esse delito constitui uma autodanificação. Todavia, se o criminoso obtiver a indenização, ou o valor do seguro, sujeitar-se-á, na seara cível, à devolução do que recebeu sem justa causa, a fim de não se locupletar à custa de quem pagou[74].

É preciso ressaltar que o dever ressarcitório não se limita à lesão física, atingindo também as psíquicas, como sequelas neurológicas ocasionadas pelo fato lesivo, que serão tidas como dano patrimonial indireto se impedirem ou dificultarem o exercício da profissão, provocando incapacidade total ou permanente para o trabalho.

A vida humana tem um valor econômico para alguém, que não será o morto, que não é mais sujeito de direito, portanto, não é, no sentido jurídico, um lesado, por não sofrer dano patrimonial nem moral por sua morte. Os lesados são os que sobrevivem, que se verão privados do valor econômico que para eles representava a vida da vítima.

Assim, em caso de homicídio, segundo o Código Civil, art. 948, dever-se-á indenizar, sem excluir outras reparações (p. ex., perdas e danos), as despesas de tratamento médico-hospitalar (p. ex., as feitas com ambulância, cirurgia, medicamentos, exames, honorários médicos etc.), funeral da vítima, aquisição de jazigo perpétuo e o luto da família, abrangendo vestes lúgubres, despesas com sufrágio da alma, bem como a prestação de alimentos às pessoas a quem o defunto os devia, levando-se em conta a duração provável da vida do mesmo (*RT*, *772*:306, *771*:334, *791*:243, *798*:270, *500*:189, *554*:149, *673*:153, *460*:127; *RTJ*, *78*:792, *69*:549, *42*:217; *RSTJ*, *95*:315; *RJTJSP*, *37*:72). A viúva e os filhos do morto terão direito a essa reparação. A companheira também terá esse direito por dependência direta, pois a Súmula 35 do STF reza: "Em caso de acidente de trabalho ou de transporte, a concubina tem direito de ser indenizada pela morte do amásio, se entre eles não havia impedimento para o matrimônio"[75].

---

74. Lucy Rodrigues dos Santos, Dano (Direito penal), in *Enciclopédia Saraiva do Direito*, v. 22, p. 212.

75. Bonvicini, op. cit., t. 2, p. 1092-124; Mario Pogliani, op. cit., p. 426-37; Horácio Bustos Berrondo, Acción resarcitoria del daño causado por homicidio, *Jus*, La Plata, *3*:80, 1962; Jorge J. Llambías, La vida humana como valor económico, *JA*, *3*:627, 1974; Zannoni, op. cit., p. 108 e s.; Bauer, *Droits de la concubine lesée par un accident mortel servenu à son concubin*, Paris, 1935, p. 97-123; Arturo Alessandri Rodríguez, *De la responsabilidad extracontractual en el derecho civil chileno*, Santiago, 1943, p. 465, n. 384; *RT*,

Os juízes e tribunais têm enfrentado a questão da morte de crianças[76] em razão de ato ilícito, ante o pedido de indenização de seus pais contra o criminoso, e têm encontrado dificuldades, pois, se é certa a existência de dano moral, como explicaremos oportunamente, bastante discutível será a do dano patrimonial que a morte dessas crianças causa a terceiros. Há quem ache que a reclamação dos pais deve ser atendida não só em virtude do indiscutível dano moral que a morte de um filho provoca, por haver presunção de dano moral (*RT*, *730*:93; *JTJ*, *181*:59; *JTARS*, *82*:137) e por ser o sofrimento mais profundo que pode afetar alguém (*RT*, *712*:170), mas também porque a perda de um filho constitui, indiretamente, um prejuízo patrimonial, real e atual, pois o que se indeniza é a perda de uma possibilidade — os pais tinham legítimo interesse —, de que essa criança pudesse algum dia lhes prestar auxílio pessoal ou econômico (*RTJ*, *69*:470, *42*:378, *47*:279; *RT*, *468*:78, *174*:604, *515*:74, *518*:87, *513*:102; *RJTJSP*, *28*:113), possibilidade que poderá ser maior ou menor segundo as circunstâncias de cada caso, que deverão ser apreciadas, concretamente, pelo juiz. Outros entendem que os pais da criança assassinada terão direito a uma reparação, por haver lesão patrimonial, porém o pagamento da indenização não visaria compensá-la, mas retribuir o que gastaram com alimentação, vestuário, instrução do filho etc.

Com base nessas duas correntes houve quem incluísse[77] na indenização dos pais o dano emergente, que compreenderia os gastos efetuados com ali-

---

217:251, *520*:232, *534*:69, *583*:11, *617*:72; *RTJ*, *53*:467, *68*:98, *69*:180, *46*:420, *45*:632, *71*:430, *42*:612, *45*:115, *35*:313, *39*:499, *52*:319, *54*:378, *40*:398, *43*:341 e *52*:662.

76. Sobre a morte de crianças causada por ato ilícito, consulte: Zannoni, op. cit., p. 113-9; Orgaz, La vida humana como valor económico, *El Derecho*, *56*:849, *1*:851, nota 11; De Cupis, op. cit., p. 366, n. 49; Martinho Garcez Neto, op. cit., 3. ed., p. 76 e 77; Savatier, op. cit., v. 2, p. 9, 10 e 97; Rodière, *La responsabilité civile*, 1952, p. 218 e 219; *RF*, *108*:23; *RTJ*, *47*:279, *39*:38 e *57*:118; Súmula 491 do STF; *DJU*, 13 dez. 1976, p. 10714; *RJTJSP*, *41*:113.

77. Antonio Cammarota (op. cit., t. 1, n. 272) escreve: "Son dos aspectos que el juez debe considerar con suma atención:

"1º) *Gastos efectuados en la alimentación, vestuario y educación del menor. Son de orden natural, realizados bajo los más nobles dictados humanos. Justo es decretar la recuperación de esos gastos, expresivos de afanes superiores de trabajo, sacrificios personales, privación de comodidades, etc., de los padres para colmar las necesidades del hijo. Alejaríamos una apreciación sensata del daño si prescindiésemos de esas erogaciones, cuyo carácter universal releva de pruebas. De consiguiente, si el padre gastó para la crianza y bienestar de su hijo, económicamente debe interpretarse como la pérdida de un ahorro, malogrado por negligencia del autor: devolvérselo a título de indemnización, está lejos de constituir un criterio arbitrario para compensar la materialidad del perjuicio sufrido. Gastos de crianza y educación constituyen el fundamento del valor actual de la víctima a que tienen derecho los padres y desde*

mentação, vestuário e educação do menor, e o lucro cessante, abrangendo a impossibilidade de os pais pedirem, futuramente, alimentos aos filhos no momento em que precisassem. E isso sem falar nos casos em que se demonstra que o filho constituía uma ajuda real para seus pais necessitados, colaborando para a mantença da família (*RJTJSP*, *28*:43; *AJ*, *60*:230; *RF*, *93*:506, *135*:404; *RT*, *520*:232, *207*:201, *226*:204, *73*:194, *153*:207, *88*:443, *176*:229), caso em que seus pais terão direito a uma reparação pelo prejuízo representado pelo ganho do menor, que deixou de ser trazido para o lar. A Súmula 491 do STF chega até a afirmar que "é indenizável o acidente que cause a morte de filho menor, ainda que não exerça trabalho remunerado" (*RTJ*, *69*:276).

A perda de toda vida humana, pelo seu valor ético, constitui um dano moral. Todavia, essa vida representa uma fonte de possibilidades econômicas, frustradas com a morte, acarretando dano patrimonial, não por conter, em si mesma, um valor econômico, mas porque sua perda poderá privar os lesados dos recursos patrimoniais que o falecido poderia dar. Na reparação não se mede a quantia do valor da vida, mas a quantia do prejuízo. Como se vê, os danos morais podem ser ressarcidos, daí serem tidos como danos patrimoniais indiretos.

Também em caso de aborto, provocado por ato ilícito, ter-se-á um dano moral, que deverá ser indenizado por haver um dano patrimonial indireto, isto é, perda de eventual auxílio que esse ser, nascido e adulto, poderia prestar a seus genitores[78].

---

luego, varía con relación a la edad. Cuanto más se aleje de la infancia, más nos aproximamos al segundo criterio estimativo que puede involucrar a éste, para entrarse al juego de una reparación total o de conjunto.

"Nadie debe poner en duda que tales gastos se verificaran; procede ordenar la indemnización, por deficiente que sea la prueba. Cualquier demonstración que se pretendiese hacer en sentido contrario deve desestimarse; aún las contribuciones de extraños que los padres hayan podido arbitrar para la manutención y crianza de sus hijos es una prueba que no concierne al autor del hecho.

"Esto en lo que respecta al pasado.

2º) En punto al futuro, con el deceso del hijo los padres sufren un daño cierto: el de peticionar alimentos en el momento en que los necesitaran. Este derecho, la raíz de la muerte del hijo, ya no lo podrán ejercer; justo es que se les indemnize, pues trátase de un perjuicio a sus derechos o facultades".

78. Zannoni, op. cit., p. 120 e 121; Regina Beatriz Tavares da Silva, *Novo Código Civil comentado*, coord. Fiuza, São Paulo, Saraiva, 2002, p. 846 e 847; Mário Moacyr Porto, Algumas notas sobre dano moral, *Revista de Direito Civil*, *37*:13; Roberto H. Brebbia, *El daño moral*, Rosario, Orbir, 1967, p. 281-7. Sobre responsabilidade civil decorrente de danos advindos de atos de disposição de partes do corpo humano, *vide*: Lei n. 8.489/92

O ressarcimento de dano moral pela morte de familiar funde-se na perda da afeição legítima, ou na teoria do dano *par ricochet*, em que alguém sofre o reflexo do dano causado a outra pessoa.

c.2.3.2.2.2. Dano estético

O dano estético é toda alteração morfológica do indivíduo, que, além do aleijão, abrange as deformidades ou deformações, marcas e defeitos, ainda que mínimos, e que impliquem sob qualquer aspecto um afeiamento da vítima, consistindo numa simples lesão desgostante ou num permanente motivo de exposição ao ridículo ou de complexo de inferioridade, exercendo ou não influência sobre sua capacidade laborativa[79]. P. ex.: mutilações (ausência de membros, orelhas, nariz etc.); cicatrizes, mesmo acobertáveis pela barba ou cabeleira ou pela maquilagem; perda de cabelos, das sobrancelhas, dos cílios, dos dentes, da voz, dos olhos (*RJTJSP*, *39*:75); feridas nauseabundas ou repulsivas etc., em consequência do evento lesivo[80]. Realmente, o Código Civil de 1916, no art. 1.538, §§ 1º e 2º, ao utilizar os termos "aleijão e deformidade", alargou o conceito de dano estético.

O dano estético estaria compreendido no dano psíquico ou moral, de modo que, em regra, como ensina José de Aguiar Dias, se pode ter como cumuláveis a indenização por dano estético e a indenização por dano moral, representado pelo sofrimento, pela vergonha, pela angústia ou sensação de inferioridade da vítima, atingida em seus mais íntimos sentimentos.

---

e Decreto n. 879/93, revogados pela Lei n. 9.434/97, regulamentada pelo Decreto n. 2.268/97. *Vide* Lei n. 9.140/95 e Decreto n. 2.421/97 sobre indenização à família de pessoa desaparecida ou morta em razão de participação, ou acusação de participação, em atividades políticas no período de 2 de setembro de 1961 a 15 de agosto de 1979.

79. Lopes Vieira, *Medicina judiciária e pericial*, p. 115; Mario Pogliani, op. cit., p. 419-23; Wilson Melo da Silva, Dano estético, in *Enciclopédia Saraiva do Direito*, v. 22, p. 250; Cerin, Il danno estetico, *Archivio Penale*, 1947; Mosset Iturraspe, *Responsabilidad por daños*, t. 2, n. 233; Eugenio Bonvicini, *Il danno a persona*, Milano, 1958, p. 280; Martinho Garcez Neto, op. cit., p. 55 e 56; Jean Carrad, O dano estético e sua reparação, *RF*, *83*:401 e s.; João B. de O. e Costa Jr., Deformidade permanente-II, in *Enciclopédia Saraiva do Direito*, v. 23, p. 14; Lacassagne, *Précis de médecine legale*, 2. ed., Paris, p. 443. *Vide*: *DJU*, 31 dez. 1976, p. 11241 e 11243; 13 dez. 1976, p. 10712; 18 fev. 1977, p. 890; *RT*, *369*:327, *212*:593, *513*:78, *558*:82, *588*:61, *632*:89; *RTJ*, *57*:786, *48*:520, *60*:702; *BAASP*, *1.855*:82, *1.889*:28, *1.912*:91.

80. Wilson Melo da Silva, Dano estético, cit., v. 22, p. 250; Zannoni, op. cit., p. 129; Jean Carrad, O dano estético e sua reparação, *RF*, *83*:401; Marguerite Riger, *La notion du préjudice esthétique*, Bordéus, 1937.

Todavia é preciso esclarecer que nem sempre há cumulatividade do dano estético com o moral. Deveras há algumas lesões que não deformam a vítima fisicamente, mas afetam seu psiquismo, e outras que atingem o aspecto estético do lesado, mas este as supera, sem que haja repercussão psíquica. A lesão estética, em regra, constitui, indubitavelmente, um dano moral que poderá ou não constituir um prejuízo patrimonial. Pode haver deformidade e não haver redução da capacidade de trabalho da vítima ou prejuízo patrimonial. A lesão estética pode determinar para o indivíduo dano moral e patrimonial, apuráveis por métodos comuns, inclusive o do arbitramento. O dano estético quase sempre resulta num prejuízo moral ao lesado, não só pelas dores físicas que vier a sofrer, mas também pelo fato de se sentir atingido na integridade ou na estética de seu corpo, tendo, por isso, direito, como logo mais veremos, a uma reparação, ainda que tal dano não acarrete nenhum menoscabo ao seu patrimônio. Não há um critério aritmético para estimar a diminuição estética. Esse dano moral será maior ou menos extenso conforme o sexo, idade, condição social do lesado etc. P. ex.: suponha-se que a vítima da lesão deformante seja uma das dez mulheres mais elegantes do Brasil, centro de atrações sociais, e que, de uma hora para outra, em razão de acidente, se vê obrigada a usar olho de vidro, aparelhos ortopédicos etc. que prejudiquem sua vida social. O dano *ob deformitatem* será menos extenso se outra fosse a vítima, pertencente a uma classe social inferior[81]. Todavia, a lesão estética, na maioria das vezes, pode determinar prejuízo material, repercutindo nas possibilidades econômicas da vítima, p. ex., se a vítima fosse uma atriz de cinema, uma bailarina, uma modelo publicitária, uma cantora, que, para exercerem sua profissão, têm necessidade de aparecer em público. Logo, o dano estético determina danos de natureza econômica[82], hipótese em que se terá dano patrimonial indireto.

---

81. Wilson Melo da Silva, Dano estético, cit., p. 253, 254 e 256; Brugi, *Istituzioni di diritto civile italiano*, 4. ed., Milano, p. 570 e 571; Minozzi, op. cit., p. 41; Rafael Durán Trujillo, *Nociones de responsabilidad civil*, Bogotá, Ed. Temis, 1957, p. 82; Demogue, op. cit., v. 4, n. 403; Zannoni, op. cit., p. 130; Angeloni, Sui criteri valutativi del danno recato a persone che non svolgono attività retribuitte, *Riv. Giur. Circ.*, 1952, p. 257; J. Aguiar Dias, Dano psíquico e dano estético — uma decisão memorável, *Ajuris*, *29*:64-76.

82. Alberto G. Spota, La lesión a las condiciones estéticas de la víctima de un acto ilícito, *La Ley*, *26*:654-7; Zannoni, op. cit., p. 128; Rovelli, *Il risarcimento del danno alla persona*, Torino, 1965; Leonardo Colombo, Las lesiones que atentan contra la estética personal de la víctima, consideradas como daños materiales y morales, *La Ley*, *29*:778; Maria Pia Li Donni, Sulla rilevanza giuridica del danno biologico, in *Il diritto di famiglia e delle persone*, ano II, abr./jun. 1973, p. 581 e s.

Havendo dano estético, a soma do ressarcimento pela lesão corporal era devida em dobro, conforme estatuía o § 1º do art. 1.538 do Código Civil de 1916 (não mais vigente). Neste artigo a indenização por ofensa à saúde era duplicada, se da lesão resultasse aleijão, isto é, somava-se ao dano estético o dano psíquico, porque aquela lesão causou deformidade, que acarretava, ao lado da perda física, o sofrimento pela inferioridade das condições do aleijado em confronto com as pessoas ilesas. De modo que o lesante deveria pagar ao lesado, se do ferimento resultasse aleijão ou deformidade, com a soma duplicada das despesas do tratamento e lucros cessantes até o fim da convalescença, além de lhe pagar a importância da multa no grau médio da pena criminal correspondente. A verba indenizatória era, pois, duplicada, ou seja, dobrava-se o valor que custou o tratamento e a inatividade durante a convalescença, abrangendo ainda a multa média. Essa duplicação indicava que o escopo da lei não era reparação do dano em si, mas a indenização pecuniária[83]. E, "se o ofendido, aleijado ou deformado, for mulher solteira ou viúva, ainda capaz de casar, a indenização consistirá em dotá-la, segundo as posses do ofensor, as circunstâncias da ofendida e a gravidade do defeito" (CC de 1916 — ora revogado —, art. 1.538, § 2º; *RT*, *158*:745, *203*:548; *RJTJSP*, *37*:127, *41*:44, *40*:109, *41*:118). Tal aleijão devia ser visível e permanente; se fosse corrigível, o lesante devia pagar a correção e não a dotação[84] (*RT*, *502*:239; *RJTJSP*, *19*:103). O dote se acumulava com a indenização dupla se a mulher não desempenhasse função remunerada (*RTJ*, *42*:469, *43*:341 e *47*:316; *RJTJSP*, *71*:98). Se ficasse incapacitada ou sofresse diminuição para o trabalho que exercia, ser-lhe-ia paga a pensão em vez do dote (*RT*, *224*:251 e *258*:165). Isto era assim porque o matrimônio, além de satisfazer sentimentos de natureza afetiva, podia, para muitas mulheres, conter uma fórmula de redenção econômica. A mulher fisicamente lesada poderia ter dificuldade em convolar núpcias, de modo que o dano estético causaria prejuízo moral e perdas materiais.

O atual Código Civil não mais faz tais distinções, uma vez que até mesmo o dote foi eliminado do nosso ordenamento, dispondo apenas no seu art. 950 que:

"Se da ofensa resultar defeito pelo qual o ofendido não possa exercer o seu ofício ou profissão, ou se lhe diminua a capacidade de trabalho, a inde-

83. *Vide*: *Revista de Jurisprudência*, *39*:75; Elcir Castello Branco, op. cit., p. 226 e 228; Clóvis Beviláqua, *Código Civil brasileiro*, 1957, v. 5, p. 247; *RT*, *146*:251, *141*:205, *215*:120, *367*:137, *222*:187, *194*:909, *177*:161, *143*:605, *146*:125, *197*:189 e *207*:186.

84. Walter Moraes, op. cit., p. 215.

nização, além das despesas do tratamento e lucros cessantes até ao fim da convalescença, incluirá pensão correspondente à importância do trabalho para que se inabilitou, ou da depreciação que ele sofreu", acrescentando, ainda, no parágrafo único: "O prejudicado, se preferir, poderá exigir que a indenização seja arbitrada e paga de uma só vez" (*RT*, *135*:172, *501*:192; *RTJ*, *43*:341). Se a vítima é menor, a pensão será fixada pelo padrão socioeconômico, devendo ser equivalente ao que lhe vêm dando os pais ou vinha usufruindo antes do acidente (*RTJ*, *39*:38, *47*:279, *57*:118)[85].

Se o dano estético puder ser reparado *in natura* ou se o lesado adquirisse após a operação uma forma de beleza mais correta mediante técnica cirúrgico-plástica, como o órgão judicante fixaria a indenização? O juiz deverá atuar, em tais situações, prudentemente. Apesar do progresso da cirurgia plástica, nem todas as lesões estéticas admitem uma reparação ideal (*RT*, *502*:51). P. ex.: o olho de vidro jamais teria o brilho e a expressão do olho primitivo, que sofreu vazamento, ensejando uma reparação. Além do mais, não se pode obrigar a vítima a se submeter a qualquer intervenção cirúrgica, mesmo com o objetivo de reparar dano estético, expondo-se aos riscos anestésicos para beneficiar o lesante[86].

c.2.3.2.3. Lesão à integridade intelectual e moral

É evidente que o ressarcimento dos danos não se limita apenas às lesões à integridade corporal. Se houver ofensas aos direitos do autor, à honra da pessoa, aos bens que integram a sua intimidade, ao seu nome, à sua imagem ou à sua liberdade sexual, ter-se-á dano moral, que poderá traduzir, também, um dano patrimonial indireto se impedirem ou dificultarem, de qualquer modo, a atividade profissional da vítima. Assim, p. ex., se se tratar de injúria, calúnia e difamação, dever-se-á verificar se

---

85. Wilson Melo da Silva, Dano estético, cit., v. 22, p. 255; Eugenio Bonvicini, *Il danno*, cit., p. 173; Benucci, op. cit., 1955, p. 54, n. 19.

86. Wilson Melo da Silva, Dano estético, cit., v. 22, p. 257 a 259; Benucci, op. cit., p. 49 e 50; Henoch D. Aguiar, *Hechos*, cit., 1952, v. 5, t. 2, p. 40 e 45; Von Tuhr, op. cit., v. 1, p. 80; João B. de O. e Costa Jr., op. cit., p. 116; Odon Ramos Maranhão, Deformidade permanente, in *Enciclopédia Saraiva do Direito*, v. 23, p. 117. *Vide*: *RTJ*, *39*:320, *47*:316, *85*:621, *72*:264; *RT*, *485*:62; *RJTJSP*, *19*:151, *17*:98; Súmula n. 387 do STJ.

Há corrente doutrinária e jurisprudencial que admite cumulação do dano moral com o dano estético: *RT*, *829*:179, *826*:189 e *731*:226.

acarretou prejuízos à vítima em seus negócios ou em sua vida profissional (*RF*, *194*:258)[87].

c.2.3.3. Lesados indiretos

O lesado indireto é aquele que, não sendo a vítima direta do fato lesivo, vem a sofrer com esse evento por experimentar um menoscabo ou uma lesão a um bem jurídico patrimonial ou moral em razão de sua relação ou vinculação com o lesado direto[88]. Ou, como prefere Juan M. Farina[89], é a pessoa na qual o dano incide mediatamente por repercussão do prejuízo causado diretamente a outra, à qual aquela se encontra vinculada. Assim sendo, como nos ensina Mosset Iturraspe[90], o lesado direto é o titular do bem jurídico imediatamente danificado; o lesado indireto é aquele que mediatamente teve prejuízo em seus direitos ou bens, isto é, é aquele que sofre lesão em seu interesse porque um bem jurídico alheio foi danificado.

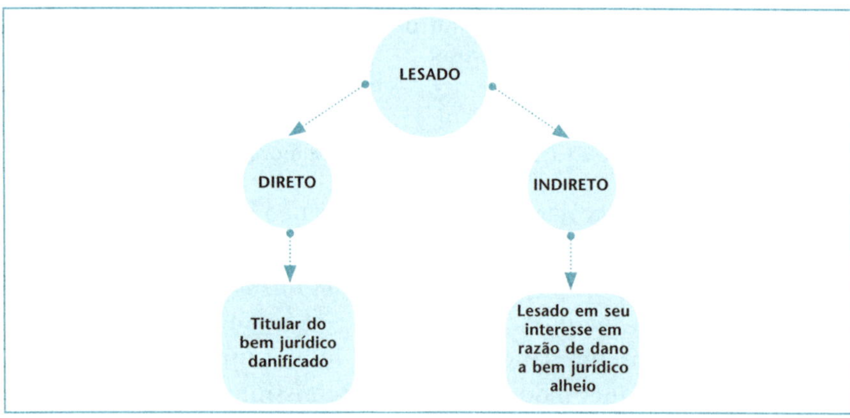

Não há que se confundir o lesado indireto com o terceiro que se sub-roga nos direitos da vítima direta, em razão de relação contratual, contra

87. Sobre o assunto consulte o item c.3 referente ao dano moral e Elcir Castello Branco, op. cit., p. 229 e 230.

88. Zannoni, op. cit., p. 132; Henoch D. Aguiar, *Hechos*, cit., t. 2, p. 139.

89. Juan M. Farina, Damnificado directo y indirecto, in *Enciclopedia Jurídica Omeba*, t. 5, p. 497.

90. Mosset Iturraspe, *Responsabilidad*, cit., t. 1, p. 300.

o responsável pelo dano, pois ele pagou as despesas do prejuízo, não por ter sofrido um dano indireto em razão da lesão, mas por ter de suportá-las em virtude de uma obrigação própria, isto é, de um vínculo contratual por ele mesmo assumido. É o que sucede, p. ex., com: *a*) o segurador que paga o dano ocorrido à coisa segurada (Súmula 188 do STF; *RT*, *440*:207, *466*:84 e 87, *424*:210, *443*:360, *492*:181, *494*:93; *RTJ*, *41*:782, *35*:140). Mas ele terá ação regressiva contra o causador do dano, pelo que efetivamente pagou até o limite previsto no contrato de seguro (RE 68.120, Rel. Min. Bilac Pinto, *DJU*, 13 nov. 1970, p. 5573). Ter-se-á então uma sub-rogação legal em favor do segurador que solveu dívida alheia, conferindo-lhe a titularidade dos direitos do credor ao incorporar, em seu patrimônio, o crédito por ele resgatado; *b*) o mutuante, que, ao emprestar ao devedor quantia necessária para solver a dívida, ficará sub-rogado, por convenção expressa, nos direitos do credor satisfeito. Hipótese em que se terá uma sub-rogação convencional resultante do acordo de vontades entre o credor e terceiro ou entre o devedor e terceiro, desde que tal convenção seja contemporânea do pagamento (*RF*, *77*:517), e expressamente declarada, pois, se o pagamento é um ato liberatório, a sub-rogação não se presume[91].

Caberá indenização aos lesados indiretos por danos produzidos na seara da responsabilidade contratual, embora a doutrina tradicional tenha afirmado que o titular da ação ressarcitória, nesse âmbito, seja exclusivamente o credor ou o seu herdeiro, se não se tratar de obrigação personalíssima, excluindo-se as pessoas que possam ter sido prejudicadas pela atitude lesiva do devedor (CC, arts. 12, parágrafo único, 389, 943 e 1.792). Fácil é perceber que não se pode vincular terceiro a uma relação obrigacional. Só será devedor aquele que se comprometer a cumprir uma prestação por manifestação de sua própria vontade, por determinação legal ou por decorrência de ilícito por ele mesmo praticado. Assim, se porventura alguém tiver prometido conseguir determinado ato de terceiro, esse terceiro não estará obrigado, a menos que consinta nisso. O devedor, nessa hipótese, deverá obter o consentimento do terceiro, pois este é que deverá executar a prestação final. Se o terceiro consentir em realizá-la, executa-se a obrigação do devedor primário que se exonerará. Porém, se o terceiro não a cumprir, o devedor primário será inadimplente, sujeitando-se, então, às perdas e danos (CC, art. 439), de forma que o credor terá ação contra ele e não contra o terceiro. Essa pro-

---

91. Zannoni, op. cit., p. 136-8; M. Helena Diniz, *Curso*, cit., v. 2, p. 222-5; A. Henri, *De la subrogation réelle, conventionelle et légale*, Paris, 1913, p. 24; Silvio Rodrigues, op. cit., 3. ed., 1968, v. 2, p. 225 e 230.

messa de fato de terceiro constitui uma obrigação de fazer, isto é, de conseguir o ato de terceiro. O inadimplemento dessa obrigação de fazer, que se dá quando terceiro não executa o ato prometido por outrem, sujeita o que prometeu obter tal ato à indenização de prejuízos. Realmente, estatui o Código Civil, art. 439: "Aquele que tiver prometido fato de terceiro responderá por perdas e danos, quando este o não executar". Dessa forma, se terceiro não praticar o ato, estará impossibilitada a execução da obrigação, e o promitente responderá por perdas e danos (*RF*, *240*:175, *109*:447; *RT*, *199*:216, *216*:157). Sem embargo dessa concepção tradicional, apesar de que no âmbito contratual o titular do interesse lesado seja, em regra, o sujeito protegido pela norma violada, pode ocorrer que a infração contratual provoque danos a alguém que não tenha sido parte da relação obrigacional. Assim, se houver inadimplemento contratual, o devedor poderá, além da responsabilidade contratual pelo descumprimento da obrigação, assumir uma responsabilidade extracontratual perante o terceiro que sofreu prejuízo em razão desse inadimplemento, por ser ele lesado indireto, alheio à relação jurídica. P. ex.: a responsabilidade do transportador é, em relação ao passageiro, contratual, mas será extracontratual no caso de morte deste, p. ex., por atropelamento após ter descido do veículo, relativamente aos lesados indiretos, isto é, seu cônjuge, seus filhos etc., por provocar prejuízos que se traduzam em dano patrimonial e moral. Denota-se, portanto, que, se a inexecução do contrato se vincular, previsivelmente, a uma lesão a interesse jurídico de terceiro, este é lesado indireto em razão do inadimplemento contratual e, consequentemente, terá ação para obter reparação do dano[92].

Na responsabilidade extracontratual é mais fácil caracterizar o direito à indenização dos lesados indiretos. P. ex.: o homicídio de uma pessoa (vítima direta) pode provocar, como vimos, danos a terceiros, lesados indiretos, que deverão ser indenizados de certas despesas que terão de fazer (CC, art. 948). Os lesados indiretos pela morte de alguém serão aqueles que, em razão dela, experimentarem um prejuízo distinto do que sofreu a própria vítima. Terão

92. Walter Yung, La responsabilité envers les tiers lésés, in *Estudios de derecho civil in homenaje del profesor Castán Tobeñas*, Pamplona, 1969, t. 2, p. 613-33; Zannoni, op. cit., p. 138-43; Aída Kemelmajer de Carlucci, Naturaleza jurídica de la responsabilidad derivada del transporte benévolo de personas, in *Estudios de derecho civil en homenaje a Moisset de Espanés*, Buenos Aires, 1980, p. 277 e s.; Paludi, *La relación de causalidad en la responsabilidad civil por el hecho propio*, Buenos Aires, 1976, p. 69; Mosset Iturraspe, *Responsabilidad*, cit., t. 1, p. 300; M. Helena Diniz, *Curso*, cit., v. 2, p. 181-3; Planiol e Ripert, *Traité pratique de droit civil*, Paris, 1931, t. 7, n. 769; Silvio Rodrigues, op. cit., v. 2, p. 131-3; W. Barros Monteiro, op. cit., 17. ed., 1982, v. 4, p. 245 e 246.

legitimação para requerer indenização por lesão a direito da personalidade da pessoa falecida, o cônjuge sobrevivente, o companheiro (Enunciado n. 275 do CJF aprovado na IV Jornada de Direito Civil), qualquer parente em linha reta, ou colateral até o quarto grau (CC, art. 12, parágrafo único).

Assim sendo, pode-se, por exemplo, dizer que a viúva e os filhos menores do falecido que recebiam assistência da vítima poderão alegar a perda desse sustento econômico, pois há um dano próprio, que sofrem como lesados indiretos (*iure proprio*). Todavia, ao lado da ação *iure proprio* coexiste a ação *iure hereditatis*. Deveras, se para a vítima do homicídio a conservação de sua vida lhe permitiria continuar exercendo sua profissão, seus herdeiros receberão, *iure hereditatis*, a ação indenizatória pelas perdas que a morte causou à vítima direta, ou seja, pelo lucro cessante, pois a vida humana, além do valor moral e afetivo, poderá constituir um bem econômico suscetível de valoração. Neste sentido sua perda deverá ser indenizada levando-se em consideração todas as manifestações de sua atividade, atuais ou futuras, suscetíveis de apreciação econômica, isto é, tudo que o morto poderia ter adquirido pelo seu trabalho durante o tempo provável de sua vida. Todavia, é preciso esclarecer que a vida, *de per si*, não é um valor indenizável nem suscetível de ser apreciada em dinheiro. O que se mede economicamente não é a vida, em si, mas a quantia dos prejuízos sofridos pelos destinatários dos bens econômicos do falecido. Não há como avaliar a vida, embora a morte possa acarretar para uma pessoa viva um dano patrimonial indireto. De maneira que os lesados indiretos (viúva e filhos do morto) teriam legitimação *iure proprio* para obter o que for necessário para sua subsistência, visto haver uma presunção legal de que essa necessidade existe em razão da morte de uma pessoa, e os filhos, a *iure hereditatis*, como herdeiros, para reclamar indenização do dano patrimonial e moral sofrido pela vítima do homicídio[93]. Outros, como Orgaz, ensinam-nos, com muita propriedade, que tanto a reparação consistente no necessário para a subsistência da viúva e filhos do

93. De Cupis, op. cit., p. 665 e 667; Zannoni, op. cit., p. 143-77; Llerena, *Concordancias y comentarios del Código Civil argentino*, t. 4, p. 147, 152 e 153; Rodolfo de Albelleyra, El derecho a la reparación de los daños patrimoniales que se originan en el homicidio, *La Ley*, *114*:959; Colombo, *Da culpa*, cit., t. 2, n. 242; Henoch D. Aguiar, *Hechos*, cit., p. 518 e 605; Julio Dassen, Daños causados por la muerte de una persona. Quiénes tienen derecho a su reparación, *La Ley*, *1*:687 e s.; Cammarota, op. cit., t. 2, p. 692; Arturo Acuña Anzorena, Personas con derecho a reparación por la muerte de otra, *La Ley*, *28*:727 e s.; Mosset Iturraspe, *Responsabilidad*, cit., t. 2, p. 161 e s.; Horácio Bustos Berrondo, op. cit., p. 69 e s.

falecido como o ressarcimento pela privação dos lucros que o marido ou pai teria podido adquirir com sua atividade profissional durante o tempo provável de sua vida constituem indenização reclamável a título próprio, como lesados indiretos e não como consequência de ações conferidas a *iure proprio* e *iure hereditatis*. Só se poderá falar em ação *iure hereditatis*, em relação à que pretende obter o ressarcimento dos danos que a vítima sofreu em vida e poderia haver reclamado, como consequência do ilícito, passando aos herdeiros *mortis causa* a ação que a vítima poderia exercer por si mesma se vivesse para obter indenização de dano que recebeu enquanto vivia[94].

Os parentes a quem o defunto devia prestação alimentícia também são lesados indiretos e têm legitimação para obter ressarcimento pela perda dos alimentos que lhes eram fornecidos[95].

Não apenas o homicídio pode acarretar dano a lesado indireto; o mesmo ocorrerá em razão de lesões que provocam a incapacidade absoluta ou temporária da vítima para o trabalho que realizava, hipótese em que se terá dupla indenização: *a*) a que tem direito a própria vítima (lesado direto), relativa ao dano emergente e lucro cessante (CC, art. 950); *b*) a cabível aos lesados indiretos, isto é, às pessoas (cônjuge, filhos e parentes) que se veem privadas de bens econômicos que a vítima fornecia para a sua subsistência[96].

c.3. Dano moral

c.3.1. Definição

O dano moral vem a ser a lesão de interesses não patrimoniais de pessoa natural ou jurídica (CC, art. 52; Súmula 227 do STJ), provocada pelo fato lesivo[97]. Qualquer lesão que alguém sofra no objeto de seu direito repercutirá,

---

94. Orgaz, El damnificado indirecto, *La Ley*, *48*:1091 e La acción de indemnización en los casos de homicidio, *JA*, *4*:10 e 11, 1944.

95. Zannoni, op. cit., p. 174-6; Arturo Alessandri Rodríguez, op. cit., p. 465.

96. Zannoni, op. cit., p. 178-80; Orgaz, *El daño*, cit., p. 98.

97. Conceito baseado em: Wilson Melo da Silva, *O dano moral*, cit., p. 13; Zannoni, op. cit., p. 231; De Cupis, op. cit., p. 122; Orlando Gomes, *Obrigações*, cit., p. 332; H. Lalou, op. cit., n. 149; José Pedro Aramendia, A reparação do dano moral na doutrina e no Código uruguaio, *RF*, *105*:36; Mario Pogliani, op. cit., n. 162-4; Roberto H. Brebbia, *El daño moral*, Buenos Aires, 1950; Marcelo Marzochi e Patrícia P. A. Marzochi, Pedido genérico na ação de dano moral, *Revista Síntese – Direito Civil e Processual Civil*, *97*:625-628. Carlos Alberto Bittar, *Reparação civil por danos morais*, São Paulo, 1992; António Pinto Monteiro, A indemnização por danos não patrimoniais em debate: também na responsabilidade contratual? Também a favor das pessoas jurídicas? *Revista Brasileira de Direi-*

to Comparado, 46: 13 a 34; Guilherme C. e Sousa, Dano moral e valor da causa: entre o velho e o novo CPC. *Revista Síntese - Direito Civil e Processual Civil* n. *100*: 149 a 151; R. Limongi França, Reparação do dano moral, *RT, 631*:30; Maria Francisca Carneiro, Por uma epistemologia comparativa do dano moral, *Revista de Direito Constitucional e Internacional, 44*:163-85; Ganot, *La réparation du préjudice moral*, Paris, 1932; M. Helena Diniz, A responsabilidade civil por dano moral, *Revista Literária de Direito, 9*:7-14, 1996; Humberto Theodoro Jr., *Dano moral*, São Paulo, Juarez de Oliveira, 2001; Yussef S. Cahali, *Dano moral*, São Paulo, Revista dos Tribunais, 1998; Maria Francisca Carneiro, Por uma epistemologia comparativa do dano moral, *Revista Brasileira de Direito Comparado, 20*:159-94. José R. Santini, *Dano moral*, Milennium, 2002; Augusto F. M. Ferraz de Arruda, *Dano moral puro ou psíquico*, São Paulo, Juarez de Oliveira, 1999; Bianca A. Cezar, Dano moral e postura ética, *Estudos em homenagem ao acadêmico Min. Sidney Sanches*, São Paulo, Fiuza, 2003, p. 95 a 110; Helena Elias, *O dano moral na jurisprudência do STJ*, Rio de Janeiro, Lumen Juris, 2003; Francisco César Pinheiro Rodrigues, Danos morais e punitivos, *Revista do IASP, 15*:173-90; Wladimir Alcibíades M. Falcão Cunha, *Danos extrapatrimoniais e função punitiva*, tese de doutorado apresentada na USP em 2012; Nehemias Domingos de Melo, Por uma nova teoria da reparação por danos morais, *Revista Síntese — Direito Civil e Processual Civil, 33*:66-9; Renan Lotufo, Dano moral da pessoa jurídica, *Revista Brasileira de Direito Comparado, 25*:283-307; André F. R. Namorato, Dano moral e o entendimento sumulado do Superior Tribunal de Justiça — Responsabilidade civil II (organizador Luiz Fernando do V. de A. Guilherme), São Paulo, Fiuza, 2013, p. 7-32; Savatier, *Traité de la responsabilité civil en droit français*, Paris, LGDJ, 1951, T. II, p. 92-106. Sobre cumulação entre dano moral e patrimonial: *RT, 613*:184; *Ciência Jurídica, 57*:309 — Responde por dano moral o comerciante que cadastra indevidamente cliente que havia pago, antes mesmo do vencimento, a sua obrigação. Juizados Especiais e de Pequenas Causas (CRPA). O art. 76 do Código Civil de 1916 salientava a importância para o direito dos interesses morais ao determinar que, "para propor, ou contestar uma ação, é necessário ter legítimo interesse econômico, ou moral" (*RT, 497*:203, *500*:216, *496*:172, *503*:237; *Ciência Jurídica, 55*:161 e 264, *56*:247 e *57*:309; *Bol. AASP, 1866*:112). Sobre dano moral sofrido por pessoa jurídica: CC, art. 52; Súmula n. 227 do STJ: "a pessoa jurídica pode sofrer dano moral". "Na responsabilidade civil por dano moral causado à pessoa jurídica, o fato lesivo, como dano eventual, deve ser devidamente demonstrado" (Enunciado n. 189 do Conselho de Justiça Federal, aprovado na III Jornada de Direito Civil). No mesmo sentido: *JTJ, 238*:117 (TJSP). Abalo na imagem e conceito de empresa: *RT, 747*:288. Abalo de crédito: TJSP, Ap. c/ Rev. n. 169.471.4/7-00, rel. Andrea Haenel, j. 26-5-2006. Já se decidiu (STJ, REsp n. 242.040-SP — 1999/0114325-6 — rel. Min. Sálvio de Figueiredo Teixeira) que, em se tratando de dano moral a pessoa jurídica decorrente de protesto indevido, a sua prova se satisfaz com a própria demonstração do protesto. No STJ (REsp n. 496.528-SP — 2002/0170080-7 —, rel. Min. Sálvio de Figueiredo Teixeira), na hipótese de pessoa física, a prova do dano moral se satisfaz com a demonstração do fato que o ensejou (queda em supermercado em razão de piso escorregadio), dispensando-se prova do prejuízo. Em contrário: "Os direitos da personalidade são direitos inerentes e essenciais à pessoa humana, decorrentes de sua dignidade, não sendo as pessoas jurídicas titulares de tais direitos" (Enunciado n. 286 do CJF, aprovado na IV Jornada de Direito Civil). O STJ (REsp n. 153.155-SP — Rg. 97766942 — rel. Min. Ruy Rosado de Aguiar) entendeu que o deferimento da indenização pelo dano moral sofrido com a morte do marido e pai dos autores independe de prova do efetivo sofrimento que decorre da natureza das coisas. O STJ (REsp n. 536.980-MT — 2003/0062015-6 — rel. Min. Aldir Passarinho Jr.) julgou desnecessária a prova de prejuízo moral causado em caso de inscrição negativa em entidade cadastral e protesto indevido de título, por ser óbvio o efeito nocivo do ato perante o meio social e comercial em que vive a vítima. Na linha da jurisprudência do STJ (REsp n. 472.732-MS — 2002/0135361-2 e 432.177-SC — 2002/0050630-3), em se tratando de lesado (pessoa

necessariamente, em seu interesse; por isso, quando se distingue o dano patrimonial do moral, o critério da distinção não poderá ater-se à natureza ou índole do direito subjetivo atingido, mas ao interesse, que é pressuposto desse direito, ou ao efeito da lesão jurídica, isto é, ao caráter de sua repercussão sobre o lesado, pois somente desse modo se poderia falar em dano moral, oriundo de uma ofensa a um bem material, ou em dano patrimonial indireto, que decorre de evento que lesa direito da personalidade ou extrapatrimonial, como, p. ex., direito à vida, à saúde, provocando também um prejuízo patrimonial, como incapacidade para o trabalho, despesas com tratamento. O direito à integridade corporal, que é um direito da personalidade, pode sofrer um prejuízo patrimonial, caso em que a lesão ao interesse patrimonial será representada pelas despesas (dano emergente) com o tratamento da vítima e pela sua incapacidade de trabalho (lucro cessante), e um prejuízo extrapatrimonial, hipótese em que se terá uma lesão ao interesse à incolumidade física que esse direito pressupõe e que sofreu, p. ex., um menoscabo em razão de dano estético que pode provocar complexos provenientes das deformações. Igualmente, se a injúria feita a alguém em artigo de jornal provocar, p. ex., queda de seu crédito, alterando seus negócios, levando-o à ruína, ter-se-á dano moral e dano patrimonial indireto, pois ocorre, além do dano ao amor-próprio, uma sensível diminuição de sua renda. Logo, nada obsta a coexistência de ambos os interesses como pressupostos de um mesmo direito, portanto o dano poderá lesar interesse patrimonial ou extrapatrimonial. Deveras, o caráter patrimonial ou moral do dano não advém da natureza do direito subjetivo danificado, mas dos efeitos da lesão jurídica, pois do prejuízo causado a um bem jurídico econômico pode resultar perda de ordem moral, e da ofensa a um bem jurídico extrapatrimonial pode originar dano material. Realmente, poderá até mesmo suceder que, da violação de determinado direito, resultem ao mesmo tempo lesões de natureza moral e patrimonial. Eis por que o dano moral suscita o problema de sua identificação, uma vez que, em regra, se entrelaça a um prejuízo material, decorrente do mesmo evento lesivo[98].

---

física), a prova do dano moral se satisfaz, em regra, com a demonstração do fato que o ensejou. Em julgamento da Apelação n. 36.177/95 pela Quarta Turma do Tribunal de Justiça do Distrito Federal, a relatora, Des. Carmelita Brasil, manifestou-se no sentido de que o dano "simplesmente moral existe pela ofensa e dela é presumido. Basta a ofensa para justificar a indenização" (*RT, 733*:297).

Sobre dano extrapatrimonial nas relações de trabalho: CLT, arts. 223-A, 223-B, 223-C, 223-D, 223-E, 223-F, 223-G (redação da Lei n. 13.467/2017).

98. Zannoni, op. cit., p. 232 e 233; Orgaz (*El daño*, cit., p. 201) escreve: "*Realmente, si lo que se quiere clasificar es el daño resarcible, no hay por qué atender a la naturaleza de los derechos lesionados, sino al daño en si mismo, esto es, a los efectos o consecuencias de la lesión*". No mesmo teor de ideias, Pedro León, Interés moral y agravio moral, *La Ley*,

O dano moral é, na verdade, lesão ao direito da personalidade. Deveras, "o dano moral indenizável não pressupõe necessariamente a verificação de sentimentos humanos desagradáveis como dor ou sofrimento" (Enunciado n. 445 da V Jornada de Direito Civil).

O dano moral, ensina-nos Zannoni, não é a dor, a angústia, o desgosto, a aflição espiritual, a humilhação, o complexo que sofre a vítima do evento danoso, pois estes estados de espírito constituem o conteúdo, ou melhor, a consequência do dano. A dor que experimentam os pais pela morte violenta do filho, o padecimento ou complexo de quem suporta um dano estético, a humilhação de quem foi publicamente injuriado são estados de espírito contingentes e variáveis em cada caso, pois cada pessoa sente a seu modo. O direito não repara qualquer padecimento, dor ou aflição, mas aqueles que forem decorrentes da privação de um bem jurídico sobre o qual a vítima teria interesse reconhecido juridicamente. P. ex.: se vemos alguém atropelar outrem, não estamos legitimados para reclamar indenização, mesmo quando este fato nos provoque grande dor. Mas, se houver relação de parentesco próximo entre nós e a vítima, seremos lesados indiretos. Logo, os lesados indiretos e a vítima poderão reclamar a reparação pecuniária em razão de dano moral, embora não peçam um preço para a dor que sentem ou sentiram, mas, tão somente, que se lhes outorgue um meio de atenuar, em parte, as consequências da lesão jurídica por eles sofrida[99].

104:934; Enrique V. Galli, Agravio moral, in *Enciclopedia Jurídica Omeba*, t. 1, p. 604 e 605; Silvio Rodrigues, op. cit., v. 4, p. 206; Artur Oscar de Oliveira Deda, op. cit., p. 280, 281 e 292; José Cretella Jr., Dano, in *Enciclopédia Saraiva do Direito*, v. 22, p. 203; Alcino de P. Salazar, *Reparação do dano moral*, Rio de Janeiro, 1943; Ravazzoni, *La riparazione nel danno non patrimoniale*, Milano, 1962; Santos Briz, *Derecho de daños*, Madrid, 1963, p. 122; Ronaldo Alves de Andrade, *Dano moral à pessoa e sua valoração*, São Paulo, Juarez de Oliveira, 2000; Francisco Amaral, O dano à pessoa no direito civil brasileiro, *Revista Brasileira de Direito Comparado, 33*: 13 a 48. Sobre cumulação de dano moral e material: *RT*, *769*:149; Américo Luís M. da Silva, *Dano moral e sua reparação civil*, São Paulo, Revista dos Tribunais, 2002; Antonio Jeová Santos, *Dano moral indenizável*, São Paulo, Revista dos Tribunais, 2003; Raquel E. Sanches Ribeiro, Dano moral e prisão em flagrante, *Revista de Direito Constitucional e Internacional, 52*:113-48.

Em regra, o dano moral deve ser provado, mas o *STJ* vem considerando o *dano moral* como *presumido* (Súmula 388), ao entender suficiente a devolução indevida de cheque para a caracterização do dano moral. O mesmo se dá na inclusão ou manutenção equivocada do nome de uma pessoa no cadastro de inadimplentes, extravios de talões de cheques, atraso em voos, multas indevidas etc. (Breve Relato n. 55, p. 2).

99. Zannoni, op. cit., p. 234 e 235; e Artur O. de Oliveira Deda, op. cit., p. 292. Consideram dano moral a dor, a mágoa, a tristeza infligida injustamente a outrem: Agostinho Alvim, op. cit., n. 157; Rafael Durán Trujillo, op. cit., p. 82; Henri de Page, *Traité élémentaire de droit civil belge*, 2. ed., Bruxelles, v. 2, n. 951; Brugi, op. cit., p. 570 e 571; Colmo, *De las obligaciones en general*, 3. ed., n. 154 e s.; Gabba, *Dizionario pratico di di-*

c.3.2. Dano moral direto e indireto

O *dano moral direto* consiste na lesão a um interesse que visa a satisfação ou gozo de um bem jurídico extrapatrimonial contido nos direitos da personalidade (como a vida, a integridade corporal e psíquica, a liberdade, a honra, o decoro, a intimidade, os sentimentos afetivos, a própria imagem) ou nos atributos da pessoa (como o nome, a capacidade, o estado de família). Abrange, ainda, a lesão à dignidade da pessoa humana (CF/88, art. 1º, III).

O *dano moral indireto* consiste na lesão a um interesse tendente à satisfação ou gozo de bens jurídicos patrimoniais, que produz um menoscabo a um bem extrapatrimonial, ou melhor, é aquele que provoca prejuízo a qualquer interesse não patrimonial, devido a uma lesão a um bem patrimonial da vítima. Deriva, portanto, do fato lesivo a um interesse patrimonial[100]. P. ex.: perda de coisa com valor afetivo, ou seja, de um anel de noivado.

---

ritto privato, de Scialoja, p. 543; Antunes Varela, Dano indireto, cit., v. 22, p. 243; Lafaille, *Derecho civil*; obligaciones, v. 1, n. 288 e s.; Wilson Melo da Silva, Dano moral, in *Enciclopédia Saraiva do Direito*, v. 22, p. 266; *O dano moral*, cit., p. 13 e 14, 246 e s.; Aguiar Dias, op. cit., v. 2, p. 780; Arnoldo Medeiros da Fonseca define "dano moral como todo sofrimento resultante de lesão de direitos estranhos ao patrimônio, encarado como complexo de relações jurídicas com valor econômico" (*Repertório enciclopédico do direito brasileiro*, v. 14, p. 242); Demogue, op. cit., v. 4, n. 403; Minozzi escreve: "*Quando, dunque, parleremo di danni non patrimoniale, intendiamo parlare di danni che non ledono il patrimonio della persona. Il contenuto di questi danni non è il denaro, nè una cosa commercialmente reducibile in denaro, ma il dolore, lo spavento, l'emozione, l'onta, lo strazio fisico o morale, in generale una dolorosa sensazione provata dalla persona, atribuendo alla parola dolore il più largo significato*" (op. cit., 3. ed., 1917, p. 41); Alberto Montel, *Problemi della responsabilità civile e del danno*, 2. ed., Padova, CEDAM, 1971, p. 81110; Augusto F. M. Ferraz de Arruda, *Dano moral puro ou psíquico*, São Paulo, Juarez de Oliveira, 1999. *Vide*: *RT*, *794*:308, *778*:373, *754*:336, *757*:298, *717*:143, *740*:296, *743*:381, *725*:195, *748*:245, *619*:107, *803*:193, *795*:192, *745*:281 e 285, *661*:98, *645*:121, *644*:102, *616*:46; *JTACSP*, *113*:187 e *122*:160; *RJ*, *219*:72, *157*:102; *RJTJSP*, *163*:69, *161*:107, *158*:83 e *138*:174.

100. Esta é a lição de Zannoni, op. cit., p. 239 e 240; Elisabete A. Amaro, Responsabilidade civil por ofensa aos direitos da personalidade, in *Responsabilidade civil*: estudos em homenagem a Rui Geraldo C. Viana, São Paulo, Revista dos Tribunais, 2009, p. 157171. *Vide* Código Civil, art. 11 e s. "Os direitos da personalidade, regulados de maneira não exaustiva pelo Código Civil, são expressões da cláusula geral de tutela da pessoa humana, contida no art. 1º, III, da Constituição (princípio da dignidade da pessoa humana). Em caso de colisão entre eles, como nenhum pode sobrelevar os demais, deve-se aplicar a técnica da ponderação" (Enunciado n. 274 do CJF, aprovado na IV Jornada de Direito Civil). *Vide* STJ, Súmula 370.

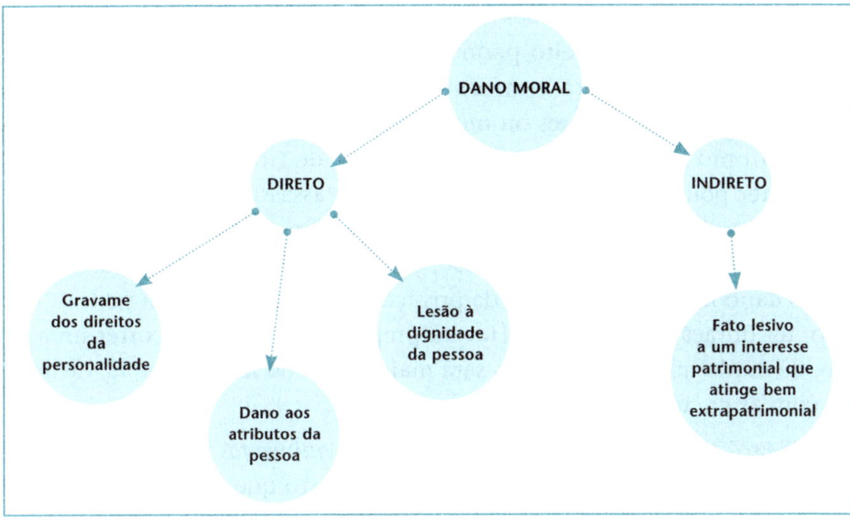

c.3.3. Reparabilidade do dano moral

c.3.3.1. Problemática da indenização do dano moral

Haverá possibilidade de se ressarcir o menoscabo de interesses extrapatrimoniais? Grande é a polêmica que gira em torno desta indagação.

Várias são as *objeções* à reparação do dano moral[101], tais como:

101. Silvio Rodrigues, op. cit., v. 4, p. 206 e 207; Zulmira P. de Lima, Algumas considerações sobre a responsabilidade civil por danos morais, *Boletim da Faculdade de Direito*, Coimbra, 1940, v. 15, p. 240; Zulmira Pires de Lima, Responsabilidade civil por danos morais, *RF*, *83*:216 e 412; Wilson Melo da Silva, *O dano moral*, cit., 1969, p. 251-338; Alfredo Colmo, *De las obligaciones en general*, 3. ed., n. 158; Baudry-Lacantinerie e Barde, *Droit civil*; les obligations, 3. ed., 1903, n. 2.871; Nehemias D. de Melo, *Dano moral — problemática: do cabimento à fixação do quantum*, São Paulo, Juarez de Oliveira, 2004; Aguiar Dias, op. cit., v. 2, n. 227; Artur Oscar de Oliveira Deda, op. cit., p. 282-92; M. F. Carneiro, *Avaliação do dano moral e discurso jurídico*. Porto Alegre, Fabris, 1998; Felipe Cunha de Almeida, Novo Código de Processo Civil e o valor da causa nas ações de reparação por danos extrapatrimoniais, *Revista Síntese — Direito Civil e Processual Civil*, *102*:9-24; Marcelo M. D. Ruas, O pedido de reparação por danos morais e o valor da causa em causas cíveis e trabalhistas segundo o CPC de 2015, *Revista Síntese — Direito Civil e Processual Civil*, *102*:25 a 34; Alcides C. Silva e outros, Critérios de fixação do *quantum* compensatório do dano moral, *Revista Jurídica Luso-Brasileira*, n. 2, p. 37 a 70, 2017; Ana Claudia C. Z. M. do Amaral e Paulo Roberto C. de Castro, Entre essência e consequência: reflexão sobre a necessidade de uma concepção ontológica do dano extrapatrimonial, *RT*, *997*:135-56; Adolfo M. Nishiyama e Roberta C. P. Toledo, Dano moral: estudo constitucional e novo elemento de ponderação, *RT*, *997*:53-78;

1) *Efemeridade do dano moral*, mas a doutrina tem entendido que o fato desse prejuízo não ter efeito permanente não impede sua ressarcibilidade, pois a reparação variará conforme sua maior ou menor duração (*RF*, *138*:452). Há danos maiores ou menores que persistem por mais ou menos tempo. Como lembra Jaime Augusto Cardoso de Gouveia, as dores morais podem ter pouca duração, mas há as que são assassinas e que duram uma vida inteira, levando a uma permanente decadência física e, muitas vezes, à morte e ao suicídio. Por outro lado, como pontifica, argutamente, Demogue, o dano material resultante da privação temporária da coisa poderá, não raro, ter duração de minutos. Haverá prejuízo sempre que ocorrer uma lesão, de modo que sua reparação será mais ampla ou menos ampla, de acordo com as circunstâncias[102].

2) *Escândalo da discussão, em juízo, sobre sentimentos íntimos de afeição e decoro*, todavia, essa objeção é insustentável, visto que os juízes e tribunais têm a função de acolher as queixas das partes e dirimir as contendas. Além disso, para questões delicadas e graves há sempre o recurso das instruções em segredo de justiça, e os fatos escabrosos são vistos sob um prisma profissional e técnico.

3) *Incerteza, nos danos morais, de um verdadeiro direito violado e de um dano real*, porém a causa do prejuízo é uma só, pouco importando que o bem violado seja material ou não. O dano moral não é a abstrata lesão do direito, mas de interesses não patrimoniais de pessoa física ou jurídica pro-

---

Mariana Ribeiro Santiago, A lacuna axiológica no âmbito da quantificação da indenização derivada da responsabilidade civil no direito civil brasileiro e sua integração pelo princípio da igualdade, *RT*, *997*:309-31; *RT*, *17*:234, *18*:109, *30*:38, *91*:131, *93*:528, *220*:178; *RF*, *27*:398.

102. Minozzi (op. cit., p. 56) assevera: "*Ma ciò que non persuade si è che l'effetto penoso, da diminuzione di benessere debba essere durevole per aversi un vero danno... Il dire che è la durata della sensazione stessa che fa ritenere la esistenza giuridica di un danno non pare esatto. Tuttavia la durata magiore o minore di un effetto penoso pottrebbe influire sulla valutazione magiore o minore del danno, ma non sulla su esistenza...*"; Jaime Augusto Cardoso de Gouveia, *Da responsabilidade contratual*, 1933, p. 117; Iago Pimentel, *Noções de psicologia*, 2. ed., p. 223; Demogue (op. cit., v. 4, n. 411) observa que "*mais il est aisé de répondre qu'un dommage matérial comme le fait de priver temporairement un propriétaire de sa chose, peut lui aussi être passager*". Essa objeção foi suscitada por Gabba (*Questioni di diritto civile*, 2. ed., Torino, 1911, v. 2, p. 229), que escreve: "*Imperocchè dall'idea di danno non è maggiormente separabile nel comune linguaggio, che in quello giuridico, l'idea di un effetto penoso durevole, cioè di una diminuzione durevole diminuzione, fintantochè risarcita non sia, se risarcire si può. Ora, le offese al decoro, alla libertà personale, è patemi d'animo sono fenomeni ed effetti morali più o meno durevoli bensì, ma sempre passageri, mentre sono invece durevoli fenomeni ed effetti morali quegli altri accennatti prima*".

vocada pelo fato lesivo, constituindo-se no efeito não patrimonial da lesão jurídica. O dano moral decorre de uma violação do direito extrapatrimonial, mas o fato dos efeitos do direito violado serem imateriais não implica a inexistência da violação e do direito lesado[103].

4) *Dificuldade de descobrir-se a existência do dano*, porém tal prova não é impossível ou difícil, visto que, se se tratar de pessoas ligadas à vítima por vínculo de parentesco ou de amizade, haveria presunção *juris tantum* da existência de dano moral[104].

5) *Impossibilidade de uma rigorosa avaliação pecuniária do dano moral* (*RT*, *564*:265). A esse respeito é preciso esclarecer que o direito não repara a dor, a mágoa, o sofrimento (*RJMS*, *117*:59) ou a angústia, mas apenas aqueles danos que resultarem da privação de um bem sobre o qual o lesado teria interesse reconhecido juridicamente. O lesado pode pleitear uma indenização pecuniária em razão de dano moral, sem pedir um preço para sua dor, mas um lenitivo que atenue, em parte, as consequências do prejuízo sofrido, melhorando seu futuro, superando o *deficit* acarretado pelo dano. Não se pergunta: Quanto vale a dor dos pais que perdem o filho? Quanto valem os desgostos sofridos pela pessoa injustamente caluniada?, porque não se pode avaliar economicamente valores dessa natureza. Todavia, nada obsta a que se dê reparação pecuniária a quem foi lesado nessa zona de valores, a fim de que ele possa atenuar alguns prejuízos irreparáveis que sofreu. Assim, com o dinheiro, o lesado poderia abrandar sua dor, propiciando-se alguma distração ou bem-estar. O dinheiro não aparece, portanto, como uma real correspondência equivalente, qualitativa ou quantitativamente, aos bens perdidos pelo lesado. Não há quantia capaz de corresponder, p. ex., ao sofrimento causado aos pais pela morte de um filho querido; ao abalo emocional pelo impacto de uma injúria; à humilhação ou à contrariedade causada pela queda de crédito oriunda de uma calúnia ou difamação etc. A reparação pecuniária teria, no dano moral, uma função satisfatória ou com-

---

103. Chironi (*Colpa extra-contrattuale*, v. 2, n. 412) postula: "*La dottrina or descritta nelle sue linee generali, rivela in molto parti esagerazioni e incertezze. Esagera, quando non osservando i termini e la ragión dell'ingiuria, senza la quale non vi ha fatto illecito, e perciò responsabilità, insegna che il solo affetto se offeso, sia cagion valida di danno risarcibile: dovrebbe infatti preoccuparsi, de ricercare prima del danno, se esiste, ed in che consista, il diritto violato*". *Vide* Minozzi, op. cit., p. 59.

104. Gabba (*Questioni*, cit., v. 2, p. 236) dizia a esse respeito: "*Se ed in chi propriamente si verifichi il danno morale patema d'animo è un punto di fatto, che non è mai possibile accertare...*"; G. Villa, *La psychologie contemporaine*, Paris, 1904; William James, *Principios de psicología*, Ed. Glem, p. 1006-108; Aguiar Dias, op. cit., v. 2, p. 304 e s.

pensatória e, concomitantemente, penal, visto ser encargo suportado por quem causou o dano moral (*RTJ*, *67*:182). Não procede, portanto, essa objeção, pois nem mesmo na seara da responsabilidade por dano patrimonial se teria uma real equipolência entre o valor do objeto danificado e o da quantia da sua indenização. O lesado sempre prefere não ter sofrido qualquer lesão, logo o dinheiro que se lhe dê, qualquer que seja o montante indenizatório arbitrado, jamais faria com que se sentisse compensado. A impossibilidade de avaliação do dano moral, hodiernamente, como pontifica Antunes Varela, está quase que superada quer pelos *critérios jurisprudenciais* adotados para certas modalidades de danos morais (morte de filho, pais, parente próximo etc.), quer pelas *circunstâncias concretas do caso* (desgostos oriundos de uma intervenção cirúrgica desnecessária não deverão ser indenizados por quantia inferior ao preço da operação)[105].

6) *Indeterminação do número de lesados*, pois a lesão atingiria não só a vítima, mas também seus parentes, amigos, noivo, namorado, cônjuge e até mesmo amante. Todavia, isso não oferece dificuldade, pois o juiz, em cada caso concreto, poderá verificar quem são as pessoas cuja dor merece ser reparada, uma vez que há pessoas que têm ódio de certos parentes, rogando-lhes toda a sorte de desgraças[106].

---

105. Wilson Melo da Silva, *O dano moral*, cit., p. 269-82; Pacchioni, Del risarcimento dei danni morali, in *Diritto civile italiano*, 1940, v. 4, p. 321 e s.; Chironi, *Colpa extra-contrattuale*, cit., p. 325; Gabba, *Questioni*, cit., v. 2, p. 232; Madeleine Gevers, *Étude sur les obligations dans la jurisprudence contemporaine*, Bruxelles, 1929, p. 105; Giorgi, op. cit., v. 5, n. 238; Cunha Gonçalves, op. cit., 1957, v. 12, t. 2, p. 543; Antunes Varela, *Direito das obrigações*, cit., p. 245 e 246; Von Tuhr, *Partie générale du Code Féderal des Obligations*, v. 1, § 106; Francesco Messineo, op. cit., v. 6, p. 566; Taís Gasparian, O STJ e a dor moral, *Folha de S. Paulo*, 13 maio 2002; Rubens Camargo Mello, Responsabilidade civil: morte de menor e obrigação de indenizar, *RDC*, *66*:30; Wagner Barreira, Indenização por morte, *RDC*, *4*:219; Andrea Torrente (*Manuale di diritto privato*, 2. ed., Milano, 1955, p. 547) pondera: "*la ripercussione che i dolori fisici o morali producono nella nostra psiche non può trovare un equivalente nel danaro: questo può servire soltanto a procurare distrazioni che alleviano il peso del dolore, a sollevare dal disagio materiale e ad eliminare cosi una pena che si aggiunge alle altre*"; Max Le Roy, *L'évaluation du préjudice corporel*, 3. ed., Paris, 1964, n. 163; Georges Ripert, Mieux vaut une réparation imparfait que l'absence de toute réparation, in *Le prix de la douleur*, inserido no *Recueil Dalloz*, 1948; Minozzi (op. cit., n. 66) afirma: "*L'equivalenza fra dolore e danaro, a prima vista tanto impossibile e scandalosa, diventa possibile e giusta se alla parola dolore si sostituicono de sensazioni piacevole bastanti ad estinguere quel dolore, ed alla parola danaro si sostituicono le sensazione piacevole che una data quantità di danaro è capace di produrre. Il paragone, in tal modo, si fà fra due quantum omogene? con l'argomento del tutti sentimentale della no possibile equivalenza tra danaro e dolore resta completamente afastato*"; Alessandri Rodrigues escreve: "*Las penas con pan son menos*" (op. cit., p. 136).

106. Sobre essa objeção *vide* as palavras de Gabba (*Questioni*, cit., v. 2, p. 238 e 239): "*Il pa-*

7) *Imoralidade da compensação da dor com o dinheiro*, pois Orozimbo Nonato (*RF*, *138*:456) pontifica que, em certos casos, a reparação melindraria o senso moral médio, como na hipótese do marido traído por sua esposa vir a reclamar do amante desta a indenização pela dor por ele experimentada e derivada da traição de sua consorte. Todavia, como será o órgão judicante quem concederá ou não a reparação pecuniária do dano moral, examinando cada caso concreto, nenhuma imoralidade haverá nessa compensação. Além disso, as tristezas se compensam ou se neutralizam com as alegrias, porém esses fatores de neutralização não são obtidos pela via direta do dinheiro, pois não se está pagando a dor ou a tristeza, mas sim pela indireta, ensejando valores econômicos que propiciassem ao lesado do dano não patrimonial algo que lhe desse uma sensação de bem-estar ou contentamento. Imoral e injusto seria deixar impune o ofensor ante graves consequências provocadas pela sua falta. A reparação pecuniária de um dano moral imposta ao culpado representa uma sanção justa para o causador do dano moral[107].

8) *Perigo de inevitabilidade da interferência do arbítrio judicial conferindo ao magistrado poder ilimitado na apreciação dos danos morais, ao avaliar o montante compensador do prejuízo*. Realmente, na reparação do dano moral o juiz deverá apelar para o que lhe parecer equitativo ou justo, mas ele agirá sempre com um prudente arbítrio, ouvindo as razões da parte, verificando os elementos probatórios, fixando moderadamente uma indenização. Portanto, ao fixar o *quantum* da indenização, o juiz não procederá a seu bel-prazer, mas como um homem de responsabilidade, examinando as circunstâncias de cada caso, decidindo com fundamento e moderação. Arbítrio pru-

---

tema morale può essere non soltanto nel subbietto dell'offesa ma anche in terze persone. I dottrinari del danno morale non pensano ad oltre persone terze, fuorchè ai parenti dell'offeso ed anzi del defunto; ma vi ha qui manifestamente una restrizione arbitraria. Anche i parenti dell'offeso vivente possono risentire profonda afflizione dall'offesa; e non solo i parenti, ma anche gli amici dell'offeso, vivo o morto, possono provare quel sentimento... La dottrina del danno morale, in quanto mette capo al risarcimento di patemi d'animo di terze persone estranee al'azione dannosa, persone, le quali, como se dice, agiscono in risarcimento jure proprio, introduce veramente qualcosa di nuovo ed inaudito nella dottrina civile del danno, un criterio aberrante al'infinito, e anche per questo verso la sconvolge, la mette sossopra tutta quanta". Sobre essa objeção *vide*: Wilson Melo da Silva, *O dano moral*, cit., p. 262-7; Alcino de Paula Salazar, op. cit., n. 47; Georges Ripert, op. cit., p. 352, n. 182 e p. 355; Pires de Lima, op. cit., p. 220; René Rodière, op. cit., p. 227; Humberto Pinto Rogers, *El concubinato y sus efectos jurídicos*, Valparaíso, Chile, 1942; Aguiar Dias, op. cit., n. 182.

107. Silvio Rodrigues, op. cit., p. 208; Demogue, op. cit., v. 4, n. 408; Wilson Melo da Silva, Dano moral, in *Enciclopédia Saraiva do Direito*, v. 22, p. 275; Artur Oscar de Oliveira Deda, op. cit., p. 291 e 292; Antunes Varela, *Direito das obrigações*, cit., p. 246.

dente e moderado, assevera Artur Oscar de Oliveira Deda, não é o mesmo que arbitrariedade. Trata-se da prudência objetiva. Além disso, sua decisão será examinada pelas instâncias superiores, e a fixação da indenização por liquidação por arbitramento ou por liquidação pelo procedimento comum está autorizada por lei (CPC, arts. 509, I e II, 509, § 4º, 510 e 511), sendo aquele arbítrio prudente até mesmo concedido ao juiz, em muitos casos, inclusive nos de danos patrimoniais. Assim sendo, não há que se falar em excessivo poder concedido ao juiz[108].

9) *Enriquecimento sem causa*, pois o credor teria, com a reparação do dano moral, um aumento patrimonial, sem que antes tivesse tido nenhum desembolso. Entretanto, é bom lembrar que a ordem jurídica não ampara apenas os bens econômicos. Deveras, a inviolabilidade do domicílio, o bom nome, a honra, a vida, o decoro, a liberdade gozam de tutela jurídica, constituindo assim um patrimônio ideal que se compõe de bens íntimos e subjetivos. A reparação pecuniária do dano moral não pretende refazer o patrimônio, visto que este, em certos casos, não sofreu nenhuma diminuição, mas dar ao lesado uma compensação, que lhe é devida, pelo que sofreu, amenizando as agruras oriundas do dano não patrimonial[109].

10) *Impossibilidade jurídica de se admitir tal reparação*. Tal objeção não tem nenhum fundamento, pois os bens morais também são jurídicos, logo sua violação deverá ser reparada. Se o interesse moral justifica a ação para defendê-lo ou restaurá-lo, é evidente que esse interesse é indenizável, mesmo que o bem moral não se exprima em dinheiro. Se a ordem jurídica sanciona o dever moral de não prejudicar ninguém, como poderia ela ficar indiferente ao ato que lese a alma, se defende a integridade corporal, intelectual e física?[110]

---

108. Wilson Melo da Silva, *O dano moral*, cit., p. 283-7; Silvio Rodrigues, op. cit., p. 209; Artur Oscar de Oliveira Deda, op. cit., p. 290.

109. Alfredo Colmo (op. cit., p. 128) ensina-nos que: "*Pero dejando de lado los abusos, que son comunes a cualquier circunstancia de la vida y que nada dicen contra el uso, y yendo a lo propiamente jurídico de la observación, no es difícil la respuesta de que el perjudicado prefería, antes que dicho enriquecimiento, la reparación en especie (la devolución del objeto dado en depósito, la reintegración del honor feminino mancillado, etc.). Todo cuanto se pide es que, no siendo posible esa reparación 'in natura', se la substituya con otra que le dé una satisfacción aproximada. Por lo demás, eso del enriquecimiento sin causa es una noción que sólo juega cuando mediante intereses patrimoniales, según resulta de su misma denominación: aquí donde sólo intervienen intereses espirituales, está desubicada y resulta demás*". Amílcar de Castro, *RF*, *93*:528.

110. Wilson Melo da Silva, *O dano moral*, cit., p. 288; Minozzi, op. cit., p. 66; Pedro Batista Martins, *Comentários ao Código de Processo Civil*, Forense, v. 1, p. 30; Artur Oscar de Oliveira Deda, op. cit., p. 283.

Ante a inconsistência dessas objeções somos levados a admitir a ressarcibilidade do dano moral, mesmo quando não tiver repercussão econômica. Reforça tal ideia o Enunciado n. 454 do Conselho de Justiça Federal (aprovado na V Jornada de Direito Civil) ao dispor: "O direito de exigir reparação a que se refere o art. 943 do Código Civil abrange inclusive os danos morais, ainda que a ação não tenha sido iniciada pela vítima".

Deveras, uma análise sistemática do nosso ordenamento jurídico nos demonstrará que a reparação do dano moral está admitida pelo nosso direito positivo. P. ex.: o art. 17 do Código de Processo Civil estatui que: "Para postular em juízo é necessário ter *interesse* e legitimidade" (grifo nosso). Assim sendo, se o interesse moral, ao lado do econômico, justifica a ação, é óbvio que esse interesse é passível de reparação, embora o bem moral não seja indenizável, por não se exprimir em dinheiro. Não se paga a dor sofrida, por ser esta inindenizável, isto é, insuscetível de aferição econômica, pois seria imoral que tal sentimento pudesse ser tarifado em dinheiro ou traduzido em cifras de reais, de modo que a prestação pecuniária teria uma função meramente satisfatória, procurando tão somente suavizar certos males, não por sua própria natureza, mas pelas vantagens que o dinheiro poderá proporcionar, compensando até certo ponto o dano que lhe foi injustamente causado. Os arts. 949, 950, 953 e 954 do Código Civil; os arts. 58 e 59 do Código de Telecomunicações (Lei n. 4.117/62, alterada em parte pelo Decreto-lei n. 236/67), o art. 243, § 1º, do Código Eleitoral (Lei n. 4.737/65); os arts. 22, 24, 26 e parágrafo único, 102 a 110 da Lei n. 9.610/98, atinente aos direitos de autores, agasalham a reparabilidade do dano moral. A fixação do *quantum* competirá ao prudente arbítrio do magistrado (*BAASP, 2883*:9) de acordo com o estabelecido em lei, e nos casos de dano moral não contemplado legalmente a reparação correspondente será fixada por arbitramento (CPC, arts. 509, I, e 510; *RTJ, 69*:276, *67*:277). Arbitramento é o exame pericial tendo em vista determinar o valor do bem, ou da obrigação, a ele ligado, muito comum na indenização dos danos. É de competência jurisdicional o estabelecimento do modo como o lesante deve reparar o dano moral, baseado em critérios subjetivos (posição social ou política do ofendido, intensidade do ânimo de ofender: culpa ou dolo) ou objetivos (situação econômica do ofensor, risco criado, gravidade e repercussão da ofensa). Na avaliação do dano moral o órgão judicante deverá estabelecer uma reparação equitativa, baseada na culpa do agente, na extensão do prejuízo causado e na capacidade econômica do responsável.

Na reparação do dano moral o juiz determina, por equidade, levando em conta as circunstâncias de cada caso, o *quantum* da indenização devida, que deverá corresponder à lesão e não ser equivalente, por ser impossível tal equivalência.

A omissão legislativa relativamente ao estabelecimento do justo montante indenizatório faz com que se busque todo elemento possível para encontrar em caso *sub judice* o valor que lhe for mais adequado.

Como chegar a uma reparação justa do dano moral? Como apurar o *quantum* indenizatório, se o padrão moral varia de pessoa para pessoa e se tanto o próprio nível social, econômico, cultural e intelectual como o meio em que vivem os interessados repercutem no seu comportamento? Se a reparação do dano moral não tem correspondência pecuniária, ante a impossibilidade material de equivalência de valores, como poderá ser absoluta e precisa?

Um dos grandes desafios da ciência jurídica é o da determinação dos critérios de quantificação do dano moral, que sirvam de parâmetros para o órgão judicante na fixação do *quantum debeatur*.

Ante a dificuldade de estimação pecuniária do dano moral e a disparidade de julgados, para alguns autores, o mais sensato seria que houvesse uma disciplina legal prescrevendo, para impedir excessos, uma indenização tarifada em salários mínimos, atendendo as peculiaridades de cada caso, ou a fixação de teto mínimo e de teto máximo para determinação da quantia indenizatória. O Código Civil mexicano e o da Etiópia, p. ex., adotaram o princípio da fixação de um teto-limite para ressarcimento de dano moral. O art. 51 da nossa Lei de Imprensa (Lei n. 5.250/67, tida pelo STF como não recepcionada pela CF — ADPF n. 130/2009), que adotou o *sistema da prévia fixação de teto máximo no arbitramento*, para o caso de responsabilidade civil do jornalista profissional que concorre para o dano por negligência, imprudência ou imperícia, que é limitada, em cada escrito, transmissão ou notícia: a dois salários mínimos em caso de publicação ou transmissão de notícia falsa ou divulgação de fato verdadeiro deturpado; a cinco salários mínimos, nos casos de publicação ou transmissão que ofenda a dignidade ou decoro de alguém; a dez salários mínimos, nos casos de imputação de fato ofensivo à reputação de alguém, e vinte salários mínimos, havendo falsa imputação de crime a alguém ou de imputação de crime verdadeiro, nos casos em que a lei não admite a exceção da verdade. Pelo art. 52 dessa mesma lei, a empresa que explora o meio de comunicação, se o dano advier de ato culposo do autor do escrito, transmissão ou notícia, ou do responsável por sua divulgação, tem responsabilidade civil limitada, em cada escrito, transmissão ou notícia, a vinte salários mínimos, no caso de publicação ou transmissão de notícia falsa, ou divulgação de fato verdadeiro truncado ou deturpado; a cinquenta salários mínimos nos casos de publicação ou transmissão que ofenda a dignidade ou decoro de alguém; a cem salários mínimos, nos casos de imputação de fato ofensivo à reputação de alguém, e a duzentos salários mínimos nos casos de falsa imputação de crime a alguém, ou de imputação de crime verdadeiro nos casos em que a lei não admite a exceção da verdade. Pelo art. 49, § 2º, da Lei n. 5.250/67 (ADPF n. 130/2009 (STF) entende que não foi recepcionada pela CF), aquele que explora o meio de comunicação é que responderá pela reparação de dano, tendo direito regressivo contra o autor da ofensa. Mas, na verdade, apesar de ter ação regressiva contra o culpado, arca sozinho com os valores devidos, pois, se o autor do escrito recebe, em média, 4 salários por mês, não tem como cobrá-lo. Com a Súmula 221 do STJ, serão considerados civilmente responsáveis pelo ressarcimento de dano decorrente de publicação pela imprensa tanto o autor do escrito quanto o proprietário do veículo de divulgação. Todavia, vozes se levantaram entendendo que, apesar de estar conforme ao art. 5º, V e X, da CF/88, essa norma sumular viola os incisos IX e XIV do referido artigo, ferindo a liberdade de imprensa.

Mesmo que a Lei de Imprensa tarife a indenização, fixando pisos máximos para pagamento de certas infrações, não traz segurança e certeza da reparação do dano moral, pois, por ser norma especial, não se aplica ao direito comum, nem tem o poder de afastar a incidência do princípio geral do Código Civil, aberto à ampla reparação do dano moral. P. ex., se ficar evidenciado o dolo não há que se falar em indenização tarifada ou limitação na reparação do dano moral prevista nos arts. 51 e 52 da Lei de Imprensa (ADPF n. 130/2009 (STF) entende que não foi recepcionada pela CF), que só poderá ser aplicada, por analogia, havendo ato culposo do agente. Fácil é perceber que essa lei poderá servir de parâmetro, balizando o raciocínio judicial, mas não deverá ser utilizada em todos os casos, deixando a vítima sem o adequado ressarcimento. Em boa hora o STJ, na súmula (n. 281), resolve: "A indenização por dano moral não está sujeita à tarifação prevista na Lei de Imprensa".

Pelo CJF, Enunciado n. 550 (aprovado na VI Jornada de Direito Civil): "A quantificação da reparação por danos extrapatrimoniais não deve estar sujeita a tabelamento ou a valores fixos".

Tarifar não seria a solução ideal para encontrar o justo equilíbrio na indenização do dano moral; dever-se-ia, ensina Zavala de Gonzalez, considerar a *teoria da regulação normativa do "quantum" indenizatório*, que indicasse critérios objetivos ou bases que levem a uma reparação equitativa, uma vez que não se fixam pisos máximos ou mínimos, deixando-se uma margem de avaliação judicial tendo por base o caso concreto *sub judice*, que possibilite transpor os reguladores indicativos estabelecidos em lei. Interessantes a respeito são as palavras de Matilde Zavala de Gonzalez: "*ciertamente el daño moral no es tarifable, (...) pero si es regulable el quantum resarcitorio, a fin de encarilar (sin coartar ni aminorar) la justa reparación del perjuicio*".

Parece-nos que deverá haver uma moderação na quantificação do montante indenizatório do dano moral, sem falar na necessidade de previsão legal contendo critérios objetivos a serem seguidos pelo órgão judicante no arbitramento. Na liquidação judicial, o magistrado tem, ante a fluidez e a subjetividade do sofrimento, o dever de apurar, com seu prudente arbítrio, os critérios a serem seguidos e o *quantum debeatur*, tendo por *standard* o homem médio na sociedade e os princípios da razoabilidade, de equidade, da dignidade humana e de proporcionalidade, ao examinar a gravidade do fato e a dimensão do dano moral ocorrido e ao ponderar os elementos probatórios.

Poderá, por analogia, seguir, no arbitramento judicial, o disposto no: art. 53 da Lei n. 5.250/67 (Lei de Imprensa — considerada pelo STF (ADPF n. 130/2009) como não recepcionada pela CF), ao prescrever que se deve considerar, no arbitramento de indenização por dano moral: a intensidade do sofrimento do ofendido, a gravidade, a natureza e repercussão da ofensa e a posição social e política do ofendido; a intensidade do dolo ou o grau da culpa do responsável, sua situação econômica e sua condenação anterior em ação criminal ou cível fundada em abuso no exercício da liberdade de manifestação do pensamento e informação; a retratação espontânea e cabal, antes da proposição da ação, a publicação ou transmissão da resposta ou pedido de retificação, nos prazos previstos na lei e independentemente de intervenção judicial, e a extensão da reparação por esse meio obtido pelo ofendido.

Com isso, propomos as seguintes *regras* a serem seguidas pelo órgão judicante no arbitramento para atingir o critério do *justum* e a homogeneidade pecuniária na *avaliação do dano moral*:

a) evitar indenização simbólica e enriquecimento sem justa causa, ilícito ou injusto da vítima. A indenização não poderá ser ínfima, nem ter valor superior ao dano, nem deverá subordinar-se à situação de penúria do lesado; nem poderá conceder a uma vítima rica uma indenização inferior ao prejuízo sofrido, alegando que sua fortuna permitiria suportar o excedente do menoscabo;

b) não aceitar tarifação, porque esta requer despersonalização e desumanização, e evitar porcentagem do dano patrimonial;

c) diferenciar o montante indenizatório segundo o grau de culpabilidade do lesante, do lesado ou de terceiro, a gravidade, a extensão e a natureza da lesão;

d) verificar a repercussão pública provocada pelo fato lesivo e as circunstâncias fáticas. Deveras, pelo Enunciado n. 454 do Conselho da Justiça Federal (aprovado na V Jornada de Direito Civil): "Embora o reconhecimento dos danos morais se dê, em numerosos casos, independentemente de prova (*in re ipsa*), para a sua adequada quantificação, deve o juiz investigar, sempre que entender necessário, as circunstâncias do caso concreto, inclusive por intermédio da produção de depoimento pessoal e da prova testemunhal em audiência";

e) atentar às peculiaridades do caso e ao caráter antissocial da conduta lesiva;

f) averiguar não só os benefícios obtidos pelo lesante com o ilícito, mas também a sua atitude ulterior e situação econômica;

g) apurar o real valor do prejuízo sofrido pela vítima e do lucro cessante, fazendo uso do juízo de probabilidade para averiguar se houve perda de chance ou de oportunidade, ou frustração de uma expectativa. Indeniza-se a chance e não o ganho perdido. A perda da chance deve ser avaliada pelo magistrado segundo o maior ou menor grau de probabilidade de sua existência (p. ex., se um grande pugilista ficar incapacitado, por ato culposo de alguém, deverá ser indenizado pela probabilidade das vitórias que deixará de obter);

h) levar em conta o contexto econômico do país. No Brasil não haverá lugar para fixação de indenizações de grande porte, como as vistas nos Estados Unidos;

i) verificar não só o nível cultural e a intensidade do dolo ou o grau da culpa do lesante em caso de responsabilidade civil subjetiva, e, se houver excessiva desproporção entre a gravidade da culpa e o dano, poder-se-á reduzir, de modo equitativo, a indenização (CC, art. 944, parágrafo único), como também as posses econômicas do ofensor para que não haja descumprimento da reparação, nem se lhe imponha pena tão elevada que possa arruiná-lo. Daí a intenção de acréscimo de um § 2º ao art. 944, pretendido pelo PL n. 276/2007, ora arquivado, que transformaria o parágrafo único em § 1º, no seguinte teor: "A reparação do dano moral deve constituir-se em compensação ao lesado e adequado desestímulo ao lesante"[111].

---

111. "O grau de culpa do ofensor, ou a sua eventual conduta intencional, deve ser levado em conta pelo juiz para a quantificação do dano moral" (Enunciado n. 458 do Conselho de Justiça Federal, aprovado na V Jornada de Direito Civil). "Direito Processu-

Enfim, dever-se-á averiguar as condições socioeconômicas, culturais e psicológicas do lesante e do lesado;

j) basear-se em prova firme e convincente do dano;

k) analisar a pessoa do lesado, considerando os efeitos psicológicos causados pelo dano, a intensidade de seu sofrimento, seus princípios religiosos, sua posição social ou política, sua condição profissional e seu grau de educação e cultura. Pelo Enunciado n. 588: "O patrimônio do ofendido não pode funcionar como parâmetro preponderante para o arbitramento de compensação por dano extrapatrimonial (aprovado na VII Jornada de Direito Civil);

l) procurar a harmonização das reparações em casos semelhantes;

m) aplicar o critério do *justum* e o da solidariedade social ante as circunstâncias particulares do caso *sub judice* (LINDB, art. 5º), buscando sempre, com cautela e prudência objetiva, a equidade, o respeito à dignidade humana e, ainda, procurando demonstrar à sociedade que a conduta lesiva é condenável, devendo, por isso, o lesante sofrer a pena.

Na quantificação do dano moral, o arbitramento deverá, portanto, não só atender ao princípio da razoabilidade, como também ser feito com bom-senso e moderação (CC, art. 944), proporcionalmente ao grau de culpa, sendo caso de responsabilidade civil subjetiva, à gravidade da ofensa, ao nível socioeconômico do lesante, à realidade da vida e às particularidades do caso *sub examine*[112]. Deverá levar em conta as circunstâncias do fato

---

al Civil. Apelação. Liquidação de sentença. Diária de locação de veículo. Contrato de seguro. Agravo retido. Juntada do laudo crítico do assistente técnico da seguradora. Perda do objeto. Fixação do valor da diária de locação. O perito encontrou o valor da diária comparando o veículo segurado com outros que não guardam similitude com o veículo segurado. Vedação ao enriquecimento sem causa. Equidade. A concepção de Rawls, acerca da teoria da justiça como equidade, contemplada pelo legislador, no art. 944, par. ún., do novo Código Civil: Assim, a teoria da justiça como equidade busca precisar o núcleo central de um consenso por justaposição, isto é, ideias intuitivas comuns que, coordenadas numa concepção política de justiça, se revelarão suficientes para garantir um regime constitucional justo. Isso é o que podemos esperar de melhor e não necessitamos de nada mais. Laudo pericial. O perito tem o dever de exercer o trabalho profissional com lealdade, dedicação e com espírito de justiça e equidade, pautando-se pela veracidade dos fatos, dentro da melhor técnica. Desprovimento do primeiro recurso e provimento parcial do segundo recurso" (TJRJ, Apelação Cível n. 2006.001.34313, rel. Nagib Slaibi, j. 25-4-2007).

STJ, Súmula 362 (3-11-2008): "A correção monetária do valor da indenização do dano moral incide desde a data do arbitramento".

112. M. Helena Diniz, O problema da liquidação do dano moral e o dos critérios para a fixação do *quantum* indenizatório, *Atualidades Jurídicas*, São Paulo, Saraiva, 2000, v. 2,

p. 237-72; Arnaldo Marmit, *Perdas e danos*, Rio de Janeiro, Aide, 1987, p. 138; Américo Luís Martins da Silva, *O dano moral e sua reparação civil*, São Paulo, Revista dos Tribunais, 1999, p. 322; Antonio Jeová Santos, *Dano moral indenizável*, São Paulo, Lejus, 1999, p. 164, 174, 184, 212-5; Zavala de Gonzalez, *Resarcimiento de daños*, v. 2, p. 513 e 621; Mazeaud, *Tratado teórico y práctico de la responsabilidad civil*, t. 3, v. 1; Martinho Garcez Neto, op. cit., p. 49-54; Claudio L. B. de Godoy, Alguns apontamentos sobre o dano moral, sua configuração e o arbitramento da indenização. *10 anos de vigência do Código Civil brasileiro de 2002*, São Paulo, Saraiva, 2013, p. 373-88; Antunes Varela, *Direito das obrigações*, cit., p. 247; Mirna Cianci, *O valor da reparação moral*, São Paulo, Saraiva, 2007; Ana Claudia V. Luna e Mª Clara O. D. Falavigna; O critério brasileiro para a fixação do dano moral. *Ensaios sobre responsabilidade civil na pós-modernidade*, Porto Alegre, Magister, 2009, v. 2, p. 53-80. Súmula 326 do STJ: "Na ação de indenização por dano moral, a condenação em montante inferior ao postulado na inicial não implica sucumbência recíproca"; Wilson Melo da Silva, visando facilitar tal arbitramento, estabelece algumas regras orientadoras da fixação do valor da reparação, quais sejam: "1ª regra: que a satisfação pecuniária não produza um enriquecimento à custa do empobrecimento alheio; 2ª regra: equilíbrio entre o caso em exame e as normas gerais, de um caso ou equivalência, tendo em vista: I — curva de sensibilidade: *a*) em relação à pessoa que reclama a indenização; *b*) em relação ao nível comum, sobre o que possa produzir, numa pessoa normal, tal ou qual incidente; *c*) grau de educação da vítima; *d*) seus princípios religiosos; II — influência do meio, considerando: *a*) repercussão pública; *b*) posição social da vítima do dano; 3ª regra: considerar-se a espécie do fato: se é de ordem puramente civil, se comercial, ou se envolve matéria criminal; 4ª regra: que a extensão da repercussão seja em triplo à repercussão da notícia de que resultou o dano" (*O dano moral e sua reparação*, Tese, FDUFMG, 1949, p. 171 — *RT*, *734*:468); Regina Beatriz Tavares da Silva, Critérios de fixação da indenização do dano moral, in *Novo Código Civil — questões controvertidas* (coord. Mário Luiz Delgado e Jones Figueirêdo Alves), São Paulo, Método, 2003, p. 257-68; Wilson J. Comel, Indenização do dano moral: prevalência do critério da compensação sobre o da sanção, *Revista Síntese — Direito Civil e Processual Civil*, *84*:122-41; Minozzi (op. cit., p. 86) ensina-nos que: "*È vero che i beni morali non si vendono e che nessuna somma di danaro può compensarli, ma qui non si tratta di vendere i godimenti della vita, l'onore e la libertà; si tratta solo di lenire col danaro il male che l'uomo innocentemente ha sofferto, per l'opera altrui, nel vedersi diminuiti i godimenti che tali beni gli producevano. Il danaro, in tal caso, non è il prezzo de una cosa che non è moralmente passiva de valutazione o scambio, ma è il compenso per il danno recato aquella cosa. Col danaro si tenta di colmare, almeno in parte, il turbamento subito*"; Clóvis Beviláqua, *Revista de Direito*, *135*:262; Francisco dos Santos Amaral Neto, op. cit., p. 357; Amílcar de Castro, *RF*, *93*:528; Pedro dos Santos, *Revista do Supremo Tribunal*, *81*:80; Mosset Iturraspe, *Estudios*, cit., t. 3, p. 83; Lino de Morais Leme, *Da responsabilidade civil fora do contrato*, p. 79; Paulo Dourado de Gusmão, *Introdução à ciência do direito*, Rio de Janeiro, Forense, 1956, p. 253; Reginaldo Nunes, Considerações sobre a reparabilidade do dano moral, *RF*, *159*:492; Edgard de Moura Bittencourt, Dano moral, *RT*, *268*:837; Consolo, op. cit., p. 223; Cláudio Antônio Soares Levada, *Liquidação de danos morais*, 1995; Yussef Said Cahali, *Dano e indenização*, 1980; Hans A. Fischer, *A reparação dos danos no direito civil*, 1938; Ives Gandra da Silva Martins, Quantificação nos arbitramentos das ações por danos morais, *RDC*, *69*:138; José Raffaeli Santini, A reparação autônoma do dano moral, *RT*, *739*:156; Clayton Reis, *Avaliação do dano moral*, 1998; F. Zamprogna Matielo, *Dano moral, dano material: reparações*, 1998; Galeno Lacerda, Indenização do dano moral, *RT*, *728*:94; Kinpara, Dano moral e a determinação do valor da indenização, *RDPriv*, *4*:248; Milton Paulo de Carvalho Filho, *Indenização por equidade no novo Código Civil*, São Paulo, Atlas, 2003; Nehemias Domingos de Melo, Por uma nova teoria da reparação por danos morais, *Jornal Síntese*, *95*:8-9; *Dano moral*, São Paulo, Juarez de Oliveira, 2004; Nehemias Domingos de Melo, Por uma teoria renovada para quantificação da indenização por dano moral (teoria da exemplaridade), *Revista Síntese — Direito Civil e Processual Civil*, *79*:56-70; Vitor Fernandes Gonçalves, *Punição na responsabilidade civil — o cálculo do dano moral*, Brasília, Brasília Jurídica, 2005; Carlos Alberto Bittar, *Os direitos da personalidade*, 3. ed., Rio de Janeiro, Forense Universitária, *Reparação civil por danos morais*, 3. ed., São Paulo, Revista dos Tribunais, 1999, p. 5765, 221, 247 e 233; Yussef Said Cahali, *Dano moral*, 2. ed., São Paulo, Revista dos Tribunais, 1999, p. 33 e 42; Regina Beatriz Tavares da Silva Papa dos Santos, *Reparação civil na separação e no divórcio*, cit., p. 148 e 149; Sônia Mascaro Nascimento, Dano moral no ambiente de trabalho, *Trinolex.com*; Gilberto Haddad Jabur, Nova Súmula do STJ: banimento da tarifação na lei de imprensa, *Informativo IASP*, *67*:8; André F. R. Namorato, Inadimplemento do contrato e dano moral, *Responsabilidade civil* (org. Luiz Fernando do V. A. Guilherme), São Paulo, Rideel, 2011, p. 1-20; Douglas G. Ferreira Ferracini, Cláusulas específicas de responsabilidade civil — um estudo sobre a natureza sancionatória das indenizações por danos morais, *Responsabilidade civil* (org. Luiz Fernando do V. A. Guilherme), São Paulo, Rideel, 2011, p. 4156; Nehemias Domingos de Melo (Por uma nova teoria, cit., p. 67-8) propõe que, na fixação do *quantum* do dano moral, o juiz, além de ponderar os aspectos contidos no binômio punitivo-compensatório, deveria adicionar um *plus*, que servisse como advertência de que a sociedade não aceita comportamento ilícito lesivo, destinando-o a um fundo judiciário, que poderia usar esses recursos para campanhas educativas ou em melhorias do aparelho judiciário, assim a vítima não se locupletaria indevidamente; *v.* acórdãos in *JTJ*, *199*:59; *RT*, *742*:320, *775*:211, *776*:253, *787*:259, *794*:431. "Na fixação da indenização por danos morais, recomendável que o arbitramento seja feito com moderação, proporcionalidade ao grau de culpa, ao nível socioeconômico dos autores, e, ainda, ao porte da empresa recorrida, orientando-se o juiz pelos critérios sugeridos pela doutrina e pela jurisprudência, com razoabilidade, valendo-se de sua experiência e do bom-senso, atento à realidade da vida e às peculiaridades de cada caso" (*RT*, *816*:387). "O valor da indenização por dano moral sujeita-se ao controle do STJ, desde que o *quantum* contrarie a lei ou o bom-senso, mostrando-se manifestamente exagerado, ou irrisório, distanciando-se das finalidades da lei" (*RT*, *814*:167). *RJTJSP*, *137*:187 — "Responsabilidade Civil — Ato ilícito — Dano moral — Concretização da ofensa a um direito, apesar da inocorrência de prejuízo material — Recurso provido para esse fim. Hoje em dia, a boa doutrina inclina-se no sentido de conferir à indenização do dano moral caráter dúplice, tanto punitivo do agente, quanto compensatório, em relação à vítima (cf. Caio Mário da Silva Pereira, 'Responsabilidade Civil', Ed. Forense, 1989, p. 67). Assim, a vítima de lesão a direitos de natureza não patrimonial (CF, art. 5º, V e X) deve receber uma soma que lhe compense a dor e a humilhação sofridas, e arbitrada segundo as circunstâncias. Não deve ser fonte de enriquecimento, nem ser inexpressiva". A Constituição Federal de 1988, no art. 5º, V, protege o dano moral, permitindo sua indenização; o mesmo se diga da Lei n. 8.078/90 (art. 6º, VI). Não se pode deduzir de indenização benefícios previdenciários, por serem pagos por pessoa diversa e a outro título (*RJTJSP*, *78*:200, *73*:111, *68*:194; *RT*, *583*:153). É devido o 13º salário, incluindo-se-o na indenização (*RTJ*, *110*:342, *84*:626; *RJTJSP*, *108*:142, *59*:110; em contrário: *RTJ*, *85*:202, *81*:584, *72*:638; *RJTJSP*, *76*:145). Sobre o direito de acrescer na indenização por acidente pessoal ou morte (*RJTJSP*, *68*:194, *67*:195, *62*:101, *61*:99). Seguro obrigatório deve ser deduzido do pagamento de indenização (*RT*, *518*:106; *RJTJSP*, *61*:99; em contrário: *JTA*, *93*:115). Sobre valor da causa na ação de reparação de dano moral: *RSTJ*, *29*:384; *RT*, *730*:307, *760*:310. E, em relação à tutela antecipatória: *RT*, *772*:260 e *774*:268. Sobre o caráter de desestímulo na fixação da indenização: STJ, 3ª T., REsp 355392-RJ, rel. Min. Nancy Andrighi, j. 26-32002. Pela Súmula do STJ n. 326: "Na ação de indenização por dano moral, a condenação em

e sua repecussão e a exequibilidade do encargo a ser suportado pelo devedor (*JTJRS, 163*:261). A avaliação do *quantum* do dano moral não pode ser um simples cálculo matemático-econômico, havendo necessidade de o juiz seguir um critério justo (*RT, 741*:357).

Para Nehemias D. de Melo, a verba indenizatória, a título de dano moral, deveria ser fixada com base em três parâmetros: caráter *compensatório* para a vítima, proporcionando-lhe alegria, compensando a agressão sofrida; caráter *punitivo* e *dissuassório* para o causador do dano, demonstrando que sua conduta é reprovável juridicamente, evitando que reincida no ilícito; e o caráter *exemplar* e *pedagógico* para a sociedade, dando certeza de que o comportamento lesivo será reprimido judicialmente.

Com base nesse trinômio, o órgão judicante poderia adicionar um *plus* como advertência a todos de que a sociedade não acata o ilícito e o reprime. Tal *plus* condenatório iria para entidades de benemerência, assistenciais, religiosas, filantrópicas, de pesquisa, de apoio à criança ou ao idoso etc. Diferente dos EUA, onde vige o *exemplary damages*, pelo qual a vítima é quem se beneficia daquele *plus*, outorgado a título de condenação penal.

Nos EUA, os autores definem os *punitive damages*, observa Wladimir A. M. Falcão Cunha, como uma "retribuição monetária, desconectada do montante principal compensatório, que se impõe como (1) *punição* ao ofensor por sua conduta dolosa ou culposa particularmente negativa ou ultrajante, seja em virtude de (a) intenção deliberada, opressão, malícia, fraude, arbitrariedade, ultraje, ou de (b) severa falta de cuidado ou indiferença com os direitos alheios, apesar da consciência dos riscos (*recklessness*), ou ainda de, (c) em parte dos estados americanos, culpa grave (*gross negligence*), bem também como (2) *prevenção e dissuasão* para que não venha a

---

montante inferior ao postulado na inicial não implica sucumbência recíproca". Interessante é o artigo de Andrei P. Velloso: A tributação das indenizações por danos extrapatrimoniais, *Carta Forense*, maio 2008, p. 18.

BAASP, 2883:9. Responsabilidade civil. Ação indenizatória. Ofensas. Dano moral configurado. Caso em que advogado restou ofendido e ameaçado pela parte adversa em plena solenidade e na frente de seu cliente. Hostilidade registrada pela magistrada que conduzia a audiência na ocasião, tendo anotado em ata as ofensas e ameaças proferidas pela parte requerida. Evidente a atitude desmedida tomada pelo réu que, ao ver-se contrariado, partiu para agressão gratuita. Ademais, o contexto do ocorrido não traduz ou sequer justifica as ofensas dirigidas ao causídico. Dano moral *in re ipsa*. Ausente sistema de tarifamento, a fixação do montante indenizatório ao dano extrapatrimonial está adstrita ao prudente arbítrio do juiz. Valor mantido (R$ 2.000,00). Negaram provimento ao recurso. Unânime (TJRS — 10ª Câmara Cível, Apelação Cível n. 70057413791-Guaíba-RS, Rel. Des. Jorge Alberto Schreiner Pestana, j. 19-12-2013, v.u.).

repeti-la, assim como para que os demais membros da comunidade não venham a praticá-la[113].

De fato, mesmo diante dessa dupla função de punição e dissuasão ou prevenção, não há como confundir-se *punitive damages* com a indenização

---

113. Wladimir Alcebíades M. Falcão Cunha, *Danos extrapatrimoniais*, cit., p. 94, 100, 116, 167, 120; Cláudia M. de A. R. Viegas e Nayara Elayne Guedes, A aplicação do *punitive damages* nas relações jurídicas consumeristas. *Revista Síntese. Direito Civil* e *Direito Processual Civil, 101*: 69 a 103. Seguem as ementas que tiveram o mérito do reconhecimento da função punitiva, ainda que tenha atecnicamente igualado-a ao instituto dos *punitive damages*: "responsabilidade civil objetiva do poder público. Elementos estruturais. Pressupostos legitimadores da incidência do art. 37, § 6º, da Constituição da República. Teoria do risco administrativo. Fato danoso para o ofendido, resultante de atuação de servidor público no desempenho de atividade médica. Procedimento executado em hospital público. Dano moral. Ressarcibilidade. Dupla função da indenização civil por dano moral (reparação-sanção): (a) caráter punitivo ou inibitório (*"exemplary or punitive damages"*) e (b) natureza compensatória ou reparatória. Doutrina. Jurisprudência. Agravo improvido (AI 455846, Relator(a): Min. Celso de Mello, julgado em 11-10-2004, publicado em *DJ* 21-10-2004)". Recurso especial — Dano moral coletivo — Cabimento — Artigo 6º, VI, do Código de Defesa do Consumidor — Requisitos — Razoável significância e repulsa social — Ocorrência, na espécie — Consumidores com dificuldade de locomoção — Exigência de subir lances de escadas para atendimento — Medida desproporcional e desgastante — Indenização — Fixação proporcional — Divergência jurisprudencial — Ausência de demonstração — Recurso especial improvido. I — A dicção do artigo 6º, VI, do Código de Defesa do Consumidor é clara ao possibilitar o cabimento de indenização por danos morais aos consumidores, tanto de ordem individual quanto coletivamente. (...) III — Não é razoável submeter aqueles que já possuem dificuldades de locomoção, seja pela idade, seja por deficiência física, ou por causa transitória, à situação desgastante de subir lances de escadas, exatos 23 degraus, em agência bancária que possui plena capacidade e condições de propiciar melhor forma de atendimento a tais consumidores. IV — Indenização moral coletiva fixada de forma proporcional e razoável ao dano, no importe de R$ 50.000,00 (cinquenta mil reais). (...) VI — Recurso especial improvido (REsp 1221756/RJ, Rel. Ministro Massami Uyeda, Terceira Turma, julgado em 2-2-2012, *DJe* 10-2-2012). Administrativo. Processual civil. Telefonia. Consumidor. Serviços não solicitados. (...) Legitimidade do Ministério Público Federal cabível. (...) Dano moral coletivo. (...) 1. Cuida-se de recurso especial no qual se busca reformar acórdão que, em síntese, ampliou os termos da sentença que condenou em parte a empresa de telecomunicações. A condenação original consistiu-se, basicamente, na obrigação de não fazer, referente à coibição de cobrança de qualquer serviço acessório do denominado "pacote inteligente", sem a anuência prévia dos usuários, sob pena de multa, bem como determinou o pagamento de indenização por dano coletivo, a ser fixada na execução. O acórdão recorrido incluiu a fixação de um valor ao dano moral coletivo, consistente de R$ 100.000,00 (cem mil reais), bem como fixou a publicação da decisão judicial em três jornais de grande circulação. (...) Recurso especial parcialmente conhecido e improvido (REsp 1203573/RS, Rel. Ministro Humberto Martins, Segunda Turma, julgado em 13-12-2011, *DJe* 19-12-2011); 3) Civil e processual civil. Ação civil coletiva. Interrupção de responsabilidade civil. Dano moral. Espancamento de condômino por seguranças do Barrashopping. Indenização. Fixação. I — A indenização por dano moral objetiva compensar a dor moral sofrida pela vítima, *punir o ofensor e desestimular este e a sociedade a cometerem atos dessa natureza.* (...) (REsp 283.319/RJ, Rel. Ministro Antônio de Pádua Ribeiro, Terceira Turma, julgado em 8-5-2001, *DJ* 11-6-2001, p. 207).

por danos morais na tradição romanística, conquanto esta também desempenhe sabidamente função punitiva e preventiva. A diferença bem óbvia entre eles é que os *punitive damages* não detêm, nunca, também uma função compensatória ou satisfativa, eis que simplesmente se constituem num *plus*, numa soma adicional, em relação à própria compensação de danos patrimoniais ou morais, isto é, aos danos compensatórios (*compensatory damages*). (...)

O sistema de *punitive damages* funciona como um poderoso esquema de conformação social de comportamentos e, em consequência, de moralização da ordem econômica, na expressão de Carval, corporificando um controle difuso de quaisquer vítimas contra quaisquer ofensores na ambiência das relações privado-econômicas, especialmente, punindo retrospectivamente e prevenindo prospectivamente.

Trata-se, certamente, de uma punição dentro da responsabilidade civil no sistema do *common law*, mas que conta igualmente com o instrumental propósito de inibir novos mas comportamentos idênticos. (...) Os danos punitivos não podem deixar de desempenhar no direito brasileiro as mesmas funções de punição (*punishment*), isto é, de censura, sanção ou pena privada ao ato violador, e de dissuasão ou prevenção (*deterrence*), a fim de que comportamentos idênticos não sejam repetidos. (...)

Na Argentina, em 7 de abril de 2008, foi a ideia de dano punitivo introduzida pela *Ley de Defensa del Consumidor de la Argentina* (Ley n. 24.240) o art. 52 *bis*, com a seguinte redação: "Art. 52 *bis*: Dano Punitivo. Ao fornecedor que não cumpra suas obrigações legais ou contratuais com o consumidor, a pedido da vítima, o juiz poderá aplicar uma multa civil em favor do consumidor, que se graduará de acordo com a gravidade do fato e demais circunstâncias do caso, independentemente de outras indenizações que correspondam. Quando mais de um fornecedor seja responsável pelo descumprimento, responderão todos solidariamente ante o consumidor, sem prejuízo das ações de regresso que lhes correspondam. A sanção civil que se imponha poderá superar o máximo da sanção de multa prevista no artigo 47, alínea b) desta Lei. (...) Art. 47. Sanções. Verificada a existência da infração, aqueles que cometeram estarão sujeitos às seguintes sanções, que podem ser aplicadas independentemente ou em conjunto, como resultante das circunstâncias: (...) b) Multa de cem pesos ($ 100) para cinco milhões de pesos (US $ 5.000.000)."

Com isso há, ensina Wladimir A. M. Falcão Cunha, "no direito privado argentino os *danos punitivos*, para as hipóteses de danos pelo não cumprimento de obrigações legais ou contratuais, pelo que o juiz poderá aplicar uma multa civil em favor do consumidor e não em favor de um fundo público. O *quantum* dessa multa punitiva se graduará pela gravidade do fato e demais circunstâncias do caso, o que faz crer que a doutrina e jurisprudência argentinas reservarão tal instituto para situações efetivamente graves de má conduta, muito embora há de perceber que o artigo não especificou quaisquer caracteres negativos da conduta do ofensor como requisito para a aplicação do instituto".

Nossos juízes e tribunais vêm dando guarida à reparabilidade dos danos morais (*RF*, *257*:221, *250*:307, *244*:101, *245*:249, *135*:75, *43*:341, *212*:236, *88*:443, *130*:138, *221*:200, *110*:207, *31*:259, *94*:478, *169*:260, *69*:98, *93*:528, *45*:265; *RTJ*, *39*:38, *41*:844, *72*:385; *RT*, *220*:474, *198*:151, *181*:312, *8*:181, *11*:35, *30*:335, *167*:335, *177*:263, *181*:312, *198*:152, *175*:290, *224*:252, *379*:168, *580*:152, *583*:83, *602*:180, *616*:195, *781*:232, *802*:267, *814*:250, *789*:278; *AJ*, *111*:280, *99*:238; Súmula 370 do STJ), inclusive a pessoa jurídica, havendo violação a seu nome, imagem e reputação (STJ, Súmula 227). Por ex.: uma lanchonete obteve indenização por erro em material publicitário que anunciava que a ela oferecia "sucos eróticos e gralhados", em vez de "sucos exóticos e grelhados" (TJPR, Rec. Apelação 815, 795-3, pub. 11-4-2012). E pelo § 2º a ser acrescentado, pelo PL n. 699/2011, ao art. 944, "a reparação do dano moral deve constituir-se em compensação ao lesado e adequado desestímulo ao lesante". Tal alteração foi proposta porque: "O dispositivo é insuficiente, segundo nos alertou Regina Beatriz Tavares da Silva, já que seu *caput* se adapta somente ao dano material e não está adequado ao dano moral. O critério para a fixação do dano material é o cálculo de tudo aquilo que o lesado deixou de lucrar e do que efetivamente perdeu. O critério da extensão do dano aplica-se perfeitamente à reparação do dano material — que tem caráter ressarcitório. No entanto, na reparação do dano moral não há ressarcimento, já que é praticamente impossível restaurar o bem lesado, que, via de regra, tem caráter imaterial. O dano moral resulta, na maior parte das vezes, da violação a um direito da personalidade: vida, integridade física, honra, liberdade etc. Por conseguinte, não basta estipular que a reparação mede-se pela extensão do dano. Os dois critérios que devem ser utilizados para a fixação do dano moral são a compensação ao lesado e o desestímulo ao lesante, inibindo comportamentos lesivos. Inserem-se neste contexto fatores subjetivos e objetivos, relacionados às pessoas envolvidas, como a análise do grau da culpa do lesante, de eventual participação do lesado no evento danoso, da situação econômica das partes e da proporcionalidade ao proveito obtido com o ilícito. Em suma, a reparação do dano moral deve ter em vista possibilitar ao lesado uma satisfação compensatória e, de outro lado, exercer função de desestímulo a novas práticas lesivas, de modo a 'inibir comportamentos antissociais do lesante, ou de qualquer outro membro da sociedade', traduzindo-se em 'montante que represente advertência ao lesante e à sociedade de que não se aceita o comportamento assumido, ou o evento lesivo'. Ao juiz devem ser conferidos amplos poderes, tanto na definição da forma como da extensão da reparação cabível, mas certos parâmetros devem servir-lhe de norte firme e seguro, sendo estabelecidos em lei, inclusive para que se evite, definitivamente, o estabelecimento de indenizações simbólicas, que nada compensam à vítima e somente servem de estímulo ao agressor". Entretanto, houve rejeição da proposta pelo Parecer Vicente Arruda, nestes termos: "A doutrina define o dano moral de várias formas. Todas as definições, entretanto, são coincidentes no que diz respeito a ser referente ao dano de bens não patrimoniais ou não econômicos do lesado. Em nenhum lugar a indenização por dano moral é relacionada à pena. É justamente esse caráter de pena que ora se pretende dar quando o PL diz: 'adequado desestímulo ao lesante'. Além do mais confere-se ao juiz um arbítrio perigoso porque não delimita a fronteira entre o dano efetivo e o adequado desestímulo ao cometimento de futuros atos ilícitos. Cria também um duplo critério de avaliação da indenização. O critério para cálculo do valor da indenização do dano, tanto para o material quanto para o moral, deve ser o da sua extensão".

Urge lembrar, ainda, que, pelo STJ, Súmula 498, "Não incide imposto de renda sobre a indenização por danos morais".

c.3.3.2. Natureza jurídica da reparação

Do exposto infere-se que a reparação do dano moral não tem apenas a natureza penal, visto que envolve uma satisfação à vítima, representando uma compensação ante a impossibilidade de se estabelecer perfeita equivalência entre o dano e o ressarcimento. A reparação pecuniária do dano moral é um misto de pena e de satisfação compensatória. Não se pode negar sua função: *a*) *penal*, constituindo uma sanção imposta ao ofensor, visando a diminuição de seu patrimônio, pela indenização paga ao ofendido, visto que o bem jurídico da pessoa — integridade física, moral e intelectual — não poderá ser violado impunemente, subtraindo-se o seu ofensor às consequências de seu ato por não serem reparáveis; e *b*) *satisfatória* ou *compensatória*, pois como dano moral constitui um menoscabo a interesses jurídicos extrapatrimoniais, provocando sentimentos que não têm preço, a reparação pecuniária visa proporcionar ao prejudicado uma satisfação que atenue a ofensa causada. Não se trata, como vimos, de uma indenização de sua dor, da perda de sua tranquilidade ou prazer de viver, mas de uma compensação pelo dano e injustiça que sofreu, suscetível de proporcionar uma vantagem ao ofendido, pois ele poderá, com a soma de dinheiro recebida, procurar atender às satisfações materiais ou ideais que repute convenientes, atenuando assim, em parte, seu sofrimento[114].

Fácil é denotar que o dinheiro não terá na reparação do dano moral uma função de equivalência própria do ressarcimento do dano patrimonial, mas um caráter concomitantemente satisfatório para a vítima e lesados e punitivo para o lesante, sob uma perspectiva funcional. A reparação do dano moral cumpre, portanto, uma função de justiça corretiva ou sinalagmática, por conjugar, de uma só vez, a natureza satisfatória da indenização do dano moral para o lesado, tendo em vista o bem jurídico danificado, sua posição social, a repercussão do agravo em sua vida privada e social e a natureza penal da reparação para o causador do dano, atendendo a sua situação econômica, a sua intenção de lesar (dolo ou culpa), a sua imputabilidade etc.[115].

c.3.3.3. Formas de reparação

No ressarcimento do dano moral, às vezes, ante a impossibilidade de reparação natural, isto é, da reconstituição natural, na *restitutio in integrum* procurar-se-á, ensina-nos De Cupis, atingir uma "situação material correspondente". P. ex.: nos delitos contra a reputação, pela publicação, pelo jornal, do desagravo, pela retratação pública do ofensor; ou pela divulgação, pela imprensa, da sentença condenatória do difamador ou do injuriador e

---

114. Zannoni, op. cit., p. 242-65; Martinho Garcez Neto, op. cit., p. 51; Savatier, op. cit., t. 2, p. 102; Francisco dos Santos Amaral Neto, op. cit., p. 357; Orlando Gomes, *Obrigações*, cit., 1976, p. 333; Demogue, op. cit., 1924, t. 4, p. 48; Artur Oscar de Oliveira Deda, op. cit., p. 292; Santos Briz, *Derecho*, cit., p. 147; Fernando Legón, Naturaleza de la reparación del daño moral, *JA*, *52*:794; Larenz, op. cit., t. 2, p. 642 e 643; Augusto M. Morello, Carácter resarcitorio y punitorio del daño moral. En pro de una posición funcional, *JA*, *27*:342 e s., 1975; Ludovico Barassi, op. cit., t. 2, p. 542; Ávio Brasil, *O dano moral no direito brasileiro*, 1944, p. 34; Néstor Cichero, La reparación del daño moral y la reforma civil de 1968, *El Derecho*, *66*:172; Llambías, Responsabilidad objetiva: daños mediatos y daño moral, *La Ley*, 1980, p. 77; Orgaz, El daño moral, pena o reparación? *El Derecho*, *79*:861; Alcino de Paula Salazar, op. cit., p. 145 e 146; A. Prélaz, *De la réparation du tort moral*, Lausanne, 1893; Starck, *Essai d'une théorie générale de la responsabilité civile considerée en sa double fonction de garantie et de peine privée*, Paris, 1947, Livro III, p. 354; Givord, *La réparation du préjudice moral*, Grenoble, 1938; Wilson Melo da Silva, *O dano moral*, cit., p. 424 e s.

O STJ, Súmula 362, trata da correção monetária do valor fixado em juízo a título de indenização por dano moral.

115. Recaséns Siches, Justicia, in *Enciclopédia Jurídica Omeba*, t. 17, p. 657; Zannoni, op. cit., p. 265.

a suas expensas; no dano estético, mediante cirurgia plástica, cujo preço estará incluído na reparação do dano e na sua liquidação (*RT*, *193*:403, *262*:272, *436*:97; *RTJ*, *39*:320, *47*:316). A Lei n. 13.239/2015 dispõe sobre a oferta e a realização no âmbito do SUS de cirurgia plástica reparadora de sequelas de lesões causadas por atos de violência contra a mulher.

A reparação do dano moral é, em regra, *pecuniária*, ante a impossibilidade do exercício do *jus vindicatae*, visto que ele ofenderia os princípios da coexistência e da paz sociais. A reparação em dinheiro viria neutralizar os sentimentos negativos de mágoa, dor, tristeza, angústia, pela superveniência de sensações positivas, de alegria, satisfação, pois possibilitaria ao ofendido algum prazer, que, em certa medida, poderia atenuar seu sofrimento. Ter-se-ia, então, como já dissemos, uma reparação do dano moral, pela compensação da dor com a alegria. O dinheiro seria tão somente um lenitivo, que facilitaria a aquisição de tudo aquilo que possa concorrer para trazer ao lesado uma compensação por seus sofrimentos[116].

Grande é o papel do magistrado na reparação do dano moral, competindo, a seu prudente arbítrio, examinar cada caso, ponderando os elementos probatórios e medindo as circunstâncias, preferindo o desagravo direto ou compensação não econômica à pecuniária, sempre que possível, ou se não houver risco de novos danos[117].

O dano moral pode ser demonstrado por todos os meios de prova admitidos em direito, inclusive pelas presunções estabelecidas para determinadas pessoas da família da vítima[118].

---

116. Wilson Melo da Silva, *O dano moral*, cit., p. 511, 470, 471 e 473; Adriano de Cupis, op. cit., p. 305; Zannoni, op. cit., p. 265 e 266; Minozzi, op. cit., p. 86; Matilde Zavala de González, Responsabilidad civil y penal en los delitos contra el honor, *JA*, *1*(8):760, 1980, *e*; Jorge A. Carranza, *Los medios masivos de comunicación y el derecho privado*, Buenos Aires, 1975, p. 108.

117. Wilson Melo da Silva, *O dano moral*, cit., p. 485, 490 e 511. Há julgado usando analogicamente, como parâmetro para estabelecer o montante da reparação do dano moral, o art. 59 do Código Brasileiro de Telecomunicações, com a alteração do Decreto-Lei n. 236/67. Mas já se decidiu que tal reparação não pode ser fixada pela Lei de Imprensa, por ser esta uma norma especial, mas de acordo com a Constituição Federal de 1988, que, ao prever indenização por dano moral por ofensa à honra, pôs fim à responsabilidade tarifada prevista naquela lei (STJ, 4ª Câm., REsp 153.512). *Vide* Lei n. 9.140/95.

118. Wilson Melo da Silva, *O dano moral*, cit., p. 510; Olavo de Oliveira Neto e Patricia E. C. de Oliveira, A necessidade de pedido específico na ação de indenização por dano moral, *Revista do IASP*, *23*: 250 a 263; M. H. Diniz, *Punitive damages* do *common law* nas indenizações por dano extrapatrimonial causado a consumidor: uma possibilidade jurídica no direito brasileiro, *Revista da Escola de Magistratura do TRF* da 4ª Região, v. 13, p. 119-152. *Revista de Direito, Globalização e Responsabilidade nas Relações de Consumo*, v. 4, n. 1, p. 78

D. Nexo de causalidade entre o dano e a ação que o produziu

d.1. Noção

A responsabilidade civil não pode existir sem a relação de causalidade entre o dano e a ação que o provocou (*RT*, *224*:155, *466*:68, *477*:247, *463*:244; *Ciência Jurídica*, *69*:101; *RJTJSP*, *28*:103).

O vínculo entre o prejuízo e a ação designa-se "nexo causal", de modo que o fato lesivo deverá ser oriundo da ação, diretamente ou como sua consequência previsível. Tal nexo representa, portanto, uma relação necessária entre o evento danoso e a ação que o produziu, de tal sorte que esta é considerada como sua causa. Todavia, não será necessário que o dano resulte apenas imediatamente do fato que o produziu. Bastará que se verifique que o dano não ocorreria se o fato não tivesse acontecido. Este poderá não ser a causa imediata, mas, se for condição para a produção do dano, o agente responderá pela consequência.

O dano poderá ter efeito indireto, mas isso não impede que seja, concomitantemente, um efeito necessário da ação que o provocou. P. ex.: se um desordeiro quebrar vitrina de uma loja, deverá indenizar o dono não só do custo do vidro e sua colocação, mas também do valor dos artigos furtados em consequência de seu ato, por ser dano indireto, embora efeito necessário da ação do lesante. Se alguém é atropelado e vem a falecer em consequência de uma anestesia, o agente responderá pela morte, como autor da lesão, que possibilitava esse evento lesivo. Adriano de Cupis, ao estudar a influência desse *quid* ulterior da determinação da responsabilidade civil, conclui que tal fato superveniente desempenhará relevante papel, se o dano indireto resultar desse fato, pois o preexistente era potencialmente idôneo para produzi-lo, isto é, trazia em si o gérmen desse resultado. Bastaria um nexo de simples causalidade para que o dano indireto fosse tido como derivação causal do fato antecedente. As demais circunstâncias concorrentes na produção do prejuízo não excluem o nexo causal nem reduzem a responsabilidade, visto que o dano indireto é resultado causal do fato primitivo. A obrigação de indenizar, em regra, não ultrapassa os limites traçados pela conexão causal, mas o ressarcimento do dano não requer que o ato do responsável seja a única causa do prejuízo. Basta que o autor seja responsável por uma causa, sempre que desta provier o dano, estabelecida sua relação com as demais. P. ex.: A feriu levemente B; se B vier a falecer em razão de sua constituição

---

Já se decidiu que indenização por danos morais transmite-se aos herdeiros do lesado (STJ, 3ª T., REsp. 1040.529 — rel. Min. Nancy Andrighi).

anômala, A responderá por isso[119]. Desse modo não haverá nexo de causalidade se houver interferência de terceiros, da vítima, ou de força maior ou de caso fortuito. Assim sendo, a questão do nexo causal é uma *quaestio facti* e não *quaestio iuris*, uma vez que deverá ser apreciada pelo juiz da causa[120].

Sendo o nexo de causalidade um dos pressupostos da responsabilidade civil, ele deverá ser provado. O *onus probandi* caberá ao autor da demanda[121].

d.2. Nexo de causalidade e imputabilidade

Não há como confundir a imputabilidade com o nexo de causalidade. A imputabilidade diz respeito a elementos subjetivos e o nexo causal a ele-

---

119. Carlos Alberto Bittar, op. cit., p. 66; Vittorio Polacco, op. cit., 2. ed., v. 1, n. 127; Alves Moreira, *Instituições de direito civil português*, v. 2, p. 145; De Cupis, op. cit., p. 125; Martinho Garcez Neto, op. cit., p. 31 e 32; Von Tuhr, *Tratado*, cit., v. 1, p. 61-3; Orlando Gomes, *Obrigações*, cit., p. 336 e 337; Agostinho Alvim, op. cit., 5. ed., 1980, n. 210-228; Pereira Coelho, *O nexo de causalidade na responsabilidade civil*, Coimbra, 1950, n. 104; Antunes Varela, *Direito das obrigações*, cit., p. 248-53.

120. Savatier, op. cit., v. 2, n. 4 e s.; Carlos Alberto Bittar, op. cit., p. 66 e 67; M. Helena Diniz, *Curso*, cit., v. 1, p. 271; Serpa Lopes, op. cit., 2. ed., p. 251; Marty, La rélation de cause et effet comme condition de la responsabilité civile, *Revue Trimestrielle de Droit Civil*, p. 685 e s., 1939; Orgaz, *El daño*, cit., p. 55 e s. Há julgado que acha inexistente nexo causal no estacionamento gratuito de automóvel, logo a indenização por furto não será devida (*RT*, *626*:250, em contrário, *RT*, *610*:77). "Quem procura estacionamento para seu automóvel, fá-lo, comumente, não apenas pela circunstância de dispor de um lugar onde possa deixar o veículo, como ainda, e sobretudo, pela certeza de que seu veículo vai ficar também, aí, custodiado quanto a possíveis roubos ou acidentes. Ínsita, por isso mesmo, haver-se de entender que nesse tipo singular de contrato firmado entre o dono do carro e o do estacionamento seja a cláusula relativa à custódia e vigilância e não sendo encontrado o automotor no interior do estabelecimento, quando o dono procura retirá-lo, manifesta se apresenta a sua responsabilidade. O nexo causal faz-se presente, pois, se o veículo deixado sob guarda do parqueamento desaparece, tal se dando por culpa sua — *in vigilando* e *in custodiendo* —, incumbe-lhe indenizar o dono dos gravames decorrentes, sem prejuízo de seu direito de acionar diretamente aqueles que entenda como responsáveis pelo furto e danos" (TJPR, *Adcoas*, 1982, n. 84.147). "Na guarda de veículo em estacionamento, a responsabilidade do administrador do estacionamento só se configura durante o horário, fixado em cartazes e nos comprovantes de entrega em que os guardadores devem prestar serviços" (TJRJ, *Adcoas*, 1981, n. 77.396). Pode haver concausalidade (concorrência de causas de determinado resultado): *a*) *conjunta*, se houver condutas dependentes de duas ou mais pessoas que participem para a produção do dano; *b*) *cumulativa*, se existir entre condutas de duas ou mais pessoas independentes entre si, cada uma responde na proporção de sua participação; *c*) *disjuntiva*, se houver condutas de duas ou mais pessoas, mas só a de uma é relevante para o dano, logo apenas quem a praticar deverá ser responsável. É o que ensina: Roberto Senise Lisboa, *Manual elementar de direito civil*, São Paulo, Revista dos Tribunais, 2002, v. 2, p. 220. Sobre concausalidade: *JTACSP*, *113*:182.

121. Serpa Lopes, op. cit., p. 253 e 254.

mentos objetivos, consistentes na ação ou omissão do sujeito, atentatória do direito alheio, produzindo dano material ou moral. Nada obsta, como nos ensina Serpa Lopes, que haja imputabilidade sem nexo causal, p. ex., se A der veneno a B, e B, antes de a bebida produzir efeito, vier a falecer em razão de um colapso cardíaco. Houve culpa, mas não houve nexo de causalidade. Se A dirige seu carro à noite, com os faróis apagados, atropelando B, mas, na realidade, B sofreu o acidente por sua própria culpa[122].

d.3. Motivos excludentes do nexo causal

Não haverá esse nexo se o evento se der[123]:

a) *Por culpa exclusiva da vítima*, caso em que se exclui qualquer responsabilidade do causador do dano. A vítima deverá arcar com todos os prejuízos, pois o agente que causou o dano é apenas um instrumento do acidente, não se podendo falar em nexo de causalidade entre a sua ação e a lesão (*RT*, *675*:137, *632*:191, *440*:74, *563*:146, *44*:86). P. ex.: se um indivíduo tentar suicidar-se, atirando-se sob as rodas de um veículo, o motorista estará isento de qualquer composição do dano; estando a vítima de atropelamen-

---

122. Serpa Lopes, op. cit., p. 238-53; Gustavo Tepedino, Notas sobre o nexo de causalidade, *RTDCiv.*, *6*:3. Há quem aplique a teoria da imputação objetiva no cível, segundo a qual quem criar uma situação de risco proibido deverá responder pelo dano. Tal teoria limitaria o nexo de causalidade, identificando situações em que o resultado não poderia ser atribuído ao agente. *Vide*, sobre isso: Gagliano e Pamplona Filho, *Novo curso*, cit., v. 3, p. 108-10.

123. J. Peirano Facio, *Responsabilidad extracontractual*, Montevideo, 1954, p. 476 e s.; M. Helena Diniz, *Curso*, cit., v. 1, p. 271 e 187; Martinho Garcez Neto, op. cit., p. 27-34; Orlando Gomes, *Obrigações*, cit., p. 335-7; Carlos Alberto Bittar, op. cit., p. 81 e 82; Serpa Lopes, op. cit., p. 238-51; Von Tuhr, *Partie générale*, cit., v. 1, p. 364 e 365; Augusto M. Morello, *Indemnización del daño contractual*, Buenos Aires, Abeledo-Perrot, 1967, p. 211 e s.; Orlando Gomes, *Introdução*, cit., p. 236 e 237; J. W. Hedemann, *Tratado de derecho privado*, Revista de Derecho Privado, 1958, v. 3, p. 542; Person e Villé, op. cit., t. 1, n. 34; Marton, op. cit., v. 2, p. 369 e s. e 719; Agostinho Alvim, op. cit., n. 208; R. Limongi França, Caso fortuito e força maior, in *Enciclopédia Saraiva do Direito*, v. 13, p. 475-9; José Cretella Jr., Caso fortuito, in *Enciclopédia Saraiva do Direito*, v. 13, p. 474 e 475. Alguns autores consideram as expressões "força maior" e "caso fortuito" como sinônimas. Dentre eles: Mazeaud e Mazeaud, *Traité théorique et pratique de la responsabilité civile*, 2. ed., v. 2, § 1.540; Antônio Chaves, Caso fortuito e força maior, *Revista da Faculdade de Direito de São Paulo*, *61*(1):60, 1966; W. Barros Monteiro, op. cit., 1982, v. 4, p. 82 e 83; Antunes Varela, *Direito das obrigações*, cit., p. 330; Silvio Rodrigues, op. cit., v. 6, p. 178-95; Aguiar Dias, *Da responsabilidade*, cit., v. 2, n. 218, 219 e 221; Roberto Senise Lisboa, *Manual*, cit., v. 2, p. 221; Francisco V. Lima Neto, A força maior e o caso fortuito como excludentes da responsabilidade civil, *Direito civil — direito patrimonial e direito existencial*, cit., p. 471-97.

to por trem a caminhar sobre os trilhos, entre duas estações ferroviárias, a fim de tomar o comboio sem bilhete de passagem, sua culpa exclusiva (Dec. n. 2.681/12, art. 17) elide a expectativa de ressarcimento (1º TARJ, *ADCOAS*, 1982, n. 84.902).

b) *Por culpa concorrente*: da vítima e do agente (*RT, 251*:261, *273*:212, *356*:519, *220*:356, *226*:181, *221*:220, *261*:95, *465*:219, *477*:111, *481*:211, *401*:356, *480*:88, *575*:136, *585*:127, *661*:93, *679*:92, *719*:107; *JTACSP, 119*:28; *JTARS, 70*:376; *RJ, 106*:220; *RTJ, 34*:459, *67*:773; *AJ, 107*:604; *RJTJSP, 47*:128). Entendeu o Conselho de Justiça Federal no Enunciado n. 459 (aprovado na V Jornada de Direito Civil) que: "A conduta da vítima pode ser fator atenuante do nexo de causalidade na responsabilidade civil objetiva". Temos, legal e doutrinariamente, a possibilidade de empregar vários critérios, como o da compensação das culpas; o da divisão proporcional dos prejuízos; o da gravidade da culpa de cada um (CC, art. 945); o do grau de participação na causação do resultado. Se, por exemplo, lesado e lesante concorreram com uma parcela de culpa, produzindo um mesmo prejuízo, porém por atos independentes, cada um responderá pelo dano na proporção em que concorreu para o evento danoso. Pelo art. 945 do vigente Código Civil, há interferência da concorrência de culpas na obrigação de reparar o dano. Se o lesado, por ato culposo, vier a concorrer para o prejuízo que sofreu, o magistrado, na fixação do *quantum* indenizatório, deverá levar em consideração a *gravidade de sua culpa*, confrontando-a com a do lesante, de sorte que se abaterá a quota-parte que for imputável à culpa da vítima (*RT, 791*:243, *785*:380, *801*:230, *800*:267, *609*:112, *599*:260, *588*:188, *567*:104; Enunciado n. 630 da VIII Jornada de Direito Civil). Assim, se um motorista A na contramão vier a colidir com veículo conduzido por B, que corre a 200 km por hora, o magistrado deverá estabelecer o montante global do prejuízo sofrido, na proporção do grau de culpa da vítima e do lesante, p. ex., 70% para A e 30% para B. Não desaparece, portanto, o liame de causalidade; haverá tão somente uma atenuação da responsabilidade, hipótese em que a indenização é, em regra, devida por metade (*RT, 221*:220, *226*:181, *216*:308, *222*:187, *158*:163, *163*:669, *439*:112; *RF, 109*:672, *102*:575) ou diminuída proporcionalmente (*RT, 231*:513, *356*:519). Haverá uma bipartição dos prejuízos, e a vítima, sob uma forma negativa, deixará de receber a indenização na parte relativa à sua responsabilidade. Logo, a culpa concorrente existe quando ambas as partes agem com qualquer das três clássicas modalidades culposas. Admitida a culpa do motorista atropelador, se conhecida a sua imprudência, não é possível admitir culpa do atropelado, sob o fundamento de que ele deveria contar com a culpa alheia (1º TARJ, *ADCOAS*, 1983,

n. 89.311). P. ex., se a Rede Ferroviária Federal S.A. deixou de colocar obstáculos ou avisos em local de travessia de pedestres, inadmissível será reconhecer-se a concorrência de culpa por atropelamento decorrente de acidente ferroviário (1º TARJ, *ADCOAS*, 1982, n. 86.654).

c) *Por culpa comum*, isto é, se a vítima e o ofensor causaram culposa e conjuntamente o mesmo dano, caso em que se terá compensação de reparações. As duas responsabilidades se neutralizam e se compensam se as duas partes estiverem em posição igual, logo, não haverá qualquer indenização por perdas e danos. Entretanto, se estiverem em situação desigual, como vimos, por haver gradatividade na culpa de cada um, ter-se-á uma condenação das perdas e danos proporcional à medida de culpa que lhe for imputável. O *quantum* indenizatório deverá ser apurado conforme o grau de culpa da vítima (CC, art. 945). Assim sendo, competirá ao juiz decidir, prudentemente, a proporção da contribuição de cada um no montante do prejuízo.

d) *Por culpa de terceiro* (*RT*, *651*:99), isto é, de qualquer pessoa além da vítima ou do agente, de modo que, se alguém for demandado para indenizar um prejuízo que lhe foi imputado pelo autor, poderá pedir a exclusão de sua responsabilidade se a ação que provocou o dano foi devida exclusivamente a terceiro. É o que ocorrerá, p. ex., se o abalroamento (*RT*, *646*:89, *437*:127), que causou dano ao autor, foi causado por um veículo dirigido por terceiro; se pedestre é atropelado pelo motorista de táxi em razão de caminhão desgovernado, que lança o automóvel sobre o transeunte. Assim sendo, se a ação de terceiro causou o dano, esse terceiro será o único responsável pela composição do prejuízo. Para que ocorra a força exoneratória do fato de terceiro, será imprescindível: 1) um nexo de causalidade, isto é, que o dano se ligue ao fato de terceiro por uma relação de causa e efeito (*RJTJSP*, *21*:50); logo, não poderá haver liame causal entre o aparente responsável e o prejuízo causado à vítima; 2) que o fato de terceiro não haja sido provocado pelo ofensor, pois a responsabilidade do ofensor será mantida se ele concorrer com a do terceiro, salvo se o ofensor provar que houve culpa exclusiva de terceiro (*RJTJSP*, *40*:50; *RT*, *429*:260, *523*:101, *437*:240; Súmula 187 do STF); 3) que o fato de terceiro seja ilícito; 4) que o acontecimento seja normalmente imprevisível e inevitável, embora não seja necessária a prova de sua *absoluta* irresistibilidade e imprevisibilidade.

E caso haverá como o do art. 188, II, em que se o perigo se der por culpa de terceiro, contra este terá o autor do dano ação regressiva para haver a importância que tiver ressarcido ao lesado. A mesma ação caberá contra aquele em defesa de quem se causou o dano (CC, art. 930 e parágrafo único c/c art. 188, II e I; *JTACSP*, *109*:226).

A força excludente da responsabilidade por fato de terceiro dependerá da prova de que o dano foi resultante de ato de terceiro, caso em que o ofensor ficará isento de qualquer responsabilidade. A jurisprudência não tem admitido essa excludente em casos de transporte, pois se a culpa for de terceiro, havendo dano, o transportador apenas poderá mover ação regressiva contra esse terceiro (Súmula 187; *RT*, *437*:127, *523*:101; *RJTJSP*, *42*:103).

e) *Por força maior ou por caso fortuito* (CC, art. 393), cessando, então, a responsabilidade, porque esses fatos eliminam a culpabilidade, ante a sua inevitabilidade (*RF*, *479*:73, *410*:160, *469*:84, *369*:89, *477*:104; *RT*, *504*:98, *608*:217, *702*:67; *Ciência Jurídica*, *63*:174; *RJTJSP*, *39*:88, *5*:134). Deveras, o caso fortuito e a força maior se caracterizam pela presença de dois requisitos: o objetivo, que se configura na inevitabilidade do evento, e o subjetivo, que é a ausência de culpa na produção do acontecimento. No caso fortuito e na força maior há sempre um acidente que produz prejuízo. Na *força maior*, ou *Act of God* (*RT*, *702*:67, *410*:169; *JTARS*, *70*:271; *RJ*, *115*:312 e *145*:86), conhece-se a causa que dá origem ao evento, pois se trata de um fato da natureza, como, p. ex., raio que provoca incêndio; inundação que danifica produtos; geada que estraga a lavoura, implicando uma ideia de relatividade, já que a força do acontecimento é maior do que a suposta, devendo-se fazer uma consideração prévia do estado do sujeito e das circunstâncias espaciotemporais, para que se caracterize como eficácia liberatória de responsabilidade civil. No *caso fortuito* (*RT*, *785*:208, *745*:223, *696*:131, *431*:74, *346*:336, *356*:522, *399*:370, *453*:92) o acidente que gera o dano advém de: 1) causa desconhecida, como o cabo elétrico aéreo que se rompe e cai sobre fios telefônicos, causando incêndio, a explosão de caldeira de usina, ou a quebra de peça de máquina em funcionamento provocando morte; ou 2) fato de terceiro, como greve, motim, mudança de governo, colocação do bem fora do comércio, que cause graves acidentes ou danos devido à impossibilidade do cumprimento de certas obrigações. Sendo absoluto, por ser totalmente imprevisível ou irreconhecível com alguma diligência, de modo que não se poderia cogitar da responsabilidade do sujeito, acarreta extinção das obrigações, salvo se se convencionou pagá-los ou se a lei lhe impõe esse dever, como nos casos de responsabilidade objetiva. Hipótese em que o fato de terceiro e caso fortuito se identificam. Daí alguns autores, como Demolombe, Pirson e Villé, afirmarem sua equivalência. Mas, como bem observa Peirano Facio, não obstante a identidade de finalidade, há diferenças de estrutura, pois no fato de terceiro não haverá necessidade de o ofensor demonstrar a absoluta impossibilidade de prever ou de resistir. Assim sendo, a partir do instante em que este fato causar o dano, a vítima deverá trazer a prova necessária da relação de causalidade entre o fato do ofensor e o prejuízo, para obter a indenização. Além disso, o fato de terceiro deverá ser sempre atribuído a um determinado indivíduo, o que não ocorrerá no caso fortuito.

Entretanto, nem sempre a força maior e o caso fortuito têm esse efeito de excluir a responsabilidade, uma vez que na obrigação de dar coisa incerta o devedor, antes da escolha, não se exonerará sob a alegação de perda ou deterioração por caso fortuito ou força maior (CC, art. 246; *AJ*, *74*:170). Isto é assim porque *genus nunquam perit*, ou seja, se alguém prometer entregar trinta sacas de arroz, ainda que se percam em sua fazenda todas as existentes, nem por isso eximir-se-á da obrigação; continuará, pois, adstrito à prestação debitória, uma vez que poderá consegui-las em outro lugar.

Contudo, assevera Washington de Barros Monteiro que esse princípio de que o gênero nunca perece é falível e comporta temperamentos, porque o *genus* pode ser limitado ou ilimitado, conforme seja ele mais ou menos amplo ou restrito. "No gênero limitado" — continua esse ilustre civilista — "(em que as obrigações são às vezes denominadas 'quase genéricas') existe uma delimitação, por ser ele circunscrito às coisas que se acham num certo lugar, no patrimônio de alguém, ou sejam relativas a determinada época, p. ex., os bois de tal invernada ou de tal fazenda, o vinho de certa vindima, os livros de determinada edição, os créditos do devedor". Se o *genus* é assim delimitado, o perecimento ou a inviabilidade de todas as espécies que o componham, desde que não sejam imputáveis ao devedor, acarretará a extinção da obrigação. Se um livreiro emprestar a um colega cinquenta exemplares de uma obra, para lhe serem devolvidos dentro de seis meses, se no fim desse prazo a obra estiver esgotada, é evidente que não será possível a entrega de novos exemplares.

Mais complexa será — observa Washington de Barros Monteiro — a hipótese de mera insuficiência do *genus limitatum*, que não baste para dar cobertura a todas as obrigações do devedor. Um vendedor faz vários contratos a respeito de produtos de gênero limitado; posteriormente, por falta, se vê impossibilitado de atender a todos os compradores. Nesta hipótese devem-se considerar, isoladamente, os vários contratos, efetuando-se a entrega de acordo com o princípio da prevenção. Quanto ao *genus illimitatum* não há quaisquer restrições em relação à regra *genus nunquam perit*, logo, não se tem exoneração de responsabilidade se a perda ou deterioração se der em virtude de força maior ou de caso fortuito[124].

Convém lembrar que, pelo Enunciado n. 442 da V Jornada de Direito Civil, "o caso fortuito e a força maior somente serão considerados como excludentes da responsabilidade civil quando o fato gerador do dano não for conexo à atividade desenvolvida".

Todas essas causas excludentes da responsabilidade civil deverão ser devidamente comprovadas e examinadas com cuidado pelo órgão judicante por importarem em exoneração do ofensor, deixando o lesado sem a composição do dano sofrido[125].

Além disso, na seara contratual, a existência de cláusula de não indenizar (*RT*, *502*:120) excluiria a responsabilidade. A *cláusula de não indenizar*, nas palavras de Silvio Rodrigues, vem a ser a estipulação pela qual uma das partes contratantes declara, com a concordância da outra, que não será responsável pelo dano por esta experimentado, resultante da inexecução ou da execução inadequada de um contrato, dano este que, sem a cláusula, deveria ser ressarcido pelo estipulante. P. ex.: se o garagista, com anuência do proprietário do automóvel, proclama que não se responsabiliza pela perda de objetos deixados no veículo[126]. Essa cláusula de exoneração da responsabilidade só é admitida no âmbito contratual, logo, está afastada em matéria delitual. Assim, se no contrato houver estipulação de que o prejuízo causado a um dos contraentes não deverá ser reparado pelo outro, que a ele

---

124. W. Barros Monteiro, op. cit., p. 82 e 83; M. Helena Diniz, Obrigações de dar, in *Enciclopédia Saraiva do Direito*, v. 55, p. 329-32; *Curso*, cit., v. 2, 1983, p. 80 e 81; Cunha Gonçalves, op. cit., v. 8, p. 283; Carlos Alberto Dabus Maluf, Do caso fortuito e da força maior — excludentes de culpabilidade, *Revista do Advogado*, *44*:28-37; Francisco V. Lima Neto (A força maior, cit., p. 478), citando Cavalieri, aponta o *caso fortuito*: a) *interno* como fato imprevisível e inevitável que se liga à organização da empresa, ou à pessoa e que se relaciona com os riscos da atividade desenvolvida, estando ligado à organização do negócio explorado pela empresa ou pessoa. P. ex., piloto de avião que sofre ataque cardíaco e desmaia e copiloto assume comando; b) *externo* como fato imprevisível e inevitável, mas estranho à organização do negócio, não guardando nenhuma ligação com a empresa, como fatos da natureza, tendo autonomia em relação aos riscos da empresa e inevitabilidade, sendo, por isso, designado por alguns autores de força maior.

125. Carlos Alberto Bittar, op. cit., p. 83. Há casos em que força maior e caso fortuito não excluem a responsabilidade: CC, arts. 393, 399, 492, § 1º, 583, 667, § 1º, 862 e 868.

126. Silvio Rodrigues, op. cit., v. 6, p. 195. Sobre a cláusula contratual de irresponsabilidade: *RT*, *502*:120.

deu causa, excluída estará a responsabilidade do agente, não por desaparecer o liame de causa e efeito, mas em razão da própria convenção. Percebe-se que o risco é transferido para a vítima. Todavia, há alguns autores, como Savatier e Coelho da Rocha, que entendem que nula seria a cláusula que afastasse o devedor da responsabilidade por dolo, e há julgados que negam a eficácia dessa cláusula, como a Súmula 161 do STF, que estatui: "Em contrato de transporte, é inoperante a cláusula de não indenizar"; ou como o julgado contido na *RJTJSP, 126*:159, que conclui pela exclusão da cláusula de irresponsabilidade em obrigação de velar pela integridade da vida e da saúde. E pelo art. 734 do vigente Código Civil: "O transportador responde pelos danos causados às pessoas transportadas e suas bagagens, salvo motivo de força maior, sendo *nula qualquer cláusula excludente da responsabilidade*" (grifo nosso). O Código de Defesa do Consumidor não admite sua estipulação em relações de consumo (arts. 24, 25 e 51). Mas já se decidiu que se essa cláusula não ferir a ordem pública e os bons costumes, nada impede sua admissibilidade (*RT, 533*:76, *563*:146, *607*:121; *RJTJSP, 61*:163).

Para ter validade, será imprescindível a bilateralidade do consentimento, de modo que será ineficaz declaração unilateral de vontade sem anuência da outra parte. P. ex.: se o proprietário de uma academia de ginástica ou de estabelecimento de banho turco afixar nas paredes aviso de que não se responsabiliza por pertences dos usuários, tal aviso não terá validade, e o dono do estabelecimento responderá por furto de objeto que o cliente deixou guardado em armário fechado a chave (*RT, 260*:19). A cláusula de não indenizar, isto é, a limitação convencional da responsabilidade não poderá eximir o dolo do estipulante e, além disso, ela só seria eficaz se correspondesse a uma vantagem paralela em benefício do outro contraente. P. ex.: a cláusula teria eficácia em contrato de transporte de mercadoria somente se correspondesse a uma redução da tarifa em favor de quem a despachou (Decreto n. 2.681/12, art. 12), mas, como isso ocorre habitualmente, não será necessário que seja enquadrado entre os requisitos indispensáveis a sua validade[127].

127. Silvio Rodrigues, op. cit., v. 6, p. 179 e 195-8; Aguiar Dias, *Da cláusula de não indenizar*, 2. ed., Rio de Janeiro, 1955; Agostinho Alvim, op. cit., p. 336 e 337; Savatier, *Cours de droit civil*, t. 2, n. 356 e 357; Coelho da Rocha, *Instituições de direito civil português*, v. 1, § 125; Aguiar Dias, *Da responsabilidade*, cit., v. 2, p. 341-5, n. 216; Falavigna e Kelch, *Teoria e prática*, cit., p. 73-86.

Quadro Sinótico

PRESSUPOSTOS DA RESPONSABILIDADE CIVIL

1. EXISTÊNCIA DE UMA AÇÃO COMISSIVA OU OMISSIVA QUALIFICADA JURIDICAMENTE	• Conceito de ação	• É o ato humano, comissivo ou omissivo, ilícito, voluntário e objetivamente imputável, do próprio agente ou de terceiro, ou o fato de animal ou coisa inanimada, que cause dano a outrem, gerando o dever de satisfazer os direitos do lesado.		
	• Culpa como fundamento da responsabilidade	• Definição	• Para Savatier, culpa é a inexecução de um dever que o agente podia conhecer. Pressupõe, portanto, um dever violado (elemento objetivo) e a imputabilidade do agente (elemento subjetivo).	
		• Classificação	• Em função da natureza do dever violado	• Culpa contratual. • Culpa extracontratual.
			• Quanto à sua graduação	• Culpa grave. • Culpa leve. • Culpa levíssima.
			• Relativamente aos modos de apreciação	• Culpa *in concreto*. • Culpa *in abstrato*.
			• Quanto ao conteúdo da conduta culposa	• Culpa *in committendo*. • Culpa *in omittendo*. • Culpa *in eligendo*. • Culpa *in vigilando*. • Culpa *in custodiendo*.

<table>
<tr>
<td rowspan="3">1. EXISTÊNCIA DE UMA AÇÃO COMISSIVA OU OMISSIVA QUALIFICADA JURIDICAMENTE</td>
<td rowspan="2">• Culpa como fundamento da responsabilidade</td>
<td rowspan="2">• Imputabilidade</td>
<td>• Conceito</td>
<td>• É elemento constitutivo da culpa, atinente às condições pessoais daquele que praticou o ato lesivo, de modo que consiste na possibilidade de se fazer referir um ato a alguém por proceder de uma vontade livre.</td>
</tr>
<tr>
<td>• Exceções à imputabilidade</td>
<td>• Menoridade.
• Demência.
• Anuência direta ou indireta da vítima.
• Exercício normal de um direito.
• Legítima defesa.
• Estado de necessidade.</td>
</tr>
<tr>
<td>• Responsabilidade sem culpa</td>
<td colspan="3">• A obrigação de indenizar é imposta, por lei, a certas pessoas, independentemente da prática de qualquer ato ilícito, considerando que: a) determinadas atividades criam um risco especial para outrem; b) o exercício de certos direitos deve implicar o dever de reparar o prejuízo que origina. P. ex.: a responsabilidade objetiva, fundada na teoria do risco; acidentes resultantes do exercício de atividades perigosas como a utilização de um veículo; furto de valores praticado por empregado de hotéis, cuja indenização competirá ao hoteleiro (CC, arts. 932, IV, e 933); atuação culposa de preposto ou serviçal, pois empregador responderá pelos erros e enganos daquele (CC, arts. 932, III, e 933); queda de objetos de uma casa ou seu lançamento em lugar indevido, causando dano, acarretará responsabilidade objetiva do habitante (CC, art. 938); pagamento de cheque falsificado por banco (Súmula 28 do STF) gerará responsabilidade do estabelecimento bancário; comportamentos administrativos comissivos prejudiciais aos direitos do particular, que estabelecem a responsabilidade do Estado (CF, art. 37, § 6º); atos praticados no exercício de certos direitos (CC, arts. 1.251, 1.285, 1.289, 1.293 e 1.313).</td>
</tr>
</table>

2. OCORRÊNCIA DE UM DANO MORAL OU PATRIMONIAL	• Conceito de dano	• O dano é a lesão (diminuição ou destruição) que, devido a um certo evento, sofre uma pessoa, contra sua vontade, em qualquer bem ou interesse jurídico, patrimonial ou moral.	
	• Requisitos	• Diminuição ou destruição de um bem jurídico, patrimonial ou moral, pertencente a uma pessoa. • Efetividade ou certeza do dano. • Causalidade. • Subsistência do dano no momento da reclamação do lesado. • Legitimidade. • Ausência de causas excludentes de responsabilidade.	
	• Dano patrimonial	• Conceito	• O dano patrimonial é a lesão concreta que afeta um interesse relativo ao patrimônio da vítima, consistente na perda ou deterioração, total ou parcial, dos bens materiais que lhe pertencem, sendo suscetível de avaliação pecuniária e de indenização pelo responsável. Abrange o *dano emergente* (o que o lesado efetivamente perdeu) e o *lucro cessante* (o aumento que seu patrimônio teria, mas deixou de ter, em razão do evento danoso).
		• Critérios de distinção entre dano patrimonial direto e indireto	• *a*) Considera-se *direto* o dano que causa imediatamente um prejuízo no patrimônio da vítima e *indireto* o que atinge interesses jurídicos extrapatrimoniais do lesado, causando de forma mediata perdas patrimoniais.

2. OCORRÊNCIA DE UM DANO MORAL OU PATRIMONIAL	• Dano patrimonial	• Critérios de distinção entre dano patrimonial direto e indireto	• *b*) Designa-se *dano direto* o causado à própria vítima do fato lesivo e *indireto* o experimentado por terceiros, em razão desse mesmo evento danoso. • *c*) Denomina-se *dano direto* o prejuízo que for consequência imediata da lesão e *dano indireto* o que resultar da conexão do fato lesivo com um acontecimento distinto.	
		• Lesão ao direito de personalidade como dano patrimonial indireto	• Conceito de direitos da personalidade	• Para Goffredo Telles Jr., são direitos comuns da existência, porque são simples permissões dadas pela norma jurídica, a cada pessoa, de defender um bem que a natureza lhe deu de maneira primordial e direta. São os direitos de defender a integridade física, moral e intelectual.
			• Dano ao corpo	• Tutela legal ao corpo humano (CC, arts. 948, 949, 950; CP, arts. 129, 171, V; Dec.-Lei n. 73/66; Lei n. 6.194/74).

2. OCORRÊNCIA DE UM DANO MORAL OU PATRIMONIAL	• Dano patrimonial	• Lesão ao direito de personalidade como dano patrimonial indireto	• Dano ao corpo	• Dano estético	• É toda alteração morfológica do indivíduo que, além do aleijão, abrange as deformidades ou deformações, marcas e defeitos, ainda que mínimos, e que impliquem, sob qualquer aspecto, um afeamento da vítima, consistindo numa simples lesão desgostante ou num permanente motivo de exposição ao ridículo ou de complexo de inferioridade, exercendo ou não influência sobre sua capacidade laborativa (CC, art. 950 e parágrafo único).
			• Lesão à integridade intelectual e moral	• Ofensas aos direitos do autor, à honra da pessoa, aos bens que integram sua intimidade, ao seu nome, à sua imagem ou à sua liberdade sexual dão origem ao dano moral, que poderá traduzir-se também num dano patrimonial indireto se impedir ou dificultar a atividade profissional da vítima.	

2. OCORRÊNCIA DE UM DANO MORAL OU PATRIMONIAL	• Dano patrimonial		• Lesado indireto	• O lesado indireto é aquele que, não sendo a vítima direta do fato lesivo, vem a sofrer com esse evento por experimentar um menoscabo ou uma lesão a um bem jurídico patrimonial ou moral, em razão de sua relação ou vinculação com o lesado direto. P. ex.: viúva, filhos menores do falecido, parentes a quem o defunto devia prestação alimentícia.
	• Dano moral	• Definição	• O dano moral é a lesão de interesses não patrimoniais de pessoa física ou jurídica provocada pelo fato lesivo.	
		• Dano moral direto	• É a lesão a um interesse que visa a satisfação ou gozo de um bem jurídico extrapatrimonial contido nos direitos da personalidade ou nos atributos da pessoa.	
		• Dano moral indireto	• É a lesão a um interesse tendente à satisfação ou gozo de bem jurídico patrimonial, que produz um menoscabo a um bem extrapatrimonial.	
		• Responsabilidade do dano moral	• Objeções à reparação do dano moral	• Efemeridade do dano moral. • Escândalo da discussão, em juízo, sobre sentimentos íntimos de afeição e decoro. • Incerteza, nos danos morais, de um verdadeiro direito violado e de um dano real. • Dificuldade de descobrir-se a existência do dano.

2. OCORRÊNCIA DE UM DANO MORAL OU PATRIMONIAL	• Dano moral	• Reparabilidade do dano moral	• Objeções à reparação do dano moral	• Impossibilidade de uma rigorosa avaliação pecuniária do dano moral. • Indeterminação do número de lesados. • Imoralidade da compensação de dar com o dinheiro. • Perigo da inevitabilidade da interferência do arbítrio judicial, conferindo ao magistrado poder ilimitado na apreciação dos danos morais, ao avaliar montante compensador do prejuízo. • Enriquecimento sem causa. • Impossibilidade jurídica de se admitir tal reparação.
			• Natureza jurídica da reparação	• A reparação do dano moral é um misto de pena e de satisfação compensatória.
			• Formas de reparação	• No ressarcimento do dano moral poderá, às vezes, haver, ante a impossibilidade de reparação, na *restitutio in integrum*, uma tentativa de atingir uma *situação material correspondente.* Todavia, a reparação moral é, em regra, *pecuniária*, a fim de neutralizar os sentimentos negativos, de mágoa, angústia, dor etc., pela superveniência de sensações positivas, de alegria, satisfação, pois ela possibilitaria ao lesado algum prazer, que, em certa medida, poderia atenuar seu sofrimento.
3. NEXO DE CAUSALIDADE ENTRE O DANO E A AÇÃO QUE O PRODUZIU	• Noção			• O nexo de causalidade é a relação necessária entre o evento danoso e a ação que o produziu.
	• Nexo de causalidade e imputabilidade			• Não há como confundir ambos. A *imputabilidade* diz respeito a elementos subjetivos, e o *nexo causal*, a elementos objetivos. Pode haver imputabilidade sem nexo causal.
	• Motivos excludentes do nexo causal			• Culpa exclusiva da vítima. • Culpa concorrente. • Culpa comum. • Culpa de terceiro. • Força maior ou caso fortuito. • Cláusula de não indenizar, que exclui a responsabilidade civil, não por desaparecer o liame de causalidade, mas em razão da própria convenção.

3. Espécies de responsabilidade civil

A responsabilidade civil pode apresentar-se sob diferentes espécies, conforme a perspectiva em que se a analisa. Assim sendo, poderá ser classificada[128]:

128. Carlos Alberto Bittar, op. cit., p. 29-35; Savatier, *Traité*, cit., t. 1, p. 145-8, 182 e s., 421 e s., n. 108; Aguiar Dias, *Da responsabilidade*, cit., v. 1; Fromageot, op. cit., 1891, p. 1 e 65 e s.; Larenz, op. cit., t. 2, p. 563 e s., 663 e s.; Orlando Gomes, *Obrigações*, cit., p. 339-41; Hans Planitz, op. cit., 1959, p. 270 e s.; Santos Briz, *Derecho*, cit., p. 40 e s., 470 e s.; Antunes Varela, *Direito das obrigações*, cit., p. 207; Pirson e Villé, op. cit., 1935, t. 1, p. 103 e s.; Manuel Domingues Andrade, *Teoria geral da relação jurídica*, Coimbra, 1974, v. 1, p. 127; Silvio Rodrigues, op. cit., v. 6, p. 169 e 170; Marton, op. cit., p. 430 e s.; Robert Bouillenne, op. cit., 1947, p. 37 e s., 125 e s. e 159 e s.; Oswaldo Aranha Bandeira de Mello, Conceito de responsabilidade e responsabilidade civil, *RDPubl*, *3*:20 e s., item 23, 1968; Alterini, *El incumplimiento considerado en si propio*, Buenos Aires, 1963, p. 81 e s., 106 e s.; M. Helena Diniz, Responsabilidade civil das pessoas jurídicas, *Revista da Procuradoria-Geral do Estado do Ceará*, *4*:64 e 65, 1981; Marty e Raynaud, op. cit., 1962, t. 2, p. 239 e s., 385 e s., 495 e s.; Álvaro Villaça Azevedo, op. cit., v. 65, p. 332 e 334; José Rubens Costa, op. cit., p. 109 e s.; Chevalier e Bach, *Droit civil*, Paris, Sirey, 1978, p. 355 e s.; Francisco dos Santos Amaral Neto, op. cit., v. 65, p. 349-351; Vincenzo Carbone, *Il fatto dannoso nella responsabilità civile*, Napoli, Jovene, 1969, p. 204; Jean van Ryn, *Responsabilité aquiliene et contrats*, Paris, Sirey, 1933, p. 26 e s.; Grandmoulin, *Nature délictuelle de la responsabilité pour violation des obligations contractuelles*, Rennes, 1892; Esmein, Le fondement de la responsabilité contractuelle, *Revue Trimestrielle de Droit Civil*, Paris, Sirey, 1933, t. 32, p. 640 e s.; Mazeaud e Mazeaud, op. cit., 4. ed., 1947, v. 1, p. 98 e s.; Henri Mazeaud, Essai de classification des obligations, *Revue Trimestrielle de Droit Civil*, Paris, Sirey, *35*:25 e s., 1936; De Page, op. cit., 1948, t. 2, p. 849 e s.; Lalou, op. cit., 1955, p. 312; Vaz Serra, Responsabilidade contratual e responsabilidade extracontratual, in *Coletânea de responsabilidade civil*, 1959, p. 107; Edmond Noel Mortine, *L'option entre la responsabilité contractuelle et la responsabilité délictuelle*, Paris, 1957; Starck, Domaine et fondement de la responsabilité sans faute, *Revue Trimestrielle de Droit Civil*, 1958, p. 477; Aubin, *Responsabilité délictuelle et responsabilité contractuelle*, Bordeaux, 1897; Mircea Mioc, *La sécurité de la personne physique et la responsabilité contractuelle*, Paris, 1938, p. 67; Silvio Rodrigues, op. cit., v. 6, p. 6-10; Antônio Chaves, Responsabilidade contratual, in *Enciclopédia Saraiva do Direito*, v. 65, p. 433 e 434; Augusto Mário Morello, *In-*

1) *Quanto ao seu fato gerador*, hipótese em que se terá: *a*) *responsabilidade contratual*, se oriunda de inexecução de negócio jurídico bilateral ou unilateral. Resulta, portanto, de ilícito contratual, ou seja, de falta de adimplemento ou da mora no cumprimento de qualquer obrigação. É uma infração a um dever especial estabelecido pela vontade dos contraentes, por isso decorre de relação obrigacional preexistente e pressupõe capacidade para contratar. Baseia-se no dever de resultado, o que acarretará a presunção da culpa pela inexecução previsível e evitável da obrigação nascida da convenção prejudicial à outra parte. Só excepcionalmente se permite que um dos contratantes assuma, em cláusula expressa, o encargo da força maior ou caso fortuito. Na responsabilidade contratual será possível estipular cláusula para reduzir ou excluir a indenização, desde que não contrarie a ordem pública e os bons costumes. Se o contrato é fonte de obrigações, sua inexecução também o será. Quando ocorre o inadimplemento do contrato, não é a obrigação contratual que movimenta a responsabilidade, uma vez que surge uma nova obrigação que se substitui à preexistente no todo ou em parte: a obrigação de reparar o prejuízo consequente à inexecução da obrigação assumida. A responsabilidade contratual é o resultado da violação de uma obrigação anterior, logo, para que exista, é imprescindível a preexistência de uma obrigação. P. ex.: o inquilino que deixa de pagar o aluguel; o escritor que, culposamente, não entrega ao editor, no prazo estipulado no contrato, a obra prometida; o artista que se recusa a dar o *show* combinado; o comodatário que deixa de restituir a coisa emprestada etc., são devedores inadimplentes, que estão causando prejuízo a seus credores e deverão repará-lo (CC, art. 389). A primeira obrigação (contratual) tem origem na vontade comum

---

demnización del daño contractual, 1974; Francisco Y. Fraga, *La responsabilidad contractual*, 1987; Eroulths Cortiano Jr., Breve introdução à dogmática da responsabilidade civil extracontratual no novo Código, *Cadernos da Escola de Direito e Relações Internacionais, 2*:33-46; Francisco Vieira Lima, Ato antijurídico e responsabilidade civil aquiliana: crítica à luz do novo Código Civil, *Revista Brasileira de Direito Comparado, 29*:10346; Rafael Quaresma Viva, *A responsabilidade civil objetiva*, São Paulo, RCS, 2007; Carolina B. A. de Paula, *Excludentes de responsabilidade civil objetiva*, São Paulo, Atlas, 2007; Roger S. Aguiar, *Responsabilidade civil objetiva — do risco à solidariedade*, São Paulo, Atlas, 2007; Fernando Gaburri, Da insuficiência da noção de culpa e de risco: da necessidade de um sistema geral objetivo de imputação de responsabilidade civil extracontratual, *Ensaios sobre responsabilidade civil na pós-modernidade*, coord. Giselda Hironaka e Maria Clara Falavigna, Porto Alegre, Magister, 2007, p. 75-97; Wallace Couto Dias, A culpa concorrente na responsabilidade objetiva. *Responsabilidade civil* (org. Luiz Fernando do V. A. Guilherme), São Paulo, Rideel, 2011, p. 197-213; Fábio Ulhoa Coelho, *Responsabilidade objetiva, fundamentos do direito civil brasileiro* (org. Everaldo A. Cambler), Campinas, Millennium, 2012, p. 119-44; Bruna B. Medeiros e Daniel Ustárroz, As funções da responsabilidade civil objetiva, *Revista Síntese — Direito Civil e Processual Civil, 109*:83 a 105.

dos contraentes, ao passo que o dever de reparar o dano resultante da inexecução contratual vai contra a vontade do devedor, que não quer a nova obrigação estabelecida com o inadimplemento da obrigação que contratualmente consentira. Desse modo, a obrigação decorrente do contrato é diferente da que nasce de sua inexecução. O ônus da prova, na responsabilidade contratual, competirá ao devedor, que deverá provar, ante o inadimplemento, a inexistência de sua culpa ou a presença de qualquer excludente do dever de indenizar (CC, arts. 389 e 393). O devedor, para ilidir a obrigação de indenizar, deverá evidenciar que o descumprimento contratual foi devido a caso fortuito ou força maior; *b*) *responsabilidade extracontratual ou aquiliana*, se resultante do inadimplemento normativo, ou melhor, da prática de um ato ilícito por pessoa capaz ou incapaz (CC, art. 927), visto que não há vínculo anterior entre as partes, por não estarem ligadas por uma relação obrigacional ou contratual. A fonte dessa responsabilidade é a inobservância da lei, ou melhor, é a lesão a um direito, sem que entre o ofensor e o ofendido preexista qualquer relação jurídica. P. ex.: se alguém atropelar outrem, causando-lhe lesão corporal, deverá o causador do dano repará-lo (CC, art. 949). O lesante terá o dever de reparar o dano que causou à vítima com o descumprimento de preceito legal ou a violação de dever geral de abstenção pertinente aos direitos reais ou de personalidade, ou seja, com a infração à obrigação negativa de não prejudicar ninguém. O *onus probandi* caberá à vítima; ela é que deverá provar a culpa do agente. Se não conseguir, tal prova ficará sem ressarcimento. Além dessa responsabilidade delitual baseada na culpa, abrangerá ainda a responsabilidade sem culpa fundada no risco, ante a insuficiência da culpa para cobrir todos os danos.

2) *Em relação ao seu fundamento*, caso em que se apresentará como: *a*) *responsabilidade subjetiva*, se encontrar sua justificativa na culpa ou dolo por ação ou omissão, lesiva a determinada pessoa (*RT*, *583*:145, *591*:237, *607*:117, *621*:93). Desse modo, a prova da culpa do agente será necessária para que surja o dever de reparar; *b*) *responsabilidade objetiva*, se fundada no risco, que explica essa responsabilidade no fato de haver o agente causado prejuízo à vítima ou a seus bens (*RF*, *284*:274; *RT*, *579*:135, *611*:275, *620*:197). É irrelevante a conduta culposa ou dolosa do causador do dano, uma vez que bastará a existência do nexo causal entre o prejuízo sofrido pela vítima e a ação do agente para que surja o dever de indenizar.

3) *Relativamente ao agente*, isto é, à pessoa que pratica a ação. Assim a responsabilidade será: *a*) *direta*, se proveniente da própria pessoa imputada — o agente responderá, então, por ato próprio; e *b*) *indireta* ou complexa,

se promana de ato de terceiro (*RT*, *646*:89, *641*:132, *566*:104, *494*:92; *RTJ*, *62*:108), com o qual o agente tem vínculo legal de responsabilidade, de fato de animal (*RT*, *535*:111, *589*:109) e de coisas inanimadas sob sua guarda.

Graficamente temos:

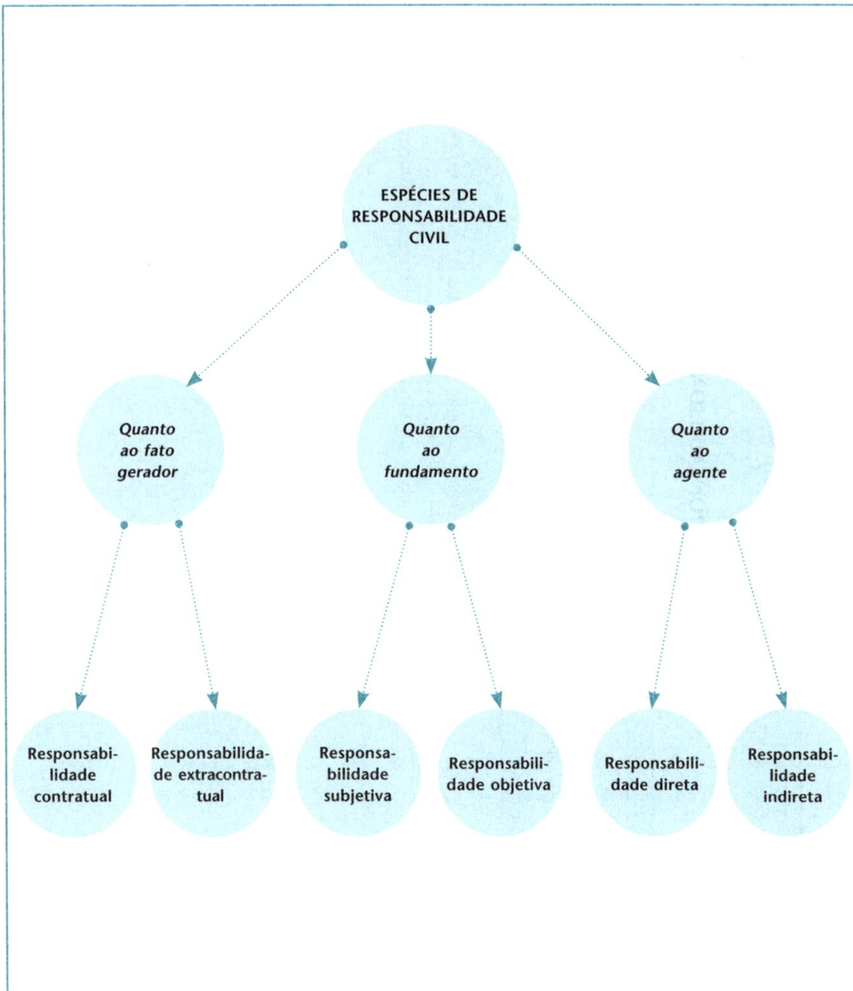

QUADRO SINÓTICO

ESPÉCIES DE RESPONSABILIDADE CIVIL

CLASSIFICAÇÃO	• 1. Quanto ao seu fato gerador	• *Responsabilidade contratual*, se oriunda de inexecução contratual. • *Responsabilidade extracontratual*, se resultante da violação de um dever geral de abstenção pertinente aos direitos reais ou de personalidade.
	• 2. Em relação ao seu fundamento	• *Responsabilidade subjetiva*, fundada na culpa ou dolo por ação ou omissão, lesiva a determinada pessoa. • *Responsabilidade objetiva*, se encontra sua justificativa no risco.
	• 3. Relativamente ao agente	• *Responsabilidade direta*, se proveniente da própria pessoa imputada: o agente responderá, então, por ato próprio. • *Responsabilidade indireta*, se promana de ato de terceiro, vinculado ao agente, de fato de animal ou de coisa inanimada sob sua guarda.

4. Efeitos da responsabilidade civil

A. Generalidades

Se se caracterizar a responsabilidade, o agente deverá ressarcir o prejuízo experimentado pela vítima. Desse modo, fácil é perceber que o primordial efeito da responsabilidade civil é a reparação do dano, que o ordenamento jurídico impõe ao agente. A responsabilidade civil tem, essencialmente, uma função reparadora ou indenizatória. Indenizar é ressarcir o dano causado, cobrindo todo o prejuízo experimentado pelo lesado. Todavia, assume, acessoriamente, caráter punitivo. Já na responsabilidade criminal sua função é, primordialmente, punitiva e preventiva. Logo, a responsabilidade civil, sob o prisma do devedor, reveste-se de caráter ressarcitivo e punitivo e, no que concerne ao credor, apresenta-se como uma compensação pela lesão sofrida[129]. Assim sendo, neste item nos ateremos aos modos de reparação do dano patrimonial; ao âmbito de ressarcimento do dano moral; aos titulares da ação ressarcitória; ao sujeito passivo da ação da indenização; à liquidação do dano; às garantias de indenização e aos efeitos do julgamento criminal sobre a ação cível.

B. Reparação do dano

b.1. Modos de reparação

O modo de reparação do dano implicaria uma determinação do con-

129. Carlos Alberto Bittar, op. cit., p. 74; Silvio Rodrigues, op. cit., v. 4, p. 201; Antunes Varela, *Direito das obrigações*, cit., p. 229; Américo Luis Martins da Silva, *O dano moral e a sua reparação civil*, São Paulo, Revista dos Tribunais, 1999.

teúdo dessa reparação. Será, então, necessário delimitar o conteúdo da relação obrigacional dirigida ao ressarcimento do prejuízo causado pelo agente[130].

Dois são os modos de reparar o dano patrimonial:

1) A *reparação específica*[131] ou *in natura* (sanção direta), que consiste em fazer com que as coisas voltem ao estado que teriam se não houvesse ocorrido o evento danoso. É preciso, todavia, deixar bem claro que nem sempre é possível a reconstituição natural e, às vezes, mesmo sendo possível, é inconveniente ao interesse do lesado. Para levar a efeito a reparação *in natura* será mister verificar a natureza do dano que se pretende indenizar.

Em regra, esse tipo de reparação é possível, quando se tratar de dano patrimonial direto, por causar menoscabo a bem patrimonial da vítima, pois nesse caso se poderia repor no seu patrimônio o bem lesado como se o dano não tivesse sido produzido. P. ex.: se eletricista estragar a instalação de determinado circuito, deverá restaurá-la no estado em que se encontrava antes do acidente que provocou. Deveras, se o dano patrimonial for indireto, onde a lesão a interesse não econômico do lesado (p. ex., uso ilícito do nome de outrem, agressão corporal, calúnia etc.) *produz*, como consequência, um prejuízo patrimonial, a reposição ao *statu quo ante* será muito difícil no que concerne ao bem jurídico pessoal afetado. Quando muito se procurará atingir uma *situação material correspondente* ou então indenizar as consequências patrimoniais (o dano emergente ou o lucro cessante) que a perda desse interesse moral provoca. P. ex.: em caso de homicídio, ter-se-á de indenizar os lesados indiretos (cônjuge sobrevivente e filhos menores); não será possível a reparação *in natura*, pois isto equivaleria a ressuscitar o morto, nem se atingir uma situação material correspondente, mas se poderão ressarcir os prejuízos decorrentes da lesão, pagando-se o dano emergente e o lucro cessante.

---

130. Hedemann, *Tratado*, cit., p. 549.

131. Zannoni, op. cit., p. 182-200; Cazeaux e Trigo Represas, op. cit., t. 4, p. 884; Aubry e Rau, *Cours de droit civil français*, 4. ed., Paris, 1878, t. 4, p. 749; De Cupis, op. cit., p. 589; Orgaz, *El daño*, cit., p. 117; Llambías, *Tratado*, cit., t. 4, p. 21; Larenz, op. cit., t. 2, p. 636; Antunes Varela, *Direito das obrigações*, cit., p. 254; Orlando Gomes, *Obrigações*, cit., p. 385 e 386; Carlos Alberto Bittar, op. cit., p. 75.

2) *Reparação por equivalente*[132], ou melhor, indenização (sanção indireta), entendida como remédio sub-rogatório, de caráter pecuniário, do interesse atingido. Tal reparação jurídica se traduz por pagamento do equivalente em dinheiro. Pela indenização, não se repõe na forma específica o bem lesado, mas se compensa o menoscabo patrimonial sofrido em razão do dano, restabelecendo o equilíbrio patrimonial em função do valor que representa o prejuízo. Tanto a determinação do conteúdo do dano como de sua medida, quando a reparação é pecuniária, supõe a avaliação dos prejuízos, que, em regra, é feita pelo juiz, embora possa ser feita por lei ou por contrato (cláusula penal). O magistrado deverá: *a*) estabelecer o conteúdo do dano (dano emergente, lucro cessante, dano moral); *b*) estimar a medida do prejuízo no momento em que faz a liquidação, buscando o preço atual que represente o valor patrimonial destruído. Geralmente, para se fixar o montante da indenização devida, deve-se atender à diferença entre a situação patrimonial hipotética atual do lesado e a situação patrimonial real na mesma data, ou melhor, o dano mede-se pela diferença entre a situação existente à data da sentença e a situação que, na mesma data, se registraria, se não fosse a lesão; e *c*) fixar seu *quantum* na sentença. A obrigação ressarcitória é, portanto, uma dívida de valor, pois não tem diretamente por objeto o dinheiro. Visa o pagamento de soma de dinheiro que não é, por seu valor nominal, o objeto da prestação, mas sim o meio de medi-lo ou de avaliá-lo. O dinheiro é apenas um meio necessário de liquidação da prestação em certo momento. A dívida de valor somente objetiva certa estimação, sendo cumprida com a quantia idônea para representar o valor esperado. P. ex.: os estragos causados por um automóvel, em razão de acidente, eram, em 2007, de R$ 5.000,00; quando o juiz fixar a indenização, em 2009, p. ex., os prejuízos serão de R$ 7.000,00, devido ao longo período de imobilização do veículo, antes de ordenado o seu conserto. Logo, o *quantum* da indenização será de R$ 7.000,00, não em virtude de atualização da verba inicial de R$ 5.000,00, mas por ser aquele o montante dos danos indenizá-

---

132. De Cupis, op. cit., p. 759; Zannoni, op. cit., p. 182, 201, 203 e 204; M. Helena Diniz, *Curso*, cit., v. 2, p. 85; Trigo Represas, *Obligaciones de dinero y depreciación monetaria*, 2. ed., La Plata, 1978, p. 63; Antunes Varela, *Direito das obrigações*, cit., p. 256, 365 e 366; Álvaro Villaça Azevedo, *Direito civil*; teoria geral das obrigações, 1. ed., Bushatsky, 1973, p. 183-4; Orlando Gomes, *Obrigações*, cit., p. 61-5, 386 e 387; San Tiago Dantas, *Problemas de direito positivo*, p. 28; Puig Brutau, *Fundamentos del derecho civil*, Barcelona, 1959, v. 2, t. 1, p. 330; Silvio Rodrigues, op. cit., v. 4, p. 201, 204 e 205; Aguiar Dias, *Da responsabilidade*, cit., v. 2, n. 225.

veis no momento atual, por ser essa a expressão do dano patrimonial na precisa data em que deve ser calculado. Incluir-se-ão, p. ex., as despesas de reparação do carro, as de transporte de seu proprietário durante o tempo em que ficou privado de seu uso e a taxa de desvalorização do veículo (*RT*, *359*:360). A indenização, em regra, mede-se pela extensão do dano.

O magistrado, em rigor, não poderá julgar por equidade, fixando a indenização pela metade ou em outra proporção, de modo que poderá julgar a ação procedente, condenando o agente ao pagamento integral da indenização, ou improcedente, se entender que a indenização é excessiva. Neste ponto o Código Civil, no parágrafo único do art. 944, inovou, acertadamente, ao propor: "Se houver excessiva desproporção entre a gravidade da culpa e o dano, poderá o juiz reduzir, equitativamente, a indenização".

No ressarcimento do *dano moral*, como vimos alhures, na forma específica, procurar-se-á atingir uma "situação material correspondente" (nos delitos contra a honra, poder-se-á desagravar, publicamente, pelo jornal, o ofendido), mas, em regra, ter-se-á a "execução por equivalente"; logo, tal indenização operar-se-á pelo pagamento de uma soma em dinheiro[133].

Assim temos:

Há Projeto de Lei (n. 150/99), ora arquivado, que estava na Comissão de Constituição, Justiça e Cidadania, dispondo sobre dano moral e sua reparação.

133. Carlos Alberto Bittar, op. cit., p. 75 e 76; De Cupis, op. cit., p. 305; Américo Luís Martins da Silva, *O dano moral e a sua reparação civil*, São Paulo, Revista dos Tribunais, 1999; Yussef Said Cahali, *Dano moral*, São Paulo, Revista dos Tribunais, 1998; Glaci de O. P. Vargas, *Reparação do dano moral*, Porto Alegre, Síntese, 2001; Augusto F. M. Ferraz de Arruda, *Dano moral puro ou psíquico*, São Paulo, Ed. Juarez de Oliveira, 1999; Ronaldo Alves de Andrade, *Dano moral à pessoa e sua valoração*, São Paulo, Ed. Juarez de Oliveira, 1999; Aparecido H. Ferreira, *Dano moral como consequência de indiciamento em inquérito policial*, São Paulo, Ed. Juarez de Oliveira, 2000.

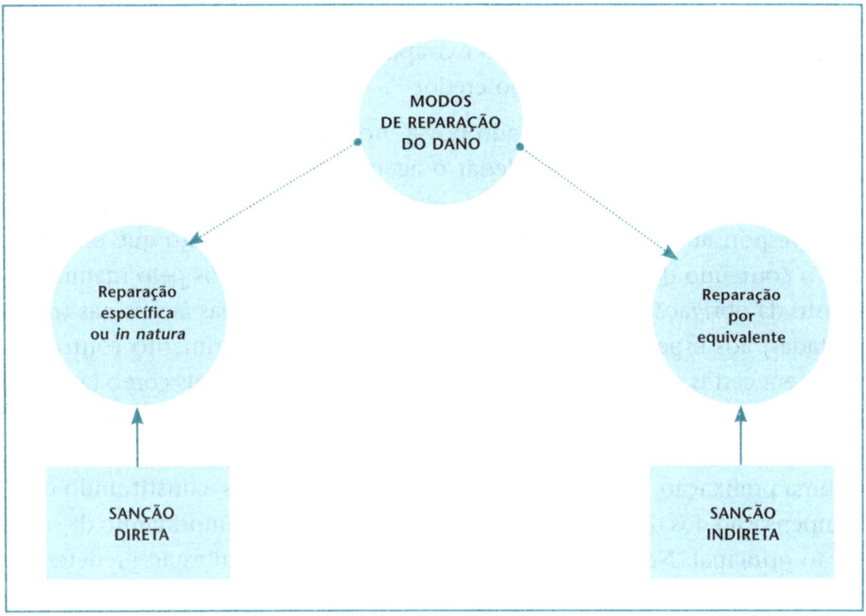

b.2. Âmbito de ressarcimento do dano moral

b.2.1. Responsabilidade contratual

Nosso Código Civil, no art. 389, ao prescrever que, "não cumprida a obrigação, responde o devedor por perdas e danos, mais juros e atualização monetária segundo índices oficiais regularmente estabelecidos, e honorários de advogado", e no art. 395 ao dispor: "responde o devedor pelos prejuízos a que sua mora der causa, mais juros, atualização dos valores monetários segundo índices oficiais regularmente estabelecidos, e honorários de advogado", sujeita o inadimplente e o contratante moroso ao dever de reparar as perdas e danos devidos ao credor, que abrangem, segundo o Código Civil, art. 402, além do que ele efetivamente perdeu, o que razoavelmente deixou de lucrar. Estabelece, ainda, esse diploma legal, no art. 403, que, "ainda que a inexecução resulte de dolo do devedor, as perdas e danos só incluem os prejuízos efetivos e os lucros cessantes por efeito dela direto e imediato, sem prejuízo do disposto na lei processual"[134]. Fácil é perceber que

134. M. Helena Diniz, *Curso*, cit., v. 2, p. 328 e 329.

esses dispositivos referem-se, exclusivamente, aos danos patrimoniais, sem aludir ao dano moral ou prejuízo extrapatrimonial que o inadimplemento do devedor pudesse acarretar ao credor[135].

Nada obsta que o magistrado possa, nos casos de indenização por responsabilidade contratual, condenar o agente pelo dano moral que causou culposa ou dolosamente, conforme, obviamente, a índole da causa geradora da responsabilidade e as circunstâncias de cada caso, visto que uma coisa é o conteúdo da prestação e outra os interesses afetados pelo inadimplemento da obrigação, tais como: lesões à saúde ocasionadas às pessoas transportadas; aos espectadores de um *show* etc. O descumprimento contratual pode, em certas circunstâncias, causar não só danos materiais como também morais. O dano moral resultante de inadimplência do contrato só não será passível de reparação se houver ajuste de cláusula penal, que já contém, em si, uma prefixação, pelos contraentes, das perdas e danos, constituindo uma compensação dos danos sofridos pelo credor com o descumprimento da obrigação principal. No *quantum* reparador da cláusula penal estão predeterminados *a priori* todos os prejuízos causados ao credor, inclusive os de natureza extrapatrimonial. O dano moral, na seara da responsabilidade contratual, seria, em regra, um *dano moral indireto*, por ser consequência de lesão a um interesse patrimonial, trazendo contrariedade, inquietude ao credor, principalmente quando o contrato se referir a coisas que têm valor estimativo para o contratante, p. ex., se se tratar de compra de mobiliário pertencente a um parente querido ou à família. Todavia, casos há em que há *dano moral direto*, p. ex., quando a responsabilidade contratual advier de um negócio jurídico em que, para o lesado, a prestação não cumprida constituiria um mero interesse extrapatrimonial. Para explicitar melhor tais ideias será mister distinguir a patrimonialidade do interesse da patrimonialidade da prestação, como o fez Emilio Betti, ao afirmar que se deve intuir tanto a neces-

---

135. Zannoni, op. cit., p. 267; Leonardo Colombo, Acerca del resarcimiento del daño moral en las obligaciones contractuales, *La Ley*, *87*:596; Carlos Alconada Aramburú, Daño moral en los contratos, *JA*, *3*:48, 1951; Brebbia, *El daño moral*, 2. ed., Rosario, Ed. Orbir, 1967, p. 203; Augusto Zenun, *Dano moral e sua reparação*, Rio de Janeiro, Forense, 1993; R. Limongi França, Reparação do dano moral, *RT*, *631*:29; Yussef S. Cahali, *Dano moral*, São Paulo, Revista dos Tribunais, 1998; Humberto Theodoro Jr., *Dano moral*, São Paulo, Ed. Juarez de Oliveira, 1999; Paulo Roberto Saraiva da Costa Leite, Dano moral no direito brasileiro, *JSTJ*, *4*:44-50. *Vide EJSTJ*, *20*:139. Turma de Uniformização do Sistema de Juizados Especiais. Súmula n. 6 – Mero inadimplemento contratual, sem circunstâncias específicas e graves que a justifiquem, não dá ensejo a indenização por danos morais.

sidade de distinguir a prestação em si mesma considerada como o interesse a satisfazer, ao qual a prestação serve, enquanto é destinada a levar ao credor uma *utilidade* para satisfazer um interesse que, em si, não é passível de avaliação pecuniária, como, p. ex., o interesse pela cultura, pela saúde etc. A utilidade das atividades que desenvolvem o professor, o médico ou o advogado, em benefício do aluno, do paciente ou do constituinte, poderá ter, às vezes, certa relevância econômica, mas habitualmente seu caráter é imaterial. Os ensinamentos dos mestres, a saúde que o médico tenta devolver, a obtenção do êxito numa causa judicial tendem à satisfação de um *interesse*, mas o interesse de recobrar a saúde, de adquirir cultura, ou de vencer uma demanda, independentemente das possíveis consequências econômicas, é um interesse que não é certamente suscetível de uma aferição econômica, é um interesse puramente moral[136].

Quando à responsabilidade contratual se atribui descumprimento ou má prestação de uma atividade à qual alguém estava obrigado em virtude de liame contratual e se esse inadimplemento visava, diretamente, a satisfazer um interesse extrapatrimonial do credor, o dano será também diretamente não econômico. É o que acontece com os danos oriundos da atividade médica, quando o médico responderá contratualmente pela *mala praxis* (ou má prática da medicina). P. ex.: se o médico, imprudentemente, provocar lesões no paciente, ter-se-á dano patrimonial indireto, consistente em gastos com o tratamento e em lucro cessante pelo que o doente deixou de auferir durante sua convalescença. Mas esse dano é indireto por ser originário de lesão à integridade corporal, que é um *interesse não econômico* do paciente[137].

b.2.2. Responsabilidade extracontratual

b.2.2.1. Ressarcimento do dano à vida e à integridade corporal

Quando nos referimos ao dano patrimonial indireto, pudemos fazer menção à tutela do interesse moral sobre os bens que constituem a vida (CC, art. 948) e a integridade corporal (CC, arts. 949 e 950). Na reparação por ho-

---

136. É o que nos ensinam: Zannoni, op. cit., p. 268, 269, 270 e 280-3; Emilio Betti, *Teoría general de las obligaciones*, Madrid, 1969, t. 1, p. 55 e 56; Orgaz, El daño moral en el contrato de transporte, *La Ley*, *51*:287; Wilson Melo da Silva, O dano moral, cit., p. 492 e s.

137. Zannoni, op. cit., p. 271; Alberto J. Bueres, *Responsabilidad civil de los médicos*, Buenos Aires, 1979, p. 46; Mosset Iturraspe, *Responsabilidad civil del médico*, Buenos Aires, 1979, p. 91.

micídio (morte de uma pessoa física, oriunda de ato culposo ou doloso de outrem, de fato que o responsável deveria ter evitado, como morte ocasionada por coisa ou animal) e por lesão corporal — física ou psíquica — dever-se-á entender que houve um menoscabo moral, que *não* se confunde com as perdas patrimoniais sofridas pelos lesados, que constituem dano patrimonial indireto em razão de lesão a bem moral da vítima e dos lesados. P. ex., o juiz Luiz Artur Rocha Hilário, da 27ª Vara Cível de Belo Horizonte (Proc. n. 0024.08.199172-1, publ. 14-5-2010), condenou um estudante da 7ª série a indenizar a sua colega de classe em R$ 8 mil pela prática de *bullying* — atos de violência física ou psicológica, intencionais e repetidos, praticados por um indivíduo —, observando que: "O dano moral decorreu diretamente das atitudes inconvenientes do menor estudante, no intento de desprestigiar a estudante no ambiente colegial, com potencialidade de alcançar até mesmo o ambiente extracolegial". Realmente, *bullying* (intimidação vexatória) constitui uma ofensa à integridade física e psíquica da criança ou adolescente, que, por sua violência, pode acarretar-lhe graves danos morais, além de gerar sofrimento físico e mental, logo os intimidadores deverão ser responsabilizados civilmente. O PL n. 236/2012 visa *criminalizar* o *bullying* (intimidação vexatória consistente em intimidar, constranger, ameaçar, assediar, sexualmente, ofender, castigar, agredir, segregar a criança ou o adolescente, de forma intencional e reiterada, direta ou indiretamente, por qualquer meio (inclusive pela internet — *cyberbullying*), valendo-se de pretensa situação de superioridade e causando sofrimento físico, psicológico ou dano patrimonial. A conduta é punida com prisão de 1 (um) a 4 (quatro) anos e depende de representação (da vítima/representante legal) para que se deflagre a ação penal (art. 148 PNCP).

A Lei n. 13.185/2015, que institui o Programa de Combate à Intimidação Sistemática (*Bullying*), caracteriza, no art. 2º, I a VIII e parágrafo único, tal intimidação quando houver violência física ou psicológica em atos de intimidação, humilhação ou discriminação e, ainda, ataques físicos, insultos pessoais, comentários sistemáticos e apelidos pejorativos, ameaças por quaisquer meios, grafites depreciativos, expressões preconceituosas, isolamento social consciente e premeditado e pilhérias. Considera, ainda, que há intimidação sistemática na rede mundial de computadores (*cyberbullying*) quando se usarem os instrumentos que lhe são próprios para depreciar, incitar violência, adulterar fotos e dados pessoais com o intuito de criar meios de constrangimento psicossocial. E no art. 3º, esclarece que a intimidação sistemática (*bullying*) pode ser classificada, conforme as ações praticadas, como: *verbal*: insultar, xingar e apelidar pejorativamente; *moral*: difamar, caluniar, disseminar rumores; *sexual*: assediar, induzir e/ou abusar; *social*: ignorar, isolar e excluir; *psicológica*: perseguir, amedontrar, aterrorizar, intimidar, dominar, manipular, chantagear e infernizar; *físico*: socar, chutar, bater; *material*: furtar, roubar, destruir pertences de outrem; e *virtual*: depreciar, enviar mensagens intrusivas da intimidade, enviar ou adulterar fotos e dados pessoais que resultem em sofrimento ou com o intuito de criar meios de constrangimento psicológico e social.

Há também responsabilidade civil por *stalking*, ou seja, pela perseguição persistente, por haver invasão à privacidade da vítima. Consiste numa forma de violência na qual há assédio persistente, que se traduz em vários modos de comunicação, contacto, vigilância e monitorização de uma pessoa (vítima), em regra, mulher ou jovem, por outrem (*stalker*). Pode ser um ato rotineiro e aparentemente inofensivo (p. ex. ligações telefônicas com frequência, envio de e-mail, remessa de presentes) ou intimidatório (p. ex. mensagens ameaçadoras, publicação de boatos em *sites*), que afeta o bem-estar da pessoa-alvo, gerando ansiedade, angústia, depressão, isolamento, sentimento suicida, medo etc., abalando a sua integridade psíquica ou estrutura emocional, por invadir sua privacidade, restringir sua liberdade de locomoção ou atingir sua reputação. Ante a gravidade desse ato comportamental, a Alemanha, em 2002, o pune na Lei Civil *Anti-stalking*, a Itália, em 2009, o arrolou na legislação penal como ato persecutório, o Brasil o contempla na Lei de Contravenções penais, art. 65, como perturbação da tranquilidade[138].

O dano direto, convém repetir, é o dano moral indenizável independentemente da maior ou menor extensão do prejuízo econômico, embora deva ser proporcional a ele.

---

138. Sobre *stalking*: Fabiola da Motta C. Ferreira Laguna. Os fenômenos do *bullying* e do *stalking* à luz do instituto da responsabilidade civil. *Revista de Direito de Família e das Sucessões*, n. 3: 95 a 112; Luciana G. Amiky, Responsabilidade civil pela prática do *stalking*. *Revista Brasileira de Direito Civil. Constitucional e Relações de Consumo* (2013), p. 143-153; Marlene Matos, *Stalking*: *abordagem penal e multidisciplinar*: www.cej.mj.pt/cej/recursos/ebooks/stalking/stalking.pdf. Acesso em: 14-10-2013. Sobre *bullying*: José Eduardo P. F. Vaz, A responsabilidade indenizatória da prática do *bullying*. *Revista Síntese – Direito de família*, *79*:9-24; Ana Giulia F. de Andrade, *Bullying*: fenômeno social e seu envolvimento nas instituições de ensino particulares – uma análise de responsabilidade civil e seus aspectos, *Revista Síntese – Direito de família*, *111*: 96-118; Marcelo M. Gomes, O *bullying* e a responsabilidade civil do estabelecimento de ensino privado. *Revista Síntese – Direito de Família*, *79*:27 a 67; Maria Helena Diniz, "Bullying" e suas consequências jurídicas, *Revista Jurídica Luso-Brasileira*, n. 2, ano 3, p. 625 a 666, 2017; "Bullying": responsabilidade civil por dano moral, *Revista Argumentum*, *17*:17-43, 2016.

Como afirmamos em páginas anteriores, a reparação do dano moral tem, sob uma perspectiva funcional, um caráter satisfatório para a vítima e lesados, e punitivo para o ofensor. Desse modo, o magistrado, para que possa estabelecer, equitativamente, o *quantum* da indenização do dano moral, deverá considerar a gravidade da lesão, baseado na conduta culposa ou dolosa do agente, a situação econômica do lesante, as circunstâncias do fato, a situação individual e social da vítima ou dos lesados etc. Isto é assim porque se reclama na aplicação da norma o prudente arbítrio judicial.

Se houver *homicídio*, convém repetir, a indenização, sem excluir outras reparações, consistirá: 1) no pagamento das despesas com o tratamento da vítima, com o seu funeral (*RJTJSP*, *64*:100, *59*:196; *RT*, *566*:132, *554*:149, *513*:102), abrangendo despesas com jazigo (*RTJ*, *65*:554), com a remoção do corpo (*JTACSP*, *59*:100) e com o luto da família, incluindo vestes lúgubres e despesas com sufrágio da alma conforme a religião professada (CC, art. 948, I; *RJTJSP*, *31*:35; *RTJ*, *78*:792; *RT*, *500*:189, *479*:226, *324*:379). Fácil é denotar quão incompleta é essa indenização porque: *a*) não inclui os lucros cessantes; *b*) há situações em que não se terá despesa com tratamento médico (*RJTJSP*, *59*:196), como no caso de a vítima falecer imediatamente, com o funeral, se o cadáver desapareceu, p. ex., tragado pelo mar, ou com o luto da família, se esta o dispensar; 2) na prestação de alimentos às pessoas a quem o defunto os devia, à viúva (enquanto permanecer em estado de viuvez e não formar união estável), filhos menores ou parentes necessitados, levando-se em conta a duração provável da vida da vítima, que tem sido considerada, pela jurisprudência, a de 65 anos (*RJTJSP*, *101*:137; CC, art. 948, II; *EJSTJ*, *25*:121 e 123, *24*:160, *23*:128; *JSTJ*, *5*:333, *6*:277, *7*:369, *10*:219 e *12*:151; *RT*, *527*:64, *525*:114, *137*:630, *516*:106, *159*:207, *507*:119, *492*:203, *434*:101, *135*:580, *468*:78, *478*:65, *477*:111, *352*:115, *515*:120, *479*:64, *526*:225, *537*:52, *198*:207, *532*:112, *520*:277, *500*:189, *509*:75, *529*:79; Súmulas 490 e 493 do STF), admitindo-se uma sobrevida de 5 anos (*RJTJSP*, *38*:24; *RT*, *611*:221; *RTJ*, *61*:250). Filha casada não poderá pleitear pensão por morte do pai, se não for mais sustentada por ele (*RT*, *548*:129). Filhos com mais de 21 anos, portadores de deficiência física ou mental que os impossibilite de prover seu próprio sustento, continuarão recebendo a pensão (*RSTJ*, *134*:88).

Mas já se decidiu que: "Estudante universitário não tem direito à prorrogação do benefício de pensão por morte do responsável até à idade de 24 anos. A decisão é da 5ª Turma do Superior Tribunal de Justiça (STJ), que deu provimento ao pedido do Instituto Nacional do Seguro Social (INSS) para reformar entendimento do Tribunal Regional Federal da 5ª Região (TRF-5). Para o INSS, a sentença que negou a possibilidade de prorrogação do benefício deveria ser restabelecida em razão do art. 16 da Lei n. 8.213/91, segundo o qual são beneficiários do Regime Geral de Previdência Social, na condição de dependentes do segurado, 'o cônjuge, a companheira, o companheiro e o filho, de qualquer condição, menor de 21 anos ou inválido'. A autora da ação, uma estudante universitária, alegou ser economicamente dependente do pai falecido. O INSS, por sua vez, sustentou que sua condição não se enquadrava na lista taxativa de beneficiários de pensão por morte prevista na lei, que prevê a extinção da relação previdenciária quando os filhos atingem os 21 anos de idade, salvo se inválidos. O ministro relator, Arnaldo Esteves Lima, ao dar provimento ao recurso especial do INSS, concluiu que 'não há que falar em restabelecimento da pensão por morte à beneficiária, maior de 21 anos e não inválida, vez que, diante da taxatividade do diploma legal citado, não é dado ao Poder Judiciário legislar positivamente, usurpando a função do Parlamento' (REsp 779.418)"[139]. Presume-se que, com 24 anos, os beneficiários da pensão terão concluído a formação, deixando de ser dependentes. Filhos estudantes até 24 anos terão direito de receber pensão por morte de pai (REsp 592.671, Rel. Min. Eliana Calmon), principalmente se este for militar (Lei n. 3.765/60, art. 7º, I, *d*). Isto porque o risco de não concluir os estudos atinge não apenas o estudante, mas também a coletividade, a quem se destina a capacitação profissional das pessoas.

Pelo STJ a pensão é devida na proporção de 2/3 dos ganhos da vítima comprovados em *hollerith* e na declaração de imposto de renda. Se não se puder obter tal prova, a pensão é calculada com base no salário mínimo (*JTA*, *102*:104; *RTJ*, *69*:180), ou nos ganhos presumidos, p. ex., retirada mensal da empresa de que, porventura, seja sócio. Em regra essa pensão baseia-se na renda auferida pela vítima e no seu padrão de vida, descontando-se 1/3, para que seus dependentes percebam 2/3 (STF, Súmula 490), incluindo-se o 13º salário, salvo se se tratar de trabalhador autônomo (*RTJ*, *117*:454), e o *quantum* previdenciário, que dependerá das contribuições pagas pela vítima. O pagamento da prestação alimentícia deverá ser mensal, não se podendo determinar que seu valor seja fixo e pago em uma só vez, nada obstando a que se reconheça aos beneficiários o direito de acrescer; assim, quando cessar o direito de um deles, sua quota na pensão acrescer-se-á à dos demais (*RTJ*,

---

139. Urge lembrar que o art. 16, I, da Lei n. 8.213/91 com a redação da Lei n. 13.146/2015, tem a seguinte redação: "o cônjuge, a companheira, o companheiro e o filho não emancipado, de qualquer condição, menor de 21 (vinte e um) anos ou inválido ou que tenha deficiência intelectual ou mental ou deficiência grave".
Vide: Lei n. 13.146/2015, arts. 10 a 13, 18 a 26.

79:142). Se o lesante deixar de pagar a pensão, sua prisão civil não poderá ser decretada, visto que se trata de indenização por ato ilícito (*RT*, *646*:124).

Defeituosa é também essa disposição legal, pois haverá hipótese em que o falecido não devia alimentos, p. ex., se ele era menor e não contribuía para a subsistência da família ou se a vítima era mulher (*RT*, *663*:116) que não exercia atividade lucrativa. Mas a esse respeito a Súmula 491 estatui: "É indenizável o acidente que causa morte de filho menor, ainda que não exerça trabalho remunerado" (*RT*, *462*:99, *495*:60, *492*:203, *491*:63, *483*:167, *479*:218, *468*:78, *463*:73, *438*:117, *517*:207, *633*:116, *636*:128, *660*:120, *575*:168, *667*:121, *790*:288; *EJSTJ*, *18*:64, *17*:64, *10*:97, *8*:110, *23*:158, *25*:123 e 159; *RSTJ*, *105*:341; *JSTJ*, *6*:290; *Bol. AASP*, *1889*:78; STF, Súmulas 187 e 492; *RTJ*, *108*:626, *84*:626, *56*:733, *62*:277, *82*:546), até quando a vítima completasse 65 anos (*RJTJSP*, *108*:142, *85*:140; *JTA*, *82*:143, *75*:129; *RT*, *520*:84, *516*:106; *RTJ*, *123*:1605; CF/88, art. 229), provável sobrevida, mas a pensão a ser paga, além da indenização por danos morais, reduzir-se-á de 2/3 para metade (4ª Câm. do STJ-REsp 66.437). Portanto, tal pensão é devida na proporção, ou seja, a pensão em caso de óbito de filho deverá ser integral, 2/3 dos ganhos até 25 anos de idade da vítima, reduzida à metade (1/3) até os 65 anos, tendo em vista que após 25 anos poderia casar-se, assumindo novos encargos (STJ, 4ª Câm., EREsp 106.327-PR, j. 25-2-2000). Se a vítima era solteira e vivia com os pais, mas já tinha mais de 25 anos, eles não teriam direito à pensão. Se a vítima ajudava em casa deverá ser fixada uma pensão por um prazo de 5 anos, como ocorre quando morre um chefe de família com mais de 65 anos de idade (*RJTJSP*, *38*:24; *RTJ*, *61*:250). Quanto à perda da esposa, ou companheira, que apenas se ocupa com trabalhos domésticos (*RF*, *90*:717, *213*:198; *RT*, *325*:115, *327*:218; *RJTJSP*, *26*:166, *43*:84), reparar-se-á o dano moral e o material, pois os serviços de uma mãe de família constituem uma prestação de alimentos aos filhos menores e diminuem as despesas do marido (*RT*, *325*:115, *643*:177, *663*:116). E, se exercia profissão, a pensão corresponderá a 2/3 de seus rendimentos; 3) nos honorários advocatícios concedidos pelo Código de Processo Civil, art. 85.

O art. 948 do Código Civil apenas enumera, a título exemplificativo, as verbas indenizatórias; assim, se se provar que do homicídio houve outros prejuízos (p. ex., lucros cessantes), o magistrado deverá decidir-se pela responsabilidade de sua reparação[140].

---

140. C. A. de Castro Guerra, Pensão por morte a dependente universitário, *Revista do Tribunal Regional Federal — 3ª Região*, *78*:159-163; Jorge Miranda, *Constituição portuguesa anotada*, Coimbra, 2005, t. 1, p. 735. "Processual civil. Administrativo. Agravo regi-

Há cumulação de dano moral e material acarretados pela morte de alguém, seja ele pai, filho ou cônjuge (*RSTJ*, *27*:268, *45*:144; *RT*, *553*:199 e *730*:205).

A esse respeito a Constituição Federal de 1988, art. 245, confere ao Poder Público o dever de assistência aos herdeiros e dependentes carentes de pessoas vitimadas por crime doloso, devendo baixar lei ordinária que regulamente os casos e as condições em que tal assistência se dará, sem prejuízo da responsabilidade civil do autor do ilícito.

Na hipótese de *lesão corporal*, como já afirmamos, o ofensor deverá indenizar o ofendido das despesas do tratamento e dos lucros cessantes até o fim da convalescença, além de algum outro prejuízo que o ofendido prove haver sofrido (CC, art. 949, *RT*, *785*:347). Todavia, no que concernia ao pagamento da multa prevista no CC de 1916, no art. 1.538, era inaplicável (salvo na hipótese do art. 129, § 5º, do CP), porque a lei penal deixou de cominar pena pecuniária para os delitos de lesão corporal, impondo apenas pena privativa de liberdade, por isso de boa política legislativa foi a retirada da pena de multa pelo atual Código. A soma da indenização era duplicada, se do ferimento resultasse aleijão ou deformidade (CC de 1916, art. 1.538, § 1º; *RF*, *107*:259; *RT*, *177*:161, *173*:620, *194*:910, *141*:205, *94*:197, *143*:605, *208*:212, *465*:214, *196*:136; *RSTJ*, *104*:304), isto é, dano estético, fazendo com que o ofendido causasse impressão desagradável (*RT*, *485*:62, *513*:266; *RSTJ*, *105*:331; *RJ*, *217*:80; *JTACSP*, *113*:187). O art. 950 do Código Civil não mais impõe a duplicação da pena. Como o *dano estético* pode ser, em certos casos, corrigido *in natura* por meio de cirurgia plástica, esta se incluirá na reparação do dano e

---

mental no agravo de instrumento. Responsabilidade civil. Município. Morte de filho menor. Dano moral. Dissídio pretoriano não demonstrado. Indenização. Redução não autorizada. Valor razoável. Pensão mensal. Termo inicial. Precedentes. Agravo parcialmente acolhido. 1. A divergência jurisprudencial, além da similitude fático-jurídica, deve ser devidamente demonstrada e comprovada (CPC, art. 541, parágrafo único — atual art. 1.029, § 1º —; RISTJ, art. 255), sob pena de não conhecimento. 2. O STJ admite a revisão dos valores fixados a título de reparação por danos morais, mas tão somente quando se tratar de valores ínfimos ou exagerados. Excepcionalidade não configurada. 3. Considerando as circunstâncias do caso concreto, as condições econômicas das partes e a finalidade da reparação, a indenização por danos morais de R$ 120.000,00 não é exorbitante nem desproporcional aos danos sofridos pelo recorrido em razão da morte do filho menor por afogamento. 4. O termo inicial para o pagamento da pensão é a data em que a vítima completaria catorze anos, pois a partir dessa idade a Constituição Federal autoriza o trabalho para o menor, ainda que na condição de aprendiz (CF/88, art 7º, XXXIII). 5. Agravo regimental parcialmente acolhido, para se conhecer do agravo de instrumento e dar parcial provimento ao próprio recurso especial (CPC, art. 544, § 3º, primeira parte — atual art. 1.042, § 3º —), tão somente para se corrigir o termo inicial da pensão" (STJ, AgRg no Ag. 796.566/RJ, rel. Min. Denise Arruda, Primeira Turma, j. 6-2-2007, *DJ*, 1º-3-2007, p. 240).

na sua liquidação. O justo valor da indenização deverá ser fixado por arbitramento. E, outrora, como vimos, se o ofendido, aleijado ou deformado, fosse mulher solteira ou viúva, ainda capaz de casar, a indenização consistia em dotá-la, segundo as posses do ofensor, as circunstâncias do ofendido e a gravidade do defeito (CC de 1916, art. 1.538, § 2º; *RF*, *90*:132; *RT*, *231*:285, *474*:92, *224*:251, *520*:108, *367*:137). O dote representava o pagamento de uma indenização para compensar com dinheiro a deformidade que a enfeou, diminuindo sua possibilidade de se casar. Atualmente, o Código não mais trata do instituto dote, nem contempla aleijada com o mesmo, prescrevendo tão somente no art. 950: "se da ofensa resultar defeito pelo qual o ofendido não possa exercer o seu ofício ou profissão, ou se lhe diminua a capacidade de trabalho, a indenização, além das despesas do tratamento e lucros cessantes até ao fim da convalescença, incluirá uma pensão correspondente à importância do trabalho para que se inabilitou, ou da depreciação que ele sofreu". P. ex.: se se tratar de uma bailarina que sofra mutilação, não mais podendo dançar, fará jus, além das perdas e danos e das despesas de tratamento, ao pagamento de uma pensão vitalícia, que a compense do ocorrido (*RT*, *224*:219, *479*:82, *389*:327, *493*:110, *544*:110, *610*:111, *774*:276, *795*:369, *778*:243; *RTJ*, *57*:786). O Código Civil, portanto, ao tratar da indenização devida em caso de ferimento que impossibilita ou diminui a capacidade de trabalho da vítima, estatui, no art. 950 e parágrafo único, que na indenização se compute uma pensão correspondente à importância daquele trabalho. E, se o prejudicado quiser, tal indenização será arbitrada e paga de uma só vez. "O parágrafo único do art. 950 institui direito potestativo do lesado para exigir pagamento da indenização de uma só vez, mediante arbitramento do valor pelo juiz, atendido ao disposto nos arts. 944 e 945 e à possibilidade econômica do ofensor" (Enunciado n. 48 do Centro de Estudos Judiciários do Conselho de Justiça Federal).

"Os danos oriundos das situações previstas nos arts. 949 e 950 do Código Civil de 2002 devem ser analisados em conjunto, para o efeito de atribuir indenização por perdas e danos materiais, cumulada com dano moral e estético" (Enunciado n. 192 do Conselho de Justiça Federal, aprovado na III Jornada de Direito Civil).

O Projeto de Lei n. 699/2011, acrescentando §§ 2º e 3º ao art. 950, procurará disciplinar o dano estético, dispondo que: "§ 2º São também reparáveis os danos morais resultantes da ofensa que acarreta defeito físico permanente ou durável, mesmo que não causem incapacitação ou depreciação laborativa.

§ 3º Na reparação dos danos morais deve ser considerado o agravamento de suas consequências se o defeito físico, além de permanente ou durável, for aparente".

O referido Projeto, nesse dispositivo, "trata de ofensa à integridade física que acarreta defeito que impossibilite ou diminua a capacidade de trabalho da vítima, estabelecendo indenização pelos danos materiais: despesas de tratamento, lucros cessantes até ao fim da convalescença e pensão correspondente à importância do trabalho para que se inabilitou ou da depreciação sofrida. Deste modo, este artigo não faz referência aos danos morais e estéticos, sendo que, com a eliminação da norma constante do parágrafo 1º do art. 1.538 do Código Civil de 1916, no artigo 949 deste Código, que se referia ao aleijão ou deformidade permanente, esta omissão é de suma gravidade e precisa ser suprida. É evidente que a pensão equivalente à inabilitação ao trabalho ou diminuição da capacidade laborativa, prevista neste artigo, tem caráter indenizatório do dano material. Não prevê o dispositivo a reparação dos danos morais oriundos de ofensa que acarrete defeito físico permanente e durável. Por estas razões propõe-se acréscimo de dois parágrafos a este artigo". O Parecer Vicente Arruda aprovou, no comentário ao PL n. 6.960/2002 (substituído pelo PL n. 699/2011), parcialmente, a proposta nos seguintes termos: "O dispositivo fala em 'defeito' genericamente, incluindo-se nele, evidentemente, o estético, em virtude do qual o ofendido não possa exercer seu ofício ou profissão ou se lhe diminua a capacidade de trabalho, caso em que a indenização incluirá, além das despesas do tratamento e dos lucros cessantes até o fim da convalescença, pensão correspondente à importância do trabalho para o qual se inabilitou ou da depreciação que haja sofrido. Como o dano moral sempre é devido, poder-se-ia acrescentar, como no artigo anterior, a expressão: sem excluir outro prejuízo que o ofendido haja sofrido". E, mantendo o parágrafo único, propõe a seguinte redação ao *caput* do art. 950: "Se da ofensa resultar defeito pelo qual o ofendido não possa exercer o seu ofício ou profissão, ou se lhe diminua a capacidade de trabalho, a indenização, além das despesas do tratamento e lucros cessantes até o fim da convalescença, incluirá pensão correspondente à importância do trabalho para que se inabilitou, ou da depreciação que ele sofreu, sem excluir outro prejuízo que o ofendido haja sofrido".

O *dano estético* é um aspecto do dano moral, por atingir o direito da personalidade da vítima à integridade físico-psíquica, e há casos em que o dano estético provoca prejuízo patrimonial, incapacitando a vítima para o trabalho. Se tal ocorrer, será admissível cumular o dano material com o estético, que se subsume no dano moral (*RSTJ*, *77*:246). O dano moral e o estético não são cumuláveis, porque ou a lesão estética importa em dano patrimonial ou está compreendida no dano moral, segundo alguns autores (ETAB, 9ª conclusão unânime). A indenização por dano estético se justificaria se a por dano moral tivesse sido concedida a outro título (REsp 57.824-8-MG, 3ª T., *DJU*, 13 nov. 1995, n. 217, p. 38674). O STJ, porém, já decidiu a cumulação de indenização, uma a título de dano moral e outra de dano estético, oriundos do mesmo fato, desde que passíveis de apuração (REsp 210.351-RJ, 4ª T., Rel. Min. Cesar Asfor Rocha, *DJU*, 3 ago. 2000; Súmula n. 387 do STJ). E, até mesmo, já houve decisão permitindo cumulação de indenização a título de dano material, moral e estético sofridos por vítima de atropelamento (*RT*, *780*:268).

Observa, com argúcia, Silvio Rodrigues que uma é a indenização reparadora do dano moral e do dano estético, disciplinada pelo Código Civil, art. 949, e outra a indenização reparadora do dano patrimonial, consistente na diminuição da capacidade laborativa, de que cuida o art. 950 do Código Civil. Se a vítima sofrer, concomitantemente, dano moral resultante de aleijão e dano patrimonial oriundo da diminuição de sua capacidade de trabalho, deverá receber dupla indenização; aquela fixada moderadamente e esta proporcional à deficiência experimentada (*RT*, *367*:137, *780*:268; *RTJ*, *57*:786; *RJTJSP*, *41*:117, *39*:98).

A esse respeito o Código Civil, no art. 949, apresenta uma solução genérica, deixando grande arbítrio ao juiz na fixação da indenização, ao dispor: "No caso de lesão ou outra ofensa à saúde, o ofensor indenizará o ofendido das despesas do tratamento e dos lucros cessantes até ao fim da convalescença, além de algum outro prejuízo que o ofendido prove haver sofrido"[141].

141. Zannoni, op. cit., p. 287-91; Serpa Lopes, op. cit., n. 298, 299 e 300; W. Barros Monteiro, op. cit., v. 5, p. 413-6; J. M. Carvalho Santos, *Código Civil interpretado*, t. 21, p. 78; Aída K. de Carlucci, El derecho del niño a su proprio cuerpo, *O direito civil no século XXI* (coords.: M. H. Diniz e R. S. Lisboa), São Paulo, Saraiva, 2003, p. 1-54; Teresa Ancona Lopez, *O dano estético*, São Paulo, Revista dos Tribunais, 1999; Spota, La lesión a las condiciones estéticas de la víctima de uno acto ilícito, *La Ley*, *26*:654; Silvio Rodrigues, op. cit., v. 4, p. 227-56; Herotides de S. Lima, Indenização em caso de ferimento ou ofensa à saúde, *RT*, *139*:8; Carlos Alberto Bittar, *Reparação civil por danos morais*, cit., p. 208-18; Sérgio M. Rston, Dano estético, *Revista IASP*, *9*:95-103; Alexandre A. Corrêa, O dano estético — responsabilidade civil, *RDC*, *76*:138; Carlos A. Ghersi, *Cuantificación económica del daño: valor de la vida humana*, 1999; Maria Lígia C. M. Archanjo, *A estética humana e a cumulatividade dos danos na responsabilidade civil* — tese de doutorado — PUCSP (2002); José R. F. Cunha, *Direito e estética*, Porto Alegre, Fabris, 1988; Regina Beatriz Tavares da Silva, Dano moral e dano estético, *Responsabilidade civil na area da saúde*, série GV*law*, São Paulo, Saraiva, 2007, p. 59-76; Eneas de Oliveira Matos, *Dano moral e dano estético*, Rio de Janeiro, Renovar, 2008. *Vide*: CP, arts. 129, 136 (com redação determinada pelo art. 263 da Lei n. 8.069/90), 157, § 3º, e 159, §§ 2º e 3º (com redação da Lei n. 8.072/90); *BAASP*, *2.776*:18. Responsabilidade civil — Danos morais e materiais — Atropelamento em via férrea — Culpa concorrente da vítima e de seus genitores. 1 — Adolescente atropelado em via férrea da CPTM. Amputação de membro inferior. Negligência comprovada da empresa, de vez que não zelou com

o devido cuidado das muretas que rodeiam suas vias. 2 — Culpa concorrente da vítima e de seus genitores. Autor que já possuía discernimento e inteligência suficiente para compreender que a linha férrea não era local adequado para brincadeiras. Genitores que não se incumbiram do dever de vigiar o menor, mesmo estando cientes que se valia da linha férrea para divertir-se. Culpa pelo evento que deve ser distribuída equitativamente a cada um dos partícipes. 3 — Danos materiais. Pensão mensal vitalícia que deve ser paga observando-se o grau de incapacidade laboral e relevando-se as culpas concorrentes. Valor que deve tomar por base o salário mínimo, em razão da ausência de outros parâmetros de aferição. Gastos com tratamento psíquico, próteses e manutenção destas que devem tomar como parâmetro os valores encontrados no laudo. 4 — Conceito de dano moral que acaba por englobar o dano estético, o dano psíquico, a dor, o sofrimento, o abalo à imagem, dentre outros. Fixação de montante indenizatório único para reparar todos os abalos morais sofridos. Redução da condenação. Sentença reformada. Recursos parcialmente providos. *Vide*: *RT*, *193*:403, *262*:272, *436*:97, *485*:62, *502*:51, *781*:322. *Dano Moral* — integridade psicofísica: TJMG — AC. 10145.08.4900102/001 — 15ª C. Cív. rel. Tibúrcio Marques; *BAASP*, *2924*:12. Acidente automobilístico. Laudo pericial comprova que, em decorrência do acidente, a vítima fraturou partes do corpo e foi submetida a tratamento cirúrgico. Lesão corporal de natureza grave comprovada. Danos estéticos e morais. Reconhecimento. Indenização devida nos moldes da decisão de primeira instância. TJSP — 31ª Câmara de Direito Privado; Apelação n. 0000241-10.2012.8.26.0533- Santa Bárbara D´Oeste-SP; rel. Des. Antonio Rigolin; data do julgamento: 7-10-2014. *BAASP*, *2984*: 11. Apelação cível – Ação de indenização – Alojamento de operários – Queda de beliche – Morte – Culpa *in vigilando* – Demonstrada – Dano moral – Existência – Pensionamento – Cabimento. Havendo comprovação nos autos de que a empresa deixou de providenciar as medidas necessárias à garantia da integridade física e moral das pessoas que ocupavam o alojamento presente em suas dependências, resta caracterizada a culpa *in vigilando* a embasar o pedido indenizatório, nos termos do art. 186 do Código Civil. É notório e inquestionável que a morte de um familiar acarreta sequelas de índole moral, subjacentes ao sofrimento e à angústia, devendo a indenização ser fixada em observância à capacidade econômica do agente causador do dano, o grau da culpa e o bem juridicamente protegido que foi atingido. A indenização por pensão decorre do ato ilícito e implica a reparação de todos os danos provocados pela conduta, sendo presumida a dependência econômica da companheira e dos filhos da vítima em relação a esta, não havendo empecilho algum para a sua fixação, tendo em vista, ainda, que não foram refutadas as alegações de que os recorrentes tinham o trabalho da vítima como fonte de renda da família. Recurso Provido. Sobre danos estéticos: *RT*, *632*:89; *RTJ*, *43*:341; *RF*, *245*:249; *EJSTJ*, *18*:66, *17*:63. *Vide*: Lei n. 11.340/2006, que cria mecanismos para coibir a violência doméstica e familiar contra a mulher, ou seja, qualquer ação ou omissão que lhe cause morte, lesão, sofrimento físico, sexual ou psicológico e dano moral ou patrimonial. A Lei n. 11.340/2006, art. 9º com a redação da Lei n. 13.871/2019, reza:

"§ 4º Aquele que, por ação ou omissão, causar lesão, violência física, sexual ou psicológica e dano moral ou patrimonial a mulher fica obrigado a ressarcir todos os danos causados, inclusive ressarcir ao Sistema Único de Saúde (SUS), de acordo com a tabela SUS, os custos relativos aos serviços de saúde prestados para o total tratamento das vítimas em situação de violência doméstica e familiar, recolhidos os recursos assim arrecadados ao Fundo de Saúde do ente federado responsável pelas unidades de saúde que prestarem os serviços.

§ 5º Os dispositivos de segurança destinados ao uso em caso de perigo iminente e disponibilizados para o monitoramento das vítimas de violência doméstica ou familiar amparadas por medidas protetivas terão seus custos ressarcidos pelo agressor.

§ 6º O ressarcimento de que tratam os §§ 4º e 5º deste artigo não poderá importar

E o Projeto de Lei n. 699/2011 propõe a alteração de sua redação para a seguinte: "No caso de lesão ou outra ofensa à saúde, o ofensor indenizará o ofendido das despesas do tratamento e dos lucros cessantes até ao fim da convalescença, sem excluir outras reparações". Isto porque entendeu que: "O art. 949 contém equívoco ao mencionar a prova dos outros danos, que têm natureza moral. O dano moral dispensa a prova do prejuízo em concreto, sua existência é presumida, por verificar-se na 'realidade fática' e emergir da própria ofensa, já que exsurge da violação a um direito da personalidade e diz respeito à 'essencialidade humana'. Esta presunção é adequada à natureza do direito lesado, no caso a integridade física, que compõe a personalidade humana, de modo a surgir *ipso facto* a necessidade de reparação, sem que haja necessidade de adentrar no psiquismo humano. Lembre-se, neste passo, que a grande dificuldade na reparação do dano moral sempre foi esta prova, a rigor impossível, porque não há como adentrar na subjetividade do lesado. Deste modo, a teoria que se desenvolveu a respeito estará fulcralmente atingida diante deste dispositivo que exige a prova do dano moral resultante de violação ao direito da personalidade da integridade física, razão pela qual é sugerida a alteração". O Parecer Vicente Arruda, aprovando, na análise do PL n. 6.960/2002 (ora substituído pelo PL n. 699/2011), a redação proposta que visa a excluir a menção à prova porque pode-se entender que seria necessária prova do dano moral; no caso de ofensa à saúde, não se pode, realmente, excluir a reparação por dano moral, propõe a seguinte redação ao art. 949: "No caso de lesão ou outra ofensa à saúde, o ofensor indenizará o ofendido das despesas do tratamento e dos lucros cessantes até ao fim da convalescença, além de algum outro prejuízo que o ofendido haja sofrido".

b.2.2.2. Formas de reparação da ofensa à honra

Segundo Eugenio Cuello Calón, a *honra* é um bem jurídico que apresenta dois *aspectos*: *a*) um *subjetivo*, designando o sentimento da própria dignidade moral, nascido da consciência de nossas virtudes ou de nosso valor moral, isto é, a honra em sentido estrito; e *b*) um *objetivo*, representado pela estimação que outrem faz de nossas qualidades morais e de nosso va-

---

ônus de qualquer natureza ao patrimônio da mulher e dos seus dependentes, nem configurar atenuante ou ensejar possibilidade de substituição da pena aplicada".

Consulte ainda sobre violência doméstica: Leis n. 13.880/2019, 13.882/2019, 13.894/2019 e 13.984/2020, que alteram a Lei n. 11.340/2006.

CP, arts. 61, II, *f*; 129, §§ 9º e 11; CPP, art. 313, IV (ora revogado pela Lei n. 12.403/2011); Lei n. 7.210/84, art. 152, parágrafo único; Decs. n. 2.255/97 e 2.318/97, que concedem indenização à família de pessoa desaparecida ou morta em razão de participação, ou acusação de participação, em atividades políticas, no período de 2-9-1961 a 15-8-1979.

Convém lembrar que, pelo CNJ, Enunciado n. 44: "O paciente absolutamente incapaz pode ser submetido a tratamento médico que o beneficie, mesmo contra a vontade de seu representante legal, quando identificada situação em que este não defende o melhor interesse daquele" (redação dada pela III Jornada de Direito da Saúde).

lor social, indicando a boa reputação[142] moral e profissional, que pode ser

142. Eugenio Cuello Calón, *Derecho penal*, 14. ed., Barcelona, 1975, t. 2 e 3, p. 680. Para Stoco (*Responsabilidade civil e sua interpretação jurisprudencial*, 2. ed., São Paulo, Revista dos Tribunais, 1995, p. 492): "O direito à honra, como todos sabem, se traduz juridicamente em larga série de expressões compreendidas como princípio da dignidade humana: o bom nome, a fama, o prestígio, a reputação, a estima, o decoro, a consideração, o respeito"; Constituição Federal de 1988, arts. 5º, XIV, e 139, III. *Vide*: *Bol. AASP, 1.950*:36 e 37. "Considerando-se que, embora livre a manifestação de pensamento, é vedado o anonimato (art. 5º, inciso IV, da CF) e, ainda, que referido direito não é absoluto, sendo limitado por outros interesses tutelados pelo ordenamento jurídico, deve ser deferido o pedido de obtenção de dados que possam levar à identificação da autoria por *e-mail* ofensivo à honra da autora. Recurso provido" (TJSP — 34ª Câm. de Direito Privado; Ap. com Revisão n. 890.525-00/6-São Paulo-SP; rel. Des. Gomes Varjão; j. 14-5-2008; *BAASP, 2.665*:5.465). Consulte o Decreto n. 7.845/2012 e o art. 201, § 6º, do CPP, com a redação da Lei n. 11.690/2008; *RSTJ, 106*:340; *RT, 871*:425, *778*:246; *JTJ, 165*:86; STJ, Súmula 385; *BAASP, 2728*:198902; *2757*:2084-13. Já se decidiu que é devida indenização por dano moral causado por expulsão de mulher em clube pelo fato de ser confundida com um travesti: *RT, 775*:357. Ofender qualquer pessoa por razões raciais constitui crime de injúria racial (CP, art. 140, § 3º), que é punido com pena de reclusão de um a três anos. Como o limite máximo supera dois anos, não se trata de infração de menor potencial ofensivo. Logo, admite-se prisão em flagrante, que pode ocorrer no momento da ofensa ou logo após. É crime comum do Código Penal, não de racismo (tal como configurado na lei brasileira — Lei n. 7.716/89). São crimes de racismo (nos termos desse diploma legal) os que afetam uma coletividade de pessoas, impedindo-as de exercer direitos ou liberdades. Ofensa a uma pessoa determinada (específica), ainda que por razão racial, não constitui crime de racismo vigente no direito brasileiro, mas sim crime contra a honra de uma vítima concreta (Luiz Flávio Gomes, Racismo contra Grafite: houve exagero?, *Jornal Síntese, 99*:1). A 2ª Turma do TRT-SP (Proc. 01836.2002.029.02.00-2) condenou uma empresa a indenizar por dano moral, p. ex., assistente apelidada de "Gordinha" pelo seu diretor, porque o nome do trabalhador está incorporado ao patrimônio moral, não podendo ser chamado por superior hierárquico por apelido pejorativo ofensivo à honra. O Tribunal Regional do Trabalho (Proc. 20030761195 — rel. juiz Sérgio Pinto Martins) condenou empresa a indenizar por dano moral empregada chamada de "Magda" pelo chefe, em alusão a uma personagem de TV, vivida por Marisa Orth, que era considerada burra, e em outra decisão (Proc. 01117.2002.032.02.004) a empresa foi punida pelo fato de um chefe dirigir-se a um empregado utilizando o termo "inútil" e "bengala". Pessoa jurídica pode sofrer gravame em sua honra objetiva, logo faz jus à reparabilidade do dano moral (STJ, Súmula 227, e CC, art. 52). "Tratamento vexatório — Ofensa à honra do trabalhador — Dano moral — Configuração. O poder diretivo do empregador, que contempla a chancela da fiscalização do dever de pontualidade atribuído ao empregado, não é absoluto. Isso porque ele encontra limitação em outra garantia fundamental que resguarda a inviolabilidade do direito à intimidade, vida privada, honra e imagem dos trabalhadores. Nesta sistemática, o tratamento desproporcional, constrangedor e até mesmo discriminatório adotado pelo empregador desvirtua-se dos fins regulares do contrato de trabalho, devendo ser considerada ilícita a situação de sujeição imposta ao autor, quando este chegava atrasado às reuniões da empresa e tinha que se submeter a 'brincadeiras' vexatórias de imitar animais, travestis ou, ainda, beijar outros companheiros de trabalho. A adoção desse tipo de tratamento vexatório caracteriza o ato ilícito, na medida em que houve o extrapolamento do poder diretivo do empregador. A obrigação de indenizar, neste caso, materializa-se em face da identificação do nexo casual entre o ato ilícito e a lesão ao direito subjetivo amparado pelo art. 5º, X, da CF/88" (TRT, 23ª R., RO 00210.2004.036.23.00-4 — Cuiabá, rel. Juiz Tarcísio Valen-

te, *DJMT*, 31-8-2005, p. 37). "Dano moral — Configurado — Acusação absurda de furto de objeto da obra. Encarregado que acusa absurdamente subordinado de furto de objeto da obra, na frente dos colegas, dá azo à reparação por dano moral pelo empregador. O operário, por mais humilde que seja, possui arraigado valor de honra, não podendo ser ofendido injustamente. Afinal a honestidade é o bem maior de muita gente, merecendo toda consideração, seja no canteiro de obras, seja na barra dos tribunais. Sentença mantida" (TRT, 15ª R., RO 0554-2003- 117-15-00-6 — (45046/05), 11ª C., rel. Juiz Edison dos Santos Pelegrini, *DOESP*, 16-9- 2005, p. 59). "Imputação falsa de crime de furto de sino por padre, que o retirara para restauração, acarreta indenização por danos morais" (TJRS — Proc. 2015.022034-7, publ. em 28-9-2015). "Danos morais — Exposição do trabalhador a situação vexatória. Incorre no dever de reparar danos morais a empresa que, na vigência do contrato de trabalho, expõe o empregado a situações vexatórias, ainda que denominadas de 'brincadeiras', como é o caso de obrigá-lo a vestir, quando não atinge a meta de vendas estipulada, o colete do 'mico', calcinha vermelha ou fantasia de frango sobre a cabeça ou, ainda, atravessar o 'corredor polonês' enquanto é agredido com atos obscenos pelos colegas de trabalho" (TRT, 15ª R., RO 0939-2004-004-15-00-0 — (44114/05), 5ª C., rel. Juiz Marcelo Magalhães Rufino, *DOESP*, 16-9-2005, p. 29). "Disparo indevido de alarme antifurto em estabelecimento empresarial pode causar situação vexatória ao cliente, caracterizando dano moral, e não será cabível alegar legítima defesa do patrimônio, pois a honra sobrepõe a este" (TJRJ, Ap. n. 2005.001.411787, rel. Des. Maria Augusta Vaz, j. 20-12-2005). Consulte: Alex Sandro Ribeiro, *Ofensa à honra da pessoa jurídica*, São Paulo, Leud, 2004. Sofrimento, que acarrete depressão, oriundo de demissão, não gera para o empregado direito à indenização por dano moral (TST, 4ª T., Ag. de Instrumento-Recurso de Revista n. 11.627/2000-651-09-40.1, j. 27-6-2007). Sobre assédio moral: *BAASP, 2567*:1495-8; Assédio moral — Degradação do ambiente de trabalho — Direito à indenização. A sujeição dos trabalhadores, e especialmente das empregadas, ao continuado rebaixamento de limites morais, com adoção de interlocução desabrida e sugestão de condutas permissivas em face dos clientes, no afã de elevar as metas de vendas, representa a figura típica intolerável do assédio moral, a merecer o mais veemente repúdio desta Justiça especializada. Impor, seja de forma explícita ou velada, como conduta profissional na negociação de consórcios, que a empregada "saia" com os clientes ou lhes "venda o corpo" e ainda se submeta à lubricidade dos comentários e investidas de superior hierárquico, ultrapassa todos os limites plausíveis em face da moralidade média, mesmo nestas permissivas plagas abaixo da linha do Equador. Nenhum objetivo comercial justifica práticas dessa natureza, que vilipendiam a dignidade humana e a personalidade da mulher trabalhadora. A subordinação no contrato de trabalho diz respeito à atividade laborativa e, assim, não implica submissão da personalidade e dignidade de empregado em face do poder patronal. O empregado é sujeito e não objeto da relação de trabalho e, assim, não lhe podem ser impostas condutas que violem a sua integridade física, intelectual ou moral. Devida a indenização por danos morais (art. 159 do CC de 1916 e arts. 186 e 927 do NCC). (TRT 2ª R., Proc. n. 01531-2001-464-02-00-0, 4ª Turma, Rel. Juiz Ricardo Artur Costa e Trigueiros, j. 10-5-2005, *site* do TRT 2ª Região). Professora universitária receberá indenização da faculdade pelas perseguições do coordenador do curso, que a expunha a situação vexatória como perda de voz pelo não fornecimento de microfone, não repreensão de atitudes desrespeitosas de alunos, vedação de participação como paraninfa de Turma de formandos (TST-Proc. n. 74500.45.2009.5.03.0153-publ. em 19-4-2013). *Vide* art. 7º, parágrafo único, da Lei n. 11.111/2005.

BAASP, 2911:12. Relações laborais. Conduta considerada abusiva por parte da empregadora e seus prepostos. Criação de situações vexatórias ao trabalhador. Testemunhas obreiras confirmaram os fatos ocorridos. Violação aos direitos da personalidade do autor. Comprovação. Condenação da reclamada a indenizar o dano moral mantida. Majoração pretendida pelo reclamante. Não cabimento. Valor fixado conforme ao dano sofrido e à capacidade econômica da ré. Negado o recurso ordinário adesivo da reclamada.

BAASP, 2971: 9. Dano moral. Programa de incentivo. A forma de aumentar a autoes-

afetada pela injúria (ofensa à dignidade ou ao decoro — *RT, 786*:286), calúnia (falsa imputação ou denúncia de fato definido como crime — *RT, 418*:341, *778*:373; *RTJ, 65*:583; *RSTJ, 106*:227; *EJSTJ, 20*:135) ou difamação (imputação de fato ofensivo à reputação de pessoa natural ou jurídica — *JSTJ, 12*:281, 287, 295, 301 e 306; *RT, 803*:233 — atingindo-a no conceito ou na consideração a que tem direito).

O constrangimento ou dano moral advindos de relações trabalhistas têm constituído um problema em razão do fato de os ocupantes de cargos de chefia, técnicos altamente eficientes, terem dificuldade no relacionamento com seus subordinados para fiscalizar ou impor disciplina no ambiente de trabalho, chegando, às vezes, não só a desrespeitar a sua intimidade, sua saúde físico-psíquica, sua imagem, sua honra ou o seu nome, mas também a ter conduta discriminatória em razão de sexo, raça, idade ou deficiência física ou que configure assédio moral.

O *assédio moral* (*mobbing*) no trabalho, fazendo pressão para que o obreiro se demita, gera responsabilidade civil por ferir a dignidade do empregado ante o tratamento discriminatório injurioso e degradante, visto que traz humilhação repetitiva de longa duração e hostilização no ambiente laborativo, interferindo na vida do assediado, comprometendo suas relações socioafetivas e sua saúde física e mental, acarretando depressão, angústia, síndrome do pânico, insônia, insegurança, incapacidade para o trabalho, desemprego e morte por suicídio. Como diz, sinteticamente, Sônia Mascaro Nascimento, o assédio moral é "um conjunto de atos que, aos poucos, desestabiliza emocionalmente o trabalhador". O empregador, de forma pouco ética, aproveitando-se do receio de desemprego, cria para o empregado situação vexatória de forma continuada, mediante agressões verbais, incutindo-lhe o sentimento de incapacidade profissional (TRT, 2ª Região, 6ª T.; RO n. 01117200203202004SP; ac. 20040071124; rel. Juiz Valdir Florindo, j. 17-2-2004). E, ainda, lembra que a OIT divulgou informe estabelecendo casos em que se configura o assédio moral: medida destinada à exclusão do empregado de sua atividade profissional, atacando, injustificadamente, seu rendimento pessoal; manipulação da reputação pessoal e profissional do empregado, mediante rumores e ridiculariza-

---

tima dos empregados de uma empresa jamais passa por qualquer tipo de motivação cruel e nefasta, tal atitude somente tem o condão de gerar ofensa, menosprezo, constrangimento e humilhação para aqueles que colaboram no desenvolvimento da atividade econômica da instituição. Caracterização de dano moral por inobservância ao princípio da dignidade humana, previsto no inciso III do art. 1º da CF (TRT-2ª Região – 4ª Turma, Recurso Ordinário n. 0002818-52.2013.5.02.0077-RJ, rel. Des. Ivete Ribeiro, j. 11-11-2015, v.u.).

ção; abuso do poder com atitudes de menosprezo; fixação de metas com prazos inatingíveis; atribuição de tarefas impossíveis; controle desmedido do desempenho do empregado. Tais atos minam a autoestima e a dignidade do trabalhador, destruindo sua capacidade de resistência, levando-o a pedir dispensa do emprego (TRT, 18ª Região, Proc. 00195.2003.191.18.000). O lesado por assédio moral poderá reclamar em juízo as verbas oriundas de resilição contratual indireta e indenização não só por dano patrimonial e moral (*BAASP*, *2810*:12, *2711*:1940-17, *2637*:1710-42, *2635*:1701-04, *2666*: 1797-03, *2658*: 1776-13, *2741*: 2031-15; TRT — 3ª R. — RO-01068-2005 — 016-03-00-8 — 2ª T. — rel. Juiz Pereira Amaral; TRT — 3ª R. — RO-01292.2003.057.0300.3 — 2ª T. — rel. juíza A. Monteiro de Barros), mas também por *dano existencial* visto que pode gerar lesão que incide, total ou parcialmente, sobre um projeto de vida da vítima, frustrando-a em sua escolha de vida futura, por afetar sua saúde física e mental, suas relações sociais ou familiares e sua condição econômica. O assédio moral pode alterar os objetivos de vida do empregado, repercutindo, de forma negativa, em suas atividades sociais e familiares[143].

O Código Civil, art. 953 e parágrafo único, prescreve que a indenização por injúria, difamação ou calúnia consistirá na reparação do dano que delas resulte ao ofendido. Se este não puder provar prejuízo material que sofreu, competirá ao juiz fixar, equitativamente, o valor da indenização, de conformidade com as circunstâncias do caso, evitando-se, obviamente, locupletamento

---

143. Jorge Luiz de Oliveira da Silva, Assédio moral e o dano existencial, *Estado de Direito*, n. 46, p. 9. Sônia A. C. Mascaro Nascimento, O assédio moral no ambiente de trabalho, *Trinolex.com*, *2*:59-63; O constrangimento nas relações de trabalho, *Trinolex.com*, *5*:48-54; Volnei G. Pedroso e outros, Aspectos conceituais de assédio moral: um estudo exploratório, *Revista de Administração em Saúde*, *33*:139-47, 2006; Alessandra M. H. Corrêa e Alexandre de P. Carrieri, Percurso semântico do assédio moral na trajetória profissional de mulheres gerentes. *RAE — Revista de Administração de Empresas*, *47*:22-32; Eduardo C. A. dos Reis, Referências a respeito do assédio moral e da regulação do combate à sua prática no âmbito das relações contratuais celetistas e das estatutárias, *RIASP*, *32*:269-280; Márcia N. Guedes, *Terror psicológico no trabalho*, São Paulo, LTr, 2008; Manoel Gonçalves Ferreira Filho, *Comentários à Constituição Brasileira de 1988*, 1997, v. 1, p. 32; Rita de C. G. Arcas, O assédio moral e a responsabilidade do Estado, *Ensaios sobre responsabilidade civil na pós-modernidade*, Porto Alegre, Magister, v. 2, p. 377-88; França, Suécia, Austrália e Portugal têm normas que coíbem o assédio moral. A lei francesa considera nula a ruptura de contrato de trabalho por assédio moral, obriga a empresa a tomar medidas preventivas, inverte o ônus da prova e fixa pena de um ano de reclusão e multa no valor de 15 mil euros para o assediador. Discriminação de empregada por superior hierárquico que, constantemente, fazia insinuações, afirmando que a firma tinha "dinossauro", por considerá-la feia e velha para o cargo de vendedora, gera indenização por dano moral (TST, 7ª T., AgI em RRev 17.129/2000-009-09-40, rel. Min. Caputo Bastos, j. 12-9-2008).

indevido do lesado. Assim, o magistrado terá poder discricionário de decidir por equidade, atendendo, com prudência objetiva, as peculiaridades de cada caso: degradação infamante, atentado ao bom nome, situação vexatória etc.

Para melhor esclarecer a questão o Projeto de Lei n. 699/2011 propõe modificação da redação do art. 953 para a seguinte: "A indenização por injúria, difamação ou calúnia consistirá na reparação dos danos materiais e morais que delas resulte ao ofendido", alegando que: "Este dispositivo estabelece a reparação dos danos por violação à honra, que é direito da personalidade composto de dois aspectos: objetivo — consideração social — e subjetivo — autoestima. Entretanto, o dispositivo constante do parágrafo único pode acarretar interpretação pela qual, diante de ofensa à honra, somente o dano material é, a princípio, indenizável, sendo cabível o dano moral somente em face da inexistência de dano material. A possibilidade de cumulação da indenização do dano moral com o dano material está pacificada em nosso direito, inclusive por meio da Súmula 37 do Superior Tribunal de Justiça, pela qual 'São cumuláveis as indenizações por dano material e dano moral oriundos do mesmo fato'. Com a consagração constitucional da indenizabilidade do dano moral, inclusive cumulado com o dano material, não pode remanescer qualquer dúvida quanto à cumulatividade das duas indenizações (CF, art. 5º, V e X). Saliente-se que o art. 5º, inciso V, da Constituição Federal assegura precisamente a indenizabilidade dos danos morais e materiais por ofensa à honra, de modo que o parágrafo único deste artigo deve ser considerado inconstitucional. Por esta razão, deve-se suprimir o parágrafo único, em preservação da indenizabilidade dos danos morais e materiais resultantes de ofensa à honra". O Parecer Vicente Arruda votou pela rejeição dessa proposta, ao tecer comentários ao PL n. 6.960/2002 (hoje PL n. 699/2011), sob a alegação de que "a forma de indenização prevista neste dispositivo é mais adequada, pois admite a indenização material e moral, esclarecendo, porém, que se não houver prejuízo material, o juiz fixará uma indenização (que só pode ser dano moral) equitativa, na conformidade das circunstâncias do caso".

Tais crimes poderão ser praticados verbalmente ou por escrito e também pela imprensa (Lei n. 5.250/67, arts. 49 e s., considerada pelo STF, pela ADPF n. 130/2009, como não recepcionada pela CF; *JTJ, 204*:83; *Bol. AASP, 2223*:1916, j. 6-8-2001; *EJSTJ, 20*:136 e 144), por programas radiofônicos (*BAASP, 2.623*:1.665-2; *RT, 815*:207), por *e-mails* (STJ, AgI 848.362-RS, publ. em 21-10-2008), por Orkut etc.[144]. Se não se tratar de calúnia impressa, a pena pe-

144. Observa Marco Antonio Araujo Junior (Orkut: balanço jurídico dos quatro primeiros anos

cuniária corresponderá à detenção de 6 meses a 2 anos e ao pagamento de multa (CP, art. 138, § 1º). Na injúria, essa pena será de detenção de 1 a 6 meses e multa, e, se o meio empregado for aviltante, será de detenção de 3 meses a 1 ano e multa, além da pena correspondente à violência, e se fizer uso de elementos referentes a raça, cor, etnia, origem, condição de pessoa idosa ou portadora de deficiência será de reclusão de 1 a 3 anos e multa (CP, art. 140), e, na difamação, detenção de 3 meses a 1 ano e multa (CP, art. 139).

Convém lembrar que a Lei n. 4.117/62, revogada pelo Decreto-Lei n. 236/67 no art. 81, estatuía, ainda, que, independentemente da ação penal, o ofendido pela calúnia, difamação ou injúria, cometida por meio de radiodifusão, poderia demandar, no juízo cível, a reparação do dano moral, respondendo por este, solidariamente, o ofensor, a concessionária ou permissionária, quando culpada por ação ou omissão, e quem quer que, favorecido pelo crime, houvesse de qualquer modo contribuído para ele (*RT*, *451*:291, *413*:143, *648*:72, *647*:212; *RF*, *244*:12, *292*:260; *RTJ*, *123*:781; *RJTJSP*, *75*:98). E o art. 84 desse mesmo diploma legal (revogado pelo Dec.-Lei n. 236/67) prescrevia que, na estimação do dano moral, o juiz deveria levar em conta a posição social ou política do ofendido, a situação econômica do ofensor, a intensidade do

---

de existência. *Carta Forense* — Especial SEJU, 2009 — p. 9) que o Orkut passou de uma rede social de entretenimento a um palco para a prática de ilícitos por internautas "supostamente" anônimos. Diante de tantos abusos, a Google Brasil, acatando obrigação imposta pelo Judiciário, firmou, em julho de 2008, *Termo de Ajustamento de Conduta* com o Ministério Público Federal, e assumiu, dentre outros, o compromisso de reter e preservar, por 180 dias, os dados e conteúdos referentes a conexões feitas pelos usuários e de retirar conteúdos ilícitos hospedados no Orkut. A decisão inovadora da 6ª Câmara Cível do TJ/RJ garantiu que, não *havendo identificação da origem daqueles que hospedaram as mensagens* — ataques anônimos no Orkut — *e tendo a empresa permitido a postagem dessas mensagens ofensivas*, esta responde pelo dever de indenizar a parte que sofrer dano à sua honra e dignidade, com supedâneo do artigo 927 do Código Civil, que adota a teoria da responsabilidade civil objetiva, e do artigo 5º, IV, da Constituição da República, que proíbe o anonimato nas livres manifestações de pensamento (AC n. 2008.001.18270).

Célio Figueiredo Neto (Agressão virtual, o mau/mal uso da internet — jornalcasabrancaonline.com.br 14.10.2009) observa que, como a Google, dona do Orkut, é um servidor de conteúdo, pode não armazenar tudo que é postado em seus *sites*, e se judicialmente tiver de fornecer alguma informação, poderá, sem sofrer sanção, alegar que não a possui porque não é obrigado a armazená-la, embora, na prática, o faça. Seria bom que houvesse lei obrigando o servidor de conteúdo a manter suas informações armazenadas por alguns anos. Para não correr o risco de ficar sem poder provar o fato, na hipótese de o servidor não fornecer os dados ofensivos, será necessário solicitar Ata Notarial, onde o tabelião venha a atestar que existem ofensas no *site* acessado, resguardando assim o direito violado, embora não se possa comprovar o autor da ofensa, caso em que o dono da comunidade do Orkut deverá ser responsabilizado, por ser conivente com a prática do ilícito.

ânimo de ofender, a gravidade e repercussão da ofensa (*RT*, *546*:59). A Lei n. 5.250/67 (não recepcionada pela CF, segundo ADPF n. 130/2009-STF) permite reparação pecuniária por ofensa à honra provocada pelos meios de informação (art. 12), mas o *quantum*, nela previsto (art. 51, I a IV), é insuficiente por variar de 2 a 20 salários mínimos. Pelo art. 5º, X, da Carta Magna, que assegura o direito de resposta, proporcional ao agravo, além da indenização por dano material, moral ou à imagem, teve, como pondera Manoel Gonçalves Ferreira Filho, "em mente, a proporcionalidade na indenização do agravo". Por isso, de boa política jurisdicional foi banir a tarifação da Lei de Imprensa na indenização por dano moral, como o fez o STJ em norma sumular. A Lei n. 5.250/67 (não recepcionada pela CF, segundo ADPF n. 130/2009-STF) fixa, no art. 56, o prazo decadencial de três meses, contados da publicação da ofensa, para o ajuizamento da ação de indenização por dano moral.

É preciso lembrar que não haverá dano moral se houver publicação por meio de jornal de notícia fundada em inquérito policial (CF, art. 220, §§ 1º e 2º; *EJSTJ*, *9*:99; *RT*, *781*:407, *603*:55), ou em sindicância ou processo judicial (*RT*, *779*:249), visto que tal fato não configura abuso de direito no exercício de liberdade de informação e manifestação (*RT*, *469*:61), por ser assunto considerado como de interesse coletivo.

O ofendido terá direito de ser indenizado pelo prejuízo material e moral a sua honra, se se tiver dano patrimonial indireto (CC, art. 20).

Como vimos, a indenização pecuniária a que faz jus o lesado representa uma satisfação e deverá atender à extensão do dano, segundo a situação do ofensor e do ofendido. Sem dúvida, casos há em que, ante a impossibilidade de restauração natural, procurar-se-á na *restitutio in integrum* obter uma "situação material correspondente", publicando-se desagravo em jornal. Mas, em regra, a reparação é pecuniária[145], recaindo, por exemplo, em caso de le-

145. Rodolfo B. Rotman, La reparación del agravio moral en los delitos contra el honor, in *Anales de la Facultad de Ciencias Jurídicas y Sociales, de la Universidad de La Plata*, 1940, t. 11, p. 696 e s.; Odete N. C. Queiroz, Responsabilidade civil e a honra do falecido, *RT*, *997*:395-412; Luiz Antônio F. de Almeida, Violação do direto à honra no mundo virtual: a (ir)responsabilidade civil dos prestadores de serviço da internet por fato de terceiro, *Direitos da personalidade*, org. Jorge Miranda, Otavio L. Rodrigues Jr. e Gustavo B. Fruet, São Paulo, Atlas, 2012, p. 226-80; Aguiar Dias, *Da responsabilidade*, cit., v. 2, n. 237 e 160; Zannoni, op. cit., p. 295-308; Mosset Iturraspe, *Estudios*, cit., t. 2, p. 250 e s.; W. Barros Monteiro, op. cit., v. 5, p. 420 e 421; Eliel C. Ballester, Rectificación de noticias falsas, *JA*, *3*:60, 1949; Silvio Rodrigues, op. cit., v. 4, p. 34-8; Adaucto Suannes, A indenização do dano moral praticado por intermédio dos meios de comunicação, *RT*, *744*:61; Rui Stocco, Lei de Imprensa: sujeito passivo na ação de indenização, *RT*, *752*:42; Gustavo B. Fruet, Direito à in-

formação: limites entre informação, comunicação e democracia, *Direitos da personalidade*, org. Jorge Miranda, Otavio L. Rodrigues Jr. e Gustavo B. Fruet, São Paulo, Atlas, 2012, p. 171-96; AJUFE, O Juiz, a liberdade de expressão e a imprensa, *Letrado* — IASP, 111: 52 e 53; Aparecido H. Ferreira, *Dano moral como consequência de indiciamento em inquérito policial*, São Paulo, Juarez de Oliveira, 2000; Aparecida Amarante, *Responsabilidade civil por dano à honra*, 2001; Christoph Fabian, *O dever de informar no direito civil*, São Paulo, Revista dos Tribunais, 2002; Vera Maria de O. Nusdeo Lopes, *O direito à informação*, São Paulo, Revista dos Tribunais, 1997; Antônio Jeová Santos, *Dano moral na internet*, São Paulo, Leud, 2002; Demócrito Reinaldo Filho, A utilização de filtros como solução para combater pornografia na internet — a repercussão da decisão da Suprema Corte americana sobre o Copa (Child on-line Protection Act), *Jornal Síntese*, *90*:5-7; Enéas Costa Garcia, *Responsabilidade civil dos meios de comunicação*, São Paulo, Juarez de Oliveira, 2002; Ramón D. Pizarro, *Responsabilidad civil de los medios masivos de comunicación: daños por noticias inexatas o agraviantes*, 1999; Maria Helena Diniz (Efetividade do direito a ser esquecido, *Revista Argumentum*, v. 18, n.1, 2017, p. 17-41; uma visão constitucional e civil do novo paradigma da privacidade: o direito a ser esquecido, *Revista Brasileira de Direito*, v. *13*:7-26) esclarece que o *direito a ser esquecido* é o de apagar fatos pretéritos constrangedores ou informações pela ausência de atualidade ou de interesse público, preservando a privacidade e a imagem do lesado direto ou indireto, visto que na defesa de qualquer direito da personalidade violado dever-se-á ter como paradigma o respeito à dignidade da pessoa humana, valor que prevalecerá sobre qualquer ato de violação ao direito a ser esquecido. Consequentemente, não se poderá admitir conduta da imprensa que venha a reduzir a pessoa humana à condição de coisa, retirando, injustificadamente, dela sua dignidade e o direito à privacidade e a uma vida digna. Pelo Enunciado n. 576: "O direito ao esquecimento pode ser assegurado por tutela judicial inibitória" (aprovado na VII Jornada de Direito Civil); Gilberto Haddad Jabur, Nova Súmula do STJ: banimento da tarifação na lei de imprensa, *Informativo IASP*, *67*:8; garantia à liberdade de expressão: Lei n. 12.965/2014, arts. 2º, 3º, I; *RTJ*, *244*:638, *180*:771, *49*:773, *46*:42; *RT*, *413*:143, *451*:291, *681*:163, *465*:81, *418*:341, *413*:143, *113*:756, *404*:140, *659*:43, *648*:72, *601*:89, *777*:253, *802*:164, *778*:225; *RJTJSP*, *32*:141, *1*:22, *27*:173, *61*:102, *91*:147, *131*:158, *111*:55, *96*:345; *Ciência Jurídica*, *68*:118, *61*:135; *EJSTJ*, *23*:157; *RSTJ*, *116*:282, *111*:166, *110*:225, *105*:230, 248 e 285, *103*:245; *JSTJ*, *10*:277, *8*:267, *6*:455, 460, 464 e 469; JTJ, *190*:213, *204*:83, *196*:229.

Sobre desagravo em relação à ofensa relacionada com exercício da advocacia: Res. n. 1/2018 (altera o art. 18 da Lei n. 8.906/94) do Conselho Federal da OAB.

Proteção ao sigilo de fonte jornalística (direito à liberdade de imprensa): a Suécia, em 1766, já legislava sobre o assunto. Há quem entenda que a "Lei de Imprensa" permaneceu em vigor até a Constituição Federal de 1988, a qual garante o direito à liberdade de expressão nos arts. 5º, IV, V, IX, X, XIV, e 220 ao 224, e a derrogou parcialmente, permanecendo somente no tocante à responsabilidade criminal e civil, tal como foi confirmado pelo STF, na ADPF n. 130-7, publicada no dia 7 de novembro de 2008.

Sobre abuso de imprensa: Indenização — Danos morais — Publicação jornalística com base em Boletim de Ocorrência — Documento que não justifica e nem sempre retrata a verdade — Princípio constitucional de liberdade de imprensa que deve ser exercitado com consciência e responsabilidade — Dano que deve ser prudencialmente fixado — Sucumbência recíproca — Recurso parcialmente provido. (Apelação Cível n. 115.605-4 — São Paulo — 8ª Câmara de Direito Privado — Relator: Mattos Faria — 19.02.01 — v.u.)

Indenização — Responsabilidade civil — Dano moral — Lei de Imprensa — Notícia fundada em escrito apócrifo, anônimo e maldoso — Abuso de exercício da liberdade de manifestação do pensamento e informação — Desconsideração, na aferição da verba, dos valores baixíssimos da Lei Federal n. 5.250, de 1967 — Embargos recebidos. JTJ 179/214.

Imprensa — Liberdade — Limite — Divulgação de procedimento judicial — Processo que corre em segredo de justiça — Direito da intimidade das pessoas que não pode ser violado — Possibilidade somente da divulgação da existência do processo e sua tramitação — Ordem concedida para esse fim. JTJ 155/240.

Menor — Situação irregular — Divulgação pela imprensa de procedimento judicial a ele relativo, com fotografias e sua identificação — Inadmissibilidade — Liberdade de imprensa que não pode desconsiderar o direito à dignidade e ao respeito conferido ao menor de idade — Artigos 227 da Constituição da República e 247 e parágrafos da Lei Federal n. 8.069, de 1990 — Recurso não provido JTJ 132/412.

Imprensa — Jornal — Exemplares contendo material inadequado para crianças e adolescentes — Imposição do artigo 78 e parágrafo único do Estatuto da Criança e do Adolescente — Compatibilidade com a Carta Magna, em face do disposto em seu artigo 227 — Direito absoluto à liberdade de comunicação, ademais, que não significa direito ilimitado. Segurança denegada JTJ 134/358.

Responsabilidade civil — Lei de Imprensa — Indenização por danos morais a pessoa jurídica — Ação movida contra empresa jornalística e dois entrevistados — Condenação da empresa e exclusão da lide dos corréus, por não sujeitos à legislação especial — Recurso adesivo da autora, em contraposição ao principal exclusivamente interposto pela corré vencida, objetivando a reinclusão — Inadmissibilidade — Não conhecimento — Agravo retido dos corréus excluídos provido — Procedência mantida, por caracterizados o abuso da liberdade de informar e, assim, a ofensa moral, mas com expressiva redução da vultosa indenização, então fixada em 3000 salários mínimos, para apenas 300 — Falta de legitimação e interesse da apelante em postular o reingresso na lide dos corréus excluídos — Apelação conhecida, a despeito da falta de depósito, e provida apenas em parte. (TJSP, Apelação Cível n. 158.018-4 — São Paulo — 2ª Câmara de Direito Privado — Relator: J. Roberto Bedran — 01.08.2000 — v.u.)

Dano moral — Vida privada — Liberdade de imprensa — Colisão entre direitos constitucionais fundamentais — Impossibilidade de harmonização — Prevalecimento de um direito sobre o outro — Critério de prevalência a ser aplicado no caso concreto pelo magistrado — Direito à liberdade de imprensa não deve servir de escudo a agressões inconsequentes por parte dos jornalistas e empresas do ramo ao direito constitucional dos direitos individuais. (TJSP, Apelação Cível n. 80.346-4 — Santa Cruz do Rio Pardo — 1ª Câmara de Direito Privado — Relator: Guimarães e Souza — 31.08.99 — v.u.)

Indenização — Danos morais — Abuso de liberdade de imprensa — Inocorrência — Apenas divulgação de notícias por simples comentários jornalísticos de atos e fatos ocorridos e trazidos a conhecimento por terceiros — Ausência de dolo (*animus diffamandi*) — Recurso não provido. (TJSP, Apelação Cível n. 28.141-4 — Franca — 6ª Câmara de Direito Privado — Relator: Reis Kuntz — 12.03.98 — v.u.)

Indenização — Responsabilidade civil — Lei de Imprensa — Dano moral — Abuso no exercício da liberdade de expressão — Inocorrência — Verba não devida — Jornal que publica notícia de fato verossímil, pertinente à administração pública e objeto de investigação da Câmara e da autoridade policial — Intenção ofensiva que não se presume. Publicação de notícia de fato verossímil, pertinente à administração pública e objeto de investigações da Câmara e da autoridade policial, não caracteriza abuso no exercício de liberdade de imprensa, à qual não se deve nunca presumir intenção ofensiva. (Apelação Cível n. 249.226-1 — Presidente Prudente — 2ª Câmara de Direito Privado — Relator: Cezar Peluso — 06.08.96 — v.u.)

Dano moral — Alegação de que a ré atribuiu ao autor culpa em processo criminal, praticando abuso e ato ilícito, através de publicação de reportagem ofensiva — Inocorrência — Hipótese em que a notícia relatou fato real, constante de ocorrência devidamente registrada em dependência policial — Direito pela Imprensa de veiculação — Liberdade de Imprensa assegurada pela Constituição Federal — Recurso não provido. (Apelação Cível n. 95.595-4 — São Carlos — 1ª Câmara de Direito Privado — Relator: Guimarães e Souza — 25.04.00 — v.u.)

Cautelar inominada — Pedido liminar — Proibição de publicação de matérias jornalísticas futuras — Inadmissibilidade — Liberdade de imprensa a ser reservada — Atos ilícitos ou desvios posteriores que poderão ser compostos com o direito de resposta e indenização por danos materiais e morais — Indeferimento — Decisão mantida. (Agravo de Instrumento n. 124.380-4 — Osasco — 9ª Câmara de Direito Privado — relator: Franciulli Netto — 21.09.99 — v.u.)

BAASP: 2.568: 1500-9: 1 — Se é certo que a Carta de Outubro proclama, reconhece e protege o direito à liberdade de imprensa, menos verdade não é que este direito não é ilimitado e por isto deve ser exercido com responsabilidade e em harmonia com outros direitos, especialmente com o direito que todos temos à honra e à boa imagem, não se prestando, portanto, a informação jornalística como instrumento para denegrir ou macular a honra das pessoas. 1.1 — A honra, para o padre Antonio Vieira, 'é um bem imortal. A vida, por mais que conte anos e séculos, nunca lhe há de achar conto, nem fim, porque os seus são eternos. A vida conserva-se em um só corpo, que é o próprio, o qual, por mais forte e robusto que seja, por fim se há de resolver em poucas cinzas. A fama vive nas almas, na boca de todos, lembrada nas memórias, falada nas línguas, escritas nos anais, esculpida em mármores e repetida sonoramente sempre nos ecos e trombetas da mesma forma. Em suma, a morte mata, ou apressa o fim do que necessariamente há de morrer; a infâmia afronta, afeia, escurece e faz abominável a um ser imortal; menos cruel e mais piedosa se o puder matar' (*Sermões*). 2 — A própria Constituição estabelece limites ao exercício da plena liberdade de informação jornalística em qualquer veículo de comunicação social, considerando-se a proteção a outros direitos conferida pelo mesmo texto constitucional, os quais repousam no art 5º, incisos IV, V, X, XII e XIV. 3 — Considerando que o veículo de imprensa noticiou fatos inverídicos, não obstante objeto de Inquérito Policial e de posterior processo em Juízo, com prova documental no sentido de que foram cometidas as irregularidades apontadas pela parte autora, não se trata de exercício regular do direito constitucional de informar ao público aquilo que lhe é de interesse, quando publica notícia de que fora demitido por justa causa, quando a Justiça do Trabalho já havia decidido em sentido contrário ou ainda quando a reunião com membros do Ministério Público foi para alteração de testemunha; ainda que se considere, sobretudo, quando flagrante o des vio de dinheiro de banco público, lesando o erário. 4 — Dado parcial provimento ao Recurso da parte requerida, para reduzir o valor da reparação do dano moral para R$ 15.000,00 (quinze mil reais), corrigido monetariamente a partir da data da prolação da sentença e acrescido de juros conforme consta da sentença" (TJPR, 8ª Câm. Cível, AP 0408525-2- Apucarana — PR, rel. Des. José Sebastião Fagundes Cunha, j. 19-12-2007, v.u.).

BAASP, 2943: 10. Indenizatória. Improcedência. Matéria jornalística que se limita a divulgar procedimento médico malsucedido. Indignação dos parentes da vítima retratada na matéria. Apelo provido (TJSP - 6ª Câmara de Direito Privado, Apelação n. 0000458- 33.2013.8.26.0011-São Paulo-SP, rel. Des. Fortes Barbosa, j. 4-12-2014, v.u.).

BAASP, 2977: 12. Apelação cível – Responsabilidade civil – Indenização por danos morais – Imprensa – Reportagem jornalística – Cunho ofensivo – Excesso caracterizado – Danos morais - Ocorrência. 1 – Dentre os pressupostos/requisitos/elementos da responsabilidade civil, como se sabe, constam a conduta (comissiva ou omissiva) de alguém, um dano, um nexo de causalidade entre um e outro, além do nexo de imputação (que será a culpa, em se tratando de responsabilidade subjetiva, ou risco ou a ideia de garantia, quando se tratar de responsabilidade objetiva). 2 – Ainda que no exercício do direito constitucional de livremente divulgar notícias, deve o meio de comunicação zelar pela correta divulgação dos fatos. Responsabilidade civil da emissora de televisão caracterizada, porquanto divulgou reportagem atribuindo fatos à autora sem a adoção das cautelas mínimas exigíveis. Além disso, emitiu juízo de valor negativo que ultrapassou a mera narrativa de fatos. O exercício de liberdades públicas, como o da imprensa, tem como lado reverso a responsabilidade por eventuais equívocos, incorreções ou excessos. 3 – Danos morais caracterizados. A ré, em reportagem televisiva exibida em duas oportunidades, imputou à autora a prática de condutas criminosas, ofendendo a sua honra subjetiva e objetiva, refletindo presumidamente em sua imagem profissional e pessoal. Com efeito, ninguém duvida das consequências danosas que as condutas atribuídas à autora (tais como coautoria de estelionato e auxílio na falsificação de documentos) podem causar a alguém que nem sequer havia sido indicada, quiçá condenada pela prática de tais delitos. Trata-se de dano, portanto, que dispensa prova adicional à da própria violação do direito. 4 – *Quantum* indenizatório fixado em R$ 8.000,00, considerando os critérios utilizados pela Câmara e as peculiaridades do caso. 5 – Procedência da pretensão. Apelo provido.

A *Tribuna do Direito* (nov. de 2004, p. 13) noticiou que:

A) "A Quarta Turma do STJ manteve decisão da primeira instância e condenou o jornal 'O Dia', do Rio de Janeiro, a pagar indenização de 50 salários mínimos por danos morais a quatro proprietários de empresas credenciadas para inspecionar taxímetros. O jornal veiculou reportagem afirmando que os proprietários das microempresas faziam parte da 'máfia dos relojoeiros', que teria dificultado o trabalho de aferição da frota de táxis do Rio de Janeiro. Os proprietários das empresas entraram com a ação contra o jornal e contra o Sindicato dos Taxistas do Rio de Janeiro pedindo indenização. O pedido foi aceito em primeira instância, e o jornal e o sindicato condenados a pagar indenização de 50 salários mínimos por danos morais, mais custas e honorários advocatícios de 10% sobre a condenação. Os microempresários recorreram ao TJ-RJ pedindo que a indenização fosse aumentada para 100 salários mínimos. O jornal também apelou solicitando a extinção do processo por ilegitimidade, sustentando não ter havido ofensa capaz de ensejar a indenização e solicitou, alternativamente, que o valor fosse diminuído. Os pedidos foram negados. Em recurso ao STJ o jornal alegou que o processo não era 'legítimo' em função de os autores não terem sido citados nominalmente na reportagem e que o valor para cada autor era excessivo. O recurso foi novamente rejeitado (REsp 438.388)".

B) "Jornalista e proprietário de veículo de comunicação são civilmente responsáveis por ressarcimento de dano decorrente de divulgação de reportagem. O entendimento é do STJ e beneficiou 'A', que entrou com ação de indenização por dano moral contra a Rádio 'X', do Rio Grande do Sul, o proprietário 'B' e o radialista 'C', pela divulgação de que ele ('A') teria roubado um videocassete a mão armada.

A primeira instância havia excluído as pessoas físicas do processo (jornalista e proprietário). 'A' recorreu, com sucesso, ao TJ-RS. A rádio apelou ao STJ alegando violação da Lei de Imprensa, na qual a responsabilidade civil seria apenas da empresa.

O ministro relator, Humberto Campos de Barros, da Quarta Turma do STJ, explicou que de acordo com a Súmula 221 o autor da reportagem, o veículo de comunicação e o diretor-presidente são os responsáveis civis pelos danos (REsp 125.696)".

A 4ª Turma do STJ consolida entendimento segundo o qual a ausência de comunicação, por si só, de anotação de fato da inadimplência em banco de dados de proteção ao crédito, *não* gera o dever de indenizar. Trata-se do acórdão proferido nos autos do REsp 720.493/SP, A, publicado no *Diário da Justiça* de 1º de julho de 2005, em que restou decidido, por votação unânime, que a "*inserção de dado verídico, público e previamente conhecido pela recorrente, em banco de dados mantido pela Serasa, não obstante a ausência de prévia comunicação acerca do cadastramento, afasta a ocorrência de dano moral imputável à recorrida*". Em recente publicação doutrinária, o Min. Aldir Passarinho Junior, que compõe a 4ª Turma do STJ, reafirmou seu entendimento quanto à desnecessidade de comunicação de anotações provenientes de fontes públicas — tais como as ações executivas registradas nos cartórios distribuidores judiciais —, dada a ampla divulgação desses atos, dotados de "publicidade imanente".

Nesse contexto, não seria justo, nem jurídico, condenar a Serasa ao pagamento de indenização por danos morais em virtude de anotação corretamente cadastrada em seus arquivos, com base em informação obtida de fonte pública e idônea (Diário Oficial). O objetivo da indenização é recompor o patrimônio moral da pessoa ofendida. Todavia, se o fato anotado é verdadeiro, não há que se falar em agressão moral. Sobre isso: *RT*, *834*:214, *827*:379. A 4ª Turma do STJ já se pronunciou no mesmo sentido. Importa destacar a ementa e trecho do v. acórdão prolatado nos autos do REsp 229.278/PR, relatado pelo Min. Aldir Passarinho Junior, *DJ*, 7-10-2002. Ainda, mais recentemente, a mesma C. 4ª Turma do STJ decidiu pela desnecessidade da comunicação prevista no art. 43, § 2º, do CDC, quando a informação é proveniente de fonte pública, como, por exemplo, os cartórios de protesto de títulos ou de registro de distribuição de processos judiciais (REsp 688.456/RJ, rel. Min. Aldir Passarinho Junior, v. u., j. 7-12-2004, *DJU*, 21-3-2005).

BAASP, 2935:9. Responsabilidade civil. Indenização. Dano moral. Protesto indevido de duplicata mercantil. Endosso translativo. Origem do título não comprovada. Inserção indevida dos dados da autora em cadastros de inadimplentes. Responsabilidade do banco réu caracterizada. Dano moral configurado. Indenização devida. *Quantum* indenizatório arbitrado em montante insuficiente. Hipótese, contudo, em que não houve recurso por parte da autora. Manutenção do valor fixado pela sentença, diante da vedação da *reformatio in pejus*. Ação julgada procedente. Reiteração dos termos da decisão pelo relator. Admissibilidade suficiente e adequada fundamentação. Precedentes jurisprudenciais. Incidência do art. 252 do Regimento Interno do TJSP. Sentença mantida. Recurso desprovido (TJSP — 1ª Câmara de Direito Privado, Apelação n. 0000331-87.2008.8.26.0038-Araras-SP, rel. Des. Elliot Akel, j. 28-1-2014, v.u.).

BAASP, 2917: 9. Danos morais. Inscrição indevida em cadastro de inadimplentes. Alegada inexistência de relação comercial que justificasse a emissão de duplicata em desfavor da autora. Ausência de prova de débito exigível e não quitado. Responsabilidade da instituição financeira que recebeu o título de crédito via endosso translativo e encaminhou para protesto reconhecida. Súmula n. 475 do STJ. Indenização devida. Dano moral caracterizado. Impossibilidade de redução dos valores da condenação e dos honorários advocatícios, sob pena de frustrar suas respectivas finalidades. Sentença mantida. Recurso não provido (TJSP — 10ª Câmara de Direito Privado, Apelação com revisão n. 0012879-06.2009.8.26.0590-São Vicente-SP, rel. Des. Elcio Trujillo, j. 21-1-2014, v.u.).

BAASP, 2926: 9. Civil. Consumidor. Reparação de danos morais. Saques promovidos indevidamente por terceiros em cartão de crédito em nome da autora. Inscrição indevida do nome em órgão de proteção ao crédito. Incontrovérsia sobre a falha na prestação de serviço. *Quantum* indenizatório. Razoabilidade e proporcionalidade. 1 — O registro de ocorrência policial sobre os fatos que restaram incontroversos nos autos, aliado à grande insistência da autora, sem sucesso, em resolver a questão de forma extrajudicial, demonstram o desrespeito dos réus em face do consumidor, que teve seu nome mantido nos cadastros de inadimplentes por quase três anos, apenas sendo determinada a retirada da constrição após deferimento de antecipação de tutela, somado à negativa da devolução dos valores indevidamente pagos. 2 — A fixação do valor indenizatório a título de danos morais em R$ 10.000,00 reputa-se adequada a satisfazer a justa proporcionalidade entre o ato ilícito e o dano moral sofrido pela apelante, bem como atende ao caráter compensatório e ao mesmo tempo inibidor a que se propõe a ação de reparação por danos morais, nos moldes estabelecidos na Constituição, suficiente para representar um desestímulo à prática de novas condutas pelo agente causador do dano. 3 — Recurso parcialmente provido (TJDFT — 4ª Turma Cível, Apelação Cível n. 20120510069326, Planaltina-DF, rel. Des. Cruz Macedo, j. 11-6-2014, v.u.).

Vide Decreto n. 7.724/2012 que regulamenta a Lei n. 12.527/2011 sobre acesso a informação.

Portaria n. 55, de 31 de março de 2015 do Ministério da Integração Nacional, dispõe sobre os procedimentos a serem adotados, no âmbito do Ministério da Integração Nacional, para atendimento às solicitações de informação ao cidadão conforme a Lei de Acesso à Informação. *Vide* Lei n. 13.146/2015 sobre direito à informação e a comunicação (arts. 63 a 73).

são à honra de político provocada pela imprensa, sobre o órgão de comunicação ou a empresa jornalística, que terá ação regressiva contra o jornalista culpado (Lei de Imprensa, arts. 49, § 2º, 50 e 51 — considerada não recepcionada pela CF, segundo o STF — ADPF n. 130/2009). Com a Súmula 221 do STJ serão considerados civilmente responsáveis pelo ressarcimento do dano decorrente de publicação pela imprensa tanto o autor do escrito quanto o proprietário do veículo de divulgação. Alguns autores entenderam que, apesar de essa norma sumular estar conforme ao art. 5º, V e X, da CF/88, viola os seus incisos IX e XIV, ferindo a liberdade de imprensa.

"I — A liberdade de informação e de manifestação do pensamento não constituem direitos absolutos, sendo relativizados quando colidirem com o direito à proteção da honra e da imagem dos indivíduos, bem como ofenderem o princípio constitucional da dignidade da pessoa humana.

II — A revisão do entendimento do Tribunal *a quo* acerca da não veracidade das informações publicadas e da existência de dolo na conduta da empresa jornalística, obviamente, demandaria revolvimento dessas provas, o que é inviável em sede de recurso especial, a teor do disposto na Súmula 7/STJ.

III — É certo que esta Corte Superior de Justiça pode rever o valor fixado a título de reparação por danos morais, quando se tratar de valor exorbitante ou ínfimo.

IV — Recurso especial parcialmente provido." (STJ, REsp. 783.139-ES — Rel. Min. Massami Uyeda).

A procedência da ação cível não requer condenação criminal, exige, tão somente, que se reconheça a ofensa à honra no cível.

A mídia deve, ainda, procurar não ferir o *direito a ser esquecido* que é o direito ao respeito à memória privada do próprio titular, ante o fato de o direito da personalidade ser um direito subjetivo *excludendi alios*, ou seja, o de exigir um comportamento negativo dos outros, protegendo um bem inato (privacidade, intimidade, imagem, etc.), valendo-se de ação judicial, não para impor um dever de esquecer uma informação, mas para impedir que se a recorde, injustificadamente, mediante nova divulgação, que pode causar dano a um projeto de vida da pessoa e ao livre desenvolvimento de sua personalidade. O direito a ser esquecido tido como um direito da personalidade, por estar ínsito no art. 21 do Código Civil, é o de não ser lembrado por fatos vexatórios, depreciativos ou constrangedores ocorridos no passado ante a falta de utilidade social da informação, a ausência de atualidade do fato ou do interesse público. Urge lembrar que o respeito à dignidade humana constitui o "farol" que indicará aos meios de comunicação o caminho que devem percorrer para preservar a privacidade das pessoas que pretendem fazer valer seu direito a serem esquecidas refazendo, retamente, suas vidas para atingirem seu direito à felicidade.

Observa Newton de Lucca[146] que é urgente uma Emenda Constitucional que proteja a honra alheia atacada por jornalistas que agem cavilosamente instituindo o *habeas midia* no Brasil. Esse instituto visaria a proteção individual, coletiva ou difusa, tanto de pessoas naturais quanto de pessoas jurídicas que sofrerem, sem que a sua culpa esteja comprovada, ameaça ou lesão ao seu patrimônio jurídico indisponível, ou seja à sua honra, em virtude de abusos cometidos pela mídia, dando precipitadamente, p. ex., uma notícia falsa que coloque em risco a honorabilidade.

O ofendido, seu representante legal, se incapaz; cônjuge, descendentes, ascendente ou irmão, se ausente do país ou se já falecido, em matéria divulgada, publicada ou transmitida por veículo de comunicação social, tem direito de resposta ou retificação gratuito e proporcional ao agravo à sua honra, intimidade, reputação, conceito, nome, imagem. Tal direito deverá ser exercido no prazo decadencial de 60 dias, contado da data da divulgação, publicação ou transmissão da matéria ofensiva, mediante correspondência com aviso de recebimento. Urge lembrar que a retratação espontânea não impede o direito de resposta nem prejudica a ação de reparação por dano moral. O ofendido poderá requerer que a resposta ou retificação se dê no mesmo espaço, dia da semana e horário do agravo. E se o gravame se deu por meio de mídia impressa, de circulação periódica, a resposta ou retificação dar-se-á na edição seguinte à ofensa ou em edição extraordinária (CF, art. 5º, X; Lei n. 13.188/2015).

b.2.2.3. Delitos contra a dignidade sexual

Os delitos contra a dignidade sexual abrangem: a violência à liberdade sexual (estupro, violação sexual mediante fraude e assédio sexual); os crimes

---

146. Newton de Lucca, "Habeas midia", *Atualidades Jurídicas 6*:179-86. Pode haver, no mundo virtual, ofensa à honra por meio de *fake* (pessoa que se passa por outra, em regra celebridade). Quem criar perfil falso deverá indenizar por dano moral a pessoa por quem se passou ao praticar atos virtuais desmoralizantes em seu nome e sob sua fotografia (TJMG. Processo n. 10569.12.002571-7/001). *Vide* Lei n. 13.188/2015 sobre direito de resposta ou retificação do ofendido em matéria divulgada, publicada ou transmitida por veículo de comunicação social. Essa lei acrescentou também ao art. 143 do Código Penal um parágrafo único, com o seguinte teor: "Nos casos em que o querelado tenha praticado a calúnia ou a difamação, utilizando-se de meios de comunicação, a retratação dar-se-á, se assim desejar o ofendido, pelos mesmos meios em que se praticou a ofensa".

sexuais contra vulnerável (sedução, corrupção, estupro, satisfação de lascívia na presença de menor, favorecimento de prostituição ou outra forma de exploração sexual); lenocínio e tráfico de pessoa para fim de prostituição ou outra forma de exploração sexual; ultraje público ao pudor e as ofensas à honra conjugal.

Pelo Código Civil de 1916, art. 1.548, I a IV, a mulher agravada em sua honra tinha direito a exigir do ofensor, se este não pudesse ou não quisesse reparar o mal pelo casamento, um dote correspondente à sua própria condição e estado: *a*) se, virgem e menor, fosse deflorada (*RT*, *430*:115, *467*:188, *447*:75, *514*:171, *181*:309, *185*:788, *264*:289, *144*:211, *373*:161, *492*:68, *574*:24; *AJ*, *120*:152; *RJTJSP*, *30*:77, *63*:71); *b*) se, mulher honesta, fosse violentada, ou aterrada por ameaças — tratava-se de estupro (CP, art. 213; *RT*, *532*:92); *c*) se fosse seduzida com promessas de casamento (*RT*, *223*:272, *503*:69, *404*:137; *RJTJSP*, *49*:94); *d*) se fosse raptada (CP, arts. 219 e 222 — ora revogados).

Vislumbrava-se nesse dispositivo legal uma reparação neutralizadora do dano: a celebração do casamento do ofensor com a ofendida (*RT*, *338*:369). E, se isso não fosse possível, a indenização consistia num dote correspondente à condição e ao estado da ofendida e do ofensor (*RT*, *391*:161, *474*:92; *RJTJSP*, *63*:72), com o escopo de reintegrar a vítima no bom conceito social e como reparação de dano material oriundo do crime, p. ex., gastos com tratamento médico, com parteira etc. (*RF*, *47*:295, *271*:195, *175*:290, *131*:451, *135*:75; *RJTJSP*, *30*:121, *50*:112, *41*:118; *RT*, *103*:232, *175*:290, *425*:87, *435*:72, *437*:100, *444*:105, *541*:88, *542*:75).

Acrescentava ainda o nosso Código Civil de 1916, no art. 1.549, que "nos demais crimes de violência sexual, ou ultraje ao pudor, arbitrar-se-á judicialmente a indenização". Entre tais casos incluía-se o lenocínio, a posse sexual mediante fraude, a violência sexual praticada contra menor do sexo masculino, estupro contra mulher desonesta.

Tais problemas perderam interesse com a aprovação do Código Civil atual, que a eles não se refere; assim desapareceu não só a responsabilidade objetiva, consignada no caso de a vítima ser menor e virgem, e a presunção de dano, como também a indenização a título de dote.

Pelo art. 1.520 do Código Civil permitia-se casamento de quem não alcançou a idade núbil, outrora era válido, para evitar imposição de medidas previstas no ECA, ou, em caso de gravidez, para favorecer a constituição da família. Atualmente, com a Lei n. 12.015/2009, os crimes contra a dignidade sexual procedem por meio de ação pública condicionada à representação (CP, art. 225); consequentemente não mais se poderá aplicar o art. 107, V, do Código Penal, e, com isso, o casamento não será mais causa de extinção de punibilidade criminal. Logo havendo qualquer crime contra a dignidade sexual, se a vítima for menor de 18 anos, e como a ação penal é pública e incondicionada (Súmula 608 do STF; CP, art. 225, parágrafo único), a parte final do art. 1.520 (em sua antiga redação) do CC deixou de ter sentido, pois o casamento não evitará a imposição ou o cumprimento de pena criminal, visto que a Lei n. 11.106/2005 revogou também o art. 107, VII e VIII, do Código Penal. Hoje não é mais permitido matrimônio de quem não atingiu a idade núbil (art. 1.520, com redação da Lei n. 13.811/2019).

Desse modo, pelo vigente Código Civil, havendo dano à pessoa em sua liberdade sexual, inclusive em razão de *assédio sexual* (CC, arts. 186, 927; CP, art. 216-A, § 2º; Lei n. 10.224/2001; TJRJ, 13ª Câm., AC 13.387/99, rel. Des. Gilberto Fernandes, v. u., j. 16-3-2000; CP, art. 216-A), ou seja, pedido de favores sexuais por superior hierárquico, prometendo vantagens profissionais como promoção, em caso de aceitação, ou contendo ameaças em caso de recusa, como diminuição de salário, perda de certos benefícios e até mesmo de emprego, dever-se-á demonstrar o prejuízo moral ou material causado, para que o ofensor o repare civilmente (CC, arts. 927 e 125; *RT*, *746*:345). P. ex., em caso de assédio sexual, além do dano material, pela rescisão indireta do contrato de trabalho, devido à impossibilidade de continuar trabalhando no local, ante o constrangimento provocado, e pela dificuldade de arrumar outro emprego gerada pela má reputação oriunda do assédio, há indenização do prejuízo moral (TRT, 17ª R., RO 1.118/97, Rel. Juiz José Carlos Rizk, j. 2-7-98; TRT, 12ª R., 2ª T., RO 2.125/2000, Rel. Juiz José Luiz M. Cacciari, j. 26-3-2001; TRT, 3ª R. — RO — 1.533/2002 — 4ª T. —Rel. juíza Lucilde L. de Almeida), pela ofensa à dignidade da pessoa assediada ou pela humilhação por ela sofrida, ao ser alvo de aproximações sexuais não desejadas e ofensivas, atentatórias à sua integridade. O assédio sexual é um ilícito que viola a liberdade sexual da vítima, bem como o seu decoro, a sua honra objetiva, sua imagem-atributo etc., podendo, às vezes, a ofensa ser reparada *in natura* sob a forma de uma retratação ou de um desagravo público, procurando, na medida do possível, restabelecer o *statu quo ante*. Mas nada obsta que haja cumulação entre a reparação *in natura* e a indenizatória pecuniária. Para tanto será preciso demonstrar a conduta sexual não desejada, praticada reiteradamente, pelo chefe, causando lesão a direito da personalidade. Difícil é a prova do assédio sexual, pois o assediador procura dar suas investidas sem testemunhas, tentando ser discreto em razão de sua posição profissional para não despertar suspeitas, por isso são valiosas as presunções e os indícios, para a sua comprovação. E, além disso, urge lembrar que, pelo TST (5ª T., RR 69178/2002-900-04-00.7), paquera discreta, mesmo insistente, não configura assédio sexual, pois há possibilidade de, livremente, aceitar ou recusar os galanteios. Admissível é a gravação telefônica feita pelo assediado, com o intuito de usá-la como prova (*Bol. AASP, 1743*:157; *RJTJERGS, 139*:117; *RT, 743*:208; *RF, 342*:307; *Ajuris, 76*:644 e 652), bem como a utilização do conteúdo de *e-mails* e de indícios do alegado assédio (TRT, 9ª R., RO 6.530/98, AC 3.493/9, 5ª T., Rel. Luiz Felipe H. Mussi, *DJPR*, 26-2-1999; TJSP, Ap. 153.674-3, 1ª C., Rel. Andrade Cavalcanti, j. 107-95; TACrimSP, Ap., 11ª C., Rel. Renato Nalini, j. 28-6-98; *RT, 758*:583), desde que não contrariados por contraindícios ou prova direta (TACrimSP, Ap. — Rel. Marrey Neto, *RJD*, 7:105).

É preciso lembrar, ainda, que a infração dos deveres conjugais constitui falta contra a honestidade. Com o casamento nascem para os consortes situações jurídicas que impõem direitos e deveres recíprocos, que não se medem em valores pecuniários, tais como: fidelidade recíproca, vida em comum no domicílio conjugal, mútua assistência, respeito e consideração mútuos (CC, art. 1.566).

O dever moral e jurídico de fidelidade mútua consiste em abster-se cada consorte de praticar relações sexuais com terceiro. Com isso a liberdade sexual dos consortes fica restrita ao casamento. A infração desse dever constitui adultério (ilícito civil), indicando falência da moral familiar, desagregando toda a família, além de agravar a honra do outro cônjuge, injuriando-o gravemente.

A coabitação é o estado de pessoas de sexo diferente que vivem juntas na mesma casa, convivendo sexualmente. A violação do dever de coabitação pela recusa injustificada à satisfação do débito conjugal constitui injúria grave, implicando ofensa à honra, à respeitabilidade, à dignidade do outro consorte e podendo levar à separação judicial (*RTJ, 67*:449) e gerar ação para reparação civil por dano moral, mesmo em caso de divórcio.

Da mesma forma, o abandono do lar, sem justo motivo e por tempo indefinido, reveste-se de caráter injurioso, autorizando, por isso, o pedido de separação judicial (Lei n. 6.515/77, art. 5º; *RT, 407*:142). E, se não vivia com o consorte, ao tempo da morte deste, não pode ser nomeado inventariante (CPC, art. 617, I), ou ficar na posse da herança até a partilha. Além de sanções econômicas, não se admitem sanções compensatórias sob a forma de multa e muito menos sanções coercitivas para o restabelecimento dos direitos conjugais.

O dever de mútua assistência abrange os cuidados pessoais nas moléstias, o socorro nas desventuras, o auxílio em todas as vicissitudes da vida. Além disso, contém deveres implícitos, como o de sinceridade, o de respeito pela honra e dignidade da família, o de não expor o outro consorte a companhias degradantes, o de não conduzir a esposa a ambientes de baixa moral. Na apreciação desses deveres será preciso considerar o ambiente de vida do casal, a educação do consorte e as circunstâncias de cada caso.

É atentado à honra conjugal a violência doméstica e familiar (Lei n. 11.340/2006) praticada pelo marido, ferindo a dignidade da mulher e da prole, trazendo lesão física e psíquica, infringindo o dever de assistência imaterial. Irma Pereira Maceira alerta-nos que a violência doméstica pode ser: *física* (p. ex., maus-tratos ou abandono material); *moral* (p. ex., ameaça, insulto, tortura moral, humilhação, proibição de exercer profissão remunerada); e *sexual* (p. ex., estupro praticado pelo pai ou padrasto).

Deveras, pelo art. 7º, I a V, da Lei n. 11.340/2006, são formas de violência doméstica e familiar contra a mulher, entre outras: a *violência física*, entendida como qualquer conduta que ofenda sua integridade ou saúde corporal; a *violência psicológica*, ou seja, ato que lhe cause dano emocional e diminuição da autoestima ou que lhe prejudique e perturbe o pleno desenvolvimento ou que vise degradar ou controlar suas ações, comportamentos, crenças e decisões, mediante ameaça, constrangimento, humilhação, manipulação, isolamento, vigilância constante, perseguição contumaz, insulto, chantagem, ridicularização, exploração e limitação do direito de ir e vir ou qualquer outro meio que lhe cause prejuízo à saúde psicológica e à autodeterminação; a *violência sexual*, entendida como qualquer conduta que a constranja a presenciar, a manter ou a participar de relação sexual não desejada, mediante intimidação, ameaça, coação ou uso da força; que a induza a comercializar ou a utilizar, de qualquer modo, a sua sexualidade, que a impeça de usar qualquer método contraceptivo ou que a force ao matrimônio, à gravidez, ao aborto ou à prostituição, mediante coação, chantagem, suborno ou manipulação; ou que limite ou anule o exercício de seus direitos sexuais e reprodutivos; a *violência patrimonial*, isto é, qualquer comportamento que configure retenção, subtração, destruição parcial ou total de seus objetos, instrumentos de trabalho, documentos pessoais, bens, valores e direitos ou recursos econômicos, incluindo os destinados a satisfazer suas necessidades; e a *violência moral*, qualquer conduta que configure calúnia, difamação ou injúria. Em todos os aspectos há dano moral e patrimonial indenizáveis, porque indicam a falência da moral familiar e por trazerem traumas ou consequências psicológicas e lesão à integridade física da vítima. A violação do dever de assistência constitui injúria grave, que também pode dar origem à separação judicial[147].

147. Sobre o assunto, consulte: Silvio Rodrigues, op. cit., v. 5, p. 126, 127 e 133; v. 4, p. 29-34; Mosset Iturraspe, *Estudios*, cit., t. 2, p. 223; Aguiar Dias, *Da responsabilidade*, cit., v. 2, n. 160 e 238; Orlando Gomes, *Direito de família*, Rio de Janeiro, Forense, p. 151 e 152; Zannoni, op. cit., p. 349 e s.; Carla Fernanda de Marco, A desigualdade de gênero e a violência contra a mulher à luz da Convenção Interamericana para prevenir, punir e erradicar a

violência contra a mulher. *Revista de Direito Constitucional e Internacional, 44*:62-74; Marcelo Di Rezende, A deplorável prática da violência contra a mulher, *Jornal Síntese, 102*:3; M. Helena Diniz, *Curso*, cit., v. 5, p. 94 e s.; Fischer, *A reparação dos danos no direito civil*, São Paulo, 1938, p. 269; Francisco Blasco Fernández de Moreda, La extinción de responsabilidad por subsiguiente matrimonio entre el culpable y la víctima, *La Ley, 78*:714; Fernando Santosuosso, Il matrimonio e il regime patrimonial della famiglia, in *Giurisprudenza sistematica civile e commerciale*, Torino, UTET, 1965, p. 328 e 329; Beaudant, *Cours de droit civil français*, Paris, v. 1; W. Barros Monteiro, op. cit., v. 2, p. 108 e 111; v. 5, p. 421-3; Irma Pereira Maceira, A violência doméstica em foco, *Revista OAB-SBC, 1*:11-2; Serpa Lopes, op. cit., n. 305; Luiz Antonio Scavone Jr., *Assédio sexual — responsabilidade civil*, São Paulo, Ed. Juarez de Oliveira, 2001; Ernesto Hippmann, Relações trabalhistas: danos morais e materiais, *Tribuna do Direito*, jul. 2001, p. 19; Elpidio González, *Acoso sexual*, 1996; Julio J. M. Vivot, *Acoso sexual en las relaciones laborales*, 1995; Luiz Vicente Cernicchiari, Assédio sexual, *Revista Jurídica, 255*:16 (1999); Damásio E. de Jesus e Luiz Flávio Gomes (coords.), *Assédio sexual*, São Paulo, Saraiva, 2002; Mário Gonçalves Jr., Prova indiciária de assédio sexual, *Jornal Síntese, 75*:6-7 (2003); Rodolfo Pamplona Filho, Assédio sexual: questões conceituais; *Assédio sexual* (coord. Damásio E. de Jesus e Luiz Flávio Gomes), São Paulo, Saraiva, 2002, p. 124 e s.; Manoel Jorge e Silva Neto, Questões controvertidas sobre o assédio sexual, *Revista Genesis, 92*:16-102; José Raimundo G. da Cruz, O assédio sexual, algumas notas comparativas e o crime de assédio sexual, *Revista Brasileira de Direito Comparado, 29*:207:14; Alice Monteiro de Barros, Assédio sexual no direito do trabalho comparado, *Revista LTr, 62*:11 e s.; José Pastore e Luiz Carlos Amorim Robortella, *Assédio sexual no trabalho: o que fazer?*, São Paulo, Makron Books, 1998; Ana Paula A. Craveiro e Paulo Bueno de Azevedo, Aspectos trabalhistas, cíveis e penais do assédio sexual, *Revista de Direito do Trabalho, 112*:34 a 76; Emerson T. de Abreu, *Bullying*, assédio moral e assédio sexual. Diferenças entre os tipos. Aplicabilidade do princípio da dignidade da pessoas humana, *RDE, 3*:41-50; Erick Santos. O fenômeno *bullying* e os direitos humanos, *RDE, 3*:51-108. Atos mais diretos, como gestos indecentes, beliscões em regiões pudendas, toques íntimos ou atos que sugiram prática de ato libidinoso ou conjunção carnal, não constituem assédio, mas abuso sexual. E, dependendo das circunstâncias, gracejos, exibição de objetos pornográficos, piadas de duplo sentido, abraços prolongados, olhares lascivos, mímicas etc. podem configurar o assédio. *O assédio sexual por chantagem* é a exigência de superior hierárquico a um subordinado, para que se preste à atividade sexual, sob pena de perder o emprego ou benefícios advindos da relação de trabalho. É também conhecido como assédio *quid pro quo*. O assédio *sexual* por *intimidação* caracteriza-se, como diz Alice Monteiro de Barros, "por incitações sexuais inoportunas, uma solicitação sexual ou outras manifestações da mesma índole, verbais ou físicas, com o efeito de prejudicar a atuação laboral de uma pessoa ou de criar uma situação ofensiva, hostil, de intimidação ou abuso no trabalho. É também designado *assédio sexual ambiental*, por afetar a existência de um meio ambiente de trabalho sexualmente sadio. Essas condutas ocorrem não só durante a jornada de trabalho, como também fora do expediente. Para sua caracterização basta que a conduta sexual tenha correlação com a prestação do serviço. Consulte: CP, arts. 213 e 215, com a redação determinada pela Lei n. 12.015/2009. Pela Lei n. 11.340/2006 (art. 5º, I a III, e parágrafo único), configura violência doméstica e familiar contra a mulher qualquer ação ou omissão baseada no gênero que lhe cause morte, lesão, sofrimento físico, sexual ou psicológico e dano moral ou patrimonial: a) *no âmbito da unidade doméstica*, compreendida como o espaço de convívio permanente de pessoas, com ou sem vínculo familiar, inclusive as esporadicamente agregadas; b) *no âmbito da família*, compreendida como a comunidade formada por indivíduos que são ou se consideram aparentados, unidos por laços naturais, por afinidade ou por vontade expressa; c) em qualquer relação íntima de afeto, na qual o agressor conviva ou tenha convivido com a ofendida, independentemente de coabitação. As relações pessoais enunciadas neste artigo independem de orientação sexual. E, pelo seu art. 6º, a violência doméstica e familiar contra a mulher constitui uma

Com a nova redação do art. 226, § 6º, da CF, dada pela EC n. 66/2010, as normas relativas à separação judicial poderão perder sua eficácia social, pois, com a supressão da separação e do prazo de carência de um ano como requisitos para o divórcio, não mais haverá, para tanto, duplicidade entre dissolução da sociedade conjugal e dissolução do vínculo conjugal, nem

---

das formas de violação dos direitos humanos. Consulte a Lei n. 13.871/2019 que altera o art. 9º da Lei n. 11.340, acrescentando §§ 4º, 5º e 6º para dispor sobre a responsabilidade do agressor pelo ressarcimento dos custos relacionados aos serviços de saúde prestados pelo SUS às vítimas de violência doméstica e familiar e aos dispositivos de segurança por elas utilizados; a Lei n. 13.772/2018, que altera a Lei Maria da Penha, art. 7º, II, e o Código Penal, acrescentando arts. 216-B e parágrafo único; e a Lei n. 11.340/2006, art. 12 (com redação da Lei n. 13.836/2019, que torna obrigatória a informação sobre condição de pessoa com deficiência da mulher vítima de agressão doméstica ou familiar. *Vide*, ainda, Lei n. 10.224/2001 sobre crime de assédio sexual. O assediador pode sofrer as penas cabíveis (Lei n. 10.224/2001; CP, art. 216-A; CP, arts. 215-A (importunação sexual), 217-A, 218-C (divulgação de cena de estupro de vulnerável, de cena de sexo ou de pornografia); CLT, arts. 482, *b*, e 483, *a* e *d*) e reparar pecuniariamente a vítima; Lei n. 10.714/2003 que autoriza o Poder Executivo a disponibilizar número telefônico destinado a atender denúncias de violência contra a mulher; Lei n. 10.778/2003 sobre notificação compulsória de violência contra mulher atendida em serviço de saúde. Decreto n. 5.030, de 31 de março de 2004, que institui o Grupo de Trabalho Interministerial para elaborar proposta de medida legislativa e outros instrumentos para coibir a violência doméstica contra a mulher; Decreto n. 5.099/2004, que regulamenta a Lei n. 10.778/2003 e institui serviços de Referência sentinela, aos quais são notificados, compulsoriamente, os casos de violência contra a mulher; Portaria n. 2.406/2004 do Ministério da Saúde que institui serviço de notificação compulsória de violência contra mulher.

A Lei n. 11.106, de 28 de março de 2005, produziu importantes modificações no Código Penal, como a revogação dos crimes de rapto consensual, sedução e adultério, além de suprimir a expressão "mulher honesta" que era prevista em diversos crimes contra os costumes.

A Lei n. 12.015, de 7 de agosto de 2009, alterou o Código Penal, principalmente, no que atina aos crimes contra a dignidade sexual, acrescentando vários artigos e modificando o teor de outros (arts. 213 a 234-B).

A Portaria n. 4/2006 da Secretaria Especial de Políticas para as Mulheres, alterando os incisos do art. 1º da Portaria n. 54/2004, resolve: combater a violência e discriminação contra a mulher; sensibilizar a sociedade brasileira sobre problemas enfrentados pelas mulheres; desconstruir mitos e conceitos discriminatórios; promover a difusão de novos valores relativos à igualdade de gênero; desenvolver ações visando aumentar o poder das mulheres em situação de vulnerabilidade; combater a exploração e a violência sexual contra meninas, adolescentes e jovens etc.

Vide Lei n. 8.069/90, art. 101, § 2º, com a redação da Lei n. 12.010/2009.

A Lei n. 10.778/2003, em seu art. 1º, § 1º, com a redação da Lei n. 12.288/2010, reza que "entende-se por violência contra a mulher qualquer ação ou conduta baseada no gênero, inclusive decorrente de discriminação ou desigualdade étnica, que cause morte, dano ou sofrimento físico, sexual ou psicológico à mulher, tanto no âmbito público ou privado".

Na Inglaterra a *Domestic Violence and Victims of Crime Act* 2004 (DVVC) não se restringe à proteção de mulheres, mas a todas as vítimas de violência doméstica.

O PL 312/2017 visa "criar o tipo penal de *molestamento sexual*, relativo à conduta de constranger ou molestar alguém à prática de ato libidinoso diverso do estupro" (p. ex., assédio sexual em transporte público).

qualquer investigação da culpa ou das causas motivadoras da extinção do casamento, visto que a violação do art. 1.566, por indicar falta de afetividade ou desamor, dá azo à *voluntas divortiandi*. Assim, no divórcio judicial, somente poderá haver análise de questões sobre partilha de bens, alimentos, guarda e visita a filhos menores, por ser inadmissível qualquer perquirição da culpa. Mas é preciso esclarecer que o exercício do direito do divórcio sofre limitações, como a do respeito à incolumidade físico-psíquica dos cônjuges. Assim, se um deles lesar direito da personalidade do outro, durante a convivência conjugal, poderá ser, por isso, responsabilizado civilmente por dano moral. Logo, com o advento da EC n. 66/2010, o art. 1.573 do Código Civil poderá perder sua eficácia em relação à separação judicial, mas, apesar disso, poderá servir de parâmetro, havendo pedido de divórcio, à ação de responsabilidade civil por dano moral movida pelo ex-cônjuge, por ter sofrido afronta ao seu direito da personalidade.

b.2.2.4. Atos ofensivos à liberdade pessoal

Constituem ofensas à liberdade pessoal e ao direito de ir e vir, voltadas à locomoção (CF/88, art. 5º, XV; *RT*, *113*:728, *329*:744, *464*:101, *511*:88, *177*:853, *144*:686 e *113*:728; *RTJ*, *61*:587 e *64*:689; *RF*, *220*:105): *a*) sequestro e cárcere privado (CP, art. 148), ou seja, detenção ilegal e forçada de alguém em casa particular, privando-o de qualquer defesa, desde que não seja praticada por autoridade pública no exercício de suas funções; *b*) prisão por queixa ou falsa denúncia e de má-fé, ou seja, denunciação caluniosa (CP, art. 339), que consiste na queixa ou denúncia feita contra alguém, imputando-lhe falsamente a prática de um crime; *c*) prisão ilegal, ou seja, detenção feita sem qualquer ordem de autoridade competente, ou sem que haja flagrante, por autoridade pública no desempenho de sua atividade funcional (*RF*, *133*:401).

A privação da liberdade pessoal, por via de cárcere privado, de prisão por queixa ou denúncia falsa e de má-fé e de prisão ilegal (CC, art. 954, parágrafo único; *RT*, *113*:728, *329*:744, *464*:101, *511*:88, *177*:853, *144*:686, *113*:728; *RTJ*, *61*:587, *64*:689; *RF*, *220*:105) é reparada mediante pagamento de indenização dos danos materiais que sobrevierem ao ofendido, e, se este não puder provar o prejuízo patrimonial, o juiz deverá fixar, equitativamente, o valor da indenização, de conformidade com as circunstâncias do caso.

Procurando maior abrangência, o Projeto de Lei n. 699/2011 visa alterar a redação do art. 954 (*caput*) para a seguinte: "A indenização por ofensa à liberdade pessoal consistirá no pagamento dos danos que sobrevierem ao ofendido", pois alerta Regina Beatriz Tavares da Silva que "o presente artigo, no seu *caput*, refere-se à reparação de danos por ofensa à liberdade pessoal, que tem caráter amplo, assumindo várias formas de manifestação, como a liberdade de locomoção, de pensamento e sua expressão, de crença e prática religiosa, de escolha e exercício de atividade profissional, de relacionamento social etc., quando, no seu parágrafo único, o artigo cita apenas violações à liberdade de locomoção. Em razão das demais manifestações deste direito, inclusive reconhecidas expressamente na Constituição Federal, é necessária a modificação do parágrafo único do dispositivo, para restar claro seu caráter exemplificativo e não taxativo. Também não se deve condicionar a reparabilidade do dano moral à inexistência do dano material, como faz o artigo 954 ao referir-se ao parágrafo único do artigo anterior". O Parecer Vicente Arruda, quanto a essa proposta, analisando o PL n. 6.960/2002 (atual PL n. 699/2011), votou pela manutenção do *caput* pelas razões expostas no artigo anterior. De acordo com a alteração introduzida no parágrafo único, que passará a ter a seguinte redação: "consideram-se, dentre outros atos, ofensivos à liberdade pessoal:...".

No caso de prisão ilegal, por ser crime de abuso de autoridade (Lei n. 4.898/65), pelo preceito constitucional, art. 37, § 6º, a pessoa jurídica de direito público é que será a responsável direta pelo dano causado, tendo, porém, ação regressiva contra a autoridade a fim de reembolsar-se do que despendeu com o pagamento da indenização (*RF, 133*:401)[148].

b.2.2.5. Reparação das ofensas ao direito à privacidade e à intimidade

O direito à privacidade da pessoa (CF, art. 5º, X; CC, art. 21) contém interesses jurídicos, de sorte que o sujeito de direito pode impedir intromissões, vedando qualquer invasão em sua esfera privada ou íntima (CF, art. 5º, XI), inclusive via internet.

Para Tércio Sampaio Ferraz Jr., o direito à privacidade tem por conteúdo a permissão de "constranger os outros ao respeito e de resistir à violação do que lhe é próprio, isto é, das situações vitais que, por lhe dizerem a

---

148. Aguiar Dias, *Da responsabilidade*, cit., v. 2, n. 239; Serpa Lopes, op. cit., n. 306; W. Barros Monteiro, op. cit., v. 5, p. 423 e 424; Caio M. S. Pereira, op. cit., v. 3, 1978, p. 514; Silvio Rodrigues, op. cit., v. 4, p. 276-9; *V.* Carlos Alberto Bittar, *Os direitos da personalidade*, 3. ed., Rio de Janeiro, Forense Universitária, p. 101 e 102; CP, art. 159, com redação da Lei n. 8.072/90; Lei n. 11.520/2007 sobre concessão de pensão especial às pessoas atingidas pela hanseníase, submetidas a isolamento e internação compulsórios em hospitais-colônia. Em caso de erro judiciário: CPP, art. 630; *RT*, *329*:744, *511*:88; *RTJ*, *61*:587.

Vide: Lei n. 11.551/2007, que institui o Programa Disque Idoso para atendimento a denúncias de maus-tratos e violência contra idosos a partir de 60 anos.

ele só respeito, deseja manter para si, ao abrigo de sua única e discricionária decisão", e o direito à intimidade, continua o autor, é alusivo ao "âmbito do exclusivo que alguém reserva para si, sem nenhuma repercussão social, nem mesmo ao alcance da sua vida privada que, por mais isolada que seja, é sempre um viver entre os outros (na família, no trabalho, no lazer comum)". Seu atributo básico é o direito de estar só, abrangendo, p. ex., o direito às próprias convicções, ao diário íntimo.

A privacidade não se confunde com intimidade, mas esta pode incluir-se naquela. Por isso, as tratamos de modo diverso, apesar de a privacidade voltar-se a aspectos externos da existência humana, como recolhimento em sua residência, sem ser molestado, escolha do modo de viver, hábitos, comunicação via epistolar ou telefônica (CF, art. 5º, XII) etc.; e a intimidade dizer respeito a aspectos internos do viver da pessoa, como segredo íntimo ou pessoal, amizades, relacionamento amoroso, situação de pudor. A Lei n. 11.340/2006 e o Decreto-lei n. 2.848/40 foram alterados pela Lei n. 13.772/2018 para reconhecer que a violação da intimidade da mulher configura violência doméstica e familiar e para criminalizar o registro não autorizado de conteúdo com cena de nudez ou ato sexual ou libidinoso de caráter íntimo e privado.

Constituem ofensas ao direito à privacidade (sentido amplo): violação de domicílio alheio (*RT*, *152*:63, *176*:117, *188*:575, *201*:93, *208*:398, *209*:319; *RF*, *138*:576) ou de correspondência (CF, arts. 5º, XII, 1ª alínea; 136, § 1º, I; 139, III; *RT*, *172*:82, *201*:566); invasão de *e-mail* por ex-namorado (Processo n. 2005.074059-6, 25ª Vara Cível do Foro Central de São Paulo, j. 29-1-2007) ou de *chat* (*e-mail* pessoal) de empregado pelo empregador, por estar blindado pelo sigilo de correspondência do trabalhador; uso indevido do *e-mail* corporativo pelo empregado, por ser ferramenta profissional do empregador, que, por isso, pode monitorar essas mensagens e punir eventuais desvios (TST, Proc. n. 4497.69.2010.5.15.0000, publ. 7-3-2014); coleta de informações pelos inadmissíveis *cookies*; uso de drogas ou de meios eletrônicos para obrigar alguém a revelar fatos de sua vida particular ou segredo profissional; utilização de *software* para espionar quem transita na *web* para saber o que o cônjuge ou o filho, maior e capaz, estão fazendo no computador; invasão não autorizada a um sistema de computadores (*hacking*); espionagem em *site* ou *e-mail* por *crakers* para violar intimidade ou descobrir segredo empresarial com ânimo de prejudicar ou de causar dano; intrusão informática, por meio de programa-espião *Trojan horse*, que, criando um *Backdoor*, se instala, furtivamente, no computador do usuário, abrindo portas em seu micro, possibilitando roubo de arquivos, senhas etc. e, consequentemente, permitindo aos *hackers* o controle total de sua máquina; utilização de *spywares*, programas espiões que enviam informações do computador do usuário da rede para desconhecidos, usando, p. ex., o gerenciador de *e-mail*; uso de *freewares*, ou seja, de programas suspeitos que visam transformar em *commodity* a privacidade alheia, para dela tirar lucro; invasão de caixa postal eletrônica por correspondência não solicitada (*spam*), que atenta contra a tranquilidade; utilização de *sniffers*, programas que, escondidos no *site*, rastreiam informações sobre internautas, como o endereço e o programa de navegação por eles empregado, visando, p. ex., pesquisar hábitos dos consumidores; instalação de câmaras de filmagem em banheiros de empresa voltadas para a entrada dos vestiários, vasos sanitários e mictórios para averiguação de desvio de mercadoria por empregados (3ª T. do TST da 3ª R. — AIRR 1926/2003-04403.40.6); uso de sanitário, com porta aberta, por funcionário de empresa, mesmo acompanhado de escolta de segurança, para preservar patrimônio empresarial (TJSP, Proc. 0001844.892010.5.15.0131, publ. 15-6-2012); revista ou fiscalização, de forma constrangedora e abusiva, de bolsas, sacolas e armários de operários (TST, 4ª T., RR 250/2001-661-09-00.9); revista íntima dos funcionários de estabelecimentos industriais e comerciais (STF, ADIN 2.947/2010; TST, Recurso de Revista n. 68620015.2009.5.09.0019, publ. 3-6-2011; Lei n. 13.271/2016); emprego de binóculos para espiar o que ocorre no interior de uma casa; instalação de aparelhos (microfones, gravadores, fotocopiadores, filmadores) para captar sub-repticiamente conversas, imagens (p. ex., o caso de Jacqueline Onassis, que foi fotografada nua na ilha grega de Skorpios), ou copiar documentos, dentro de uma residência ou repartição onde se trabalha; intrusão injustificada no retraimento ou isolamento de uma pessoa, observando-a, seguindo-a, chamando-a continuamente pelo telefone, escrevendo-lhe etc.; assédio de *paparazzi*, que procuram violar privacidade e intimidade de pessoas famosas; ato de espiar alguém no banho, através de buraco na porta ou na parede do banheiro (TJSC, Processo n. 0063394-49.2012.8.24.0023, publ. 19-10-2016); inspeção ou revista visual e interceptação de comunicação de informática ou telemática ou de conversas telefônicas (CF, arts. 5º, XII, 2ª alínea, 136, § 1º, I, *c*; Lei n. 9.296/96, arts. 2º e 10; CP, arts. 151 e 152), sendo esta última permitida judicialmente em casos de manifesta gravidade e de relevante interesse público.

Em todos esses casos haverá dano, cujo ressarcimento não pode ser colocado em dúvida. Samuel D. Warren e Louis D. Brandeis salientam que "fotos instantâneas e empresas jornalísticas têm invadido os recintos sagrados da vida privada e doméstica e numerosos engenhos mecânicos ameaçam fazendo boa a predição segundo a qual 'o que se sussurra no gabinete será proclamado do alto das casas'" e ainda extraem conclusões que definem os contornos desse direito, a saber: *a*) o direito à privacidade não proíbe a publicação do que é público ou que se caracteriza como de interesse geral; *b*) não se proíbe a publicação do que, em princípio, é privado; *c*) provavelmente, a lei não amparará a exigência de reparação nos casos em que a intromissão não causou especiais danos; *d*) o consentimento do afetado exclui a violação do direito; *e*) a *exceptio veritatis* não é admissível na defesa do agressor; *f*) tampouco a ausência de dolo do editor pode ser aduzida como matéria de defesa.

Em razão de fatos envolvendo agente de Polícia Federal que vem invadindo escritórios de advocacia, seria necessário para garantia de sigilo profissional e da inviolabilidade de informações e de documentos confiados pelo cliente a edição de lei ou ato normativo para disciplinar cumprimento de mandado genérico de busca e apreensão sem especificação do objeto a ser apreendido que apenas seria pertinente se houvesse indício de autoria e materialidade da prática de um crime do advogado investigado. A apreensão de todos os arquivos impede a continuidade do exercício da atividade advocatícia e expõe dados de clientes alheios ao inquérito, visto que os advogados estão comprometidos, em razão do ofício, a guardar informações sigilosas fornecidas pelos seus constituintes. Michel Temer apresentou projeto de lei, alterando o art. 7º da Lei n. 8.906/94, para proteger escritório de advocacia e os seus instrumentos de trabalho, como linhas e equipamentos telefônicos e de informática. Tal projeto transformou-se na Lei n. 11.767/2008, pela qual o art. 7º da Lei n. 8.906/94 passa a vigorar com a seguinte redação:

"Art. 7º ....

II — a inviolabilidade de seu escritório ou local de trabalho, bem como de seus instrumentos de trabalho, de sua correspondência escrita, eletrônica, telefônica e telemática, desde que relativos ao exercício da advocacia;

§ 5º (VETADO)

§ 6º Presentes indícios de autoria e materialidade da prática de crime por parte de advogado, a autoridade judiciária competente poderá decretar a quebra da inviolabilidade de que trata o inciso II do *caput* deste artigo, em decisão motivada, expedindo mandado de busca e apreensão, específico e pormenorizado, a ser cumprido na presença de representante da OAB, sendo, em qualquer hipótese, vedada a utilização dos documentos, das mídias e dos objetos pertencentes a clientes do advogado averiguado, bem como dos demais instrumentos de trabalho que contenham informações sobre clientes.

§ 7º A ressalva constante do § 6º deste artigo não se estende a clientes do advogado averiguado que estejam sendo formalmente investigados como seus partícipes ou coautores pela prática do mesmo crime que deu causa à quebra de inviolabilidade.

§ 8º (Vetado).

§ 9º (Vetado)".

Diante da tutela dos direitos da personalidade, como se poderia analisar o contrato entre a emissora de TV e os participantes do *Big Brother* ou da "Casa dos Artistas", pessoas comuns, ou não, que, visando prestação pecuniária e a celebridade, acabam se expondo publicamente? Se o art. 11 do Código Civil veda renúncia aos direitos da personalidade, poderia haver fruição econômica do direito à privacidade e intimidade e a divulgação consentida (CC, art. 20) da imagem para fins comerciais em exibição televisiva da reserva pessoal, permitindo, diante do direito à liberdade, acesso temporário às informações sobre hábitos pessoais mais íntimos? Seria uma questão de disponibilidade ou de renunciabilidade parcial? Haveria uma renúncia negocial àqueles direitos da personalidade, que, pelo art. 11 do Código Civil, seriam irrenunciáveis? Ter-se-ia validade aquele contrato, ante o art. 166, II, do Código Civil e ante os arts. 220, § 3º, I e II, e 221, IV, da Constituição Federal?

O exercício dos direitos da personalidade pode ser relativamente disponível, desde que o seu titular anua, livremente, na sua exposição temporária, mediante percepção, de uma remuneração (CF, art. 5º, X), em caso de ato que venha a atingir sua imagem-retrato, imagem-atributo, honra, voz, privacidade, intimidade etc. ... por serem importantes no desempenho de suas atividades profissionais de entretenimento (atores, cantores etc.) ou na de divulgação de pensamento político (candidatos a cargos públicos), produtos e serviços (modelos etc.) para atender anúncios propagandísticos ou publicitários etc. Nesses casos o titular poderá dispor temporária e relativamente daqueles direitos, pois podem prever os seus efeitos jurídicos recebendo remuneração para tanto e até indenização por dano moral e/ou patrimonial se sofrer algum prejuízo na divulgação, mesmo consentida, de seus direitos da personalidade.

Se assim é, como poderá ter licitude o contrato de *reality shows* se seu objeto é impossível juridicamente por envolver renúncia a direitos da personalidade (CC, arts. 11 e 166, II) e se os partícipes nem mesmo poderão saber a extensão das consequências oriundas daquele ato renunciativo? Como salvaguardar a família de programas, como esses, atentatórios aos bons costumes, sem horário fixo (CF, art. 221, IV; CC, art. 13, *in fine*, por analogia) para sua divulgação, afrontando o art. 1º, III, da Constituição Federal, por haver desrespeito à dignidade da pessoa humana?

A Comissão Parlamentar de Inquérito (CPI), ensina Hidemberg Alves da Frota, poderá, se for necessário à instrução do inquérito e houver indícios consistentes, requisitar livros comerciais de sociedades empresárias e empresas individuais, dados bancários, fiscais e cadastrais e, ainda, registros de chamadas telefônicas. Mas não poderá, por iniciativa própria, obter violação de sigilo familiar, profissional ou do conteúdo de cartas, telegramas, conversas telefônicas ou de comunicações telemáticas. Nem mesmo poderá expedir mandado de busca e apreensão, salvo se for providência destinada a garantir a segurança de sala de audiência, ante o receio de presença de alguma pessoa armada.

Há necessidade de limitar o direito de informar da imprensa e o direito de o público ser informado, visto que podem gerar conflitos entre a ânsia informativa e lucrativa e interesses individuais de pessoas lesadas em sua imagem, privacidade, intimidade etc., e dar origem à responsabilidade civil por dano moral e/ou patrimonial.

"A simples reprodução, por empresa jornalística, de informações constantes na denúncia feita pelo Ministério Público ou no boletim policial de ocorrência consiste em exercício do direito de informar.

— Na espécie, contudo, a empresa jornalística, ao reproduzir na manchete do jornal o cognome — 'apelido' — do autor, com manifesto proveito econômico, feriu o direito dele ao segredo da vida privada, e atuou com abuso de direito, motivo pelo qual deve reparar os consequentes danos morais." (STJ, REsp 613.374, rel. Min. Nancy Andrighi, j. 17.5.2005)

A intimidade é a zona espiritual íntima e reservada de uma pessoa ou de um grupo de indivíduos, constituindo um direito da personalidade, daí o interesse jurídico pelo respeito à esfera privada. Desse modo, o autor da intrusão arbitrária à intimidade alheia deverá pagar uma indenização pecuniária, fixada pelo órgão judicante de acordo com as circunstâncias, para reparar dano moral ou patrimonial que causou. Além disso, deverá o magistrado ordenar medida que obrigue o ofensor a cessar suas ingerências na intimidade alheia, se estas ainda continuarem e, se possível, deverá exigir o restabelecimento da situação anterior à violação, a expensas do lesante, como, p. ex., a destruição da coisa produzida pelo atentado à intimidade[149].

---

149. Santos Briz, *La responsabilidad*, cit., 2. ed., 1977, p. 180; Zannoni, op. cit., p. 317-30; Iván Díaz Molina, El derecho a la vida privada (una urgente necesidad moderna), *La Ley*, *126*:981; Bruno de M. Celestino e Talita B. de Queiroz, A liberdade de imprensa frente ao direito à privacidade, *Direito e liberdade* — ESMARN, *5*:159-72 (2007); Julio C. Rivera, Derecho a la intimidad, *La Ley*, 1980, p. 931 e 932; Antonio C. Pinheiro Franco e Celina R. Amaral Pinheiro Franco, Limites entre a liberdade de expressão e o direito à privacidade, *RIASP*, *29*:189-200; Tércio Sampaio Ferraz Jr., Sigilo dos dados: o direito à privacidade e os limites à função fiscalizadora do Estado, *Cadernos de Direito Tributário e Finanças Públicas*, São Paulo, Revista dos Tribunais, p. 141-54; Tomás Oneto, La violación del derecho a la intimidad

como acto abusivo, *La Ley*, 1978, p. 935; Isidoro H. Goldenberg, La tutela jurídica de la vida privada, *La Ley*, 1976, p. 576 e s.; Jorge A. Carranza, op. cit., p. 43 e 135; Milton Fernandes, *Proteção civil à intimidade*, São Paulo, Saraiva, 1977; Elimar Szaniawski, Considerações sobre o direito à intimidade das pessoas jurídicas, *RT*, *657*:25-31; Lucas F. Sabbag, MP 507 garante efetivação do direito à intimidade. *Jornal do Notário*, n. 138, 2010, p. 14-15; Amaro Moraes e Silva Neto, *Privacidade na internet: um enfoque jurídico*, Bauru, Edipro, 2001; Carla Bianca Bittar, A honra e a intimidade em face dos direitos da personalidade, *Estudos de direito de autor, da personalidade, direito do consumidor e danos morais* (coord. Eduardo C. B. Bittar e Silmara J. Chinelatto), Rio de Janeiro, Forense Universitária, 2002, p. 121-34; José de Oliveira Ascensão, A reserva da intimidade da vida privada e familiar, *O direito civil no século XXI* (coord. M. Helena Diniz e Roberto S. Lisboa), São Paulo, Saraiva, 2003, p. 317-34; Irma P. Maceira. *A proteção do direito à privacidade familiar na internet*. Rio de Janeiro, Lumen Juris, 2015. Vicente Grecco Filho, *Interceptação telefônica*, São Paulo, Saraiva, 2006; Newton De Lucca, Alguns aspectos da responsabilidade civil no âmbito da Internet, *O direito civil no século XXI*, cit., p. 423-69; Marco Antônio Zanellato, Condutas ilícitas na sociedade digital, *O direito civil no século XXI*, cit., p. 365-410; Sergio Nojiri, O direito à privacidade na era da informática, *Trinolex.com.*, *1*:64-71; Sonia A. do Amaral Vieira, *Inviolabilidade da vida privada e da intimidade pelos meios eletrônicos*, São Paulo, Ed. Juarez de Oliveira, 2002; Regina Beatriz Tavares da Silva e Manoel J. P. dos Santos (coords.), *Responsabilidade civil na internet e nos demais meios de comunicação* — série GV*law*, São Paulo, Saraiva, 2007; Mário Luiz Delgado, *Big Brother* Brasil, *reality show* e direitos da personalidade, *Consulex*, *169*:25-6; Jones Figueirêdo Alves, Limitação voluntária do exercício de direito da personalidade e o caso *Big Brother*, *Consulex*, *169*:27; Gilberto H. Jabur, Consentimento para devassa da privacidade nos *reality shows*, *Consulex*, *169*:2829; Cláudia Rodrigues, A renúncia negocial dos direitos da personalidade e suas consequências e o caso *Big Brother*, *Consulex*, *169*:30-1; Paula Gorzoni, Direitos fundamentais nas relações entre particulares: o caso dos *reality shows*. *Revista do IASP*, *25*: 211-42; Edson Ferreira da Silva, *Direito à intimidade*, São Paulo, Juarez de Oliveira, 2003; Luiz Flávio Borges D'Urso, Invasões de escritórios de advocacia ignoram princípio da legalidade, *Revista Del Rey Jurídica*, *15*:46-7; Ives Gandra da Silva Martins e Antonio Jorge Pereira Junior (coords.), *Direito à privacidade*, Aparecida, Ideias e Letras, 2005; Hidemberg Alves da Frota, Os limites aos poderes de investigação das Comissões Parlamentares de Inquérito, em face do direito à intimidade, *Revista de Direito Constitucional e Internacional* n. 54 (2006), p. 108-38; Elias Farah, Interceptação de comunicações telefônicas, *Informativo IASP*, *74*:10-1; Gouveia e Almeida Hoffman, Missão impossível: grampos telefônicos, *Informativo IASP*, *83*:30-1; Vânia Siciliano Aieta, A violação da intimidade no ambiente de trabalho e o monitoramento eletrônico dos empregados, *Revista de Direito Constitucional e Internacional*, *55*:60-88; María Belén C. Rubert, Intimidade do trabalhador e o poder de controle do empregador no ordenamento laboral espanhol, *Verba Juris*, Revista da Universidade Federal da Paraíba, *2*:229-44; Gilberto H. Jabur, Direito à privacidade, *RIASP*, *31*: 301-34; Caio Cesar T. Cavalcanti (As *smart grids* e o direito à privacidade, *Estado de Direito*, *39*:26) salienta a importância da *smart regulation* para a interatividade das *smart grids* e para a proteção da privacidade dos consumidores.

Interessante é a matéria publicada na *Folha de S.Paulo*, 2-3-2012, p. A-3:

O *Google* que tudo vê e tudo sabe, Fabíola Meira de Almeida Santos:

"O deputado federal Paulo Pimenta (PT-RS) informou no último dia 14 de fevereiro que vai requerer ao *Google* que explique, no Congresso, a sua 'nova política de privacidade'.

O pedido do parlamentar está em perfeita consonância com as necessidades da sociedade.

No caso do *Google*, a 'nova política de privacidade' foi apresentada como um avanço no sentido de ampliar a transparência sobre os serviços do buscador. No entanto, a nova política visa apenas deixar claro que o usuário será totalmente monitorado pelo próprio *Google*.

Apesar de o *Google* partir do princípio de que o usuário concorda com o armazenamento de dados para fins de recebimento de resultados personalizados nas pesquisas, creio que a maioria dos internautas gostaria de utilizar a rede mundial sem uma 'câmera embutida' em seu computador que possa revelar para terceiros o que foi acessado, em que data e por quanto tempo.

Deseja-se muito menos que o *Google* crie um perfil de cada usuário, supostamente para aperfeiçoamento do sistema. Sem escolha, o que ocorre na prática é a submissão dos usuários às regras impostas unilateralmente.

O próprio *Google* informa que coleta informações 'para fornecer serviços melhores a todos nossos usuários' e que 'pode coletar informações específicas do dispositivo (como seu modelo de *hardware*, versão do sistema operacional, identificadores exclusivos de produtos de informações de rede móvel, inclusive número de telefone)'.

O buscador também avisa que poderá coletar 'informações de registro de telefonia, como o número de seu telefone, número de quem chama, números de encaminhamentos, horário e data de chamadas, duração das chamadas, informações de identificador de SMS e tipos de chamadas'.

O direito à privacidade é uma garantia fundamental, expressa no artigo 5º da Constituição ('são invioláveis a intimidade, a vida privada, a honra e a imagem das pessoas, assegurando o direito a indenização pelo dano material ou moral decorrente de sua violação'). Código Civil (artigo 21) e Código de Defesa do Consumidor também não permitem a nova política do *Google*.

Ora, se é tão fácil concluir que o uso indevido de imagem constitui ilicitude, é difícil entender a razão pela qual a utilização indevida de informações pessoais (ou a proibição de acesso a determinados produtos e serviços sem que a privacidade seja invadida) não seja vista, até o momento, como um ato contrário ao direito.

Na Espanha, o problema da captura de dados é tão grave que foi criada a Agência Espanhola de Proteção de Dados, órgão que auxilia o cidadão na proteção de sua privacidade. Ele disponibiliza formulários e auxílio para aqueles que querem ter acesso a um serviço essencial, a internet, sem que a sua privacidade seja violada.

É impossível para o usuário monitorar o buscador para saber se suas informações detalhadas não estejam sendo utilizadas para finalidades que não sejam a declarada.

Pode-se afirmar que o usuário concordou com a 'nova política de privacidade'. Será que ele concordou mesmo ou ele se viu acuado por saber que, se não aceitasse as regras, perderia, por exemplo, o acesso ao seu Gmail e, assim, a todos os seus contatos e informações?

Exigir que o consumidor aceite as regras invasivas para ter acesso ao produto ou serviço é prática comercial abusiva.

Admitindo-se um verdadeiro "vale-tudo" na internet, nos transformaremos, em pouco tempo, em uma sociedade que se desenvolverá com mentes manipuladas e sem a mínima liberdade de escolha. Uma sociedade monitorada jamais será uma sociedade livre".

Vide: Constituição Federal, art. 5º, LX, e CPP, art. 201, § 6º, com a redação da Lei n. 11.690/2008 (sobre preservação de intimidade, vida privada, honra e imagem do ofendido em relação a dados constantes dos autos a seu respeito para evitar sua exposição aos meios de comunicação). O PLC 18/2017 visa incluir no rol de imputações a chamada "vingança pornográfica", praticada por meio da divulgação de imagens da intimidade sexual da mulher.

A Lei n. 13.772/2018 altera a Lei n. 11.340/2006, para reconhecer a violação da intimidade da mulher como violência doméstica e familiar e criminalizar registro não autorizado de conteúdo com cena de nudez ou ato sexual ou libidinoso de caráter privado e íntimo e como violência psicológica. Acrescenta o art. 216-B ao Código Penal, punindo com detenção de 6 meses a 1 ano e multa o registro não autorizado de intimidade sexual.

O Conselho Federal de Medicina, no Parecer n. 26/2012 entendeu que a exigência de exames toxicológicos em candidatos a vagas de emprego não é eticamente aceitável porque contraria o direito à intimidade (LINDB, art. 4º, Cód. Ética Médica, art. 22; CLT, art.168). Na Inglaterra, o aeroporto de Manchester testa máquina de raios X para ajudar processo de checagem de segurança, em que se revelam explosivos escondidos. Mas, por outro lado, o aparelho consegue mostrar implantes nos seios, *piercings* e um contorno em preto e branco das partes íntimas dos passageiros, o que vem gerando polêmica pelo constrangimento causado aos viajantes, apesar de: *a*) as imagens serem vistas apenas por um funcionário, em local afastado e destruídas logo após o exame; *b*) o rosto dos passageiros não aparecer (*Destak*, Inglaterra testa raio x que deixa passageiros nus, 14-10-2009, p. 7). "A Primeira Turma do Tribunal Superior do Trabalho *reconheceu o direito do empregador de obter provas para justa causa como o rastreamento do* e-mail *de trabalho do empregado.* O procedimento foi adotado pelo HSBC Seguros Brasil S.A. depois de tomar conhecimento da utilização, por um funcionário de Brasília, do correio eletrônico corporativo para envio de fotos de mulheres nuas aos colegas. Em julgamento de um tema inédito no TST, a Primeira Turma decidiu, por unanimidade, *que não houve violação à intimidade e à privacidade do empregado e que a prova assim obtida é legal.*" (g.n.) (AIRR 613/2000). A 3ª Turma do STJ (REsp 551840) condenou Banco a indenizar dano moral a cliente barrado em porta giratória. O Banco alegou que os arts. 1º, 2º e 7º da Lei n. 7.102/83 tornam obrigatória a utilização de equipamento de vigilância em agências bancárias, inclusive portas com detectores de metais, com o intuito de prevenir furtos e roubos, proporcionando maior segurança aos funcionários e usuários. Mas o STJ, ante o constrangimento do cliente por ter ficado aproximadamente 20 minutos tentando entrar, sendo obrigado a tirar todos os pertences que continham metais, incluindo cinto e botas, ressaltou que o dano moral não foi acarretado pelo travamento da porta, mas pelos desdobramentos que a instituição bancária ou seus prepostos tomaram no momento, transformando um simples contratempo em fonte de vergonha e humilhação, sendo assim passível de indenização. Uma empresa foi condenada a indenizar por danos morais uma ex-funcionária por manter um supervisor nos vestiários para observar os empregados, sob a justificativa de evitar furtos e impedir o consumo de medicamentos psicotrópicos. A decisão é da Primeira Turma do TST, que entendeu que a inspeção visual equivale à revista pessoal e ofende o direito à intimidade. Uma ex-auxiliar de estoque entrou com o pedido de indenização por ser obrigada a levantar a blusa e abaixar a calça duas vezes ao dia (antes do almoço e no final do expediente) na frente de uma supervisora. As primeira e segunda instâncias negaram o pedido da funcionária, que, inconformada, recorreu ao TST. O ministro relator, João Oreste Dalazen, afirmou que o "empregador excedeu os limites do poder diretivo e fiscalizador", ressaltando que a ação, apesar de justificada (evitar furtos e impedir consumo de medicamentos), não tem amparo legal. A Primeira Turma estipulou a indenização em R$ 20 mil, considerando a "intensidade, a gravidade e a natureza da ofensa e a situação econômica da empresa". A central de medicamentos argumentou que não fazia revistas, mas "acompanhamento" no vestiário, com um supervisor do mesmo sexo, que "não tocava no empregado". O ministro relator explicou que o controle poderia ser feito de outra forma sem agredir a intimidade dos funcionários, como numerar os medicamentos, instalar sistema de câmeras de vídeo nos locais de manipulação de produtos ou fazer verificação contábil detalhada do estoque. Dalazen lembrou, ainda, que aquela empresa já havia sido condenada por danos morais pela Primeira Turma em outro processo (RR 2195/1999). *V.* Decreto n. 7.845/2012, que regulamenta procedimentos para credenciamento de segurança e tratamento de informação classificada em qualquer grau de sigilo (arts. 21, 22, 26 a 54). O TST (3ª T., AIRR 1520/2005-025-03-40.7) admite que haja revista diária na entrada e na saída do trabalho, desde que moderada, pelo empregador, em bolsa de empregado, sem configurar dano moral. A MP n. 195/2004 (rejeitada em 10-11-2004 por Ato Declaratório do Presidente do Senado Federal) previa que: os aparelhos de televisão comercializados no mercado interno deveriam possuir dispositivo eletrônico que permitisse ao usuário bloquear previamente a recepção de programas transmitidos ou retransmitidos pelas concessionárias, permissionárias ou autorizatárias de serviços de radiodifusão de sons e imagens, bem como as que operassem os serviços especiais, correlatos e afins. Seria vedada a comercialização no mercado interno de aparelhos de televisão que não possuíssem o dispositivo bloqueador. Ato do Poder Executivo poderia prever medidas de estímulo à produção de aparelhos de televisão de menor preço. A infração legal implicaria a incidência de multa equivalente a trinta por cento do valor de cada aparelho de televisão comercializado. Competiria ao Poder Executivo, ouvidas as entidades representativas das pessoas jurídicas, proceder à classificação indicativa dos programas de televisão, que deveria apresentar as faixas etárias a que não se recomendassem os programas de televisão identificados. As concessionárias, permissionárias e autorizatárias de serviços de radiodifusão de sons e imagens, bem como as que operassem os serviços especiais, correlatos e afins, do Sistema Brasileiro de Televisão Digital (SBTVD), conforme definido em regulamentação própria, deveriam, juntamente com os respectivos programas, transmitir ou retransmitir código ou sinal reconhecível pelo aparelho digital, de modo a permitir o bloqueio que deveria divulgar previamente suas programações, indicando de forma clara os horários e canais de exibição dos programas com restrição etária.

Lesam a intimidade do trabalhador: revista, obrigando-o a se despir, monitoramento eletrônico em banheiros e vestiários, rastreamento de *e-mails* pessoais (o de *e-mails* corporativos é permitido), assédio sexual etc.

Revista em supermercado: *RT*, *848*:284.

"Dano moral — Revista pessoal. O que caracteriza dano moral ao empregado não é a simples conduta do empregador que procede à revista pessoal, mas a forma constrangedora com que isso ocorre, como no caso de ser feita em local visível à clientela" (TRT, 12ª R., RO — V 01474-2004-014-12-00-8 — (09840/2005), Florianópolis, 1ª T., rel. Juiz Edson Mendes de Oliveira, j. 3-8-2005).

"Dano moral — Fábrica de 'lingerie' — Revista vexatória — Descaracterização. Dano moral, fábrica de 'lingerie' — Revista. A revista levada a efeito sem constrangimento e sem qualquer objeto desmerecedor, v.g., com discriminação de certos empregados, traduz atos contidos no poder de comando do empregador em defesa do patrimônio. Em sendo o material produzido de fácil portabilidade, dada a sua leveza e pequenez, não pode a empresa correr riscos. A revista, em tais casos, é uma exigência que em nada desmerece a funcionária. Inexiste aí qualquer constrangimento a dar suporte ao dano moral. O instituto é por demais importante para que seja transformado em espécie de panaceia" (TRT, 2ª R., RO 00379200136102000 — 6ª T., rel. Juiz Francisco Antonio de Oliveira, *DJSP*, 13-2-2004, p. 16).

"Dano moral — Sistema de revista. O sistema de revista adotado pela empresa, provocando constrangimento ao empregado e desrespeitando a sua dignidade, ocasiona dano moral" (TRT, 12ª R., RO-V 01820-2003-026-12-00-7 — (00520/2005) — Florianópolis, 2ª T., rel. Juiz C. A. Godoy Ilha, j. 17-12-2004).

A 3ª Turma do Tribunal Superior do Trabalho (TST), por unanimidade, decidiu que a revista pessoal com uso de detector de metais de forma generalizada não gera direito a indenização por dano moral. Em seu voto, o relator do recurso, ministro Alexandre Agra Belmonte, considerou que se tratava não apenas de procedimento impessoal, destinado a preservar "a incolumidade do patrimônio do empregador e do meio ambiente do trabalho", mas de um procedimento socialmente tolerado, "se não desejado nos mais variados ambientes, desde bancos, aeroportos e repartições públicas até grandes eventos musicais e partidas de futebol" (RR-3471200-20.2007.5.09.0651).

"Para rastrear filho vítima de sequestro em cativeiro e para saber onde se encontra, se já saiu ou continua no local de estudo ou de festa. O equipamento (rastreador pessoal) pode localizar seu portador em todo território nacional, inclusive em subsolo ou cativeiro, mesmo que situado em local de difícil acesso e visualização. Esse rastreador é um aparelho pequeno, discreto, quase imperceptível, que pode ser transportado pelo usuário ou acoplado em algum acessório, funcionando via satélite, através de antenas de telefonia celular. Há também rastreamento por câmera GPRS (*General Packet Radio Service*) de carros e veículos de carga, com sensor antissequestro, permitindo que a central de monitoramento tenha acesso a som e imagens do que se passa dentro do veículo. O uso desses equipamentos não fere o direito à privacidade visto que têm por escopo a segurança do usuário" (*Jornal do Trânsito*, Rastreador pessoal localiza vítima em cativeiro e até subsolo, 8 a 21 de novembro de 2005, p. 14).

Bol. *AASP, 2501*:4138 — Concessão, à autoridade policial, de acesso aos dados cadastrais dos usuários de serviços telefônicos e ao rastreamento das ligações por eles efetuadas e recebidas, sem que haja uma investigação específica ou suspeita de crime baseada em fato determinado. Inadmissibilidade. Violação da privacidade e da intimidade que independe da interceptação das conversas telefônicas propriamente ditas. Sigilo constitucionalmente garantido que não se refere somente às escutas telefônicas, mas também aos números chamados, às ligações recebidas, à duração de cada uma, entre outros. Segurança concedida para cassar a decisão que determinou a quebra de sigilo dos dados telefônicos" (TJSP, 6ª Câm. do 3º Grupo da Seção Criminal, MS n. 470.941.3/9-0000-000-Ibitinga-SP, Rel. Des. Marco Antonio, j. 9-2-2006, v.u.).

Os documentos públicos que contenham informações relacionadas à intimidade, vida privada, honra e imagem de pessoas, e que sejam ou venham a ser de livre acesso poderão ser franqueados por meio de certidão ou cópia do documento, que expurgue ou oculte a parte sobre a qual recai o disposto no inciso X do *caput* do art. 5º da Constituição Federal. As informações sobre as quais recai o disposto no inciso X do *caput* do art. 5º da Constituição Federal terão o seu acesso restrito à pessoa diretamente interessada ou, em se tratando de morto ou ausente, ao seu cônjuge, ascendentes ou descendentes, no prazo de que trata o § 3º do art. 23 da Lei n. 8.159, de 8 de janeiro de 1991 (art. 7º e parágrafo único da Lei n. 11.111/2005 – ora revogados pela Lei n. 12.527/2011).

BAASP, 2.774:11 — Constitucional e civil — Apelação cível — Indenização — Reportagem investigativa — Direitos fundamentais — Colisão — Uso de câmera escondida — Direito-dever de informação — Interesse público. 1 — Havendo colisão entre direitos fundamentais amparados pela Carta Magna, prudente que a solução ampare-se no princípio da proporcionalidade, porquanto inexiste hierarquia entre eles. 2 — A narrativa fática no exercício do direito-dever concedido à imprensa, sem desbordar a simples informação, é incapaz de gerar indenização. 3 — O interesse público envolvido na reportagem investigativa afasta a impugnação pelo uso da gravação por meio de câmera escondida, sobretudo porque a matéria retrata o cometimento de atos, no mínimo, irregulares, ensejando, inclusive, apuração e eventual punição. 4 — Recurso desprovido.

Decidiu o Tribunal Regional do Trabalho da 9ª Região, "a divisão de quarto de hotel por imposição patronal expõe a intimidade e a privacidade da pessoa, além de sujeitar o empregado a diversos constrangimentos, mormente quando o aposento é partilhado por pessoa do sexo oposto" (Processo n. 10895-2013-008-09-00-5, acórdão publicado em 26 de agosto de 2014).

Sobre o dever de sigilo profissional do médico, para preservar a intimidade de seu paciente, consulte: CEM, arts. 73 a 79, Cap. I, n. XI.

PL n. 393/2011 e ADIn n. 4.815 visam inserir parágrafo ao art. 20 do Código Civil para dispensar consenso de pessoas notórias quanto a direitos da personalidade, relativamente às suas biografias.

PLC n. 18/2017 trata da vingança pornográfica e enquadra como crime o registro ou divulgação não autorizada de cenas da intimidade sexual da mulher, em ato, em regra, praticado por ex-parceiro da vítima.

Lei n. 13.709/2018, com alteração da MP n. 869/2018, sobre proteção de dados pessoais, modifica a Lei n. 12.965/2014.

b.2.2.6. Dano ao nome das pessoas

O nome integra a personalidade por ser o sinal exterior pelo qual se designa, se individualiza e se reconhece a pessoa no seio da família e da sociedade. A pessoa tem autorização de usá-lo, fazendo-se chamar por ele, e de defendê-lo de quem o usurpar, reprimindo abusos cometidos por terceiros que o exponham ao desprezo público ou ao ridículo, ante o fato de que se deve respeitar a pessoa humana. Deveras, a violação à respeitabilidade de outrem poderá acarretar dano moral ou material suscetível de reparação, e que deverá, portanto, ser indenizado pelo lesante. P. ex.: ao se utilizar, indevida ou maliciosamente, nome alheio para efetuar propagandas comerciais, designar coisas, animais ou personagens de romances, novelas, filmes, desenhos animados etc., causa-se dano moral ou patrimonial. Toda usurpação ou impugnação de nome, dolosa ou culposa, que acarrete prejuízo material ou moral autoriza o lesado a pleitear sua reparação, mediante supressão do uso impróprio do nome ou indenização pecuniária (CC, arts. 16 a 18). Essa proteção jurídica cabe também ao pseudônimo de literatos e artistas, dada a importância que goza, por identificá-los no mundo das letras e das artes (CC, art. 19)[150].

b.2.2.7. Atentados à imagem

Sobre cadastros positivos de crédito, *vide*: LC n. 105/2001 e Lei n. 12.414/2011 com as alterações de LC n. 166/2019.

Pelo CNJ, Enunciado n. 71 (aprovado na III Jornada da Saúde: "A utilização dos dados pessoais de saúde, inclusive os provenientes de mapeamento genético e os presentes nos meios digitais, deverá observar os direitos fundamentais de liberdade e de privacidade, não podendo ser utilizados para limitação de cobertura ou acesso aos serviços de saúde públicos ou privados".

150. R. Limongi França, Ação de responsabilidade fundada na ofensa ao nome civil, in *Enciclopédia Saraiva do Direito*, v. 3, p. 91-7; Zannoni, op. cit., p. 330-6; M. Helena Diniz, *Curso*, cit., v. 1, p. 96 e s.; W. Barros Monteiro, op. cit., v. 1, p. 92; E. H. Perreau, *Le droit au nom en matière civile*, Paris, 1910, p. 44 e s.; Caio M. S. Pereira, op. cit., v. 1, p. 215, 217 e 218; Juan M. Semon, *El derecho al seudónimo*, Buenos Aires, 1946, p. 60 e s.; Rivera, La tutela del seudónimo, *El Derecho*, *56*:813, e *El nombre en los derechos civil y comercial*, Buenos Aires, 1977, p. 21 e s.; Orlando Gomes, *Introdução*, cit., p. 159, 164 e 165; Adolfo Pliner, *El nombre de las personas*, Buenos Aires, 1966, p. 90; Spota, *Tratado de derecho civil*; parte general, Buenos Aires, 1950, p. 511 e 512; José Roberto Neves Amorim, *Direito ao nome da pessoa física*, São Paulo, Saraiva, 2003.

"A publicidade que divulgar, sem autorização, qualidades inerentes a determinada pessoa, ainda que sem mencionar seu nome, mas sendo capaz de identificá-la, constitui violação a direito da personalidade" (Enunciado n. 278 do CJF, aprovado na IV Jornada de Direito Civil).

A imagem é: *a*) a representação física da pessoa, como um todo ou em partes separadas do corpo (rosto, pernas, seios, olhos, nariz, boca, sorriso, indumentária, gesto etc.), desde que identificáveis, ou seja, desde que possam implicar o reconhecimento de seu titular, por meio de fotografia, escultura, desenho, pintura, representação dramática, cinematografia, Internet, *sites*, televisão etc., que requer autorização do retratado para sua divulgação, em respeito aos princípios da exclusividade e da escolha pessoal. Trata-se da *imagem-retrato*, tutelada pela CF/88, art. 5º, X, que é relativa ao retrato físico da pessoa. É, não só, a reprodução gráfica, plástica ou fotográfica da pessoa, bem como a sua representação dinâmica, cinematográfica ou televisionada. O direito ao próprio corpo (CC, art. 13) não se confunde com a imagem (CC, art. 20), ou melhor, com aquilo que é representado; *b*) o conjunto de atributos cultivados pela pessoa, reconhecidos socialmente. É a visão social a respeito do indivíduo. Hipótese em que se configura a *imagem-atributo*, imagem social, ou, ainda, imagem-moral, protegida pelo art. 5º, V, da CF/88, sendo distinta da honra (CC, arts. 20, *in fine*, e 953), que envolve a pessoa no círculo social, indicando suas qualidades, como, por exemplo, de hábil advogado, de médico competente, de mestre dedicado etc. (*ESTF*, *1801*:284). Enfim, é a personalidade moral (reputação, fama etc.) do indivíduo no mundo exterior. A imagem-atributo, ensina-nos Luiz Alberto David Araújo, é consequência da vida social, constituindo um conjunto de caracteres que a pessoa apresenta socialmente, como pontualidade, competência, lealdade, meticulosidade etc. A imagem de um bom dentista nada tem que ver com sua honra como homem. Ofende, p. ex., a imagem-atributo de empregado a carta de referência desabonadora e inverídica do ex-empregador, para evitar que arrume emprego; *c*) a reprodução biográfica, que não pode conter dados mentirosos, sob pena de responsabilidade civil por dano moral e, até mesmo, patrimonial (Súmula n. 37 do STJ). Além disso, requer para sua efetivação anuência da pessoa ou de seus familiares (CC, art. 20 e parágrafo único).

O direito de afixar, publicar e divulgar imagem, enquanto reprodução fotográfica, teatral, cinematográfica, televisiva, fonográfica etc., é do seu titular, que pode ter interesse em que não seja usada. Para tanto, é preciso autorização da pessoa, ainda que seja presumida, como se dá, p. ex., na inserção de retrato em jornal, por ocasião da nomeação de seu titular em cargo público ou por estar presente em certo evento político.

A representação externa da pessoa em Internet, através de *sites*, filmes, revista, jornal, TV, vídeo etc., requer a devida permissão do titular, porque o expõe a um público variado e não a um certo grupo de pessoas, podendo exigir um contrato escrito, ou verbal, externando o consenso para a divulgação onerosa, ou gratuita, de traços de um dos contratantes em favor de outro, estipulando a maneira e o local de sua veiculação, os meios de comunicação nos quais a sua imagem será exibida, o prazo de duração da exposição da imagem, a possibilidade, ou não, de dublar sua voz, a forma de montagem, em caso de filmes, o pagamento pela comercialização da imagem etc. É comum esse tipo de contrato no meio artístico ou no mundo da moda.

Tutela-se o direito à imagem mesmo que a pessoa autorizada a divulgá-la venha a perder esse direito em razão de mudança de estado ou condição social de seu titular. P. ex., se uma modelo vier a se casar, retirando-se do mundo da moda, para cuidar de sua família, ou se um obeso perder peso, poderão revogar a autorização dada anteriormente para a divulgação de seu retrato.

O titular da imagem tem o direito de aparecer se, quando e como quiser, dando, para tanto, seu consentimento, e também tem o direito de impedir a reprodução, exposição e divulgação de sua imagem, e, ainda, o de receber indenização por tal ato desautorizado. E, uma vez dado o consentimento, nada obsta a que a pessoa se retrate, revogando aquela permissão, desde que responda pelos danos que, com tal atitude, causar.

É inato o direito à própria imagem, que constitui um bem jurídico autônomo. Pelo Enunciado n. 587: "O dano à imagem restará configurado quando presente a utilização indevida desse bem jurídico, independentemente da concomitante lesão a outro direito da personalidade, sendo dispensável a prova do prejuízo do lesado ou do lucro do ofensor para a caracterização do referido dano, por se tratar de modalidade de dano *in re ipsa*" (aprovado na VII Jornada de Direito Civil). Havendo violação desse direito quando é feita a reprodução pública da imagem sem autorização do seu titular, surge a obrigação de indenizar (CC, art. 20) (1º TARJ, *ADCOAS*, 1982, n. 82.395; *JB*, *162*:161; *Ciência Jurídica*, *62*:237; *EJSTJ*, *20*:177; *RSTJ*, *104*:326; *JSTJ*, *8*:318; STJ, Súmula n. 403).

O atentado à imagem compreende a reprodução não autorizada de fotografia (*RT*, *451*:12, *518*:210, *600*:66, *619*:175, *629*:106, *668*:78) e de biografia. Permite-se a reprodução de retratos ou bustos de encomenda particular, quando feita pelo proprietário dos objetos encomendados. A pessoa representada e seus sucessores podem opor-se não só à reprodução ou exposição pública do retrato ou busto (Lei n. 9.610/98, arts. 7º, VII, e 79, §§ 1º e 2º), mas também à reprodução romanceada em filme cinematográfico da vida de pessoa de notoriedade; logo, se houver tal divulgação sem a devida autorização, o autor do roteiro, o produtor e coprodutores deverão responder solidariamente pelos danos advindos (Lei n. 9.610/98, art. 29, I, VIII, *a*; *RT*, *619*:175). Se se usar fotografia em cédula monetária, preciso será, como observa Silmara J. A. Chinelato e Almeida, obter a anuência do fotografado e do fotógrafo, exceto se este for contratado para essa finalidade, pois os direitos patrimoniais do fotógrafo e de seus sucessores são protegidos por setenta anos, contados de 1º de janeiro do ano subsequente ao da conclusão da obra.

Retratar uma pessoa sem que ela saiba ou contra sua vontade é um ato ilícito, ofensivo ao direito à própria imagem. É imprescindível o consentimento do retratado, por ter ele o direito de impedir que não se use, a líbito, a sua imagem. Está proibida a exibição e divulgação pública de retrato sem o consentimento do fotografado, exceto se tal publicação se relacionar com fins científicos, didáticos, isto é, culturais, ou com eventos de interesse público ou que aconteceram publicamente. Protege-se, assim, não só o interesse jurídico do fotografado, mas também a propriedade intelectual do fotógrafo, como autor. Pode suceder que a pessoa fotografada tenha dado sua aquiescência para publicar seu retrato, mas sua exibição pública vem a ser desvirtuada por quem fez a divulgação, utilizando-a em anúncios para fins de propaganda ou em figurinhas (*RT*, *519*:83) para colocar em álbuns, em capa de disco, quando devia sê-lo em revista (*JB*, *95*:190; *RT*, *497*:87), provocando dano moral e patrimonial, que requerem uma indenização.

Como nos ensina Arturo Acuña Anzorena, vedada é a utilização de imagem alheia com fins inconvenientes, p. ex., a reprodução de retrato, sem o consenso da pessoa retratada ou de seus herdeiros, no campo industrial, gerando redução da estima ou do prestígio do fotografado, pelo fato da adaptação de sua imagem ao serviço da especulação comercial ou de propaganda direta ou indireta, ou pela muito provável suposição dos terceiros quanto à eventual conformidade da pessoa com a utilização comercial de sua imagem. Na França, o presidente Pompidou acionou o semanário *L'Express* por ter divulgado uma foto sua a bordo de um barco, equipado com motor da marca Mercury, com a seguinte legenda: "Se durante 10 anos nos esforçamos em ganhar todas as competições, o fazemos por sua segurança, Sr. Presidente". O tribunal francês ordenou a interrupção da publicidade por uso indevido da imagem e o pagamento de uma indenização. É preciso lembrar que, se a utilização da imagem de uma pessoa para fins publicitários não lhe causar dano, nada há a reparar no que atina à intimidade, mas, como não houve sua anuência, acarretando exploração econômica a outrem, tutelado está o direito à imagem, levando-a a fazer jus a uma reparação por prejuízo material.

Para fins publicitários ou especulativos será imprescindível a obtenção do consenso do fotografado, por meio de contrato de licença ou de concessão de uso, contendo, inclusive, remuneração, prazo, condições de renovação etc., porque a fotografia favorece o anunciante do produto e a agência de publicidade, privando o retratado de obter um benefício, que se erige em lucro cessante indenizável, e, além disso, a publicação desautorizada é uma ofensa à liberdade de decidir a maneira com que a pessoa deseja ter sua personalidade exposta. Mesmo que não haja lucro em publicação, sempre será necessária a autorização do fotografado, sob pena de dano à imagem suscetível de reparação (*RT*, *626*:106, *634*:221).

É comum o uso da imagem de pessoa famosa não só em propaganda direta, como também na indireta, de um produto por meio de *merchandising*, em televisão, cinema ou novela, o que requer dois contratos, um entre o artista e o empregador, autorizando a utilização da imagem para propaganda do produto, e outro entre o empregador do ator (ou cantor) e o anunciante, visando à publicidade do produto. É necessário salientar, ainda, que a mera existência de uma autorização para determinada publicidade não dará direito para publicá-la em outra ou para inserir propaganda comercial ou qualquer texto não declarado pelo fotografado. Não se pode extrapolar o uso permitido. P. ex., se uma empresa estiver autorizada a expor a foto de uma atriz para a publicidade de um filme, não poderá usá-la em anúncios para divulgação de serviços, produtos etc. Igualmente, para o uso de imagem fotográfica de jogadores de futebol (*ESTJ*, *24*:156) ou de artistas em figurinhas para colocar em álbuns (*EJSTJ*, *11*:71); ante o intuito especulativo, será necessária a anuência dos retratados, não vingando o argumento de que são personagens da história contemporânea. Para a utilização da imagem dessas pessoas será preciso efetivar contrato de licença de uso de imagem. Tal argumento só seria admitido em favor de imprensa falada, escrita ou sonora a título de informação jornalística (*RJTJSP*, *44*:61; *RT*, *519*:83). Assim, se alguém quiser reproduzir fotografia de um cantor famoso em propaganda de alguma promoção, desfile, campanha, deverá pedir sua autorização e remunerá-lo, sob pena de ter de pagar indenização (CC, art. 20; *RT*, *568*:215). Isto é assim porque a publicação de retrato com intuito comercial favorece o anunciador do produto e a agência de publicidade, privando o retratado de obter benefício, que se erige em lucro cessante indenizável. Além disso, a mera existência de autorização para determinada publicidade não dará direito para publicá-la em outra ou para inserir propaganda comercial ou qualquer texto não declarado pelo fotografado[151].

---

151. É o que nos ensinam: Hernando Duval, *Direito à imagem*, São Paulo, Saraiva, 1998; *A publicidade e a lei*, p. 101-11; Pontes de Miranda, *Tratado de direito privado*, 2. ed., v. 53, p. 231; Eduardo F. Mendilaharzu, La imagen de las personas y el derecho de privacidad, *La Ley*, *76*:794; Zannoni, op. cit., p. 336-41; Silmara J. A. Chinelato e Almeida, Utilização de fotografia em cédula monetária, *Folha de S.Paulo*, 22 dez. 1991; Andréa B. Silva, Direito à imagem: o delírio da redoma protetora, *Direitos da personalidade*, org. Jorge Miranda, Otavio L. Rodrigues Jr. e Gustavo B. Fruet, São Paulo, Atlas, 2012, p. 281-332; Luis Francisco Carvalho Filho, Liberdade de imprensa e dano moral, *Revista do Advogado*, *38*:17-20; M. Lígia Coelho M. Archanjo, *Direito à própria imagem*, dissertação de mestrado, apresentada em 1994 na PUCSP; M. Helena M. B. Daneluzzi e M. Ligia Coelho Mathias, Aspectos da responsabilidade civil sob a perspectiva do direito à imagem, in *Responsabilidade civil*: estudos em homenagem a Rui Geraldo C. Viana, São Paulo, Revista dos Tribunais, 2009, p. 369-86; Santos Cifuentes,

---

El derecho a la imagen, *El Derecho, 40*:676; Villalba e Lipszyc, Protección de la propia imagen, *La Ley*, 1980, p. 815; Regina Sahm, *Direito à imagem no direito civil contemporâneo*, São Paulo, Atlas, 2002; Zulmar Antonio Fachin, *A proteção jurídica da imagem*, São Paulo, Celso Bastos ed., 1999; Arturo Acuña Anzorena, La reparación del agravio moral en el Código Civil, *La Ley, 16*:536; C. A. Bittar, *Os direitos da personalidade*, 1989, p. 87-94; Direito à imagem, *Revista de Direito Civil, 10*:235; Luiz Alberto David Araújo, *A proteção constitucional da própria imagem*, Belo Horizonte, Del Rey, 1996, p. 17, 18, 50 e 96; Constituição Federal de 1988, art. 5º, V e XXVIII, *a*, 1ª parte; Ravanas, *La protection des personnes contre la realization et la publication de leur image*, Paris, 1978; Walter Moraes, Direito à própria imagem, *RT, 443*:76; Antônio Chaves, Direito à imagem e direito à fisionomia, *RT, 620*:7; M. Helena Diniz, Direito à imagem e sua tutela, *Estudos de direito de autor, direito da personalidade, direito do consumidor e danos morais em homena-gem a Carlos Alberto Bittar* (coord. Eduardo C. B. Bittar e Silmara J. A. Chinelato), Rio de Janeiro, Forense Universitária, 2002, p. 79106); Luiz Alberto David Araújo e Vidal Serrano Nunes Jr., *Curso de direito constitucional*, São Paulo, Saraiva, 1998, p. 84-5. Regina Sahm, *Direito à imagem no direito civil contemporâneo*, São Paulo, Atlas, 2002; Alcides Leopoldo e Silva Junior, *Pessoa pública e o seu direito de imagem*, São Paulo, Ed. Juarez de Oliveira, 2002; Rodrigo S. Neves, A tutela da personalidade pela imagem, *Revista Síntese — Direito Civil e Processual Civil, 82*:9-24; Pedro Anan Jr. e Márcio Eduardo R. Cots, Direito de uso de imagem de terceiros por pessoas jurídicas — Aspectos legais e tributários, *Revista Síntese — Direito Civil e Processual Civil, 82*:25-52; Déborah Regina Lambach Ferreira da Costa, *Dano à imagem da pessoa jurídica de direito público*. São Paulo: Saraiva, 2015.

Daí dizer Alessandro Savini que o ato de mostrar-se corresponde "*no solo ad un interesse complementare alla libertà individuale ma anche como possibilità di affermazione, soggetiva ovviamente della propria personalità*" (*L'immagie e la fotografia nella disciplina giuridica*, Padova, Orium, 1958, p. 11); Carlos Villalba e Deila Lipszyc, Protección de la propia imagen, *Revista interamericana de direito intelectual*, São Paulo, v. 2, n. 2, 1979, p. 76; Gritama, Derecho a la propia imagen, *Enciclopedia Jurídica*, Barcelona, 1982, t. 18; Miguel Urabayen, *Vida privada e información*: un conflicto permanente, Pamplona, 1977, p. 246-7; Lindon, *La création prétorienne en matière de droits de la personnalité et son incidence sur la notion de famille*, Paris, Dalloz, 1974, n. 69, p. 31; René Ariel Dotti, *Proteção da vida privada e liberdade de informação*, São Paulo, Revista dos Tribunais, 1980; Edilson P. de Farias, *Colisão de direitos (a honra, a intimidade, a vida privada e a imagem* versus *a liberdade de expressão e informação)*, Porto Alegre, Fabris, 2000; Manoel Jorge e Silva Neto, A proteção constitucional à imagem do empregado e da empresa, *Revista de Direito do Trabalho, 112*:157-171; Leonardo E. de A. Zanini, A proteção da imagem na Alemanha, *Rev. Escola da Magistratura do TRF-4, 11*:133-65; Resolução n. 7/93 do Conselho Nacional de Política Criminal e Penitenciária sobre dano à imagem de suspeito pela imprensa. *Vide* Portaria n. 177/2006 da FUNAI, que protege direitos autorais do índio; quem lucrar com a imagem do índio deverá remunerá-lo. A exposição em público de parto de alguém sem autorização consistirá em dano à imagem (*RT, 623*:60). *Vide*, sobre uso indevido de imagem: *RT, 550*:190, *512*:262, *568*:215, *558*:230, *578*:215, *596*:260, *600*:69, *623*:61, *629*:100 e 106, *644*:75; *JB, 95*:154; *Lex, 117*:177, *93*:161, *94*:171, *62*:184; *RF, 240*:36, *247*:384, *248*:260. A 4ª Turma do STJ concedeu ao sucessor de Lampião e Maria Bonita uma indenização pelo uso indevido da imagem do casal, em propaganda comercial, apesar da fama quase lendária (REsp 86.109-SP, j. 28.6.2001 — Rel. Barros Monteiro). Imposição de multa à empresa de comunicações que, em programa jornalístico, apresentou matéria sobre apreensão de menor envolvida em tráfico de entorpecente, constando sua imagem com rosto encoberto por efeitos especiais, apondo seu apelido (Ap. Civ.-TJSP, Câm. Esp. j. 13.7.2000 — Rel. Nigro Conceição). Elaboração de lista negra de empregados com reclamações trabalhistas, para averiguar seu espírito de emulação e de cadastro de inadimplentes para transmissão a terceiros interessados e proteção ao crédito, sem o cuidado de anular lançamento efetivado quando débito for quitado, pode constituir dano moral e patrimonial por inclusão indevida de pessoas, abalando imagem, gerando: especialismo trabalhista ou discriminação de trabalhadores; inibição de ato negocial; lucros cessantes; tratamento negativo na compra pelo crediário perante empresários e comerciários (*RT, 782*:416; *JTJ, Lex, 176*:77). O STJ confirma condenação da Igreja Universal do Reino de Deus para pagar indenização a herdeiros de mãe de santo por uso indevido e ofensivo de sua fotografia no jornal *Folha Universal* (4ª Turma, REsp 913.131). "O protesto de título, realizado indevidamente, dá ensejo a indenização por danos morais, tendo em vista que a ideia de inadimplência gerou especulações sobre a saúde financeira do obrigado, causando danos à sua imagem" (*RT, 812*:249). Consulte: Marcelo Pinto, Lista negra de empregados e cadastro de inadimplentes, *Jornal Síntese, 75*:8 e 9 (2003). A caricatura, por ser tida como manifestação artística, só será ilícita se houver intenção deliberada de causar prejuízo e se representar a pessoa em sua vida privada, sem sua permissão, mas uma pessoa que não exerce função pública poderá opor-se à representação caricatural de seus traços. *Vide* Decreto n. 7.845/2012. As empresas devem ter cautela ao criar brincadeiras, como forma de incentivo a vendas, estipulando apelidos ou mesmo impondo punições jocosas aos empregados que não alcançam as metas impostas. Os Tribunais do Trabalho têm considerado tal postura constrangedora e, por essa razão, têm condenado as empresas a pagar indenização por dano moral, como exemplifica recente decisão da 2ª Turma do Tribunal Regional do Trabalho de São Paulo. Entendeu o Tribunal que as brincadeiras impingidas, na ocorrência de atraso a reuniões de supervisores e gerentes de vendas, causaram grande constrangimento e grave situação vexatória para a empregada reclamante, justificando, assim, o ressarcimento do dano moral (TRT/SP — 14636200390202005 — RO — Ac. 2ª T. 20030469222 — Rel. Rosa Maria Zuccaro — *DOE*, 23-9-2003). Atingem a imagem do trabalhador: acusação injusta, e sem provas, de furto (TRT, 2ª Região — Proc. n. 02505.2000.019.02.000); seu envio em viaturas à Delegacia de Polícia (TST, processo RR n. 758857/2001); divulgação de fotos e vídeos sem sua prévia autorização (TRT, 2ª Região, Proc. n. 02505.2000.190.22.000); anotações desabonadoras na Carteira de Trabalho (TRT, 2ª Região, Proc. n. 02980485394). Houve, nesses casos, dano à imagem-atributo. Divulgação feita à imprensa pelo diretor de empresa de declaração ofensiva a empregado após a promoção de dispensa coletiva gera dano moral, suscetível de indenização, por ser atentatória à sua dignidade (TST, 1ª T., AIRR 24731/2002-900-04-00-2) e por abalar sua imagem-atributo, dificultando sua admissão em novo emprego. Quanto ao uso de imagem de menor em programa de TV já se decidiu que (*Tribuna do Direito*, nov. 2004, p. 13): "Menor para participar de programa de tevê tem de ter alvará judicial, mesmo que esteja acompanhado dos pais ou responsáveis. O entendimento é da Segunda Turma do STJ ao negar recurso da TV 'X' contra determinação do TJ-RJ, que havia multado a emissora por infração ao artigo 258 do Estatuto da Criança e do Adolescente ao gravar programa utilizando menores ('Y', exibido em 8-8-2001). A emissora 'X' argumentou que a autorização seria necessária se o menor estivesse desacompanhado e que o ECA determina que ela só é necessária em bailes *funks*, concursos de beleza e *shows* em locais públicos. A ministra relatora, Eliana Calmon, confirmou a determinação do tribunal carioca e multou a emissora em 20 salários mínimos (REsp 536.532)". *Vide* art. 7º e parágrafo único da Lei n. 11.111/2005 (ora revogada pela Lei n. 12.527/2011).

Envio de e-mails de imagens íntimas, questionando sexualidade de alguém, gera indenização por dano moral (TJSP, Proc. n. 0015045-05.2012.8.26.0073, publ. 29-9-2015).

BAASP, 2711: 1938-09. Ação de Indenização — Prazo decadencial — Lei de Imprensa — 60 dias — Não recepção pela CF — Veiculação de coluna em periódico ofensiva à honra e à imagem — Dano, nexo e culpa — Presença — Indenização devida. Em

Constitui ato ilícito não só o uso não consentido de imagem, como também o que extrapola os limites estipulados contratualmente (*RT*, *497*:87, *505*:230, *519*:83, *534*:92, *558*:230, *578*:215).

Não se pode inserir, em matérias jornalísticas, qualquer texto não declarado pelo fotografado. Na divulgação da imagem, não se pode causar dano à honra, à vida privada, à reputação, ao decoro, ou seja, à imagem-atributo, também chamada imagem-moral ou conceitual.

Vedadas estão: *a*) a *alteração material* da imagem, ou seja, modificação nos traços físicos da pessoa, p. ex., a apresentação, mediante trucagem fotográfica, de uma pessoa com corpo que não lhe pertence; *b*) a *alteração intelectual* da imagem, em que a efígie permanece intacta, o sentido que lhe

---

razão da disparidade de tratamento, que não mais tem lugar em face à nova ordem constitucional, que busca garantir a proteção integral ao direito à honra, corolário da dignidade da pessoa humana, afastada está a possibilidade de aplicação do art. 56 da Lei n. 5.250/67 (Lei de Imprensa), que não foi recepcionado pela CF/88. A divulgação de juízos emitidos em periódico, capaz de provocar abalo à honra e à imagem de pessoa, enseja a reparação por danos morais, mormente provado o dano, a culpa e o nexo de causalidade (TJMG — 16ª Câm. Cível; ACi 1.0694.06.031468-9/001 — Três Pontas-MG; Rel. Des. Otávio Portes; j. 25-8-2010; m.v).

BAASP, *2711*: 1938-7. Civil — Indenização — Alegação de dano à honra e à imagem — Pessoa comum que se encontrava ao lado de autoridade de forte repercussão na mídia — Publicação do evento pela Revista ... — Nítido caráter informativo da matéria — Inexistência de danos morais. 1 — Os direitos de liberdade de manifestação do pensamento e informação, bem assim o da preservação da intimidade, privacidade e honra, devem coexistir harmonicamente, respeitada a proporção de seu exercício, de forma a não caracterizar injustificado endurecimento contra a imprensa — censura — e, por outro, o desrespeito à dignidade da pessoa humana. 2 — Deve o magistrado nessa hipótese, realizar o juízo de ponderação dos valores constitucionalmente em conflito, de forma a propiciar a solução mais justa e razoável para o caso concreto. 3 — A simples publicação de notícia contendo a fotografia de cidadão comum ao lado de autoridade de forte repercussão na mídia, com o nítido caráter informativo, não se revela suficiente para caracterizar eventual ofensa ao direito de imagem ou à honra da pessoa desconhecida, mormente se não lhe fora imputada qualquer conduta ilícita, desmoralizante, degradante ou ofensiva ao seu decoro. 4 — Apelação não provida. Sentença mantida. (TJDFT — 1ª T. Cível; ACi 20070111069054-DF; Rel. Des. Flavio Rostirola; j. 20-1-2010; v.u.).

BAASP, *2954*: 10. Responsabilidade civil — Direito de imagem — Indenização por danos morais — Tutela antecipada. Visando à retirada de ofensas relacionadas à autora, compartilhadas pelo réu em sua página do Facebook. Cabimento. Atendimento dos requisitos elencados no art. 273 do CPC (hoje arts. 294, 300, 311, I, 298, 300, § 3º, 519, 296 e 305). Nítido o caráter ofensivo dos comentários em relação à autora (clínica veterinária que prestou atendimento a animal de estimação do réu). Possibilidade de dano irreparáravel ou de dificil reparação configurada, especialmente diante da divulgação de episódio ocorrido nas dependências da agravante (tanto que ensejou a concessão de efeito ativo, por esta relatoria). Responsabilidade do agravado e o nexo causal relegados para o sentenciamento (mas não impedem, por óbvio, a imediata retirada dos dizeres ofensivos relacionados à autora). Decisão reformada. Recurso provido.

é dado é que falseia a realidade, por haver legenda, que a desvirtua, fazendo com que o símbolo visual se ligue à palavra. É o conjunto imagem-legenda que deturpa o contexto, e, por conseguinte, modifica a personalidade do fotografado, induzindo o leitor em erro, dando-lhe uma falsa impressão da realidade. Por isso um jornal paulista foi condenado a pagar indenização a título de dano moral a advogado por uso indevido de sua imagem e atentado à sua honra divulgando foto em que aparece cumprimentando um amigo, com o título "Bairros de São Paulo atraem vizinhança homossexual" (STJ, REsp 1063.304-SP, rel. Min. Ari Pargendler, j. 13-10-2008).

Existem certas hipóteses em que o direito à imagem não é absoluto, pois, ante o fato da prevalência do direito à informação, da manutenção da ordem pública ou da segurança nacional e do atendimento do interesse público ou social, a imagem poderá ser divulgada sem o consenso do seu titular. Há uma relativização do direito à imagem, que sofre algumas restrições em prol da coletividade.

Impõem-se algumas limitações ao direito à imagem, com dispensa da anuência de seu titular para sua divulgação, quando:

a) se tratar de pessoa notória, como artista, escritor, *top model*, político, atleta etc., que precisam da popularidade, já que seu sucesso dependerá da frequência com que aparecerem nas revistas, periódicos, jornais, televisão, filmes etc., mas isso não constituirá permissão para a devassa de sua privacidade, pois sua vida íntima deve ser preservada, nem para publicações que tenham fins publicitários ou de propaganda;

b) se referir a exercício de cargo público, pois quem tiver função pública de destaque, no exercício de sua atividade, não poderá impedir que seja filmado ou fotografado, salvo na sua intimidade. Assim, se houver publicação maldosa de sua imagem ou biografia inverídica, causando-lhe dano, terá direito a indenização;

c) se procura atender à administração ou serviço de justiça ou de polícia, desde que a pessoa pública, que preste tais serviços, não sofra dano à sua privacidade;

d) se tiver de assegurar a segurança nacional, em que prevalece o interesse social sobre o particular, requerendo a divulgação da imagem, por exemplo, de um procurado pela polícia ou a manipulação de arquivos fotográficos de departamentos policiais para identificação de delinquente;

e) se busca atender ao interesse público, aos fins culturais, científicos e didáticos, mostrando a imagem da pessoa em conferências, exposições de obras artísticas, inaugurações de monumentos históricos etc. Quem foi atingido por uma rara doença na mão, por exemplo, não poderá impedir a publicação de sua imagem, sem indicação de sua pessoa, por atender a interesse científico. A autorização para filmar, ou fotografar, cirurgia dependerá de anuência do médico e do paciente, a não ser para uso estritamente científico ou didático, para esclarecimento de um público especializado, pois a ciência só poderá, em certos casos, desenvolver-se mediante visualização concreta, desde que se preserve o anonimato da pessoa, evitando focalizar sua fisionomia ou procurando ocultar seus olhos;

f) se houver necessidade de resguardar a saúde pública. Aquele que, sendo portador de moléstia grave contagiosa, não tendo conhecimento dela e, por isso, está colocando em risco a coletividade, não poderá impedir que o órgão da saúde pública fixe cartaz, noticiando esse fato, nem exigir qualquer quantia indenizatória do governo;

g) se for preponderante o interesse histórico, pois a pessoa importante pelos seus feitos ou pelo cargo ocupado, bem como seus familiares, não poderão proibir a publicação de sua imagem, dentro do contexto da notícia histórica que se pretende dar, ou de livro de História, ou, ainda, que se lhe erija uma estátua comemorativa de sua obra de vulto nacional. Dispensa-se a autorização do titular para a divulgação de seu retrato se sua imagem fizer parte da história da localidade;

h) se obtiver imagem em que a figura é, tão somente, parte do cenário (congresso, reunião, multidão, tumulto, enchente, *show*, incêndio, desfile, estádio de futebol, praça pública, praia, jardim, exposição, festa carnavalesca, estabelecimento comercial, bar, casa noturna ou boate etc.). A presença de uma pessoa em local público faz com que se exponha aos olhos de todos, assumindo o risco de ser focalizada, pois a imprensa, atendendo ao interesse informativo, poderá captar sua imagem, sem, contudo, destacá-la com insistência, uma vez que pretende divulgar o acontecimento e não a pessoa que integra a cena. Em virtude disso, o STJ (4ª T.) já decidiu que foto de *topless* não gera dano moral, visto que: "Não é ilícita ou indevida a reprodução da cena sem conteúdo sensacionalista pela imprensa, uma vez que a proteção à privacidade encontra limite na própria exposição realizada em público pela autora". "Se a autora resolveu mostrar sua intimidade deve ter maturidade suficiente para suportar as consequências e não atribuir à imprensa a responsabilidade pelo ocorrido." Disse o desembargador do TJSC: "Ela não pode alegar que sua honra foi violada quando o jornal publicou foto feita em praia lotada em pleno feriado";

i) se tratar de identificação compulsória ou imprescindível a algum ato de direito público ou privado. Deveras, ninguém poderá opor-se a que se coloque sua fotografia em carteira de identidade ou em outro documento de identificação, nem que a polícia tire sua foto para serviço de identificação.

Esses limites são impostos pelo direito à liberdade de informação, traduzido na forma peculiar da liberdade de pensamento e de expressão, contida no art. 19 da Declaração Universal dos Direitos do Homem e no art. 10 da Convenção Europeia, e adotada por quase todas as Constituições do mundo, desde que se atenda ao interesse público da busca da verdade para a formação da opinião pública, sem contudo ferir a vida privada do retratado, que deve ser preservada.

"A proteção à imagem deve ser ponderada com outros interesses constitucionalmente tutelados, especialmente em face do direito de amplo acesso à informação e da liberdade de imprensa. Em caso de colisão, levar-se-á em conta a notoriedade do retratado e dos fatos abordados, bem como a veracidade destes e, ainda, as características de sua utilização (comercial, informativa, biográfica), privilegiando-se medidas que não restrinjam a divulgação de informações" (Enunciado n. 279 do CJF, aprovado na IV Jornada de Direito Civil).

Há permissão para divulgação de imagens, em TV e jornais, de acusado preso ou condenado, principalmente quando procurado pela polícia, visto que o povo precisa, para sua segurança, conhecer o rosto de bandidos.

Pela Lei n. 8.069/90, com a alteração da Lei n. 11.829/2008, art. 240, §§ 1º e 2º, quem produzir, reproduzir, dirigir, fotografar, filmar ou registrar, por qualquer meio, cena de sexo explícito ou pornográfica, envolvendo criança ou adolescente, deverá ser punido com reclusão, de quatro a oito anos, e multa. Incorrerá nas mesmas penas quem agencia, facilita, recruta, coage, ou de qualquer modo intermedeia a participação de criança ou adolescente nas cenas referidas no *caput* deste artigo, ou ainda quem com esses contracena. Aumentar-se-á a pena de um terço se o agente cometer o crime: no exercício de cargo ou função pública ou a pretexto de exercê-la; prevalecendo-se de relações domésticas, de coabitação ou de hospitalidade; ou prevalecendo-se de relações de parentesco consanguíneo ou afim até o terceiro grau, ou por adoção, de tutor, curador, preceptor, empregador da vítima ou de quem, a qualquer outro título, tenha autoridade sobre ela, ou com seu consentimento. E pelo art. 241 quem vender ou expor à venda fotografia, vídeo ou outro registro que contenha cena de sexo explícito ou pornográfica envolvendo criança ou adolescente deverá sofrer pena de reclusão, de quatro a oito anos, e multa.

E, além disso, a Lei n. 8.069, de 13 de julho de 1990, passa a vigorar acrescida, em razão da Lei n. 11.829/2008, dos seguintes arts. 241-A, 241-B,

241-C, 241-D e 241-E:

"Art 241-A. Oferecer, trocar, disponibilizar, transmitir, distribuir, publicar ou divulgar por qualquer meio, inclusive por meio de sistema de informática ou telemático, fotografia, vídeo ou outro registro que contenha cena de sexo explícito ou pornográfica envolvendo criança ou adolescente:

Pena — reclusão, de três a seis anos, e multa.

§ 1º Nas mesmas penas incorre quem:

I — assegura os meios ou serviços para o armazenamento das fotografias, cenas ou imagens de que trata o *caput* deste artigo;

II — assegura, por qualquer meio, o acesso por rede de computadores às fotografias, cenas ou imagens de que trata o *caput* deste artigo.

§ 2º As condutas tipificadas nos incisos I e II do § 1º deste artigo são puníveis quando o responsável legal pela prestação do serviço, oficialmente notificado, deixa de desabilitar o acesso ao conteúdo ilícito de que trata o *caput* deste artigo.

Art. 241-B. Adquirir, possuir ou armazenar, por qualquer meio, fotografia, vídeo ou outra forma de registro que contenha cena de sexo explícito ou pornográfica envolvendo criança ou adolescente:

Pena — reclusão, de um a quatro anos, e multa.

§ 1º A pena é diminuída de um a dois terços se de pequena quantidade o material a que se refere o *caput* deste artigo.

§ 2º Não há crime se a posse ou o armazenamento tem a finalidade de comunicar às autoridades competentes a ocorrência das condutas descritas nos arts. 240, 241, 241-A e 241-C desta Lei, quando a comunicação for feita por:

I — agente público no exercício de suas funções;

II — membro de entidade, legalmente constituída, que inclua, entre suas finalidades institucionais, o recebimento, o processamento e o encaminhamento de notícia dos crimes referidos neste parágrafo;

III — representante legal e funcionários responsáveis de provedor de acesso ou serviço prestado por meio de rede de computadores, até o recebimento do material relativo à notícia feita à autoridade policial, ao Ministério Público ou ao Poder Judiciário.

§ 3º As pessoas referidas no § 2º deste artigo deverão manter sob sigilo o material ilícito referido.

Art. 241-C. Simular a participação de criança ou adolescente em cena de sexo explícito ou pornográfica por meio de adulteração, montagem ou modificação de fotografia, vídeo ou qualquer outra forma de representação visual:

Pena — reclusão, de um a três anos, e multa.

Parágrafo único. Incorre nas mesmas penas quem vende, expõe à venda, disponibiliza, distribui, publica ou divulga por qualquer meio, adquire, possui ou armazena o material produzido na forma do *caput* deste artigo.

Art. 241-D. Aliciar, assediar, instigar ou constranger, por qualquer meio de comunicação, criança, com o fim de com ela praticar ato libidinoso:

Pena — reclusão, de um a três anos, e multa.

Parágrafo único. Nas mesmas penas incorre quem:

I — facilita ou induz o acesso à criança de material contendo cena de sexo explícito ou pornográfica com o fim de com ela praticar ato libidinoso;

II — pratica as condutas descritas no *caput* deste artigo com o fim de induzir criança a se exibir de forma pornográfica ou sexualmente explícita.

Art. 241-E. Para efeito dos crimes previstos nesta Lei, a expressão 'cena de sexo explícito ou pornográfica' compreende qualquer situação que envolva criança ou adolescente em atividades sexuais explícitas, reais ou simuladas, ou exibição dos órgãos genitais de uma criança ou adolescente para fins primordialmente sexuais".

Punir-se-á com multa de três a vinte salários de referência, que será duplicada em caso de reincidência, não só a divulgação, total ou parcial, sem autorização de nome, ato ou documento de procedimento policial, administrativo ou judicial relativo a menor a que se atribua ato infracional, mas também a exibição de fotografia de criança ou adolescente envolvido em ato infracional ou de ilustração referente a ele ou a atos que lhe sejam atribuídos, permitindo sua identificação, direta ou indiretamente. Mas, se o fato for praticado por órgão de imprensa ou emissora de rádio e televisão, além daquela multa, o magistrado poderá determinar a apreensão da publicação ou a suspensão da programação da emissora até por dois dias, bem como da publicação do periódico até por dois números (Lei n. 8.069/90, art. 247, §§ 1º e 2º).

O envio de fotos pornográficas de menores por *e-mail* gera responsabilidade civil e criminal (STJ, 5ª T., EREsp 617221); logo, não apenas a publicação de imagens de sexo explícito de crianças e adolescentes deverá ser punida, mas também a divulgação dessas imagens, mesmo que o seja de forma restrita em comunicação pessoal, por meio de *sites* da internet, em *chats*, grupos de conversação e endereços eletrônicos, considerando-se que a disponibilização daquelas imagens permitirá o seu acesso a qualquer usuário comum.

Pela Portaria n. 177/2006 (arts. 5º a 9º) da FUNAI, o direito de imagem indígena constitui um direito moral e patrimonial do índio ou da tribo retratados em fotos, filmes, estampas, pinturas, desenhos, esculturas etc. O direito sobre a imagem baseada em manifestações culturais e sociais coletivas dos índios brasileiros pertence à coletividade, grupo ou etnia indígena representada. Se o uso da imagem indígena vier a afetar a moral, os costumes, a ordem socioeconômica da coletividade, extrapolando a esfera individual, ter-se-á direito de imagem coletivo. A captação, uso e reprodução de imagens indígenas dependem de autorização expressa dos titulares desse direito. As imagens indígenas poderão ser utilizadas para: *a*) difusão cultural, que visa a circulação e divulgação da cultura associada à imagem indígena, podendo ter fim comercial; *b*) atender a atividades mercantis, que usam a imagem indígena, individual ou coletiva, para agregar a um determinado produto, serviço, marca ou pessoa jurídica; *c*) informação pública; e *d*) pesquisas. Qualquer contrato que regule a relação entre indígenas titulares do direito de imagem e demais interessados deve conter: *a*) expressa anuência dos titulares individuais e coletivos do direito sobre a imagem retratada; *b*) vontade dos titulares do direito quanto aos limites e às condições de autorização ou cessão do direito à imagem; e *c*) garantia do princípio da repartição justa e equitativa dos benefícios econômicos advindos da exploração da imagem. A Fundação Nacional do Índio (FUNAI) participará das negociações de contrato e autorizações de captação, uso e reprodução de imagens indígenas, no âmbito de sua competência e atendendo aos interesses indígenas. O material coletado, desde que autorizado pelos titulares do direito de imagem e conforme contrato firmado, poderá ficar à disposição do Banco de Imagens da FUNAI para registro e uso institucional com indicação dos devidos créditos de autoria.

A medida judicial contra a ofensa à imagem pelo seu uso indevido é a ação de indenização por dano moral e patrimonial, às vezes requerendo-se a determinação judicial de segredo de justiça (CPC, art. 189, I; CF/88, arts. 5º, LX, e 93, IX; Súmula 37 do STJ) e, por haver interesse público, haverá, ainda, intervenção de órgão do Ministério Público, se houver, por exemplo, dano à intimidade com foros de ofendido menor ou com textos agressivos, atentatórios à honra. A aferição econômica do *quantum debeatur* dependerá da posição social do lesado, da gravidade do dano, da possibilidade econômica do lesante, da profissão do retratado, do costume do local etc. Exemplificativamente, na determinação, por arbitramento, da quantia indenizatória, poder-se-á incluir 70% sobre o preço de capa de edição (*RT*, *161*:631), 70% da verba publicitária para a divulgação da revista onde se publicou indevidamente a foto do lesado, danos emergentes, correspondentes ao valor que se cobraria se consultado fosse o titular, lucros cessantes, relativos ao que deixou de obter em negócios frustrados em razão de publicidade negativa. Poderá, ainda, ser o réu condenado ao pagamento das verbas sucumbenciais, acrescidas dos juros e correção monetária, se houver. A determinação do *quantum* indenizatório poderá dar-se por liquidação pelo procedimento comum se houver necessidade de alegar e provar fato novo (CPC, art. 509, II).

b.2.2.8. Menoscabo ao direito moral do autor e do editor

Segundo Antônio Chaves, o direito de autor é "o conjunto de prerrogativas de ordem não patrimonial e de ordem pecuniária que a lei reconhece a todo criador de obras literárias, artísticas e científicas, de alguma originalidade, no que diz respeito a sua paternidade e ao seu ulterior aproveitamento, por qualquer meio durante toda a sua vida, e aos seus sucessores, ou pelo prazo que ela fixar"[152]. Deveras, Piola Caselli ensina-nos que o direito de autor seria uma relação jurídica de natureza pessoal-patrimonial. Representa uma relação de natureza pessoal, no sentido de formar a personalidade do autor um elemento constante do seu regulamento jurídico e porque seu objeto constitui, sob certos aspectos, uma exteriorização da personalidade do autor, de modo a manter o direito de autor, constantemente, sua inerência ativa ao criador da obra; representa, por outro lado, uma relação de direito patrimonial, porquanto a obra do engenho é, concomitantemente, tratada pela lei como um bem econômico. A Lei n. 9.610/98 declara no art. 22 que "pertencem ao autor os direitos morais e patrimoniais sobre a obra que criou". Isto é assim porque, além da retribuição material da obra intelectual, como o direito autoral emana da personalidade do artista, o seu direito autoral recai também sobre o conteúdo ideal de seu trabalho, que está muito acima de interesses pecuniários e que consiste na prerrogativa de fazer com que essa sua obra seja intocável mesmo depois de sua alienação, de exigir que ela venha sempre acompanhada do nome do autor e de melhorá-la quando lhe for conveniente.

O direito moral do autor é um direito personalíssimo e abrange o direito de (Lei n. 9.610/98, art. 24): reivindicar, a qualquer tempo, a autoria da obra; ter seu nome, pseudônimo ou sinal convencional indicado ou anuncia-

---

152. Antônio Chaves, Direitos de autor, in *Enciclopédia Saraiva do Direito*, v. 26, p. 107; Constituição Federal de 1988, art. 5º, IV. *Vide*: *RT*, *632*:92, *633*:71, *612*:99, *639*:556, *643*:67; *RF*, *207*:248, *209*:187, *212*:170, *237*:24, *250*:269, *255*:127.

do como o do autor na utilização de sua obra; conservá-la inédita; assegurar-lhe a integridade, opondo-se a quaisquer modificações ou à prática de atos que possam prejudicá-la ou atingi-lo, como autor, em sua reputação ou honra; modificá-la, antes ou depois de utilizá-la; retirá-la de circulação ou suspender-lhe qualquer forma de utilização já autorizada etc. Abrange, portanto, o direito à autoria da obra, que compreende o direito de publicação; o direito ao respeito à integridade da obra, ou seja, que não se a altere, e o direito à individualização da obra, isto é, à preservação de seu título e à menção do nome ou pseudônimo do autor. A violação ao direito moral de autor acarreta dano moral que pode seguir-se ou não de prejuízo econômico.

O editor só adquire o direito de imprimir, difundir e vender as obras, pois o autor não dispõe da propriedade intelectual; logo, o editor não poderá publicar obra sem respeitar o título dado a ela pelo autor, sem mencionar o nome do autor ou alterando seu texto, nem mutilá-la ou fazer-lhe acréscimos etc.

É possível a cessão, total ou parcial, dos direitos autorais a terceiros (Lei n. 9.610/98, arts. 49 a 52), desde que ela não envolva transmissão do direito de alterar a obra nem implique renúncia à sua autoria. O direito ao respeito à integridade da obra, o direito à autoria, o direito à publicação e o direito à individualização da obra não poderão constituir objeto de renúncia ou cessão, visto que atrás da obra pretende-se proteger a personalidade do autor. O autor deverá transferir tão somente o direito de utilização econômica relativo ao direito de publicação.

Nos §§ 1º e 2º revogados do art. 667 do Código Civil de 1916, estabelecia-se a sanção de indenizar por perdas e danos e a de insertar compulsoriamente o nome do autor espoliado, quando houvesse usurpação do nome do autor ou a substituição por outro, bastando que houvesse apenas prejuízos morais, não se exigindo, para a composição dos danos, sua efetividade. O Código Penal, no art. 185 (revogado pela Lei n. 10.695/2003), previa o crime de usurpação de nome, ou pseudônimo alheio, ao dispor que quem atribuir falsamente a alguém, mediante o uso de nome, pseudônimo ou sinal por ele adotado para designar seus trabalhos, a autoria de obra literária, científica ou artística, deverá ser punido com detenção de seis meses a dois anos, e multa. E o art. 108 da Lei n. 9.610/98 reza que “quem, na utilização, por qualquer modalidade, de obra intelectual, deixar de indicar ou de anunciar, como tal, o nome, pseudônimo ou sinal convencional do autor e do intérprete, além de responder por danos morais, está obrigado a divulgar-lhes a identidade, da seguinte forma: I — tratando-se de empresa de radiodifusão, no mesmo horário em que tiver ocorrido a infração, por três dias consecutivos; II — tratando-se de publicação gráfica ou fonográfica, mediante inclusão de errata nos exemplares ainda não distribuídos, sem prejuízo de comunicação, com destaque, por três vezes consecutivas em jornal de grande circulação, dos domicílios do intérprete e autor, do editor ou produtor; III — tratando-se de outra forma de utilização, por intermédio da imprensa, na forma a que se refere o inciso anterior".

A sentença condenatória poderá determinar a destruição de todos os exemplares ilícitos, bem como as matrizes, moldes, negativos e demais elementos utilizados para praticar o ilícito civil, assim como a perda de máquinas, equipamentos e insumos destinados a tal fim ou, servindo eles unicamente para o fim ilícito, sua destruição (art. 106 da Lei n. 9.610/98).

Independentemente da perda dos equipamentos utilizados, responderá por perdas e danos, nunca inferiores ao valor que resultaria da aplicação do disposto no art. 103 e seu parágrafo único, quem:

a) alterar, suprimir, modificar ou inutilizar, de qualquer maneira, dispositivos técnicos introduzidos nos exemplares das obras e produções protegidas para evitar ou restringir sua cópia;

b) alterar, suprimir ou inutilizar, de qualquer maneira, os sinais codificados destinados a restringir a comunicação ao público de obras, produções ou emissões protegidas ou a evitar a sua cópia;

c) suprimir ou alterar, sem autorização, qualquer informação sobre a gestão de direitos;

d) distribuir, importar para distribuição, emitir, comunicar ou puser à disposição do público, sem autorização, obras, interpretações ou execuções, exemplares de interpretações fixadas em fonogramas e emissões, sabendo que a informação sobre a gestão de direitos, sinais codificados e dispositivos técnicos foram suprimidos ou alterados sem autorização (Lei n. 9.610/98, art. 107).

O editor não poderá alterar obra, efetuar cortes, nem acrescentar notas ou textos, mas terá o direito de corrigir erros ortográficos ou de pontuação ou inexatidões flagrantes, bem como o de atualizar a obra, se o autor se recusar a fazê-lo. Se o editor modificar obra sem anuência do autor, este terá, segundo alguns autores, direito à retificação do texto e ao restabelecimento da obra ao *statu quo ante*, sem, contudo, poder pleitear perdas e danos.

Estabelece o art. 40 da Lei n. 9.610/98 que, em se tratando de obra anônima ou pseudônima, caberá ao editor o exercício dos direitos patrimoniais do autor. Desse modo, as relações do autor com o editor serão, em virtude de lei, as de mandante com mandatário, de sorte que o editor deverá agir na qualidade de mandatário, como se a obra fosse sua. Assim, se houver plágio, o editor é quem deverá mover ação para garantir os direitos de propriedade intelectual. Competirá ao autor indenizar o editor por todas as despesas que teve. Se ele não cumprir seus deveres, o autor deverá renunciar a sua condição de incógnito para acionar o editor ou então usar novo mandatário. Sempre que o editor cometer deslizes ou falhas contra ele o autor deverá sair do anonimato e exigir-lhe prestação de contas.

Estatui o art. 110 da Lei n. 9.610/98 que, pela violação de direitos autorais nas representações ou execuções realizadas nos locais a que alude o art. 68, seus proprietários, diretores, gerentes, empresários e arrendatários respondem solidariamente com os organizadores dos espetáculos. A execução pública feita em desacordo com os arts. 68, 97, 98 e 99 da Lei n. 9.610/98 sujeitará os responsáveis a multa de vinte vezes o valor que deveria ser originariamente pago (art. 109).

Dispõe, ainda, o art. 105 que, a requerimento do titular dos direitos autorais, a autoridade judicial competente, no caso de infração dos seus direitos, determinará a suspensão ou interrupção do espetáculo, sem prejuízo da multa diária pelo descumprimento e das demais indenizações. Havendo reincidência o valor da multa pode ser aumentado até o dobro.

Pelo art. 103 e parágrafo único da Lei n. 9.610/98, todo aquele que imprimir obra intelectual, sem permissão do autor, perderá para este os exemplares que se apreenderem, e pagar-lhe-á o restante da edição ao preço por que foi vendido ou avaliado; entretanto, se não se souber o número de exemplares que constituem a edição fraudulenta, pagará o transgressor o valor de três mil exemplares, além dos apreendidos.

O autor, que teve sua obra fraudulentamente reproduzida, divulgada ou de qualquer forma utilizada, poderá requerer a apreensão dos exemplares reproduzidos ou a suspensão da divulgação ou utilização da obra, sem prejuízo do direito à indenização das perdas e danos (Lei n. 9.610/98, art. 102).

Prescreve o art. 104 desse mesmo diploma legal que quem vender, ou expuser à venda, obra reproduzida com fraude será solidariamente responsável com o contrafator, nos termos dos artigos precedentes, e, se a reprodução tiver sido feita no estrangeiro, responderão como contrafatores o importador e o distribuidor.

Pelo art. 105 da Lei n. 9.610/98, percebe-se que se aplica o disposto nos arts. 102 e 103 às transmissões, retransmissões, reproduções ou publicações, realizadas sem autorização por quaisquer meios ou processos, de execuções, interpretações, emissões e fonogramas protegidos. A transmissão e a retransmissão, por qualquer meio ou processo, e a comunicação ao público de obras artísticas, literárias e científicas, de interpretações e de fonogramas, realizadas mediante violação aos direitos de seus titulares, deverão ser imediatamente suspensas ou interrompidas pela autoridade judicial competente, sem prejuízo da multa diária pelo descumprimento e das demais indenizações cabíveis, independentemente das sanções penais aplicáveis; caso se comprove que o infrator é reincidente na violação aos direitos dos titulares de direitos de autor e conexos, o valor da multa poderá ser aumentado até o dobro (art. 105 da Lei n. 9.610/98).

Além disso, o Código Penal, com a alteração dada pela Lei n. 10.695/2003, dispõe no art. 184, §§ 1º a 4º, sobre as sanções para proteção de obra intelectual, fonograma e videofonograma.

Fácil é denotar que a lesão aos direitos autorais pode ser de caráter moral ou patrimonial. Ex.: se o editor publicar obra sem autorização do autor ou sem indicar o nome do autor, este poderá reclamar reparação de índole econômica, para obter a retribuição pela publicação ou o lucro cessante, se, p. ex., provar que aquela publicação impediu a edição que faria com outro editor com excelentes vantagens patrimoniais. Poderá, ainda, pleitear o ressarcimento do dano moral que sofreu pela divulgação da obra sem menção de sua autoria ou que não queria, ainda, editar, ou que se apresentou com alterações. Há proteção aos títulos das obras sob a égide da lei da concorrência desleal; dessa forma, o direito moral do autor poderá opor-se ao emprego do título para indicação de uma nova obra, pois ninguém deverá utilizar título idêntico ou semelhante para designar outra obra. A existência de um dano não é indispensável para propor ação de concorrência desleal, somente será necessário para obter perdas e danos. Essa ação não só visa reparar o prejuízo causado, mas também impedir confusão para o futuro. O art. 10 da Lei n. 9.610/98 dispõe que a proteção à obra intelectual abrange o seu título, se original e inconfundível com o de obra do mesmo gênero, divulgada anteriormente por outro autor.

Além disso, se o autor não puder comprovar dolo ou culpa do lesante, nem as perdas e danos, poderá lançar mão da ação de *in rem verso* devido ao enriquecimento ilícito conseguido pelo ofensor do direito autoral, para reparar dano moral ou patrimonial que sofreu.

A Portaria da FUNAI n. 177/2006 traça normas esclarecedoras sobre os direitos autorais indígenas (arts. 2º a 4º), que aqui transcrevemos: "Direitos autorais dos povos indígenas são os direitos morais e patrimoniais sobre as manifestações, reproduções e criações estéticas, artísticas, literárias e científicas; e sobre as interpretações, grafismos e fonogramas de caráter coletivo ou individual, material e imaterial indígenas. O autor da obra, no caso de direito individual indígena, ou a coletividade, no caso de direito coletivo, detêm a titularidade do direito autoral e decidem sobre a utilização de sua obra, de protegê-la contra abusos de terceiros, e de ser sempre reconhecido como criador. Os direitos patrimoniais sobre as criações artísticas referem-se ao uso econômico das mesmas, podendo ser cedidos ou autorizados gratuitamente, ou mediante remuneração, ou outras condicionantes, de acordo com a Lei n. 9.610, de 19 de fevereiro de 1998. Os direitos morais sobre as criações artísticas são inalienáveis, irrenunciáveis e subsistem independentemente dos direitos patrimoniais. As criações indígenas poderão ser utilizadas, mediante anuência dos titulares do direito autoral, para difusão cultural e outras atividades, inclusive as de fins comerciais verficados: o respeito à vontade dos titulares do direito quanto à autorização, veto, ou limites para a utilização de suas obras; as justas contrapartidas pelo uso de obra indígena, especialmente aquelas desenvolvidas com finalidades comerciais; a celebração de contrato civil entre o titular ou representante dos titulares do direito autoral coletivo e os demais interessados. No caso da produção criativa individual, o contrato deverá ser celebrado com o titular da obra nos termos da Lei n. 9.610, de 19 de fevereiro de 1998. A Fundação Nacional do Índio participará das negociações de contratos e autorizações de uso e cessão de direito autoral indígena, no âmbito de sua competência e atendendo aos interesses indígenas, sempre que solicitada. O registro do patrimônio material e imaterial indígena no órgão nacional competente é recomendável, previamente à autorização e cessão do uso de criações indígenas por outros interessados, mas não impede o gozo dos direitos de autor a qualquer tempo. Cópia ou exemplar do material coletado nas atividades acompanhadas pela Fundação Nacional do Índio — FUNAI, desde que consentidos pelos titulares do direito, ficarão à disposição da Coordenação Geral de Documentação da Fundação Nacional do Índio — FUNAI para fins de registro e acompanhamento".

Por outro lado o editor também tem direitos de ordem moral, como o de fazer-se reconhecer por todos como o empreendedor da publicação e utilização da obra. Assim, ao editor pertence a autoria do livro, visto que objetiva difundir a obra, e ao autor a autoria da obra intelectual. Deveras, o editor tem direito não só à utilização econômica da obra intelectual, mas também de reivindicar a autoria do livro por ter idealizado as características da impressão, do papel, do formato, da paginação, da encadernação do livro etc. Desse modo, tem direito de tutelar seu interesse moral, não tolerando que terceiros usurpem sua autoria sobre o livro, publicando sob a própria sigla editorial a mesma obra na mesma forma do livro, uma vez que tem exclusividade sobre a forma livreira. Esse direito do editor é protegido contra a concorrência desleal. Adriano De Cupis pondera que o direito do editor de exclusividade sobre a forma do livro insere-se na estrutura econômica da empresa editorial, mesmo quando resultante de um direito de personalidade do editor[153].

b.2.2.9. Dano moral indireto pela perda de bens patrimoniais com valor afetivo

Como apontamos em páginas anteriores, o dano moral indireto é o menoscabo a interesse não econômico, resultante de lesão a bem patrimonial da vítima. Nada obsta a que se repare ofensa moral que o ato do lesante tenha provocado ao lesado, ferindo um interesse afetivo atinente a bens materiais, ante o disposto nos arts. 12, 186, 927 e 952, parágrafo único, do Código Civil vigente. A reparação dos sentimentos de afeição vinculados a coisas não poderá ser arbitrária. O magistrado não deverá ordenar o ressarcimento dos sentimentos de afeição, variáveis conforme o caráter da pessoa lesada, mas apenas daqueles oriundos da circunstância de que por meio da coisa danificada a vítima satisfazia um bem jurídico de índole extrapatrimonial que não se restabeleceria com a mera reposição ou reparação do valor pecuniário, nem mesmo com a reparação por equivalente. Bastante ilustrativos são os exemplos de Zannoni: se se furtarem da residência do lesado objetos que representam recordações de família, joias de noivado ou de casamento, troféus etc. O furto afeta não só valores patrimoniais, mas

---

153. Sobre o assunto consulte: Zannoni, op. cit., p. 341-9; M. Helena Diniz, *Curso*, cit., 2. ed., v. 4, 1983, p. 209-22; Gérard Gavin, *Le droit moral de l'auteur*, Paris, Dalloz, p. 289; Antônio Chaves, *Direitos de autor*, cit., v. 26, p. 102 e s.; Piola Caselli, *Trattato del diritto di autore e del contratto di edizione nel diritto interno italiano comparato col diritto straniero*, 2. ed., Napoli, 1927; João da Gama Cerqueira, *Tratado da propriedade industrial*, Rio de Janeiro, Forense, 1946; Philadelpho Azevedo, *Direito moral do escritor*, Rio de Janeiro, 1930; Planiol e Ripert, *Traité pratique de droit civil français*, Paris, 1926, t. 3, n. 575; Isidro Satanowsky, *Derecho intelectual*, Buenos Aires, TEA, 1954, t. 1, p. 52 e 509; Fábio Maria de Mattia, *O autor e o editor na obra gráfica*, São Paulo, Saraiva, 1975, p. 285-333 e 345-50, e *Estudos de direito de autor*, São Paulo, Saraiva, 1975, p. 51-82; Zivan Radojkovic, *Le droit d'auteur*, 1964, p. 177; Georges Bonet, *L'anonymat et le pseudonyme en matière de propriété littéraire et artistique* (Tese), Paris, 1966, p. 170-82; Helen Papaconstantinou, *Legal protection for the titles of literary works*: a comparative study in the columbia journal of transnational laws, 1965, v. 4, n. 1, p. 28 e 29; De Cupis, Il diritto dell'editore, in *Rivista del Diritto Commerciale*, mar./abr. 1968, p. 89-106; Manuella Santos, *Direito autoral na era digital*, São Paulo, Saraiva, 2009; Constituição Federal, arts. 5º, IX, XXVII, XXVIII, *b*, e XXIX, e 216, III. Petição inicial tem caráter utilitário e só poderá ser protegida como direito autoral se comprovada a criação literária, gerando indenização por dano moral e patrimonial por parte de quem a plagiar (STJ, REsp 351.358).

Pelo art. 81, § 2º, VII, da Lei n. 9.610/98, acrescentado pela Lei n. 12.091/2009, o nome dos dubladores deverão ser incluídos nos créditos de obras audiovisuais.

também um valor de afeição, reconhecido juridicamente, enquanto aqueles objetos integram o âmbito da intimidade. O mesmo se diga se houvesse dano num sepulcro que guarda os restos dos familiares da vítima, pois, embora se trate de lesão a bens materiais, ter-se-á de considerar que houve um dano moral que transcende nas soluções de direito positivo[154].

Assim, se houver usurpação (apoderamento ilegal, violento ou fraudulento de coisa) ou esbulho do alheio (tomada ilícita da posse do titular do bem, privando-o de seu exercício), a indenização consistirá em se restituir a coisa mais o valor das suas deteriorações e o devido a título de lucros cessantes, ou, faltando a coisa, em se reembolsar o seu equivalente ao prejudicado (CC, art. 952; *RT*, *148*:204), ou seja, o seu valor médio mercadológico atual. Nesse sentido o Enunciado n. 561 do CJF (aprovado na VI Jornada de Direito Civil): "No caso do art. 952 do Código Civil, se a coisa faltar, dever--se-á, além de reembolsar o seu equivalente ao prejudicado, indenizar também os lucros cessantes". Além da restituição *in natura*, dever-se-ão pagar perdas e danos, salvo se se comprovar boa-fé do usurpador ou esbulhador, caso em que deverá apenas restituir a coisa, móvel ou imóvel, acrescida do valor das deteriorações (*RT*, *443*:283). Para se restituir o equivalente, quando não mais exista a coisa, avalia-se esta pelo seu preço ordinário e pelo de afeição, contanto que este não se avantaje àquele (CC, art. 952, parágrafo único). Nossa lei manda que se leve em conta o preço de afeição, o que equivale à composição do dano moral, mas, para evitar arbitrariedade, fixa um limite: o preço de afeição não pode ultrapassar o preço comum da coisa. Ponderava Washington de Barros Monteiro, com a clareza que lhe era peculiar, que não se devia pensar que o preço afetivo se adicionava ao valor intrínseco da coisa, pois a indenização era uma só; se intrinsecamente valia dez mil reais o objeto, o valor estimativo não podia exceder a essa quantia, logo a indenização era apenas de dez mil reais, e não de dez mil reais mais dez mil reais. Sem embargo dessa opinião, entendemos que diante do disposto no art. 952, parágrafo único, se impossível for ao usurpador devolver o bem que usurpou ou esbulhou, por não mais existir, deverá pagar ao seu legítimo proprietário ou possuidor o preço atual da coisa em dinheiro, incluindo-se ainda o valor afetivo que o bem possa ter, desde que não seja maior do que o preço ordinário da coisa. Assim, se o bem vale dez mil reais, seu valor afetivo não poderá ser superior a dez mil reais, ficando, então, nesse caso, a indenização avaliada em vinte mil reais. Já se decidiu pagamento do preço de uma joia, de acordo com laudo pericial, acrescido de 20% pelo valor de afeição estimado pelo le-

154. Zannoni, op. cit., p. 356-60; De Cupis, *El daño*, cit., p. 124; Paul Esmein, *La commercialisation du dommage moral*, Dalloz, 1954, p. 113.

sado (TFR, Rel. Oscar C. Pina — AC 42841-MG — *Impressos Forenses*, 13-8-79). Compensa-se a vítima, fazendo com que receba um *plus*, decorrente do fato de ter sido privada de um objeto que lhe trazia boas recordações. Se a coisa estivesse em poder de terceiro, este era obrigado a entregá-la, correndo a indenização pelos bens do delinquente (CC de 1916, art. 1.542); logo, se havia adquirido o bem a título oneroso, tinha ação para reaver do usurpador ou esbulhador o respectivo valor[155]. O mesmo se diga por força do art. 884 do Código Civil, que veda o enriquecimento sem causa.

Atualmente, apurar-se-á o *quantum* do equivalente por meio de arbitramento ou por liquidação pelo procedimento comum (CPC, arts. 318 e s.; 509, I e II, 510 e 511).

b.2.2.10. Reparação por rompimento de noivado e por dissolução de casamento

O matrimônio, em regra, é precedido de noivado, esponsais ou promessa recíproca que fazem um homem e uma mulher de futuramente se casarem. Não há obrigação legal de cumprir os esponsais e muito menos autorização normativa para propor qualquer ação para cobrança de multa contratual em caso de sua inexecução. Nada há que obrigue um promitente a respeitar seu comprometimento matrimonial. A quebra da promessa esponsalícia tem apenas o efeito de acarretar responsabilidade extracontratual, dando lugar a uma ação de indenização por ruptura injustificada, pois, como afirma Jemolo, a atitude imprudente, tola ou malvada de estabelecer esponsais, despertando a confiança de um próximo casamento, a tal ponto que uma pessoa realize despesas com vistas a esse fim, e de retirar-se depois sem motivo plausível caracteriza uma atitude culposa e causadora de prejuízos; daí a obrigação da reparação.

Na sistemática de nosso Código Civil poder-se-á falar em semelhante responsabilidade em virtude dos seus arts. 186 e 927, segundo os quais fica obrigado a ressarcir aquele que por ação ou omissão voluntária, negligência ou imprudência, violar direito ou causar prejuízo a outrem (*RT*, *542*:55), ainda que exclusivamente moral.

Para que se configure tal responsabilidade será necessário:

---

155. *Vide*: Orlando Gomes, *Obrigações*, cit., p. 383; Serpa Lopes, op. cit., n. 302; Aguiar Dias, *Da responsabilidade*, cit., v. 2, p. 468; W. Barros Monteiro, op. cit., v. 5, p. 416-8; Silvio Rodrigues, op. cit., v. 4, p. 266-8; Fischer, op. cit., p. 263.

a) Que a promessa de casamento tenha sido feita, livremente, pelos noivos e não por seus pais. É imprescindível existência de promessa de casamento feita pelos noivos. Assim sendo, quem alegar o rompimento deverá demonstrar que havia noivado por meio de convites, correspondências, testemunhas, confissão etc. Para que se indenize a ruptura do noivado, exige-se seriedade nos esponsais, logo não poderá haver simulação.

b) Que tenha havido recusa de cumprir a promessa esponsalícia por parte do noivo arrependido e não dos seus genitores, desde que esta tenha chegado ao conhecimento da outra parte. Tal ruptura deverá ser clara e expressa, embora nada impeça que seja tácita, quando o comportamento do noivo seja de tal monta que leve a noiva a crer que há vontade de romper o compromisso. P. ex.: contrair outro noivado, viajar, por longo tempo, sem dar notícias.

c) Que haja ausência de motivo justo, dando ensejo à indenização do dano, uma vez que, neste caso, não há responsabilidade alguma se não houver culpa grave (erro essencial, sevícia, injúria grave, infidelidade); leve (prodigalidade, condenação por crime desonroso, aversão ao trabalho, falta de honestidade etc.); levíssima (mudança de religião, grave enfermidade, constatação de impedimentos ignorados pelos noivos etc.). O magistrado deverá examinar cada caso de conformidade com os fatos e com o nível social dos envolvidos para decidir qual a causa justa que dará lugar à indenização (*RJTJSP*, *69*:150; *RT*, *506*:256).

d) Que exista dano, pois comumente o desfazimento do noivado traz repercussões psicológicas, pecuniárias e morais. É perfeitamente possível que o noivo venha a sofrer prejuízo com a quebra do compromisso se fez gastos com o preparo de documentos, com a preparação da cerimônia (aluguel de salão de festa e de trajes, decoração de ambiente, contratação de fotógrafo, filmagem, *buffet* etc.), com a viagem de núpcias, com a aquisição de moradia ou de objetos destinados a servir somente por ocasião do casamento etc. Assiste ao prejudicado obter judicialmente o ressarcimento desses prejuízos decorrentes das despesas feitas e das obrigações contraídas ao tempo de noivado na expectativa do matrimônio, desde que se prove a culpa do arrependido e a ausência de razão justa.

O inadimplemento doloso ou culposo dos esponsais por parte de um dos noivos acarreta:

a) Efeitos comuns ao simples desfazimento, ou seja, devolução dos presentes trocados, das cartas e dos retratos. A esse respeito seria de bom alvitre fazer menção ao art. 546 do Código que dispõe que, se tiver havido doação feita em contemplação de casamento futuro, ficará sem efeito, se o casamento não se realizar. Presentes oferecidos em consequência de noivado são regulados por esta norma (*RT, 298*:513). Da mesma forma, a instituição de beneficiária de seguro, feito em vista de casamento futuro, cessa se este não se efetivar (*RT, 195*:245).

b) Indenização por danos patrimoniais e morais, pois realmente são ressarcíveis não só os dispêndios feitos pelo noivo repudiado, mas também qualquer prejuízo moral (CC, art. 186; *RT, 779*:377, *639*:58, *567*:174-5, *461*:214, *323*:229, *741*:255; *JTJ*, Lex, *20*:14, *178*:21; *RTJ*, *82*:546-8 e 515) oriundo da quebra unilateral da promessa esponsalícia. P. ex.: se se atingiu honra e decoro da noiva, notadamente quando já marcada a data do casamento, convites entregues, preparativos feitos; se a noiva foi obrigada pelo noivo a renunciar a uma herança ou doação; a demitir-se do emprego tendo em vista o próximo matrimônio; a não ter ocupação remunerada; a ter uma condição de vida que lhe ocasione prejuízo moral; se a noiva descobrir que seu noivo era casado e tinha uma filha (TJMG, Proc. n. 0830091-80.2008.8.13.0209, publ. 18-6-2014) etc.[156].

---

156. Antônio Chaves, Esponsais, in *Enciclopédia Saraiva do Direito*, v. 33, p. 312 e 313, 323 a 330; M. Helena Diniz, *Curso*, cit., v. 5, p. 33-6; Marco Aurelio S. Viana, Esponsais ou promessa de casamento — indenização, *Ajuris, 29*:170-2; Ricardo M. Cabezón, Dano moral no rompimento do noivado/namoro, *A comarca do mundo jurídico, 5*:14; Fernando Fueyo Laneri, *Derecho de familia*, Valparaíso, Ed. Universo, 1959, p. 70; Jemolo, *Il matrimonio*, Torino, UTET, 1961; Giampaolo Novara, *La promessa di matrimonio*, Genova, LUPA, 1950; Roberto de Ruggiero, *Instituições de direito civil*, 3. ed., São Paulo, 1972, p. 62; Silvio Rodrigues, op. cit., v. 4, p. 40-4; Chironi, *La colpa*, cit., 2. ed., 1897; *Colpa extra-contrattuale*, cit., v. 3, n. 46, p. 120; Fischer, op. cit., 1938, p. 121-3; Azzariti Martinez, *Diritto civile italiano*, 2. ed., v. 1, p. 443; *RT, 779*:376, *567*:174, *360*:398, *473*:213, *298*:513, *155*:324; Aguiar Dias, *Da responsabilidade*, cit., v. 1, n. 73; Lehmann, *Derecho de familia*, v. 4, p. 53-5. Em decisão proferida em 22 de novembro de 2005, a 9ª Câmara de Direito Privado do Tribunal de Justiça de São Paulo assentou que o rompimento de namoro, noivado ou união de fato é um direito do cidadão e não gera responsabilidade por dano moral ou patrimonial (Apelação Cível n. 197.299-4/1-00, de que foi Relator o Desembargador Jayme Martins de Oliveira Neto), visto que o casamento baseia-se na plena liberdade dos nubentes, pois ninguém pode ser obrigado a contraí-lo contra sua vontade, tendo o direito de arrepender-se. Mas haverá aquela responsabilidade pelo abuso no exercício do direito de rompimento do noivado, p. ex., se noivo abandonar noiva no altar, estando presentes os convidados para a cerimônia, causando grande constrangimento e emoção. Indenização — Agravo retido — Juntada de documentos — Rompimento de noivado — Promessas de casamento — Dano moral — Ausência de ato ilícito — Ressarcimento afastado — Os documentos que não são indispensáveis à propositura da demanda podem ser oferecidos em diversos momentos processuais, especialmente se ainda não se encerrou a fase probatória, desde que seja garantido o princípio do contraditório e inexista surpresa proposital. Para que enseja a ruptura de relacionamento amoroso de longa duração o dever de reparação, devem restar devidamente demonstrados o dano moral, além da estabilidade da relação com a promessa de casamento, posto que o rompimento, por si só, não é capaz de ensejar presunção de tais danos. Súmula: negaram provimento ao agravo retido e à apelação (TJMG, AC 1.0145.04.195232-9/001(1), 15ª C. Cív., Rel. Des. Mota e Silva, *DJMG* 25-5-2006).

Da mesma forma há casos de ressarcimento de dano se a noiva, p. ex., foi abandonada com declarações ofensivas. Para melhor esclarecer esta questão, convém trazer à colação o fato lembrado por Edgard de Moura Bittencourt, ocorrido em León, Espanha, em que um rapaz, ao ser interrogado se era de sua livre e espontânea vontade receber a noiva como legítima esposa, disse: "Bem, para ser franco, não!". Assim respondeu e retirou-se da igreja, deixando a moça desmaiada e atônita a alta sociedade que se comprimia no templo. Essa noiva veio a sofrer, além da perda do noivo, uma humilhação pública. O noivo seria punido pelo dano moral que causou. É direito seu reconsiderar a escolha da esposa, mas é obrigação fazê-lo de forma discreta, sem ofensa, nem injúria. Por agir de modo cruel e abusivo, por isso e não pelo arrependimento é que deverá pagar.

A dissolução da sociedade ou do vínculo conjugal pode, como dissemos em páginas anteriores, acarretar dano moral e patrimonial (*RT*, *560*:178-86), gerando responsabilidade civil e, consequentemente, indenização pecuniária (CF, art. 226, § 8º; CC, arts. 186 e 1.573), configurando-se, p. ex., em caso de: dissabor por impotência *coeundi*; sadismo erótico, prática sexual anormal ou vexatória, que viole princípios morais ou integridade física; vigilância mortificante; gestos ultrajantes; comparações desprimorosas; exposição do cônjuge a companhias degradantes; recusa infundada ao débito conjugal; difamação, calúnia ou injúria, atentatórias à honra e ao bom nome do cônjuge; revelação de fatos ou segredos pessoais; transmissão de moléstia contagiosa ou venérea; sevícia e maus-tratos; tentativa de homicídio; violação de correspondência e de comunicação telefônica; não cumprimento dos deveres conjugais lesivo ao direito da personalidade do cônjuge, causando-lhe desonra, humilhação ou, ainda, lesão na sua saúde física ou mental; abandono moral e material; privação de convivência com os filhos; gastos com mudança; perda de rendimentos sobre bens que passaram ao outro consorte; dificuldade de arrumar emprego ou de readaptação profissional, se o casamento frustrou o sucesso profissional do cônjuge etc. Por isso, o Projeto de Lei n. 699/2011 incluirá § 2º ao art. 927, prescrevendo que: "Os princípios de responsabilidade civil aplicam-se também às relações de família". O Parecer Vicente Arruda rejeitou, ao comentar o PL n. 6.960/2002 (atual PL n. 699/2011), tal proposta, alegando que: "Visa a explicitar o óbvio, ou seja, que nas relações de família são aplicados os princípios de responsabilidade civil. Tal regra já nos parece vigente, especialmente em se tratando da interpretação da norma geral do art. 186 do novo CC".

Tal pretensão condenatória visando reparação de dano moral e material poderá até mesmo ser deduzida na reconvenção. Pela identidade de *causa petendi*, nada impede que o juízo de família venha a decidir os pedidos cumulados: o de separação ou o de divórcio e o de reparação civil (TJSP, AI 136.366-4/1-00, 6ª Câm. de D. Privado, Rel. Mohamed Amaro, j. 15-6-2000)[157].

---

157. Edgard de Moura Bittencourt, *Família*, Rio de Janeiro, Ed. Alba, 1970, apud Antônio Chaves, Esponsais, cit., p. 329. *Vide*, ainda, as lições de Degni, *Il diritto di famiglia nel nuovo Codice Civile italiano*, Padova, CEDAM, 1943. O texto que o Projeto de Lei n. 276/2007, ora arquivado, propunha acrescentar como parágrafo ao art. 927 foi sugestão de Regina Beatriz Tavares da Silva, cujos argumentos para justificar a necessidade de inclusão desse novo texto eram os seguintes: "Já que a responsabilidade civil avança conforme progride a civilização, há necessidade de constante adaptação desse instituto às novas necessidades sociais. Bem por isso, as leis sobre essa matéria devem ter caráter genérico, como a regra a seguir sugerida, e aos tribunais cabe delas extrair os preceitos para aplicá-los ao caso concreto. Em suma, não se pode negar a importância da responsabilidade civil, que invade todos os domínios da ciência jurídica, sendo o centro do direito civil e de todos os demais ramos do direito, tanto de natureza pública quanto privada, por constituir-se em proteção à pessoa em suas mais variadas relações. Dentre as relações de caráter privado destacam-se as familiares, em que também devem ser aplicados os princípios da responsabilidade civil, como já reconhecem a doutrina brasileira (Mário Moacyr Porto, Responsabilidade civil entre marido e mulher, *in Responsabilidade civil:* doutrina e jurisprudência, coord. Yussef Said Cahali, São Paulo, Saraiva, 1984, p. 203; Carlos Alberto Bittar, *Reparação civil por danos morais*, 3ª ed., São Paulo, Revista dos Tribunais, 1999, p. 189; Danos morais e materiais decorrentes da ruptura do casamento, *Revista da Faculdade de Direito da FAAP*, *1*:277 a 284; Carlos Roberto Gonçalves, *Responsabilidade civil*, 6ª ed., São Paulo, Saraiva, 1995, p. 71; José de Aguiar Dias, *Da responsabilidade civil*, 6ª ed., Rio de Janeiro, Forense, 1979, v. II, p. 14/16; Marcial B. Casabona, Responsabilidade civil no direito de família, in *Responsabilidade civil*: estudos em homenagem a Rui Geraldo C. Viana, São Paulo, Revista dos Tribunais, 2009, p. 350-69) e a jurisprudência pátria (STJ-3ª Turma, Recurso Especial n. 37051, Relator Min. Nilson Naves, j. 17-4-2001; TJSP — 1ª Câmara Civil, Apelação n. 220.943-1/1, Relator Des. Olavo Silveira, j. 9-3-1995; TJSP — 6ª Câmara de Direito Privado, Apelação n. 272.221.1/2, Relator Des. Testa Marchi, j. 10-10-1996; TJSP — 10ª Câmara de Direito Privado, Relator Des. Quaglia Barbosa, j. 23-4-1996, in BAASP 2008/04-m, de 23-6-1997 e RJ 232/71; TJSP — 2ª Câmara de Direito Privado, Relator Des. Ênio Santarelli Zuliani, j. 23-2-1999, in RT 765/191; TJSP — 2ª Câmara de Direito Privado, Apelação n. 101.160-4/0, Rel. Des. Osvaldo Caron, j. 19-9-2000; TJSP — 6ª Câmara de Direito Privado, Rel. Des. Octavio Helene, j. 31-8-2000, in JTJ/SP 235/47). Embora as relações familiares sejam repletas de aspectos, especialmente pessoais, afetivos, sentimentais e religiosos, envolvendo as pessoas num projeto grandioso, preordenado a durar para sempre, por vezes o sonho acaba, o amor termina, o rompimento é inevitável. Nestas rupturas, são inúmeras as situações em que os deveres de família são violados, com desrespeito especialmente aos direitos da personalidade dos envolvidos nessas relações, a acarretar graves danos aos membros de uma família. As sevícias, ofensivas à integridade física, e injúrias graves, violadoras da honra, praticadas por um dos cônjuges contra o outro (*v.* Regina Beatriz Tavares da Silva Papa dos Santos, *Reparação civil na separação e no divórcio*, São Paulo, Saraiva, 1999, p. 76-79, 153 e 163-165); o atentado à vida do convivente, configurado em contaminação de doença grave e letal ou em abandono moral e material da companheira (*v.* Regina Beatriz Tavares da Silva Papa dos Santos, Responsabilidade civil dos conviventes, *Revista Brasileira de Direito de Família*, Porto Alegre, Síntese e IBDFAM, v. 1, n. 3, outubro/dezembro de 1999, p. 36-39); o abandono moral e material pelo filho do pai idoso e enfermo; a recusa quanto ao reconhecimento da paternidade, com consequente negação à prestação de alimentos, embo-

b.2.2.11. Indenização pela ruptura de união estável

Ao matrimônio como instituição social legítima contrapõe-se o concubinato puro ou união estável[158]. Consiste tal concubinato numa união livre e estável de pessoas de sexo diferente (ou do mesmo sexo — CNJ Resolução n. 175/2013; STF ADPF 132/RJ, FDI, 4.277/DF), que não estão ligadas

---

ra haja a certeza desse vínculo de parentesco (*v.* Regina Beatriz Tavares da Silva Papa dos Santos, 'Reflexões sobre o reconhecimento da filiação extramatrimonial', Revista de Direito Privado, coord. Nelson Nery Júnior e Rosa Maria de Andrade Nery, São Paulo, Revista dos Tribunais, n. 1, janeiro/março de 2000, p. 83 e 84); estes são alguns exemplos de desrespeito aos direitos da personalidade no seio familiar. Os lesados nessas circunstâncias, dentre tantas outras, em obediência ao princípio da proteção à dignidade da pessoa humana, merecem a devida reparação pelos danos sofridos. Recorde-se que o princípio da reparação de danos encontra respaldo na defesa da personalidade, 'repugnando à consciência humana o dano injusto e sendo necessária a proteção da individualidade para a própria coexistência pacífica da sociedade', de modo que 'a teoria da reparação de danos ou da responsabilidade civil encontra na natureza do homem a sua própria explicação' (*v.* Carlos Alberto Bittar, *Reparação civil por danos morais*, cit., p. 13-28). Por fim, salientamos que a aplicabilidade dos princípios da responsabilidade civil ao direito de família tem amplo respaldo constitucional, precisamente na cláusula geral de proteção à dignidade humana, constante do art. 1º, inciso III da Lei Maior. E outro relevante dispositivo da Constituição Federal que fundamenta a tese reparatória no direito de família é o art. 226, § 8º, ao estabelecer que 'o Estado assegurará a assistência à família na pessoa de cada um dos que a integram, criando mecanismos para coibir a violência no âmbito de suas relações'. Remissão deve ser feita ao artigo 186 do Código Civil, que estabelece: 'Aquele que, por ação ou omissão voluntária, negligência ou imprudência, violar direito e causar dano a outrem, ainda que exclusivamente moral, comete ato ilícito', sendo, evidentemente, ato ilícito aquele praticado em violação a um dever de família. Inobstante haja a aplicabilidade dos princípios da responsabilidade civil às relações de família com base nesta regra geral, deve ser explicitamente estabelecida a regra a seguir proposta, como ocorre no direito francês (Código Civil, art. 266) e português (Código Civil, art. 1.792), dentre outros ramos do direito comparado. Em suma a responsabilidade civil é verdadeira tutela privada à dignidade da pessoa humana e a seus direitos da personalidade, inclusive na família, que é centro de preservação do ser humano, antes mesmo de ser havida como núcleo essencial da nação. Conclui-se que a teoria da responsabilidade civil visa ao restabelecimento da ordem ou equilíbrio pessoal e social, inclusive em relações familiares, por meio da reparação dos danos morais e materiais oriundos da ação lesiva a interesse alheio, único meio de cumprir-se a própria finalidade do direito, que é viabilizar a vida em sociedade, dentro do conhecido ditame de *neminem laedere*". No mesmo sentido: Carlos Alberto Bittar, Danos morais e materiais decorrentes da ruptura do casamento, *O direito civil no século XXI* (coord. Maria Helena Diniz e Roberto Senise Lisboa), São Paulo, Saraiva, 2003, p. 95 a 104; Regina B. Tavares da Silva, *Reparação civil na separação e no divórcio*, São Paulo, Saraiva, 1999; Maria Helena Diniz, *Curso*, cit., v. 5, p. 273-4. Sobre dano por ruptura de noivado e de casamento: *RJTJSP*, *32*:29; *117*:175; *RT*, *506*:256, *461*:214, *580*:129, *593*:237, *639*:58, *741*:255, *779*:376, *619*:180, *620*:74, *622*:72, *639*:58, *765*:191; *560*:178-86; STJ, REsp 37.051-03, 3ª T., Rel. Nilson Naves, j. 17-4-2001; *RF*, *277*:191; TJRJ, *ADCOAS*, 1983, n. 88.900.

158. Caio M. S. Pereira, op. cit., 3. ed., 1979, p. 36.

entre si por casamento civil[159] (*RT*, *437*:157, *470*:203, *409*:352, *458*:224, *279*:241, *443*:161, *328*:740; *RTJ*, *38*:201, *54*:201, *67*:255, *7*:24; Súmula 382; *RF*, *164*:268, *85*:704, *98*:105).

Como a união estável pode ser rompida, qualquer que seja o tempo de sua duração, em regra, o convivente abandonado não terá direito à reparação pela simples ruptura, visto que, por se tratar de união livre, há firme propósito de não assumir compromisso. Desse modo o concubinato puro, em si mesmo, não fundamenta nenhum direito do repudiado, mas nada obsta que pleiteie uma indenização pelo rompimento que lhe tenha causado prejuízo de ordem moral ou patrimonial. Com efeito, p. ex., um indivíduo que induziu mulher a viver com ele, determinando perda de sua posição social ou do seu emprego, não poderá romper essa união impunemente se ela, já estando velha, nada mais possa conseguir (*RF*, *92*:735), pois lhe será difícil contrair matrimônio ou arranjar emprego[160].

Embora a união estável não gere consequências idênticas às do matrimônio, a legislação (CC, arts. 1.723 a 1.726, 1.790, 1.694, 1.708, 1.711, 1.609, Leis n. 8.069/90, com a redação da Lei n. 12.010/2009 (arts. 41, § 1º, e 42, § 4º), 8.971/94 e 9.278/96, e Dec. n. 2.172/97 — ora revogado pelo Dec. n. 3.048/99 —, art. 13, § 6º) e a jurisprudência têm evoluído, com acerto, no sentido de possibilitar que produza alguns efeitos jurídicos, mesmo em caso de ruptura.

Sendo impuro o concubinato (CC, arts. 1.727, 1.645, 550, 1.642, V, 1.521 e 1.801) ou, até mesmo, em alguns casos, o puro, a concubina ou a convivente terá direito à remuneração pelos serviços rurais ou domésticos prestados durante o tempo em que viveu com o amante, a fim de que este

---

159. Sobre o conceito de concubinato, *vide* Luigi Frossi, Concubinato, in Scialoja, *Dizionario pratico del diritto privato*, v. 2, p. 279; Dower, *Curso renovado de direito civil*, São Paulo, Nelpa, v. 4, 1973, p. 20; Edgard de Moura Bittencourt, Concubinato, in *Enciclopédia Saraiva do Direito*, v. 17, p. 259; Silvio Rodrigues, op. cit., 8. ed., 1980, v. 6, p. 265; W. Barros Monteiro, op. cit., 19. ed., 1980, v. 2, p. 15; Ruggiero, op. cit., v. 2, p. 52; Ney de Mello Almada, *Manual de direito de família*, São Paulo, Hemeron Ed., 1978, p. 55; Maria Helena Diniz, *Curso*, cit., v. 5, p. 204. Sobre a relação concubinária, consulte ainda: Beucher, *La notion actuelle du concubinage, ses effects à l'égard des tiers*, Paris, Sirey, 1932, p. 20 e s.; Adahyl Lourenço Dias, *A concubina e o direito brasileiro*, São Paulo, Freitas Bastos, 1961, p. 53 e s.; Antônio Chaves, *Lições de direito civil*, São Paulo, Revista dos Tribunais, 1975, v. 3, p. 12 e s.; Renè Thery, Le concubinage en France, *Revue Trimestrielle de Droit Civil*, 1960, p. 33; Caio M. S. Pereira, Concubinato, in *Enciclopédia Saraiva do Direito*, v. 17, p. 258 e s.; Álvaro Villaça Azevedo, Direito do concubinato, in *Enciclopédia Saraiva do Direito*, v. 26, p. 444 e s.; R. Limongi França, Direito do concubinato, in *Enciclopédia Saraiva do Direito*, v. 26, p. 438 e s.

160. Aguiar Dias, *Da responsabilidade*, cit., v. 1, n. 74 e 75.

não se locuplete (*RT*, *305*:966, *426*:74, *452*:225, *308*:264, *483*:195, *314*:249, *427*:107 e 260, *463*:253, *467*:85, *489*:119, *486*:511, *452*:43; *RTJ*, *70*:108, *84*:487; *Revista de Jurisprudência*, *69*:177; *RJTJSP*, *29*:157, *30*:493). A razão desse direito funda-se na inadmissibilidade do enriquecimento ilícito (CC, art. 884), pois o amásio ou companheiro que se aproveita do trabalho e dedicação da mulher não poderá abandoná-la sem indenização, nem seus herdeiros receberão herança sem desconto da parte correspondente àquele ressarcimento. Claro está que a mulher não pode reclamar salário ou indenização como pagamento de *pretium carnis* ou como preço pela posse do seu corpo ou gozo sexual que dele tira o amante, devido à imoralidade que reveste tal pedido. Logo é justa a reparação, dada a concubina ou convivente, que não pede salário como amante, mas, sim, pelos serviços caseiros (*RT*, *181*:290; *RF*, *76*:338 e 489) prestados durante a vigência do relacionamento, desde que com isso tenha auxiliado a aumentar o patrimônio (*RT*, *564*:109). Além disso, o ex-convivente deverá conceder ao outro participação, por ocasião da dissolução da união estável, no patrimônio conseguido pelo esforço comum, inclusive das benfeitorias, por existir entre eles uma sociedade de fato (*RT*, *277*:290, *435*:101, *417*:168, *405*:48, *411*:335; *RTJ*, *56*:429, *69*:466, *75*:936 e 965, *70*:108; *RJTJSP*, *29*:43, *28*:79 e 134), evitando-se o enriquecimento ilícito (CC, arts. 884 a 886). Realmente, a Súmula 380 do Supremo Tribunal Federal assim prescreve: "Comprovada a existência de sociedade de fato entre os concubinos é cabível a sua dissolução judicial com a partilha do patrimônio adquirido pelo esforço comum". Do exposto, percebe-se que é preciso provar a existência da sociedade de fato por todos os meios, apurando-se se, realmente, os amantes colocaram recursos e esforços em comum para a obtenção do patrimônio e se houve intenção de participarem dos lucros e perdas, pois a simples vida concubinária é insuficiente para configurar sociedade de fato (*RT*, *443*:146, *487*:92, *452*:44, *482*:102, *486*:175, *469*:184; *RTJ*, *74*:486; *RJTJSP*, *40*:60). Apesar da acentuada tendência para admitir a associação no aquesto, no sentido de conceder a sua meação aos concubinos (*RT*, *489*:118, *490*:109; *RJTJSP*, *41*:52, *38*:100), entendemos que, em se tratando de concubinato impuro, é preciso provar em que medida houve participação de cada amante, mesmo que exista uma sociedade de fato de natureza econômica, pois seria injusto partilhar os bens comuns ao meio, se um dos concubinos concorreu com mais esforço ou recursos do que o outro para aumentar o patrimônio comum. Assim, o juiz deve analisar cada caso concreto, para fixar a quota que cabe a cada amante, na proporção de sua contribuição para a aquisição ou aumento daquele acervo patrimonial. Já, em relação à união estável, ou concubinato puro, pelo art. 5º, § 1º, da Lei n. 9.278/96, há presunção *juris tan-*

tum (*RT*, *778*:238) de que tais bens adquiridos por um ou por ambos os conviventes na constância da união estável a título oneroso pertencem em partes iguais a ambos, em condomínio, salvo estipulação contrária em contrato escrito ou se a aquisição patrimonial ocorrer com o produto de bens adquiridos anteriormente ao início da união. Tal pacto pode ser feito antes do início da convivência, durante a constância da união estável e até mesmo depois da ruptura da relação, hipótese em que terá efeito retroativo. O convivente que teve seu direito à meação reconhecido judicialmente pode ser nomeado inventariante (*RJTJSP*, *37*:97). O Código Civil vigente, no art. 1.725, reconhece isso ao dispor que, na união estável, salvo contrato escrito entre os companheiros, aplica-se às relações patrimoniais, no que couber, o regime de comunhão parcial de bens (CC, arts. 1.658 a 1.666).

Se o concubinato for impuro dever-se-á, então, provar a proporção com que cada um contribuiu para a formação do patrimônio comum, para saber a quota que lhe pertence.

Tais direitos, já ensinava-nos R. Limongi França, não são exclusivos da convivente ou da concubina, mas cabem também ao companheiro ou ao concubino, com caráter de plena reciprocidade, e, além disso, por ser o concubinato, puro ou impuro, um estado de fato, tudo que lhe disser respeito deve girar em torno de provas inequívocas, especialmente no que concerne ao reconhecimento dos direitos que dele decorrem[161].

b.2.2.12. Dano ao embrião e ao nascituro

O embrião, ou o nascituro, tem resguardados, normativamente, desde a concepção[162], os seus direitos, porque a partir dela passa a ter existência e

---

161. Sobre os efeitos jurídicos decorrentes do concubinato, *vide*: M. Helena Diniz, *Curso*, cit., v. 5, p. 209-12; Caio M. S. Pereira, *Instituições*, cit., v. 5, p. 36, 37 e 38; Silvio Rodrigues, op. cit., v. 6, p. 262-75; Edgard de Moura Bittencourt, *O concubinato no direito brasileiro*, 2. ed., Rio de Janeiro, 1969, v. 1, n. 70; Bernard Demain, *La liquidation des biens des concubins*, Paris, p. 59; Aguiar Dias, *Da responsabilidade*, cit., v. 1, p. 163 e 164; R. Limongi França, Direito do concubinato, cit., p. 440 a 442; Ney de Mello Almada, op. cit., p. 246-9; W. Barros Monteiro, op. cit., v. 2, p. 17 e 18; Dower, op. cit., p. 19-22; *RTJ*, *84*:491, *80*:263; *RJTJSP*, *69*:100, *67*:50, *71*:42 e 133, *110*:338, *111*:426 e *118*:346; *RT*, *560*:178-86, *554*:96, *373*:77, *431*:77, *529*:109, *320*:424, *552*:219 e 184, *336*:248, *421*:143, *443*:146, *550*:96; *606*:91, *630*:77, *632*:87, *729*:134.

162. Pacto de São José da Costa Rica (1969), art. 4º; Convenção sobre Direitos da Criança (1989), preâmbulo; Recomendações n. 934/82, 1.046/86, n. 5, e 1.100/89, n. 7, do Conselho da Europa, que resguardam o direito à vida desde a concepção. A Constituição paraguaia, art. 4º, Constituição chilena, art. 19, 1º, Constituição peruana, art.

teressa, o de abortar para atender a interesses socioeconômicos, ideológicos ou particulares da gestante, para resguardar sua honra ou sua saúde física ou mental, como vimos alhures. Nem tampouco se poderia admitir que uma mulher fique grávida com a finalidade de abortar e usar a medula espinhal do feto para atenuar a leucemia de um de seus filhos, para transplantar células fetais produtoras de insulina em seu próprio organismo e superar a diabetes de que padece ou para utilizar a placenta como cosmético, em busca de rejuvenescimento. Houve até um caso em que uma mulher resolveu engravidar, mediante inseminação artificial com esperma doado por seu próprio pai, para abortar, logo em seguida, com o escopo de efetuar transplante das células cerebrais do feto em seu progenitor, que padecia do mal de Alzheimer[165].

Chegou a ser aprovado nos Estados Unidos o *aborto de nascimento parcial*, até o 9º mês de gestação, ou nos seus dois últimos meses, que consiste em puxar o nascituro pelos pés, deixando sua cabeça no ventre materno para efetuar sucção do cérebro. Com isso o médico estaria livre da pena de homicídio. Mas não seria isso um assassinato hediondo?

Tais condutas, além de ilícitas, estão transformando o feto em objeto, tornando-o meio para alcançar um fim, ferindo sua dignidade como pessoa humana.

Se o nascituro não pôde exercer seu direito de viver, em razão de sua morte ter sido, por exemplo, provocada por negligência médica, atropelamento ou acidente de trânsito sofrido por sua mãe (TJRJ, 18ª Câm. Cív. AC 3.309/98, j. 26-5-1998), terá ela direito de ser indenizada não só por isso, mas também por lesão à sua própria integridade física. Indenizável é, por dano moral, a morte prematura do nascituro pelo sofrimento que provoca e pela perda de uma possibilidade a que seus pais tinham legítimo interesse, qual seja, a de que ele pudesse um dia prestar-lhes auxílio pessoal ou econômico[166].

Na vida intrauterina, até mesmo em caso de fertilização assistida *in vitro*, dever-se-á ter o mais absoluto respeito pela vida e *integridade física e mental* (CC, art. 949; Resolução n. 2.168/2017 do CFM) dos embriões pré-im-

---

assegurar, por antecipação, igual solicitude para com as vidas de seres inocentes".

165. É o que relata Stella Maris Martinez, Manipulação genética e direito penal, *Boletim do IBCCrim*, 6:62.

166. TARJ, AC 2.804/95, j. 13-6-1995: "A morte de um filho em gestação, não importa o motivo, toca profundamente a mulher em seu ponto mais sublime: a maternidade. Atinge um grau elevado na escala de valores morais. A brusca interrupção da gravidez constrange, causa dor e profundo sofrimento. Decorrente de ato ilícito, a perda do nascituro deve integrar o dano moral a ser reparado".

plantatórios ou dos nascituros, sendo suscetível de indenização por dano moral qualquer lesão que venham a sofrer, como deformações, traumatismos, toxi-infecções, intoxicações etc., em caso de:

1) *Manipulações genéticas*, que somente serão lícitas se feitas para corrigir alguma anomalia hereditária (Lei n. 8.974/95 (ora revogada), arts. 8º, III e IV, e 13, II e III; Lei n. 11.105/2005, arts. 6º, II e III, 24 e 25; Código de Ética Médica (Resolução CFM n. 2.217/2018), arts. 15, *in fine*, e 16; Resolução do CFM n. 2.168/2017, Seção I, n. 5 e VI, n. 1 e 2), devendo-se sempre respeitar seu patrimônio genético.

2) *Experiências científicas* de toda sorte, como: *a*) para obter seres geneticamente superiores, com determinado sexo ou caracteres genéticos (Res. CFM n. 2.168/2017, Seção I, n. 5 e 6); *b*) para efetuar estudos, torturando-os a "serviço da ciência", por exemplo: na Universidade Dalhouse, em Halifax, na Califórnia, rins fetais foram utilizados para analisar certas moléstias renais; na Universidade de Stanford, Califórnia, o Dr. Goodlin fez experiências abrindo a caixa torácica de fetos humanos, de até 24 semanas, ainda vivos, a fim de estudar o trabalho do coração; na Universidade húngara de Szeded, retirava-se o coração, ainda batendo, de bebês não nascidos, contando até 15 semanas[167]. Somente se poderiam admitir em feto experiências para assegurar sua cura de um mal genético ou sua própria sobrevivência ou, ainda, para impedir a transmissão de uma moléstica hereditária (Resolução n. 1/88 do Conselho Nacional de Saúde; Resolução n. 2.168/2017 do CFM, Seção VI, 1 a 3; Diretrizes éticas internacionais para pesquisas biomédicas envolvendo seres humanos, n. 11); *c*) para utilização em testes de curas de leucemia e outras espécies de câncer ou em cirurgias de transplantes; *d*) para criar clones humanos ou seres híbridos; *e*) para a engenharia genética penetrar na intimidade do espermatozoide ou do óvulo e alterar seu código genético, interferindo, precocemente, em caracteres de personalidade e comportamentais do embrião; *f*) para aproveitamento de suas células e tecidos, cultivando-os para fins de transplantes.

3) *Uso de espermatogone ou espermátide*, que poderá causar aberrações genéticas, por exemplo, pela redução artificial dos 46 para 23 cromossomos.

4) *Reprogramação celular*, para alterar o limite de vida do nascituro por herança dos pais.

5) *Congelamento* dos embriões excedentes, que, na fertilização assisti-

167. Wilke, *O aborto*, cit., p. 155-6; Litchfield e Kentish, *Bebês para queimar*, São Paulo, 1985, p. 177.

da, não foram reimplantados (Res. CFM n. 2.168/2017, Seção V, 1 a 5).

6) *Comercialização* de embriões excedentes (Lei n. 11.105/2005, art. 5º e § 3º) para fins experimentais, cosmetológicos[168] ou para a fabricação de armas biológicas de extermínio.

7) *Defeitos apresentados no material fertilizante* doado para fins de reprodução assistida, não detectados pelo profissional da saúde ou provocados pela sua deterioração, em virtude do mau funcionamento dos aparelhos pertencentes à clínica.

8) *Diagnóstico pré-natal* (Resolução n. 2.168/2017 do CFM, Seção VI, n. 1), pois, mediante testes e exames, o desenvolvimento do embrião pode ser acompanhado ao vivo, possibilitando prever e até corrigir defeitos de formação antes do nascimento, gerando responsabilidade civil médica se algum dano lhe for causado pelas técnicas empregadas, tais como: *a*) *ressonância magnética*, que permite produzir imagem de alta resolução do embrião, sem interromper seu crescimento, mediante marcação de célula, para obter informações detalhadas sobre seus órgãos, verificando onde houve a falha, em caso de surgir algum defeito genético, e até que ponto poderá haver uma intervenção médica para corrigi-lo. Todavia, poderá ocorrer que o processo de marcar células produza algum efeito colateral sobre o feto[169]; *b*) *amostra de vilo corial*, exame feito depois de 10 semanas de gestação, em tecido que dá origem à placenta, que possibilita a previsão de moléstias sérias, como a síndrome de Down; *c*) *amniocentese*, que poderá causar desprendimento prematuro da placenta, perfuração de vísceras fetais, embolia ou morte do feto, por consistir, a partir da 12ª semana de gravidez, numa punção da cavidade amniótica não só para retirar líquido âmnico, examiná-lo e apurar algum desequilíbrio metabólico e o sexo do nascituro, detectar anomalias genéticas não hereditárias ou cromossômicas, como síndrome de Down, anencefalia e malformação cerebral, ou averiguar a maturidade pulmonar do feto, mas também para introduzir substância para alimentação intrauterina do feto e, ainda, induzir ao parto; *d*) *amnioscopia*, que é a obtenção de amostra de pele ou de sangue fetal por aspiração placentária para verificar se houve ruptura da bolsa, morte fetal ou se se configurou a mola hidatiforme. Essa técnica poderá acarretar hemorragia, infecção fetal e desencadeamento do trabalho de parto; *e*) *fetoscopia*, feita para diagnóstico de doença ou desor-

---

168. Litchfield e Kentish, *Bebês para queimar*, cit., p. 151.

169. Hélio Gurovitz, Voyeurismo embrionário: ressonância permite ver crescimento de embrião, *Folha de S.Paulo*, 27-2-1994, p. 16.

dem metabólica, que requer muita habilidade do profissional da saúde, sob pena de causar dano à gestante e ao nascituro; *f*) *alfafetoproteína*, que é o exame de sangue da mãe, feito para dosar uma proteína produzida pelo feto, cuja falta ou excesso poderá indicar eventuais malformações e enfermidades genéticas; *g*) *ultrassonografia*, que é o diagnóstico para indicar anomalias anatômicas do nascituro; *h*) *cordocentese*, que consiste na coleta de amostra de sangue fetal obtida diretamente por punção do cordão umbilical, depois de 20 semanas de gestação, para detectar infecções ou doenças genéticas[170].

9) *Técnica de utilização de tecido fetal*, retirado antes do nascimento para corrigir defeito congênito após o parto, recompondo o órgão malformado do recém-nascido mediante criação de tecido verdadeiro em laboratório, afastando o problema de rejeição. Detectada através de ultrassom feito no 3º mês de gestação uma anomalia fetal, far-se-á uma cirurgia no 6º mês de gravidez, usando-se câmera endoscópica e uma fina sonda cirúrgica para retirar amostra do tecido, cujas células, depois de examinadas, serão alimentadas, numa incubadora, com um fluido nutritivo. Alguns dias depois, o tecido, que pode ser de pele, músculo ou cartilagem, estará preparado para ser removido e colocado sobre uma armação biodegradável na forma de órgão a ser transplantado. As células crescem nesse esqueleto e 6 semanas depois da cirurgia estarão prontas para o transplante, que será feito momentos depois do nascimento. Se essa técnica de reconstrução de órgãos malformados a partir de células do embrião, que dela será beneficiado após seu nascimento, vier a falhar, gerará responsabilidade civil médica por dano moral[171].

10) *Cirurgias intrauterinas*, como a feita em caso de uropatia obstrutiva, mediante drenagem para corrigir obstrução da bexiga, evitando a morte do feto assim que nascer, e hidroencefalia, em que se aplica a encefalocentese, ou seja, drenagem cerebral ou de hérnia do diafragma, que provoca o desenvolvimento parcial ou impede o desenvolvimento pulmonar do feto[172].

11) *Eritroblastose fetal*, isto é, incompatibilidade sanguínea entre a mãe e o feto[173], que, por não ter sido detectada, poderá trazer sérios problemas ao nascituro.

---

170. Teste flagra problema durante a gravidez, *Folha de S.Paulo*, 7-8-1994, p. A-18; Silmara Chinelato e Almeida, Bioética e dano pré-natal, *Revista Brasileira de Direito Comparado*, *17*:318-9.

171. Thomas H. Maugh II, Técnica permite usar tecido fetal para corrigir defeitos congênitos. *O Estado de S. Paulo*, 24-7-1997, p. A-23.

172. Silmara Chinelato e Almeida, Bioética..., *Revista*, cit., p. 318-9.

173. Silmara Chinelato e Almeida, Bioética..., *Revista*, cit., p. 318.

12) *Ausência de vacinação*, se o fator Rh do tipo sanguíneo da mãe não for compatível com o do pai do nascituro, que poderá ter problemas caso seja o segundo filho e não tenha havido aplicação da vacina.

13) *Transfusão de sangue contaminado no feto* ou por dano causado ao nascituro ante a *recusa à transfusão por motivo de crença religiosa* de seus pais, pois há decisões judiciais considerando que o direito à vida e à saúde pesa mais do que o direito à liberdade de crença, responsabilizando civilmente os genitores pelo dano sofrido pelo nascituro, em razão dessa recusa[174].

14) *Transmissão de doenças*, como AIDS ou sífilis, por exemplo, pelos pais através da concepção[175].

15) *Omissões em terapias gênicas* por parte dos médicos.

16) *Medicação inadequada* ministrada à gestante, como, por exemplo, Talidomida[176], remédio contra ansiedade, tensão e náuseas, que provoca graves deformações no nascituro, dando origem a uma indenização por dano moral e pagamento de pensão especial de 1 a 8 salários mínimos à vítima, conforme o grau da deficiência que lhe foi provocada. Tal pensão especial aos portadores da síndrome de Talidomida é intransferível e vitalícia. Não gera qualquer benefício para eventual dependente do seguro nem confere direito ao pagamento do abono anual. Além dessa pensão, as vítimas podem receber aposentadoria e outros benefícios da Previdência Social, desde que comprovem a devida contribuição (Ordem de Serviço n. 591/98 do INSS revogada pela IN-INSS/DC n. 57/2001; orientação interna n. 95/2004 do INSS). Apenas não poderá ser cumulada com o benefício de prestação continuada, correspondente a um salário mínimo pago a idosos a partir de 67 anos e a portadores de deficiências que não possuam nenhum rendimento. Maléfica ao feto será a aplicação vaginal ou oral de Misoprostol ou Cytotec, causando-lhe malformação. Este último é muito usado para interromper gravidez, por não perfurar o útero, não provocar contaminações, nem

---

174. Wilke, *O aborto*, cit., p. 202; Silmara Chinelato e Almeida, Direitos da personalidade do nascituro, *Revista do Advogado*, *38*:21-30; Maledon, The law and the unborn child: the legal and logical inconsistences, *Notre Dame Lawyer*, *46*:348-72.

175. Silmara Chinelato e Almeida, Bioética..., *Revista*, cit., p. 320.

176. Juliana Junqueira, Denunciado o uso de talidomida por grávidas, *O Estado de S. Paulo*, 12-7-1998, p. A-11. A Lei n. 12.190/2010, com a regulamentação do Decreto n. 7.235/2010, concede indenização por dano moral às pessoas com deficiência física decorrente de uso da Talidomida que consistirá no pagamento de R$ 50.000,00, multiplicado pelo número dos pontos indicadores da natureza e do grau da dependência resultante da deformidade física.

peritonites ou lesão na alça intestinal, como ocorre com a introdução de sondas ou outros instrumentos abortivos, mas tem um grande inconveniente: quando a mulher não consegue abortar, mantida a gravidez, o feto apresentará sérias anomalias. Esse medicamento é apenas autorizado para tratamento de úlcera gástrica e duodenal, não podendo ser ministrado durante a gestação por provocar contração dos músculos uterinos, causando sangramento e expulsão parcial ou completa do feto[177].

17) *Radiações* (raios X), que podem lesar o feto, acarretando hidrocefalia, mongolismo, defeitos de ossificação etc.

18) *Fumo*, pois, se grávida for fumante inveterada, a nicotina e o monóxido de carbono poderão atingir seus pulmões, ir ao sangue e, através da placenta, atingir o feto, causando-lhe perda de peso e malformações congênitas, acelerando-lhe as palpitações cardíacas e fazendo com que ocorra seu nascimento prematuro. Ter-se-á, então, o "bebê da nicotina". Além disso, o fumo pode triplicar o risco de infertilidade feminina, por provocar envelhecimento precoce dos ovários ou elevar a níveis anormais um hormônio ovariano, diminuindo o número de óvulos a serem liberados.

19) *Tóxicos consumidos pelos pais*, mesmo para fins terapêuticos, que poderão afetar o nascituro em seu desenvolvimento psíquico (instintos, sensibilidade, caráter), intelectual (percepção, memória) e físico (perturbações motoras) etc. O consumo de heroína ou morfina pela gestante para acalmar dores do parto poderá fazer com que o bebê apresente sintomas de toxicomania. Sobre isso Goodman e Gilman escrevem: "quando a morfina é administrada à mãe, antes do parto, o recém-nascido pode apresentar depressão respiratória, porque a sensibilidade da criança é devida à imaturidade da barreira hematoencefálica, que permite o acesso ao sistema nervoso central de maior quantidade de morfina administrada". Por isso será preciso apurar a responsabilidade médica, visto que a loucura e a debilidade mental têm no uso de tóxicos o vibrião deletério.

20) *Alcoolismo*, pois descendentes de alcoólatras podem nascer retardados. Se o pai for alcoólatra, as células germinativas prejudicadas poderão acarretar danos orgânicos e psíquicos à prole. E se a gestante consumir muito álcool durante a gravidez poderá causar estigmas de degeneração psíquica e somática, gerando, p. ex., um imbecil. Estatísticas feitas num hospital comprovam que, entre 761 descendentes de ébrios contumazes, 322 saíram

177. Remédio contra úlcera é o mais usado no Brasil, *O Estado de S. Paulo*, 7-8-1994, p. A-18.

degenerados, 131 epiléticos e 155 loucos.

21) *Uso errôneo de hormônios* antes da terceira fase do trabalho de parto, que poderá produzir contrações uterinas asfixiando o nascituro[178].

22) *Recusa da gestante de ingerir medicamento ou de se submeter a uma intervenção cirúrgica ou médica* para preservar a saúde ou a integridade física do nascituro[179].

23) *Inocuidade de pílula anticoncepcional*, resultando uma gravidez indesejada, que poderá causar rejeição da criança, dando-lhe o direito de mover ação judicial por dano de nascimento por erro (*wrongful birth*)[180].

24) *Problema ocorrido no parto por falha médica*, pois poderá, p. ex., suceder, na hipótese de parto a Leboyer, que, por permitir a presença de todos os familiares à sala do parto, sendo este feito ao som de música, haja exposição do neonato a contaminações ou riscos de sofrer acidentes. Poderá também haver responsabilidade civil médica por dano moral ao nascituro na cesárea *post mortem*, para resgatar feto vivo do cadáver de sua mãe, mas, para tanto, será necessário que o médico esteja certo do óbito da gestante, que deverá ser confirmado por um outro médico, ante o direito de viver do novo ser, sob pena de omissão de socorro. Tal intervenção não poderá ser feita em gestante agonizante.

25) *Uso de abortivos*, como o DIU, que, quando não eliminam o feto, causam-lhe sérias lesões.

26) *Ocorrência de acidentes*, pois, p. ex., na Austrália, uma grávida imprudentemente, ao ajudar a reunir o gado com uma caminhonete, veio a capotar, fazendo com que sua filha Nicole nascesse com deficiência cerebral. Esta, em 1986, representada por um tio, processou sua mãe, e a justiça condenou-a a pagar quantia indenizatória por prejuízo pré-natal[181].

---

178. Silmara Chinelato e Almeida, *Tutela civil do nascituro*, tese apresentada na FADUSP; Alberto Calabrese e Emílio Astolfi, *Toxicologia*, Buenos Aires, 1961; Waldomiro Pires de Camargo e Waldomiro Pires de Camargo Jr., *Educação: drogas, alcoolismo e tabagismo*, 1993, p. 6, 8-15, 62-3, 77, 93, 126, 152, 153, 163-5, 173 e 201; Goodman e Gilman, *Vício, uso e abuso de tóxicos: as bases farmacológicas da terapêutica*, Guanabara, Roogar, p. 236. *Vide*, ainda, Fumo triplica risco de infertilidade na mulher, *O Estado de S. Paulo*, 7-8-1994, p. A-18. Consulte: M. Helena Diniz, Reflexões sobre a problemática das novas técnicas científicas de reprodução humana assistida e a questão da responsabilidade por dano moral ao embrião e ao nascituro, *Livro de Estudos Jurídicos*, 8:220.

179. Silmara Chinelato e Almeida, Bioética..., *Revista*, cit., p. 319.

180. Silmara Chinelato e Almeida, Bioética..., *Revista*, cit., p. 321; Engelhardt, *The foundations of bioethics*, New York, 1996.

181. *Veja*, 14-8-1991, p. 67. A 2ª Câmara do TARS, na AC 194.026.779, j. 17-11-1994, por una-

A jurisprudência, no Brasil e em outros países, tem sustentado o direito da criança de movimentar a máquina judiciária para obter indenização por dano pré-natal contra o lesante, seja ele sua mãe (CC, art. 186) ou o médico (Lei n. 8.078/90, art. 14, § 4º; CC, art. 951). O agravo a embrião ou a nascituro em sua integridade física é a perda de sua aptidão de experimentar as situações prazerosas da vida.

O nascituro não pode ser usado para fins lucrativos, pois, na condição de ser humano, seu corpo, é *res extra commercium*, insuscetível de constituir objeto de ato negocial. Assim sendo, é inadmissível, juridicamente, a venda de nascituros na Internet, como denunciou recentemente o jornal católico italiano *Avvenire*, que vem sendo feita pela empresa americana *VipAdoption*, criada por Michael Vasile, em 1990, para ser mediadora de uma alternativa ao aborto, colocando ofertas de bebês antes de seu nascimento, a US$ 12 mil, a jovens grávidas ou a casais dispostos a adotá-los. Louvável seria tal atitude se não houvesse comercialização.

O nascituro tem *direito ao pai* ou à paternidade certa, podendo ser adotado (ECA, art. 2º), e reconhecido pelo seu genitor (ECA, art. 26; CC, art. 1.609, parágrafo único) e, não o sendo, mover investigação de paternidade, representado pela mãe ou, em casos excepcionais, pelo curador ao ventre, cumulada com alimentos (*RT*, *566*:54 e *625*:172; *RJTJRS*, *104*:418; *Lex*, *150*:90).

O nascituro tem, em caso de fertilização assistida, *direito à identidade genética*, que lhe vem sendo negado ante a exigência do anonimato do doador do material fertilizante e do receptor do material genético, mas é preciso esclarecer que anonimato não significa que se lhe deva esconder tudo, pois nada obstará que se lhe revelem os antecedentes genéticos do doador, quando atingir a idade nupcial, para evitar incesto, daí a obrigatoriedade do registro de dados dos partícipes do processo de reprodução assistida e da criação de mecanismos de controle estatal da avaliação das doações feitas em bancos de sêmen e óvulos.

O nascituro deve ter assegurado o *direito à indenização por morte de seu pai* como compensação pelo fato de nunca tê-lo conhecido. A perda do genitor, argumenta Adail Moreira, ainda que não sentida no ato de sua ocorrência pelo nascituro, afeta-lhe, contudo, posteriormente, quando nascido com vida, o psiquismo pelo sentimento de frustração ante a ausência da fi-

---

nimidade, entendeu: "Acidente de trânsito. Indenização por dano moral. Induvidosos os sofrimentos, angústia e tensão, por longos oito meses, diante de gravidez com possível prejuízo da vida ou integridade física do nascituro, há dano moral indenizável".

gura paterna, sendo que a reparação por dano moral poderá, a título de compensação, minorar a "dor" da orfandade[182].

O nascituro tem *direito a alimentos* (*RT, 650*:220; TJRS, Agravo de Instrumento n. 70018406652) para uma adequada assistência pré e pós-natal[183] (ECA, art. 8º (com redação da Lei n. 13.257/2016); Lei n. 11.804/2008).

Consagrado está o *direito à imagem* do nascituro, pois poderá ela ser captada por ultrassonografia, câmaras fotográficas miniaturizadas ou radiografias. Assim, se captada, utilizada ou publicada sem autorização de seus pais ou do curador ao ventre, causando-lhe dano, poderá pleitear uma indenização[184].

O nascituro também tem *direito à honra* e poderá pleitear indenização se sofrer imputação de bastardia, por exemplo.

O nascituro tem *capacidade de direito*, mas não de exercício, devendo seus pais ou, na incapacidade ou impossibilidade deles, o curador ao ventre ou ao nascituro zelar pelos seus interesses[185], tomando medidas processuais em seu favor, administrando os bens que irão pertencer-lhe, se nascer com vida, defendendo em seu nome a posse, resguardando sua parte na herança, aceitando doações ou pondo a salvo as suas expectativas de direito. Com o nascimento com vida, seus pais assumem o poder familiar; se havia curador ao ventre, cessar-se-ão suas funções, terminando a curatela, nomeando-se um tutor ao nascido.

O nascituro poderá *receber bens por doação* (CC, art. 542) ou por *herança* (CC, arts. 1.798 e 1.799), mas o direito de propriedade somente incorporará em seu patrimônio se nascer com vida, mesmo que faleça logo em seguida, hipótese em que os bens, recebidos por liberalidade, transmitir-se-ão aos seus

---

182. Trecho do acórdão da 10ª Câmara do 2º TACSP, AC c/ rev. 489.775-0/7, de Mojiguaçu, j. 29-10-1997; Mauro Mello, Nascituro tem direito a indenização por dano moral, *Tribuna do Direito, 32*:125, dez. 1997; Beatrice M. Paulo, Novos caminhos da filiação: a responsabilidade de pais e de genitores — questões polêmicas, *Revista Síntese — Direito de Família, 69*:75-103.

183. Silmara Chinelato e Almeida, Direito do nascituro a alimentos: do direito romano ao direito civil, *Revista de Direito Civil, 54*:52-60.

184. René Ariel Dotti, *Proteção da vida privada e liberdade de informação*, São Paulo, Revista dos Tribunais, 1980, p. 94. *Vide* sobre direito à honra e à imagem do nascituro: *TJSP*, Ap. Cível n. 406.855-4/6-00, rel. Des. Benedito Silvério.

185. Adahyl Lourenço Dias, *Venda a descendente*, Rio de Janeiro, Forense, 1985, p. 278 e 281; Sérgio Abdalla Semião, *Os direitos do nascituro — aspectos cíveis, criminais e do biodireito*, Belo Horizonte, Del Rey, 1998, p. 34, 89-90 e 111. Jander Maurício Brum (*Curatela*, Rio de Janeiro, Aide, 1995, p. 123) ensina-nos que o curador ao ventre apenas protege o patrimônio de bens, visto que não é dado à pessoa por nascer. Trata-se, na verdade, de uma curatela de bens.

sucessores. Se nascer morto, caduca estará a doação ou a sucessão legítima ou, ainda, a testamentária. Enquanto estiver na vida intrauterina seus pais ou o curador ao ventre serão meros guardiães ou depositários desses bens doados ou herdados, bem como de seus frutos e produtos. Logo, não são usufrutuários; deverão guardá-los sem deles gozar, não tendo *usus* nem *fructus*[186].

Os arts. 542, 1779 e parágrafo único do Código Civil e os arts. 297 e 301 do Código de Processo Civil garantem à gestante ou ao curador a *posse* em nome do nascituro dos direitos que lhe assistirem, mediante o emprego de tutela provisória. Assim, a mulher que, para assegurar os direitos do filho nascituro, quiser provar sua gravidez deverá, munida de certidão de óbito da pessoa de quem o feto é sucessor, requerer ao órgão judicante que, ouvido o Ministério Público, mande examiná-la por um médico de sua nomeação. Tal exame será dispensado se os demais herdeiros do falecido aceitarem a declaração da requerente. Com a apresentação do laudo que reconheça o estado de gravidez, o magistrado deverá declarar por sentença a requerente investida na posse dos direitos que couberem ao nascituro. Se ela não puder exercer o poder familiar, nomear-se-á curador ao nascituro, que, então, velará pelos seus interesses.

Como se vê, inúmeros são os direitos do nascituro, por ser considerado, pelo direito, na nossa opinião, um ente dotado de personalidade jurídica formal e material[187].

b.3. Titulares da ação ressarcitória

---

186. Pontes de Miranda, *Tratado de direito privado*, São Paulo, Revista dos Tribunais, 1983, v. 58, p. 29; Maria Helena Diniz, *Código Civil anotado*, cit., p. 816 e 1072. Poderão surgir dúvidas quanto ao fato de haver ou não incidência de tributos em seus bens ou se eles são ou não suscetíveis de desapropriação.

187. Mário Emílio Bigotte Chorão, Concepção realista da personalidade jurídica e estatuto do nascituro, *Revista Brasileira de Direito Comparado, 17*:271-96; Tarantino, *Culture giuridiche e diritti del nascituro*, Milano, Giuffrè, 1997; *Per una dichiarazione dei diritti del nascituro* (coord.), *Studi Giuridici*, Milano, 1996; Anacleto de Oliveira Faria e André Franco Montoro, *Condição jurídica do nascituro no direito brasileiro*, São Paulo, Saraiva, 1953; Silmara J. A. Chinelato e Almeida, *Tutela civil do nascituro*, São Paulo, Saraiva, 2000; Benedita Inêz Lopes Chaves, *A tutela jurídica do nascituro*, São Paulo, LTr, 2000; Mário Antonio Silveira, *Os direitos da vida intrauterina*, dissertação de mestrado apresentada na PUCSP, em 2001; Euclides Benedito de Oliveira, Indenização por danos morais ao nascituro, *O direito civil no século XXI* (coord.: Maria Helena Diniz e Roberto Senise Lisboa), São Paulo, Saraiva, 2003, p. 145-166, Maria Helena Diniz, *O estado atual do biodireito*, São Paulo, Saraiva, 2002, p. 113-127.

No momento da consumação do fato lesivo surge ao lesado a pretensão de indenização, mas seu direito de crédito apenas se concretizará com a decisão judicial; enquanto esta não for prolatada, o prejudicado será credor potencial. Todavia, estará autorizado, apesar de não ser credor efetivo, para movimentar a máquina judiciária, desde o instante em que experimentou o dano.

Quem é o sujeito ativo da reparação do dano? Quais são as pessoas que têm direito de reclamar indenização pelos danos sofridos?

É evidente que a exigibilidade do ressarcimento do dano pertence a todos os que efetivamente experimentaram o prejuízo, isto é, aos lesados diretos ou indiretos (CC, arts. 12, parágrafo único, e 943, 1ª parte). Assim sendo, caberá, em regra, à *vítima* (lesado direto), que sofreu uma lesão em seu patrimônio ou em sua pessoa, o direito de pleitear, judicialmente, a indenização, desde que prove o liame de causalidade, o prejuízo, a culpabilidade do lesante, se, obviamente, não se tratar de culpa presumida ou de responsabilidade objetiva. Poderão apresentar-se, por meio de seus representantes legais, na qualidade de lesados diretos de dano moral os menores impúberes, os deficientes mentais, os loucos, os portadores de arteriosclerose, porque, apesar de carecerem de discernimento, o ressarcimento do dano não é considerado como a reparação do sentimento, mas como uma indenização objetiva de um bem jurídico violado. Em regra, as pessoas jurídicas não teriam direito à reparação do dano moral subjetivo, que fere interesses espirituais, por não possuírem capacidade afetiva ou receptividade sensorial. Mas as pessoas jurídicas públicas ou privadas (CC, art. 52) poderão sofrer dano moral objetivo, por terem atributos reconhecidos jurídica e publicamente como um modo de ser, sujeito à valoração extrapatrimonial da comunidade em que atuam, p. ex., o prestígio, o bom nome, a confiança do público, a probidade comercial, a proteção ao segredo industrial e ao nome comercial etc. Esta sua boa reputação é uma manifestação particular da honra e transcende as considerações de índole patrimonial. Deveras, o agravo à honra pode ocorrer sem qualquer consideração a um dano patrimonial, daí o seu direito à reparação desse dano. Assim sendo, a pessoa jurídica poderá propor ação de responsabilidade fundada em dano material ou moral.

Quanto aos *lesados indiretos*, é preciso verificar se houve dano patrimonial e/ou moral. Se se tratar de lesão a interesses econômicos, o lesado indireto será aquele que sofre um prejuízo em interesse patrimonial próprio, resultante de dano causado a um bem jurídico alheio. A indenização por morte de outrem é reclamada *jure proprio*, pois ainda que o dano, que recai sobre a mulher e os filhos menores do finado, seja resultante de homicídio ou acidente, quando eles agem contra o responsável, procedem em nome próprio, reclamando contra prejuízo que sofreram e não contra o que foi irrogado ao marido e pai. P. ex.: a viúva e os filhos menores da pessoa assassinada são lesados indiretos, pois obtinham da vítima do homicídio o necessário para sua subsistência. A privação de alimentos é uma consequência do dano. O homicídio afeta-os indiretamente, observa Zannoni, uma vez que o dano sofrido está relacionado com uma situação jurídica objetiva (o fato de essas pessoas serem alimentandos e o morto alimentante) que liga o evento danoso ao prejuízo (perda do necessário para a subsistência).

Como a ação ressarcitória do dano moral funda-se na lesão a bens jurídicos pessoais do lesado, portanto inerentes à sua personalidade, em regra, só deveria ser intentada pela própria vítima, impossibilitando a intransmissibilidade sucessória e o exercício dessa ação por via sub-rogatória. Todavia, há forte tendência doutrinária e jurisprudencial no sentido de se admitir que pessoas indiretamente atingidas pelo dano possam reclamar a sua reparação.

No caso do dano moral, pontifica Zannoni, os lesados indiretos seriam aquelas pessoas que poderiam alegar um interesse vinculado a bens jurídicos extrapatrimoniais próprios, que se satisfaziam mediante a incolumidade do bem jurídico moral da vítima direta do fato lesivo. Ensina-nos De Cupis que os lesados indiretos são aqueles que têm um interesse moral relacionado com um valor de afeição que lhes representa o bem jurídico da vítima do evento danoso. P. ex.: o marido ou os pais poderiam pleitear indenização por injúrias feitas à mulher ou aos filhos, visto que estas afetariam também pessoalmente o esposo ou os pais, em razão da posição que eles ocupam dentro da unidade familiar. Haveria um dano próprio pela violação da honra da esposa ou dos filhos. Ter-se-á sempre uma presunção *juris tantum* de dano moral, em favor dos ascendentes, descendentes, cônjuges, companheiros (Enunciado n. 275 do CJF, aprovado na IV Jornada de Direito Civil), irmãos, inclusive de criação (*RT*, *791*:248), em caso de ofensa a pessoas da família. Essas pessoas não precisariam provar o dano extrapatrimonial, ressalvando-se a terceiros o direito de elidirem aquela presunção. Os demais parentes, amante (sendo impuro o concubinato), noiva (*RT*, *790*:438), amigos, poderiam pleitear indenização por dano moral, mas terão maior ônus de prova, uma vez que deverão provar, convincentemente, o prejuízo, como consequência direta da perda sofrida, e demonstrar que se ligavam à vítima por vínculos estreitos de amizade ou de insuspeita afeição.

Como se vê, além do próprio ofendido, poderão reclamar a reparação do dano patrimonial ou moral seus herdeiros (CC, art. 943, 1ª parte), seu cônjuge, os membros de sua família (CC, art. 12, parágrafo único; *RT*, *515*:69), seus dependentes econômicos e, em certas hipóteses, seu companheiro, desde que a vítima não seja casada e as suas relações não sejam incestuosas (*RJTJSP*, *105*:67; *RT*, *588*:117 e *582*:99). Todas essas pessoas têm direito de propor ação de indenização, ingressando em juízo *jure proprio* e de prosseguir na ação de indenização movida pelo *de cujus*, que sofreu o gravame antes do óbito (STJ, 4ª T., REsp 440.626, Rel. Min. Ruy Rosado de Aguiar, j. 3-102002). Com o falecimento do lesado seus herdeiros têm legitimidade para sucedê-lo na relação processual que ele integrava, pleiteando *quantum* indenizatório (CPC, art. 110) e para propor ação com esse escopo. Tal ação só poderá ser exercida pelo lesado direto ou indireto ou por seu representante, se absoluto ou relativamente incapaz, não podendo ser efetivada a sua revelia, e por intervenção espontânea do Ministério Público ou pelo juiz de ofício, pois só o prejudicado terá o direito de agir e apenas em seu proveito poderá ser decretado o ressarcimento do dano. Se houver dano que atinja várias pessoas, cada uma terá direito de exigir a reparação[188]. Concede-se, ainda, ação de reparação ao empregador, vítima de prejuízo oriundo de dano a seu empregado[189], ao sócio atingido pela lesão causada ao outro[190] e ao credor pelo prejuízo que sofre com o dano material acarretado ao devedor, mas não poderá pleitear ressarcimento de dano moral[191].

Ensina-nos José de Aguiar Dias que o falido terá ação de indenização relativamente aos prejuízos que o atingem em caráter pessoal, ou seja, os

---

188. Consultar sobre o sujeito ativo da ação de reparação do dano: Serpa Lopes, op. cit., p. 375-83; Zannoni, op. cit., p. 360-73; Wilson Melo da Silva, *O dano moral*, cit., p. 501-9, 520-7; Mosset Iturraspe, *Responsabilidad*, cit., t. I, p. 303; Brebbia, *El daño*, cit., 1967, p. 242-4; Lalou, op. cit., 1949, n. 156; Larenz, op. cit., t. 2, p. 636-9; Aguiar Dias, *Da responsabilidade*, cit., v. 2, p. 399-507; Orgaz, *El daño*, cit., p. 81, 241 e s.; Orlando Gomes, *Obrigações*, cit., p. 387-90; Arturo Alessandri Rodríguez, op. cit., p 463 e s.; Fuzier-Herman, *Code Civil annoté*, Paris, v. 4, n. 473; De Cupis, *El daño*, cit., p. 656; Risarcibilità del danno morale, *Rivista Critica di Infortunistica*, Milano, 1933; Hedemann, *Tratado*, cit., v. 3, p. 542 e 543 e Savatier (*Le droit, l'amour et la liberté*, Paris, 1937, p. 114), que escreve: "*Par le seul fait qu'elle vit en concubinage, une femme acquiert, aux yeux de certains magistrats — non de tous, hâtons-nous de le dire — un droit à se voir dédommagée du don qu'elle a fait d'elle même. Ainsi prévaut dans leur jugement l'idée de réparation, singulièrement fertile, puisque, non seulement elle prive irrémédiablement l'homme de ce dont il s'est déjà dépouille, mais qu'elle le condamne encore à fournir ce qu'il a paru s'engager, même, vaguement, à donner*". E acrescenta: "*... c'est déjà une solution tendencieuse. Mais elle devient indéfendable quand le concubinage se double d'adultère*"; Adrien Peytel, *L'union libre devant la loi*, Paris, 1905, p. 6 e 193; Maria Odete D. Bertasi, O dano moral e sua transmissão pela herança, *Informativo IASP*, *64*:5-6. Convém lembrar que pais biológicos não podem pleitear indenização por morte de filho adotado por outra família (*RT*, *788*:282).

189. Gardenat e Salmon-Ricci, *De la responsabilité civile*, 1927, p. 34, n. 119.

190. Josserand, *Les transports*, Paris, 1910, p. 849; Demogue, op. cit., 1928, t. 4, n. 530.

191. Aguiar Dias, *Da responsabilidade*, cit., v. 2, p. 506.

danos patrimoniais e morais experimentados pelo indivíduo como tal, porém à massa competirão as ações que têm por escopo obter reparação dos prejuízos causados aos bens que constituem a garantia dos credores[192].

É preciso não olvidar que a ação de reparação comporta transmissibilidade aos sucessores do ofendido, desde que o prejuízo tenha sido causado em vida da vítima. Realmente, pelo Código Civil, art. 943, o direito de exigir a reparação transmite-se com a herança. Se houver ultraje à memória de um morto, os herdeiros poderão alegar e provar o prejuízo próprio, decorrente da difamação ou injúria ao membro da família desaparecido. Sofrem dano pessoal, daí a razão por não se lhes negar tal ação de indenização. O credor da indenização, mesmo na hipótese de culpa presumida, deverá, ao propor a ação, comprovar o dano sofrido, caracterizar o fato lesivo contra ele cometido e a ausência de qualquer causa excludente da responsabilidade.

A ação de indenização extingue-se pela: *a*) renúncia, tomando a forma de desistência ou de perempção de instância; *b*) transação, se as partes mediante concessões recíprocas puserem termo ao litígio; e *c*) prescrição, que cessa a pretensão à indenização, não extinguindo propriamente a ação[193].

b.4. Devedores da indenização

Sendo o dano um pressuposto da responsabilidade civil, será obrigado a repará-lo aquele a quem a lei onerou com tal responsabilidade, salvo se ele puder provar alguma causa de escusa. Deveras, os arts. 186 e 927 do Código Civil indicam a qualidade de sujeito passivo do dano, pois réu será a pessoa que, por ação ou omissão voluntária, negligência ou imprudência, violar ou causar prejuízo a outrem. Se o dano foi provocado por uma só pessoa, apenas ela deverá responder pela indenização oriunda do ato lesivo que praticou. Em regra, a responsabilidade é individual, porém poderá ocorrer que nem sempre seja direta, pois há casos em que se terá responsabilidade indireta, quando o indivíduo responderá não pelo fato próprio, mas pelo fato de outrem ou pelo fato das coisas ou de animais sob sua guar-

---

192. Aguiar Dias, *Da responsabilidade*, cit., v. 2, p. 506.

193. Mário Moacyr Porto, *Ação de responsabilidade civil e outros estudos*, São Paulo, 1966, p. 11; Aguiar Dias, *Da responsabilidade*, cit., v. 2, p. 506 e 507; Serpa Lopes, op. cit., p. 370; Parmentier, *Droits de la famille sur l'indemnité en cas d'accident*, 1904, p. 67. "A partir da vigência do novo Código, o prazo prescricional das ações de reparação de danos que não houver atingido a metade do tempo previsto no Código Civil de 1916 fluirá por inteiro, nos termos da nova lei" (Enunciado n. 50 do Centro de Estudos Judiciários do Conselho de Justiça Federal).

da. Além disso, duas ou mais pessoas poderão ter concorrido para a produção do dano a terceiro, hipótese em que se terá prejuízo resultante de atuação coletiva (*RT*, *107*:15; *RF*, *71*:501). Se houver coautoria ou cumplicidade no fato lesivo, os vários coautores ou cúmplices e as pessoas designadas no art. 932 responderão solidariamente (CC, art. 942, *in fine*, parágrafo único; *RT*, *508*:90). Pelo art. 932, I a V, do Código Civil são responsáveis pela reparação civil: os pais, pelos filhos menores que estiverem sob sua autoridade (*RT*, *518*:96) e em sua companhia; o tutor e o curador, pelos pupilos e curatelados, que se acharem nas mesmas condições; o empregador ou comitente, por seus empregados, serviçais e prepostos, no exercício do trabalho que lhes competir, ou por ocasião dele; os donos de hotéis, hospedarias, casas ou estabelecimentos, onde se albergue por dinheiro, mesmo para fins de educação, pelos seus hóspedes, moradores e educandos (CC, art. 932, IV), e os que gratuitamente houverem participado nos produtos do crime, até a concorrente quantia (CC, art. 932, V). Todas essas pessoas arroladas no art. 932, I a V, ainda que não haja culpa de sua parte, responderão pelos atos praticados por terceiros ali referidos (CC, art. 933). A solidariedade (CC, art. 942) produz o efeito de:

a) possibilitar que qualquer um dos codevedores seja demandado pelo total da dívida (CC, art. 264);

b) permitir que o titular do crédito possa exigir de qualquer deles o *quantum* que lhe é devido (CC, art. 275);

c) instaurar o direito de reembolso do devedor, que, demandado pelo débito solidário, satisfez a dívida por inteiro (CC, art. 283). O responsável indireto que paga poderá exigir dos corresponsáveis a quota que lhes caiba, como devedores solidários.

Pelo art. 942 do Código Civil, os bens do responsável pela ofensa ou violação do direito de outrem ficam sujeitos à reparação do dano causado. Isto é assim porque a responsabilidade só pode recair sobre a pessoa do devedor na seara penal. No âmbito cível só responde pelo dano o patrimônio do lesante. Eis a razão pela qual o art. 928, parágrafo único, dispõe que o incapaz responde equitativamente pelo prejuízo que causar se a pessoa por ele responsável não tiver obrigação de fazê-lo ou não dispuser de meio suficiente. Apesar da mitigação da indenização, esta poderá ser excluída se vier a privar o incapaz-lesante e os que dele dependerem dos meios necessários à sua subsistência. Logo, o seu representante legal arcará sozinho, se puder, com a indenização devida ao lesado (CC, arts. 932 e 933), não exercendo seu direito de regresso (CC, art. 934), se o tutelado ou curatelado não tiver recursos financeiros ou puder ficar privado do necessário para se manter. Há, na responsabilidade civil, uma garantia real: a concessão de hipoteca legal (CC, art. 1.489, III) ao ofendido, ou aos seus herdeiros sobre os imóveis do delinquente, para satisfação do dano causado pelo delito e pagamento das despesas judiciais.

Pelo Código Civil, art. 1.659, IV, são excluídas da comunhão as obrigações provenientes de atos ilícitos, visto que a responsabilidade civil por tais atos é pessoal, logo não pode recair sobre bens comuns do casal, a não ser que se prove que o outro cônjuge tirou proveito com o produto do ato ilícito (*RT*, *182*:131). A indenização deve ser paga com bens que entram na meação do culpado ou com seus bens particulares. Entretanto, não poderá onerar a meação do responsável, enquanto a sociedade conjugal não se dissolver, por se tratar de meação indevida e ideal (*RT*, *151*:131, *465*:203).

Pelo Código Civil, art. 943, 2ª parte, a obrigação de prestar a reparação transmite-se com a herança. O patrimônio do responsável responde pelo dano moral e/ou patrimonial. Assim, em caso de responsabilidade civil, vindo a falecer o lesante, suas obrigações, inclusive a de reparação de danos, transmitem-se aos herdeiros; logo, o lesado poderá demandar o espólio até onde alcançar o saldo positivo deixado pelo *de cujus* aos seus sucessores, que não responderão com seu patrimônio pessoal. Os débitos do falecido não atingem os bens de cada herdeiro, exceto no que disser respeito, como diz Matiello, ao que recebeu do produto da partilha incidente sobre o acervo. Assim sendo, a reparação do prejuízo estende-se aos sucessores daquele que o causou, mas a responsabilidade dos herdeiros ou sucessores a título universal é limitada *intra vires hereditatis*, pois não respondem por encargos superiores às forças da herança (CC, art. 1.792, 1ª parte). Os herdeiros só responderão no limite das forças da herança em proporção das quotas hereditárias, ainda que o autor da herança seja devedor solidário. O mesmo não se dá com os sucessores a título particular ou singular, que não respondem pelas dívidas e encargos da herança, já que sucedem apenas *in rem aliquam singulare*, ou seja, sucedem ao *de cujus* em bens ou direitos determinados ou individuados, ou em fração do patrimônio devidamente individuada, sub-rogando-se, de modo concreto, na titularidade jurídica de determinada relação de direito, sem representar o falecido. Em regra, exceto se houver disposição contratual em contrário ou se o fato lesivo tiver sido praticado em fraude a credores, o sucessor a título singular não responderá por dano causado pelo transmitente a terceiro.

É mister não olvidar que nosso Código Civil, nos arts. 930 e 934, assegura o direito de regresso. Se houve dano em estado de necessidade e o perigo ocorreu por culpa de terceiro, contra este ficará com ação regressiva

(*RT, 509*:69) o autor do dano, para haver a importância que tiver ressarcido ao dono da coisa. Igualmente, o que ressarcir prejuízo causado por outrem, se este não for descendente seu, poderá reaver, daquele por quem pagou, o que houver pago. Infere-se daí que o pai que indenizar dano causado pelo filho não terá direito de regresso contra eles. O que paga sem ter praticado ato lesivo a terceiro terá direito de regresso sobre o total da reparação que satisfez por outrem. P. ex.: se o transportador deixar de levar o passageiro são e salvo em seu destino, porque seu veículo foi abalroado por outro, dirigido por motorista embriagado, a empresa de transporte indenizará o dano experimentado pelo viajante, mas, como não foi culpada pelo inadimplemento, voltar-se-á contra aquele que causou o prejuízo, para reaver o total da indenização paga[194].

C. Liquidação do dano

c.1. Conceito e função jurídica

A sentença judicial deverá condenar o lesante ao pagamento de indenização cabal, que abranja não só as custas processuais, honorários advocatícios e os juros contados a partir do momento da ocorrência do fato lesivo[195], mas também tudo a que o credor faz jus.

O credor tem direito de receber o que lhe é devido; daí a importância de se saber se a obrigação é líquida ou ilíquida, pois, se for líquida, poderá haver penhora dos bens do devedor, o que será impossível se ilíquida.

194. A respeito da qualidade de sujeito passivo *vide*: Silvio Rodrigues, op. cit., v. 4, p. 203 e 204; Aguiar Dias, *Da responsabilidade*, cit., v. 2, p. 507-20; Demogue, *De la réparation civile des délits* (ouvrage couronné pour la Faculté de Droit de l'Université de Paris), 1898, p. 65; Serpa Lopes, op. cit., p. 369-75; Philippe Drakidès, *Du principe en vertu duquel la solidarité ne se présume pas*, Paris, Sirey, p. 67; Leonardo Colombo, *Culpa aquiliana*, p. 708 e s.; Leopoldino Amaral Meira, *Ações de indenização ou reparação do dano*, São Paulo, 1937, n. 104; Radu V. Valsanesco, *La solidarité au cas defaute commune*, Paris, LGDJ, 1931; Coucoureux, *Des délits et des quasi-délits imputables à plusieurs personne*, Toulouse, 1903; Lafay, *Étude sur la responsabilité des coauteurs des délits et quasi-délits civils*, Lyon, 1902; Léon Mazeaud, Obligation *in solidum* et solidarité entre codébiteurs délictuels, *Revue Critique de Législation et de Jurisprudence*, *3* e *4*:141 e s., 1930; Lamarque, *Responsabilité solidaire des coauteurs d'un délit civil ou penal*, Paris, 1911; Planiol e Ripert, *Traité élémentaire de droit civil français*, t. 2, n. 738; Sourdat, *Traité générale de la responsabilité*, 1902, t. 1, n. 163; Ripert, Solidarité dans le cas de faute commune, *Rev. Crit. de Législ. et de Jurisp.*, 1913, p. 216; Pierre Hugueney, *Responsabilité civile du tiers complice de la violation d'une obligation contractuelle*, Dijon, 1910, p. 90; Matiello, *Código*, cit., p. 591.

195. Orlando Gomes, *Obrigações*, cit., p. 389.

A obrigação será líquida se certa quanto à sua existência e determinada quanto ao seu objeto. Seu objeto é certo e individuado, logo tal obrigação deverá especificar, expressamente, a qualidade, quantidade e natureza do objeto devido, por isso não dependerá de qualquer providência para que seja cumprida. É expressa por um algarismo, que se traduz por uma cifra.

Pelo Código Civil, art. 397, e parágrafo único, o inadimplemento de obrigação positiva e líquida, no seu termo, constitui de pleno direito o devedor em mora. Não havendo prazo assinado, começa ela desde a interpelação judicial ou extrajudicial. O termo inicial para contagem de juros, se se tratar de obrigação líquida, decorre de acordo entre as partes, arbitramento ou sentença judicial, visto que o Código Civil, art. 407, estatui: "Ainda que se não alegue prejuízo, é obrigado o devedor aos juros da mora que se contarão assim às dívidas em dinheiro, como às prestações de outra natureza, uma vez que lhes esteja fixado o valor pecuniário por sentença judicial, arbitramento, ou acordo entre as partes". Além disso, o Código Civil, no art. 644, concede ao depositário o direito de retenção se houver liquidez da obrigação, até que se lhe pague o líquido valor das despesas, ou dos prejuízos, desde que provados[196].

Se a obrigação não puder ser expressa por um algarismo, ou cifra, necessitando de prévia apuração, será ilíquida, por ser incerto ou indeterminado o montante da prestação. Tal apuração será realizada por um processo chamado liquidação, que fixará o seu valor, em moeda corrente, a ser pago ao credor, se o devedor não puder cumprir a prestação na espécie ajustada (CC, arts. 946 e 947, e CPC, arts. 509, I e II, 510, 511, 809, §§ 1º e 2º, 627 e parágrafos). Pelo art. 809 do Código de Processo Civil, §§ 1º e 2º, "Não constando do título o valor da coisa e sendo impossível sua avaliação, o exequente apresentará estimativa, sujeitando-se ao arbitramento judicial. Serão apurados em liquidação o valor da coisa e os prejuízos". Assim sendo, a obrigação converter-se-á em líquida.

Pelo Código Civil, art. 397, na obrigação que se reveste de iliquidez não pode haver constituição em mora *pleno iure*, ante o princípio *in illiquidis non fit mora*, que compreende o caso em que é certa a existência do débito, embora incerto o seu *quantum*, a ser determinado oportunamente pela liquidação. Assim, é só depois do processo de liquidação que se têm os efei-

---

196. M. Helena Diniz, *Curso*, cit., v. 2, p. 94 e 95; W. Barros Monteiro, op. cit., 1982, v. 4, p. 232-5. Os juros moratórios fluem a partir do momento em que o devedor praticou o ilícito (CC, art. 398; Súmula 54 do STJ).

tos da mora[197].

As obrigações oriundas de atos ilícitos ou de fatos lesivos a terceiros são ilíquidas, daí a necessidade de liquidação do dano causado, estimando-se, de acordo com os dados apurados, qual a soma correspondente ou qual o meio de restaurar a situação inerente ao *statu quo ante*. Com isso procurar-se-á possibilitar a efetiva reparação do prejuízo sofrido pela vítima pela reposição das coisas no estado em que se encontravam antes da lesão. A reparação operar-se-á, neste caso, mediante a reconstituição natural. Dever-se-á reconstituir o bem lesado para que a vítima seja reconduzida a situação anterior ao dano experimentado, como se ele não tivesse ocorrido. P. ex., um muro criminosamente derrubado poderá ser recomposto materialmente, *in natura*. Contudo, em regra, nem sempre a restauração natural é possível; será impossível, ou por onerosidade excessiva para o devedor, ou pela insuscetibilidade de sua efetiva realização. P. ex., se o prejuízo for corporal, provocando amputação de perna, não se poderá, nessas circunstâncias, ter uma liquidação *in natura*, hipótese em que se deverá procurar um equivalente pecuniário, acrescendo-se o lucro cessante. Desse modo, o órgão judicante deverá apreciar o dano integral produzido pelo fato prejudicial (*damnum emergens*) e o *lucrum cessans*, atual ou futuro, ou seja, o valor representativo de todas as vantagens que o ofendido deixou ou deixará certamente de auferir em razão do evento danoso, adicionando-se, ainda, os juros (*RF*, *150*:173; *AJ*, *107*:640; *RT*, *157*:724, *181*:223, *329*:268).

Como se vê, do ponto de vista do conteúdo da reparação do dano, a sua liquidação poderá efetivar-se *in natura* ou mediante indenização por equivalente, que se faz em dinheiro, tendo por medida a avaliação pecuniária do dano indenizável ou compensável, cuja extensão, como vimos alhures, determina-se pela diferença entre a situação em que o lesado se encontra e a situação em que se encontraria se a lesão não tivesse ocorrido.

Havendo direito à reparação do dano, surge a liquidação, que é a operação de concretização da indenização[198], fixando o seu montante e o modo

197. Álvaro Villaça Azevedo, Liquidação das obrigações, in *Enciclopédia Saraiva do Direito*, v. 50, p. 133 e s.; W. Barros Monteiro, op. cit., v. 4, p. 232-5; M. Helena Diniz, *Curso*, cit., v. 2, p. 95 e 96; R. Limongi França, Liquidação das obrigações, in *Enciclopédia Saraiva do Direito*, v. 50, p. 127 e s.

198. Serpa Lopes, op. cit., p. 385; Carlos Alberto Bittar, op. cit., p. 78. Para avaliar dano moral, o prejuízo, aplicando-se a teoria da diferença, deverá ser quantificado, mediante apuração da diferença entre a situação atual do patrimônio do lesado e a situação em que, hipoteticamente, estaria se o dano não tivesse ocorrido, compensando

de ressarcimento. A *aestimatio damni* tem por escopo tornar líquida a obrigação de indenizar, estipulando quanto o lesante deverá pagar ao lesado. Ante a função ressarcitiva da responsabilidade civil, a indenização concedida ao ofendido, a expensas do ofensor, não poderá, mesmo quando houver dolo, exceder o valor do dano causado por não se permitir enriquecimento indevido. Deve-se dar ao credor aquilo que lhe é devido, sem acréscimo, sem reduções.

Como meio de atualização ter-se-á a atualização monetária (CC, art. 389), que é acréscimo apenas na aparência, pois consiste em revisão estipulada pelas partes, ou imposta por lei, p. ex., nos seguros obrigatórios, débitos fiscais e desapropriação, que têm por ponto de referência a desvalorização da moeda, atualizando os valores corroídos pela inflação. Apesar da hesitação da doutrina e da jurisprudência, há uma grande tendência em se admitir a atualização monetária nas indenizações por dano causado a outrem (*RTJ*, *67*:132, *59*:848 e 469, *62*:255, *53*:378, *58*:858, *56*:858, *66*:893, *61*:278, *71*:614, *60*:416, 419 e 543, *57*:438, *73*:146, *118*:353; *RT*, *443*:355, *424*:244, *670*:92, *745*:221), ainda que sem lei expressa, se o prejuízo tiver natureza pessoal ou se a indenização tiver caráter alimentar. Todavia, julgados há (*RT*, *465*:209, *448*:101, *425*:188, *464*:85, *496*:231, *516*:180, *508*:266, *561*:103, *520*:143; *RTJ*, *62*:102, *37*:43 e 116; *RJTJSP*, *30*:134, *28*:83), dentre eles: *a*) a Súmula 490 do STF, que prescreve: "a pensão correspondente à indenização oriunda de responsabilidade civil deve ser calculada com base no salário mínimo vigente ao tempo da sentença e ajustar-se-á às variações ulteriores" (atualmente, não mais se permite condenação com base no salário mínimo, devendo ser considerado o salário-referência instituído pela Lei n. 6.205/75, mas a jurisprudência tem afirmado que o salário-referência não é aplicável à ação de indenização por responsabilidade civil, pois esta deve levar em conta os índices de elevação do salário mínimo (*RJTJSP*, *69*:151; *RT*, *566*:132) e *b*) a Súmula 562 do STF, que estatui: "na indenização de danos materiais decorrentes de ato ilícito cabe a atualização de seu valor, utilizando-se, para esse fim, dentre outros critérios, dos índices de correção monetária", e a Súmula 43 do STJ, que prescreve: "incide correção monetária sobre dívida por ato ilícito a partir da data do efetivo prejuízo", que, acertadamente, consagram a tese da admissibilidade da atualização monetária em todas as obrigações de indenizar. Além disso, a Lei n. 6.899/81 determina a correção mo-

---

os lucros perdidos. Abrangeria, então, os danos efetivos e os lucros que deixou de ter (Mário Júlio de Almeida Costa, *Direito das obrigações*, Coimbra, Livr. Almedina, 1998, p. 687-9).

netária em qualquer débito resultante de decisão judicial.

E o cálculo da verba honorária, se procedente a ação, far-se-á conforme o disposto no art. 85, § 2º, do Código de Processo Civil (*RTJ*, *111*:1251, *115*:741; *RT*, *550*:222; Súmula 14 do STJ).

A liquidação vem a ser, precisamente, a fixação da prestação pecuniária que é objeto da obrigação de reparar o dano causado[199].

A função jurídica da liquidação será tornar efetiva a reparação do prejuízo sofrido pela vítima. Na reparação do dano procurar-se-á saber qual foi sua extensão e sua proporção. Na liquidação visa-se fixar concretamente o montante dos elementos apurados na reparação, que é o objeto da ação.

Assim, na liquidação, objeto da execução, o magistrado deverá apreciar o prejuízo integral produzido pelo fato lesivo, abrangendo o dano emergente e o lucro cessante. Para tanto deverá averiguar: *a*) *o grau de culpa do lesante* (CC, art. 944, parágrafo único), pois casos há em que se deve reduzir a indenização se houver desproporção entre a gravidade da culpa (leve ou levíssima) e o dano, ou em que o evento dano advém de culpa concorrente (CC, art. 945), culpa exclusiva da vítima ou de terceiro. "A possibilidade de redução do montante da indenização em face do grau de culpa do agente, estabelecida no parágrafo único do art. 944, deve ser interpretada restritivamente, por representar uma exceção ao princípio da reparação integral do dano, não se aplicando às hipóteses de responsabilidade objetiva" (Enunciado CJF do STJ n. 46 do Centro de Estudos Judiciários do Conselho de Justiça Federal). "A indenização não inclui os prejuízos agravados, nem os que poderiam ser evitados ou reduzidos mediante

---

199. Sobre a liquidação do dano consulte: Lagostena Bassi e L. Rubini, *La liquidazione del danno*, Milano, Giuffrè, 1974; Orlando Gomes, *Obrigações*, cit., p. 380; Antunes Varela, *Direito das obrigações*, cit., p. 229; Orgaz, *El daño*, cit., p. 183 e s.; De Cupis, *El daño*, cit., p. 320, 379 e s.; Henoch D. Aguiar, *Hechos*, cit., t. 4, p. 622; Zannoni, op. cit., p. 205-30; Santos Briz, *La responsabilidad*, cit., 1977, p. 267-9; Piero Giolla, *Valutazione del danno alla persona nella responsabilità civile*, Milano, 1967; Aguiar Dias, *Da responsabilidade*, cit., v. 2, p. 409, 411 e 459-86; Fischer, op. cit., p. 155 e s. e 192; Larenz, op. cit., v. 2, p. 572 e s.; Ladret, *Étude critique des méthodes d'evaluation du prejudice corporel*, Paris, 1969; M. Helena Diniz, *Curso*, cit., v. 2, p. 84; O problema da liquidação do dano moral e o dos critérios para a fixação do *quantum* indenizatório, *Atualidades Jurídicas*, *2*:237 e s.; Araken de Assis, Liquidação do dano, *RT*, *759*:11; Ronaldo Alves de Andrade, *Dano moral à pessoa e sua valoração*, São Paulo, Juarez de Oliveira, 2001; Stanilas de Gozdawa-Godlewski, *L'incidence des variations de prix sur le montant des dommages-intérêts dans le droit commun de la responsabilité civile*, Sirey, 1955; Mazeaud e Mazeaud, op. cit., t. 3, n. 2.360; Silvio Rodrigues, op. cit., p. 217-25; Robinson B. Mendes, Reflexões sobre critérios de fixação do *quantum* indenizatório do dano moral, *Direito em questão: aspectos obrigacionais*, coord. Wilson José Gonçalves, UCDB, 2000, p. 121-31; Oduvaldo Donnini e Rogério F. Donnini, *Imprensa livre, dano moral, dano à imagem e sua quantificação à luz do novo Código Civil*, São Paulo, Método, 2002.

esforço razoável da vítima. Os custos da mitigação devem ser considerados no cálculo da indenização"(Enunciado n. 629 da VIII Jornada de Direito Civil). O art. 945 do atual Código Civil prescreve: "Se a vítima tiver concorrido culposamente para o evento danoso, a sua indenização será fixada, tendo-se em conta a gravidade de sua culpa em confronto com a do autor do dano". Esse artigo não exclui a aplicação da teoria da causalidade adequada (Enunciado n. 47 do CJF do STJ — aprovado na Jornada de Direito Civil de 2002). Se, para o dano, concorreram a culpa do lesante e a do lesado (CC, art. 945), tal fato não poderá deixar de ser considerado na fixação da indenização, pois o montante global do prejuízo sofrido se abaterá à quota-parte que, para o magistrado, for imputável à culpa da vítima (*RT*, *609*:112, *599*:260, *588*:188, *567*:104). Pela VIII Jornada de Direito Civil — Enunciado n. 630: "Culpas não se compensam. Para os efeitos do art. 945, do Código Civil, cabe observar os seguintes critérios: (i) há diminuição do *quantum* da reparação do dano causado quando, ao lado da conduta do lesante, verifica-se ação ou omissão do próprio lesado da qual resulta o dano, ou o seu agravamento, desde que, (ii) reportadas ambas as condutas a um mesmo fato, ou ao mesmo fundamento de imputação, conquanto possam ser simultâneas ou sucessivas, devendo-se considerar o percentual causal do agir de cada um"; *b*) *a situação econômica da vítima ou do causador do dano*, desde que esta influa sobre o montante do prejuízo. P. ex., é o que ocorre com a lesão corporal, que pode acarretar perda de um lucro; assim, para avaliar tal perda, o juiz deverá verificar a situação pecuniária do lesado no momento do acidente e investigar a fonte de seus recursos de trabalho. Além do mais, deverá haver uma reparação integral dos direitos do prejudicado até onde suportarem as forças do patrimônio do lesante. É preciso deixar bem claro que a obrigação de indenizar subsistirá sempre, sendo independente das condições pecuniárias do ofendido, de modo que o ofensor ou responsável pelo dano não poderá alegar que a vítima ou sua família se encontra amparada por bens de fortuna, montepio, pensão etc.; *c*) *a influência de acontecimentos exteriores ao fato prejudicial*, visto que a responsabilidade civil requer liame de causalidade entre o dano e a ação que o produziu; logo, nenhum elemento de compensação poderá ser levado em conta na reparação a não ser que esteja relacionado diretamente com o dano sofrido; *d*) *o lucro obtido pela vítima com a reparação do dano*, hipótese em que se operará a dedução do montante do dano, do valor do benefício auferido, desde que vinculado ao fato gerador da obrigação de indenizar, não tendo resultado de circunstâncias fortuitas. P. ex.: no caso de ter recebido carro zero quilômetro, em substituição ao danificado já usado, justa seria a dedução. Trata-se da regra da *compensatio lucri cum damno*. Mas se o benefício não tiver como causa necessária o fato lesivo, sendo oriundo de outros fatores: desconto de vencimentos ou saldos, tempo de serviço, pensões, seguro etc., na indenização não se descontará o percebido a título de pensão, por constituir auxílio de previdência social. O autor do dano não poderá ser beneficiado por tal fato. Sendo diversas a causa do dano e a causa do lucro, deixará de existir o requisito essencial da *compensatio*: identidade do fato gerador de um e outro[200].

O juiz não estará obrigado a declarar os fundamentos ou os fatores em que se baseou para delimitar a extensão do prejuízo, poderá até mesmo abstrair das circunstâncias do caso[201]. Essa liberdade de apreciação do magistrado na avaliação do dano é sempre exercida, quer seja o dano material, quer seja ele moral[202].

Martinho Garcez Neto ensina-nos, ainda, que se poderá fazer tantas liquidações quantas forem necessárias para a avaliação do dano e fixação definitiva da condenação. Se o dano for comprovado, ele deverá ser reparado, competindo ao prudente arbítrio judicial examinar os fatos, apreciar as provas e fixar um valor para a indenização, que nunca representará um enriquecimento indevido. Para tanto o juiz poderá recorrer ao conselho dos peritos, dos árbitros, às presunções *hominis* ou *facti*, ou melhor, ao que é ditado pelas normas da experiência sob a égide do critério do *boni viri*. Enfim, deverá empregar, mesmo que a extensão do dano não fique demonstrada, todos os recursos de seu prudente arbítrio, examinando indícios e presunções, para a fixação do *quantum* da indenização a que tem direito a vítima[203].

c.2. Modalidades

---

200. Serpa Lopes, op. cit., p. 385 e 386, 390-95; De Cupis, *El daño*, cit., p. 162 e s.; Vicente de Azevedo, *Crime-Dano-Reparação*, São Paulo, 1934, p. 324; Orgaz, *El daño*, cit., p. 208; Carvalho Santos, op. cit., v. 3, p. 329; Martinho Garcez Neto, op. cit., p. 71, 72 e 85-9; STJ, Súmula 186.

201. Fischer, op. cit., p. 137 e 138. No mesmo teor de ideias, Savatier (*Traité*, cit., t. 2, n. 609) escreve: *"Les tribunaux et les cours d'appel motivent simplement leurs decisions en disant qu'ils ont les éléments pour fixer les dommages — intérêts à la somme qu'ils indiquent"*; Lalou (op. cit., p. 113, n. 180) afirma: *"la fixation d'une indemnité ne relève que de la conscience et la prudence des magistrats"*; e Arturo Alessandri Rodríguez (op. cit., p. 577) pontifica: *"Los jueces del fondo son soberanos para fijar el monto de la indemnización"*.

202. Martinho Garcez Neto, op. cit., p. 25. Na página 26 observa que a afirmação feita por Consolo (*Trattato sul risarcimento del danno in materia di delitti e quasi delitti*, 2. ed., Torino, 1914, n. 10) de que o dano material não pode mais ser liquidado *arbitratu boni viri*, critério só admissível em relação ao dano moral, representa opinião isolada, que não fez proselitismo, não só pelo evidente divórcio da realidade social e jurídica como pela inegável falta de base científica da distinção. Já se decidiu que o autor de uma ação de reparação por dano moral não precisa fixar valor do pedido de indenização (3ª T. do STJ, j. 20-11-2000), pois este pode ser arbitrado em sentença e até mesmo apurado em fase de liquidação.

203. Martinho Garcez Neto, op. cit., p. 26, 78 e 79.

A *aestimatio damni*, ou melhor, a fixação da indenização a que faz jus o prejudicado, poderá ser feita por acordo entre os interessados, por arbitramento admitido em sentença judicial e, em alguns casos, por lei[204].

Assim, ter-se-á[205]:

1) *Liquidação legal* (*RT*, *584*:152), se a própria lei determinar seu contorno e o meio de efetivação do pagamento, p. ex., nas hipóteses previstas no Código Civil, arts. 948 a 954, e nos acidentes de trabalho. A lei não delimita o *quantum* da indenização nem o modo pelo qual deve ser calculada, mas visa declarar em que deve consistir a indenização nos casos de homicídio, lesão corporal, injúria, difamação ou calúnia, ofensa à liberdade pessoal, usurpação ou esbulho do alheio, estabelecendo, como explicitamos em páginas anteriores, os elementos constitutivos da composição do dano, ou melhor, critérios de indenização. Os arts. 948 a 954 traçam normas gerais para a fixação da indenização, de forma que, se o dano atingir direitos da personalidade ou mesmo os materiais arrolados em lei, o montante da indenização será estabelecido em função dos elementos discriminados no Código Civil.

2) *Liquidação convencional*, se o ressarcimento do dano se perfizer por acordo de vontade das partes interessadas que estipulam seu *quantum* e suas condições. Os interessados, no intuito de evitar um litígio, mediante transação, determinam, amigavelmente, o montante da indenização e as formas que entenderem satisfatórias. Nessa hipótese, nada obsta que a vítima receba quantia inferior ao valor do prejuízo sofrido, desde que a julgue conveniente.

3) *Liquidação judicial*, se se efetivar, em juízo, mediante a atuação do magistrado (*RT*, *464*:240, *581*:191, *585*:213, *586*:89), obedecendo, conforme o dano, aos critérios processuais estabelecidos no Código de Processo Civil. Há danos que podem ser avaliados por mera operação aritmética; outros requerem para tanto o arbitramento (CPC, arts. 509, I, e 510) ante a impossibilidade de avaliar matematicamente o quantitativo pecuniário a que tem direito o ofendido. Deveras, há casos, principalmente de dano moral, em que a liquidação se faz mediante arbitramento, que é feito por peritos no curso da ação de indenização, que calculam o montante a ser pago à vítima. Todavia, é bom não olvidar que o laudo desses técnicos não vincula o juiz, que poderá alterá-lo na sentença judicial. "Quando os elementos da indenização se acham previstos na lei, ainda assim, é necessário o cálculo para a determinação do seu valor. Nesse caso, o arbitramento simplifica-se e a tarefa dos

---

204. Orlando Gomes, *Obrigações*, cit., p. 380.

205. Orlando Gomes, *Obrigações*, cit., p. 380-5; Carlos Alberto Bittar, op. cit., p. 78 e 79; Aguiar Dias, *Da responsabilidade*, cit., v. 2, p. 446 e 447; Serpa Lopes, op. cit., p. 386, 387 e 407; Giorgi, op. cit., v. 5, p. 347 e s.

peritos é preordenada. Quando, porém, a liquidação deve ser feita sem submissão a regras que indicam o conteúdo da prestação de indenizar, o arbitramento faz-se com maior liberdade e a missão dos peritos mais complexa. É nesse sentido que a lei fala em arbitramento ao ordenar que a indenização seja fixada por esse modo nos casos em que não estabelece seus elementos constitutivos." Mas se for preciso alegar e provar fato novo, ter-se-á, para avaliar o *quantum* indenizatório, a liquidação pelo procedimento comum (CPC, arts. 318 e s., 509, II, e 511)[206].

D. Garantias de indenização

d.1. Noção geral

A fim de que o lesado tenha garantia de indenização, o Código Civil, art. 1.489, III, confere em seu favor *hipoteca legal* sobre os bens do lesante, conjugando-se com os arts. 942 e 928, onde prescreve que os bens do responsável pela ofensa ou violação do direito de outrem ficam sujeitos à reparação do dano. É uma garantia que visa cobrir os danos extracontratuais[207]. Além disso, ante o progresso da tecnologia, que, ao aumentar consideravelmente as atividades humanas nos mais diversos setores, criou uma série de riscos ou perigos à saúde, à vida, à intimidade etc., elevando enormemente o número de acidentes, surgiu a preocupação de dar assistência e amparo às vítimas, com firme propósito de assegurar a composição dos danos. Veio a lume a "socialização" dos riscos, baseada na teoria objetiva da responsabilidade. Surge, entre nós, p. ex., o *seguro obrigatório de responsabilidade civil* para

---

206. Orlando Gomes, *Obrigações*, cit., p. 385. Ora se tem a liquidação por arbitramento a que se refere o Código de Processo Civil, arts. 509, I, e 510 (*Ciência Jurídica*, *68*:138; *RT*, *519*:83, *512*:262), ora se tem a liquidação pelo procedimento comum (CPC, art. 318 e s.), se houver necessidade de alegar fato novo relativo ao *quantum*, prevista nos arts. 509, II, e 511 do Código de Processo Civil (*RT*, *520*:112, *558*:230 e *521*:111). Na liquidação pelo procedimento comum não se pode rediscutir a lide, nem modificar a sentença (CPC, art. 509, § 4º). O fato novo pode ser demonstrado por qualquer meio de prova admitido legalmente, inclusive pela perícia. Observa Carlos Roberto Gonçalves (*Comentários*, cit., v. 11, p. 526) que se procederá à liquidação pelo procedimento comum na execução, no cível, na sentença penal condenatória do autor da morte do chefe de família, em razão de ônus imposto aos seus dependentes de provarem os ganhos mensais do falecido, que servirão de base para fixar a quantia da pensão mensal que lhes será devida. *Vide* Leis n. 8.898/94 e n. 9.140/95; art. 59 do Código Brasileiro de Telecomunicações, com alteração do Decreto-Lei n. 236/67. *Vide* Súmula do STJ n. 344.

207. Aguiar Dias, *Da responsabilidade*, cit., v. 2, p. 551.

os proprietários de veículos automotores (Dec.-Lei n. 73/66), fixado, como nos ensina Carlos Alberto Bittar, em razão dos valores dos veículos e, portanto, de acordo com o potencial econômico do titular, também com a predefinição do *quantum*. Com isso o seguro passa a ser uma garantia para o efetivo ressarcimento da vítima[208], pois o encargo de reparar o dano recairá diretamente sobre o segurador, transferindo-se para a comunidade o ônus de indenizar. P. ex.: havendo colisão de veículos, condenar-se-á cada um dos motoristas a indenizar os danos causados ao outro, pois, como a reparação desses prejuízos é feita pela seguradora, os proprietários dos veículos conseguem obter a reparação de suas viaturas sem nada desembolsar. Com isso, espalha-se pela comunidade o dano experimentado por um de seus membros[209].

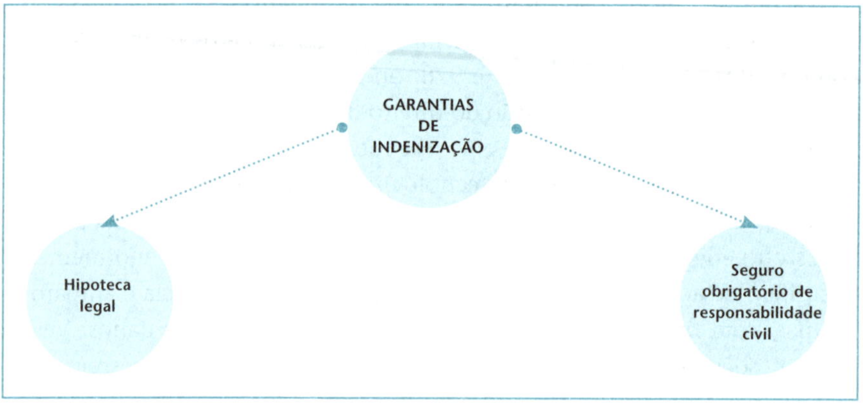

d.2. Hipoteca legal

A hipoteca é um direito real de garantia de natureza civil, que grava coisa imóvel ou bem que a lei entende por hipotecável, pertencente ao devedor ou terceiro, sem transmissão de posse ao credor, conferindo a este o direito de promover a sua venda judicial, pagando-se, preferentemente, se inadimplente o devedor. É, portanto, um direito sobre o valor da coisa onerada e não sobre sua substância.

A *hipoteca legal* é aquela que a lei confere a certos credores, que, por se

208. Carlos Alberto Bittar, op. cit., p. 36, 37, 94, 95 e 96; Antunes Varela, *Direito das obrigações*, cit., p. 275.

209. Silvio Rodrigues, op. cit., v. 4, p. 2 e 3.

encontrarem em determinada situação e pelo fato de que seus bens são confiados à administração alheia, devem ter uma proteção especial. Assim, o art. 1.489, III, do Código Civil concede hipoteca ao ofendido, ou aos seus herdeiros, sobre os imóveis do delinquente para satisfação do dano causado pelo delito e pagamento das custas ou despesas judiciais. O crime é um ato ilícito, portanto, sujeita seu autor a reparar os prejuízos que causou (CC, arts. 186 e 927), respondendo com seus bens por essa reparação (CC, art. 942; *RT*, *149*:414). Nesse mesmo sentido, o Código de Processo Penal (arts. 134 e s.) e o Código Penal (art. 91, I) estatuem que um dos efeitos da sentença condenatória é tornar certa essa obrigação de indenizar dano oriundo de crime.

Houve quem entendesse que a hipoteca legal apenas recai sobre bens imóveis do autor do ilícito, isto é, do responsável direto, mas há quem ache, com acerto, que pode atingir o responsável indireto, desde que se prove sua contribuição para o dano.

Esse direito do lesado à hipoteca legal surge com o prejuízo e não com a sentença[210].

d.3. Seguro obrigatório de responsabilidade civil

O seguro é outra garantia da reparação civil, a fim de aliviar o lesante dos riscos inerentes ao exercício de certas atividades lícitas e de assegurar a indenização ao lesado, nas hipóteses em que o ressarcimento do dano poderia perigar, por insolvência ou falência do responsável (*RT*, *460*:112, *518*:190, *508*:83, *461*:256, *464*:80 e 215, *462*:74, *469*:236, *419*:164, *470*:220 e 241, *518*:106 e 226, *499*:169, *430*:264, *509*:286; *RJTJSP*, *29*:63 e 119, *28*:111 e 221, *30*:51 e 64, *RTJ*, *59*:575). O seguro de responsabilidade civil transfere para a seguradora a obrigação de pagar as perdas e danos decorrentes de ato lesivo de segurado, liberando-o, assim, do risco de ser responsável pelo ressarcimento dos prejuízos que causou, mantendo a integridade de seu patrimônio.

O *contrato de seguro* é aquele pelo qual uma das partes (segurador) se

210. M. Helena Diniz, *Curso*, cit., v. 4, p. 351, 366 e 367; Troplong, *Privilèges et hypothèques*, Paris, 1845, v. 2, n. 386; Silvio Rodrigues, op. cit., v. 5, p. 420; W. Barros Monteiro, op. cit., v. 3, p. 422; Aguiar Dias, *Da responsabilidade*, cit., v. 2, p. 551 e 552. Convém lembrar que os arts. 136, 137, 138, 139, 141 e 143 do Código de Processo Penal foram alterados pela Lei n. 11.435/2006.

obriga para com outra (segurado), mediante o pagamento de um prêmio, a garantir-lhe interesse legítimo relativo a pessoa ou coisa e a indenizá-la de prejuízo decorrente de riscos futuros, previstos no contrato (CC, art. 757).

O *segurador* é aquele que suporta o risco assumido (*RF*, *87*:726) mediante o recebimento do prêmio. A atividade do segurador é exercida por companhias especializadas, isto é, por sociedades anônimas, previamente autorizadas pelo Governo Federal (CC, art. 757, parágrafo único). A autorização para funcionamento será concedida por meio de Portaria do Ministro do Desenvolvimento, Indústria e Comércio Exterior, mediante requerimento firmado pelos incorporadores, dirigido ao Conselho Nacional de Seguros Privados (CNSP) e apresentado por intermédio da SUSEP (Resolução n. 89/2002 – ora revogada), instruído com a prova da regularidade da constituição da sociedade, do depósito no Banco do Brasil da parte já realizada do capital e o exemplar do estatuto (Dec.-Lei n. 2.063/40, art. 1º; Dec. n. 60.459/67, art. 42, parágrafo único). Para os efeitos de constituição, organização e funcionamento das sociedades seguradoras, deverão ser obedecidas as condições gerais da legislação das sociedades anônimas e as estabelecidas pelo CNSP (Dec. n. 60.459, art. 48). "Os agentes autorizados do segurador presumem-se seus representantes para todos os atos relativos aos contratos que agenciarem" (CC, art. 775). E o *segurado* é o que tem interesse direto na conservação da coisa ou da pessoa, fornecendo uma contribuição periódica e moderada, isto é, o prêmio em troca do risco que o segurador assumirá de, em caso de incêndio, abalroamento, naufrágio, furto, falência, acidente, morte, perda das faculdades humanas etc., indenizá-lo pelos danos sofridos. P. ex.: se um menor desce de um ônibus e é atropelado por um veículo, por culpa sua, seus sucessores terão direito a uma indenização por força do *seguro obrigatório contra acidentes de trânsito*. Os sucessores moverão ação contra a seguradora, porque o pagamento das indenizações fixadas nas apólices não dependerá de prova de culpa do causador do dano (*RT*, *433*:96). A única averiguação a ser feita será a da existência do dano, por força da teoria do risco, consagrada no Decreto-Lei n. 73/66, regulamentado pelo Decreto n. 61.867/67, com as alterações do Decreto-Lei n. 814/69, que no art. 5º preceituava: "O pagamento das indenizações será efetuado mediante a simples prova do dano e independentemente de apuração da culpa, haja ou não resseguro, abolida qualquer franquia de responsabilidade do proprietário do veículo". Hoje tal Decreto-Lei foi revogado pela Lei n. 6.194, de 20-12-1974.

Dentre as várias espécies de seguro, temos o *seguro de responsabilidade civil*, que é o contrato pelo qual se transfere, mediante prêmio estipulado, ao segurador as consequências de danos causados a terceiros pelos quais o segurado possa responder civilmente. O seguro de responsabilidade distingue-se dos demais por garantir uma obrigação, enquanto os outros garantem direitos reais ou pessoais. O seguro de responsabilidade contratual ou delitual resulta do ressarcimento de uma dívida de indenizar dano a cargo de segurado (CC, arts. 765 a 771). Ante sua função social, nele relega-se para plano secundário o problema da culpa e o da procura do responsável, pondo-se em primeiro lugar a questão do dano e a da completa satisfação econômica do lesado, consagrando-se o princípio da responsabilidade objetiva. Deveras, a admissibilidade do seguro de responsabilidade civil decorre da ausência de culpa, visto que lança sobre o segurador, que age sem nenhuma culpa, o dever de suportar a indenização.

O seguro de responsabilidade civil constitui, como pondera Antunes Varela, portanto, uma forma de socialização do risco, pois o encargo da indenização, em lugar de incidir somente sobre o responsável, abrange todos os segurados, que encontram, na distribuição equitativa do risco operada pelo segurador, a compensação para a contraprestação certa, mas moderada, a que se obrigam por força do contrato. São aplicações desse contrato: *a*) o seguro de fidelidade funcional, que pretende reparar prejuízo causado por funcionários ou empregados que lidam com dinheiro, como caixas, cobradores, tesoureiros etc. (CF, arts. 70, parágrafo único, e 71, II; *RT*, *537*:57; *RTJ*, *71*:590, *72*:632, *73*:978); *b*) o seguro contra acidentes do trabalho, obrigatório a todo empregador, visando cobrir riscos de morte ou lesão provocados pelo exercício do trabalho, visto que este só responderá por lesão que, culposa ou dolosamente, causar ao empregado. A entidade patronal tem obrigação de segurar, na Previdência Social, sua responsabilidade eventual por acidentes de trabalho ou por doenças profissionais contraídas pelos empregados (Lei n. 6.367/76; Lei n. 6.195/74; Dec. n. 76.022/75, já revogado pelo Decreto s/n. de 10-5-1991; Lei n. 6.338/76; Lei n. 6.367/76; Dec. n. 3.048/99; CF/88, art. 7º, XXVIII; Lei n. 8.213/91, arts. 20 a 23). O acidentado poderá acionar a previdência social para pleitear a indenização (Lei n. 5.316, art. 25 — revogado pela Lei n. 6.367/76; Dec. n. 3.048/99; Leis n. 8.212/91, 8.444/92, 8.540/92, 8.619/93, 8.620/93 e 8.870/94; *RJTJSP*, *41*:103); *c*) o seguro obrigatório para proprietários de veículos automotores (Dec.-Lei n. 73/66, art. 20, regulamentado pelo Dec. n. 61.867/67, com as alterações do Dec.-Lei n. 814/69, art. 5º ora revogado pela Lei n. 6.194/74, do Dec.-lei n. 826/69 e da Lei n. 8.374/91; Lei n. 8.441/92, que altera a Lei n. 6.194/74; Dec. n. 2.867/98; Circular n. 10/95, da SUSEP c/c Dec. n. 5.637/2005; Carta Circular SUSEP/DIRAT/CGPRO n. 1/2010; *Ciência Jurídica*, *69*:109), para cobrir riscos oriundos de acidentes terrestres, fluviais, lacustres, marítimos e aéreos (*RJTJSP*, *28*:148, *40*:101, 146 e 184, *39*:89 e 160, *38*:118, *37*:24, *41*:170 e 172; *JTACSP*, *36*:177, *36*:180 e 211, *36*:215 e 258, *36*:263, *35*:86 e 99, *34*:51; *JB*, *162*:124; *RT*, *515*:239, *523*:107, *485*:139, *484*:104 e 126, *490*:227 e 232, *465*:158; *RTJ*, *71*:590, *72*:632, *73*:974 e 978, *68*:153). Esses proprietários devem segurar sua eventual responsabilidade por danos resultantes de acidentes de viação. "O seguro obrigatório, para os delitos de trânsito, foi instituído como uma solução econômico-social, substitutiva das soluções judiciais e, ultrapassando a indenização o valor do seguro obrigatório, é óbvio que este deve ser compensado, deduzindo-se o seu valor do total a ser pago, sob pena de enriquecimento ilícito. A responsabilidade da seguradora, limitada ao teto contratual, é lastreada, exclusivamente, no contrato de seguro, sem qualquer liame com a culpa do seu instituidor, que o instituiu em favor de terceiros. Não há duplicidade de indenizações, evidentemente, mas sucessividade, isto é, a proprietária do veículo responde, por culpa, pelo que exceder do seguro obrigatório, nos termos da indenização que for fixada a final. Deve haver a *restitutio in integrum* da vítima, amplamente assegurada pela nossa legislação e pela nossa jurisprudência, havendo, contudo, por limite lógico, a impossibilidade e a ilicitude do enriquecimento sem causa, que possa decorrer da restituição excessiva" (1º TARJ, *ADCOAS*, 1982, n. 82.930). Em alguns países há forte tendência de se aplicar o seguro de responsabilidade civil não só no transporte terrestre, marítimo e aéreo, mas também em atividades esportivas (como, p. ex., a caça) ou profissionais (como a dos médicos, hoteleiros, empreiteiros), abrangendo a responsabilidade civil dos proprietários de bens imóveis.

O atual Código Civil veio simplificar a execução do seguro de responsabilidade civil, dando-lhe maior eficácia, possibilitando ao segurado a exoneração inclusive do ônus da defesa, p. ex. Realmente, pelo art. 787, §§ 1º a 4º, o segurador, no seguro de responsabilidade civil, garante o pagamento de perdas e danos devidos a terceiro pelo segurado. Para tanto, o segurado, assim que souber das consequências de seu ato, suscetíveis de gerar a responsabilidade incluída na garantia, deverá comunicar o fato ao segurador. Não podendo, ainda, o segurado reconhecer sua responsabilidade, nem confessar a ação e muito menos transigir com o terceiro prejudicado, chegando a um acordo, ou pagar a indenização diretamente, sem anuência expressa do segurador. Se a ação for movida contra o segurado, este deverá dar ciência da lide ao segurador. Se houver insolvência da companhia seguradora, subsistirá a responsabilidade do segurado perante terceiro. E acrescenta no art. 788 e parágrafo único que: "nos seguros de responsabilidade legalmente obrigatórios, a indenização por sinistro será paga pelo segurador diretamente ao terceiro prejudicado". E se for "demandado em ação direta pela vítima do dano, o segurador não poderá opor a exceção de contrato não cumprido pelo segurado, sem promover a citação deste para integrar o contraditório".

É possível, no direito brasileiro, a ação direta da vítima do dano contra o segurador do responsável civil do dano, pois, apesar de não ser parte no contrato, é o seu beneficiário. Assim, nada obsta que acione a seguradora para obter a quantia devida a título de reparação do dano, desde que prove o prejuízo sofrido (Código Civil, arts. 787 e 788; Norma n. 7.1 do CNSP). A ação direta é a transferência ao lesado da ação do segurado contra o segurador. Essa ação direta está também consagrada no Código Aeronáutico Brasileiro, pois quem tiver direito à reparação do dano exerce nos limites da ação que lhe competir direito próprio sobre a garantia prestada pelo responsável. Pode-se ampliar a ação direta a qualquer caso de responsabilidade civil, porque não há nenhuma razão para tratar diversamente danos derivados de acidentes terrestres[211].

O seguro obrigatório é uma garantia para cobrir o prejuízo sofrido pelo lesado, mas é preciso não olvidar que poderá não reparar o dano se for impossível identificar o causador do fato lesivo, se o responsável, apesar da

---

211. Sérgio Sérvulo da Cunha, Responsabilidade civil dos proprietários de veículos automotores — seguro obrigatório, *RT*, *447*:25-31; Pedro Alvim, *Responsabilidade civil e seguro obrigatório*, São Paulo, Revista dos Tribunais, 1972; Aguiar Dias, *Da responsabilidade*, cit., v. 2, p. 552-76; Camillo Viterbo, *El seguro de la responsabilidad civil*, Buenos Aires, Depalma, 1944; La acción y el derecho de la tercera víctima del sinistro frente el asegurador de la responsabilidad civil, *Revista de Jurisprudencia Argentina*, *71*:1006; Carvalho Santos, op. cit., v. 19, p. 268; Elcir Castello Branco, *Do seguro obrigatório da responsabilidade civil*, 1971, p. 14 e 25; Gaetano Azzariti, Il fallimento dell'assicurato contro la responsabilità civile e il diritto del danneggrato, in *Assicurazioni*, 1935, p. 161; Martinho Garcez Neto, op. cit., p. 195-201; Alvino Lima, op. cit., 1960, p. 345; Gerald de Walterville, L'assurance; responsabilité civile pour véhicules automobiles en Suisse, in *Recueil juridique de l'assurance*, Paris, p. 580, n. 15; Carvalho de Mendonça, *Contratos no direito civil brasileiro*, Rio de Janeiro, 1911, v. 2, p. 316; Teresa Ancona Lopez de Magalhães, Seguro de responsabilidade-I, in *Enciclopédia Saraiva do Direito*, v. 67, p. 397-401; J. Motta Maia, Seguro de responsabilidade-II, in *Enciclopédia Saraiva do Direito*, v. 67, p. 401-5; Isaac Halperín, *La acción directa de la víctima contra el asegurador del responsable civil del daño*, Buenos Aires, 1940, p. 80 e s.; Pierre Biney, *L'action directe de la victime d'un dommage contre l'assureur*, LGDJ, 1934; Diogo José Paredes Leite de Campos, *Seguro da responsabilidade civil fundada em acidentes de viação*; da natureza jurídica, Coimbra, 1971, p. 25; Antunes Varela, *Direito das obrigações*, cit., p. 275-7; Napoleão Nunes Maia Filho, Acidente pessoal, suicídio e ato perigoso imotivado (estudo tópico de direito securitário), *Revista da Procuradoria-Geral do Estado do Ceará*, *4*:78; Pontes de Miranda, op. cit., 1946, t. 46, § 4.971; Maria Clara Falavigna, A composição do dano em um modelo solidarista, *Ensaios*, cit., p. 275-92.

obrigatoriedade do seguro, não o fez (*RT*, *461*:241) ou se houver a dissolução compulsória ou insolvência de sociedade seguradora. Mas a falência do segurado não alterará a obrigação de segurador da responsabilidade civil. Com o intuito de sanar essas falhas, a legislação brasileira impõe aos órgãos oficiais da previdência social a cobertura das prestações devidas ao acidentado, cobrando dos empregadores as respectivas contribuições. Em outros países, para corrigir tais inconvenientes, institui-se, ao lado do seguro a cargo das sociedades particulares, fundos oficiais especialmente destinados a suprir os defeitos do regime do seguro obrigatório[212].

A obrigação do segurador encontra-se limitada: *a*) na indenização devida à vítima, pois o segurador não poderá ser responsabilizado por soma superior à que o segurador deveria pagar, na ausência do seguro; *b*) nas cláusulas contratuais válidas, visto que as partes podem convencionar a sua extensão e suas condições de exigibilidade[213].

É preciso ressaltar que não há solidariedade entre o lesante e o segurador da responsabilidade civil, pois o autor do dano é responsável em razão do fato lesivo e o segurador, em virtude de contrato, de maneira que só responde nos limites contratuais[214].

E. Efeito no cível da decisão prolatada no crime

Preceitua o nosso Código Civil, no art. 935, que "a responsabilidade civil é independente da criminal, não se podendo questionar mais sobre a existência do fato, ou sobre quem seja o seu autor, quando estas questões se acharem decididas no juízo criminal" (*RT*, *506*:105). Igualmente, o art. 64 do Código de Processo Penal determina que a ação civil de reparação de dano pode ser proposta independentemente do procedimento criminal correspondente. Nada obsta, portanto, que um processo criminal e um cível corram paralelos. P. ex.: se houver um atropelamento, o ofensor poderá sofrer dupla ação: a penal e a cível de indenização por não haver possibilidade e pretensão pecuniária no processo criminal. Se no juízo criminal houver decisão sobre a

---

212. Antunes Varela, *Direito das obrigações*, cit., p. 278; Aguiar Dias, *Da responsabilidade*, cit., v. 2, p. 573; *RT*, *561*:137, *566*:132; *RJTJSP*, *44*:142, *47*:257, *55*:226.

213. Aguiar Dias, *Da responsabilidade*, cit., v. 2, p. 559.

214. Aguiar Dias, *Da responsabilidade*, cit., v. 2, p. 574. A omissão do seguro obrigatório, ou a sua não renovação, não exime o proprietário do veículo da responsabilidade pelos danos causados (*RT*, *59*:575, *76*:818; *RJTJSP*, *38*:341, *27*:497; *RT*, *430*:264, *437*:107, *441*:115, *448*:105).

existência do fato ou sobre o autor, tais dados deverão ser levados ao juízo cível, que não mais poderá questionar sobre esse material.

Com isso consagrado está o princípio da independência da responsabilidade civil em relação à criminal, ante a diversidade dos campos de ação da lei civil e penal. A civil procura proteger interesses de ordem privada e a penal combater o crime, que constitui violação da ordem social. Logo: *a*) o indivíduo poderá ser penalmente irresponsável, como no caso, p. ex., de ser doente mental (CP, art. 26), e, no entanto, ser obrigado à reparação civil do prejuízo que causou; *b*) a pessoa poderá ser civilmente responsável, sem ter de prestar contas de seu ato criminalmente, como na hipótese, p. ex., de violar contratos, de animal que lhe pertença causar danos etc.

Todavia, se o ilícito praticado pelo agente for considerado uma infração penal, a sentença prolatada no crime fará caso julgado no cível, não mais sendo possível qualquer discussão a respeito da existência do fato, ou sobre quem seja o seu autor (CC, art. 935, 2ª parte; CP, art. 91, I; CPP, arts. 63 a 68 e 92; *RT*, *468*:198, *464*:104), porque o órgão judicante ao fazer a condenação criminal já reconheceu a existência do fato e sua autoria (*RT*, *520*:140, *513*:264; *RJTJSP*, *40*:165, *46*:99).

No nosso direito dever-se-ão observar as seguintes regras:

a) Se a sentença criminal negar a existência do fato ou a sua autoria, a justiça civil não mais poderá voltar ao assunto numa ação de reparação de dano (CPP, art. 66; *RJTJSP*, *21*:57; *RT*, *482*:190, *464*:262).

b) A sentença penal que reconhecer excludente de punibilidade, como estado de necessidade, legítima defesa, exercício regular de um direito, faz coisa julgada no cível (CPP, art. 65; *RT*, *459*:88, *565*:97).

c) Se o réu for absolvido no crime, porque sua culpa não foi reconhecida, nada obsta que, no cível, seja condenado a reparar o dano, porque sua culpa, apesar de levíssima, induzirá responsabilidade civil. Daí estatui o Código de Processo Penal, no art. 66, que "não obstante a sentença absolutória no juízo criminal, a ação civil poderá ser proposta quando não tiver sido, categoricamente, reconhecida a inexistência material do fato" (*RT*, *459*:88; *RTJ*, *68*:218). Dessa forma, não faz coisa julgada no cível a sentença do crime que não se pronunciou sobre a existência do delito ou sobre quem seja seu autor, absolvendo o réu por falta de provas. Tais provas poderão ser produzidas pela vítima no cível (*RT*, *524*:118; *RJTJSP*, *50*:41, *42*:191).

d) A sentença de pronúncia, impronúncia ou despronúncia, proferida no juízo criminal, não impedirá que se discuta a responsabilidade civil, devido a sua provisoriedade; o mesmo ocorrerá com o despacho que arquive inquérito policial e com o decreto que concede anistia ou perdão judicial.

e) A decisão que julgar extinta a punibilidade e a sentença absolutória que decidir que o fato imputado não constitui crime não impedirão a propositura da ação civil (CPP, art. 67). Logo, a extinção da punibilidade pela morte do acusado, pela aplicação de lei nova mais favorável, pela prescrição, decadência ou perempção, pela renúncia do direito de queixa ou pelo perdão aceito pelo inculpado, pela reabilitação do condenado, pela retratação do agente, pelo casamento do ofensor com a ofendida etc. não terá nenhuma influência na ação civil.

f) A decisão proferida no cível atinente às questões de estado ou dominiais faz coisa julgada para o crime. Assim, num processo criminal por bigamia, a sentença dependerá da decisão que venha declarar nulo o segundo matrimônio. O mesmo se dará nas questões alusivas a propriedade[215].

---

215. A respeito do efeito do julgamento criminal sobre a ação cível, consulte: Aguiar Dias, *Da responsabilidade*, cit., v. 2, p. 521-50; Lacombe, *De l'autorité de la chose jugée*, Paris, 1860, p. 248 e 311; Roberto Rosas, Responsabilidade civil e criminal-II, in *Enciclopédia Saraiva do Direito*, v. 65, p. 414-8, João Didonet Neto, A responsabilidade civil é independente da criminal, *Revista do Ministério Público*, Porto Alegre, ano 2, n. 5, p. 44 e s.; Caio M. S. Pereira, *Instituições*, cit., v. 3, p. 505; A. Machado Pauperio, Responsabilidade civil e criminal, in *Enciclopédia Saraiva do Direito*, v. 65, p. 410-2; Pierre Hebraud, *L'autorité de la chose jugée au criminel sur le civil*, Paris, 1929, p. 4, 5, 29 e 58; Câmara Leal, *Comentários ao Código de Processo Penal brasileiro*, Rio de Janeiro, 1943, v. 1, p. 250 e 256; Orlando Gomes, *Obrigações*, cit., p. 319-21; Vicente de Azevedo, op. cit., p. 231; W. Barros Monteiro, op. cit., v. 5, p. 402-6; Mario Pogliani, Relazioni tra il giudizio penale e l'azione civile, in *Responsabilità e risarcimento da illecito civile*, 1969, p. 380; Serpa Lopes, op. cit., n. 309-11; *RF*, *31*:28; *RTJ*, *49*:612, *45*:793, *44*:687, *39*:95, *83*:649, *81*:542; *RT*, *477*:104, *513*:265; *RJTJSP*, *41*:120, 35:132; STJ, Súmula 186 — "Nas indenizações por ato ilícito, os juros compostos somente são devidos por aquele que praticou o crime".

Quadro Sinótico

EFEITOS DA RESPONSABILIDADE CIVIL

1. REPARAÇÃO DO DANO	• Modos de reparação	• *Reparação específica* ou *"in natura"* (sanção direta) que consiste em fazer com que as coisas voltem ao estado que teriam se não houvesse ocorrido o evento danoso. • *Reparação por equivalente* (sanção indireta), entendida como remédio sub-rogatório de caráter pecuniário do interesse atingido.	
	• Âmbito de ressarcimento do dano moral	• Responsabilidade contratual	• Se o inadimplemento contratual causar dano patrimonial, observar-se-á o disposto no CC, arts. 389, 402 e 403. • Se o descumprimento do contrato acarretar dano moral indireto, por ser consequência de lesão a um interesse patrimonial, trazendo contrariedade, inquietude ao credor, principalmente quando o contrato se referir a coisas que têm valor de afeição para o contratante. • Se a responsabilidade contratual advier de um negócio jurídico em que, para o lesado, a prestação não cumprida constituiria um mero interesse extrapatrimonial, ter-se-á dano moral direto. Se o contrato visa levar ao credor uma utilidade para satisfazer um interesse que, em si, não é passível de avaliação pecuniária, como, p. ex., o interesse pela cultura, pela saúde etc., seu inadimplemento causará dano moral direto. É o que ocorre com o dano resultante de atividade médica.

1. **REPARAÇÃO DO DANO**	• Âmbito de ressarcimento do dano moral	• Responsabilidade extracontratual	• Ressarcimento do dano à vida e à integridade corporal (CC, arts. 948, 949 e 950). • Formas de reparação de ofensa à honra (CC, art. 953, parágrafo único; Lei n. 5.250/67, arts. 49 e s.; STF, ADPF n. 130/2009; CP, arts. 138, 139 e 140; Lei n. 4.117/62, arts. 81 e 84 – ora revogados). • Delitos contra a dignidade sexual abrangem a violência à liberdade sexual, crimes sexuais contra vulnerável, lenocínio e tráfico de pessoa para fim de prostituição ou outra forma de exploração sexual ou ultraje ao pudor e as ofensas à honra conjugal (CC de 1916, arts. 1.548, I a IV, e 1.549; atual Código Civil, arts. 927, 12 e 1.566; CP, arts. 213 e 216-A; CPC, art. 617, I; Lei n. 6.515/77, art. 5º). • Atos ofensivos à liberdade pessoal (CC, art. 954 e parágrafo único; CF, art. 37, § 6º). • Reparação das ofensas ao direito à intimidade (CC, art. 21), isto é, violação de domicílio alheio ou de correspondência; uso de drogas ou de meios eletrônicos para obrigar alguém a revelar fatos de sua vida particular ou segredo profissional; emprego de binóculos para espiar o que ocorre no interior de uma casa; instalação de aparelhos para captar sub-repticiamente conversas, imagens ou copiar documentos, dentro de uma residência ou repartição onde se trabalha; intrusão, injustificada, no retraimento ou isolamento de uma pessoa, observando-a, seguindo-a, chamando-a continuamente pelo telefone etc., interceptação de conversa telefônica. O ofensor deverá: pagar uma indenização pecuniária; cessar suas ingerências na intimidade alheia; repor as coisas na situação anterior à lesão. • Dano ao nome das pessoas autoriza o lesado a pleitear sua reparação, mediante supressão do uso impróprio do nome ou indenização pecuniária (CC, arts. 16 a 19). • Atentados à imagem, pois se proíbe exibição e divulgação pública de retrato sem o consentimento do retratado, exceto se tal publicação se relacionar com fins cien-

1. REPARAÇÃO DO DANO	• Âmbito de ressarcimento do dano moral	• Responsabilidade extracontratual	tíficos, didáticos, isto é, culturais, ou com eventos de interesse público ou que aconteceram publicamente (CC, art. 20). • Menoscabo ao direito moral do autor (Lei n. 9.610/98, arts. 10, 22, 24, 40, 49 a 52, 102 a 110; CP, arts. 185 (ora revogado) e 184, §§ 1º a 4º) e do editor, como o de fazer-se reconhecer como o empreendedor da publicação e utilização da obra, por ter a autoria do livro; de utilizar economicamente a obra intelectual. • Dano moral indireto pela perda de bens patrimoniais com valor afetivo (CC, arts. 12, 186, 927 e 952). • Reparação por rompimento de noivado, desde que: a promessa de casamento tenha sido feita, livremente, pelos noivos; tenha havido recusa de cumprir a promessa esponsalícia por parte do noivo arrependido e que esta tenha chegado ao conhecimento da outra parte; haja ausência de motivo justo. O inadimplemento doloso ou culposo dos esponsais por parte de um dos noivos acarreta: devolução dos presentes trocados, das cartas e dos retratos (CC, art. 546) e indenização por danos patrimoniais e morais (CC, arts. 186 e 927). • Indenização pela ruptura de união estável (*RF*, *76*:338 e 489, *92*:735; *RT*, *305*:966, *426*:74, *452*:225, *308*:264, *483*:195, *314*:249, *427*:107 e 260, *463*:253, *467*:85, *489*:119, *486*:51, *181*:290, *277*:290, *435*:101, *417*:168, *405*:48, *411*:335, *443*:146, *487*:92, *452*:44, *482*:102, *486*:175, *469*:184, *489*:118, *490*:109; *RTJ*, *70*:108, *56*:429, *69*:466, *75*:936 e 965, *74*:486; *RJTJSP*, *29*:43 e 157, *30*:493, *28*:79 e 134, *40*:60, *41*:52, *38*:100; Súmulas 380 e 382 do STF). • Reparação por dano ao embrião e ao nascituro (CC, art. 949; Lei n. 11.105/2005; Res. CFM n. 2.168/2017).

1. REPARAÇÃO DO DANO	• Titulares da ação ressarcitória	• Além do próprio ofendido, poderão reclamar a reparação do dano patrimonial ou moral seus herdeiros (CC, art. 943), seu cônjuge, membros de sua família, seus dependentes econômicos e, em certas hipóteses, sua concubina. A ação ressarcitória só poderá ser exercida pelo lesado direto ou indireto ou por seus representantes, se absoluta ou relativamente incapaz, não podendo ser efetivada a sua revelia, por intervenção espontânea do Ministério Público ou pelo juiz de ofício.
	• Devedores da indenização	• CC, arts. 186, 927, 932, 942, 264, 275, 283, 943, 930 e 934.
2. LIQUIDAÇÃO DO DANO	• Conceito e função jurídica	• A liquidação do dano é a fixação da prestação pecuniária que é objeto da obrigação de reparar o dano-causa. Sua função jurídica será tornar efetiva a reparação do prejuízo sofrido pela vítima, ou melhor, fixar concretamente o montante dos elementos apurados na reparação, apreciando-se o prejuízo integral produzido pelo fato lesivo abrangendo o dano emergente e o lucro cessante. O magistrado, para tanto, deverá averiguar: o grau de culpa do lesante; a situação econômica da vítima ou do causador do dano, desde que esta influa sobre o montante do prejuízo; a influência de acontecimentos exteriores ao fato prejudicial e o lucro obtido pelo ofendido com a reparação do dano, desde que vinculado ao fato gerador da obrigação de indenizar.
	• Modalidades	• Liquidação legal (CC, arts. 948 a 954 e acidentes de trabalho). • Liquidação convencional. • Liquidação judicial (CPC, arts. 509, I e II, 509, § 4º, 510 e 511).
3. GARANTIAS DE INDENIZAÇÃO	• Hipoteca legal	• É um direito real de garantia que grava bem imóvel pertencente ao devedor, conferido pela lei a certos credores que, por se encontrarem em determinada situação, devem ter uma proteção especial. Assim, o CC, no art. 1.489, III, concede hipoteca ao ofendido ou aos seus herdeiros sobre os imóveis do delinquente para satisfação do dano causado pelo delito e pagamento das custas. O crime é um ato ilícito, portanto, sujeita seu autor a reparar o prejuízo que causou (CC, arts. 186 e 927), respondendo com seus bens por essa reparação (CC, art. 942; CPP, arts. 134 e s.; CP, art. 91, I).

3. GARANTIAS DE INDENIZAÇÃO	• Seguro obrigatório de responsabilidade civil (CC, arts. 787 e 788 e parágrafo único)	• O seguro é uma garantia da reparação civil a fim de aliviar o lesante dos riscos inerentes ao exercício de certas atividades lícitas e de assegurar a indenização ao lesado nas hipóteses em que o ressarcimento do dano poderia perigar, por insolvência ou falência do responsável. O seguro de responsabilidade civil transfere ao segurador as consequências de danos causados a terceiros, pelos quais o segurado possa responder civilmente. Constitui, na palavra de Antunes Varela, uma forma de socialização do risco, pois o encargo da indenização, em lugar de incidir somente sobre o responsável, abrange todos os segurados, que encontram, na distribuição equitativa do risco operada pelo segurador, a compensação para a contraprestação certa, mas moderada, a que se obrigam por força do contrato. São aplicações desse contrato: *a*) o seguro de fidelidade funcional; *b*) o seguro contra acidentes de trabalho (CF, art. 7º, XXVIII; Lei n. 6.367/76; Decs. n. 2.172/97 e 89.312/84, ora revogados pelo Decreto n. 3.048/99; Leis n. 8.213/91, arts. 20 a 23, 8.620/93 e 8.870/94); *c*) o seguro obrigatório para proprietários de veículos automotores para cobrir riscos oriundos de acidentes terrestres, fluviais, lacustres, marítimos e aéreos (Dec.-Lei n. 73/66, art. 20, regulamentado pelo Dec. n. 61.867/67; Lei n. 8.441/92, que altera a Lei n. 6.194/74); Dec. n. 2.867/98, com modificações do Dec. n. 7.833/2012; Circular SUSEP n. 10/95 c/c Dec. 5.637/2005; Carta Circular SUSEP/DIRAT/CGPRO n. 1/2010.
4. EFEITO NO CÍVEL DA DECISÃO PROLATADA NO CRIME	• CC, art. 935. • CPP, arts. 63 a 68 e 92. • CP, art. 91, I.	

CAPÍTULO III

Responsabilidade Contratual por Inadimplemento da Obrigação

1. Consequências da inexecução das obrigações por fato imputável ao devedor

A. Inadimplemento voluntário

a.1. Normas sobre o inadimplemento da obrigação

Sendo o princípio da obrigatoriedade da convenção um dos princípios fundamentais do direito contratual, as estipulações feitas no contrato deverão ser fielmente cumpridas, sob pena de execução patrimonial contra o inadimplente. O ato negocial, por ser uma norma jurídica, constituindo lei entre as partes, é intangível, a menos que ambas as partes o rescindam voluntariamente ou haja a escusa por caso fortuito ou força maior (CC, art. 393, parágrafo único), de tal sorte que não se poderá alterar seu conteúdo, nem mesmo judicialmente, embora se admita que a força vinculante dos contratos seja contida pelo magistrado em certas circunstâncias excepcionais ou extraordinárias que impossibilitem a previsão da excessiva onerosidade no cumprimento da prestação.

As obrigações devem ser, portanto, cumpridas; o devedor está obrigado a efetuar a prestação devida de modo completo, no tempo e lugar determinados no negócio jurídico, assistindo ao credor o direito de exigir o seu cumprimento na forma convencionada. O adimplemento da obrigação é a regra e o inadimplemento, a exceção, por ser uma patologia no direito obrigacional que representa um rompimento da harmonia social, capaz de provocar a reação do credor, que poderá lançar mão de certos meios para satisfazer o seu crédito[1].

Ter-se-á o inadimplemento da obrigação quando o devedor não cumprir, voluntária ou involuntariamente, a prestação devida. Se o descumprimento da obrigação for oriundo de fato imputável ao devedor, haverá *inexecução voluntária*, pois o obrigado deixa de cumprir a prestação devida sem a dirimente do caso fortuito ou força maior. Pelo art. 390, o devedor que se obrigar a não praticar determinado ato (obrigação negativa) será tido como inadimplente a partir da data em que veio a executar o ato de que devia abster-se. A infração do dever de cumprir a obrigação poderá ser intencional, caso em que se terá dolo ou culpa do devedor. Esclarece-nos Orlando Gomes que, a rigor, somente a inexecução dolosa poderia ser qualificada como voluntária, embora a decorrente de culpa também seja assim classificada por resultar de fato imputável ao devedor. A mora é, para alguns, aspecto de inexecução culposa, embora não se confundam, uma vez que a mora consiste no retardamento do pagamento, como logo mais veremos, e o inadimplemento voluntário consiste no descumprimento do dever jurídico, pois a indenização tem por escopo substituir o cumprimento, acarretando ao devedor a responsabilidade pelas perdas e danos. Se o descumprimento decorrer de evento estranho à vontade do devedor, será involuntário, por configurar-se caso fortuito ou força maior, não originando, em regra, a sua responsabilidade (*RT*, *493*:210, *435*:72)[2].

O Código Civil, art. 389, ao prescrever que, "não cumprida a obrigação, responde o devedor por perdas e danos, mais juros e atualização monetária segundo índices oficiais, regularmente estabelecidos, e honorários de advogado", está admitindo o modo de inadimplemento voluntário *absoluto*, que

---

1. Valverde y Valverde, *Tratado de derecho civil español*, v. 3, p. 83; Silvio Rodrigues, *Direito civil*, 3. ed., São Paulo, Max Limonad, 1968, v. 2, p. 316; Massimo Bianca, *Dell'inadempimento delle obbligazioni*, Roma, 1967; Agostinho Alvim, *Da inexecução das obrigações e suas consequências*, São Paulo, Saraiva, 1980, p. 5-6; M. Helena Diniz, *Curso de direito civil brasileiro*, São Paulo, Saraiva, 1983, v. 2, p. 307; Araken de Assis, *Resolução do contrato por inadimplemento*, São Paulo, Revista dos Tribunais, 1999; Judith Martins Costa, O adimplemento e o inadimplemento das obrigações no novo Código Civil e o seu sentido ético e solidarista, *O novo Código Civil — estudos em homenagem a Miguel Reale*, São Paulo, LTr, 2003, p. 331-59; Carlos Alberto R. de Paula, Do inadimplemento das obrigações, *O novo Código Civil*, cit., p. 360-78.
2. Orlando Gomes, *Obrigações*, 4. ed., Rio de Janeiro, Forense, 1976, p. 173-4 e 183; Maria Helena Diniz, op. cit., v. 2, p. 307-8; Caio M. S. Pereira, *Instituições de direito civil*, 6. ed., Rio de Janeiro, Forense, 1981, v. 2, p. 280.

se dá se a obrigação não for cumprida, nem poderá sê-lo, e o credor não mais tiver possibilidade de receber aquilo a que o devedor se obrigou, como, p. ex., no caso de ter havido perecimento do objeto devido por culpa deste. O inadimplemento absoluto será total, se a obrigação deixou de ser cumprida em sua totalidade, e será parcial se a obrigação compreender, p. ex., vários objetos, sendo apenas um deles entregue, porque os demais pereceram por culpa do devedor; e o inadimplemento *relativo* se dá quando a obrigação não for cumprida no tempo, lugar e forma devidos, porém poderá sê-lo, com proveito, para o credor, hipótese em que se terá a mora[3] (CC, art. 394).

Nessas duas situações a sanção será a mesma, devendo o inadimplente responder por perdas e danos, para recompor o patrimônio do credor lesado pelo descumprimento da obrigação. O devedor terá, então, a obrigação de indenizar, e o credor o direito de exigir o pagamento dessa indenização. Esse pagamento restringir-se-á ao equivalente pecuniário; se a inexecução foi completa, ter-se-á o ressarcimento total; se incompleta, parcial será a indenização, pois esta deverá ser proporcional ao prejuízo causado ao credor[4].

Todavia, como pontifica Caio Mário da Silva Pereira, não se deve dizer, como regra geral e absoluta, que a prestação devida não cumprida se transforma em perdas e danos, pois somente quando não foi possível obter o devido é que se dará a transformação da prestação no seu equivalente pecuniário, que suprirá a ausência de execução direta. Indenizar o prejuízo não é o mesmo que restaurar o objeto da prestação, nem implicaria a sua conversão no equivalente pecuniário. Às vezes tal ocorre; outras, não; porém, uma forma de indenizar não exclui a outra, de modo que nada obsta ao credor perseguir a coisa devida, se esta for possível, e as perdas e danos, caso em que estas serão postuladas juntamente com a obrigação principal[5].

a.2. Fundamento e pressupostos da responsabilidade contratual do inadimplente

Todo aquele que voluntariamente infringir dever jurídico estabelecido em lei ou em relação negocial, causando prejuízo a alguém, ficará obrigado

3. Agostinho Alvim, op. cit., p. 7; Caio M. S. Pereira, op. cit., p. 281; M. Helena Diniz, op. cit., v. 2, p. 308; Silvio Rodrigues, op. cit., p. 316; Espínola, *Sistema de direito civil brasileiro*, v. 2, p. 451, nota 255; CPC, arts. 809, 810, 811, 812, 813, 815 e 816; *RT*, *493*:196.
4. W. Barros Monteiro, *Curso de direito civil*, 17. ed., São Paulo, Saraiva, 1982, v. 4, p. 329.
5. Caio M. S. Pereira, op. cit., p. 282 e 290; Henri de Page, *Traité élémentaire de droit civil belge*, Bruxelles, v. 3, n. 93; Carvalho de Mendonça, *Doutrina e prática das obrigações*, 4. ed., Rio de Janeiro, 1956, v. 1, n. 475.

a ressarci-lo (CC, arts. 186 e 927), pois uma vez vulnerado direito alheio, produzindo dano ao seu titular, imprescindível será uma reposição ao *statu quo ante* ou um reequilíbrio ao desajuste sofrido. A responsabilidade do infrator, havendo liame obrigacional oriundo de contrato ou de declaração unilateral de vontade, designar-se-á *responsabilidade contratual*; não havendo vínculo obrigacional, será denominada *responsabilidade extracontratual* ou *aquiliana*.

Deixando de lado a questão da responsabilidade sem culpa, ou seja, a responsabilidade civil objetiva (*RT*, *448*:114), não se deve olvidar que, em regra, a responsabilidade contratual se funda na ocorrência de dolo ou culpa, nela se articulando dois fatores: o dever jurídico violado e a imputabilidade do agente.

A responsabilidade contratual funda-se na culpa, entendida em sentido amplo, de modo que a inexecução culposa da obrigação se verifica quer pelo seu descumprimento intencional, havendo vontade consciente do devedor de não cumprir a prestação devida, com o intuito de prejudicar o credor (dolo), quer pelo inadimplemento do dever jurídico, sem a consciência da violação, sem a intenção deliberada de causar dano ao direito alheio, havendo apenas um procedimento negligente, imprudente ou omisso (culpa), prejudicial ao credor. Sendo a culpa, nesse sentido amplo, que abrange o dolo e a culpa em sentido estrito, o principal fundamento da responsabilidade contratual, o dever de indenizar apenas surgirá quando o inadimplemento for causado por ato imputável ao devedor. Daí a necessidade de se apreciar o comportamento do obrigado, a fim de se verificar, para a exata fixação de sua responsabilidade, se houve dolo, negligência, imperícia ou imprudência de sua parte.

Para haver *responsabilidade contratual* será preciso demonstrar a presença dos seguintes requisitos:

a) Obrigação violada.

b) Nexo de causalidade entre o fato e o dano produzido.

c) Culpa, pois a impossibilidade de cumprir a obrigação sem culpa do devedor equivale ao caso fortuito e à força maior, que liberam o devedor, sem que caiba ao credor qualquer ressarcimento, hipótese em que se configura, fatalmente, a cessação da obrigação sem que tenha havido pagamento.

Realmente, o devedor está vinculado à relação obrigacional, exonerando-se dela pelo pagamento direto ou indireto ou, ainda, pelo caso fortuito ou força maior, oriundos de fato que não lhe seja imputável. Convém lembrar que a ausência de culpa aparece como elemento integrante da força maior e do caso fortuito, de tal sorte que, se a execução da prestação se impossibilitar por fato imputável ao devedor porque este agiu culposamente, não há que se falar de caso fortuito e força maior. Nosso Código Civil, no art. 393, *caput*, consagra o princípio da exoneração do devedor pela impossibilidade de cumprir a obrigação sem culpa sua, visto que anuncia a sua irresponsabilidade pelos danos decorrentes de força maior ou de caso fortuito. Consequentemente, o credor não terá direito a qualquer indenização (*RT*, *493*:210, *491*:68 e 62, *448*:111, *451*:97, *453*:92), salvo se: 1) as partes convencionarem expressamente que o devedor responderá pelo cumprimento da relação obrigacional, mesmo ocorrendo força maior ou caso fortuito, de forma que nessa hipótese prevalecerá a vontade dos contraentes; 2) o devedor estiver em mora (CC, arts. 394 a 399), por não ter efetuado o pagamento no tempo, lugar e forma estipulados, devendo, então, responder não só pelos prejuízos causados pela sua mora, mas também pela impossibilidade da prestação, resultante de força maior ou caso fortuito ocorridos durante o atraso, exceto se provar isenção de culpa, ou que o dano sobreviria mesmo que a obrigação tivesse sido desempenhada no momento oportuno; 3) o mandatário, não obstante proibição do mandante, se fizer substituir na execução do mandato, pois pelo Código Civil, art. 667, § 1º, deverá responder ao seu constituinte pelos prejuízos ocorridos sob a gerência do substituto, embora provenientes de força maior ou caso fortuito, salvo se provar que os danos sobreviriam, ainda que não tivesse havido substabelecimento; 4) o devedor tiver de cumprir obrigação de dar coisa incerta; antes da escolha, não poderá alegar perda ou deterioração da coisa, ainda que por força maior ou caso fortuito (CC, art. 246).

O caso fortuito e a força maior, portanto, nem sempre têm efeito extintivo do liame obrigacional, pois em certas circunstâncias o devedor não se exonerará, sob a alegação de perda ou deterioração da coisa devida por acontecimento inevitável. Se o evento extraordinário não trouxer a impossibilidade total da prestação, eximir-se-á o devedor apenas da parte atingida, não podendo invocar a força maior ou o caso fortuito para sua liberação absoluta. É preciso não olvidar que o julgador deverá examinar as peculiaridades de cada caso antes de decretar a exoneração do devedor, verificando se houve ocorrência de obstáculo inevitável e ausência de culpa que impossibilitassem a execução da prestação devida.

d) Prejuízo do credor (*RT*, *451*:190, *491*:77), pois, se não houver menoscabo a um bem ou interesse material ou moral, não haverá responsabilidade.

Verificados tais pressupostos essenciais à determinação do dever de reparar, armar-se-á uma equação em que o montante da indenização equivalerá ao valor do bem jurídico lesado, a fim de se evitar enriquecimento ilícito por parte do credor. Nosso Código Civil afastou as diferenças de tratamento ao transgressor que agiu por dolo do que obrou por culpa, e apenas excepcionalmente, no art. 392, distinguiu entre inadimplemento doloso ou culposo para definir a responsabilidade do inadimplente. Deveras, o art. 392, 1ª parte, do Código Civil preceitua: "nos contratos benéficos, responde por simples culpa o contraente, a quem o contrato aproveite, e por dolo aquele a quem não favoreça". Com isso, nosso Código entende que, nos negócios jurídicos benéficos, só o dolo, relativamente àquele que não tira nenhum proveito, poderá dar fundamento à responsabilidade por perdas e danos. P. ex.: o comodato (empréstimo gratuito de coisas infungíveis — CC, art. 579) é contrato benéfico, pois nele apenas uma das partes colhe proveito, de forma que seria injusto que a parte que favorece a outra reparasse danos ou prejuízos por simples culpa, devendo responder apenas quando agir dolosamente. Já o comodatário, o favorecido, responderá pelo ressarcimento dos danos que causar por simples culpa, de maneira que terá de conservar a coisa como se fosse sua, usando-a conforme estipulação negocial ou de acordo com sua natureza, sob pena de responder por perdas e danos (CC, art. 582).

Por outro lado, se o negócio jurídico ou contrato for oneroso, cada uma das partes responderá, salvo as exceções previstas em lei, por culpa (CC, art. 392, 2ª parte), devendo indenizar o prejudicado, visto que ambas têm direitos e deveres recíprocos, devendo responder em pé de igualdade por culpa ou dolo[6].

---

6. Sobre o assunto *vide*: W. Barros Monteiro, op. cit., p. 330; M. Helena Diniz, op. cit., v. 2, p. 299-301, 309 e 310; Larenz, *Derecho de obligaciones*, v. 1, p. 284; Carvalho de Mendonça, op. cit., n. 462, 465 e 499; Caio M. S. Pereira, op. cit., p. 283-90, 298 e 301-3; André Tunc, Force majeure et absence de faute en matière contractuelle, *Revue Trimestrielle de Droit Civil*, 1945, p. 235; Arnoldo Medeiros da Fonseca, *Caso fortuito e teoria da imprevisão*, 3. ed., Rio de Janeiro, Forense, 1958, n. 89 e s.; Wigny, Responsabilité contractuelle et force majeure, *Revue Trimestrielle de Droit Civil*, 1935, p. 35; Giovanoli, *Force majeure et cas fortuit*, Genève, 1933; Alves Moreira, *Instituições do direito civil português*, v. 2, n. 38; Josserand, *Cours de droit civil positif français*, 2. ed., v. 2, n. 451; Orlando Gomes, op. cit., p. 175-6, 183-4, 186-8, 225-6; Silvio Rodrigues, op. cit., p. 330; Jorge Mosset Iturraspe, *Estudios sobre responsabilidad por daños*, Santa Fé, Ed. Rubinzal-Culzoni, t. 3, p. 36-44; Carlos Alberto Bittar, *Da responsabilidade civil nas atividades nucleares*, tese apresentada no concurso de livre-docente de direito civil da Faculdade de Direito da USP, p. 61 e 62; Giorgio Giorgi, *Teoria delle obbligazioni nel diritto moderno italiano*, 7. ed., Firenze, 1910, v. 2, n. 38; Chironi, *Colpa contrattuale*, 2. ed., 1897; Von Tuhr, *Tratado de las obligaciones*, t. 2, p. 88; Esmein, Le fondement de la responsabilité contractuelle rapproché de la responsabilité délictuelle, *Revue Trimestrielle de Droit Civil*, 1933, p. 627; André Brun, *Rapports et domaine des responsabilités contractuelle et délictuelle*, Paris, 1931; De Page, op. cit., v. 3, p. 105; Carnelutti, Sulla distinzione tra colpa contrattuale e extracontrattuale, *Rivista di Diritto Commerciale*, 2:743, 1912; Baroncea, *Essai sur la faute*

Quadro Sinótico

INADIMPLEMENTO VOLUNTÁRIO

1. CONCEITO DE INADIMPLEMENTO DA OBRIGAÇÃO	• Consiste na falta da prestação devida ou no descumprimento, voluntário ou involuntário, do dever jurídico por parte do devedor.

2. NOÇÃO DE INEXECUÇÃO VOLUNTÁRIA	• Ocorre quando o obrigado deixa de cumprir, dolosa ou culposamente, a prestação devida, sem a dirimente do caso fortuito ou força maior.

3. MODOS DE INADIMPLEMENTO VOLUNTÁRIO (CC, ARTS. 389 E 394)	• Absoluto	• Se a obrigação não foi cumprida, total ou parcialmente, nem poderá sê-lo.
	• Relativo	• Se a obrigação não foi cumprida no tempo, lugar e forma devidos, porém poderá sê-lo com proveito para o credor, hipótese em que se terá a mora.

4. FUNDAMENTO E PRESSUPOSTOS DA RESPONSABILIDADE CONTRATUAL DO INADIMPLENTE	• A responsabilidade do infrator, havendo liame obrigacional decorrente de contrato ou de declaração unilateral de vontade, será contratual, fundando-se na ocorrência da culpa em sentido amplo, que abrange o dolo e a culpa em sentido estrito. Nosso CC não trata diferencialmente o transgressor que agiu por dolo do que agiu por culpa, apenas excepcionalmente no art. 392, 1ª parte, distingue entre inadimplemento doloso e culposo para definir a responsabilidade do inadimplente. São pressupostos da responsabilidade contratual: obrigação violada; nexo de causalidade entre o fato e o dano produzido; culpa e prejuízo ao credor.

---

et le fait du créancier, Paris, 1930; Aguiar Dias, *Da responsabilidade civil*, 4. ed., Rio de Janeiro, Forense, 1960, v. 1, p. 101 e s.; *RT*, *443*:163, *444*:99, *458*:414; Serpa Lopes, *Curso de direito civil*, 4. ed., Freitas Bastos, 1966, v. 2, p. 360-79 e 406; Hector Lafaille, *Derecho civil*, tratado de las obligaciones, v. 1, n. 142; Hedemann, *Tratado de derecho civil*; derecho de obligaciones, p. 157; Eduardo A. Zannoni, *El daño en la responsabilidad civil*, Buenos Aires, Ed. Astrea, 1982, p. 61-9; Giorgianni, *L'inadempimento*, Milano, 1959; Majo Giaquinto, *L'esecuzione del contratto*, Milano, Giuffrè, 1967; Augusto M. Morello, *Indemnización del daño contractual*, 2. ed., Buenos Aires, 1974, p. 10 e s.; Alfredo Orgaz, La limitación del resarcimiento en las responsabilidades contractual y extracontractual, *La Ley*, *59*:25; Borrell Soller, *Cumplimiento, incumplimiento y extinción de las obligaciones contractuales civiles*, 1954, p. 125; Luiz Edson Fachin, Contratos e responsabilidade civil: duas funcionalizações e seus traços. *Doutrinas essenciais — obrigações e contratos* (coord.G. Tepedino e Luiz E. Fachin, São Paulo, Revista dos Tribunais, 2011, v. II, p. 291-304.

B. Mora

b.1. Mora e inadimplemento absoluto

A mora requer, na seara da inexecução da obrigação, um exame mais demorado, por ser mais frequente que o inadimplemento absoluto[7], do qual se distingue nitidamente, pois:

a) haverá mora quando o devedor ainda puder cumprir a obrigação, possibilitando ao credor receber a prestação que lhe interessa, e inadimplemento absoluto se não houver tal possibilidade, ou porque a coisa devida pereceu, ou porque já se tornou inútil ao credor (*RT*, *496*:147);

b) a mora poderá ser purgada (*RT*, *487*:131, *466*:128, *469*:162, *458*:164), o mesmo não acontecendo com o inadimplemento absoluto.

Apesar disso, há semelhança entre esses dois institutos, já que geram a mesma consequência, pois pelo Código Civil, arts. 389 e 394, o contratante moroso e o devedor absolutamente inadimplente responderão, havendo culpa, pela reparação do prejuízo causado ao credor pelo descumprimento da obrigação, pagando indenização por perdas e danos[8].

b.2. Conceito e espécies de mora

O Código Civil, art. 394, explicita a noção de mora, ao estatuir: "considera-se em mora o devedor que não efetuar o pagamento e o credor que não quiser recebê-lo no tempo, lugar e forma que a lei ou a convenção estabelecer". Portanto, a mora vem a ser, segundo R. Limongi França, não só a inexecução culposa da obrigação, mas também a injusta recusa de recebê-la no tempo, no lugar e na forma devidos[9].

---

7. Agostinho Alvim, op. cit., p. 10.

8. Relativamente a ambos os institutos *vide* W. Barros Monteiro, op. cit., p. 266; Agostinho Alvim, op. cit., p. 37-49; Serpa Lopes, op. cit., p. 384-6; Giorgi, op. cit., v. 2, n. 45; Chironi, op. cit., n. 325; Carvalho de Mendonça, op. cit., v. 2, p. 72; M. Helena Diniz, op. cit., v. 2, p. 311; Silvio Rodrigues, op. cit., p. 316-8; Josserand, op. cit., v. 2, n. 621; Von Tuhr, op. cit., v. 2, § 72, n. 11; Gema Diez-Picazo Gimenez, *La mora y la responsabilidad contractual*, 1996; José Ignacio Cano, *La mora*, 1978; Oswaldo e Sílvia Opitz, *Mora no negócio jurídico*, 1984. *Vide* Súmulas 369 e 380 do STJ.

9. R. Limongi França, Mora, in *Enciclopédia Saraiva do Direito*, v. 53, p. 240; Giorgi, op. cit., v. 2, n. 43; Chironi, op. cit., n. 325, p. 715; Agostinho Alvim, op. cit., n. 13; Carvalho de Mendonça, op. cit., v. 1, n. 259; Ugo Natoli e Lina Bigliazzi Geri, *Mora accipiendi* e *mora debendi*, Milano, Giuffrè, 1975.

A mora é, pois, mais do que simples retardamento[10], visto que o Código Civil considera como mora o cumprimento da obrigação fora do lugar e de forma diversa da ajustada.

Ter-se-á mora quando a obrigação não for cumprida no tempo, no lugar e no modo estabelecidos por lei ou por convenção, podendo sê-lo proveitosamente para o credor[11].

Percebe-se por essa definição que tanto o devedor como o credor poderão incorrer em mora, desde que não tenha ocorrido fato inimputável, isto é, caso fortuito e força maior, impediente do adimplemento da relação obrigacional. Em regra, o devedor deverá pagar no momento certo, no lugar e na forma que a lei ou a convenção estabelecer, e ao credor cabe receber oportunamente a prestação devida no local e na forma estipulados. O descumprimento da obrigação na hora, no lugar e na forma devidos induz a mora de um ou de outro. Aquele que tiver de suportar as suas consequências deverá provar a ocorrência do evento hábil a criar a escusativa[12].

Três são as *espécies* de mora admitidas em nosso direito:

a) *mora solvendi*, ou *debitoris*, ou mora do devedor;

b) *mora accipiendi* ou mora do credor; e

c) mora de ambos os contratantes, as quais passaremos a analisar.

b.3. Mora do devedor

b.3.1. Noção e modalidades

Configurar-se-á a *mora do devedor* quando este *não* cumprir, por culpa sua, a prestação devida na forma, tempo e lugar estipulados (*RT*, *597*:114, *478*:149). Dois são, portanto, seus *elementos*: o *objetivo* — a não realização do pagamento no tempo, local e modo convencionados, e o *subjetivo* — inexecução culposa por parte do devedor.

---

10. Muitos autores definem mora como um retardamento na execução da obrigação, dentre eles: Lacerda de Almeida, *Obrigações*, 2. ed., § 41; Orlando Gomes, op. cit., p. 202 e 203; Albert Comment, *De la demeure du débiteur dans les contrats bilatéraux*, Courtelary, 1924.

11. Silvio Rodrigues, op. cit., p. 318 e 319.

12. Caio M. S. Pereira, op. cit., p. 267.

A mora do devedor manifesta-se por dois aspectos[13]:

1º) *Mora ex re*, se decorrer de lei, resultando do próprio fato do descumprimento da obrigação, independendo, portanto, de provocação do credor. A mora do devedor ocorrerá *pleno iure*, não sendo necessário qualquer ato ou iniciativa do credor se houver vencimento determinado para o adimplemento da obrigação. Aplicar-se-á, portanto, a regra *dies interpellat pro homine* (*RT*, *226*:179, *228*:200), ou seja, o termo interpela em lugar do credor, pois a *lex* ou o *dies* assumirão o papel de intimação. É o que se dá, p. ex.: *a*) nas obrigações positivas ou líquidas, não cumpridas no seu termo. Vencidos os débitos contraídos com prazo certo, surgirá de pleno direito o dever de pagar, que, se não for cumprido, terá por efeito a imediata constituição do devedor em mora (CC, art. 397); *b*) "nas obrigações negativas o devedor é havido por inadimplente desde o dia em que executou o ato de que se devia abster" (CC, art. 390); *c*) nas obrigações provenientes de ato ilícito, em que se considera o devedor em mora desde que o praticou (CC, art. 398), de forma que desde o instante em que perpetrou o delito, em decorrência de violação de lei penal ou civil, correrão os riscos da coisa devida exclusivamente por conta do devedor, independentemente de qualquer interpelação.

2º) *Mora ex persona*, se não houver estipulação de termo certo para a execução da relação obrigacional; nesse caso, será imprescindível que o credor tome certas providências necessárias para constituir o devedor em mora, tais como: interpelação judicial ou extrajudicial (*RF*, *222*:177; *RT*, *471*:137, *463*:209, *483*:139, *467*:171, *491*:143, *438*:245, *483*:133, *699*:74; CC, art. 397, parágrafo único; CPC, arts. 726 a 729), ou citação ordenada por despacho do juiz na própria causa principal, promovida no prazo e na forma da lei processual pelo credor para discutir a relação jurídica (CPC, art. 240; CC, art. 202, I; *RT*, *433*:177 e *781*:225).

---

13. Serpa Lopes, op. cit., p. 386 e 387; M. Helena Diniz, op. cit., v. 2, p. 313; W. Barros Monteiro, op. cit., p. 263 e 264; Agostinho Alvim, op. cit., n. 89-118; Caio M. S. Pereira, op. cit., n. 173; Carvalho de Mendonça, op. cit., v. 1, n. 260; Orlando Gomes, op. cit., p. 204 e 205; Polacco, *Le obbligazioni nel diritto civile italiano*, p. 527, 528 e 537; Acollas, *Manuel de droit civil*, v. 2, p. 800; Angel Cristóbal Montes, *La mora del deudor en los contratos bilaterales*, 1984. A notificação comprova a mora e impede a revisão contratual (STJ, REsp 493.839-RS, Rel. Min. Carlos Alberto Menezes Direito. *Vide*: *RT*, *471*:137, *613*:138, *781*:225; *RTJ*, *102*:682).

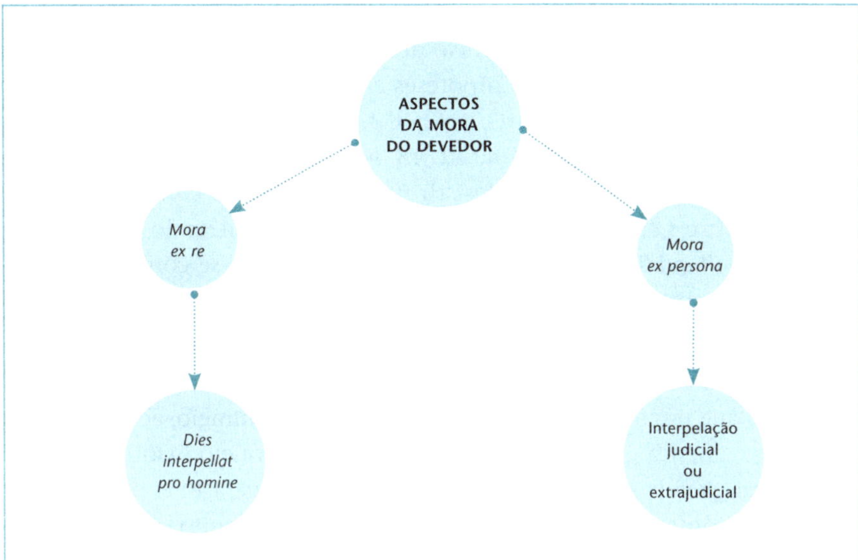

b.3.2. Requisitos

A mora do devedor pressupõe a existência dos seguintes *requisitos*[14]:

1º) *Exigibilidade imediata da obrigação*, isto é, existência de dívida positiva, líquida (*RT*, *434*:168) e vencida (*RT*, *488*:157), uma vez que, na pendência de condição suspensiva ou antes do termo final, será impossível a incidência da mora. Tanto isso é verdade que, quanto à responsabilidade do demandante por *dívida não vencida*, reza o art. 939 do Código Civil que: "o credor que demandar o devedor antes de vencida a dívida, fora dos casos em que a lei o permita, ficará obrigado a esperar o tempo que faltava para o vencimento, a descontar os juros correspondentes, embora estipulados, e a pagar as custas em dobro". Ter-se-á aqui a questão do excesso de pedido, em que o autor, movendo ação de cobrança de dívida, pede mais do que aquilo a que faz jus. Logo, o demandante de má-fé deverá esperar o tempo que falta para o vencimento, descontar os juros correspondentes

14. W. Barros Monteiro, op. cit., p. 261 e 262; Caio M. S. Pereira, op. cit., p. 267 e 268; M. Helena Diniz, op. cit., v. 2, p. 314; Orlando Gomes, op. cit., p. 204 e 206; Giorgi, op. cit., v. 2, n. 313; R. Limongi França, op. cit., p. 241; Serpa Lopes, op. cit., p. 381, 382 e 386; Carvalho de Mendonça, op. cit., p. 386; Silvio Rodrigues, op. cit., p. 319 e 320.

e pagar as custas em dobro. Se agiu de boa-fé, deverá pagar tão somente as custas vencidas na ação de cobrança, de que decairá por ser intempestiva. Tal não ocorrerá se se tratar de hipóteses em que se tem o vencimento antecipado das obrigações (CC, arts. 1.425 e 333; Lei n. 11.101/2005 — Lei de Falências, art. 77; Lei n. 6.024/74, art. 18, *b*). Mas não se aplicarão as penas dos arts. 939 e 940 se o autor desistir da ação antes de contestada a lide (CC, art. 941, e CPC, art. 485, § 4º). Entretanto, amenizando a rigidez do princípio *in illiquidis non fit mora*, tem-se admitido que se contem os juros da mora, nas obrigações ilíquidas, desde a citação inicial.

2º) *Inexecução total ou parcial da obrigação por culpa do devedor*, pois se ele não cumprir a obrigação no tempo, forma e lugar estipulados, em razão de inundação que interceptou as vias de comunicação, naufrágio, acidente automobilístico, doença grave, não incorrerá em mora, já que o inadimplemento da prestação devida se deu por fato alheio à sua vontade, isto é, pela verificação de um acontecimento de força maior, ou de caso fortuito, mesmo transitório. Deveras, estatui o Código Civil, art. 396, que: "não havendo fato ou omissão imputável ao devedor, não incorre este em mora". Para haver *mora solvendi*, indispensável será o inadimplemento da obrigação imputável ao devedor (*RT*, *218*:223, *186*:723, *240*:273). "A cobrança de encargos e parcelas indevidas ou abusivas impede a caracterização da mora do devedor" (Enunciado n. 354 do CJF, aprovado na IV Jornada de Direito Civil).

3º) *Interpelação judicial ou extrajudicial do devedor*, se a dívida não for a termo ou com data certa (CC, art. 397, parágrafo único). Trata-se da hipótese de *mora ex persona*, que só se constituirá se o credor a provocar por meios adequados. Se a mora for *ex re*, o devedor ficará constituído em mora *pleno iure*, pois se há prazo determinado para o vencimento da obrigação, não há necessidade de qualquer ato do credor que provoque a constituição em mora do devedor.

b.3.3. Efeitos jurídicos

A *mora solvendi* produz os seguintes efeitos jurídicos[15]:

---

15. Caio M. S. Pereira, op. cit., p. 269 e 270; Orlando Gomes, op. cit., p. 208; De Page, op. cit., v. 3, n. 83; M. Helena Diniz, op. cit., v. 2, p. 314 e 315; Silvio Rodrigues, op. cit., p. 321 e 322; Serpa Lopes, op. cit., p. 390 e 391; R. Limongi França, op. cit., p. 241; Carvalho de Mendonça, op. cit., n. 265; Agostinho Alvim, op. cit., n. 39 a 51; Zannoni, op. cit., p. 70 e 71; Moisset de Espanés, Reflexiones en torno a la mora del deudor y el lugar de cumplimiento de las obligaciones, *El Derecho*, *72*:791; Matiello, *Código*, cit., p. 268.

1º) *Responsabilidade do devedor pelos prejuízos causados pela mora ao credor* (CC, art. 395), mediante pagamento de juros moratórios legais ou convencionais; indenização do lucro cessante, isto é, daquilo que o credor deixou de ganhar em razão da mora, compreendendo os frutos e rendimentos que poderia ter tirado da coisa devida; reembolso das despesas efetuadas em consequência da mora; satisfação da cláusula penal, resultante, *pleno iure*, do não pagamento e dos honorários de advogado (CPC, art. 85), sem olvidar da atualização dos valores monetários, segundo índices oficiais, regularmente estabelecidos pelo Estado, resultantes de aferição de fatores geradores da perda do valor da moeda. Trata-se da consagração do princípio da *perpetuatio obligationis*.

2º) *Possibilidade de o credor exigir a satisfação das perdas e danos, rejeitando a prestação, se devido à mora ela se tornou inútil* (CC, art. 395, parágrafo único) *ou perdeu seu valor*. P. ex.: "A" comprou de "B" 1.000 sacas de café para lhe serem entregues em determinado dia, véspera da partida de um navio em que serão embarcadas para a Europa. Esse navio é o único apto a chegar no tempo certo ao porto de destino. Se "B" entregar a mercadoria após a partida do navio, "A" poderá rejeitá-la, porque se tornou inútil, reclamando ressarcimento dos prejuízos[16]. Competirá ao credor a prova da inutilidade, a menos que se tenha convencionado expressamente um termo certo ou este advenha inequivocamente das circunstâncias do negócio. Operar-se-á, então, a conversão da coisa devida no seu equivalente pecuniário, hipótese em que a mora se equiparará ao inadimplemento absoluto.

3º) *Responsabilidade do devedor moroso pela impossibilidade da prestação, mesmo decorrente de caso fortuito ou de força maior, se estes ocorrerem durante o atraso, salvo se provar isenção de culpa ou que o dano sobreviria, ainda que a obrigação fosse oportunamente desempenhada* (CC, arts. 399 e 393). Trata-se da *obligatio mora perpetuatur*, na qual se prorroga a obrigação do devedor, ocorrendo força maior ou caso fortuito, durante o lapso temporal em que estava em mora. Isto é assim porque, se o devedor tivesse cumprido a obrigação em tempo, teria resguardado a coisa devida da força maior ou do caso fortuito, desaparecendo, no entanto, sua responsabilidade se provar que a impossibilidade da execução da prestação se produziria, mesmo que tivesse havido o adimplemento da obrigação. P. ex.: se um raio destruir a casa do devedor moroso, onde se encontrava a coisa devida, nada acontecendo

16. Carvalho Santos, *Código Civil brasileiro interpretado*, 9. ed., Rio de Janeiro, Freitas Bastos, 1974, v. 12, p. 323.

à casa do credor; nesse caso, se o objeto da dívida já estivesse em poder do credor, nada lhe teria sucedido. Entretanto, se o raio destruir as duas casas, a do devedor e a do credor, com todo o seu conteúdo, fica patente que o dano teria, de qualquer maneira, sobrevindo à coisa[17].

b.4. Mora do credor

b.4.1. Conceito e pressupostos

A *mora accipiendi, credendi* ou *creditoris* é, segundo R. Limongi França[18], a injusta recusa de aceitar o adimplemento da obrigação no tempo, lugar e forma devidos (*RT*, *150*:243, *484*:214, *495*:218).

São *pressupostos* da mora do credor[19]:

1) *Existência de dívida positiva líquida e vencida*, pois o devedor tem o direito de liberar-se no tempo, local e forma devidos. Assim sendo, não havendo débito vencido e exigível, não há que se falar em direito do devedor de se desobrigar dele, já que não pode ser ainda molestado pelo credor, nem está exposto a qualquer risco. Mesmo se se tratar de prazo instituído em benefício do devedor, a antecipação do pagamento não pode ser imposta pelo credor, constituindo-o em mora, visto que, juridicamente, apenas no momento em que se vencer a obrigação é que se pode exigir o recebimento da prestação devida.

2) *Estado de solvência do devedor*, por ser imprescindível que o obrigado se encontre em condições de efetuar o pagamento.

3) *Oferta real e regular da prestação devida pelo devedor*, pois se trata de requisito fundamental para originar a mora do credor, sendo insuficiente a simples afirmativa do devedor de que pretende cumpri-la. Não haverá mora

---

17. Van Wetter, *Les obligations en droit romain*, v. 1, p. 126, apud W. Barros Monteiro, op. cit., p. 263; *RT*, *749*:392.

18. R. Limongi França, op. cit., p. 241.

19. Agostinho Alvim, op. cit., n. 52 a 79; W. Barros Monteiro, op. cit., p. 260 e 261; M. Helena Diniz, op. cit., v. 2, p. 316 e 317; Caio M. S. Pereira, op. cit., p. 270 e 272; Serpa Lopes, op. cit., n. 323, 328, 329 e 330; Larenz, op. cit., v. 1, § 24; Carvalho de Mendonça, op. cit., v. 1, n. 264; Silvio Rodrigues, op. cit., p. 319; R. Limongi França, op. cit., p. 242; Scuto, *La mora del creditore*, p. 88, 90 e 91; Lomonaco, *Delle obbligazioni e dei contratti in genere*, v. 2, n. 116; Von Tuhr, op. cit., v. 2, § 65; Saleilles, *Cours de droit civil français*, v. 8, n. 93; Venzi, *Manuale di diritto civile italiano*, n. 491; Pacifici-Mazzoni, *Istituzione di diritto civile italiano*, v. 4, n. 218; José Tavares, *Os princípios fundamentais do direito civil*, v. 1, p. 176; *RT*, *561*:150, *564*:161, *568*:191, *596*:210.

do credor sem a efetiva oferta a ele da *res debita*. Logo, a oferta verbal só será idônea para constituir o credor em mora, se o devedor tiver meios de comprová-la. Será hábil para a constituição em mora do credor não só o pagamento feito por terceiro, interessado ou não (CC, arts. 304 e 305), mas também o realizado mediante procurador munido de poderes bastantes. A oferta, porém, só poderá ser feita ao credor ou a seu representante (CC, art. 308), salvo no caso de pagamento de boa-fé a credor putativo (CC, art. 309), que a lei tem como válido.

4) *Recusa injustificada, expressa ou tácita, em receber o pagamento no tempo, lugar e modo indicados no título constitutivo da obrigação*. P. ex.: haverá *mora creditoris* se o vendedor não aceitar o pagamento oferecido pelo comprador, alegando haver-se desavindo com seu sócio (*RT*, *150*:243). A recusa poderá ser expressa ou tácita. P. ex.: a omissão quanto a tomar as providências necessárias ao recebimento ou o fato de o credor se ausentar do local em que a obrigação deve ser executada, sem deixar representante ou mandatário, constituem recusa implícita.

Oferecido o pagamento oportunamente, havendo recusa expressa ou tácita do credor em recebê-lo, incidirá ele em mora, salvo se teve justo motivo para não aceitar a oferta, como no caso de a prestação não corresponder ao conteúdo da obrigação ou ter sido oferecida fora do tempo ou do local estipulados, hipótese em que a justa causa do credor para se recusar a recebê-la coincide com a culpa do devedor. A recusa injusta nada tem que ver com a noção de culpa, mas sim com o direito de recusa, que assiste ao credor se o oferecimento da prestação não atender aos requisitos fundamentais.

5) *Constituição do credor em mora*, pois, havendo recusa injustificada, o devedor que quer solver a dívida não poderá suportar as consequências da omissão do credor, uma vez que a *solutio* depende da colaboração deste, competindo, então, a ele, devedor, constituir o credor em mora. Todavia, tal direito não é personalíssimo, podendo ser exercido por qualquer terceiro que possa efetuar pagamento válido. A constituição em mora do credor dependerá da comprovação da oferta que lhe foi feita, seguida de sua injustificada recusa em recebê-la, de forma que a consignação em pagamento (CC, art. 335) terá grande utilidade como efeito probatório, uma vez que pela sua propositura se tornará possível definir a conduta do credor, verificando-se se ele efetivamente pretendeu ou não recusar a oferta do pagamento. Além disso, o devedor, fazendo o depósito judicial, exonerar-se-á completamente do vínculo obrigacional, pois equivalerá a pagamento. Deveras, a simples oferta não libera o devedor da obrigação;

exonera-o da falta[20]. Basta que se provem a oferta de pagamento do devedor e a recusa injustificada do credor em recebê-lo para que se configure a *mora accipiendi*.

b.4.2. Consequências jurídicas

A *mora accipiendi* acarreta, conforme o Código Civil, arts. 400 e 335, as seguintes consequências jurídicas[21]:

1) *Liberação do devedor, isento de dolo, da responsabilidade pela conservação da coisa*. Assim, os prejuízos a ela causados por negligência, imperícia ou imprudência do devedor serão irressarcíveis, por não haver a intenção de causar dano, assumindo o credor todos os riscos, de maneira que, se o objeto perecer ou se deteriorar, o credor em mora sofrerá a perda ou terá de recebê-lo no estado em que se achar.

2) *Obrigação do credor moroso de ressarcir ao devedor as despesas efetuadas com a conservação da coisa recusada*, pois o devedor deverá mantê-la em seu poder, a não ser que se alforrie dessa obrigação, mediante consignação. Isto é assim porque a mora do credor não extingue o vínculo obrigacional, sendo, então, impossível admitir-se o direito de abandono, incompatível com a subsistência da obrigação. Infere-se daí que o reembolso das despesas feitas pelo devedor incluirá tão somente as benfeitorias necessárias, isto é, aquelas que visam conservar o bem ou evitar sua deterioração (CC, art. 96, § 3º). Assim sendo, as benfeitorias úteis ou voluptuárias não autorizam o direito de reembolso, já que o Código Civil, art. 400, faz menção apenas às despesas de conservação.

3) *Obrigação do credor de receber a coisa pela sua estimação, mais favorável ao devedor, se o valor oscilar entre o dia estabelecido para o pagamento e o da sua efetivação*, isto é, do recebimento efetivo da execução. P. ex.: se o devedor entregar duzentas sacas de café e o credor se recusar sem justa causa a recebê-las, ficará este último responsável pelos prejuízos e, quando, posteriormente, tiver de recebê-las, ficará sujeito à estimativa mais favorável

---

20. Chironi, op. cit., p. 556.

21. Silvio Rodrigues, op. cit., p. 323 e 324; Serpa Lopes, op. cit., p. 391 e 392; R. Limongi França, op. cit., p. 242; Larenz, op. cit., § 24; Zannoni, op. cit., p. 76-8; Caio M. S. Pereira, op. cit., p. 272; W. Barros Monteiro, op. cit., p. 265; Scuto, op. cit., p. 163; Agostinho Alvim, op. cit., n. 80 a 88; M. Helena Diniz, op. cit., v. 2, p. 317 e 318; Matiello, *Código*, cit., p. 271.

ao devedor. Assim, se no dia da entrega efetiva o preço se elevar, pagará de conformidade com a elevação e não de acordo com o preço anterior; porém, se o preço cair após a mora, pagará, obviamente, o do dia da mora; pois se assim não fosse o devedor teria prejuízo injusto e o credor moroso, proveito indevido.

4) *Possibilidade da consignação judicial da "res debita" pelo devedor* (*RT*, *442*:261).

b.5. Mora de ambos os contratantes

Ensina-nos Washington de Barros Monteiro que, verificando-se mora simultânea, isto é, de ambos os contratantes, como no caso, p. ex., de nenhum deles comparecer ao local ajustado para o pagamento, dá-se a sua compensação aniquilando-se reciprocamente ambas as moras, com a consequente liberação recíproca da pena pecuniária convencionada. Nessa hipótese, as coisas deverão permanecer no mesmo estado em que se achavam anteriormente, como se não tivesse havido mora quer do devedor, quer do credor. Imprescindível será a simultaneidade da mora, pois, se for sucessiva, apenas a última acarretará efeitos jurídicos[22]. Não havendo mora simultânea, do credor e do devedor concomitantemente, a mora de um excluirá a do outro[23].

b.6. Juros moratórios

b.6.1. Conceito e espécies

Os *juros moratórios* consistem na indenização pelo retardamento da execução do débito[24]. Constituem pena imposta ao devedor pelo atraso no cumprimento da obrigação, atuando como se fosse uma indenização pelo retardamento no adimplemento da obrigação (*RT*, *435*:100 e 217, *440*:71, *444*:146, *432*:100 e 118, *446*:167, *436*:247, *398*:340, *483*:114, *437*:162, *610*:137, *611*:130, *586*:116, *745*:400; *RF*, *269*:188; STJ, Súmulas 54, 70 e 188; STF, Súmulas 163 e 618).

---

22. Serpa Lopes, op. cit., n. 336; W. Barros Monteiro, op. cit., p. 265; Carvalho de Mendonça, op. cit., v. 1, p. 487; *RF*, *161*:140.

23. Scuto, op. cit., p. 246.

24. R. Limongi França, op. cit., p. 246. *Vide* Lei n. 7.089/83.

Os *juros moratórios* poderão ser[25]: 1) *convencionais*, caso em que as partes estipularão, para efeito de atraso no cumprimento da obrigação, a taxa dos juros moratórios até 12% anuais ou 1% ao mês (CC, art. 406; Dec. n. 22.626/33); 2) *legais*, se as partes não os convencionarem, pois, mesmo que não se estipulem, os juros moratórios serão sempre devidos, na taxa que estiver em vigor para a mora do pagamento de impostos devidos à Fazenda Nacional (CC, art. 406). Hoje, no entendimento de muitos, tal taxa é a Selic (Sistema Especial de Liquidação e de Custódia; Leis n. 8.981/95, art. 84, I; 9.065/95, art. 13; e 9.250/95, art. 39, § 4º), mas há quem ache, no que acatamos, que seria a do art. 161, § 1º, do CTN (Enunciado n. 20, aprovado na Jornada de Direito Civil, promovida pelo Centro de Estudos Judiciários do Conselho de Justiça Federal). A própria lei pune o que se aproveita do alheio, impondo pagamento de juros moratórios para o caso de retardamento na execução da obrigação[26].

As multas da mora oriundas do inadimplemento da obrigação, sendo a relação de consumo, no seu vencimento não poderão ser superiores a 2% do valor da prestação (Lei n. 8.078/90, art. 52, § 1º, com redação da Lei n. 9.298/96).

Para não serem devidos os juros moratórios, será necessário que a lei estabeleça a isenção, como o fazem: *a*) o art. 552 do Código Civil, retirando do doador a responsabilidade pelo pagamento dos juros moratórios; *b*) o art. 124, *caput*, da Lei n. 11.101/2005, proibindo a exigência de juros contra a massa falida, previstos em lei ou em contrato, se o ativo apurado não

25. Álvaro Villaça Azevedo, Juros, in *Enciclopédia Saraiva do Direito*, v. 47, p. 214; Paulo Carneiro Maia, Juros moratórios, in *Enciclopédia Saraiva do Direito*, v. 47, p. 218-24; M. Helena Diniz, op. cit., v. 2, p. 320 e 321. Juros no processo trabalhista: Lei n. 8.177/91, art. 39, §§ 1º e 2º. Juros bancários regem-se por lei especial. *Vide* Súmula STF n. 596. Anatocismo é contagem de juros sobre juros e constitui uma forma de usura. A legislação sobre cédula de crédito rural, comercial e industrial permite pacto de capitalização de juros (Súmula n. 93 do STJ).

26. O princípio do Código Civil, art. 406, aplicar-se-á aos casos dos arts. 1.762, 670, 677, 869 e 833, do Código Civil, como bem observa W. Barros Monteiro (op. cit., p. 338). Hélio R. B. Ribeiro Costa, A questão processual no julgamento da taxa Selic, *JSTJ*, *21*:41 a 50; Luiz Salem Varella, *Taxa Selic*, São Paulo, Leud, 2003; Leonidas Cabral Albuquerque, Considerações sobre juros legais no novo Código Civil, *Jornal Síntese*, *77*:8-10. *Vide* Lei n. 4.591/64, art. 36; Decreto n. 22.626/33, com modificação do Decreto-Lei n. 182/38; Lei n. 1.521/51, art. 4º; Lei n. 4.414/64; Lei n. 6.435/77, art. 66, IV, ora revogada pela Lei Complementar n. 109/2001; CTN, art. 161, § 1º; Lei n. 7.089/83, que veda a cobrança de juros de mora sobre título cujo vencimento se dê em feriado, sábado ou domingo. Quanto aos juros reais, *vide* art. 192, § 3º, da Constituição Federal, ora revogado pela Emenda Constitucional n. 40/2003. Sobre isso consulte o nosso v. 2 do *Curso de Direito Civil brasileiro*, São Paulo, Saraiva, 20. ed., 2004, nota 313, p. 391.

bastar para o pagamento dos credores subordinados[27]; *c*) o art. 66, IV, da Lei n. 6.435/77, ora revogada pela Lei Complementar n. 109/2001, estipulando que não corriam juros contra entidade previdenciária em liquidação.

b.6.2. Extensão

Prescreve o Código Civil, art. 407, que, "ainda que se não alegue prejuízo, é obrigado o devedor aos juros da mora que se contarão assim às dívidas em dinheiro, como às prestações de outra natureza, uma vez que lhes esteja fixado o valor pecuniário por sentença judicial, arbitramento, ou acordo entre as partes". Daí os seguintes efeitos: *a*) os juros moratórios serão devidos independentemente da alegação de prejuízo, decorrendo da própria mora, isto é, do atraso na execução da obrigação (CPC, art. 240); e *b*) os juros moratórios deverão ser pagos seja qual for a natureza da prestação, pecuniária ou não. Se o débito não for em dinheiro, contar-se-ão os juros sobre a estimação atribuída ao objeto da prestação por sentença judicial, arbitramento ou acordo entre as partes[28].

Se a parte interessada não pediu expressamente, na inicial, a condenação ao pagamento de juros moratórios, a sentença, ante o Código de Processo Civil, art. 322, § 1º (*RT*, *444*:146), poderá condenar o vencido, pois os pedidos são interpretados restritivamente, compreendendo no principal os juros legais (*RT*, *171*:316, *179*:137, *230*:161, *249*:155, *271*:354, *276*:297, *283*:368; *RF*, *153*:155; Súmula 254 do STF). Todavia, se a sentença for omissa a respeito dos juros moratórios, não se poderá, em execução, incluí-los (*RF*, *147*:120; *RT*, *177*:163; *AJ*, *119*:222)[29].

b.6.3. Momento da fluência dos juros de mora

Os juros moratórios são devidos a partir da constituição da mora (*RT*, *435*:119), independentemente da alegação de prejuízo (CC, art. 407). Nas obrigações a termo, caracterizar-se-á a mora pelo simples advento do vencimento, e nas obrigações sem fixação de prazo certo para seu cumprimento ter-se-á mora com a interpelação judicial ou extrajudicial. Se a obrigação em dinheiro for líquida, os juros da mora contar-se-ão a partir do vencimento (CC, art. 397). Se a obrigação decorrer de ato ilícito, considerar-se-á o devedor em mora, desde o momento em que o praticou (CC, art. 398). Porém, contar-se-ão os juros da mora, desde a ci-

27. Álvaro Villaça Azevedo, op. cit., p. 215.
28. W. Barros Monteiro, op. cit., p. 339.
29. W. Barros Monteiro, op. cit., p. 339.

tação inicial para a causa (CC, art. 405), que é o *dies a quo* da contagem desses juros (*AJ*, *112*:261, *117*:468), salvo contra a Fazenda Pública (Súmula 163 do STF). Se a obrigação for de outra natureza que não dinheiro, os juros moratórios começarão a fluir desde que a sentença judicial, arbitramento ou acordo entre as partes lhes fixe o valor pecuniário. Os juros da mora nas reclamações trabalhistas deverão ser contados desde a notificação inicial (Súmula 224 do STF). Relativamente à letra de câmbio, os juros serão devidos desde o protesto ou, na falta, desde a propositura da ação (Dec. n. 22.626/33, art. 1º, § 3º; *RT*, *283*:628; *RF*, *179*:268)[30].

b.7. Purgação da mora

A emenda ou purgação da mora vem a ser um ato espontâneo do contratante moroso, que visa remediar a situação a que deu causa, evitando os efeitos dela decorrentes, reconduzindo a obrigação à normalidade. Purga-se, assim, o inadimplente de suas faltas[31]. Deveras, pondera Lacerda de Almeida, a mora perpetua a relação obrigacional, acrescentando-lhe certos encargos, como a responsabilidade por riscos, juros, frutos percebidos e *percipiendos*, perdas e danos etc., de modo que a sua purgação viria atenuar o princípio rigoroso da perpetuação da dívida em consequência de atraso no adimplemento da obrigação ou de seu não cumprimento no local ou na forma devidos[32]. Seria, portanto, um remédio jurídico colocado à disposição do moroso para extinguir os efeitos da mora.

A purgação da mora é sempre admitida, exceto se lei especial regulamentar diferentemente, indicando as condições para emendar a mora. Era o que se dava na alienação fiduciária, em que só era possível purgá-la se tivesse ocorrido o pagamento de 40% do preço financiado (Dec.-Lei n. 911/69, art. 3º, § 1º; *RT*, *459*:156 e 166, *481*:194, *434*:183, *448*:225, *438*:255, *458*:119, *491*:169 e 200, *435*:223, *649*:142, *665*:120, *681*:197). Não há mais tal exigência pelo art. 3º do Decreto-Lei n. 911/69, alterado pela Lei n. 13.043/2014; hodiernamente a purgação da mora independe do percentual do débito já pago.

O devedor terá direito à purgação da mora, desde que a prestação não se torne inútil ao credor, hipótese em que se terá inadimplemento absolu-

30. Silvio Rodrigues, op. cit., p. 342; W. Barros Monteiro, op. cit., p. 340; Bassil Dower, *Curso moderno de direito civil*, São Paulo, Ed. Nelpa, v. 2, p. 307 e 308; M. Helena Diniz, op. cit., v. 2, p. 321 e 322.

31. W. Barros Monteiro, op. cit., p. 266; Silvio Rodrigues, op. cit., p. 326; Serpa Lopes, op. cit., p. 393; Chironi, op. cit., n. 339.

32. Clóvis Beviláqua, *Código Civil comentado*, Rio de Janeiro, 1955, v. 4, p. 114; Lacerda de Almeida, op. cit., p. 169.

to e não mora[33]. A *purgação da "mora debitoris"* se dá quando o devedor oferece a prestação devida, mais a importância dos prejuízos decorrentes do dia da oferta (CC, art. 401, I). O devedor poderá pagar, p. ex., a prestação em dinheiro, ainda que atrasada, acrescentando os juros moratórios.

Ocorrerá a *purgação da mora do credor* quando este se oferecer a receber o pagamento e se sujeitar aos efeitos da mora até a mesma data (CC, art. 401, II), como, p. ex., ao concordar em reembolsar o devedor das despesas efetuadas com a conservação das *res debita*, ressarcindo-o da eventual variação no preço etc.

Na hipótese de ocorrer *mora por parte de ambos os contratantes*, ter-se-á tão somente a cessação da mora pela renúncia ao direito de ser indenizado, que tanto pode ser de um como de outro. Não há propriamente uma purgação da mora, mas sua extinção, sem que produza seus efeitos naturais[34].

b.8. Cessação da mora

Urge não confundir a purgação com a cessação da mora. A purgação da mora consiste em extinguir os efeitos advindos do estado moroso de um dos contratantes, referindo-se, obviamente, aos efeitos futuros e não aos pretéritos, isto é, a *emendatio morae* só produz efeitos para o futuro, não destruindo os efeitos danosos já produzidos, visto que estes constituem parte inerente ao prejuízo causado com a mora, podendo o prejudicado reclamar os danos sofridos desde o dia da incidência em mora até a execução tardia da obrigação. Logo, a purgação da mora se consuma com a oferta da prestação. A *cessação da mora* ocorrerá por um fato extintivo de efeitos pretéritos e futuros, como sucede quando a obrigação se extingue com a novação, remissão de dívidas ou renúncia do credor[35].

---

33. Agostinho Alvim, op. cit., n. 126; Carvalho de Mendonça, op. cit., v. 1, n. 267; Silvio Rodrigues, op. cit., p. 327; Caio M. S. Pereira, op. cit., p. 273; Bassil Dower, op. cit., p. 175; *RT*, *473*:158, *433*:176, *482*:154, *486*:149, *487*:220, *482*:171, *467*:162, *469*:162, *464*:234, *446*:154, *440*:247, *466*:174, *420*:340, *489*:164, *474*:158, *472*:152, *470*:267, *458*:164, *493*:152, *484*:166, *439*:159, *434*:230.

34. Caio M. S. Pereira, op. cit., p. 275; Serpa Lopes, op. cit., p. 392; Agostinho Alvim, op. cit., n. 121 a 123; Silvio Rodrigues, op. cit., p. 326-8; M. Helena Diniz, op. cit., v. 2, p. 322 e 323.

35. Serpa Lopes, op. cit., p. 394; M. Helena Diniz, op. cit., v. 2, p. 323; Orlando Gomes, op. cit., p. 209 e 210; Agostinho Alvim, op. cit., n. 130, 131 e 136; Chironi, op. cit., n. 339 e 340.

QUADRO SINÓTICO

MORA

1. MORA E INADIMPLEMENTO ABSOLUTO	• Haverá mora quando o devedor ainda puder cumprir a obrigação, e inadimplemento absoluto se não houver tal possibilidade, porque a *res debita* pereceu ou se tornou inútil ao credor. A mora pode ser purgada, o mesmo não sucedendo com o inadimplemento absoluto.	
2. CONCEITO DE MORA	• A mora vem a ser, segundo R. Limongi França, não só a inexecução culposa da obrigação, mas também a injusta recusa de recebê-la no tempo, no lugar e no modo devidos.	
3. ESPÉCIES DE MORA	• *Mora solvendi.* • *Mora accipiendi.* • Mora de ambos os contratantes.	
4. MORA DO DEVEDOR	• Conceito	• Surgirá a mora do devedor, quando este não cumprir, por culpa sua, a prestação devida na forma, tempo e lugar estipulados.
	• Modalidades	• *Mora ex re* (CC, arts. 397 e 398). • *Mora ex persona* (CC, art. 397, parágrafo único; CPC, arts. 240, 726 a 729).
	• Requisitos	• Exigibilidade imediata da obrigação. • Inexecução total ou parcial da obrigação por culpa do devedor (CC, art. 396). • Interpelação judicial ou extrajudicial do devedor, se se tratar de *mora ex persona.*
	• Efeitos jurídicos	• Responsabilidade do devedor pelos danos causados pela mora ao credor (CC, art. 395). • Possibilidade de o credor exigir a satisfação das perdas e danos, rejeitando a prestação se por causa da mora ela se tornou inútil (CC, art. 395, parágrafo único) ou perdeu seu valor.

4. MORA DO DEVEDOR	• Efeitos jurídicos	• Responsabilidade do devedor moroso pela impossibilidade da prestação, mesmo decorrente de caso fortuito e força maior, se estes ocorrerem durante o atraso, salvo se provar isenção de culpa ou que o dano sobreviria ainda que a obrigação fosse oportunamente desempenhada (CC, arts. 399 e 393).
5. MORA DO CREDOR	• Conceito	• *Mora accipiendi*, segundo R. Limongi França, é a injusta recusa de aceitar o adimplemento da obrigação no tempo, lugar e forma devidos.
	• Pressupostos	• Existência de dívida positiva, líquida e vencida. • Estado de solvabilidade do devedor. • Oferta real e regular da prestação devida pelo devedor. • Recusa injustificada, expressa ou tácita, em receber o pagamento no tempo, lugar e modo indicados no título constitutivo da obrigação. • Constituição do credor em mora.
	• Consequências jurídicas (CC, arts. 400 e 335)	• Liberação do devedor, isento de dolo, da responsabilidade pela conservação da coisa. • Obrigação do credor moroso de ressarcir ao devedor as despesas efetuadas com a conservação da coisa recusada. • Obrigação do credor de receber a coisa pela sua mais alta estimação se o valor oscilar entre o tempo do contrato e o do pagamento. • Possibilidade de consignação judicial da *res debita* pelo devedor.
6. MORA DE AMBOS OS CONTRATANTES	• Haverá mora simultânea, se ambos os contratantes, concomitantemente, não cumpriram a obrigação no tempo, lugar e modo avençados, ocasionando o aniquilamento recíproco de ambas as moras, tendo-se sua compensação e, por conseguinte, a liberação recíproca da pena pecuniária convencionada, permanecendo as coisas no mesmo estado em que se achavam anteriormente, como se não tivesse havido mora.	

7. JUROS MORATÓRIOS	• Conceito	• Juros moratórios consistem na indenização pelo retardamento da execução do débito.
	• Espécies	• Juros moratórios convencionais. • Juros moratórios legais (CC, art. 406).
	• Extensão	• CC, art. 407.
	• Momento da sua fluência	• São devidos a partir da constituição em mora: *a*) se a obrigação for a termo, ter-se-á mora pelo simples advento do vencimento; se não o for, caracterizar-se-á a mora com a interpelação judicial ou extrajudicial; *b*) se a obrigação em dinheiro for líquida, os juros moratórios contar-se-ão a partir do vencimento (CC, art. 397); *c*) se a obrigação não for em dinheiro, os juros começarão a fluir desde que a sentença judicial, arbitramento ou acordo entre as partes lhes fixe o valor pecuniário; *d*) se se tratar de reclamação trabalhista, aplicar-se-á a Súmula 224 do STF; *e*) se atinente a letra de câmbio, obedecer-se-á ao disposto no Dec. n. 22.626, art. 1º, § 3º.
8. PURGAÇÃO DA MORA	• A emenda ou purgação da mora vem a ser um ato espontâneo do contratante moroso, que visa remediar a situação a que deu causa, evitando os efeitos dela decorrentes, reconduzindo a obrigação à normalidade (CC, art. 401, I e II).	
9. CESSAÇÃO DA MORA	• A cessação da mora ocorrerá por um fato extintivo de efeitos pretéritos e futuros, como sucede quando a obrigação se extingue com a novação, remissão de dívidas ou renúncia do credor.	

C. Perdas e danos

c.1. Noção de perdas e danos

Os arts. 389 e 395 do Código Civil prescrevem que, não cumprindo a obrigação, ou deixando de cumpri-la pelo modo e no tempo devidos, responderá o devedor por perdas e danos mais juros, atualização monetária e honorários advocatícios. Pelos prejuízos, sujeitar-se-ão o inadimplente e o contratante moroso ao dever de reparar as *perdas e danos* sofridos pelo credor, inserindo o dano como pressuposto da responsabilidade civil contratual, pois sem ele impossível será a ação de indenização (*RT*, *728*:276, *714*:161, *661*:82, *454*:219, *464*:172 e 174, *394*:302, *492*:229, *433*:259). A responsabilidade civil consiste na obrigação de indenizar e só haverá indenização quando existir prejuízo a reparar. É preciso não olvidar, porém, que há hipóteses, na seara da responsabilidade contratual, em que a lei presume a existência do dano, liberando o lesado do ônus de provar sua existência. É o que se dá, p. ex., com: *a*) a mora, nas obrigações pecuniárias, pois, independentemente de qualquer prova de prejuízo, o credor terá direito à indenização, segundo o Código Civil, arts. 404 e 407, como se tivesse havido efetivamente um dano; *b*) a cláusula penal (CC, art. 416), pois para exigir a pena convencional não será necessário que o devedor alegue dano; *c*) a reprodução fraudulenta de obra literária, científica ou artística; não se conhecendo o número de exemplares que constituem a edição fraudulenta, pagará o transgressor o valor de 3.000 exemplares, além dos apreendidos (Lei n. 9.610/98, art. 103, parágrafo único); *d*) aquele que demandar por dívida já paga, no todo ou em parte, sem ressalvar as quantias recebidas ou pedir mais do que lhe for devido, responderá às penas previstas no art. 940 do Código Civil. Por esta disposição legal o demandante de má-fé (*RT*, *467*:198, *520*:213; Súmula 159 do STF) ficará obrigado a pagar ao devedor, no primeiro caso, o dobro do que houver cobrado e, no segundo, o equivalente do que dele exigir, salvo se, por lhe estar prescrito o direito, decair da ação. Entretanto, não se aplicarão as penas desse artigo, quando o autor desistir da ação antes de contestada a lide (CC, art. 941). Conforme o Código de Processo Civil, art. 485, § 4º, oferecida a contestação, o autor não poderá, sem o consentimento do réu, desistir da ação; *e*) o segurador que, ao tempo do contrato, sabe estar passado o risco de que o segurado se pretende cobrir e, não obstante, expede a apólice, pagará em dobro o prêmio estipulado (CC, art. 773). Convém esclarecer que tais casos não são propriamente de indenização sem prejuízo, mas de dispensa da alegação ou da prova do dano, por haver presunção de prejuízo[36].

O dano vem a ser a efetiva diminuição do patrimônio do credor ao tempo em que ocorreu o inadimplemento contratual, consistindo na diferença entre o valor atual desse patrimônio e aquele que teria se a relação obrigacional fosse exatamente cumprida. É, como vimos alhures, a diferença entre a situação patrimonial atual, provocada pelo descumprimento da obrigação, e a situação em que o credor se encontraria se não tivesse havido esse fato lesivo[37]. O dano corresponderia à perda de um valor patrimonial, pecuniariamente determinado[38]. Seriam as *perdas e danos* o equivalente do prejuízo ou do dano suportado pelo credor, em virtude de o devedor não ter cumprido, total ou parcialmente, absoluta ou relativamente, a obrigação, expressando-se numa soma de dinheiro correspondente ao desequilíbrio sofrido pelo lesado[39]. As perdas e danos são uma consequência do inadimplemento do devedor.

Havendo inexecução da obrigação, o prejudicado terá direito a uma reparação que possibilite reequilibrar a sua posição jurídica, ressarcindo-lhe todos os prejuízos, mediante a estimação das perdas e danos, realizando-se, então, a composição por meio de certa quantia em dinheiro, correspondente ao valor da prestação descumprida e aos danos sofridos com esse inadimplemento[40].

c.2. Fixação da indenização das perdas e danos

As perdas e danos devidos ao credor abrangerão, segundo o Código Civil, art. 402, além do que ele efetivamente perdeu, o que razoavelmente deixou de lucrar. Estabelece, ainda, esse diploma legal, no art. 403, que, "ainda que a inexecução resulte de dolo do devedor, as perdas e danos só incluem os prejuízos efetivos e os lucros cessantes por efeito dela direto e ime-

---

36. Yussef Said Cahali, Dano, in *Enciclopédia Saraiva do Direito*, v. 22, p. 204, 207 e 208; Silvio Rodrigues, op. cit., v. 3, n. 2.078; Agostinho Alvim, op. cit., n. 143; W. Barros Monteiro, op. cit., p. 334 e 335; Giorgi, op. cit., v. 2, p. 137, n. 95; M. Helena Diniz, op. cit., v. 2, p. 328; Antunes Varela, *Direito das obrigações*, Rio de Janeiro, Forense, 1977, p. 240.
37. Chironi, op. cit., n. 249; Polacco, op. cit., v. 1, n. 126, apud Yussef Said Cahali, op. cit., p. 205; Antunes Varela, op. cit., p. 242.
38. Larenz, op. cit., n. 193; Consolo, *Il risarcimento del danno*, Milano, 1908, n. 1 a 26; Giusiana, *Il concetto del danno giuridico*, Milano, 1944, p. 39, n. 15.
39. Caio M. S. Pereira, op. cit., p. 291.
40. Serpa Lopes, op. cit., p. 423, 424 e 426.

diato sem prejuízo do disposto na lei processual". Para conceder indenização de perdas e danos, o magistrado deverá considerar se houve[41]:

1º) *Dano positivo* ou *emergente*, que consiste, convém repetir, num *deficit* real e efetivo no patrimônio do credor, isto é, numa concreta diminuição em sua fortuna, seja porque se depreciou o ativo, seja porque aumentou o passivo, sendo, pois, imprescindível que o credor tenha, efetivamente, experimentado um real prejuízo, visto que não são passíveis de indenização danos eventuais ou potenciais. Na condenação relativa a dano emergente, a indenização poderá processar-se de duas formas: o autor do dano será condenado a proceder à restauração do bem danificado ou a pagar o valor das obras necessárias a essa reparação. A indenização relativa ao dano emergente pretende restaurar o patrimônio do lesado no estado em que anteriormente se encontrava. Se a obrigação não cumprida consistir em pagamento em dinheiro, a estimativa do dano emergente já estará previamente estabelecida com atualização monetária segundo índices oficiais, abrangendo juros de mora, honorários advocatícios e custas processuais, sem prejuízo da pena convencional (CC, art. 404). Os juros moratórios funcionam como uma espécie de prefixação das perdas e danos; o mesmo se diz das custas processuais e honorários advocatícios (CPC, arts. 82, § 2º, e 85).

2º) *Dano negativo* ou *lucro cessante* ou *frustrado*, alusivo à privação de um ganho pelo credor, ou seja, ao lucro que ele deixou de auferir, em razão do descumprimento da obrigação pelo devedor. Para se computar o lucro cessante, a mera possibilidade é insuficiente, embora não se exija uma certeza absoluta, de forma que o critério mais acertado estaria em condicioná-lo a uma probabilidade objetiva, resultante do desenvolvimento normal dos acontecimentos conjugado às circunstâncias peculiares ao caso concreto (*RT*, *434*:163, *494*:133). Constitui lucro cessante o prejuízo que, para o credor, resultaria do retardamento culposo da obrigação, quando a inexistência do objeto da prestação devida no seu patrimônio o prive de certos lucros (juros de mora), de modo que os juros moratórios representariam uma compensação geral pelos lucros frustrados.

---

41. Orlando Gomes, op. cit., p. 188 e 189; Agostinho Alvim, op. cit., n. 140 e 142 a 154; W. Barros Monteiro, op. cit., p. 333-5; Tircier, *Contribution à l'étude du tort moral et de sa réparation enroit civil suisse*, 1971, p. 200; Aguiar Dias, op. cit., n. 225; Antunes Varela, op. cit., p. 252; M. Helena Diniz, op. cit., v. 2, p. 329 e 330; Bassil Dower, op. cit., p. 299-301; Yussef Said Cahali, op. cit., p. 206 e 207; Von Tuhr, op. cit., t. 2, p. 85; Pereira Coelho, *O nexo de causalidade na responsabilidade civil*, Coimbra, 1950, n. 104; Serpa Lopes, op. cit., n. 349 e 350.

3º) *Nexo de causalidade entre o prejuízo e a inexecução culposa ou dolosa da obrigação por parte do devedor*, pois o dano, além de efetivo, deverá ser um efeito direto e imediato do ato ilícito do devedor, de modo que, se o prejuízo decorrer de negligência do próprio credor, não haverá ressarcimento ou indenização por perdas e danos.

Como se pôde apontar na estimação do dano emergente e do lucro cessante, considerar-se-ão a atualização monetária, segundo índices oficiais regularmente estabelecidos, juros, honorários advocatícios e custas processuais, além da cláusula penal (CC, art. 404).

Ao apurar os danos oriundos do inadimplemento contratual, o juiz deverá agir com prudência (*RF*, *224*:124), pois as perdas e danos não poderão ser arbitrários, de forma que será imprescindível que estipule uma indenização justa, correspondente, na apreciação do dano emergente, ao prejuízo real, efetivamente sofrido pelo lesado, recompondo a primitiva situação, e, na apreciação do lucro cessante, ao lucro *in potentia proxima*, procurando-se os ganhos mais prováveis e anulando-se, assim, os efeitos da lesão, de forma a restabelecer o credor na posição que teria, se o devedor tivesse cumprido a obrigação que lhe incumbia. A reparação das perdas e danos abrangerá, então, a restauração do que o credor perdeu e a composição do que deixou de ganhar, apurado segundo um juízo de probabilidade, atendo-se o juiz, ao fixar o *quantum* das perdas e danos, ao tempo do julgamento, ao lugar da estimação, que será aquele em que o pagamento teria de efetuar-se[42], e à pessoa do lesado, principalmente sua situação patrimonial, para poder estabelecer a repercussão que teve sobre ela a inexecução da obrigação. P. ex.: o prejuízo sofrido com a perda de um automóvel por um vendedor profissional não se compara ao sofrido com a perda de um carro semelhante por uma empresa de transporte[43].

Finalmente, é preciso lembrar que o inadimplente deverá suportar o ônus da inflação, pois: *a*) a Súmula 562 do STF dispõe: "Na indenização de danos materiais decorrentes de ato ilícito cabe a atualização de seu valor, utilizando-se, para esse fim, dentre outros critérios, os índices de correção monetária". Deveras, o art. 402 do Código Civil não obsta a reparação completa do dano, inclusive da desvalorização ou depreciação monetária rela-

---

42. W. Barros Monteiro, op. cit., p. 336; Larenz, op. cit., p. 198; Hedemann, op. cit., v. 3, p. 126; Chironi, op. cit., v. 2, n. 418; Giorgi, op. cit., v. 2, n. 240; Caio M. S. Pereira, op. cit., p. 292.

43. Serpa Lopes, op. cit., p. 427; Orgaz, *El daño resarcible*, Buenos Aires, 1952, p. 145 e 146.

tivamente às indenizações oriundas de atos ilícitos, também não afetando a plena reparabilidade do prejuízo nos casos de responsabilidade contratual, pois a relação de previsibilidade é aplicável ao dano e não ao seu valor. E, além disso, a inflação, nos dias atuais, não é um fator imprevisível, mas uma experiência vivida cotidianamente por todos os cidadãos que vivem em nosso país num clima de constante correção monetária de preços, custos e rendimentos. Daí falar-se, como pontifica Arnoldo Wald, em "institucionalização da correção monetária" decorrente da pressão inflacionária (*RT*, *424*:182, *382*:142, *364*:32, *421*:153, *375*:118, *409*:170, *375*:118, *382*:143, *404*:136 e 160, *419*:165, *415*:128, *444*:128, *443*:123 e 143, *435*:179; *RF*, *182*:191, *229*:177); e *b*) a Lei n. 6.899/81 determina a correção monetária em qualquer débito oriundo de decisão judicial, inclusive custas e honorários advocatícios[44]. A atualização monetária, na composição das perdas e danos consequentes de ato ilícito, visa tornar justa a indenização, ante a desvalorização da moeda, pois do contrário o lesado teria o seu patrimônio desfalcado (*RT*, *446*:91).

c.3. Modos de liquidação do dano

A liquidação tem por fim tornar possível a efetiva reparação do dano sofrido pelo credor, fixando o montante da indenização das perdas e danos. Pelo Código Civil, art. 404, parágrafo único, a indenização das perdas e danos nas obrigações pecuniárias será paga com atualização monetária, segundo índices oficiais regularmente estabelecidos, abrangendo juros, custas e honorários advocatícios sem prejuízo da pena convencional, fixada pelas partes por ser prefixação das perdas e danos. Provando-se que os juros moratórios, contados desde a citação inicial (CC, art. 405), não cobrem o prejuízo, e não havendo pena convencional, pode o juiz conceder ao credor indenização suplementar, que, tendo natureza reparatória, abranja todo o prejuízo por ele sofrido. Donde se percebe que a liquidação se fará[45]:

---

44. Arnoldo Wald, Correção monetária das indenizações decorrentes de responsabilidade civil, *RT*, *434*:11-32; W. Barros Monteiro, op. cit., p. 336. *Vide* Decreto-Lei n. 2.284/86 e Decreto n. 92.592/86, art. 7º, ora revogado pelo Decreto s/n. de 26-4-1991.

45. Yussef Said Cahali, op. cit., p. 208-10. Com o disposto no art. 404, parágrafo único, do Código Civil, não mais haverá a problemática da correção monetária nas indenizações, pois estas serão devidamente atualizadas, segundo índices oficiais, abrangendo juros contados desde a citação inicial (CC, art. 405; *AJ*, *112*:261, *117*:468; STF, Súmula 163), custas judiciais, honorários de advogado e cláusula penal se houver.

1º) *por determinação legal*, se a própria lei fixar qual seja a indenização devida. P. ex.: Código Civil, arts. 407, 940 e 312; Lei n. 9.610/98, art. 103;

2º) *por convenção das partes*, que no momento em que contratam, prevendo inadimplemento ou retardamento culposo da obrigação, dispõem relativamente à liquidação do dano, estipulando, p. ex., cláusula penal, que funcionará como prefixação voluntária das perdas e danos, presumindo-se razoavelmente pré-estimada a indenização pelos contraentes;

3º) *por sentença judicial*, nos casos ordinários, sempre que a liquidação das perdas e danos não tiver sido estabelecida por lei ou pelas partes contratantes.

Quadro Sinótico

PERDAS E DANOS

1. NOÇÃO DE PERDAS E DANOS	• Perdas e danos constituem o equivalente do prejuízo ou do dano suportado pelo credor, em virtude de o devedor não ter cumprido, total ou parcialmente, absoluta ou relativamente, a obrigação, expressando-se numa soma de dinheiro correspondente ao desequilíbrio sofrido pelo lesado.
2. FIXAÇÃO DA INDENIZAÇÃO DAS PERDAS E DANOS	• O magistrado, com base no CC, arts. 402, 403 e 404, para conceder indenização de perdas e danos, deverá considerar se houve: dano emergente, lucro cessante e nexo de causalidade entre o prejuízo e a inexecução culposa ou dolosa da obrigação por parte do devedor. Deve ater-se, ao fixar o *quantum* das perdas e danos, ao tempo do julgamento, ao lugar da estimação, que será aquele em que o pagamento teria de efetuar-se, e à pessoa do lesado, principalmente sua situação patrimonial.
3. MODOS DE LIQUIDAÇÃO DO DANO	• Por determinação legal. • Por convenção das partes. • Por sentença judicial.

D. Cláusula penal

d.1. Conceito e funções

A cláusula penal vem a ser um pacto acessório pelo qual as próprias partes contratantes estipulam, de antemão, pena pecuniária, ou não, contra a parte infringente da obrigação, como consequência de sua inexecução culposa ou de seu retardamento (CC, art. 408), fixando assim o valor das perdas e danos e garantindo o exato cumprimento da obrigação principal[46] (CC, art. 409, 2ª parte). Pode referir-se à inexecução completa da obrigação, à de alguma cláusula especial ou simplesmente à mora. Constitui uma estipulação acessória, pela qual uma pessoa, a fim de reforçar o cumprimento da obrigação, se compromete a satisfazer certa prestação indenizatória, seja ela uma prestação em dinheiro ou de outra natureza, como a entrega de um objeto, a realização de um serviço ou a abstenção de um fato (*RT*, *172*:138; *RF*, *146*:254, *120*:18), se não cumprir o devido ou o fizer tardia ou irregularmente[47], fixando o valor das perdas e danos devidos à parte inocente em caso de inexecução contratual.

A cláusula penal tem, segundo Mosset Iturraspe, Trabucchi, Savigny, Wendt e Sjoegren, uma *função compulsória* por constituir um meio de forçar o cumprimento do avençado, consistindo numa pena que visa punir uma conduta ilícita e assegurar o adimplemento da obrigação, já que constrange psicologicamente o devedor ao seu pagamento. Teria unicamente por escopo reforçar ou garantir o cumprimento de uma obrigação, sendo apenas uma sanção ao seu inadimplemento ou atraso, sem levar em consideração o ressarcimento do dano. Outros, como Orozimbo Nonato, Orlando Gomes, Laurent, Marcadé, Colin e Capitant, De Page, Polacco e Puig Peña, salientam sua *função indenizatória*, isto é, de estimar previamente as perdas e danos, constituindo uma liquidação convencional e antecipada das perdas e danos resultantes do inadimplemento da avença (*RT*, *304*:250). Seria, então, uma predeterminação das perdas e danos estabelecidos *a priori* e cons-

---

46. Conceito baseado em: Orlando Gomes, op. cit., p. 192; Caio M. S. Pereira, op. cit., p. 128; Clóvis Beviláqua, op. cit., v. 4, p. 53; W. Barros Monteiro, op. cit., p. 196; R. Limongi França, Cláusula penal, in *Enciclopédia Saraiva do Direito*, v. 15, p. 116; *RT*, *746*:288, *725*:370, *721*:216, *543*:161, *587*:142, *524*:173, *304*:250; *RSTJ*, *82*:236; STF, Súmula 616.
47. Aída Kemelmajer de Carlucci, *La cláusula penal*, Buenos Aires, Depalma, 1981, p. 17; W. Barros Monteiro, op. cit., p. 197.

tituindo uma compensação dos prejuízos sofridos pelo credor com o descumprimento da obrigação principal[48].

Todavia, a razão parece estar com os juristas que, como Hugueney, R. Limongi França, Washington de Barros Monteiro, Mazeaud e Mazeaud, Salvat, Barassi, Larenz e Colmo, sustentam a sua *função ambivalente*, por reunir a compulsória e a indenizatória, sendo concomitantemente reforço do vínculo obrigacional, por punir seu inadimplemento, e liquidação antecipada das perdas e danos (*RT*, *208*:268). Oferece, pois, dupla vantagem ao credor, por aumentar a possibilidade de cumprimento do contrato e por facilitar o pagamento da indenização das perdas e danos em caso de inadimplemento, poupando o trabalho de provar judicialmente o montante do prejuízo e de alegar qualquer dano, pois, pelo Código Civil, art. 416, *caput*, não será necessário que o credor alegue prejuízo para exigir a pena convencional. E o credor não poderá exigir *indenização suplementar*, a pretexto de o prejuízo exceder a cláusula penal (CC, art. 416, parágrafo único), salvo se isso for convencionado, pois que ela resulta de avença prévia, decorrente da vontade das partes, que a fixaram para reparar dano eventualmente oriundo de inadimplemento; deve-se, portanto, supô-la

48. Sobre as funções compulsória e indenizatória, *vide* Roger Sécretan, *Étude sur la clause pénal en droit suisse*, Lausanne, 1917, p. 33; Orlando Gomes, op. cit., p. 192; Serpa Lopes, op. cit., p. 169; Caio M. S. Pereira, op. cit., p. 128 e 129; Aída Kemelmajer de Carlucci, op. cit., p. 3-13; M. Helena Diniz, op. cit., v. 2, p. 333; R. Limongi França, Cláusula penal, cit., p. 116 e 117; Tito Fulgêncio, *Modalidade das obrigações*, 2. ed., p. 413; Jorge Mosset Iturraspe, *Medios compulsivos en derecho privado*, Buenos Aires, Ediar, 1978, p. 73 e s.; De Page, op. cit., t. 3, n. 119; Michel Trimarchi, *La clausola penale*, Milano, Giuffrè, 1954, p. 7; Savigny, *Le droit des obligations*, Paris, 1873, t. 2, p. 79; Andrea Magazzu, Clausola penale, in *Enciclopedia del diritto*, Giuffrè, 1960, t. 7, p. 186 e s., nota 6; Puig Peña, *Tratado de derecho civil español*, Madrid, Revista de Derecho Privado, 1946, t. 4, p. 79; Marcadé, *Explication théorique et pratique du Code Civil*, 7. ed., Paris, Ed. Delamotte, 1873, t. 4, n. 649; Fábio Maria de Mattia, Cláusula penal pura e cláusula penal não pura, *RT*, *383*:35-56; Jorge Peirano Facio, *La cláusula penal*, Montevideo, 1947, n. 74 a 76; Colin e Capitant, *Cours élémentaire de droit civil*, 4. ed., Paris, 1924, p. 50, n. 3; Laurent, *Principes de droit civil français*, 5. ed., Bruxelles, Bruylant, 1893, t. 17, n. 424; Orozimbo Nonato, *Curso de obrigações*, Rio de Janeiro, Forense, 1959, v. 2, p. 304; Antonio Pinto Monteiro, *Cláusula penal e indenização*, Coimbra, Livr. Almedina, 1999; Marini, *La clausola penal*, 1984; Denis Mazeaud, *La notion de clause pénale*, 1992; Christiano Chaves de Farias, Miradas sobre a cláusula penal no direito contemporâneo à luz do direito civil-constitucional do novo Código Civil e do Código de Defesa do Consumidor, *Revista Síntese de Direito Civil e de Processo Civil*, n. 16 (2002); Anne Sinay-Cytermann, Clauses pénales et clauses abusives: vers un prochement, *Les clauses abusives dans les contrats types en France et en Europe* (coord. Ghestin), Paris, LGDJ, 1991.

justa[49], valendo, então, como mínimo da indenização, competindo ao credor provar o prejuízo excedente, demonstrando a sua insuficiência para cobrir as perdas e danos.

d.2. Caracteres

Ante nosso direito e nossa doutrina, a cláusula penal, por sua função ambivalente, tem ao mesmo tempo feição ressarcitória de perdas e danos e índole penal; analisada, porém, teoricamente, possui origem e natureza contratual, requerendo capacidade para contratar, consentimento das partes contratantes e objeto lícito, nos mesmos termos das normas inerentes ao contrato, de forma que seus caracteres comuns não diferem dos da generalidade dos negócios jurídicos. Entretanto, possui *caracteres específicos*, tais como[50]:

1º) *Acessoriedade*, pois a cláusula penal é contrato acessório, estipulado, em regra, conjuntamente com a obrigação principal, embora nada obste que seja convencionado em apartado, em ato posterior (CC, art. 409, 1ª parte), antes, porém, do inadimplemento da obrigação principal. Apesar de ser mais frequente nos contratos, poderá também inserir-se em outros negó-

---

49. A respeito da *função ambivalente*, consulte: Larenz, op. cit., v. 1, p. 369; Hugueney, *L'idée de peine privée en droit contemporain*, Paris, 1904; Silvio Rodrigues, op. cit., p. 104 e 105; Colmo, *De las obligaciones en general*, n. 165; R. Limongi França, Cláusula penal, cit., p. 117; Caio M. S. Pereira, op. cit., p. 129; Salvat, *Tratado de derecho civil argentino*; obligaciones, 2. ed., Buenos Aires, Abeledo-Perrot, 1967, t. 1, n. 182; Cunha Gonçalves, *Tratado de direito civil*, 2. ed., São Paulo, Max Limonad, v. 4, t. 2, n. 531; W. Barros Monteiro, op. cit., p. 197; Barassi, *Teoria generale delle obbligazioni*, v. 3, p. 122; Giorgi, op. cit., v. 4, p. 528 e 529.

50. Relativamente aos caracteres da cláusula penal, *vide* Aída Kemelmajer de Carlucci, op. cit., p. 59-159; Serpa Lopes, op. cit., n. 115, 117, 118, 126 e 127; W. Barros Monteiro, op. cit., p. 196 e 204-15; Trimarchi, op. cit., p. 21 e s., n. 3, 4 e 5; De Page, op. cit., t. 3, n. 117; Colmo, op. cit., n. 169; Giorgi, op. cit., v. 4, n. 412; Mosset Iturraspe, op. cit., p. 1228 e 1229; Laurent, op. cit., t. 17, n. 430; Valverde y Valverde, op. cit., t. 3, p. 79; Jorge J. Llambías, *Tratado de derecho civil*; obligaciones, Buenos Aires, Abeledo-Perrot, t. 1, n. 321; Emilio Betti, *Teoría general del negocio jurídico*, 2. ed., Madrid, *Revista de Derecho Privado*, 1959, p. 347 e s.; James Cox, Penal clauses and liquidated damages; a comparative survey, *Tulane Law Review*, *33*(1):190, dez. 1958; Peirano Facio, op. cit., n. 141, 144 e 151; Salvat, op. cit., t. 1, n. 236 e s.; Rubén Compagnucci de Caso, *Imutabilidad de la cláusula penal y la incidencia de la desvalorización monetaria*, La Plata, Lex, 1979, p. 42; Guillermo Diaz, *La imutabilidad de la cláusula penal*, Buenos Aires, Ed. Ateneo, p. 89; Carlos E. Huberman, *La cláusula penal, su reducción judicial*, 1976; Bassil Dower, op. cit., p. 137-9; M. Helena Diniz, op. cit., v. 2, p. 334-7; Orozimbo Nonato, op. cit., v. 2, p. 308; Caio M. S. Pereira, op. cit., p. 129-33 e 137-9; Milton Evaristo dos Santos, Da redução da cláusula penal, *RT*, *262*:12; Orlando Gomes, op. cit., p. 194 e 195; Silvio Rodrigues, op. cit., p. 111-6.

cios jurídicos, como, p. ex., em testamentos, para estimular o herdeiro à fiel execução do legado. Como consequência desse caráter de acessoriedade, a nulidade da cláusula penal não acarretará a da obrigação principal, embora a nulidade do contrato principal importe a sua (CC, art. 184 c/c 92). Entretanto, para alguns autores, pode ocorrer que, em certos casos, a cláusula penal tenha validade, mesmo que a obrigação principal seja nula, desde que tal nulidade dê lugar a uma ação de indenização de perdas e danos. É o que ocorre, p. ex., com a cláusula penal estipulada em contrato de compra e venda de coisa alheia, se esse fato era ignorado pelo comprador, visto que, nessa hipótese, a cláusula penal, sendo o equivalente do dano, será devida por se tratar de matéria inerente ao prejuízo e não ao contrato. Além do mais, em certos casos excepcionais, havendo anulabilidade da obrigação principal, prevalecerá a cláusula, se da anulabilidade decorrer uma obrigação de ressarcir perdas e danos, hipótese em que a cláusula representa seu equivalente. Todavia, entendemos que o Código Civil, art. 92 c/c 184, contém preceito absoluto: nula a obrigação principal, ter-se-á a nulidade da cláusula penal. O credor, porém, não ficará sem indenização, mas deverá sujeitar-se ao direito comum, que rege o pagamento das perdas e danos, submetendo-se à prova dos danos causados e à apuração de seu montante por meio de processo judicial. Prescreve o Código Civil, art. 359, que, se o credor for evicto da coisa recebida em pagamento, restabelecer-se-á a obrigação primitiva, ficando sem efeito a quitação dada, ressalvados os direitos de terceiro. Havendo evicção, restaurar-se-ão a obrigação pecuniária e a cláusula penal, dado seu caráter acessório.

2º) *Condicionalidade*, uma vez que o dever de pagar a cláusula penal está subordinado a um evento futuro e incerto: o inadimplemento total ou parcial da prestação principal ou o cumprimento tardio da obrigação, por força de fato imputável ao devedor (*RT*, *468*:221), pois, se resolvida a obrigação, não tendo culpa o devedor, resolver-se-á a cláusula penal (CC, art. 408; *RT*, *103*:607 e 649).

3º) *Compulsoriedade*, visto que os contraentes a pactuam prevendo, de antemão, a possibilidade de eventual inexecução da obrigação, constrangendo, assim, o devedor a cumprir o contrato principal. Esse seu caráter intimidatório representa um reforço do vínculo obrigacional, assegurando a sua execução. O devedor inadimplente sujeitar-se-á à cláusula penal, não podendo furtar-se a seus efeitos alegando que não houve prejuízo. Os contraentes a convencionam, então, para compelir o devedor a preferir o cumprimento da obrigação a ser forçado a pagar determinada importância, além de que ela exime o credor do ônus de provar a ocorrência do dano. Deveras, o Código Civil, art. 416, dispõe: "Para exigir a pena convencional, não é necessário que o credor alegue prejuízo".

4º) *Subsidiariedade*, porque, salvo na hipótese da pena moratória, substitui a obrigação principal não cumprida por culpa do devedor, se o credor assim o preferir (*RF*, *111*:375). Assim, se o devedor deixar de cumprir a prestação a que se obrigou, competirá ao credor escolher entre o cumprimento da obrigação e a pena convencionada. Realmente, se tal não ocorresse, tendo o devedor a opção entre a execução da obrigação e o pagamento da multa, a cláusula penal desfigurar-se-ia, passando a ser uma alternativa em benefício do devedor, perdendo sua função de reforço do liame obrigacional. Prescreve o Código Civil, no art. 410, que, "quando se estipular a cláusula penal para o caso de total inadimplemento da obrigação, esta converter-se-á em alternativa a benefício do credor". Assim, se, havendo inadimplemento total da obrigação, lhe parecer exígua a multa, poderá, observa Silvio Rodrigues, abrir mão dela e pleitear indenização pelas perdas e danos (CC, art. 389). Acrescenta, ainda, o Código Civil, no art. 411, que, "quando se estipular a cláusula penal para o caso de mora, ou em segurança especial de outra cláusula determinada, terá o credor o arbítrio de exigir a satisfação da pena cominada, juntamente com o desempenho da obrigação principal".

5º) *Ressarcibilidade*, por constituir prévia liquidação das perdas e danos, que serão devidos ao credor pelo devedor no caso de inexecução da obrigação assumida. A cláusula penal representa uma pré-estimativa das perdas e danos, que deverão ser pagos pelo devedor no caso de descumprimento do contrato principal. As partes contratantes serão livres para estabelecê-la, porém, essa autonomia não é ilimitada, já que o Código Civil, art. 412, estatui que o valor da cominação imposta na cláusula penal não poderá exceder o da obrigação principal, com o escopo de coibir abusos e injustiças (*RT*, *433*:236, *441*:226, *460*:228). Este é o seu limite máximo. Entretanto, reduzem o valor de sua cominação, dentre outros, o Decreto n. 22.626/33, que reprime a usura, preceituando, no art. 9º, a invalidade de cláusula penal superior à importância de 10% do valor da dívida; o Decreto-Lei n. 58/37, art. 11, *f*, o respectivo regulamento, aprovado pelo Decreto n. 3.079/38, art. 11, *f*, e a Lei n. 6.766/79, art. 26, V, limitando a 10% a pena convencional nos compromissos de compra e venda de terrenos loteados, prevalecendo sobre o Decreto n. 58/37, naquilo que for incompatível.

6º) *Imutabilidade relativa*, porque, embora em nosso direito prevaleça o princípio da imutabilidade da cláusula penal por importar pré-avaliação das perdas e danos, esta poderá ser modificada ou reduzida equitativamente pelo magistrado, ainda que não haja pedido a respeito, ou mesmo que os contratantes tenham estipulado seu pagamento por inteiro (*RT*, *453*:141), pois a norma do Código Civil, art. 413, é de *jus cogens*, não podendo ser alterada pelas partes (*RT*, *420*:220, *489*:60): *a*) quando o valor de sua cominação for manifestadamente excessivo, superando o do contrato principal ou tendo-se em vista a natureza e finalidade do negócio; e *b*) quando houver cumprimento parcial da obrigação, hipótese em que se terá redução proporcional da pena estipulada (CC, art. 413; *RT*, *297*:489, *485*:118, *437*:160, *463*:174, *433*:169, *435*:162; *RF*, *112*:379). O juiz só poderá reduzir a cláusula penal nessas duas circunstâncias no firme propósito de evitar enriquecimento sem causa (CC, art. 884).

Se a cláusula penal for inadequada ou não proporcional ao prejuízo, o juiz não poderá aumentá-la, visto que a pena convencional corresponde, presumidamente, em nosso direito, ao justo valor dos danos sofridos pelo credor, embora seja tolerado que, mediante ressalva especial e expressa, o devedor passe a responder também por custas processuais e honorários advocatícios. É impossível acumular a multa com as perdas e danos, salvo em caso de dolo do devedor, desfalcando, p. ex., a coisa a ser devolvida, hipótese em que a indenização cobrirá o ato lesivo em toda a sua extensão[51].

d.3. Modalidades

Ante o Código Civil, art. 409, 2ª parte, que reza: "A cláusula penal estipulada conjuntamente com a obrigação, ou em ato posterior, pode referir-se à inexecução completa da obrigação, à de alguma cláusula especial ou

---

51. W. Barros Monteiro, op. cit., p. 212 e 213. O Conselho da Justiça Federal aprovou, na IV Jornada de Direito Civil, os seguintes Enunciados: *a*) n. 355 — "Não podem as partes renunciar à possibilidade de redução da cláusula penal se ocorrer qualquer das hipóteses previstas no art. 413 do Código Civil, por se tratar de preceito de ordem pública; *b*) n. 356 — "Nas hipóteses previstas no art. 413 do Código Civil, o juiz deverá reduzir a cláusula penal de ofício"; *c*) n. 357 — "O art. 413 do Código Civil é o que complementa o art. 4º da Lei n. 8.245/91 (cujo *caput* foi alterado pela Lei n. 12.744/2012). Revogado o Enunciado 179 da III Jornada"; *d*) n. 358 — "O caráter manifestamente excessivo do valor da cláusula penal não se confunde com a alteração de circunstâncias, a excessiva onerosidade e a frustração do fim do negócio jurídico, que podem incidir autonomamente e possibilitar sua revisão para mais ou para menos"; *e*) n. 359 — "A redação do art. 413 do Código Civil não impõe que a redução da penalidade seja proporcionalmente idêntica ao percentual adimplido".

simplesmente à mora", poder-se-ão identificar duas modalidades de pena convencional[52]:

1º) A *compensatória*, se estipulada: *a*) para a hipótese de total inadimplemento da obrigação, quando o credor, pelo Código Civil, art. 410, poderá, ao recorrer às vias judiciais, optar livremente entre a exigência da cláusula penal e o adimplemento da obrigação, visto que a cláusula penal se converterá em alternativa em seu benefício. O credor, ao optar, concentrará o vínculo, não tendo mais direito de recuar ante a irretratabilidade de sua escolha; se esta, p. ex., recair sobre a pena, desaparecerá a prestação principal, embora o credor não fique privado de receber as custas processuais e as despesas com honorários advocatícios (CPC, arts. 82, § 2º, e 85). Com isso, vedado está acumular o recebimento da multa e o cumprimento da obrigação (*AJ*, *107*:386); *b*) para garantir a execução de alguma cláusula especial do título obrigacional, possibilitando ao credor o direito de exigir a satisfação da pena cominada juntamente com o desempenho da obrigação principal (CC, art. 411; *RT*, *143*:187).

2º) A *moratória*, se convencionada para o caso de simples mora; ao credor, então, assistirá o direito de demandar cumulativamente a pena convencional e a prestação principal (CC, art. 411).

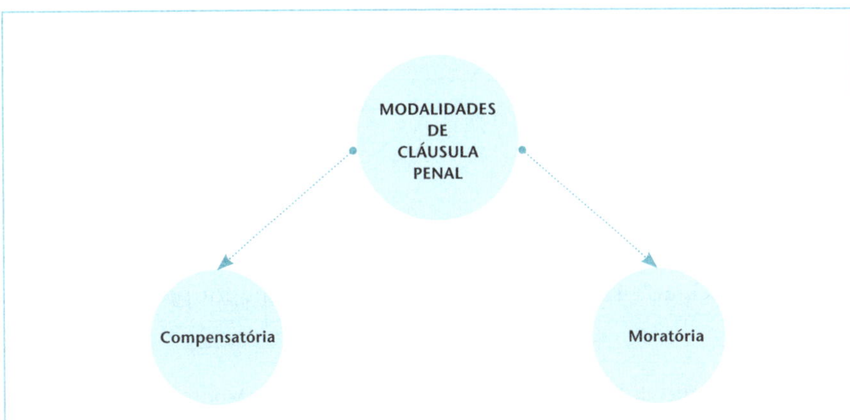

52. Caio M. S. Pereira, op. cit., p. 133-5; Silvio Rodrigues, op. cit., p. 107-10; W. Barros Monteiro, op. cit., p. 201-4; M. Helena Diniz, op. cit., v. 2, p. 337; Orozimbo Nonato, op. cit., p. 368; Colmo, op. cit., n. 178; Tito Fulgêncio, op. cit., n. 400; Serpa Lopes, op. cit., p. 175-8; *RT*, *432*:196, *149*:681, *142*:624; *RF*, *88*:147.

d.4. Requisitos para sua exigibilidade

Para que a cláusula penal seja passível de exigibilidade, imprescindível será a ocorrência de certos requisitos, tais como[53]:

1) *Existência de uma obrigação principal*, anterior ao fato que motiva a aplicação da pena convencional por ela prevista.

2) *Inexecução total da obrigação* (CC, arts. 409 e 410), pois, se a cláusula for compensatória, necessário será que a obrigação garantida por cláusula penal seja descumprida para que ela possa ser exigida.

3) *Constituição em mora* (CC, arts. 408, 409 e 411). Sendo moratória, quanto à sua exigibilidade convém verificar: *a*) se há prazo convencionado para seu adimplemento, pois, se houver, o simples vencimento do termo, sem cumprimento da prestação devida, induz o devedor, *pleno iure*, à mora (*ex re*); logo, a pena convencional poderá ser exigida desde logo (CC, art. 397); *b*) se não há prazo certo de vencimento, o credor terá de constituir o devedor em mora, mediante interpelação judicial ou extrajudicial (CC, art. 397, parágrafo único; CPC, arts. 726 a 729), cientificando o devedor de que não abrirá mão de seus direitos (*mora ex persona*), sujeitando-o aos efeitos da cláusula penal, que se tornará, então, devida e exigível.

4) *Imputabilidade do devedor* (CC, art. 408, 1ª parte), pois, se o inadimplemento do contrato principal se deu por caso fortuito ou força maior, ter-se-á a extinção da obrigação e, por conseguinte, da cláusula penal (CC, arts. 393, 184 e 92).

d.5. Efeitos

O efeito primordial da cláusula penal é o de sua exigibilidade *pleno iure*, no sentido de que independerá de qualquer alegação de prejuízo por parte do credor (CC, art. 416), que não terá de provar que foi prejudicado pela

---

53. Aída Kemelmajer de Carlucci, op. cit., p. 175-214; W. Barros Monteiro, op. cit., p. 207; Caio M. S. Pereira, op. cit., p. 136; Saul Litvinoff, Cláusulas relativas a la exclusión y a la limitación de responsabilidad, *Revista de la Asociación de Derecho Comparado*, 1:97, 1977; Mosset Iturraspe, op. cit., p. 1246; Trimarchi, op. cit., p. 37, nota 35; Orozimbo Nonato, op. cit., v. 2, 2ª parte, p. 58; Atilio A. Alterini, *Mora, enriquecimiento sin causa, responsabilidad*, Buenos Aires, Abeledo- Perrot, 1971; M. Helena Diniz, op. cit., v. 2, p. 337 e 338. Nada obsta a que a cláusula penal reverta em favor de terceiro, que, então, poderá fazer a cobrança. P. ex.: se houver estipulação de que se A não cumprir a obrigação, no prazo, a B, A (devedor) deverá pagar a C a quantia X.

inexecução culposa da obrigação ou pela mora. A única coisa que o credor terá de demonstrar será a ocorrência do inadimplemento da obrigação e a constituição do devedor em mora[54]. Tornando-se inadimplente ou moroso o devedor, por culpa sua, a cláusula penal passará a ser exigível por meio de ação judicial. Desempenha, indubitavelmente, o mesmo papel das perdas e danos, com a diferença de dispensar a prova do dano e, além disso, na pena convencional, o *quantum* já está antecipadamente fixado pelos contratantes e nas *perdas e danos* o juiz é que fixará seu montante, após regular a liquidação ou comprovação[55].

O credor pode optar entre as perdas e danos e a cláusula penal, e, uma vez feita a opção, prevendo, no contrato, a cláusula penal, não poderá pedir perdas e danos. Por isso, se o prejuízo causado ao credor for maior do que a pena convencional, impossível será pleitear indenização suplementar (perdas e danos), se assim não estiver convencionado no contrato. Se tal indenização suplementar foi estipulada para a hipótese de a multa avençada ser insuficiente para reparar prejuízo sofrido, a pena será imposta e valerá como mínimo da indenização, devendo o credor demonstrar que o prejuízo excedeu à cláusula penal para ter direito àquela diferença, visando a complementação dos valores para a obtenção da reparação integral a que faz jus (CC, art. 416, parágrafo único).

O credor, todavia, não está obrigado a reclamar a cláusula penal, podendo optar pela execução da prestação, exceto: *a*) se a execução específica se tornar impossível; *b*) se a cláusula for moratória, pois o credor, pelo Código Civil, art. 411, tem o direito de cumular a satisfação da pena convencional com o desempenho da obrigação principal; *c*) se se convencionar cláusula penal para assegurar outra cláusula, caso em que o credor poderá cumular a execução da obrigação e a pena (CC, art. 411).

Quanto ao efeito da obrigação com cláusula penal, havendo pluralidade de devedores e sendo indivisível a obrigação, todos os devedores, caindo em falta um deles, incorrerão na pena; esta, porém, só se poderá demandar integralmente do culpado, de modo que cada um dos outros apenas responderá, se o credor optou pela cobrança individual de cada devedor, pela sua quota, tendo, contudo, ação regressiva contra o codevedor faltoso, que deu causa à aplicação da pena convencional (CC, art. 414, parágrafo úni-

54. Caio M. S. Pereira, op. cit., p. 136 e 137; *Revista Jurídica*, *57*:217.

55. Serpa Lopes, op. cit., p. 180; W. Barros Monteiro, op. cit., p. 198.

co). Isto é assim porque a pena convencional representa as perdas e danos. Por conseguinte, com o descumprimento da obrigação indivisível, esta resolver-se-á em perdas e danos, passando a ser divisível, exigindo que cada um dos devedores responda somente por sua quota-parte, sendo que poderão mover ação regressiva contra o culpado, para reaver o *quantum* pago a título de indenização das perdas e danos.

Se a obrigação for divisível, só incorrerá na pena aquele devedor, ou o herdeiro do devedor, que a infringir, e proporcionalmente à sua quota na obrigação (CC, art. 415), porque o credor apenas foi prejudicado em relação a essa parte[56].

Quadro Sinótico

CLÁUSULA PENAL

1. CONCEITO	• Cláusula penal é um pacto acessório pelo qual as próprias partes contratantes estipulam, de antemão, pena pecuniária ou não, contra a parte infringente da obrigação, como consequência de sua inexecução culposa ou de seu retardamento, fixando o valor das perdas e danos e garantindo o exato cumprimento da obrigação principal.
2. FUNÇÃO	• Exerce função ambivalente, sendo, ao mesmo tempo, reforço do vínculo obrigacional, por punir seu inadimplemento, e liquidação antecipada das perdas e danos.
3. CARACTERES	• Acessoriedade (CC, arts. 409, 184 e 92). • Condicionalidade (CC, art. 408; *RT*, *163*:607 e 649). • Compulsoriedade. • Subsidiariedade (CC, arts. 410 e 411; *RF*, *111*:375). • Ressarcibilidade (CC, art. 412). • Imutabilidade relativa (CC, art. 413).

56. Clóvis Beviláqua, op. cit., v. 4, p. 61.

4. MODALIDADES (CC, ARTS. 409, 410 E 411)	• Cláusula penal compensatória. • Cláusula penal moratória.
5. REQUISITOS PARA SUA EXIGIBILIDADE	• Existência de uma obrigação principal. • Inexecução total da obrigação. • Constituição em mora. • Imputabilidade do devedor.
6. EFEITOS	• Sua exigibilidade independerá da alegação de prejuízo por parte do credor, que apenas terá de provar a ocorrência do inadimplemento da obrigação e a constituição em mora do devedor. • Possibilidade de o credor optar pela execução da prestação, sem reclamar a pena, exceto se houver impossibilidade da prestação e se se configurar a hipótese do CC, art. 411. • Aplicação do CC, arts. 414, parágrafo único, e 415, no caso de pluralidade de devedores, sendo indivisível ou divisível a obrigação.

2. Princípios atinentes à responsabilidade contratual

A responsabilidade contratual é regida pelos princípios[57] de que:

a) É imprescindível, para sua configuração, a existência de um vínculo contratual entre credor e devedor, isto é, entre a vítima e o autor do dano, pois somente se houver contrato o credor estará autorizado a exigir do devedor o cumprimento da prestação. E, se a obrigação contratual não for personalíssima, alcançará não só as partes como também os seus herdeiros, ou seja, o sujeito ativo, o sujeito passivo e seus respectivos herdeiros ou sucessores, quer por ato *causa mortis*, quer por ato *inter vivos* (p. ex.: cessão de crédito ou de débito — *RT*, *478*:141, *466*:157 — ou sub-rogação), vinculando-os juridicamente, de modo que se sujeitem aos efeitos da relação contratual. Logo, o credor ou seu herdeiro poderá reclamar do devedor ou de sucessor seu o adimplemento da prestação, podendo até, em caso de descumprimento da obrigação, recorrer ao Poder Judiciário para obter o ressarcimento do prejuízo, ou melhor, das perdas e danos oriundos da inexecução da prestação (CC, art. 389). Deveras, não sendo a obrigação inerente à

57. Aguiar Dias, op. cit., v. 1, p. 192-8, 201-3, 205-11; Carlos Alberto Bittar, op. cit., p. 62 e 63; Orlando Gomes, op. cit., p. 196-201; Serpa Lopes, op. cit., p. 218-27, 296 e 303; A. Soareg, *La responsabilité contractuelle par autrui*, Paris, 1932; M. Helena Diniz, op. cit., 1982, v. 1, p. 118, v. 2, p. 181 e 182; Planiol e Ripert, *Traité pratique de droit civil*, Paris, 1931, t. 7, n. 769; Clóvis Beviláqua, *Direito das obrigações*, 9. ed., p. 64 e 81; e *Código Civil*, cit., v. 4, obs. ao art. 929; W. Barros Monteiro, op. cit., p. 245 e 246; Silvio Rodrigues, op. cit., p. 126 e 127; Caio M. S. Pereira, op. cit., 1977, v. 1, p. 276 e 277; Antônio Chaves, Responsabilidade contratual, in *Enciclopédia Saraiva do Direito*, v. 65, p. 431-7.

pessoa do devedor devido às suas qualidades, transmite-se ela aos sucessores das partes. É preciso, porém, não olvidar que o Código Civil, art. 1.792, limita a responsabilidade desses herdeiros às forças do acervo hereditário, ao prescrever: "O herdeiro não responde por encargos superiores às forças da herança; incumbe-lhe, porém, a prova do excesso, salvo se houver inventário que a escuse, demonstrando o valor dos bens herdados". Se a obrigação for personalíssima, não se terá a sua transmissão, visto que vincula absoluta e exclusivamente um certo devedor ao credor.

Fácil é perceber que não se pode vincular terceiro a uma relação obrigacional. Só será devedor aquele que se comprometer a cumprir uma prestação por manifestação de sua própria vontade, por determinação legal ou por decorrência de ilícito por ele mesmo praticado. Assim, se porventura alguém tiver prometido conseguir determinado ato de terceiro, esse terceiro não estará obrigado, a menos que consinta nisso. Essa promessa de fato de terceiro constitui uma obrigação de fazer, isto é, de conseguir o ato de terceiro. O inadimplemento dessa obrigação de fazer, que se dá quando terceiro não executa o ato prometido por outrem, sujeita o que prometeu obter tal ato à indenização de prejuízos. Realmente, estatui o Código Civil, art. 439: "Aquele que tiver prometido fato de terceiro responderá por perdas e danos, quando este o não executar". Dessa forma, se terceiro não praticar o ato, estará impossibilitada a execução da obrigação, e o promitente responderá por perdas e danos (*RF*, *240*:175, *109*:447; *RT*, *199*:216, *216*:157). Mas, pelo parágrafo único do art. 439: "Tal responsabilidade não existirá se o terceiro for o cônjuge do promitente, dependendo da sua anuência o ato a ser praticado, e desde que, pelo regime de casamento, a indenização, de algum modo, venha a recair sobre os seus bens.

b) É necessário um desrespeito ao contrato, no todo ou em parte, por um ou ambos os contratantes ou por terceiros. Deveras, a responsabilidade civil será contratual se provier da falta de cumprimento das obrigações contratuais ou da mora no adimplemento de qualquer relação obrigacional resultante de ato negocial, e o devedor não é apenas responsável por *fato próprio*, porque, em certos casos, responderá pela inexecução contratual devida a *fato de terceiro*. A responsabilidade por fato de terceiro, como pondera Orlando Gomes[58], só ocorrerá nas hipóteses em que se permite sua intervenção na execução ou cumprimento do contrato. É o

58. Orlando Gomes, op. cit., p. 197-201.

que sucederá se o devedor: 1) se fizer substituir no cumprimento da obrigação, transferindo a terceiro, sem autorização do credor, o encargo de satisfazer a prestação, sem se desvincular do contrato, portanto, sem que haja cessão do contrato. Assim sendo, o devedor não autorizado pelo credor para admitir substituto responderá pelo inadimplemento contratual, seja qual for a conduta do substituto. Será responsável o devedor se o contrato, por ser *intuitu personae*, não admitir a substituição, devendo ser cumprido pessoalmente pelo devedor; 2) se valer da ajuda de outrem para executar o contrato, se, obviamente, a prestação não for personalíssima. Tal auxílio poderá ser dado por preposto, ou melhor, por empregado do devedor, sujeito a sua autoridade ou ao seu poder diretivo ou por pessoa que não esteja ligada ao devedor por um vínculo de subordinação; 3) associar alguém no uso e gozo de coisa que deve restituir. Se terceiro impossibilitar o cumprimento da obrigação, o devedor deverá ser responsabilizado por isso. P. ex.: se o inquilino receber um hóspede que danifica o imóvel, impossibilitando sua entrega ao senhorio no estado em que o recebeu, responderá pelo inadimplemento. O devedor é que responderá, nestes três casos, pela inexecução contratual, porque não há qualquer vínculo entre credor e terceiro. O credor não terá ação direta contra o terceiro. O devedor, porém, terá ação regressiva contra o terceiro que causou o prejuízo.

Tanto as pessoas naturais como as jurídicas são responsáveis pela inexecução do contrato. Quanto à responsabilidade das pessoas jurídicas, poder-se-á dizer que tanto a pessoa jurídica de direito privado como a de direito público, no que se refere à realização de um negócio jurídico dentro dos limites do poder autorizado pela lei ou pelo estatuto, deliberado pelo órgão competente e realizado pelo legítimo representante, é responsável, devendo cumprir o disposto no contrato, respondendo com seus bens pelo inadimplemento contratual, conforme prescrevem os arts. 389 e 391 do Código Civil. Como se trata de pessoa jurídica, para que esta se responsabilize, a lesão deverá ser provocada por quem a represente (representante ou administrador) ou por quem esteja a seu serviço (preposto ou empregado), sendo, portanto, necessária a existência de um vínculo entre a entidade e o lesante.

É preciso ainda lembrar que poderá haver em certos casos, como logo mais veremos, a responsabilidade contratual por fato *da coisa*, muito comum nos contratos de transporte, se a inexecução da obrigação, que causa dano ao credor, foi provocada pela coisa em razão de um defeito seu, sem haver ação humana direta. P. ex.: se o transportador de uma mercadoria comprada não cumpre seu dever, porque, embora tenha sido prudente, houve defeito numa peça do veículo, não lhe sendo possível controlar a direção, vindo a cair num precipício.

c) É preciso haver, como já afirmamos, um liame de causalidade entre o dano e a inexecução do contrato, quer em relação à obrigação principal, quer relativamente à acessória. Fácil é delimitar a responsabilidade contratual no que concerne à obrigação principal, visto que os contratantes sempre a determinam. P. ex.: haverá responsabilidade contratual se A lesar B, porque não lhe entregou o bem alugado no prazo estabelecido. Há grande dificuldade em determinar as obrigações acessórias, que podem existir ou não no contrato, ante o princípio da autonomia da vontade. P. ex., uma dessas obrigações é o dever de segurança que aparece nos contratos de trabalho, de transporte, de educação, de diversões públicas, de espetáculos esportivos, de hospedagem, de compra e venda, de locação, de depósito, de mandato, de hospitalização e que se referem tanto às pessoas como às coisas. A obrigação de segurança existe em relação a certos contratos em que prepondera o interesse vital da segurança da pessoa ou da coisa, que permanece, ante a natureza da relação contratual, sob constante perigo. Haverá tal obrigação sempre que, devido a um contrato, possa advir um perigo a outro contraente[59]. Não havendo estipulação, ou melhor, cláusula expressa pelas partes, a questão será resolvida pelo prudente arbítrio do magistrado, deduzindo, em face do caso concreto, as circunstâncias em que se afirma a intenção dos contratantes, interpretando sua vontade, se: 1) não houver normas jurídicas supletivas da vontade dos contraentes. P. ex.: não será difícil delimitar a responsabilidade contratual do hoteleiro em relação às bagagens do hóspede, embora não haja nenhuma convenção sobre o assunto, porque o art. 649, parágrafo único, do Código Civil estabelece que ele deverá responder por elas como depositário; 2) não houver uso local atinente ao meio de estabelecer qual teria sido a intenção das partes contratantes, para a fixação da responsabilidade.

---

59. Simone Goldschmidt, *L'obligation de sécurité*, Besançon, 1947, p. 71 e s., 115 e 116; Serpa Lopes, op. cit., p. 219-21; Silney Alves Tadeu, Responsabilidade civil: violações positivas ao contrato, *Jornal Síntese*, *94*:2004; Araken de Assis, *Resolução do contrato por inadimplemento*, São Paulo, Revista dos Tribunais, 1999, p. 113.

Quadro Sinótico

PRINCÍPIOS ATINENTES À RESPONSABILIDADE CONTRATUAL

PRINCÍPIOS	• *a*) Imprescindibilidade, para sua configuração, da existência de um vínculo contratual entre credor e devedor.	• Se o contrato for personalíssimo, estarão sujeitos a seus efeitos apenas o credor e o devedor. Se não se tratar de obrigação personalíssima, alcançará não só o sujeito ativo e passivo, mas também seus sucessores por ato *causa mortis* ou *inter vivos* (CC, arts. 389, 439 e 1.792).
	• *b*) Necessidade de violação ao contrato, no todo ou em parte, por um ou ambos os contratantes ou por terceiro.	• O devedor poderá ser responsável por *fato próprio*, por *fato de terceiro*, nas hipóteses em que se admite sua intervenção na execução do contrato, ou por *fato da coisa*.
	• *c*) Ocorrência necessária de um liame de causalidade entre o dano e a inexecução contratual, quer em relação à obrigação principal, quer relativamente à acessória.	

3. Responsabilidade profissional

A. Natureza jurídica da responsabilidade civil por danos no exercício da profissão

Bastante controvertida é a questão da natureza jurídica da responsabilidade profissional, pois há autores que a incluem na seara contratual, outros, na extracontratual e os que a enquadram num ou noutro campo, conforme as circunstâncias.

Sem embargo dessas opiniões, entendemos que aos profissionais liberais e aos manuais, quer quando se obrigam à realização de uma coisa, como, p. ex., o arquiteto, o pintor etc., quer quando se vinculam à prestação de seus serviços, como, p. ex., o advogado, o médico, o dentista, o enfermeiro, se aplicam as noções de obrigação de meio e de resultado, que partem de um contrato. Logo, não poderá deixar de ser contratual a responsabilidade decorrente de infração dessas obrigações.

A *obrigação de meio* é aquela em que o devedor se obriga tão somente a usar de prudência e diligência normais na prestação de certo serviço para atingir um resultado, sem, contudo, se vincular a obtê-lo. Infere-se daí que sua prestação não consiste num resultado certo e determinado a ser conseguido pelo obrigado, mas tão somente numa atividade prudente e diligente deste em benefício do credor. Seu conteúdo é a própria atividade do devedor, ou seja, os meios tendentes a produzir o escopo almejado, de maneira que a inexecução da obrigação se caracteriza pela omissão do devedor em tomar certas precauções, sem se cogitar do resultado final.

Havendo inadimplemento dessa obrigação, é imprescindível a análise do comportamento do devedor, para verificar se ele deverá ou não ser responsabilizado pelo evento, de modo que cumprirá ao credor demonstrar ou provar que o resultado colimado não foi atingido porque o obrigado não empregou a diligência e a prudência a que se encontrava adstrito (*AJ*, *104*:233). Isto é assim porque nessa relação obrigacional o devedor apenas está obrigado a fazer o que estiver a seu alcance para conseguir a meta pretendida pelo credor; logo, liberado estará da obrigação se agiu com prudência, diligência e escrúpulo, independentemente da consecução efetiva do resultado. O obrigado só será responsável se o credor provar a ausência total do comportamento exigido ou uma conduta pouco diligente, prudente e leal.

Obrigação desse tipo é o contrato de prestação de serviços profissionais pelo médico ou pelo advogado. Deveras, o médico que se propõe a cuidar de um doente não pode garantir a sua cura. Quem procura um médico quer o restabelecimento de sua saúde, mas esse resultado não é o objeto do contrato, pois o paciente tem o direito de exigir que o médico o trate diligente e conscienciosamente (CC, art. 951), de acordo com os progressos da medicina (*RT*, *309*:475, *283*:641), procurando sempre obter o consentimento prévio e esclarecido do paciente. Assim, deverá pagar indenização se no exercício da atividade profissional, por negligência, imprudência ou imperícia (Código de Ética Médica, art. 1º, aprovado pela Resolução do CFM n. 1.931/2009), causar a morte do paciente, agravar-lhe o mal, ou provocar-lhe lesão ou, ainda, inabilitá-lo para o trabalho. Todavia, não poderá exigir que o médico, infalivelmente, o cure. Assim, se o tratamento médico não trouxer cura ao paciente, esse fato não o isentará de pagar o serviço médico-cirúrgico que lhe foi prestado. Terá essa mesma natureza a obrigação do advogado, a quem se confia o patrocínio de uma causa, uma vez que ele apenas oferecerá sua atividade, sua cultura e talento na defesa dela, sem poder, contudo, garantir a vitória da demanda, pois esse resultado dependerá de circunstâncias alheias à sua vontade. Como o advogado não se obriga a obter ganho de causa para o seu constituinte, mesmo com o insucesso de seu patrocínio, fará jus aos honorários advocatícios, que representam a contraprestação de um serviço profissional, e não o preço de um resultado alcançado por esse serviço (Lei n. 8.906/94, arts. 22 a 26). Portanto, se agiu corretamente, com diligência normal, na demanda, terá direito a honorários, ainda que não obtenha êxito.

A *obrigação de resultado* é aquela em que o credor tem o direito de exigir do devedor a produção de um resultado, sem o que se terá o inadimplemento da relação obrigacional. Tem em vista o resultado em si mesmo, de tal sorte que a obrigação só se considerará adimplida com a efetiva produção do resultado colimado. Ter-se-á a execução dessa relação obrigacional quando o devedor cumprir o objetivo final. Como essa obrigação requer um resultado útil ao credor, o seu inadimplemento é suficiente para determinar a responsabilidade do devedor, já que basta que o resultado não seja atingido para que o credor seja indenizado pelo obrigado, que só se isentará de responsabilidade se provar que não agiu culposamente. Assim, se inadimplida essa obrigação, o obrigado ficará constituído em mora, de modo que lhe competirá provar que a falta do resultado previsto não decorreu de culpa sua, mas de caso fortuito ou força maior, pois só assim se exonerará da responsabilidade; não terá, porém, direito à contraprestação. É o que se dá, p. ex., com o contrato de empreitada em que há a obrigação do empreiteiro de construir algo, e só se cumprirá se ele efetivamente entregar a obra concluída a seu dono.

Nessas obrigações há uma relação contratual de mandato de locação de serviços ou de obra.

Não se pode olvidar que há, sem dúvida, certas profissões dotadas de função social, daí serem obrigações legais, de modo que o profissional responderá por elas tanto quanto pelas obrigações assumidas contratualmente. São hipóteses em que coincidem as duas responsabilidades — a contratual e a extracontratual —, e o profissional deverá observar as normas reguladoras de seu ofício, umas vezes por força de contrato e outras, em virtude de lei. Mas, como a responsabilidade extracontratual só surge na ausência de um vínculo negocial, decorre daí que, se há vínculo contratual, o inadimplemento da obrigação contratual e legal cairá, conforme o caso, na órbita da responsabilidade contratual e não da delitual, ante a preponderância do elemento contratual. Todavia, em algumas hipóteses poder-se-á ter duas zonas independentes: a da responsabilidade contratual e a da responsabilidade delitual. P. ex.: se, em relação ao serviço do médico, se cogitar da extensão do tratamento e de sua remuneração, do descumprimento desses deveres resultará uma responsabilidade contratual. Se um médico fez uma operação altamente perigosa e não consentida, sem observar as normas regulamentares de sua profissão, o caso será de responsabilidade extracontratual, visto que não houve inadimplemento contratual, mas violação a um dever legal, sancionado pela lei[60].

60. Consulte sobre a natureza jurídica das responsabilidades profissionais: Serpa Lopes, op. cit., p. 257-61; Brun, *Rapports et domaines des responsabilités contractuelle et délictuelle*, Sirey, 1931, n. 229; M. Helena Diniz, op. cit., v. 2, p. 161 e 162; Henoch D. Aguiar, *Hechos y actos jurídicos, actos ilícitos*, Buenos Aires, 1950, v. 2, n. 60; Gabba, *Nuove questioni di diritto civile*, v. 1, p. 209, 237-9 e 289 e s.; Savatier, *Traité de la responsabilité civile en droit français*, 2. ed., Paris, LGDJ, 1951, n. 775; Fábio Konder Comparato, Obrigações de meio, de resultado e de garantia, in *Enciclopédia Saraiva do Direito*, v. 55, p. 422-30; Mengoni,

Quadro Sinótico

NATUREZA JURÍDICA DA RESPONSABILIDADE PROFISSIONAL	• Responsabilidade será contratual, pois aos profissionais liberais ou manuais se aplicam as noções de obrigação de meio e de resultado, que partem de um contrato. • Responsabilidade será extracontratual se o profissional violar apenas dever legal, sancionado pelas normas regulamentares de sua profissão, sem que haja inadimplência contratual.

B. Responsabilidade dos advogados

O advogado no seu ministério privado presta serviço público, constituindo, com os juízes e membros do Ministério Público, elemento indispensável à administração da Justiça (Lei n. 8.906/94, arts. 2º e 6º). Apesar de a função do advogado participar, em nosso direito, do caráter de *munus publico*, o mandato judicial apresenta uma feição contratual, daí ser, como apontamos anteriormente, sua responsabilidade meramente contratual, por decorrer de uma obrigação de meio, exceto, é óbvio, nos casos em que presta assistência judiciária (Lei n. 8.906/94, art. 34, XII). Realmente, o advogado poderá recusar o mandato, sem ter de justificar a causa de sua rejeição, porque a própria ética profissional lhe impõe um exame prévio da causa que se lhe pretende confiar, de forma a poder recusá-la, ante o princípio da liberdade profissional, se lhe parecer inviável ou injusta a pretensão a que faz jus seu constituinte. A Lei n. 8.906/94, art. 34, VI, considera infração disciplinar advogar contra a lei, presumindo-se a boa-fé, quando fundamentado na inconstitucionalidade, na injustiça da lei ou em pronunciamento

---

Obbligazioni di risultato ed obbligazioni di mezzi, *Rivista del Diritto Commerciale e del Diritto Generale delle Obbligazioni*, *1*:185 e s., 280 e s., 366 e s., 1954; Moura Bittencourt, Honorários de advogado (Obrigações de meio e de resultado), *Folha de S. Paulo*, 2 jan. 1966; Tunc, La distinction des obligations de résultat et des obligations de diligence, *Juris-Classeur Périodique*, *1*:449 e 145; Silvio Rodrigues, op. cit., p. 28; Caio M. S. Pereira, op. cit., v. 2, p. 50; W. Barros Monteiro, op. cit., v. 4, p. 52 e 53; Mazeaud e Tunc, *Traité théorique et pratique de la responsabilité civile, délictuelle et contractuelle*, 5. ed., Paris, t. 1, n. 103 a 108; Van Ryn, *Responsabilité aquilienne et contrats*, Paris, Sirey, n. 155; Constituição Federal de 1988, art. 5º, XIV. *Vide* as responsabilidades do fornecedor de serviços, inclusive liberais, estabelecidas na Lei n. 8.078/90.

judicial anterior. E, ainda, estatui que é dever do advogado recusar prestar concurso a cliente ou a terceiro para realização de ato contrário à lei ou destinado a fraudá-la (art. 34, XVII) ou a receber valores do constituinte para aplicação ilícita ou desonesta (art. 34, XVIII), ou da parte contrária ou terceiro, relacionados com o objeto do mandato, sem expressa autorização do constituinte (art. 34, XIX).

O advogado deverá responder contratualmente perante seu constituinte, em virtude de mandato, pelas suas obrigações contratuais de defendê-lo em juízo ou fora dele (Lei n. 8.906/94, arts. 1º e 2º) e de aconselhá-lo profissionalmente. Entretanto, será preciso lembrar que pela procuração judicial o advogado não se obriga necessariamente a ganhar a causa, por estar assumindo tão somente uma obrigação de meio e não uma de resultado. Logo, sua tarefa será a de dar conselhos profissionais e de representar seu constituinte em juízo, defendendo seus interesses pela melhor forma possível, pois seus atos constituem um múnus público (Lei n. 8.906/94, art. 2º, § 2º). O advogado que tiver uma causa sob seu patrocínio deverá esforçar-se para que ela tenha bom termo, de modo que não poderá ser responsabilizado se vier a perder a demanda, a não ser que o insucesso seja oriundo de culpa sua (*RJTJSP*, *68*:45). Há presunção *juris tantum* de culpa no serviço prestado por advogado (CDC, art. 14, § 4º) e inversão do ônus da prova. O advogado deverá provar que não foi culpado porque: o serviço foi executado dentro da técnica profissional; houve culpa do cliente que dificultou sua ação sonegando informações, negociando com a parte contrária, depondo de forma contraditória à defesa, não apresentando os documentos necessários etc.; ocorreu alteração procedimental, impedindo que alcançasse o objetivo almejado.

Haverá, portanto, responsabilidade do advogado:

1) Pelos erros de direito, desde que graves, podendo levar à anulação ou nulidade do processo. P. ex.: desconhecimento de norma jurídica de aplicação frequente cabível no caso ou interpretação absurda ou errônea de um texto legal, pois a falta de saber jurídico, a negligência ou imprudência na aplicação da lei redundam em graves falhas no exercício da advocacia, por indicar incúria, desinteresse pelo estudo da causa ou da norma jurídica aplicável, autorizando ação de indenização contra o advogado, porque o profissional tem o dever de conhecer seu ofício, sem que se lhe exija infalibilidade ou conduta excepcional (Lei n. 8.906/94, art. 34, IX, X e XXIV).

Não pode, ainda, sob pena de receber sanção, deturpar o teor da lei, de citação doutrinária ou de julgado, de depoimentos e alegações da parte contrária para confundir o adversário e iludir o juiz da causa (art. 34, XIV, da Lei n. 8.906/94).

2) Pelos erros de fato que cometeu no desempenho da função advocatícia.

3) Pelas omissões de providências necessárias para ressalvar os direitos do seu constituinte, pois, se aceitou o patrocínio da causa, deverá zelar pelo bom desempenho do mandato, fazendo tudo o que puder para sair vitorioso na demanda (*RT*, *65*:367). Assim, p. ex., responderá civilmente o advogado que: *a*) recebeu mandato para adquirir em hasta pública um terreno penhorado e deixou de fazê-lo (*RT*, *98*:561, *104*:164); *b*) devia protestar o título que lhe foi entregue para cobrança; *c*) não se habilitou em falência ou concurso de credores; *d*) permitiu que outro credor se apoderasse da quantia sobre a qual poderia recair a execução do seu cliente; *e*) deu causa à nulidade de atos indispensáveis à conservação ou ao reconhecimento dos direitos de seu constituinte; *f*) recusou um acordo proposto pela parte contrária, estando incumbido de uma causa difícil, e vir a perder a demanda etc. (Lei n. 8.906/94, art. 34, IX); *g*) não cumpriu obrigações assumidas em contrato de mandato judicial, deixando prescrever a pretensão de seu constituinte de perceber prestações devidas (*RT*, *749*:267).

4) Pela perda de prazo para cumprir determinação emanada do órgão da Ordem (Lei n. 8.906/94, art. 34, XVI) e para contestação ou recurso (*RF*, *83*:494; *AJ*, *59*:24). Todavia, só será responsabilizado pelo fato de não haver recorrido, se este era o desejo do seu constituinte e se havia possibilidade de ser reformada a sentença mediante interposição de recurso, cabendo ao seu cliente a prova de que isso aconteceria (*RT*, *104*:458).

5) Pela desobediência às instruções do constituinte, alterando-as, excedendo aos poderes nelas contidos ou utilizando os concedidos de modo prejudicial ao cliente, pois elas deverão ser observadas, visto que a função advocatícia não lhe permite dispor dos direitos alheios a seu bel-prazer. Se não concordar com as instruções recebidas, deverá pura e simplesmente renunciar ao mandato (CPC, art. 112; Estatuto OAB, art. 5º, § 3º; Resolução n. 02/2015 e Código de Ética e Disciplina da OAB, arts. 15 e 16).

6) Pelos conselhos dados ao cliente, sob a forma de pareceres, desde que contrários à lei, à jurisprudência e à doutrina, não só pelo fato de ser o conselho absurdo ou errôneo como também por ter agido imprudentemente, pois o advogado deverá pesar as consequências ou os danos causados pela inexatidão do conselho dado (*Revista de Direito*, *29*:493).

7) Pela omissão de conselho, fazendo com que o constituinte perca seu direito ou obtenha um resultado desfavorável ou prejudicial, quando poderia ter-lhe dado conselhos que o permitissem enveredar por um caminho vitorioso. P. ex.: poderá ser acionado advogado por prejuízo resultante do

fato de não ter avisado seu cliente da possibilidade de prescrição do crédito, a respeito do qual lhe fizera uma consulta. É dever ético do advogado não só prestar esclarecimentos prévios sobre o provável resultado, os eventuais riscos de sua pretensão, e as consequências que poderão advir da demanda (Resolução n. 02/2015; Código de Ética e Disciplina da OAB, art. 9º), como também aconselhar o cliente a não ingressar em lides temerárias, a partir de um juízo preliminar de viabilidade jurídica (Resolução n. 02/2015; Código de Ética e Disciplina da OAB, art. 2º, parágrafo único, VII), pois não deve patrocinar causa temerária.

8) Pela violação de segredo profissional, em virtude de imposição de ordem pública. O advogado é obrigado a guardar sigilo profissional (Lei n. 8.906/94, art. 34, VII; CF/88, art. 5º, XIV; *RT*, *515*:317).

9) Pelo dano causado a terceiro, embora excepcionalmente, pois seus atos são tidos como sendo do mandante, exceto se houver desvio, excesso ou abuso de poderes. Será responsabilizado pelos atos que, não importando defesa dos interesses do seu constituinte, danificarem terceiros. P. ex.: se um advogado, por conta própria, associa na defesa da causa por ele patrocinada um outro advogado, será responsável perante terceiro pelos atos prejudiciais causados por seu colega.

10) Pelo fato de não representar o constituinte, para evitar-lhe prejuízo, durante os dez dias seguintes à notificação de sua renúncia ao mandato judicial (CPC, art. 112, § 1º; Lei n. 8.906/94, arts. 5º, § 3º, e 34, IX), salvo se for substituído antes do término desse prazo.

11) Pela circunstância de ter feito publicar na imprensa, desnecessária e habitualmente, alegações forenses ou relativas a causas pendentes.

12) Por ter servido de testemunha em processo no qual funcionou ou deva funcionar, ou sobre fato relacionado com pessoa de quem seja ou foi advogado, mesmo quando autorizado ou solicitado pelo constituinte (Lei n. 8.906/94, art. 7º, XIX), bem como sobre fato que constitua sigilo profissional.

13) Pelo fato de reter ou extraviar valores de clientes ou autos, que se encontravam em seu poder, recebidos com vista ou em confiança (Lei n. 8.906/94, art. 34, XXII; *BAASP*, *2856*:13).

14) Pela imputação, em nome do constituinte, sem anuência deste, a terceiro de fato definido como crime (Lei n. 8.906/94, art. 34, XV).

15) Pelo locupletamento à custa do cliente ou da parte adversa, por si ou por interposta pessoa (Lei n. 8.906/94, art. 34, XX).

16) Pela recusa injustificada a prestar contas ao cliente de quantias recebidas dele ou de terceiros por conta dele (Lei n. 8.906/94, art. 34, XXI).

17) Pela omissão de informação sobre vantagens e desvantagens da medida judicial proposta e a ser proposta.

18) Pela conduta culposa que resultou em perda da chance de seu constituinte de: *a*) ver seu pleito analisado em instância superior, havendo probabilidade de o recurso cabível não interposto ser bem-sucedido; *b*) conseguir produção de prova necessária ao êxito de sua pretensão, que seria provável se tal prova tivesse sido provocada etc. Ter-se-á perda de uma chance (dano moral), quando por culpa do advogado o patrimônio do cliente sofre uma lesão, até mesmo se deixar prescrever uma pretensão de seu constituinte (*RT*, *749*:267), se dispensar perícia médica imprescindível para elucidar dano físico causado por um desastre. Pela perda da chance o advogado deverá ser responsabilizado civilmente, exceto se comprovar que, p. ex., a interposição daquele recurso ou a realização da referida prova não traria qualquer benefício ao seu constituinte.

19) Pelo patrocínio infiel, traindo, comissiva ou omissivamente, o dever profissional, prejudicando interesse do constituinte, violando os princípios da probidade e da boa-fé objetiva (CC, art. 422).

O advogado deverá, obviamente, indenizar prontamente o prejuízo que vier a causar por negligência, erro ou dolo. Mas se houver desproporção entre a gravidade de sua culpa e o dano, o magistrado poderá reduzir equitativamente a indenização (CC, art. 944, parágrafo único; CPC, art. 140).

O advogado que for acionado por responsabilidade profissional não fará jus aos honorários advocatícios, apesar de haver julgados que reconheçam seu direito a eles, mandando-os descontar da indenização a ser paga ao constituinte lesado, o que não nos parece acertado. Se se tratar de advogado-empregado pelo regime da CLT, o empregador assume a responsabilidade, indenizando o lesado, mas tem ação de regresso contra o advogado se agiu culposamente (CC, arts. 932, III, 933 e 934). Porém, se for advogado-empregado de sociedade de advogados, esta responderá subsidiária e ilimitadamente (Estatuto OAB, art. 17). Tal responsabilidade, contudo, é subjetiva (CDC, art. 14, § 4º e Estatuto OAB, art. 32), por ser sociedade de pessoa, com finalidade profissional. Em se tratando de advogado-sócio integrante de sociedade de advogados (Provimento 112/2006 — Conselho Federal da OAB), sua responsabilidade será solidária e ilimitada perante os demais sócios e clientes, podendo responder com seus bens pessoais. Mas nada obsta que o contrato social limite a responsabilidade dos advogados-sócios. Seria de bom alvitre efetuar seguro contra danos provocados por advogado a clientes[61].

---

61. Sobre o assunto *vide*: Mosset Iturraspe, *Estudios sobre responsabilidad por daños*, Santa Fé, Ed. Rubinzal-Culzoni, 1982, t. 3, p. 307-18; F. E. Trigo Represas, Responsabilidad civil de los abogados, in *Responsabilidad civil de los profesionales*, Buenos Aires, Ed. Astrea, 1978, t. 1, p. 57 e s. (Col. *Seguros y Responsabilidad Civil*); R. H. Viñas, *Ética y derecho de la abogacía y procuración*, Buenos Aires, Ed. Pannedile, 1972, p. XVII e s.; Aguiar Dias, op. cit., v. 1, p. 328-38; Serpa Lopes, op. cit., p. 261 e 262; A. Lemans, *De la responsabilité civile des avocats*, Paris, A. Rousseau, 1909; Bonvicini, op. cit., t. 2, 1971, p. 803-6; Modesto Carvalhosa, Ética profissional do advogado, *RIASP, 29*:331-42; L. P. Moitinho de Almeida, *Responsabilidade civil dos advogados*, 1985; Yves Avril, *La responsabilité de l'avocat*, 1981; Sérgio Novais Dias, *Responsabilidade civil do advogado — perda de uma chance*, São Paulo, LTr, 1999; Elias Farah, Advocacia e responsabilidade civil do advogado, *Revista do IASP, 13*:181-208; Julio César Rossi, *Responsabilidade civil do advogado e da sociedade de advogados*, São Paulo, Atlas, 2007; Cristiane D. T. Fagundes, *Responsabilidade civil por dano processual*, Rio de Janeiro, Lumen Juris, 2015; Antônio Júnior Mendes Alves e Kelly N. Silva, A responsabilidade civil do advogado perante seu cliente no exercício da profissão, *Revista Síntese — Direito Civil e Processual, 123*:64-79 (2020); *RT, 781*:355, *761*:225, *747*:399; *RJTJSP, 68*:45, *125*:177; *EJSTJ, 25*:155; Súmula 450 do STF. *Vide* Provimento n. 94/2000 da OAB que regulamenta a publicidade, a propaganda e a informação da advocacia; CDC, art. 14, § 4º; Estatuto OAB, art. 32; CC, art. 927, CF, art. 133.

BAASP, 2881:13. Publicidade — Mala direta — Implicação ética — Captação desleal de clientela — Homologação de anúncio publicitário pela 1ª Turma (Deontológica) do Tribunal de Ética e Disciplina — Incompetência. Não é permitida, eticamente, a oferta de serviços através de mala direta a uma coletividade indiscriminada, por implicar captação de clientela, com evidente mercantilização da advocacia. Tal posicionamento é extraído do disposto nos arts. 5º e 7º do Código de Ética e Disciplina da OAB. A mala direta pode ser empregada somente para comunicar mudança de endereço e de alteração de outros dados de identificação do escritório a colegas e clientes cadastrados. O Código de Ética e Disciplina preceitua, no art. 49, a competência do Tribunal de Ética e Disciplina, informando que tal órgão é competente para "orientar e aconselhar sobre ética profissional, respondendo às consultas em tese, e julgar os processos disciplinares"; sendo assim, o relator respondeu parcialmente ao consulente, haja vista que parte da consulta (homologação de conteúdo de informativo) em tela apresentou nítidos traços de caso concreto, uma vez que a 1ª Turma é incompetente para homologar anúncio publicitário (Processo n. E-4.329/2013 — v.u., em 28-11-2013, parecer e ementa do Rel. Dr. Fábio Guimarães Corrêa Meyer).

BAASP, 2925: 13. Sigilo profissional — Inexistência de relação cliente/advogado — Consulta breve e superficial — Advogado que não teve acesso a informações sigilosas ou relevantes à causa e à defesa de qualquer das partes — Posterior contratação do advogado pela parte adversa — Possibilidade. O sigilo profissional é obrigação ética essencial ao legítimo desempenho das atividades do advogado, sendo consequência das prerrogativas que a sociedade e o legislador deferiram a essa classe profissional, devendo ser observado mesmo nos casos em que não há relação cliente/advogado, conforme arts. 25 e 26 do CED. Por essa razão, as informações fornecidas ao advogado por consulente que não se torna seu cliente devem ser resguardadas. No entanto, cabe reconhecer a possibilidade de patrocínio de causa contra pessoa que, embora tenha se consultado anteriormente com o advogado a respeito da causa, em breve e superficial contato, não apresentou quaisquer informações sigilosas, estratégicas e/ou relevantes à demanda ou à defesa dos interesses de qualquer das partes. Tendo, no entanto, havido a apresentação de dados ou informações sigilosas, estratégicas e/ou relevantes, haverá claro impedimento. Recomenda-se ainda ao advogado que, ao fixar seus hono-

Quadro Sinótico

RESPONSABILIDADE DOS ADVOGADOS (LEI N. 8.906/94)	• Pelos erros de direito. • Pelos erros de fato. • Pelas omissões de providências necessárias para ressalvar os direitos do seu constituinte. • Pela perda de prazo. • Pela desobediência às instruções do constituinte. • Pelos pareceres que der, contrários à lei, à jurisprudência e à doutrina. • Pela omissão de conselho. • Pela violação de segredo profissional. • Pelo dano causado a terceiro. • Pelo fato de não representar o constituinte, para evitar-lhe prejuízo, durante os dez dias seguintes à notificação de sua renúncia ao mandato judicial (CPC, art. 112, § 1º). • Pela circunstância de ter feito publicações desnecessárias sobre alegações forenses ou relativas a causas pendentes. • Por ter servido de testemunha nos casos arrolados no art. 7º, XIX, da Lei n. 8.906/94. • Por reter ou extraviar autos que se encontravam em seu poder. • Pela violação ao disposto no art. 34, XV, XX e XXI, da Lei n. 8.906/94. • Pela perda da chance de seu constituinte. • Pela omissão de informação. • Pelo patrocínio infiel.

C. Responsabilidade dos mandatários

O mandato é o contrato pelo qual alguém (mandatário ou procurador) recebe de outrem (mandante) poderes para, em seu nome, praticar atos ou

---

rários, inclusive para mera consulta, considere o risco de haver impedimentos no futuro (Processo E-4.443/2014 — v.u., em 13-11-2014, parecer e ementa do Rel. Dr. Fábio Teixeira Ozi). Fonte: www.oabsp.org.br, Tribunal de Ética, 579ª Sessão, de 13-11-2014.

Enunciado n. 14 aprovado pela ENFAM: "Em caso de sucumbência recíproca, deverá ser considerada proveito econômico do réu, para fins do art. 85, § 2º, do CPC/2015, a diferença entre o que foi pleiteado pelo autor e o que foi concedido, inclusive no que se refere às condenações por danos morais".

Pelo Enunciado n. 17 (aprovado no Seminário promovido em 2015 pela ENFAM): "Para apuração do 'valor atualizado da causa' a que se refere o art. 85, § 2º, do CPC/2015, deverão ser utilizados os índices previstos no programa de atualização financeira do CNJ a que faz referência o art. 509, § 3º".

Sobre litigância de má-fé: CPC, arts. 79 a 81; CLT, arts. 793-A, 793-B, 793-C, 793-D (com a redação da Lei. n. 13.467/2017).

administrar interesses (CC, art. 653). É, portanto, uma representação convencional, em que o representante pratica atos que dão origem a direitos e obrigações que repercutem na esfera jurídica do representado. Realmente, o mandatário, como representante do mandante, fala e age em seu nome e por conta deste. Logo, é o mandante quem contrai as obrigações e adquire os direitos como se tivesse tomado parte pessoalmente no negócio jurídico. Possibilita, assim, que pessoa interessada na realização de certo ato negocial, que não possa ou não saiba praticá-lo, o efetue por meio de outra pessoa.

O mandatário deverá ser responsabilizado civilmente se:

1) Não der execução ao mandato, agindo em nome do mandante, de acordo com as instruções recebidas e a natureza do negócio que deve efetivar. O mandante poderá mover contra o mandatário ação pelas perdas e danos resultantes da inobservância de suas instruções (CC, art. 679, *in fine*; *AJ*, *89*:455) e ratificar ou não o negócio realizado pelo mandatário, que excedeu os poderes outorgados. Se houver tal ratificação, o excesso de poderes desaparecerá e o mandante que era alheio ao ato negocial excessivo, por ter sido praticado pelo mandatário fora dos limites da representação, a ele se incorporará, sanando o defeito inicial (CC, art. 673, *in fine*; *RF*, *143*:175, *15*:204; *AJ*, *109*:446; *RT*, *458*:127).

2) Não aplicar toda a sua diligência habitual na execução do mandato (CC, art. 667, 1ª parte), pois deverá prestar o mesmo cuidado que teria se o negócio lhe pertencesse (*RT*, *101*:626; *RF*, *87*:693). P. ex.: responderá pelo dano resultante do fato de não ter feito seguro de mercadoria confiada a sua guarda, quando devia fazê-lo. O mandatário é, portanto, obrigado ao cumprimento de um dever geral de prudência e diligência.

3) Não manter o mandante informado de tudo que se passa com os negócios, principalmente no que diz respeito às responsabilidades assumidas e às vantagens percebidas, sempre que solicitado a prestar tais informações.

4) Se substabeleceu o mandato, não obstante proibição do mandante, deverá responder ao seu constituinte pelos prejuízos ocorridos sob a gerência do substituto, embora provenientes de caso fortuito, salvo se provar que o caso teria sobrevindo ainda que não tivesse havido substabelecimento (CC, art. 667, § 1º). A responsabilidade recairá inteiramente sobre o mandatário que se fez substituir sem considerar a proibição expressa que, nesse sentido, lhe impusera o mandante, salvo ratificação expressa, que retroagirá à data do ato (CC, art. 667, § 3º). E se a procuração for omissa quanto ao substabelecimento, o procurador será responsável se o substabelecido proceder culposamente (CC, art. 667, § 4º).

O mandatário deverá indenizar qualquer dano causado por culpa sua ou daquele a quem substabelecer, sem autorização, poderes que devia exercer pessoalmente (CC, art. 667, 2ª parte). Mesmo se substabelecer poderes, sendo omisso o mandato a esse respeito, o mandatário terá responsabilidade apenas por comportamento culposo seu ou de seu substituto (*RF*, *94*:81). O mandatário responderá somente por culpa *in eligendo*, se fez substabelecimento com autorização do mandante. Realmente, o Código Civil, art. 667, § 2º, estatui: "Havendo poderes de substabelecer, só serão imputáveis ao mandatário os danos causados pelo substabelecido, se tiver agido com culpa na escolha deste ou nas instruções dadas a ele" (*RT*, *211*:196, *189*:710).

5) Não apresentar o instrumento do mandato às pessoas, com quem tratar em nome do mandante, hipótese em que deverá responder a elas por qualquer ato exorbitante dos poderes recebidos. Assim, se terceiro, ciente dos poderes do mandatário, fizer com ele negócio que exorbite aqueles poderes, não terá qualquer ação nem contra o mandatário, a não ser que ele tivesse prometido ratificação do mandante ou tivesse se responsabilizado pessoalmente pelo contrato, nem contra o mandante, senão quando este houver ratificado o excesso do procurador (CC, arts. 673 c/c 667, § 3º; *AJ*, *97*:71).

6) Não enviar ao mandante as somas recebidas em função do mandato ou não as depositar em nome do mandante, conforme as instruções recebidas. E, se empregá-las em proveito próprio, inclusive as recebidas para as despesas, pagará juros, desde o momento em que abusou (CC, art. 670; *RT*, *123*:656; *AJ*, *73*:462; *RF*, *92*:462, *102*:278).

7) Não prestar contas de sua gerência ao mandante, transferindo-lhe as vantagens provenientes do mandato, por qualquer título que seja (CC, art. 668; CPC, arts. 550 e s.), visto que está incumbido de gerir negócio alheio (*RF*, *97*:401). P. ex.: se vender algo por preço superior ao fixado pelo mandante, deverá entregar-lhe o excesso. A finalidade da prestação de contas é demonstrar a fiel execução do mandato. Só se eximirá dessa obrigação se o mandante o dispensar ou se for procurador em causa própria (*RT*, *517*:108). A procuração em causa própria não é bem uma representação, mas um negócio indireto, que objetiva uma cessão de direito, devendo haver não só transferência do bem ao mandatário como também a quitação (*RT*, *462*:191).

8) Não concluir, por lealdade, o negócio já começado quando houver perigo na demora, isto é, quando da sua inação advier dano ao mandante ou aos seus herdeiros, embora ciente da morte, interdição ou mudança de estado do mandante (CC, art. 674), causas da extinção do mandato (CC, art. 682).

O mandante, por sua vez, deverá ressarcir o mandatário dos prejuízos, isto é, das perdas e danos que sofreu em consequência do exercício do mandato, sempre que não resultem de culpa sua ou excesso de poderes (CC, art. 678). O mandante responsabilizar-se-á solidariamente ao mandatário, se o mandato foi outorgado por duas ou mais pessoas e para negócio comum, por todos os compromissos e efeitos do mandato, salvo direito regressivo, pelas quantias que pagar, contra os outros mandantes (CC, art. 680). Além disso, responderá extracontratualmente pelos danos causados a terceiros com o exercício do mandato (CC, arts. 932, III, e 933). Responderá objetivamente, ainda, por atos culposos do mandatário em cumprimento do mandato e dentro dos limites deste (*RF*, *138*:460)[62], mas terá ação regressiva contra ele para reaver o que pagou ao lesado (CC, art. 934).

Quadro Sinótico

RESPONSABILIDADE DOS MANDATÁRIOS	• Se não der execução ao mandato de acordo com as instruções recebidas e a natureza do negócio que deve efetivar (CC, arts. 679, *in fine*, e 673, *in fine*). • Se não aplicar toda a sua diligência habitual (CC, art. 667, 1ª parte). • Se não mantiver o mandante informado de tudo o que se passa com os negócios. • Se substabeleceu o mandato, sem autorização do mandante (CC, art. 667, 2ª parte). • Se substabeleceu o mandato, com autorização do mandante, responderá apenas por culpa *in eligendo* (CC, art. 667, § 2º). • Se não apresentar o instrumento do mandato às pessoas, com quem tratar em nome do mandante (CC, arts. 673 e 667, § 3º). • Se não enviar ao mandante as somas recebidas em função do mandato ou não depositá-las em nome do mandante (CC, art. 670). • Se não prestar contas de sua gerência ao mandante, transferindo-lhe as vantagens provenientes do mandato por qualquer título que seja (CC, art. 668; CPC, arts. 550 e s.). • Se não concluir por lealdade o negócio já começado quando houver perigo na demora (CC, arts. 674 e 682).

62. Aguiar Dias, op. cit., v. 1, p. 338-43; Silvio Rodrigues, op. cit., Max Limonad, v. 3, p. 310-8; W. Barros Monteiro, op. cit., v. 5, p. 244 e s., 254, 259-69; Clito Fornaciari Jr., Substabelecimento de mandato, in *Enciclopédia Saraiva do Direito*, v. 71, p. 81-4; De Page, *Traité élémentaire de droit civil belge*, t. 5, n. 407; Caio M. S. Pereira, op. cit., p. 347-51, 358-65; Serpa Lopes, op. cit., p. 262, 267-88; Orlando Gomes, *Contratos*, Rio de Janeiro, Forense, 1979, p. 422-30; M. Helena Diniz, op. cit., v. 3, p. 255.

D. Responsabilidade civil dos tabeliães e escreventes de notas

A função notarial consiste em dar fé pública aos atos e negócios jurídicos, autenticando-os e documentando-os (Lei n. 8.935/94).

Há tendência de eximir os tabeliães e escreventes de notas de qualquer responsabilidade pelos prejuízos que causarem às partes, ou a terceiros, no cumprimento dos atos notariais, por estarem investidos de fé pública (CPC, art. 405; CF, art. 19, II; Lei n. 8.935/94, arts. 22 a 24; CDC, arts. 6º, X, e 22).

Sem embargo dessa opinião, entendemos que os notários, tabeliães e escreventes de notas assumem obrigação de resultado perante as pessoas que contratam o exato exercício de suas funções, tendo responsabilidade civil contratual se não as cumprir. Respondem pelos danos que eles e seus prepostos causarem a terceiros, na prática de atos próprios da serventia, assegurado, aos primeiros, direito de regresso no caso de culpa ou dolo dos prepostos (Lei n. 8.935/94, arts. 22 a 24). Em boa hora a Lei n. 13.286/2016 veio alterar o art. 22, parágrafo único, da Lei n. 8.935/94, que passou a ter a seguinte redação: "Os notários e oficiais de registro são civilmente responsáveis por todos os prejuízos que causarem a terceiros, por culpa ou dolo, pessoalmente, pelos substitutos que designarem ou escreventes que autorizarem, assegurando o direito de regresso. Prescreve em três anos a pretensão de reparação civil, contado o prazo da data de lavratura do ato registral ou notorial". As funções do notário decorrem de lei; seus deveres são, por isso, legais (Lei n. 8.935/94, arts. 28 e 29). A circunstância de ser o notário um oficial público não atingirá o caráter contratual de sua responsabilidade (*RF*, *42*:37, *45*:510). Além do mais, os tabeliães responderão perante terceiros: *a*) pelos erros graves que cometerem no desempenho de sua função, prejudicando-os, dando lugar, p. ex., a uma anulação de testamento por falta de formalidades essenciais (*RT*, *67*:339, *47*:723, *546*:60; CC, art. 1.864, parágrafo único), pois devem ter certo conhecimento de direito; e *b*) pelas inexatidões e lacunas dos atos que lavraram, desde que causem danos a outrem. Nestes casos, principalmente no último, ter-se-á responsabilidade extracontratual, visto que terceiros não são partes no contrato, nem sucessores daquele que contratou com o tabelião. Se terceiros forem partes no contrato, poderão invocar os princípios da responsabilidade contratual.

Se nosso ordenamento jurídico impõe a obrigação de reparar dano causado a outrem (CC, arts. 186 e 927) e assegura o direito de ação do lesado (CF, art. 5º, XXXV), todo prejuízo requer sua reparação. Logo, quaisquer atos de autoridade prejudiciais ao interesse da parte ou de terceiros trarão por consequência a aplicabilidade ao oficial do Registro Imobiliário, ao tabelião ou ao escrevente de notas do direito comum da responsabilidade civil, desde que tais atos decorram de culpa ou dolo, pois será inadmissível a presunção de dolo de pessoa que desempenha função de autoridade revestida de fé pública. É o que ocorrerá em caso de serventuário não oficializado, mas sim privatizado. P. ex.: o reconhecimento de uma firma falsa é ato culposo do tabelião (*RT*, *90*:344, *95*:442, *177*:702, *404*:152, *463*:86, *547*:157; *RJTJSP*, *120*:290); o ato de lavrar procuração falsa outorgada pelos vendedores, causando invalidade da venda (*RT*, *594*:254); o ato de não recolher selo em papel passado em notas de seu ofício (*RTJ*, *48*:132). Portanto, o tabelião é responsável pelo dano causado em decorrência de anulação de escritura, em virtude de erro quanto à natureza do negócio, por omissão de atos de ofício que teriam o efeito de impedir a consumação do erro. O tabelião tem obrigação de ouvir as partes para bem registrar-lhes as vontades em suas notas e contratos. A escritura, depois de lavrada, deve ser lida para as partes (TJRS, *ADCOAS*, 1983, n. 89.674).

Será preciso, ainda, deixar bem claro que o notário público autônomo, ante os arts. 186, 927 e 932, III, do Código Civil, responderá objetivamente com seu patrimônio não apenas por ato seu, mas também pelo comportamento irregular, doloso ou culposo, de seus servidores não concursados, enquanto em serviço, pouco importando se houve culpa *in vigilando* ou *in eligendo*, tendo depois ação regressiva contra eles (CC, art. 934).

Todavia, será preciso esclarecer que não haverá responsabilidade do tabelião ou escrevente de notas pelo dano se o ato que praticou for ato de vontade das partes e não ato de autoridade. Os atos de vontade das partes são os praticados pelos notários, permitidos por lei, se não ocorresse um fato que os vicia. Além de serem subjetivos, a declaração de sua ilegalidade dependerá de pronunciamento judicial; assim sendo, enquanto não forem questionados em juízo, produzirão efeitos. P. ex.: é o que se dá com tabelião que lavra escritura de venda de ascendente a descendente sem o consentimento dos demais descendentes e do cônjuge do alienante. Tal compra e venda é permitida em direito (CC, art. 496), mas será anulável em razão da inocorrência de um requisito legal: a anuência dos demais descendentes e do cônjuge do alienante. O ascendente é que terá o dever de declarar a existência de outros filhos, de modo que o tabelião, mesmo que saiba da existência de outros descendentes, não poderá impedir a venda. É a hipótese também da venda simulada (CC, art. 167) ou fraudatória de direitos creditórios (CC, art. 158); da apresentação de procuração falsa; da declaração de preço diverso do ajustado ou de estado civil que não é o real. O notário não responderá por tais atos por não ter a função de verificar se as declarações das partes são verídicas ou não; deve tão somente observar a regularidade das formas exteriores do ato (*RT*, *103*:214). Entretanto, isso não excluirá totalmente o tabelião da obrigação de ter maior cautela nos atos que lhe vêm às mãos. Os atos de autoridade são proibidos em lei e viciam o ato jurídico, portanto objetivos, sendo que sua prática não criará direitos, uma vez que não produzirão relações jurídicas. A sua ilegalidade não dependerá de manifestação judicial. P. ex.: é o caso da identificação documental e pessoal das partes, da comprovação por meio de documentos de que o vendedor é proprietário do imóvel; da exigência de assinatura de todas as partes que compareceram ao ato etc. O ato de autoridade praticado pelo notário, danificando interesses das partes ou de terceiros, sujeitá-lo-á à pena do Código Civil, art. 402, de sorte que a reparação abrangerá o dano emergente e o lucro cessante.

A serventia imobiliária competirá a serventuários privativos, submetidos a concurso público de títulos e provas (CF/88, art. 236, § 3º; Lei n. 8.935/94, arts. 14 a 19) de admissão e nomeados conforme as leis de organização administrativa e judiciária. O oficial imobiliário e seus funcionários são servidores públicos, subordinados a órgãos estatais, integrados no Executivo e no Judiciário. O regime disciplinar será verificado pelo juiz corregedor. Seus livros sujeitar-se-ão à correição da autoridade judiciária competente (Lei n. 6.015/73, art. 3º); a autorização de escrituração mecânica dependerá de ordem do corregedor (Lei n. 6.015/73, art. 3º, § 2º); o processo mecânico para abertura de livros deverá ser autorizado previamente pela autoridade competente (art. 4º); a diminuição do número de páginas dos livros dependerá de permissão judicial (art. 5º); a saída de livros e fichas do Cartório está vedada, salvo ordem do corregedor (art. 22); o substituto só poderá proceder à escrituração do protocolo se autorizado pelo juiz competente (art. 185) etc. O oficial titular só poderá aceitar ou demitir auxiliares mediante aprovação do Judiciário; ele poderá escolher o escrivão, mas sua investidura dependerá do Poder Público, que a formalizará. A promoção, a remoção e a aposentadoria do serventuário dependerão de atos estatais.

O oficial de registro imobiliário não é um servidor público ordinário; é um técnico incumbido de registrar a aquisição de um imóvel ou a sua oneração, constituindo, com o assento, um direito real em favor de alguém. A tecnicidade de sua função requer qualidade dos serviços prestados. O oficial titular do Cartório é servidor público, tendo autonomia administrativa, mas não é remunerado pelo Estado, e sim pelos interessados no registro, pois terá direito, a título de remuneração, a emolumentos, fixados por órgão competente, pelos atos praticados. O Poder Público não arcará com o ônus dos serviços do Registro Imobiliário. Embora exerça função pública em interesse próprio, não estando vinculado ao Estado por uma relação hierárquica, ele se subordina aos critérios estatais quanto à fiscalização, disciplina e punição dos atos por ele praticados, oficializados ou privatizados; portanto, o serventuário é um servidor público.

No exercício de suas funções, o serventuário poderá agir culposa ou dolosamente. Haverá culpa se violar involuntariamente o dever jurídico por imprudência, negligência ou imperícia. Embora rara, visto ter atitudes que revelam prudência, a imprudência do serventuário poderá ocorrer, indicando precipitação ou ato de proceder sem cautela. A negligência consiste na inobservância de regras que ordenam agir com atenção, capacidade, solicitude e discernimento na execução de sua tarefa. A imperícia revela falta de habilidade técnica para o exercício da profissão. Ter-se-á dolo se houver intencional descumprimento do dever jurídico, com o intuito de lesar outrem, que preferimos designar de *culpa grave*, por entendermos ser, ante o princípio da fé pública, inadmissível o dolo de serventuário. Pelo prejuízo causado, no exercício de sua função registrária, responderá, havendo culpa, o oficial registrador por ato próprio ou de seus prepostos, desde que o Cartório não seja oficializado.

Todavia, há quem ache que, para efeito da responsabilidade civil, geradora do dever de reparar o dano, pouco importará averiguar se houve culpa ou dolo dos servidores, tanto dos Cartórios oficializados como dos não oficializados; por exercerem funções públicas, embora *more privatorum*, o Estado responderá, objetivamente, por seus atos e terá direito regressivo contra o causador do dano, que agiu dolosa ou culposamente. Não haverá então que se falar em responsabilidade subjetiva, mas sim objetiva, pois a obrigação de indenizar decorre de o risco ser inerente à sua atividade.

A responsabilidade objetiva do Estado por ato de oficial registrador está consignada na CF/88, art. 37, § 6º, que reza: "As pessoas jurídicas de direito público e as de direito privado prestadoras de serviços públicos responderão pelos danos que seus agentes, nessa qualidade, causarem a terceiros, assegurado o direito de regresso contra o responsável nos casos de dolo ou culpa". A amplitude do vocábulo "agente" possibilita que nele se enquadrem os oficiais e os serventuários das serventias do foro extrajudicial, pelo simples fato de que os Cartórios agem a serviço do Estado, como agentes da administração da justiça. Logo, o Estado responderá civilmente pelo prejuízo que serventuário causar ao interessado no registro imobiliário (*RTJ*, *68*:283; *RT*, *268*:377, *317*:187, *341*:336), ressalvado o seu direito regressivo contra o causador do dano. O Estado, tendo-se em vista que o oficial registrador e seus prepostos estão a seu serviço, deverá responder pelos danos por eles causados mesmo em caso de Cartório não oficializado, tendo ação regressiva contra eles.

A Lei n. 6.015/73, no art. 28, dispõe que "os oficiais são civilmente responsáveis por todos os prejuízos que, pessoalmente, ou pelos prepostos ou substitutos que indicarem, causarem, por culpa ou dolo, aos interessados no registro". Com isso, estaria conflitando com a norma constitucional, que deveria prevalecer, ante o princípio de que norma superior prevalece sobre a inferior. A lei ordinária não poderia, então, nesse ponto, vingar.

Não se deveriam responsabilizar os tabeliães e o oficial de Registro pelos atos lesivos praticados pelos escreventes de notas, por inexistir sua efetiva participação na escolha de seus subordinados, visto não estar configurada a culpa *in eligendo*. Haveria responsabilidade solidária por culpa *in vigilando* dos tabeliães apenas quando subscrevessem os atos de seus escreventes. O Estado deveria responder pelos danos causados às partes ou terceiros pelos serventuários por ele escolhidos e indicados para os respectivos cargos[63].

---

63. Claudineu de Melo, Da responsabilidade civil dos tabeliães, *RT, 557*:261-4; Rui Stoco, Responsabilidade civil dos notários e dos registradores, *RT, 714*:44; Aguiar Dias, op. cit., v. 1, p. 343-55, n. 136; Serpa Lopes, op. cit., p. 262 e 263; Carvalho Santos, op. cit., v. 21, p. 329 e s., v. 23, p. 28; Savatier, op. cit., t. 2, n. 805; Bonvicini, op. cit., t. 2, p. 807-10; Mauro B. Bertochi, A responsabilidade civil do notário no direito brasileiro em comparação ao direito espanhol, *Revista de Direito Notarial, 4*:129-152; Lenzi, *Il notaio e l'arte notarile*, Pisa, 1949, p. 25 e s.; Alberto Montel, *Problemi della responsabilità civile e del danno*, 2. ed., Padova, CEDAM, 1971, p. 461-71; Rufino Larraud, *Curso de derecho notarial*, Buenos Aires, 1966; Enrique Gimenez-Arnau, *Introducción al derecho notarial*, Madrid, 1944; Cláudio Martins, *Teoria e prática dos atos notariais*, Rio de Janeiro, 1979, p. 47-58; Carlos Alberto Motta, *Manual prático dos tabeliães*, Rio de Janeiro, Forense, 1995; Regnoberto Marques de Melo Jr., *A instituição notarial no direito comparado e no direito brasileiro*, Fortaleza, 1998; Oswaldo Aranha Bandeira de Mello, Teoria dos servidores públicos, *RDPúbl, 1*:52, 1967; Serpa Lopes, *Tratado dos Registros Públicos*, Rio de Janeiro, Freitas Bastos, 1955, p. 111; W. Ceneviva, *Novo registro imobiliário brasileiro*, São Paulo, Revista dos Tribunais, 1979, p. 74-89; *Manual de registros de imóveis*, Rio de Janeiro, Freitas Bastos, 1985, p. 57-60; M. Helena Diniz, *Sistemas de registros de imóveis*, São Paulo, Saraiva, 2000, p. 548-51; Wilson de Souza Campos Batalha, *Comentários à Lei de Registros Públicos*, Rio de Janeiro, Forense, 1977, p. 121; Liliane K. I. Ishikawa, Responsabilidade do Estado por serviços notariais e de registro, *Ensaios sobre responsabilidade civil na pós-modernidade*, Porto Alegre, Magister, 2009, v. 2, p. 239-58; Mario Sergio Leite, Responsabilidade civil dos notários e registradores, *Direito imobiliário atual*, coord. Daniel Aureo de Castro, Rio de Janeiro, Elsevier, 2014, p. 101-120; Marcelo Figueiredo, Análise da importância da atividade notarial na prevenção dos litígios e dos conflitos sociais, *Revista de Direito Notarial*, n. 2, 2010, p. 11126. A Corregedoria-Geral da Justiça de São Paulo apresenta a respeito as Normas do Pessoal das Serventias não oficializadas, instituídas por provimento baixado em 1982. Há responsabilidade civil do Estado ante incorreção do Registro Imobiliário (*JB, 170*:200 e 184; *RT, 829*:173). *Vide* o que dispõe o art. 32 do Ato das Disposições Constitucionais Transitórias; Philadelpho Azevedo, *Registro de imóveis*, 1942, p. 23; Afrânio de Carvalho, *Registro de imóveis*, Rio de Janeiro, Forense, 1976, p. 434; José Mário Junqueira de Azevedo, *Do registro de imóveis*, São Paulo, Saraiva, 1976, p. 37-8; Rui Stoco, Contratação de parentes pelos titulares de serventias extrajudiciais (alcance da Súmula Vinculante n. 13 do STF e da resolução 7/2005 do CNJ, *Revista de Direito Notarial, 6*: 33-46; Carlos Luiz Poisl, Função notarial, *Revista de Direito Notarial, 6*:47-55; Ana Paula de O. Gomes, Soluções consensuais nas hipóteses de danos causados pela atividade notarial e registral e a problemática da Lei n. 13.286/2016, *Revista Jurídica Luso-Brasileira*, n. 2, p. 93 a 108, 2017; Constituição Federal de 1988, art. 236, § 2º; *RT, 462*:93, *457*:137, *276*:660, *263*:71, *497*:82, *533*:81, *538*:275, *713*:100; *RJM, 21*:128; *EJSTJ, 19*:65. Interessantes são os comentários à nova Carta feitos pela equipe técnico-jurídica do CEPAM. Os notários respondem por infrações disciplinares (Lei n. 8.935/94, arts. 31 a 36), e seus atos são fiscalizados pelo Judiciário (Lei n. 8.935/94, arts. 37 e 38). *Vide*: Provimentos n. 9/96 da CGJSP, sobre reconhecimento e autenticação de documentos, e n. 22/2013 da CGJSP, sobre serviços de materialização e desmaterialização notarial de documentos; Lei n. 9.492/97, art. 38, que reza: "os Tabeliães de Protesto de Títulos são civilmente responsáveis por todos os prejuízos que causarem, por culpa ou dolo, pessoalmente, pelos substitutos que designarem ou Escreventes que autorizarem, assegurado o direito de regresso"; Provimento n. 30/97 da CGJSP e Lei n.

Atualmente, pela Constituição Federal de 1988, art. 236, "os serviços

10.506/2002 que altera o art. 16 da Lei n. 8.935/94, regulamentadora do art. 236 da Constituição Federal. Interessante é o seguinte julgado: "Responsabilidade civil de notário — Lavratura de escritura transacional que acarretou prejuízo a um dos contratantes — Responsabilidade da tabeliã firmada no fato de não ter detectado a divergência de enumeração do CPF constante numa xerocópia do título de domínio, propiciando a execução da fraude para outro contratante, mediante a utilização de identidade falsa — Inadmissibilidade — Culpa da serventuária descaracterizada — Apelo desprovido — Inteligência do art. 22 da Lei n. 8.935/94. Os notários e registradores, titulares de serventias extrajudiciais sob a vigência da Lei n. 8.935/94, devem ser considerados 'agentes públicos'. Como tal, responde objetivamente o Poder Público pelos danos que os titulares das serventias extrajudiciais, catalogadas no art. 5º da Lei n. 8.935/94, ou seus prepostos causaram a terceiros. Desta forma, nos termos do art. 22 dessa Lei e do § 6º do art. 37 da CF/88, os notários e registradores responderão pelos danos que eles e seus prepostos causaram a terceiros, nos casos de dolo ou culpa, assegurando-se-lhes o direito de ação regressiva contra o funcionário causador do prejuízo. Nada impede, contudo, que o prejudicado ajuíze ação diretamente contra o titular do cartório, hipótese em que desde que se disponha a provar-lhe a culpa (*lato sensu*) posto que, contra o Estado, tal seria dispensado, bastando a demonstração do nexo de causalidade e do dano. Assim sendo, 'toda a indenização deriva de uma ação ou omissão do lesante que infringe um dever legal, contratual ou social, isto é, se provocado com abuso de direito' (RT 417/168). Para caracterizar essa situação é necessária a existência de culpa, que é a violação de um dever jurídico imputável a alguém em decorrência de fato intencional ou de omissão de diligência ou cautela. A lesão, neste caso, para ato registral ou notarial, ocorre caso não se revista dos elementos necessários à configuração do ato jurídico perfeito encampado. Assim sendo, a mera divergência entre os documentos apresentados ao notário da enumeração do CPF de uma das partes contratantes que engendrou a fraude por si não pode caracterizar a culpa da tabeliã pela ocorrência do delito, uma vez que tal fato não abalaria a estrutura do ato, o qual subsistiria legalmente hígido, válido, portanto, se não existisse o ardil. Por outro lado, não obstante o ato notarial ser de resultado ou de fim, cumpre também ao usuário do ofício a tomada de diligências e cautelas, para proporcionar a segurança do ato. Não obstante o serventuário testar no ato por ele lavrado que conhece os contratantes, esta expressão é usual e tradicional, não muitas vezes coadunável com a época atual e, por isso, não pode representar um atestado de identidade legítima. Ademais, pode o notário conhecer um falsário e ignorar esta condição" (TJSC, Ap. Cív. n. 1988.087561-5, Comarca da Capital, ac. unân., 2ª Câm. Cív., Rel. Des. Anselmo Cerello, *DJSC*, 9-4-2002, p. 25). STJ — Recurso Especial n. 911.151-DF (2006/0275747-0) Ementa — Recurso Especial — Cartório Extrajudicial — Tabelionato — Interpretação do art. 22 da Lei n. 8.935/94 — Lei dos Cartórios — Ação de indenização — Responsabilidade civil do Tabelionato — Legitimidade Passiva *ad causam* — Ausência — Recurso Especial improvido. 1. O art. 22 da Lei n. 8.935/94 não prevê que os tabelionatos, comumente denominados "Cartórios", responderão por eventuais danos que os titulares e seus prepostos causarem a terceiros. 2. O cartório extrajudicial não detém personalidade jurídica e, portanto, deverá ser representado em juízo pelo respectivo titular. 3. A possibilidade do próprio tabelionato ser demandado em juízo, implica admitir que, em caso de sucessão, o titular sucessor deveria responder pelos danos que o titular sucedido ou seus prepostos causarem a terceiros, nos termos do art. 22 da Lei dos Cartórios, o que contrasta com o entendimento de que apenas o titular do cartório à época do dano responde pela falha no serviço notarial. 4. Recurso especial improvido.

CGJSP, Provimento n. 19/2012, dispõe que, por meio da Central de Informações do Registro Civil (CRC), todos os cartórios de registro civil oferecerão aos usuários um sistema eletrônico para emissão de certidões dos Livros A (nascimento), Livro B (casamento), B-Auxiliar (casamento religioso para efeitos civis), Livro C (óbito) e Livro E (interdição, ausência, emancipação, transcrições de nascimento, casamento e óbito). O texto entrará em vigor após 30 dias de sua publicação (7-8-2012) e tem como objetivo cumprir a obrigatoriedade do Provimento CG 29/2007, que prevê o recebimen-

notariais e de registro são exercidos em caráter privado, por delegação do Poder Público", portanto, sob a tutela de pessoas regidas pelo direito privado, no que atina à exploração de seus serviços, sob a delegação do Poder Público, que detém não só sua titularidade, mas também a fiscalização ante a natureza desses serviços, que têm grande repercussão na ordem social. De modo que, se o cartório não prestar a contento o serviço, o Poder Público poderá delegá-lo a outrem. É preciso lembrar, como já dissemos, que o § 3º exige concurso público de provas e títulos para o ingresso na atividade notarial, assegurando o acesso ao mais apto. O oficial registrador substitui o Poder Público, sendo um delegado seu; assim, deverá agir dentro dos limites impostos pelo Estado. Por ser um delegado de função pública, executa-a em seu nome e por sua conta e risco, como particular, embora no interesse coletivo, submetendo-se ao controle do Poder Público. Essa dependência não se confunde com hierarquia, visto exercer o serventuário ofício público e não uma função estatal, embora se situe entre a função do Estado e a função meramente particular. Portanto, tem função pública sem ser estatal. Sua função é pública por ser exercida no interesse da sociedade. De modo que, se o Cartório não prestar a contento o serviço, o Poder Público poderá delegá-lo a outrem. Exige, ainda, a Constituição Federal, no § 1º, que lei discipline a responsabilidade civil e criminal dos cartorários, bem como a fiscalização de seus atos pelo Judiciário. Mas é necessário ressaltar que, pelo art. 32 das Disposições Transitórias, o art. 236 não se aplica aos serviços notariais e de registro que já tenham sido oficializados pelo Poder Público, respeitando-se o direito de seus servidores, hipótese em que será aplicado o art. 37, § 6º, da Constituição Federal de 1988. Logo, no que diz com os serventuários privativos, incumbidos do registro imobiliário, até que a oficialização seja regulada e implantada pelo Poder Público, entendemos que, diante do art. 236, § 1º, da CF/88, que é uma norma especial, ela se lhes aplicará, prevalecendo sobre o art. 37, § 6º, que é uma norma geral. Por isso, poderá haver, como dissemos, a responsabilidade do oficial imobiliário por atos registrários, por ele praticados ou pelos escreventes autorizados, com seu próprio patrimônio (CC, art. 942 e parágrafo único). Logo, a responsabilidade civil dos oficiais de registro e de seus prepostos, bem como a fiscalização de seus atos pelo Ju-

---

to, pelos Serviços Registrais do Estado, de documentos eletrônicos oriundos do Poder Judiciário que possuam assinatura digital vinculada a uma autoridade certificadora.

Sobre normas gerais de procedimentos para protesto extrajudicial de títulos e outros documentos de dívida e de implantação da Central Nacional de Serviços Eletrônicos dos Tabeliães de Protesto de Títulos: Provimento n. 87/2019 da Corregedoria Nacional de Justiça.

diciário, estão reguladas pelo fenômeno da recepção, pela Lei n. 6.015/73, arts. 9º, 21 e 28, enquanto outra não for promulgada e enquanto sua oficialização não se der. Essa é a nossa conclusão, baseada na norma constitucional e no fato de exercer o serventuário uma função pública *sui generis*.

Haverá, ainda, responsabilidade disciplinar dirigida à ordem interna dos ofícios e à conduta dos servidores, punindo faltas praticadas no exercício profissional, por ato ou omissão do notário, prepostos ou auxiliares, atentando contra os deveres profissionais.

QUADRO SINÓTICO

RESPONSABILIDADE DOS TABELIÃES E ESCREVENTES DE NOTAS	• Responsabilidade contratual	• O notário responde, civil e contratualmente, perante as pessoas que contratam o exercício de suas funções, por assumir uma obrigação de resultado.
	• Responsabilidade extracontratual	• Responde o tabelião, ante terceiros: *a*) Pelos erros graves que cometer no desempenho de sua função, lesivos aos interesses desses terceiros. *b*) Pelas inexatidões e lacunas dos atos que lavrou, desde que causem danos a outrem.
	• Fundamento jurídico da reparação do dano pelo notário	• CC, arts. 186 e 927. • CF/88, art. 5º, XXXV.
	• A questão do ato de autoridade	• Só o ato de autoridade praticado pelo notário, danificando interesses das partes, ou de terceiros, sujeitá-lo-á à pena do CC, art. 402. Já o mesmo não ocorrerá com o ato de vontade das partes, pois o notário não deverá ser responsabilizado por ele por não ter a função de verificar se as declarações das partes são verídicas ou não, mas tão somente a de observar a regularidade das formas exteriores do ato.

E. Responsabilidade dos médicos

Embora nosso Código Civil tenha regulado a responsabilidade médica no capítulo atinente aos atos ilícitos, tal responsabilidade, a nosso ver, é contratual. Realmente nítido é o caráter contratual do exercício da medicina, pois apenas excepcionalmente terá natureza delitual, quando o médico cometer um ilícito penal ou violar normas regulamentares da profissão. Assim, se o médico operador for experiente e tiver usado os meios técnicos indicados, não se explicando a origem da eventual sequela, não haverá obrigação por risco profissional, pois os serviços médicos são, em regra, de meio e não de resultado. Se nenhuma modalidade de culpa — negligência, imprudência ou imperícia — ficar demonstrada, como não há risco profissional, independente de culpa, deixará de haver base para fixação de responsabilidade civil, pois as correlações orgânicas ainda são pouco conhecidas e surgem às vezes resultados inesperados, desconhecidos (TJSP, *ADCOAS*, 1981, n. 80.418).

O médico, p. ex., responderá extracontratualmente quando: *a*) fornecer atestado falso (art. 80 do Código de Ética Médica); *b*) consentir, podendo impedir, que pessoa não habilitada exerça a medicina (CEM, art. 2º); *c*) permitir a circulação de obra por ele escrita com erros de revisão relativos à dosagem de medicamentos, o que vem a ocasionar acidentes ou mortes, pois deve zelar, se autor da publicação científica, pela veracidade, clareza e imparcialidade das informações nela apresentadas (CEM, art. 109); *d*) não ordenar a imediata remoção do ferido para um hospital, sabendo que não será possível sua melhora nas condições em que o cliente está sendo tratado; *e*) operar sem estar habilitado para tal; *f*) lançar mão de tratamento cientificamente condenado, causando deformação no paciente (*RT*, *180*:178).

O médico que atende a um chamado determina, desde logo, o nascimento de um contrato com o doente ou com a pessoa que o chamou em benefício do enfermo. Há, portanto, um contrato entre o médico e seu cliente, que se apresenta como uma obrigação de meio (*Ciência Jurídica*, *62*:173) e não de resultado, por não comportar o dever de curar o paciente, mas sim o de prestar-lhe cuidados conscienciosos e atentos conforme os progressos da medicina (CDC, art. 14, § 4º; CC, art. 951; CEM, art. 32), procurando sempre obter seu consentimento prévio e esclarecido. Há casos em que se supõe a obrigação de resultado com sentido de cláusula de incolumidade, como ocorre na cirurgia plástica estética (*RT*, *767*:111, *718*:270; *RSTJ*, *119*:290; STJ, REsp n. 1.180.815, rel. Min. Nancy Andrighi) ou no contrato de hospitalização, em que o médico assume o dever de preservar o enfermo de acidentes, hipóteses em que sua responsabilidade civil será objetiva e não subjetiva (CDC, art. 17; CC, art. 927, parágrafo único; *RT*, *726*:416, *782*:253).

Assim, se o paciente vier a falecer, sem que tenha havido negligência, imprudência ou imperícia na atividade do profissional da saúde, não haverá inadimplemento contratual, pois o médico não assumiu o dever de curá-lo, mas de tratá-lo adequadamente. É preciso lembrar que não haverá presunção de culpa para haver condenação do médico (Código de Ética Médica, art. 1º, parágrafo único); ele (CDC, art. 6º, VIII) é que deverá provar que não houve inexecução culposa (*RT*, *785*:237) da sua obrigação profissional, demonstrando que o dano não resultou de imperícia, negligência (*Bol. AASP*, *2.093*:180, *e*; 1º TACSP, Ap. 684.076-6, j. 9-3-1998) ou imprudência sua (*RT*, *407*:174, 357, 196; *JSTJ*, *8*:294). Tal prova poderá ser feita por testemunhas, se não houver questão técnica a ser esclarecida, sendo necessário que haja liame de causalidade entre o dano e a falta do médico de que resulta a responsabilidade[64]. Portanto, a responsabilidade civil dos médicos somente decorre de culpa provada, constituindo uma espécie particular de culpa. Não resultando provadas a imprudência ou imperícia ou negligência (*RT*, *784*:390), nem o erro grosseiro, fica afastada a responsabilidade dos doutores em medicina,

---

64. Mazeaud e Mazeaud, Responsabilité délictuelle et responsabilité contractuelle, *Revue Trimestrielle de Droit Civil*, 1929, p. 611; Aguiar Dias, op. cit., v. 1, p. 281-5; François Chabas, La responsabilité médicale en droit privé, *La Nouvelle Presse Médicale*, v. 7, n. 5, 4 fev. 1978; Falque, La responsabilité du médicin après l'arrêt du 20 mai 1936, *Revue Critique de Législation et Jurisprudence*, 1937, p. 609 e s.; Savatier, op. cit., t. 2, n. 775, 776, 777, 778 e 779; Henri Lalou, *La responsabilité civile*; principes élémentaires et applications pratiques, Paris, Dalloz, 1932, n. 422 e 423; Serpa Lopes, op. cit., p. 263-5; Silvio Rodrigues, op. cit., v. 4, p. 268, 269 e 270; Miguel Kfouri Neto, *Culpa médica e ônus da prova*, São Paulo, Revista dos Tribunais, 2002; *Responsabilidade civil do médico*, São Paulo, Saraiva, 2002; Delton Croce e Delton Croce Jr., *Erro médico e o direito*, São Paulo, Juarez de Oliveira, 1997; Nestor José Forster, Cirurgia plástica estética: obrigação de resultado ou obrigação de meio?, *RT*, *738*:83; Liane T. Zavascki e Micheli Bolis. Responsabilidade civil do médico decorrente de cirurgia plástica estética, Revista *Síntese — Direito Civil e Processual Civil*, *106*: 84-97; Ruy Rosado de Aguiar Júnior, Responsabilidade civil do médico, *RT*, *718*:33; Vera Maria Jacob Fradera, A responsabilidade civil dos médicos, *Ajuris*, *55*:116; Rosana J. Magrini, Médico. Conduta. Teoria da imprevisão. Caso fortuito. Força Maior. Nexo causal: em matéria de responsabilidade, o exame da conduta do médico deve ser aferido com flexibilidade, *RT*, *781*:118; Irany N. Moraes, *Erro médico e a lei*, 1995; Walter Bloise, *A responsabilidade civil e o dano médico*, 1997; Roberto Godoy, A responsabilidade civil no atendimento médico e hospitalar, *RT*, *777*:87; Gualtiero Mártin Marchesini, Responsabilidad jurídica en hemoterapía, *RDC*, *50*:7; Humberto Theodoro Jr., Aspectos processuais da ação de responsabilidade por erro médico, *RT*, *760*:40; Calixto Díaz-Regañon Garcia-Alcalá, *El régimen de la prueba en la responsabilidad civil médica*, 1996; Matielo, *Responsabilidade civil do médico*, 1998; Ricardo Luis Lorenzetti, *Responsabilidad civil de los médicos*, 1997, 2 v.; Nehemias D. de Melo, *Responsabilidade civil por erro médico*, São Paulo, Atlas, 2008. Alessandro T. Nilo e Mônica Aguiar, Responsabilidade civil dos médicos e contratos de tratamentos, *RT*, *997*:105-34.

em virtude mesmo da presunção de capacidade constituída pelo diploma obtido após as provas regulamentares (TJRJ, *ADCOAS*, 1982, n. 84.019).

O contrato médico contém, implicitamente, os seguintes deveres[65]:

65. Aguiar Dias, op. cit., v. 1, p. 285-313; W. Barros Monteiro, op. cit., v. 5, p. 418 e 419; Lalou, op. cit., n. 425 e 429; Savatier, op. cit., n. 783, 785, 786, 787, 788 e 792; G. T. Villegas-Pulido, *Jurisprudencia médica venezolana*, 2. ed., Caracas, 1939, p. 38, 240, 246, 247, 267 e 270; Bonvicini, op. cit., t. 2, p. 766-96; Márcia R. L. Cadore Weber, Responsabilidade civil do médico, *Revista de Direito Privado, 18*:144-62; Thelin, *La responsabilité civile du médecin*, Lausanne, 1943; Savatier, La responsabilità del medico, aspetti di diritto civile, in *Atti VII Convegno Giuridico Italo-Francese*, 1971; Ferres, *Du fondement et du caractère de la responsabilité juridique du médecin*, Paris, 1934, p. 40 e s.; Louis Vervaeck, *Annales de médecine légale, de criminologie et de police scientifique*, Paris, 1931, p. 725, n. 10; Adrien Pommeroi, *La responsabilité médicale devant les tribunaux*, Paris, Lille, 1932; Jean Penneau, *La responsabilité médicale*, 1977, p. 35 e 36; Carvalho Santos, op. cit., v. 21, p. 268 e s.; Carlos Alberto Bittar e outros, *Responsabilidade civil médica e hospitalar*, São Paulo, Saraiva, 1992; Alfredo Ari dos Santos, Algumas considerações sobre cirurgia estética, *Boletim do Instituto de Criminologia*, Lisboa, v. 14, p. 11; Teresa A. Lopes Magalhães, *Dano estético à pessoa*; sua reparação civil, São Paulo, 1978, nota 74; Silvio Rodrigues, op. cit., v. 4, p. 272; Xavier Ryckmans, *Les droits et les obligations des médecins*, Bruxelles, 1954, n. 423 e 424; Wanderley L. Panasco, *A responsabilidade civil, penal e ética dos médicos*, Rio de Janeiro, 1979; Oscar Ivan Prux, Um novo enfoque quanto à responsabilidade civil do profissional liberal, *Revista Portuguesa de Direito do Consumo, 6*:26-55, 1996; Antonio Chaves, Responsabilidade civil por ato médico, *Ciência Jurídica, 65*:38-48; Léo Meyer Coutinho, *Responsabilidade ética, penal e civil do médico*, Brasília Jurídica, 1997; Alexandre Carlos Giancoli Filho, A verdadeira vítima do erro médico, *Tribuna do Direito*, julho de 2004, p. 8; João Monteiro de Castro, *Responsabilidade civil do médico*, São Paulo, Método, 2005; Sílvia Vassilieff, A responsabilidade civil profissional do médico no direito civil e no direito do consumidor, *Direito civil — direito patrimonial e direito existencial*, cit., p. 499 a 520. *Vide RT, 503*:47, *585*:93, *608*:160, *622*:66, sobre ética médica; *EJSTJ, 24*:127; *RJTJRS, 42*:366. Quanto às *gestantes*: Lei n. 8.069/90, arts. 8º, §§ 1º a 3º, e 229. Quanto aos *menores*: Lei n. 8.069/90, arts. 11, §§ 1º e 2º, 66, 112, § 3º, 208, 14 e parágrafo único, e 245. A Lei n. 9.797/99 dispõe sobre a obrigatoriedade da cirurgia plástica reparadora da mama pela rede de unidades integrantes do Sistema Único de Saúde nos casos de mutilação decorrentes de tratamento de câncer. *Ciência Jurídica, 57*:140: "Responsabilizam-se solidariamente o estabelecimento hospitalar e o médico que deixa de ministrar adequado atendimento a parturiente, ocasionando a morte do feto (TAMG)". *Vide* Código de Ética Médica, aprovado pela Resolução do CFM n. 1.931, de 17 de setembro de 2009; Lei n. 9.787/99, sobre responsabilidade médica na prescrição de medicamentos genéricos. A Resolução n. 1.595/00 do CFM dispõe que a relação entre médico e agente econômico interessado na produção ou comercialização de produtos farmacêuticos ou equipamentos de uso na área médica e a entre médicos contratados por laboratórios ou indústria de equipamentos médico-hospitalares para proferir palestra ou escrever artigos divulgando esse produto deve ser transparente. Pela Resolução n. 2003/2012 do CFM, art. 1º, é vedado ao médico o preenchimento de formulário elaborado por empresa seguradora com informações sobre a assistência prestada a paciente sob seus cuidados. Consulte: Lei n. 12.842/2013, sobre exercício da medicina; e Res. CFM n. 2.168/2017 sobre normas éticas para uso de técnicas de reprodução humana assistida; *RT, 557*:325, *577*:378, *569*:93, *580*:357, *138*:126, *231*:285; *RF, 130*:149, *160*:262 e *502*:63.

1) De dar esclarecimentos, informações e conselhos ao seu cliente; logo, o médico responderá por violação do dever de aconselhar se não instruir seu cliente no que concerne ao diagnóstico, ao prognóstico, aos riscos, aos objetivos do tratamento, às pesquisas e às precauções exigidas pelo seu estado (Código de Ética Médica, arts. 12, 13, 22, 34 e 101). P. ex.: se não aconselha a hospitalização de um doente, quando não se poderia tratá-lo convenientemente em sua residência; se não advertiu os familiares do doente quanto aos riscos das intervenções cirúrgicas ou dos tratamentos a que ele deverá ser submetido.

2) De cuidar do enfermo com zelo, diligência, utilizando todos os recursos da medicina (CEM, art. 32). Assim, será responsabilizado se não der assistência ao seu cliente ou se negligenciar as visitas, abandonando-o. É preciso lembrar que o exercício da medicina é livre, de forma que o médico poderá negar-se a atender chamado de um doente, não sendo assim obrigado a prestar contas de sua recusa à pessoa que o chamou, a não ser à sua consciência, mas não poderá desatender a um chamado de cliente seu. É imprescindível ressaltar que o dever de atender solicitações de visita ao enfermo pressupõe a necessidade ditada pela doença ou acordo entre as partes a esse respeito. Todavia, não poderá deixar de atender paciente que procure seus cuidados profissionais em caso de urgência ou emergência, quando não houver outro médico em condições de fazê-lo (CEM, art. 33). Não pode abandonar paciente sob seus cuidados (CEM, art. 36, §§ 1º e 2º). O médico só poderá fazer-se substituir por outro colega se: *a*) sua escolha não foi feita *intuitu personae*; *b*) demonstrar que lhe era, realmente, impossível ocupar-se do doente, ante a ocorrência de fatos que prejudiquem o desempenho profissional ou o bom relacionamento com o paciente, desde que comunique sua renúncia ao atendimento ao paciente ou a seu representante legal, e forneça informações ao médico que o suceder; *c*) observar que o enfermo ou sua família não seguem suas recomendações; *d*) pretenderem impor-lhe ajudante ou enfermeira cuja habilidade ou competência desconheça ou que critiquem seu modo de agir; *e*) não lhe derem a devida consideração; *f*) à sua revelia, for consultado outro médico, colocando-o em situação falsa ou vexatória perante o colega. Todavia, pelo CEM, art. 39, não poderá opor-se à realização de junta médica ou segunda opinião solicitada pelo paciente ou por seu representante legal; *g*) havendo motivo justo, tiver de abandonar paciente portador de moléstia crônica ou incurável, desde que comunique o fato ao paciente ou familiar.

É vedado ao médico afastar-se de sua atividade profissional, mesmo temporariamente, sem deixar outro médico encarregado do atendimento de seus pacientes internados ou em estado grave (CEM, art. 8º). Haverá abandono, ainda, se na substituição o médico assistente procede negligentemente, enviando o doente que requer cuidado especial a médico de pouca prática ou menos hábil. Caso em que o médico assistente responderá pela má escolha que fez.

O médico tem o dever de vigilância não só em relação aos doentes alienados, mas também relativamente aos que, pelo seu estado mórbido, não estejam em condições de se conduzir livremente, podendo até causar dano a si mesmos ou, ainda, em relação aos que se tornaram inconscientes pelo efeito da anestesia.

O médico não poderá forçar o cliente ao tratamento preconizado, devendo obter prévio e esclarecido consentimento dele para aplicá-lo, e, em se tratando de operação, tal necessidade será ainda mais rigorosa, salvo premência do caso, quando não houver tempo para obtê-la (CEM, arts. 24 e 31). O médico deverá, portanto, pedir a autorização do cliente para proceder a uma operação ou a um tratamento arriscado, após explicar-lhe os riscos ou os perigos. A anuência prévia do paciente será imprescindível nas operações cirúrgicas, na anestesia, na inoculação de vírus, no tratamento por meio de eletricidade ou radiologia ou que possa ser perigoso (*RT*, *231*:285). Proibidos estão os ataques, sem consentimento, à integridade física ou moral do paciente. O enfermo, em certas hipóteses, não poderá dar tal anuência. É o que ocorrerá quando: *a*) for menor ou doente mental — assim o consentimento será dado pelas pessoas sob cuja guarda estiver; *b*) a operação ou tratamento se imponha como decisão de emergência, ante o perigo de vida que corre o doente — claro é que, se for possível a obtenção do consentimento dos parentes do enfermo, o médico procurará consegui-lo (*Ciência Jurídica*, *55*:154).

O consenso do doente ou de seus parentes libera o médico da responsabilidade, porém haverá casos em que o médico não poderá invocá-lo.

3) De abster-se do abuso ou do desvio de poder, pois o médico não terá o direito de tentar pesquisas e experiências médicas sobre o corpo humano, a não ser que isso seja imprescindível para enfrentar o mal que acarreta perigo de vida ao paciente, desde que respeite normas éticas nacionais e proteja a vulnerabilidade do sujeito da pesquisa (CEM, Cap. 1, n. XXIV). Todavia, a regra não pode ser entendida com rigor absoluto; não se pode entravar a liberdade do profissional que ouse tentar novos métodos científicos, pois o médico, diz Savatier, que deve salvar vidas, deve, necessariamente, saber arriscar[66].

66. Savatier, op. cit., n. 793; Wilson Bussada, *Erro médico interpretado pelos tribunais*, Porto Alegre, Síntese, 2000; Miguel Kfouri Neto, *Culpa médica e ônus da prova*, São Paulo,

O médico não poderá ultrapassar os limites contratuais, devendo responder, p. ex., pelos danos que causar:

a) se, contrariando pedido do doente ou de seus familiares, não requisitar a presença de especialista;

b) se chamar como auxiliares pessoas não habilitadas (CEM, art. 2º);

c) se praticar aborto fora dos casos permitidos em lei;

d) se receitar substâncias tóxicas ou entorpecentes, satisfazendo a clientes viciados;

e) se agiu negligente (*Ciência Jurídica*, *67*:78, *65*:287, *64*:320) ou imprudentemente no exercício da profissão, cometendo erro profissional ou de

---

Revista dos Tribunais, 2002; Hildegard T. Giostri, *Erro médico*, Curitiba, Juruá, 2005; Fernanda Schaefer, *Responsabilidade civil do médico & erro de diagnóstico*, Curitiba, Juruá, 2005. Resolução do CFM n. 1.987/2012 permite aos Conselhos de Medicina interditar cautelarmente o exercício profissional de médico cuja ação ou omissão, decorrentes de sua profissão, esteja prejudicando gravemente a população, ou na iminência de fazê-lo. Já se decidiu que, em erro médico que causar morte de paciente, há culpa solidária da equipe médica que realizou a cirurgia, do hospital e do plano de saúde do qual a vítima era conveniada (STJ, REsp 232380-4ª T., Rel. Min. César A. Rocha). Rogério Aleixo Pereira (Erro médico: cuidado nas ações — *Tribuna do Direito*, junho de 2004, p. 36) aconselha que: "algumas condutas devem ser adotadas por médicos e pacientes nas ações sobre responsabilidade civil médica. Por parte dos pacientes: 1) checagem da regularidade da inscrição do profissional no Conselho Regional de Medicina e sua respectiva especialidade — no Estado de São Paulo isso pode ser feito pelo próprio *site* do conselho (*www.cremesp.com.br*); 2) checagem dos títulos de especialização do profissional; 3) checagem da existência ou não de processos judiciais contra o profissional (no Estado de São Paulo isso pode ser feito pelo *site* do Tribunal de Justiça: *www.tj.sp.gov.br*); 4) obtenção de referências do profissional; 5) exigir informações completas sobre os procedimentos médicos adotados. Por parte dos médicos: 1) informar claramente o paciente sobre os procedimentos adotados; 2) solicitar exames complementares para um diagnóstico preciso ainda que os planos de saúde venham tentando (às vezes impondo) reduzir o número de pedidos dessa natureza; 3) colher a autorização expressa do paciente em determinados procedimentos; 4) não adotar práticas médicas apenas por exigência do paciente — (...) como pedido de inserção de um balão gástrico para emagrecer sem que tivesse a necessidade de perda de peso (obesidade mórbida). Após seu arrependimento, o médico quase foi processado se não fosse feito um acordo extrajudicial; e 5) não adotar procedimentos médicos experimentais". Em Goiânia vem a primeira sentença condenando médico por imperícia em cirurgia plástica, que causou morte de 5 pacientes e sequelas em outras que se submeteram a lipoaspiração (Primeira condenação saiu em 2003, *Jornal da Tarde*, 29-6-2004, p. 4-A). Simone Menocchi (Lipoaspiração deixa mulher tetraplégica, *Jornal da Tarde*, 29-6-2004, p. 4-A) relata caso de paciente que, ao passar por uma cirurgia estética de lipoaspiração na barriga e redução dos seios, sofreu acidente anestésico seguido de parada cardiorrespiratória, que a deixou cega, muda, surda e tetraplégica. *Vide*: *RT*, *608*:160, *613*:46, *798*:376.

técnica, resultando morte, inabilitação para o trabalho, ou ferimento (CC, art. 951; CP, art. 121, § 4º, com redação da Lei n. 10.741/2003, art. 263; *Ciência Jurídica, 65*:38; *RT, 613*:49). Responderá também pela perda da chance de vida e integridade psicofísica do paciente se por culpa sua as comprometeu, limitando as possibilidades de cura; embora a ação culposa do médico não tenha causado diretamente o dano. O mesmo se diga do curandeiro, isto é, pessoa não habilitada a exercer a medicina (*RT, 132*:115). Não se considerará erro profissional o que resultar da incerteza ou de hesitação da arte médica, sendo ainda objeto de controvérsias científicas. Igualmente não se pode considerar que houve imperícia ou negligência do médico ao operar o doente, removendo focos de infecção no ouvido, se desse fato acarretar perda da audição, pois esta resultou daquela infecção (*RF, 92*:440). Além disso, será de bom alvitre lembrar que os juízes e tribunais não poderão examinar, nos pleitos que se travarem, o acerto de uma terapêutica, ou a oportunidade de uma intervenção cirúrgica, por serem questões de ordem técnica. Constitui, p. ex., erro profissional (*Ciência Jurídica, 62*:173, *63*:125, *64*:320 e 163, *67*:78, *79*:173; *EJSTJ, 11*:57, *18*:47) o fato de: *a*) fazer uma operação não urgente, sem o instrumental necessário; *b*) continuar tratamento que causa perturbação anormal no paciente; *c*) atar um membro muito forte e demoradamente, provocando gangrena e posterior amputação (*RT, 367*:137, *522*:128, *523*:68); *d*) omitir normas de higiene e assepsia; *e*) esquecer corpo estranho no organismo do doente (*RT, 719*:229; *RIDCPC, 43*:153); *f*) manter, sem necessidade, o paciente em tratamento radiológico (Resolução n. 130/2012 da CNEN dispõe sobre requisitos para segurança e proteção radiológica em serviços de radioterapia), causando, p. ex., radiodermite, ou submeter paciente a tratamento radioterápico para cura de moléstia da pele, provocando ferimento na testa e perda de sobrancelha (*RT, 231*:285); *g*) fazer cirurgia plástica sem verificar a natureza da pele, a proporção dos riscos (isto é, o médico deverá recusar-se a operar se o perigo da intervenção for maior que a vantagem que poderia trazer ao paciente), a necessidade da operação e as normas da profissão (*RJTJSP, 65*:174), causando dano estético (*RJTJSP, 70*:217, *157*:105; *JB, 170*:317; *EJSTJ, 11*:86; *RJTAMG, 46*:130; *RT, 529*:254, *554*:234, *566*:191); *h*) seccionar nervo facial da criança ao proceder a uma operação cesariana; *i*) receitar medicamento, sem verificar a idiossincrasia do paciente para com aquele, provocando choque anafilático e a morte, p. ex.: aplicar soro antitetânico a pessoa cardíaca (*RT, 549*:345, *558*:57); *j*) enganar-se na dosagem do medicamento; *k*) não prescrever ao doente regime dietético apropriado; *l*) perfurar intestino na retirada de pólipo (*RT, 788*:259); *m*) provocar lesão no nervo periférico causando perda total dos movimentos do pé direito, ao retirar cisto na perna (TJMG — Ap. n. 1422977-82.2004.8.13.0079 — publ. 25-2-2011); n) realizar parto prematuramente, ocasionando sequelas no recém-nascido (*BAASP, 2919*:12); o) causar graves sequelas provocadas, durante parto cesariana, por erro médico, causando perda de uma chance à criança (*BAASP, 2965*:11).

Não se exige que o médico seja infalível, mas que faça o exame clínico de acordo com as normas aceitas em sua profissão. P. ex.: o anestesista (RT, 557:350, 748:182) deverá observar as seguintes normas: *a*) o risco da anestesia nunca deverá ser maior que o da intervenção cirúrgica, isto é, em operações de menor importância não se deve aplicar anestesia geral; *b*) não deve anestesiar sem a anuência do paciente ou de seus familiares; *c*) aplicar a anestesia na presença de testemunhas; *d*) examinar previamente as condições fisiopsíquicas do enfermo; *e*) não deve participar de operação ilícita ou fraudulenta (CEM, art. 30), p. ex., aborto criminoso, alteração da fisionomia para fugir da identificação policial, reconstituição do hímen etc.; *f*) não usar entorpecentes senão nas condições necessárias para aliviar a dor. A violação dessas normas indica imperícia, negligência, imprudência e torpeza.

Já se decidiu que pode haver responsabilidade solidária do cirurgião (culpa *in eligendo*) e do anestesista (STJ, REsp 53.104-7-RJ, 3ª T., j. 4-3-1997; *RT, 804*:444, *748*:182). Cirurgião-chefe da equipe responde por queimadura causada pelo acionamento acidental de bisturi elétrico usado durante a cirurgia (*RT, 796*:214).

O erro de diagnóstico escusável ante o estado atual da medicina isenta o médico de qualquer responsabilidade, mas, se grosseiro, levará o médico a responder por isso. P. ex.: se tomar uma mulher grávida como portadora de fibroma e operá-la, causando-lhe a morte. Ao dar seu diagnóstico, o médico deverá agir com prudência e reflexão.

Há uma associação, designada "SOS Erros Médicos", que vem iniciando processos no Conselho Regional de Medicina (CRM), e dá os seguintes conselhos: *a*) todos devem exigir dos médicos que assinem e coloquem o seu número do CRM nas receitas. Com a assinatura e o número é mais fácil recorrer à Justiça, se for o caso; *b*) todo paciente internado deve pedir laudo médico (art. 86 do Código de Ética Médica).

Ao poder judiciário competirá a avaliação das provas constantes nos autos, constatado se houve ou não culpa do profissional da saúde por erro médico. Urge lembrar que o médico, que cometer falta grave prevista no Código de Ética Médica, cuja continuidade do exercício da medicina constituir risco de dano irreparável ao paciente ou à sociedade, poderá ter o exercício profissional suspenso mediante procedimento administrativo específico (CEM, Cap. XIV, n. II).

Contudo, convém não olvidar que: "A responsabilidade subjetiva do profissional da área da saúde, nos termos do art. 951 do Código Civil e do art. 14, § 4º, do Código de Defesa do Consumidor, não afasta a sua responsabilidade objetiva pelo fato da coisa da qual tem a guarda, em caso de uso de aparelhos ou instrumentos que, por eventual disfunção, venham a causar danos a pacientes, sem prejuízo do direito regressivo do profissional em relação ao fornecedor do aparelho e sem prejuízo da ação direta do paciente, na condição de consumidor, contra tal fornecedor" (Enunciado n. 460 do Conselho de Justiça Federal, aprovado na V Jornada de Direito Civil).

A responsabilidade dos *veterinários* reger-se-á pelos mesmos princípios norteadores da dos médicos, que acabamos de expor.

Quadro Sinótico

RESPONSABILIDADE DOS MÉDICOS

1. NATUREZA DA RESPONSABILIDADE MÉDICA	• A responsabilidade do médico é contratual, por haver entre o médico e seu cliente um contrato, que se apresenta como uma obrigação de meio, por não comportar o dever de curar o paciente, mas de prestar-lhe cuidados conscienciosos e atentos conforme os progressos da medicina. Todavia, há casos em que se supõe a obrigação de resultado, com sentido de cláusula de incolumidade, nas cirurgias estéticas e nos contratos de acidentes. Excepcionalmente a responsabilidade do médico terá natureza delitual, se ele cometer um ilícito penal ou violar normas regulamentares da profissão.
2. DEVERES DO MÉDICO	• Dar informações e conselhos ao seu cliente. • Cuidar do enfermo com zelo, diligência, utilizando todos os recursos da medicina. • Abster-se do abuso ou do desvio de poder.

F. Responsabilidade dos farmacêuticos

A responsabilidade do farmacêutico poderá ser examinada sob dois prismas diversos, porque o farmacêutico age ora como empresário, submetido às normas respectivas, principalmente no que concerne à concorrência desleal, ora como auxiliar do médico e executor de suas prescrições. Ater-nos-emos ao segundo aspecto, pelo qual se configurará tal responsabilidade se o farmacêutico não cumprir as prescrições médicas, desobedecendo-as ou executando-as erroneamente, e exercer ilegalmente a medicina, p. ex., completando uma receita e dissuadindo o doente a uma intervenção cirúrgica necessária, recomendando medicamentos, sugerindo processos de tratamento. Em todas as hipóteses haverá responsabilidade do farmacêutico se causar dano ao enfermo. Só haverá responsabilidade do farmacêutico dentro da órbita de suas habilitações se se comprovar que houve culpa sua, isto é, negligência, imperícia ou imprudência (*RT*, *376*:178, *734*:327; *JTJRS*, *160*:391; CC, art. 951).

Haverá responsabilidade do farmacêutico, p. ex., se ele: *a*) infringir as normas de sua profissão; *b*) não observar as regras de prudência a que está submetido o exercício de qualquer profissão; *c*) vender substâncias tóxicas sem receita médica; *d*) revelar segredo profissional, divulgando conteúdo de receitas, a respeito do qual deveria silenciar, no interesse da saúde do doente e por razões morais relevantes; *e*) não cumprir as prescrições médicas, p. ex., se não tem o remédio indicado, sugere outro ao freguês; *f*) preparar mal uma receita, devido a sua imperícia etc. Se causar danos com tais atos, deverá responder por eles.

Quanto à responsabilidade do farmacêutico dever-se-á considerar o disposto nos arts. 932, III, 933 e 942, parágrafo único, do Código Civil, que impõem a responsabilidade solidária do farmacêutico pelos erros e enganos dos seus prepostos que, p. ex., trocam um produto pelo outro (*Revista de Direito*, *59*:595), vendem substâncias proibidas, aviam erroneamente uma receita (*RT*, *80*:424), recomendam um medicamento errado, dão injeção endovenosa com agulha infectada, provocando tétano (*RT*, *376*:178) etc. Nesta hipótese ter-se-á responsabilidade por fato de terceiro, ou melhor, responsabilidade objetiva do preponente por ato do preposto. Com isto procurou-se não só fazer com que o farmacêutico tivesse maior cuidado e atenção, mas também garantir ao lesado a possibilidade de obter a reparação do dano sofrido, pois o empregado, em regra, não poderia ressarci-lo devido a escassez de seus recursos. Ante o crescente desenvolvimento da indústria farmacêutica, o Projeto de Código Civil de 1975, em sua primeira redação, no art. 967, ampliou o alcance do art. 1.546 do Código Civil de 1916, prescrevendo que o farmacêutico e as empresas farmacêuticas são solidariamente responsáveis pelos prejuízos causados pelos produtos que puseram em circulação, ainda que os defeitos por eles apresentados resultem de erros e enganos de seus prepostos[67].

67. Silvio Rodrigues, op. cit., v. 4, p. 87-9, 273-5; Villegas-Pulido, op. cit., p. 440 e s.; Savatier, op. cit., t. 2, n. 798, 800 e 802; Aguiar Dias, op. cit., v. 1, p. 313-7; Alvino Lima, *Culpa e risco*, 2. ed., 1960, n. 64; Bonvicini, op. cit., t. 2, p. 797 e s.; Francisco Rico Perez, *La responsabilidad civil del farmacéutico*, Madrid, Triveum, 1984; *RT*, *449*:177, *492*:124; Resolução n. 509/2009 do Conselho Federal de Farmácia regula a atuação do farmacêutico em centros de pesquisa clínica, organizações representativas de pesquisa clínica, indústria ou outras instituições que realizem pesquisa clínica; Portaria n. 4.283, de 30 de dezembro de 2010, do Ministério da Saúde, aprova as diretrizes e estratégias para organização, fortalecimento e aprimoramento das ações e serviços de farmácia no âmbito dos hospitais; Resolução n. 573, de 22 de maio de 2013, do CFF, dispõe sobre as atribuições do farmacêutico no exercício da saúde estética e da responsabilidade técnica por estabelecimentos que executam atividades afins; Resolução n. 574, de 22 de maio de 2013, do CFF, define, regulamenta e estabelece atribuições e competências do farmacêutico na dispensação e aplicação de vacinas, em farmácias e drogarias; Resolução n. 617, de 27 de novembro de 2015 do Conselho Federal de Farmácia dispõe as atribuições e competências do farmacêutico nos Hemocentros Nacional e Regionais bem como em serviços de hemoterapia e/ou bancos de sangue. A Resolução n. 596/2014 do Conselho Federal de Farmácia, ao aprovar o Código de Ética Farmacêutica e Código de Processo Ético, dispõe nos arts. 12 e 13 sobre os deveres dos farmacêuticos e nos arts. 14 e 15 sobre as condutas que lhe são proibidas.

Resolução do CFF n. 662/2018 estabelece diretrizes para a atuação do farmacêutico no atendimento à pessoa com deficiência. A Resolução n. 672/2019 do CFF dispõe sobre atribuições do farmacêutico no âmbito dos serviços de diálise.

A Resolução n. 673/2019 do CFF trata das atribuições do farmacêutico em serviços de hemoterapia e/ou bancos de sangue.

Resolução n. 680/2020, que regulamenta atuação do farmacêutico em medicamentos e produtos à base de Cannabis.

A Lei n. 13.021/2014 dispõe sobre o exercício e a fiscalização das atividades farmacêuticas:

"Art. 1º As disposições desta Lei regem as ações e serviços de assistência farmacêutica executados, isolada ou conjuntamente, em caráter permanente ou eventual, por pessoas físicas ou jurídicas de direito público ou privado.

Art. 2º Entende-se por assistência farmacêutica o conjunto de ações e de serviços que visem a assegurar a assistência terapêutica integral e a promoção, a proteção e a recuperação da saúde nos estabelecimentos públicos e privados que desempenhem atividades farmacêuticas, tendo o medicamento como insumo essencial e visando ao seu acesso e ao seu uso racional.

Art. 3º Farmácia é uma unidade de prestação de serviços destinada a prestar assistência farmacêutica, assistência à saúde e orientação sanitária individual e coletiva, na qual se processe a manipulação e/ou dispensação de medicamentos magistrais, oficinais, farmacopeicos ou industrializados, cosméticos, insumos farmacêuticos, produtos farmacêuticos e correlatos.

Parágrafo único. As farmácias serão classificadas segundo sua natureza como:

I — farmácia sem manipulação ou drogaria: estabelecimento de dispensação e comércio de drogas, medicamentos, insumos farmacêuticos e correlatos em suas embalagens originais;

II — farmácia com manipulação: estabelecimento de manipulação de fórmulas magistrais e oficinais, de comércio de drogas, medicamentos, insumos farmacêuticos e correlatos, compreendendo o de dispensação e o de atendimento privativo de unidade hospitalar ou de qualquer outra equivalente de assistência médica.

Art. 4º É responsabilidade do poder público assegurar a assistência farmacêutica, segundo os princípios e diretrizes do Sistema Único de Saúde, de universalidade, equidade e integralidade.

CAPÍTULO II

DAS ATIVIDADES FARMACÊUTICAS

Art. 5º No âmbito da assistência farmacêutica, as farmácias de qualquer natureza requerem, obrigatoriamente, para seu funcionamento, a responsabilidade e a assistência técnica de farmacêutico habilitado na forma da lei.

CAPÍTULO III

DOS ESTABELECIMENTOS FARMACÊUTICOS

Seção I

Das Farmácias

Art. 6º Para o funcionamento das farmácias de qualquer natureza, exigem-se a autorização e o licenciamento da autoridade competente, além das seguintes condições:

I — ter a presença de farmacêutico durante todo o horário de funcionamento;

II — ter localização conveniente, sob o aspecto sanitário;

III — dispor de equipamentos necessários à conservação adequada de imunobiológicos;

IV — contar com equipamentos e acessórios que satisfaçam aos requisitos técnicos estabelecidos pela vigilância sanitária.

Art. 7º Poderão as farmácias de qualquer natureza dispor, para atendimento imediato à população, de medicamentos, vacinas e soros que atendam o perfil epidemiológico de sua região demográfica.

Art. 8º A farmácia privativa de unidade hospitalar ou similar destina-se exclusivamente ao atendimento de seus usuários.

Parágrafo único. Aplicam-se às farmácias a que se refere o *caput* as mesmas exigências legais previstas para as farmácias não privativas no que concerne a instalações, equipamentos, direção e desempenho técnico de farmacêuticos, assim como ao registro em Conselho Regional de Farmácia.

Art. 9º (VETADO).

Seção II

Das Responsabilidades

Art. 10. O farmacêutico e o proprietário dos estabelecimentos farmacêuticos agirão sempre solidariamente, realizando todos os esforços para promover o uso racional de medicamentos.

Art. 11. O proprietário da farmácia não poderá desautorizar ou desconsiderar as orientações técnicas emitidas pelo farmacêutico.

Parágrafo único. É responsabilidade do estabelecimento farmacêutico fornecer condições adequadas ao perfeito desenvolvimento das atividades profissionais do farmacêutico.

Art. 12. Ocorrendo a baixa do profissional farmacêutico, obrigam-se os estabelecimentos à contratação de novo farmacêutico, no prazo máximo de 30 (trinta) dias, atendido o disposto nas Leis n. 5.991, de 17 de dezembro de 1973, e 6.437, de 20 de agosto de 1977.

Art. 13. Obriga-se o farmacêutico, no exercício de suas atividades, a:

I — notificar os profissionais de saúde e os órgãos sanitários competentes, bem como o laboratório industrial, dos efeitos colaterais, das reações adversas, das intoxicações, voluntárias ou não, e da farmacodependência observados e registrados na prática da farmacovigilância;

II — organizar e manter cadastro atualizado com dados técnico-científicos das drogas, fármacos e medicamentos disponíveis na farmácia;

III - proceder ao acompanhamento farmacoterapêutico de pacientes, internados ou não, em estabelecimentos hospitalares ou ambulatoriais, de natureza pública ou privada;

Mas, em sua redação final (art. 931 do atual Código), não mais faz a eles menção expressa, ao dispor que: "Ressalvados outros casos previstos em lei especial, os empresários individuais e as empresas respondem independentemente de culpa pelos danos causados pelos produtos postos em circulação". Assim, responderão pelos prejuízos que seus remédios provocarem.

A Resolução n. 596/2014, do Conselho Federal de Farmácia, no anexo III, arts. 1º a 14, dispõe sobre o Código de Ética Farmacêutica, o Código de Processo Ético e as infrações e sanções éticas e disciplinares aplicáveis a farmacêuticos:

> As transgressões às normas (resoluções e deliberações) e às determinações (acórdãos e decisões) dos Conselhos Federal e Regionais de Farmácia, bem como às infrações à legislação farmacêutica e correlata, são passíveis de apenação, ressalvadas as previstas em normas especiais (art. 1º).

IV — estabelecer protocolos de vigilância farmacológica de medicamentos, produtos farmacêuticos e correlatos, visando a assegurar o seu uso racionalizado, a sua segurança e a sua eficácia terapêutica;

V — estabelecer o perfil farmacoterapêutico no acompanhamento sistemático do paciente, mediante elaboração, preenchimento e interpretação de fichas farmacoterapêuticas;

VI — prestar orientação farmacêutica, com vistas a esclarecer ao paciente a relação benefício e risco, a conservação e a utilização de fármacos e medicamentos inerentes à terapia, bem como as suas interações medicamentosas e a importância do seu correto manuseio.

Art. 14. Cabe ao farmacêutico, na dispensação de medicamentos, visando a garantir a eficácia e a segurança da terapêutica prescrita, observar os aspectos técnicos e legais do receituário.

CAPÍTULO IV

DA FISCALIZAÇÃO

Art. 15. (VETADO).

Art. 16. É vedado ao fiscal farmacêutico exercer outras atividades profissionais de farmacêutico, ser responsável técnico ou proprietário ou participar da sociedade em estabelecimentos farmacêuticos.

CAPÍTULO V

DISPOSIÇÕES GERAIS E TRANSITÓRIAS

Art. 17. (VETADO).

Art. 18. (VETADO).

Brasília, 8 de agosto de 2014; 193º da Independência e 126º da República".

Vide, ainda, a Resolução — RDC n. 34/2015 da ANVISA, que dispõe sobre as Boas Práticas de Fabricação de Excipientes Farmacêuticos.

Vide Deliberação n. 1/2016 do Conselho Regional de Farmácia do Estado de São Paulo que dá publicidade aos enunciados de suas Súmulas Éticas e Resolução n. 616/2015 do CFF que define os requisitos técnicos para o exercício do farmacêutico no âmbito da saúde estética, ampliando o rol das técnicas de natureza estética e recursos terapêuticos utilizados pelo farmacêutico em estabelecimentos de saúde estética.

Nas infrações éticas e disciplinares serão observadas a tipificação da conduta, a reincidência, a análise do fato e as suas consequências ao exercício profissional e à saúde coletiva, sem prejuízo das sanções de natureza civil ou penal cabíveis (art. 2º).

Em grau de recurso, deve ser observado o princípio do *reformatio in pejus*, que consiste na impossibilidade de tratamento mais severo do que o registrado na decisão recorrida, sem que haja recurso interposto neste sentido (art. 3º).

Considera-se reincidente aquele que tiver antecedentes disciplinares em processos findados administrativamente ou com decisão transitada em julgado. Verifica-se a reincidência quando se comete outra infração ética durante o prazo de 5 (cinco) anos após o trânsito em julgado da decisão administrativa que o tenha condenado anteriormente (art. 4º e parágrafo único).

Quando aplicada a pena de suspensão e eliminação, deve esta ser publicada no órgão de divulgação oficial do Conselho Regional de Farmácia, depois do trânsito em julgado (art. 5º).

As sanções aplicadas serão objeto de registro na ficha individual do farmacêutico, devendo ainda ser comunicadas, no caso de suspensão, ao empregador e ao órgão sanitário competente, além da apreensão da cédula e da carteira profissional (art. 6º).

Às infrações éticas e disciplinares leves devem ser aplicadas as penas de advertência sem publicidade na primeira vez; advertência por escrito, sem publicidade, com o emprego da palavra "censura" na segunda vez; multa no valor de 1 (um) salário mínimo a 3 (três) salários mínimos regionais, que serão elevados ao dobro no caso de reincidência, cabíveis no caso de terceira falta e outras subsequentes, sendo elas (art. 7º, I a XII):

a) deixar de comunicar ao Conselho Regional de Farmácia e às demais autoridades competentes os fatos que caracterizem infringência a este Código e às normas que regulam o exercício das atividades farmacêuticas;

b) desrespeitar o direito de decisão do usuário sobre seu tratamento, sua própria saúde e bem-estar, excetuando-se aquele que, mediante laudo médico ou determinação judicial, for considerado incapaz de discernir sobre opções de tratamento ou decidir sobre sua própria saúde e bem-estar;

c) exercer a profissão farmacêutica sem condições dignas de trabalho e justa remuneração por seu desempenho;

d) afastar-se temporariamente das atividades profissionais por motivo de doença, férias, congressos, cursos de aperfeiçoamento ou outras atividades inerentes ao exercício profissional, quando não houver outro farmacêutico que legalmente o substitua, sem comunicar ao Conselho Regional de Farmácia;

e) aceitar a interferência de leigos em seus trabalhos e em suas decisões de natureza profissional;

f) deixar de informar, por escrito, ao Conselho Regional de Farmácia sobre todos os seus vínculos, com dados completos da empresa (razão social, nome(s) do(s) sócio(s), CNPJ, endereço, horários de funcionamento, de responsabilidade técnica — RT), bem como deixar de manter atualizados os seus endereços residencial e eletrônico, os horários de responsabilidade técnica ou de substituição, bem como qualquer outra atividade profissional que exerça, com seus respectivos horários e atribuições;

g) prevalecer-se de cargo de chefia ou empregador para desrespeitar a dignidade de subordinados;

h) submeter-se a fins meramente mercantilistas que venham a comprometer o seu desempenho técnico, em prejuízo da sua atividade profissional;

i) deixar de obter de participante de pesquisa ou de seu representante legal o Termo de Consentimento Livre e Esclarecido (TCLE) para sua realização envolvendo seres humanos, após as devidas explicações sobre a sua natureza e as suas consequências;

j) permitir que terceiros tenham acesso a senhas pessoais, sigilosas e intransferíveis, utilizadas em sistemas informatizados e inerentes à sua atividade profissional;

k) exercer sem a qualificação necessária o magistério, bem como utilizar esta prática para aproveitar-se de terceiros em benefício próprio ou para obter quaisquer vantagens pessoais;

l) utilizar-se, sem referência ao autor ou sem a sua autorização expressa, de dados ou informações, publicados ou não.

Às infrações éticas e disciplinares medianas, devem ser aplicadas a pena de multa no valor de 1 (um) salário mínimo a 3 (três) salários mínimos regionais, que serão elevados ao dobro, ou aplicada a pena de suspensão, no caso de reincidência, sendo elas (art. 8º, I a XXXI):

– exercer simultaneamente a Medicina;

– produzir, fornecer, dispensar ou permitir que sejam dispensados meio, instrumento, substância, conhecimento, medicamento, fórmula magistral ou especialidade farmacêutica, fracionada ou não, que não inclua a identificação clara e precisa sobre a(s) substância(s) ativa(s) nela contida(s), bem como suas respectivas quantidades, contrariando as normas legais e técnicas, excetuando-se a dispensação hospitalar interna, em que poderá haver a codificação do medicamento que for fracionado sem, contudo, omitir o seu nome ou fórmula;

– extrair, produzir, fabricar, transformar, beneficiar, preparar, distribuir, transportar, manipular, purificar, fracionar, importar, exportar, embalar, reembalar, manter em depósito, expor, comercializar, dispensar ou entregar ao consumo medicamento, produto sujeito ao controle sanitário, ou substância; em contrariedade à legislação vigente, ou permitir que tais práticas sejam realizadas;

– realizar exames e perícias técnico-legais e emitir laudos técnicos em relação às atividades profissionais, em desacordo à legislação vigente;

– obstar ou dificultar a ação fiscalizadora ou desacatar as autoridades sanitárias ou profissionais, quando no exercício das suas funções;

– omitir das autoridades competentes quaisquer formas de agressão ao meio ambiente e riscos inerentes ao trabalho, que sejam prejudiciais à saúde e à vida;

– aceitar remuneração abaixo do estabelecido como o piso salarial oriundo de acordo, convenção coletiva ou dissídio da categoria;

– delegar a outros profissionais atos ou atribuições exclusivos da profissão farmacêutica;

– exercer a profissão e funções relacionadas à Farmácia, exclusivas ou não, sem a necessária habilitação legal;

– deixar de prestar assistência técnica efetiva ao estabelecimento com o qual mantém vínculo profissional, ou permitir a utilização do seu nome por qualquer estabelecimento ou instituição onde não exerça pessoal e efetivamente sua função;

– não comunicar em 5 (cinco) dias ao Conselho Regional de Farmácia o encerramento de seu vínculo profissional de qualquer natureza, independentemente de retenção de documentos pelo empregador;

– declarar possuir títulos científicos ou especialização que não possa comprovar, nos termos da lei;

– deixar-se explorar por terceiros, com finalidade política ou religiosa;

– exercer a profissão em estabelecimento não registrado, cadastrado e licenciado nos órgãos de fiscalização sanitária, do exercício profissional, na Junta Comercial e na Secretaria de Fazenda da localidade de seu funcionamento;

– assinar trabalho realizado por outrem, alheio à sua execução, orientação, supervisão ou fiscalização ou, ainda, assumir a responsabilidade por ato farmacêutico que não praticou ou do qual não participou;

– publicar, em seu nome, trabalho científico do qual não tenha participado, ou atribuir-se autoria exclusiva, quando houver participação de subordinados ou outros profissionais, farmacêuticos ou não;

– aviar receitas com prescrições médicas ou de outras profissões, em desacordo com a técnica farmacêutica e a legislação vigentes;

– coordenar, supervisionar, assessorar ou exercer a fiscalização sanitária ou profissional quando for sócio ou acionista de qualquer categoria, ou interessado por qualquer forma, bem como prestar serviços à empresa ou estabelecimento que forneça drogas, medicamentos, insumos farmacêuticos e correlatos, laboratórios, distribuidoras ou indústrias, com ou sem vínculo empregatício;

– promover publicidade enganosa ou abusiva da boa-fé do usuário, bem como em relação a produtos farmacêuticos e à divulgação de assuntos científicos não fundamentados na promoção, proteção e recuperação da saúde;

– inobservar as normas (resoluções e deliberações) e as determinações (acórdãos e decisões) dos Conselhos Federal e Regionais de Farmácia;

– permitir interferência nos resultados apresentados como perito ou auditor;

– aceitar ser perito, auditor ou relator de qualquer processo ou procedimento, quando houver interesse, envolvimento pessoal ou institucional;

– pleitear, de forma desleal, para si ou para outrem, emprego, cargo ou função exercidos por outro farmacêutico, bem como praticar atos de concorrência desleal;

– exercer atividade no âmbito da profissão farmacêutica em interação com outras profissões, concedendo vantagem ou não aos demais profissionais habilitados para direcionamento de usuário, visando ao interesse econômico e ferindo o direito deste de escolher livremente o serviço e o profissional;

– receber remuneração por serviços que não tenha efetivamente prestado;

– exercer interação com outros estabelecimentos, farmacêuticos ou não, de forma a viabilizar a realização de prática vedada em lei ou regulamento;

– intitular-se responsável técnico por qualquer estabelecimento sem a autorização prévia do Conselho Regional de Farmácia, comprovada mediante a Certidão de Regularidade correspondente;

– divulgar informação sobre temas farmacêuticos de conteúdo inverídico, sensacionalista, promocional ou que contrarie a legislação vigente;

– promover a utilização de substâncias ou a comercialização de produtos que não tenham a indicação terapêutica analisada e aprovada, bem como que não estejam descritos em literatura ou compêndio nacionais ou internacionais reconhecidos pelo órgão sanitário federal;

– quando atuando no serviço público, utilizar-se do serviço, emprego ou cargo para executar trabalhos de empresa privada de sua propriedade ou de outrem, como forma de obter vantagens pessoais, cobrar ou receber remuneração do usuário do serviço, reduzir, irregularmente, quando em função de chefia ou coordenação, a remuneração devida a outro farmacêutico;

– anunciar produtos farmacêuticos ou processos por quaisquer meios capazes de induzir ao uso indevido e indiscriminado de medicamentos ou de outros produtos farmacêuticos.

Às infrações éticas e disciplinares graves devem ser aplicadas as penas de suspensão de 3 (três) meses na primeira vez; de 6 (seis) meses na segunda vez; e de 12 meses na terceira vez, sendo elas (art. 9º, I a XVII):

– violar o sigilo de fatos e informações de que tenha tomado conhecimento no exercício da profissão, excetuando-se os amparados pela legislação vigente, cujo dever legal exija comunicação, denúncia ou relato a quem de direito;

– participar de qualquer tipo de experiência com fins bélicos, raciais ou eugênicos, bem como de pesquisa não aprovada por Comitê de Ética em Pesquisa/Comissão Nacional de Ética em Pesquisa (CEP/CONEP) ou Comissão de Ética no Uso de Animais;

– exercer atividade farmacêutica com fundamento em procedimento não reconhecido pela CFF;

– fornecer meio, instrumento, substância ou conhecimento para induzir à prática, ou dela participar, de tortura, eutanásia, aborto ilegal, toxicomania ou de quaisquer outras formas de procedimento degradante ou cruel em relação ao ser humano e aos animais;

– desrespeitar a vida, jamais cooperando com atos que intencionalmente atentem contra ela ou que coloquem em risco a integridade do ser humano ou da coletividade;

– produzir, fabricar, fornecer, em desacordo com a legislação vigente, radiofármacos e conjuntos de reativos ou reagentes, destinados às diferentes análises complementares do diagnóstico clínico;

– omitir-se ou acumpliciar-se com os que exercem ilegalmente a Farmácia ou com os profissionais ou instituições que pratiquem atos ilícitos relacionados à atividade farmacêutica, em qualquer das suas áreas de abrangência;

– fornecer, dispensar ou permitir que sejam dispensados, sob qualquer forma, substância, medicamento ou fármaco para uso diverso da indicação para a qual foi licenciado, salvo quando baseado em evidência ou mediante entendimento formal com o prescritor;

– alterar o processo de fabricação de produtos sujeitos a controle sanitário, modificar os seus componentes básicos, nomes e demais elementos objeto do registro, contrariando as disposições legais e regulamentares;

– praticar ato profissional que cause dano material, físico, moral ou psicológico, que possa ser caracterizado como imperícia, negligência ou imprudência;

– utilizar-se de conhecimentos da profissão com a finalidade de cometer ou favorecer atos ilícitos de qualquer espécie;

– fazer uso de documento, atestado, certidão ou declaração falsos ou alterados;

– assinar laudo ou qualquer outro documento farmacêutico em branco, de forma a possibilitar, ainda que por negligência, o uso indevido do seu nome ou atividade profissional;

– realizar ou participar de atos fraudulentos em qualquer área da profissão farmacêutica;

– utilizar-se de qualquer meio ou forma para difamar, caluniar, injuriar ou divulgar preconceitos e apologia a atos ilícitos ou vedados por lei específica;

– receber ou receptar mercadorias ou produtos sem rastreabilidade de sua origem, sem nota fiscal ou em desacordo com a legislação vigente;

– fazer declarações injuriosas, caluniosas, difamatórias ou que depreciem o farmacêutico, a profissão ou instituições e entidades farmacêuticas, sob qualquer forma.

Àquele que continuar a exercer a profissão, mesmo enquanto estiver sob a sanção disciplinar de suspensão, será aplicada idêntica pena pelo prazo em dobro ao originariamente determinado (art. 10).

A pena de suspensão de 3 (três) a 12 (doze) meses será diretamente aplicada por motivo de pronúncia criminal ou de prisão em virtude de sentença (art. 11).

A pena de eliminação será imposta aos que porventura tiverem perdido algum dos requisitos dos artigos 15 e 16 da Lei n. 3.820/60 para fazer parte do Conselho Regional de Farmácia, inclusive aos que, por faltas graves, já tenham sido três vezes condenados definitivamente à pena de suspensão, ainda que em Conselhos Regionais de Farmácia diversos (art. 12).

Na hipótese de diversas condutas praticadas pelo indiciado, oriundas do mesmo fato ou processo ético-disciplinar, as punições serão aplicadas de forma cumulativa e sequencial, delineando-se a pena por cada infração apurada (art. 13).

Os casos omissos serão resolvidos pelo Plenário do Conselho Federal de Farmácia (art. 14).

Quadro Sinótico

RESPONSABILIDADE DOS FARMACÊUTICOS

1. RESPONSABILIDADE DO FARMACÊUTICO COMO EMPRESÁRIO	• Deverá observar as normas respectivas, principalmente a relativa à concorrência desleal.

2. RESPONSABILIDADE DO FARMACÊUTICO COMO AUXILIAR DO MÉDICO E EXECUTOR DE SUAS PRESCRIÇÕES	• Responsabilidade do farmacêutico que exercer ilegalmente a medicina, causando dano	• Ao completar uma receita. • Ao dissuadir doente de uma operação necessária. • Ao recomendar medicamentos. • Ao sugerir processos de tratamento.
	• Responsabilidade do farmacêutico dentro da órbita de suas habilitações, se se comprovar que o prejuízo adveio de culpa sua	• Por infringir normas de sua profissão. • Por não observar regras de prudência. • Por vender substâncias tóxicas sem receita médica. • Por revelar segredo profissional. • Por não cumprir as prescrições médicas, desobedecendo-as ou executando-as erroneamente. • Por preparar mal uma receita.
	• Responsabilidade solidária do farmacêutico por atos praticados por seu preposto	• CC, arts. 931, 932, III, 933 e 942, parágrafo único.

G. Responsabilidade dos enfermeiros e parteiras

Aplicam-se quanto à atividade profissional dos enfermeiros (Lei n. 7.498/86, regulamentada pelo Decreto n. 94.406/87, e CDC, art. 14, § 4º) e parteiras os princípios alusivos à responsabilidade dos médicos no que diz respeito ao erro profissional, desde que oriundo de culpa, isto é, de imprudência, imperícia e negligência. P. ex.: se uma parteira fizer lavagens de sais mercuriais em puérpera, medicação de uso corrente e sem qualquer contra-indicação, estará agindo prudentemente e não poderá ser responsabilizada se a parturiente vier a finar (*Revista de Direito*, *68*:400). Se, por outro lado, ministrou medicamento que vem a produzir mal-estar à paciente e se, apesar disso, não o suspende, insistindo em dar o remédio, causando graves complicações, agiu culposamente, devendo ser por isso responsabilizada (CC, art. 951). Convém não olvidar que a responsabilidade do enfermeiro poderá acarretar a do seu empregador, pois comumente ele é empregado do hospital, do médico ou de organização médica. Ter-se-á, então, responsabilidade por fato de terceiro, que não prescindirá, entretanto, de comprovação da culpabilidade do enfermeiro para fins de ação regressiva. Assim, se o enfermeiro não estiver habilitado, o empregador, haja ou não culpa *in eligendo,* responderá pelo dano que ele causou. P. ex.: se um enfermeiro, ao aplicar uma injeção, ensejar acidente vascular grave, que acarrete amputação do braço do paciente, o hospital, que o empregou, deverá reparar o prejuízo (*RTJ*, *62*:255; *RJTJSP*, *41*:115)[68], exercendo depois o

---

68. Aguiar Dias, op. cit., v. 1, p. 317-9; Silvio Rodrigues, op. cit., v. 4, p. 273 e s.; Neri Tadeu C. Souza, Responsabilidade civil do enfermeiro, *Revista Direito e Liberdade* — ESMARN — n. *2*:260-68; Lei n. 8.069/90, art. 229; Rodrigo Ricardo Rodrigues dos Santos, A anotação de responsabilidade técnica e as escolas de enfermagem, *Jornal Síntese*, *76*:11 a 14. Enfermeiros podem preparar drogas quimioterápicas antineoplásicas para tratamentos de pacientes com câncer. A decisão é do presidente do STJ, ministro Edson Vidigal, ao suspender determinação da Justiça Federal de Brasília (DF). A discussão começou quando o Conselho Federal de Farmácia quis anular a Resolução n. 257/2001, do Conselho Federal de Enfermagem, sob argumento de que a resolução invadia a competência dos farmacêuticos. A 21ª Vara Federal acatou o pedido. O Cofen recorreu ao TRF e conseguiu suspender a liminar. O tribunal entendeu que o perigo poderia ser inverso, com a possibilidade de não haver farmacêuticos suficientes no mercado para atender à demanda, prejudicando hospitais e pacientes. Mas outro magistrado do próprio TRF modificou a decisão e manteve a liminar da primeira instância (SLS 60).

Vide Resolução n. 339/2008, do COFEN, que normatiza a atuação e responsabilidade do Enfermeiro obstetra nos Centros de Parto Normal e/ou Casas de Parto (ora revogada. Dispõe atualmente sobre a matéria a Resolução COFEN n. 516/2016). Resolução n. 427/2012 do COFEN normatiza os procedimentos da enfermagem no emprego de contenção mecânica de pacientes. Resolução n. 477/2015 do COFEN sobre atuação de enfermeiros na assistência às gestantes, parturientes e puérperas (ora revogada pela Resolução COFEN n. 516/2016). Resolução n. 565/2017 do COFEN dispõe sobre as re-

direito de regresso contra o lesante para obter o que pagou ao lesado (CC, arts. 932, III, 933, 934 e 942).

QUADRO SINÓTICO

RESPONSABILIDADE DOS ENFERMEIROS E PARTEIRAS	• Rege-se pelos mesmos princípios da responsabilidade médica no que diz respeito ao erro profissional, desde que resultante de ato culposo. • Acarreta também a responsabilidade de seu empregador.

H. RESPONSABILIDADE DOS DENTISTAS

Constituem *deveres fundamentais* (art. 9º do Código de Ética Odontológica — CEO) dos profissionais e entidades de Odontologia:

a) manter regularizadas suas obrigações financeiras junto ao Conselho Regional;

b) manter seus dados cadastrais atualizados junto ao Conselho Regional;

c) zelar e trabalhar pelo perfeito desempenho ético da Odontologia e pelo prestígio e bom conceito da profissão;

d) assegurar as condições adequadas para o desempenho ético-profissional da Odontologia, quando investido em função de direção ou responsável técnico;

e) exercer a profissão mantendo comportamento digno;

f) manter atualizados os conhecimentos profissionais, técnico-científico e culturais, necessários ao pleno desempenho do exercício profissional;

g) zelar pela saúde e pela dignidade do paciente;

h) guardar segredo profissional;

i) promover a saúde coletiva no desempenho de suas funções, cargos

---

gras e procedimentos para a Interdição Ética do exercício profissional da enfermagem no âmbito do Sistema Cofen/Conselhos Regionais de Enfermagem. Resolução COFEN n. 564/2017, que aprova o Código de Ética dos Profissionais de Enfermagem. Resolução n. 585, de 7 de agosto de 2018, do COFEN, que estabelece e reconhece Acupuntura como especialidade e/ou qualificação do profissional de Enfermagem.

e cidadania, independentemente de exercer a profissão no setor público ou privado;

j) elaborar e manter atualizado os prontuários de pacientes, na forma das normas em vigor, incluindo os prontuários digitais;

k) apontar falhas nos regulamentos e nas normas das instituições em que trabalhe, quando as julgar indignas para o exercício da profissão ou prejudiciais ao paciente, devendo dirigir-se, nesses casos, aos órgãos competentes;

l) propugnar pela harmonia na classe;

m) abster-se da prática de atos que impliquem mercantilização da Odontologia ou sua má conceituação;

n) assumir responsabilidade pelos atos praticados, ainda que estes tenham sido solicitados ou consentidos pelo paciente ou seu responsável;

o) resguardar sempre a privacidade do paciente;

p) não manter vínculo com entidade, empresas ou outros desígnios que os caracterizem como empregado, credenciado ou cooperado quando as mesmas se encontrarem em situação ilegal, irregular ou inidônea;

q) comunicar aos Conselhos Regionais sobre atividades que caracterizem o exercício ilegal da Odontologia e que sejam de seu conhecimento;

r) encaminhar o material ao laboratório de prótese dentária devidamente acompanhado de ficha específica assinada; e,

s) registrar os procedimentos técnico-laboratoriais efetuados, mantendo-os em arquivo próprio, quando técnico em prótese dentária.

Constitui *infração ética* (art. 10 do CEO) em *auditoria odontológica*:

a) deixar de atuar com absoluta isenção quando designado para servir como perito ou auditor, assim como ultrapassar os limites de suas atribuições e de sua competência;

b) intervir, quando na qualidade de perito ou auditor, nos atos de outro profissional, ou fazer qualquer apreciação na presença do examinado, reservando suas observações, sempre fundamentadas, para o relatório sigiloso e lacrado, que deve ser encaminhado a quem de direito;

c) acumular as funções de perito/auditor e procedimentos terapêuticos odontológicos na mesma entidade prestadora de serviços odontológicos;

d) prestar serviços de auditoria a pessoas físicas ou jurídicas que tenham obrigação de inscrição nos Conselhos e que não estejam regularmente inscritas no Conselho de sua jurisdição;

e) negar, na qualidade de profissional assistente, informações odontológicas consideradas necessárias ao pleito da concessão de benefícios previdenciários ou outras concessões facultadas na forma da Lei, sobre seu paciente, seja por meio de atestados, declarações, relatórios, exames, pareceres ou quaisquer outros documentos probatórios, desde que autorizado pelo paciente ou responsável legal interessado;

f) receber remuneração, gratificação ou qualquer outro benefício por valores vinculados à glosa ou ao sucesso da causa, quando na função de perito ou auditor;

g) realizar ou exigir procedimentos prejudiciais aos pacientes e ao profissional, contrários às normas de Vigilância Sanitária, exclusivamente para fins de auditoria ou perícia; e,

h) exercer a função de perito, quando:

— for parte interessada;

— tenha tido participação como mandatário da parte, ou sido designado como assistente técnico de órgão do Ministério Público, ou tenha prestado depoimento como testemunha;

— for cônjuge ou a parte for parente, consanguíneo ou afim, em linha reta ou colateral até o segundo grau; e,

— a parte for paciente, ex-paciente ou qualquer pessoa que tenha ou teve relações sociais, afetivas, comerciais ou administrativas, capazes de comprometer o caráter de imparcialidade do ato pericial ou da auditagem.

É *infração ética, relativamente ao paciente* (art. 11 do CEO):

a) discriminar o ser humano de qualquer forma ou sob qualquer pretexto;

b) aproveitar-se de situações decorrentes da relação profissional/paciente para obter vantagem física, emocional, financeira ou política;

c) exagerar em diagnóstico, prognóstico ou terapêutica;

d) deixar de esclarecer adequadamente os propósitos, riscos, custos e alternativas do tratamento;

e) executar ou propor tratamento desnecessário ou para o qual não esteja capacitado;

f) abandonar paciente, salvo por motivo justificável, circunstância em que serão conciliados os honorários e deverá ser informado ao paciente ou ao seu responsável legal de necessidade da continuidade do tratamento;

g) deixar de atender paciente que procure cuidados profissionais em caso de urgência, quando não haja outro cirurgião-dentista em condições de fazê-lo;

h) não respeitar ou permitir que seja desrespeitado o paciente;

i) adotar novas técnicas ou materiais que não tenham efetiva comprovação científica;

j) iniciar qualquer procedimento ou tratamento odontológico sem o consentimento prévio do paciente ou do seu responsável legal, exceto em casos de urgência ou emergência;

k) delegar a profissionais técnicos ou auxiliares atos ou atribuições exclusivas da profissão de cirurgião-dentista;

l) opor-se a prestar esclarecimentos e/ou fornecer relatórios sobre diagnósticos e terapêuticas, realizados no paciente, quando solicitados pelo mesmo, por seu representante legal ou nas formas previstas em lei;

m) executar procedimentos como técnico em prótese dentária, técnico em saúde bucal, auxiliar em saúde bucal e auxiliar em prótese dentária, além daqueles discriminados na Lei que regulamenta a profissão e nas resoluções do Conselho Federal; e,

n) propor ou executar tratamento fora do âmbito da Odontologia.

No relacionamento entre os *membros da equipe de saúde* (art. 13 do CEO) serão mantidos o respeito, a lealdade e a colaboração técnico-científica. Logo, será infração ética:

a) agenciar, aliciar ou desviar paciente de colega, de instituição pública ou privada;

b) assumir emprego ou função, sucedendo o profissional demitido ou afastado em represália por atitude de defesa de movimento legítimo da categoria ou da aplicação deste Código;

c) praticar ou permitir que se pratique concorrência desleal;

d) ser conivente em erros técnicos ou infrações éticas, ou com o exercício irregular ou ilegal da Odontologia;

e) negar, injustificadamente, colaboração técnica de emergência ou serviços profissionais a colega;

f) criticar erro técnico-científico de colega ausente, salvo por meio de representação ao Conselho Regional;

g) explorar colega nas relações de emprego ou quando compartilhar honorários, descumprir ou desrespeitar a legislação pertinente no tocante às relações de trabalho entre os componentes da equipe de saúde;

h) ceder consultório ou laboratório, sem a observância da legislação pertinente;

i) delegar funções e competências a profissionais não habilitados e/ou utilizar-se de serviços prestados por profissionais e/ou empresas não habilitados legalmente ou não regularmente inscritos no Conselho Regional de sua jurisdição.

Constitui infração ética em relação ao *sigilo profissional* (art. 14 do CEO), também, o fato de:

a) revelar, sem justa causa, fato sigiloso de que tenha conhecimento em razão do exercício de sua profissão. Compreende-se como justa causa, principalmente: notificação compulsória de doença, colaboração com a justiça nos casos previstos em lei, perícia odontológica nos seus exatos limites, estrita defesa de interesse legítimo dos profissionais inscritos, revelação de fato sigiloso ao responsável pelo incapaz;

b) negligenciar na orientação de seus colaboradores quanto ao sigilo profissional;

c) fazer referência a casos clínicos identificáveis, exibir pacientes, sua imagem ou qualquer outro elemento que o identifique, em qualquer meio de comunicação ou sob qualquer pretexto, salvo se o cirurgião-dentista estiver no exercício da docência ou em publicações científicas, nos quais, a autorização do paciente ou seu responsável legal, lhe permite a exibição da imagem ou prontuários com finalidade didático-acadêmicas.

Não constitui quebra de sigilo profissional:

a) declinação do tratamento empreendido, na cobrança judicial de honorários profissionais; e

b) a comunicação ao Conselho Regional e às autoridades sanitárias as condições de trabalho indignas, inseguras e insalubres (arts. 15 e 16 do CEO).

Quanto aos documentos odontológicos é obrigatória a elaboração e a manutenção de forma legível e atualizada de prontuário e a sua conservação em arquivo próprio seja de forma física ou digital.

Os profissionais da Odontologia deverão manter no prontuário os dados clínicos necessários para a boa condução do caso, sendo preenchido, em cada avaliação, em ordem cronológica com data, hora, nome, assinatura e número de registro do cirurgião-dentista no Conselho Regional de Odontologia (art. 17 do CEO). Logo, pelo art. 18 constitui infração ética:

a) negar, ao paciente ou periciado, acesso a seu prontuário, deixar de lhe fornecer cópia quando solicitada, bem como deixar de lhe dar explicações necessárias à sua compreensão, salvo quando ocasionem riscos ao próprio paciente ou a terceiros;

b) deixar de atestar atos executados no exercício profissional, quando solicitado pelo paciente ou por seu representante legal;

c) expedir documentos odontológicos: atestados, declarações, relatórios, pareceres técnicos, laudos periciais, auditorias ou de verificação odontolegal, sem ter praticado ato profissional que o justifique, que seja tendencioso ou que não corresponda à verdade;

d) comercializar atestados odontológicos, recibos, notas fiscais, ou prescrições de especialidades farmacêuticas;

e) usar formulários de instituições públicas para prescrever, encaminhar ou atestar fatos verificados na clínica privada;

f) deixar de emitir laudo dos exames por imagens realizados em clínicas de radiologia; e,

g) receitar, atestar, declarar ou emitir laudos, relatórios e pareceres técnicos de forma secreta ou ilegível, sem a devida identificação, inclusive com o número de registro no Conselho Regional de Odontologia na sua jurisdição, bem como assinar em branco, folhas de receituários, atestados, laudos ou quaisquer outros documentos odontológicos.

Constitui infração ética, pelo art. 20 do CEO, no que atina aos *honorários profissionais*:

a) oferecer serviços gratuitos a quem possa remunerá-los adequadamente;

b) oferecer seus serviços profissionais como prêmio em concurso de qualquer natureza;

c) receber ou dar gratificação por encaminhamento de paciente;

d) instituir cobrança através de procedimento mercantilista;

e) abusar da confiança do paciente submetendo-o a tratamento de custo inesperado;

f) receber ou cobrar remuneração adicional de paciente atendido em instituição pública, ou sob convênio ou contrato;

g) agenciar, aliciar ou desviar, por qualquer meio, paciente de instituição pública ou privada para clínica particular;

h) permitir o oferecimento, ainda que de forma indireta, de seus serviços, através de outros meios como forma de brinde, premiação ou descontos;

i) divulgar ou oferecer consultas e diagnósticos gratuitos ou sem compromisso; e, *j)* a participação de cirurgião-dentista e entidades prestadoras de serviços odontológicos em cartão de descontos, caderno de descontos, "*gift card*" ou "vale presente" e demais atividades mercantilistas.

E pelo art. 21, o cirurgião-dentista deve evitar o aviltamento ou submeter-se a tal situação, inclusive por parte de convênios e credenciamentos, de valores dos serviços profissionais fixados de forma irrisória ou inferior aos valores referenciais para procedimentos odontológicos.

Aplicam-se as disposições deste Código de Ética e as normas dos Conselhos de Odontologia a todos àqueles que exerçam a Odontologia, ainda que de forma indireta, sejam pessoas físicas ou jurídicas, tais como: clínicas, policlínicas, cooperativas, planos de assistência à saúde, convênios de qualquer forma, credenciamento, administradoras, intermediadoras, seguradoras de saúde, ou quaisquer outras entidades (art. 29 do CEO).

Os profissionais inscritos prestadores de serviço responderão, nos limites de sua atribuição, solidariamente, pela infração ética praticada, ainda que não desenvolva a função de sócio ou responsável técnico pela entidade (art. 30 do CEO).

Consequentemente, no que disser respeito às *entidades com atividade odontológica*, pelo art. 31 do CEO constitui infração ética a não observância da obrigação de:

a) indicar um responsável técnico de acordo com as normas do Conselho Federal, bem como respeitar as orientações éticas fornecidas pelo mesmo;

b) manter a qualidade técnico-científica dos trabalhos realizados;

c) propiciar ao profissional condições adequadas de instalações, recursos materiais, humanos e tecnológicos que garantam o seu desempenho pleno e seguro;

d) manter auditorias odontológicas constantes, através de profissionais capacitados, desde que respeitadas a autonomia dos profissionais;

e) restringir-se à elaboração de planos ou programas de saúde bucal que tenham respaldo técnico, administrativo e financeiro;

f) manter os usuários informados sobre os recursos disponíveis para atendê-los; e,

g) atender as determinações e notificações expedidas pela fiscalização do Conselho Regional, suspendendo a prática irregular e procedendo as devidas adequações.

E também pelo art. 32 constitui infração ética:

a) apregoar vantagens irreais visando a estabelecer concorrência com entidades congêneres;

b) oferecer tratamento abaixo dos padrões de qualidade recomendáveis;

c) anunciar especialidades sem constar no corpo clínico os respectivos especialistas, com as devidas inscrições no Conselho Regional de sua jurisdição;

d) anunciar especialidades sem as respectivas inscrições de especialistas no Conselho Regional;

e) valer-se do poder econômico visando a estabelecer concorrência desleal com entidades congêneres ou profissionais individualmente;

f) deixar de manter os usuários informados sobre os recursos disponíveis para o atendimento e de responder às reclamações dos mesmos;

g) deixar de prestar os serviços ajustados no contrato;

h) oferecer serviços profissionais como bonificação em concursos, sorteios, premiações e promoções de qualquer natureza;

i) elaborar planos de tratamento para serem executados por terceiros, inclusive na forma de perícia prévia;

j) prestar serviços odontológicos, contratar empresas ou profissionais ilegais ou irregulares perante o Conselho Regional de sua jurisdição;

k) usar indiscriminadamente Raios X com finalidade, exclusivamente, administrativa em substituição à perícia/auditoria e aos serviços odontológicos;

l) deixar de proceder a atualização contratual, cadastral e de responsabilidade técnica, bem como de manter-se regularizado com suas obrigações legais junto ao Conselho Regional de sua jurisdição; e,

m) constitui infração ética a participação de cirurgiões-dentistas como proprietários, sócios, dirigentes ou consultores dos chamados cartões de descontos, assim como a comprovada associação ou referenciamento de cirurgiões-dentistas a qualquer empresa que faça publicidade de descontos sobre honorários odontológicos, planos de financiamento ou consórcio.

Compete ao cirurgião-dentista internar e assistir paciente em hospitais públicos e privados, com ou sem caráter filantrópico, respeitadas as normas técnico-administrativas das instituições (art. 26 do CEO). Assim, constitui infração ética na odontologia hospitalar (art. 28 do CEO):

a) fazer qualquer intervenção fora do âmbito legal da Odontologia;

b) afastar-se de suas atividades profissionais, mesmo temporariamente, sem deixar outro cirurgião-dentista encarregado do atendimento de seus pacientes internados ou em estado grave.

No exercício do magistério, o profissional em odontologia inscrito exaltará os princípios éticos e promoverá a divulgação do Código de Ética Odontológica (art. 34 do CEO). Logo, pelo art. 35, constitui infração ética:

a) utilizar-se do paciente e/ou do aluno de forma abusiva em aula ou pesquisa;

b) eximir-se de responsabilidade nos trabalhos executados em pacientes pelos alunos;

c) utilizar-se da influência do cargo para aliciamento e/ou encaminhamento de pacientes para clínica particular;

d) participar direta ou indiretamente da comercialização de órgãos e tecidos humanos;

e) permitir a propaganda abusiva ou enganosa, de cursos de especialização, aperfeiçoamento e atualização;

f) aproveitar-se do aluno para obter vantagem física, emocional ou financeira;

g) aliciar pacientes ou alunos, oferecendo vantagens, benefícios ou gratuidades, para cursos de aperfeiçoamento, atualização ou especialização;

h) utilizar-se de formulário de instituições de ensino para atestar ou prescrever fatos verificados em consultórios particulares; e,

i) permitir a prática clínica em pacientes por acadêmicos de Odontologia fora das diretrizes e planos pedagógicos da instituição de ensino superior, ou de regular programa de estágio e extensão, respondendo pela violação deste inciso o professor e o coordenador da respectiva atividade.

Todos os registros do banco de ossos e dentes e outros tecidos devem ser de caráter confidencial, respeitando o sigilo da identidade do doador e do receptor (art. 36 do CEO).

Pelo art. 37 constitui infração ética, em relação à *doação, transplante, banco de órgãos, tecidos e biomateriais*:

a) não cumprir a legislação referente ao banco de tecidos e dentes ou colaborar direta ou indiretamente com outros profissionais nesse descumprimento;

b) utilizar-se do nome de outro profissional para fins de retirada dos tecidos e dentes dos bancos relacionados;

c) deixar de esclarecer ao doador, ao receptor ou seus representantes legais sobre os riscos decorrentes de exames, intervenções cirúrgicas e outros procedimentos nos casos de transplantes de órgãos e tecido; e,

d) participar direta ou indiretamente da comercialização de órgãos e tecidos humanos.

Compete às entidades da classe, por meio de seu presidente, fazer as comunicações pertinentes que sejam de indiscutível interesse público. Esta atribuição poderá ser delegada, sem prejuízo da responsabilidade solidária do titular (art. 38 e parágrafo único).

Cabe ao presidente e ao infrator a responsabilidade pelas infrações éticas cometidas em nome da entidade (art. 39).

Pelo art. 40 do CEO constitui infração ética quanto às *entidades de classe*:

a) servir-se da entidade para promoção própria, ou obtenção de vantagens pessoais;

b) prejudicar moral ou materialmente a entidade;

c) usar o nome da entidade para promoção de produtos comerciais sem que os mesmos tenham sido testados e comprovada sua eficácia na forma da lei; e,

d) desrespeitar entidade, injuriar ou difamar os seus diretores.

Pelo Código de Ética Odontológica, relativamente ao *anúncio, à propaganda e à publicidade* (arts. 41 a 49).

A comunicação e a divulgação em Odontologia obedecerão ao disposto neste Código.

É vedado aos técnicos em prótese dentária, técnicos em saúde bucal, auxiliares de prótese dentária, bem como aos laboratórios de prótese dentária fazerem anúncios, propagandas ou publicidade dirigida ao público em geral.

A esses profissionais, com exceção do auxiliar em saúde bucal, serão permitidas propagandas em revistas, jornais ou folhetos especializados, desde que dirigidas aos cirurgiões-dentistas, e acompanhadas do nome do profissional ou do laboratório, do seu responsável técnico e do número de inscrição no Conselho Regional de Odontologia.

Nos laboratórios de prótese dentária deverá ser afixado, em local visível ao público em geral, informação fornecida pelo Conselho Regional de

Odontologia da jurisdição sobre a restrição do atendimento direto ao paciente (art. 41, §§ 1º a 3º).

Os anúncios, a propaganda e a publicidade poderão ser feitos em qualquer meio de comunicação, desde que obedecidos os preceitos legais (art. 42 do CEO).

Na comunicação e divulgação é obrigatório constar o nome e o número de inscrição da pessoa física ou jurídica, bem como o nome representativo da profissão de cirurgião-dentista e também das demais profissões auxiliares regulamentadas. No caso de pessoas jurídicas, também o nome e o número de inscrição do responsável técnico.

Poderão ainda constar na comunicação e divulgação:

a) áreas de atuação, procedimentos e técnicas de tratamento, desde que precedidos do título da especialidade registrada no Conselho Regional ou qualificação profissional de clínico geral. Áreas de atuação são procedimentos pertinentes às especialidades reconhecidas pelo Conselho Federal;

b) as especialidades nas quais o cirurgião-dentista esteja inscrito no Conselho Regional;

c) os títulos de formação acadêmica *stricto sensu* e do magistério relativos à profissão;

d) endereço, telefone, fax, endereço eletrônico, horário de trabalho, convênios, credenciamentos, atendimento domiciliar e hospitalar;

e) logomarca e/ou logotipo; e,

f) a expressão "clínico geral", pelos profissionais que exerçam atividades pertinentes à Odontologia decorrentes de conhecimentos adquiridos em curso de graduação ou em cursos de pós-graduação.

No caso de pessoa jurídica, quando forem referidas ou ilustradas especialidades, deverão possuir, a seu serviço, profissional inscrito no Conselho Regional nas especialidades anunciadas, devendo, ainda, ser disponibilizada ao público a relação destes profissionais com suas qualificações, bem como os clínicos gerais com suas respectivas áreas de atuação, quando houver (art. 43, §§ 1º e 2º, do CEO).

Constitui infração ética (art. 44): fazer publicidade e propaganda enganosa, abusiva, inclusive com expressões ou imagens de antes e depois, com preços, serviços gratuitos, modalidades de pagamento, ou outras formas que impliquem comercialização da Odontologia ou contrarie o disposto no Código de Ética Odontológica; anunciar ou divulgar títulos, qualificações, especialidades que não possua registro no Conselho Federal ou que não sejam reconhecidas pelo CFO; anunciar ou divulgar técnicas, terapias de tratamento, área de atuação, que não estejam comprovadas devida e cientificamente, assim como instalações e equipamentos que não tenham seu registro validado pelos órgãos competentes; criticar técnicas utilizadas por outros profissionais como sendo inadequadas ou ultrapassadas; dar consulta, diagnóstico ou prescrição de tratamento por meio de qualquer veículo de comunicação de massa, bem como permitir que sua participação na divulgação de assuntos odontológicos deixe de ter caráter exclusivo de esclarecimento e educação da coletividade; divulgar nome, endereço ou qualquer outro elemento que identifique o paciente, a não ser com seu consentimento livre e esclarecido, ou de seu responsável legal, desde que não sejam para fins de autopromoção ou benefício do profissional, ou da entidade prestadora de serviços odontológicos, observadas as demais previsões do Código de Ética Odontológica; aliciar pacientes, praticando ou permitindo a oferta de serviços através de informação ou anúncio falso, irregular, ilícito ou imoral, com o intuito de atrair clientela, ou outros atos que caracterizem concorrência desleal ou aviltamento da profissão, especialmente o uso da expressão "popular"; induzir a opinião pública a acreditar que exista reserva de atuação clínica em odontologia; oferecer trabalho gratuito com intenção de autopromoção ou promover campanhas políticas propondo trocas de favores; anunciar serviços profissionais como prêmio em concurso de qualquer natureza, bem como oferecer prêmios pela utilização dos serviços prestados; provocar direta ou indiretamente, por meio de publicidade ou propaganda, a poluição do ambiente; expor ao público leigo artifícios de propaganda, com o intuito de granjear clientela, especialmente a utilização de imagens e/ou expressões antes, durante e depois, relativas a procedimentos odontológicos; participar de programas de comercialização coletiva oferecendo serviços nos veículos de comunicação; e, realizar a divulgação e oferecer serviços odontológicos com finalidade mercantil e de aliciamento de pacientes, por meio de cartão de descontos, caderno de descontos, mala direta via internet, *sites* promocionais ou de compras coletivas, telemarketing ativo à população em geral, *stands* promocionais, caixas de som portáteis ou em veículos automotores, plaqueteiros entre outros meios que caracterizem concorrência desleal e desvalorização da profissão.

Pela publicidade e propaganda em desacordo com as normas estabelecidas neste Código respondem solidariamente os proprietários, responsável técnico e demais profissionais que tenham concorrido na infração, na medida de sua culpabilidade (art. 45 do CEO). Aplicam-se, também, tais normas a todos aqueles que exerçam a odontologia, ainda que de forma indireta, sejam pessoas físicas ou jurídicas, clínicas, policlínicas, operadoras de planos de assistência à saúde, convênios de qualquer forma, credenciamentos ou quaisquer outras entidades (art. 46).

O profissional inscrito poderá utilizar-se de meios de comunicação para conceder entrevistas ou palestras públicas sobre assuntos odontológicos de sua atribuição, com finalidade de esclarecimento e educação no interesse da coletividade, sem que haja autopromoção ou sensacionalismo, preservando sempre o decoro da profissão, sendo vedado anunciar neste ato o seu endereço profissional, endereço eletrônico e telefone (art. 47).

É vedado ao profissional inscrito:

a) realizar palestras em escolas, empresas ou quaisquer entidades que tenham como objetivo a divulgação de serviços profissionais e interesses particulares, diversos da orientação e educação social quanto aos assuntos odontológicos;

b) distribuir material publicitário e oferecer brindes, prêmios, benefícios ou vantagens ao público leigo, em palestras realizadas em escolas, empresas ou quaisquer entidades, com finalidade de angariar clientela ou aliciamento;

c) realizar diagnóstico ou procedimentos odontológicos em escolas, empresas ou outras entidades, em decorrência da prática descrita nos termos desta seção; e,

d) aliciar pacientes, aproveitando-se do acesso às escolas, empresas e demais entidades (art. 48).

E, relativamente à publicação científica, constitui infração ética (art. 49): aproveitar-se de posição hierárquica para fazer constar seu nome na coautoria de obra científica; apresentar como sua, no todo ou em parte, obra científica de outrem, ainda que não publicada; publicar, sem autorização por escrito, elemento que identifique o paciente preservando a sua privacidade; utilizar-se, sem referência ao autor ou sem sua autorização expressa, de dados, informações ou opiniões coletados em partes publicadas ou não de sua obra; divulgar, fora do meio científico, processo de tratamento ou descoberta cujo valor ainda não esteja expressamente reconhecido cientificamente; falsear dados estatísticos ou deturpar sua interpretação; e publicar pesquisa em animais e seres humanos sem submetê-la a avaliação prévia do comitê de ética e pesquisa em seres humanos e do comitê de ética e pesquisa em animais.

Quanto à *pesquisa científica* (art. 50 do CEO) constitui infração ética:

a) desatender às normas do órgão competente e à legislação sobre pesquisa em saúde;

b) utilizar-se de animais de experimentação sem objetivos claros e honestos de enriquecer os horizontes do conhecimento odontológico e, consequentemente, de ampliar os benefícios à sociedade;

c) desrespeitar as limitações legais da profissão nos casos de experiência *in anima nobili;*

d) infringir a legislação que regula a utilização do cadáver para estudo e/ou exercícios de técnicas cirúrgicas;

e) infringir a legislação que regula os transplantes de órgãos e tecidos *post mortem* e do "próprio corpo vivo";

f) realizar pesquisa em ser humano sem que este ou seu responsável, ou representante legal, tenha dado consentimento, livre e esclarecido, por escrito, sobre a natureza das consequências da pesquisa;

g) usar, experimentalmente, sem autorização da autoridade competente, e sem o conhecimento e o consentimento prévios do paciente ou de seu representante legal, qualquer tipo de terapêutica ainda não liberada para uso no País;

h) manipular dados da pesquisa em benefício próprio ou de empresas e/ou instituições; e,

i) sobrepor o interesse da ciência ao da pessoa humana.

Os preceitos do Código de Ética Odontológica são de observância obrigatória e sua violação sujeitará o infrator e quem, de qualquer modo, com ele concorrer para a infração, ainda que de forma indireta ou omissa, às seguintes penas previstas no artigo 18 da Lei n. 4.324, de 14 de abril de 1964:

a) advertência confidencial, em aviso reservado;

b) censura confidencial, em aviso reservado;

c) censura pública, em publicação oficial;

d) suspensão do exercício profissional até 30 (trinta) dias; e,

e) cassação do exercício profissional *ad referendum* do Conselho Federal (art. 51, I a V).

Salvo nos casos de manifesta gravidade e que exijam aplicação imediata de penalidade mais grave, a imposição das penas obedecerá à gradação do art. 51. Avalia-se a gravidade pela extensão do dano e por suas consequências (art. 52 e parágrafo único).

Pelo art. 53 considera-se de manifesta gravidade, principalmente:

a) imputar a alguém conduta antiética de que o saiba inocente, dando causa a instauração de processo ético;

b) acobertar ou ensejar o exercício ilegal ou irregular da profissão;

c) exercer, após ter sido alertado, atividade odontológica em pessoa jurídica, ilegal, inidônea ou irregular;

d) ocupar cargo cujo profissional dele tenha sido afastado por motivo de movimento classista;

e) ultrapassar o estrito limite da competência legal de sua profissão;

f) manter atividade profissional durante a vigência de penalidade suspensiva;

g) veiculação de propaganda ilegal;

h) praticar infração ao Código de Ética no exercício da função de dirigente de entidade de classe odontológica;

i) exercer ato privativo de profissional da Odontologia, sem estar para isso legalmente habilitado;

j) praticar ou ensejar atividade que não resguarde o decoro profissional;

k) ofertar serviços odontológicos de forma abusiva, enganosa, imoral ou ilegal; e,

l) ofertar serviços odontológicos em *sites* de compras coletivas ou similares.

A alegação de ignorância ou a má compreensão dos preceitos do Código de Ética Odontológica não exime de penalidade o infrator (art. 54).

Pelo art. 55 são circunstâncias que podem agravar a pena:

a) a reincidência;

b) a prática com dolo;

c) a inobservância das notificações expedidas pela fiscalização, o não comparecimento às solicitações ou intimações do Conselho Regional para esclarecimentos ou na instrução da ação ética disciplinar;

d) qualquer forma de obstrução de processo;

e) o falso testemunho ou perjúrio;

f) aproveitar-se da fragilidade do paciente; e,

g) cometer a infração com abuso de autoridade ou violação do dever inerente ao cargo ou função.

Pelo art. 56, são circunstâncias que podem atenuar a pena:

a) não ter sido antes condenado por infração ética;

b) ter reparado ou minorado o dano; e,

c) culpa concorrente da vítima.

Além das penas disciplinares previstas, também poderá ser aplicada pena pecuniária a ser fixada pelo Conselho Regional, arbitrada entre 1 (uma) e 25 (vinte e cinco) vezes o valor da anuidade. O aumento da pena pecuniária deve ser proporcional à gravidade da infração. Em caso de reincidência, a pena de multa será aplicada em dobro (art. 57, §§ 1º e 2º do CEO).

O profissional condenado por infração ética à pena disciplinar combinada com multa pecuniária, também poderá ser objeto de reabilitação, na forma prevista no Código de Processo Ético Odontológico (art. 58).

O dentista assume, em regra, uma obrigação de resultado, no que diz respeito aos problemas de ordem estética (TAMG, Ap. 267.169-4-Belo Horizonte — 3ª Câm., Rel. Juiz Guimarães Pereira, j. 25-11-98), principalmente em matéria de ortodontia ou de prótese, p. ex., na colocação de um pivô, na feitura de uma jaqueta. Todavia, o dentista, na cirurgia da gengiva, no tratamento de um canal, na obturação de uma cárie, situada atrás do dente, terá uma obrigação de meio, a de aplicar toda sua perícia, todo seu zelo, no trato do cliente. Há hipóteses em que se aliam a questão da cura e a da estética, devendo-se, então, apreciar cada caso concreto para verificar se agiu adequadamente. P. ex.: como explica Silvio Rodrigues, se ele obturou o incisivo de uma bailarina, deixando uma mancha de chumbo na parte de fora do dente, deverá indenizá-la, visto que não atendeu à estética.

Se o dentista cometer erro profissional que acarrete morte, inabilitação de servir ou ferimento, será responsabilizado, devendo satisfazer o dano em caso de culpa (CC, art. 951). O dentista poderá cometer falta profissional, ou erro técnico, e falta ordinária. P. ex.: o erro de diagnóstico, erro e acidente na anestesia, erro de prognóstico, erro de tratamento, falta de higiene e erro na perícia são faltas técnicas, e a extração desnecessária de dentes, para aumentar a conta do cliente, é falta ordinária. Mas na apuração de sua responsabilidade não há qualquer fundamento para tratar de modo diverso uma e outra espécie de falta.

Violará os deveres profissionais o dentista que:

1) Errar na anestesia. Causará dano, se: *a*) der anestesia geral, pois esta só é permitida aos médicos. O dentista apenas poderá limitar-se à anestesia local ou tópica, isto é, como pondera Guálter Lutz, somente se lhe autoriza o uso de anestésicos em gargarejos, pomadas, borrifos de cloretila e injeções de substâncias do grupo da cocaína, que poderão ser terminais ou locais propriamente ditas e tronculares ou regionais; *b*) aplicar uma injeção destinada a aliviar a dor do paciente e lhe produzir um fleimão no braço, em razão de má assepsia da agulha; *c*) não esterilizar a seringa e a agulha e não aplicar tintura de iodo na parte da mucosa destinada à penetração da agulha, pois, se não fizer isso, poderá ocorrer prorrogação da flora microbiana desse ponto por todo o trajeto da agulha; *d*) lesar nervos pelo manejo da agulha contra as indicações da arte; *e*) injetar em tecido infeccionado, porque a infiltração do líquido propaga os germes e prejudica a vitalidade e a resistência dos tecidos; *f*) empregar substâncias como a adrenalina e a suprarrenina, capazes de produzir intoxicações, em vez de anestésicos que as substituem vantajosamente.

Todavia, o dentista não será responsável: *a*) pelo fato de alguém sentir dor ou sofrer lesões labiais, em consequência da anestesia, se, para que esta fosse aplicada, foi necessário socorrer-se do auxílio de enfermeira ou de pessoa que acompanhava o cliente, ante sua relutância em submeter-se à anestesia; *b*) pelas consequências imprevisíveis da anestesia; *c*) pelo rompimento da agulha, mas, nesta hipótese, deverá averiguar-se se houve participação do dentista no acidente, revelando sua imperícia em forçar indevidamente a agulha, hipótese em que será responsável; *d*) pela circunstância de anestesiar no decurso da menstruação ou gravidez, embora haja quem condene o emprego da adrenalina nessas ocasiões por acarretar resultados lamentáveis.

É preciso deixar bem claro que será imprescindível demonstrar a imperícia ou negligência do cirurgião-dentista para responsabilizá-lo por acidente resultante de prática anestésica.

2) Errar no diagnóstico, desde que tal erro seja expressão de ignorância indesculpável, de má interpretação de dados semiológicos corretamente obtidos ou de omissão de pesquisas clínicas e radiológicas necessárias ao tratamento.

3) Errar no tratamento, se: *a*) escolher tratamento impróprio; *b*) tratar mal o canal e a cárie; *c*) empregar instrumentos inadequados nas interven-

ções, ou materiais impróprios, nas obturações e trabalhos de prótese; *d*) colocar mal o pivô e as jaquetas; *e*) utilizar prótese com defeituosa confecção técnica; *f*) empregar remédios perigosos ou trocados; *g*) extrair dente leviana, imprudente ou desnecessariamente; *h*) usar, com imperícia, aparelhos radiológicos e fisioterápicos; *i*) interpretar erroneamente radiografias claras; *j*) omitir providências, cautelas e conselhos que devam acompanhar o tratamento.

4) Errar no prognóstico se, p. ex., der pouca importância à lesão do paciente, resultante da prática da exodontia, aconselhando-o a não procurar um médico.

5) Faltar à higiene, transmitindo moléstias contagiosas ao cliente, como a sífilis, por intermédio de instrumentos empregados na clínica odontológica.

O dentista só não será responsabilizado se o evento danoso se deu por erro escusável, em face do estado da ciência, por culpa da vítima, por caso fortuito ou força maior e se ele agiu sem culpa e de conformidade com as normas norteadoras do exercício de sua profissão[69].

---

69. Sobre o assunto *vide*: Código de Ética Odontológica (Res. 118/2012 do CFO); Guálter Lutz, *Erros e acidentes em odontologia*, Rio de Janeiro, 1938, p. 44, 50, 53, 193 e 241; Henri Lalou, op. cit., n. 426 e 427; Silvio Rodrigues, op. cit., v. 4, p. 275 e 276; Alfredo de A. Lopes da Costa, *Direito profissional do cirurgião-dentista*, São Paulo, 1928, p. 43; Aguiar Dias, op. cit., v. 1, p. 319-27; Guimarães Menegale, Responsabilidade profissional do cirurgião-dentista, *RF, 80*:47 e s.; Savatier, op. cit., t. 2, n. 790; Mazeaud e Mazeaud, op. cit., n. 509 e 510; Alberto Montel, op. cit., p. 471-3; Lei n. 8.069/90, art. 14; Regina B. Tavares da Silva, Responsabilidade civil na odontologia, *Responsabilidade civil na area da saúde*, série GV*law*, São Paulo, Saraiva, 2007, p. 199-214. *Vide* Resoluções n. 203/96, 42/2003, 82/2008 e 84/2008 do Conselho Federal de Odontologia; Resolução n. 124, de 7 de fevereiro de 2013 do Conselho Federal de Odontologia altera as disposições da Resolução CFO-110/2011; Resolução CFO n. 154/2015 proíbe uso de terapias avançadas na prática clínica de Odontologia. *BAASP, 2.604*:4979: "Ação de Indenização — Tratamento odontológico — Laudo pericial conclusivo — Culpa não comprovada. Nexo de causalidade inexistente. Procedimento técnico adequado ao interesse da paciente; Responsabilidade subjetiva do profissional liberal. Inteligência do art. 14, § 4º, do CDC. Recurso desprovido. 1. A prova consubstanciada em laudo pericial conclusivo, quanto à inexistência de nexo de causalidade, exclui a responsabilidade do agente. 2. A responsabilidade pessoal dos profissionais liberais será apurada mediante a verificação de culpa, conforme o art. 14, § 4º, do Código de Defesa do Consumidor. Sem a prova da culpa do agente e sem a demonstração do nexo de causalidade, não há como se impor o dever de reparar o dano" (TJPR, 8ª Câm. Cív., AC 379.171-7-Curitiba-PR, rel. Des. Macedo Pacheco, j. 15-5-2008, v.u.).

Responsabilidade civil do dentista — Tratamento odontológico imperfeito — Obrigação de resultado — Danos morais e materiais — Indenização devida. Verificada a imperfeição do tratamento odontológico, mediante dados concretos, completos e a convencer da existência de ato ilícito, moldado em ação/omissão do profissional, resta

Quadro Sinótico

RESPONSABILIDADE DOS DENTISTAS

1. NATUREZA DA OBRIGAÇÃO ASSUMIDA PELO DENTISTA	• Obrigação de meio	• Se no caso de cirurgia de gengiva, de tratamento de canal em que deverá empregar todo o seu zelo ao tratar do cliente, sem, contudo, obrigar-se a curá-lo efetivamente.
	• Obrigação de resultado	• Se se tratar de problema estético, p. ex., colocação de pivô ou feitura de uma jaqueta.

2. CASOS DE VIOLAÇÃO AOS DEVERES PROFISSIONAIS	• Erro e acidente na anestesia. • Erro de diagnóstico. • Erro de tratamento. • Erro de prognóstico. • Falta de higiene.

configurada a responsabilidade indenizatória. Com relação aos cirurgiões-dentistas, mesmo que em alguns casos se possa dizer que a sua obrigação é de meio, na maioria das vezes apresenta-se como obrigação de resultado. Preliminar rejeitada e Recurso não provido (TJMG — 10ª Câm. Cível; ACi n. 1.0549.05.001623-3/001-Rio Casca-MG, rel. Des. Pereira da Silva, j. 5-5-2009; *BAASP*, *2.680*: 1.844-16). Imperícia em implante dentário: *BAASP*, *2725*: 660-17.

Enunciado n. 27 do CNJ, aprovado na I Jornada de Direito da Saúde: As Resoluções n. 1956/2010 Conselho Federal de Medicina e n. 115/2012 do Conselho Federal de Odontologia e o rol de procedimentos e eventos em saúde vigentes na Agência Nacional de Saúde Suplementar, e suas alterações, são de observância obrigatória.

Enunciado n. 30 do CNJ, aprovado na I Jornada de Direito da Saúde: É recomendável a designação de audiência para ouvir o médico ou o odontólogo assistente quando houver dúvida sobre a eficiência, a eficácia, a segurança e o custoefetividade da prescrição.

Enunciado n. 34 do CNJ, aprovado na I Jornada de Direito da Saúde: Os serviços de apoio diagnóstico, tratamentos e demais procedimentos e eventos listados na Lei n. 9.656/98 e no rol de procedimentos e eventos em saúde, solicitados por cirurgiões-dentistas ou odontólogos, são de cobertura obrigatória quando vinculados a eventos de natureza odontológica, desde que constante do contrato, bem como observada segmentação contratada.

I. Responsabilidade dos empreiteiros, engenheiros e arquitetos

A locação de obra ou empreitada consiste no contrato pelo qual um dos contraentes (empreiteiro) se obriga, sem subordinação ou dependência, a realizar, pessoalmente ou por meio de terceiro, certa obra para o outro (dono da obra ou comitente), com material próprio ou por este fornecido, mediante remuneração determinada ou proporcional ao trabalho executado.

A empreitada contém uma obrigação de resultado, caracterizando-se pelo fato de considerar o resultado final, p. ex., a construção de um prédio, levantamento de ponte, serviço de dragagem ou terraplenagem, loteamento de terrenos etc. Visa a realização de uma obra a ser paga por aquele que irá recebê-la. Tem em vista a obra executada; o trabalho que a gera figurará tão somente como prestação mediata ou meio de consecução. Por isso paga-se o resultado do serviço, logo, o empreiteiro se obriga a dar pronta a obra por um preço certo ou proporcional ao serviço, sem atenção ao tempo nela empregado. Só será devida a remuneração se a obra for realmente executada.

O empreiteiro, para os efeitos do art. 618 do Código Civil, é o construtor, engenheiro, arquiteto, habilitado legalmente ao exercício da profissão, ou pessoa jurídica autorizada a construir. Em suma, é o profissional da construção civil.

Haverá responsabilidade do empreiteiro quanto:

1) À solidez e segurança do trabalho nas empreitadas relativas a edifícios e outras construções de grande envergadura, como edifícios, pontes, metrô e viadutos, em razão dos materiais e do solo (*RTJ*, *102*:221; *RSTJ*, *88*:117, *101*:305, *107*:265; *EJSTJ*, *24*:152; STJ, Súmula 194; *RT*, *532*:80, *567*:242, *569*:90, *572*:181, *575*:90, *627*:123). Deveras, de acordo com o art. 618 do Código Civil, responderá ele, independentemente da ideia de culpa, durante o prazo de garantia (*RT*, *603*:191, *756*:165) de cinco anos, pela solidez e segurança do trabalho, em razão dos materiais, se os forneceu, e do solo. Não se pode admitir que, ante o princípio da boa-fé objetiva (CC, art. 422), o empreiteiro não se liberará dessa responsabilidade de garantia se, em tempo hábil, prevenir o comitente, expressamente, da inconsistência do solo, da deficiência ou má qualidade dos materiais por ele fornecido e se, mesmo assim, o dono da obra exigir a continuidade de sua execu-

ção. Hipótese em que não poderá alegar vício, porque estaria agindo contra ato próprio.

É preciso ressaltar que, em relação à estabilidade ou firmeza do solo, o art. 1.245 do Código Civil de 1916, *in fine*, responsabilizava o comitente, quando o construtor o prevenisse em tempo sobre a sua instabilidade. Mas devido às exigências de ordem técnica e à responsabilidade do empreiteiro em todas as fases da construção, previstas na Lei federal n. 5.194/66, aquele artigo do Código não mais atende aos tempos atuais; por ser o dono da obra, geralmente, um leigo, não terá capacidade nem condições técnicas para opinar sobre a firmeza do solo, cabendo tal competência aos profissionais legal e tecnicamente habilitados. O art. 618 do atual Código Civil acertadamente não alude à exceção do art. 1.245, *in fine*, do Código Civil de 1916, suprimindo a responsabilidade excepcional do proprietário da obra quanto à deficiência do solo.

Se os danos forem causados por falta de solidez e segurança da obra, dentro do período de responsabilidade do empreiteiro, ele deverá fazer as devidas reparações (*RT*, *148*:358). O empreiteiro deverá, portanto, empregar sua habilidade técnica na construção da obra. Como está em jogo o interesse privado, há quem ache que nada obsta que os contraentes alterem esse prazo para mais ou para menos (*Revista de Direito*, *78*:61. Em sentido contrário: *RT*, *268*:454, *235*:443, *230*:498, *204*:463, *185*:709; *RF*, *89*:502, *91*:458, *17*:185; *AJ*, *98*:376, *87*:341). Todavia pelo novel Código Civil tal prazo é irredutível. Esse prazo quinquenal é de simples garantia (*RSTJ*, *107*:165; *Bol. AASP*, *1714*:279), extracontratual, de natureza legal, para resguardar a coletividade do risco da edificação (*RT*, *535*:151; *RF*, *130*:192). Logo, durante seu curso, o empreiteiro deverá responder pela *solidez e estabilidade* da obra. Se uma empresa se comprometer, por ex., a construir casas para funcionários, e contrata, para tanto, um engenheiro (não empresário), esse contrato será regido pelo Código Civil. O construtor responde pelo prazo de garantia de cinco anos e o dono da obra tem o prazo decadencial de cento e oitenta dias para reclamar do problema surgido no prazo de garantia. Se o defeito aparecer quatro anos depois da entrega, o dono da obra terá cento e oitenta dias para reclamar da imperfeição por falta de solidez, inclusive do material, e segurança da obra, visto que o vício verificou-se no prazo de garantia de cinco anos, contado da entrega da obra. O art. 618 só é aplicável a vício decorrente da solidez e segurança do trabalho em edificação de vulto. Mas se se tratar de vício aparente, aplicar-se-ão os arts. 615 e 616; logo, o dono da obra deverá rejeitá-la desde o recebimento; se for oculto, não afetando a segurança ou solidez da obra, a norma cabível é a do art. 445, hipótese em que o prazo decadencial para pleitear redibição ou abatimento no preço é de um ano. Escoado aquele prazo, extinguir-se-á tal obrigação, mas o proprietário poderá demandá-lo pelos prejuízos que lhe foram causados em razão do material e do solo pela falta de solidez da obra verificada no quinquênio, mas decairá desse direito se não propuser ação (p. ex., a de rescisão contratual) contra o empreiteiro, nos cento e oitenta dias seguintes ao aparecimento do vício ou defeito (CC, art. 618, parágrafo único). Todavia, será preciso esclarecer que não terá responsabilidade pela solidez e segurança da obra se a região vier a sofrer modificações por fenômenos sísmicos. Verificado o vício depois do prazo de cinco anos da entrega da obra, mas dentro do prazo prescricional de dez anos, o dono da obra poderá mover ação para obter a perfeição da obra, por defeito de construção (*RT*, *760*:206, *769*:312) e não por falta de solidez e segurança do trabalho em razão do material e do solo. Logo, mesmo depois do prazo de garantia, o dono da obra pode demandar o empreiteiro pelos prejuízos advindos da imperfeição da obra (CC, art. 205). E ao cabo de dez anos perderá o direito de propor ação para reposição da obra em perfeito estado (*RF*, *145*:30, *158*:233, *127*:433, *82*:641; *AJ*, *115*:285; *RT*, *214*:429, *178*:789, *390*:234, *532*:80). Como se vê, a ação para efetivar a responsabilidade do construtor pode persistir pelo prazo prescricional de dez anos. Mas, para a pretensão de reparação civil por qualquer outro vício, pleiteando indenização por dano moral indireto e patrimonial, o prazo prescricional é de três anos (CC, art. 206, § 3º, V).

Convém ressaltar, ainda, que, pelo art. 622: "Se a execução da obra for confiada a terceiros, a responsabilidade do autor do projeto respectivo, desde que não assuma a direção ou fiscalização daquela, ficará limitada aos danos resultantes de defeitos previstos no art. 618 e seu parágrafo único". Responsabilizar-se-á se o vício de solidez e segurança for oriundo de seu projeto, mas se vier a fiscalizar e a dirigir a obra, assumirá a responsabilidade por qualquer vício.

2) Aos riscos da obra, se ele forneceu os materiais, até o momento da entrega da obra, a contento de quem a encomendou, se este não estiver em mora de receber, pois se o estiver correrão os riscos por sua conta (CC, arts. 234, 400, 611, 615 e 617). Tem essa responsabilidade, porque na empreitada com fornecimento de materiais é ele quem os escolhe e prepara a obra

encomendada. Se a obra apresentar defeitos ou se os materiais forem de má qualidade, o empreiteiro responderá por isso (*RT*, *515*:124, *390*:234). Se ocorrer um acidente que destrua a obra antes de ser entregue a contento do comitente, o empreiteiro suportará o prejuízo, porque ainda não cumpriu o seu dever de entregar pronta a obra encomendada. Porém, se o dono da obra estava em mora de recebê-la, por sua conta correrão os riscos da perda e deterioração. A fim de livrar-se desta consequência, o empreiteiro poderá depositar a obra, citando o comitente para que venha levantá-la. Haverá responsabilidade do comitente quanto aos riscos da obra, se a empreitada for só de lavor. Se o empreiteiro apenas fornece a mão de obra, os riscos em que não tiver culpa correrão por conta do dono da obra (CC, art. 612), pois os materiais lhe pertencem, e por sua conta correrão a perda e a degradação da coisa. Logo, o empreiteiro, na empreitada de lavor só terá responsabilidade civil subjetiva se culposamente provocou perda ou deterioração da coisa. Enquanto o trabalho não se concluir, cada contratante responderá pelo que lhe pertence, o comitente pela coisa e o empreiteiro pela mão de obra. Verificada a perda, cada um suportará o prejuízo daquilo que é seu. Sendo a empreitada de lavor, se a coisa encomendada perecer antes da entrega, sem mora do dono, nem culpa do empreiteiro, este perderá também a retribuição, se não provar que a perda foi ocasionada por defeito dos materiais e que em tempo havia reclamado contra sua quantidade ou qualidade (CC, art. 613). Assim, se a perda resultou da má qualidade ou falta de quantidade do material, o empreiteiro terá direito à remuneração avençada até o nível em que a obra foi executada (*RT*, *254*:486), se provar que avisou tempestivamente o dono da obra da necessidade de substituir o material qualitativa ou quantitativamente. Isto é assim ante o princípio da boa-fé objetiva (CC, art. 422) que deve nortear a relação contratual.

3) Ao preço dos materiais empregados na obra, perante os fornecedores, se a empreitada for mista, isto é, de execução e materiais (*RF*, *411*:141). Se assim não fosse, o comitente pagaria duas vezes: ao empreiteiro, quando solvesse o preço ajustado, e ao fornecedor, quando, no pagamento feito ao primeiro, compreendido já estava o material. Os fornecedores não poderão reclamar o custo dos materiais do dono da obra, pois nenhum liame jurídico há entre eles.

4) Aos danos causados a terceiros, em regra, nas construções de arranha-céus ou de obras de grande porte, por erro de plano, de cálculo ou por defeito de construção, em que os mais atingidos são os vizinhos em cujas

propriedades aparecem trincas, fendas, desabamentos etc., ou transeuntes que são atingidos por objetos que desprendam das obras. Haverá responsabilidade exclusiva do arquiteto, havendo erro de projeto ou de cálculo, e do empreiteiro ou construtor, no caso de defeito de construção. O arquiteto ou empreiteiro será o responsável, a não ser que o dono da obra os tenha escolhido mal, hipótese em que a responsabilidade abrangeria o comitente por presunção *juris et de jure* de culpa *in eligendo* (*RT*, *535*:199, *146*:388), como preferem alguns autores, mas pelos arts. 932, III, e 933 responderá ele pelos atos praticados por terceiro, mesmo que não haja culpa de sua parte, pois a *responsabilidade* é *objetiva*. Todavia, terá ação regressiva contra o culpado para reaver o que pagou ao lesado (CC, arts. 934, 186 e 927; *RT*, *489*:96). Não se terá culpa *in vigilando*, porque o dono da obra, em regra leigo, não tem condição para analisar o projeto e fiscalizar a construção, não podendo, portanto, dar ordens ou instruções ao arquiteto e ao construtor. Se o comitente escolheu uma firma de comprovada competência, não poderá ser responsabilizado nem mesmo subsidiariamente pelos erros que ocorrerem, e, havendo dano a terceiro, se vier a ressarci-lo, por força dos arts. 932, III, e 933 do Código Civil, terá ação regressiva contra a construtora culpada (CC, art. 934).

Convém lembrar, ainda, que o arquiteto, construtor ou empreiteiro responderá, criminalmente, se houver desabamento ou desmoronamento de construções, por erro no projeto ou na execução da obra, colocando em perigo a vida, a integridade física ou o patrimônio de outrem (CP, art. 256; LCP, arts. 29 e 30).

5) Aos impostos, perante a Fazenda, se a empreitada compreender execução e materiais, visto que o fornecimento destes assume o aspecto de venda, justificando a cobrança de tributo (*RT*, *240*:626; *RF*, *92*:94; *AJ*, *117*:64, *106*:274).

6) Aos danos causados pelo subempreiteiro, pois o empreiteiro tem o direito de ceder o contrato de empreitada, desde que não seja *intuitu personae*, dando origem a subempreitada, parcial ou total, que se dará quando o empreiteiro contratar sob sua responsabilidade, com outra pessoa, no todo ou em parte, a execução da obra de que se encarregara, com anuência do comitente (*RF*, *89*:503). Em qualquer hipótese o empreiteiro deverá responder pela má execução.

7) Aos defeitos e imperfeições da obra construída, que, oriundos de imperícia, negligência ou imprudência na execução do serviço ou no emprego

do material, não afetam a solidez e segurança da construção e resultam, p. ex., da inobservância de algum artigo do Código de Obras ou de alguma regra de ordem estética, ou de execução falha em algum detalhe, como colocação de trincos etc. Se tais defeitos forem visíveis, a responsabilidade do construtor cessará se o comitente receber a obra, sem protesto formal (CC, art. 615). Mas, se essas imperfeições forem ocultas, a responsabilidade do construtor persistirá por um ano, após a entrega da obra (CC, art. 445). O prazo de um ano para reclamar defeitos ocultos só abrange os que não afetem a segurança e solidez da obra. O art. 615 diz respeito à *perfeição da obra*.

8) À inobservância da obrigação contratual, pois deverá executar a obra conforme as determinações do contrato e dentro da boa técnica. Se ele se afastar das instruções ou dos planos recebidos, causará prejuízo ao que encomendou a obra, que poderá, por isso, rejeitá-la (CC, art. 615, 2ª parte) ou recebê-la com abatimento no preço (CC, art. 616). O empreiteiro deverá reparar o dano que causou, pois o comitente sofreu prejuízos com a ocupação do seu terreno e com o fato de não ter, no devido tempo, a obra encomendada. Tal reparação calcular-se-á pelo preço da construção, de acordo com o contrato (*RF*, *34*:349).

9) À falta de recolhimento das contribuições previdenciárias do pessoal empregado na obra, pois, se não cumpriu tal dever, o comitente ficará com ele solidariamente responsável (Lei n. 8.212/91, arts. 30 e 31, e Decs. n. 3.048/99, 3.266/99 e Instrução Normativa do INSS n. 1.175/2011). Daí ser conveniente que o comitente examine periodicamente o número dos operários em serviço e as guias de recolhimento daquelas contribuições.

10) Ao pagamento dos materiais que recebeu, se por imperícia ou negligência os inutilizar (CC, art. 617).

11) À mora na entrega da obra encomendada, pois esta poderá dar lugar a composição de perdas e danos, se o comitente não preferir rejeitar a obra, que só se justificará se ela se desvalorizar muito.

Sem prova da culpa do comitente, os danos causados a vizinhos ou terceiros terão de ser reparados pelo empreiteiro-construtor. O construtor responderá por perdas e danos por faltas decorrentes de imperícia ou negligência na realização da obra e se exonerará se demonstrar que os prejuízos que causou a outrem advieram de caso fortuito e força maior (CC, art. 393). Havendo, ou não, culpa do empreiteiro, nesta compreendida a de seus auxiliares, prepostos e operários, ter-se-á sua responsabilidade pelo ressarcimento dos danos.

O Código Civil vigente, nos arts. 610, § 2º, 621 e 622, introduziu inovações, aumentando a responsabilidade dos profissionais da construção civil, apresentando direitos e deveres do projetista, distintos dos do construtor[70].

---

70. Martinho Garcez Neto, *Prática da responsabilidade civil*, 3. ed., São Paulo, Saraiva, 1975, p. 110-4; W. Barros Monteiro, op. cit., v. 5, n. 17, p. 194-202; Caio M. S. Pereira, op. cit., v. 3, n. 242, p. 282 e 283; Orlando Gomes, *Contratos*, cit., Cap. 26; Carvalho Santos, op. cit., v. 17, p. 338 e s.; Costa Sena, *Da empreitada no direito civil*, Rio de Janeiro, 1935, n. 23 e 45; Helita Barreira Custódio, Dano causado por construção ou edificação, in *Enciclopédia Saraiva do Direito*, v. 22, p. 232-48; Silvio Rodrigues, op. cit., v. 3, p. 259 e 260; M. Helena Diniz, op. cit., v. 3, p. 211-21; Spota, *Tratado de locación de obra*, 2. ed., v. 1, p. 404; Elcir Castello Branco, Empreitada, in *Enciclopédia Saraiva do Direito*, v. 31, p. 256; Rodotá, *Le problema della responsabilità civile*, Milano, 1961, p. 83 e s.; Henri Fromageot, *De la faute comme source de la responsabilité en droit privé*, Paris, A. Rousseau, 1891, p. 258 e 259; Luiz Olavo Baptista, A responsabilidade civil do construtor, *RT*, *470*:18-24; Serpa Lopes, op. cit., p. 182, 266, 270 e 271; Savatier, op. cit., t. 1, n. 379; Antônio Chaves, *Responsabilidade civil*, Bushatsky, 1972, p. 42-45; Wainer, Responsabilidade civil do construtor — natureza jurídica do prazo quinquenal, *RDC*, *55*:121; Responsabilidade civil do construtor — cláusula de exoneração da responsabilidade quinquenal, *RDC*, *55*:130; Rodrigo Toscano de Brito, Responsabilidade civil do construtor pela solidez e segurança da obra no sistema do Código Civil de 2002 e do Código de Defesa do Consumidor, in *Novo Código Civil — questões controvertidas* (coord. Mário Luiz Delgado e Jones Figueirêdo Alves), São Paulo, Método, p. 103-24, Jean Delvaux (*Droits et obligations de architects*, Bruxelles, 1930, p. 256 e 257) escreve com muita propriedade: "*L'architecte et l'entrepreneur sont responsables pénalement et civilment vis-à-vis des tiers des conséquences préjudiciables de leurs fautes. Si un accident se produit par suite d'un vice de plan ou de conception, par exemple, la responsabilité seule de l'architecte est engagée. Si l'accident provient du vice des materiaux, la responsabilité de l'entrepreneur et celle de l'architecte, chargé de la surveillance, sont également engagées. Il en est de même si l'accident est la conséquence d'une faute commune dans l'exécution des travaux, au mépris des règlements*"; Aguiar Dias, op. cit., v. 1, p. 356-71; Hely Lopes Meirelles, *Direito de construir*, 2. ed., Revista dos Tribunais, 1965, p. 280; Alfredo de Almeida Paiva, *Aspectos do contrato de empreitada*, Rio de Janeiro, 1955, n. 79; *RT*, *769*:312, *760*:206, *621*:76, *614*:89, *606*:57, *584*:92, *555*:202, *577*:85, *563*:228, *521*:267, *539*:111, *576*:66, *553*:238, *567*:242, *564*:113, *214*:429, *178*:789, *390*:234, *532*:80, *17*:389, *31*:355, *79*:88, *142*:212, *86*:326, *191*:166, *232*:146, *234*:203, *364*:134, *400*:258, *327*:274, *190*:233, *339*:414, *177*:419, *77*:499, *286*:885; *RF*, *145*:30, *158*:233, *127*:433, *82*:641, *45*:499, *87*:326, *89*:446, *19*:294, *170*:193, *51*:73, *107*:94, *147*:31, *201*:112, *89*:92, *108*:322; *RTJ*, *76*:661, *6*:76, *65*:205, *102*:221; *AJ*, *59*:110, *115*:285; Circular n. 419/2011 da Susep sobre regras e critérios para operação das coberturas oferecidas em plano de seguro de riscos de engenharia; Instrução Normativa do INSS n. 69/2002, sobre procedimentos aplicáveis à obra de construção civil de responsabilidade de pessoa jurídica (ora revogada pela IN n. 100/2003). Se a *relação for de consumo*, tendo um particular contratado um empreiteiro-empresário para construir sua casa, ocorrendo acidente de consumo, o dono da obra tem cinco anos para obter a reparação (CDC, art. 27), pois o construtor-fornecedor tem responsabilidade pelo fato do produto ou serviço. Se houver vício do produto ou do serviço (CDC, arts. 18 e s.), o dono da obra tem noventa dias para reclamar. Se o vício for aparente, tal prazo começa a correr na data da entrega da obra ou do "habite-se" (CDC, art. 26, § 1º), se oculto, contado do dia em que o defeito ficar evidenciado (CDC, art. 26, § 3º). Pelo CDC, o consumidor, em caso de empreitada de lavor, havendo vício da obra, pode valer-se do art. 20 e, sendo mista a empreitada, por haver necessidade de se verificar se o vício vem da qualidade do material ou da prestação de serviço, aplica-se o art. 18.

Quadro Sinótico

RESPONSABILIDADE DOS EMPREITEIROS, ENGENHEIROS E ARQUITETOS

1. NATUREZA DA OBRIGAÇÃO DO PROFISSIONAL DA CONSTRUÇÃO CIVIL	• A empreitada contém uma obrigação de resultado, por ter em vista a obra executada, de modo que só será devida a remuneração se a obra for realmente feita.
2. RESPONSABILIDADE DO EMPREITEIRO	• Pela solidez e segurança do trabalho nas empreitadas relativas a edifícios e outras construções de grande porte, em razão dos materiais e do solo (CC, art. 618). • Pelos riscos da obra, se ele forneceu os materiais, até o momento da entrega da obra, a contento de quem a encomendou, se este não estiver em mora de receber. Estando, correrão os riscos por igual contra as duas partes (CC, art. 611). Se o empreiteiro apenas fornecer mão de obra, os riscos em que não tiver culpa correrão por conta do comitente (CC, art. 612). • Pelo preço dos materiais empregados na obra, perante os fornecedores, se a empreitada for mista (*RF, 411:141*). • Pelos danos causados a terceiros nas construções de arranha-céus ou de obras de grande envergadura, por erro de plano, de cálculo ou por defeito de construção. • Pelos impostos, perante a Fazenda, se a empreitada compreender execução e materiais. • Pelos danos causados pelo subempreiteiro. • Pelos defeitos e imperfeições da obra construída oriundos de culpa sua na execução do serviço ou no emprego do material, que não afetam a solidez e segurança da construção (CC, arts. 615 e 445). • Pela inobservância da obrigação contratual (CC, arts. 615, 2ª parte, e 616). • Pela falta de recolhimento das contribuições previdenciárias do pessoal empregado na obra, pois, se não cumprir tal dever, o comitente ficará com ele solidariamente responsável (Lei n. 8.212/91, arts. 30 e 31, Decs. n. 3.048/99 e 3.266/99, e Instrução Normativa do INSS n. 1.175/2011). • Pelo pagamento dos materiais que recebeu, se por negligência ou imperícia os inutilizar (CC, art. 617). • Pela mora na entrega da obra encomendada.

4. Responsabilidade civil na compra e venda

Com fundamento no art. 481 do Código Civil, a compra e venda vem a ser, como nos ensina Caio Mário da Silva Pereira, o contrato em que uma pessoa (vendedor) se obriga a transferir a outra (comprador) a propriedade de uma coisa corpórea ou incorpórea, mediante o pagamento de certo preço em dinheiro ou valor fiduciário correspondente[71].

Embora os casos de responsabilidade civil na compra e venda não sejam muito frequentes, porque as perdas e danos se referem mais às operações previstas no contrato do que às consequências que possam advir, há hipóteses em que se terá[72]:

a) Responsabilidade imposta ao vendedor pelos vícios aparentes e redibitórios (CC, arts. 441 a 446; Lei n. 8.078/90, arts. 18, § 1º, 19 e 26) e pela

71. Caio M. S. Pereira, op. cit., v. 3, p. 147, 163-9. No mesmo sentido: Orlando Gomes, *Contratos*, cit., p. 263-80; M. Helena Diniz, op. cit., v. 3, p. 146-51; Serpa Lopes, op. cit., v. 4, p. 326-45; Gasca, *Compra-vendita*, 2. ed., Torino, 1914, v. 2, p. 50 e s.; Waldirio Bulgarelli, Venda à vista de amostras, in *Enciclopédia Saraiva do Direito*, v. 76, p. 491-3; Justino Adriano F. da Silva, Venda *ad mensuram*, in *Enciclopédia Saraiva do Direito*, v. 76, p. 477 e 478, e Venda *ad corpus*, in *Enciclopédia Saraiva do Direito*, v. 76, p. 472-5; Wagner Barreira, Venda *ad corpus*, in *Enciclopédia Saraiva do Direito*, v. 76, p. 475 e 476; Agostinho Alvim, *Da compra e venda e da troca*, Forense, 1961, n. 112; Espínola, *Dos contratos nominados no direito civil brasileiro*, n. 42 e 46; Silvio Rodrigues, op. cit., v. 3, p. 179-95; De Page, op. cit., v. 4, n. 115; W. Barros Monteiro, op. cit., v. 5, p. 84-97. *Vide* Lei n. 8.078/90, arts. 18, 19, 26, 27, 51 a 53.

72. Aguiar Dias, op. cit., v. 1, p. 393-5, n. 152; W. Barros Monteiro, op. cit., v. 5, p. 61-9 e 75-98; Caio M. S. Pereira, op. cit., v. 3, n. 221; Orlando Gomes, *Contratos*, cit., 7. ed., 1979, Cap. 20; *RTJ*, *44*:39; *RT*, *497*:82; Alberto Montel, op. cit., p. 623-72.

evicção (CC, arts. 447 a 457; *RJTJSP*, *41*:70). O alienante deve garantir a qualidade e o bom funcionamento do objeto vendido e assegurar ao comprador a sua propriedade.

O vendedor será responsável por erros da coisa alienada que acarretam danos, exceto se conhecidos pelo comprador. O alienante será condenado, p. ex., pelos prejuízos resultantes de ferimentos causados por defeito de arma de fogo que vendeu. Haverá responsabilidade do vendedor pela venda de produtos alimentícios deteriorados, devido a sua negligência em expô-los à venda. É mister lembrar que a responsabilidade do fabricante pelos materiais de uso e pela adequada elaboração dos produtos é diversa, como logo mais veremos, da responsabilidade do vendedor, porque aquela se funda em negligência ativa e esta, em omissão de cuidados de inspeção ou de imperícia em descobrir o defeito do objeto, daí sua violação ao dever de vender ao consumidor um produto comprometedor de sua saúde e segurança.

Se o vendedor alienar coisa, ciente de seu vício, sua responsabilidade será mais séria, indo da culpa grave ao dolo e até mesmo à fraude, severamente punidos pelos regulamentos sanitários.

O alienante deverá garantir ao comprador o uso e gozo da coisa adquirida, de modo que responderá pela evicção, isto é, pela perda do objeto, fundada em causa jurídica anterior ao contrato, em razão de sentença judicial que defere sua propriedade a outrem, e só se excluirá tal responsabilidade se houver cláusula expressa (CC, art. 448). Mas, apesar de haver essa cláusula excludente da garantia contra a evicção, se esta se der, o evicto terá o direito de receber o preço que pagou pela coisa evicta, se não soube do risco da evicção, ou, dele informado, não o assumiu (CC, art. 449).

O evicto terá direito às verbas arroladas no Código Civil, art. 450. Quanto à evicção, dever-se-á considerar o disposto no Código Civil, arts. 447 a 457, cujo comentário fizemos no volume 3 deste nosso *Curso*.

b) Responsabilidade do alienante por defeito oculto nas vendas de coisas conjuntas, pois, se o objeto do contrato for uma universalidade, ou melhor, um conjunto de coisas singulares não determinadas individualmente, p. ex., venda de um rebanho, de uma biblioteca, o vendedor responderá tão somente pela existência desse complexo, não respondendo, individualmente, pelos objetos que o compõem. Assim sendo, o defeito oculto de um deles não autoriza a rejeição de todos pelo comprador (CC, art. 503).

c) Responsabilidade pelos riscos (perda, desvalorização ou deterioração que a coisa pode sofrer desde a conclusão do contrato até sua entrega) e despesas ante o fato de que em nosso direito, sem tradição ou registro, não se tem transferência da propriedade. Pelo Código Civil, art. 492, antes da tradição ou registro, os riscos da coisa correrão por conta do vendedor, porque até então o domínio é seu, e os do preço, por conta do comprador. Assim, se o bem vier a se perder ou a se deteriorar, por caso fortuito ou força maior, até o momento da tradição o vendedor é que sofrerá as consequências, devendo restituir o preço se já o havia recebido; se, porém, o fato se der após a tradição, sem culpa do vendedor, este terá direito ao preço, sendo que o comprador é que sofrerá as consequências, pois houve transferência de propriedade (*RF*, *169*:117). Igualmente, se o preço se perder ou se degradar, antes da tradição, o comprador é que sofrerá o risco, mas, se isso ocorrer após o pagamento, o vendedor é que arcará com o prejuízo havido com sua perda ou degradação.

Considerar-se-á como tradição, acarretando ao comprador responsabilidade pelo risco, a circunstância de a coisa, que comumente se recebe, contando, medindo ou assinalando, ter sido colocada à sua disposição, mesmo que o caso fortuito ocorra no ato de contar, marcar ou assinalar (CC, art. 492, § 1º). Mas os riscos correrão por conta do vendedor se agiu fraudulenta ou negligentemente (*RF*, *125*:210).

O comprador suportará os riscos da coisa adquirida, se estiver em mora de a receber, quando colocada à sua disposição no tempo, lugar e pelo modo ajustados (CC, art. 492, § 2º). Assim, se ela foi oferecida oportunamente ao adquirente, que não a quis receber, ele não poderá queixar-se do dano a que se exponha, devendo arcar com a responsabilidade pelo risco. Se a coisa foi expedida para lugar diverso do convencionado, por ordem do comprador, por sua conta correrão os riscos, uma vez entregue a quem haja de transportá-la, salvo se das instruções dele se afastar o vendedor (CC, art. 494). P. ex.: se o comprador solicitou que se despachasse a coisa por via aérea e o vendedor o faz por estrada de rodagem, hipótese em que suportará os riscos da coisa e dentre eles o da perda da pretensão ao seu preço, até sua efetiva entrega, porque agiu como mandatário infiel.

Se houver deterioração, o comprador terá a opção de resolver o contrato ou aceitar a coisa no estado em que se achar, com abatimento no preço, se o fato se deu por culpa do alienante (CC, art. 236), poderá pedir, ainda, a indenização por perdas e danos.

Quanto às despesas para a transferência do bem, salvo cláusula em contrário, prescreve o Código Civil, art. 490, que ficarão as da escritura e registro a cargo do comprador e as da tradição, a cargo do vendedor.

d) Responsabilidade do vendedor pela venda de coisa mediante amostra que não foi entregue nas condições prometidas. Pelo Código Civil, art.

484, "se a venda se realizar à vista de amostras, protótipos ou modelos, entender-se-á que o vendedor assegura ter a coisa as qualidades que a elas correspondem", de modo que, se o alienante não entregar objeto em perfeita correspondência com a amostra, o adquirente poderá recusá-lo no ato do recebimento, pedindo em juízo a competente vistoria *ad perpetuam rei memoriam*, em que se baseará a ação de rescisão do contrato, com indenização das perdas e danos. Mas prevalecerá a amostra (reprodução integral da coisa com suas qualidades e caracteres), o protótipo (primeiro exemplar do objeto criador) ou o modelo (desenho ou imagem, acompanhado de informações), se houver contradição ou diferença com a maneira pela qual se descreveu a coisa no contrato (CC, art. 484, parágrafo único). O contrato se resolve gerando responsabilidade civil pelas perdas e danos por violação ao princípio da boa-fé objetiva daquele cujos termos de informação sobre a coisa não corresponde à sua descrição em cláusula contratual. A amostra, o protótipo ou o modelo apresentado pelo vendedor adere-se ao contrato.

e) Responsabilidade do alienante pelos prejuízos decorrentes de erro nas dimensões do imóvel vendido se a venda for *ad mensuram*. O comprador que construir em terreno que não o adquirido não poderá responsabilizar o vendedor pelos danos daí resultantes por ter o dever de verificar, antes da construção, a exata localização do imóvel, conforme planta fornecida, mas, se perceber, na confrontação da planta com a escritura, que o vendedor errou, poderá responsabilizá-lo pelos danos oriundos desse equívoco.

O adquirente tem direito às dimensões dadas desde que a venda seja *ad mensuram*; se isso não for possível, poderá reclamar a resolução do negócio ou o abatimento proporcional ao preço (CC, art. 500). A venda *ad mensuram* vem a ser aquela em que se determina a área do imóvel vendido, estipulando-se o preço por medida de extensão. Por isso a especificação precisa da área do imóvel é elemento indispensável, pois ela é que irá determinar o preço total do negócio (*RT*, *503*:81). Se o comprador constatar que o imóvel não corresponde às dimensões da escritura, poderá exigir o complemento da área por meio de ação ordinária, denominada *ex empto* ou *ex vendito*. E, se, porventura, for impossível complementar a área, poderá optar entre a rescisão contratual e o abatimento proporcional do preço (*RF*, *167*:242, *158*:168, *132*:145, *222*:193; *RT*, *185*:708, *182*:689, *489*:99, *481*:94, *520*:165).

Pelo Código Civil, art. 500, § 1º, "Presume-se que a referência às dimensões foi simplesmente enunciativa, quando a diferença encontrada não exceder de um vigésimo da área total enunciada, ressalvado ao comprador o direito de provar que, em tais circunstâncias, não teria realizado o negócio". Esse artigo restringe o direito do comprador na venda *ad mensuram*, pois, se se encontrar uma diferença inferior a um vigésimo, haverá presunção *juris tantum* de que a menção à área foi meramente enunciativa, isto é, empregada apenas para dar uma indicação aproximativa do todo que se vende (*RF*, *100*:38; *RT*, *202*:130). Exemplificativamente, se o adquirente comprar terreno que teria mil alqueires, segundo a escritura, e vier a descobrir, posteriormente, que contém, na verdade, novecentos alqueires, poderá propor ação *ex empto*, visto que a diferença encontrada é de um décimo superior à tolerância legal. Mas, se com a medição perceber que há novecentos e oitenta alqueires, a diferença será de menos de um vigésimo; não poderá, então, ingressar em juízo para obter a complementação da área (*RF*, *168*:241).

O art. 500 não terá aplicação se a compra foi feita em hasta pública ou mediante arrematação em praça ou leilão (*RT*, *232*:510; *AJ*, *102*:423).

Se, em vez de diferença, houvesse excesso de área, o adquirente, antes do Código Civil de 2002, não teria o dever de repor preço correspondente, a não ser que houvesse convenção nesse sentido, pois o vendedor devia conhecer o que é seu e o que está alienando, e, se vendeu imóvel por preço certo, ainda que sua área fosse maior do que declarou, dever-se-ia entender que alienou corpo certo e não uma extensão superficial determinada (*RF*, *125*:310, *89*:483; *RT*, *117*:215, *130*:110, *202*:130, *275*:377). Todavia, modernamente tem havido autores, como Agostinho Alvim e Rubino, que sustentam a possibilidade de complementação do preço, se a área encontrada é maior do que a indicada no título. Nesse mesmo teor de ideias, o Código Civil, que no art. 500, § 2º, preceitua: "Se em vez de falta houver excesso, e o vendedor provar que tinha motivos para ignorar a medida exata da área vendida, caberá ao comprador, à sua escolha, completar o valor correspondente ao preço ou devolver o excesso". Atualmente, ante o art. 30 da Lei n. 8.078/90, nas relações de consumo, está superada esta clássica distinção entre venda *ad corpus* e *ad mensuram*, pois só se pode admitir a *ad mensuram*, uma vez que se exigem no contrato informações precisas do seu objeto.

f) Responsabilidade do vendedor por dívida fiscal anterior do imóvel. Assim, haverá exoneração do adquirente de imóvel que exibir certidão negativa de débito fiscal a que possa estar sujeito o bem adquirido, de qualquer responsabilidade por dívida anterior do imóvel por impostos, cabendo ao fisco exigi-la do transmitente (*RF*, *113*:425; *RT*, *159*:122, *193*:938, *201*:441, *223*:528, *299*:690, *300*:708).

g) Responsabilidade do vendedor em relação a menores, pois a Lei n. 8.069/90 impõe algumas restrições. Será proibida a venda de fitas de programação em vídeo em desacordo com a classificação da faixa etária atribuída pelo órgão competente (art. 77), sob pena de multa de três a vinte salários de referência, e, se houver reincidência, o juiz poderá determinar o fechamento do estabelecimento por até quinze dias (art. 256). As revistas e publicações contendo material impróprio a menores só poderão ser comercializadas em embalagem lacrada, com advertência de seu conteúdo, e se contiverem em suas capas imagens ou mensagens obscenas deverão ser protegidas com embalagem opaca (art. 78 e parágrafo único), não podendo ser vendidas a menores (art. 81, V). As revistas e publicações destinadas ao público infantojuvenil não poderão conter ilustrações, legendas ou anúncios de bebidas alcoólicas, tabaco, armas, munições, e deverão respeitar os valores ético-sociais da pessoa e da família (Lei n. 8.069/90, art. 79; CF/88, art. 220, § 4º; Lei n. 9.294/96; Decreto n. 2.018/96). Aquele que editar ou comercializar revistas e publicações, violando as normas acima indicadas, sofrerá pena de multa de três a vinte salários de referência, duplicada na hipótese de reincidência, sem prejuízo da apreensão das revistas ou publicações (art. 257 da Lei n. 8.069/90). Além do mais, há proibição de venda a menor de armas, munições e explosivos; bebidas alcoólicas; produtos causadores de dependência física ou psíquica; fogos de artifício capazes de provocar dano, e bilhetes lotéricos e equivalentes (art. 81, I a VI, da Lei n. 8.069/90), sob pena, conforme a infração, de reclusão, de 3 a 6 anos, detenção de 2 a 4 anos e multa (arts. 242, 243 e 244).

Quadro Sinótico

RESPONSABILIDADE CIVIL NA COMPRA E VENDA

CASOS	• Responsabilidade imposta ao vendedor pelos vícios redibitórios e evicção (CC, arts. 441 a 457). • Responsabilidade do alienante por defeito oculto nas vendas de coisas conjuntas (CC, art. 503). • Responsabilidade pelos riscos e despesas (CC, arts. 492, §§ 1º e 2º, 494, 236 e 490). • Responsabilidade do vendedor pela venda de coisa mediante amostra que não foi entregue nas condições prometidas (CC, art. 484). • Responsabilidade do alienante pelos prejuízos decorrentes de erro nas dimensões do imóvel vendido, se a venda for *ad mensuram* (CC, art. 500). • Responsabilidade do vendedor por dívida fiscal anterior do imóvel. • Responsabilidade do vendedor em relação a menores (Lei n. 8.069/90, arts. 77 a 81, 242, 243, 244, 256 e 257).

5. Responsabilidade civil na locação de coisa

A locação de coisa vem a ser o contrato pelo qual uma das partes, mediante remuneração, paga pela outra, compromete-se a conceder-lhe, unicamente, durante certo período de tempo, o uso e gozo de bem infungível, pois, se for fungível, ter-se-á mútuo, dado que o mutuário deverá restituir ao mutuante outro bem da mesma espécie, quantidade ou qualidade, situação incompatível com a do locatário, que deverá, ao término da locação, restituir ao locador o mesmo objeto locado, de tal sorte que a ação humana se limite à função acessória de manter a coisa em estado de servir ao seu destino econômico, subordinado aos fins locativos. O locador concede ao locatário tão somente o uso de um bem ou o gozo de um direito, mediante remuneração em dinheiro.

O locador será responsabilizado civilmente se:

a) Não entregar ao locatário a coisa alugada, com suas pertenças, em estado de servir ao uso a que se destina (CC, art. 566, I; Lei n. 8.245/91, art. 22, I). Assim, p. ex., se o prédio locado estava em construção que se atrasa, não podendo, por isso, o locador entregá-lo no tempo aprazado, o locatário poderá pedir rescisão do contrato, com devolução das quantias pagas e pagamento de multa contratual (*RT*, *179*:196).

b) Não mantiver o bem nesse estado, pelo tempo do contrato, salvo cláusula expressa em contrário (CC, art. 566, I, *in fine*; Lei n. 8.245/91, art. 22, II). Deverá, portanto, realizar reparações necessárias para que a coisa locada possa ser utilmente empregada (Lei n. 8.245/91, arts. 26 e 22, X). P. ex., se o prédio alugado foi destelhado por um vendaval, o locador deverá refazer o telhado; se não o fizer, o locatário poderá rescindir o contrato com pagamento de perdas e danos, exigir que se cumpra a obrigação ou reter o aluguel (*RT*, *193*:750, *222*:327, embora recente jurisprudência tenha pretendido o contrário). Pelo Código Civil, art. 567, se, durante a locação, a coisa alugada se deteriorar, sem culpa do locatário, a este caberá pedir redução proporcional do aluguel (*RT*, *162*:193, *161*:167), ou rescindir o contrato (*RF*, *75*:342; *RT*, *189*:158), somente se a coisa não mais servir para o fim a que se destinava. Se o bem perecer, resolver-se-á o contrato, com perdas e danos, se houve culpa do locador, embora os contraentes possam estipular o contrário (*RF*, *129*:143).

c) Houver defeitos ou vícios ocultos no bem locado anteriores à locação (CC, art. 568, *in fine*; Lei n. 8.245/91, art. 22, IV; *RT*, *165*:668; *RF*, *75*:134).

d) Não garantir o uso pacífico da coisa locada, durante o tempo do contrato (CC, art. 566, II; Lei n. 8.245/91, art. 22, II), abstendo-se da prática de qualquer ato que possa comprometer o uso e gozo do bem alugado e garantindo o locatário contra perturbações de terceiros (*RF*, *95*:369, *144*:90; *AJ*, *100*:30; *RT*, *164*:323, *179*:805), pois deverá resguardá-lo dos embaraços e turbações de terceiros (CC, art. 568, 1ª parte).

e) Não pagar nem os impostos que incidam sobre o imóvel locado, taxas, prêmio de seguro contra incêndio (*RSTJ*, *107*:362) e quaisquer despesas de intermediação ou administração imobiliária, nem as despesas extraordinárias de condomínio que compreendem todos os encargos referentes a obras que interessem à estrutura integral ou à aparência interna ou externa do prédio, bem como as necessárias para repor suas condições de habitabilidade e que não se incluem nas despesas ordinárias de condomínio (Lei n. 8.245/91, art. 22, VII, VIII e X). Porém, essa disposição legal não é categórica, pois o art. 18, VIII, 2ª parte, da Lei n. 8.245/91 permite que os contratantes estipulem que a obrigação de pagar imposto sobre a propriedade predial e territorial urbana, prêmio de seguro complementar contra fogo e taxas municipais relativas ao prédio locado fique a cargo do locatário.

f) Não fornecer o recibo de aluguel ou de encargos (Lei n. 8.245/91, art. 22, VI), e, se se tratar de locação de habitação coletiva multifamiliar, poderá ser punido com detenção de três meses a um ano, que poderá ser substituída pela prestação de serviços à comunidade, e, além disso, o lesado poderá reclamar, em processo próprio, multa equivalente a doze, no mínimo, ou a vinte e quatro, no máximo, meses do valor do último aluguel atualizado (Lei n. 8.245/91, art. 44, I, e parágrafo único).

g) Existirem benfeitorias úteis ou necessárias feitas pelo locatário de boa-fé (*RT*, *469*:150), pois deverá indenizá-las e, além disso, o locatário terá direito de reter o imóvel alugado até receber tal indenização (CC, art. 1.219; CPC, art. 917, IV, § 5º). Quanto às voluptuárias, o locador poderá pagá-las ou deixar que o locatário as remova, desde que sem detrimento da coisa (Lei n. 8.245/91, arts. 35 e 36).

Já há julgados que entendem que não são indenizáveis as benfeitorias quando o contrato de locação nega esse direito (*RT*, *523*:236).

h) Exigir, por motivo de locação ou sublocação, quantia ou valor além do aluguel e dos encargos permitidos, hipótese em que poderá sofrer pena de prisão simples de cinco dias a seis meses, ou multa entre o valor de três a doze aluguéis, correspondente ao valor do último atualizado (Lei n. 8.245/91, art. 43, I).

i) Preterir o locatário na preferência para aquisição, no caso de alienação do imóvel locado, caso em que deverá pagar perdas e danos reclamados pelo locatário, desde que o contrato de locação esteja inscrito no Registro Imobiliário (Lei n. 8.245/91, art. 33; *RT*, *469*:241).

Por outro lado, o locatário terá responsabilidade se:

a) Servir-se da coisa alugada para finalidade diversa do uso convencionado ou presumido, pois o locador poderá rescindir o contrato e exigir perdas e danos. Logo, o locatário tem a obrigação de não mudar a destinação do bem alugado (CC, arts. 569, I, 1ª parte; e 570; Lei n. 8.245/91, art. 23, II, 1ª parte; *RT*, *506*:184, *200*:500, *144*:688, *161*:719, *272*:492, *258*:414, *206*:474, *217*:449, *178*:783, *212*:554, *273*:528, *183*:704, *225*:403; *AJ*, *107*:384; *RF*, *116*:488).

b) Não tratar o bem locado como se fosse seu (CC, art. 569, I, 2ª parte; Lei n. 8.245/91, art. 23, II, 2ª parte), sob pena de rescisão contratual e de indenização de perdas e danos (*RT*, *526*:225, *534*:148).

c) Não pagar pontualmente o aluguel nos prazos ajustados, ou, na falta de convenção, até o sexto dia útil do mês seguinte ao vencido (Lei n. 8.245/91, art. 23, I), ou segundo o costume do lugar (CC, art. 569, II). A dívida, na falta de convenção em contrário, é *quérable* e não *portable*, devendo ser por isso procurada pelo locador no domicílio do locatário (*RT*, *186*:751, *187*:756, *258*:580; *AJ*, *95*:159). Nas locações de prédio rústico, salvo ajuste em contrário, nem a esterilidade, nem o malogro da colheita, por caso fortuito, autorizam o locatário a exigir o abatimento no aluguel. O pagamento não poderá ser retirado a pretexto algum, sob pena de incidir o devedor em mora (*RT*, *503*:182, *518*:224, *548*:168, *543*:168). Não poderá o locatário subtrair-se ao pagamento, alegando que a coisa locada se encontra em péssimo estado, não servindo às suas finalidades (*RT*, *538*:156). Havendo devolução do bem antes do termo contratual, prescreve o art. 572 do Código Civil que: "Se a obrigação de pagar o aluguel pelo tempo que faltar constituir indenização excessiva, será facultado ao juiz fixá-la em bases razoáveis", visto que haveria muito rigor se se estipular o pagamento do aluguel pelo tempo que faltar do contrato.

d) Não levar ao conhecimento do locador os danos, que a este incumba corrigir, e as turbações de terceiros, que se pretendam fundadas em direito (CC, art. 569, III; Lei n. 8.245/91, art. 23, IV), o que não impede que o locatário possa valer-se dos remédios possessórios quando sua posse for turbada ou esbulhada, podendo até ir contra o locador, se este for o autor da turbação ou esbulho.

e) Não restituir a coisa, finda a locação, no estado em que a recebeu, salvo as deteriorações decorrentes do uso regular (Lei n. 8.245/91, art. 23, III; CC, art. 569, IV), de caso fortuito ou força maior. Portanto, a obrigação do inquilino é de restituir o bem alugado em bom estado, daí ser uma obrigação de resultado e não de meio. Se descumprir tal dever, deverá indenizar o locador pela perda ou pela deterioração da coisa. O inquilino não poderá exonerar-se desse dever de restituir a coisa em bom estado, alegando que o dano foi causado por uma empregada, no exercício de suas funções; por seu filho, por não o ter podido vigiar porque, em razão de sua situação econômica, precisava trabalhar; por seu preposto, que não seguiu as ordens e instruções recebidas; por seu freguês ou hóspede etc. Não poderá alterar a forma externa ou interna do imóvel sem consenso do locador (Lei n. 8.245/91, art. 23, VI).

f) Não pagar os encargos de limpeza, força e luz, água, saneamento e despesas ordinárias de condomínio (Lei n. 8.245/91, art. 23, VII, VIII, X e XII); salários de empregados, água, luz e força utilizadas nas instalações e dependências de uso comum; manutenção e conservação de equipamentos hidráulicos e elétricos de uso comum; manutenção e conservação de elevadores e pequenos reparos em partes externas das instalações hidráulicas e elétricas.

g) Não fizer reparações locativas: colocação de fechaduras, substituição de vidros partidos, consertos de goteiras etc. Realmente, o art. 23, V e III, da Lei n. 8.245/91 prescreve que o locatário é obrigado a fazer por sua conta, no prédio, as reparações de estragos a que der causa, desde que não provenham do uso normal. Devem ser consideradas como reparações locativas as que provierem de culpa do locatário ou de seus familiares, dependentes, visitantes ou prepostos. Se o locatário quiser isentar-se da obrigação de reparar os estragos que causou, deverá provar que resultaram do uso normal da coisa, da ação do tempo, ou de qualquer acontecimento constitutivo de força maior.

h) Houver incêndio ou deterioração no prédio locado, desde que não prove caso fortuito ou força maior, vício de construção ou propagação de fogo originado em outro prédio (*RF*, *129*:89, *130*:91, *14*:154, *103*:268, *149*:275; *RT*, *511*:168). Se o prédio tiver mais de um inquilino, todos responderão pelo dano, inclusive o locador, se nele habitar, cada um em proporção da parte que ocupa, exceto provando-se ter começado o incêndio na parte utilizada por um só morador, que será, então, o único responsável (*RT*, *460*:194, *546*:149). Isto é assim porque o locatário, pelo art. 570 do Código Civil, responde pelos prejuízos provocados na coisa locada por ato abusivo seu, e o locador, além das perdas e danos, poderá exigir a rescisão contratual.

i) Não pedir prévio consentimento expresso do locador para sublocar, ceder ou emprestar o imóvel locado (Lei n. 8.245/91, art. 13)[73].

Quadro Sinótico

RESPONSABILIDADE CIVIL NA LOCAÇÃO DE COISA

1. RESPONSABILIDADE DO LOCADOR	• Se não entregar ao locatário a coisa alugada, com suas pertenças, em estado de servir ao uso a que se destina (CC, art. 566, I; Lei n. 8.245/91, art. 22, I).

73. Martinho Garcez Neto, op. cit., n. 20, 29 e 30; Aguiar Dias, op. cit., v. 1, n. 143; W. Barros Monteiro, op. cit., v. 5, p. 135-79; Fubini, *Il contratto di locazione di cose*, Milano, 1917, v. 1, n. 584, v. 3, n. 602; Caio M. S. Pereira, op. cit., v. 3, n. 236 a 241; Guillouard, *Du contrat de louage*, v. 2, n. 469; Orlando Gomes, *Contratos*, cit., Cap. 24; Agostinho Alvim, *Aspectos da locação predial*, São Paulo, 1966, n. 65 a 67; Luigi Abello, *Trattato della locazione*, Napoli, 1915, v. 1, n. 82, *a*, v. 2, n. 143, *a*; Lalou, op. cit., n. 629; Carvalho Santos, op. cit., v. 17, p. 169 e 171; Jacques Deschamps, *La responsabilité du locataire et l'assurance du risque locatif*, Paris, 1945, p. 29 e 141; Nino Levi, La restituzione, *Rivista di Diritto Privato*, 1935, p. 253; Savatier, op. cit., t. 1, n. 149; M. Helena Diniz, op. cit., v. 3, p. 192-7; Anacleto de Oliveira Faria, Locação de imóveis, in *Enciclopédia Saraiva do Direito*, v. 50, p. 323; Serpa Lopes, op. cit., v. 4, p. 32-50; De Page, op. cit., v. 4, n. 591 e 657; Alberto Montel, op. cit., p. 557-84. *Vide* Lei n. 8.069/90, arts. 77 e 256, referentes a aluguel de fita de programação de vídeo a menores. Pela Súmula 492 do STF: "A empresa locadora de veículos responde, civil e solidariamente, com o locatário, pelos danos por este causados a terceiro, no uso do carro locado". No direito francês, como o locatário passa a ser guardião do automóvel locado, terá, perante terceiro, toda a responsabilidade pelos danos causados; mas, se o automóvel for alugado com motorista, a responsabilidade será deste, por representar o locador. Na Itália (art. 2.054 do Código Civil) a responsabilidade é do condutor do veículo.

1. **RESPONSABILIDADE DO LOCADOR**	• Se não mantiver o bem nesse estado, pelo tempo do contrato, salvo cláusula expressa em contrário (CC, arts. 566, I, *in fine*, e 1.190; Lei n. 8.245/91, art. 22, III). • Se houver defeitos ou vícios ocultos no bem locado anteriores à locação (CC, art. 568, in fine; Lei n. 8.245/91, art. 22, IV). • Se não garantir o uso pacífico da coisa locada, durante o tempo do contrato (CC, art. 566, II; Lei n. 8.245/91, art. 22, II). • Se não pagar nem os impostos que incidam sobre o imóvel locado, taxas, prêmio de seguro contra incêndio e quaisquer despesas de intermediação ou administração imobiliária, nem as despesas extraordinárias de condomínio (Lei n. 8.245/91, art. 22, VII, VIII e X). • Se não fornecer o recibo de aluguel ou de encargos (Lei n. 8.245/91, arts. 22, VI, 44, I, e parágrafo único). • Se existirem benfeitorias úteis ou necessárias feitas pelo locatário de boa-fé, deverá indenizá-las (Lei n. 8.245/91, arts. 35 e 36; CC, art. 1.219). • Se exigir, por motivo de locação ou sublocação, quantia ou valor além do aluguel e dos encargos permitidos (Lei n. 8.245/91, art. 43, I). • Se preterir o locatário na preferência para aquisição, no caso de alienação do imóvel locado (Lei n. 8.245/91, art. 33).
2. **RESPONSABILIDADE DO LOCATÁRIO**	• Se se servir da coisa alugada para finalidade diversa do uso convencionado ou presumido (CC, arts. 569, I, 1ª parte, e 570; Lei n. 8.245/91, art. 23, II, 1ª alínea). • Se não tratar o bem locado como se fosse seu (CC, art. 569, I, 2ª parte; Lei n. 8.245/91, art. 23, II, 2ª parte, e VI). • Se não pagar pontualmente o aluguel nos prazos ajustados, ou, na falta de convenção, até o sexto dia útil do mês seguinte ao vencido, ou segundo o costume do lugar (Lei n. 8.245/91, art. 23, I; CC, art. 569, II). • Se não levar ao conhecimento do locador os danos e as turbações de terceiros (CC, art. 569, III; Lei n. 8.245/91, art. 23, IV). • Se não restituir a coisa, finda a locação, no estado que a recebeu, salvo as deteriorações decorrentes do uso normal, de caso fortuito ou força maior (CC, art. 569, IV; Lei n. 8.245/91, art. 23, III). • Se não pagar os encargos de limpeza, força e luz, água, saneamento e despesas ordinárias de condomínio (Lei n. 8.245/91, art. 23, VII, VIII, X e XII). • Se não fizer reparações locativas (Lei n. 8.245/91, art. 23, V e III). • Se houver dano no prédio locado e desde que não prove caso fortuito ou força maior, vício de construção ou propagação de fogo originado em outro prédio. • Se não pedir prévio consentimento expresso do locador para sublocar, ceder ou emprestar o imóvel locado (Lei n. 8.245/91, art. 13).

6. Responsabilidade civil do comodatário

O comodato, conforme preleciona Washington de Barros Monteiro, é o contrato unilateral, a título gratuito, pelo qual alguém entrega a outrem coisa infungível, para ser usada temporariamente e depois restituída (CC, art. 579)[74]. O comodato constitui, portanto, o empréstimo de uso, em que o bem emprestado deverá ser restituído em espécie, ou melhor, em sua individualidade, razão pela qual não poderá ser fungível ou consumível, salvo na hipótese de *commodatum pompae vel ostentationis causa*. O comodatário apenas terá o direito de usar a coisa, restituindo-a posteriormente ao comodante.

O comodatário terá responsabilidade civil se:

a) Não guardar e não conservar a coisa emprestada como se fosse sua (CC, art. 582, 1ª parte), pois deverá evitar seu desgaste ou sua desvalorização. Enfim, deverá abster-se de qualquer procedimento que possa inferir negligência ou desídia. Portanto, não poderá alugar o bem emprestado nem emprestá-lo, pois, se o fizer, deverá responder perante o comodante pelos danos causados ao objeto por terceiro a quem o havia confiado (*RT*, *432*:206; *AJ*, *112*:630).

b) Não limitar o uso da coisa ao estipulado no contrato ou de acordo com sua natureza (CC, art. 582, 2ª parte), pois se fizer isso deverá responder por perdas e danos. P. ex.: se o comodatário emprestou um carro para ir até o Rio, não poderá usá-lo para ir até Recife; se emprestou objeto para uso próprio, não poderá cedê-lo a terceiro. Se, porventura, com a utilização indevida causar dano ao bem ou perdê-lo, deverá responder pelos prejuízos (*RF*, *109*:466; *RT*, *254*:181, *274*:260) ao comodante. Mas o comodatário terá

74. W. Barros Monteiro, op. cit., v. 5, p. 206.

direito de reaver do terceiro, culpado pelo dano à coisa emprestada, aquilo que pagou ao comodante (*RT*, *487*:75).

Se houver comodato de um veículo sem a obrigatoriedade de um determinado destino ou de realização de um encargo, o comitente, isto é, o dono do carro não seria responsável pela reparação dos danos consequentes de um desastre pelo simples fato de ser proprietário; o comodatário é que responderá pelo acidente. Haverá a responsabilidade civil do dono do veículo por ato culposo do comodatário, se se demonstrar a culpa *in eligendo*, por ter confiado seu veículo, p. ex., a um amigo ou parente não habilitado como motorista ou aliado ao vício da embriaguez e do tóxico.

c) Não restituir a coisa emprestada *in natura*, no momento devido e se não houver prazo estipulado, findo o tempo necessário ao uso concedido. P. ex.: se alguém emprestar um barco para uma pescaria, deverá devolvê-lo assim que ultimá-la. O comodante é obrigado a respeitar a relação jurídica e só poderá pedir a devolução do bem que emprestou, antes do prazo convencionado, se provar necessidade urgente e imprevista por ocasião do empréstimo, reconhecida pelo juiz (CC, art. 581), não podendo, portanto, *ad nutum*, suspender o uso e gozo da coisa dada em comodato.

d) Atrasar na restituição do objeto emprestado, pois deverá responder pela mora (*RF*, *155*:276; *RT*, *514*:176, *141*:113), suportando os riscos, arcando com as consequências da deterioração ou perda da coisa dada em comodato (CC, art. 399), e pagar o aluguel (CC, art. 582) arbitrado pelo comodante (*AJ*, *90*:466; CC, art. 575) pelo tempo do atraso em restituir ou, como a jurisprudência tem preferido, correspondente às perdas e danos, calculados em execução e por arbitramento, desde a propositura da ação (*RT*, *166*:662, *288*:770, *303*:749). O aluguel é um meio de indenizar o comodante dos prejuízos oriundos da mora, incluindo-se, ainda, os honorários advocatícios (*RF*, *413*:381). Se assim não fosse, o comodante seria forçado a praticar uma liberalidade contra sua vontade.

e) Correr riscos o objeto do comodato, pois deverá responder por eles, ante o disposto no Código Civil, art. 583, que assim reza: "Se, correndo risco o objeto do comodato juntamente com outros do comodatário, antepuser este a salvação dos seus abandonando o do comodante, responderá pelo dano ocorrido, ainda que se possa atribuir a caso fortuito, ou força maior". Se o comodante emprestar uma mesa do século XVIII e a casa, que a contiver, vier a ser incendiada, o comodatário não terá a obrigação de arriscar sua vida para salvar o bem. Mas, se tiver a opção de salvar objetos de sua propriedade e a mesa dada em comodato, prescreve a lei que deverá retirar do incêndio, primeiro, a coisa emprestada; se fizer o contrário, terá de pagar o prejuízo. Percebe-se que, como a propriedade permanece com o comodante, a ele caberá o ônus ante o risco da coisa perecer por caso fortuito ou força maior, embora o comodatário seja responsável se, correndo risco o objeto do comodato juntamente com outros que lhe pertencerem, antepuser a salvação dos seus, abandonando o do comodante, salvo se provar isenção de culpa (CC, arts. 399, 393, 238 e 240).

f) Houver dano causado por outro comodatário, embora solidariamente, devido ao caráter benéfico do comodato e ao disposto no art. 585 do Código Civil, pelo qual a responsabilidade de cada um é solidária em face do comodante, para melhor assegurar a restituição da coisa, ante a gratuidade desse contrato. Assim, qualquer um dos comodatários poderá ser acionado. Se se provar que o prejuízo foi causado apenas por um, o demandado terá ação regressiva contra ele. As relações entre os comodatários reger-se-ão pelas normas atinentes às obrigações solidárias[75].

QUADRO SINÓTICO

RESPONSABILIDADE CIVIL DO COMODATÁRIO	• Pelo fato de não guardar e não conservar a coisa emprestada como se fosse sua (CC, art. 582, 1ª parte). • Por não limitar o uso da coisa ao estipulado no contrato ou de acordo com sua natureza (CC, art. 582, 2ª parte). • Pela não restituição da coisa emprestada in natura, no momento devido e se não houve prazo estipulado, findo o tempo necessário ao uso concedido. • Pelo atraso na devolução do objeto emprestado, caso em que responderá pelas consequências da mora (CC, arts. 399, 582 e 575). • Pelos riscos do objeto do comodato, nos termos do CC, art. 583, salvo se provar isenção de culpa (CC, arts. 399, 393, 238 e 240). • Pelos danos causados por outro comodatário, hipótese em que sua responsabilidade será solidária, devido ao caráter benéfico do comodato e ao disposto no art. 585 do CC.

75. Martinho Garcez Neto, op. cit., p. 106-9, n. 23; R. Limongi França, Contrato de empréstimo, in *Enciclopédia Saraiva do Direito*, v. 19, p. 321; W. Barros Monteiro, op. cit., v. 5, p. 206-14; Orlando Gomes, *Contratos*, cit., Cap. 28, p. 380 e s.; Caio M. S. Pereira, op. cit., v. 3, n. 245; André Brun, op. cit., n. 301; Wilson Melo da Silva, *Responsabilidade civil automobilística*, São Paulo, Saraiva, 1980, p. 329; Serpa Lopes, op. cit., v. 4, p. 325-27; M. Helena Diniz, op. cit., v. 3, p. 234 e 235; Silvio Rodrigues, Contrato de comodato, in *Enciclopédia Saraiva do Direito*, v. 19, p. 238 e 239.

7. Responsabilidade civil no contrato de depósito

O depósito é o contrato pelo qual um dos contraentes (depositário) recebe do outro (depositante) um bem móvel, obrigando-se a guardá-lo, temporária e gratuitamente, para restituí-lo quando lhe for exigido (CC, art. 627). O depositante é a pessoa que entrega a coisa em depósito e o depositário, a que a recebe. P. ex.: se A, obrigado a sair do país por algum tempo, não podendo levar consigo seus pertences e não tendo com quem deixá-los, contrata B, pessoa de sua confiança, ou uma empresa para guardá-los e conservá-los até sua volta, ter-se-á o depósito.

O contrato de depósito poderá ser: *a*) *voluntário*, se resultante da vontade livre das partes (CC, arts. 627 a 646); *b*) *necessário*, previsto no Código Civil, arts. 647 a 652, se independer da vontade das partes, por resultar de fatos imprevistos e irremovíveis que levam o depositante a efetuá-lo, entregando a guarda de um objeto a pessoa que desconhece e que receberá uma remuneração. É, em regra, um contrato consensual, que se triparte em: depósito legal, se decorrente de lei (CC, arts. 647, I, 1.233, parágrafo único, 345, 641 e 1.435, V); depósito miserável, se efetuado por ocasião de alguma calamidade pública (CC, art. 647, II); e depósito do hoteleiro, sobre o qual discorreremos oportunamente; *c*) *irregular*, se incidir sobre bens fungíveis; *d*) *regular*, se tiver por objeto coisas infungíveis; *e*) *judicial*, se realizado pelo juiz (CPC, arts. 625, 641, § 1º, 839), que entrega a terceiro coisa litigiosa, com o intuito de preservar a sua incolumidade, até que se decida a causa principal, para que não haja prejuízo aos direitos dos interessados.

O depositário terá responsabilidade:

a) Pela guarda da coisa que lhe foi confiada (*RF*, *116*:456, *180*:227), sendo-lhe permitido invocar a ajuda de auxiliares, mas ficará por eles responsável. Se não a puder guardar, por motivo plausível, deverá requerer o depósito judicial (CC, art. 635).

b) Pela perda ou deterioração do objeto depositado, se contribuiu dolosa ou culposamente para que isso acontecesse (*RT*, *536*:117), pois tem a obrigação de ter na custódia da coisa que está em seu poder o cuidado e a diligência que costuma com o que lhe pertence (CC, art. 629, 1ª parte). É obrigado a garantir a incolumidade da coisa, devendo abster-se de atos que sejam prejudiciais ao bem depositado.

c) Pela utilização da coisa depositada, sem autorização expressa do depositante, respondendo por perdas e danos (CC, art. 640), pois o depósito visa a custódia do bem e não o seu uso. Nem pode o depositário dar em depósito a outrem e se, devidamente autorizado, a confiar em depósito a terceiro, terá responsabilidade por culpa *in eligendo* (CC, art. 640, parágrafo único) pelos danos que ele causar à coisa depositada.

d) Pela devassa do depósito. Deverá respeitar o segredo da coisa sob sua guarda, uma vez que prescreve o Código Civil, no art. 630, que, "se o depósito se entregou fechado, colado, selado, ou lacrado, nesse mesmo estado se manterá".

e) Pela não restituição, no local estipulado ou no lugar de depósito, do objeto depositado *in natura* ou seu equivalente se: 1) se tratar de depósito irregular; 2) a coisa depositada se perdeu por força maior ou por fato inimputável ao depositário, que recebeu outra em seu lugar, em razão de indenização ou do seguro, pois nesse caso será obrigado a restituir a coisa sub-rogada ao depositante e ceder-lhe as ações que tiver contra o terceiro responsável pela restituição da primeira (CC, art. 636); 3) o herdeiro do depositário tiver vendido de boa-fé a coisa depositada; será, então, obrigado a assistir o depositante na reivindicação (CPC, arts. 119 a 124) e a restituir ao comprador o preço recebido (CC, art. 637); 4) a perda da coisa se der por culpa do depositário.

O depositário deverá restituir a coisa depositada ao depositante, não podendo, salvo nos casos dos arts. 633 e 634 do Código Civil, furtar-se à restituição do bem, alegando que ele não pertence ao depositante (*RT*, *207*:272), ou opondo compensação, exceto se noutro depósito se fundar (CC, art. 638). Se houver dois ou mais depositantes e for divisível a coisa, deverá entregar a cada um a respectiva parte, salvo se existir solidariedade entre eles (CC, art. 639). Nada obsta que a restituição do bem seja feita a outra pessoa que não o depositante, se ele a indicar no contrato de depósito. A morte do depositário não extingue a obrigação de restituir, pois o depósito se transmite como um direito ou como um dever aos herdeiros do depositante e do depositário. O depositário deverá restituir a coisa aos herdeiros ou ao inventariante, mediante autorização judicial, se o depositante falecer.

Estatui o Código Civil, no art. 633, que, "ainda que o contrato fixe prazo à restituição, o depositário entregará o depósito logo que se lhe exija, salvo se tiver o direito de retenção a que se refere o art. 644, se o objeto for judicialmente embargado, se sobre ele pender execução, notificada ao depositário, ou se houver motivo razoável de suspeitar que a coisa foi dolosamente obtida". Neste último caso, o depositário, expondo o fundamento da suspeita, requererá que se recolha o objeto ao depósito público (CC, art. 634).

Mesmo que não se tenha estipulado prazo, o depositário será obrigado a restituir a coisa depositada com os acessórios, frutos e acrescidos (CC, art. 629, *in fine*), assim que o depositante a exigir, salvo os casos previstos no Código Civil, arts. 633 e 634, sob pena de ser compelido a fazê-lo, mediante prisão não excedente a um ano, e a ressarcir os danos decorrentes do seu inadimplemento (CC, art. 652; Lei n. 492/37, arts. 31 e 35; CP, art. 168, § 1º, I; CF, art. 5º, LXVII; *RT*, *488*:73, *443*:258, *528*:120, *445*:189, *520*:165, *524*:198, *510*:156, *519*:164, *101*:185; *RF*, *78*:518, *99*:641; *RSTJ*, *39*:439, *84*:294; Súmula 619 (ora revogada — HC 92.566-9/SP — *DJE*, 12-12-2008) e Súmula Vinculante 25 do STF; *EJSTJ*, *12*:113, *13*:207). "De acordo com a sistemática introduzida pelo novo estatuto processual civil, foi abolida a prisão liminar do depositário infiel, para admiti-la somente depois de julgada procedente e não cumprido o mandado para entrega da coisa ou do equivalente em dinheiro dentro do prazo marcado, em regra, 24 horas" (*RT*, *482*:211, *519*:164). Se o depositário tiver razão legal para não entregar a coisa depositada, poderá retê-la, mas, para se eximir da prisão (apesar de ser tida como ilícita pela jurisprudência), deverá requerer (por força da CF, art. 5º, LXVII) o depósito judicial da coisa. O mesmo se diga se o depositante não quiser receber a coisa (CC, art. 635).

f) Pelos riscos da coisa (*RT*, *138*:92, *154*:3), mesmo por caso fortuito e força maior: *a*) se houver convenção nesse sentido (*RT*, *151*:655); *b*) se estiver em mora de restituir a coisa depositada (CC, arts. 399 e 393); *c*) se o caso fortuito sobreveio quando o depositário, sem licença do depositante, se utilizava do bem depositado. Portanto, em regra, tais riscos serão suportados pelo depositante, não respondendo o depositário por caso fortuito e força maior, mas, para que lhe valha a escusa, deverá prová-los (CC, art. 642; *RT*, *477*:88, *271*:258, *135*:139).

g) Pela transferência do depósito sem autorização do depositante (*AJ*, *107*:324)[76].

76. Aguiar Dias, op. cit., v. 1, n. 144 e 145; W. Barros Monteiro, op. cit., v. 5, p. 223-39 e 241-3; Carvalho Santos, op. cit., v. 18, p. 81; Caio M. S. Pereira, op. cit., v. 3, n. 247; Savatier, op. cit., t. 1, n. 131; Orlando Gomes, *Contratos*, cit., p. 412-20; Lalou, op. cit., n. 480; Silvio Rodrigues, op. cit., v. 3, p. 285-95; Serpa Lopes, op. cit., v. 4, p. 220-35; M. Helena Diniz, op. cit., v. 3, p. 242-54. "Os veículos, durante os trabalhos de lavagem e lubrificação, são considerados sob a custódia e responsabilidade dos proprietários dos postos respectivos onde tais serviços se levam a efeito. Configura-se tal situação como um verdadeiro depósito gratuito, responsabilizando-se o depositário pelos acidentes que os veículos venham a experimentar ou causar a terceiros" (TAMG, *ADCOAS*, 1982, n. 84.284). "Empresa proprietária de garagem e posto de serviços que recebe, através de preposto, automóvel para lavagem, vindo a entregá-lo a terceiro, que não era o proprietário do veículo, nem o preposto dele, responde civilmente pelos danos que terceiros venham a causar no automóvel. Evidencia-se uma ausência de cautela e vigilância por parte de quem tem a guarda de bem alheio, ainda que em caráter eventual" (TJRS, *ADCOAS*, 1983, n. 91.242). *EJSTJ*, *8*:105: "A responsabilidade da empresa repousa não em contrato de depósito, tal como previsto no Código Civil, mas sim na obrigação de guarda e vigilância que tacitamente assume ao proporcionar a seus associados local presumivelmente seguro para deixarem os veículos, enquanto efetuam suas compras.

Não realização da tentativa de conciliação em audiência. Nulidade inexistente.

Não cabe a decretação de nulidade porque, em primeiro lugar, embora regularmente intimados para a audiência as partes e seus procuradores, não compareceram o representante da ré nem o respectivo advogado, assim impossibilitando a tentativa de autoconciliação da lide; em segundo lugar porque, realizada a audiência e proferida sentença, a composição jurisdicional do conflito de interesses tornou sem qualquer sentido a pretensão à anulação do processo a fim de apenas tentar uma composição negocial da mesma lide". No mesmo sentido: *EJSTJ*, *8*:91; Súmula 130 do STJ; *BAASP*, *1874*:1380: "Comprovada a existência de depósito, ainda que não exigido por escrito, o depositário é responsável por eventuais danos à coisa. Depositado o bem móvel (veículo), mesmo que gratuito o estacionamento, se este se danifica ou é furtado, responde o depositário pelos prejuízos causados ao depositante, por ter aquele agido com culpa 'in vigilando', eis que é obrigado a ter na guarda e conservação da coisa depositada o cuidado e diligência que costuma com o que lhe pertence (artigo 1.266, 1ª parte, do Código Civil = art. 629 do novo CC). Recurso não conhecido (STJ)" — no mesmo sentido: *Lex*, *30*:281. Há responsabilidade de banco, supermercado, *shopping center* (*RT*, *600*:79 e *651*:239, *RJTJSP*, *111*:401), mesmo em caso de gratuidade de estacionamento, visto que ela é aparente, uma vez que a empresa retira lucro indireto, pois, se oferecer estacionamento, a clientela aumentará e, além disso, assume a posição de depositário, logo indeniza prejuízo por culpa *in vigilando* (CC, art. 629). Sobre furto de carro em estacionamento de empresa e o dever de guarda: *RT*, *769*:190; STJ, Súmula 130. A cláusula contratual que exclua a responsabilidade do estacionamento por dano eventualmente ocorrido no bem depositado não pode prevalecer por contrariar a essência e o objeto da convenção (*RT*, *670*:73). Há responsabilidade de dono de estacionamento e de posto de gasolina que exploram guarda de veículo, mediante pagamento de usuários (*RT*, *704*:232, *638*:92; *RJTJSP*, *132*:313, *110*:165). Respondem pelos veículos deixados sob sua guarda: donos de restaurantes e de hotéis, mesmo que não cobrem por esse serviço destinado a atrair clientela (STJ, REsp 6.069, 3ª T., *DJU*, 17 jun. 1991, p. 82084, n.

Quadro Sinótico

RESPONSABILIDADE CIVIL DO DEPOSITÁRIO	• Pela guarda da coisa que lhe foi confiada (CC, art. 635). • Pela perda ou deterioração do objeto depositado, se contribuiu dolosa ou culposamente para que isso acontecesse (CC, art. 629, 1ª parte). • Pela utilização da coisa depositada, sem autorização expressa do depositante (CC, art. 640). • Pela devassa do depósito (CC, art. 630). • Pela não restituição do objeto depositado *in natura* ou seu equivalente (CC, arts. 636, 637, 633, 634, 638, 639, 629 e 652; CF/88, art. 5º, LXVII). • Pelos riscos da coisa (CC, arts. 399, 393 e 642). • Pela transferência do depósito sem autorização do depositante.

11; *RJTJSP*, *98*:148, *103*:339; *RT*, *563*:84); das escolas e universidades, desde que haja remuneração e controle de entrada e saída pela emissão de *tickets* (*RT*, *693*:264, *773*:396; *JTJ*, *Lex*, *228*:59); de hospitais, mesmo se o estacionamento for gratuito, por haver oferta induzindo o paciente a acreditar na segurança de seu veículo (STJ, REsp 3.944-0-PR, 4ª T., *DJU*, 5 maio 1993, p. 5839, n. 64). Responsabilidade de clubes pelo estacionamento ou pelos guardas que vigiam veículos de sócios estacionados em via pública, sendo válida a cláusula de não responsabilidade pelo furto de bens em sua dependência (STJ, REsp 86.137-0-SP, 3ª T., j. 24-3-1998). Empregador responde por furto de veículo de empregado em seu estabelecimento, por haver depósito (*RT*, *607*:39).

A ação de depósito foi absorvida desprocedimentalizada pela tutela de evidência (CPC art. 311, III).

8. Responsabilidade civil no contrato de hospedagem

O depósito necessário abrange o do hoteleiro ou hospedeiro, ou seja, o da bagagem dos viajantes, hóspedes ou fregueses, nas hospedarias, estalagens ou casas de pensão, onde eles estiverem (CC, art. 649), abrangendo, ainda, internatos, colégios, hospitais, que recebem pessoas para estadia a troco de dinheiro.

O hospedeiro ou estalajadeiro, ao lado do dever de segurança quanto à pessoa do hóspede, responderá pela bagagem do viajante não só como depositário (*RF*, *128*:117), mas também pelos furtos e roubos que perpetrarem as pessoas empregadas ou admitidas em seus estabelecimentos (CC, art. 649, parágrafo único; *JTJ*, *159*:105; *RT*, *632*:96, *518*:110), dispensando-se prova por escrito, seja qual for o respectivo valor. O hospedeiro assume, portanto, uma obrigação de resultado, de garantir à pessoa e às bagagens do hóspede certa segurança. Responderá, portanto, pelos danos oriundos de queda do hóspede, devido à falta de conservação de elevador (*RT*, *824*:205), à má iluminação do hotel; de perda ou deterioração da bagagem; de roubo sofrido pelo viajante nas dependências do hotel; de mau funcionamento do elevador; de umidade do cômodo alugado etc. A responsabilidade pela perda e deterioração da bagagem do viajante é considerada um risco do negócio, embora não haja tradição real, mas ficta, bastando que a bagagem do hóspede seja introduzida em seu estabelecimento. Essa responsabilidade só dirá respeito aos bens que, habitualmente, costumam levar consigo os que viajam, como roupas e objetos de uso pessoal, não alcançando quantias vultosas ou joias, exceto se proceder culposamente ou se o hóspede fizer depósito voluntário com a administração da hospedaria (*RT*, *778*:381, *518*:110; *RJTJSP*, *114*:150). Isto é assim porque o hoteleiro, o hospedeiro e o estalajadeiro se oferecem à confiança do público, que não tem oportunidade de verificar a idoneidade dos estabelecimentos por eles explorados. O hospedeiro tem o dever de manter a bagagem no estado em que a recebeu em seu estabelecimento; se esta se perder ou se deteriorar, há presunção *juris tantum* de sua culpabilidade. O hóspede lesado, para receber a indenização a que faz jus, só terá de comprovar o contrato de hospedagem e o dano dele resultante.

Entretanto, o hospedeiro poderá excluir tal responsabilidade se:

a) celebrar convenção com o hóspede, desde que não seja abusiva, logo, não poderá conter cláusula de não indenizar, prevendo isenção total da responsabilidade do hospedeiro por qualquer dano sofrido pelo hóspede; assim, não bastarão simples avisos, declarações unilaterais ou regulamentos internos baixados por ele nas dependências da hospedaria (*RT*, *215*:462, *263*:176, *267*:707, *274*:610, *572*:177; *AJ*, *92*:254; *RF*, *176*:214; *RJTJSP*, *114*:150);

b) provar que o prejuízo do hóspede, viajante ou freguês não poderia ter sido evitado (CC, art. 650);

c) ocorrer força maior ou caso fortuito (CC, art. 393), como escalada, invasão da casa, roubo à mão armada (*RT*, *604*:84), bala perdida que fere hóspede ao penetrar na janela do quarto, ou violências semelhantes (CC, art. 650); logo, se se tratar de furto simples, com emprego de chave falsa, ou sem outras violências, terá responsabilidade (*RF*, *112*:452, *128*:117, *136*:93, *185*:212; *RT*, *152*:566, *222*:537; *AJ*, *96*:253);

d) houver culpa do hóspede, que deixou, p. ex., aberta a porta de seu quarto (*RF*, *103*:448; *RT*, *282*:399; *AJ*, *113*:397), ou esqueceu carteira na beira da piscina do hotel etc.

O hoteleiro, portanto, tem sua responsabilidade agravada por ser remunerado tal depósito, de modo que só se eximirá dela nos casos acima arrolados.

Como esse depósito é remunerado, sendo tal remuneração incluída no preço da hospedagem (CC, art. 651), nosso Código Civil, no art. 1.467, I, protege o hoteleiro, determinando que será credor pignoratício, independentemente de convenção, com o escopo de assegurar o pagamento das despesas feitas pelo hóspede. Trata-se de penhor legal. Por esse dispositivo legal serão credores pignoratícios "os hospedeiros, ou fornecedores de pousada ou alimento, sobre as bagagens, móveis, joias ou dinheiro que os seus consumidores ou fregueses tiverem consigo nas respectivas casas ou estabelecimentos, pelas despesas ou consumo que aí tiverem feito". Visa esse artigo proteger aquele que recebe hóspedes, em regra, pessoas desconhecidas, que, aparentemente, não oferecem nenhuma garantia, senão os valores que trazem consigo, e que, por serem ocupantes transitórios de seu estabelecimento, tais deslocamentos constantes aconselham que se tomem medidas cautelosas. Além do mais, é-lhe difícil certificar-se da solvabilidade desses seus fregueses, antes de proceder ao serviço que lhe é solicitado (*RT*, *153*:253, *238*:401).

Se tais hóspedes deixarem de pagar as despesas de hospedagem e consumo, autoriza a lei que o credor apreenda suas bagagens, tomando posse de um ou mais objetos até o valor da dívida (CC, art. 1.469), pois pode tornar efetivo o penhor antes de recorrer à autoridade judiciária, sempre que houver perigo na demora (CC, art. 1.470), dando ao devedor comprovante dos bens apossados. Pede, em seguida, ao magistrado que homologue esse penhor (CC, art. 1.471), dirigindo-lhe petição instruída com: *a*) a conta pormenorizada das despesas do devedor, conforme a tabela impressa de preços da hospedagem, da pensão ou dos gêneros fornecidos, afixada prévia e ostensivamente nas dependências do estabelecimento, sob pena de nulidade do penhor (CC, art. 1.468); *b*) a tabela de preços vigorante no estabelecimento; e *c*) a relação dos objetos retidos em garantia do débito (CC, art. 1.470, *in fine*).

Recebendo o magistrado esse pedido de homologação, dará início ao processo estabelecido nos arts. 703 a 706 do Código de Processo Civil. Com a homologação judicial legaliza-se a apreensão do credor, aperfeiçoando o ônus real. Inicia o credor, logo depois, a execução pignoratícia, fazendo com que a penhora recaia precisamente sobre os objetos empenhados. Essa cobrança executiva do débito deverá ser efetivada dentro de um ano, sob pena de prescrição da ação, segundo o disposto no art. 206, § 1º, I, do Código Civil (*RT*, *139*:118). Se o órgão judicante negar tal homologação, os bens retidos serão restituídos ao réu, mas o credor não ficará impedido de recorrer ao procedimento comum para o recebimento de seu crédito (CPC, art. 706, § 1º, 2ª parte), já que, de conformidade com o art. 176 do Código Penal, constitui infração tomar refeição em restaurante, alojar-se em hotel ou utilizar-se de meio de transporte sem dispor de recursos para efetuar o pagamento, em razão do interesse social de facilitar o pagamento de dívidas dessa natureza, para preservar a segurança das relações que se estabelecem nesse campo[77].

---

77. Caio M. S. Pereira, op. cit., v. 2, p. 289, v. 3, n. 248; W. Barros Monteiro, op. cit., v. 3, p. 367, 370 e 371, v. 5, n. 239 a 241; Aguiar Dias, op. cit., v. 1, n. 146, 147, 148 e 149 e *Cláusula de não indenizar*, 2. ed., Rio de Janeiro, 1955, n. 83; M. Helena Diniz, op.

Quadro Sinótico

RESPONSABILIDADE CIVIL NO CONTRATO DE HOSPEDAGEM

1. NATUREZA DA OBRIGAÇÃO ASSUMIDA PELO HOTELEIRO	• O hospedeiro assume uma obrigação de resultado de garantir certa segurança à pessoa e a bagagem do viajante. O depósito necessário abrange o do hoteleiro, isto é, o da bagagem do hóspede na hospedaria em que estiver.
2. RESPONSABILIDADE DO HOTELEIRO	• Pela incolumidade física do hóspede. • Pela perda ou deterioração da bagagem do viajante. • Pelo furto e roubo perpetrado por pessoa admitida ou empregada no hotel (CC, art. 649, parágrafo único).
3. EXCLUSÃO DESSA RESPONSABILIDADE	• Se houver convenção com o hóspede. • Se provar que o prejuízo do viajante não poderia ter sido evitado (CC, art. 650). • Se ocorrer força maior ou caso fortuito (CC, art. 650). • Se houver culpa do hóspede.

cit., v. 3, p. 249-51, v. 4, p. 327 e 328; Orlando Gomes, *Contratos*, cit., p. 421; Martinho Garcez Neto, op. cit., p. 133-6; Lalou, op. cit., n. 483 e 484; André Michalon, *La responsabilité des hôteliers*, Paris, 1908; Paul Pont, *Des petits contrats*, 2. ed., v. 1, n. 541; Benoît Rul, *Le contrat d'hôtellerie ou rapports juridiques entre l'hôtelier et le voyageur*, Paris, Giard et Brière, 1906; Polacco, op. cit., 2. ed., v. 1, p. 413 e s.; Silvio Rodrigues, op. cit., v. 5, p. 370. Pela Lei n. 8.069/90 (art. 82), é proibido hospedar menor em hotel, motel, pensão etc., salvo se autorizado ou acompanhado pelos pais ou responsável, sob pena de multa, sendo que, em caso de reincidência, o juiz poderá determinar o fechamento do estabelecimento por até quinze dias. E, se comprovada a reincidência em período inferior a 30 dias, o estabelecimento será definitivamente fechado e terá sua licença cassada (art. 250, §§ 1º e 2º da Lei n. 8.069/90, com alteração da Lei n. 12.038/2009). *Vide EJSTJ*, *23*:156 e 157. Se a relação é de consumo, ante a prestação de serviço de hotelaria ao hóspede (consumidor), nulos serão avisos unilaterais e cláusula de não indenizar (Lei n. 8.078/90, art. 51, I) por vício de produto ou serviço. Na relação de consumo entre hóspede e hoteleiro, aplica-se o Código de Defesa do Consumidor, por não envolver responsabilidade indireta do último.

9. Responsabilidade civil dos proprietários e diretores de hospitais e de clínicas

Nítido é o caráter contratual da responsabilidade dos proprietários e diretores de hospitais e clínicas, até mesmo em face do tratamento gratuito. Sua obrigação é semelhante à do hoteleiro, compreendendo deveres de assistência médico-hospitalar e de hospedagem (CC, arts. 932, IV, 933, 942, parágrafo único). Infere-se daí que o proprietário e diretor do hospital ou da clínica terá a responsabilidade:

a) Pelos fatos danosos cometidos pelos seus auxiliares, como enfermeiros, médicos assalariados, funcionários (membros do *staff* hospitalar, ligados, à administração ou à segurança) etc., p. ex.: a direção do hospital seria responsável por presunção *juris et de jure*, culpa *in vigilando* (Súmula 341 do STF), pela subtração de recém-nascido das suas dependências (*RT*, *777*:342), pelos prejuízos resultantes de negligência do médico do estabelecimento que deixar, por vários dias, de examinar o paciente aí internado, que teve por isso seu estado de saúde agravado, pelo suicídio de paciente internado na UTI, apresentando confusão mental, por não ter tomado providência para conter, física ou quimicamente, o enfermo (*RT*, *777*:277) e pelos resultados inverídicos de exames laboratoriais (*RT*, *778*:246). Se a direção do hospital tivesse feito uma severa fiscalização, zelando para que, no estabelecimento, se observassem as regras gerais de prudência e bom-senso, tal não ocorreria. Mas hoje pelos arts. 932, III, 933 e 942, parágrafo único, do Código Civil, terá responsabilidade objetiva pelos atos lesivos a pacientes daquelas pessoas acima arroladas, mesmo que não haja culpa de sua parte, e será, com elas, solidariamente responsável, sem prejuízo do direito de regresso, demonstrada a culpa do profissional da saúde. Deveras, pelo Enunciado n. 191 do Conselho de Justiça Federal, aprovado na III Jornada de Direito Civil: "a instituição hospitalar privada responde, na forma do art. 932, III do Código Civil, pelos atos culposos praticados por médicos integrantes de seu corpo clínico". A administração hospitalar não se responsabilizará pela falta técnica do médico, que, não sendo preposto ou empregado seu, agiu no exercício de sua profissão; logo, a responsabilidade será apenas do médico (CC, art. 951) que, p. ex., cortar órgão vital durante uma operação, ministrar remédio a que o doente é alérgico etc., desde que a cirurgia não tenha sido contratada com o hospital conveniado ao SUS, nem dela tenha participado a sua equipe médica. Não se pode responsabilizar hospital se paciente contratou diretamente o médico que realizou a cirurgia (*RT*, *788*:226). Se o médico estiver credenciado, haverá responsabilidade solidária da empresa de assistência médica que o selecionou (TJSP, EI 106.119-1, Rel. Des. Walter Moraes; TJRJ, AgI. 1475/92).

b) Pelos danos à incolumidade dos doentes, pois tem a obrigação de resguardá-los de qualquer consequência que um bom serviço poderia evitar, p. ex., infecção hospitalar (*RT*, *755*:269), lesão provocada por aparelho etc. Tal dever de incolumidade não garantirá, obviamente, a cura dos clientes.

c) Pela omissão de diligências necessárias à prestação dos serviços hospitalares, pois, pelo fato de existir um contrato entre o hospital e o doente, deverá proporcionar-lhe uma assistência idônea e satisfatória[78].

78. Lei n. 8.069/90, arts. 10, 12, 14, e parágrafos, 228, 229 e 245; Lei n. 9.431/97, sobre a obrigatoriedade da manutenção de programa de controle de infecções hospitalares pelos hospitais do País; Aguiar Dias, op. cit., v. 1, p. 292 e 293, 381-3; Savatier, op. cit., n. 796; Villegas-Pulido, op. cit., p. 230; Fernando Facury Scaff, Da responsabilidade das instituições médicas, *RDC*, *55*:41; Sílvia Vassilieff, A responsabilidade, cit., p. 513-7; *RT*, *774*:396, *606*:186, *605*:193, *526*:216, *522*:90, *500*:227, *546*:200, *556*:190, *590*:193, *559*:193, *572*:101, *568*:157; Súmula 341 do STF; *Ciência Jurídica*, *32*:127; *RJTJSP*, *41*:115; *RTJ*, *62*:255, *54*:92, *78*:452, *75*:209; *EJSTJ*, *12*:89; *RT*, *774*:236 — respondem hospital e médicos que agiram como seu preposto pela extração desnecessária de ovários da vítima; TFR, *ADCOAS*, 1982, n. 87.982: "Responde o órgão previdenciário pelas despesas efetuadas em estabelecimento particular feitas pelo segurado, que, portador de doença grave, não recebeu a devida assistência médico-hospitalar". Pelo STJ (REsp 908.359, 2ª Seção, rel. Min. Nancy Andrighi) hospital não deve indenizar paciente por cirurgia malsucedida se o cirurgião não prestou serviço sob suas ordens.

BAASP, *3011*: 9. Ação indenizatória. Danos decorrentes de queimadura por bisturi elétrico durante o parto. Responsabilidade solidária do hospital. Tratando-se de relação de consumo, todos os fornecedores de produtos ou serviços que integraram a relação jurídica com o consumidor devem responder solidariamente pelos danos causados. Leitura dos art. 7º, parágrafo único, art. 18, art. 25 e art. 34, todos do CDC. Preliminar corretamente afastada pelo mm. juízo *a quo*. Decisão mantida. Recurso desprovido. Ação indeniza-

Quadro Sinótico

RESPONSABILIDADE DO PROPRIETÁRIO E DIRETOR DE HOSPITAL OU CLÍNICA	• Pelos fatos danosos cometidos pelos seus auxiliares (enfermeiros, médicos assalariados e funcionários). • Pelos danos à incolumidade dos doentes. • Pela omissão de diligência necessária à prestação dos serviços hospitalares.

---

tória proposta contra hospital. Denunciação da lide às médicas que atenderam a autora. Descabimento. Hipótese que não se enquadra no disposto no art. 70, inciso III, do CPC/1973, invocado pela maternidade ré. Além disso, é vedada a denunciação da lide na relação jurídica submetida às regras do Código de Defesa do Consumidor, aplicável ao caso em apreço. Decisão agravada mantida. Recurso desprovido (TJSP – 9ª Câmara de Direito Privado, Agravo de Instrumento n. 2043622-42.2016.8.26.0000-Riberão Preto-SP, rel. Des. Angela Lopes, j. 12-4-2016, v.u.).

Sobre responsabilidade solidária da clínica e médico que não atende adequadamente parturiente, causando a morte do feto: *Ciência Jurídica*, *57*:140. Em hospitais, crianças, idosos e pessoas com saúde debilitada constituem alvo fácil de infecções, provocadas por superbactérias imunes a antibióticos usuais, mas isso não afasta os cuidados de higiene e esterilização. O hospital só responderia pela infecção hospitalar se não houvesse observância daquelas medidas profiláticas. Médico causador de dano a paciente, que, apesar de prestar serviço no hospital, não pertence ao seu corpo clínico, por ser, p. ex., locador do centro cirúrgico, responderá sozinho pelo seu ato culposo, por não haver vínculo de preposição com o hospital. Na lição de Sílvia Vassilieff (A responsabilidade, cit., p. 517/19), se o plano de saúde apenas remunerar o profissional de saúde e o hospital escolhido pelo paciente, nenhuma responsabilidade terá pelo ato lesivo. Mas, se escolher o profissional ou o estabelecimento de saúde, terá responsabilidade. O STJ vem firmando entendimento de que os planos de saúde e hospitais devem responder objetivamente pelos erros médicos cometidos pelos seus credenciados, apenas pela comprovação do nexo causal entre o fato e o dano. O plano de saúde, às vezes, poderá ter, juntamente com o médico, corresponsabilidade, se controlar o exercício da medicina, limitando realização de exames e procedimentos. A responsabilidade pelos danos causados por próteses ortopédicas fabricadas fora dos padrões estabelecidos é objetiva do fornecedor (indústria); mas o plano de saúde terá, eventualmente, responsabilidade se impuser utilização de prótese de certo fabricante, para diminuir seu custo. *Vide* Decreto estadual paulista n. 41.703/97, que regulamenta a Lei n. 9.495/97, que obriga as empresas que atuam sob a forma de prestação direta ou intermediação de serviços médico-hospitalares a garantirem atendimento a todas as enfermidades relacionadas no Código Internacional de Doenças da Organização Mundial de Saúde; Portaria n. 3.434/FA-43, de 3-9-1997, que aprova normas para controle de infecção hospitalar nas Forças Armadas; Lei n. 12.653/2012 acresce o art. 135-A ao Código Penal para tipificar o crime de condicionar atendimento médico-hospitalar emergencial a qualquer garantia ou preenchimento prévio de formulários administrativos, punido com detenção de 3 meses a um ano e multa. Tal pena será aumentada até o triplo, se houver morte e até o dobro se da negativa de atendimento resultar lesão corporal grave.

10. Responsabilidade civil dos estabelecimentos bancários

O banco — empresa financeira que tem por fim realizar a mobilização do crédito, mediante o recebimento, em depósito, de capitais de terceiros, e o empréstimo de importância, em seu próprio nome, dos que necessitam de capital — domina a vida quotidiana. Não há classe social que a ele não se dirija, recolhendo suas economias ou levantando capitais. Para poder atingir sua finalidade, o banco realiza várias operações, dinamizando o crédito, tornando-se ora devedor da pessoa com quem transaciona, ora credor. Assim, se recolher capital, passará a ser devedor dos clientes, realizando, então, operação passiva, como o são, p. ex., o depósito e o redesconto. Na operação passiva, o banco ficará sendo, ao receber de seu cliente numerário pelo qual se responsabilizará, seu devedor, pois, embora adquira propriedade desse numerário, por ser fungível, será obrigado a restituir outro do mesmo valor, qualidade e quantidade. Se aplicar suas disponibilidades, concedendo crédito, praticará operação ativa, como empréstimo, descontos, antecipação, abertura de crédito, cartas de crédito, conta corrente, financiamento. Essas operações são praticadas pelo banco na qualidade de credor, pois empregará não apenas o seu capital como o numerário recebido de terceiro, que passa ao seu domínio por ser bem fungível. Ao aplicar esse numerário, o banco cobrará uma taxa de juros.

Além dessas operações típicas, há as acessórias, como a custódia de valores e o aluguel de cofres, que são realizadas pelo banco para a prestação de serviços que pode executar com maior segurança do que o particular, facilitando a clientela.

Todas essas operações bancárias poderão ser consideradas contratos, por haver acordo entre as partes, criando obrigações.

Os contratos bancários são negócios jurídicos em que uma das partes é uma empresa autorizada a exercer atividades próprias de bancos. Assim, esses contratos, apesar de específicos do comércio bancário, poderão ser praticados por comerciantes não banqueiros. Se efetivados sem a participação de um banco, entrarão nos seus esquemas típicos, porém só serão operações bancárias se uma das partes for um banco.

A jurisprudência e a doutrina têm construído um regime especial de responsabilidade civil dos bancos, consagrando os seguintes princípios:

a) Aplicação ao banqueiro das normas relativas ao mandato, ao mútuo, ao depósito etc., ante a ausência de legislação específica para apurar sua responsabilidade.

b) Distinção da responsabilidade do banqueiro, concebido como banco, pessoa jurídica, da dos seus administradores, pessoas naturais, que exercem suas funções numa instituição financeira. Com isso será possível separar a responsabilidade objetiva, que, em regra, preside as relações entre o banco e os seus clientes, e a subjetiva, comum nas relações em que o dever de reparar o dano recai sobre o diretor ou administrador de estabelecimento bancário. A responsabilidade civil dos administradores de instituições financeiras privadas está regulada pela Lei n. 6.024/74. Poderá ocorrer intervenção decretada pelo Banco Central do Brasil (art. 1º da Lei n. 6.024/74) se ocorrer anormalidade nos negócios sociais da instituição financeira, como, p. ex., se houver dano, oriundo de má administração, que sujeite a risco seus credores. Observa Luiz Roldão de Freitas Gomes que a liquidação extrajudicial da instituição financeira poderá ser decretada *ex officio*, por motivos que comprometam sua situação econômica. Havendo intervenção, liquidação ou falência da instituição financeira, surge a indisponibilidade dos bens dos administradores, que não poderão, direta ou indiretamente, aliená-los ou onerá-los, até a apuração e liquidação final de suas responsabilidades (Lei n. 6.024/74, art. 36, §§ 1º e 2º, *a* e *b*). A Lei n. 6.024/74 no art. 45, ao dispor sobre a responsabilidade dos administradores e membros do Conselho Fiscal, prescreve que, se concluir o inquérito realizado pelo Banco Central pela existência de prejuízos, será, com o respectivo relatório, remetido ao juiz da falência, ou ao competente, para decretá-la, o qual o fará com vista ao órgão do Ministério Público, que, em oito dias, sob pena de responsabilidade, requererá o sequestro dos bens dos ex-administradores, que não tinham sido atingidos pela indisponibilidade prevista no art. 36, quantos bastem para a efetivação da responsabilidade. Nossos juízes e tribunais têm acolhido a denominação "arresto" para tal medida. Entendemos, seguindo a esteira de Arnoldo Wald (Arresto e a indisponibilidade na Lei n. 6.024/74, *Revista de Direito da Procuradoria-Geral da Justiça do Estado do Rio de Janeiro, 11*:56 a 72, 1980), que descabe o arresto dos bens de administradores de instituição financeira já considerados indisponíveis em razão da decretação da liquidação extrajudicial, uma vez que se o arresto não se confunde com o gravame da indisponibilidade, os bens sobre que esta recai não podem, pela própria natureza dos institutos, ser objeto da constrição resultante daquele. Estatui, ainda, o art. 39 daquele diploma legal que "os administradores e membros do Conselho Fiscal de instituições financeiras responderão, a qualquer tempo, salvo prescrição extintiva, pelos atos que tiverem praticado ou omissões em que houverem incorrido". O art. 40 e parágrafo único, por sua vez, dispõem que "os administradores de instituições financeiras respondem solidariamente pelas obrigações por elas assumidas durante sua gestão, até que se cumpram", caso em que os diretores terão responsabilidade solidária pelas obrigações patrimoniais da sociedade, que "se circunscreverá ao montante dos prejuízos causados". Nesta última hipótese, alguns autores, acertadamente, como José Carlos Brandão Monteiro (Breves comentários à Lei n. 6.024/74, *Revista da OAB-RJ, 4*:62 e 63, 1978), vislumbram uma responsabilidade objetiva, fundada no risco criado e não na culpa, de modo que haverá sempre a responsabilidade dos administradores se provados o prejuízo e a participação na administração (*RTJ, 99*:891). "A legislação especial que disciplina o regime dos estabelecimentos financeiros consagra o princípio da responsabilidade solidária de seus dirigentes pela má gestão da empresa, responsabilidade que, de início, tinha por pressuposto a indagação de dolo ou culpa, mas que passou a ser responsabilidade solidária de natureza simplesmente legal de reparar, com exclusivo apoio na lei e sob o pálio da doutrina do risco, consoante se verifica comparando-se o texto primitivo do art. 2º da Lei n. 1.808/53 com o que resultou da redação que lhe deu o art. 42 da Lei n. 4.595/64" (AgI 26.248, publicado na *Revista de Jurisprudência do Tribunal de Justiça do Estado do Rio de Janeiro, 35*:57). Urge lembrar que a Lei n. 1.803/53 se encontra, hoje, revogada pela Lei n. 6.024/74.

Podemos afirmar, baseados nas lições de Arnoldo Wald, que nas relações entre o banco e seus clientes há forte tendência de se reconhecer um regime próprio de responsabilidade civil do banqueiro fundada: *a*) na ideia de risco profissional (*RF, 89*:714), ante a necessidade de se tratar o banqueiro de modo mais rígido e severo, apreciando-se com maior rigor o seu comportamento e sua eventual culpa, não só por ter conhecimentos especializados ou técnicos bem maiores do que os do cliente, que, geralmente, é um leigo, desconhecendo, portanto, os "mecanismos bancários", mas também pela circunstância de usar recursos financeiros alheios e pelo poder econômico do banco, que lhe possibilita impor sua vontade a outrem, mediante contratos por adesão e possibilidade de inclusão da cláusula de não indenizar. Procura-se vincular a responsabilidade do banqueiro perante o seu cliente à existência de uma culpa de serviço, que independerá da prova de culpabilidade de um funcionário determinado. Deveras, o Supremo Tribunal Federal tem reconhecido que os estabelecimentos bancários devem suportar os riscos profissionais inerentes à sua atividade; assim, o banqueiro responderá pelos prejuízos que causar, em razão de risco assumido profissionalmente (Súmula 28 do STF), só se isentando de tal responsabilidade se se provar culpa grave do cliente, força maior ou caso fortuito. Isto é assim, porque, devido à celeridade das operações bancárias, será impossível fiscalizar-se continuamente as ações de cada empregado do banco e, além disso, quem paga um título numa instituição financeira não poderá indagar da qualidade do empregado que recebe o pagamento; *b*) na assemelhação do banco ao concessionário de serviço público que exerce uma função delegada do Estado. Há, realmente, uma nova corrente doutrinária, propugnada por Roger Houin, Christian Gavalda, Jean Stoufflet, Jack Vézian e Michel Vasseur, que visa aproximar a responsabilidade do banco à do Estado, por considerar que o estabelecimento bancário exerce um serviço público à coletividade, por ser um intermediário forçado dos pagamentos na sociedade atual, ou melhor, um concessionário do poder monetário exercido pelo Estado. O que, entre nós, como observa Arnoldo Wald, não é totalmente descabido, visto que nossa legislação integra expressamente os bancos no Sistema Financeiro Nacional. "O mau funcionamento dos serviços bancários obriga a instituição financeira a ressarcir os prejuízos causados aos seus clientes" e "o banqueiro responde por dolo e culpa, inclusive leve, e até pelo risco profissional assumido", de acordo com a jurisprudência do STF (*RT*, *689*:11).

Contudo, é preciso salientar que o juiz não terá de decidir sempre pela responsabilidade do banco, devendo, obviamente, considerar as peculiaridades de cada caso concreto, ao decidir a quem caberá reparar o dano.

Ter-se-á responsabilidade subjetiva nas relações em que o dever de ressarcimento do evento danoso atinge o diretor ou administrador do banco. Pune-se o diretor culpado pela prática ou concurso à prática de ato ilegítimo ou ilícito, com culpa grave ou dolo, e não qualquer banqueiro ou banco, só por ser tal (*RT*, *251*:59 e 67; *RF*, *170*:85 a 89, *184*:160), hipótese em que se deverá apurar se os danos causados decorreram de dolo ou de culpa sua. P. ex.: se não cumpriu sua obrigação nos exatos termos e prazos estabelecidos no contrato, haverá presunção *juris tantum* de sua culpabilidade. Não se decretará o arresto de bens particulares de diretor de banco se não ficar provado que ele concorreu culposamente para que o banco precisasse recorrer à liquidação extrajudicial (*RT*, *251*:366).

c) Existência de dois fundamentos da responsabilidade civil da casa bancária: a culpa e o risco. Deveras, um não exclui o outro. As relações entre banqueiro e cliente, ou terceiro, são regidas pelo risco profissional, por razões de equidade e justiça, pois entre a posição inferior do cliente ou de terceiro, relativamente ao banco, será imprescindível restabelecer o equilíbrio entre os contratantes. Existe responsabilidade objetiva do banco havendo: "abertura de conta corrente através de ato fraudulento, consistente na utilização de carteira de identidade, que havia sido perdida pelo titular do documento, sem o seu conhecimento ou participação, que acabou por culminar no protesto de cheques, impõe ao banco o dever de indenizar os danos morais e materiais suportados em decorrência da fraude, pois a falsificação foi montada contra a instituição financeira, decorrendo sua responsabilidade em virtude do risco profissional" (*RT*, *799*:216); "falha do serviço, ocasionadora de devolução de cheques por insuficiência de fundos de cliente que tinha saldo na conta corrente" (*RT*, *779*:351); inscrição irregular de ex-correntista em cadastro de devedor inadimplente (*RT*, *778*:377); troca de cartão magnético do usuário no interior das dependências da instituição bancária, levando-o a sofrer desfalques em seu crédito em conta corrente (*RT*, *781*:395). Haverá culpa recíproca proporcional se houver fraude em transferência de valores via Internet, por fornecimento de senha pelo cliente a suposto preposto da agência. Isto porque o fato de haver transferido para a conta do fraudador quantia superior ao limite diário estabelecido evidencia a responsabilidade do banco, a quem cabe a supervisão das operações disponibilizadas aos clientes, por meio eletrônico, sendo tal prática incluída entre aquelas cujo risco profissional envolve a atividade bancária (*RTDCiv*, *2*:179). As relações entre bancos destinadas a formar sindicatos de empréstimos bancários internacionais ou consórcios bancários, que visam a consecução de projetos ou a concessão de financiamentos; entre instituições financeiras e Estados; ou entre empresas multinacionais, ante a igualdade das partes, ficam sob a égide da teoria da culpa. Nestas relações têm-se admitido amplamente as cláusulas de não indenizar, válidas desde que a conduta dos contraentes não esteja caracterizada pela culpa grave ou pelo dolo. Assim sendo, havendo dolo ou culpa grave, a indenização será sempre devida, apesar da existência daquela cláusula contratual.

d) Introdução, nos contratos bancários, da obrigação de vigilância, de garantir a segurança dos bens e de proteger o cliente, pelas quais se responsabiliza o banqueiro, salvo nos casos de culpa, exclusiva, ou concorrente, do correntista ou de força maior. O banco, no depósito bancário, deverá restituir a importância em dinheiro que lhe foi entregue pelo seu cliente, quando esta for exigida no prazo e nas condições ajustadas. Se fez um contrato de custódia e guarda de valores por meio de depósito e de aluguel de cofre, deverá oferecer segurança, principalmente em relação aos títulos ao portador, e devolver os bens assim que forem reclamados pelo cliente. O banco não responderá pelos objetos guardados, mas pela sua integridade e inviolabilidade, ou seja, sua responsabilidade cingir-se-á à guarda e vigilância do cofre, cessando se for destruído por força maior. Da violação da obrigação de vigilância, garantia ou segurança resultará a responsabilidade do banco, e a prova da infração a esse dever é oriunda do fato de terem desaparecido os recursos ou bens depositados. O banco é responsável, objetivamente, por prejuízo causado a cliente em assalto ocorrido em sua agência, se este se der por falta de segurança ou não (STJ, 4ª T., j. 14-5-2001; *RT, 779*:393, *781*:366; CC, art. 927, parágrafo único) e por ser fato previsível e notório. O banqueiro deverá assumir perante o cliente um comportamento não só de mandatário, executando as ordens recebidas, ou de depositário, como também de conselheiro, informando-o dos melhores negócios, das soluções mais adequadas e das medidas mais convenientes aos seus interesses, conservando sigilo em suas operações ativas e passivas e serviços prestados (Lei Complementar n. 105/2001). Assim sendo, o banco responderá por informação falsa que der ao cliente, p. ex., sobre a idoneidade financeira da pessoa com quem ele vem a negociar (*RT, 410*:379).

Haverá responsabilidade do banco que, como mandatário ou depositário:

1) Receber do devedor valor inferior ao devido ou debitar valor pago a mais em conta de correntista sem seu consenso, sob pena de devolver ao cliente o valor sacado da conta-corrente, devidamente atualizado, e de pagar indenização por dano moral.

2) Causar dano ao cliente pela falência de seu devedor se, na cobrança de certos títulos, consentiu em prorrogar o prazo do pagamento sem anuência de seu cliente ou retardou indevidamente o protesto de duplicata (*Revista de Direito, 87*:348).

3) Descontar cheque falsificado (CDC, art. 14, § 3º; Súmula 28 do STF; *RT, 835*:236, *773*:405; *EJSTJ, 3*:82, *10*:93), salvo prova: *a*) de culpa exclusiva do depositante, que foi negligente na guarda dos cheques, hipótese em que não haverá indenização. A presunção de responsabilidade de estabelecimento bancário pelo pagamento de cheques furtados e ditos falsos poderá, por-

tanto, ser elidida por prova de culpa do sacador. Assim, sacador que se vê furtado de talões de cheques e não comunica a ocorrência, imediatamente, ao banco e à Polícia, fazendo-o, tão somente, decorridos alguns dias após ter conhecimento do fato, agirá com culpa evidente e exclusiva, mormente quando os cheques ditos falsos foram emitidos nesse lapso de tempo (TJSC, *ADCOAS*, 1982, n. 87.981), ou *b*) de culpa concorrente do depositante ou correntista. Assim, se o cliente concorreu por sua culpa para aquela falsificação, mas esta poderia ter sido descoberta pela casa bancária, haverá concorrência de culpas: a do correntista e a do banco, de maneira que a indenização será dividida ou por metade, ou proporcionalmente às respectivas culpas (*RF*, *68*:718; *RT*, *800*:267; CC, art. 945). "Os juros moratórios a serem pagos pelo banco ao correntista por cheque descontado visivelmente falsificado são devidos a partir da citação, mas a correção monetária não é devida, se houver culpa concorrente das partes, assim como nas despesas processuais, inclusive com a perícia grafotécnica, que devem ser suportadas igualmente pelas partes, isto é, metade cada, assim também com os honorários de seus respectivos advogados, considerada a extensão da sucumbência (1º TACSP, *ADCOAS*, 1981, n. 80.041).

Se a falsificação do cheque for grosseira (*RT*, *274*:692; *282*:369, *285*:817), de modo que o dano foi produzido por negligência do banco, é inegável a culpa do estabelecimento bancário, que deve empregar diligência ordinária, visto que ao aceitar o depósito do cliente assumiu o compromisso de vigilância. "O banco que lançar a débito de conta de seu correntista o valor de cheques nominais em cujo verso foram apostas assinaturas evidente e grosseiramente falsificadas, sem ter a indispensável cautela de verificar a assinatura do tomador, através de autógrafo existente em sua agência, ou sem exigir a apresentação de documento de identidade em confronto com o qual seguramente se possa verificar a autenticidade da firma, estará obrigado a devolver ao cliente a quantia indevidamente paga, com juros e correção monetária. O entendimento dos especialistas e dos Tribunais continua no sentido de reconhecer a responsabilidade do banco, tanto por incidência de culpa quanto com base no risco profissional assumido pelo estabelecimento bancário, em sua atividade altamente lucrativa, sempre que visível, aparente, grosseira a falsificação da assinatura do sacador ou do tomador endossante, a não ser quando concorre culpa preponderante de um destes. O caso é, tipicamente, de responsabilidade civil. Em se tratando de cheque nominal, o que importa não é a regularidade de sua tradição, mas a do pagamento, a ser feito depois de verificada a regularidade, pelo menos aparente, do endosso, pois essa é a garantia que da indicação do nome do tomador decorre para a tranquilidade do sacador, ao se valer desse hoje indispensável instrumento de pagamento" (TJRJ, *ADCOAS*, 1982, n. 87.326).

Se não houver culpa na falsificação do cheque, nem do banco, nem do correntista (*RT*, *268*:323), p. ex., se um hábil falsificador preencher cheque avulso com assinatura quase que idêntica à de um cliente, o banco deverá ressarcir o prejuízo, porque a fraude se deu contra ele, pois a seu cargo é que estava o pagamento, competindo-lhe, por isso, suportar os riscos daí decorrentes (*RJTJSP*, *41*:115, *39*:39, *75*:101, *77*:144, *78*:230; *RF*, *139*:201, *96*:73, *89*:714, *137*:88, *91*:444, *83*:454, *55*:337, *57*:47, *237*:72; *RT*, *160*:476, *166*:169, *193*:830, *543*:98, *203*:420, *124*:140, *222*:556, *274*:692, *282*:369, *285*:817, *256*:137, *271*:179, *371*:143, *515*:213, *410*:151, *224*:501, *245*:327, *527*:202, *488*:83, *560*:195, *447*:89, *430*:90, *497*:126, *449*:146, *563*:109, *543*:98, *555*:137, *554*:125, *569*:185, *564*:187, *552*:60, *615*:46; *AJ*, *101*:89).

Poder-se-á dizer, portanto, que, "em torno da responsabilidade pela emissão de cheque falso, é de certa forma assente que — em princípio — a falsificação da assinatura é crime contra o banco, enquanto a falsificação do texto — valor do cheque — é crime contra o cliente, a responsabilidade do banco é de natureza contratual. O depositário não paga, ao falsário, em dinheiro do titular do cheque. Paga com o seu próprio numerário. Da mesma forma que o banco responde, perante aos clientes, quando sofre roubo, por assalto a seus cofres, assim também responderá perante aquele que teve furtado cheque, pelo qual o criminoso, mediante artifício, consegue apropriar-se de certa soma do estabelecimento comercial. Seja no crime violento — o roubo com uso de armas ou até de bombas — seja na outra modalidade de ilícito penal, em que a violência é substituída pela astúcia, o estabelecimento comercial igualmente responde perante o cliente depositante. Isso resulta do contrato. Atenua-se o rigor quando, de algum modo, tenha o depositante concorrido para o crime. Inverte-se, então, o ônus da prova: incumbe ao réu a prova de fato que possa modificar, ou mesmo extinguir, o pedido — CPC, art. 333, II — atual 373, II" (TJRJ, *ADCOAS*, 1981, n. 79.395).

O banco tem obrigação de conferir a legitimidade do endossante sempre que receber cheques endossados. Deve apurar a autenticidade da assinatura e a regularidade formal do endosso.

4) Atrasar na remessa de fundos determinada pelo cliente.

5) Protestar cambial, embora advertido da falsidade da assinatura do devedor. Deveras, se o banco, avisado de que o título continha assinatura falsa, determinar o protesto sem apurar previamente a autenticidade, fazendo uma cobrança executiva do título, deverá assumir o risco de sua impru-

dência e negligência, arcando com todas as suas consequências (*RTJ*, *384*:142, *56*:182). O mesmo se diga de protesto de cheque em razão de conta corrente aberta fraudulentamente por terceiro, com o uso de documento perdido pelo seu titular (*RT*, *779*:216).

6) Pagar o portador de cheque assinado a rogo de analfabetos, sem exigir do mandatário a indispensável procuração escrita, com poderes especiais e expressos (*RF*, *83*:130).

7) Realizar, na gestão de fundos e da carteira de títulos dos clientes, operações irregulares em detrimento dos investidores, pois recentemente a Comissão de Valores Mobiliários tem punido vários fundos por esse motivo[79].

---

79. A respeito da responsabilidade dos bancos consulte: Júlio Mirabete, As provas ilícitas e a violação do sigilo bancário, *Estudos Jurídicos*, *5*:171-4; Arnoldo Wald, Responsabilidade pessoal do diretor de banco, *RF*, *263*:386-94; A responsabilidade contratual do banqueiro, in *Digesto econômico*, 1982, p. 95, n. 299; Aspectos peculiares do direito bancário: o regime jurídico dos atos bifaces, in *Digesto econômico*, 1983, p. 53-68, n. 300; A culpa e o risco como fundamentos da responsabilidade pessoal do diretor do banco, in *Digesto econômico*, 1978, p. 13-32, n. 262; Do regime legal da responsabilidade das instituições financeiras pelo extravio de títulos de crédito que lhes foram entregues para cobrança através de endosso-mandato, *RT*, *718*:63; Mulholland, Responsabilidade civil por fato do serviço bancário, *RTDCiv*, *2*:183; André Tunc, Ébauche du droit des contrats professionels, in *Le droit privé au milieu du XX siècle*; études offertes à Georges Ripert, Paris, LGDJ, 1950, t. 2, p. 142; Aguiar Dias, op. cit., v. 1, n. 150-A, p. 383-93; Jacques Ferronnière, *Les opérations de banque*, 4. ed., Paris, Dalloz, 1963, n. 125; Georges Pratt, *La responsabilité du banquier*, Paris, Ed. Technique et Documentation, 1981, p. 12 e s.; Silvio Rodrigues, op. cit., v. 4, p. 279-85; Vivante, *Trattato di diritto commerciale*, 5. ed., Milano, Vallardi, 1929, v. 3, p. 476, n. 1.415; Guido A. Raffaelli, Sull'incidenza del rischio nella falsificazione degli assegni, in *Banca, borsa e titoli di credito*, 1938, p. 185; Fran Martins, *Contratos e obrigações comerciais*, 5. ed., Rio de Janeiro, Forense, 1977, p. 497-531; Orlando Gomes, *Contratos*, cit., p. 392-4; Caio M. S. Pereira, op. cit., v. 3, p. 470 e 471; Luiz Roldão de Freitas Gomes, Da responsabilidade civil dos administradores de instituições financeiras privadas em regime de intervenção ou liquidação extrajudicial no Brasil, *Revista de Direito Comparado Luso-Brasileiro*, v. 2, p. 146-55; Jean Pierre Patat, *Les banques centrales*, Paris, Sirey, 1972, p. 1; Jack Vézian, *La responsabilité du banquier*, Paris, Libr. Techniques, 1977, n. 172; Rodière e Rivers-Lange, *Droit bancaire*, Paris, Dalloz, 1973, n. 83; C. A. Bittar, Responsabilidade civil dos bancos na prestação de serviços, *RT*, *614*:33; Lorenzo Mossa, *Lo check e l'assegno circolare secondo la nuova legge*, 1937, p. 329-35; Gavalda e Stoufflet, *Le droit de la banque*, Paris, PUF, 1974, p. 214 e 326, n. 3; Jean Stoufflet, Devoirs et responsabilité du banquier, in *Responsabilité professionnelle du banquier*, obra coletiva dirigida por Gavalda, Paris, Ed. Economica, 1978, p. 23; Mário D. Correa Bittencourt, Responsabilidade do banco sacado pelo pagamento de cheque cujo endosso foi falsificado, *RF*, *255*:4558; Michel Vasseur, *La responsabilité civile du banquier dispensateur de crédit*, 3. ed., Paris, 1978, p. 9 e s.; Luís e Lauro Muniz Barreto, *A responsabilidade dos bancos, no caso de pagamento de cheques por meio de procuração pública*, São Paulo, Revista dos Tribunais, 1939; Rodolfo Mancuso, Responsabilidade civil do banco em caso de subtração fraudulenta do conteúdo do cofre locado a particular, *RT*, *616*:24; Cahali, Responsabilidade dos bancos pelo roubo de bens depositados em seus cofres, *RT*, *591*:10; Da-

nos morais: cheques sem fundos, *Consulex*, *26*:46-7; Carlos Roberto Feres, Contratos bancários e o Código de Defesa do Consumidor, *Tribuna do Direito*, nov. 1999, p. 22; Domingos Franciulli Netto, Quebra de sigilo bancário pelo Ministério Público, *JSTJ*, *19*:31-58; Márcia R. Frigieri, *Responsabilidade civil dos estabelecimentos bancários*, 1997; Vilson Rodrigues Alves, *Responsabilidade civil dos estabelecimentos bancários*, 1999, 4 v.; José Augusto Delgado, Sigilo bancário e os direitos fundamentais, *Cadernos de direito tributário e finanças públicas*, São Paulo, Revista dos Tribunais, n. 22: 15/1998); Armindo S. Matias, Regime sancionatório em direito bancário, *Revista de Direito Mercantil*, *127*:21 a 29; Fabiana Lopes Pinto, O sigilo bancário e a Lei Complementar n. 105/2001, *Leis complementares em matéria tributária* (coord. Heleno T. Torres), São Paulo, Manole, 2003, p. 149 e s.; Miguel Reale e Ives Gandra Martins, A quebra do sigilo bancário e a inconstitucionalidade da norma, *RT Informativo*, *23*:13; Werber R. Faria, *Liquidação extrajudicial, intervenção e responsabilidade civil dos administradores das instituições financeiras*, Porto Alegre, Fabris, 1985; Jean Soldi Esteves, *A responsabilidade civil nos contratos bancários*, São Paulo, LTr, 2011. *Vide*, ainda, o que escrevemos a respeito no volume 3 do nosso *Curso*, p. 437 e 438; *RT*, *614*:236, *610*:76, *601*:60, *224*:501, *210*:45, *481*:130, *547*:190, *194*:442, *185*:319, *196*:411, *199*:604, *502*:84, *501*:195, *344*:575, *423*:120; *RF*, *262*:203, *272*:213, *139*:201, *142*:272, *141*:240, *199*:384, *124*:140 e Súmulas 508 e 554 do STF; *RJTJSP*, *67*:106, *62*:102, *65*:130; *JB*, *165*:258; *EJSTJ*, *11*:89. O Banco do Estado do Rio Grande do Sul — Banrisul e a empresa de Vigilância Pedroso Ltda. terão de pagar R$ 12 mil a cliente a título de indenização pelos danos morais por ele sofridos ao ser barrado, por diversas vezes, na porta giratória de uma agência do banco por ter uma perna mecânica. Ele precisava fazer um depósito em sua conta-corrente e só conseguiu entrar com a escolta de agentes policiais. O cliente, que é terceiro sargento aposentado da Brigada Militar, perdeu a perna num acidente de trabalho. Quando foi barrado pela porta eletrônica pediu ao vigilante a liberação da entrada, apresentando sua identificação de militar e mostrando-lhe a perna mecânica. Assim mesmo, o segurança da agência recusou-se a liberar a entrada. O cliente só conseguiu entrar depois de registrar queixa na delegacia mais próxima e de ser acompanhado por uma escolta de policiais civis. O militar moveu uma ação indenizatória contra o banco e a empresa contratada para fazer a segurança das agências. Ganhou em primeira e em segunda instâncias. O Tribunal de Justiça do Rio Grande do Sul (TJRS), embora reconhecendo a importância das medidas que tragam segurança para os consumidores, considerou que não pode o cliente ser submetido a situações de constrangimento, humilhação ou de desconforto exagerado. Entendeu ainda que o valor compensatório deve ser fixado proporcionalmente à gravidade da lesão sofrida pelo prejudicado, observadas várias circunstâncias, como a posição familiar, cultural, política, social e econômico-financeira da pessoa ofendida, bem como as condições econômicas e o grau de culpa do ofensor. O banco e a empresa de vigilância recorreram ao STJ, mas o recurso não foi admitido pelo TJRS, o que levou os réus à interposição de agravo de instrumento, em que os agravantes pedem a anulação da condenação ou, pelo menos, a redução do valor fixado. A condenação foi fixada em R$ 12 mil, corrigidos e acrescidos dos juros legais a partir do ajuizamento da ação, mais as custas processuais e os honorários advocatícios, que foram estabelecidos em 20% do valor da condenação. O relator do recurso, ministro Antônio de Pádua Ribeiro, negou provimento ao agravo, afirmando que, efetivamente, o valor da indenização por dano moral está sujeito ao controle do STJ, mas isso apenas para evitar que a verba indenizatória seja fixada em níveis irrisórios ou patamares exagerados. No caso, o valor fixado pela sentença e confirmado pelo TJRS apresenta-se razoável, cumprindo a dupla finalidade da sanção por dano moral, que é garantir ao ofendido a reparação de seu direito e desestimular o ofensor da prática de atos similares no futuro (Ag. 649961). "A Câmara Municipal de São Paulo aprovou projeto que proíbe utilização de portas giratórias para acesso aos bancos. De autoria do vereador Dalton Silvano (PSDB), o projeto, de 1997, vai para sanção do prefeito. 'Uma coisa é a segurança do banco, outra é o constrangimento vivido pelas pessoas que ficam presas na porta e quase se despem para provar que não levam nada' diz Silvano. Segundo ele, alguns bancos não utilizam portas com detectores. 'Nem por isso são mais atacados por bandidos. Há outras formas de segurança, como vidros blindados, cofres com abertura programada e seguranças disfarçados'." Para evitar assalto a Lei municipal paulistana n. 15.429/2011 dispõe sobre restrição de uso de telefone móvel no interior das agências bancárias. Sobre o Banco Central: CF, arts. 164, §§ 1º a 3º, e 192, V. A respeito da correção monetária: CF, Ato das Disp. Transitórias, arts. 46 e 47. *Vide*, ainda, CF, art. 192, e Disp. Transitórias, art. 52, I, II e parágrafo único. *Vide* Súmula 48 do STJ. Assalto à mão armada não é força maior, porque o Banco deve tomar medidas de segurança (*JB*, *165*:307) e assume o risco de sua atividade (*RT*, *781*:366; Circular n. 2.315/93 do Banco Central, sobre redução de prazo de bloqueio e de troca dos cheques compensados pelo Sistema Nacional de Compensação – ora revogada pela Circular n. 3.532/2011). Responsabilidade civil do banco por furto de veículo em seu estacionamento, *Ciência Jurídica*, *61*:97. Sobre sigilo bancário: *Ciência Jurídica*, *67*:71, *69*:55. Banco pode ser condenado a pagar indenização por dano moral e patrimonial por assassinato de correntista em um caixa eletrônico, por ter responsabilidade de manter a segurança (3ª T., STJ, REsp 286/76). Notificação extrajudicial feita pelo banco a correntista, comunicando a intenção de não mais renovar o contrato de abertura de crédito, por ser exercício regular de um direito, apesar de causar dissabor, não produz dano moral (STJ, REsp 303.396-PB — Rel. Min. Barros Monteiro). O sigilo bancário até a Lei Complementar n. 105/2001 (sobre sigilo das operações de instituições financeiras) e o Decreto n. 3.724/2001 (regulamentador do art. 6º daquela LC) só podia ser quebrado com autorização judicial e, excepcionalmente, em face de interesse público. Com essas normas, ao mesmo tempo que se reconhece o dever e o direito de sigilo, chega-se a admitir que movimentação financeira de pessoa física ou jurídica fique sujeita a exame de autoridade tributária e administrativa. O sigilo bancário, com isso, deixou de ser absoluto. A Lei n. 10.174/2001 relativiza o sigilo bancário como fonte de informação da instituição financeira à autoridade fiscal. Sobre isso consulte: Marcelo Figueiredo, O sigilo bancário e fiscal — algumas dimensões jurídico-políticas, *Atualidades Jurídicas*, n. *4*:225 a 250. Urge lembrar ainda que o cheque é ordem de pagamento à vista, logo, se a data lançada for posterior à data da emissão, deverá ser pago pelo banco sacado no dia da apresentação, considerando-se não escrita qualquer menção em contrário (art. 28 da Lei Uniforme sobre o Cheque). Como, nas relações contratuais, as partes devem observar o princípio da boa-fé objetiva (art. 422 do Código Civil), se uma pessoa aceitar receber um cheque para apresentação num determinado prazo, ficará obrigada a observar a data combinada com o emitente. Se o cheque for apresentado ao banco antes da data aprazada, este poderá pagá-lo no dia da apresentação, ou recusar o pagamento, se não houver fundos. Mas, em qualquer dessas hipóteses, o tomador responderá perante o emitente pelos danos materiais ou morais decorrentes da inobservância do prazo, especialmente na relação entre fornecedor e consumidor (2ª Turma Recursal do Juizado Especial Cível do Distrito Federal, Apelação n. 2004.01.1.009952-2 — *DJ* de 9-12-2004). Pelo CJF, Enunciado n. 553 (aprovado na VI Jornada de Direito Civil): "Nas ações de responsabilidade civil por cadastramento indevido nos registros de devedores inadimplentes realizados por instituições financeiras, a responsabilidade civil é objetiva".

Súmula n. 638 do STJ: "É abusiva a cláusula contratual que restringe a responsabilidade de instituição financeira pelos danos decorrentes de roubo, furto ou extravio de bem entregue em garantia no âmbito de contrato de penhor civil".

8) Descurar-se da vigilância em seu estacionamento, respondendo por furto de motocicleta ou automóveis (*EJSTJ*, *5*:82; STJ, Súmula 130).

9) Não oferecer segurança em cofres-fortes alugados a seus clientes, respondendo, pelo princípio do risco profissional, pelos valores neles guardados que forem subtraídos, salvo em caso de força maior ou caso fortuito (*Ciência Jurídica*, *56*:129; *RT*, *770*:360; *EJSTJ*, *11*:87), mas já se decidiu que, ao alugar cofre, o banco se compromete a propiciar segurança mesmo em relação a roubo (STJ, 3ª T., REsp 151.060/RS, Rel. Min. Eduardo Ribeiro, j. 10-4-2000, *DJU*, 12-6-2000, fls. 00104; *RJTJSP*, *125*:216, *144*:167, *122*:377; *RT*, *676*:151). Já houve decisão pela inversão do ônus da prova, asseverando que cabe ao banco provar que os bens arrolados pela vítima não se encontravam no cofre por ocasião do furto (STJ, 3ª T., REsp 974.994-SP, rel. Min. Nancy Andrighi, publ. 3-11-2008).

10) Reduzir sem justificativa plausível o limite de cheque especial sem comunicação prévia a cliente, que emite cheque, sendo este devolvido, causando-lhe transtornos.

11) Enviar talão de cheque, sem tomar cuidado para que a remessa seja eficiente e segura (*RT*, *804*:225) ou entregar talonário a terceiro sem autorização do titular da conta (*RT*, *782*:319; *RJ*, *306*:121, *21*:121; *JTJ*, *134*:149). Deverá, ainda, o banco manter atualizado o cadastro de clientes.

12) Quebrar sigilo bancário (*RT*, *780*:544, *776*:160), exceto nos casos previstos pela Lei Complementar n. 105/2001, em que as informações podem ser dadas à Secretaria da Receita Federal (Dec. n. 3.724/2001, que regulamenta o art. 6º da Lei Complementar n. 105/2001). O Decreto n. 4.498/2002 fere a CF, arts. 5º, X e XII, e 59, por permitir que a Receita Federal, sem processo administrativo em andamento, tenha acesso indiscriminado às informações bancárias de contribuintes brasileiros com contas ou aplicações financeiras ou que usem cartões de crédito ou movimentem cinco mil reais mensais. Com isso lesa a privacidade e a intimidade, dando ensejo à ação de inconstitucionalidade e ao mandado de segurança coletivo para impedir prejuízo moral e patrimonial. É preciso não olvidar que o sigilo bancário é garantido em cláusula pétrea (CF, art. 5º, X e XII), resguardando o direito à liberdade, à intimidade e à vida privada. Sendo um direito e garantia individual do cidadão, não pode ser alterado nem por emenda constitucional (CF, art. 60, § 4º, IV). O acesso indiscriminado da administração tributária ou dos agentes públicos às contas bancárias do cidadão gera insegurança na relação jurídica, ferindo o

interesse do cliente no seu relacionamento com o banco e a discrição, indispensável à instituição bancária para ganhar a confiança do povo e captar recursos para o bom funcionamento do sistema bancário. Só pode haver quebra de sigilo bancário por funcionário graduado da Receita Federal, autorizado judicialmente, para resguardar interesse público ante a ausência de meios idôneos para desvendar fatos penais investigados como, p. ex., extorsão mediante sequestro, contrabando de armas, tráfico ilícito de drogas, lavagem de dinheiro etc. Assim, o exame das informações que caracterizam a quebra de sigilo só poderá ser efetivado, constitucionalmente, quando houver processo administrativo instaurado ou procedimento fiscalizatório em curso, iniciado por ordem expressa em mandado de procedimento fiscal (MPF), por auditoria fiscal da Receita Federal, desde que aquele exame seja tido como indispensável pela autoridade administrativa competente, por haver, p. ex., lavagem de dinheiro ou sonegação fiscal, desde que se conceda o direito à ampla defesa e se observe o devido processo legal.

13) Cancelar cheque especial sem avisar cliente (*STJ*, REsp 412.651, 3ª T.).

14) Dar informação falsa a cliente sobre idoneidade financeira de pessoa ou empresa com quem pretende efetivar negócio (*RT*, *410*:378-9).

15) Não efetuar o lançamento (p. ex., de contribuição de seguro paga pelo cliente — *RT*, *501*:195) ou errar no lançamento em contas de clientes.

16) Perder nota promissória, entregue para cobrança (*RT*, *573*:138); títulos; valores; documentos, que instruem pedido de financiamento (*RT*, *516*:108), ou, ainda, malote pelo uso do sistema de cofre para depósito noturno (*RT*, *571*:100).

17) Não evitar apropriação por funcionário seu de numerário entregue para depósito ou para aplicação, inclusive em agência (*RJTJSP*, *65*:130; *RT*, *547*:190, *539*:88, *481*:130) ou por assaltante, por falha de segurança (*RT*, *502*:84; *RJTJSP*, *62*:102).

18) Pagar cheque havendo: contraordem (*RT*, *577*:90); falso procurador (*RT*, *527*:202); erro no visto, por falha de programação (responsabilidade como vistor) — (*RT*, *562*:143).

19) Entregar ao devedor título não pago (*RT*, *563*:190).

20) Abrir conta corrente sem anuência do cliente que, com a desvalorização, veio a sofrer prejuízo (*RJTJSP*, *67*:106), ou permitir abertura de conta corrente mediante apresentação de documento falso (STJ, 4ª T., REsp 671.964, 30-6-2009).

21) Causar estorno indevido de depósito de cheque e falta de devolução por extravio (*RT, 564*:131).

22) Transferir, indevidamente, numerário para a conta de terceiro (*RT, 505*:209). Com base no art. 927 do Código Civil, firmou-se também o entendimento no sentido de que, nos casos em que o dinheiro é indevidamente sacado da conta do cliente por pessoa estranha, o banco é responsável pela reposição do valor. O cliente não é obrigado a comprovar que não foi ele quem retirou o dinheiro da conta (prova negativa). Pelo contrário, compete ao banco provar que foi o cliente quem promoveu os saques e, se essa prova não é feita, o banco deve ser responsabilizado pelos prejuízos sofridos pelo correntista. Assim decidiu a 1ª Turma Recursal do Juizado Especial Federal da 1ª Região, aplicando a teoria do risco profissional contemplada no parágrafo único do artigo mencionado (Rec. 2005.33.00.701570-7-BA, *DJ* de 4-3-2005).

23) Cobrar multa, que não era devida, por falha de escrituração (*RT, 454*:213).

24) Efetuar má aplicação de poupança (*RJTJGB, 28*:145).

25) Aceitar ordem de pagamento com falsificação da assinatura do beneficiário (*RT, 449*:88).

26) Reter cliente em porta giratória sem prudência, havendo por parte de seus vigilantes e funcionários uma atitude de escárnio, humilhando a vítima (*RT, 836*:324, *823*:187, *803*:365; STJ, 4ª Turma, REsp 551.857).

27) Devolver cheque por insuficiência de fundos de cliente que tinha saldo na conta corrente comum, além de investimento de resgate automático, transferido para a do cheque especial, sem autorização expressa do mesmo (*RT, 779*:351).

28) Causar, por falha em caixa eletrônico, a retenção do cartão magnético, com posterior saque de quantia em dinheiro, não autorizada pelo correntista (*RT, 789*:266).

29) Movimentar indevidamente a conta corrente do cliente, sem esclarecer transferências feitas de conta identificada para conta do apelado. Tal ato caracteriza má prestação de serviço pelo banco, pois a conta do autor foi usada como "hospedagem" e para transferir ilicitamente certas quantias (*BAASP, 2745*:6107).

Pela Súmula 479 do STJ: "As instituições financeiras respondem objetivamente pelos danos gerados por fortuito interno relativo a fraudes e delitos praticados por terceiros no âmbito das operações bancárias".

Quadro Sinótico

RESPONSABILIDADE CIVIL DOS ESTABELECIMENTOS BANCÁRIOS

1. FINALIDADE DO BANCO	• O banco tem por fim realizar a mobilização do crédito, mediante o recebimento, em depósito, de capitais de terceiros, e o empréstimo de importância, em seu próprio nome, aos que necessitam de capital. Para atingir essa finalidade, o banco realiza operações ativas (empréstimo, desconto, aberturas de crédito, financiamento etc.) e passivas (depósito e redesconto), mas além dessas efetua operações acessórias (custódia de valores e aluguel de cofres). Todas essas operações bancárias poderão ser consideradas como contratos; logo, seu inadimplemento pode acarretar a responsabilidade contratual da casa bancária.
2. PRINCÍPIOS NORTEADORES DA RESPONSABILIDADE CIVIL DO ESTABELECIMENTO BANCÁRIO	• Aplicação ao banqueiro das normas relativas ao mandato, ao mútuo, ao depósito etc. • Distinção da responsabilidade do banqueiro, concebido como banco, pessoa jurídica, da dos seus administradores, pessoas naturais. As relações entre o banco e seus clientes são regidas pelos princípios de responsabilidade objetiva do banqueiro, fundada na ideia de risco profissional e na assemelhação do banco ao concessionário de serviço público. Nas relações em que o dever de ressarcir o dano recai sobre o diretor ou administrador do banco, ter-se-á responsabilidade subjetiva. • Existência de dois fundamentos da responsabilidade civil da casa bancária: a culpa e o risco. • Introdução nos contratos bancários da obrigação de vigilância, de garantir a segurança dos bens e de proteger o cliente, pelas quais se responsabiliza o banqueiro, salvo nos casos de culpa exclusiva ou concorrente do correntista ou de força maior. O banqueiro deverá assumir perante o cliente um comportamento de mandatário, depositário ou conselheiro, respondendo pelos danos que lhe causar nessas condições.

11. Responsabilidade civil no contrato de edição e de tradução

Na lição de Pierre-Alain Tâche, a edição vem a ser um contrato pelo qual o autor de uma obra literária, científica ou artística, ou titular desse direito de autor se compromete a transferi-lo a um editor, que se obriga a reproduzi-la num número determinado de exemplares e a difundi-la entre o público, tudo à sua custa[80].

O contrato de edição visa a reprodução da obra intelectual e a sua difusão. Nesse mesmo teor de ideias o art. 53 da Lei n. 9.610/98 prescreve: "mediante contrato de edição, o editor, obrigando-se a reproduzir e a divulgar a obra literária, artística ou científica, fica autorizado, em caráter de exclusividade, a publicá-la e a explorá-la pelo prazo e nas condições pactuadas com o autor".

O contrato de edição tem por escopo a publicação da obra, isto é, sua impressão por qualquer processo técnico, divulgação perante o público, e comercialização, devendo, por isso, indicar a exclusividade da transferência do direito de utilização econômica da obra intelectual, ficando os riscos a cargo do editor, embora o autor conserve moralmente o direito cedido, sem transferir, contudo, os direitos morais.

O editor será responsabilizado se:

---

80. Pierre-Alain Tâche, *Le contrat d' édition de l'oeuvre littéraire* (Contribution à l'étude de la revision de la législation suisse en matière d'édition), Lausanne, Ed. René Thonney-Dupraz, 1970, p. 198 e 200; *RT*, *572*:69.

a) Publicar obra intelectual, sem permissão do autor, pois perderá para este os exemplares que se apreenderem e pagar-lhe-á o restante da edição ao preço por que foi vendido ou avaliado; entretanto, se não se souber o número de exemplares que constituem a edição fraudulenta, pagará o transgressor o valor de três mil exemplares (Lei n. 9.610/98, art. 103 e parágrafo único). E, além disso, o Código Penal, com alteração da Lei n. 10.695/2003, dispõe no art. 184, § 1º, que, se a violação consistir na reprodução, por qualquer meio, de obra intelectual, no todo ou em parte, para fins de comércio, sem autorização expressa do autor ou de quem o represente, dever-se-á aplicar pena de reclusão de dois a quatro anos e multa. Na mesma pena do § 1º incorrerá quem, "com o intuito de lucro direto ou indireto, distribui, vende, expõe à venda, aluga, introduz no País, adquire, oculta, tem em depósito, original ou cópia de obra intelectual ou fonograma reproduzido com violação do direito de autor, do direito de artista intérprete ou executante ou do direito do produtor de fonograma, ou, ainda, aluga original ou cópia de obra intelectual ou fonograma sem a expressa autorização dos titulares dos direitos ou de quem os represente" (CP, art. 184, § 2º).

"Se a violação consistir no oferecimento ao público, mediante cabo, fibra ótica, satélite, ondas ou qualquer outro sistema que permita ao usuário realizar a seleção da obra ou produção para recebê-la em um tempo e lugar previamente determinados por quem formula a demanda, com intuito de lucro, direto ou indireto, sem autorização expressa, conforme o caso, do autor, do artista intérprete ou executante, do produtor de fonograma, ou de quem os represente" (CP, art. 184, § 3º).

"O disposto nos §§ 1º, 2º e 3º não se aplica quando se tratar de exceção ou limitação ao direito de autor ou os que lhe são conexos, em conformidade com o previsto na Lei n. 9.610, de 19 de fevereiro de 1998, nem a cópia de obra intelectual ou fonograma, em um só exemplar, para uso privado do copista, sem intuito de lucro direto ou indireto" (CP, art. 184, § 4º).

b) Deixar, na utilização de obra intelectual, de indicar ou de anunciar o nome, pseudônimo ou sinal convencional do autor e do intérprete, pois, por não ter garantido a autoria da obra, o art. 108 da Lei n. 9.610/98 condena-o não só a responder por danos morais, mas também a divulgar a identidade do autor. O Código Penal no art. 185 (revogado pela Lei n. 10.695/2003) previa o crime de usurpação de nome ou pseudônimo alheio.

c) Fizer abreviações, adições ou modificações na obra sem permissão do autor (Lei n. 9.610/98, art. 24, IV e V), uma vez que o direito de correção é exclusivo do autor (art. 66). Mas o art. 66, parágrafo único, permite que o editor se oponha às alterações que prejudicarem seus interesses, ofendam sua reputação ou aumentem sua responsabilidade.

d) Não prestar contas mensalmente ao autor, se a retribuição deste depender do êxito da venda (Lei n. 9.610/98, art. 61).

e) Fizer concorrência ilícita quanto à forma do livro idealizada por outro editor que publicou a obra.

f) Reimprimir a obra sem autorização do autor, visto ser tal conduta clandestina, sujeitando-o a perdas e danos (*RT*, *508*:259). Deverá publicar a obra assim que se esgotar a última edição, se tiver direito a isso, sob pena de sofrer notificação do autor para fazê-lo dentro de certo prazo, de perder aquele direito e de responder por danos (Lei n. 9.610/98, art. 65).

g) Não pagar a remuneração ajustada ao autor (Lei n. 9.610/98, art. 57), hipótese em que o autor poderá rescindir o contrato.

h) Não publicar a obra dentro de dois anos, a partir do momento em que se celebrou o contrato, sob pena de rescisão contratual (Lei n. 9.610/98, art. 62, parágrafo único).

Por outro lado, o autor também terá de responder se:

a) Não entregar manuscrito, cópia ou correção de provas etc., pois tem o dever de prestar meios necessários para que o editor possa reproduzir a obra, sob pena de resolução do contrato e de pagar perdas e danos ao editor.

b) Fizer emendas e alterações na obra que imponham gastos extraordinários ao editor, que terá, então, direito à indenização. O editor tem o direito de opor-se às alterações que prejudicarem seus interesses, ofenderem a reputação, aumentarem a responsabilidade (Lei n. 9.610/98, art. 66 e parágrafo único).

c) Retirar a obra de circulação causando prejuízo ao editor, que deverá ser ressarcido pelo dano sofrido (Lei n. 9.610/98, art. 24, VI).

d) Deixar de transferir ao editor o direito de editar a obra ou de utilizá-la economicamente com exclusividade, garantindo-lhe não só a existência do direito de reprodução e divulgação, mas também o seu exercício pacífico. O autor não poderá, portanto, transferir a outro editor o direito de utilizar economicamente a obra. Se o autor permitir concorrência ilegal por parte de outro editor, lesando os interesses do editor de obra cedida anteriormente, haverá corresponsabilidade.

Veda-se ao autor o direito de autorizar nova edição de obra antes do término do prazo contratual ou, se não houver data estipulada para o vencimento do contrato, antes de se esgotarem os volumes da primeira edição. Deveras, o editor poderá exigir que se retire de circulação edição da mesma obra feita por outrem durante a vigência do contrato de edição (Lei n. 9.610/98, art. 63, § 1º), por ter exclusividade na sua publicação e divulgação. O autor estará obrigado a assumir a responsabilidade pela evicção, isto é, pela resolução judicial do segundo contrato de edição, se o primeiro editor obteve ganho de causa. O autor deverá pagar indenização por perdas e danos.

Todavia, será preciso lembrar que não são raros os contratos de subedição e coedição, desde que expressa e devidamente autorizados. Não pode dispor de sua obra antes de se esgotarem as edições a que tiver direito o editor (Lei n. 9.610/98, art. 63).

e) Negar-se a fazer em novas edições as atualizações necessárias em virtude da natureza da obra, hipótese em que o editor poderá encarregar outra pessoa de atualizá-la, mencionando o fato na edição (Lei n. 9.610/98, art. 67).

f) Não entregar a obra já terminada no prazo estipulado, pois o editor poderá rescindir o contrato ou exigir perdas e danos.

g) Plagiar, já que além de ter de responder por isso permitirá que o editor seja acionado não só pelo autor como também pelo editor da obra plagiada. O plágio acarretará responsabilidade mesmo que o autor não tenha prejuízo material e moral, ante a confusão que pode gerar entre a obra do plagiário e do autor usurpado.

h) Autoplagiar, isto é, repetir obra anterior já editada, sob outra roupagem, na vigência de contrato de edição anterior, causando dano aos dois editores. Não se proíbe um autor de escrever sobre o mesmo tema para tratá-lo de modo diverso, embora análogo, desde que esta segunda obra se distinga da primeira, sendo uma composição nova, e não cause prejuízo ao editor. Se o autor, numa segunda obra diferente da primeira, inserir citação e chamadas desta, não se terá contrafação e, além disso, serve aos interesses do editor por fazer conhecer a obra, inspirando o desejo de lê-la[81].

---

81. Charles Aussy, *Mémento du droit d'auteur*, Paris, Spid, 1948, p. 51; Marthe Fleury, *Le droit et les obligations des éditeurs*, Paris, 1938, p. 42 e 43; Henrique Gandelman, *Guia básico de direitos autorais*, Rio de Janeiro, Globo, 1982.

i) Não cumprir prazo para a correção das provas. Como nos ensina José Maria Desantes, se o contrato não fixou o prazo da devolução das provas, entender-se-á que será aquele proporcional à extensão da obra. É possível a fixação do prazo, calculando-se um dia para cada cinquenta páginas. Findo tal lapso de tempo, o editor poderá requerer que o autor cumpra seu dever, sob pena de prosseguir na edição sem contar com as correções do autor, que, então, não poderá reclamar as imperfeições que a obra, porventura, apresentar. Há contratos que contêm cláusula estabelecendo que, se o autor não cumprir seu dever de correção, esta será feita por pessoa escolhida pelo editor, mas o autor deverá pagar todas as despesas. Se o autor pretender modificar sua obra fora do prazo, deverá arcar com o ônus das despesas complementares de impressão.

j) Acarretar despesas para o editor no exercício do contrato de empresta-nome. Se o autor permanecer anônimo ou usar pseudônimo, o editor deverá fazer suas vezes no cenário jurídico, exercendo seus direitos patrimoniais (Lei n. 9.610/98, arts. 24, II, e 40), surgindo entre eles relações de mandante com mandatário, de modo que, se o editor tiver despesas, deverá ser indenizado pelo autor.

k) Autorizar tradução sem ter reservado para si, no contrato de edição, o direito de fazer tal autorização, isto porque, se ele cedeu ao editor todos os direitos, este será prejudicado com a publicação de obra em outra língua, em decorrência da diminuição da venda da obra original no país onde ela se fizer, fazendo jus a uma indenização. Neste caso só será possível a tradução com a autorização do editor e do autor.

O tradutor que reproduz a obra em outro idioma incorrerá em responsabilidade se:

a) Traduzir sem a anuência do autor ou de seus herdeiros (CP, art. 184; CF, art. 5º, XXVII), exceto se a obra caiu em domínio público. É imprescindível a autorização do autor, porque a tradução poderá causar-lhe prejuízo, tirando leitores que dominem as duas línguas ou, ainda, desnaturar o original, conforme o mérito do tradutor. O direito de tradutor decorrerá de um contrato de tradução, contendo vantagens, condições etc. E, se houver tradução sem o consentimento do autor, poderá ocorrer sua ratificação se a obra cair em domínio público ou se o autor der, posteriormente, sua anuência (Lei n. 9.610/98, arts. 7º, XI, e 29, IV).

Se o autor cedeu todos os direitos ao editor, sem reservar para si o de autorizar a tradução, o tradutor deverá obter duplo consentimento: o do editor e o do autor.

Havendo tradução não autorizada, ao se fixar o *quantum* da indenização, dever-se-á, na opinião de Hermano Duval, incluir: o lucro que o autor teria se não houvesse tradução; a soma que o tradutor teria de pagar ao autor para obter a reprodução de sua obra; o lucro que o tradutor obteve com sua tradução ilícita.

b) Não respeitar tradução feita anteriormente, visto que o tradutor tem direito exclusivo à sua reprodução.

c) Não for fiel às ideias do autor, caso em que deverá fazer as devidas retificações, além de pagar a indenização cabível.

O autor de obra fraudulentamente reproduzida poderá, sem prejuízo do direito à indenização das perdas e danos, requerer a apreensão dos exemplares ou a suspensão da divulgação ou utilização da obra (Lei n. 9.610/98, art. 102)[82].

---

82. *Vide* o que escrevemos a respeito neste volume no Cap. II, n. 4, B, b.2.2.8 e no volume 3, no que refere ao Contrato de Edição, na página 332-40. Consulte, ainda: Fábio Maria de Mattia, O direito de autor e a concorrência desleal, *RDCiv*, *6*:33-40; Contrato de edição, in *Enciclopédia Saraiva do Direito*, v. 19, p. 296-302; *O autor e o editor na obra gráfica*; direitos e deveres, São Paulo, Saraiva, 1975, p. 95-284, 316-9, 335-43 e 351-7; *Estudos de direito de autor*, São Paulo, Saraiva, 1975, p. 7-19, 43-5 e 72; Gustave Lardeur, *Du contrat d'édition en matière littéraire*, Paris, 1893, p. 124 e 125; Hermano Duval, Da indenização do dano por infração dos direitos de autor, *Revista de Jurisprudência Brasileira*, *77*(229):5 e s., 1947; José Maria Desantes, *La relación contratual entre el autor y el editor*, Pamplona, 1968, p. 168 e 169; G. Myers, *La protection du droit d'auteur dans la jurisprudence française*, traduction — reproduction — adaptation, Paris, Sirey, 1933, p. 21 e s.; Giuseppe Padellaro, *Il diritto d'autore*; la disciplina giuridica degli strumenti di communicazione sociale, Milano, Vallardi, 1972, p. 173 e 174; Richard Dannay, A guide to the drafting and negotiating of book publication contracts, in *Bulletin of the Copyright Society*, 1968, v. 15, p. 299, n. 5; Georges Bonet, *L'anonymat et le pseudonyme en matière de propriété littéraire et artistique*, Paris, 1966, p. 170 e 172; *Stolfi, Il diritto di autore*, 3. ed., Milano, 1932, v. 1 e 2; René Savatier, *Le droit de l'art et des lettres*, Paris, LGDJ, 1953, p. 152 e 153; *RT*, *444*:100 e 101, *243*:339, *304*:181 e s., *445*:110; W. Barros Monteiro, op. cit., v. 5, p. 291-5; Caio M. S. Pereira, op. cit., v. 3, n. 262; Orlando Gomes, *Contratos*, cit., Cap. 37; Serpa Lopes, op. cit., v. 4, p. 203-5; Gérard Gavin, *Le droit moral de l'auteur*, Paris, Dalloz, 1960, p. 282; Renault, *Droit d'auteur et contrat d'adaptation*, Bruxelles, 1955; Fábio V. Figueiredo, O dano extrapatrimonial no direito de autor e a indenização, *A comarca do mundo jurídico*, *19*:21.

STJ, Súmula 574: "Para a configuração do delito de violação de direito autoral e a comprovação de sua materialidade é suficiente a perícia realizada por amostragem do produto apreendido nos aspectos externos do material, e é desnecessária a identificação dos titulares dos direitos autorais violados ou daqueles que os representem".

Quadro Sinótico

RESPONSABILIDADE CIVIL NO CONTRATO DE EDIÇÃO E DE TRADUÇÃO

1. RESPONSABILIDADE CIVIL DO EDITOR (LEI N. 9.610/98)	• Se publicar obra intelectual, sem autorização do autor (Lei n. 9.610/98, art. 103, parágrafo único; CP, com alteração da Lei n. 10.695/2003, art. 184, §§ 1º a 4º). • Se deixar, na utilização de obra intelectual, de indicar o nome, pseudônimo ou sinal convencional do autor, intérprete ou executante (Lei n. 9.610/98, art. 100). • Se fizer alterações na obra sem permissão do autor (Lei n. 9.610/98, arts. 24, IV e V, e 66, parágrafo único). • Se não prestar contas mensalmente ao autor, se a retribuição deste depender do êxito da venda (Lei n. 9.610/98, art. 61). • Se fizer concorrência ilícita quanto à forma do livro idealizada por outro editor que publicou a obra. • Se reimprimir a obra sem autorização do autor (*RT*, *508*:259 e Lei n. 9.610/98, art. 65). • Se não pagar a remuneração ajustada ao autor (Lei n. 9.610/98, art. 57). • Se não publicar a obra, dentro de dois anos, a partir do momento em que se celebrou o contrato (Lei n. 9.610/98, art. 62, parágrafo único).

2. RESPONSABILIDADE DO AUTOR	• Se não entregar manuscrito, cópia ou correção de provas. • Se fizer alterações na obra que imponham gastos extraordinários ao editor (Lei n. 9.610/98, art. 66 e parágrafo único). • Se retirar a obra de circulação, causando prejuízo ao editor. • Se transferir a outro editor o direito de utilizar economicamente obra editada, antes do término do contrato de edição anteriormente feito (Lei n. 9.610/98, art. 63, § 1º). • Não pode dispor de sua obra antes de se esgotarem as edições a que tiver direito o editor. • Se se negar a fazer em novas edições as atualizações necessárias, em virtude da natureza da obra (Lei n. 9.610/98, art. 67).

2. RESPONSABILIDADE DO AUTOR	• Se não entregar a obra já terminada no prazo estipulado. • Se plagiar. • Se autoplagiar. • Se não cumprir prazo para a correção das provas. • Se acarretar despesas para o editor no exercício do contrato de empresta-nome (Lei n. 9.610/98, arts. 12, 24, II, e 40). • Se autorizar tradução sem ter reservado para si, no contrato de edição, o direito de fazer tal autorização.

3. RESPONSABILIDADE DO TRADUTOR	• Se traduzir sem anuência do autor (CP, art. 184; CF, art. 5º, XXVII; Lei n. 9.610/98, arts. 7º, XI, e 29, IV). • Se não respeitar tradução feita anteriormente. • Se não for fiel às ideias do autor.

12. Responsabilidade civil no contrato de seguro

O contrato de seguro é aquele pelo qual uma das partes (segurador) se obriga para com outra (segurado), mediante o pagamento de um prêmio, a garantir-lhe interesse legítimo relativo a pessoa ou a coisa e a indenizá-la de prejuízo decorrente de riscos futuros, previstos no contrato (CC, art. 757).

O segurador é aquele que suporta o risco assumido (*RF*, *87*:726) mediante o recebimento do prêmio. A atividade do segurador é exercida por companhias especializadas, isto é, por sociedades anônimas, mediante prévia autorização do governo federal (CC, arts. 45, 757, parágrafo único; Dec.-Lei n. 2.063/40, art. 1º; Dec. n. 60.459/67, arts. 42, parágrafo único, e 48, ora revogado pelo Decreto s/n. de 25-4-1991; Constituição Federal de 1988, art. 192, com redação da EC n. 40/2003; Lei n. 8.177/91, art. 21). Os agentes autorizados do segurador presumem-se seus representantes para todos os atos relativos aos contratos que agenciarem (CC, art. 775). O segurado é o que tem interesse direto na conservação da coisa ou da pessoa, fornecendo uma contribuição periódica e moderada (*RT*, *488*:119, *499*:191, *520*:27), isto é, o prêmio, em troca do risco que o segurador assumirá de, em caso de incêndio, abalroamento, naufrágio, furto, falência, acidente, morte, perda das faculdades humanas etc., indenizá-lo pelos danos sofridos. P. ex.: se um menor descer de um ônibus e for atropelado por um veículo, seus sucessores terão direito a uma indenização por força do seguro obrigatório contra acidentes de trânsito. Os seus sucessores moverão ação contra a seguradora, porque o pagamento das indenizações fixadas nas apólices não dependerá de prova de culpa do causador do dano (*RT*, *433*:96). A única averiguação a ser feita será a da existência do dano, por força da teoria do risco, consagrada no Decreto-Lei n. 73/66, regulamentado pelo Decreto n. 61.867/67, com as alterações do Decreto-Lei n. 814/69, revogado pela Lei n. 6.194/74, que no art. 5º prescreve: "O pagamento das indenizações será efetuado mediante a simples prova do acidente e do dano decorrente e independentemente de existência da culpa, haja ou não resseguro, abolida qualquer franquia de responsabilidade do segurado".

A noção de seguro supõe a de risco, isto é, do fato de estar o sujeito exposto à eventualidade de um dano à sua pessoa, ou aos seus bens, motivado pelo acaso. Com a verificação do evento a que está condicionada a execução do dever do segurador, ele pagará a indenização, se o dano atingir a pessoa ou o patrimônio do segurado.

O segurado terá responsabilidade se:

a) Não pagar o prêmio convencionado, no prazo estipulado, ao segurador (CC, art. 757, 1ª parte). Deve pagá-lo como contraprestação do risco assumido pelo segurador; nem mesmo o fato de não se ter verificado o risco, em previsão do qual se fez o seguro, libera o segurado desse dever (CC, art. 764), convém observar disposições especiais do direito marítimo sobre o estorno, que são as do Código Comercial, arts. 642 a 684.

b) Se atrasar no pagamento do prêmio, caso em que deverá responder pelos juros moratórios, independentemente de interpelação do segurador. Tais juros são os legais de 6%, a menos que a apólice ou os estatutos tenham estabelecido maior taxa. Deverão ser pagos dentro do prazo de tolerância concedido pelo segurador, sob pena de caducidade da apólice, embora possa haver sua reabilitação, que terá força retroativa (*RF*, *107*:53). "Não terá direito a indenização o segurado que estiver em mora no pagamento do prêmio, se ocorrer o sinistro antes de sua purgação" (CC, art. 763).

c) Praticar atos que possam aumentar ou agravar os riscos, isto é, atos contrários aos termos do estipulado, hipótese em que perderá o direito ao seguro (CC, art. 768). P. ex.: se o segurado, após segurar sua residência, nela instala depósito de inflamáveis ou se, após o contrato, remover mercadorias seguradas para local perigoso (*RF*, *133*:505; *RT*, *471*:189). Claro está que não incidirá nesse artigo o segurado que após o contrato vier a sofrer de moléstia grave que lhe tire a vida. Se o risco assumido pelo segurador foi agravado, em razão de fato alheio à vontade do segurado, este não poderá sofrer aumento no prêmio. P. ex.: se uma epidemia atinge a cidade, aumentando a mortalidade e, consequentemente, o risco do segurador, este não terá direito a aumentar o prêmio, devido ao caráter aleatório desse contrato.

O segurado não terá direito à indenização, se o risco se agravar por ato diverso do previsto.

d) Não comunicar ao segurador todo incidente, isto é, fato imprevisto, alheio à sua vontade, que possa agravar consideravelmente o risco coberto (p. ex.: se, ao lado da casa segurada, instalar-se um depósito de explosivos), para que ele possa tomar alguma providência, como rescindir o contrato, reclamar perante autoridade administrativa etc. É dever do segurado comunicar ao segurador tudo que agrave o risco, sob pena de perder o direito ao seguro se se provar que silenciou de má-fé (CC, art. 769, §§ 1º e 2º).

e) Não levar ao conhecimento do segurador assim que souber do sinistro, e não tomar as devidas providências para diminuir as consequências, pois nestes casos perderá o direito à indenização (CC, art. 771; Dec.-Lei n. 73/66, art. 11, §§ 2º e 3º; *RT*, *507*:232). Todavia, correrão por conta do segurador, até o limite fixado no contrato, as despesas de salvamento oriundas do sinistro (CC, art. 771, parágrafo único).

f) Não for leal ao responder às perguntas atinentes à avaliação do risco e ao cálculo do prêmio, caso em que se terá anulação por dolo (CC, art. 765), perda do valor do seguro e dever de pagar o prêmio vencido (CC, art. 766). O segurador isentar-se-á do pagamento da indenização, p. ex., se provar dolo do segurado (*RT*, *529*:71), se o segurado deu à coisa segurada valor superior ao real (CC, art. 778).

g) Transacionar com a vítima, com o responsável pelos danos, sem prévia anuência da seguradora. Nula será qualquer transação para pagamento reduzido do capital segurado (CC, art. 795).

O segurador será responsabilizado se, por exemplo:

a) Não pagar a indenização, ou a quantia estipulada, até o limite da apólice com a verificação do risco assumido, ou não reparar o dano, equivalente a tudo aquilo que esteja dentro do risco previsto. Isto é assim porque tem o dever de indenizar pecuniariamente o segurado quanto aos prejuízos resultantes do risco assumido, salvo se convencionada a reposição da coisa (CC, arts. 776, 206, § 1º, II). Se se tratar de seguro pessoal, não se verificará a proporção do prejuízo sofrido, mas deverá, então, pagar o valor fixado na apólice. No seguro de danos ou no de coisas, a soma estabelecida na apólice apenas indica o limite máximo da responsabilidade do segurador, devendo-se averiguar se não houve causa eliminatória daquela responsabilidade e a extensão do dano sofrido, mediante provas adequadas. Se o objeto se perder totalmente, deverá pagar a soma fixada na apólice (*RF*, *142*:126).

Se a perda for parcial, a indenização corresponderá apenas aos prejuízos apurados (*RF, 169*:181; *AJ, 96*:61). O segurador responderá pelo valor do bem por ocasião do sinistro e não do contrato, arcando com as consequências da valorização (*RF, 122*:107). A prova do dano competirá ao segurado, mas o segurador deverá provar a existência, ao tempo do sinistro, de mercadorias que se renovam e variam (*RT, 133*:577). Essa indenização será, em regra, em dinheiro, mas nada impede que as partes disciplinem de outro modo seus interesses. P. ex.: nos seguros de prédio contra fogo, a seguradora poderá comprometer-se a reconstruí-lo. Nos seguros obrigatórios (Dec.-Lei n. 73/66) dever-se-ia pagar a indenização em dez dias, segundo o Decreto n. 60.459/67, art. 20, revogado pelo art. 40 do Decreto n. 61.867/67, e em quinze dias nos demais seguros (CCom, art. 730), sendo que no de responsabilidade civil, obrigatório para os proprietários de veículos automotores de via terrestre (Res. n. 56/2001 da SUSEP – ora revogada pela Resolução n. 99/2003. Atualmente dispõe sobre a matéria a Resolução n. 332/2015), dentro de cinco dias, sob pena de responder pelas consequências da mora. Portanto, deverá responder por todos os prejuízos resultantes do risco, como os estragos ocasionados para evitar o sinistro, minorar o dano ou salvar a coisa (CC, art. 779).

O segurado poderá reter os prêmios atrasados em caso de insolvência ou liquidação da companhia seguradora, se não recebeu indenização pelo sinistro. Se o segurador quitou o sinistro, terá direito ao prêmio.

Convém lembrar, ainda, que o segurador sub-rogar-se-á, se pagar indenização, no direito respectivo contra o autor do sinistro, podendo reaver o que desembolsou (CC, art. 346, III; *AJ, 100*:154; *RF, 129*:174, *127*:444; *RT, 136*:247, *155*:218, *163*:698, *168*:605, *189*:702; Súmula 188 do STF). Só não haverá tal reembolso se o segurador pagar voluntariamente e fora dos termos da apólice (*RF, 130*:93, *109*:459).

b) Não reembolsar as despesas que o segurado fez no seu interesse para diminuir os prejuízos.

c) Não defender o segurado nos casos de responsabilidade civil, cuja reparação estiver a seu cargo.

d) Não pagar a terceiro, havendo transferência do contrato de seguro, a indenização como acessório da propriedade ou de direito real sobre a coisa segurada (CC, art. 785, §§ 1º e 2º).

e) Não constituir reservas técnicas, fundos especiais e provisões para garantia das obrigações assumidas (Dec.-Lei n. 73/66, art. 84).

f) Não cumprir as obrigações resultantes da mora ou da desvalorização da moeda, pois a Lei n. 5.488/68 instituiu a correção monetária nos casos de liquidação de sinistros cobertos por contratos de seguro (*RT*, *481*:236. *Vide* Dec.-Lei n. 2.284/86, art. 7º, ora revogado pelo Decreto n. 2.290/86). Com efeito, nossos tribunais vêm condenando as seguradoras a saldarem a indenização com correção monetária, se se atrasarem no pagamento das indenizações ou se se o recusarem a fazê-lo sem razão plausível (*RTJ*, *66*:488, *75*:909).

g) Expedir apólice sabendo que, ao tempo do contrato, o risco de que o segurado se pretende cobrir passou, caso em que deverá pagar o prêmio estipulado em dobro, estando de boa-fé o segurado (CC, art. 773).

h) Não defender o seguro e não tomar as medidas necessárias para eliminar ou diminuir os efeitos maiores do risco, se algum fato incidente lhe foi comunicado pelo segurado.

i) Não tomar as providências necessárias assim que souber do sinistro[83].

---

83. W. Barros Monteiro, op. cit., p. 333-53; M. Helena Diniz, op. cit., v. 3, p. 337-53; Caio M. S. Pereira, op. cit., v. 3, n. 264 e 265; Orlando Gomes, *Contratos*, cit., Cap. 39; *RT*, *482*:202, *463*:75, *461*:180 e 256, *462*:108, *464*:83, *490*:94, *488*:182; *EJSTJ*, *20*:183, *19*:67 e 68, *18*:55, 68 e 69, *17*:64; *RTJ*, *68*:271; Súmulas STF 151, 188, 257 e 504; Súmulas TFR 25, 94 e 124. *Vide*, ainda, Silvio Rodrigues, op. cit., v. 3, p. 382 e 393-6; Serpa Lopes, op. cit., v. 4, p. 384-91; Mário Moacyr Porto, Contrato de seguro, in *Enciclopédia Saraiva do Direito*, v. 19, p. 509-12; Cesare Vivante, *Del contratto di assicurazione*, 1922, p. 24 e 25; Elcir Castello Branco, Contrato de seguro, in *Enciclopédia Saraiva do Direito*, v. 19, p. 484-504; João Marcos Brito Martins, *Direito de seguro-responsabilidade civil das seguradoras*, Rio de Janeiro, Forense Universitária, 2002. O seguro de responsabilidade civil é um seguro de reembolso, visto que a seguradora não paga diretamente à vítima, mas indeniza seu segurado pelos prejuízos sofridos com o pagamento de dano causado por ele a terceiro. Apenas no seguro de responsabilidade civil obrigatório caberia ação do terceiro contra a seguradora (Antonio Penteado Mendonça — A prescrição na responsabilidade civil, *Tribuna do Direito*, dezembro de 2004, p. 10). *Vide*: CC, art. 206, § 1º, II, § 3º, V e IX, sobre prazos prescricionais no seguro. Resolução n. 1/98 (revogada pela Res. n. 56/2001) da Susep sobre seguro obrigatório de danos pessoais causados por veículos automotores de via terrestre; Constituição Federal de 1988, arts. 192; 187, V; 7º, II; 239, § 4º; *JB*, *152*:240: "Nas ações de indenização de beneficiários contra a seguradora, em se tratando de seguro em grupo, o prazo prescricional é de 20 anos, estabelecido no CCB de 1916, art. 177". *Vide* Resolução n. 30/92 do Conselho Deliberativo do Fundo de Amparo ao Trabalhador, sobre seguro-desemprego. Súmula 101 do STJ: "Ação de indenização do segurado em grupo contra a seguradora prescreve em um ano". Observa-se o procedimento comum nas causas, para cobrança de seguro relativamente aos danos causados em acidente de veículo, ressalvados os casos de processo de execução (CPC, arts. 318 e s.), mas se o valor não exceder a quarenta vezes o salário mínimo pode-se recorrer ao Juizado Especial Cível (Lei n. 9.099/95, art. 3º, II; observado o art. 1.063 do CPC). *Vide* Enunciados n. 370, 371, 372, 373, 374, 375 e 376 do Conselho da Justiça Federal, aprovados na IV Jornada de Direito Civil. O CJF apro-

j) Não pagar, diretamente, ao terceiro prejudicado a indenização por sinistro, em caso de seguro de responsabilidade legalmente obrigatório (CC, art. 788; *RT*, *743*:300).

QUADRO SINÓTICO

RESPONSABILIDADE NO CONTRATO DE SEGURO

1. RESPONSABILIDADE CIVIL DO SEGURADO	• Se não pagar o prêmio convencionado, no prazo estipulado, ao segurador (CC, arts. 757 e 764; CCom, arts. 642 a 684). • Se se atrasar no pagamento do prêmio (CC, art. 763). • Se praticar atos que possam aumentar os riscos (CC, art. 768). • Se não comunicar ao segurador fato imprevisto, alheio à sua vontade, que possa agravar o risco (CC, art. 769, §§ 1º e 2º). • Se não levar ao conhecimento do segurador, assim que souber do sinistro, e não tomar as devidas providências (CC, art. 771). • Se não for leal ao responder as perguntas atinentes à avaliação do risco e ao cálculo do prêmio (CC, arts. 765, 766 e 778). • Se transacionar com a vítima, com o responsável pelos danos, sem prévio consentimento da seguradora (CC, art. 795).
2. RESPONSABILIDADE CIVIL DO SEGURADOR	• Se não pagar a indenização relativa aos prejuízos resultantes do risco assumido (CC, arts. 776, 206, § 1º, II, e 779; Dec. n. 60.459/67, art. 20, ora revogado pelo art. 40 do Decreto n. 61.867/67. CCom, art. 730). • Se não reembolsar as despesas que o segurado fez no seu interesse para diminuir os prejuízos. • Se não defender o segurado nos casos de responsabilidade civil, cuja reparação estiver a seu cargo.

vou, na VI Jornada de Direito Civil, os seguintes Enunciados: a) n. 542 — "A recusa de renovação das apólices de seguro de vida pelas seguradoras em razão da idade do segurado é discriminatória e atenta contra a função social do contrato" e b) n. 544 — "O seguro de responsabilidade civil facultativo garante dois interesses, o do segurado contra os efeitos patrimoniais da imputação de responsabilidade e o da vítima à indenização, ambos destinatários da garantia, com pretensão própria e independente contra a seguradora".

2. **RESPONSABILIDADE CIVIL DO SEGURADOR**	• Se não pagar a terceiro, havendo transferência do contrato de seguro, a indenização como acessório da propriedade ou de direito real sobre a coisa segurada (CC, art. 785, §§ 1º e 2º). • Se não constituir reservas técnicas, fundos especiais e provisões para garantia das obrigações assumidas (Dec.-Lei n. 73/66, art. 84). • Se não cumprir as obrigações resultantes da mora ou da desvalorização da moeda (Lei n. 5.488/68; *RT*, *481*:236; *RTJ*, *66*:488, *75*:909). • Se expedir apólice sabendo que, ao tempo do contrato, o risco de que o segurado se pretende cobrir passou, caso em que deverá pagar o prêmio estipulado em dobro, estando de boa-fé o segurado (CC, art. 773). • Se não defender o seguro e não tomar as medidas necessárias para eliminar ou diminuir os efeitos maiores do risco, se algum fato incidente lhe foi comunicado pelo segurado. • Se não tomar as providências necessárias assim que souber do sinistro. • Se não pagar, diretamente, ao terceiro prejudicado a indenização por sinistro, em caso de seguro de responsabilidade legal obrigatório (CC, art. 788).

13. Responsabilidade civil do fiador

A fiança ou caução fidejussória vem a ser a promessa feita por uma ou mais pessoas de satisfazer a obrigação de um devedor, se este não a cumprir, assegurando ao credor o seu efetivo cumprimento (CC, art. 818). Se terceiro, estranho à relação jurídica, prometer solver *pro debitore*, ter-se-á uma garantia pessoal ou fidejussória, ou melhor, fiança, que, além de garantir a boa vontade do devedor, completará a sua insuficiência patrimonial, com o patrimônio do fiador (*RT*, *522*:133). Se o devedor não pagar o débito ou se seus haveres forem insuficientes para cumprir a obrigação assumida, o credor poderá voltar-se contra o fiador, reclamando o pagamento da dívida, para assim se cobrar.

Portanto, haverá contrato de fiança sempre que alguém assumir perante o credor a obrigação de pagar a dívida, se o devedor não o fizer. É um negócio entabulado entre credor e fiador, prescindindo da presença do devedor, podendo até mesmo ser levado a efeito sem o seu consentimento ou contra sua vontade (CC, art. 820). O devedor não é parte na relação jurídica fidejussória. O contrato de fiança será *intuitu personae* relativamente ao fiador, porque para a sua celebração será imprescindível a confiança que inspirar ao credor.

O fiador terá responsabilidade por débito alheio. Devido à acessoriedade e à gratuidade da fiança, seus efeitos são restritos, quanto ao tempo, ao objeto e às pessoas, não podendo ir além do valor da dívida garantida, nem lhe exceder em onerosidade. A obrigação do fiador passará aos seus herdeiros, mas a responsabilidade da fiança se limitará ao tempo decorrido até a morte do fiador e não poderá ultrapassar as forças da herança (CC, art. 1.501; *RT*, *532*:159, *503*:166, *527*:219, *463*:138). A morte do afiançado não extinguirá a fiança e os herdeiros serão seus continuadores (*RT*, *279*:862, *282*:566, *284*:312, *290*:421, *292*:178, *298*:493, *299*:766, *301*:659; *RF*, *90*:427).

Assim, o fiador só será responsável se:

a) O devedor afiançado deixar de realizar a prestação. Logo, o credor deverá dirigir-se contra o devedor principal e somente se este não puder cumprir a obrigação assumida é que poderá procurar o fiador, em seu domicílio, para receber a prestação, tal como estipulada no contrato principal, exceto se se convencionarem condições menos onerosas. Convém não olvidar que o fiador poderá oferecer exceções à ação do credor. Poderá oferecer todas as exceções que lhe forem pessoais, como a nulidade absoluta ou relativa da fiança, em razão de sua incapacidade ou de vício de consentimento. Poderá opor as exceções próprias do devedor principal, desde que ligadas ao crédito afiançado, exceto em contrato de mútuo em que a incapacidade pessoal do devedor é devida à sua menoridade (CC, arts. 824, parágrafo único, e 588), tais como: nulidade da dívida principal, compensação havida entre credor e devedor etc. O fiador não poderá opor ao credor as exceções resultantes de suas relações com o devedor afiançado, ou do que com ele convencionou, nem invocar a impenhorabilidade de sua única residência (Lei n. 8.245/91, art. 82, que acrescentou o inc. VII ao art. 3º da Lei n. 8.009/90).

O fiador poderá invocar as exceções decorrentes da própria relação acessória da fiança, como o benefício de excussão ou de ordem, que só será afastado se houver pactuado fiança com cláusula de solidariedade (*RT*, *204*:497); se o fiador o renunciou expressamente, mas nula será a cláusula de renúncia antecipada ao benefício de ordem se inserida em contrato por adesão (Enunciado n. 364 do CJF, aprovado na IV Jornada de Direito Civil); se o devedor for insolvente ou falido (CC, art. 828, I a III); ou se o fiador se tornou herdeiro do devedor principal, hipótese em que se terá confusão de duas posições: a de herdeiro e devedor principal e a de fiador.

O *benefício de ordem* é o direito assegurado ao fiador de exigir do credor que acione em primeiro lugar o devedor principal, isto é, que os bens do devedor principal sejam excutidos antes dos seus (CC, art. 827 e parágrafo único; *RT*, *457*:202, *538*:232; *RF*, *94*:63). A invocação desse benefício deverá ser manifestada expressamente pelo fiador, pois não opera *pleno iure*; a arguição desse benefício deverá ser oferecida tempestivamente, até a contestação da lide (*RF*, *66*:316), exceto se se arguir nulidade ou inexistência da fiança; o fiador deverá nomear bens do devedor, situados no mesmo Município, livres e desembargados, quantos bastarem para solver a dívida.

b) Não houver o benefício da divisão, sendo vários os fiadores, solidariamente, pela dívida do afiançado, se este não tiver meios para pagar a prestação a que se obrigara (CC, art. 829).

c) Estiver convencionado o benefício da divisão, havendo vários fiadores, pela parte que, em proporção, lhe couber no pagamento (CC, art. 829, parágrafo único).

d) Existir pacto pelo qual a responsabilidade de cada fiador deixará de ser fixada em proporção aos demais, ficando limitada a um certo *quantum*, pela parte da dívida que, no contrato, tomou sob sua responsabilidade (CC, art. 830).

e) Ocorrer insolvência de um dos cofiadores, na solidariedade entre cofiadores ou no benefício de divisão, pois isto fará com que a parte de sua responsabilidade na dívida seja distribuída entre os demais cofiadores solváveis no momento da exigibilidade da prestação (CC, art. 831, parágrafo único).

f) Não comunicar ao devedor que pagou a dívida, fazendo com que este realize um segundo pagamento ao credor, caso em que a *repetitio indebiti* competirá ao fiador e não ao devedor.

g) Pagar em prejuízo dos direitos do devedor principal, ou seja, no caso de pagamento excessivo, quanto à parte excedente à dívida, no de pagamento antecipado ou no de ser pago o que não era devido.

h) Se exonerar da obrigação, tendo a fiança duração ilimitada, ficando obrigado pelos efeitos da fiança, durante sessenta dias após a notificação do credor de sua intenção de não mais garantir o débito do afiançado (CC, art. 835; *RF*, *67*:342; *RT*, *274*:695, *287*:554, *295*:256).

O devedor, por sua vez, responderá ao fiador por todas as perdas e danos que este vier a pagar e pelos que sofrer em razão da fiança (CC, art. 832). Além disso, o fiador terá direito aos juros do desembolso pela taxa estipulada na obrigação principal e, não havendo taxa convencionada, aos juros legais da mora (CC, art. 833)[84].

---

84. Caio M. S. Pereira, op. cit., v. 3, n. 271 e 272; Orlando Gomes, *Contratos*, cit., Cap. 41; W. Barros Monteiro, op. cit., p. 357-69; M. Helena Diniz, op. cit., v. 3, p. 367-74; Serpa Lopes, op. cit., v. 4, p. 459-73; Silvio Rodrigues, Contrato de fiança, in *Enciclopédia Saraiva do Direito*, v. 19, p. 354-58; Antônio Chaves, Fiança civil, in *Enciclopédia Saraiva do Direito*, v. 37, p. 78-80 e 90-9; *RT*, *524*:241, *460*:165, *449*:263, *451*:168, *452*:113, *434*:274, *487*:226, *474*:119, *535*:188, *505*:221, *492*:142, *510*:222, *530*:229, *525*:231, *544*:165, *546*:220, *548*:168.

Quadro Sinótico

RESPONSABILIDADE CIVIL NA FIANÇA

1. RESPONSABILIDADE CIVIL DO FIADOR	• Se o devedor afiançado deixar de realizar a prestação, será responsável por ela (CC, arts. 824, parágrafo único, 588, 828, I a III, 827 e parágrafo único). • Se não houver o benefício da divisão, sendo vários os fiadores, deverá responder solidariamente pela dívida do afiançado (CC, art. 829). • Se estiver convencionado o benefício da divisão, havendo vários fiadores, terá responsabilidade pela parte que, em proporção, lhe couber no pagamento (CC, art. 829, parágrafo único). • Se existir pacto que limite a responsabilidade de cada fiador a um certo *quantum*, deverá responder pela dívida que, no contrato, tomou sob sua responsabilidade (CC, art. 830). • Se ocorrer insolvência de um dos cofiadores, na solidariedade ou no benefício de divisão, pois a parte do insolvente será distribuída entre os demais cofiadores solváveis no momento de exigibilidade da prestação (CC, art. 831, parágrafo único). • Se não comunicar ao devedor que pagou a dívida. • Se pagar em prejuízo dos direitos do devedor. • Se se exonerar da obrigação, será responsável pelos efeitos da fiança durante sessenta dias após a notificação do credor (CC, art. 835).
2. RESPONSABILIDADE CIVIL DO AFIANÇADO	• CC, arts. 832 e 833.

14. Responsabilidade civil no contrato de sociedade

O contrato de sociedade é a convenção por via da qual duas ou mais pessoas se obrigam a conjugar seus esforços ou recursos ou a contribuir com bens ou serviços para a consecução de um fim comum, ou seja, para o exercício de atividade econômica e a partilha, entre si, dos resultados (CC, art. 981).

Nesse contrato há uma conjugação de vontades convergentes, isto é, dirigidas no mesmo sentido, para lograr um objetivo comum econômico ou não. Por haver confraternização de interesses dos sócios para alcançar certa finalidade, todos os lucros lhes deverão ser atribuídos, não se excluindo o quinhão social de qualquer deles da comparticipação nos prejuízos, e, assim, proibida estará qualquer cláusula contratual que beneficie um dos sócios, isentando-o, p. ex., dos riscos do empreendimento, repartindo os lucros apenas com ele, excluindo-o do pagamento das despesas ou da comparticipação dos prejuízos etc. (CC, art. 981, *in fine*; *RT*, *227*:261). Todavia, há uma exceção, a do Código Civil, art. 1.007, que, sendo sociedade simples, estatui que aquele que somente contribuir com serviços só tem o direito a participar nos lucros na proporção da média do valor das quotas.

O contrato de sociedade acarretará responsabilidade dos sócios:

1) *Nas relações entre os sócios atinentes à cooperação para conseguir o objetivo social*, pois cada um terá:

a) *o dever de cooperação*, que começa a partir do momento em que o contrato se constitui, exceto se outra coisa não for estipulada, extinguindo-se quando, liquidada a sociedade, estiverem satisfeitas e extintas as responsabilidades sociais (CC, arts. 981 e 1.001; *RT*, *536*:155). Todos os sócios deverão colaborar para promover o fim comum; se a sociedade se dissolver, ficarão responsáveis até satisfazerem todas as obrigações sociais. De modo que, enquanto não se liquidar a sociedade, com o pagamento de todos os débitos e rateio do acervo social, subsistirá a responsabilidade dos sócios;

b) o dever de contribuir para a formação do patrimônio social entregando a quota ou prestando o serviço a que se obrigou, por força do contrato (CC, arts. 1.004 e parágrafo único e 1.006). Ninguém será tido como sócio sem contribuir para o capital da sociedade, que se divide em ações ou quotas, que, enquanto não integralizadas, os sócios permanecerão devedores da sociedade. Nada obsta, ante a divisão do capital social em frações, que os sócios contribuam desigualmente para formar o fundo social, visto que tal desigualdade no valor das ações será compensada pela desigualdade na participação dos lucros e perdas. Se deixar de prestar a devida contribuição, nos trinta dias seguintes ao da notificação pela sociedade, responderá perante esta pelo dano emergente da mora. Verificada a mora, poderá a maioria dos demais sócios preferir, à indenização, a exclusão do sócio remisso ou reduzir-lhe a quota ao montante já realizado, aplicando-se, em ambas as hipóteses, o disposto no § 1º do art. 1.031 do Código Civil, ou seja, redução do capital social, salvo se os demais sócios suprirem o valor da quota. Se sua contribuição consistir em serviços não poderá, salvo convenção em contrário, empregar-se em atividade estranha à sociedade, sob pena de ser privado de seus lucros e dela excluído;

c) o dever de responder pela evicção perante os consócios, se, a título de quota social transmitir domínio, posse ou uso de objeto infungível, que venha a ser evicto (CC, art. 1.005). Verificada a evicção, o sócio deverá ressarcir o prejuízo causado à sociedade, se esta ignorava que a coisa era alheia ou litigiosa;

d) o dever de indenizar a sociedade de todos os prejuízos (CC, art. 1.017, in fine*) que esta sofrer por culpa dele*, sem que lhe assista o direito de compensá-los com os proveitos que lhe houver granjeado, pois estes não lhe pertencem, mas sim ao patrimônio social. Responde inclusive pela solvência do devedor, sócio que transferir crédito (CC, art. 1.005, *in fine*).

2) *Nas relações recíprocas entre os sócios*, que são regidas pelas normas contratuais ou estatutárias, mas, no seu silêncio, prevalecerão as normas contidas no Código Civil. Assim, quanto:

a) à composição da quota social, que constituirá patrimônio especial, pertencendo aos sócios, exceto declaração em sentido contrário (CC, art. 988);

b) aos poderes de administração (CC, arts. 1.010 a 1.021), pois o sócio preposto à administração poderá exigir da sociedade, além do que por conta dela despender, a importância das obrigações em boa-fé contraídas na gerência dos negócios sociais e o valor dos prejuízos que ela lhe causar. Os estatutos sociais costumam indicar qual o sócio encarregado de administrar a sociedade, excluindo os demais da administração que não poderão interferir na gerência ou representar a sociedade, embora possam informar-se dos negócios sociais, tendo acesso aos livros, conhecendo o estado do patrimônio comum (*RT*, *484*:106). Se faltar estipulação a esse respeito, cada sócio disjuntivamente terá o direito de administrar, e válido será o que fizer, ainda em relação aos associados que não consentiram, podendo, porém, qualquer destes impugnar ato pretendido por outro, cabendo a decisão aos sócios, por maioria de votos, contados segundo o valor das quotas. E o administrador responde perante a sociedade por perdas e danos se realizar atos que sabia ou devia saber que estava em desacordo com a maioria (CC, art. 1.013, §§ 1º e 2º). Há responsabilidade pessoal e solidária do administrador nomeado com a sociedade pelos atos praticados antes da averbação de sua nomeação (CC, art. 1.012). O administrador deve anualmente prestar contas e apresentar inventário e balanço patrimonial e o de resultado econômico (CC, art. 1.020);

c) *à utilização dos bens sociais*, pois o administrador ou cada sócio poderá servir-se das coisas pertencentes à sociedade desde que lhes dê o seu destino, não as utilizando contra o interesse social nem tolhendo aos outros aproveitá-las nos limites do seu direito em proveito próprio ou de terceiros (CC, art. 1.017), sob pena de restituí-los à sociedade ou de pagar o equivalente, com todos os lucros resultantes, e se houver prejuízo, por ele responderá. Por isso o sócio pode, a qualquer tempo, salvo estipulação que determine época própria, examinar livros, documentos, estado da caixa e da carteira da sociedade (CC, art. 1.021);

d) *à posição do sócio ante as obrigações sociais ativas e passivas*, já que os sócios têm o dever de contribuir para as despesas necessárias à conservação dos bens sociais. O sócio que não tiver a administração da sociedade não poderá obrigar os bens sociais, e o que estiver investido em tal administração poderá obrigar os bens sociais, pois representa a sociedade;

e) *à distribuição de lucros ilícitos ou fictícios*, pois acarretará responsabilidade solidária dos administradores que a realizarem e dos sócios que os receberem, conhecendo ou devendo ter conhecimento de sua ilegalidade (CC, art. 1.009);

f) *à substituição de sócio*, pois não poderá sócio ser substituído no exercício de suas funções sem a expressa anuência dos demais sócios exarada em modificação do contrato social (CC, art. 1.002);

g) *à cessão total ou parcial da quota*, por requerer modificação do contrato social com o consenso dos outros sócios, para irradiar efeitos não só nas relações entre sócios como também na sociedade. E até dois anos depois da averbação daquela modificação contratual, o cedente terá responsabilidade solidária com o cessionário, perante a sociedade e terceiros, pelas obrigações que tinha como sócio (CC, art. 1.003 e parágrafo único);

h) *à vedação ao administrador de fazer-se substituir no exercício de suas funções*, sendo-lhe, porém, permitido, nos limites de seus poderes, constituir mandatários da sociedade, especificados nos instrumentos os atos e as operações que poderão praticar (CC, art. 1.018).

3) *Nas relações da sociedade e dos sócios em face de terceiros*, pois:

a) se as *obrigações forem contraídas conjuntamente* por todos os sócios, ou por algum deles no exercício do mandato social, serão consideradas dívidas da sociedade (CC, art. 1.022);

b) se o *cabedal social não cobrir os débitos da sociedade*, pelo saldo responderão os sócios, na proporção em que houverem de participar nas perdas sociais, salvo cláusula de responsabilidade solidária, porque os credores da sociedade são credores dos sócios (CC, art. 1.023). O Código de Processo Civil, no art. 795, § 1º, estatui que "os bens particulares dos sócios não respondem pelas dívidas da sociedade senão nos casos previstos em lei. O sócio réu quando responsável pelo pagamento da dívida da sociedade, tem direito de exigir que primeiro sejam excutidos os bens da sociedade". E acrescenta no § 2º que "incumbe ao sócio, que alegar o benefício do § 1º, nomear quantos bens da sociedade, situados na mesma comarca, livres e desembargados, bastem para pagar o débito". Entretanto, pelo art. 790, II, desse diploma legal, ficam sujeitos à execução os bens do sócio, nos termos da lei;

c) se *um dos sócios acionado por credor particular for insolvente*, aquele poderá fazer recair a execução sobre o que a este couber nos lucros da sociedade, ou na parte que lhe tocar em liquidação (CC, art. 1.026). "O disposto no art. 1.026 do Código Civil não exclui a possibilidade de o credor fazer recair a execução sobre os direitos patrimoniais da quota de participação que o devedor possui no capital da sociedade" (Enunciado n. 388 do CJF, aprovado na IV Jornada de Direito Civil). Se a sociedade não estiver dissolvida, o credor poderá requerer a liquidação da quota do devedor cujo valor será depositado em dinheiro, no juízo da execução, até noventa dias após aquela liquidação (CC, art. 1.026, parágrafo único). "Na apuração dos haveres do sócio, por consequência da liquidação de suas quotas na sociedade para pagamento ao seu credor (art. 1.026, parágrafo único), não devem ser consideradas eventuais disposições contratuais restritivas à determinação de seu valor" (Enunciado n. 386 do CJF, aprovado na IV Jornada de Direito Civil);

d) se *um sócio for admitido em sociedade já constituída*, ele não se eximirá dos débitos sociais anteriores à sua admissão (CC, art. 1.025);

e) se os *sócios não são solidariamente obrigados pelas dívidas sociais, nem os atos de um, não autorizado, obrigam os outros, salvo redundando em proveito da sociedade* (*RT*, *418*:366) ou havendo cláusula de responsabilidade solidária;

f) *os herdeiros do cônjuge do sócio, ou o cônjuge do que se separou judicialmente, não poderão exigir desde logo a parte que lhes couber na quota social, mas tão somente concorrer à divisão periódica dos lucros*, até que se liquide a sociedade (CC, art. 1.027);

g) *os administradores respondem solidariamente perante a sociedade e terceiros prejudicados pelos prejuízos que culposamente causaram ao desempenhar suas funções* (CC, arts. 1.009, 1.012, 1.013, § 2º, 1.015, 1.016, 1.017, 1.070 e 1.080). Para evitar dano a terceiro, os sócios das empresas, prevenindo-se de uma eventual responsabilidade que possa atingir seu patrimônio pessoal, têm o dever legal, ensinam-nos Renato M. S. Opice Blum e Marcos G. da Silva Bruno, de exigir do administrador, diretor, gerente ou chefe de segurança (CSO — *Chief of Security Officers*) que "fechem" as vulnerabilidades no sistema eletrônico. E, além disso, deverão os administradores empenhar-se para identificar e processar o responsável pela invasão da privacidade, via Internet, ou por outro ilícito virtual, sob pena de incorrer em má gestão e de responder com seu patrimônio pessoal por dano causado a terceiro.

4) *Nos direitos dos sócios*, como os de:

a) *participar nos lucros* produzidos pela sociedade, sendo nula cláusula que exclua qualquer deles (CC, arts. 1.007 e 1.008). O contrato, em regra, já declara a parte que cada sócio terá nos lucros e nas perdas, mas, se nada estipular, entender-se-á proporcional, quanto aos sócios de capital, à soma com que entraram. Mas aqueles que só contribuem com serviços só terão direito de participar nos lucros da sociedade na proporção da média das quotas (CC, art. 1.007, *in fine*);

b) *colaborar*, pois os sócios poderão exigir de qualquer dentre eles a sua colaboração (CC, arts. 1.004 e parágrafo único e 1.006) e reclamar o direito de colaborar *no funcionamento da sociedade*;

c) *reembolsar-se das despesas* necessárias à conservação dos bens sociais. Os sócios terão, ainda, direito à indenização das perdas e danos que sofrerem em operação contrária aos negócios sociais (CC, art. 1.010, § 3º);

d) *servir-se dos bens sociais*, contanto que lhes deem o seu destino e possibilitem aos outros aproveitá-los nos limites do seu direito (CC, art. 1.017);

e) *administrar a sociedade*. Em regra, é o contrato que indica os sócios que deverão investir-se desse poder, porém, nada obsta a que preveja a atribuição da administração a estranhos, com a aprovação dos sócios em sua unanimidade, enquanto o capital não estiver integralizado, e de 2/3 (no mínimo), após a integralização (CC, arts. 1.061 e 1.019, parágrafo único). O sócio investido na administração, por texto expresso no contrato, poderá praticar, no silêncio do contrato, todos os atos que não excederem os limites normais dela, desde que proceda sem dolo, não constituindo, porém, objeto social, a oneração ou a venda de imóveis, que depende da decisão da maioria dos sócios (CC, art. 1.015). Poderá movimentar somas devidas à sociedade, movendo ação contra os devedores; pagar os débitos sociais, receber ou dar quitação, admitir empregado, fazer locações de imóveis necessárias à sociedade etc. Se, por exemplo, alienar bens, destituído de poderes para tanto, este ato será anulado, e o comprador terá direito de exigir perdas e danos contra o sócio que exorbitou seu mandato e não contra a sociedade, porque esta não se obrigou (CC, art. 1.011, § 2º; *RT*, *417*:134 e *536*:155). Tais poderes de sócio investido na administração por cláusula expressa do contrato social serão irrevogáveis, salvo justa causa reconhecida judicialmente a pedido de qualquer sócio (CC, art. 1.019), p. ex., comportamento contrário aos interesses da sociedade, moléstia grave prolongada, interdição, infração aos deveres legais e contratuais etc.

Se o poder de administração for conferido depois do contrato, a sócio, por ato separado, ou a quem não seja sócio, será revogável a qualquer tempo como o de simples mandato (CC, art. 1.019, parágrafo único). Se o administrador nomeado não tiver a qualidade de sócio, seu poder poderá ser revogado a qualquer tempo, mesmo se investido na administração por cláusula contratual. A destituição do administrador, sócio ou não, só poderá ser determinada em regra por deliberação da maioria dos sócios, porque ele representa a sociedade. Se, por lei ou pelo contrato social, competir aos sócios a decisão sobre os negócios societários, as deliberações deverão ser por maioria de votos, contados conforme o valor das quotas de cada um. Para que se forme a maioria absoluta serão necessários votos correspondentes a mais de metade do capital, e havendo empate prevalecerá a decisão sufragada por maior número de sócios, e, se persistir aquela situação, decidirá o juiz. E responderá por perdas e danos o sócio que, tendo em alguma operação interesse contrário ao da sociedade, participar de deliberação que a aprove graças a seu voto (CC, art. 1.010, §§ 1º a 3º). Nos atos de competência conjunta de vários administradores, tornar-se-á necessário o concurso de todos, exceto em caso de urgência, em que a omissão ou retardo da providência possa acarretar dano grave ou irreparável (CC, art. 1.014);

A título ilustrativo, transcreveremos aqui as lições de Maria Clara Maudonnet de que: "De acordo com a teoria da aparência, a sociedade será obrigada a responder, perante terceiros, pelos atos praticados por seu administrador, restando à sociedade, porém, o direito de agir regressivamente contra o administrador, para reaver as perdas e danos sofridos pela sociedade (art. 931 do atual CC). A responsabilidade do administrador é pessoal, exceto quando age ilicitamente em conjunto com outros, caso em que a responsabilidade dele é solidária. O ato ilegal do administrador, praticado em conluio com o cotista controlador, responsabiliza ambos. Deve-se esclarecer, porém, que, apesar da regra geral da responsabilidade subjetiva do administrador, de acordo com as normas societárias, há leis que vêm imputando-lhe responsabilidade objetiva, tal como a Lei Antitruste (Lei n. 8.884/94, arts. 20 e 23 – ora revogada pela Lei n. 12.529/2011). A responsabilidade civil do administrador pode resultar em situações como obrigação de indenizar a sociedade por perdas e danos causadas por qualquer ato ilícito cometido, por culpa ou dolo, dentro de suas atribuições; por descumprir as deliberações dos sócios da sociedade; ou com violação da lei ou do contrato social, em especial pelo não cumprimento dos seus deveres legais (como o de diligência, de lealdade, de não agir em conflito de interesses com a sociedade) atuando com desvio de finalidade ou com confusão patrimonial, tipificados nos arts. 153, 154 e 155 da Lei das S.As. (art. 158 da Lei das S.As. e arts. 1.011, 1.016 e 1.017 da Lei n. 10.406/2002). O art. 50 da Lei n. 10.406/2002 (novo CC) prevê a responsabilidade pessoal do administrador, que poderá ser obrigado a responder pelos danos causados à sociedade com seus bens pessoais. Os administradores das sociedades limitadas, como os das sociedades anônimas, não são civilmente responsáveis perante o Código de Defesa do Consumidor, especificamente. O art. 75 do CDC, entretanto, estabelece a responsabilidade criminal do administrador que aprovar o fornecimento ou oferta de produtos ou serviços nas condições proibidas pelo CDC. No Decreto-Lei n. 7.661/45 (ora revogado), a responsabilidade do administrador estava prevista no art. 6º. Segundo o referido dispositivo legal, a responsabilidade solidária dos gerentes da sociedade por cotas de responsabilidade limitada devia ser apurada e tornar-se-ia efetiva mediante processo ordinário, no juízo da falência, e o juiz, a requerimento do síndico (agora administrador judicial), poderia ordenar o sequestro de bens que bastassem para efetivar a responsabilidade. Pela Lei n. 11.101/2005, art. 179 (nova Lei de Falências), "na falência, na recuperação judicial e na recuperação extrajudicial de sociedades, os seus sócios, diretores, gerentes, administradores e conselheiros, de fato ou de direito, bem como o administrador judicial, equiparam-se ao devedor ou falido para todos os efeitos penais decorrentes desta Lei, na medida de sua culpabilidade"; e, pelo art. 190, "todas as vezes que esta Lei se referir a devedor ou falido, compreender-se-á que a disposição também se aplica aos sócios ilimitadamente responsáveis". A responsabilidade tributária dos administradores das sociedades limitadas está prevista no art. 135, III, do Código Tributário Nacional, segundo o qual os administradores das sociedades limitadas serão responsabilizados pelo não pagamento de tributos, quando, apesar de a sociedade dispor dos recursos para tanto, agir de má-fé e em infração à lei, não os recolhendo aos cofres públicos. Já há farta jurisprudência no sentido de que o mero não pagamento do tributo, quando resultar do risco natural dos negócios, e não de ato doloso do administrador, não enseja a responsabilidade do administrador, apesar da ilicitude que envolve. Perante a nova Lei de Defesa da Concorrência (art. 37, III, da Lei n. 12.529/2011), o administrador é responsável, de forma objetiva, por atos de infração à ordem econômica cometidos pela sociedade. O art. 37, III, da Lei n. 12.529/2011 estabelece multa devida pelo administrador quando ele é responsável, direta ou indiretamente, pela infração cometida pela sociedade. No âmbito da concorrência desleal, ao administrador, como também ao sócio da sociedade limitada, é aplicável a tipificação de crimes contida no artigo 195 da Lei n. 9.279/96".

f) associar um estranho ao seu quinhão social, sem o concurso dos outros, porque formará com ele uma subsociedade que nada terá que ver com os demais sócios, porém, não poderá, sem a aquiescência dos demais, associá-lo à sociedade (CC, arts. 999 e 997, parágrafo único), alienando sua parte ante a relevância do *intuitu personae*, pois, se a sociedade for de capital, p. ex., sociedade anônima, não haverá qualquer restrição ao sócio, que poderá alienar sua quota de capital a quem lhe aprouver, por não considerar a pessoa do associado (*RT*, *547*:160);

g) retirar-se da sociedade, mediante aviso com sessenta dias de antecedência, se não houver determinação de tempo de duração da sociedade (CC, art. 1.029). Se a sociedade tiver prazo determinado para a sua duração, nenhum sócio poderá retirar-se dela antes do termo convencionado, exceto se provar judicialmente justa causa (CC, art. 1.029, *in fine*)[85].

---

85. Orlando Gomes, *Contratos*, cit., Cap. 36; W. Barros Monteiro, op. cit., p. 298-318; Caio

Em regra, "é livre a retirada de sócio nas sociedades limitadas e anônimas fechadas, por prazo indeterminado, desde que tenham integralizado a respectiva parcela do capital, operando-se a denúncia (arts. 473 e 1.029)" — Enunciado n. 390 do Conselho da Justiça Federal, aprovado na IV Jornada de Direito Civil.

M. S. Pereira, op. cit., n. 258 e 259; Ana Isabel P. Cepeda, *La responsabilidad de los administradores de sociedades: criterios de atribución*, 1997; Antonio Menezes Cordeiro, *Da responsabilidade civil dos administradores das sociedades comerciais*, 1997; D. R. Ruiz de Villa e M. I. H. Viesca, *La responsabilidad de los administradores en las sociedades de capital*, 1995; Daniel Veaux, *La responsabilité personele des dirigeants dans les sociétés commerciales*, 1947; M. Helena Diniz, op. cit., v. 3, p. 303, 309-13; Amador Paes de Almeida, Responsabilidade dos sócios, in *Enciclopédia Saraiva do Direito*, v. 65, p. 459-74; Silvio Rodrigues, Contrato de sociedade, in *Enciclopédia Saraiva do Direito*, v. 19, p. 513-9; Serpa Lopes, op. cit., v. 4, p. 527-40; Paulo Roberto Tavares Paes, *Responsabilidades dos administradores de sociedades*, São Paulo, Revista dos Tribunais, 1997; *RT*, *491*:211, *489*:264, *474*:154; Responsabilidade civil por furto de veículo em estacionamento de empresa: *Bol. AASP*, *1.867*:116; Carlos Alberto Bittar e Carlos Alberto Bittar Filho, *Direito civil constitucional*, São Paulo, Revista dos Tribunais, 2003, p. 214-29; Cássio Mesquita Barros, Responsabilidade dos sócios e dos administradores ante o novo Código Civil, *Revista do Advogado*, *70*:18-27; Renato M. S. Opice Blum e Marcos G. da S. Bruno, O novo Código Civil e as relações jurídicas virtuais, *CDT Boletim*, *23*:95; Gustavo Saad Diniz, *Responsabilidade dos administradores por dívidas das sociedades limitadas*, Porto Alegre, Síntese, 2003; Maria Clara Maudonnet, Responsabilidades do administrador, *Tribuna do Direito*, janeiro 2004, p. 8; José Augusto Delgado, Aspectos relativos às responsabilidades do Administrador no novo Código Civil, *Direito tributário e o novo Código Civil* (coord. Betina G. Grupenmacher), São Paulo, Quartier Latin, 2004, p. 289 a 330; Flávio de A. Berti, A responsabilidade dos administradores em caso de dissolução da sociedade à luz do novo Código Civil, *Direito tributário*, cit., p. 363 a 377; Súmula do STJ n. 130.

A Lei de Anticorrupção (Lei n. 12.846/2013) trata da responsabilização civil e administrativa das empresas pela prática de atos lesivos à administração pública (nacional ou estrangeira) e estabelece mecanismos de controle interno (*compliance*) ou auditorias internas, criação de código de ética, códigos de conduta e governança corporativa mais ética para prevenir desvios que fogem do controle dos dirigentes.

Quadro Sinótico

RESPONSABILIDADE CIVIL NO CONTRATO DE SOCIEDADE

1. RESPONSABILIDADE DO SÓCIO NAS RELAÇÕES ENTRE OS SÓCIOS ATINENTES À COOPERAÇÃO PARA CONSEGUIR O FIM SOCIAL	• Quanto ao dever de cooperação (CC, arts. 981 e 1.001). • Quanto ao dever de contribuir para a formação do patrimônio social (CC, arts. 1.004, parágrafo único, e 1.006). • Quanto ao dever de responder pela evicção perante os consócios (CC, art. 1.005). • Quanto ao dever de indenizar a sociedade de todos os prejuízos que esta sofrer por culpa dele (CC, art. 1.017).
2. RESPONSABILIDADE DO SÓCIO NAS RELAÇÕES RECÍPROCAS ENTRE OS SÓCIOS	• Quanto à composição da quota social (CC, art. 988). • Quanto aos poderes de administração (CC, arts. 1.010 a 1.021). • Quanto à utilização dos bens sociais (CC, arts. 1.017 e 1.021). • Quanto à posição do sócio ante as obrigações sociais, ativas e passivas (CC, arts. 1.017 e 1.024). • Quanto à distribuição de lucros ilícitos ou fictícios (CC, art. 1.009). • Quanto à substituição de sócio (CC, art. 1.002) e de administrador (CC, art. 1.018). • Quanto à cessão total ou parcial da quota (CC, art. 1.003 e parágrafo único).
3. RESPONSABILIDADE DO SÓCIO NAS RELAÇÕES DA SOCIEDADE E DOS SÓCIOS EM FACE DE TERCEIROS	• CC, arts. 1.022, 1.023, 1.025, 1.026 e parágrafo único, 1.027 e 1.016.
4. RESPONSABILIDADE DO SÓCIO QUANTO AOS DIREITOS DOS SÓCIOS	• Na participação dos lucros (CC, arts. 1.007 e 1.008). • Na colaboração no funcionamento da sociedade (CC, arts. 1.004 e 1.006). • No reembolso das despesas (CC, arts. 1.010, § 3º, e 1.011). • Na utilização dos bens sociais (CC, art. 1.017). • Na administração da sociedade (CC, arts. 1.061, 1.019, parágrafo único, 1.015 e parágrafo único, 1.011, § 2º, 1.010, §§ 1º a 3º, e 1.014). • Na associação de estranho ao seu quinhão social (CC, arts. 999 e 997, parágrafo único). • Na retirada da sociedade (CC, art. 1.029).

15. Responsabilidade civil na sociedade anônima

Ao se examinar a Lei das Sociedades Anônimas (Lei n. 6.404/76), percebe-se que, só em certos casos, tende mais à responsabilidade objetiva que à subjetiva[86].

O *administrador* (diretor e gerente) deverá responder[87]:

a) Pelas obrigações que contrair em nome da sociedade e em virtude de ato regular de gestão, se causou prejuízos ao proceder dentro de suas atribuições, com culpa ou dolo, ou com violação da lei ou do estatuto (art. 158, I e II).

O juiz poderá excluir a responsabilidade do administrador se se demonstrar que ele agiu de boa-fé, visando ao interesse da sociedade (art. 159, § 6º).

---

86. Roberto Rosas, Responsabilidades nas sociedades anônimas, in *Enciclopédia Saraiva do Direito*, v. 66, p. 4. *Vide* Leis n. 10.303/2001, 11.638/2007 e 12.431/2011, que alteram e acrescentam dispositivos na Lei n. 6.404/76.

87. Roberto Rosas, op. cit., p. 4-6, 8, 9 e 14; Carlos Alberto Bittar, Responsabilidade dos administradores de sociedades anônimas, in *Enciclopédia Saraiva do Direito*, v. 65, p. 445-53; Roberto Bove, *Responsabilidade dos gestores das sociedades anônimas*, São Paulo, Revista dos Tribunais, 1958, p. 148 e s.; Nuri Rodriguez Oliveira, *Responsabilidad civil de los administradores de sociedades anónimas*, Montevideo, Ed. Letras, 1973; Rogasiano M. Lo Celso, *Responsabilidad civil de los gestores en las sociedades anónimas*, 1944; Daniela Zaitz, Responsabilidade dos administradores de sociedades anônimas e por quotas de responsabilidade limitada, *RT, 740*:11; Fábio Ulhoa Coelho, A natureza subjetiva da responsabilidade civil dos administradores de Companhia, *Revista Direito de Empresa, 1*:9-38; *RTJ, 71*:453, *54*:124, *83*:498; *RT, 428*:160, *75*:499, *158*:269, *560*:99, *567*:80; *RJTJSP, 74*:184, *60*:259.

b) Pelos próprios atos ilícitos que cometer. Não responderá pela conduta ilícita de outros administradores. Todavia, haverá responsabilidade solidária se o administrador não procurar impedir a prática desses atos. Isentar-se-á pelo ato ilícito de outro administrador, ao consignar a divergência na ata de reunião do órgão da administração ou, não sendo possível, com a ciência imediata e por escrito ao órgão da administração, ao Conselho Fiscal ou à Assembleia Geral (art. 158, § 1º).

c) Solidariamente com os demais administradores pelos prejuízos causados em razão de descumprimento de obrigações ou deveres impostos por lei para assegurar o funcionamento normal da companhia, mesmo que, pelos estatutos, não caibam a todos os administradores (art. 158, § 2º). Nas sociedades abertas, a responsabilidade é restrita ao administrador que, pelos estatutos, tenha a atribuição específica (art. 158, § 3º). Se se tratar de sociedade de economia mista, seu administrador terá as mesmas responsabilidades dos administradores das companhias abertas (art. 239, parágrafo único). Haverá, ainda, solidariedade de quem, com o administrador, concorrer para a prática de ato com violação da lei ou do estatuto, com isso obtendo vantagem para si ou para outrem (art. 158, § 5º). Com isso a solidariedade não se reduzirá aos integrantes da sociedade, pois a lei, ao mencionar em quem concorrer, está se dirigindo *erga omnes*. Se a lei quiser impor a responsabilidade da sociedade e dos diretores, isto é, solidária, menciona essa circunstância. P. ex., a lei sobre a chamada previdência privada prescrevia: "os diretores, administradores, membros de conselhos deliberativos, consultivos, fiscais ou assemelhados das entidades de previdência privada responderão solidariamente com a mesma pelos danos causados a terceiros, inclusive aos seus acionistas, em consequência do descumprimento de leis, normas e instruções referentes às operações previstas nesta lei, e, em especial, pela falta de constituição das reservas obrigatórias" (Lei n. 6.435/77, art. 76, ora revogada pela LC n. 109/2001).

d) Solidariamente, com os primeiros administradores, perante a companhia pelos danos causados pela demora no cumprimento das formalidades complementares à sua constituição (art. 99, *caput*).

e) Solidariamente com seus antecessores, ou com o administrador competente, se no caso de ter ciência do não cumprimento dos deveres legais não levar as irregularidades verificadas ao conhecimento da assembleia geral (art. 158, § 4º), mesmo se se tratar de sociedade aberta (art. 158, § 3º).

f) Pelos atos e operações praticados antes de cumpridas as formalidades de constituição da sociedade (arts. 80 a 93), salvo se a assembleia geral dos acionistas acometer a responsabilidade à sociedade (art. 99, parágrafo único).

g) Pela infração ao dever de diligência, pois deverá empregar, ao exercer suas funções, o cuidado e diligência que todo homem ativo e probo costuma ter ao administrar seus próprios negócios (art. 153). Não poderá: praticar ato de liberalidade à custa da sociedade; tomar emprestado recursos ou bens da companhia, ou usar, em proveito próprio, de sociedade em que tenha interesse, ou de terceiros, os seus bens, serviços ou crédito, sem prévio consentimento da assembleia geral ou do Conselho de Administração; receber de terceiros, sem autorização estatutária ou da assembleia geral, qualquer modalidade de vantagem pessoal, direta ou indireta, em razão do exercício de seu cargo (art. 154, § 2º).

h) Pelo fato de não ter servido a companhia com lealdade, nem mantido reserva sobre seus negócios (art. 155). Realmente, o administrador não poderá: 1) usar, em benefício próprio ou de outrem, com ou sem prejuízo para a companhia, as oportunidades comerciais de que tenha conhecimento em razão do exercício de seu cargo (art. 155, I), nem as informações relevantes ainda não divulgadas, que possam trazer vantagens no mercado de valores mobiliários (art. 155, § 4º); 2) omitir-se no exercício ou proteção de direitos da companhia ou, visando à obtenção de vantagens, para si ou para outrem, deixar de aproveitar oportunidades de negócio de interesse da companhia (art. 155, II); 3) adquirir, para revender com lucro, bem ou direito que sabe necessário à companhia, ou que esta tencione adquirir (art. 155, III); 4) deixar de guardar sigilo sobre qualquer informação que ainda não tenha sido divulgada para conhecimento do mercado, obtida em razão do cargo e capaz de influir de modo ponderável na cotação de valores mobiliários, sendo-lhe vedado valer-se da informação para obter, para si ou para outrem, vantagens mediante compra ou venda de valores mobiliários (art. 155, § 1º). Deve, ainda, zelar para que seus subordinados ou terceiros de sua confiança não violem tal sigilo (art. 155, § 2º). A pessoa prejudicada na compra e venda de valores mobiliários, contratada com violação desse dever, terá direito de haver do infrator indenização por perdas e danos, exceto se, ao contratar, já conhecesse a informação (art. 155, § 3º). Assim, o investidor prejudicado por ter vendido suas ações antes do conhecimento geral da pretensão de oferta pública de compra de ações poderá demandar contra os administradores e compradores no mercado secundário. Em regra, o acionista minoritário é o mais atingido nessa situação; 5) intervir em qualquer operação social em que tiver interesse conflitante com o da companhia, bem como na deliberação que a respeito tomarem os demais administradores, cumprindo-lhe cientificá-los do seu impedimento e fazer consignar, em ata de reunião do Conselho de Administração ou da diretoria, a natureza e extensão do seu interesse (art. 156); 6) deixar de contratar com a companhia em condições razoáveis ou equitativas, idênticas às que prevalecem no mercado ou em que a companhia contrataria com terceiros (art. 156, § 1º), pois será tido como anulável o negócio contratado com violação desse dever, e o administrador interessado será obrigado a transferir para a companhia as vantagens que dele tiver auferido (art. 156, § 2º).

i) Pelo descumprimento da obrigação de informação, pois deve: 1) declarar, no termo de posse, o número de ações, bônus de subscrição, opções de compra de ações e debêntures conversíveis em ações, de emissão da companhia e de sociedades controladas ou do mesmo grupo, de que seja titular (art. 157); 2) revelar à assembleia geral ordinária, a pedido de acionistas que representem 5% ou mais do capital social (art. 157, § 1º): "*a*) o número dos valores mobiliários de emissão da companhia ou de sociedades controladas, ou do mesmo grupo, que tiver adquirido ou alienado, diretamente ou através de outras pessoas, no exercício anterior; *b*) as opções de compra de ações que tiver contratado ou exercido no exercício anterior; *c*) os benefícios ou vantagens, indiretas ou complementares, que tenha recebido ou esteja recebendo da companhia e de sociedades coligadas, controladas ou do mesmo grupo; *d*) as condições dos contratos de trabalho que tenham sido firmados pela companhia com os diretores e empregados de alto nível; *e*) quaisquer atos ou fatos relevantes nas atividades da companhia". Todos esses esclarecimentos poderão, a pedido de qualquer acionista, ser reduzidos a escrito, autenticados pela mesa da Assembleia e fornecidos por cópia aos solicitantes (art. 157, § 2º). A revelação desses atos ou fatos só poderá ser utilizada no legítimo interesse da companhia ou do acionista, respondendo os solicitantes pelos abusos que praticarem (art. 157, § 3º).

Compete ao administrador de companhia aberta comunicar imediatamente à Bolsa de Valores e divulgar pela imprensa qualquer deliberação da assembleia geral ou dos órgãos de administração, ou fato relevante ocorrido em seus negócios, que possa influir, de modo ponderável, na decisão dos investidores do mercado de vender ou comprar valores mobiliários de emissão da companhia (art. 157, § 4º), exceto se puser em risco legítimo interesse da companhia (art. 157, § 5º). Nesta hipótese poderá deixar de prestar a informação ou divulgá-la. Deverá, ainda, pelo § 6º do art. 157, informar imediatamente, nos termos e na forma determinados pela Comissão de Valores Mobiliários, a esta e às bolsas de valores ou entidades do mercado de balcão organizado, nas quais os valores mobiliários de emissão da companhia estejam admitidos à negociação, as modificações em suas posições acionárias na companhia.

j) Pela circunstância de não pagar os dividendos ao acionista à conta do lucro líquido do exercício, de lucros acumulados e de reserva de lucros (art. 201 e § 1º).

k) Pela emissão de ações da companhia por preço inferior ao seu valor nominal (art. 13, § 1º) e de debêntures sem a observância dos requisitos exigidos, devendo, por isso, responder pelas perdas e danos causados à companhia ou a terceiros (art. 62 e § 1º).

l) Pelas perdas e danos decorrentes da extinção irregular das debêntures (arts. 68, § 4º, e 74).

m) Pelos atos que praticar favorecendo sociedade coligada (se participar com 20% ou mais do capital votante de uma outra) ou controlada (em que a sociedade controladora é titular de direitos de sócio que lhe assegurem preponderância nas deliberações sociais e o poder de eleger a maioria dos administradores — art. 243, com alteração da Lei n. 11.941/2009), em prejuízo da companhia (art. 245). Se a sociedade controladora causar danos à companhia controlada, deverá repará-los (art. 246), competindo aos acionistas promover a ação de indenização (*RT, 500*:24).

O *conselheiro fiscal* terá responsabilidade[88]:

a) Pela infração dos mesmos deveres do administrador, tratados nos arts. 153 a 156, pois o Conselho Fiscal tem a obrigação de fiscalizar os atos dos administradores e verificar o cumprimento dos seus deveres legais e estatutários (art. 163). Ante tal missão, os conselheiros têm as mesmas obrigações dos administradores, respondendo pelos prejuízos oriundos de omissão no cumprimento de seus deveres e de atos praticados com culpa ou dolo, ou com violação da lei ou do estatuto (art. 165). Os membros do Conselho Fiscal deverão exercer suas funções no exclusivo interesse da companhia. Considerar-se-á abusivo o exercício da função com o intuito de pre-

88. Carlos Alberto Bittar, *Responsabilidade*, cit., p. 453 e 454; Roberto Rosas, op. cit., p. 7.

judicar a companhia ou seus acionistas ou administradores, ou de obter, para si ou para outrem, vantagem a que não faz jus e de que resulte dano para a companhia, acionistas ou administradores (art. 165, § 1º).

b) Pelos atos ilícitos que praticar. Logo, não será responsável pela conduta ilícita de outro conselheiro, salvo se conivente ou se concorreu para a prática do ato (art. 165, § 2º), mas se eximirá da solidariedade se consignar sua divergência em ata de reunião do órgão e se comunicar o fato aos órgãos da administração e à assembleia geral (art. 165, § 3º).

Os *fundadores* serão responsabilizados[89]:

a) Pelos atos fundacionais que contrariarem os preceitos legais, pois, pelo art. 92, os fundadores deverão responder pelos danos resultantes de inobservância de lei.

b) Pelas irregularidades nos atos constitutivos, p. ex., se motivaram a negativa de arquivamento do estatuto da companhia, por faltas na sua elaboração (art. 97, § 1º); se houve demora no cumprimento das formalidades complementares, que cause prejuízo à companhia (art. 99).

O *acionista* responderá[90]:

a) Pela circunstância de não ter atendido à formação do capital social (art. 10). Além disso, a Lei n. 6.404 impõe-lhe a obrigação de realizar a prestação correspondente às ações subscritas ou adquiridas, sendo constituído em mora. Se houve alienação de ações, o alienante será, solidariamente, responsável com o adquirente pelo pagamento das prestações que faltarem para integralizar as ações transferidas (art. 108).

b) Se for acionista controlador — isto é, pessoa ou grupo de pessoas vinculadas por acordo de voto, que é titular de direitos de sócio que lhe assegurem a maioria dos votos nas deliberações da assembleia geral e o poder

---

89. Roberto Rosas, op. cit., p. 7.

90. José Marcos Domingues de Oliveira, Responsabilidade do acionista controlador, *RF*, *255*:449-52; Rubens Requião, As tendências atuais da responsabilidade dos sócios nas sociedades comerciais, *RT*, *511*:17 e 18; Roberto Rosas, op. cit., p. 8, 9 e 15; Pierre Coppens, *L'abus de majorité dans les sociétés anonymes*, 2. ed., Louvain, 1955, p. 117; Rudolf Joser, A proteção da minoria de acionistas nos direitos brasileiro e suíço, *RT*, *442*:2; Jean Van Ryn, *Principes de droit commercial*, Bruxelles, 1954, v. 1, p. 444; Eduardo L. G. Crusellas, *La protección de las minorías en las sociedades anónimas*, Buenos Aires, 1959, p. 21; Roberto Goldschmidt, *Problemas jurídicos de la sociedad anónima*, Buenos Aires, 1946, p. 35; *RF*, *242*:72.

de eleger a maioria dos administradores da companhia (art. 116) — pelo uso de seus direitos sem atender os fins da sociedade (art. 116, parágrafo único) e pelos danos causados por atos praticados com abuso de direito ou de poder (art. 117). Responderá solidariamente se induzir, ou tentar induzir, administrador ou fiscal a praticar ato ilegal, ou, descumprindo seus deveres definidos na lei e no estatuto, promover, contra o interesse da Companhia, sua ratificação pela assembleia geral (art. 117, § 2º). Sendo um administrador de fato, o acionista controlador tem o dever de fazer a sociedade realizar o seu objetivo e cumprir sua função social. É preciso lembrar que a pessoa jurídica que controla sociedade de economia mista terá a mesma responsabilidade do acionista controlador (art. 238) e responderá subsidiariamente pelas suas obrigações.

c) Pelo exercício abusivo do direito de voto, para obter para si ou para outrem vantagem a que não faz jus, ainda que seu voto não tenha prevalecido (art. 115), pois o voto deverá ser exercido no interesse da sociedade, não podendo causar dano à companhia ou aos outros acionistas, pois nas assembleias gerais das sociedades anônimas vigora o princípio majoritário em geral, que não prevalecerá nos casos em que a resolução ferir ou violar direitos e garantias individuais dos acionistas (*RT*, *215*:475; *RF*, *140*:162). Se o acionista auferiu, com isso, vantagens a que não tinha direito, será obrigado a transferi-las para a sociedade (art. 115).

Como a pessoa jurídica tem, às vezes, se desviado de seus princípios e fins, cometendo fraudes e desonestidade, para coibir tais abusos surge a figura da "desconsideração da personalidade jurídica", ou seja, do *disregard of the legal entity*, que entre nós outrora só existia em alguns casos jurisprudenciais esparsos (*RT*, *456*:151, *457*:141, *477*:20, *410*:14). O Código Civil, no art. 50, inspirou-se na doutrina de "desconsideração", ao estatuir: "Em caso de abuso da personalidade jurídica, caracterizado pelo desvio de finalidade, ou pela confusão patrimonial, pode o juiz decidir, a requerimento da parte, ou do Ministério Público quando lhe couber intervir no processo, que os efeitos de certas e determinadas relações de obrigações sejam estendidos aos bens particulares dos administradores ou sócios da pessoa jurídica"[91].

91. Roberto Rosas, op. cit., p. 12 e 13; M. Helena Diniz, op. cit., v. 1, p. 129 e 130. *Vide* CPC/2015, arts. 133 a 137, que tratam do incidente de desconsideração da personalidade jurídica, admitindo ainda a desconsideração inversa.

Tais atos atingem, em regra, a sociedade ou o acionista, assim a *ação de responsabilidade* poderá ser promovida por qualquer deles (art. 159 e § 4º). A sociedade exercerá tal direito mediante prévia deliberação da assembleia geral (art. 159). A matéria poderá ser discutida em assembleia ordinária e, se prevista na ordem do dia, ou for consequência direta de assunto nela incluído, em extraordinária (art. 159, § 1º). Se a ação for intentada no prazo de três meses, qualquer acionista poderá propô-la (art. 159, § 3º). Se a assembleia decidir não promover a ação, ela poderá ser proposta por acionistas que representem 5% pelo menos do capital social (art. 159, § 4º). Os resultados conseguidos na ação serão deferidos à sociedade, que indenizará o proponente, até o respectivo limite, inclusive com correção monetária e juros, pelos dispêndios realizados (art. 159, § 5º). A ação da companhia não exclui a que couber ao acionista ou terceiro diretamente prejudicado por ato de administrador (art. 159, § 7º).

A ação de reparação civil prescreve em três anos a partir da data da publicação da ata da assembleia que aprovar o balanço do exercício em que ocorrer a violação (art. 287, II, *b*, n. 2)[92]; bem como a ação movida pelo acionista contra a companhia, qualquer que seja seu fundamento (art. 287, II, *g*).

Ao lado da responsabilidade civil, a sociedade anônima terá a penal (art. 167, § 2º), estabelecida no Código Penal, no art. 177, na lei de economia popular (Lei n. 1.521/51, art. 3º, VII, VIII, IX e X) e em leis especiais (Lei n. 4.729/65, art. 1º, I a IV; Lei n. 5.569/69, art. 1º; Dec.-Lei n. 756/69, art. 18; Lei n. 5.508/68, art. 45; Lei n. 4.729/65, arts. 6º e 7º, § 2º; Lei n. 4.357/64, art. 11, *a*, § 4º; Dec.-Lei n. 1.104/70, arts. 1º e 2º; Dec.-Lei n. 1.060/69, arts. 2º e 3º, § 1º; Ato Complementar n. 42/69, arts. 1º e 2º; Dec. n. 3.048/99; Lei n. 4.728/65, art. 73 e parágrafos)[93].

---

92. Carlos Alberto Bittar, *Responsabilidade*, cit., p. 454.

93. Carlos Alberto Bittar, *Responsabilidade*, cit., p. 455-8; Pietro Mirto, *Il diritto penale delle società*, 1954, p. 131; Roberto Rosas, op. cit., p. 16-18.

QUADRO SINÓTICO

RESPONSABILIDADE CIVIL NA SOCIEDADE ANÔNIMA

1. RESPONSABILIDADE DO ADMINISTRADOR	• Pelas obrigações que contrair em nome da sociedade e em virtude de ato regular de gestão, se causou dano ao proceder dentro de suas atribuições com culpa ou dolo ou com violação da lei ou do estatuto (Lei n. 6.404/76, arts. 158, I e II, e 159, § 6º). • Pelos atos ilícitos que cometer e solidariamente pelos cometidos pelos demais administradores, se não procurar impedir a prática desses atos (art. 158, § 1º). • Pelos prejuízos causados em razão de descumprimento de deveres legais para assegurar o funcionamento normal da companhia (arts. 158, §§ 2º, 3º e 5º, e 239, parágrafo único; Lei n. 6.435/77, art. 76, ora revogada pela Lei Complementar n. 109/2001). • Pela demora no cumprimento das formalidades complementares à sua constituição. • Pelo fato de não levar ao conhecimento da assembleia geral, tendo ciência do não cumprimento dos deveres legais, as irregularidades verificadas (art. 158, § 4º). • Pelos atos e operações praticados antes de cumpridas as formalidades de constituição da sociedade (art. 99, parágrafo único). • Pela infração ao dever de diligência (arts. 153 e 154, § 2º). • Pelo fato de não ter servido a companhia com lealdade, nem mantido reserva sobre seus negócios (arts. 155, I, II, III, §§ 1º, 2º e 3º, 156 e §§ 1º e 2º). • Pelo descumprimento da obrigação de informação (art. 157 e §§ 1º, 2º, 3º, 4º, 5º e 6º). • Pela circunstância de não pagar os dividendos ao acionista (art. 201 e § 1º). • Pela emissão de ações da companhia por preço inferior ao seu valor nominal (art. 13, § 1º) e de debênture sem a observância dos requisitos exigidos (art. 62, § 1º). • Pelas perdas e danos decorrentes da extinção irregular das debêntures (arts. 68, § 4º, e 74). • Pelos atos que praticar favorecendo sociedade coligada ou controlada em prejuízo da companhia (arts. 243, 245 e 246).

2. RESPONSABILIDADE DO CONSELHEIRO FISCAL	• Pela infração dos mesmos deveres do administrador (arts. 163 e 165 e § 1º). • Pelos atos ilícitos que praticar e solidariamente pelos praticados por outro conselheiro, se conivente ou se concorreu para a prática daqueles atos (art. 165, §§ 2º e 3º).
3. RESPONSABILIDADE DOS FUNDADORES	• Pelos atos fundacionais que contrariarem preceitos legais (art. 92). • Pelas irregularidades nos atos constitutivos (arts. 97, § 1º, e 99).
4. RESPONSABILIDADE DOS ACIONISTAS	• Pela circunstância de não terem atendido à formação do capital social (arts. 10 e 108). • Pelo uso de seus direitos sem atender os fins da sociedade e pelos danos causados por atos praticados com abuso de direito ou de poder, se for acionista controlador (arts. 116 e parágrafo único, 117 e § 2º, e 238). • Pelo exercício abusivo do direito de voto (art. 115 e §§ 3º e 4º).
5. AÇÃO DE RESPONSABILIDADE	• Art. 159 e §§ 1º a 7º. • Art. 287, II, *b*, n. 2, e *g*.

16. Responsabilidade civil no contrato de representação comercial

Pelo art. 1º da Lei n. 4.886/65, "exerce a representação comercial autônoma a pessoa jurídica ou a pessoa física, sem relação de emprego, que desempenha, em caráter não eventual por conta de uma ou mais pessoas, a mediação para a realização de negócios mercantis, agenciando propostas ou pedidos, para transmiti-los aos representados, praticando ou não atos relacionados com a execução dos negócios" (CC, art. 721, *in fine*). Logo, o contrato de agência ou representação comercial vem a ser o contrato pelo qual uma pessoa se obriga, mediante retribuição, a realizar certos negócios, em zona determinada, com caráter de habitualidade, em favor e por conta de outrem, sem subordinação hierárquica (CC, art. 710, 1ª parte).

Em virtude de contrato de representação comercial, o representante comercial, mesmo que aja prudentemente ao manter em sua seção de vendas cadastros atualizados e ao trocar informações constantes com outros comerciantes ou agências especializadas, estará sujeito, ao desempenhar o contrato, a fracassos, mas responderá pelos maus negócios que fizer (arts. 19, 28, 29 e 35 da Lei n. 4.886/65, e arts. 712 e 713 do Código Civil):

a) Se for negligente ou imprudente e se agir com imperícia no desempenho de seus deveres, pois o representante tem a obrigação de exercer sua função em atenção aos interesses do representado, expandindo os seus negócios e promovendo seus produtos. Deve agir como um comerciante ativo e probo no exercício da representação comercial, logo, se prejudicar o representado por negligência, imprudência ou imperícia, dever-se-lhe-á aplicar a pena disciplinar prevista pelo Conselho Regional, rescindindo, ainda, o contrato.

b) Se prejudicar, dolosamente, os interesses do representado praticando atos que importem descrédito comercial do representado.

c) Se não avisar o representado dos riscos ou desvantagens de negócios que lhe forem confiados, principalmente em atenção às variações do mercado local da insolvabilidade da clientela. Isto é assim porque tem o dever de informar o representado das condições do mercado, perspectivas de venda, atuação dos concorrentes e do andamento dos negócios que estão a seu cargo.

d) Se agir com desídia no cumprimento dos deveres contratuais ou se não cumprir as obrigações decorrentes do contrato, pois deverá exercer sua atividade conforme as instruções recebidas, sob pena de rescisão contratual. Logo, salvo autorização expressa, não poderá conceder abatimentos, descontos ou dilações, nem agir em desacordo com as instruções do representado.

e) Se promover ou facilitar negócios ilícitos.

f) Se violar sigilo profissional (Lei n. 4.886/65, art. 19, *d*).

g) Se negar ao representado as competentes prestações de contas, recibos de quantias ou documentos que lhe tiverem sido entregues para qualquer fim.

h) Se não fornecer ao representado informações detalhadas sobre o andamento dos negócios.

Antes da proibição do art. 43 da Lei n. 4.886/65, imposta pela Lei n. 8.420/92, que veda expressamente a cláusula *del credere*, o representante comercial era responsável se terceiro, com o qual contratara, deixasse de cumprir a obrigação sem justa causa, desde que tivesse estabelecido a cláusula *del credere*. O representante, por ser um mandatário, em regra, não era responsável pela insolvência ou pela pontualidade da pessoa com quem contratava, se o negócio fosse fechado, tendo ele agido com honestidade e com cautelas normais que qualquer comerciante ativo e probo costuma empregar na direção de seus próprios negócios. Mas, para prevenir o credor contra os riscos da insolvência ou impontualidade do devedor, a lei permitia a garantia pessoal *del credere*, assim o representante, mediante compensação pecuniária especial, isto é, comissão mais elevada do que a usual, podia assumir a responsabilidade direta e pessoal para com o representado pela inexecução ou pela execução incompleta se o terceiro, com o qual contratara, não cumprisse, injustificadamente, a obrigação. Pela cláusula *del credere* o representante garantia ao representado a execução da obrigação do terceiro. A execução dessa cláusula era exigível se o terceiro não cumprisse a obrigação assumida, no prazo avençado. Assim sendo, o representante tinha certo cuidado em não precipitar a venda, a fim de não se expor a pagar pelos clientes faltosos, pois tinha de responder pela solvabilidade e pontualidade deles. Atualmente, tal cláusula está proibida em contrato de representação comercial.

Além disso, está proibido de auxiliar ou facilitar, por qualquer meio, o exercício da profissão aos que estiverem proibidos, impedidos ou não habilitados a exercê-la e de recusar a apresentação da carteira profissional, quando solicitada por quem de direito (art. 19, *b* e *f*).

Será da competência dos Conselhos Regionais dos Representantes Comerciais (art. 6º), em suas respectivas bases territoriais, a apuração das faltas e a punição disciplinar dos representantes comerciais (art. 18, *a* — advertência, multa até a importância equivalente ao maior salário mínimo vigente no País, suspensão do exercício profissional, até um ano, e cancelamento do registro, com apreensão da carteira profissional), sem prejuízo da sanção cível ou penal que couber (art. 18, § 2º). O *representado*, por sua vez, poderá sofrer rescisão contratual pelo representante, se (art. 36): *a*) reduzir a esfera de atividade de representante em desacordo com as cláusulas do contrato; *b*) quebrar, direta ou indiretamente, a exclusividade prevista no contrato (CC, art. 711); *c*) fixar abusivamente os preços em relação à zona do representante com o intuito de lhe impossibilitar ação regular; *d*) não pagar a retribuição do representante na época devida[94] (CC, arts. 714 e 716 a 719).

---

94. É o que nos ensinam: N. P. Teixeira dos Santos, A responsabilidade do representante comercial e a cláusula *del credere*, *RF*, *249*:403 e 404; Rubens Requião, *Representante comercial*, Rio de Janeiro, Forense, 1968, p. 117 e 141; Carvalho de Mendonça, *Tratado de direito comercial*, Rio de Janeiro, Freitas Bastos, 1960, t. 6, 2. parte, n. 923; Orlando Gomes, *Contratos*, cit., Cap. 33; Caio M. S. Pereira, op. cit., v. 3, p. 345-47; Fran Martins, op. cit., p. 337-45; M. Helena Diniz, op. cit., v. 3, p. 393-6. *Vide* Lei n. 8.420/92, que alterou a Lei n. 4.886/65, e CC, arts. 710 a 721.

Quadro Sinótico

RESPONSABILIDADE CIVIL NO CONTRATO DE REPRESENTAÇÃO COMERCIAL

1. RESPONSABILIDADE CIVIL DO REPRESENTANTE COMERCIAL (LEI N. 4.886/65, COM ALTERAÇÕES DA LEI N. 8.420/92; CC, ARTS. 712 E 713)	• Pelos atos praticados, com negligência, imprudência ou imperícia, no desempenho de suas funções, causando dano ao representado. • Pelos prejuízos que causar, dolosamente, aos interesses do representado. • Pela circunstância de não ter avisado o representado dos riscos ou desvantagens de negócios que lhe foram confiados. • Pela desídia no cumprimento dos deveres contratuais. • Pelo inadimplemento das obrigações decorrentes do contrato. • Pelo fato de ter promovido negócio ilícito. • Pela violação do sigilo profissional. • Pela não prestação de contas. • Pela circunstância de não ter dado ao representado informações detalhadas sobre o andamento do negócio.
2. RESPONSABILIDADE DO REPRESENTADO	• Se reduzir a esfera de atividade do representante. • Se quebrar a exclusividade prevista no contrato (CC, art. 711). • Se fixar abusivamente os preços relativamente à zona do representante com o intuito de lhe impossibilitar ação regular. • Se não pagar a retribuição ao representante na época devida (CC, arts. 714 e 716 a 719).

17. Responsabilidade civil nos negócios efetivados em Bolsa de Valores

De conformidade com a Lei n. 4.728/65, art. 3º, e as Resoluções do Banco Central n. 39/66 (revogada pela Res. n. 922/1984), no art. 1º, I a IX, e n. 1.656/89 (revogada pela Res. n. 2.690/2000), a Bolsa de Valores é uma pessoa jurídica de direito privado. É uma associação civil sem fins lucrativos, tendo por objeto social: manter local adequado ao encontro de seus membros e à realização, entre eles, de transações de compra e venda de títulos e valores mobiliários, em mercado livre e aberto, especialmente organizado e fiscalizado por seus membros e pelas autoridades monetárias; dotar permanentemente o referido local de todas as facilidades necessárias à pronta e eficiente realização e liquidação dessas transações; estabelecer sistemas de negociação que propiciem continuidade de preços e liquidez ao mercado de títulos e valores mobiliários; preservar elevados padrões éticos de negociação e de conduta para seus membros e para as sociedades emissoras de títulos e valores mobiliários, fiscalizando seu cumprimento e aplicando penalidades àqueles que não obedecerem aos padrões estabelecidos; divulgar as operações nelas realizadas, com rapidez, amplitude e detalhes; exercer outras atividades que não contrariem este regulamento e a legislação vigente, podendo inclusive conceder a seus membros crédito operacional relacionado com o objeto social ora declarado.

Assim sendo, os membros da Bolsa de Valores, isto é, seus associados (firmas individuais constituídas pelos atuais corretores de fundos públicos e as sociedades corretoras (Res. do Banco Central n. 1.655/89 e n. 1.656/89 (revogada pela Res. n. 2.690/2000), arts. 25 a 30), revestidas da forma de sociedade comercial por ações nominativas ou por cotas de responsabilidade limitada) (art. 21 e parágrafo único), serão responsáveis (art. 25): 1) nas operações à vista, para com seu comitente e para com outros membros da Bolsa de Valores com quem hajam operado: *a*) pela entrega dos títulos e valores mobiliários vendidos; *b*) pelo pagamento dos comprados; *c*) pela legitimidade dos títulos ou valores mobiliários entregues; *d*) pela autenticidade dos endossos; 2) nas operações a termo, por sua liquidação até o registro dos respectivos contratos no órgão competente.

O órgão deliberativo máximo da Bolsa de Valores é a Assembleia Geral e a gestão de seus negócios sociais far-se-á pelo Conselho de Administração e pelo Superintendente Geral (arts. 6º e 7º). O Conselho de Administração tem o dever de punir os membros faltosos e de criar órgão interno, a fim de registrar, liquidar e compensar operações à vista de responsabilidade de seus membros (art. 11, VIII, IX, XVI a XVIII).

Além disso, "O membro da Bolsa de Valores que deixar de atender às exigências do Regulamento ou realizar operações que coloquem em risco sua capacidade para liquidá-las será imediatamente por ela suspenso, até que cumpra aquela exigência ou elimine o risco em causa" (art. 43). Dessa suspensão aplicada pela Bolsa de Valores, caberá ao associado punido recurso ao Banco Central até cinco dias úteis após ciência da penalidade (art. 44). Deveras, os membros da Bolsa de Valores não poderão, p. ex., segundo o art. 93, distribuir títulos ou valores mobiliários de sociedades privadas não registradas no Banco Central, ou títulos cuja venda tenha sido suspensa ou por este proibida; divulgar informações falsas ou imprecisas, a fim de incrementar a venda ou influir no curso dos títulos ou valores mobiliários; consorciar-se, com a finalidade de influir no curso de títulos ou valores mobiliários, provocando oscilações artificiais de seu preço; praticar manipulação ou fraude destinada a criar condições artificiais de demanda, oferta ou de preço de títulos ou valores mobiliários negociados em Bolsa, ou distribuídos no mercado de capitais; utilizar práticas comerciais não equitativas.

Os membros da Bolsa poderão sofrer as penalidades do Capítulo V da Lei n. 4.595/64, se não observarem o disposto no art. 88; opuserem embaraços à ação das Bolsas ou lhes prestarem informações falsas e se se constituírem em mora na liquidação de operações (arts. 104, II, 105 e 106). E, se houver reincidência, poderão ser excluídos da Bolsa (art. 108).

Os membros da Bolsa estão obrigados ao sigilo das instituições financeiras, devendo, sob pena de indenização, guardar segredo sobre os nomes e operações de seus comitentes, só os revelando mediante autorização destes, por ordem do Banco Central ou da Bolsa (art. 114 e parágrafo único).

Todavia, a responsabilidade dos membros da Bolsa, caracterizada no art. 25, não exclui a da Bolsa, por ter ela função de superintendência das operações nela realizadas, pois cobrirá a de seus membros pelo fundo de garantia, instituído no art. 45, que visa atender ao risco criado pela sua intermediação. Deveras, as Bolsas de Valores mantêm um Fundo de Garantia com o intuito de assegurar aos clientes de seus associados, até o limite do referido Fundo, a reposição de títulos e valores mobiliários negociados em Bolsa e a devolução de diferenças de preços decorrentes de dano culposo ou de infiel execução de ordens aceitas para cumprimento em Bolsa, ou, ainda, de uso inadequado de importâncias recebidas para compra ou decorrentes da venda de títulos e valores mobiliários (art. 45). Isto é assim porque a Bolsa de Valores existe, precisamente, para servir de garantia contra ilícitos prejudiciais a terceiros que negociam por seu intermédio, resguardando-os dos riscos das operações realizadas, sendo responsável pela lisura das operações realizadas sob sua égide, pelos prejuízos decorrentes de emissão, circulação e de falsificação de títulos, pois a simples circunstância da verificação de um ilícito no curso de suas operações indica falha do seu serviço de direção e fiscalização, instituído em benefício dos particulares, para garanti-los contra a fraude. Desse modo o corretor de boa-fé, envolvido em negócios de títulos falsos, lançados em Bolsa, poderá defender-se invocando o papel de vigilância da Bolsa de Valores, com o qual ela superintende todos os atos realizados em seu recinto. Só se poderá responsabilizar o corretor pelo dano sofrido pela aquisição de título falso, se se provar que ele estava conivente com o agente do ato ilícito.

A responsabilidade dos membros da Bolsa de Valores está coberta pelos recursos do Fundo de Garantia e do Seguro específico, pois, pelo art. 54, "As Bolsas de Valores manterão, permanentemente, seguro específico por conta do Fundo de Garantia para assegurar a reposição das importâncias pagas". De maneira que a responsabilidade da Bolsa de Valores é objetiva, baseada no conceito de falha de serviço, podendo ser atendida pelo Fundo de Garantia, mas, se a Bolsa não providenciou o seguro destinado a reparar danos oriundos dos seus negócios, deverá ressarcir os prejuízos com recursos próprios, por não ter cumprido obrigação legal. A administração da Bolsa de Valores será, ainda, passível das penalidades estatuídas no Capítulo V da Lei n. 4.595/64 se violar o art. 101 do Regulamento, isto é, se distribuir a seus membros qualquer parcela de patrimônio ou participação de capital, não havendo dissolução nem aprovação do Banco Central e se deixar de exercer, por omissão voluntária ou dolo, a partir de trinta dias da instalação da Bolsa, a fiscalização direta e ampla de seus associados, examinando os livros e registros de contabilidade e outros documentos ligados à atividade corretora de qualquer deles, remetendo mensalmente ao Banco Central cópia dos relatórios de inspeção realizados por seus fiscais ou auditores (art. 104, I). Já "Os membros das Bolsas de Valores não responderão, solidária ou subsidiariamente, por quaisquer obrigações por elas contraídas" (art. 117).

As Bolsas de Valores têm autonomia administrativa, financeira e patrimonial; mas operarão, sob a supervisão do Banco Central, de acordo com regulamentação expedida pelo Conselho Monetário Nacional (Lei n. 4.728/65, art. 6º), mas pela Lei n. 6.385/76, que criou a Comissão de Valores Mobiliários, esta é quem supervisionará a Bolsa de Valores (Lei n. 6.385/76, art. 17), logo, pelo art. 18 desse mesmo diploma legal, ela é quem proporá ao Conselho Monetário Nacional normas sobre condições de constituição e extinção das Bolsas; exercício do poder disciplinar pelas Bolsas, sobre os seus membros, imposição de penas e casos de exclusão; número de sociedades corretoras e requisitos de sua admissão; administração das Bolsas, espécies de operação autorizada na Bolsa etc.[95].

As empresas corretoras e distribuidoras de valores respondem: pelo resgate de promissória aplicada no mercado paralelo (*RJTJGB*, *23*:273); pela autenticidade de títulos na compra e venda de valores por conta de terceiros (*RJTJGB*, *28*:145); pela operação serôdia realizada em Bolsa de Valores (*RJTJRJ*, *35*:147; *RT*, *485*:174, *561*:222; *RTJ*, *89*:565 e *90*:1.062) e pela execução equivocada de ordem de compra de ações (*RJTJRJ*, *36*:234).

95. Esta é a lição de Aguiar Dias, op. cit., v. 1, n. 154-A, p. 400-5; Carlos Alberto Bittar e Carlos Alberto Bittar Filho, *Direito civil constitucional*, São Paulo, Revista dos Tribunais, 2003, p. 212. Sobre as operações em Bolsas de Valores: Res. do Banco Central n. 1.656/89 (revogada pela Res. n. 2.690/2000), arts. 31 a 70; sobre atividades de corretor na Bolsa de Valores: Leis n. 4.728/65, 6.385/76, 6.404/76, 7.913/89, 7.940/89, 8.880/94; Instruções n. 109/89 (ora revogada pela ICVM n. 473/2008), 217/94 (ora revogada pela ICVM n. 503/2011) e 220/94 (ora revogada pela ICVM n. 382/2003), da CVM, Deliberação CVM n. 170/94.

QUADRO SINÓTICO

RESPONSABILIDADE CIVIL NOS NEGÓCIOS EFETIVADOS EM BOLSA DE VALORES

<table>
<tr><td rowspan="3">1. RESPONSABILIDADE DOS MEMBROS DA BOLSA DE VALORES (LEI N. 4.728/65)</td><td>• Nas operações à vista</td><td>• Pela entrega dos títulos e valores mobiliários vendidos.
• Pelo pagamento dos comprados.
• Pela legitimidade dos títulos ou valores mobiliários entregues.
• Pela autenticidade dos endossos.</td></tr>
<tr><td>• Nas operações a termo</td><td>• Pela sua liquidação até o registro dos respectivos contratos no órgão competente.</td></tr>
<tr><td colspan="2">• No caso de não atender às exigências do Regulamento ou realizar operações que coloquem em risco sua capacidade para liquidá-las.
• Na hipótese de distribuir títulos não registrados ou cuja venda tenha sido proibida ou suspensa.
• Na divulgação de informações falsas ou imprecisas.
• No caso de consorciar-se para influir no curso de títulos, provocando oscilações artificiais de seu preço.
• Na hipótese de fraude.
• Na utilização de práticas comerciais não equitativas.
• Na inobservância do art. 88.
• Na circunstância de opor embaraços à ação da Bolsa.
• No caso de mora na liquidação das operações.
• Na violação de segredo sobre os nomes e operações de seus comitentes.</td></tr>
<tr><td>2. RESPONSABILIDADE DA BOLSA (LEI N. 4.728/65 E LEI N. 6.385/76)</td><td colspan="2">• Devido a sua função de superintendência das operações nela realizadas, tem responsabilidade objetiva, devendo cobrir a responsabilidade de seus membros: a) pelo Fundo de Garantia e pelo Seguro específico, que asseguram aos clientes de seus associados a reposição de títulos e valores mobiliários negociados em Bolsa e a devolução de diferenças de preços decorrentes de dano culposo ou de infiel execução de ordens aceitas para cumprimento em Bolsa, ou, ainda, de uso inadequado de importâncias recebidas para compra ou decorrentes de venda de títulos e valores mobiliários; b) pelos seus próprios recursos se não providenciou o seguro.
• Além disso, poderá sofrer as penalidades do Cap. V da Lei n. 4.595/64 se violar o art. 101 do Regulamento.</td></tr>
</table>

18. Responsabilidade civil das empresas de eletricidade e telefones

"A tecnologia moderna colocou o homem em contato com coisas que acarretam riscos inúmeros; seus proprietários, que a exploram economicamente, dela auferindo lucros, devem ter cuidados especiais de guarda para evitar danos a terceiros. Assim, o explorador da energia elétrica responde pelos danos ligados à exploração à luz da chamada responsabilidade pelo fato da coisa" (TJSP, *ADCOAS*, 1981, n. 78.396). "Não se considera caso fortuito, a exonerar companhia distribuidora de energia elétrica da obrigação de indenizar, a queda de fio de alta tensão, durante um temporal. A empresa que explora coisa perigosa tem o dever de evitar o perigo, tomando precauções contra riscos como esse" (TJRJ, *ADCOAS*, 1981, n. 77.398). "Tem a Companhia de Energia Elétrica a obrigação de cuidar das instalações elétricas, adaptando-as às exigências da técnica moderna, principalmente revestindo os fios condutores a fim de evitar possíveis acidentes. A morte de pessoas, decorrentes do fato de o fio elétrico se aproximar do solo, seja por defeito ou por falta de cuidado, acarreta a responsabilidade da empresa. Fios energizados são elementos perigosos e com eles deve haver o máximo cuidado, antes de tudo pela empresa que explora o fornecimento de energia elétrica. Sendo irrelevante, para efeito de fixação da responsabilidade, o fato de as vítimas terem atravessado, p. ex., a cerca de arame deixando o portão. Não se assume nenhum risco de morrer eletrocutado pelo fato de se atravessar uma cerca, a não ser que haja alguma falha de empresa elétrica que, não cuidando devidamente da rede, tenha deixado os fios caírem sobre o arame da cerca. Assim será devida a indenização" (TJSC, *ADCOAS*, 1982, n. 86.254).

As empresas de eletricidade terão *responsabilidade contratual* perante os consumidores pelos danos que lhes causar, p. ex.: *a*) na instalação de um fusível de maior resistência na casa do consumidor, sem avisar que os anteriores se queimariam em razão de defeito de instalação; *b*) nas operações de desligamento de eletricidade utilizando processo antiquado.

A Companhia Telefônica também responderá perante os assinantes pelos prejuízos decorrentes: *a*) de erros da lista de endereços e nomes periodicamente distribuída; e *b*) de recusa à prestação de certo serviço pedido por um assinante, concedendo-o a outro, por constituir um abuso de direito[96].

Quadro Sinótico

RESPONSABILIDADE CIVIL DAS EMPRESAS DE ELETRICIDADE E TELEFONES

1. RESPONSABILIDADE DAS EMPRESAS DE ELETRICIDADE	• Pelos danos que causar ao consumidor por não o ter avisado, ao instalar fusível de maior resistência, que os anteriores se queimariam em razão de defeito na instalação. • Pelos prejuízos causados por operações de desligamento de eletricidade realizadas por processo antiquado.

96. Aguiar Dias, op. cit., v. 1, n. 151, p. 393; *RF, 84*:354. Sobre responsabilidade de empresa de energia elétrica, *vide RT, 452*:245, *554*:114, *571*:101; Constituição Federal, art. 21, XI e XII, *b*. *Vide* Leis n. 9.074/95, sobre concessão ou autorização de geração de energia elétrica; 9.427/96, sobre a Agência Nacional de Energia Elétrica, com alteração da Lei n. 9.648/98, e 9.472/97, sobre organização de serviços de telecomunicação, e Resolução n. 51/98 do Conselho Diretor da Agência Nacional de Telecomunicações. Sobre serviço de telefone: Portarias n. 1.516 e 1.517/93 do Ministério das Comunicações. Já se decidiu: a) "Apelação cível. Ação de indenização de danos morais. Brasil Telecom. Recursos que versam sobre a minoração e majoração da indenização e rateio da sucumbência. Redimensionamento dos ônus sucumbenciais. Manutenção do *quantum* indenizatório fixado em sentença. Danos morais fixados em conformidade com a capacidade econômica das partes, a extensão do dano e o caráter inibitório da indenização. Decaimento total da ré. Apelo do autor parcialmente provido: apelo da ré desprovido" (TJRS, Ap. Cív. n. 70013501549, Comarca de Novo Hamburgo, 5ª Câm. Cív., ac. unân., Rel. Des. Ney Wiedemann Neto, j. em 21-12-2005, *DJ*, 2-1-2006) e b) "Pleito fundado na aquisição de aparelho celular defeituoso. Prazo de garantia. Empresa de telefonia que se recusou a reparar o defeito. Direito do consumidor à restituição da quantia paga,

2. RESPONSABILIDADE DAS COMPANHIAS TELEFÔNICAS	• Pelos danos causados ao assinante por erros da lista de endereços e nomes, periodicamente distribuída. • Pelos prejuízos decorrentes de recusa à prestação de serviço a pedido de um assinante, concedendo-o a outro.

devidamente atualizada. Danos morais, entretanto, que não restaram caracterizados. Apelo parcialmente provido (TJSP — 6ª Câm. de Direito Privado; Ap n. 990.10.468575-3-Bariri-SP; Rel. Des. Sebastião Carlos Garcia; j. 9-12-2010; *BAASP*, *2758*:6213).

19. Responsabilidade civil das empresas de diversões

As empresas de diversões são responsáveis pelos danos que causarem à incolumidade física dos frequentadores de seus espetáculos, por terem infringido o dever de segurança, não empregando as medidas necessárias de proteção do público, uma vez que devem garantir ao público a permanência no local do espetáculo, sem correr nenhum perigo. P. ex.: o diretor ou empresário de um circo responderá pelo dano produzido pelo desabamento de uma arquibancada, pela fuga de um animal etc. Só se eximirá dessa responsabilidade, havendo caso fortuito ou força maior[97]. Competirá à lei federal regular as diversões e espetáculos públicos, cabendo ao Poder Público informar sobre a natureza deles, as faixas etárias a que não se recomendem, locais e horários em que sua apresentação se mostre inadequada (CF, art. 220, § 3º, I).

Os responsáveis pelas diversões e espetáculos públicos deverão afixar, em local visível, à entrada do local de exibição, informação sobre a natureza do espetáculo e a faixa etária especificada no certificado de classificação (Lei n. 8.069/90, art. 74, parágrafo único), sob pena de multa

97. Aguiar Dias, op. cit., v. 1, n. 153, p. 395; Constituição Federal, arts. 21, XVI; 220, § 3º, II; 221, I a IV. Os responsáveis por estabelecimentos onde se explorem jogos e apostas, relativamente a menores, deverão atender aos arts. 80 e 81, VI, da Lei n. 8.069/90. *Vide*: Lei n. 10.671/2003 (Estatuto de Defesa do Torcedor). Explorador de parque de diversões pode ser condenado a pagar danos materiais, morais e estéticos a usuário que venha a cair, por exemplo, de montanha-russa (TJRJ, Ap. Cív. n. 0272515-032007.8.19.0001, pub. 13-10-2010).

de três a vinte salários de referência, duplicada em caso de reincidência (arts. 252 e 253).

O menor poderá assistir aos espetáculos classificados como adequados à sua idade, mas se tiver menos de dez anos somente poderá ingressar no local da exibição se estiver acompanhado dos pais ou responsável (art. 75 e parágrafo único da Lei n. 8.069/90), pois competirá ao magistrado disciplinar, através de portaria, ou autorizar, mediante alvará: *a*) a entrada e permanência de menor, desacompanhado dos pais ou responsável, em promoções dançantes, bailes, estabelecimentos de diversões eletrônicas, estúdios cinematográficos, de teatro, rádio e televisão; *b*) a participação de criança e adolescente em espetáculos públicos e seus ensaios. O juiz deverá levar em conta, dentre outros fatores, as peculiaridades locais, a existência de instalações adequadas, o tipo de frequência habitual do local, a adequação do ambiente a eventual participação ou frequência de menores (Lei n. 8.069/90, art. 149, I, II e § 1º).

As empresas de rádio e televisão só poderão exibir, no horário recomendado a menores, programas com fins educativos, artísticos, culturais e informativos, anunciando, antes da apresentação, a faixa etária especificada no certificado de sua classificação, sob pena de multa de vinte a cem salários de referência, duplicada em caso de reincidência, podendo o juiz determinar a suspensão da programação da emissora por até dois dias (Lei n. 8.069/90, arts. 254, 76 e parágrafo único). Punir-se-á com reclusão de um a quatro anos e multa quem contracenar, produzir ou dirigir peça teatral, televisiva ou cinematográfica utilizando menor em cena de sexo explícito ou pornográfica (Lei n. 8.069/90, art. 240). Se houver exibição de filme, *trailer* ou peça inadequados a menores admitidos no espetáculo, deverá haver punições, cobrando-se multa de vinte a cem salários de referência. Havendo reincidência, o juiz determinará a suspensão do espetáculo ou o fechamento do estabelecimento por até quinze dias (Lei n. 8.069/90, art. 255). Além disso, se o responsável pelo estabelecimento ou empresário não observar as normas da Lei n. 8.069/90 relativas ao acesso de menores em locais de diversão ou sobre sua participação no espetáculo, deverá pagar multa de três a vinte salários de referência, e, se reincidir, a autoridade judiciária poderá determinar o fechamento do estabelecimento por até quinze dias (Lei n. 8.069/90, art. 258).

QUADRO SINÓTICO

RESPONSABILIDADE CIVIL DAS EMPRESAS DE DIVERSÕES	• Têm responsabilidade pelos danos que causarem à incolumidade física dos frequentadores de espetáculo por terem violado o dever de segurança, não tomando as medidas necessárias para protegê-los.

20. Responsabilidade civil nos esportes

Na lição de Savatier poderá haver no exercício de atividades esportivas, se não forem praticadas em domicílio ou em local público, um ou mais contratos, desde que haja intuito lucrativo ou desde que, havendo finalidade altruística, seja desempenhado por pessoas que fazem do esporte sua atividade habitual. No início, ter-se-á um contrato entre o organizador da manifestação esportiva e os que dela participarão, onde o organizador assumirá certas responsabilidades. Poderá haver uma convenção ou um segundo contrato que crie obrigações de cada participante em relação aos outros da mesma equipe, ou não, no sentido de observar as normas do jogo. Se houver pessoas convidadas para assistir ao jogo, ter-se-á um terceiro contrato entre os espectadores e o organizador, que lhes garante certa segurança.

Isto é assim pois, pelo art. 1º da Lei n. 12.299/2010, "é dever de toda pessoa física ou jurídica colaborar na prevenção dos atos ilícitos e de violência praticados por ocasião de competições esportivas especialmente os atos de violência entre torcedores e torcidas".

Ao *torcedor*, por ser pessoa que apoia ou se associa a uma entidade desportiva, acompanhando certo desporto, é assegurado o direito:

a) à publicidade e transparência na organização das competições administradas pelas entidades de administração do desporto e pelas ligas, que deverão publicá-las na internet ou fixá-las em local visível do lado externo das entradas do lugar onde se realizará o evento (Lei n. 10.671/2003, art. 5º e § 1º, I a VI, com a redação da Lei n. 12.299/2010). Pelo art. 6º, § 4º, da Lei n. 10.671/2003 (com a alteração da Lei n. 12.299/2010), "o sítio da internet em que forem publicadas as informações de que trata o § 1º do art. 5º conterá, também, as manifestações e propostas do Ouvidor da Competição".

b) à apresentação de sugestões, propostas e reclamações ao Ouvidor da competição, designado pela entidade responsável pela organização da competição, mediante comunicação postal ou mensagem eletrônica (Lei n. 10.671/2003, art. 6º, §§ 1º e 2º, I);

c) à resposta do Ouvidor da competição às propostas e reclamações feitas (Lei n. 10.671/2003, art. 6º, § 2º, II);

d) à divulgação: da renda obtida pelo pagamento de ingressos e do número de espectadores pagantes e não pagantes por meio de serviço de som instalado no estádio onde a partida está sendo realizada (Lei n. 10.671/2003, art. 7º); do regulamento, das tabelas da competição e do nome do Ouvidor da Competição até sessenta dias antes de seu início na forma do § 1º do art. 5º (Lei n. 10.671/2003, art. 9º, com a redação da Lei n. 12.299/2010); da súmula e dos relatórios da partida no sítio de que trata o § 1º do art. 5º até as 14 horas do 3º dia útil subsequente ao da realização da partida (Lei n. 10.671/2003, art. 12, com a redação da Lei n. 12.299/2010); das providências quanto ao transporte tomadas relativamente ao acesso ao local da partida (Lei n. 10.671/2003, art. 26, II);

e) à participação de entidades desportivas em competições conforme critério técnico, baseado na colocação obtida em competição anterior (Lei n. 10.671/2003, art. 10, §§ 1º a 4º);

f) à entrega, em três vias, pelo árbitro e auxiliares, até 4 horas após a partida, da súmula e dos relatórios ao representante da entidade desportiva responsável pela organização da competição. Tal prazo será de 24 horas, se houve tumulto que necessite de laudo médico (Lei n. 10.671/2003, art. 11, §§ 1º e 6º);

g) à segurança no local onde se dá o evento esportivo, antes, durante e após sua realização (Lei n. 10.671/2003, art. 13);

h) à acessibilidade ao local, se for deficiente físico ou tiver mobilidade reduzida (Lei n. 10.671/2003, art. 13, parágrafo único);

i) à implementação de planos de ação relativos à segurança, transporte e contingências que possam ocorrer durante a realização do evento esportivo (Lei n. 10.671/2003, art. 17, §§ 1º a 3º);

j) à colocação à venda de ingressos até 72 horas antes do início da partida, mediante sistema que assegure agilidade e acesso à informação (Lei n. 10.671/2003, art. 20);

k) à emissão de ingressos numerados, contendo o preço pago, e à ocupação do local correspondente ao número constante no ingresso (Lei n. 10.671/2003, arts. 22 e 24). "A emissão de ingressos e o acesso ao estádio nas primeira e segunda divisões da principal competição nacional e nas partidas finais das competições eliminatórias de âmbito nacional deverão ser realizados por meio de sistema eletrônico que viabilize a fiscalização e o controle da quantidade de público e do movimento financeiro da partida" (art. 22, § 2º, com a redação da Lei n. 12.299/2010). Todavia isso não se aplicará aos eventos esportivos realizados em estádios com capacidade inferior a dez mil pessoas (art. 22, § 3º, com a redação da Lei n. 12.299/2010). Além disso, pelo art. 2º da Lei n. 12.299/2010, "todos os estádios de futebol e ginásios de esporte onde ocorram competições esportivas oficiais não poderão vender mais ingressos do que o número máximo de capacidade de público existente no local". O controle e a fiscalização do acesso do público ao estádio com capacidade para mais de dez mil pessoas deverão contar com meio de monitoramento por imagem das catracas (art. 25 da Lei n. 10.671/2003, com a redação da Lei n. 12.299/2010);

l) ao acesso a transporte seguro e organizado (Lei n. 10.671/2003, art. 26, I a III);

m) à higiene e à qualidade das instalações físicas do estádio e dos produtos alimentícios vendidos no local (Lei n. 10.671/2003, art. 28);

n) ao número de sanitários compatível com a capacidade de público, em condição de limpeza e funcionamento (Lei n. 10.671/2003, art. 29);

o) à arbitragem independente, imparcial, previamente remunerada e isenta de pressões (Lei n. 10.671/2003, art. 30);

p) à escolha, mediante sorteio ou audiência pública, até 48 horas antes da partida, do árbitro de cada partida, dentre os previamente selecionados (Lei n. 10.671/2003, art. 32, com redação da Lei n. 13.155/2015);

q) à observância pelos órgãos da Justiça Desportiva dos princípios da impessoalidade, da moralidade, da celeridade, da publicidade e da independência (Lei n. 10.671/2003, art. 34);

r) à defesa de seus interesses e direitos, de conformidade com a Lei n. 8.078/90. A União, os Estados, o Distrito Federal e os Municípios promoverão tal defesa, constituindo órgão especializado ou atribuindo tal incumbência aos órgãos de defesa do consumidor (Lei n. 10.671/2003, art. 41, I e II).

Mas, por outro lado, terá o dever de não promover tumulto, nem praticar violência, nem invadir área própria dos competidores, sob pena de ficar impedido de comparecer a eventos desportivos pelo prazo de até 5 anos; Lei n. 13.912/2019, que altera a Lei n. 10.671/2003 nos arts. 39-A e 39-C.

"Art. 39-A. A torcida organizada que, em evento esportivo, promover tumulto, praticar ou incitar a violência ou invadir local restrito aos competidores, árbitros, fiscais, dirigentes, organizadores ou jornalistas será impedida, assim como seus associados ou membros, de comparecer a eventos esportivos pelo prazo de até 5 (cinco) anos."

" Art. 39-C. Aplica-se o disposto nos arts. 39-A e 39-B à torcida organizada e a seus associados ou membros envolvidos, mesmo que em local ou data distintos dos relativos à competição esportiva, nos casos de:

I — invasão do local de treinamento;

II — confronto, ou induzimento ou auxílio a confronto, entre torcedores;

III — ilícitos praticados contra esportistas, competidores, árbitros, fiscais ou organizadores de eventos esportivos e jornalistas voltados principal ou exclusivamente à cobertura de competições esportivas, mesmo que, no momento, não estejam atuando na competição ou diretamente envolvidos com o evento."

A torcida organizada deverá manter cadastro atualizado de seus associados ou membros, o qual deverá conter, pelo menos, as informações exigidas pelo art. 2º-A, parágrafo único, I a X, da Lei n. 10.671/2003, acrescentado pela Lei n. 12.299/2010. E tem responsabilidade civil objetiva pelos danos que causar.

O torcedor, para ter acesso e permanência no recinto esportivo, deverá estar na posse de ingresso válido; não portar objetos, bebidas ou substâncias que gerem atos de violência; consentir com a revista pessoal de prevenção e segurança; não portar ou ostentar cartazes, bandeiras, símbolos ou outros sinais com mensagens ofensivas, inclusive de caráter racista ou xenófobo; não entoar cânticos discriminatórios, racistas ou xenófobos; não arremessar objetos, de qualquer natureza, no interior do recinto esportivo; não portar ou utilizar fogos de artifício ou quaisquer outros engenhos pirotécnicos ou produtores de efeitos análogos; não incitar e não praticar atos de violência no estádio, qualquer que seja a sua natureza; e não invadir e não incitar a invasão, de qualquer forma, da área restrita aos competidores. O não cumprimento das condições estabelecidas neste artigo implicará a impossibilidade de ingresso do torcedor ao recinto esportivo, ou, se for o caso, o seu afastamento imediato do recinto, sem prejuízo de outras sanções administrativas, civis ou penais eventualmente cabíveis (art. 13-A, I a X (acrescentado pela Lei n. 12.663/2012), e parágrafo único da Lei n. 10.671/2003, acrescentado pela Lei n. 12.299/2010). "A torcida organizada responde civilmente, de forma objetiva e solidária, pelos danos causados por qualquer dos seus associados ou membros no local do evento esportivo, em suas imediações ou no trajeto de ida e volta para o evento" (art. 39-B da Lei n. 10.671/2003, acrescentado pela Lei n. 12.299/2010). E pelo Enunciado n. 447 (aprovado na V Jornada de Direito Civil): "As agremiações esportivas são objetivamente responsáveis por danos causados a terceiros pelas torcidas organizadas, agindo nessa qualidade, quando, de qualquer modo, as financiem ou custeiem, direta ou indiretamente, total ou parcialmente".

Só haverá responsabilidade extracontratual em relação a terceiros não convidados para a atividade esportiva.

O exercício dos esportes, por pressupor certos perigos, gera responsabilidade pelos danos que dele resultarem, mas não dará lugar ao ressarcimento de prejuízo causado aos participantes advindo de aplicação das normas esportivas.

Pelo art. 1º-A (acrescido pela Lei n. 12.299/2010) da Lei n. 10.671/2003, "a prevenção da violência nos esportes é de responsabilidade do Poder Público, das confederações, federações, ligas, clubes, associações ou entidades esportivas, entidades recreativas e associações de torcedores, inclusive de seus respectivos dirigentes, bem como daqueles que, de qualquer forma, promovem, organizam, coordenam ou participam dos eventos esportivos".

A exploração e a gestão do desporto profissional constituem exercício de atividade econômica, requerendo a observância dos princípios da transparência financeira e administrativa; da moralidade na gestão desportiva; da responsabilidade social de seus dirigentes; do tratamento diferenciado em relação ao desporto não profissional e da participação na organização desportiva do País (Lei n. 10.672/2003, art. 1º, que altera o art. 2º, parágrafo único, da Lei n. 9.615/98, regulamentada pelo Dec. n. 7.984/2013).

A competição profissional é a promovida para obter renda e disputada por atletas profissionais (Lei n. 9.615/98 (regulamentada pelo Dec. n. 7.984/2013), art. 26, parágrafo único, com a redação da Lei n. 10.672/2003).

É dever da entidade integrante da organização desportiva: *a*) promover as competições de acordo com o calendário anual de eventos oficiais (Lei n. 10.671/2003, art. 8º, I e II); *b*) assumir a responsabilidade pela segurança do torcedor, logo precisará solicitar ao Poder Público a presença de agentes públicos de segurança, transporte e higiene, informando-o de todos os dados que forem necessários e colocar serviço de orientação e atendimento à disposição do torcedor (Lei n. 10.671/2003, art. 14, I a III); *c*) solucionar as reclamações dirigidas pelo torcedor ao serviço de atendimento (Lei n. 10.671/2003, art. 14, § 1º); *d*) confirmar, até 48 horas de antecedência, o horário e o local da partida; *e*) contratar seguro de acidentes pessoais, tendo como beneficiário o torcedor portador de ingresso; disponibilizar uma ambulância, um médico e dois enfermeiros para cada dez mil torcedores presentes; comunicar previamente à autoridade de saúde a realização do evento (Lei n. 10.671/2003, art. 16, I a V); *f*) responder solidariamente, com seu dirigente, independentemente de culpa pelos danos causados a torcedor por falha de segurança no estádio (Lei

n. 10.671/2003, art. 19); *g*) implantar sistema de segurança, na emissão e venda de ingressos, contra falsificações ou fraudes que contribuam para a evasão da receita (Lei n. 10.671/2003, art. 21); *h*) apresentar ao Ministério Público os laudos técnicos, expedidos pelo órgão competente, relativos à vistoria das condições de segurança dos estádios desportivos (Lei n. 10.671/2003, art. 23, regulamentada pelo Decreto n. 6.795/2009); *i*) solicitar ao Poder Público serviços de estacionamento para uso dos torcedores e meios de transporte para condução de crianças, idosos e deficientes físicos (Lei n. 10.671/2003, art. 27; Lei n. 13.146/2015, arts. 42, III, 46 e 47; Lei n. 9.503/97, art. 86-A, com a redação de Lei n. 13.146/2015); *j*) convocar agentes públicos de segurança para proteção de árbitro e de seus auxiliares (Lei n. 10.671/2003, art. 31). É dever das entidades de administração do desporto contratar seguro de vida e acidentes pessoais, tendo como beneficiária a equipe de arbitragem, quando exclusivamente no exercício dessa atividade (art. 31-A da Lei n. 10.671, acrescentado pela Lei n. 12.299/2010); *k*) publicar documento contendo diretrizes básicas de seu relacionamento com os torcedores, disciplinando: acesso aos locais de venda dos ingressos; mecanismos de transparência financeira da entidade; comunicação entre torcedor e entidade, por meio de ouvidoria estável, de órgão consultivo formado por torcedores não sócios e reconhecimento do sócio-torcedor (Lei n. 10.671/2003, art. 33).

A violação dessas obrigações poderá acarretar: destituição ou suspensão de dirigentes; impedimento do gozo de benefício fiscal em âmbito federal e suspensão por 6 meses dos repasses de recursos públicos federais da administração direta e indireta (Lei n. 10.671/2003, art. 37).

O organizador (pessoa natural ou jurídica, a saber, clube, jornal, sociedade empresária etc.) por equiparar-se a fornecedor (Lei n. 8.078/90) será também responsável pelos danos causados:

a) pelo fato de não ter verificado se os participantes tinham as qualidades necessárias para que as provas se desenvolvessem sem perigo;

b) por não ter providenciado no sentido de fazer com que o terreno dos esportes tivesse condições de permitir a demonstração esportiva, p. ex., se numa corrida de automóveis não se verificou o estado de conservação da pista;

c) pela circunstância de não ter fornecido aos participantes, estando a seu cargo, os meios, instrumentos e aparelhos necessários ao jogo;

d) por ter negligenciado na polícia do jogo;

e) por não ter tomado as medidas de precaução necessárias à proteção dos espectadores, p. ex., se negligenciou na proteção do público não colocando telas, grades, barreiras etc.; se não verificou se as arquibancadas ofereciam segurança; se permitiu superlotação, causando desabamento.

Realmente, o atleta não será responsável pelo dano que causar, ao aplicar as regras do jogo, na execução normal de sua atividade, p. ex., de lançar peso ou dardo, pois o organizador é que tem o dever de manter o público afastado de toda a área em que a atividade esportiva oferecer perigo. Todavia, é preciso lembrar que o organizador também se responsabilizará perante o público pelos prejuízos resultantes de imperícia, imprudência ou negligência dos jogadores, ou de infração às normas do jogo, ante a obrigação de garantir a segurança do espectador, que assumiu ao convidá-lo para assistir a prova. P. ex., nos *Grand Prix*, nas corridas de fórmula 1 e 2, os promotores das corridas é que terão, em princípio, a responsabilidade pelos prejuízos, ocorridos durante as provas, aos pilotos participantes ou aos espectadores, que a elas assistiam, salvo se demonstrarem que empregaram todas as medidas de prudência e de cautela para proporcionar aos corredores e ao público a maior segurança possível contra eventuais acidentes. Claro está que, se o acidente provier de culpa exclusiva do piloto, que negligenciou na direção, dele será a responsabilidade.

O organizador terá ação regressiva contra o causador do dano que não derive de sua culpa direta. P. ex.: terá tal direito se a pessoa encarregada das instalações do campo for negligente ao desempenhar essa incumbência.

Ficará sob a guarda individual dos participantes da prova o carro, a bicicleta ou o cavalo de corrida; assim sendo, os danos infligidos aos assistentes serão ressarcidos tanto pelo atleta como pelo organizador que não protegeu suficientemente o público contra o perigo do esporte. Ter-se-á, então, uma responsabilidade solidária. Igualmente se houver culpa do espectador e do esportista, a responsabilidade se repartirá entre eles proporcionalmente às respectivas culpas[98].

---

98. Aguiar Dias, op. cit., v. 1, n. 154, p. 396-400; Savatier, *Le droit*, cit., t. 2, n. 853, 854, 859, 861, 862, 863 e 865; Jean Loup, *Les sports et le droit*, Paris, Dalloz, 1930; Lalou, op. cit., n. 343; Wilson Melo da Silva, op. cit., p. 353-60; Jean Azema, *La responsabilité en matière de sports*, Paris, 1934; *RF*, *169*:272; Alberto Montel, op. cit., p. 419-42; Gustavo L. P. de Souza, A responsabilidade civil à luz do Estatuto do Torcedor: clube punido por dano a torcedor durante a comemoração de gol. *De Jure — Revista Jurídica do Ministério Público do Estado de Minas Gerais, 13*:261-74; Constituição Federal, arts. 5º, XXVIII, *a*, e 217, I a IV, §§ 1º a 3º; Lei n. 8.069/90, art. 149, I, *a*. Sobre responsabilidade civil em rodeio: Lei n. 10.519/2002 e Lei n. 13.364/2016, com alterações da Lei n. 13.873/2019. Sobre dissolução de associação de torcedores: *RT*, *786*:163. Consulte: Lei n. 10.671/2003, com a regulamentação do Decreto n. 6.795/2009 e alteração das Leis n. 12.299/2010 e 13.912/2019; Lei n. 9.615/98 (regulamentada pelo Dec. n. 7.984/2013) com alteração da Lei n. 10.672/2003; Resolução RDC n. 199/2003, da Diretoria Colegiada da Agência Nacional de Vigilância Sanitária, que regulamenta a Lei n. 10.702/2003,

Quadro Sinótico

RESPONSABILIDADE CIVIL NOS ESPORTES

1. RESPONSABILIDADE DO ORGANIZADOR	• Pela não verificação das qualidades necessárias que o jogador deve ter para que as provas se desenvolvam sem perigo. • Por não ter tomado providências para que o terreno dos esportes tivesse condições de permitir o jogo. • Pelo não fornecimento de meios, instrumentos ou aparelhos necessários ao jogo, aos jogadores, se esta era sua incumbência. • Por ter negligenciado na polícia do jogo. • Por não ter tomado as medidas de precaução necessárias à proteção dos espectadores.
2. RESPONSABILIDADE SOLIDÁRIA DO ATLETA E DO ORGANIZADOR	• Os danos infligidos aos assistentes de corrida de automóvel, de cavalo ou de bicicleta serão ressarcidos tanto pelo atleta, por ter a guarda do veículo ou do animal, como pelo organizador, por não ter protegido suficientemente o público contra o perigo do esporte.
3. RESPONSABILIDADE SOLIDÁRIA DO ESPECTADOR E DO ATLETA	• Pelo prejuízo que, culposamente, causaram. Tal responsabilidade se repartirá entre eles proporcionalmente às respectivas culpas.

---

sobre frases de advertência do Ministério da Saúde exibidas durante a transmissão de eventos esportivos. Pelo Decreto n. 4.960/2004, a Comissão Nacional de Prevenção da Violência e Segurança nos Espetáculos Esportivos (CONSEGUE) deverá apoiar e acompanhar a implantação da política nacional de prevenção da violência e segurança nos desportos. A Lei n. 12.663/2012 altera as Leis n. 6.815/80 e 10.671/2003 e estabelece concessão de prêmio e de auxílio especial mensal aos jogadores das seleções campeãs do mundo em 1958, 1962 e 1970. O Decreto n. 8.537/2015 regulamenta a Lei n. 12.852/2013 e a Lei n. 12.933/2013 para dispor sobre o benefício da meia-entrada para acesso a eventos artísticos, culturais e esportivos.

21. Responsabilidade civil do fornecedor pelos produtos fabricados e pelos serviços prestados

A. Generalidades

O *consumidor* é não só a pessoa física ou jurídica que vem a utilizar produto ou serviço como destinatário final, mas também a coletividade de pessoas, mesmo indeterminável, que intervém nas relações de consumo (Lei n. 8.078/90, art. 2º, parágrafo único).

O consumidor ou usuário de produtos fabricados ou elaborados — isto é, resultantes da transformação de outras coisas pela at'ividade do homem a elas aplicada (exclui, portanto, os que são consumidos *in natura*, como legumes, frutas, verduras) — pode sofrer danos em sua saúde ou em seus bens em razão de defeito ou falha de fabricação. Realmente, pode ocorrer que alguém adquira automóvel numa agência e venha a sofrer um grave acidente em virtude de falha no material empregado no sistema de freamento ou de defeito na direção ou de outra imperfeição de fabricação, ou que uma pessoa compre num mercado um produto comestível em mau estado ou com substâncias tóxicas e contraia uma intoxicação por tê-lo ingerido.

São frequentes tais acidentes ante a crescente utilização de *produtos* elaborados, sejam móveis ou imóveis, materiais ou imateriais (art. 3º, § 1º, da Lei n. 8.078/90), que são produzidos em massa, devido ao progresso tecnológico, pois, apesar do emprego de medidas de controle e segurança, grande é a porcentagem de mercadorias que entram no processo de comercialização sem condições de serem consumidas ou usadas, por serem defeituosas. Urge, portanto, procurar soluções técnicas que melhorem os sistemas de controle de produção e de conservação e aumentar a proteção legal, de modo que o lesado possa obter a indenização a que faz jus. Bastante difícil é a determinação da responsabilidade civil do fabricante pelos produtos elaborados devido: *a*) à dificuldade de se determinar o momento em que surge o defeito; *b*) à condição anônima do produtor, que pode ser o vendedor ou outro fabricante; *c*) ao fato de ser possível que se pratique uma injustiça para com o vendedor, que, expondo o produto aos seus clientes, não tem meios de verificar a sua perfeição; *d*) à complexidade de situações, conforme se trate de gêneros alimentícios, de medicamentos, cosméticos, aparelhos de uso doméstico, máquinas etc.; *e*) à impossibilidade de verificação minuciosa da coisa adquirida, ainda que não haja vício oculto, visto que a mercadoria apresenta-se ora encerrada em embalagem hermética, ora em quantidade que permite o exame por mera amostragem, de maneira que o defeito só aparece mais tarde, quando já se encontra em poder do adquirente.

O mesmo se diga em relação ao usuário de *serviços* prestados, ou seja, de qualquer atividade fornecida no mercado de consumo, mediante remuneração, inclusive as de natureza bancária, financeira, de crédito e securitária, salvo as decorrentes das relações de caráter trabalhista (art. 3º, § 2º).

Antes da Lei n. 8.078/90, na seara jurídica havia dificuldade de se impor a responsabilidade direta ao *fornecedor* — pessoa física ou jurídica, pública ou privada, nacional ou estrangeira, ou ente despersonalizado, que desenvolve atividade de produção, montagem, criação, construção, transformação, importação, exportação, distribuição ou comercialização de produtos ou prestação de serviços — relativamente ao consumidor, ante o princípio de que o contrato só produz efeito entre as partes. Havia necessidade de um contrato entre o consumidor prejudicado e o eventual responsável. Assim, o lesado só podia acionar o fabricante se ele fosse, ao mesmo tempo, o vendedor. Mas mesmo assim a questão da responsabilidade não parecia estar completamente solucionada, pois, se o vendedor estava de boa-fé, o consumidor poderia pedir a restituição do preço ou seu ajuste (CC, arts. 441 e 443, 2ª parte), mas, se estava de má-fé, poderia pleitear o que recebeu com perdas e danos (CC, art. 443, 1ª parte).

A ação do consumidor prejudicado contra o fornecedor ou vendedor do produto nocivo fundava-se no contrato, baseando-se não só no dever de o vendedor responder pelos vícios redibitórios, mas também na obrigação de segurança que se encontrava ínsita no contrato de compra e venda. Deveras, o vendedor assumia uma obrigação de segurança ou garantia de que o objeto vendido não danificaria o comprador, na sua pessoa ou em seus bens, por defeitos ou vícios. P. ex.: se alguém ingerisse alimentos portadores de toxinas num restaurante e viesse a falecer devido a uma intoxicação, ter-se-ia uma responsabilidade contratual do dono do restaurante, que havia contraído uma obrigação de resultado (entregar uma coisa sem vício), pois ao ofertar ao público uma lista de pratos tinha e tem o dever de fornecer comida fresca e saudável, sem prejudicar a saúde do freguês.

Já a ação contra o fabricante ou o produtor da mercadoria nociva não encontrava fundamento na responsabilidade contratual, pois não foi parte no contrato que transmitiu a coisa defeituosa ao consumidor ou usuário, mas na extracontratual, que podia ser invocada em razão do disposto no Código Civil, art. 186: "Aquele que, por ação ou omissão voluntária, negligência ou imprudência, violar direito e causar dano a outrem, ainda que exclusivamente moral, comete ato ilícito", e por isso é obrigado a repará-lo (CC, art. 927). Se o prejuízo foi causado por defeito de produto elaborado ou fabricado, quem o fabricou ou elaborou incorria em culpa, fazendo ou deixando de fazer, por imprudência ou negligência, aquilo que era necessário para que o objeto pudesse ser usado ou consumido satisfatoriamente. Mas o lesado devia provar a culpa do fabricante para obter o ressarcimento do dano que o produto nocivo lhe causou. Todavia, a vítima podia ser favorecida por presunções *hominis*, que inverteriam o ônus da prova, de maneira que o fabricante ou produtor devesse demonstrar que não teve culpa, por ter dado, p. ex., instruções para o uso do produto, mediante recomendações no invólucro, ou prospectos que o acompanhavam; que ocorreu caso fortuito ou força maior; que houve necessidade de elaborar o produto com matérias novas de aplicação pouco experimentada, mas aprovadas pelas autoridades oficiais, não podendo prever o resultado nocivo; ou que o lesado foi culpado por ter consumido o produto conhecendo seus defeitos, ou não tomando as precauções normais, ou não seguindo as instruções dadas; ou que houve culpa de terceiro, que, p. ex., ministrou remédio já vencido ou que não conservou convenientemente o objeto. Porém essa prova era bastante difícil, pois se supunha que quem exercia atividade comercial de produzir mercadorias de determinado tipo o fazia habitualmente; logo, teria o dever de conhecer seu ofício, isto é, a qualidade do material empregado, a técnica de elaboração, os regulamentos oficiais relativos a certos ramos da produção, fosse ela alimentícia, química, farmacêutica, mecânica etc.

O fornecedor ou fabricante deveria responder por todos os danos que o produto elaborado ou serviço prestado acarretasse, se tivesse agido com dolo ou culpa.

Na Argentina (*La Ley, 131*:1210) houve uma sentença que condenou o fabricante de produtos medicinais pela perda de visão sofrida por um médico, por ter explodido entre suas mãos uma ampola contendo um medicamento injetável, pois essa explosão foi decorrente da má elaboração desse medicamento. Logo, a responsabilidade fundamentou-se na culpa do fabricante.

Mas, para dar ao consumidor maior proteção e garantia à sua saúde e à reparação dos danos causados por produtos elaborados defeituosos, a responsabilidade do fabricante deve ser objetiva.

Deverá prevalecer, portanto, a responsabilidade de pleno direito do fabricante ou produtor que deve prever os efeitos danosos que o produto defeituoso, ou serviço, acarretará, dispensando, assim, o lesado de produzir prova. Todavia, nem sempre o fabricante será responsável, pois seu dever ressarcitório subordinar-se-á à verificação de que o prejuízo causado à vítima adveio de um defeito do produto. Só haverá tal responsabilidade se o defeito do produto elaborado for a causa do evento danoso. Salienta Overstake que não se pode recusar ao fabricante os meios de defesa assentados no direito comum — força maior, culpa da vítima ou de terceiro — como excludentes de responsabilidade. Tais técnicas defensivas não desfiguram o princípio da responsabilidade objetiva do fabricante, visto que sua exoneração seria um efeito da inversão do *onus probandi* (*Ciência Jurídica, 58*:152). O fabricante deverá responder pelo prejuízo causado por produto defeituoso ou pela utilização de produto por deficiência de informação quanto ao seu uso ou quanto aos riscos que tal uso poderia ocasionar, independentemente de ter o consumidor de demonstrar essa sua culpa. Não haverá responsabilidade do fabricante se ele conseguir provar que não foi o produto por ele elaborado o causador do dano, mas que este teve como fato gerador a força maior ou caso fortuito, a má utilização por parte do consumidor ou a falha de conservação em poder do intermediário (distribuidor do produto, comerciante atacadista, vendedor varejista).

Ante a gravidade desse problema, seria conveniente que houvesse normas que impusessem ao fabricante ou produtor uma responsabilidade objetiva, que levasse a uma socialização dos riscos. A responsabilidade do produtor poderia transferir-se para o custo de produção, de modo que ele pudesse contratar um seguro de responsabilidade civil que cobrisse os riscos e garantisse aos lesados o ressarcimento a que têm direito. Por isso a Constituição Federal de 1988, em defesa do consumidor, no art. 200, I e VI, já que pelo art. 5º, XXXII, compete ao Estado promovê-la, estabelece atribuições ao Sistema Único de Saúde, cabendo à lei ordinária baixar normas, não só para controlar e fiscalizar procedimentos, produtos e substâncias de interesse para a saúde e participar da produção de medicamentos, mas também para fiscalizar e inspecionar alimentos, compreendido o controle de seu teor nutricional, bem como bebidas e águas para consumo humano. E, no art. 48 das Disposições Transitórias, requer que o Congresso Nacional, dentro de cento e vinte dias da promulgação da Constituição, elabore o Código de Defesa do Consumidor, mediante lei ordinária federal, revelando a preocupação do Constituinte com esse problema. Além disso, o art. 170, V, dispõe: "A ordem econômica, fundada na valorização do trabalho humano e na livre iniciativa, tem por fim assegurar a todos existência digna, conforme os ditames da justiça social, observando o princípio da defesa do consumidor". Como a saúde é dever do Estado (art. 196), a Constituição de 1988, no art. 220, § 4º, defendendo o consumidor, prescreve que a propaganda comercial de tabaco, bebidas alcoólicas, agrotóxicos, medicamentos e terapias estará sujeita a restrições legais e deverá conter, sempre que necessário, advertência sobre os malefícios de seu uso.

A Lei n. 8.078/90, que dispõe sobre a proteção do consumidor, veio a estabelecer normas de ordem pública e interesse social, nos termos dos arts. 5º, XXXII, e 170, V, da Constituição Federal e art. 48 de suas Disposições Transitórias (art. 1º).

É preciso lembrar que o consumidor brasileiro, antes do advento do Código de Defesa do Consumidor (Lei n. 8.078/90), já dispunha, além das normas do Código Civil, de leis que o protegiam, e que continuarão vigorando, como p. ex.: *a*) as Leis n. 1.521/51, relativa aos crimes contra a Economia Popular; n. 4.591/64, referente ao condomínio, disciplinando sua formação; n. 6.766/79, alusiva ao parcelamento do solo ou loteamentos, defendendo os adquirentes de lotes em loteamentos; n. 7.347/85, que rege a ação civil pública de responsabilidade por danos causados ao meio ambiente, *ao consumidor*, a bens e direitos de valor artístico, estético, histórico, turístico e paisagístico; e n. 8.002/90, ora revogada pela Lei n. 8.884/94, que, por sua vez perdeu vigência pela Lei n. 12.529/2011 regulamentadora da repressão de infrações atentatórias contra os direitos do consumidor; *b*) a Lei Delegada n. 4/62 punindo comerciante que comete certas infrações contra o consumidor, p. ex., a venda casada, pela qual só adquire pão quem levar leite, pois dispõe sobre a intervenção no domínio econômico para assegurar a livre distribuição de produtos necessários ao consumo do povo.

O Código de Defesa do Consumidor do Brasil é o mais moderno do mundo, por conter normas de ordem pública, pretendendo equilibrar as relações entre fornecedores de produtos e serviços e consumidores, outorgando instrumentos de defesa idôneos à satisfação de seus interesses, sancionando as práticas abusivas, impondo a responsabilidade objetiva dos fornecedores. Já em outros países não há legislação tão avançada. P. ex.: na Inglaterra, há apenas forte tendência à estatização dos serviços prestados ao consumidor, cujo poder ficará, então, diluído, pois qualquer autoridade legal poderá intervir nas relações de consumo; na Noruega, as empresas criam, para atender sua clientela, a figura do *Ombudsman*, que influi diretamente na legislação do país.

A elaboração do Código de Defesa do Consumidor, em nosso país, é, indubitavelmente, uma conquista constitucional, inspirada nas legislações norte-americana, portuguesa, francesa, sueca e alemã, para proteger os interesses patrimoniais e morais dos adquirentes de produtos e de serviços, mediante a imposição de responsabilidade civil, penal e administrativa para os fornecedores, sejam fabricantes, vendedores ou prestadores de serviços; o alargamento do alcance da ação civil pública; a permissão de ação coletiva; o estabelecimento de mecanismos de proteção processual, que possibilitam aos consumidores a consecução da justiça na preservação ou na defesa de seus direitos; o reconhecimento dos direitos básicos do consumidor; a fixação de obrigações aos fabricantes, vendedores, prestadores de serviços, incluindo profissionais liberais como advogados, engenheiros, dentistas, médicos etc.; a descrição de atos abusivos na propaganda ou publicidade, comercialização, contratação etc.; a instrumentalização de órgãos públicos; a estimulação de formação de entidades privadas para a defesa do consumidor, inclusive judicial; a relevância dada ao papel do Ministério Público na proteção dos consumidores; a definição de uma política legislativa de consumo; a inversão do *onus probandi* etc.

Com a Lei n. 8.078/90 será mister a criação de uma nova mentalidade em relação ao consumo, fazendo com que o povo passe a defender e a exigir a qualidade dos produtos e dos serviços que lhe são oferecidos, alterando, de modo substancial, as relações econômicas, beneficiando não só o consumidor, mas também o mercado.

Além dos remédios processuais, o consumidor poderá socorrer-se registrando suas queixas em entidades públicas e particulares.

Dentre as entidades que registram as queixas e orientam o consumidor na defesa de seus direitos, por se sentir lesado na compra de um produto, na contratação de um serviço, no pagamento de mensalidades escolares, de reajustes de aluguéis, em convênios médicos etc., podemos citar:

a) Procon (Fundação de Proteção e Defesa do Consumidor, órgão da Secretaria Estadual de Justiça e Defesa da Cidadania), que atua na área de *alimentos* (p. ex., se contaminados ou com prazo de validade vencido), *saúde* (diante de casos, p. ex., de reutilização de seringas descartáveis, de remédios com prazo de validade vencido, de cosméticos sem registro no Ministério da Saúde); *habitação* (prestando auxílio nos cálculos de reajuste de aluguel ou de prestações), *produtos* e *serviços* (havendo automóveis, móveis ou eletrodomésticos com defeito; problema com cálculo de mensalidades escolares, ou questões relativas a consórcios, convênios médicos ou contratação de serviços autônomos). O Procon poderá efetivar acordo com o mercado ou com o fornecedor, dando-lhe um prazo para corrigir o defeito do produto, evitando-se assim uma ação judicial (*vide* Lei estadual paulista n. 9.192/95 e Decreto estadual paulista n. 41.727/97).

b) Decon (Departamento Estadual de Polícia do Consumidor, órgão da Secretaria da Segurança Pública), que contém três divisões: Crimes Contra a Economia Popular (fiscaliza loteamentos clandestinos, fraudes, preços de cesta básica, pesos e medidas); Crimes Contra a Saúde Pública e Meio Ambiente (alimentos, lixo e água contaminados, farmácias, laboratórios médicos, crueldade contra animais) — p. ex., se o produto estiver deteriorado o consumidor deverá chamar a autoridade sanitária (SEMAB) para analisá-lo ou entrar em contato com o Decon, trazendo amostra para a verificação da adulteração; e Crimes Funcionais e Fazendários (crimes praticados por quem age usando o nome de uma instituição pública, como os falsos fiscais, e escândalos causados por funcionários públicos). Tendo poder de polícia, o Decon autua em flagrante ou indicia em inquérito com base no Código Penal.

c) Ipem (Instituto de Pesos e Medidas da Secretaria de Defesa do Consumidor), que fiscaliza produtos pré-embalados (arroz, macarrão etc.); efetua a aferição de taxímetros, balanças, bombas de combustível e caminhões-tanque; fiscaliza, quinzenalmente, os produtos da cesta básica em supermercados, possuindo equipe de fiscais, que apura denúncias, aplicando multas. Assim, se o produto não contiver o peso-padrão, a pesagem dos produtos padronizados sem embalagem deverá ser feita pelo Ipem (Instituto de Pesos e Medidas) na balança do vendedor, para averiguar se houve desvio no aparelho.

d) Idec (Instituto Brasileiro de Defesa do Consumidor), entidade privada que dá assistência aos associados, que pagam uma contribuição mensal, só atendendo a pessoas físicas, trabalhando com causas coletivas, entrando na Justiça contra, p. ex., o não cumprimento do contrato do Plano de Expansão da Telefônica, empresas de assistência médica que cobram reajustes ilegais de mensalidades etc.

Com a Lei n. 8.078/90, para a defesa do consumidor lesado serão criados varas e juizados especiais, ao lado da municipalização do Procon e da prestação de assessoria jurídica gratuita, que possibilitarão a proteção satisfatória de seus interesses[99].

99. Este é o ensinamento de: Christian Larroumet, A noção de risco de desenvolvimento: risco do século XXI, *O direito civil no século XXI* (coord. M. Helena Diniz e Roberto Senise Lisboa), São Paulo, Saraiva, 2003, p. 115-27; José Geraldo Brito Filomeno, *Manual de direitos do consumidor*, São Paulo, Atlas, 2001; Tutela contratual no novo Código Civil em face do Código de Defesa do Consumidor, *O Código Civil e sua interdisciplinaridade*, Belo Horizonte, Del Rey, 2004, p. 98 a 128; Rui Geraldo Camargo Viana, Rotulagem dos alimentos geneticamente modificados — matéria federal — *Revista IASP*, *10*:334-52; Eduardo C. B. Bittar, Contribuições para a crítica da consciência consumista e acerca da construção dos direitos do consumidor, *Estudos de direito de autor, direito da personalidade, direitos do consumidor e danos morais* (coord. Eduardo C. B. Bittar e Silmara J. Chinelato), Rio de Janeiro, Forense Universitária, 2002, p. 135-56; Paulo de Tarso V. Sanseverino, *Responsabilidade no Código do Consumidor e a defesa do fornecedor*, São Paulo, Saraiva, 2002; Marco Antonio Zanellato, Considerações sobre o conceito jurídico de consumidor, Estratégica, *Revista da Faculdade de Administração FAAP e do FAAP-MBA*, *2*:34-57; Eduardo C. Araújo dos Reis, As normas constitucionais que regulam a defesa do consumidor: sua natureza e gradação eficacial, *Revista de Direito Constitucional e Internacional*, *47*:218-44; Jorge Bustamante Alsina, *Teoría general de la responsabilidad civil*, 3. ed., Buenos Aires, Perrot, 1980, p. 375 e s., e Responsabilidade civil (Produtos elaborados), in *Enciclopédia Saraiva do Direito*, v. 65, p. 360-7; Aguiar Dias, op. cit., v. 1, n. 154-D, p. 407-9; Carlos Alberto Bittar, Código do Consumidor, *Judicium*, 1990, n. 1, p. 5; Caio M. S. Pereira, Responsabilidade civil do fabricante, *Revista de Direito Comparado Luso-Brasileiro*, *2*:28-44; Jorge Joaquim Llambías, Danos causados por produtos elaborados, *La Ley*, *1979*-B:1093 e s.; Carlos F. Brito dos Santos, O conceito de consumidor e os seus efeitos práticos, *Revista do Ministério Público do Estado da Bahia*, *1*:56-63; Ugo Carnevali, *La responsabilità del produttore*, p. 30 e 411-14; Alberto do Amaral Júnior, Os vícios dos produtos e o Código de Defesa do Consumidor, *Revista IASP*, *13*:209-223; Fábio Konder Comparato, A proteção do consumidor: importante capítulo do direito econômico, *Ensaios e pareceres de direito empresarial*, p. 473; Gilles Petitpierre, La responsabilité du fait des produits. Les bases d'une responsabilité spéciale en droit suisse à la lumière de l'experience des États Unis (Mémoires publiées par la Faculté de Droit de Genève), *Revue Internationale de Droit Comparé*, Genève, 1975, p. 518; Suzana Catta P. Federighi, A prescrição e a decadência no Código de Defesa do Consumidor, in *Prescrição no novo Código Civil* (coord. M. Cianci), São Paulo, Saraiva, 2005, p. 419-50; Henri Mazeaud, La responsabilité civile du vendeur-fabricant, *Revue Trimestrielle de Droit Civil*, 1955, p. 611; Roberto M. Lopes Cabaña e Nestor L. Lloveras, La responsabilidad civil del industrial. Régimen de reparación de daños causados por productos elaborados, *El Derecho*, *64*:549; Jean-Francis Overstake, La responsabilité du fabricant de produits dangereux, *Revue Trimestrielle de Droit Civil*, 1972, p. 485 e s.; Guido Alpa, La responsabilité du fabricant dans les projets de droit uniforme, *Revue Internationale de Droit Comparé*, 1977, p. 559 e s.; Celso Oliveira, *Teoria geral da responsabilidade civil e de consumo*, São Paulo, IOB Thomson, 2005; Paulo Luiz Netto Lôbo, *Responsabilidade por vício do produto e do serviço*, Brasília, Brasília Jurídica, 1998; Rosvany T. Cordeiro, O dano moral, os seus fundamentos jurídicos e o Código de Defesa do Consumidor, *Ciência Jurídica*, *48*:11-33; Philippe Malinaud, La responsabilité du fabricant, *Boletim da Faculdade de Direito de Coimbra* (Portugal), v. 55, p. 9 e s.; La protection du consommateur en droit français, *Revista de Direito Comparado Luso-Brasileiro*, 1986, v. 5, p. 41-58; Francisco Amaral Neto, As cláusulas contratuais gerais, a proteção ao consumidor e a lei portuguesa sobre a matéria, separata da *Revista de Informação Legislativa*, 1988, n. 98; Paulo Vasconcelos Jacobina, A publicidade no Código do Consumidor, *Revista do Ministério Público do Estado da Bahia*, *1*:107-20; Nelson Nery Jr., O regime da publicidade enganosa no Código Brasileiro de Defesa do Consumidor, *Direito*, *1*:111-18; A defesa do consumidor no Brasil, *Revista*

de Direito Privado, 18:299-310; Silvio Luis Ferreira da Rocha, *A oferta no Código de Defesa do Consumidor*, São Paulo, Lemos Editorial, 1997; Paulo Jorge Scartezzini Guimarães, *A publicidade ilícita e a responsabilidade civil das celebridades que dela participam*, São Paulo, Revista dos Tribunais, 2001; Newton de Lucca, A proteção contratual no Código de Defesa do Consumidor, *Revista dos Pós-Graduandos da PUCSP, 3*:71-82; José Luiz Ragazzi e outros, *Código de Defesa do Consumidor Comentado*, São Paulo, Verbatim, 2017; Odete Novais Carneiro Queiroz, Da responsabilidade por vício do produto e do serviço — Código Brasileiro de Defesa do Consumidor (Lei n. 8.078/90), *Direitos do Consumidor, 7*:141-81; *Da responsabilidade por vício do produto e do serviço*, São Paulo, Revista dos Tribunais, 1998; Ada Pellegrini Grinover, O processo coletivo do consumidor, *Livro de Estudos Jurídicos, 9*:142-52; Heron José de Santana, A reparação do dano moral ao consumidor, *Revista do Ministério Público do Estado da Bahia, 6*:186-200, 1995; José Augusto Delgado, O Código do Consumidor na jurisprudência do STJ, *JSTJ, 7*:21-76; Roberto Senise Lisboa, *Relação de consumo e proteção jurídica do consumidor no direito brasileiro*, São Paulo, Ed. Juarez de Oliveira, 1999; Novos aspectos da responsabilidade civil nas relações de consumo, *O direito civil no século XXI* (coord. M. Helena Diniz e Roberto Senise Lisboa), São Paulo, Saraiva, 2003, p. 497-520; James Marins, *Responsabilidade da empresa pelo fato do produto*, São Paulo, Revista dos Tribunais, 1993; Cláudia Lima Marques, *Contratos no Código de Defesa do Consumidor*, São Paulo, Revista dos Tribunais, 1999; Valéria Silva Galdino, *Cláusulas abusivas*, São Paulo, Saraiva, 2001; João Calvão da Silva, *Responsabilidade civil do produtor*, Livr. Almedina, 1990; Christian Larroumet, La responsabilité du fait des produits défectueux, *Atualidades Jurídicas, 2*:89; Silvio Luís Ferreira da Rocha, *Responsabilidade civil do fornecedor pelo fato do produto no direito brasileiro*, São Paulo, Revista dos Tribunais, 2000; *A oferta no Código de Defesa do Consumidor*, São Paulo, Lemos Editorial, 1997; Nilton Nunes Pereira Junior, *O Código de Defesa do Consumidor e as operações financeiras*, Rio de Janeiro, Forense, 2004; Angela Crespo, Desconfia do peso? Chame o Ipem, *Seu dinheiro-Jornal da Tarde*, 2-11-2004, p. 16-D; Renato Afonso Gonçalves, Os reflexos do novo Código Civil na manipulação de dados pessoais de consumidores, *O Código Civil e sua interdisciplinaridade*, Belo Horizonte, Del Rey, 2004, p. 79 a 97; Marcio F. Perez, A polêmica da Súmula n. 385 do STJ. Exceção da pré-negativação e o dever de indenizar, *Revista Síntese – Direito Civil e Processual Civil, 89*:107-30, trata da responsabilidade civil por cadastro indevido quando há pré-negativação devida; Karini F. Moraes, A relação de consumo envolvendo pessoas jurídicas, *Revista Síntese – Direito empresarial, 38*:135-47; Paulo Luiz Netto Lôbo, A informação como direito fundamental do consumidor, *Separata do Centro de Direito do Consumo da Faculdade de Direito da Universidade de Coimbra*, n. 3, p. 24-45, 2001; Antônio Pinto Monteiro, *Estudos de direito do consumidor*, Coimbra, 2002; Carlos Alberto Bittar Filho, *Dano moral nas relações de consumo*, São Paulo, IOB Thomson, 2005; Rafael Quaresma Viva, *A responsabilidade civil objetiva* — Código Civil *versus* Código de Defesa do Consumidor, São Paulo, RCS, 2007; Fábio V. Figueiredo e Simone D. C. Figueiredo, *Código de Defesa do Consumidor anotado*, São Paulo, Rideel, 2009; Emanoel M. da Silva, A aplicação do CDC em casos de furtos e danos a veículos em estacionamentos gratuitos, *Revista Síntese — Direito Civil e Processual Civil, 86*:95-109; Flávio Tartuce e Daniel A. A. Neves, *Manual de Direito do Consumidor*, São Paulo: Método, 2015; Volney S. Teixeira, Breves considerações a respeito da responsabilidade civil no Código Civil e no Código de Defesa do Consumidor, *Revista Síntese — Direito Civil e Processual Civil, 95*:9-24; Orlando C. da Silva Neto, Responsabilidade civil nas relações de consumo: um ensaio sobre prováveis desenvolvimentos nos próximos 10 anos, *Revista Síntese — Direito Civil e Processual Civil, 95*:48 a 93; Etiene Mª B. Breviglieri, *Desenvolvimento da responsabilidade civil — os riscos e custos do desenvolvimento tecnológico*, Birigui-Boreal, 2014; Claúdia Lima Marques e Laís Bergstein, A valorização e a tutela do tempo do consumidor: a nova posição do STJ sobre responsabilidade do comerciante por vícios, *RT, 997*: 211-26; M. Helena Diniz, *Punitive damages* do *common law* nas indenizações por dano extrapatrimonial causado a consumidor: uma possibilidade jurídica no direito brasileiro, *Revista de Direito, Globalização e Responsabilidade nas Relações de Consumo*, v. 4, p. 78-100, 2018; Marcus Vinicius F. Andrade da Silva, As relações contratuais de consumo e o fato superveniente do Covid-19, *Revista Síntese — Direito Civil e Direito Processual Civil, 125*:9-11 Port. n. 2/96 da antiga Sunab, sobre normas gerais de comercialização, industrialização e prestação de serviço; Port. n. 2/96 da Secretaria de Direito Econômico, que cria o Registro Nacional de Entidades Privadas de Defesa do Consumidor (RNDC), jun-

Passamos, agora, a fazer uma breve análise dos efeitos jurídicos decorrentes do Código de Defesa do Consumidor.

---

to ao Departamento de Proteção e Defesa do Consumidor (DPDC), que integram o Sistema Nacional de Entidades Privadas; Lei n. 8.884/94, que revoga a Lei n. 8.002/90, sobre repressão de infrações atentatórias ao direito do consumidor (ora revogada pela Lei n. 8.884/94); Dec. n. 2.018/96, que regulamenta a Lei n. 9.294/96 (com alteração da Lei n. 10.702/2003 e da Lei n. 11.705/2008), sobre restrições ao uso de propaganda de produtos fumígenos, bebidas alcoólicas, medicamentos, terapias e defensivos agrícolas; Dec. n. 2.314/97, que regula a Lei n. 8.918/94, sobre padronização, classificação, registro, inspeção, produção e fiscalização de bebidas (ora revogado pelo Decreto n. 6.871/1997); Lei n. 9.008/95, que cria o Conselho Federal Gestor de Fundo de Defesa do Consumidor; Port. n. 557/2016 do Ministério da Justiça, que aprova o seu regimento interno do gabinete do ministro; Port. n. 200/95 do Ministério da Fazenda, que aprovou o Regimento da antiga Sunab; Dec. n. 1.463/95, que aprovou a Estrutura Regimental da antiga Sunab, ora revogado pelo Dec. n. 2.280/97; e Port. n. 336/96 do Ministério da Justiça, que aprova o Regimento Interno da Comissão Nacional Permanente de Defesa do Consumidor; Dec. n. 2.314/97 (revogado pelo Decreto n. 6.871/2009), que regulamentava a Lei n. 8.918/94; Lei n. 9.787/99, que alterou a Lei n. 6.360/76 sobre vigilância sanitária, estabelecendo o medicamento genérico e dispondo sobre uso de nomes genéricos em produtos farmacêuticos; Portaria Normativa PROCON n. 5/99 (ora revogada pela Portaria Normativa n. 21/2005); sobre procedimento aplicável às reclamações dos consumidores e sua divulgação através do banco de dados e cadastro de reclamações fundamentadas; Lei n. 7.802/89, com alteração da Lei n. 9.974/2000 sobre produção, embalagem e comercialização de agrotóxicos; Dec. n. 3.871/2001 sobre rotulagem de alimentos embalados que contenham organismos geneticamente modificados; Lei n. 10.603/2002 sobre proteção de informação não divulgada submetida para aprovação da comercialização de produtos; Dec. n. 4.680/2003, que regulamenta direito à informação quanto a alimentos e ingredientes alimentares que contenham organismos geneticamente modificados; Lei n. 10.674/2003 obrigando que nos produtos alimentícios comercializados haja informação sobre a presença de glúten, como medida preventiva e de controle da doença celíaca; Decreto de 1º de agosto de 2003, que cria Comissão Nacional para implementação da Convenção-Quadro para o Controle do Tabaco; Portaria n. 2.658/2003 do Ministério da Justiça sobre emprego de símbolo transgênico em rótulos de gêneros alimentícios; Portaria n. 22/2004, que institui formulário padrão para lavratura de auto de comprovação no âmbito do Sistema Nacional de Defesa do Consumidor; Lei n. 10.831/2003 sobre agricultura orgânica; Lei n. 12.741/2012 sobre medidas de esclarecimento do consumidor, alterando o inciso III do art. 6º e o inciso IV do art. 106 da Lei n. 8.078/90; Lei n. 13.543/2017, que acrescentou o inciso III do art. 2º da Lei n. 10.962/2004, sobre oferta e formas de afixação de preços de produtos e serviços para o consumidor para que no comércio eletrônico haja divulgação ostensiva do preço à vista, junto à imagem do produto ou descrição do serviço em caracteres facilmente legíveis com tamanho de fonte não inferior a doze; *RT*, *657*:102, *548*:109, *575*:136. Pelos Enunciados do CJF, aprovados na 1ª Jornada de Direito Comercial: *a)* n. 19 – Não se aplica o Código de Defesa do Consumidor às relações entre sócios/acionistas ou entre eles e a sociedade; *b)* n. 20 – Não se aplica o Código de Defesa do Consumidor aos contratos celebrados entre empresários em que um dos contratantes tenha por objetivo suprir-se de insumos para sua atividade de produção, comércio ou prestação de serviços. STJ, Súmula 602: "O Código de Defesa do Consumidor é aplicável aos empreendimentos habitacionais promovidos pelas sociedades cooperativas".

Sobre reforma do CDC: PLS 281/2012 e 283/2012.

Vide Lei n. 14.010/2020 (Regime Jurídico emergencial de relações jurídicas em tempos de pandemia do coronavirus), art. 8º, que suspendeu até 30/10/2020 a aplicação do art. 49 do CDC na entrega domiciliar de produtos perecíveis ou de consumo imediato e de medicamentos.

B. Política Nacional de Relações de Consumo e Sistema Nacional de Defesa do Consumidor

O Código de Defesa do Consumidor institui a *Política Nacional das Relações de Consumo*, que definirá todos os direitos do consumidor, determinando as ações para defendê-los.

Pelo art. 4º da Lei n. 8.078/90, com redação da Lei n. 9.008/95, a Política Nacional das Relações de Consumo terá por objetivo o atendimento das necessidades dos consumidores, o respeito a sua dignidade, saúde e segurança, a proteção de seus interesses econômicos, a melhoria da sua qualidade de vida, bem como a transparência e harmonia das relações de consumo, atendidos os princípios de:

a) reconhecimento da vulnerabilidade do consumidor no mercado de consumo;

b) ação governamental no sentido de proteger efetivamente o consumidor, não só por meio de iniciativa direta e de incentivos à criação e desenvolvimento de associações representativas, mas também pela presença do Estado no mercado de consumo e pela garantia dos produtos e serviços com padrões adequados de qualidade, segurança, durabilidade e desempenho;

c) harmonização dos interesses dos participantes das relações de consumo e compatibilização da proteção do consumidor com a necessidade de desenvolvimento econômico e tecnológico, de modo a viabilizar os princípios nos quais se funda a ordem econômica (CF, art. 170), sempre com base na boa-fé e no equilíbrio nas relações entre consumidores e fornecedores;

d) educação e informação de fornecedores e consumidores, quanto aos seus direitos e deveres, com vistas à melhoria do mercado de consumo;

e) incentivo à criação pelos fornecedores de meios eficientes de controle de qualidade e segurança de produtos e serviços, assim como de mecanismos alternativos de solução de conflitos de consumo;

f) coibição e repressão eficientes de todos os abusos praticados no mercado de consumo, inclusive a concorrência desleal e a utilização indevida de inventos e criações industriais das marcas e nomes comerciais e signos distintivos que possam causar prejuízos aos consumidores;

g) racionalização e melhoria dos serviços públicos; e

h) estudo constante das modificações do mercado de consumo.

O Poder Público, a fim de bem executar a Política Nacional das Relações de Consumo, contará, entre outros, com os seguintes instrumentos, arrolados no art. 5º, com alteração da Lei n. 8.656/93:

a) manutenção de assistência jurídica, integral e gratuita para o consumidor carente;

b) instituição de Promotorias de Justiça de Defesa do Consumidor, no âmbito do Ministério Público;

c) criação de delegacias de polícia especializadas no atendimento de consumidores vítimas de infrações penais de consumo;

d) criação de Juizados Especiais de Pequenas Causas e Varas Especializadas para a solução de litígios de consumo;

e) concessão de estímulos à criação e ao desenvolvimento das Associações de Defesa do Consumidor.

Integrarão o *Sistema Nacional de Defesa do Consumidor* (SNDC) o Departamento de Proteção e Defesa do Consumidor e os órgãos federais, estaduais, do Distrito Federal e municipais e as entidades privadas de defesa do consumidor (art. 105 da Lei n. 8.078/90 e arts. 2º a 6º do Dec. n. 861/93, ora revogado pelo Dec. n. 2.181/97).

O Departamento de Proteção e Defesa do Consumidor, da Secretaria Nacional de Direito Econômico-MJ, ou órgão federal que venha a substituí-lo, é organismo de coordenação da política do Sistema Nacional de Defesa do Consumidor, tendo a tarefa de (Dec. n. 2.181/97, art. 3º):

a) planejar, elaborar, propor, coordenar e executar a política nacional de proteção ao consumidor;

b) receber, analisar, avaliar e encaminhar consultas, denúncias ou sugestões apresentadas por entidades representativas ou pessoas jurídicas de direito público ou privado ou por consumidores individuais;

c) prestar aos consumidores orientação permanente sobre seus direitos e garantias;

d) informar, conscientizar e motivar o consumidor através dos diferentes meios de comunicação;

e) solicitar à polícia judiciária a instauração de inquérito policial para a apreciação de delito contra os consumidores, nos termos da legislação vigente;

f) representar o Ministério Público competente para fins de adoção de medidas processuais no âmbito de suas atribuições;

g) levar ao conhecimento dos órgãos competentes as infrações de ordem administrativa que violarem os interesses difusos, coletivos ou individuais dos consumidores;

h) solicitar o concurso de órgãos e entidades da União, Estados, do Distrito Federal e Municípios, bem como auxiliar a fiscalização de preços, abastecimento, quantidade e segurança de produtos e serviços;

i) incentivar, inclusive com recursos financeiros e outros programas especiais, a formação de entidades de defesa do consumidor;

j) desenvolver outras atividades compatíveis com suas finalidades (art. 106, I a IX e XIII);

k) fiscalizar e aplicar as sanções administrativas previstas na Lei n. 8.078/90;

l) solicitar o concurso de órgãos e entidades de notória especialização técnico-científica para a consecução de seus fins;

m) celebrar convênios e termos de ajustamento de conduta;

n) elaborar e divulgar Cadastro Nacional de Reclamações fundamentadas contra fornecedores de produtos e serviços.

Para a consecução de seus objetivos, o Departamento de Proteção e Defesa do Consumidor poderá solicitar o concurso de órgãos e entidades de notória especialização técnico-científica (art. 106, parágrafo único).

C. Restrições legais ao direito de contratar relações de consumo

O fabricante, vendedor ou prestador de serviço terá o dever de informar o consumidor de todos os caracteres dos produtos e serviços oferecidos no mercado, indicando suas condições de uso, podendo para isso efetuar, sem abusos, contrato de *merchandising*, com o escopo de comercializar obras ou criações intelectuais aplicadas a produtos elaborados, mediante retribuição convencionada. Por esse contrato o *merchandisee* (licenciado) usa marcas registradas do *merchandiser* (licenciador) em produtos diversos dos fornecidos por este último. Com isso, o valor intelectual passará a fazer parte integrante do produto para despertar o interesse ou a atenção do consumidor. Tal ocorrerá, p. ex., com a inserção de desenhos de Walt Disney em produtos industrializados, com a finalidade de aumentar o desejo infantil para adquiri-los, expandindo a publicidade.

Toda informação ou *publicidade*, suficientemente precisa, veiculada por qualquer forma ou meio de comunicação com relação a produtos e serviços oferecidos ou apresentados, obrigará o fornecedor que a fizer veicular ou dela se utilizar e integrará o contrato que vier a ser celebrado (art. 30).

A oferta e apresentação de produtos ou serviços deverá não só conter informações corretas, claras, precisas, ostensivas e em língua portuguesa sobre suas características, qualidades, quantidade, composição, preço (Dec. n. 5.903/2006), garantia, prazos de validade e origem, entre outros dados, bem como sobre os riscos que apresentam à saúde e segurança dos consumidores mas também evitar técnica comercial abusiva (p. ex. venda casada de livros (CDC, arts. 6º, IV, 39, I e IV; *BAASP, 3027*: 12) sob pena de rescisão contratual, devolução do objeto e restituição integral dos valores pagos. Se os produtos forem refrigerados, tais informações deverão ser gravadas de forma indelével (art. 31 e parágrafo único acrescido pela Lei n. 11.989/2009). Com isso estão proibidos os anúncios de falsos descontos, ocorridos quando o estabelecimento comercial sobe o preço da mercadoria oferecendo depois um abatimento. Como os produtos e serviços colocados no mercado de consumo não poderão acarretar riscos à saúde ou segurança dos consumidores, exceto os considerados normais e previsíveis em decorrência de sua natureza e fruição, os fornecedores deverão dar as informações necessárias e adequadas a seu respeito. Em se tratando de produto industrial, ao fabricante cabe prestar tais informações através de impressos apropriados que devem acompanhar o produto (art. 8º e parágrafo único).

O fornecedor de produtos e serviços potencialmente nocivos ou perigosos à saúde ou segurança deverá informar, de maneira ostensiva e adequada, a respeito da sua nocividade ou periculosidade, sem prejuízo da adoção de outras medidas cabíveis em cada caso concreto (art. 9º).

O fornecedor não poderá colocar no mercado de consumo produto ou serviço que sabe ou deveria saber apresentar alto grau de nocividade ou periculosidade à saúde ou segurança. Se, posteriormente à sua introdução no mercado de consumo, tiver conhecimento da periculosidade que apresentem, deverá comunicar o fato imediatamente às autoridades competentes e aos consumidores, mediante anúncios publicitários veiculados na imprensa, rádio e televisão. E sempre que tiverem conhecimento de periculosidade de produtos ou serviços à saúde ou segurança dos consumidores, a União, os Estados, o Distrito Federal e os Municípios deverão informá-los a respeito (art. 10, §§ 1º a 3º).

Os fabricantes e importadores deverão assegurar a oferta de componentes e peças de reposição enquanto não cessar a fabricação ou importação do produto (art. 32). Assim, ao anunciar um produto, o comerciante deverá tê-lo já estocado em quantidade suficiente para atender a demanda.

Cessadas a produção ou importação, a oferta deverá ser mantida por período razoável de tempo, na forma da lei (art. 32, parágrafo único).

Em caso de oferta ou venda por telefone ou reembolso postal, deverá constar o nome e o endereço do fabricante na embalagem, na publicidade e em todos os impressos utilizados na transação comercial (art. 33).

O fornecedor do produto ou serviço será solidariamente responsável pelos atos de seus prepostos ou representantes autônomos (art. 34).

Se o fornecedor de produtos ou serviços recusar cumprimento à oferta, apresentação ou publicidade, o consumidor poderá, alternativamente e à sua livre escolha:

a) exigir o cumprimento forçado da obrigação, nos termos da oferta, apresentação ou publicidade;

b) aceitar outro produto ou prestação de serviço equivalente;

c) rescindir o contrato, com direito à restituição de quantia eventualmente antecipada, monetariamente atualizada, e a perdas e danos (art. 35, I a III).

Esclarecem o art. 36 e parágrafo único que a publicidade deverá ser veiculada de tal forma que o consumidor, fácil e imediatamente, a identifique como tal. E o fornecedor, na publicidade de seus produtos ou serviços, manterá, em seu poder, para informação dos legítimos interessados, os dados fáticos, técnicos e científicos que dão sustentação à mensagem.

A Lei n. 8.078/90 proíbe publicidade enganosa ou abusiva, por ato ou omissão (art. 37), sendo que o ônus da prova da veracidade e correção da comunicação publicitária caberá ao seu patrocinador (art. 38).

Considerar-se-á *enganosa* qualquer modalidade de informação publicitária, inteira ou parcialmente falsa, ou, por qualquer outro modo, mesmo por omissão (se deixar de informar dado essencial sobre o produto ou serviço), capaz de induzir em erro o consumidor a respeito da natureza, características, qualidade, quantidade, propriedades, origem, preço e quaisquer outros dados sobre produtos e serviços (*JB*, *170*:348; *RJE*, *1*:518, *2*:493). Será *abusiva*, dentre outras, a publicidade discriminatória de qualquer natureza, a que incitar à violência, explorar o medo ou a superstição, se aproveitar da deficiência de julgamento e experiência da criança explorando sua inocência, desrespeitar valores ambientais ou que seja capaz de induzir o consumidor a se comportar de forma prejudicial ou perigosa à sua saúde ou segurança (art. 37, §§ 1º a 3º).

Com a entrada em vigor da Lei n. 8.078/90, as simples promessas de facilidades para adquirir apartamento anunciadas em panfletos, jornais e televisão por artistas famosos deverão ter um fim, se enganosas, pois tais informações meramente promocionais, contendo falsa localização, garantindo facilidades de pagamento e financiamentos acertados e aprovados pela Caixa Econômica Federal, sem que, na realidade, exista qualquer pedido de verba nesse sentido, poderão fazer com que um belo sonho se converta num grande pesadelo, se o consumidor tiver por garantia apenas seu salário.

Se houvesse uma propaganda ressaltando os poderes rejuvenescedores de pílula ou de creme, cientificamente testados, quando, na verdade, com seu uso, as rugas e a flacidez permaneceriam, vencendo a mais nova criação da indústria cosmética, pelas normas anteriores ao Código de Defesa do Consumidor apenas restaria ao usuário jogar fora o produto e reclamar ao Conar (Conselho Nacional de Autorregulamentação Publicitária) para que o anúncio enganoso fosse retirado de circulação. Com o Código de Defesa do Consumidor o fabricante estará sujeito a pena que varia de três meses a um ano de detenção, a multa determinada pelo juiz e à obrigatoriedade de veicular publicidade correta do novo cosmético, explicando que seus poderes não são tão fantásticos ou milagrosos; trata-se da *contrapropaganda*, desmentindo as qualidades daquele produto anteriormente anunciado.

Como se vê, o Código de Defesa do Consumidor:

a) condena a publicidade enganosa, ou abusiva, que procura iludir o consumidor; assim, as empresas, respeitando-o, deverão prestar informações sobre seus produtos que sejam verdadeiras;

b) acaba, mediante elaboração de contratos, com o *merchandising*, como propaganda disfarçada nas novelas e nos programas de televisão; e

c) sanciona a venda sob impulso ou agressiva, a que o consumidor é levado sem ter consciência de seu real alcance, com o desfazimento do negócio.

Haverá, com isso, nas relações entre agências de publicidade, anunciantes e veículos de comunicação, mais responsabilidade e respeito ao consumidor, acabando-se com as propagandas mentirosas, as abusivas remarcações de preços, o desaparecimento de produtos no mercado, as liquidações enganosas etc.

Se o negócio entre fornecedor e consumidor efetivar-se por meio de *contrato por adesão*, cujas cláusulas foram aprovadas pela autoridade competente ou estabelecidas unilateralmente pelo fornecedor, impossibilitando-se ao consumidor discuti-las ou modificá-las, pela nova lei, não deverá ser impresso em letras microscópicas, com redação confusa, contendo terminologia técnica, conceitos vagos ou ambíguos, nem cláusulas abusivas ou desvantajosas para um dos contraentes, permitindo, p. ex., ao fornecedor o aumento unilateral do preço, ou restritivas aos direitos fundamentais do consumidor, sob pena de invalidade.

Deveras dispõe a Lei n. 8.078/90, no art. 54, §§ 1º a 4º, com alteração da Lei n. 11.785/2008, que:

a) A inserção de cláusula no formulário não desfigurará a natureza de adesão do contrato.

b) Nos contratos de adesão admitir-se-á cláusula resolutória, desde que alternativa, cabendo a escolha ao consumidor.

c) Os contratos de adesão escritos deverão ser redigidos em termos claros e com caracteres ostensivos e legíveis, cujo tamanho da fonte não será inferior ao corpo doze, de modo a facilitar sua compreensão pelo consumidor.

d) As cláusulas que implicarem limitação de direito do consumidor deverão ser redigidas com destaque, permitindo sua imediata e fácil compreensão.

Antes de assinar um contrato por adesão, o consumidor deverá exigir conhecimento prévio das cláusulas nele contidas, podendo procurar orientação do Procon. E mesmo depois que já o tiver assinado poderá alegar que não entendeu determinadas cláusulas técnicas ou as que apresentarem sentido dúbio, para defender seus interesses.

Proibidas estarão, pelo Código de Defesa do Consumidor, as cláusulas abusivas, desleais ou leoninas, p. ex., a de que o adquirente do produto perderá o bem e o valor já pago se atrasar no pagamento das prestações por um certo período. Realmente, pelo art. 51, I a XVI, serão nulas de pleno direito, entre outras, as cláusulas contratuais relativas ao fornecimento de produtos e serviços que:

a) impossibilitarem, exonerarem ou atenuarem a responsabilidade do fornecedor por vícios de qualquer natureza dos produtos e serviços ou implicarem renúncia ou disposição de direitos. Nas relações de consumo entre o fornecedor e o consumidor-pessoa jurídica, a indenização poderá ser limitada, em situações justificáveis;

b) subtraírem ao consumidor a opção de reembolso da quantia já paga, nos casos previstos pela Lei n. 8.078/90;

c) transferirem responsabilidades a terceiros;

d) estabelecerem obrigações consideradas iníquas, abusivas, que coloquem o consumidor em desvantagem exagerada, ou sejam incompatíveis com a boa-fé ou a equidade;

e) prescreverem inversão do ônus da prova em prejuízo do consumidor;

f) determinarem a utilização compulsória de arbitragem, o que não mais vigora, pois o art. 51, VII, foi revogado pela Lei n. 9.307/96;

g) impuserem representante para concluir ou realizar outro negócio jurídico pelo consumidor;

h) deixarem ao fornecedor a opção de concluir ou não o contrato, embora obrigando o consumidor;

i) permitirem ao fornecedor, direta ou indiretamente, variação do preço de maneira unilateral;

j) autorizarem o fornecedor a cancelar o contrato unilateralmente, sem que igual direito seja conferido ao consumidor;

k) obrigarem o consumidor a ressarcir os custos de cobrança de sua obrigação, sem que igual direito lhe seja conferido contra o fornecedor;

l) autorizarem o fornecedor a modificar unilateralmente o conteúdo ou a qualidade do contrato, após sua celebração;

m) infringirem ou possibilitarem a violação de normas ambientais;

n) estiverem em desacordo com o sistema de proteção ao consumidor;

o) possibilitarem a renúncia do direito de indenização por benfeitorias necessárias.

A Portaria n. 3, de 15 de março de 2001, da Secretaria de Direito Econômico do Ministério da Justiça, considerando que o rol das cláusulas abusivas do art. 51 da Lei n. 8.078/90 é de tipo aberto e levando em conta decisões judiciais, decisões administrativas do Procon e entendimentos do Ministério Público, com o escopo de orientar o Sistema Nacional de Defesa do Consumidor e de informar fornecedores e consumidores, para o fim de aplicação do art. 22, IV, do Decreto n. 2.181/97, resolve divulgar o seguinte elenco de cláusulas abusivas, como as que:

1) estipulem presunção de conhecimento por parte do consumidor de fatos novos não previstos em contrato;

2) estabeleçam restrições ao direito do consumidor de questionar nas esferas administrativa e judicial possíveis lesões decorrentes de contrato por ele assinado;

3) imponham a perda de parte significativa das prestações já quitadas em situações de venda a crédito, em caso de desistência por justa causa ou impossibilidade de cumprimento da obrigação pelo consumidor;

4) estabeleçam cumulação de multa rescisória e perda do valor das arras;

5) estipulem a utilização, expressa ou não, de juros capitalizados nos contratos civis;

6) autorizem, em virtude de inadimplemento, o não fornecimento ao consumidor de informações de posse do fornecedor, tais como: histórico escolar, registros médicos e demais do gênero;

7) autorizem o envio do nome do consumidor e/ou seus garantes a cadastros de consumidores (SPC, SERASA etc.), enquanto houver discussão em juízo relativa à relação de consumo;

8) considerem, nos contratos bancários, financeiros e de cartões de crédito, o silêncio do consumidor, pessoa física, como aceitação tácita dos valores cobrados, das informações prestadas nos extratos ou aceitação de modificações de índices ou de quaisquer alterações contratuais;

9) permitam à instituição bancária retirar da conta-corrente do consumidor ou cobrar restituição deste dos valores usados por terceiros que de forma ilícita estejam de posse de seus cartões bancários ou cheques, após comunicação de roubo, furto ou desaparecimento suspeito ou requisição de bloqueio ou fechamento de conta;

10) excluam, nos contratos de seguro de vida, a cobertura de evento decorrente de doença preexistente, salvo as hipóteses em que a seguradora comprove que o consumidor tinha conhecimento da referida doença à época da contratação;

11) limitem temporalmente, nos contratos de seguro de responsabilidade civil, a cobertura apenas às reclamações realizadas durante a vigência do contrato, e não ao evento ou sinistro ocorrido durante a vigência;

12) prevejam, nos contratos de seguro de automóvel, o ressarcimento pelo valor de mercado, se inferior ao previsto no contrato;

13) impeçam o consumidor de acionar, em caso de erro médico, diretamente a operadora ou cooperativa que organiza ou administra o plano privado de assistência à saúde;

14) estabeleçam no contrato de venda e compra de imóvel, a incidência de juros antes da entrega das chaves;

15) prevejam, no contrato de promessa de venda e compra de imóvel, que o adquirente autorize ao incorporador alienante constituir hipoteca do terreno e de suas acessões (unidades construídas) para garantir dívida da empresa incorporadora, realizada para financiamento de obras;

16) vedem, nos serviços educacionais, em face de desistência pelo consumidor, a restituição de valor pago a título de pagamento antecipado de mensalidade.

A Portaria n. 5/2002 da Secretaria de Direito Econômico também completa o rol das cláusulas abusivas.

Presumir-se-á exagerada, entre outros casos, a vantagem que ofender os princípios fundamentais do sistema jurídico a que pertence; restringir direitos ou obrigações fundamentais inerentes à natureza do contrato, de tal modo a ameaçar seu objeto ou o equilíbrio contratual; ou se mostrar excessivamente onerosa para o consumidor, considerando-se a natureza e conteúdo do contrato, o interesse das partes e outras circunstâncias peculiares ao caso (art. 51, § 1º).

A nulidade de uma cláusula contratual abusiva não invalidará o contrato, exceto quando de sua ausência, apesar dos esforços de integração, decorrer ônus excessivo a qualquer das partes (art. 51, § 2º)[100].

Será permitido a qualquer consumidor ou entidade que o representar requerer ao Ministério Público que ajuíze a competente ação para ser declarada a nulidade de cláusula contratual que contrarie o disposto neste Código ou de qualquer forma não assegure o justo equilíbrio entre direitos e obrigações das partes (art. 51, § 4º).

Prescreve a Lei n. 8.078/90, art. 52, I a V, que, no fornecimento de produtos ou serviços que envolva outorga de crédito ou concessão de financiamento ao consumidor, o fornecedor deverá, entre outros requisitos, informá-lo prévia e adequadamente sobre:

a) o preço do produto ou serviço em moeda corrente nacional;

b) o montante dos juros de mora e da taxa efetiva anual de juros;

c) os acréscimos legalmente previstos;

d) o número e a periodicidade das prestações; e

e) a soma total a pagar, com e sem financiamento.

As multas de mora decorrentes do inadimplemento de obrigação no seu termo não poderão ser superiores a dois por cento do valor da prestação (art. 52, § 1º, com redação da Lei n. 9.298/96).

---

100. Interessante é o estudo de Ewerton M. Gonçalves, Cláusulas abusivas no direito do consumidor no Brasil e na Argentina, *Revista da Academia Paulista de Direito, 6*:95-114.

É assegurada ao consumidor a liquidação antecipada do débito, total ou parcialmente, mediante redução proporcional dos juros e demais acréscimos (art. 52, § 2º; *BAASP*, *2.757*:2081-05).

Nos contratos de compra e venda de móveis ou imóveis mediante pagamento em prestações, bem como nas alienações fiduciárias em garantia, considerar-se-ão nulas de pleno direito as cláusulas que estabelecerem a perda total das prestações pagas em benefício do credor que, em razão do inadimplemento, pleitear a resolução do contrato e a retomada do produto alienado (art. 53).

Nos contratos do sistema de *consórcio* de produtos duráveis, a compensação ou a restituição das parcelas quitadas, na forma deste artigo, terá descontados, além da vantagem econômica auferida com a fruição, os prejuízos que o desistente ou inadimplente causar ao grupo (art. 53, § 2º). Assim, na hipótese de desistência de um consórcio, o consorciado terá direito à devolução do valor já pago, com correção monetária, mas a administradora poderá descontar o dano que, porventura, isso vier a acarretar ao grupo.

Os contratos abordados pela Lei n. 8.078/90 deverão ser expressos em moeda corrente nacional (art. 53, § 3º).

As cláusulas contratuais deverão ser interpretadas de modo mais favorável ao consumidor. O Código de Defesa do Consumidor, ao dispor, no art. 47, que as normas contratuais deverão ser sempre interpretadas de maneira a favorecer o consumidor, poderá, ante tal generalização, conduzir a injustiças, pois casos haverá em que se terá reclamações desonestas, subvertendo o livre jogo de mercado, chantageando industriais e comerciantes. São hipóteses em que o órgão judicante deverá agir com cautela e prudência, lançando mão do art. 5º da Lei de Introdução às Normas do Direito Brasileiro, para evitar abusos, entendendo-se que apenas em caso de dúvida a interpretação será mais favorável ao consumidor.

Os contratos reguladores das relações de consumo não obrigarão os consumidores, se não lhes for dada a oportunidade de tomar conhecimento prévio de seu conteúdo, ou se os respectivos instrumentos forem redigidos de modo a dificultar a compreensão de seu sentido e alcance (art. 46).

As declarações de vontade constantes de escritos particulares, recibos e pré-contratos relativos às relações de consumo vincularão o fornecedor, ensejando inclusive execução específica, nos termos do art. 84 e parágrafos (art. 48).

Pelo art. 49, o consumidor poderá desistir do contrato, no prazo de sete dias a contar de sua assinatura ou do ato de recebimento do produto ou serviço, sempre que a contratação de fornecimento de produtos e serviços ocorrer fora do estabelecimento comercial, especialmente por telefone, reembolso postal ou em domicílio. E se o consumidor exercitar tal direito de arrependimento, os valores eventualmente pagos, a qualquer título, durante o prazo de reflexão, serão devolvidos, de imediato, monetariamente atualizados, mediante a restituição do produto, o que não sucedia sob a égide da legislação anterior.

A garantia contratual será complementar à legal e será conferida mediante termo escrito. O termo de garantia ou equivalente deverá ser padronizado e esclarecer, de maneira adequada, em que consistirá a mesma garantia, bem como a forma, o prazo e o lugar em que poderá ser exercitada e os ônus a cargo do consumidor, devendo ser-lhe entregue, devidamente preenchido pelo fornecedor, no ato do fornecimento, acompanhado de manual de instrução, de instalação e uso de produto em linguagem didática, com ilustrações (art. 50 e parágrafo único).

Está, ainda, resguardada, no art. 107, §§ 1º e 3º, a *convenção coletiva de consumo*, pois as entidades civis de consumidores e as associações de fornecedores ou sindicatos de categoria econômica poderão regular, por convenção escrita, relações de consumo que tenham por objeto estabelecer condições relativas ao preço, à qualidade, à quantidade, à garantia e características de produtos e serviços, bem como à reclamação e composição do conflito de consumo. A convenção tornar-se-á obrigatória a partir do registro do instrumento no cartório de títulos e documentos e somente obrigará os filiados às entidades signatárias. Não se eximirá de cumprir a convenção o fornecedor que se desligar da entidade em data posterior ao registro do instrumento.

D. Direitos do consumidor

O consumidor terá, pela Lei n. 8.078/90, a proteção dos seguintes *direitos*:

1) A proteção da vida, saúde e segurança contra os riscos provocados por práticas no fornecimento de produtos e serviços considerados perigosos ou nocivos (arts. 6º, I; 8º a 10).

2) A educação e divulgação sobre o consumo adequado dos produtos e serviços, asseguradas a liberdade de escolha e a igualdade nas contratações (art. 6º, II).

3) A informação adequada e clara sobre os diferentes produtos e serviços, com especificação correta de quantidade, características, composição,

qualidade, tributos incidentes e preço, bem como sobre os riscos que apresentem (art. 6º, III, com a alteração da Lei n. 12.741/2012).

Pelo art. 2º da Lei n. 10.962, de 11 de outubro de 2004, acrescido do seguinte inciso III (Lei n. 13.543/2017):

I — "no comércio eletrônico, mediante divulgação ostensiva do preço à vista, junto à imagem do produto ou descrição do serviço, em caracteres facilmente legíveis com tamanho de fonte não inferior a doze".

4) A proteção contra a publicidade enganosa e abusiva, métodos comerciais coercitivos ou desleais, bem como contra práticas e cláusulas abusivas ou impostas no fornecimento de produtos e serviços (art. 6º, IV).

5) A modificação das cláusulas contratuais que estabeleçam prestações desproporcionais ou sua revisão em razão de fatos supervenientes que as tornem excessivamente onerosas (art. 6º, V).

6) A efetiva prevenção e reparação de danos patrimoniais e morais, individuais, coletivos e difusos (art. 6º, VI).

7) O acesso aos órgãos judiciários e administrativos, com vistas à prevenção ou reparação de danos patrimoniais e morais, individuais, coletivos ou difusos, assegurada a proteção jurídica, administrativa e técnica aos necessitados (art. 6º, VII).

8) A facilitação da defesa de seus direitos, inclusive com a inversão do ônus da prova, a seu favor, no processo civil, quando, a critério do juiz, for verossímil a alegação ou quando for ele hipossuficiente, segundo as regras ordinárias de experiências (art. 6º, VIII; *BAASP, 2.671*:1.813-04).

A *inversão do ônus da prova* requerida pelo Código de Defesa do Consumidor diz respeito à seara cível ou administrativa. Antes do advento desse diploma legal, a prova da fraude deveria ser apresentada pelo comprador do produto, que foi lesado. Com a *inversão do ônus da prova*, competirá ao fabricante ou fornecedor, diante da reclamação do consumidor, demonstrar a ausência de fraude e que o consumidor não foi lesado na compra de seu produto.

9) A prestação dos serviços públicos em geral (art. 6º, X), adequada e eficaz.

10) A reclamação pelos *vícios aparentes*, dentro do prazo decadencial de trinta dias, se se tratar de fornecimento de serviço e de produtos não duráveis, ou de noventa dias, se duráveis, contado da data da entrega efetiva do produto ou do término da execução dos serviços. E, se o *vício* for *oculto*, tal prazo computar-se-á no instante em que o defeito ficar evidenciado. A reclamação comprovadamente formulada pelo consumidor perante o forne-

cedor de produtos e serviços até a resposta negativa correspondente, que deverá ser transmitida de forma inequívoca, a instauração de inquérito civil, até seu encerramento, poderão obstar a decadência (art. 26, I e II, §§ 1º a 3º). O fornecedor, por sua vez, responderá pela qualidade de produtos e serviços, pois a Lei n. 8.078/90 forçará a sua honestidade, fazendo com que receie vender mercadoria sem qualidade, ao conceder ao consumidor trinta dias para reclamar de um produto defeituoso ou de um serviço malfeito, com direito à troca, à restituição do dinheiro pago (*BAASP*, n. *2743*: 203411) ou ao abatimento proporcional no preço (arts. 19 e 18, § 1º). Tal prazo de reclamação, pela legislação anterior, era de quinze dias, em razão de aplicação analógica do direito comum, e muito dificilmente o consumidor teria a devolução da quantia desembolsada ou a troca do produto.

11) A pretensão à reparação pelos danos causados por fato do produto ou do serviço, dentro do prazo prescricional de cinco anos, contado a partir do conhecimento do dano ou de sua autoria (art. 27).

12) A não exposição a ridículo ou a constrangimento ou ameaça na cobrança de seus débitos (arts. 42 e 42-A, acrescentado pela Lei n. 12.039/2009).

13) A repetição do indébito, por valor igual ao dobro do que pagou em excesso, acrescido de correção monetária e juros legais, salvo hipótese de engano justificável, desde que tenha sido cobrado em quantia indevida (art. 42, parágrafo único).

14) O acesso às informações existentes em cadastros, fichas, registros e dados pessoais e de consumo arquivados sobre ele, bem como sobre as suas respectivas fontes. Tais cadastros e dados de consumidores deverão ser objetivos, claros, verdadeiros e em linguagem de fácil compreensão, não podendo conter informações negativas referentes a período superior a cinco anos. A abertura de cadastro, ficha, registro e dados pessoais e de consumo deverá ser comunicada por escrito ao consumidor, quando não solicitada por ele. O consumidor, sempre que encontrar inexatidão nos seus dados e cadastros, poderá exigir sua imediata correção, devendo o arquivista, no prazo de cinco dias úteis, comunicar a alteração aos eventuais destinatários das informações incorretas. Os bancos de dados e cadastros relativos a consumidores, os serviços de proteção ao crédito e congêneres serão considerados entidades de caráter público. Consumada a prescrição relativa à cobrança de débitos do consumidor, não serão fornecidas, pelos respectivos Sistemas de Proteção ao Crédito, quaisquer informações que possam impedir ou dificultar novo acesso ao crédito junto aos fornecedores (art. 43, §§ 1º a 5º).

Os órgãos públicos de defesa do consumidor manterão cadastros atualizados de reclamações fundamentadas contra fornecedores de produtos e serviços, devendo divulgá-los pública e anualmente. A divulgação indicará se a reclamação foi atendida ou não pelo fornecedor. É facultado o acesso às informações lá constantes para orientação e consulta por qualquer interessado (art. 44 e § 1º).

Haverá, portanto, responsabilização por informações indevidas contidas em bancos de dados ou em cadastros. Se houver inserção indevida, no banco de dados de devedores inadimplentes, do nome de consumidor, causando-lhe sérios prejuízos em sua imagem-atributo, tais danos serão suscetíveis de reparação. Mas já se decidiu (STJ, Súmula 385) que, da anotação irregular em cadastro de proteção ao crédito, não cabe indenização por dano moral, quando preexistente legítima inscrição, ressalvado o direito ao cancelamento.

Tais direitos não excluirão outros decorrentes de tratados ou convenções internacionais de que o Brasil seja signatário, da legislação interna ordinária, de regulamentos expedidos pelas autoridades administrativas competentes, bem como dos que derivem dos princípios gerais do direito, analogia, costumes e equidade (art. 7º).

Convém não olvidar que pela Súmula 601 do STJ, "o Ministério Público tem legitimidade ativa para atuar na defesa de direitos difusos, coletivos e individuais homogêneos dos consumidores, ainda que decorrentes da prestação de serviço público".

E. Deveres do fornecedor de produtos ou serviços

Inúmeros são os *deveres* do fornecedor; dentre outros, apontamos os de:

1) Atender às proibições, contidas no art. 39, I a IX, de:

a) condicionar o fornecimento de produto ou de serviço ao fornecimento de outro produto ou serviço, bem como, sem justa causa, a limites quantitativos;

b) recusar atendimento às demandas dos consumidores, na exata medida de suas disponibilidades de estoque e, ainda, de conformidade com os usos e costumes;

c) enviar ou entregar ao consumidor, sem solicitação prévia, qualquer produto, ou fornecer qualquer serviço, mesmo se se tratar de amostras grátis, sem obrigação de pagamento (art. 39, parágrafo único);

d) prevalecer-se da fraqueza ou ignorância do consumidor, tendo em vista sua idade, saúde, escolaridade ou condição social, para impingir-lhe seus produtos ou serviços;

e) exigir do consumidor vantagem manifestamente excessiva;

f) executar serviços sem a prévia elaboração de orçamento e autorização expressa do consumidor, ressalvadas as decorrentes de práticas anteriores entre as partes;

g) repassar informação depreciativa, referente a ato praticado pelo consumidor no exercício de seus direitos;

h) colocar, no mercado de consumo, qualquer produto ou serviço em desacordo com as normas expedidas pelos órgãos oficiais competentes ou, se normas específicas não existirem, pela Associação Brasileira de Normas Técnicas ou outra entidade credenciada pelo Conselho Nacional de Metrologia, Normalização e Qualidade Industrial — Conmetro;

i) deixar de estipular prazo para o cumprimento de sua obrigação ou deixar a fixação de seu termo inicial a seu exclusivo critério.

2) Entregar ao consumidor orçamento prévio discriminando o valor da mão de obra, dos materiais e equipamentos a serem empregados, as condições de pagamento, bem como as datas de início e término dos serviços. Salvo estipulação em contrário, o valor orçado terá validade pelo prazo de dez dias, contado de seu recebimento pelo consumidor. Uma vez aprovado pelo consumidor, o orçamento obrigará os contraentes e somente pode ser alterado mediante livre negociação das partes. O consumidor não responderá por quaisquer ônus ou acréscimos decorrentes da contratação de serviços de terceiros, não previstos no orçamento prévio (art. 40, §§ 1º a 3º).

3) Respeitar os limites oficiais, no caso de fornecimento de produtos ou de serviços sujeitos ao regime de controle ou de tabelamento de preços, sob pena de, não o fazendo, responder pela restituição da quantia recebida em excesso, monetariamente atualizada, podendo o consumidor exigir, à sua escolha, o desfazimento do negócio, sem prejuízo de outras sanções cabíveis (art. 41).

4) Responsabilizar-se pelos danos patrimoniais e morais causados ao consumidor, ressarcindo-o. E, se a ofensa tiver mais de um autor, todos responderão solidariamente pela reparação dos prejuízos (art. 7º, parágrafo único).

5) Comercializar:

a) revistas e publicações atendendo à Lei n. 8.069/90 (arts. 78, parágrafo único, e 79), que prescreve:

As revistas e publicações contendo material impróprio ou inadequado a crianças e adolescentes deverão ser comercializadas em embalagem lacrada, com a advertência de seu conteúdo.

As editoras cuidarão para que as capas que contenham mensagens pornográficas ou obscenas sejam protegidas com embalagem opaca. As revistas e publicações destinadas ao público infantojuvenil não poderão conter ilustrações, fotografias, legendas, crônicas ou anúncios de bebidas alcoólicas, tabaco, armas e munições, e deverão respeitar os valores éticos e sociais da pessoa e da família, sob pena de pagar multa de três a vinte salários de referência, duplicando-se tal pena se reincidir, sem prejuízo de apreensão da revista ou publicação (Lei n. 8.069/90, art. 257);

b) fitas de programação de vídeo informando sobre a natureza da obra e a faixa etária a que se destinam (Lei n. 8.069/90, art. 77), sob pena de multa de três a vinte salários de referência e de fechamento do estabelecimento por quinze dias, por ordem judicial, em caso de reincidência (Lei n. 8.069/90, art. 256);

c) armas, munições e explosivos; bebidas alcoólicas; produtos causadores de dependência física ou psíquica; fogos de artifício que possam causar dano físico se utilizados indevidamente; bilhetes lotéricos e equivalentes, apenas a maiores (Lei n. 8.069/90, art. 81), sob pena de detenção de seis meses a dois anos e multa (Lei n. 8.069/90, arts. 242 a 244).

6) Afixar, se responsável por diversão e espetáculo público, em local visível, informação sobre a natureza do espetáculo e faixa etária, apenas permitindo entrada de menores em espetáculos que lhes forem recomendados em razão de sua idade e, se se tratar de criança até 10 anos, apenas se acompanhada de seus pais ou responsável (Lei n. 8.069/90, arts. 74 e 75), sob pena de pagar de três a vinte salários de referência, duplicada em caso de reincidência, e, no caso de permissão de ingresso de menor a espetáculo impróprio, poderá, se reincidir, sofrer o fechamento do estabelecimento por quinze dias, em razão de ordem judicial (Lei n. 8.069/90, arts. 252, 253, 255 e 258).

7) Exibir, sendo emissora de rádio e televisão, em horário recomendado a menores, programas educacionais, culturais, artísticos e informativos, apresentando, antes de sua transmissão, aviso de sua classificação (Lei n. 8.069/90, art. 76 e parágrafo único), sob pena de multa de vinte a cem salários de referência, aplicada em dobro se houver reincidência, podendo ainda, o juiz, determinar a suspensão da programação da emissora por até dois dias (Lei n. 8.069/90, art. 254).

8) Permitir apenas maiores no recinto de seu estabelecimento se explorar comercialmente bilhar, sinuca ou congênere, jogos ou apostas (Lei n. 8.069/90, art. 80).

9) Não transportar criança para fora da comarca onde reside, desacompanhada dos pais ou responsável, sem expressa autorização judicial (Lei n. 8.069/90, art. 83), pois se o fizer poderá ser punido com multa de três a vinte salários de referência, duplicada se reincidir (Lei n. 8.069/90, art. 251).

10) Não hospedar menor, desacompanhado dos pais ou responsável, ou sem autorização judicial, em hotel, pensão, motel etc. Se permitir tal

hospedagem, será punido com multa de dez a cinquenta salários de referência, e na hipótese de reincidência o juiz poderá determinar o fechamento do estabelecimento por até quinze dias (Lei n. 8.069/90, art. 250).

11) Não contracenar, produzir, nem dirigir representação teatral, televisiva ou cinematográfica, nem fotografar ou publicar fotografia envolvendo menor em cena de sexo explícito ou pornográfica, sob pena de reclusão de um a quatro anos (Lei n. 8.069/90, arts. 240 e 241).

12) Manter à disposição de seus clientes e da fiscalização, sendo a transação a prazo, por um período de seis meses, suas listas de preços (Portaria n. 53/90, art. 2º).

13) Não oferecer ao público consumidor, no mesmo estabelecimento, um mesmo produto ou serviço, considerado o pagamento na mesma data, por preços diferentes (Portaria n. 53/90, art. 4º).

14) Indicar ao consumidor em local visível e de fácil leitura a condição de pagamento, se houver preço diferenciado para um mesmo bem ou serviço em razão da data do pagamento ou da entrega (Portaria n. 53/90, art. 5º).

15) Informar ao público consumidor, se prestar serviços (de lavanderia, tinturaria, barbearia, cabeleireiro, hospedagem, medicina, odontologia, diversões públicas, fornecimento de refeições, transporte interestadual rodoviário e ferroviário, manicure, pedicure, cursos livres) ou fornecer produtos (roupas de cama, mesa e banho; móveis; utensílios de copa e cozinha; eletrodomésticos; livros e material didático; gêneros alimentícios *in natura* ou industrializados; artigos de limpeza; medicamentos; peças de vestuário; bebidas e materiais de construção), do seu preço à vista (Portaria n. 53/90, arts. 6º a 10; Lei Delegada n. 4/62, art. 11, *c*).

16) Emitir notas de venda de produto ou de prestação, obedecendo às normas da Portaria n. 53/90, arts. 11 a 15.

17) Imprimir, nas embalagens, de modo legível, para controle do consumidor a "data de fabricação e de validade" (Portaria n. 53/90, art. 16).

18) Obedecer, sendo empacotador, atacadista, varejista ou distribuidor de arroz, as normas da Portaria n. 53/90, arts. 17 a 19.

19) Afixar, se fornecedor de refeições, na parte externa do estabelecimento, o similar do cardápio, contendo taxas, acréscimos ou valores que possam ser cobrados da clientela (Portaria n. 53/90, art. 20), e fazer constar de seus cardápios o valor do *couvert*, informando que se trata de serviço opcional; em se tratando de *"couvert" artístico*, indicar o valor cobrado e os dias e horários das referidas apresentações (Portaria n. 53/90, arts. 21 a 23).

20) Acrescer compulsoriamente gorjeta às notas de despesas de seus clientes para distribuição a garçons ou empregados de casa de hospedagem, apenas se amparado por convenção coletiva de trabalho, acordo coletivo de trabalho ou dissídio coletivo de trabalho (Portaria n. 53/90, art. 24).

21) Obedecer, na comercialização de carne, ao disposto nos arts. 25 a 36 da Portaria n. 53/90.

22) Seguir, na produção e comercialização do pão francês ou de sal, as normas da Portaria n. 53/90, arts. 37 a 44, e na de pão doce ou de bolo informar, afixando etiquetas na embalagem do produto, a data de fabricação, o peso da unidade à venda e o preço (Portaria n. 53/90, art. 45).

23) Informar ao público, se responsável por cinemas ou casas de diversão pública, o valor do ingresso relativo a cada sessão, a lotação ideal da sala de exibição, o horário de início do programa principal, a programação complementar (*trailers*, curtas-metragens etc.) e a condição de refrigeração da sala (ar-condicionado perfeito ou fora de uso etc.) (Portaria n. 53/90, art. 46, §§ 1º e 2º).

24) Seguir, quanto aos medicamentos de uso humano e veterinário, as normas dos arts. 47 a 55 da Portaria n. 53/90.

25) Cumprir a Lei n. 7.889/89 relativa à inspeção sanitária e industrial dos produtos de origem animal.

26) Seguir as normas da Lei n. 7.678/88 (alterada pelas Leis n. 10.970/2004 e 12.959/2014), regulamentada pelo Dec. n. 8.198/2014, relativa à produção e comercialização do vinho e derivados do vinho e da uva.

27) Avisar em rótulos de embalagens de alimentos industrializados que contêm glúten, para prevenir o consumidor da síndrome celíaca (Lei n. 8.543/92).

28) Manter amostras sem lacre dos produtos à venda, para exame do consumidor (Lei n. 8.124/92 do Estado de São Paulo).

29) Colocar, nas bulas de medicamentos, a inclusão de advertências e recomendações sobre seu uso por pessoas de mais de 65 anos (Lei n. 8.926/94).

F. Responsabilidade do fornecedor pelo fato do produto e do serviço

Pela Lei n. 8.078/90:

1) O fabricante, o produtor, o construtor, nacional ou estrangeiro, e o importador responderão, independentemente da existência de culpa, pela reparação dos danos causados aos consumidores por defeitos decorrentes de projeto, fabricação, construção, montagem, fórmulas, manipulação, apresentação ou acondicionamento de seus produtos, bem como por informações insuficientes ou inadequadas sobre sua utilização e riscos.

O produto será tido como defeituoso quando não oferecer a segurança que dele legitimamente se espera, levando-se em consideração as circunstâncias relevantes, entre as quais: sua apresentação, o uso e os riscos que razoavelmente dele se esperam e a época em que foi colocado em circulação.

O produto não será considerado defeituoso pelo fato de outro de melhor qualidade ter sido colocado no mercado.

O fabricante, o construtor, o produtor ou importador só não serão responsabilizados quando provarem:

a) que não colocaram o produto no mercado;

b) que, embora hajam colocado o produto no mercado, o defeito inexiste;

c) a culpa exclusiva do consumidor ou de terceiro (art. 12 e §§ 1º a 3º).

Portanto, a responsabilidade do fabricante é objetiva, independentemente de averiguação de culpa. Assim, p. ex., se alguém vier a adquirir um carro "0 km" e acidentar-se em razão de defeito de fabricação, os prejuízos serão pagos pelo fabricante.

O art. 931 do Código Civil amplia o conceito de fato do produto existente no art. 12 do CDC ao imputar responsabilidade civil à empresa e aos empresários individuais vinculados à circulação dos produtos e ao incluir os riscos do desenvolvimento (Enunciados n. 42 e 43 do Centro de Estudos Judiciários do Conselho da Justiça Federal).

2) O empresário ou comerciante será responsável quando:

a) o fabricante, o construtor, o produtor ou o importador não puderem ser identificados;

b) o produto for fornecido sem identificação clara do seu fabricante, produtor, construtor ou importador;

c) não conservar adequadamente os produtos perecíveis.

E aquele que efetivar o pagamento ao prejudicado poderá exercer o direito de regresso contra os demais responsáveis, segundo sua participação na causação do evento danoso (art. 13, I a III e parágrafo único, da Lei n. 8.078/90).

3) O fornecedor de serviços responderá, independentemente da existência de culpa, pela reparação dos danos causados aos consumidores por defeitos relativos à prestação dos serviços, bem como por informações insuficientes ou inadequadas sobre sua fruição e riscos.

O serviço será defeituoso quando não fornecer a segurança que o consumidor dele pode esperar, levando-se em consideração as circunstâncias relevantes, entre as quais:

a) o modo de seu fornecimento;

b) o resultado e os riscos que razoavelmente dele se esperam;

c) a época em que foi fornecido.

O serviço não será considerado defeituoso pela adoção de novas técnicas.

O fornecedor de serviços só não será responsabilizado se provar que, tendo prestado o serviço, o defeito inexiste e que houve culpa exclusiva do consumidor ou de terceiro.

A responsabilidade pessoal dos profissionais liberais será apurada mediante a verificação de culpa (art. 14, §§ 1º a 4º), sendo, portanto, *subjetiva*, se a obrigação for de meio; mas sendo obrigação de resultado, deve ser *objetiva* sua responsabilidade, na lição de Nelson Nery Jr. e Oscar Ivan Prux.

Consagra, assim, o Código de Defesa do Consumidor a *responsabilidade objetiva*, ressarcindo os danos físico-psíquicos causados ao consumidor e demais vítimas do evento (Lei n. 8.078/90, art. 17) por vício de qualidade por insegurança.

G. Responsabilidade do fornecedor por vício do produto e do serviço

Haverá responsabilidade solidária dos fornecedores de produtos de consumo duráveis ou não duráveis pelos vícios de qualidade ou quantidade que os tornem impróprios ou inadequados ao consumo a que se destinam ou lhes diminuam o valor, assim como por aqueles decorrentes da disparidade, com as indicações constantes do recipiente, da embalagem, rotulagem ou mensagem publicitária, respeitadas as variações decorrentes de sua natureza, podendo o consumidor exigir a substituição das partes viciadas (Lei n. 8.078/90, art. 18).

Se o vício não for sanado no prazo máximo de trinta dias, poderá o consumidor exigir, alternativamente e à sua escolha: a substituição do produto por outro da mesma espécie, em perfeitas condições de uso; a restituição imediata da quantia paga (*BAASP*, *2.658*:1.774; *2.758*:6213), monetariamente atualizada, sem prejuízo de eventuais perdas e danos; ou abatimento proporcional do preço (art. 18, § 1º; *BAASP*, *2.757*:2082-06).

Poderão as partes convencionar a redução ou ampliação desse prazo, não podendo, contudo, ser inferior a sete nem superior a cento e oitenta dias. Nos contratos de adesão, a cláusula de prazo deverá ser convencionada em separado, por meio de manifestação expressa do consumidor (art. 18, § 2º).

O consumidor poderá fazer uso imediato daquelas alternativas sempre que, em razão da extensão do vício, a substituição das partes viciadas puder comprometer a qualidade ou características do produto, diminuir-lhe o valor ou se tratar de produto essencial (art. 18, § 3º). Tendo o consumidor optado pela troca do bem e não sendo possível a sua substituição, poderá haver substituição por outro de espécie, marca ou modelo diversos, mediante complementação ou restituição de eventual diferença de preços (art. 18, § 4º).

No caso de fornecimento de produtos *in natura*, será responsável perante o consumidor o fornecedor imediato, exceto quando identificado claramente seu produtor (art. 18, § 5º).

São impróprios ao uso e consumo:

a) os produtos cujos prazos de validade estejam vencidos;

b) os produtos deteriorados, alterados, adulterados, avariados, falsificados, corrompidos, fraudados, nocivos à vida ou à saúde, perigosos ou, ainda, aqueles em desacordo com as normas regulamentares de fabricação, distribuição ou apresentação;

c) os produtos que, por qualquer motivo, se revelem inadequados ao fim a que se destinam (art. 18, § 6º).

Os fornecedores responderão solidariamente pelos vícios de quantidade do produto sempre que, respeitadas as variações decorrentes de sua natureza, seu conteúdo líquido for inferior às indicações constantes do recipiente, da embalagem, rotulagem ou de mensagem publicitária, podendo o consumidor exigir, alternativamente e à sua escolha: o abatimento proporcional do preço; a complementação do peso ou medida; a substituição do produto por outro da mesma espécie, marca ou modelo, sem os aludidos vícios; ou a restituição imediata da quantia paga, monetariamente atualizada, sem prejuízo de eventuais perdas e danos (art. 19, I a IV).

Se houver opção pela substituição do produto e esta for impossível, na troca entregar-se-á outro diverso, complementando-se ou restituindo-se a diferença de preço se houver (art. 19, § 1º).

O fornecedor imediato será responsável quando fizer a pesagem ou a medição e o instrumento utilizado não estiver aferido segundo os padrões oficiais (art. 19, § 2º).

O fornecedor de serviços responderá pelos vícios de qualidade que os tornarem impróprios ao consumo ou lhes diminuírem o valor, assim como por aqueles decorrentes da disparidade com as indicações constantes da oferta ou mensagem publicitária, podendo o consumidor exigir, alternativamente e à sua escolha: a reexecução dos serviços, sem custo adicional e quando cabível; a restituição imediata da quantia paga, monetariamente atualizada, sem prejuízo de eventuais perdas e danos; ou o abatimento proporcional do preço (art. 20, I a III).

A reexecução dos serviços poderá ser confiada a terceiros devidamente capacitados, por conta e risco do fornecedor (art. 20, § 1º).

Serão impróprios os serviços que se mostrarem inadequados para os fins que razoavelmente deles se esperam, bem como aqueles que não atenderem às normas regulamentares de prestabilidade (art. 20, § 2º).

No fornecimento de serviços que tiverem por finalidade a reparação de qualquer produto, considerar-se-á implícita a obrigação do fornecedor de empregar componentes de reposição originais adequados e novos, ou que mantiverem as especificações técnicas do fabricante, salvo, quanto a estes últimos, autorização em contrário do consumidor (art. 21).

Os órgãos públicos, por si ou suas empresas, concessionárias, permissionárias ou sob qualquer outra forma de empreendimento, serão obrigados a fornecer serviços adequados, eficientes, seguros e, quanto aos essenciais, contínuos. E na hipótese de descumprimento, total ou parcial, dessas obrigações, serão as pessoas jurídicas compelidas a cumpri-las e a reparar os danos causados (art. 22, parágrafo único).

A ignorância do fornecedor sobre os vícios de qualidade por inadequação dos produtos e serviços não o eximirá de responsabilidade (art. 23).

A garantia legal de adequação do produto ou serviço independerá de termo expresso, vedada a exoneração contratual do fornecedor (art. 24).

Será vedada a estipulação contratual de cláusula que impossibilite, exonere ou atenue a obrigação de indenizar (art. 25).

Caso haja mais de um responsável pelo dano, todos responderão solidariamente pela reparação (art. 25, § 1º). E se o dano for causado por componente ou peça incorporada ao produto ou serviço, serão responsáveis solidários seu fabricante, construtor ou importador e o que realizou a incorporação (art. 25, § 2º).

Em suma, ter-se-á *responsabilidade subjetiva "juris et de jure"* do fornecedor se o produto ou serviço vier a lesar patrimonialmente o consumidor, em razão de vício de quantidade ou de qualidade por inadequação.

H. Sanções às práticas abusivas do fornecedor

Pela sua finalidade de proteção aos interesses do consumidor e de punição severa às práticas abusivas do fornecedor, a Lei n. 8.078/90 merece encômios, pois a imposição de penalidades rigorosas tornará mais responsável tanto o produtor como o vendedor, respeitando-se, consequentemente, os direitos do consumidor.

Além da imposição da *responsabilidade civil objetiva e subjetiva* do fornecedor e das penas estipuladas em leis esparsas, inclusive no Código Civil, o Código de Defesa do Consumidor prescreve:

1) A *desconsideração da personalidade jurídica* da sociedade que, em detrimento do consumidor, abusar de direito, violar lei ou contrato social, falir, ficar em estado de insolvência ou encerrar suas atividades em virtude de sua má administração (art. 28). Também poderá ser desconsiderada a pessoa jurídica se sua personalidade tornar-se um obstáculo ao ressarcimento de danos causados ao consumidor (art. 28, § 5º). Pelo art. 28, §§ 2º a 4º, na hipótese de desconsideração, as sociedades integrantes dos grupos societários e as controladas responderão subsidiariamente, as consorciadas serão solidariamente responsáveis e as coligadas, por sua vez, apenas responderão por culpa pelos deveres decorrentes da Lei n. 8.078/90.

A desconsideração da personalidade jurídica permitirá processar o dono da empresa por atos atentatórios aos direitos do consumidor (CPC, arts. 133 a 137). Realmente, os componentes da pessoa jurídica somente responderão por seus débitos dentro dos limites do capital social, ficando a salvo o patrimônio individual. Com a desconsideração o magistrado não mais considerará os efeitos da personificação ou da autonomia jurídica da sociedade para vincular a responsabilidade dos sócios, com o intuito de impedir a consumação de fraudes e abusos de direito cometidos, por meio da personalidade jurídica, que causem prejuízos ao consumidor. O órgão judicante declarará que há diferença de personalidade entre a sociedade e os seus sócios, só que a da pessoa jurídica não constituirá um direito absoluto por estar sujeita às teorias da fraude contra credores e do abuso do direito, admitindo a desconsideração para responsabilizar pessoalmente o acionista controlador (*maitre de l'affaire* ou *active shareholder*) e não os diretores assalariados ou empregados não participantes do controle acionário. A desconsideração pressupõe utilização fraudulenta ou abusiva da companhia pelo seu controlador (*JB*, *152*:247; *RT*, *410*:12).

2) A *aplicação de sanções administrativas* (o Dec. n. 2.181/97 traça normas gerais para sua aplicação), que são:

a) prestar informações sobre questões de interesse do consumidor, resguardado o segredo industrial, se violar normas e notificações relativas à produção, industrialização, distribuição, publicidade e mercado de consumo de produtos e serviços baixados pela União, Estados e Distrito Federal, tendo em vista o bem-estar do consumidor (art. 55 e §§ 1º, 3º e 4º);

b) sofrer, sem prejuízo da sanção civil e penal, por aplicação da autoridade administrativa, até mesmo cumulativamente, inclusive por medida cautelar antecedente ou incidente de procedimento administrativo, por infração das normas de defesa do consumidor, as penas (art. 56, I a XII e parágrafo único) de:

— *multa*, graduada de acordo com a gravidade da infração, a vantagem auferida e a condição econômica do fornecedor e aplicada mediante procedimento administrativo nos termos da lei, revertendo para o Fundo de que trata a Lei n. 7.347, de 24 de julho de 1985, os valores cabíveis à União, ou para os fundos estaduais ou municipais de proteção ao consumidor nos demais casos. Tal multa será fixada em montante nunca inferior a duzentas e não superior a três milhões de vezes o valor da UFIR, ou índice equivalente que venha a substituí-la (art. 57 e parágrafo único). O Poder Executivo atualizará periodicamente o valor da pena de multa, respeitando os parâmetros vigentes à época da promulgação da Lei n. 8.078/90 (Lei n. 8.656/93, arts. 1º e 3º; Lei n. 8.703/93);

— *apreensão*, *inutilização de produtos*, *proibição de fabricação de produtos*, *suspensão do fornecimento de produto ou serviço*, *cassação do registro do produto* e *revogação da concessão ou permissão de uso*, aplicadas pela administração, mediante procedimento administrativo, assegurada ampla defesa, quando forem constatados vícios de quantidade ou de qualidade por inadequação ou insegurança do produto ou serviço (art. 58);

— *cassação de alvará de licença do estabelecimento ou de atividade, interdição total ou parcial de estabelecimento, de obra ou atividade* e *suspensão temporária da atividade*, bem como *intervenção administrativa*, que serão aplicadas mediante procedimento administrativo, assegurada ampla defesa, quando o fornecedor reincidir na prática das infrações de maior gravidade previstas neste Código e na legislação de consumo.

A pena de cassação da concessão será aplicada à concessionária de serviço público, quando violar obrigação legal ou contratual.

A pena de intervenção administrativa será aplicada sempre que as circunstâncias de fato desaconselharem a cassação de licença, a interdição ou a suspensão da atividade.

Pendendo ação judicial na qual se discuta a imposição de penalidade administrativa, não haverá reincidência até o trânsito em julgado da sentença (art. 59 e §§ 1º a 3º);

— *contrapropaganda*, cominada quando o fornecedor incorrer na prática de publicidade enganosa ou abusiva, sempre a expensas do infrator (art. 60), que desmentirá as qualidades do produto ou do serviço, veiculando outra propaganda no mesmo local, espaço, horário e meio, de forma capaz de desfazer o malefício da publicidade enganosa ou abusiva (art. 60, § 1º).

3) A *imposição de sanções penais*, no caso de o fornecedor:

a) Omitir dizeres ou sinais ostensivos sobre a nocividade ou periculosidade de produtos, nas embalagens, nos invólucros, recipientes ou publicidade, com *detenção de seis meses a dois anos e multa* (art. 63), sendo que incorrerá nas mesmas penas quem deixar de alertar, mediante recomendações escritas ostensivas, sobre a periculosidade do serviço a ser prestado (art. 63, § 1º). E, se o crime for culposo, haverá *detenção de um a seis meses ou multa* (art. 63, § 2º).

b) Deixar de comunicar à autoridade competente e aos consumidores a nocividade ou periculosidade de produtos cujo conhecimento seja posterior à sua colocação no mercado; a pena será de *detenção de seis meses a dois anos e multa* (art. 64). Incorrerá nas mesmas penas quem deixar de retirar do mercado, imediatamente quando determinado pela autoridade competente, os produtos nocivos ou perigosos, na forma deste artigo (art. 64, parágrafo único).

c) Executar serviço de alto grau de periculosidade, contrariando determinação de autoridade competente, sob pena de *detenção de seis meses a dois anos e multa.* Essa pena será aplicável sem prejuízo das correspondentes à lesão corporal e à morte (art. 65 e parágrafo único).

d) Fazer afirmação falsa ou enganosa, ou omitir informação relevante sobre a natureza, característica, qualidade, quantidade, segurança, desempenho, durabilidade, preço ou garantia de produtos ou serviços, punindo-o com *detenção de três meses a um ano e multa* (art. 66). Incorrerá na mesma pena quem patrocinar a oferta (art. 66, § 1º). Se o crime for culposo a pena será de *detenção de um a seis meses ou multa* (art. 66, § 2º).

e) Fazer ou promover publicidade que sabe ou deveria saber ser enganosa ou abusiva, caso em que a pena será de *detenção de três meses a um ano e multa* (art. 67).

f) Fazer ou promover publicidade que sabe ou deveria saber ser capaz de induzir o consumidor a se comportar de forma prejudicial ou perigosa a sua saúde ou segurança com *detenção de seis meses a dois anos e multa* (art. 68).

g) Deixar de organizar dados fáticos, técnicos e científicos que dão base à publicidade, punindo-o com *detenção de um a seis meses ou multa* (art. 69).

h) Empregar, na reparação de produtos, peças ou componentes de reposição usados, sem autorização do consumidor, sob pena de *detenção de três meses a um ano e multa* (art. 70).

i) Utilizar, na cobrança de dívidas, de ameaça, coação, constrangimento físico ou moral, afirmações falsas, incorretas ou enganosas ou de qualquer outro procedimento que exponha o consumidor, injustificadamente, a ridículo ou interfira em seu trabalho, descanso ou lazer, aplicando-se-lhe *detenção de três meses a um ano e multa* (art. 71).

j) Impedir ou dificultar o acesso do consumidor às informações que sobre ele constem em cadastros, banco de dados, fichas e registros, hipótese em que se terá *detenção de seis meses a um ano ou multa* (art. 72).

k) Deixar de corrigir imediatamente informação sobre consumidor constante de cadastro, banco de dados, fichas ou registros que sabe ou deveria saber ser inexata, sob pena de *detenção de um a seis meses ou multa* (art. 73).

l) Deixar de entregar ao consumidor o termo de garantia adequadamente preenchido e com especificação clara de seu conteúdo, sob pena de sofrer *detenção de um a seis meses ou multa* (art. 74).

Acrescenta ainda a Lei n. 8.078/90, no art. 75, que "quem, de qualquer forma, concorrer para os crimes referidos neste Código incide nas penas a esses cominadas na medida de sua culpabilidade, bem como o diretor, administrador ou gerente da pessoa jurídica que promover, permitir ou por qualquer modo aprovar o fornecimento, oferta, exposição à venda ou manutenção em depósito de produtos ou a oferta e prestação de serviços nas condições por ele proibidas".

Serão tidas como *circunstâncias agravantes* desses crimes, certas situações como: se forem cometidos em época de grave crise econômica ou por ocasião de calamidade; se ocasionarem grave dano individual ou coletivo; se se dissimular a natureza ilícita do procedimento; se cometidos por servidor público, ou por pessoa cuja condição econômico-social seja manifestamente superior à da vítima, ou em detrimento de operário ou rurícola; de menor de dezoito ou maior de sessenta anos ou de pessoas portadoras de deficiência mental, interditadas ou não; e se forem praticados em operações que envolvam alimentos, medicamentos ou quaisquer outros produtos ou serviços essenciais (art. 76, I a V).

Esclarece, no art. 77, que a *pena pecuniária* será fixada em dias-multa, correspondente ao mínimo e ao máximo de dias de duração da pena privativa da liberdade cominada ao crime. Na individualização desta multa, o juiz observará o disposto no art. 60, § 1º, do Código Penal.

Além das penas privativas de liberdade e de multa, poderão ser, ainda, impostas, cumulativa ou alternadamente, observado o disposto nos arts. 44 a 47 do Código Penal, as de *interdição temporária de direitos*; *publicação em órgãos de comunicação* de grande circulação ou audiência, a expensas do condenado, de notícia sobre os fatos e a condenação; e *prestação de serviços à comunidade* (art. 78, I a III).

O *valor da fiança*, nas infrações de que trata esse Código, será fixado pelo juiz, ou pela autoridade que presidir o inquérito, entre cem e duzentas mil vezes o valor do Bônus do Tesouro Nacional — BTN, ou índice equivalente que venha a substituí-lo. E, se assim recomendar a situação econômica do indiciado ou réu, a fiança poderá ser reduzida até a metade de seu valor mínimo, ou aumentada pelo juiz até vinte vezes (art. 79 e parágrafo único).

No processo penal atinente aos crimes previstos nesse Código, bem como a outros crimes e contravenções que envolvam relações de consumo, poderão intervir, como assistentes do Ministério Público, os órgãos da administração pública direta ou indireta e as associações constituídas há pelo menos um ano para defesa do consumidor, que também poderão propor ação penal subsidiária, se a denúncia não for oferecida no prazo legal (arts. 80 e 82, III e IV).

Além disso, o fornecedor poderia sofrer a *multa* da Lei n. 8.002/90 (ora revogada pela Lei n. 8.884/1994), se violasse o disposto no art. 1º, I e II. Tal multa hoje é cabível nas infrações previstas na Lei n. 12.529/2011 (arts. 37 a 45).

I. Defesa judicial do consumidor

i.1. Noções gerais sobre a defesa do consumidor em juízo

A defesa dos interesses e direitos dos consumidores e das vítimas poderá ser exercida em juízo individualmente, ou a título coletivo (art. 81).

A defesa coletiva será exercida quando se tratar de interesses ou direitos difusos, ou seja, os transindividuais, de natureza indivisível, de que sejam titulares pessoas indeterminadas e ligadas por circunstâncias de fato; interesses ou direitos coletivos, isto é, os transindividuais de natureza indivisível de que seja titular grupo, categoria ou classe de pessoas ligadas entre si ou com a parte contrária por uma relação jurídica base; interesses ou direitos individuais homogêneos, assim entendidos os decorrentes de origem comum (art. 81, parágrafo único, I a III).

Além de estarem legitimados, concorrentemente, para a defesa desses interesses ou direitos coletivos (art. 82, com a redação da Lei n. 9.008/95), poderão promover a liquidação e execução da indenização devida, que reverterá para o Fundo criado pela Lei n. 7.347/85, decorrido o prazo de um ano sem habilitação de interessados em número compatível com a gravidade do dano (art. 100 e parágrafo único), o Ministério Público; a União, os Estados, os Municípios e o Distrito Federal; as entidades e órgãos da administração pública, direta ou indireta, ainda que sem personalidade jurídica, especificamente destinados à defesa dos interesses e direitos protegidos; e as associações legalmente constituídas há pelo menos um ano e que incluam entre seus fins institucionais a defesa dos interesses e direitos protegidos pelo Código de Defesa do Consumidor, dispensada a autorização assemblear. Todavia, o requisito da pré-constituição poderá ser dispensado pelo juiz, nas ações coletivas para a defesa de interesses individuais homogêneos, quando houver manifesto interesse social evidenciado pela dimensão ou característica do dano, ou pela relevância do bem jurídico a ser protegido (art. 82, I a IV, e § 1º).

Admitir-se-ão, para a defesa dos direitos e interesses do consumidor, todas as ações suscetíveis de tutelá-los (art. 83).

Na ação que tiver por objeto o cumprimento da obrigação de fazer ou não fazer (CPC, arts. 536 a 538), o juiz poderá, de ofício ou a requerimento, para a efetivação de tutela específica ou a obtenção de tutela pelo resultado prático equivalente, determinar as medidas necessárias à satisfação do exequente. Pelo art. 287 do Código de Processo Civil de 1973 (sem correspondente no CPC/2015), com a redação da Lei n. 10.444/2002, se o autor pedisse que fosse imposta ao réu a abstenção da prática de algum ato, tolerasse alguma atividade, prestasse ato ou entregasse coisa, poderia requerer cominação de pena pecuniária para o caso de descumprimento da sentença ou da decisão antecipatória de tutela (arts. 461, § 4º, e 461-A — hoje arts. 537, 538 e 498, parágrafo único). Assim sendo, a conversão da obrigação em perdas e danos somente seria admissível se por elas optasse o autor ou se houvesse descumprimento da sentença ou da decisão antecipatória da tutela ou se impossível a tutela específica ou a obtenção do resultado prático correspondente. A indenização por perdas e danos far-se-ia sem prejuízo da multa (CPC, art. 287 — sem similar no novel CPC). Se for relevante o fundamento da demanda e havendo justificado receio de ineficácia do provimento final, será lícito ao juiz conceder a tutela liminarmente ou após justificação prévia, citado o réu. Nessa hipótese, ou na sentença, o juiz poderá impor multa diária ou periódica ao réu, independentemente de pedido do autor, se for suficiente ou compatível com a obrigação, fixando prazo razoável para o cumprimento do preceito. Para a tutela específica ou para a obtenção do resultado prático equivalente, poderá o juiz determinar as medidas necessárias, tais como busca e apreensão, remoção de coisas e pessoas, desfazimento de obra, impedimento de atividade nociva, além de requisição de força policial (art. 84, §§ 1º a 5º, do CDC; CPC, art. 536, § 1º).

As *ações coletivas* constituirão, sem dúvida, o melhor mecanismo para a obtenção da proteção dos interesses do consumidor; se as entidades que as ajuizarem forem vitoriosas, a sentença judicial valerá para todos os que estiverem naquela situação. Nessas ações não haverá adiantamento de custas, emolumentos, honorários periciais e quaisquer outras despesas, nem condenação da associação autora, salvo comprovada má-fé, em honorários de advogados, custas e despesas processuais (art. 87).

Em caso de litigância de má-fé, a associação autora e os diretores responsáveis pela propositura da ação serão solidariamente condenados em honorários advocatícios e ao décuplo das custas, sem prejuízo da responsabilidade por perdas e danos (art. 87 e parágrafo único).

Aquele que efetivar pagamento ao lesado poderá exercer o direito de regresso contra os responsáveis, segundo sua parcela de participação na produção do prejuízo (art. 13, parágrafo único). Essa ação de regresso poderá ser ajuizada em processo autônomo, facultada a possibilidade de prosseguir-se nos mesmos autos, vedada a denunciação da lide (art. 88).

Aplicar-se-ão às ações previstas pelo Código de Defesa do Consumidor as normas do Código de Processo Civil e da Lei n. 7.347, de 24 de julho de 1985 (arts. 1º, II, IV, parágrafo único; 2º; 3º; 4º; 5º, §§ 1º a 6º; 6º a 21), inclusive no que respeita ao inquérito civil, naquilo que não contrariar suas disposições (art. 90).

i.2. Ação coletiva

O Ministério Público converte-se (Lei n. 8.078/90, art. 92) no órgão fiscalizador das normas do Código de Defesa do Consumidor, se não ajuizar a *ação coletiva* para a defesa de interesses individuais homogêneos, que poderá ser proposta pelo legitimado (art. 82), em nome próprio e no interesse da vítima ou de seu sucessor (art. 91, com redação da Lei n. 9.008/95).

Ressalvada a competência da justiça federal, será competente para a causa a justiça local no foro do lugar onde ocorreu ou deva ocorrer o dano, quando de âmbito local, ou no foro da Capital do Estado ou no do Distrito Federal, para os danos de âmbito nacional ou regional, aplicando-se as normas do Código de Processo Civil aos casos de competência concorrente (art. 93, I e II, do CDC). Assim que for proposta a ação, será publicado edital no órgão oficial, a fim de que os interessados possam intervir no processo como litisconsortes, sem prejuízo de ampla divulgação pelos meios de comunicação social por parte dos órgãos de defesa do consumidor (art. 94 do CDC).

Se o pedido for considerado procedente, a condenação será genérica, fixando a responsabilidade do réu pelos danos causados (art. 95 do CDC).

A liquidação e a execução de sentença poderão ser promovidas pela vítima e seus sucessores, assim como pelos legitimados, ou seja, pelo Ministério Público, União, Estados, Municípios e Distrito Federal, entidades da administração pública direta ou indireta e associações legalmente constituídas há pelo menos um ano, com o fim de proteger o consumidor (art. 97 do CDC).

A execução poderá ser coletiva, sendo promovida pelos legitimados e abrangendo as vítimas cujas indenizações já tiverem sido fixadas em sentença de liquidação, sem prejuízo do ajuizamento de outras execuções (art. 98, com redação da Lei n. 9.008/95). Tal execução far-se-á com base em certidão das sentenças de liquidação, da qual deverá constar a ocorrência ou não do trânsito em julgado.

Será competente para a execução o juízo da liquidação da sentença ou da ação condenatória, no caso de execução individual, e o da ação condenatória, quando coletiva a execução (art. 98, §§ 1º e 2º, I e II).

Em caso de concurso de créditos decorrentes de condenação prevista na Lei n. 7.347, de 24 de julho de 1985, e de indenizações pelos prejuízos individuais resultantes do mesmo evento danoso, estas terão preferência no pagamento (art. 99). E a destinação da importância recolhida ao Fundo criado pela Lei n. 7.347/85 ficará sustada enquanto pendentes de decisão de segundo grau as ações de indenização pelos danos individuais, salvo na hipótese de o patrimônio do devedor ser manifestamente suficiente para responder pela integralidade das dívidas (art. 99, parágrafo único).

Decorrido o prazo de um ano sem habilitação de interessados em número compatível com a gravidade do dano, poderão os legitimados promover a liquidação e execução da indenização devida. E o produto da indenização devida reverterá para o fundo criado pela Lei n. 7.347/85 (art. 100 e parágrafo único).

A sentença, nas ações coletivas, fará *coisa julgada* (art. 103, I a III):

a) *Erga omnes*, exceto se o pedido for julgado improcedente por insuficiência de provas, hipótese em que qualquer legitimado poderá intentar outra ação, com idêntico fundamento, valendo-se de nova prova, se se tratar de interesses ou direitos difusos, ou seja, transindividuais, de natureza indivisível, de que sejam titulares pessoas indeterminadas e ligadas por circunstâncias de fato (art. 81, parágrafo único, I). Os efeitos da coisa julgada não prejudicarão interesses individuais dos integrantes da coletividade (art. 103, § 1º).

b) *Ultra partes*, mas limitadamente ao grupo, categoria ou classe, salvo improcedência por insuficiência de provas, nos termos do inciso anterior, quando se tratar de interesses ou direitos coletivos, ou transindividuais de natureza indivisível de que seja titular grupo, categoria ou classe de pessoas ligadas entre si ou com a parte contrária por uma relação jurídica base (art. 81, parágrafo único, II). Os efeitos do trânsito em julgado não lesarão direitos individuais dos integrantes do grupo, categoria ou classe (art. 103, § 1º).

c) *Erga omnes*, apenas no caso de procedência do pedido, para beneficiar todas as vítimas e seus sucessores, se relativa a interesses ou direitos individuais homogêneos, assim entendidos os decorrentes de origem comum (art. 81, parágrafo único, III). Se neste caso houver improcedência do pedido, os interessados que não intervieram no processo como litisconsortes poderão propor ação de indenização a título individual (art. 103, § 2º).

Os efeitos da coisa julgada de que cuida o art. 16, combinado com o art. 13 da Lei n. 7.347, de 24 de julho de 1985, não prejudicarão as ações de indenização por danos pessoalmente sofridos, propostas individualmente ou na forma prevista no Código de Defesa do Consumidor, mas, se procedente o pedido, beneficiarão as vítimas e seus sucessores, que poderão proceder à liquidação e à execução, nos termos dos arts. 97 a 99. O mesmo se diga da sentença penal condenatória (art. 103, §§ 3º e 4º). As ações coletivas, previstas nos incisos I e II do parágrafo único do art. 81, não induzem litispendência para as ações individuais, mas os efeitos da coisa julgada *erga omnes* ou *ultra partes* a que aludem os incisos II e III do artigo anterior não beneficiarão os autores das ações individuais, se não for requerida sua suspensão no prazo de trinta dias, a contar da ciência nos autos do ajuizamento da ação coletiva (art. 104).

i.3. Ação de responsabilidade do fornecedor de produtos e serviços

Na ação de responsabilidade civil do fornecedor de produtos e serviços serão observadas as seguinte normas:

a) a ação pode ser proposta no domicílio do autor e não mais no da sede da empresa lesante;

b) o réu que houver contratado seguro de responsabilidade poderá chamar ao processo o segurador, vedada a integração do contraditório pelo Instituto de Resseguros do Brasil. Nesta hipótese, a sentença que julgar procedente o pedido condenará o réu nos termos do art. 132 do Código de Processo Civil. Se o réu houver sido declarado falido, o síndico será intimado a informar a existência de seguro de responsabilidade, facultando-se, em caso afirmativo, o ajuizamento de ação de indenização diretamente contra o segurador, vedada a denunciação da lide ao Instituto de Resseguros do Brasil e dispensado o litisconsórcio obrigatório com este (art. 101, I e II do CDC).

Os legitimados a agir poderão propor ação visando compelir o Poder Público competente a proibir, em todo o território nacional, a produção, divulgação, distribuição ou venda, ou a determinar alteração na composição, estrutura, fórmula ou acondicionamento de produto cujo uso ou consumo regular se revele nocivo ou perigoso à saúde pública e à incolumidade pessoal (art. 102 do CDC).

QUADRO SINÓTICO

RESPONSABILIDADE CIVIL DO FORNECEDOR PELOS PRODUTOS FABRICADOS E PELOS SERVIÇOS PRESTADOS

1. NORMAS DE PROTEÇÃO AO CONSUMIDOR	• CF/88, arts. 5º, XXXII, 170, V, 196, 220, § 4º; Lei n. 8.078/90, com alteração da Lei n. 12.741/2012; Lei n. 1.521/51; Lei n. 4.591/64; Lei n. 6.766/79; Lei n. 7.347/85; Lei n. 8.002/90 (ora revogada pela Lei n. 8.884/94); Lei n. 9.008/95; Portarias n. 41 e 53/90; Lei Delegada n. 4/62; CC, art. 186.
2. POLÍTICA NACIONAL DAS RELAÇÕES DE CONSUMO	• Lei n. 8.078/90, arts. 4º e 5º.
3. SISTEMA NACIONAL DE DEFESA DO CONSUMIDOR	• Lei n. 8.078/90, arts. 105 e 106.
4. RESTRIÇÕES LEGAIS AO DIREITO DE CONTRATAR RELAÇÕES DE CONSUMO	• Informação ao consumidor de todos os caracteres dos produtos e serviços oferecidos no mercado, indicando condições de uso (Lei n. 8.078/90, arts. 30, 31, 8º, 9º, 10, 32 a 36, 52 e 46). • Proibição de publicidade enganosa e abusiva (Lei n. 8.078/90, arts. 37 e 38). • Obediência às normas de efetivação dos contratos por adesão (Lei n. 8.078/90, art. 54). • Vedação de cláusulas abusivas, desleais ou leoninas, sob pena de sua invalidação (Lei n. 8.078/90, arts. 51 e 53). • Interpretação das cláusulas de modo a favorecer o consumidor (Lei n. 8.078/90, art. 47). • Desistência do contrato nos termos do art. 49 da Lei n. 8.078/90. • Aposição de termo de garantia (Lei n. 8.078/90, art. 50). • Permissão de convenção coletiva de consumo (art. 107).

5. DIREITOS DO CONSUMIDOR (LEI N. 8.078/90, ARTS. 8º, 9º, 10, 7º, 6º, I A VIII, X, 26, 19, 18, § 1º, 27, 42, 43, 44)	• Proteção da sua vida, saúde e segurança. • Educação e divulgação sobre o consumo do produto ou serviço. • Informação clara sobre os caracteres e riscos do bem ou serviço. • Proteção contra publicidade enganosa, ou abusiva, e contra práticas e cláusulas abusivas ou impostas. • Modificação ou revisão de cláusulas contratuais desproporcionais ou excessivamente onerosas. • Prevenção e reparação de danos patrimoniais ou morais, individuais, coletivos e difusos. • Acesso aos órgãos judiciários e administrativos para a defesa de seus direitos e interesses. • Inversão do ônus da prova a seu favor. • Prestação adequada e eficaz dos serviços públicos. • Reclamação pelos vícios aparentes e ocultos. • Pretensão à reparação pelos danos causados por fato do produto ou do serviço. • Não exposição a ridículo ou a constrangimento na cobrança de seus débitos. • Repetição do indébito nos termos do art. 42, parágrafo único. • Acesso às informações existentes em cadastros e fichas e registro a seu respeito.

6. DEVERES DO FORNECEDOR DE PRODUTOS OU SERVIÇOS	• Atender às proibições do art. 39, I a X, da Lei n. 8.078/90. • Fazer orçamento nos termos do art. 40, §§ 1º a 3º, da Lei n. 8.078/90. • Respeitar limites oficiais de preços (Lei n. 8.078/90, art. 41). • Responder pelos danos patrimoniais e morais que causar (Lei n. 8.078/90, art. 7º e parágrafo único). • Comercializar revistas e publicações, fitas de vídeo, armas, munições, explosivos, bebidas alcoólicas, produtos causadores de dependência, fogos de artifício e bilhetes lotéricos atendendo o disposto nos arts. 78, 79, 257, 77, 256, 81, 242, 243 e 244 da Lei n. 8.069/90. • Informar, se responsável por diversão pública, a natureza do espetáculo e a faixa etária (Lei n. 8.069/90, arts. 74, 75, 252, 253, 255 e 258). • Exibir programas em rádio e televisão seguindo as normas da Lei n. 8.069/90, arts. 76 e 254. • Permitir apenas maiores em seu estabelecimento se explorar comercialmente jogos ou apostas (Lei n. 8.069/90, art. 80). • Efetivar transporte de menores cumprindo o disposto nos arts. 83 e 251 da Lei n. 8.069/90. • Hospedar menores apenas nas hipóteses do art. 250 da Lei n. 8.069/90.

6. DEVERES DO FORNECEDOR DE PRODUTOS OU SERVIÇOS	• Não envolver menor em cena de sexo explícito ou pornográfica em filmes, peças teatrais ou televisivas, e em fotografias (Lei n. 8.069/90, arts. 240 e 241). • Manter à disposição da clientela e da fiscalização, sendo a transação a prazo, por um período de seis meses, suas listas de preços (Portaria n. 53/90, art. 2º). • Evitar oferta ao público consumidor, no mesmo estabelecimento, de um mesmo produto ou serviço, por preços diferentes, sendo o pagamento na mesma data (Portaria n. 53/90, art. 4º). • Indicar ao consumidor as condições de pagamento, se houver preço diferenciado para um mesmo bem ou serviço em razão da data do pagamento ou da entrega (Portaria n. 53/90, art. 5º). • Seguir as normas dos arts. 6º a 10 da Portaria n. 53/90 e do art. 11, *c*, da Lei Delegada n. 4/64. • Emitir notas de venda de produto ou de prestação obedecendo às normas dos arts. 11 a 15 da Portaria n. 53/90. • Imprimir, nas embalagens, as datas de fabricação e de validade (Portaria n. 53/90, art. 16). • Obedecer, na comercialização de arroz, às normas da Portaria n. 53/90, arts. 17 a 19. • Afixar, se fornecedor de refeições, cardápio segundo o disposto nos arts. 20 a 23 da Portaria n. 53/90. • Acrescer gorjeta às notas conforme o disposto no art. 24 da Portaria n. 53/90. • Obedecer na comercialização de carne às normas dos arts. 25 a 36 da Portaria n. 53/90. • Seguir na produção e comercialização de pães e doces os arts. 37 a 45 da Portaria n. 53/90. • Informar ao público, se responsável por casa de diversão pública, o valor do ingresso, a lotação ideal da sala de exibição, o horário, a programação complementar e a condição de refrigeração da sala (Portaria n. 53/90, art. 46 e §§ 1º e 2º). • Seguir, quanto aos medicamentos, o disposto nos arts. 47 a 55 da Portaria n. 53/90. • Cumprir as Leis n. 7.678/88, regulamentada pelo Dec. n. 8.198/2014, 8.543/92 e 8.926/94.

7. RESPONSABILIDADE DO FORNECEDOR PELO FATO DO PRODUTO E DO SERVIÇO	• Tal responsabilidade é objetiva, conforme se pode inferir da análise da Lei n. 8.078/90, arts. 12, §§ 1º a 3º; 13, I a III e parágrafo único; 14, §§ 1º a 4º, e 17.

8. RESPONSABILIDADE DO FORNECEDOR POR VÍCIO DO PRODUTO E DO SERVIÇO	• Lei n. 8.078/90, arts. 18, §§ 1º a 6º; 19, I a IV, §§ 1º e 2º; 20, I a III, §§ 1º e 2º; 21; 22; 23; 24 e 25, §§ 1º e 2º.
9. SANÇÕES ÀS PRÁTICAS ABUSIVAS DO FORNECEDOR	• Desconsideração da personalidade jurídica (Lei n. 8.078/90, art. 28; CPC, arts. 133 a 137). • Aplicação de sanções administrativas (Lei n. 8.078/90, arts. 55, 56, 57, 58, 59, 60, e Lei n. 8.656/93, arts. 1º e 3º). • Imposição de sanções penais (Lei n. 8.078/90, arts. 63, 64, 65, 66, 67, 68, 69, 70, 71, 72, 73, 74, 75, 76, 77, 78, 79, 80, 82). • Aplicação da multa prevista na Lei n. 8.002/90 (ora revogada pela Lei n. 8.884/94); havendo violação do disposto no art. 1º, I e II.
10. DEFESA DO CONSUMIDOR EM JUÍZO	• Lei n. 8.078/90, arts. 81; 100, parágrafo único; 82; 83; 84; 87; 88; 90; 91; 92; 93; 94; 95; 97; 98; 99; 101; 102; 103 e 104.

22. Responsabilidade civil no contrato de transporte

A. Noção geral de contrato de transporte

O contrato de transporte, apesar de ser um dos negócios jurídicos mais usuais, não foi regulamentado pelo Código Civil de 1916, e muito escassamente o disciplinava o Código Comercial, referindo-se apenas, nos arts. 99 a 118, aos Condutores de Gêneros e Comissários de Transporte. O Código Civil atual dele trata nos arts. 730 a 756. Mas dispõe, no art. 731, que "O transporte exercido em virtude de autorização, permissão ou concessão, rege-se pelas normas regulamentares e pelo que for estabelecido naqueles atos, sem prejuízo do disposto neste Código", acrescentando, no art. 732, que "aos contratos de transporte, em geral, são aplicáveis, quando couber, desde que não contrariem as disposições deste Código, os preceitos constantes da legislação especial e de tratados e convenções internacionais".

O *contrato de transporte* é aquele em que uma pessoa ou empresa se obriga, mediante retribuição, a transportar, de um local para outro, pessoas ou coisas animadas ou inanimadas (CC, art. 730) ou notícias.

O contrato celebrar-se-á entre o *transportador* e a pessoa que vai ser transportada (*viajante* ou *passageiro*) ou a pessoa que entrega o objeto ou a notícia (*remetente* ou *expedidor*). O destinatário ou consignatário, a quem a mercadoria ou notícia deverá ser expedida, não é contratante, embora, eventualmente, tenha alguns deveres e até mesmo direitos contra o transportador. A empresa de transporte, pessoa física ou jurídica, está apta à oferta e à prestação de serviços de deslocamento de pessoas e de mercadorias por via terrestre, aquaviária, ferroviária e aérea, mediante contratos celebrados com os respectivos usuários, revestindo-se para tanto de forma empresarial, quer em nome individual, quer em nome coletivo, e assumindo os riscos decorrentes desse empreendimento.

Será preciso distinguir o contrato de transporte da condução de pessoas ou de coisas por mera amizade ou cortesia, sem caráter obrigatório, pois, nesta hipótese, o transportador terá responsabilidade extracontratual (CC, art. 736).

O contrato de transporte abrangerá:

1) Quanto ao objeto conduzido: *a*) o *transporte de pessoas*, em que o transportador se obriga a transportar pessoas portadoras de passagem que se titula num *bilhete de passagem*, expedido pelo transportador. A passagem é um título de legitimação; provará o pagamento do preço, dando ao passageiro o direito de exigir a execução do contrato, isto é, sua remoção de um local para outro; *b*) o *transporte de coisas* animadas ou inanimadas, contendo operações como o depósito de mercadorias a serem expedidas, relacionadas em documento denominado *conhecimento de frete*, a carga e descarga. O expedidor deverá remunerar o transportador. Essa remuneração designa-se frete; e *c*) o *transporte de notícias*.

2) Em atenção ao meio empregado: *a*) o *transporte terrestre*, que se subdivide, em função do veículo utilizado, em *ferroviário* (Dec. n. 1.832/96), *rodoviário* e *aeroviário*, ou, em função da extensão coberta, em *urbano*, *intermunicipal*, *interestadual* e *internacional*; *b*) o *transporte marítimo* ou *fluvial* (Lei n. 9.432/97); *c*) o *transporte aéreo* (Dec.-Lei n. 32/66, modificado pelo Dec.-Lei n. 234/67 e revogado pela Lei n. 7.565/86; Lei n. 7.565/86, que, em seu art. 324, revogou as Leis n. 6.298/75, 6.350/76, 6.833/80 e 6.997/82; Decs. n. 1.152/94, 1.413/95 e 3.892/2001); Portaria GC-5 n. 676/2000; Enunciado n. 37, aprovado na 1ª Jornada de Direito Comercial).

Procuraremos aqui delinear as linhas gerais das responsabilidades, nessas modalidades, do transportador, do passageiro e do expedidor, sempre tendo em vista que a finalidade do contrato de transporte não é apenas o fato material do transporte de uma pessoa ou de uma coisa, mas sim executar uma obrigação de resultado, isto é, a entrega dessa pessoa ou dessa mercadoria no local de destino sã e salva[101].

---

101. M. Helena Diniz, op. cit., v. 3, p. 412-4; Serpa Lopes, op. cit., v. 5, p. 323-6; Fran Martins, op. cit., p. 247-57; Orlando Gomes, *Contratos*, cit., p. 371-3; Rui Celso Reali Fragoso, O contrato de transporte, in *O novo Código Civil — estudos em homenagem a Mi-*

B. Responsabilidade civil pelos danos resultantes do transporte de coisas

Transporte de coisas ou de mercadorias é aquele em que o expedidor ou remetente entrega ao transportador determinado objeto para que, mediante pagamento de frete, seja remetido a outra pessoa (consignatário ou destinatário), em local diverso daquele em que a coisa foi recebida.

As partes contratantes são apenas o transportador e o expedidor; o destinatário não é parte integrante da relação contratual, mas tão somente a pessoa a quem a mercadoria será enviada.

É preciso não olvidar que, às vezes, o próprio expedidor ou remetente poderá aparecer como destinatário, sem que se confundam as duas figuras. É o que sucederá se, p. ex., alguém, ao se mudar de um lugar para outro, en-

---

guel Reale, São Paulo, LTr, 2003, p. 720 e s.; Bonvicini, op. cit., t. 1, n. 54, t. 2, p. 641-82 e 823-56; Simone Goldschmidt, op. cit., p. 148; Aguiar Dias, op. cit., v. 1, n. 104; Rodolfo Araújo, *A autonomia do contrato de transporte e a obrigação de segurança dos passageiros*, 1946; Caio M. S. Pereira, op. cit., p. 291 e 292; Vivante, *Trattato di diritto commerciale*, p. 316, n. 158; Luís Camargo Pinto de Carvalho, Observações em torno da responsabilidade civil no transporte aéreo, *Revista do Advogado*, *44*:43-49; Carlos Eduardo de A. Boucault, A responsabilidade civil nos contratos de transporte rodoferroviário em sede de furto e roubo, no direito brasileiro, *Revista de Estudos Jurídicos da UNESP*, *5*:95-104; Miguel Pupo Correia, Empresa de transportes, *Enciclopédia Saraiva do Direito*, v. 31, p. 345-52; Teresa Ancona Lopez, A responsabilidade civil no contrato de transporte, *Novo Código Civil — questões controvertidas*, São Paulo, Método, v. 4, 2005, p. 385-92; Marco Fabio Morsello, *Responsabilidade civil no transporte aéreo*, São Paulo, Atlas, 2006; Constituição Federal de 1988, arts. 21, XII, *c*, *d*, *e*, e 178, parágrafo único, com redação da EC n. 7/95; Portaria GM5 n. 957/89, arts. 82 a 91 (ora revogada pela Portaria n. 676/GC-5/2000); Lei Complementar n. 102/2000, que altera a Lei Complementar n. 87/99; Lei n. 10.233/2001, sobre reestruturação dos transportes aquaviário e terrestre; Normas Complementares n. 1 e 2/2001, sobre procedimentos para uso do Sistema Eletrônico de Controle da Arrecadação do Adicional ao Frete para Renovação da Marinha Mercante; Dec. n. 952/93 (revogado pelo Decreto n. 2.521/1998); Portaria n. 285/2000 do Ministério dos Transportes; Leis n. 7.742/89, 8.632/93 e 10.206/2001 (ora revogada pela Lei n. 10.893/2004); Portaria n. 9/2000 da Diretoria dos Portos e Costas; Resolução n. 85/2003 da ANTAQ, que aprova minuta de norma para fiscalização da prestação de serviços de transporte aquaviário, de apoio marítimo, de apoio portuário e da exploração da infraestrutura aquaviária e portuária. O CDC aplica-se, por ser norma geral, apenas subsidiariamente, ao contrato de transporte regido por normas especiais (*RSTJ*, *83*:175).

TJRS — Recurso Inominado n. 71000538827 — 3ª TR-JEC, rel. Juiz Eugênio Facchini Neto, j. 13-7-2004: "Na vigência do NCC, a atividade de transporte é considerada atividade perigosa, para os efeitos de incidência da responsabilidade objetiva prevista no art. 927, parágrafo único, do CC, cabendo ao causador do atropelamento comprovar a culpa concorrente ou exclusiva da vítima, a fim de mitigar ou excluir sua própria responsabilidade".

viar móveis para nova residência, convencionando que eles lhe sejam entregues no local do destino. Sua inclusão no contrato não se confundirá com sua posição de expedidor, uma vez que, como destinatário, terá apenas o direito de receber os objetos expedidos no prazo e nas condições ajustadas.

O primeiro ato de execução de contrato de transporte de coisa é a entrega do objeto ao transportador, seja nos armazéns do porto, seja na estação da ferrovia, seja no próprio veículo ou em depósito mantido para essa finalidade.

A mercadoria a ser transportada será, portanto, entregue ao condutor ou transportador, que emitirá como prova do recebimento da coisa um documento denominado *conhecimento de frete* (CC, arts. 743 e 744; Dec. n. 19.473/30, arts. 1º e 2º, ora revogado pelo Decreto s/n. de 25-4-1991; CC, art. 743).

Devido ao seu caráter probatório, a entrega da mercadoria pelo remetente ao transportador representa as mercadorias expedidas, que só poderão ser retiradas pelo destinatário mediante sua apresentação. Se houver perda do conhecimento negociável, para que possa haver entrega da mercadoria, qualquer interessado deverá avisar o transportador, no local do destino, do extravio do conhecimento, para que este retenha o objeto a fim de entregá-lo a quem de direito. Se o aviso for dado pelo remetente ou pelo destinatário, o transportador deverá, para salvaguardar sua responsabilidade e para acautelar os interesses de terceiros, dar aviso público pela imprensa, por três vezes, somente entregando a coisa ao que a notificou, se não houver reclamação. Se alguém reclamar, a mercadoria não será entregue; realizar-se-á, então, um procedimento especial para averiguar quem é seu verdadeiro dono (Dec. n. 1.832/96, arts. 21, § 1º, e 23, §§ 1º e 2º). Se o conhecimento extraviado foi não negociável, a entrega da mercadoria far-se-á sob recibo do destinatário, ou de quem legalmente o represente ou mediante prova de identidade, podendo ser pedido o abono de firma comercial ou de pessoa reconhecidamente idônea. Do recibo constará obrigatoriamente cláusula de garantia para a empresa contra possível apresentação posterior do conhecimento e reclamação da carga.

A entrega deverá ser feita ao destinatário ou à pessoa a quem o conhecimento tiver sido endossado. Se dúvidas surgirem sobre quem deverá recebê-la, o transportador deverá, em certos casos, depositá-la em juízo, se não lhe for possível obter instruções do remetente. Se a demora puder ocasionar a deterioração da coisa, o transportador deverá vendê-la, depositando o saldo em juízo (CC, art. 755).

Assim, o remetente ou expedidor será responsável:

a) Pela entrega da mercadoria que deverá ser transportada.

b) Pelo pagamento do frete nos modos e nas condições estipulados (Dec. n. 1.832/96, art. 17). O transportador terá direito de reter a mercadoria até receber o frete, podendo vendê-la para se pagar com o produto (Dec.-Lei n. 19.473/30 – ora revogado pelo Decreto s/n. de 25-4-1991 –, art. 2º, VII). Além disso, o transportador terá privilégio especial, em caso de falência do remetente que não pagou o frete, sobre as mercadorias transportadas (Lei n. 11.101/2005, art. 83, IV, *b*).

c) Pela falta ou defeito do acondicionamento da mercadoria que entregou para o transporte, para que pudesse ser remetida sem perigo de perda ou deterioração. O revogado Regulamento Geral dos Transportes prescrevia que as empresas poderiam recusar despacho ao que se lhes apresentasse mal acondicionado. Se sua objeção não fosse acatada pelo remetente que insistia na remessa, a mercadoria podia ser transportada, desde que o expedidor ou preposto formulasse e assinasse na nota de expedição, ou, se esta fosse dispensada, nas folhas de despacho, ou em documento à parte, declaração formal de que reconhecia a falta ou o defeito do acondicionamento, isentando, assim, a referida empresa e quaisquer outras coparticipantes no transporte de responsabilidades consequentes.

Se do defeito ou da falta de acondicionamento puderem resultar danos para outras mercadorias a serem expedidas, o transportador poderá recusar o seu recebimento. Deveras, pelo Código Civil, art. 746, o transportador poderá recusar a coisa cuja embalagem seja inadequada, bem como a que possa colocar em risco a saúde das pessoas, ou danificar o veículo e outros bens. No mesmo sentido o revogado Dec. 90.959/85, art. 37, *b*, e o vigente Dec. 1.832/96, art. 31, parágrafo único, *c*.

d) Pela falsa declaração da natureza e do valor das mercadorias entregues em invólucros fechados. Com o intuito de evitar fraude do remetente, a lei impõe-lhe o dever de declarar a natureza e o valor das mercadorias entregues em invólucros fechados, porque, quando o remetente as entrega ao transportador, este se responsabiliza pela perda total ou parcial, furto ou avaria que venham a sofrer durante o transporte, sendo que sua culpa será sempre presumida, exceto nos casos previstos em lei (Dec. n. 2.681/12, art. 1º). Por isso o condutor que presumir fraude na declaração poderá verificar sua exatidão, abrindo o pacote que contém os objetos. Todavia, tal verificação deverá ser feita na presença do remetente ou de pessoa por ele autorizada e de duas testemunhas. Se o conteúdo do invólucro estiver conforme o declarado, o expedidor o reacondicionará por sua conta; em caso contrário, será compelido a pagar ao transportador importância correspondente ao dobro da diferença de fretes, estando, ainda, sujeito a multa, se se tratar de inflamáveis (Dec. n. 2.681/12, art. 5º; Regulamento dos Transportes, Decreto n. 1.832/96, arts. 16, 21, § 3º, 22, parágrafo único, e 23, § 2º). O Código Civil, art. 744, parágrafo único, prescreve que "o transportador poderá exigir que o remetente lhe entregue, devidamente assinada, a relação discriminada das coisas a serem transportadas, em duas vias, uma das quais, por ele devidamente autenticada, ficará fazendo parte integrante do conhecimento". O transportador terá direito de receber indenização pelo prejuízo que vier a sofrer com informação falsa contida no conhecimento feito pelo expedidor, devendo para tanto mover ação dentro do prazo de cento e vinte dias, sob pena de decadência (CC, art. 745).

e) Pelos riscos oriundos de vício próprio da coisa, de caso fortuito ou força maior; logo, o condutor isento estará dessa responsabilidade (*Ciência Jurídica*, *58*:113; Dec. n. 2.681/12, art. 1º, n. 1, 2 e 3; Regulamento dos Transportes, art. 31, parágrafo único, *a*, e 32, § 3º), mas deverá provar que os prejuízos provieram desses fatos, sem culpa sua. Se forem culpados pelos danos o remetente e o transportador, a responsabilidade será distribuída proporcionalmente entre ambos (Dec. n. 2.681/12, art. 2º; Regulamento dos Transportes, arts. 30 e 33, parágrafo único).

f) Pelos prejuízos causados à mercadoria, durante o transporte, se: a fuga, lesão, doença ou morte de animais for consequência de risco que tal espécie de transporte os fazem naturalmente correr; a perda ou avaria resultar do fato de a mercadoria ter sido entregue mal acondicionada ou de vício não aparente ou de procedimento doloso no acondicionamento do produto; a perda, furto ou avaria for devida a ter sido transportada a carga em vagões abertos, em consequência de ajuste; o carregamento, a descarga ou baldeação for feita pelo remetente ou pelo destinatário, ou respectivo preposto, sem assistência da empresa, salvo se ficar provada culpa dos agentes dela; a mercadoria for transportada em veículo especialmente fretado pelo expedidor, sob a sua custódia ou vigilância, sendo a perda, furto ou avaria consequência do risco que essa vigilância deveria ter evitado; a carga estiver acondicionada em *container* ou vagão lacrado que chegou íntegro e com lacre inviolado; a diferença do peso verificada estiver dentro da tolerância prevista; a empresa tiver aceito a indicação condicional do peso feita pelo expedidor, na procedência; a perda, furto ou avaria verificar-se após a entrega da carga, sem reserva ou protesto do destinatário ou seu preposto; existir no contexto dos documentos de despacho cláusula de garantia das empresas devidamente assinada pelo expedidor; o dano for anterior ao transporte; o volume, no destino, não apresentar indícios de violação ou avaria; o evento danoso for consequência provada de culpa do remetente, ou destinatário, ou respectivos prepostos; a perda, furto ou avaria for de bagagem não despachada, conduzida pelo próprio passageiro, salvo se provar culpa ou dolo da parte dos empregados da empresa; o transporte for realizado em veículos não adequados, por solicitação do remetente, constante da nota de expedição (Regulamento dos Transportes, arts. 31, parágrafo único, e 51).

O *transportador* incorrerá em responsabilidade se:

a) Não receber, transportar e entregar as mercadorias no tempo e no lugar convencionados (CC, art. 749, 2ª parte). Deverá responder pelo atraso de entrega de mercadorias que, p. ex., se tornaram por isso imprestáveis, por serem de fácil deterioração, como sucede com flores e frutas. Se um costureiro fizer remessa de vestidos a determinado lugar, os quais deverão chegar para um desfile em data certa, e só chegarem no seu destino dias após o desfile, dará lugar à responsabilidade do transportador. Não poderá eximir-se da responsabilidade de entregar as mercadorias que lhe foram confiadas, mesmo que haja cláusula de não responsabilidade (Dec. n. 19.473/30, ora revogado pelo Decreto s/n. de 25-4-1991, art. 1º), que se reputará não escrita. Todavia, é permitida a cláusula de limitação da responsabilidade, podendo-se, então, inserir no contrato pacto que fixe o máximo da indenização e facilite a liquidação do dano.

b) Não transportar as mercadorias com diligência (Dec. n. 15.673/22, art. 99, ora revogado pelo Decreto s/n. de 15-2-1991; Regulamento dos Transportes (Dec. n. 1.832/96) arts. 12 a 15 e 24; CC, art. 749, 1ª parte), pois deve tomar todas as providências necessárias para que elas não se deteriorem, sob pena de responder por qualquer dano que vierem a sofrer enquanto estiverem sob seus cuidados, exceto se resultante de vício intrínseco da coisa, força maior ou caso fortuito.

c) Não expedir o conhecimento do frete ou de carga, contendo todos os requisitos legais.

d) Não seguir o itinerário ajustado, caso em que deverá responder por perdas e danos, exceto se aquele caminho for intransitável ou oferecer maiores riscos.

e) Houver perda, extravio (*EJSTJ*; *17*:63 e 64), furto ou avaria (*EJSTJ*, *18*:70) na mercadoria transportada, exceto se oriunda de vício próprio, força maior ou caso fortuito (CC, art. 753, 2ª parte; Dec. n. 2.681/12, art. 1º; *EJSTJ*, *11*:87, 91 e 92, *12*:58, *20*:144 e 145; *RT*, *709*:210, *598*:138). Deverá pagar, em caso de perda ou furto, indenização equivalente ao preço da mercadoria, no tempo e no lugar em que devia ser entregue (Dec. n. 2.681/12, art. 6º). Se houver avaria, a indenização será proporcional à depreciação sofrida pelo objeto (Dec. n. 2.681/12, art. 6º). Mas o remetente e o transportador poderão fixar um limite máximo para o valor da indenização nos casos de perda ou avaria, desde que tal fixação corresponda a uma diminuição no valor da tarifa (Dec. n. 2.681/12, art. 12). Só se responsabilizará pelas mercadorias constantes do conhecimento, pelos danos relativos à entrega da mercadoria fora do prazo avençado (Dec. n. 2.681/12, art. 7º) e pelo não cumprimento das formalidades fiscais. Sua responsabilidade começará a partir do momento em que receber as mercadorias, terminando com sua entrega ao destinatário ou com seu depósito em juízo, se não encontrar o destinatário (Dec. n. 2.681/12, art. 3º; Dec. n. 15.673/22, art. 123, ora revogado pelo Decreto s/n. de 18-2-1991; Regulamento dos Transportes, art. 30; CC, art. 750). Se o transportador recorreu aos serviços de outros transportadores, ter-se-á transporte cumulativo (Dec. n. 2.681/12, arts. 13 a 15), contendo vários transportadores e um único conhecimento de frete, não sendo necessário mencionar os vários transportadores que sucederem o contratante primitivo. Todos responderão solidariamente pelo dano causado, ressalvada a apuração final da responsabilidade entre eles, de modo que o ressarcimento recaia por inteiro, ou proporcionalmente, naquele ou naqueles em cujo percurso houver ocorrido o dano. Se a indenização for satisfeita por transportador que não teve culpa, caber-lhe-á direito regressivo contra o culpado (CC, art. 756).

f) Não solicitar instruções ao remetente, se o transporte não puder ser feito ou sofrer longa interrupção (CC, art. 753, *caput*).

g) Não informar o remetente, se vier a depositar a coisa em juízo ou vendê-la, no caso de perdurar o motivo que impossibilite o seu transporte, não recebendo do remetente instruções que pedira a esse respeito (CC, art. 753, §§ 1º a 3º).

h) Não depositar a mercadoria em juízo ou vendê-la, no caso do art. 755 do Código Civil[102].

---

102. Aguiar Dias, op. cit., v. 1, n. 107; Waldemar Ferreira, *Instituições de direito comercial*, v. 2, n. 978; M. Helena Diniz, op. cit., v. 3, p. 414-21; Josserand, *Les transports*, 2. ed., 1926, n. 888; Portaria GM5 n. 957/89 (ora revogada pela Portaria n. 676/GC-5/2000), arts. 22 a 53; Caio M. S. Pereira, op. cit., p. 293-5; Claude Chaiban, *Causes légales d'exonération du transporteur maritime dans le transport de marchandises*, Paris, LGDJ,

i) Não conservar a coisa depositada em seu próprio armazém (CC, art. 753, § 4º).

j) Não avisar o destinatário, se assim for convencionado no desembarque das mercadorias, e não fazer a entrega em domicílio, havendo ajuste a respeito, constante do conhecimento de embarque (CC, art. 752).

C. Responsabilidade civil no transporte de pessoas

O *contrato de transporte de pessoas* é aquele em que o transportador se obriga a remover uma pessoa, e sua bagagem, de um local para outro, mediante remuneração (CC, arts. 734 a 742; *RT*, *740*:205).

O transporte desinteressado feito gratuitamente, por amizade ou cortesia, não se subordina ao contrato de transporte, e o transportador somente será civilmente responsável por danos causados ao transportado quando incorrer em dolo ou culpa grave (Súmula 145 do STJ). Todavia pelo CJF, Enunciado n. 559 (aprovado na VI Jornada de Direito Civil): "Observado o Enunciado 369 do CJF, no transporte aéreo, nacional e internacional, a responsabilidade do transportador em relação aos passageiros gratuitos, que viajarem por cortesia, é objetiva, devendo atender à integral reparação de danos patrimoniais e extrapatrimoniais". Mas não será gratuito o feito sem remuneração que trouxer vantagens indiretas ao transportador (*RF*, *101*:318; CC, art. 736, parágrafo único). É o que se dá, p. ex., com o hoteleiro que transporta passageiro de seu hotel até o aeroporto ou locais de turismo.

Conforme o meio em que é feito o transporte, o contrato poderá ser: *a*) *terrestre*, se em terra ou em pequeno percurso de água (Dec. n. 2.681/12, arts. 17 e s., que se refere a estradas de ferro, mas tem sido aplicado analogicamente aos acidentes ocorridos em ônibus, barcas, bondes, táxis ou automóveis, elevadores etc.; Decreto n. 2.521/98; Lei n. 11.250/92 do Município de São Paulo; Portarias n. 88, 89/95 e 179/2000 do Ministério dos

---

1965; Orlando Gomes, *Contratos*, cit., n. 240 e 241; *RJE*, *4*:5; *RT*, *138*:655, *488*:98, Súmula 151 do STF: "Prescreve em um ano a ação do segurador sub-rogado para haver indenização por extravio ou perda de carga transportada por navio". Consulte, ainda, Octanny Silveira da Mota, A cláusula de não indenizar e o contrato de transporte aéreo, *Revista de Direito Civil, Imobiliário, Agrário e Empresarial*, *5*:13 e s., ano 2, 1978. Sobre transporte de valores: Dec. n. 1.592/95. E sobre cláusula de não indenizar: Súmula 161 do STF; *RT*, *543*:89; *JTACSP*, *108*:144.

Resolução n. 194 da CNEN de 2016 aprova a norma CNEN NN 7.01 sobre Certificação da Qualificação de Supervisores de Proteção Radiológica no transporte de materiais radioativos, em conformidade com a norma CNEN NE 5.01.

Transportes); *b*) *marítimo* ou *aquaviário*, se feito em alto-mar, rios e lagos navegáveis em longos percursos (CCom, arts. 629 a 632; Lei n. 9.432/97). O contrato de transporte marítimo chama-se fretamento, e no transporte de pessoas aproxima-se muito da hospedagem; *c*) *aeronáuticos* ou *aéreos*, se utilizar o espaço aéreo (Dec.-Lei n. 32/66, modificado pelo Dec.-Lei n. 234/67 e revogado pela Lei n. 7.565/86); Leis n. 5.710/71 (ora revogada pela Lei n. 9.786/1999); 6.298/75, 6.350/76, 6.833/80, 6.997/82); Código Brasileiro de Aeronáutica (Lei n. 7.565/86, que revogou as Leis n. 6.298/75, 6.350/76 e 6.997/82, arts. 257 e 248, § 1º; *RT*, *727*:200); Portaria n. 578/GM6, de 29-8-1997, sobre despesas relativas ao socorro imediato das vítimas de acidentes ocorridos com aeronaves da Força Aérea Brasileira (ora revogada pela Portaria n. 906/GC6/2006); Resolução ANAC n. 400/2016, do Comando da Aeronáutica, que aprovou as condições gerais de transporte; *RT*, *356*:46, *543*:108, *450*:65, *579*:262, *560*:209 e 134, *576*:114 e 246, *573*:163, *575*:152, *580*:139).

Nessa modalidade de contrato há dois contraentes: o *transportador*, que é pessoa que se compromete a fazer o transporte, e o *passageiro*, que se propõe a ser transportado, pagando certo preço, ao adquirir um *bilhete de passagem*, que poderá ser nominativo ou ao portador e dará direito a quem se apresentar com ele de ser transportado, por ser um título de legitimação que atesta a vontade do adquirente de ser transportado de um lugar para outro e a do transportador de realizar o transporte. Todavia, o bilhete de passagem não será indispensável para a efetivação desse contrato. É usual em certos meios de transporte, como trens, ônibus para viagens de longo percurso; em outros, é substituído pelo depósito de importâncias em locais indicados, p. ex., em caixinhas metálicas, ou pelo pagamento feito diretamente ao representante do transportador, p. ex., o feito em ônibus ou em bondes.

O contrato de transporte de pessoas abrangerá a obrigação de transportar a bagagem do passageiro ou viajante no próprio compartimento em que ele viajar ou em depósitos apropriados dos veículos, mediante despacho, hipótese em que o transportador fornecerá uma *nota de bagagem*, que servirá de documento para a sua retirada no local de destino. O transporte de bagagem é acessório do contrato de transporte de pessoa, de modo que o viajante, ao contratar o transporte, pagando o bilhete de passagem, adquirirá o direito de transportar, consigo, sua bagagem, e o condutor assumirá a obrigação de fazer esse transporte. O passageiro só pagará o transporte de sua bagagem se houver excesso de peso, de tamanho ou de volumes.

O fato de haver regulamentação legal não retira o caráter contratual da responsabilidade civil decorrente do contrato de transporte de passageiros, porque, ao estabelecer o contrato, transportador e passageiro nele incorporam as normas legais completivas dessa responsabilidade. Ter-se-á, portanto, uma responsabilidade, fundada num contrato que abrange, concomitantemente, um dever contratual e outro contratual-legal.

A responsabilidade contratual do transportador pressupõe um contrato de transporte; logo, se o passageiro lesado for clandestino, afasta-se tal responsabilidade.

Com a celebração do contrato de transporte de pessoas o transportador será responsável se:

a) Não transportar o passageiro de um local para outro, no tempo e no modo convencionados. Pelo Código Civil, art. 737, o transportador está sujeito aos horários e itinerários previstos, sob pena de responder por perdas e danos, salvo motivo de força maior. Além disso, o passageiro terá o direito de exigir o transporte, uma vez apresentado o bilhete de passagem (Res. ANAC n. 141/2010, arts. 10 a 13). Se estiver afetado por doença contagiosa ou em estado de enfermidade tal que possa incomodar os demais viajantes, só poderá viajar nas estradas de ferro, em carros ou compartimentos separados (Regulamento Geral dos Transportes, arts. 286 e s.). Realmente, estatui o Código Civil, art. 739, que "o transportador não pode recusar passageiros, salvo os casos previstos nos regulamentos, ou se as condições de higiene ou de saúde do interessado o justificarem".

b) Não efetuar o transporte com cuidado, exatidão e presteza.

c) Houver danos causados aos viajantes, oriundos de desastres não provocados por força maior ou caso fortuito (*RT*, *781*:170) ou por culpa exclusiva do passageiro (Dec. n. 2.681/12, art. 17; Convenção de Varsóvia, arts. 17, 20 a 23 e 25; *EJSTJ*, *25*:121, 155, 157 e 159; *Ciência Jurídica*, *67*:111), caso em que deverá pagar uma indenização variável conforme a natureza ou a extensão do prejuízo. Já se decidiu ser equiparável ao caso fortuito: a) disparos e pedras atiradas por terceiro contra veículo, ferindo passageiro (*RSTJ*, *781*:176; *RT*, *643*:219), exceto se frequentes em certas áreas (*RT*, *650*:124), caso em que a transportadora deverá mudar de trajeto ou tomar outra providência para eximir-se da responsabilidade; b) assalto a viajante no interior do ônibus (*RT*, *782*:375, *759*:247, *429*:260, *732*:264; *JTACSP*, *78*:23 — em contrário: *RT*, *742*:139). Como o transportador assume uma obrigação de garantia, deverá responder por todos os defeitos e vícios do veículo que impeçam o seu uso pacífico pelo passageiro, pois falhou na obrigação legal de assegurar ao viajante o uso pacífico do veículo. Por isso haverá para o transportador uma presunção de responsabilidade; se ocorrer um acidente cuja causa não fique esclarecida, ele responderá por isso, devendo provar que o fato se deu por força maior ou caso fortuito ou culpa da vítima. O simples fato da inadimplência contratual provaria a culpa do transportador, que só se eximirá do dever de ressarcir o dano se conseguir aduzir em seu favor a escusativa do caso fortuito, da força maior ou da culpa do lesado. Se o dano implicar ferimentos, deverá pagar os prejuízos que o passageiro tiver com o tratamento médico e os lucros cessantes durante o período do tratamento (Dec. n. 2.681/12, art. 20). Se houver lesão corporal ou deformidade que o invalide para o trabalho, deverá pagar, além das despesas com o tratamento médico, o lucro cessante e uma pensão arbitrada pelo juiz (CC, arts. 949 e 950).

Se houver morte, deverá pagar o sepultamento da vítima e uma indenização àqueles a quem o óbito do passageiro privou de alimentos, auxílio ou educação (Dec. n. 2.681/12, arts. 21 e 22; CC, art. 948). Haverá responsabilidade do transportador pelo dano resultante de morte ou lesão corporal de tripulantes e empregados. Deverá, ainda, indenizar, em todos os casos, a perda ou avaria de bagagens dos viajantes, mesmo que não despachadas (Dec. n. 2.681/12, art. 23). No transporte aéreo, o transportador deverá responder, segundo o Código Brasileiro de Aeronáutica, por qualquer dano que resulte morte ou lesão corporal do viajante nos acidentes ocorridos a bordo de aeronave em voo ou nas operações de embarque e desembarque, em razão de defeito no avião ou de culpa da tripulação. Há forte tendência de se impor sempre presunção de culpa do transportador pelos danos, de modo que ele se eximirá da responsabilidade de provar que não houve defeito da aeronave, nem culpa da tripulação, por terem ocorrido riscos no ar (tempestades, raio, nevoeiro) e por ter feito tudo o que estava a seu alcance para evitar o dano. O dever de responder pela incolumidade do viajante e de conduzi-lo são e salvo a seu destino (*RT*, *204*:457, *349*:136, *435*:72) não poderá ser afastado por estipulação que exonere o transportador de sua responsabilidade (CC, art. 734, 2ª parte).

O passageiro deverá sujeitar-se às normas estabelecidas pelo condutor, constantes no bilhete ou afixadas à vista dos usuários (CC, art. 738, 1ª parte), pois, se vier a sofrer dano por ter violado essas instruções regulamentares, o juiz reduzirá equitativamente a indenização à medida que tiver concorrido para a ocorrência do dano (CC, art. 738, parágrafo único). Se o viajante sofrer prejuízo por culpa sua, p. ex., por ter debruçado fora das janelas, estando o veículo em movimento, o condutor não será responsabilizado por isso.

Se o dano foi ocasionado por fato de terceiro, não haverá exclusão da responsabilidade do transportador, porém lhe dará direito de mover ação regressiva contra o causador do dano (Dec. n. 2.681/12, art. 19; Súmula 187 do STF). Isto é assim se o fato de terceiro estiver ligado com a função da exploração da estrada. P. ex.: se um passageiro for ferido por imprudência de outro passageiro ou por colisão entre o ônibus que o transportava e um caminhão, ter-se-á culpa presumida do transportador, mas, se vier a sofrer dano em razão de um projétil jogado contra o veículo por alguém que se encontrava à margem da estrada, esse fato de terceiro, por estar ligado à noção de causa estranha ao transporte, à imprevisibilidade do evento, equiparar-se-á a caso fortuito, excluindo a responsabilidade do transportador (*AJ*, *104*:253; *RJSTF*, *97*:229; *RF*, *142*:127, *145*:305-11, *148*:178, *151*:231, *154*:199; *RT*, *186*:713, *231*:231, *203*:365, *356*:429).

Se o veículo e passageiros forem atingidos por uma árvore que caiu em razão de falta de cuidados da municipalidade ou de fortes chuvas, o transportador não terá responsabilidade pelos danos por ter havido caso fortuito ou força maior.

d) Se atrasar, na saída ou na chegada, caso em que deverá pagar os danos acarretados aos passageiros em virtude desse atraso, desde que ele não tenha sido motivado por força maior (Dec. n. 2.681/12, art. 24; Res. ANAC n. 141/2010, arts. 3º a 6º e 14; *BAASP 2984*: 11; *Ciência Jurídica*, *80*:131; *RT*, *780*:265). P. ex.: se um médico é chamado com urgência e toma um avião que se atrasa, não chegando a tempo de salvar o doente, o transportador deverá responder por isso.

Transportador que negligenciar a obrigação de, no dia e hora estabelecidos, levar passageiros e suas bagagens ao local de destino deverá reparar o prejuízo causado pela demora (*RT*, *794*:283).

e) Causar dano ao passageiro, sem motivo de força maior, por ter suspendido ou interrompido o tráfego ou não lhe ter oferecido lugar no veículo, desde que ele tenha adquirido bilhete para o transporte ser feito em determinada hora (Dec. n. 2.681/12, art. 25; Res. ANAC n. 141/2010, arts. 7º a 9º e 14; Res. ANAC n. 400/2016, art. 21, II do parágrafo único). Deverá indenizar o passageiro prejudicado por esses fatos e por extravio de bagagem (4ª T. do STJ — REsp 696.408).

f) Não cumprir o contrato, se o transporte for cumulativo, relativamente ao seu percurso, caso em que deverá responder pelos danos pessoais que nele se derem. Todavia, o dano, resultante de atraso ou de interrupção da viagem, será determinado em razão da totalidade do percurso (CC, art. 733, § 1º). Percebe-se que haverá solidariedade entre os transportadores em caso de substituição; na hipótese de ocorrência do dano, o viajante poderá dirigir-se a qualquer deles, que responderá integralmente pelo prejuízo, como se fora o único transportador. Haverá solidariedade, não para aumentar a garantia do credor, mas porque, de outro modo, ele não poderia indicar o responsável pelo dano (CC, art. 733, § 2º).

A responsabilidade civil objetiva do transportador requer que o dano ao passageiro ocorra durante a vigência do contrato, isto é, a partir do momento em que o indivíduo entra na estação de embarque, pede o bilhete no guichê ou faz um sinal ao transportador, até o instante em que deixa o veículo e atravessa o portão de saída da estação de desembarque (*AJ*, *58*:40 e 420, *35*:147, *65*:238; *RT*, *709*:142, *708*:108, *712*:168; *RF*, *96*:142)[103].

---

103. Portaria GM5 n. 957/89 (ora revogada pela Portaria n. 676//GC-5/2000), arts. 1º a 21; Portaria DAC n. 19/DGAC, de 12 de janeiro de 2000, que aprova procedimentos para a elaboração do Plano de Assistência aos Familiares das Vítimas de Desastre Aéreo; Alvino Lima, op. cit., n. 68; Aguiar Dias, op. cit., v. 1, n. 106, 108, 109, 112 e 113, e *Cláusula de não indenizar*, Rio de Janeiro, Forense, 1955, p. 30, 52 e 181; Serpa Lopes, op. cit., p. 326-35; Caio M. S. Pereira, op. cit., p. 293-6; M. Helena Diniz, op. cit., v. 3, p. 421-5; Octanny Silveira da Mota, Cláusula de não indenizar (Direito aeronáutico), in *Enciclopédia Saraiva do Direito*, v. 15, p. 73-9; *Da responsabilidade contratual do transportador aéreo*, São Paulo, Saraiva, 1966, p. 133 e 134; Fran Martins, op. cit., p. 295-303; L. Morin, De la responsabilité dans les transports, in *Premier Congrès de l'Association Henri Capitant*, Montréal, 1939, p. 331; Savatier, *Le droit*, cit., v. 1, n. 135 e 396; Lalou, op. cit., n. 453, 455, 456 e 457; Mário Moacyr Porto, Responsabilidade civil (Transporte de pessoas), in *Enciclopédia Saraiva do Direito*, v. 65, p. 368-78; Martinho Garcez Neto, op. cit., p. 102-5, n. 22, p. 178-80, n. 37; Mazeaud e Mazeaud, *Traité de la responsabilité civile*, t. 2, n. 1.464, 1.632 e 1.653; Spencer Vampré, *O caso fortuito nos acidentes pessoais de transporte*, São Paulo, 1914, p. 38; Antônio Gonçalves de Oliveira, Responsabilidade civil das empresas de transporte — Culpa de terceiro, *RF*, *237*:54-8; G. Levasseur, Le transport en taxi ou autre voiture de place, in *Annales du Droit et des Sciences Sociales*, 1935, p. 131, n. 5, § 24; Josserand, *Les transports*, cit., n. 818, 854 e 888; Orlando Gomes, *Contratos*, cit., n. 243 e 244; R. Prochasson, *Le risque de l'air*, Paris, 1931, p. 18; Silvio Rodrigues, op. cit., v. 4, p. 259-66 e 108-11; Marcel Le Goff, *Le droit aérein*; traité theórique et pratique, Paris, Dalloz, 1934, n. 1.227, 1.228 e 1.229; Wilson Melo da Silva, op. cit., p. 38, 171, 220 e 470-81. "O fato de o passageiro que sofreu queda de trem estar viajando como pingente não importa em culpa concorrente, que deve ser fartamente provada" (1º TARJ, *ADCOAS*, 1982, n. 86.255); indenização em franco poincaré, prevista na Convenção de Varsóvia, continua sendo utilizada como referencial contra empresa aérea por atraso em voo internacional, enquanto o Direito Especial de Saque (DES), que altera aquela Convenção, não entrar em vigor (3ª T. — STJ, REsp 263279 e REsp 399253). Venda de passagem aérea além da capacidade da aeronave e na falta de outra para efetuar o transporte, gera indenização fixada com base no valor e na extensão do dano (*RT*, *789*:393); *RT*, *524*:72, *181*:265, *518*:212, *512*:258, *514*:257, *153*:3, *496*:85, *204*:457, *70*:688, *222*:187, *491*:63, 68 e 99, *509*:140, *503*:123, *496*:70, *246*:209, *213*:156, *354*:189, *177*:161; *RJTJSP*, *28*:137, *38*:24-6, *39*:104; *RF*, *40*:76, *95*:590, *45*:515, *83*:118, *86*:380, *99*:97, *114*:431, *98*:387; Súmulas 35 e 187 do STF; *EJSTJ*, *11*:90 e 93, *12*:86; Constituição Federal, arts. 21, XII, *c*, *d*, *e*, e 178. Quanto ao transporte de menores: Lei n. 8.069/90, arts. 83 a 85 e 251. Transporte internacional aéreo: Convenção de Varsóvia, com alterações do Protocolo firmado na Guatemala em 1971 e do Protocolo Adicional, assinado em Montreal (arts. 17, 20 a 23); *EJSTJ*, *23*:158. Sobre acidente aéreo: *RSTJ*, *102*:273, *111*:193, *143*:274; *RT*, *755*:177 e 280, *543*:108; Código de Defesa do Consumidor; Código Brasileiro de Aeronáutica (Lei n. 7.565/86);

D. Transporte de notícias

O transporte de notícias se efetiva por intermédio de correios e telégrafos. O serviço postal é levado a efeito pelo Estado, e o telegráfico, pela administração pública e pelas estradas de ferro para os particulares em zonas não alcançadas pelo telégrafo oficial.

Ante o fato de a Convenção Internacional de Varsóvia, o Regulamento Geral dos Transportes (art. 228) e o Regulamento dos Telégrafos (Dec. n. 11.520/15, art. 17, ora revogado pelo Decreto s/n. de 18-2-1991) terem estabelecido a irresponsabilidade das empresas telegráficas pelos danos oriundos de erro, perda ou demora na entrega dos telegramas, fica difícil ao jurista solucionar a questão da responsabilidade civil. Todavia, houve julgados (*RT, 134*:555) que, apesar desses dispositivos, reconheceram a responsabilidade da empresa telegráfica se o destinatário tinha endereço telegráfico devidamente registrado e a companhia havia confessado que o telegrama não fora entregue em razão de negligência de um empregado seu, aplicando, então, o Código Civil de 1916, art. 159 (correspondente ao art. 186 do Código Civil de 2002). Os juristas também não têm acatado aquelas normas, porque, na atualidade, devido aos progressos da técnica das comunicações, os serviços telegráficos estão bem aperfeiçoados, não mais se justificando manter sua irresponsabilidade em face de qualquer escusa, malgrado a negligência provada ou confessada. Assim, a sua responsabilidade por erro ou demora dos telegramas não poderá ser afastada (*RJ, 20*:354). O Código de Comunicações — Lei n. 4.117/62 (art. 81, revogado pelo Decreto-lei n. 236/1967) — e o Supremo Tribunal Federal, na *RTJ, 52*:44, vieram, outrora, eliminar esse problema ao estabelecer a obrigação de reparar dano derivado do transporte de notícias, até mesmo se for moral[104]. Logo, atualmente, diante do art. 37, § 6º, da Constituição Federal e do art. 43 do Código Civil, a responsabilidade da administração pública é objetiva.

Convenção Internacional de Montreal, ratificada pelo Dec. n. 5.910/2006 que sucedeu a Convenção de Varsóvia de 1929, de Budapeste de 1930, de Haia de 1955 e Protocolo Adicional de Montreal de 1975; Código Civil de 2002. Lei n. 9.503/1997, com alteração da Lei n. 13.855/2019, no que atina a transporte escolar e transporte remunerado não licenciado (art. 230, XX, 231, VIII). A Resolução n. 295/2019 do Conselho Nacional de Justiça dispõe sobre autorização de viagem nacional para crianças e adolescentes. Transporte marítimo: *JTACSP, 160*:125, *143*:164, *139*:181, *133*:99, *121*:276; *RT, 696*:235.

104. Esta é a lição de Aguiar Dias (op. cit., v. 1, n. 113-A, p. 276-9) que aqui resumimos. *Vide RTJ, 44*:220; Constituição Federal, art. 21, XI e XII, *a*.

Quadro Sinótico

RESPONSABILIDADE CIVIL NO CONTRATO DE TRANSPORTE

1. NOÇÃO GERAL DE CONTRATO DE TRANSPORTE	• Conceito	• Contrato de transporte é aquele em que uma pessoa ou empresa se obriga, mediante retribuição, a transportar, de um local para outro, pessoas, coisas animadas ou inanimadas (CC, art. 730) ou notícias.	
	• Modalidades	• Quanto ao objeto conduzido	• Transporte de pessoas • Transporte de coisas • Transporte de notícias
		• Em atenção ao meio empregado	• Transporte terrestre • Transporte marítimo ou fluvial • Transporte aéreo
2. RESPONSABILIDADE CIVIL NO TRANSPORTE DE COISAS	• Responsabilidade do expedidor	• Pela entrega da mercadoria que deverá ser transportada. • Pelo pagamento do frete nos modos e nas condições estipulados. • Pela falta ou defeito de acondicionamento da mercadoria. • Pela falsa declaração da natureza e do valor das mercadorias entregues em invólucros fechados. • Pelos riscos oriundos de vício próprio da coisa, de caso fortuito ou força maior. • Pelos prejuízos causados à mercadoria apenas nos casos arrolados no Regulamento dos Transportes.	
	• Responsabilidade do transportador	• Se não receber, transportar e entregar as mercadorias no tempo e no lugar convencionados. • Se não transportar as mercadorias com diligência. • Se não expedir o conhecimento de frete ou de carga, contendo todos os requisitos legais.	

2. RESPONSABILIDADE CIVIL NO TRANSPORTE DE COISAS	• Responsabilidade do transportador	• Se não seguir o itinerário ajustado. • Se houver perda, extravio, furto ou avaria na mercadoria transportada, exceto se oriunda de vício próprio, força maior ou caso fortuito. • Se não solicitar instruções ao remetente quando o transporte não puder ser feito ou sofrer longa interrupção. • Se não informar o remetente de quando vier a depositar a coisa em juízo ou vendê-la, se perdurar o motivo que impossibilite o seu transporte, não recebendo do remetente instruções que pedira a esse respeito. • Se não depositar a mercadoria em juízo ou vendê-la, no caso do art. 755 do Código Civil.
3. RESPONSABILIDADE CIVIL DO TRANSPORTADOR NO CONTRATO DE TRANSPORTE DE PESSOAS	• Por não transportar o passageiro de um local para outro, no tempo e no modo convencionados. • Por não ter efetuado o transporte com cuidado, exatidão e presteza. • Pelos danos causados ao passageiro oriundos de desastres não provocados por força maior ou caso fortuito ou por culpa exclusiva da vítima. • Pelo atraso, na saída ou na chegada. • Pelos prejuízos sofridos pelo viajante em razão de ter suspendido ou interrompido o tráfego e de não lhe ter oferecido lugar no veículo, desde que ele tenha adquirido bilhete. • Pelo inadimplemento do contrato, se o transporte for cumulativo, relativamente ao seu percurso.	
4. TRANSPORTE DE NOTÍCIAS	• O transporte de notícias se efetiva por meio de correios e telégrafos. Embora a Convenção Internacional de Varsóvia, o Regulamento Geral dos Transportes (art. 228) e o Regulamento dos Telégrafos (art. 17 — revogado pelo Dec. s/n. de 18-2-1991) tenham estabelecido a irresponsabilidade das empresas telegráficas pelos danos resultantes de erro, perda ou demora na entrega dos telegramas, tem havido julgados que reconhecem tal responsabilidade, aplicando o art. 186 do CC, e juristas que a acatam, porque, atualmente, está muito aperfeiçoada a técnica das comunicações, não mais justificando aquela irresponsabilidade. Além disso, o Código de Comunicações (art. 81 — revogado pelo Decreto-lei n. 236/67) e o STF (*RTJ*, *52*:44) estabeleceram a obrigação de reparar dano derivado do transporte de notícias, até mesmo se for moral.	

23. Responsabilidade civil decorrente de acidente do trabalho

O acidente do trabalho é o evento danoso que resulta no exercício do trabalho, provocando no empregado, direta ou indiretamente, lesão corporal, perturbação funcional ou doença que determine morte, perda total ou parcial, permanente ou temporária, da capacidade para o trabalho. O acidente de trabalho pode ser: *a*) *típico*, se advier de um acontecimento súbito, violento e involuntário na prática do trabalho, que atinge a integridade física ou psíquica do empregado; *b*) *atípico*, se oriundo de doença profissional, peculiar a certo ramo de atividade. Tal moléstia é uma deficiência sofrida pelo operário, em razão de sua profissão, que o obriga a estar em contato com substâncias que debilitam seu organismo ou a exercer sua tarefa, que envolve fato insalubre. Engloba, também, danos sofridos pelo obreiro no ir e vir do trabalho para o lar e vice-versa, caso em que se configura o acidente *in itinere* (*v.* Dec. n. 3.724/19, mantido pelo Dec. n. 24.637/34 — já revogado pelo Dec. s/n. de 10-5-1991 —, reafirmado pelo Dec.-Lei n. 7.036/44 e pela Lei n. 5.316/67 — ora revogadas pela Lei n. 6.367/76, que integrava o Seguro de Acidentes do Trabalho na Previdência Social; Regulamento do Seguro de Acidentes de Trabalho, aprovado pelo Dec. n. 61.784/67 — ora revogado pelo Dec. n. 79.037/76, que perdeu vigência pelo Dec. n. 3.048/99; Lei n. 6.338/76; Lei n. 6.367/76 não mais vigente, que foi regulamentada pelo já revogado Dec. n. 79.037/76, que dispôs sobre seguro de acidente de trabalho a cargo do INSS, revogando no art. 22 o Dec.-Lei n. 7.036/44, mantendo igual orientação; o revogado Dec. n. 89.312/84, arts. 100, 122, VII e VIII, 160 a 163 e 171 a 178; Leis n. 8.212/91 e 8.213/91, arts. 19 a 23; o revogado Dec. n. 2.172/97, arts. 130 a 161; o revogado Dec. n. 2.173/97; Leis n. 8.620/93, 8.647/93, 8.861/94,

8.870/94, 10.839/2004 e 11.430/2006, que alteram as Leis n. 8.212 e 8.213/91; o revogado Dec. n. 1.197/94, que regulamentava as Leis n. 8.861/94 e 8.870/94; Lei n. 9.032/95; Dec. n. 3.048/99, que aprova o Regulamento da Previdência Social, e Instrução Normativa do INSS n. 20/00 (ora revogada pela IN n. 78/2002); CF/88, art. 7º, XXVIII; Decreto Legislativo n. 43/95, que aprova o texto da Convenção n. 134 da OIT, sobre Prevenção de Acidentes de Trabalho dos Marítimos, adotada em Genebra em 30-10-1970, durante a LV Sessão da Conferência Internacional do Trabalho).

A base que sustenta a obrigação de reparação acidentária é a existência de relação jurídica de seguro social, que é obrigatória e impositiva, tendo como objetivo ressarcir ao segurado o prejuízo sofrido em consequência de um infortúnio ocorrido independentemente de dolo ou culpa do empregador. Fica ao Instituto reservada via própria, regressivamente, para busca do eventual responsável e possíveis prejuízos advindos de comportamento negligente na forma do art. 120 da Lei n. 8.213/91 (AI 403.414, 2ª Câm. do 2º TACSP, Rel. Juiz Norival Oliva, j. 25-4-1994).

Com a Lei n. 9.032/95 houve redução das diferenças que existiam entre os benefícios acidentários e previdenciários, pois: *a*) extinguiu-se o salário de contribuição vigente no dia do acidente, calculando-se, com isso, o benefício acidentário da mesma forma que o previdenciário; *b*) os valores de aposentadoria por invalidez, pensão por morte e auxílio-doença, acidentários ou não, passaram a ser idênticos nos importes, respectivamente, de 100% a 91% do salário de benefício; *c*) o auxílio-acidente a segurados empregados passou a ser devido em caso de acidente de qualquer natureza e não apenas nos de trabalho; *d*) extinguiu-se o pecúlio devido em razão de invalidez e morte oriunda de acidente de trabalho. Com isso a aposentadoria por invalidez e a pensão por morte originárias de acidente de trabalho constituem-se de renda igual à decorrente de acidente de outra espécie, e o auxílio-acidente é devido em caso de redução de capacidade laborativa oriunda de acidente de qualquer natureza, seja ele de trabalho ou não.

A responsabilidade pelo seguro contra acidente do trabalho (CF/88, art. 7º, XXVIII, 1ª parte) tem natureza contratual-legal. É eminentemente contratual por fundar-se num contrato de trabalho em que o devedor dessa responsabilidade é o patrão, e o credor, o empregado acidentado. Mas como este contrato não está à mercê da autonomia da vontade das partes, pelo fato de a lei lhe dar cobertura, nítido é o seu caráter legal. O empregador, ao celebrar o contrato de trabalho, assume o dever de garantia, responsabilizando-se pelo seguro contra qualquer acidente sofrido pelo empregado enquanto estiver exercendo seu serviço ou faina diária.

O operário, ao trabalhar, fica exposto ao risco de acidentes; por isso, ao ser acidentado, no desempenho de suas tarefas profissionais, deverá beneficiar-se daquele seguro. Com isso a lei protege e ampara o trabalhador. Pelo Decreto n. 3.048/99 (art. 336), a empresa deverá comunicar à Previdência Social o acidente de trabalho, previsto nos arts. 19, 20, 21 e 23 da Lei n. 8.213/91, ocorrido com o segurado empregado. Tal acidente será caracterizado tecnicamente pela perícia médica do INSS, para que o direito do segurado à habilitação do benefício acidentário seja reconhecido (art. 337 e § 1º). E, além disso, o segurado acidentado tem garantida, pelo prazo mínimo de doze meses, a manutenção do seu contrato de trabalho na empresa, após a cessação do auxílio-doença acidentário, independentemente da percepção de auxílio-acidente (art. 346).

"Em caso de acidente do trabalho são devidas diárias até doze meses, as quais não se confundem com a indenização acidentária nem com o auxílio-enfermidade" (Súmula 232 do STF).

Pela Súmula 159 do STJ, "O benefício acidentário, no caso de contribuinte que perceba remuneração variável, deve ser calculado com base na média aritmética dos últimos 12 meses de contribuição". Já se decidiu que "A chamada Ação Revisional de Benefício Acidentário, concedido por sentença judicial transitada em julgado, só é admissível quando ocorrer agravamento da incapacidade ou morte sem interferência de novo acidente do trabalho. Se estes forem causas daquelas, a hipótese será de pretensão a novo benefício em face do princípio da independência e autonomia dos acidentes do trabalho" (*Bol. AASP, 1864*:2).

É preciso lembrar que há, ainda, o seguro contra acidentes do trabalho obrigatório a todo empregador, visando cobrir riscos de morte ou lesão provocados pelo exercício do serviço contratado.

Se houver controvérsia entre seguradores indicados na ação de acidente do trabalho, esta não terá o condão de suspender o pagamento devido ao acidentado (Súmulas 434 e 337 do STF).

"Subsiste a responsabilidade do empregador pela indenização decorrente de acidente do trabalho, quando o segurador, por haver entrado em liquidação, ou por outro motivo não se encontrar em condições financeiras de efetuar, na forma da lei, o pagamento que o seguro obrigatório visava garantir" (Súmula 529 do STF).

"Nas ações de acidente do trabalho o INSS não está sujeito ao pagamento de custas, emolumentos ou despesas por atos praticados em serventia não oficializada" (2º TACSP, Súmula 2, *JTA*, *73*:188).

"É ilegal a exigência de prévio depósito para a garantia do pagamento de salários periciais, pelo autor, nas ações acidentárias" (2º TACSP, Súmula 4, *JTA*, *73*:193).

"Não é obrigatório o recurso à junta de recursos da Previdência Social para o aforamento da ação acidentária na vigência da Lei n. 5.316/87" (2º TACSP, Súmula 5, *JTA*, *73*:195).

"Ocorrido o acidente de trabalho antes da vigência da Lei n. 6.367/76 não cabe o pecúlio nela previsto" (2º TACSP, Súmula 10, *JTA*, *78*:141). Embora, com o advento da Lei n. 6.367/76, tenha havido a estatização da matéria atinente ao seguro de trabalho, tem-se entendido que o acidentado do trabalho continua tendo o direito de optar entre a indenização que lhe é devida, na forma das tabelas constantes em lei específica, e a do direito comum, caso em que ficará a seu cargo o ônus da prova, não só no que atina ao fato do acidente, mas também quanto ao ato danoso, demonstrando que este se deu por culpa ou dolo do patrão ou de seu preposto.

Se o empregador, em virtude de imposição legal, deve contribuir para o seguro social contra acidente de trabalho, o empregado, por sua vez, além da indenização do seguro social, em razão de ter sofrido acidente de trabalho, terá direito a uma reparação civil somente se ficar provado que houve dolo ou culpa do empregador no evento que lhe foi danoso, pois este já indeniza o empregado, que exerce atividade perigosa, mensalmente, com o adicional de periculosidade.

Como se vê, o empregador tem, ainda, o ônus do pagamento da indenização por acidente de trabalho, se incorrer em dolo ou culpa (CF/88, art. 7º, XXVIII, 2ª parte). "A indenização acidentária não exclui a do direito comum, em caso de dolo ou culpa grave do empregador" (Súmula 229 do STF), mas, com o art. 7º, XXVIII, da Constituição Federal de 1988, não mais há necessidade de culpa grave; a questão passa para os arts. 186 e 927 do Código Civil, havendo culpa ou dolo.

Já se decidiu que: "Age com culpa o preposto da empregadora, ao determinar a seu subordinado que, sem ter sido previamente preparado e orientado, execute sozinho serviço de manutenção de equipamento, antes sempre realizado com ajuda do auxiliar, ensejando acidente do qual resulta incapacidade parcial e permamente" (2º TACSP, Ap. c/ Rev. 554.028-00/9, 9ª

Câm., j. 23-5-1999). "Responde civilmente pelo dano físico sofrido por empregada em acidente de trabalho o empregador que se omite no fornecimento de equipamento de proteção individual capaz de reduzir os riscos de acidentes, por se tratar de obrigação legal e contratual. Age com culpa, na espécie negligência, o empregador que permite o trabalho de empregada acidentada no trabalho, sem exigir o imediato encaminhamento ao serviço médico, devendo responder pelos danos materiais e morais oriundos do agravamento da lesão (*RT*, *782*:341).

"A culpa do patrão deve ser demonstrada, *in concreto*, na medida em que o pacto laboral não é contrato de resultado, isto é, não se obriga o empregador a garantir a integridade física do empregado, entregando-o são e salvo ao cabo de cada jornada. Fosse assim, caberia à empregadora demonstrar sua ausência de culpa. Tratando-se, todavia, de contrato de meio, uma vez que o empregador compromete-se apenas a zelar pela integridade física do empregado, não se divisa a inversão do ônus probatório" (2º TACSP, Ap. c/ Rev. 570.098-00/6, 1ª Câm., j. 31-5-1999).

"O autor deduz sua pretensão por meio de pedido que, processualmente, deve conter, de forma definida, o fato e o fundamento jurídico do pedido. Se o fundamento jurídico é a culpa, derivada da omissão de fornecer treinamento para operação de certa máquina, há que se provar que referida função exige treinamento. A prova, contudo, é lógica e não pode ser considerada cumprida mediante depoimento de uma única testemunha. A falta de prova, sobre questão fundamental, não permite acolhimento do pedido" (2º TACSP, Ap. c/ Rev. 542.917-00/2, 3ª Câm., j. 5-6-1999).

"A antecipação dos efeitos da tutela jurisdicional reclama, em ação de indenização decorrente de acidente do trabalho, regida pelo direito comum, prova que torne verossímil a alegação de culpa da empregadora, não bastando, pois, a demonstração do dano e do nexo causal, já que de responsabilidade objetiva não se trata. Recurso provido" (2º TACSP, AI 573.618-00/8, 6ª Câm., j. 26-5-1999).

Pode-se dizer que haverá responsabilidade do patrão, por agir com dolo ou culpa, acarretando, por exemplo, acidente: *a*) no desempenho do trabalho, a que o empregado era obrigado contratualmente, no local e no horário de serviço, mesmo no período destinado à refeição, ao descanso ou na satisfação de outras necessidades fisiológicas; *b*) em consequência do exercício do trabalho, embora ocorrido fora do lugar e do horário de trabalho, na execução de ordens ou realização de serviço sob a autoridade do empregador; *c*) na prestação espontânea de qualquer serviço ao empregador com a intenção de lhe evitar dano ou de lhe proporcionar vantagem econômica; *d*) em viagem a serviço do empregador, qualquer que seja o meio de locomoção usado, inclusive veículo de sua propriedade.

Todavia, não haverá responsabilidade patronal se o acidente sofrido pelo empregado: *a*) resultar de dolo da vítima ou de desobediência às ordens do patrão. Se se provar que o operário deliberadamente colocou um dedo na máquina para provocar o acidente, deixou de usar equipamentos obrigatórios de segurança no ambiente de trabalho, apesar das reprimendas do empregador ao exercer seu papel de fiscal interno, com o intuito de receber indenização, cessará a responsabilidade do patrão; *b*) provier de força maior, fora do local e horário de trabalho; *c*) advier de doença endêmica adquirida pelo empregado que mora em regiões onde ela se desenvolve, salvo se se provar que tal doença se manifestou em razão da natureza do trabalho (*RT*, *488*:268, *485*:223, *482*:163; Súmula 230 do STF); *d*) decorrer de culpa de terceiro, pois "o fato de o evento danoso ter ocorrido durante o trabalho da vítima, caracterizando acidente no trabalho, não exonera o terceiro por ele responsável da reparação dos danos sofridos. O eventual pagamento da indenização acidentária isenta o empregador, que não haja procedido com dolo ou culpa grave, pela indenização do direito comum, mas não o terceiro responsável pelo dano, e a pensão é devida desde o evento, e os juros de mora devem ser contados também da data do acidente" (1º TARJ, *ADCOAS*, 1982, n. 82.931); *e*) for oriundo de doença degenerativa; *f*) for inerente a grupo etário ou não acarretar incapacidade laborativa.

Com o advento da CF/88, não mais teria razão a aceitação da teoria da responsabilidade civil objetiva por acidente de trabalho, apesar de a empresa ser responsável pela adoção e uso de medidas coletivas e individuais de proteção à segurança e saúde do trabalhador, devendo prestar informações pormenorizadas sobre os riscos da operação a executar e do produto a manipular (Dec. n. 3.048/99, art. 338). Como prevenção do risco de sua atividade empresarial, o empregador contribui para a Previdência Social, para que esta atenda aos empregados acidentados, cobrindo despesas com tratamento e reabilitação, com o auxílio-doença (Dec. n. 3.048/99, art. 71) ou auxílio-acidente (Dec. n. 3.048/99, art. 104), pagando aposentadoria por invalidez ou pensão por morte (Dec. n. 3.048/99, arts. 105, 201, 202, I a III, §§ 1º a 8º, e 203)[105].

---

105. Wilson Melo da Silva, op. cit., p. 55-7; Bonvicini, op. cit., t. 2, p. 1160-86; Serpa Lopes, op. cit., p. 313-21; Colombo, *Culpa aquiliana*, Buenos Aires, 1944, p. 573-8 e 586; Si-

mone David, *Responsabilité civile et risque professionnel*, Bruxelles, 1958, p. 12, 13 e 54-6; Aguiar Dias, op. cit., v. 1, p. 203 e 204; Adrian Sachet, *Accidents du travail et maladies professionnelles*, v. 1, p. 10, n. 13; Bollache, *Les responsabilités de l'entreprise en matière d'accidents du travail*, Paris, 1967, p. 3; Jorge Franklin Alves Felipe, O que restou da legislação acidentária, *Ciência Jurídica Fatos*, *14*:11; Sebastião Luiz Amorim e José de Oliveira, *Responsabilidade civil — acidente de trabalho*, São Paulo, Saraiva, 2001; Marcos Gozzo, Alta médica definitiva e condições da ação na indenização por acidente de trabalho, *Informativo Iasp*, n. 51, p. 6 e 7; Dilvanir José da Costa, Responsabilidade civil por acidente de trabalho, *RDC*, *11*:155; Humberto Theodoro Jr., Responsabilidade civil. Danos morais e patrimoniais. Acidente no trabalho. Ato de preposto (*RT*, *731*:91); Gislene A. Sanches, *Dano moral e suas implicações no direito do trabalho*, 1997; Renzo Leonardi, Meio ambiente, *Tribuna do Direito*, out. 2000, p. 36 e s.; Ricardo Luis Lorenzetti, *La responsabilidad por daños y los accidentes de trabajo*, 1993; Rodolfo Pamplona Filho, Responsabilidade civil nas relações de trabalho e o novo Código Civil brasileiro, in *Novo Código Civil — questões controvertidas* (coord. Mário Luiz Delgado e Jones Figueirêdo Alves), São Paulo, Método, 2003, p. 248-50; Helder M. Dal Col, A prescrição nas ações indenizatórias por acidente do trabalho no Código Civil de 2002, *Jornal Síntese*, *87*:12-20; Antonio Lago Jr., A responsabilidade civil decorrente do acidente de trabalho, in *Responsabilidade civil* (coord. Adroaldo Leão e Rodolfo Pamplona Filho), Rio de Janeiro, Forense, 2001, p. 54 e 55; Nelson A. Burille, A responsabilidade civil do empregador perante o novo Código Civil brasileiro, *Jornal Síntese*, *79*:3-4; Hertz J. Costa, *Acidentes do trabalho na atualidade*, Porto Alegre, Síntese, 2003; Juan Yuh Yu, A indenização por seguro de acidentes do trabalho e o novo Código Civil brasileiro, *Questões de direito civil e o novo Código*, 2004, p. 272 a 290; Adalberto Martins, A responsabilidade do empregador e o atual Código Civil, *Revista da Faculdade de Direito da UniFMU*, *26*:137; Nelson Palaia e Glauco Pereira Barranco, Doença profissional, matéria do juízo cível, *Tribuna do Direito*, fevereiro de 2005, p. 31; Eduardo Fornazari Alencar, Dano moral na relação de trabalho por acidente do trabalho. Competência da Justiça do Trabalho ou da Justiça Comum?, *Informativo IASP*, *73*:809; Nehemias Domingos de Melo, *Dano moral trabalhista*, São Paulo, Atlas, 2007; Sérgio J. B. Junqueira Machado, Alguns aspectos da responsabilidade do empregador por acidente do trabalho, *Synthesis*, *47*:11-19; Jorge Luiz Souto Maior, Responsabilidade civil objetiva do empregador no acidente do trabalho, *Synthesis*, *47*:20-24; Otavio Pinto e Silva, Responsabilidade civil do empregador por acidente do trabalho, *Synthesis*, *47*:25-27; Sidnei A. Teixeira, Responsabilidade civil do empregador por acidente do trabalho, *Synthesis*, *47*:28-33; Andrea C. Zanetti, Responsabilidade civil por acidente de trabalho fatal. *Ensaios sobre responsabilidade civil na pós-modernidade*, Porto Alegre, Magister, 2009, v. 2, p. 81-118; *RF*, *304*:91, *108*:452, *111*:256; *RJTJSP*, *41*:103, *104*:165, *95*:133, *93*:258, *92*:391; *RT*, *611*:161, *449*:238, *582*:210, *591*:228, *510*:253, *704*:103, *799*:288, *772*:403 e 104, *701*:163, *787*:371, *803*:264, *635*:116, *622*:11, *463*:266; Súmulas STF 465, 311, 238, 236, 235, 234, 233, 240, 464, 229, 341; Súmulas STJ 226, 37 e 54; *JB*, *156*:357, *159*:291; *Ciência Jurídica*, *7*:204, *8*:200, *15*:73, *50*:220; *Bol. AASP*, *1.866*:2, *1.846*:1, *1.868*:2, *1.864*:2, *1.819*:1, *1.869*:2, *1.914*:1 e 2, *1.916*:1, *1.918*:1, *1.920*:1, *1.922*:1, *1.936*:1, *1.938*:1, *1.940*:1, *1.944*:1, *1.946*:1, *1.948*:1, *1.950*:1, *1.952*:1, *1.954*:1 e 2, *1.956*:1 e 2, *1.957*:1 e 2, *1.958*:1, *1.959*:1, *1.960*:1, *1.963*:1, *1.964*:1, *1.966*:1, *1.968*:1, *1.969*:1, *1.970*:1, *1.971*:1, *1.972*:1, *1.973*:1, *1.974*:1, *1.975*:1, *1.976*:1; *RSTJ*, *103*:163; *JSTJ*, *8*:239; *JTA*, *127*:277 e 317, *100*:267, *87*:352 e 412; *RTJ*, *10*:1098, *96*:172, *101*:1098, *114*:919, *121*:1098; *Repertório IOB de Jurisprudência*, *3*:7978; *EJSTJ*, *17*:62 e *20*:171. *Vide* Decreto-Lei n. 5.452/43, arts. 4º, 30, 40, III, 131, III, 133; Constituição Federal, art. 7º, XXVIII; Lei n. 6.195/74, que confere ao Funrural a concessão de prestações por acidente de trabalho; Decreto n. 76.022/75 (ora revogado pelo Decreto s/n. de 10-5-1991), que aprovou o Regulamento do Seguro de Acidentes do Trabalho Rural, instituído pela Lei n. 6.195/74. *Vide*: Lei n. 8.540/92, sobre contribuição dos produtores rurais para a Seguridade Social, alterando a Lei n. 8.212/91; Portaria n. 600/93, sobre valores dos benefícios da Previdência Social – valores alterados constantemente. *Vide* Portaria Interministerial n. 1/2016, atualmente sobre a matéria; Portaria n. 11/94, da Secretaria de Segurança e Saúde no Trabalho, sobre Programa de Proteção a Riscos Ambientais; Portaria n. 126/2009 da Secretaria de Inspeção do Trabalho, que estabelece procedimentos para o cadastro de empresas e para a emissão ou renovação do Certificado de Aprovação de Equipamento de Proteção Individual; Decreto n. 3.251/99, que promulga a Convenção n. 134 da OIT sobre prevenção de acidentes de trabalho dos marítimos, concluída em Genebra em 30-10-1970; *Bol. AASP, 1.828*:1, *1.846*:1, *1.819*:1. Na ação fundada no direito comum para a composição de danos em decorrência de acidente no trabalho a competência é do Juízo Cível (1º TARJ, *ADCOAS*, 1982, n. 86.893). Conforme jurisprudência que se firmou pacífica, a ação indenizatória comum, ainda que resultante de acidente do trabalho, tem fundamento na culpa civil, não mais em vigor a regra de exceção do art. 69 do antigo Decreto-Lei n. 7.036/44 (ora revogado), que, pelo pressuposto da culpa grave, atribuía a competência à legislação infortunística. Consequentemente, ainda que ocorrido no trabalho, se o dano resulta imputável à culpa do empregador, a indenização deve ser apurada pelo direito comum, em ação de competência das varas cíveis e não das privativas de indenização infortunística. Com a revogação do referido dispositivo da antiga legislação, a competência judicante, *ratione materiae*, passou à justiça comum, liberada da infortunística (TJSP, *ADCOAS*, 1983, n. 90.675). "As sequelas do infortúnio somadas às sequelas preexistentes em ambas as mãos do obreiro, consideradas no seu conjunto, autorizam a concessão da aposentadoria por invalidez acidentária" (Ap. s/ Rev. 367.674, 6ª Câm. do 2º TACSP, rel. Juiz Gamaliel Costa, j. 8-2-1994). É possível a cumulação de duas pensões por mortes de marido e filho a serem pagas pelo Instituto Nacional do Seguro Social (INSS), quando têm fontes de custeio e origem distintas. A conclusão é da 5ª Turma do Superior Tribunal de Justiça (STJ), ao negar provimento a recurso especial do INSS e determinar o restabelecimento do pagamento da pensão por morte do marido, que exercia atividade rural, a uma senhora que teve o benefício cassado após a concessão de pensão por morte do filho em acidente de trabalho. Ela ganhou em primeira e segunda instâncias, com base no art. 20 do Dec. n. 89.312/84 (revogado pelo Decreto n. 3.048/99) e no art. 6º, § 2º, da Lei Complementar n. 16/73. Mas o INSS insistiu em alegar que o pagamento das duas pensões violava os arts. 287, § 4º, e 333 do Dec. n. 83.080/79 (revogado pelo Decreto n. 3.048/99). Para a relatora, ministra Laurita Vaz, "é cediço que o fato gerador para a concessão do benefício de pensão por morte é o óbito do segurado, devendo ser aplicada a lei vigente à época de sua ocorrência. Assim, consoante a legislação que estava em vigor à época da morte do descendente da autora, não há qualquer tipo de vedação ao percebimento de duas pensões por morte, uma de natureza rural e outra de natureza urbana (...) Faz jus a parte autora ao restabelecimento do benefício" (REsp 666.749). A 1ª Turma do TRF-3ª condenou duas empresas, que atuavam em consórcio na execução de obra, a ressarcir o INSS pelas despesas decorrentes de acidente de trabalho ocorrido com um de seus empregados (Proc. n. 0006165.13.2010.4.03.6105). *Vide* Portaria n. 5.188/99 do Ministério da Previdência e Assistência Social, sobre valores a serem pagos a partir de maio de 1999. Interessante é o artigo de Ermínio A. Darold, Crítica à teoria da responsabilidade objetiva em sede de reparação civil por acidente de trabalho, publicado pelo jornal *O Estado do Paraná*, em 1º de agosto de 1999, p. 3. Sobre responsabilidade penal do empregador: CP, arts. 121, §§ 3º e 4º, 129, 130, 132; Lei n. 8.213/91, art. 19, e Lei n. 6.938/81, art. 15. Em relação ao acidente de trabalho, considerando-se que o dano advém do risco da atividade laborativa e não do crédito trabalhista, será aplicável, conforme o caso, o prazo prescricional de três anos (CC, art. 206, § 3º, V e IX), a partir da vigência do novo Código, se a pretensão for obtenção de reparação civil por dano patrimonial direto ou indireto ou dano moral indireto. Isto porque a prescrição alcança os efeitos patrimoniais de ações imprescritíveis como as alusivas às pretensões que versam sobre direito da personalidade. Se a pretensão for indenização civil por dano moral direto, em razão de lesão a direito da personalidade (p. ex., integridade física ou psíquica), ter-se-á, na nossa opinião, imprescritibilidade. O art. 206, § 3º, só é aplicável à pretensão indenizatória por acidente de trabalho por ser norma geral, se não houver norma especial determinando outro prazo prescricional para o exercício da pretensão reparatória. Pela Súmula 278 do STJ: "O termo inicial do prazo prescricional, na ação de indenização, é a data em que o segurado teve ciência inequívoca da incapacidade laboral. Mas há quem defenda o emprego de normas sobre prescrições trabalhistas, como se pode inferir das afirmações de Estevão Mallet (O novo Código Civil e o direito do trabalho. Disponível em: www.amatra.org.br e *Revista Eletrônica Juris Plenum*, CD 1, n. 70, Caxias do Sul/RS: Plenum, mar./abr. 2003): "O prazo máximo de prescrição, mencionado no art. 205, passa a ser de 10 anos, e a prescrição para pretensão envolvendo responsabilidade civil se reduz a 3 anos, conforme art. 206 do novo Código. De todo modo, qual é a prescrição para reclamar a indenização decorrente de acidente de trabalho? Respondo que, se a pretensão é trabalhista, se a controvérsia envolve empregado e empregador, se a competência para julgamento da causa é da Justiça do Trabalho, a prescrição é *e só pode* ser a trabalhista, *do art. 7º* do inciso XXIX, da Constituição, e não a prescrição civil, de 20 anos, no antigo Código, e de *3 anos, no novo*. Não importa que a responsabilidade civil seja assunto disciplinado no Código Civil. O que importa é que a pretensão é trabalhista, porque decorre *diretamente do contrato de trabalho*. Não se pode dizer, de outro lado, que a regra especial de prescrição do Direito Civil prevalece ante a regra geral do direito do trabalho. O art. 7º, inciso XXIX, da Constituição, disciplinou o prazo prescricional trabalhista, sem estabelecer exceções. Ademais, norma geral constitucional não tem sua aplicabilidade comprometida por norma especial da legislação ordinária". Sobre isso comenta Helder M. Dal Col (A prescrição, cit., p. 13): "Ao que parece, entretanto, tal entendimento não deverá contar com outros autores a engrossar fileira, mais porque a previsão do art. 7º, XXIX, da CF diz respeito à prescrição de 5 anos, até o limite decadencial de 2 anos após a extinção do contrato de trabalho, para os trabalhadores urbanos e rurais pleitearem "créditos resultantes das relações de trabalho. Os danos oriundos do acidente do trabalho não se inserem no conceito de créditos resultantes das relações de trabalho: (...) Mas em se tratando de lesão a direito pessoal, não será a indenização pelo acidente do trabalho (a ser buscada pelo trabalhador vitimado na esfera extrapatrimonial, contra seu empregador, com base na alegação e prova da culpa ou dolo da parte deste) regida pelo prazo prescricional comum, de 10 anos? Não se reserva a prescrição trienal às pretensões reparatórias civis ordinárias, ou seja, àquelas que dizem respeito a danos materiais? Pela interpretação literal do disposto no inciso V do § 3º do art. 206, não deixou margem o legislador para tais ilações. Limitou-se a afirmar que prescreve em 3 anos a pretensão de reparação civil. O que se pode entender por reparação civil? Reposição ao estado anterior dos danos de qualquer ordem, patrimoniais, morais ou estéticos, causados por qualquer pessoa, na esfera civil (excluídos os de ordem penal, administrativa e política, que comportam modalidades distintas de reparação). Abrange, ainda, todas as formas de indenização civil, como alternativas naturais da impossibilidade de reparar. (...) Se houvesse qualquer possibilidade de excepcionar os danos pessoais das novas regras prescricionais, como têm sugerido alguns autores, por tratarem-se de danos contra a pessoa aqueles sofridos em decorrência de acidentes do trabalho, certamente o seria por forçada interpretação, calcada na manutenção daquilo que prescrevia o revogado art. 177 do antigo Código. O dispositivo em questão textualizava que "as ações pessoais prescrevem, ordinariamente, em 20 anos, as reais (...)" e prosseguia distinguindo os diversos prazos que assinalava, em função de ser a parte interessada presente ou ausente para fins processuais. Ocorre que não se pode falar em mera redução do prazo prescricional, para as ações fundadas em direitos pessoais, porque o Código Civil sucessor não manteve a redação originária do art. 177 e, ao estabelecer a regra geral de prescrição, no art. 205, assentou: "A prescrição ocorre em 10 (dez) anos, quando a lei não lhe haja fixado prazo menor". Como se pode notar, não fez o legislador qualquer referência à natureza das pretensões, se pessoais ou reais. Fixou, sim, expressamente, prazo menor para as pretensões de reparação civil, o que parece definir a matéria". Mas, às ações indenizatórias, oriundas de acidente de trabalho ajuizadas contra a Previdência Social, aplica-se o prazo prescricional de 5 anos por força dos arts. 104, I e II, 120 e 121 da Lei n. 8.213/91 (norma especial). Observa Juan Yuh Yu (A indenização, cit., p. 279) que, pelos arts. 344 a 349, há desigualdade de tratamento entre beneficiário e seguradora, pois para o segurado o prazo é de cinco anos e para a autarquia é de dez anos. E, havendo dolo, fraude ou simulação, a qualquer tempo seria possível apurar o crédito.

O Projeto de Lei n. 7.122/2002 pretende acrescer § 6º ao art. 206 do Código Civil, entendendo que o prazo prescricional da pretensão de reparação relativa a acidente do trabalho ou a doença ocupacional é de 20 anos, e, para tanto, apresenta a seguinte justificativa:

"Não há qualquer motivo para que seja diminuído o referido prazo prescricional de vinte para apenas três anos, conforme previsto na atual redação do art. 206 do novo Código Civil. O presente Projeto de Lei visa evitar que tal retrocesso seja implementado em nosso país.

O Brasil é detentor do vergonhoso título de campeão mundial em acidentes do trabalho. Destaque-se que muitos acidentes não são sequer comunicados, e não fazem portanto parte das estatísticas oficiais.

Muitos empregadores tratam a questão da segurança do trabalho com irresponsabilidade, incompetência e desumanidade, tratando o trabalhador como uma peça sujeita a preço de mercado, descartável quando não se presta mais à sua finalidade. A lógica hegemônica do mercado, aplicada cegamente em inúmeras empresas, faz com que não sejam aplicados os recursos devidos à construção de um ambiente de trabalho seguro e adequado, ocasionando a quantidade absurda de acidentes do trabalho existente hoje no país.

Lamentavelmente, tampouco o Ministério do Trabalho cumpre adequadamente com sua função de fiscalizar as condições de trabalho, e obrigar os empregadores a garantir que o ambiente de trabalho seja hígido e seguro. Uma estrutura adequada de fiscalização, caso existente, permitiria uma considerável redução no assustador número de acidentes laborais.

Prova de que o prazo prescricional de três anos é extremamente exíguo pode ser encontrada na Norma Regulamentadora 15, em seu Anexo XII. Este prevê a necessidade de monitoramento dos trabalhadores que laboram em ambientes com poeiras de asbestos, por até 30 anos, eis que em tal período a doença pode se manifestar.

Deve-se ressaltar também o fato de que via de regra o acidentado ou o doente ocupacional não possui informação adequada acerca de seus direitos, e tampouco tem acesso adequado ao Poder Judiciário. Infelizmente, passados 14 anos do advento da Carta Magna de 1988, ainda inexiste na maior parte do país um serviço adequado de Defensoria Pública.

Outro motivo que demonstra a necessidade de ser mantido o prazo prescricional relativo aos acidentes do trabalho em vinte anos reside no fato de que, em caso de óbito do trabalhador acidentado, serão seus herdeiros que terão de ajuizar a ação indenizatória. Também em tal situação, o prazo de três anos não se apresenta razoável.

Destacamos que o presente Projeto de Lei mostra-se em consonância com os princípios da Constituição Federal de 1988. A República Federativa do Brasil tem como fundamento, nos termos do art. 1º, o respeito à 'dignidade da pessoa humana'. De acordo com o art. 5º, III, '...ninguém será submetido a tratamento desumano'. Obrigar o empregado a laborar em condições desumanas implica frontal desrespeito a tais princípios. O mesmo art. 1º da Constituição Federal Brasileira coloca o valor social do trabalho como bem juridicamente tutelado e como fundamento para a construção de um Estado Democrático de Direito.

A luta pelo respeito à integridade do trabalhador visa também lembrar à sociedade os princípios fundamentais de solidariedade e valorização humana, que ela própria fez constar do documento jurídico/político que é a Constituição.

A dignidade da pessoa humana é a origem da qual deve partir todo o ordenamento jurídico pátrio, permeado sempre pela concepção do trabalho como instrumento de efetivação da justiça social, bem como pela noção de que o direito de propriedade deve ser exercido segundo sua função social, nos termos do art. 5º, XVIII, da Constituição Federal de 1988.

A doutrina pátria destaca as consequências da importância da prevalência da dignidade da pessoa humana em nosso ordenamento jurídico, para as relações de trabalho: '... o contrato de trabalho adquiriu *status* constitucional a partir de 05.10.88. As novas conquistas resultantes dos direitos fundamentais e sociais previstos nos artigos 5º e 7º da CF impõem aos empregadores novas responsabilidades, além das de pagar salário, cabendo-lhes oferecer ao trabalhador um local de trabalho sadio, seguro, onde haja inclusive respeito à sua dignidade, à sua personalidade, à própria honra, onde possa trabalhar'. (Salvador, Luiz. Realidade atual acrescenta novos contornos à caracterização do contrato de trabalho, enquadrando-se nas regras da competência da justiça do trabalho. *Boletim Bonijuris Legislação Trabalhista*, n. 260, p. 3312, 30 out. 2000).

Ingo Sarlet destaca a importância da evolução apresentada pela Carta Magna de 1988: 'Igualmente sem precedentes em nossa evolução constitucional foi o reconhecimento, no âmbito do direito positivo, do princípio fundamental da dignidade da pessoa humana (art. 1º, inc. III, da CF), que não foi objeto de previsão no direito anterior. Mesmo fora do âmbito dos princípios fundamentais, o valor da dignidade da pessoa humana foi objeto de previsão por parte do constituinte, ...quando estabeleceu que a ordem econômica tem por fim assegurar a todos uma existência digna (art. 170, *caput*). ...Assim, ao menos neste final de século, o princípio da dignidade humana mereceu a devida atenção na esfera do nosso direito constitucional.

Para Maurício Antônio Ribeiro Lopes o princípio da intangibilidade da dignidade da pessoa humana é o 'ponto de partida e de chegada de todo o ordenamento jurídico num Estado de Direito'.

Trata-se de princípio que estrutura a ordem constitucional e norteia todo o sistema jurídico, a partir do texto constitucional. A redução da prescrição relativa aos acidentes do trabalho de vinte para três anos, contida no novel Código Civil, apresenta-se em desacordo com o princípio constitucional da dignidade da pessoa humana, e por tal motivo apresentamos o presente Projeto de Lei, visando impedir que tal retrocesso venha a se realizar.

O direito à integridade do homem consta também da Convenção Americana sobre Direitos Humanos, de 1969, que trata expressamente do direito à integridade física, psíquica e moral, e à dignidade:

'Artigo 5º

Direito à Integridade Pessoal

1. Toda pessoa tem o direito de que se respeite sua integridade física, psíquica e moral. (...)'

A ausência de um sistema adequado de prevenção dos acidentes do trabalho prejudica a sociedade como um todo, corroendo as relações sociais, e degradando o trabalhador: 'Com as novas regras da livre concorrência, a insegurança da vida sentimental se estendeu à vida profissional. Qualquer parceria se tornou precária. A presença do outro não mais suscita apelo à colaboração, mas sim desejo de instrumentalização. Tornamo-nos uma multidão anônima, sem rosto, raízes ou futuro comum. E, se tudo é provisório, se tudo foi despojado da dignidade que nos fazia querer agir corretamente, quem ou o que pode apreciar o 'caráter moral' de quem quer que seja? Na cultura da 'flexibilidade', como reza o jargão neoliberal, ou fingimos acreditar em valores que não mais existem ou acreditamos, verdadeiramente, em miragens — e a alienação é ainda maior. Isolados do público, pela paixão dos interesses privados, e dos mais próximos afetivamente, pela degradação do trabalho e pela volubilidade sentimental, erramos em direção ao nada ou a qualquer coisa' (COSTA, Jurandir Freire. 'Descaminhos do caráter'. *Folha de S.Paulo*, São Paulo, 25 jun. 1999. Caderno Mais, p. 3).

O trabalho somente pode ser reconhecido como condição salutar de dignidade da pessoa humana se forem asseguradas determinadas condições que garantam seu exercício com higidez e segurança. Por conseguinte, visando a melhoria da segurança do trabalho em nosso país, contamos com o apoio dos ilustres deputados para que o presente Projeto de Lei seja aprovado, de modo a evitar que seja severamente reduzido o prazo para que o trabalhador brasileiro exerça seu direito de pleitear a reparação pelo dano sofrido em razão de acidente do trabalho". A EC n. 45/2004 ampliou a competência da Justiça do Trabalho, inclusive para processar e julgar ações de indenização por dano moral ou patrimonial decorrente da relação de trabalho. Pela Súmula 736 do STF: "Compete à Justiça do Trabalho julgar as ações que tenham como causa de pedir o descumprimento de normas trabalhistas relativas à segurança, higiene e saúde dos trabalhadores". Apesar dessa súmula de 2003, houve forte resistência em se reconhecer a competência da Justiça do Trabalho. Em 9-3-2005, no julgamento do RE 238.639-9, o STF reconheceu, por nove votos a favor e dois contra, a competência da Justiça Comum para julgar ações de dano moral decorrentes de acidentes de trabalho, propostas contra o empregador. O Plenário do Supremo Tribunal Federal (STF), por unanimidade, reformou esse entendimento anterior e decidiu que a competência para julgar ações por danos morais e materiais decorrentes de acidentes de trabalho é da Justiça Trabalhista. A decisão foi tomada em conflito de competência suscitado pelo Tribunal Superior do Trabalho (TST) contra o extinto Tribunal de Alçada de Minas Gerais.

Os ministros acompanharam o voto do relator, Carlos Ayres Britto, para quem "o inciso I do artigo 109 da Constituição não autoriza concluir que a Justiça Comum Estadual detém a competência para apreciar as ações que o empregado propõe contra seu empregador, pleiteando reparação por danos morais e patrimoniais".

No entanto, o ministro salientou que o caso é diferente para as ações em que a União, autarquias ou empresas públicas federais são partes interessadas nas causas entre o INSS e pessoas que buscam o recebimento de benefício previdenciário decorrente de acidente de trabalho. Nesse caso, ressaltou o ministro Ayres Britto, a competência é da Justiça Comum Estadual, conforme estabelece a Súmula 501 do STF.

Para o relator, no caso de ação acidentária reparadora de danos que envolva empregado contra empregador e em que não haja interesse da União, nem de autarquias ou de empresas públicas federais, a competência deve ser da Justiça do Trabalho. Isso porque, na ação, o interesse é apenas do empregado e de seu empregador, sendo desses dois únicos protagonistas a legitimidade processual para figurar nos polos ativo e passivo da ação.

Segundo Carlos Ayres Britto, se a vontade objetiva do texto constitucional fosse excluir a competência da Justiça Trabalhista, teria feito isso no âmbito do art. 114, jamais no contexto do art. 109, que dispõe sobre a competência de uma outra categoria de juízes.

"Uma coisa é a competência da Justiça Comum Estadual para julgar ação acidentária contra o INSS, que postula um benefício previdenciário. Outra, é você querer receber do seu empregador uma indenização por um dano patrimonial ou moral por culpa do dolo do empregador", afirmou.

A decisão muda o entendimento da Suprema Corte em relação ao julgamento do Recurso Extraordinário (RE 438.639) interposto pela empresa Mineração Morro Velho Ltda., quando o Plenário atribuiu tal competência à Justiça Comum dos Estados (CC 7204).

Já houve decisão da 4ª Turma do STJ condenando empresa a pagar a operário indenização de 25 vezes os salários recebidos por ele em 1994, acrescidos de correção monetária e juros de mora de 0,5% ao mês contados da citação por perda de audição em ambiente de trabalho, por excesso de barulho (REsp 280.253).

A *Tribuna do Direito* (out. 2002, p. 19) noticiou: "A Terceira Turma do STJ condenou por unanimidade uma indústria metalúrgica a pagar R$ 250 mil por danos morais e materiais ao ajudante '*A*', que teve um dedo da mão direita decepado pela prensa que manuseava na empresa. Na petição inicial, o advogado de '*A*' pediu R$ 200 mil por danos morais e R$ 50 mil por danos materiais, acolhidos pela Justiça de primeiro grau. A indústria contestou o valor e o 2º TAC-SP reduziu-o para R$ 23.706,40. A Justiça estadual multiplicou o salário de '*A*' pelo número de meses que seria devida indenização (R$ 8.606,40). Os danos morais foram fixados em 100 salários mínimos. A defesa de '*A*' recorreu ao STJ argumentando que a utilização de outro critério para a estimativa de danos estaria indo de encontro com o art. 259 do Código de Processo Civil, que determina que o valor da causa constará sempre da petição inicial e será, havendo cumulação de pedidos, a soma de todos eles. O STJ restabeleceu a decisão (REsp 402.593)".

Interessantes são os julgados:

a) "Condenação imposta ao empregador — Atos de retaliação praticados — Dano moral caracterizado. Nas sociedades contemporâneas, o recurso ao Poder Judiciário representa garantia fundamental conferida a todos os cidadãos, não mais sendo tolerado, salvo raras exceções, o exercício arbitrário das próprias razões. Por isso, suprimindo o empregador as tarefas do empregado, ao final relegado à inércia durante mais de três semanas, seguramente como exemplo aos que ousassem bater às portas do Poder Judiciário, configura-se clara situação de infração contratual, a ensejar não apenas a rescisão indireta desse vínculo (assim como a elisão da justa causa aplicada sob este fundamento), como também a própria condenação à reparação do dano moral inquestionavelmente verificado" (TRT-10ª Região, 3ª T.; RO n. 01231-2003-012-10-00-7-Brasília-DF; Rel. Juiz Douglas Alencar Rodrigues; j. 9-6-2004; v.u.).

b) "O litígio é estabelecido entre ex-empregado e ex-empregador, tendo por objeto reparação de dano moral decorrente de possível ilícito culposamente praticado pelo segundo em ato resultante, essencialmente, do contrato de trabalho. A pretensão de direito material tem natureza jurídica de crédito trabalhista. Portanto, sujeita-se, para os efeitos de contagem de prazo de prescrição, ao disposto no art. 7º, XXIX, da CF, e não à prescrição vintenária (art. 177 do Código Civil revogado) ou decenal (art. 205 do Código Civil vigente). Recurso ordinário a que se nega provimento" (TRT-2ª Região, 11ª T.; RO n. 01047200526102009-Diadema-SP; ac. n. 20060285723; Rel. Juiz Carlos Francisco Berardo; j. 25-4-2006; v.u.).

c) "Dano Moral — CF, art. 5º, V. Culpa do empregador. Procedência. Atraso no pagamento de obrigações elementares, devolução de cheques sem provisão de fundos, protesto, inclusão do nome do trabalhador no Serviço de Proteção ao Crédito, cobrança de energia elétrica em atraso etc., tudo em razão da falta de pagamento das verbas rescisórias pelo empregador, constituem modalidade de infração geradora de dano moral. A inadimplência gera constrangimento e macula o nome e a imagem do trabalhador por culpa de terceiro. É suficiente que esses fatos tenham surgido após a dispensa e haja a prova documental correspondente" (TRT-2ª Região, 9ª T.; RO n. 01609200401702009-SP; ac. n. 20060107795; Rel. Juiz Luiz Edgar Ferraz de Oliveira; j. 23-2-2006; v.u.).

d) "Dano Moral — Acusação de prática de falta grave — Não comprovação — Competência — Justiça do Trabalho — Art. 114/CF. Dano moral. Geral. 1. Dano moral. Competência da Justiça do Trabalho. Arbitramento. O artigo 114 da Constituição é taxativo ao atribuir à Justiça do Trabalho competência para apreciação de litígios fundados na relação de trabalho. Não é a natureza do tema que determina a competência mas a relação jurídica da qual emerge o litígio, inclusive quando se trata de dano moral. A suspeita distancia-se da acusação e, no caso presente, não se suspeitou do autor, mas acusou-o de prática de falta gravíssima. Se não pode provar a imputação, tem-se como caracterizada a ofensa que deve ser reparada. A indenização deve ter presente o perfil do ofendido e o porte do ofensor. 2. Horas extraordinárias. Ficha financeira x controle de frequência. Distinção e efeitos. Ficha financeira constitui controle interno que não substitui o registro de frequência nem o comprovante de pagamento exigidos por lei (CLT, arts. 74, parágrafo 2º e 464), não se prestando para comprovar o correto pagamento do trabalho extraordinário" (TRT, 2ª Reg., RO 20010331918, Ac. 200202336454, 8ª T., rel. Juiz José Carlos da Silva Arouca. Fonte *DOESP*, 30-4-2002).

e) "Civil e processuaL. Ação de indenização. Acidente de trabalho com vítima fatal, esposo e pai dos autores. Acórdão. Nulidade não configurada. Dano moral. Fixação. Razoabilidade. Direito de acrescer assegurado. Termo *ad quem*. Idade de formação universitária. Viúva. Casamento. Decisão condicional. Descabimento. Ressarcimento. Natureza. Honorários. Base de cálculo. Condenação. I. Não padece de nulidade o acórdão que enfrenta, suficientemente, as questões essenciais controvertidas, apenas com conclusões desfavoráveis às pretensões da parte ré. II. Dano moral fixado em pârametro razoável, inexistindo abuso a justificar a excepcional intervenção do STJ a respeito. III. O beneficiário da pensão decorrente de ilícito civil tem direito de acrescer à sua quota o montante devido a esse título aos filhos da vítima do sinistro acidentário, que deixarem de perceber a verba a qualquer título. Precedentes do STJ. IV. O pensionamento em favor dos filhos menores do *de cujus* tem como limite a idade de 24 (vinte e quatro) anos dos beneficiários, marco em que se considera estar concluída a sua formação universitária, que os habilita ao pleno exercício da atividade profissional" (STJ, REsp 530.618/MG, rel. Min. Aldir Passarinho Junior, Quarta Turma, j. 19-8-2004, *DJ*, 7-3-2005, p. 260).

f) "O empregado que sofre assaltos em linha de ônibus, notadamente considerada de risco, faz jus à indenização por dano moral e material quando demonstrado o nexo causal entre o quadro de ansiedade e depressão que apresenta e as condições de trabalho. O empregador, ao receber os bônus decorrentes do trabalho da mão de obra que emprega, assume simultaneamente os riscos do empreendimento, devendo ser responsabilizado objetivamente pelos danos que causar" (*BAASP*, *2645*:1733-05).

g) 1ª Turma do TRF da 3ª Região (processo n. 0006165-13.2010.4.03.6105) entendeu que o responsável por acidente de trabalho deve ressarcir o INSS pelas despesas dele decorrentes. Assim o réu deve restituir ao INSS os valores pagos por ele em razão daquele acidente, vencidos até a liquidação, bem como as prestações futuras, mediante repasse à Previdência Social, até o dia 10 de cada mês, do valor do benefício pago no mês imediatamente anterior. Os valores devidos deverão ser corrigidos monetariamente desde o desembolso, acrescidos de juros de mora de 1% ao mês desde a citação.

A Súmula vinculante n. 22 do STF consolida a competência da Justiça Trabalhista para julgar ação de indenização por dano moral.

Consequentemente, a responsabilidade do INSS é objetiva, pouco importando se houve ou não culpa pelo acidente de trabalho por parte do empregador ou do empregado, a concessão do benefício acidentário dar-se-á sempre que a vítima for empregado e que a causa do acidente estiver relacionada com sua atividade laborativa. Pela Lei n. 11.430/2006, regulamentada pelo Decreto n. 6.042/2007, ao trabalhador não incumbe a prova do nexo causal entre acidente e a relação trabalhista, mas sim ao INSS — autarquia securitária (Lei n. 8.213/1991, art. 21-A), se o sinistro causar doença comum à atividade laboral exercida elencada na Classificação Internacional de Doenças. Portanto, o art. 927, parágrafo único, do Código Civil não se aplica na seara trabalhista, visto que a responsabilidade objetiva por acidente de trabalho é do órgão da previdência, em razão de seguro contra acidentes de trabalho feito pelo empregador, sem prejuízo da sua responsabilidade na hipótese de ato culposo ou doloso (CF, art. 7º, XXVIII e CC, art. 927, *caput*).

O meio ambiente do trabalho (CF/88, arts. 170, VI, e 225, § 3º) deve ser tutelado em benefício de toda a sociedade e não apenas no dos trabalhadores. Logo, o empregador tem a obrigação de zelar pelo local de trabalho, diminuindo sua periculosidade e insalubridade, preservando a saúde e a integridade dos empregados, inclusive mediante uso de Equipamentos de Proteção Individual — EPI (Portaria n. 194/2010 da Secretaria de Inspeção do Trabalho e departamento de Segurança e Saúde no Trabalho). Pela Portaria n. 25/94, sobre o Programa de Prevenção de Riscos Ambientais (PPRA), o empregador deve controlar a ocorrência de riscos ambientais existentes ou que possam surgir no ambiente de trabalho. Tais riscos podem ser: *a*) *físicos*, como energias lesivas a que possam estar expostos os trabalhadores, como: ruídos, temperaturas extremas, radiações, ionizantes ou não, ultrassom, vibrações etc.; *b*) *químicos*, como substâncias ou produtos que possam penetrar no organismo pela via respiratória, na forma de fumo, poeira, vapor etc.; *c*) *biológicos*, como bactérias, fungos, parasitas, protozoários, vírus que possam ser absorvidos pelo organismo através da pele ou por ingestão. Deve-se buscar, sob pena de responder, civil e subjetivamente, o conforto e bem-estar do obreiro. É preciso lembrar, então, que a responsabilidade civil objetiva será adotada se o acidente advier no meio ambiente do trabalho, violar direito coletivo ou difuso, visto que um dos reflexos do dano ambiental trabalhista é o risco potencial de ofensa ao trabalho (Lei n. 6.938/81, art. 14, § 1º), e, além disso, o seguro contra acidente de trabalho, integrado no sistema previdenciário social, é mantido e lastreado pela sociedade em geral (CF, arts. 194, 195 e 201; Lei n. 8.212/91, art. 10). Em razão da impossibilidade da extinção do risco, a Constituição Federal garante a percepção do adicional remunerativo, e a lei procura controlar a insalubridade e o perigo da atividade, regulando o meio ambiente laboral.

Com a EC n. 45 surge controvérsia sobre a competência para julgar pedido de indenização por dano material e moral oriundo de relação trabalhista, tendo em vista que tal Emenda não alterou o art. 109, I, da CF no que atina à competência para decidir ações de acidente de trabalho, que abrange doença profissional (Lei n. 8.213/91, arts. 20 e 21) por ser espécie do gênero acidente de trabalho. Alguns autores (Nelson Palaia e Glauco P. Barranco) entenderam que, por isso, permanece a justiça estadual como a única competente para julgar demandas acidentárias, mesmo porque muitas são as decisões do STF nesse sentido, e que a EC n. 45, no art. 114, VI, ao dispor que compete à Justiça trabalhista processar e julgar ações de indenização por dano moral ou patrimonial decorrentes da relação de trabalho, diz respeito à pretensão indenizatória oriunda de ato ilícito praticado no curso do contrato de trabalho, como assédio sexual, estelionato, fraudes, apropriação indébita, furto, injúria, calúnia, difamação e atos preconceituosos em virtude de raça, sexo ou religião.

Quanto à competência para julgar ações de indenização por danos morais e materiais causados a empregado, em razão de acidente de trabalho, propostas por empregado contra empregador, inclusive aquelas que ainda não possuíam sentença de mérito em primeiro grau, quando da promulgação de EC n. 45/2004, urge lembrar que já se decidiu que a Justiça do Trabalho é a competente (Súmula vinculante n. 22 do STF). O entendimento unânime é do STF ao considerar que a EC n. 45/2004, que trata da reforma do Judiciário, estabeleceu a competência da Justiça Trabalhista para julgar ações oriundas da relação de emprego. Segundo o ministro do STF e relator do processo, Carlos Ayres Britto, "a Constituição Federal não autoriza concluir que a Justiça estadual comum tem competência para apreciar ações que empregado interpõe contra o empregador". Entretanto, o Pleno do STF esclareceu que cabe à Justiça comum o julgamento de processos em que a União, autarquias ou empresas públicas federais sejam partes, como, p. ex., os que envolvem o INSS, mesmo quando o trabalhador solicita benefício previdenciário decorrente de acidente de trabalho. O presidente do TST, ministro Vantuil Abdala, comemorou a decisão do Supremo e destacou a facilidade do acesso à Justiça trabalhista, "além do benefício da gratuidade, que não se estende à Justiça comum". Abdala estima que o aumento do volume de ações deste tipo fará com que o empregador seja mais cauteloso e adote medidas de prevenção contra acidentes. A decisão do STF diverge da adotada em março quando havia considerado que a Justiça Trabalhista era de difícil acesso por não ter varas em todos os municípios. Para o diretor da Associação Nacional dos Magistrados da Justiça do Trabalho (Anamatra), Luciano Athayde, o último julgamento foi histórico, "porque fortalece e consolida a nova competência da Justiça Trabalhista, sepultando qualquer controvérsia sobre o tema". Na contramão dessa nova determinação, a Segunda Seção do STJ declarou o juízo de Arroio do Meio, do Rio Grande do Sul, competente para julgar ação de indenização por danos morais decorrentes de ofensas à honra de empregada, que teriam sido praticadas pelo ex-empregador. De acordo com o processo, o insulto teria ocorrido durante ação trabalhista. Segundo o ministro-relator do STJ, Fernando Gonçalves, "embora a ofensa tenha ocorrido durante processo trabalhista, não havia mais relação de emprego, o que denota a natureza civil do litígio" (CC 43.892)[106].

Cessadas estão as dúvidas quanto ao disposto na Súmula vinculante n. 22 do STF: "A Justiça do Trabalho é competente para processar e julgar as ações de indenização por danos morais e patrimoniais decorrentes de acidente de trabalho propostas por empregado contra empregador, inclusive aquelas que ainda não possuíam sentença de mérito em primeiro grau quando da promulgação da EC n. 45/2004.

---

106. *Vide*: Celso José Pimentel. A EC n. 45, a competência para as ações de indenização por acidente do trabalho do direito comum e a palavra final do STF. *Revista Jurídica, 329*:43 a 44. Jurisprudência comentada na *Tribuna do Direito*, agosto de 2005, p. 38. STJ, Súmula 366 (26-11-2008 — ora cancelada — *DJE*, 22-9-2009): "Compete à Justiça estadual processar e julgar ação indenizatória proposta por viúva e filhos de empregado falecido em acidente de trabalho". Roland Hasson (Atualidades no acidente de trabalho, *Carta Forense*, p. 43) entende que, para as ações de acidente de trabalho, o prazo prescricional é de cinco anos, até o limite de dois anos após a extinção do contrato de trabalho, em conformidade com o art. 7º, XXIX, da CF. Consulte: Carlos F. Berardo, Anotações sobre a prescrição trabalhista após a vigência da Emenda Constitucional 45/04, *Synthesis* (TRT de SP), *45*:13-7; Estêvão Mallet, A Emenda Constitucional n. 45 e a prescrição em matéria de acidente de trabalho ou doença profissional, *Synthesis, 45*:17-20; Sérgio Pinto Martins, Prescrição trabalhista após a Emenda Constitucional n. 45, *Synthesis, 45*:21-3; Célia R. C. Stander, A prescrição trabalhista após a Emenda Constitucional n. 45, *Synthesis, 45*:27-39.

QUADRO SINÓTICO

RESPONSABILIDADE CIVIL DECORRENTE DE ACIDENTE DO TRABALHO

1. CONCEITO DE ACIDENTE DO TRABALHO	• Acidente do trabalho é o resultante de exercício do trabalho, provocando, direta ou indiretamente, lesão corporal, perturbação funcional ou doença que determine morte, perda total ou parcial, permanente ou temporária, da capacidade para o trabalho.
2. RESPONSABILIDADE PATRONAL SUBJETIVA	• Pelos danos sofridos pelo operário no desempenho do trabalho no local e no horário de serviço. • Pelos prejuízos causados ao empregado em consequência do trabalho, embora ocorridos fora do lugar e do horário de trabalho, na execução de ordens ou realização de serviço sob autoridade do patrão; na prestação de qualquer serviço com o objetivo de evitar dano ou de obter vantagens ao empregador; em viagem a serviço do patrão.
3. EXCLUSÃO DA RESPONSABILIDADE SUBJETIVA	• Se o acidente de trabalho foi causado culposa ou dolosamente pelo empregado ou por desobediência deste às ordens do patrão. • Se o dano provier de força maior. • Se o prejuízo ocorrer na ida do empregado para o serviço ou na volta ao lar. • Se o fato lesivo advier de doença endêmica adquirida pelo empregado que mora em regiões onde ela se desenvolve.
4. NATUREZA DA RESPONSABILIDADE POR ACIDENTE DO TRABALHO	• A responsabilidade por acidente do trabalho tem natureza contratual-legal e é subjetiva, fundando-se na culpa ou dolo do patrão. • Súmula vinculante n. 22 do STF.

CAPÍTULO IV
Responsabilidade Extracontratual

1. Noções gerais sobre responsabilidade delitual ou extracontratual

A responsabilidade extracontratual, delitual ou aquiliana decorre de violação legal, ou seja, de lesão a um direito subjetivo ou da prática de um ato ilícito, sem que haja nenhum vínculo contratual entre lesado e lesante. Resulta, portanto, da inobservância da norma jurídica ou de infração ao dever jurídico geral de abstenção atinente aos direitos reais ou de personalidade, ou melhor, de violação à obrigação negativa de não prejudicar ninguém[1]. Nosso Código Civil regula essa responsabilidade nos arts. 186, 927, 188 e 928 a 954.

Como, em regra, funda-se na culpa, o lesado deverá demonstrar, para obter reparação do dano sofrido, que o lesante agiu com imprudência, imperícia ou negligência. Mas poderá abranger ainda a responsabilidade sem culpa, baseada na ideia de risco (CC, art. 927, parágrafo único). Duas são as modalidades de responsabilidade civil extracontratual quanto ao fundamento: a subjetiva, se fundada na culpa, e a objetiva, se ligada ao risco.

Em relação ao agente será: direta ou simples, se oriunda de ato da própria pessoa imputada, que, então, deverá responder por ato próprio, e indireta ou complexa, se resultar de ato de terceiro, com o qual o agente tem

---

1. Orlando Gomes, *Obrigações*, 4. ed., Rio de Janeiro, Forense, 1976, p. 338; José de Aguiar Dias, *Da responsabilidade civil*, Rio de Janeiro, Forense, 1979, v. 2, n. 155; Álvaro Villaça Azevedo, Responsabilidade civil-I, in *Enciclopédia Saraiva do Direito*, v. 65, p. 332; Francisco dos Santos Amaral Neto, Responsabilidade civil-II, in *Enciclopédia Saraiva do Direito*, v. 65, p. 349-51.

vínculo legal de responsabilidade de fato de animal e de coisa inanimada sob sua guarda[2].

Quadro Sinótico

NOÇÕES GERAIS SOBRE RESPONSABILIDADE DELITUAL OU EXTRACONTRATUAL

1. CONCEITO	• A responsabilidade extracontratual, delitual ou aquiliana é a resultante de violação legal, ou seja, de lesão a um direito subjetivo, ou melhor, da infração ao dever jurídico geral de abstenção atinente aos direitos reais ou de personalidade, sem que haja nenhum vínculo contratual entre lesante e lesado.	
2. MODALIDADES	• Quanto ao fundamento	• Responsabilidade civil extracontratual subjetiva. • Responsabilidade civil extracontratual objetiva.
	• Quanto ao agente	• Responsabilidade civil extracontratual direta. • Responsabilidade civil extracontratual indireta.

2. Sobre as modalidades de culpa aquiliana: Orlando Gomes, op. cit., p. 339; Henri Fromageot, *De la faute comme source de la responsabilité en droit privé*, Paris, A. Rousseau, 1891, p. 1; Carlos Alberto Bittar, *Responsabilidade civil nas atividades nucleares*, tese apresentada no concurso de livre-docência para o Departamento de Direito Civil da Faculdade de Direito da USP, 1982, p. 30 e 31; Álvaro Villaça Azevedo, op. cit., p. 335; Pirson e Villé, *Traité de la responsabilité civile extra-contractuelle*, Bruxelles, Bruylant, 1935, t. 1, p. 103 e s.; Mario Pogliani, *Responsabilità e risarcimento de illecito civile*, Milano, Giuffrè, 1969, p. 115 e s. e 213 e s.; Francisco dos Santos Amaral Neto, op. cit., p. 351 e 352; Robert Bouillenne, *La responsabilité civille extra-contractuelle devant l'évolution du droit*, Bruxelles, Bruylant, 1947, p. 37 e s., 125 e s., 159 e s.; Teucro Brasiello, *I limiti della responsabilità civile per danni*, Milano, Giuffrè, 1959, p. 61 e s., 115 e s.; Henri Lalou, *La responsabilité civile*; principes élémentaires et applications pratiques, Paris, Dalloz, 1932, p. 104 e s., 229 e s.; M. Helena Diniz, *Curso de direito civil brasileiro*, v. 3, São Paulo, Saraiva, 1984, p. 509; Leonardo de F. Beraldo, Responsabilidade civil no parágrafo único do art. 927 do Código Civil e alguns apontamentos do direito comparado, *Revista Síntese de Direito Civil e Direito Processual Civil*, *31*:56.

2. Responsabilidade por fato próprio

A responsabilidade direta, simples ou por fato próprio é a que decorre de um fato pessoal do causador do dano, resultando, portanto, de uma ação direta de uma pessoa ligada à violação ao direito ou ao prejuízo ao patrimônio, por ato culposo ou doloso. É, como nos ensina Francisco dos Santos Amaral Neto, a obrigação de indenizar decorrente de ação ou omissão culposa do agente, provado o nexo de causalidade e o dano. O Código Civil, nos arts. 186 e 927, implicitamente está se referindo à responsabilidade por fato próprio, ao conceituar o ato ilícito como o praticado por aquele que, por ação ou omissão voluntária, negligência ou imprudência, violar direito ou causar prejuízo a outrem. Para que haja, portanto, responsabilidade extracontratual por fato próprio, será mister que o agente pratique o ilícito, isto é, uma ação ou omissão culposa[3].

Quadro Sinótico

RESPONSABILIDADE CIVIL POR FATO PRÓPRIO

1. CONCEITO	• A responsabilidade direta ou por fato próprio é a que decorre de um fato pessoal do causador do dano, ou seja, de uma ação direta de uma pessoa ligada à violação ao direito ou ao prejuízo ao patrimônio, por ato culposo ou doloso.
2. FUNDAMENTO LEGAL	• CC, arts. 186 e 927.

3. Serpa Lopes, *Curso de direito civil*, 2. ed., Freitas Bastos, 1962, v. 5, p. 256, 257 e 267; Henri de Page, *Traité élémentaire de droit civil belge*, Bruxelles, v. 2, n. 937; Carlos Alberto Bittar, op. cit., p. 56; Francisco dos Santos Amaral Neto, op. cit., p. 358; M. Helena Diniz, op. cit., v. 3, p. 509; *RT*, *601*:224, *603*:139; *RF*, *283*:261.

3. Responsabilidade complexa no direito brasileiro

A. Conceito e modalidades

A responsabilidade complexa é aquela que só poderá ser vinculada indiretamente ao responsável, não se conformando, portanto, com o princípio geral de que o homem apenas é responsável pelos prejuízos causados diretamente por ele e por seu fato pessoal. Por representar uma exceção ao princípio geral da responsabilidade, somente poderá ser encarada dentro dos termos legais, não admitindo interpretação extensiva ou ampliativa. Compreende duas modalidades: *a*) a responsabilidade por fato alheio, desde que o causador do dano esteja sob a direção de outrem, que, então, responderá pelo evento lesivo; *b*) a responsabilidade pelo fato das coisas animadas ou inanimadas que estiverem sob guarda de alguém, que se responsabilizará pelos prejuízos causados[4].

Ou seja:

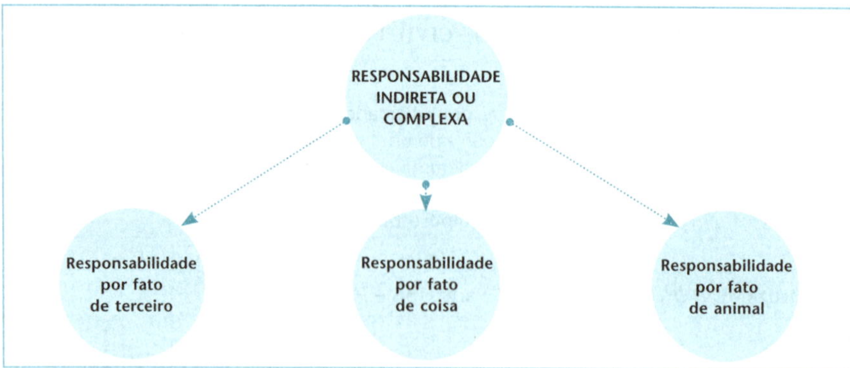

4. Henri de Page, op. cit., v. 2, n. 966 e 969; Serpa Lopes, op. cit., p. 267 e 268; Mario Pogliani, op. cit., Cap. 4 e 5; Bonvicini, *La responsabilità civile*, Milano, Giuffrè, 1971, t. 1,

Quadro Sinótico

RESPONSABILIDADE COMPLEXA: CONCEITO E MODALIDADES

1. CONCEITO	• É aquela que só indiretamente poderá ser vinculada ao responsável.
2. MODALIDADES	• Responsabilidade por fato alheio. • Responsabilidade pelo fato de coisas animadas ou inanimadas

B. Responsabilidade por fato de terceiro

b.1. Princípios gerais

Na responsabilidade por fato alheio alguém responderá, indiretamente, por prejuízo resultante da prática de um ato ilícito por outra pessoa, em razão de se encontrar ligado a ela, por disposição legal. Há dois agentes, portanto: o causador do dano e o responsável pela indenização.

Tal responsabilidade surge de fato praticado por pessoa por quem se é responsável. Reza o art. 932 do Código Civil que: "São também responsáveis pela reparação civil: I — os pais, pelos filhos menores que estiverem sob sua autoridade e em sua companhia; II — o tutor e o curador, pelos pupilos e curatelados, que se acharem nas mesmas condições; III — o empregador ou comitente, por seus empregados, serviçais ou prepostos, no exercício do trabalho que lhes competir, ou em razão dele; IV — os donos de hotéis, hospedarias, casas ou estabelecimentos onde se albergue por dinheiro, mesmo para fins de educação, pelos seus hóspedes, moradores e educandos; V — os que gratuitamente houverem participado nos produtos do crime, até a concorrente quantia".

Havia uma presunção *juris tantum* de culpa de certa pessoa, se outra, que estivesse sob sua guarda ou direção, perpetrasse ato danoso. Assim sendo, em virtude de culpa presumida, a culpa do autor do prejuízo acarretava a da pessoa sob cuja direção se encontrasse, pois ela tinha de exercer o

---

p. 539-86; Lefèbre, *La responsabilité civile du fait d'autrui et du fait des choses*, Paris, 1941; Alvino Lima, *Da responsabilidade civil por fato de outrem*, Rio de Janeiro, 1973.

dever de vigilância constantemente em relação às pessoas que estavam sob sua direção, de tal sorte que havia uma responsabilidade por infração dos deveres de vigilância, por culpa *in vigilando*. Todavia, casos havia em que o responsável por outrem incidia em culpa *in eligendo*, p. ex., o patrão respondia por prejuízo causado por empregado, se fosse negligente ou imprudente na sua escolha. Logo, na realidade, nos casos do art. 1.521 do Código Civil de 1916 havia presunção *juris tantum* de culpa própria por violação ao dever de vigilância de escolher bem o preposto ou empregado e não estabelecimento de uma responsabilidade por culpa de outrem. Como, na prática, era difícil a prova da existência ou não da culpa *in vigilando* e *in eligendo*, as pessoas arroladas nesse artigo respondiam, muitas vezes, sem culpa, isto é, sem que tivessem violado seus deveres.

Por isso o Código Civil vigente vai mais longe, pois no art. 933 determina que os pais, o tutor, o curador, o empregador, ou o comitente, o dono de hotel ou de educandário respondam pelos atos dos filhos, tutelados e curatelados, empregados, serviçais, prepostos, hóspedes e alunos, ainda que não haja culpa de sua parte, afastando tanto a presunção *juris tantum* como a *juris et de jure* de culpa, criando, então, a responsabilidade objetiva, visto que a ideia de risco atende mais aos reclamos do mundo atual, fazendo com que o dano seja reparado pelo pai, representante legal ou empregador não porque tiveram culpa na vigilância ou escolha, mas porque correram o risco de que aquele fato lesivo adviesse[5]. O mesmo se diga daquele que gratuitamente houver participado no produto do crime, praticado por terceiro, até a concorrente quantia (CC, arts. 932, V, 933 e 942, parágrafo único). Assim, "a responsabilidade civil por ato de terceiro funda-se na responsabilidade objetiva ou independente de culpa, estando superado o modelo de culpa presumida" (Enunciado n. 451 aprovado na V Jornada de Direito Ci-

---

5. Sourdat, *Traité général de la responsabilité civile*, 6. ed., Paris, 1911, v. 2, n. 752; Serpa Lopes, op. cit., p. 273; Silvio Rodrigues, *Direito civil*, Saraiva, 1983, v. 4, n. 23 a 26; Aguiar Dias, op. cit., v. 2, n. 187; Orlando Gomes, op. cit., p. 350-6; Francisco dos Santos Amaral Neto, op. cit., p. 358; R. J. Cornejo, *Responsabilidad extracontractual por el hecho ajeno*, 1943, p. 43 e s.; Carlos Roberto Gonçalves, *Responsabilidade civil*, 2. ed., São Paulo, Saraiva, 1984, p. 13 e 14; Aida Kemelmajer de Carlucci, *Daños causados por los dependientes*, Buenos Aires, 1992; Milton Paulo de Carvalho Filho, Responsabilidade civil, *Editorial Atlas*, n. 21 (2003), p. 7; *Indenização por equidade no novo Código Civil*, São Paulo, Atlas, 2003; Alexandre Nader e Ana Rita N. Nery Nader, Responsabilidade civil do incapaz no novo Código Civil, *Revista Síntese de Direito Civil e Direito Processual Civil, 32*:35; *RT, 346*:201, *465*:86, *420*:143, *404*:359, *566*:219; *RJTJSP, 28*:61. Pode haver responsabilidade solidária entre pai e filho, cumulada com a de terceiro, que emprestou, por exemplo, carro ao menor, causando acidente: *JTACSP, 74*:23.

vil). Além disso, no art. 928 e parágrafo único, substitui o princípio da irresponsabilidade absoluta do incapaz (em razão de defeito de idade ou falha mental provocada por toxicomania, alcoolismo, causa transitória ou permanente que retire o poder de manifestação da vontade (CC, arts. 3º, 4º, I, II, III) pelo *princípio da responsabilidade mitigada e subsidiária*, ao prescrever no *caput*: "O incapaz responde pelos prejuízos que causar, se as pessoas por ele responsáveis não tiverem obrigação de fazê-lo ou não dispuserem de meios suficientes"; e no parágrafo único: "A indenização prevista neste artigo, que deverá ser equitativa, não terá lugar se ela privar do necessário o incapaz ou as pessoas que dele dependem". A impossibilidade de privação de um patrimônio mínimo ou do necessário à pessoa traduz um dever de indenização equitativa, informado pelo princípio constitucional de respeito à dignidade da pessoa humana. Pelo Enunciado n. 449 (aprovado na V Jornada de Direito Civil): "A indenização equitativa a que se refere o art. 928, parágrafo único, do Código Civil não é necessariamente reduzida sem prejuízo do Enunciado n. 39 da *I Jornada de Direito Civil*". Há quem entenda que – ante o fato da Lei n. 13.146/2015 ter considerado como absolutamente incapaz apenas o menor de 16 anos (CC, art. 3º) e como relativamente incapaz o maior de 16 e menor de 18 anos; ébrio habitual, viciado em tóxico; pessoa que, por causa transitória ou definitiva, não possa exprimir a vontade e pródigo – pessoa com discernimento reduzido e excepcionais sem desenvolvimento mental completo seriam plenamente capazes, respondendo civilmente como qualquer pessoa, com seus próprios bens pelos danos que causarem a terceiros, afastando-se a responsabilidade subsidiária do representante legal, não se lhes aplicando o art. 928. Será que isso ocorre se essas pessoas não puderem manifestar sua vontade? E, no art. 942, parágrafo único, entendeu-se ser mais razoável que as pessoas indicadas no art. 932 se responsabilizassem solidariamente com os lesantes (*RT*, *741*:293, *707*:85, *641*:132, *613*:70, *598*:55, *566*:104; *JTACSP*, *110*:88; *RJTJSP*, *111*:112, *107*:150). Com isso, atende-se ao princípio da equidade, possibilitando o ressarcimento do lesado.

b.2. Casos de responsabilidade por fato de outrem

b.2.1. Responsabilidade dos pais pelo fato dos filhos menores

Quem exerce poder familiar responderá solidária e objetivamente pelos atos do filho menor que estiver sob sua autoridade e em sua companhia (CC, arts. 932, I, 933 e 942), pois como tem a obrigação de dirigir sua educação deverá sobre ele exercer vigilância (*RJTJSP*, *41*:121). O lesado poderá propor ação contra o menor, desde que emancipado nos termos do art. 5º, parágrafo único, I, ou contra seus genitores, ou contra ambos (litisconsórcio passivo), mas a do incapaz é subsidiária e mitigada, se seus pais não puderem reparar o dano causado (CC, art. 928). Assim sendo, para que se configure tal responsabilidade será mister que:

a) O filho seja menor de 18 anos. Limita, assim, a lei a responsabilidade paterna. A responsabilidade dos pais será subsidiária e solidária, se emancipado por concessão deles nos termos do art. 5º, parágrafo único, I (CC, arts. 928 e 942, parágrafo único; Enunciado n. 41 do Centro de Estudos Judiciários do Conselho da Justiça Federal; ECA, art. 116; *RT*, *641*:132, *566*:104). A responsabilidade paterna, como decorrente que é dos deveres do poder familiar, não depende de ser ou não imputável o filho, pelo menos em face dos princípios comuns dos arts. 186, 927, 932, I, e 933.

b) O filho esteja sob a autoridade e em companhia de seus pais, pois, se estiver em companhia de outrem (p. ex., é internado em colégio), a responsabilidade civil objetiva será daquele a quem incumbe o dever de vigilância (CC, arts. 932, IV, e 933). Não é suficiente que o menor esteja sob o poder familiar dos pais, é preciso que viva em sua companhia e esteja sob sua vigilância, para que haja responsabilidade paterna ou materna. Assim, se o menor, durante o seu trabalho numa oficina, apoderar-se de automóvel de terceiro, que ali foi deixado para conserto, e provocar acidente de trânsito, o empregador será o responsável pela reparação do dano (CC, art. 932, III; *RT*, *748*:272), mas terá ação regressiva (CC, art. 934). Se o menor estava sob a guarda e companhia da mãe, em razão de separação judicial ou de divórcio, esta responderá pelo ato ilícito do filho e não o pai (*RJTJSP*, *54*:182), tendo-se em vista que está no exercício do poder familiar; já se a guarda for compartilhada, ambos terão o exercício do poder familiar e, consequentemente, a responsabilidade civil objetiva pelos danos causados a terceiros por seus filhos menores. Não responderão os pais pelos atos lesivos do filho emancipado, porque a emancipação equivale à maioridade e com ela cessa o poder familiar. Todavia, há decisões no sentido de ampliar a responsabilidade dos pais, mesmo nesse caso, estendendo-a mesmo que o filho seja emancipado por força do art. 5º, parágrafo único, inciso I (*RTJ*, *62*:180; *RT*, *494*:92, *639*:172; *JTACSP*, *102*:79). Contudo, entendemos que só se poderia admitir a responsabilidade solidária do pai se se tratasse de emancipação voluntária (CC, art. 5º, parágrafo único, I; *RT*, *494*:92; *RTJ*, *62*:108); logo, o genitor não responderia por ato ilícito de filho emancipado pelo casamento ou por outras causas arroladas no art. 5º, parágrafo único, II a V, do Código Civil (*RT*, *639*:172, *494*:92; *JTACSP*, *102*:79; *RTJ*, *62*:108).

c) Os pais estejam no exercício do poder familiar, que lhes impõe obrigações especiais, principalmente a de vigilância. Realmente, como observa Sourdat, o poder familiar dá aos pais o direito e o dever de velar constantemente pelos filhos enquanto são incapazes de dirigir suas ações; de prevenir-lhes as faltas, seja pela vigilância atual, seja pela educação intelectual e moral que estão incumbidos de lhes dar (CC, arts. 1.631, 1.632 e 1.634, I, V e VII; *RJTJSP*, *27*:74).

Pouco importará que os pais sejam negligentes na vigilância, isto é, incorram em culpa *in vigilando*, que outrora se presumia havendo a inversão do *onus probandi* (*RT*, *490*:89), incumbindo aos pais provar que cumpriram o dever de vigilância para se livrar da responsabilidade. A culpa *in vigilando*, nas palavras de Munir Karam, consistia na falta de atenção especial dos pais, necessária em relação aos filhos menores. Os pais somente escapavam da responsabilidade se comprovassem ausência de culpa. Isto era assim porque se tratava de uma presunção *juris tantum*, suscetível de ser afastada se os pais demonstrassem que sua conduta era incensurável quanto à vigilância e educação do menor (*RT*, *484*:63, *490*:89). O lesado devia tão somente provar a relação de parentesco, o vínculo de subordinação entre o menor que causou o prejuízo e o titular do dever de vigilância e a conduta culposa do lesante, para que se configurasse a presunção *juris tantum* da culpa *in vigilando*. A jurisprudência havia presumido a responsabilidade dos pais que estavam sujeitos a reparar o prejuízo:

1) se permitissem ao filho menor sair de automóvel, sem carta de habilitação, de modo que, em caso de acidente de trânsito, o prejudicado podia acioná-los para receber a indenização (*RT*, *492*:117, *234*:223, *245*:413, *279*:280, *346*:200, *455*:246, *476*:108, *522*:101, *566*:132, *552*:118, *571*:137, *581*:213; *RJE*, *4*:23; *RF*, *165*:252; *RJTJSP*, *28*:61; *RTJ*, *100*:665). "Não estando o veículo em circulação por vontade do proprietário, desaparece a sua responsabilidade quanto ao acidente do qual o motorista, seu filho, menor não habilitado, não for o agente causador" (TJSC, *ADCOAS*, 1982, n. 86.652). "Em acidente de trânsito provocado por menor, dirigindo automóvel do pai, é deste a culpa presumida, não bastando, para afastá-la, de modo completo, a circunstância de o filho ter habilitação legal para dirigir veículo automotor. Ainda que provada a inexistência de empréstimo do carro, responderia pela culpa *in vigilando*" (STF, *ADCOAS*, 1982, n. 82.273);

2) se não exercessem a devida vigilância em torno do filho menor, possibilitando que ele praticasse crime sexual, p. ex., violência sexual mediante fraude, estupro, etc., pois poderiam ser compelidos a indenizar a vítima;

3) se não velassem pelo menor, possibilitando que ele praticasse algum delito, como furto (*RT*, *346*:490, *463*:233), lesão corporal (*RT*, *492*:68; *RJTJSP*, *41*:121) etc.;

4) se não impedissem o consumo de bebidas alcoólicas ou de tóxicos pelos menores;

5) se permitissem que o menor brincasse com armas (*RJTJRS*, *90*:285; *RF*, *206*:167; *RT*, *559*:203) ou instrumentos perigosos (*RT*, *259*:381); p. ex., "Tendo um menor perdido o globo ocular direito em razão de disparo efetuado com arma de pressão, são civilmente responsáveis pela indenização os pais do menor que disparou a arma e os pais do menor que a emprestou. A responsabilidade decorre do dever de vigilância sobre os filhos e sobre a coisa perigosa" (TJRS, *ADCOAS*, 1982, n. 85.857);

6) se deixassem material inflamável ao alcance de menor afetado de piromania.

Se os pais provassem que não haviam faltado ao dever de vigilância, não tinham de ressarcir os prejuízos causados pela conduta ilícita de seus filhos menores. Assim, não havia reparação de dano causado por menor, se seus pais demonstrassem que não se descuidaram dele, tendo-lhe fornecido educação conveniente, e que não houve negligência na vigilância, pois vigiaram cuidadosamente suas ações. Os pais só eram obrigados a reparar civilmente os prejuízos causados pelo filho menor se não conseguissem comprovar que foram diligentes no dever de vigilância. É preciso lembrar que o art. 1.523 do Código Civil de 1916 foi revogado pelo Código de Menores de 1927, que, por sua vez, perdeu vigência em razão da promulgação do Código de Menores de 1979 (atualmente revogado pela Lei n. 8.069/90), mas que nem por isso restabeleceu o art. 1.523, ante o disposto na Lei de Introdução às Normas do Direito Brasileiro, art. 2º, § 3º. Desse modo a responsabilidade do pai pelo ato ilícito do filho menor já era objetiva, por não mais existir a presunção de culpa estabelecida no Código de Menores, visto que a revogação desse Código veio a ampliar sua responsabilidade ao retirar-lhe a possibilidade de se exonerar daquela responsabilidade provando que não houve culpa ou negligência de sua parte. Sem embargo, em face da omissão legal, pois o Código de Menores (hoje revogado pela Lei n. 8.069/90) nada dispunha sobre a matéria, era de bom alvitre, para evitar injustiça em certos casos, seguir, em relação à responsabilidade dos pais pelo fato do filho, o entendimento do Supremo Tribunal

Federal (Súmula 341), que ao interpretar o art. 1.523 do Código Civil de 1916 decidiu que a lei *presume* a culpa do patrão ou comitente pelo ato ilícito de seu empregado ou preposto. Com a presunção de culpa, haveria possibilidade de o pai, e não a vítima, provar que não violou seus deveres. Assim sendo, tornou-se conveniente que nossos juízes e tribunais examinassem cuidadosamente cada caso e admitissem a exoneração do genitor, se for evidente que o prejuízo causado pelo menor se deu, embora seu pai tenha sido diligente, cumprindo de modo exemplar a obrigação de vigilância[6].

---

6. *Vide* Lei n. 8.069/90, arts. 129 e 130, alusivos às medidas aplicáveis aos pais ou responsável. *RTJ*, *62*:180, *80*:528; *RJTJSP*, *40*:102, *41*:121, *54*:182, *29*:100; *RT*, *504*:81, *244*:256, *286*:213, *492*:117, *455*:242, *449*:109, *427*:97, *380*:97, *412*:151, *522*:101, *498*:77, *504*:81, *448*:103, *380*:97, *372*:111, *460*:111, *491*:165, *465*:86, *476*:408, *389*:120, *449*:109, *420*:143; Carlos Alberto Bittar, op. cit., p. 57; Antônio Disney Montingelli, Da responsabilidade civil dos pais, patrões e outros (algumas considerações sobre os arts. 1.521 e 1.523 do Código Civil de 1916), *RJTJSP*, Lex, *70*:25-30; M. Helena Diniz, *Curso de direito civil brasileiro*, v. 3, p. 509 e 510; Álvaro Villaça Azevedo, op. cit., p. 336 e 337; Francisco dos Santos Amaral Neto, op. cit., p. 358; Orlando Gomes, op. cit., p. 356 e 357; Aguiar Dias, op. cit., v. 2, p. 175-85, n. 188; Caio M. S. Pereira, *Instituições de direito civil*, v. 3, p. 502 e s.; Antunes Varela, *Direito das obrigações*, Rio de Janeiro, Forense, 1977, p. 233; Serpa Lopes, op. cit., n. 213; Clara Campoamor, Responsabilidade do chefe de família, *Revista de Jurisprudência Argentina*, *74*:109; Sourdat, op. cit., n. 814; Alvino Lima, *Da responsabilidade civil por fato de outrem*, Rio de Janeiro, 1973, n. 11; W. Barros Monteiro, *Curso de direito civil*, 17. ed., São Paulo, Saraiva, 1982, v. 5, p. 399 e 400; Gelson Amaro de Souza, Responsabilidade dos pais pelos danos causados pelos filhos, *RT*, *778*:59; Monica N. Michel, *La responsabilidad civil de los padres por los hechos de sus hijos*, 1998; Samuel A. Gonçalves, Tese do abandono virtual e a responsabilização de pais por danos aos filhos, vítimas no cibermundo, *Revista Jurídica — "De Jure" 26*:111-146; Munir Karam (Responsabilidade civil dos pais pelo fato do filho, in *Enciclopédia Saraiva do Direito*, v. 65, p. 393-409) escreve nas páginas 398 e 399 que: "O Código de Menores de 1927 (Dec. n. 17.943-A) havia alterado a regra do art. 1.523 do CC de 1916 e colocado termo à discussão, criando uma presunção 'iuris tantum' de culpa dos genitores pelos atos ilícitos praticados por seus filhos (arts. 68, § 4º, e 74). O Código de Menores (Lei n. 6.697, de 10-10-1979), porém, nada dispõe sobre a matéria. Bulhões de Carvalho criticou a omissão do projetista escrevendo: 'Não reproduzido o citado dispositivo do Código de Menores, restaura-se plenamente o Código Civil, que, nessa parte, é imperfeito'. O STF, ao interpretar o art. 1.523 do CC de 1916, consagrou o entendimento de que a lei *presume* a culpa do patrão ou comitente pelo ato ilícito de seu empregado ou preposto (Súmula n. 341). A mesma linha de raciocínio deverá ser adotada em relação à responsabilidade dos pais pelo fato do filho, em face da omissão do legislador. Decidir de modo diferente será alterar por inteiro princípios solidamente incorporados ao campo da responsabilidade civil, incorrendo-se em injustificável retrocesso. Pode-se imaginar as dificuldades que surgirão, se a vítima for compelida a provar a culpa 'in vigilando' dos pais, para obter a reparação do dano. A inversão do ônus da prova atende à preocupação atual de ampliar a possibilidade de reparação, para melhor amparar a vítima do dano. Firmada a presunção legal da culpa, aos pais incumbe provar que cumpriram de modo exemplar o dever de vigilância, para se exonerarem da responsabilidade". Silvio Rodrigues (*Direito civil*, Saraiva, 1983, v. 4, p. 68-74), na página 73, esposa opinião diversa ao afirmar: "De fato, a Lei n. 6.697, de 10

Pelo Código Civil vigente, não há mais que se falar em presunção de culpa dos pais, pois, em razão do disposto no art. 933, mesmo que não haja culpa de sua parte, responderão objetivamente pelos atos danosos de seus filhos, absoluta ou relativamente incapazes, não tendo ação regressiva do que houver pago ao lesado, em razão do princípio de solidariedade familiar (CC, art. 934). Consolida essa ideia o Enunciado n. 450 do CJF (aprovado na V Jornada de Direito Civil) ao dispor: "Considerando que a responsabilidade dos pais pelos atos danosos praticados pelos filhos menores é objetiva, e não por culpa presumida, ambos os genitores, no exercício do poder familiar, são, em regra, solidariamente responsáveis por tais atos, ainda que estejam separados, ressalvado o direito de regresso em caso de culpa exclusiva de um dos genitores". Pelo Enunciado n. 590: "A responsabilidade civil dos pais pelos atos dos filhos menores, prevista no art. 932, inc. I, do Código Civil, não obstante objetiva, pressupõe a demonstração de que a conduta imputada ao menor, caso o fosse a um agente imputável, seria hábil para a sua responsabilização" (aprovado na VII Jornada de Direito Civil).

b.2.2. Responsabilidade do tutor e do curador pelo ato praticado pelo pupilo e curatelado

A tutela é um instituto de caráter assistencial que tem por escopo substituir o poder familiar. Protege o menor não emancipado e seus bens, se-

---

de outubro de 1979, que instituiu um novo Código de Menores, em seu derradeiro artigo revogou, expressamente, e em seu todo, o Decreto n. 17.943-A, de 12 de outubro de 1927, que dera vigência ao Código Anterior. Portanto, o art. 64, § 4º, que revogara o art. 1.523 do Código Civil de 1916, se encontra também revogado. Ora, foi aquele dispositivo, cuja vigência agora se extinguiu que aliviou a vítima do ato danoso praticado pelo menor do encargo de provar a culpa do pai deste, para vê-lo envolvido na obrigação de indenizar. Entretanto, o fato de ter o Código de Menores de 1927 perdido vigência não faz com que o art. 1.523 do Código Civil de 1916, por ele revogado, volte a vigorar, pois a lei revogada não se restabelece por ter a lei revogadora perdido vigência (Lei de Introdução às Normas do Direito Brasileiro, art. 2º, § 3º). Portanto, como estamos agora? Na realidade, com a revogação do art. 1.523 do Código Civil de 1916 e a posterior revogação do Código de Menores, o único texto a reger a responsabilidade dos pais por atos dos seus filhos era a regra do art. 1.521 daquele Código... Examinando-se o dispositivo, que vige sem a restrição que era sua irmã gêmea (prova de culpa do pai a ser produzida pela vítima), nota-se que a revogação do Código de Menores de 1927 ampliou consideravelmente a responsabilidade dos pais, pois tirou-lhes a válvula de escape, representada pela possibilidade de ilidir sua responsabilidade, provando que não houve culpa ou negligência de sua parte. Sua responsabilidade, dadas certas circunstâncias, é objetiva, pois não mais existe a presunção de culpa, consignada no Código de Menores de 1927". Quanto à prática de *ato infracional* de adolescente, *vide* Leis n. 8.069/90, arts. 103 a 105; 110 a 128; 148, II; 188; 171 a 190; 201, I e II; 206 e 207, §§ 1º a 3º.

seus pais faleceram ou foram suspensos ou destituídos do poder paternal[7], dando-lhe assistência e representação na órbita jurídica, ao investir pessoa idônea nos poderes imprescindíveis para tanto. O tutor passará a ter o encargo de dirigir a pessoa e administrar os bens do menor, desde que ele não esteja sob poder familiar do pai ou da mãe[8], zelando pela sua criação, educação e haveres. Portanto, tutela e poder familiar são institutos que não podem coexistir, onde um incide não há lugar para o outro (*RT*, *402*:162)[9].

A tutela é, portanto, um complexo de direitos e obrigações conferidos pela lei a um terceiro, para que proteja a pessoa de um menor que não se acha sob o poder familiar e administre seus bens[10].

O tutor, sob inspeção judicial (CC, arts. 1.740 e 1.741), deverá reger a pessoa do pupilo ou tutelado, assistindo-o ou representando-o; velar por ele, dirigindo sua educação; defendê-lo; prestar-lhe alimentos e administrar seus bens, sendo que alguns atos de administração ficarão na dependência de autorização do juiz[11]. Logo, o tutor exerce um *munus publico*, imposto pelo Estado, para atender a um interesse público, possibilitando a efetivação do dever estatal de guardar e defender órfãos[12].

Como se vê, tem o dever de vigilância, por isso deve empregar no exercício da tutoria toda a sua diligência, sendo que perante terceiros responderá objetiva e civilmente pelos atos do pupilo, desde que este se encontre em sua guarda e companhia (CC, art. 932, II), fundando-se essa sua responsabilidade no *munus publico* (CC, arts. 933, 928, parágrafo único, e 942, parágrafo único), não mais se cogitando de culpa *in vigilando*[13]. O magistrado, ao julgar dano causado por menor sob tutela, não deverá, atendo-se à circunstância de que o tutor presta um serviço à sociedade, exonerá-lo do dever de responsabilidade, mesmo que não haja negligência de sua parte na vigilância do pupilo[14].

---

7. Silvio Rodrigues, op. cit., 1980, v. 6, p. 396.
8. Caio M. S. Pereira, *Instituições de direito civil*, 3. ed., Rio de Janeiro, Forense, 1979, v. 5, p. 294.
9. M. Helena Diniz, op. cit., 1982, v. 5, p. 299.
10. Silvio Rodrigues, op. cit., v. 6, p. 396; Bassil Dower, *Curso renovado de direito civil*, São Paulo, Ed. Nelpa, v. 4, p. 256; M. Helena Diniz, op. cit., v. 5, p. 299.
11. Orlando Gomes, *Direito de família*, 3. ed., Rio de Janeiro, Forense, 1978, p. 427.
12. *Vide* Bassil Dower, op. cit., p. 256; Silvio Rodrigues, op. cit., v. 6, p. 396; M. Helena Diniz, op. cit., v. 5, p. 300; Orlando Gomes, *Direito de família*, cit., p. 427 e 428.
13. Carbonnier, *Droit civil*, Paris, PUF, 1955, v. 2, p. 441, n. 145; Caio M. S. Pereira, op. cit., p. 300 e 301; M. Helena Diniz, op. cit., v. 5, p. 306; Pontes de Miranda, *Tratado de direito de família*, v. 3, § 176; Serpa Lopes, op. cit., p. 274; Álvaro Villaça Azevedo, op. cit., p. 336; Orlando Gomes, *Obrigações*, cit., p. 358; Carlos Alberto Bittar, op. cit., p. 57; Aguiar Dias, op. cit., v. 2, p. 186.
14. Silvio Rodrigues, op. cit., v. 4, p. 75.

A curatela é o encargo público cometido por lei a alguém para administrar os bens de maiores (EPD, art. 85), que, por si sós, não estão em condições de fazê-lo, em razão de enfermidade que impossibilite a manifestação da vontade, alcoolismo, prodigalidade ou toxicomania[15]. A Lei n. 13.146/2015, art. 85, § 1º, por sua vez, prescreve que a curatela afetará tão somente os atos relacionados aos *direitos de natureza patrimonial* e *negocial*, visto que não alcança o direito ao próprio corpo, à sexualidade, ao matrimônio, à privacidade, à educação, à saúde, ao trabalho e ao voto. O Código Civil, art. 1.778, prescreve que a autoridade do curador estende-se à *pessoa* e aos *bens* dos *filhos menores* do curatelado. E o CPC, art. 757, reza que a autoridade do curador estende-se à *pessoa* e aos *bens* do *incapaz* que se encontrar sob a guarda e responsabilidade do curatelado ao tempo de interdição, salvo se o juiz considerar outra solução como mais conveniente aos interesses do incapaz. Estes últimos artigos tratam da *curatela prorrogada*, que, na verdade, em relação aos *filhos menores* do curatelado, seria uma simples *tutela*. Só seria curatela se houvesse algum *incapaz interdito*, sob a responsabilidade do curatelado ao tempo da interdição. Qual seria, então, a função do curador? Reger a pessoa e bens? Ou apenas os bens? Diante disso, surge um impasse: ter-se-ia: a) uma *antinomia real*, que requer para sua solução a edição de uma terceira norma que opte por uma delas, ou a aplicação nos casos em julgamento dos arts. 4º e 5º da LINDB, em busca do critério do *justum*, ou b) uma *antinomia aparente* (parcial-parcial, quanto à extensão da contradição), pois as duas normas só em parte conflitam uma com a outra. Tal conflito se resolveria, interpretando-se conjugadamente o art. 757, segunda parte, que dá discricionariedade ao juiz de *considerar outra solução mais conveniente aos interesses do incapaz*, com o art. 755, I, do CPC, que permite a ele, na sentença de interdição, fixar os limites da curatela, segundo desenvolvimento mental do interdito. Assim, ficará cada caso *sub judice*, sob a apreciação do magistrado que, com prudência objetiva, atendendo o critério do *justum* (LINDB, art. 5º), verificará se deve aplicar o CPC, art. 757 (primeira parte) ou a Lei n. 13.146/2015, art. 85. Parece-nos que esta última seria a solução mais razoável.

Em regra é um *munus publico* conferido a um indivíduo para dirigir os bens de maiores incapazes (CC, arts. 1.767, I, III e V, e 932, II); todavia,

---

15. M. Helena Diniz, op. cit., v. 5, p. 310; *RT*, *560*:201. Definição baseada em Clóvis Beviláqua, *Código Civil comentado*, 10. ed., São Paulo, Francisco Alves, 1954, v. 2, p. 6; W. Barros Monteiro, op. cit., v. 2, p. 321; Espínola, *A família no direito brasileiro*, Ed. Conquista, 1957, p. 618; Yussef Said Cahali, Curatela, in *Enciclopédia Saraiva do Direito*, v. 22, p. 143.

alcança também outros casos, por sua natureza e efeitos específicos, como o do nascituro (CC, art. 1.779), o do ausente (CC, art. 22), o do réu preso, o da herança jacente (CC, art. 1.819) e os previstos no Código Civil, arts. 1.733, § 2º, e 1.692, e no Código de Processo Civil, art. 72, I e II[16]. Em geral o pressuposto fático da curatela é a incapacidade[17], de modo que estão sujeitos a ela os adultos que, por causas patológicas, congênitas ou adquiridas, são incapazes de administrar seu patrimônio, como os enfermos mentais; os surdos-mudos, sem educação que os habilite a enunciar sua vontade; os pródigos; os toxicômanos ou viciados em substâncias entorpecentes ou que determinam dependência física ou psíquica. Realmente, o Código Civil, no art. 1.767, I, III e V, com a redação da Lei n. 13.146/2015, de forma mais completa, sujeita à curatela: *a*) os que, por causa transitória ou permanente, não puderem exprimir sua vontade; *b*) os ébrios habituais e os viciados em tóxicos; e *c*) os pródigos. Adverte Washington de Barros Monteiro que não há outras pessoas sujeitas à curatela, além das arroladas pelo Código Civil. Cegueira, analfabetismo, idade provecta, por si sós, não constituem motivo bastante para interdição. A velhice acarreta, sem dúvida, diversos males, mas só quando assume caráter psicopático, com estado de involução senil em desenvolvimento e tendência a se agravar, pode sujeitar o paciente à curatela[18]. Assim, se a idade avançada e o estado de decadência orgânica não são motivos legais para a interdição, esta não pode deixar de ser decretada quando o paciente não consegue, pela palavra falada ou escrita, manifestar seu pensamento, cuidar de seus negócios e administrar seus haveres (*RT*, *224*:189, *325*:165)[19].

O curador, sendo encarregado do interdito, exerce sobre ele o dever de vigilância, de modo que poderá ser demandado por quem foi lesado por ato do curatelado para reparar o dano causado (CC, arts. 932, II, e 933). Terá responsabilidade objetiva, decorrente do *munus publico*, e não por infração à obrigação de vigilância. Se, p. ex., o curador providenciou, por ordem médica, a internação do curatelado (Lei n. 13.146/2015, art. 21) em estabelecimento adequado, e ele vier a prejudicar outrem, sua será a responsabilidade e, consequentemente, seu dever será de ressarcir o dano, mesmo se conseguir demonstrar ausência de culpa. Deveras, a responsabilidade do curador rege-se pelos arts. 932, II, 933, 942 e parágrafo único, e 928, parágrafo único, do Código Civil.

---

16. Caio M. S. Pereira, op. cit., p. 306.
17. Sobre o pressuposto fático, *vide*: Caio M. S. Pereira, op. cit., p. 309; Yussef Said Cahali, op. cit., p. 144 e 145; M. Helena Diniz, op. cit., v. 5, p. 310 e 311.
18. W. Barros Monteiro, op. cit., v. 2, p. 322.
19. *Vide* M. Helena Diniz, op. cit., v. 5, p. 311-8.

Assim sendo, haverá responsabilidade objetiva e solidária do curador pelo ato lesivo do curatelado mesmo que prove que não negligenciou na vigilância[20].

Tutor, ou curador, tem ação regressiva contra tutelado, ou curatelado, que possa, sem privar-se do necessário à sua subsistência, pagá-lo do que desembolsou para reparação do dano causado a terceiro (CC, arts. 934, 942 e 928, parágrafo único). Pelo Enunciado n. 453 do CJF (aprovado na V Jornada de Direito Civil): "Na via regressiva, a indenização atribuída a cada agente será fixada proporcionalmente à sua contribuição para o evento danoso".

b.2.3. Responsabilidade do empregador ou comitente pelos atos lesivos de seus empregados, serviçais ou prepostos

O empregador ou comitente também é responsável por atos ilícitos praticados por seus empregados, serviçais e prepostos, no exercício do trabalho que lhes competir, ou em razão dele (CC, art. 932, III).

O preposto ou empregado é o dependente, isto é, aquele que recebe ordens, sob o poder de direção de outrem, que exerce sobre ele vigilância a título mais ou menos permanente. O serviço pode consistir numa atividade duradoura ou num ato isolado (pessoa que se incumbe de entregar uma mercadoria), seja ele material ou intelectual. Pouco importará que o preposto, serviçal ou empregado seja salariado ou não; bastará que haja uma subordinação voluntária entre ele e o comitente, ou patrão, pois a admissão de um empregado dependerá, em regra, da vontade do empregador, que tem liberdade de escolha. O empregado ou preposto são pessoas que trabalham sob a direção do patrão, não se exigindo que entre eles haja um contrato de trabalho. Bastará que entre eles exista um vínculo hierárquico de subordinação. A relação entre comitente e preposto assenta-se numa comissão, ou seja, no serviço realizado por conta e sob a direção de outrem. Exige-se, portanto, tão somente que os serviços sejam executados sob as ordens e instruções de alguém, que terá o direito de dirigir a execução do trabalho, sem que o empregado tenha qualquer independência no exercício das tarefas que lhe foram confiadas, como ocorre, p. ex., com o motorista em relação ao dono do automóvel, o jardineiro perante o patrão etc.[21].

---

20. Aguiar Dias, op. cit., v. 2, p. 187 e 188; Orlando Gomes, *Obrigações*, cit., p. 358 e 359; Silvio Rodrigues, op. cit., v. 4, p. 75 e 76; *RJTJSP*, *40*:102; *RT*, *560*:201.

21. Aguiar Dias, op. cit., v. 2, p. 188 e 189; Orlando Gomes, *Obrigações*, cit., p. 359; Antunes Varela, op. cit., p. 234 e 235; Pedro Z. Etchegaray, *La responsabilidad civil del empresario por los daños causados por su dependiente: naturaleza y requisitos*, 1995; Waldemar Ferreira, A responsabilidade da pessoa natural e jurídica por atos de seus prepostos, *RFDUSP*,

O empregador ou comitente somente será objetivamente responsável se: *a*) houver um prejuízo causado a terceiro, por fato do preposto. P. ex.: o condomínio será responsável pelos danos causados aos carros por prepostos que estiverem encarregados de guardá-los na garagem do edifício (*Revista de Jurisprudência, 21*:181); *b*) o preposto cometeu o fato lesivo no exercício de suas funções (*RT, 494*:201, *778*:354) ou das atividades que lhe incumbem, isto é, durante o trabalho, ou em razão dele. P. ex.: furto de objetos do cliente, cometido pelo empregado, enquanto atendia a vítima; incêndio ocasionado por preposto ao consertar canalização de água; acidente de trânsito provocado por um chofer; estupro cometido por empregado encarregado de levar menina ao colégio; contrabando feito no automóvel de patrão, durante o serviço pelo motorista. Numerosos são os casos de abuso de função; *c*) houver culpa do preposto ou empregado. Se o evento lesivo não se deu por ato culposo do empregado, mas em razão de força maior, caso fortuito, culpa da vítima ou de terceiro, não se terá responsabilidade do empregador; *d*) existir relação de emprego ou de dependência entre o causador do ato danoso e o patrão, amo ou comitente. Não será necessário, para eximi-lo da responsabilidade, demonstrar que empregador ou comitente não concorreram para o prejuízo por culpa ou negligência de sua parte (CC, art. 933), visto que a sua responsabilidade é objetiva.

Antes do Código Civil de 2002, a má escolha ou falta de vigilância ou de instruções para o cumprimento da tarefa fundava-se em culpa própria: *in eligendo, in vigilando* ou *in instruendo*. Todavia, pela Súmula 341 do STF,

---

34:134; M. Helena Diniz, Responsabilidade civil do empregador por ato lesivo de empregado na Lei n. 10.406/2002, *Revista do Advogado, 70*:65-72. "Se o veículo deixado para lavagem e lubrificação em posto de gasolina é retirado por empregado do posto, não habilitado para dirigir automóvel, a proprietária do posto responde pelos danos causados aos pais, em consequência da morte de filho menor, que viajava no veículo quando se verificou a colisão deste com um poste" (1º TARJ, *ADCOAS*, 1983, n. 90.183). *BAASP, 2.759*:11. Sendo incontroversa a ocorrência do furto do veículo do autor nas dependências dos estabelecimentos demandados, os quais assumiram o dever de guarda e vigilância sobre o automóvel, devem estes indenizar os danos sofridos pela vítima. Responsabilidade que decorre da falha na segurança do estabelecimento. Súmula 130 do STJ. A situação daquele que deixa seu veículo para lavar e, ao retornar, depara-se com o seu sumiço em razão de o preposto ter entregado as chaves a terceiro meliante e liberado sua saída do local, à evidência que causa abalo à vítima, ultrapassando o simples contratempo ou desconforto. Dano moral *in re ipsa*. Valor da condenação fixado de acordo com as peculiaridades do caso em concreto, bem assim em observação aos princípios da proporcionalidade e razoabilidade e a natureza jurídica da condenação. Apelo dos demandados desprovido. Apelo adesivo provido. Unânime.Dano causado por menor empregado no exercício do trabalho gera responsabilidade civil do patrão (*RT, 579*:119, *554*:148). Responsabilidade civil da academia de judô por acidente causado por professor a aluno, por negligência, que se tornou tetraplégico: STJ, 3ª Turma, REsp 473.085.

"é presumida a culpa do patrão, amo ou comitente pelo ato culposo do empregado, serviçal ou preposto"; logo, o ofendido não mais devia comprovar a culpa concorrente do patrão, porém apenas demonstrar a relação de subordinação entre o agente direto e a pessoa incumbida legalmente de exercer sobre ele a vigilância, a existência do dano e que este foi causado por culpa do preposto. Provada esta, havia culpa do patrão, desde que o empregado se encontrasse a serviço, no exercício do trabalho, ou por ocasião dele (*RTJ*, *67*:625; *RT*, *533*:106, *510*:68, *536*:117, *465*:158, *468*:195, *486*:74, *495*:101, *508*:90, *542*:232, *544*:233, *579*:119, *590*:180, *592*:136, *612*:87). A culpa do patrão era presumida e a do preposto devia ser provada pela vítima do dano. Assim, o patrão só se isentava de responsabilidade se tivesse a seu favor alguma das escusas legais (*RT*, *512*:229) e, se não as tivesse, devia ressarcir o dano, pagando a devida indenização. "Provada a culpa do preposto, indiscutível era a responsabilidade civil do preponente, na conformidade da Súmula 341 do Excelso Pretório, independentemente de qualquer comprovação da culpa *in eligendo* ou *in vigilando* do patrão. Nesta hipótese, a culpa do preponente era presumida e somente podia ser elidida pela comprovação do caso fortuito ou força maior. Ao titular da indenização resultante de ato ilícito cabia a opção entre acionar o autor do ato ilícito juntamente com o seu preponente ou somente a este" (*RT*, *422*:88). Logo, a jurisprudência havia entendido que tal presunção de culpa não era apenas *juris tantum* mas *legis et de lege* equipolente à responsabilidade objetiva, ante o fato da frequência do estado de insolvência do causador direto do dano[22].

---

22. *RTJ*, *58*:906; *RJTJSP*, *41*:111, *27*:56, *30*:109, *36*:134, *40*:103, *42*:104, *39*:61; *RF*, *198*:15, *67*:281, *51*:394, *55*:71, *93*:287, *209*:116, *205*:143; *RT*, *357*:311, *177*:408, *110*:658, *369*:237, *108*:698, *421*:315, *480*:167, *396*:329, *392*:213, *409*:364, *364*:277, *397*:183, *401*:189, *430*:271, *429*:204, *483*:84, *490*:86, *491*:66; Antônio Disney Montingelli, op. cit., p. 23-5; Álvaro Villaça Azevedo, op. cit., p. 337 e 338; Serpa Lopes, op. cit., p. 272-85; W. Barros Monteiro, op. cit., v. 5, p. 400-2; Orlando Gomes, *Obrigações*, cit., p. 360 e 361; Silvio Rodrigues, op. cit., v. 4, p. 77; M. Zingher, *De la responsabilité civile du commettant*, Paris, 1923, p. 14 e 18; Martinho Garcez Neto, *Prática da responsabilidade civil*, Saraiva, 1975, p. 3-10; Karl Larenz, *Derecho de obligaciones*, Madrid, 1959, v. 2, p. 608 e 609; Antunes Varela, op. cit., p. 234-6; Carlos Alberto Bittar, op. cit., p. 57 e 58; Chironi, *La colpa nel diritto civile odierno*, Torino, Fratelli Bocca, 1903, v. 1, p. 432 e s.; Hedemann, *Tratado de derecho civil*, Madrid, 1958, v. 3, p. 546 e 547; Vicente Ráo, A responsabilidade dos patrões, amos e comitentes no direito civil brasileiro, *RT*, *214*:3-13 e *758*:729; Jacques Flour, *Les rapports de commettants à préposé dans l'art 1.384 du Code Civil* (tese), Paris, 1911, p. 340; Bahgat, *La responsabilité du commettant*, 1929, p. 420 e s.; Sourdat, *Traité général de la responsabilité*, 6. ed., Paris, 1911, v. 2, p. 4 e 72; Caio M. S. Pereira, op. cit., v. 3, p. 502-4; Mario Pogliani, op. cit., p. 232-48; Carvalho Santos, *Código Civil brasileiro interpretado*, t. 20, p. 289; Carlos Roberto Gonçalves, op.

Com o atual Código Civil consagrada está a responsabilidade objetiva do empregador por ato lesivo de empregado, tendo porém ação regressiva contra ele para reaver o que pagou ao lesado (CC, art. 934; CLT, art. 462, § 1º), pouco importando a questão de se apurar se houve, ou não, culpa *in vigilando* ou *in eligendo*. Procura a lei, ao impor a responsabilidade objetiva, fazer com que os patrões vigiem, instruam e façam uma seleção de seus empregados. Lícito será efetuar o desconto no salário dos valores relativos aos danos causados culposamente pelo empregado, desde que haja acordo e tenha havido dolo deste.

Tal responsabilidade é extensiva a empresários individuais e às empresas pelos danos causados pelos produtos postos em circulação (CC, art. 931), mas se tal atividade configurar relação de consumo, reger-se-á pelo Código de Defesa do Consumidor. Assim, esse dispositivo consagra a responsabilidade objetiva de empresa ou empresário pelo risco advindo da sua atividade empresarial, em relação não consumerista, provocado por produto, colocado em circulação junto ao público, p. ex., a terceiro (montador de veículo), lesado pelo seu produto (peça de automóvel, contendo grave defeito de fabricação), posto em circulação; a transeunte por explosão de botijão de gás transportado por uma companhia distribuidora de gás etc. No campo da responsabilidade extracontratual é, portanto, princípio assente que as pessoas jurídicas de direito privado devem reparar o dano causado pelo seu representante que procedeu contra o direito, alargando-se, assim, o conceito de responsabilidade indireta. O Código Civil, ao cuidar da responsabilidade civil, o fez apenas quanto aos empresários e às empresas que têm finalidade lucrativa (art. 931). De forma que, se se combinarem os arts. 932, III, 933 e 934 do nosso Código Civil, poder-se-á dizer que essas sociedades respondem objetivamente pelos atos ilícitos praticados pelos seus representantes, mesmo que não haja presunção de culpa *in eligendo* ou *in vigilando*, que provoca a reversão do ônus da prova; logo, a empresa responderá pela lesão mesmo que venha a comprovar que não teve culpa nenhuma[23]. Pelo CJF, Enun-

---

cit., p. 65; Rodolfo Pamplona Filho, Responsabilidade civil nas relações de trabalho e o novo Código Civil brasileiro, in *Novo Código Civil — questões controvertidas*, São Paulo, Método, 2003, p. 235-55; Matiello, *Código*, cit., p. 584; Adalberto Martins, A responsabilidade do empregador e o atual Código Civil, *Revista da Faculdade de Direito da UniFMU*, *26*:133-40.

23. M. Helena Diniz, op. cit., v. 1, p. 118, Responsabilidade civil das pessoas jurídicas, *Revista da Procuradoria-Geral do Estado do Ceará*, *4*:66, 1981; Serpa Lopes, op. cit., p. 277; Matiello, *Código*, cit., p. 582; Orlando Gomes, *Obrigações*, cit., p. 362; Silvio Rodrigues, op. cit., v. 4, p. 90, e na página 91 observava que: "O projeto de Código Civil de 1975 não consagrou preceito igual ao do art. 1.522 do Código Civil de 1916. Assim, a res-

ciado n. 562 (aprovado na VI Jornada de Direito Civil): "Aos casos do art. 931 do Código Civil aplicam-se as excludentes da responsabilidade objetiva". Como a lei substantiva trata somente de empresa (CC, art. 931), a responsabilidade das associações, que não têm tal fim, não encontra regulamentação legal, o que nos conduziu a aceitar a conclusão de Silvio Rodrigues[24], de que sua responsabilidade advém do art. 186 do Código Civil, que dispõe sobre a responsabilidade do causador do dano pela reparação do prejuízo. Mas, melhor analisando a questão, ante os arts. 4º e 5º da Lei de Introdução às Normas do Direito Brasileiro, entendemos que mais viável seria admitir a responsabilidade civil objetiva das associações, aplicando-se os arts. 932 e 933 do Código Civil, sob pena de instaurar no sistema jurídico uma lacuna axiológica.

O Código Civil prescreveu a responsabilidade objetiva e solidária do empregador pelos erros e enganos de seus prepostos, para evitar que ele possa exonerar-se dela, provando que não se houve com culpa pela escolha do preposto (culpa *in eligendo*) ou pela falta de vigilância (culpa *in vigilando*). Assim, se houver erro ou engano do empregado, ele e o empregador serão solidariamente responsáveis, tendo-se, então, uma responsabilidade objetiva, fundada na teoria do risco[25] (CC, arts. 932, III, 933 e 942, parágrafo único).

---

ponsabilidade das pessoas jurídicas de direito privado será direta e decorrerá da regra geral consignadora da responsabilidade, que não distingue entre pessoa física e pessoa jurídica".

24. Silvio Rodrigues, op. cit., v. 1, p. 102; *RT*, *455*:143, *481*:174. "No contrato de *leasing* inexiste responsabilidade solidária da empresa arrendante pela má utilização do objeto pela arrendatária ou seu preposto. Em se tratando de acidente automobilístico, não é o domínio que enseja a responsabilidade civil, mas sim a posse do veículo, mesmo porque, em termos de ato ilícito, o que tem relevo é a conduta do agente" (*RT*, *574*:216). Já se decidiu que: 1. Diante da relação processual cujo direito material em discussão está protegido pelo Código de Defesa do Consumidor, deve ser facilitada a defesa, nos termos do art. 6º, inciso VIII, do CDC. 2. A pretensão indenizatória deve ser analisada com fundamento na responsabilidade objetiva do fornecedor, pelo fato do serviço (art. 14 do CDC). 3. Ainda que não houvesse relação de consumo, persiste a responsabilidade do estabelecimento por ato ilícito do preposto, que se equipara à forma objetiva. Inteligência dos arts. 932, inciso III, e 933 do CC. 4. A indenização por danos materiais somente é devida mediante comprovação dos danos. 5. O valor fixado a título de danos morais tem caráter punitivo-pedagógico, a fim de que o estabelecimento instrua seus seguranças a laborarem de maneira eficiente e responsável" (TJPR, 9ª, Câm. Cív., Ap. Cível n. 455.595-7-Londrina-PR, rel. Des. Rosana Amara Girardi Fachin, j. 8-5-2008, v.u., *BAASP*, *2.604*:1608).

25. Álvaro Villaça Azevedo, op. cit., p. 338 e 339; Matiello, *Código*, cit., p. 584. Pelo Enunciado n. 453 do Conselho de Justiça Federal (aprovado na V Jornada de Direito Civil): "na via regressiva, a indenização atribuída a cada agente será fixada proporcionalmente à sua contribuição para o evento danoso".

O empregador somente poderá escusar-se se puder comprovar que o dano causado por empregado seu se deu por culpa da vítima, força maior ou caso fortuito ou que não ocorreu no exercício do trabalho ou sob seu comando funcional. E o empregador, ou comitente, poderá agir regressivamente contra o empregado, ou preposto, se este causou o dano dolosa ou culposamente (CC, art. 934, e Enunciado n. 44 do Centro de Estudos Judiciários do Conselho de Justiça Federal).

b.2.4. Responsabilidade do hoteleiro pelos atos danosos de seus hóspedes

O dono de hotel ou hospedeiro responderá objetivamente pelos danos causados por seus hóspedes (CC, art. 932, IV, 1ª parte) a outro hóspede ou a terceiros, não podendo valer-se da presunção de culpa *in vigilando* ou *in eligendo* (CC, art. 933; *RT*, *472*:84, *383*:282, *632*:96). Isto é assim porque o hoteleiro, além de assumir o risco de sua atividade, tem não só a obrigação de zelar pelo comportamento de seus hóspedes, estabelecendo normas regulamentares sobre a conduta ou atividade de cada um deles em relação aos demais, mas também o dever de adotar certa disciplina na escolha dos hóspedes que admitir em seu hotel[26]. A esse respeito observa Silvio Rodrigues[27] que esse inciso do art. 932 "tem escasso alcance, por ser difícil imaginar a empresa Hilton, p. ex., ser responsabilizada pelo dano causado a terceiro, atropelado por um seu hóspede, ou por ele ter sido ferido em uma briga ocorrida na vizinhança".

b.2.5. Responsabilidade do dono de educandário pelos prejuízos causados pelos educandos

O art. 932, IV, 2ª parte do Código Civil refere-se à responsabilidade dos donos de estabelecimentos de ensino, isto é, daqueles que mediante uma remuneração têm sob sua direção pessoas para serem educadas e receberem instrução. Deverão responder objetiva e solidariamente (CC, arts. 933 e 942, parágrafo único) pelos danos causados a um colega ou a terceiros por atos ilícitos dos alunos durante o tempo que exercerem sobre eles vigilância e

---

26. Serpa Lopes, op. cit., p. 283; W. Barros Monteiro, op. cit., p. 402; *RT*, *797*:226 — Hóspede que, ao efetuar mergulho em piscina sem sinalização quanto à sua profundidade, sofre lesões de natureza grave e permanente — Reparação devida pelo estabelecimento hoteleiro — Inteligência do art. 14 da Lei n. 8.078/90 — Voto vencido.

27. Silvio Rodrigues, op. cit., v. 4, p. 85 e 86.

autoridade[28]. É preciso não olvidar que tal responsabilidade, que não mais está fundada na culpa *in vigilando*, estende-se ao diretor do estabelecimento de ensino e aos mestres não por exercerem sobre seus discípulos um dever de vigilância, mas por assumirem risco da sua atividade profissional e por imposição de lei (CC, art. 933). Mas não alcançará o professor universitário, porque ele não tem o dever de vigilância sobre os estudantes, que, por serem maiores, não precisam ser vigiados, sendo senhores de seus atos e de seus direitos, tendo plena responsabilidade pelo que fizerem e pelos danos que causarem. Logo, não se poderá impor a responsabilidade objetiva do professor de ensino superior e/ou da universidade por ato lesivo de aluno, nem mesmo por acidente ocorrido durante trabalho por ele presidido[29]. Se o agressor for capaz (p. ex., o estudante universitário ou o professor) ele responderá pelos danos que causou e, solidariamente, a instituição de ensino que contratou o professor (lesante) (CC, arts. 932 e 933, III). Mas a instituição de ensino deve prevenir e remediar o *bullying* (Lei n. 13.185/2015), neutralizando agressor menor ou incapaz e auxiliando o agredido (CDC, arts. 3º, § 2º, 6º, VI), cabendo ao responsável legal (pais, tutor e curador) a obrigação de indenizar. P. ex.: se um aluno de 2º grau ferir gravemente seu colega no recinto escolar, ou o agredir, intencional e repetidamente, intimidando-o (*bullying* — TJDFT-Ap. Civ. n. 2006.03.1.008331-2 — rel. Des. Waldir Leôncio Jr., j. 7-2-2008), haverá responsabilidade objetiva do colégio, se pertencente a uma pessoa jurídica, ou de seu diretor, se for o proprietário, pelo ressarcimento daquele dano. A escola, que pagou o dano, terá ação regressiva contra os pais do aluno que praticou o ilícito ou contra o próprio aluno se ele for maior de 16 anos, ante o disposto no Código Civil, arts. 934 e 928 e parágrafo único (*RJTJSP, 25*:611). Se o dano for sofrido pelo aluno numa aula de química (*RT, 612*:44; *RJTJSP, 106*:371) ou de natação (*RT, 597*:173), este, representado por seu pai, poderá acionar o colégio[30].

---

28. Aguiar Dias, op. cit., v. 2, p. 200; *RJTJSP, 8*:29; *RT, 597*:173, *612*:44, *611*:64. *Consulte*: Código Civil francês, art. 1.384.

29. Sourdat, op. cit., n. 873 e 877; Pirson e Villé, op. cit., v. 1, n. 88; Serpa Lopes, op. cit., p. 283.

30. Silvio Rodrigues, op. cit., v. 4, p. 85; Carlos Roberto Gonçalves, op. cit., p. 76-7; Fernando A. Sagarana, *Responsabilidad civil de los docentes y de los institutos de enseñanza*, 1994; Natascha C. L. Stábile, Responsabilidade civil e o *bullying* nas escolas, *Responsabilidade civil* (org. Luiz Fernando do V. A. Guilherme), São Paulo, Rideel, 2011, p. 91 a 101; Luiz C. F. Vieira Segundo e Henrique de C. G. Speranza, Cyberbullying, *Revista Síntese — Direito de Família, 81*:221-22; José E. P. Fonseca Vaz, A responsabilidade indenizatória da prática do *bullying*, *Revista Síntese — Direito de Família, 79*:9-24; Luiz Flávio Gomes,

b.2.6. Responsabilidade dos participantes, a título gratuito, em produto de crime

Pelo Código Civil, arts. 932, V, 933 e 942, serão responsáveis solidária e objetivamente pela reparação civil os que gratuitamente houverem participado nos produtos do crime, até a concorrente quantia, de forma que aqueles que, embora não tenham participado do delito, receberam o seu produto, deverão restituí-lo, por estar vedado o enriquecimento ilícito, dispensando-se a culpa (CC, art. 884 e parágrafo único). Há, no caso, ação de *in rem verso*. A pessoa que, embora seja inocente sob o prisma penal, receber objeto, produto de crime, deverá devolvê-lo ao seu legítimo dono[31], para evitar que haja enriquecimento indevido. Terá, portanto, responsabilidade civil objetiva pela composição do prejuízo, dentro do limite do valor correspondente à vantagem que recebeu. Logo, a vítima do crime poderá demandar diretamente aquele que, apesar de não ter perpetrado o delito, recebeu gratuitamente o produto do crime, pois pelo art. 942 é responsável solidariamente pela reparação do dano, tendo, contudo, pelo art. 934, o direito de regresso contra o criminoso, que lhe repassou aquela vantagem.

b.2.7. Responsabilidade do locador de automóveis pelos danos causados por ato do locatário a terceiros

A questão da responsabilidade do locador de automóveis pelos prejuízos causados pelo locatário a terceiros está consignada na Súmula 492 do

---

Bullying: a violência que bulina a juventude, *Revista Síntese — Direito de Família, 79*:25-6; Marcelo M. Gomes, O *bullying* e a responsabilidade civil do estabelecimento de ensino privado, *Revista Síntese — Direito de Família, 79*:27-67; Aloma R. Felizardo, *Bullying*, conflito, indisciplina, justiça restaurativa e a cultura da paz. Um novo caminho para ser feliz na escola, *Revista Síntese — Direito de Família, 79*:68-74; Carolina Giannoni Camargo, A violência chamada *bullying*, *Revista Síntese — Direito de Família, 79*:75-88. Consulte: *RT, 779*:211; TJMG, Ap. Cível n. 10148.06.044232-1/002, publ. 30-9-2008; Lei n. 12.013/2009, que altera o art. 12 da Lei n. 9.394/96, determinando às instituições de ensino obrigatoriedade no envio de informações escolares aos pais, conviventes ou não com seus filhos. Instituem programa de combate ao *bullying* escolar as Leis estaduais n. 9.297/2010 (Maranhão); n. 14.651/2009 (Santa Catarina). Há Projeto de Lei que prevê o combate de *bullying* em escolas públicas ou privadas, obrigando a adoção de estratégias preventivas da prática de intimidações e agressão entre estudantes.

31. Carlos Alberto Bittar, op. cit., p. 58; Serpa Lopes, op. cit., p. 284; Aguiar Dias, op. cit., v. 2, p. 202; W. Barros Monteiro, op. cit., p. 402; Álvaro Villaça Azevedo, op. cit., p. 339; Matiello, *Código*, cit., p. 585. *Vide* Enunciado n. 452 do Conselho da Justiça Federal, aprovado na V Jornada de Direito Civil.

STF, que assim estatui: "A empresa locadora de veículos responde civil e solidariamente com o locatário pelos danos por este causados a terceiros, no uso do carro locado". Estabelece-se assim um caso de responsabilidade por fato de terceiro. A corresponsabilidade da empresa locadora de carros, ou seja, a solidariedade passiva na composição do prejuízo causado pelo locatário a terceiro não se liga à ideia de culpa. Assim, consagrada está, em nossa jurisprudência, a responsabilidade objetiva do locador, tenha ele agido com culpa ou não (Julgado do TJRS, *Jurisprudência, 33*:414)[32].

b.3. Consequências jurídicas da responsabilidade por fato de terceiro

O fato de terceiro não exclui a responsabilidade civil objetiva (CC, art. 933) e solidária (CC, art. 942, parágrafo único) das pessoas arroladas no Código Civil, art. 932, mas aquele que reparar dano causado por outrem, se este não for seu descendente, poderá reaver o que pagou reembolsando-se da soma indenizatória que despendeu (CC, art. 934; *RT, 523*:101). O direito regressivo só deixará de existir quando o causador do prejuízo for um descendente absoluta ou relativamente incapaz, resguardando-se, assim, o princípio de solidariedade moral e econômica pertinente à família. O pai, ou mãe, que p. ex. pagar indenização por dano causado pelo filho menor não poderá dele reaver a soma que pagou em razão desse ressarcimento, não podendo exercer ação regressiva contra o filho[33]. Não obstante isso, afirma Pontes de Miranda, citado por Aguiar Dias, "que o pai, nada podendo reaver do filho, pode, entretanto, ir à colação, consequência que o exímio jurista deduz da interpretação conjugada dos arts. 934 e 2.010, e que se não pode deixar de aceitar, sob pena de enfrentar inconciliável contradição entre esses dispositivos". Assim os gastos extraordinários representados pelo ressarcimento do prejuízo poderão ir à colação[34].

---

32. *Vide* a lição de Silvio Rodrigues, op. cit., v. 4, p. 81-4; Roberto Rovelli, *La responsabilità civile da fatto illecito*, UTET, 1954; *RTJ, 37*:594, *41*:796, *45*:65; *RT, 504*:110.

33. Álvaro Villaça Azevedo, op. cit., p. 337 e 339; W. Barros Monteiro, op. cit., p. 402; Serpa Lopes, op. cit., p. 284 e 285; J. M. Carvalho Santos, *Código Civil brasileiro interpretado*, t. 20, p. 289; Antônio Disney Montingelli, op. cit., p. 29.

34. Aguiar Dias, op. cit., v. 2, p. 182; Pontes de Miranda, *Manual do Código Civil*; direito das obrigações, Rio de Janeiro, 1932, n. 197; Munir Karam, op. cit., p. 404; Otávio de Souza Gomes, Responsabilidade civil por fato de terceiro, *Revista da Faculdade de Direito da UA, 10*:123-34.

Observava Munir Karam[35] que:

"Questão das mais interessantes é a de saber se cabe o direito regressivo ao comitente, em se tratando de empregado menor. A regra constante do art. 156 do Código Civil de 1916 faz prever que ao empregador assiste o direito de regresso, quando o agente causador do dano for menor, entre 16 e 21 anos. Mas, sendo o empregado menor de 16 anos, não lhe será possível o direito regressivo pela ausência de norma expressa. Presume-se serem os menores de 16 anos inimputáveis. E, assim, não respondem eles pelas obrigações decorrentes de atos ilícitos. Indaga-se, então, se o comitente poderá exercer, no caso, ação regressiva contra o pai do empregado menor absolutamente incapaz. Se o menor pratica o fato, na qualidade de preposto, no exercício da função que lhe é cometida, torna-se difícil responsabilizar o pai, precisamente porque cabia ao comitente — naquele momento — o dever de vigilância. A responsabilidade do pai, por fato danoso do filho menor, praticado na condição de preposto de terceiro, poderá ser reconhecida contratualmente, como se assinou carta de fiança ou aceitou reparar o dano que o filho viesse a cometer culposamente por força da relação empregatícia. O comitente será o único responsável, se o ato danoso foi praticado por sua ordem ou na hipótese em que o dano tenha provindo exclusivamente de sua culpa, embora o ato lesivo material tenha sido executado pelo menor preposto".

Pontes de Miranda, citado por Munir Karam, ponderava: "O que justamente se deve decidir é que não cabe ação regressiva: *a*) no caso de ordens do civilmente responsável, executadas pelo autor do dano, sem culpa; *b*) no caso de ser a culpa do responsável a verdadeira causa".

35. Munir Karam, op. cit., p. 405; *RT*, *389*:120. Pelo Enunciado n. 453 do Conselho da Justiça Federal (aprovado na V Jornada de Direito Civil): "Na via regressiva, a indenização atribuída a cada agente será fixada proporcionalmente à sua contribuição para o evento danoso".

Quadro Sinótico

RESPONSABILIDADE POR FATO DE TERCEIRO

<table>
<tr><td rowspan="1">1. PRINCÍPIOS GERAIS</td><td colspan="2">• Na responsabilidade por fato alheio alguém responderá, indiretamente, por prejuízo resultante da prática de um ato ilícito por outra pessoa, em razão de se encontrar ligado a ela, por disposição legal (CC, art. 932, I a V).
• Na responsabilidade por fato de terceiro não mais haverá uma presunção juris tantum de culpa in vigilando ou in eligendo de certa pessoa, se outra, que estiver sob sua guarda e direção, perpetrar ato danoso, visto que o art. 933 declara que a responsabilidade das pessoas indicadas nos incisos I a III do art. 932 é objetiva.
• Nos casos do art. 932, IV e V, haverá, na realidade, presunção juris tantum de culpa própria, por violação ao dever de vigilância e ao de ter prudência, e não o estabelecimento de uma responsabilidade por culpa de outrem.</td></tr>
<tr><td rowspan="2">2. CASOS DE RESPONSABILIDADE POR FATO DE OUTREM</td><td>• Responsabilidade dos pais pelo fato dos filhos menores (CC, arts. 932, I, 933 e 934)</td><td>• Para que ocorra essa responsabilidade objetiva será preciso que:
a) O filho seja menor de 18 anos.
b) O filho esteja sob sua autoridade e em companhia dos pais.
c) Os pais estejam no exercício do poder familiar.</td></tr>
<tr><td>• Responsabilidade do tutor e do curador pelo ato praticado pelo pupilo e curatelado (CC, arts. 932, II, 933 e 934)</td><td>• Tutor e curador têm o dever de vigilância, por isso devem empregar no exercício de suas funções toda a sua diligência, sendo que perante terceiros responderão objetiva e civilmente pelos atos do pupilo e do curatelado desde que este se encontre em sua companhia e guarda, fundando-se essa responsabilidade no munus público, mesmo que provem que não haja culpa de sua parte.</td></tr>
</table>

2. CASOS DE RESPONSABILIDADE POR FATO DE OUTREM	• Responsabilidade do empregador ou comitente pelos atos lesivos de seus empregados, ou prepostos (CC, arts. 932, III, 933 e 934)	• Ter-se-á tal responsabilidade se: *a*) houver prejuízo causado a terceiro, por fato do preposto; *b*) o preposto cometeu o fato lesivo no exercício de suas funções; *c*) houver culpa do preposto ou empregado; *d*) existir relação de emprego ou de dependência entre o causador do ato danoso e o empregador ou comitente.
	• Responsabilidade do hoteleiro e do dono do educandário pelos atos danosos de seus hóspedes ou educandos (CC, arts. 932, IV, 942 e parágrafo único)	• Essa responsabilidade subjetiva e solidária faz-se presente porque o hospedeiro e o dono de estabelecimento de ensino têm o dever de zelar pela conduta de seus hóspedes ou alunos e de manter certa disciplina ao admitir essas pessoas em suas propriedades; logo, responderão pelos danos causados por elas, pouco importando que haja presunção de culpa *in vigilando* ou *in eligendo*.
	• Responsabilidade dos participantes, a título gratuito, em produto de crime (CC, art. 932, V)	• A pessoa que, embora não tenha praticado o delito, receber o produto do crime, deverá restituí-lo, por estar vedado o enriquecimento ilícito (CC, art. 884 e parágrafo único).
	• Responsabilidade do locador de automóveis pelos danos causados por ato do locatário a terceiros	• A Súmula 492 do STF a esse respeito estatui: "A empresa locadora de veículos responde civil e solidariamente com o locatário pelos danos por este causados a terceiros, no uso do carro locado".
3. CONSEQUÊNCIAS JURÍDICAS DA RESPONSABILIDADE POR FATO DE TERCEIRO	• O fato de terceiro não exclui a responsabilidade, mas quem reparar dano causado por outrem, se este não for seu descendente, terá direito de reaver o que pagou (CC, art. 934; *RT*, *523*:101). O direito regressivo só deixará de existir se o autor do prejuízo for um descendente, resguardando-se, assim, o princípio de solidariedade moral e econômica pertinente à família.	

C. Responsabilidade pelo fato da coisa

c.1. Generalidades

A responsabilidade pelo fato da coisa animada ou inanimada é aquela resultante de dano por ela ocasionado, em razão de um defeito próprio, sem que para tal prejuízo tenha concorrido diretamente a conduta humana.

A responsabilidade pelo fato da coisa se apresenta sob duas modalidades, abrangendo a responsabilidade por dano causado por animais (CC, art. 936) e a responsabilidade pelo fato de coisa inanimada, abrangendo não só os casos do Código Civil, arts. 937 e 938, mas também outros, como os transportes. O animal e as coisas são objetos de guarda, de maneira que essa responsabilidade pelo fato da coisa baseia-se na obrigação de guardar. Responderão pelos danos causados por animais ou por coisas inanimadas tanto o seu proprietário como o seu detentor ou possuidor, pois o dever de indenizar decorre da negligência na guarda ou na direção do bem. Funda-se, ora no risco, hipótese em que será objetiva, ora na culpa, sendo, então, subjetiva. Essa responsabilidade civil do proprietário ou do detentor, portanto, rege-se, concomitantemente, por normas inspiradas na teoria clássica da responsabilidade, fundada na culpa, e por normas inferidas da moderna teoria objetiva da responsabilidade, que elimina o conceito subjetivo, para fundá-la na ideia de que o risco da coisa deve ser suportado pelo seu proprietário ou possuidor, pelo simples fato de ser ele o titular do domínio ou da posse. Claro está que o proprietário ou possuidor não poderá ser responsabilizado se não houver nexo de causalidade entre o dano causado pela coisa e a sua conduta. Deverá haver, pelo menos, um vínculo entre o prejuízo ocasionado pela coisa e o comportamento comissivo ou omissivo do seu titular, que deverá ser o autor indireto do referido evento lesivo[36].

c.2. Responsabilidade pelo fato do animal

c.2.1. Responsabilidade do guarda de animal

Ao exercer os seus poderes sobre o animal, o seu dono ou detentor poderá causar, indiretamente, dano tanto aos bens pertencentes a terceiros

---

36. Serpa Lopes, op. cit., p. 296, 302-10; Orlando Gomes, *Direitos reais*, 6. ed., Rio de Janeiro, Forense, 1978, p. 248 e s.; M. Helena Diniz, *Curso*, cit., v. 3, p. 511 e 512, v. 4, p. 91; Justino Magno Araújo, Responsabilidade pelo fato da coisa, *RDC*, *26*:79; Savatier, *Traité de la responsabilité civile en droit français*, Paris, LGDJ, 1951, p. 421-524; Isabella França Sousa e Matheus Hage, A relevância da obra de Augusto Teixeira de Freitas para a construção da teoria da responsabilidade pela guarda da coisa e do animal no sistema jurídico brasileiro, *A relevância do jurista baiano Teixeira de Freitas para o direito e a sociedade*, Salvador, Paginae, 2018, p. 179-200.

como à integridade física de alguém, caso em que deverá ser responsabilizado, tendo obrigação de indenizar os lesados. Os donos ou detentores de animais, domésticos ou não, deverão ressarcir todos os prejuízos que estes porventura causarem a terceiros. Sua responsabilidade por dano causado pelo animal na integridade física ou patrimonial de outrem tem por base a presunção de culpa, com circunstâncias expressamente constantes no art. 936 do Código Civil, estabelecida no fato de que lhe incumbe guardar e fiscalizar o animal; logo, indiretamente, pode decorrer do comportamento do próprio detentor ou proprietário, hipótese em que se aplicarão os princípios concernentes à culpa, *in vigilando* ou *in custodiendo*. O dever de vigiar o animal dependerá muito do fato de ser ele selvagem ou doméstico, assim, se for feroz, deverá ter maior cautela na sua guarda. O proprietário ou detentor do animal cumprirá a obrigação de vigilância se tomou todas as providências ou precauções para evitar que ele danifique pessoa, coisa ou plantações.

Por todos os danos causados por animal, seu proprietário, ou quem detiver a sua guarda, é que será responsável, sendo que uma responsabilidade exclui a outra, exceto se se tratar de empregado[37].

Haverá, p. ex., responsabilidade do dono ou detentor do animal[38]:

---

37. Orlando Gomes, *Direitos reais*, cit., p. 248 e s., e *Obrigações*, cit., p. 362 e 364, 374-7; Serpa Lopes, op. cit., p. 304; W. Barros Monteiro, op. cit., v. 5, p. 406-9; Carlos Alberto Bittar, op. cit., p. 58; André Besson, *La notion de garde dans la responsabilité du fait des choses*, Dijon, 1927; Caio M. S. Pereira, op. cit., v. 3, p. 508 e 509; Cozzi, *La responsabilità civile per danni de cose*, CEDAM, 1935; Antunes Varela, op. cit., p. 236-39; Goldman, *De la détermination du gardien responsable du fait des choses inanimées*, Sirey, 1947; Pierre Harven, De la responsabilité du fait des choses, in *Premier Congrès International de L'Association Henri Capitant*, Québec, Montreal, 1931, p. 584 e 585; Alberto Montel, *Problemi della responsabilità civile e del danno*, 2. ed., Padova, CEDAM, 1971, p. 547-55; Ignacio G. Domínguez, *Responsabilidad civil extracontratual por daños causados por animales*, 1997. Mas há quem ache que a responsabilidade por fato de animal é objetiva. Nesse sentido o Enunciado n. 451: "A responsabilidade civil do dono ou detentor de animal é objetiva, admitindo-se a excludente do fato exclusivo de terceiro" (aprovado pelo CJF na V Jornada de Direito Civil).

38. Bonvicini, op. cit., t. 2, p. 607-16; Sourdat, op. cit., v. 2, n. 1.439; Serpa Lopes, op. cit., p. 304; Fromageot, op. cit., p. 156-61; M. Helena Diniz, *Curso*, cit., v. 4, p. 183; W. Barros Monteiro, op. cit., 1978, v. 3, p. 165 e 167; Silvio Rodrigues, op. cit., v. 4, p. 149-51; Orlando Gomes, *Direitos reais*, cit., p. 206; J. Daibert, *Direito das coisas*, 2. ed., Rio de Janeiro, Forense, 1979, p. 249; Aguiar Dias, op. cit., v. 2, p. 121 e 122; Carlos Roberto Gonçalves, *Responsabilidade civil*, São Paulo, Saraiva, 6. ed., p. 208; Mauro Mello, Acidente causado por boi em estrada acirra polêmica, *Tribuna do Direito*, *69*:273; Rui Stocco, *Responsabilidade civil e sua interpretação judicial*, p. 264-5; *RT*, *131*:623, *155*:239, *169*:168, *176*:297, *198*:412, *217*:187, *222*:435, *237*:283, *285*:630, *295*:428, *518*:228, *498*:97, *508*:192, *503*:100, *526*:79, *603*:227, *641*:81, *713*:205, *727*:274, *791*:400, *775*:287, *824*:243, *829*:349; *JTA*, *149*:171; *RF*, *157*:326, *192*:294; *RJTJSP*, *32*:110. "Dano material — Morte por lesão causada por animal feroz — Negligência do proprietário — Indeni-

a) Pelo contágio de uma enfermidade transmitida a outrem pelo animal enfermo, p. ex., se o cão transmitir raiva a alguém. Sendo uma enfermidade característica e comum nos cães, não poderá ser invocada como escusa do proprietário, porque, estando doente o animal, maior deveria ser sua vigilância e, além disso, deveria ter tomado as devidas providências para evitar aquela enfermidade, p. ex., ter vacinado seu cão contra essa doença.

b) Pelos danos causados a terceiros em sua pessoa, em objeto que lhe pertence ou em sua lavoura (*RT, 464*:104, *523*:239, *422*:181, *557*:215; *Ciência Jurídica, 55*:132) por animais de pequeno ou de grande porte, por ter havido rompimento de cerca, em razão de falta de reparos (*RT, 719*:160), ou por não ter cercado sua propriedade para deter nos seus limites não só aves domésticas e animais, tais como cabritos, porcos e carneiros, que exigem tapumes especiais, como também gado vacum, cavalar e muar, que requerem tapume comum, impedindo sua passagem ao terreno vizinho (CC, art. 1.297, § 3º). O tapume especial, que visa impedir passagem de animais de pequeno porte, apresenta-se como uma obrigação dos proprietários e detentores desses animais, que, se não o construírem, estarão sujeitos ao pagamento de todos os prejuízos causados por esses animais no prédio contíguo, a menos que haja alguma das causas excludentes da responsabilidade civil, sobre as quais logo mais falaremos (*RT, 169*:68, *222*:434, *285*:630, *155*:239, *290*:369, *321*:391, *422*:181, *444*:81, *526*:79, *425*:103; *Ciência Jurídica, 55*:132). Por outro lado a introdução de animais em imóvel alheio por ausência de tapumes pode configurar o crime previsto no art. 164 do Código Penal.

---

zação — Cabimento — Apelação cível — Ação de indenização — Danos decorrentes de morte e lesão de animais — Culpa do proprietário dos cães causadores dos danos, por negligência — Indenização correspondente ao dano material causado — Recurso não provido — Decisão unânime. — O proprietário de cães ferozes tem a obrigação de manter os animais em local seguro. — O *quantum* indenizatório deve ser fixado de acordo com o dano efetivamente causado e não conforme o valor da aquisição dos bens, bem inferior ao prejuízo causado" (TJPR, Ap. Cível n. 0112038-7, Comarca de São José dos Pinhais, Ac. 8860, unân., 2ª Câm. Cív., Rel. Des. Antonio Lopes de Noronha, j. 17-4-2002, *DJPR*, 20-5-2002). O TJMG (Ap. Cível 10342.05.055122-1/001, rel. Márcia De Paoli Balbino, pub. 20-7-2007) já decidiu que Hotel Fazenda deve reparar hóspede por dano moral e material, acarretado por ataque de vaca de sua propriedade, quando fazia uma caminhada com um grupo de amigos, por ter havido falha na prestação de serviços, tanto com relação à segurança de hóspede quanto ao seu socorro após o ataque do animal. O TJSP (Proc. n. 0008670-14.2013.8.26.0344, j. 22-3-2014) condenou os donos de um cachorro a pagar indenização para um motociclista que foi perseguido pelo cão e, por isso, caiu de sua moto, sofrendo lesões corporais.

A Lei Estadual Paulista n. 11.531/2003, regulamentada por meio do Decreto n. 48.533/2004, estabelece regras para a condução em vias públicas e locais de acesso público de cães das raças mastim napolitano, *Pit Bull*, *Rottweiller* e *American Stafforshire Terrier*, bem como das suas variações e raças derivadas.

Se alguém tiver suas roças invadidas por animais de outrem, não os poderá matar, somente poderá obter a devida indenização. Se os matar, sujeitar-se-á à devida indenização, compensável, entretanto, nas devidas proporções, com os estragos causados pelos animais sacrificados (*RT*, *468*:192; *RF*, *91*:441).

c) Pelos estragos causados a veículo, em estradas (*Ciência Jurídica*, *70*:135), por gado que lhe pertence, mesmo se guiado por peões, por ter conservado o poder de direção, pois como dono do animal tem o dever de vigilância, devendo, por isso, ter precauções na condução do animal, escolhendo bem seu empregado. Além disso, haverá aqui uma responsabilidade por fato alheio, visto que o proprietário será responsável quando o animal se encontrar sob a guarda de um seu preposto. O proprietário não poderá escusar-se da responsabilidade, dizendo que não estava com os animais, logo, não poderia impedir o acidente, porque ele é responsável objetivamente pelos atos de seu empregado (CC, arts. 932, III, e 933) e não por culpa *in vigilando* ou *in eligendo*. Se os animais estavam sendo guiados pelo próprio dono, este ressarcirá o dano por eles causado, exceto se conseguir provar uma das excludentes do art. 936 do Código Civil (*RT*, *599*:137, *495*:217, *556*:141, *523*:96, *535*:111, *465*:77, *373*:90, *464*:92, *217*:463, *404*:154, *526*:60, *414*:47, *415*:122 e 130, *462*:256, *493*:54, *416*:327; *JB*, *162*:135; *RJTJSP*, *28*:48, *20*:108). Todavia urge lembrar que acidente causado por animal solto em estrada tem provocado polêmica, pois já se decidiu que há responsabilidade objetiva da entidade de administração rodoviária, em razão de deficiência do serviço, visto caber-lhe zelar pela segurança de veículos e passageiros, tendo, contudo, ação regressiva contra o dono do animal (*JTACSP*, *76*:153; *RT*, *523*:96, *585*:127, *715*:178, *780*:270, *799*:249; *RJTJSP*, *28*:93).

d) Pelos danos ocasionados por picadas de abelhas que lhe pertencem (*RT*, *351*:507) ou por mordida de animais de sua propriedade (*RT*, *237*:283), pois o ataque demonstra que houve negligência na vigilância dos insetos e dos animais, a não ser que prove culpa da vítima ou ocorrência de força maior (CC, art. 936).

Infere-se desses exemplos que, se a vítima demonstrar o dano e o ato causador e estabelecer o nexo de causalidade entre o dano sofrido e o ato do animal, configurar-se-á responsabilidade de seu dono ou detentor, que só se exonerará se comprovar uma das excludentes legais (*RT*, *309*:678). A prova do liame de causalidade incumbirá à vítima. Assim, se o agricultor que promover ação de indenização do prejuízo sofrido por sua lavoura, causado por animais pertencentes ao seu vizinho, não conseguir provar que tais bichos eram da propriedade do réu, terá sua ação julgada improcedente, por não ter demonstrado a relação de causalidade entre o dano e o evento que o originou[39].

c.2.2. Causas excludentes da responsabilidade do proprietário ou do detentor do animal

O nosso Código Civil, no art. 936, dispõe que o dono ou detentor do animal deverá ressarcir o dano por este causado a pessoas, a coisas ou plantações (*RT*, *579*:100, *295*:428; *RF*, *192*:294), mesmo que prove que[40] *o guardava e vigiava com cuidado preciso* (*RT*, *444*:88, *444*:71 e 81). O proprietário

39. Silvio Rodrigues, op. cit., v. 4, p. 150; Francisco dos Santos Amaral Neto, op. cit., p. 359; Cães assassinos, *Consulex*, *33*:40-5. *BAASP*, *2.761*:4. 1 — Os donos são responsáveis pelos danos causados a terceiros por seus animais. No caso *sub judice* ficou comprovado que a parte demandada manteve uma vigilância precária em relação aos seus cães, descuidando-se do dever de guarda, mormente porque um dos seus cachorros atacou o animal de estimação dos autores fora dos limites da sua residência, culminando com a sua morte. Caracterizado o dever de indenizar dos demandados, uma vez que eles não se desincumbiram de comprovar qualquer das excludentes de responsabilidade prevista no art. 936 do CC, ou seja, culpa exclusiva da vítima ou caso fortuito. 2 — Danos materiais. Os elementos de prova demonstraram que a parte autora suportou prejuízo patrimonial, decorrente de despesa havida e de montante correspondente para aquisição de um novo animal de estimação, de acordo com o valor de mercado de um cão da raça *Yorkshire*. 3 — Dano moral. Os danos extrapatrimoniais decorrem do sofrimento e da angústia vivenciados pelos autores, por conta do ataque do cão, que culminou com a morte da cachorrinha de estimação dos autores. 4 — *Quantum* indenizatório mantido. Para a fixação do valor da indenização por dano moral, além das peculiaridades de cada caso em concreto, deve o julgador se ater aos princípios da razoabilidade e da proporcionalidade, bem como observar a natureza jurídica da indenização. Valor fixado na origem que se mostra adequado aos danos suportados pela lesada. 5 — Verba honorária. Mantido o percentual de 20% sobre o valor atualizado da condenação (art. 20, § 3º, do CPC/1973, hoje art. 85, § 2º, do CPC). Apelação desprovida. Unânime.

Responsabilidade por perseguição de moto, por cães, provocando queda de motociclista e consequentemente lesões corporais: TJSP, Proc. n. 0008670-14.2013.8.26.0344, j. 22-3-2014.

40. Antunes Varela, op. cit., p. 237 e s.; Silvio Rodrigues, op. cit., v. 4, p. 151-5; Orlando Gomes, *Obrigações*, cit., p. 362-4; Caio M. S. Pereira, op. cit., 1978, v. 3, p. 508 e 509; W. Barros Monteiro, op. cit., p. 406-8; Aguiar Dias, op. cit., v. 2, p. 89-92; Serpa Lopes, op. cit., p. 304 e 305. Desde o direito justinianeu há consciência da responsabilidade por fato de animal, como se pode ver no Digesto, Liv. 9, Tít. I; *si quadrupes pauperiem fecisse dicatur* (Inst., Liv. 4, tít. IX).

ou detentor não se liberará da responsabilidade pelo fato de animal se provar que exerceu a diligência e a vigilância precisas para evitar o evento danoso, que, apesar de seu cuidado, adveio de um fato externo imprevisível e irresistível. Cumprirá ao magistrado, ante o disposto no art. 936, verificar se no caso *sub judice* houve ou não culpa da vítima ou força maior. Logo, tal verificação é deferida ao prudente arbítrio do juiz (*RT*, *436*:79, *309*:678 e *589*:109). Em regra, a responsabilidade do dono ou detentor advém do fato de não ter vigiado o animal convenientemente, tanto que só não será responsável se provar culpa da vítima, caso fortuito ou força maior. Assim, se houve falta de cuidado do dono do animal, por não ter tomado as precauções necessárias ao caso, ao tipo de animal, sendo, por exemplo, omisso na reconstrução de uma cerca, permitindo invasão da propriedade vizinha pelo seu rebanho, destruindo lavoura, e por causa disso houve dano a outrem, configurada estará a responsabilidade civil (*RT*, *589*:109). Se o prejuízo resultar do próprio impulso do animal, seu dono ou detentor será responsável. O dono ou detentor isentar-se-á de ressarcimento de prejuízo causado a pessoa, coisa ou plantação, pelo animal que estava sob sua direção ou vigilância, se demonstrar que houve provocação imprevisível e inevitável de outro bicho, não lhe sendo possível evitar o evento lesivo (força maior). Neste caso a responsabilidade passará a ser do proprietário ou detentor do animal provocador. Se porventura não se puder apurar qual o animal provocador, o *quantum* dos prejuízos causados deverá ser distribuído entre ambos os proprietários (CC, art. 945 c/c o art. 936).

Se o ofendido agiu imprudentemente, p. ex., por ter-se aproximado de um animal sem as necessárias cautelas, mesmo sabendo que ele era perigoso. A imprudência é culpa comissiva e militante, em oposição à negligência, que é culpa omissiva; logo, se o Código Civil se refere à culpa (o que abrangeria a imprudência e a negligência), está evidente que atina às hipóteses em que a falta do lesado consiste também na omissão de cautelas. O art. 936 do Código Civil alude, p. ex., aos casos em que o indivíduo provoca um cachorro feroz, sendo por este atacado ou ferido (*RT*, *257*:485). Se a vítima fustigou ou açulou o cão que a mordeu ou montou cavalo bravo, sem ter a experiência necessária, ou picou as esporas no cavalo que abusivamente montou, não haverá que se falar em responsabilidade do dono do animal. Não se poderá considerar imprudência do ofendido, mas sim legítima defesa, o pontapé que desferiu no cão que o procurou morder. A simples providência da vítima no sentido de procurar conter, espantar ou desviar o animal não pode escusar seu proprietário ou detentor por serem gestos naturais de quem se sente em perigo[41]. Se a imprudência da vítima e a negligência do guarda forem causas do ato danoso, ter-se-á culpa concorrente da vítima, hipótese em que a indenização do prejuízo (CC, art. 945) será fixada, levando-se em conta a gravidade da culpa do lesado em confronto com a do dono ou detentor do animal.

Se o fato resultou de caso fortuito ou força maior (*RT*, *406*:138), ante sua imprevisibilidade, p. ex., se um vendaval destruir cerca, fazendo com que aves de um fazendeiro causem dano à lavoura do vizinho. O roubo ou furto do animal que causou o dano escusará seu dono da responsabilidade se este provar que não agiu com negligência na guarda do animal e que não pôde prever ou impedir a perda do animal, caso em que se terá caso fortuito. Mas, se não puder comprovar que o desapossamento se deu a caso fortuito, será responsável pelo prejuízo causado, mesmo que subsequente ao furto do animal.

O Código Civil, art. 936, ao estatuir que "o dono, ou detentor, do animal ressarcirá o dano por este causado, se não provar culpa da vítima ou força maior", procura limitar as excludentes da responsabilidade[42].

Percebe-se que a responsabilidade do dono ou detentor do animal funda-se na ideia de culpa presumida *in custodiendo*, devendo, para dela se eximir, provar qualquer uma dessas circunstâncias excludentes arroladas no art. 936 do Código Civil (*RT*, *780*:270, *715*:178, *535*:111, *526*:60, *495*:217, *465*:77, *458*:199, *444*:81, *526*:79, *523*:96, *518*:228, *508*:*193*, *493*:54, *464*:92, *462*:256). Há, portanto, inversão do ônus da prova. Daí ser uma presunção *juris tantum* de responsabilidade, recainte sobre a guarda do animal, pelos danos por este causados a terceiro, que será ilidível pela prova da culpa do ofendido e da ocorrência de força maior ou caso fortuito. Só ao proprietário ou detentor do animal é que incumbirá a demonstração da causa exonerativa[43] (*RT*, *518*:228).

Além da responsabilidade civil, há a penal, pois a Lei das Contravenções Penais considera contravenção a omissão de cautela na guarda ou condução de animais (art. 31).

---

41. Alfredo Orgaz, *Boletín de la Facultad de Derecho y Ciencias Sociales*, Córdoba, jul./ago. 1942, p. 429 e s.

42. Silvio Rodrigues, op. cit., v. 4, p. 156; *RT*, *351*:507 e *787*:229.

43. M. Helena Diniz, *Curso*, cit., v. 3, p. 511; Antunes Varela, op. cit., p. 237; Aguiar Dias, op. cit., v. 2, p. 93; Francisco dos Santos Amaral Neto, op. cit., p. 359; Silvio Rodrigues, op. cit., v. 4, p. 147, 151 e 155.

c.3. Responsabilidade pelo fato da coisa inanimada

c.3.1. Responsabilidade pelo fato da coisa inanimada no direito brasileiro

O titular do domínio ou possuidor, ao usar coisa inanimada que lhe pertencer ou que tem permissão para possuir, pode originar acidentes lesivos ao patrimônio e à integridade física do terceiro, caso em que deverá reparar o dano causado.

O proprietário é, em regra, responsável pelos prejuízos acarretados pela coisa, quando esta é um instrumento que deve controlar, evitando, ante sua periculosidade — pois expõe os homens ao risco de sofrerem danos —, que seu uso cause prejuízo a outrem, e como a utiliza para multiplicar sua força ou mobilidade, a coisa é, por isso, tida como um prolongamento exterior de sua pessoa. Assim, p. ex., em face dos frequentes danos ocasionados por automóvel, ônibus, trem, barco e avião, há normas especiais que regulam as consequências decorrentes desses atos, impondo aos seus proprietários, de acordo com o grau de periculosidade, o dever de indenizar, que deriva do fato de ter faltado ao dever de controle da máquina que movimenta e dirige. O automóvel, o ônibus, o trem, a embarcação e o avião podem causar dano tanto a seus condutores e passageiros, caso em que a responsabilidade é, como em páginas anteriores expusemos, contratual, como a estranhos, sendo, então, a responsabilidade delitual. A responsabilidade das estradas de ferro pertence ao domínio extracontratual no que diz respeito aos danos que a exploração de suas linhas acarreta aos proprietários marginais ou a terceiros. Essa responsabilidade, em regra, tem por base o risco da atividade assumida, estabelecida no fato de que incumbe ao proprietário ser prudente na escolha do preposto, guardar e fiscalizar o funcionamento da coisa (CC, arts. 932, III, e 933). Quanto às aeronaves, a responsabilidade das companhias de navegação aérea é, também, regida pela teoria do risco ou da responsabilidade objetiva.

O proprietário responde também pelos prejuízos resultantes de coisas não perigosas. Duas são as situações em que se configura essa responsabilidade: *a*) queda de coisas colocadas em lugar indevido, numa casa, caso em que a indenização independe de culpa do proprietário ou morador (CC, art. 938); daí ser objetiva a sua responsabilidade; *b*) ruína de edifício ou construção, hipótese em que ter-se-á obrigação de indenizar se provier tal ruína da falta de reparos necessários[44] (CC, art. 937), sendo, então, subjetiva a sua responsabilidade.

---

44. Este é o ensinamento de Orlando Gomes, *Direitos reais*, cit., p. 248-54. *Vide*, ainda, M. Helena Diniz, *Curso*, cit., v. 4, p. 91 e 92; Aguiar Dias, op. cit., v. 2, p. 25 e 26, n. 161

Como se vê, é imprópria a expressão "responsabilidade pelo fato da coisa", porque a coisa não pode causar dano a alguém, nem é capaz de fatos, e os que porventura se derem, prejudicando terceiros, por intermédio da coisa, derivam da falta de vigilância ou prudência da pessoa sob cuja guarda se encontra. Assim, seria preferível falar, como o faz Orlando Gomes, em responsabilidade por infração do dever de guarda e de controle. Deveras, a responsabilidade advém de fato do homem, isto é, de um ato comissivo ou omissivo, negligência ou imprudência; logo, a responsabilidade pelo fato da coisa resulta de conduta culposa de quem tem a guarda da coisa por meio da qual o prejuízo foi produzido[45].

O fato da coisa, como observa com muita propriedade Henoch D'Aguiar[46], constitui uma expressão técnica de caráter convencional, pois somente o ser humano poderá responder por seus próprios atos ou fatos, não se concebendo que possa responder por dano causado pelas coisas, a não ser que haja um liame de causalidade entre um ato seu (comissivo ou omissivo) e o fato da coisa.

Há, portanto, convém repetir, uma responsabilidade presumida do guarda da coisa inanimada por prejuízos causados a terceiros, com reversão do ônus da prova, mas há casos em que se tem a adoção da teoria do risco[47].

O guarda da coisa inanimada é, em regra, o seu proprietário; assim haverá contra ele uma presunção de responsabilidade pelos danos que a coisa causar a terceiros, só podendo exonerar-se dessa responsabilidade se demonstrar culpa exclusiva da vítima, caso fortuito ou força maior, pois desaparecerá o nexo de causalidade entre o fato da coisa e o dano causado. Se houver culpa de ambos, isto é, da vítima e do agente causador do dano, ter-

---

e 162; Luiz da Cunha Gonçalves, *Princípios de direito civil luso-brasileiro*, v. 2, p. 592; Joatton, *Essai critique sur la théorie générale de la responsabilité civile*, Paris, A. Rousseau, 1933, p. 112-40; Silvio Rodrigues, op. cit., v. 4, p. 103-6; Justino Magno Araújo, Responsabilidade civil pelo fato da coisa, in *Enciclopédia Saraiva do Direito*, v. 65, p. 422 e 423; André Besson, *La notion de garde dans la responsabilité du fait des choses*, Paris, 1927, p. 49; Berthold Goldman, *De la détermination du gardien responsable du fait des choses inanimées*, Paris, Sirey, 1947, p. 35 e 36; Vasilesco, *De la responsabilité du fait des choses inanimées*, Paris, Giard et Brière, 1906, p. 1-10, 47-62 e 82-94; Mário Moacyr Porto, Responsabilidade pela guarda das coisas inanimadas, in *Enciclopédia Saraiva do Direito*, v. 65, p. 475-82; Louis Josserand. Da responsabilidade pelo fato das coisas inanimadas, *Revista Direito GV*, n. 1, p. 109-20.

45. Aguiar Dias, op. cit., v. 2, n. 161; Orlando Gomes, *Obrigações*, cit., p. 365 e 366.

46. Henoch D'Aguiar, *Actos ilícitos*; responsabilidade civil, v. 3, n. 139.

47. Silvio Rodrigues, op. cit., v. 4, p. 121 e 122; *RT*, *703*:70, *638*:91, *655*:100, *741*:384.

-se-á de um lado culpa concorrente do lesado e de outro culpa presumida do guarda e, consequentemente, uma divisão da responsabilidade (CC, art. 945). Se, porventura, ficar privado da guarda, por transferência da posse jurídica ou por furto da coisa, não mais terá a condição de guarda, logo, contra ele não militará aquela presunção de responsabilidade. Mas, se a perda da posse se der por culpa sua, comprovada pelo lesado, seu dever de ressarcir permanecerá, ante a norma geral da responsabilidade dos arts. 186 e 927 do Código Civil[48].

c.3.2. Responsabilidade do dono de edifício ou construção

O dono do edifício, ou de construção já terminada, ligada ao solo ou unida ao edifício (como muros, pontes, pilares, aquedutos, viadutos, canais etc.)[49], responderá em virtude de aplicação do art. 937 do Código Civil pelos prejuízos que resultarem de[50]:

a) *Ruína, parcial ou total, de um edifício*, já que o Código Civil, no art. 937, prescreve que o dono do edifício ou construção responderá pelos danos resultantes de sua ruína, se esta provier de falta de reparos, cuja necessidade fosse manifesta, isto é, notória, visível, reconhecível por todos (*RT*, *483*:178, *474*:74, *521*:267, *724*:326, *731*:314), por ter-se descurado do dever de conservar o imóvel que lhe pertence, mantendo-o em bom estado (*RT*, *335*:403). Até mesmo os condôminos poderão responder por dano causado por reboco que se desprendeu do edifício (*RT*, *271*:182) por falta de reparos. O lesado deverá provar o dano, o nexo de causalidade, que a ruína do edifício foi oriunda da falta de reparos e que a necessidade desses reparos era notória (*AJ*, *64*:460). A prova desse duplo requisito legal compete, pois, ao autor da ação de indenização que, se conseguir demonstrá-lo, fará recair

48. Silvio Rodrigues, op. cit., v. 4, p. 128 e 133.
49. Antunes Varela, op. cit., p. 238; Sourdat, op. cit., v. 2, n. 1.453.
50. Martinho Garcez Neto, op. cit., n. 31 e 33; Antunes Varela, op. cit., p. 238; Serpa Lopes, op. cit., p. 305-8; Silvio Rodrigues, op. cit., v. 4, p. 133-42; M. Helena Diniz, op. cit., v. 3, p. 512; Mario Pogliani, op. cit., p. 173-82; Bonvicini, op. cit., t. 2, p. 591-606 e 617-40; Pontes de Miranda, *Manual*, cit., v. 16, n. 525; Caio M. S. Pereira, op. cit., v. 3, p. 509; R. Schlumberger, *La responsabilité delictuelle en matière immobilière*, Paris, 1934, p. 16 e 17; Aguiar Dias, op. cit., v. 2, n. 173-6; Robert Forge, *De la responsabilité du fait du bâtiment*, Paris, Ed. Jouve, 1909, Cap. I, II, III, IV e V; Fromageot, op. cit., p. 161-3; W. Barros Monteiro, op. cit., p. 408; Francisco dos Santos Amaral Neto, op. cit., p. 359; *RT*, *213*:154, *276*:406, *254*:300, *263*:541, *275*:422, *260*:319, *474*:73, *335*:403, *521*:267, *264*:284, *176*:257, *412*:160, *302*:251, *309*:463, *376*:217, *675*:128, *703*:70; *RF*, *115*:106.

sobre o dono do edifício ou construção uma presunção de culpa e com isso ele não poderá eximir-se da responsabilidade, alegando: 1) não ter percebido a necessidade do reparo por ter estado doente ou ausente; 2) estar em dificuldades financeiras para levar avante tais obras; 3) já existir a ruína, ao tempo em que adquiriu o prédio (*RF*, *112*:86). Cria-se tal presunção de responsabilidade para o proprietário para proteger e facilitar à vítima a obtenção do ressarcimento do dano experimentado. Assim, o lesado não perderá tempo em descobrir quem foi o responsável pelo fato ou em indagar se resultou de falta técnica do engenheiro ou do arquiteto. O proprietário será responsabilizado pela reparação do dano causado a terceiro pela ruína do edifício ou construção de sua propriedade, sendo irrelevante saber se a culpa foi do seu antecessor no domínio, do construtor do prédio, ou do inquilino. P. ex.: se uma telha de uma casa se desprender ou se um portão de ferro desabar e vier a atingir seriamente uma pessoa que passa pela rua, o proprietário será o réu da ação de indenização, ante sua omissão de reparar o prédio. O proprietário será o responsável, mas terá o direito de mover ação regressiva contra o culpado. Sem se eximir do dever de indenizar, o dono do edifício terá direito de regresso, p. ex., contra o construtor, se o defeito for de construção (p. ex., queda de argamassa — *RT*, *412*:160, em razão de emprego de material de segunda categoria) ou resultar de falha técnica (p. ex., erro de cálculo da laje), ou contra o locatário, se o contrato lhe tiver transferido o dever de reparar o prédio. Mas, se no curso da lide houver prova, inclusive pericial, de culpa do construtor, que nela ingressou como terceiro chamado à autoria ou como litisconsorte, nada obsta que haja sua condenação solidária com o dono da obra. Todavia, poderá liberar-se dessa responsabilidade se provar não só uma das escusas legais, ou seja, culpa da vítima, força maior (terremoto, inundação etc.) ou caso fortuito, mas também que a ruína não resultou de falta de reparos cuja necessidade fosse evidente (*RF*, *271*:182).

Se se tratar de imóvel sob condomínio, todos os condôminos serão responsáveis, embora entre eles aquele que foi negligente possa responder pelo reembolso da indenização que foi paga por todos. Se se tratar de usufruto, apenas o nu-proprietário (CC, art. 1.404) arcará com a responsabilidade, dado que a ele incumbem as despesas extraordinárias.

Já o CJF, na VI Jornada de Direito Civil, aprovou o Enunciado n. 556 "A responsabilidade civil do dono do prédio ou construção por sua ruína, tratada pelo art. 937 do CC, é objetiva".

Além disso, será de bom alvitre não olvidar que constitui contravenção penal (Dec.-Lei n. 3.688/41, art. 30) omitir providência reclamada pelo estado ruinoso da construção.

b) *Queda de árvore* (*RT*, *413*:324), causando dano a terceiro (lesões corporais ou obstrução de tubos de canalização, pelas folhas que dela caíram), pois quem for seu dono terá o dever de guarda e, consequentemente, a responsabilidade presumida pelo prejuízo que ela acarretou, isentando-se apenas se provar que o fato se deu em virtude de força maior, caso fortuito (*RT*, *608*:217) ou causa estranha que lhe seja inimputável.

c) *Instalações domésticas*, p. ex.: o dono de um bar será responsável pelas lesões sofridas por freguês, em razão de explosão de um sifão de água de Seltz; o proprietário do imóvel responderá pela ruptura de um cano de água que cause dano a outrem.

d) *Queda de elevador por falta de conservação*, causando graves ferimentos aos seus usuários (*JB*, *166*:125 e 205; *RT*, *638*:91). Realmente, se o elevador for automático, dispensando ascensorista, oferece maior perigo aos que dele se servem, requerendo, por isso, uma vigilância, por parte do proprietário, bem maior do que a empregada por elevador provido de cabineiros (*RF*, *85*:97). Assim, se alguém, ao entrar num elevador, cair no vácuo, porque a cabine se encontrava em outro pavimento, poderá acionar o condomínio e a empresa encarregada de conservação dos elevadores, que responderão por sua falta de vigilância e negligência (ac. da 4ª Câm. Cív. do Tribunal de São Paulo, proferido na Ap. 254.778 e julgado em 16-12-1976; TJRJ, *ADCOAS*, 1982, n. 82.798).

e) *Energia elétrica*, pois será responsável, p. ex., pela interrupção de fornecimento baseada em alegação de existência de fraude nos medidores, que não foi comprovada (*RT*, *779*:343), pela ruptura de um fio condutor de energia elétrica que cause a morte do transeunte (*RF*, *130*:164, *38*:161; *RT*, *781*:360) ou pela queda de um ventilador elétrico, instalado no prédio, que produz ferimentos na pessoa que ali se encontrava, porque deve tomar cautelas para eliminar perigos para terceiros, assegurando a incolumidade das pessoas (*RF*, *67*:125 e 127, *83*:542; *RTJ*, *55*:509; *RT*, *365*:285, *357*:274, *195*:284, *324*:379, *223*:267, *298*:503, *305*:492). Além disso, as empresas fornecedoras de energia elétrica responderão, como vimos alhures, pelos danos advindos de defeito de instalações, só se isentando dessa responsabilidade se comprovar que o fato se deu por força maior ou caso fortuito.

c.3.3. Responsabilidade de *effusis et dejectis*

Haverá responsabilidade do morador de prédio ou de parte dele (proprietário, locatário, comodatário, usufrutuário) pelos prejuízos resultantes de coisas, sólidas (*dejectis*) ou líquidas (*effusis*), que dele caírem ou dele forem lançadas em local indevido (CC, art. 938). Tais danos poderão consistir não só em lesões corporais ou morte provocadas por coisas lançadas à rua pelas janelas (*RT, 498*:68) ou portas, como também em incêndios, moléstias etc., resultantes de detritos lançados em lugar inconveniente. Realmente o Código Civil, no art. 938, estatui que aquele que habitar um prédio, ou parte dele, responderá pelo dano proveniente das coisas que dele caírem ou forem lançadas em local indevido (*RT, 507*:84, *506*:256, *528*:62, *530*:212, *714*:152, *767*:194; *RJTJSP, 124*:165; *RF, 143*:350), fundando-se na obrigação geral a que todos estão sujeitos de não colocar em risco a segurança da coletividade. Trata-se de uma responsabilidade objetiva, pois o habitante (não o proprietário que alugou a casa e reside em outro lugar) não se exonerará mesmo se provar ausência de culpa. Provado o fato e o dano dele resultante, a obrigação indenizatória surgirá como normal consequência (*RT, 441*:223 e 233, *528*:62). Basta a prova da relação de causalidade entre a queda de uma coisa e o dano por ela experimentado para que haja responsabilidade civil do condomínio (*RT, 714*:153) ou do morador do prédio (*RT, 528*:62; *RJTJSP, 124*:165) de onde o objeto caiu. Somente poderá liberar-se da responsabilidade se comprovar a ausência de prejuízo, a inexistência do liame de causalidade entre a queda do objeto e o dano, o lançamento da coisa em local apropriado (depósito de lixo), ou a culpa exclusiva da vítima. "A responsabilidade *effusis et dejectis*, prevista no art. 938 do Cód. Civ., pela qual aquele que habitar uma casa, ou parte dela, responde pelo dano proveniente das coisas que dela caírem ou forem lançadas em lugar indevido, configura-se como responsabilidade objetiva, inspirada na presunção irrefragável de culpa. Tal responsabilidade se reveste de um caráter especial, pois o dono da casa, a empresa construtora ou o chefe de família que habita o prédio não se liberta do dever de indenizar, ainda que prove ausência de culpa. Efetivamente, ele só se libera da responsabilidade se demonstrar a inexistência da relação de causalidade entre a queda da coisa e o dano, o lançamento da coisa em lugar adequado, ou a culpa exclusiva da vítima, que, por exemplo, provocou a queda do sólido ou líquido que veio atingi-la" (1º TARJ, *ADCOAS*, 1983, n. 89.444). Assim, se se tratar de edifício de apartamentos, o morador pagará o dano provocado pela queda do objeto (*RT, 616*:64; *JB, 166*:115 e 178), mas se não se puder saber de qual deles tombou o objeto, danificando terceiro, ter-se-á responsabilidade solidária de todos os habitantes, aos quais se puder atribuir o fato lesivo, claro está que o morador da ala oposta à que se deu a queda da coisa não poderá ser presumido responsável pelo evento danoso (ac. do TADF, em 23-3-1943, *DJ*, 12 maio 1943; *RT*, *530*:212 e 213). Mas já se decidiu que haverá responsabilidade objetiva do condomínio quando não se puder identificar o ponto exato de onde partiu a conduta lesiva, ou seja, a que lançou objetos do edifício de apartamentos (*JSTJ*, *2*:281; *RT*, *767*:194, *714*:153, *530*:212; *RJTJSP*, *89*:173; *JTACSP*, *87*:138; *RSTJ*, *116*:258), porque se presume negligência *in vigilando* por parte do síndico (*RT*, *767*:194). "Ao condomínio cabe exercer a boa administração da edificação, com típicos poderes de polícia interna de que decorre, inclusive, a possibilidade legal de impor sanções aos condôminos quando caracterizada sua culpa *in vigilando* (*BDI-Boletim do Direito Imobiliário*, 2005, n. 25/14)." Há julgado no sentido de que: "Não é razoável que aquele que teve seu imóvel danificado por objetos lançados de prédio de apartamento vizinho ao seu imóvel, haja de investigar de qual unidade partiu a agressão, vez que toda a massa condominial é responsável pelo dano proveniente das coisas que caírem ou forem lançadas do prédio em que habitam (art. 1.529 do CC); e quem a representa é o condomínio (*RT*, *714*:152)".

Pelo Enunciado n. 557 do CJF (aprovado na VI Jornada de Direito Civil): "Nos termos do art. 938 do CC, se a coisa cair ou for lançada de condomínio edilício, não sendo possível identificar de qual unidade, responderá o condomínio, assegurado o direito de regresso".

Pelo art. 37 do Decreto-Lei n. 3.688, o arremesso ou derramamento, em via pública, ou em lugar de uso comum, ou de uso alheio, de coisa que possa ofender, sujar ou molestar alguém constituirá contravenção penal. Ficará seu autor sujeito a multa. Na mesma pena incorrerá quem, sem as devidas cautelas, colocar ou deixar suspenso objeto que, caindo em via pública, ou em local de uso comum ou de uso alheio, possa ofender, sujar ou molestar alguém. A responsabilidade do ocupante da casa não alcançará, como já dissemos, prejuízos provocados por força maior ou caso fortuito, como queda de objeto ocasionada por ventania, tromba de água etc.[51].

---

51. Silvio Rodrigues, op. cit., v. 4, p. 143-6; W. Barros Monteiro, op. cit., p. 409; Carlos Alberto Bittar, op. cit., p. 59; Limites da responsabilidade civil de condomínios imobiliários, *Repertório IOB de Jurisprudência*, *20*:394 e s.; M. Helena Diniz, *Curso*, cit., v. 3, p. 512; Antunes Varela, op. cit., p. 238 e 239; Serpa Lopes, op. cit., n. 242 e 243, p. 509; Aguiar Dias, op. cit., v. 2, n. 177; Caio M. S. Pereira, op. cit., v. 3; Henoch D'Aguiar, op. cit., p. 414 e 415; Orlando Gomes, *Obrigações*, cit., p. 377; Pontes de Miranda (*Manual*, cit., n. 588) esclarece-nos que o termo "casa" do art. 1.529 do Código Civil de

c.3.4. Responsabilidade por queda de objetos espaciais

A responsabilidade por queda de objetos espaciais tem merecido atenção dos estudiosos da matéria e das nações civilizadas pela sua repercussão na seara do direito internacional público e privado, ante o perigo de projetos espaciais caírem sobre a Terra, por desvio de órbita, por falha técnica dos responsáveis pelo seu lançamento, podendo acarretar sérios danos físicos ou materiais. P. ex.: no célebre caso "Skylab", se ele não tivesse caído no deserto da Austrália, causaria enormes prejuízos, e a NASA, responsável pelo lançamento, teria de minimizar essas consequências, indenizando todos que fossem lesados pelo evento danoso[52].

c.3.5. Responsabilidade extracontratual nos transportes

c.3.5.1. Responsabilidade civil no transporte gratuito

O transporte pode ser oneroso ou gratuito, como é o caso da carona, de um amigo que convida outro para viajar em seu automóvel ou de alguém que recolhe uma pessoa ferida ou doente na via pública[53]. Se ele for gratuito, benévolo, amigável ou de cortesia, reger-se-á pelos princípios ati-

---

1916 abrangia: *a*) prédio de habitação doméstica; *b*) edifício destinado ao exercício de profissão ou indústria; *c*) coisas (carros, barracas etc.) utilizadas como habitação ambulante ou imobilizadas e adaptadas a esse fim; *d*) partes separadas ou anexas das moradias; *e*) os navios e aeronaves. Sobre quedas de andaimes: *RT, 570*:135. Sobre queda de argamassa de cimento, que se desprende de sacada de prédio, atingindo transeunte: *RT, 412*:160. Relativamente à queda de objeto de construção: *RT, 441*:223.

52. Esta é a lição de Justino Magno Araújo, op. cit., p. 426. *Vide* Decreto n. 1.332/94, que aprova a utilização da Política de Desenvolvimento das Atividades Espaciais, Portaria n. 5/2002 da Agência Espacial Brasileira, sobre procedimentos de autorização para operação de lançamento espacial no território brasileiro e Portaria n. 96/2011 da AEB, que aprova regulamento sobre implantação e funcionamento do registro de objetos espaciais lançados no espaço exterior.

53. Sobre o transporte gratuito ou benévolo consulte: Jacques Borricand, Le transport gratuit, in *L'automobile en droit privé*, Paris, 1965; Silvio Rodrigues, op. cit., v. 4, n. 41; Chatillon, *Le transport gratuit des personnes en automobile*, Lyon, 1929; Lefèvre, *La responsabilité en cas de transport gratuit des personnes par automobile*, Paris, 1927; Juan Carlos Arrosa, Responsabilidade civil e transporte gratuito, *RF, 83*:228; Serpa Lopes, op. cit., p. 337-47; Aguiar Dias, op. cit., v. 1, n. 77 a 87; E. R. Perreau, Courtoisie, complaisance et usages non obligatoires, *Revue Trimestrielle de Droit Civil*, 1914, p. 500 e s.; Puzzella, *La responsabilità del proprietario dei veicolinegli infortuni della strada e dell'aria*, Milano, 1935, p. 328; Juan M. Semon, El transporte benévolo en la jurisprudencia, *Revista del Colegio de Abogados de Buenos Aires, 20*(4):487 e s.; José Raimundo G. da Cruz, Transporte gratuito e responsabilidade civil, *RDC, 40*:29.

nentes à responsabilidade civil extracontratual[54], embora alguns autores, como Silvio Rodrigues, o subordinem às consequências da responsabilidade contratual[55], considerando-o um contrato benéfico e unilateral, no qual o transportador doa um serviço ao passageiro, que o aceita (CC, art. 392).

Se houver dano e o transporte for benévolo, o *transportador* apenas será responsável perante o gratuitamente transportado, se por culpa grave ou dolo deu causa ao acidente (CC, art. 736; Súmula 145 do STJ; *RSTJ, 80*:344, 346 e 349; *RT, 769*:237; *EJSTJ, 3*:74). Se, p. ex., sem motivo plausível, atirar o próprio carro contra um muro, ferindo o transportado gratuitamente, deverá ressarci-lo pelos danos sofridos, ou se, ao tentar ultrapassar caminhão, numa curva, estando em alta velocidade, ou atravessar rua com semáforo fechado, vitimar o transportado, terá de indenizar o passageiro do transporte benévolo. Assim sendo, entendem alguns, baseados no Código Civil, art. 392, que, se por culpa leve, por uma distração momentânea ocasionar o desastre vitimando o gratuitamente transportado, não terá nenhum dever jurídico de indenizá-lo. Todavia, não se pode aceitar tal opinião ante o fato de que o transportador deve zelar pela incolumidade do passageiro, sem distinguir se ele é gratuito ou não; logo, dever-se-á, pensamos, moderar a indenização devida ao lesado, em caso de culpa leve. O transportador gratuito, havendo relação de causalidade entre a coisa e o evento danoso, só se eximirá da obrigação ressarcitória se se demonstrar culpa exclusiva da vítima, força maior ou caso fortuito. O *transportado* por cortesia, por sua vez, poderá ter obrigação ressarcitória se o acidente se der por ato culposo seu. P. ex.: se por alarme falso ou por brincadeiras inoportunas do passageiro o transportador perder a direção e vier a sofrer graves prejuízos materiais e pessoais, o

---

54. Josserand, *Le transport bénévole et la responsabilité des accidents d'automobile*, Dalloz, 1926, p. 21 e s.; Jean Loup, *La responsabilité des accidents causés par les automobiles*, Paris, 1932, p. 198; Cigolini, *La responsabilità della circolazione stradale*, Giuffrè, 1954, p. 805; Guido Gentile, *La responsabilità civile extracontrattuale automobilistica*, Milano, Giuffrè, 1952; Jacques Borricand, op. cit., p. 331; Simone Goldschmidt, *L'obligation de sécurité*, p. 37; Vieira Ferreira, *Da responsabilidade civil em acidentes de automóvel*, Saraiva, 1944, p. 70 e 71; Gonçalves de Oliveira, Ato ilícito e responsabilidade civil, *RF, 73*:34; Aguiar Dias, op. cit., v. 1, n. 85; Arrosa, op. cit., p. 228, 229 e 435-445; Orgaz, *Responsabilidade por el hecho de cosas inanimadas*, 1931, p. 51 e s. *Vide EJSTJ, 17*:65.

55. Peretti-Griva, *La responsabilità civile attinente alla circolazione dei veicoli*, Torino, 1928, n. 90; Lalou, op. cit., n. 465 a 468; *RF, 84*:117, *101*:318; *Revista de Jurisprudência, 135*:590; *AJ, 62*:232; Savatier, *Traité de la responsabilité civile*, Paris, v. 1, n. 123 a 129; Serpa Lopes, op. cit., p. 344; Silvio Rodrigues, op. cit., p. 114-6; Letícia de Faria Sardas, Transporte gratuito de eleitores e responsabilidade civil, *Livro de Estudos Jurídicos, 9*:317 a 321; *RT, 745*:377, *660*:128. *Vide* art. 392 do Código Civil, aplicável, segundo alguns autores, ao transporte gratuito.

beneficiário do transporte gratuito deverá ressarcir o dano, por sua imprudência. Claro está que, se a vítima for o próprio transportador, não se terá nenhuma ação de indenização, pois ninguém poderá exigir reparação de si mesmo pelos danos que a si mesmo inferiu. Se a culpa for de ambos, isto é, se transportador e transportado concorreram para a produção do desastre, o *quantum* dos prejuízos será repartido na proporção da gravidade das faltas de cada um deles (CC, art. 945; *RF*, *146*:322, *194*:95, *207*:222, *205*:188)[56].

c.3.5.2. Responsabilidade civil nos acidentes de trânsito

Problema bastante relevante, em face do grande número de veículos automotores e dos acidentes que deles defluem, é o da responsabilidade civil por acidentes automobilísticos[57] (CPC, arts. 509 e 1.063; Lei n. 9.099/95, art. 3º, II;

56. Wilson Melo da Silva, *Responsabilidade civil automobilística*, São Paulo, Saraiva, 1980, p. 214 e 215. *Vide* ainda: Oliveira e Silva, *Das indenizações por acidentes*, 2. ed., Rio de Janeiro, Freitas Bastos, 1958, p. 156; André Brun, *Rapports et domaines des responsabilités contractuelle et délictuelle*, Paris, Sirey, 1931, n. 270; Rutsaert, *Le fondement de la responsabilité civile extracontractuelle*, Bruxelles, 1930, p. 264; Silvio Rodrigues, op. cit., p. 115; Cláudia Lima Marques, Novos rumos do direito internacional privado quanto às obrigações resultantes de atos ilícitos (em especial de acidentes de trânsito), *RT*, *629*:72; Conde e Suares, *Tratado sobre responsabilidad por accidentes de tránsito*, 1997, 3 v.; Rovelli, *La responsabilità civile e penali per gli incidenti della strada*, 1974, 2 v. Pelo art. 392 do Código Civil, o transportador que conduzir alguém gratuitamente não está sujeito a reparar o dano se agir com culpa leve; mas, se houver algum interesse (CC, art. 736, parágrafo único) por parte do transportador, mesmo que indireto, retira-se-lhe o caráter de liberalidade, p. ex.: condução de passageiro para que este pague gasolina ou indique o caminho a motorista perdido; corretor de imóveis que leva, gratuitamente, cliente para ver terrenos, casas etc.; empregador que leva empregada doméstica à casa de veraneio para que ela lá preste seus serviços. É a lição de Silvio Rodrigues, *Direito civil*, São Paulo, Saraiva, 2002, v. 4, p. 106. Trata-se de transporte aparentemente gratuito (*RF*, *101*:318), por ser um ônus imposto em troca de algum favor.

57. Wilson Melo da Silva, op. cit., p. 1 e 3. Consulte a respeito as obras de: Federico Pezzella, *La responsabilità del proprietario di veicoli negli infortuni della strada e dell'aria*, Milano, SEL, 1935, p. 82; Aguiar Dias, op. cit., v. 2, n. 170, 162 a 165 e 170 e 171; Mazeaud e Mazeaud, *Traité théorique et pratique de la responsabilité civile délictuelle et contractuelle*, Paris, Sirey, v. 2, n. 1.263; Camile Jauffret, *La responsabilité civile en matière d'accidents d'automobiles*, Paris, LGDJ, 1965; Albert Gaudillot, *De la responsabilité civile en matière d'automobiles*, Paris, Sirey, 1911; Rutsaert, op. cit., p. 135 e s.; Guiraud, *La responsabilité civile en matière d'accidents d'automobiles*, 1932, n. 116; Sainctelette, *Responsabilité des propriétaires et conducteurs d'automobiles en cas d'accidents*, p. 217; Arnaldo Rizzardo, *Comentários ao Código de Trânsito brasileiro*, São Paulo, Revista dos Tribunais, 2004; *Reparação nos acidentes de trânsito*, São Paulo, Revista dos Tribunais, 2001; Ênio S. Zuliani, Os acidentes de trânsito e o novo Código Civil, *Revista Síntese de Direito Civil e Processual Civil*, *34*:40; Maria Berenice Dias, A responsabilidade civil nos delitos de trânsito, *Revista Literária de Direito*, *5*:14-5; Luiz Carlos de Azevedo, Apontamentos sobre temas controvertidos a respeito da responsabilidade civil em acidentes de trân-

Lei n. 9.503/97, arts. 19, III e XI, 20, I a IV e VII, 22, I a V, VIII e IX, 24, V e VI, 26, I e II, 27, 28, 65, 140 a 160, 161 a 255, 291 a 312, 253-A (acrescentado pela Lei n. 13.281/2016), 256 a 268, 269, 270, 271 a 279 e 320-A (acrescentado pela Lei n. 13.281/2016).

---

sito, *Revista do Advogado*, *44*:50; Arnaldo Rizzardo, *Reparação nos acidentes de trânsito*, São Paulo, Revista dos Tribunais, 1995; Francisco G. do Nascimento, *Direito de trânsito*, São Paulo, Juarez de Oliveira, 1999; Norberto de A. Carride, *Direito de trânsito e responsabilidade civil de A a Z*, São Paulo, Juarez de Oliveira, 2003; Fernanda Tartuce e Luiz Dellore, Acidente de veículo: reparação integral e sentença ilíquida (o novo art. 475-A, § 3º, do CPC, *Ensaios sobre responsabilidade civil na pós-modernidade*, Porto Alegre, Magister, 2009, v. 2, p. 119-43; Romualdo B. Santos, Responsabilidade civil por acidentes com veículos. *Ensaios*, cit., p. 389-408. Sobre acidentes de bicicleta, *vide* Joatton, op. cit., p. 141-56. A respeito de acidentes de trânsito: *RF*, *101*:318, *215*:174, *257*:221, *283*:261; *RT*, *596*:261, *601*:203, *604*:51, *611*:129, *616*:195, *630*:871, *633*:116 e 211, *635*:223, *644*:102, *645*:121, *626*:165, *590*:147, *549*:203, *518*:227, *516*:243, *496*:85, *497*:212, *469*:238, *231*:152; *RJTJSP*, *30*:177, *28*:90, *40*:100 e 194, *39*:131, 137 e 174, *37*:113, *40*:99, *41*:165, *41*:106-8 e 109; *JB*, *162*:276, 203 e 209, *161*:343; *RJE*, *1*:357, 455, 345, 336, 347; *2*:405; *Ciência Jurídica*, *61*:85, *64*:317, *65*:79; *BAASP*, *2.592*:1569-1, *2.757*:2083-11; STF, Súmula 492; *EJSTJ*, *11*:58 e 59, *13*:57 e 82; Resolução n. 829/97 do CONTRAN (ora revogado pela Resolução CONTRAN n. 148/2003), sobre procedimentos para interposição, instrução e tramitação de recursos contra atos punitivos por infrações de trânsito; Resolução n. 151, de 8 de outubro de 2003, do CONTRAN, dispõe sobre a unificação de procedimentos para imposição de penalidade de multa a pessoa jurídica proprietária de veículos por não identificação de condutor infrator; Dec. estadual paulista n. 44.439/99, que regulamenta a Lei n. 9.823/97, sobre prestação de informações às vítimas ou familiares de acidentes de trânsito, por meio de Boletim de Ocorrência; Lei n. 10.830/2003, que altera o art. 61 da Lei n. 9.503/97, estabelecendo limite de 110 km por hora para automóveis, camionetas e motocicletas; Resolução n. 404, de 12 de junho de 2012, do CONTRAN, dispõe sobre padronização dos procedimentos administrativos na lavratura de auto de infração, na expedição de notificação de autuação e de notificação de penalidade de multa e de advertência, por infração de responsabilidade de proprietário e de condutor de veículo e da identificação de condutor infrator; Resolução n. 404, de 12 de junho de 2012, do CONTRAN (ora revogada pela Resolução CONTRAN n. 619/2016), dispõe sobre padronização dos procedimentos administrativos na lavratura de Auto de Infração, na expedição de notificação de autuação e de notificação de penalidade de multa e de advertência, por infração de responsabilidade de proprietário e de condutor de veículo e da identificação de condutor infrator; Resolução n. 445, de 25 de junho de 2013, do CONTRAN, estabelece os requisitos de segurança para veículos de transporte público coletivo de passageiros e transporte de passageiros tipos micro-ônibus e ônibus, categoria M3 de fabricação nacional e importado.

BAASP, *2923*:11. DPVAT. Acidente automobilístico. Aborto. Direitos do nascituro. Exegese do art. 2º do Código Civil. Indenização devida. Recurso Especial n. 1.415.727-SC, STJ — 4ª T., rel. Min. Luis Felipe Salomão; data do julgamento: 4-9-2014.

Atropelamento de carro estando a vítima fora da faixa de trânsito não gera responsabilidade ao motorista, pois cabe ao transeunte comprovar que houve negligência ou imprudência do condutor do veículo. TJSC, Proc. n. 2013.0.89459-3, pub. 25-3-2014.

As principais causas determinantes dos acidentes de trânsito são: desobediência às normas do Código de Trânsito (Lei n. 9.503/97) e às regras de preferência estabelecidas por sinal luminoso (semáforo, farol ou sinaleira — *RT, 792*:280); excesso de velocidade (Lei n. 9.503/97, art. 218, I a III); sono ao volante; embriaguez (Lei n. 9.503/97, arts. 165, 277, § 2º, e 302 com redação da Lei n. 12.971/2014)[58]; falta de ajuste psicofísico para dirigir o veí-

58. As Leis n. 11.275/2006, 11.705/2008, 12.760/2012, 12.971/2014 e 13.546/2017 alteram os arts. 165, 173, 174, 175, 191, 202, 203, 276, 277, 291, 292, 296, 302, 303, 306 e 308 da Lei n. 9.503, de 23 de setembro de 1997, que passam a vigorar com a seguinte redação:

"Art. 165. Dirigir sob a influência de álcool ou de qualquer outra substância psicoativa que determine dependência:

Infração — gravíssima;

Penalidade — multa (dez vezes) e suspensão do direito de dirigir por 12 (doze) meses.

Medida administrativa — recolhimento do documento de habilitação e retenção do veículo, observado o disposto no § 4º do art. 270 da Lei n. 9.503, de 23 de setembro de 1997 — do Código de Trânsito Brasileiro.

Parágrafo único. Aplica-se em dobro a multa prevista no *caput* em caso de reincidência no período de até 12 (doze) meses".

"Art. 173. Disputar corrida:

Infração — gravíssima.

Penalidade — multa (dez vezes), suspensão do direito de dirigir e apreensão do veículo.

Medida administrativa — recolhimento do documento de habilitação e remoção do veículo.

Parágrafo único. Aplica-se em dobro a multa prevista no *caput* em caso de reincidência no período de 12 (doze) meses da infração anterior."

"Art. 174. Promover, na via, competição, eventos organizados, exibição e demonstração de perícia em manobra de veículo, ou deles participar, como condutor, sem permissão da autoridade de trânsito com circunscrição sobre a via:

Infração — gravíssima.

Penalidade — multa (dez vezes), suspensão do direito de dirigir e apreensão do veículo.

Medida administrativa - recolhimento do documento de habilitação e remoção do veículo.

§ 1º As penalidades são aplicáveis aos promotores e aos condutores participantes.

§ 2º Aplica-se em dobro a multa prevista no *caput* em caso de reincidência no período de 12 (doze) meses da infração anterior."

"Art. 175. Utilizar-se de veículo para demonstrar ou exibir manobra perigosa, mediante arrancada brusca, derrapagem ou frenagem com deslizamento ou arrastamento de pneus:

Infração — gravíssima.

Penalidade — multa (dez vezes), suspensão do direito de dirigir e apreensão do veículo.

Medida administrativa — recolhimento do documento de habilitação e remoção do veículo.

Parágrafo único. Aplica-se em dobro a multa prevista no *caput* em caso de reincidência no período de 12 (doze) meses da infração anterior."

"Art. 191. ....

Penalidade — multa (dez vezes) e suspensão do direito de dirigir.

Parágrafo único. Aplica-se em dobro a multa prevista no *caput* em caso de reincidência no período de até 12 (doze) meses da infração anterior."

"Art. 202. ....

Infração — gravíssima.

Penalidade — multa (cinco vezes)."

"Art. 203. ....

Infração — gravíssima.

Penalidade — multa (cinco vezes).

Parágrafo único. Aplica-se em dobro a multa prevista no *caput* em caso de reincidência no período de até 12 (doze) meses da infração anterior."

"Art. 276. Qualquer concentração de álcool por litro de sangue ou por litro de ar alveolar sujeita o condutor às penalidades previstas no art. 165.

Parágrafo único. O Contran disciplinará as margens de tolerância quando a infração for apurada por meio de aparelho de medição, observada a legislação metrológica."

"Art. 277. O condutor de veículo automotor envolvido em acidente de trânsito ou que for alvo de fiscalização de trânsito poderá ser submetido a teste, exame clínico, perícia ou outro procedimento que, por meios técnicos ou científicos, na forma disciplinada pelo Contran, permita certificar influência de álcool ou outra substância psicoativa que determine dependência.

§ 1º (Revogado).

§ 2º A infração prevista no art. 165 também poderá ser caracterizada mediante imagem, vídeo, constatação de sinais que indiquem, na forma disciplinada pelo Contran, alteração da capacidade psicomotora ou produção de quaisquer outras provas em direito admitidas.

§ 3º Serão aplicadas as penalidades e medidas administrativas estabelecidas no art. 165 deste Código ao condutor que se recusar a se submeter a qualquer dos procedimentos previstos no *caput* deste artigo".

"Art. 291..

§ 1º Aplica-se aos crimes de trânsito de lesão corporal culposa o disposto nos arts. 74, 76 e 88 da Lei n. 9.099, de 26 de setembro de 1995, exceto se o agente estiver:

I — sob a influência de álcool ou qualquer outra substância psicoativa que determine dependência;

II — participando, em via pública, de corrida, disputa ou competição automobilística, de exibição ou demonstração de perícia em manobra de veículo automotor, não autorizada pela autoridade competente;

III — transitando em velocidade superior à maxima permitida para a via em 50 km/h (cinquenta quilômetros por hora).

§ 2º Nas hipóteses previstas no § 1º deste artigo, deverá ser instaurado inquérito policial para a investigação da infração penal.

§ 3º (Vetado).

§ 4º O juiz fixará a pena-base segundo as diretrizes previstas no art.59 do Decreto-Lei n. 2.848, de 7 de dezembro de 1940 (Código Penal), dando especial atenção à culpabilidade do agente e às circunstâncias e consequências do crime."

"Art. 292. A suspensão ou a proibição de se obter a permissão ou a habilitação para dirigir veículo automotor pode ser imposta isolada ou cumulativamente com outras penalidades."

"Art. 296. Se o réu for reincidente na prática de crime previsto neste Código, o juiz aplicará a penalidade de suspensão da permissão ou habilitação para dirigir veículo automotor, sem prejuízo das demais sanções penais cabíveis."

"Art. 302. ....

---

§ 1º No homicídio culposo cometido na direção de veículo automotor, a pena é aumentada de 1/3 (um terço) à metade, se o agente:

I — não possuir Permissão para Dirigir ou Carteira de Habilitação;

II — praticá-lo em faixa de pedestres ou na calçada;

III — deixar de prestar socorro, quando possível fazê-lo sem risco pessoal, à vítima do acidente;

IV — no exercício de sua profissão ou atividade, estiver conduzindo veículo de transporte de passageiros;

....

§ 3º Se o agente conduz veículo automotor sob a influência de álcool ou de qualquer outra substância psicoativa que determine dependência:

Penas — reclusão, de cinco a oito anos, e suspensão ou proibição do direito de se obter a permissão ou a habilitação para dirigir veículo automotor".

"Art. 303. ....

§ 1º Aumenta-se a pena de 1/3 (um terço) à metade, se ocorrer qualquer das hipóteses do § 1º do art. 302.

§ 2º A pena privativa de liberdade é de reclusão de dois a cinco anos, sem prejuízo das outras penas previstas neste artigo, se o agente conduz o veículo com capacidade psicomotora alterada em razão da influência de álcool ou de outra substância psicoativa que determine dependência, e se do crime resultar lesão corporal de natureza grave ou gravíssima."

"Art. 306. Conduzir veículo automotor com capacidade psicomotora alterada em razão da influência de álcool ou de outra substância psicoativa que determine dependência:

Penas — detenção, de seis meses a três anos, multa e suspensão ou proibição de se obter a permissão ou a habilitação para dirigir veículo automotor.

§ 1º As condutas previstas no *caput* serão constatadas por:

I — concentração igual ou superior a 6 decigramas de álcool por litro de sangue ou igual ou superior a 0,3 miligrama de álcool por litro de ar alveolar; ou

II — sinais que indiquem, na forma disciplinada pelo Contran, alteração da capacidade psicomotora.

§ 2º A pena privativa de liberdade é de reclusão de dois a cinco anos, sem prejuízo das outras penas previstas neste artigo, se o agente conduz o veículo com capacidade psicomotora alterada em razão da influência de álcool ou de outra substância psicoativa que determine dependência, e se do crime resultar lesão corporal de natureza grave ou gravíssima.

§ 3º O Contran disporá sobre a equivalência entre os distintos testes de alcoolemia ou toxicológicos para efeito de caracterização do crime tipificado neste artigo."

"Art. 308. Participar, na direção de veículo automotor, em via pública, de corrida, disputa ou competição automobilística ou ainda de exibição ou demonstração de perícia em manobra de veículo automotor, não autorizada pela autoridade competente, gerando situação de risco à incolumidade pública ou privada:

Penas — detenção de 6 (seis) meses a 3 (três) anos, multa e suspensão ou proibição de se obter a permissão ou a habilitação para dirigir veículo automotor.

§ 1º Se da prática do crime previsto no *caput* resultar lesão corporal de natureza grave, e as circunstâncias demonstrarem que o agente não quis o resultado nem assumiu o risco de produzi-lo, a pena privativa de liberdade é de reclusão, de 3 (três) a 6 (seis)

anos, sem prejuízo das outras penas previstas neste artigo.

§ 2º Se da prática do crime previsto no *caput* resultar morte, e as circunstâncias demonstrarem que o agente não quis o resultado nem assumiu o risco de produzi-lo, a pena privativa de liberdade é de reclusão de 5 (cinco) a 10 (dez) anos, sem prejuízo das outras penas previstas neste artigo."

E a Lei n. 13.281/2016 acrescentou à Lei 9.503/97 os seguintes artigos:

"Art. 253-A. Usar veículo para, deliberadamente, interromper, restringir ou perturbar a circulação na via sem autorização do órgão ou entidade de trânsito com circunscrição sobre ela:

Infração — gravíssima;

Penalidade — multa (vinte vezes) e suspensão do direito de dirigir por doze meses;

Medida administrativa — remoção do veículo.

§ 1º Aplica-se a multa agravada em 60 (sessenta) vezes aos organizadores da conduta prevista no *caput*.

§ 2º Aplica-se em dobro a multa em caso de reincidência no período de doze meses".

"Art. 320-A. Os órgãos e entidades do Sistema Nacional de Trânsito poderão integrar-se para a ampliação e aprimoramento da fiscalização de trânsito, inclusive por meio do compartilhamento da receita arrecadada com a cobrança das multas de trânsito."

Resolução n. 622, de 6 de setembro de 2016, do Contran, define os meios tecnológicos hábeis de que trata o *caput* do art. 282, da Lei n. 9.503, de 23 de setembro de 1977, que institui o Código de Trânsito Brasileiro (CTB), admitidos para assegurar a ciência das notificações das infrações de trânsito e será certificado digitalmente.

A Lei n. 13.290, de 23 de maio de 2016, torna obrigatório o uso, nas rodovias, de farol baixo aceso durante o dia, ao alterar os arts. 40, I, e 250, I, *b*, da Lei n. 9.503/97 nos túneis providos de iluminação pública e nas rodovias.

A Lei n. 11.910, de 18 de março de 2009, altera o art. 105 da Lei n. 9.503, de 23 de setembro de 1997, que institui o Código de Trânsito Brasileiro, para estabelecer no inciso VII a obrigatoriedade de uso do equipamento suplementar de retenção — *air bag* frontal para o condutor e o passageiro do banco dianteiro. E, ainda, acrescenta: "§ 5º A exigência estabelecida no inciso VII do *caput* deste artigo será progressivamente incorporada aos novos projetos de automóveis e dos veículos deles derivados, fabricados, importados, montados ou encarroçados, a partir do 1º (primeiro) ano após a definição pelo Contran das especificações técnicas pertinentes e do respectivo cronograma de implantação e a partir do 5º (quinto) ano, após esta definição, para os demais automóveis zero quilômetro de modelos ou projetos já existentes e veículos deles derivados. § 6º A exigência estabelecida no inciso VII do *caput* deste artigo não se aplica aos veículos destinados à exportação".

A Lei n. 12.217, de 17 de março de 2010, acrescenta § 2º ao art. 158 da Lei n. 9.503, de 23 de setembro de 1997 — Código de Trânsito Brasileiro, para tornar obrigatória aprendizagem noturna, ao dispor: "§ 2º Parte da aprendizagem será obrigatoriamente realizada durante a noite, cabendo ao Contran fixar-lhe a carga horária mínima correspondente".

Lei n. 12.760/2012 altera a Lei n. 9.503/97 (Código de Trânsito Brasileiro) para punir rigorosamente ato de conduzir veículo automotor com capacidade psicomotora sob influência de álcool ou outra substância psicoativa que determine dependência.

Vide Decreto n. 6.489, de 19 de junho de 2008, que regulamenta a Lei n. 11.705, de 19 de junho de 2008, no ponto em que restringe a comercialização de bebidas alcoólicas em rodovias federais, e Decreto n. 6.488, de 19 de junho de 2008, que regulamenta os arts. 276 e 306 da Lei n. 9.503, de 23 de setembro de 1997 — Código de Trânsito Brasileiro,

culo; nervosismo habitual ou esporádico; uso de drogas; conversa com o acompanhante ou passageiro; estados de depressão e de angústia; desvio de atenção para contemplar pessoas que passam ao lado do veículo ou paisagens; manejo, concomitante, do volante e de aparelho de som de que é provido o carro; ato de acender cigarro quando o veículo se encontra em movimento; imperícia do condutor; ultrapassagem imprudente nas curvas; falha mecânica (*RT*, *451*:97, *563*:146) ou más condições do veículo e de visibilidade; culpa de pedestre que, p. ex., atravessa a rua desatento à sinaliza-

---

disciplinando a margem de tolerância de álcool no sangue e a equivalência entre os distintos testes de alcoolemia para efeitos de crime de trânsito. Deliberação n. 133, de 21 de dezembro de 2012 do Contran regulamenta o parágrafo único do art. 276 do Código de Trânsito Brasileiro, para determinar o limite de tolerância do exame de alcoolemia.

Resolução n. 598, de 24 de maio de 2016, do CONTRAN regulamenta a produção e expedição da Carteira Nacional de Habilitação e da Permissão para dirigir, com novo leiaute e requisitos de segurança.

Deliberação n. 143, de 20 de abril de 2015 do CONTRAN dispõe sobre a fiscalização do tempo de direção do motorista profissional de que trata os artigos 67-A, 67-C e 67-E, incluídos no Código de Trânsito Brasileiro — CTB, pela Lei n. 13.103, de 2 de março de 2015.

Nos Estados Unidos, o uso do teste para averiguar se motorista está ou não ébrio (*sobriety checkpoints*) foi evitado por treze Estados para não terem problemas com a justiça. A *Michigan Supreme Court* declarou-os inconstitucionais e, em outros Estados, os *checkpoints* foram levados a juízo e proibidos, apesar do bom resultado que produziram (Mario G. Losano, Dos direitos e deveres: também no direito à privacidade, *Verba Juris, Revista da Universidade Federal da Paraíba, 2*:21).

Resolução n. 432/2013 do Contran dispõe sobre procedimentos a serem adotados pelas autoridades de trânsito e seus agentes na fiscalização do consumo de álcool ou de outra substância psicoativa que determine dependência, para aplicação dos arts. 165, 276, 277 e 306 do Código de Trânsito Brasileiro e revoga as Res. Contran n. 109/99 e 206/2006 e a Deliberação Contran n. 133/2012.

A Portaria n. 231/2013 do Denatran aprova Regimento Interno do Comitê Gestor do Sistema de Registro Nacional de Infrações de Trânsito.

A Resolução n. 619/2016 do CONTRAN estabelece e rege os procedimentos para aplicação de multas por infrações, a arrecadação e o repasse dos valores arrecadados. A Deliberação n. 161/2017 do CONTRAN altera a Resolução Contran n. 637, de 30 de novembro de 2016, que dispõe sobre a organização e o funcionamento do Registro Nacional de Infrações de Trânsito (Renainf), de que trata o inciso XXX do art. 19 do Código de Trânsito Brasileiro (CTB).

Resolução n. 723/2018 do CONTRAN referenda a Deliberação CONTRAN n. 163, de 31 de outubro de 2017, que dispõe sobre a uniformização do procedimento administrativo para imposição das penalidades de suspensão do direito de dirigir e de cassação do documento de habilitação, previstas nos arts. 261 e 263, incisos I e II, do Código de Trânsito Brasileiro (CTB), bem como sobre o curso preventivo de reciclagem.

Resolução n. 724/2018 do CONTRAN referenda a Deliberação CONTRAN n. 165, de 22 de dezembro de 2017, que altera o art. 25 da Resolução CONTRAN n. 691, de 27 de setembro de 2017, que dispõe sobre o exame toxicológico de larga janela de detecção, em amostra queratínica, para habilitação, renovação ou mudança para as categorias C, D e E, decorrente da Lei n. 13.103, de 2 de março de 2015.

A Lei n. 13.614/2018 cria o Plano Nacional de Redução de Mortes e Lesões no Trânsito (PNATRANS).

Resolução n. 1, de 7 de fevereiro de 2019, do Conselho Federal de Psicologia, institui normas e procedimentos para a perícia psicológia no contexto do trânsito e revoga as Resoluções CFP n. 007/2009 e 009/2011.

ção luminosa ou fora das faixas assinaladas, que desce de veículo sem a devida cautela e do lado da circulação etc.[59].

"Em tema de acidente de trânsito, não basta a prova da existência do fato, mas imprescindível se torna fique comprovada nos autos, de maneira induvidosa e clara, a autoria do dano. Inexistindo laudo pericial, a prova testemunhal será admissível a comprovar o fato, inclusive a autoria do dano. Essa prova, não obstante, deverá ser conclusiva e conduzir à certeza do ilícito praticado pelo réu, circunstância que obrigará a reparação do prejuízo decorrente de colisão entre veículos. Se a prova testemunhal colhida não

---

59. Wilson Melo da Silva, op. cit., p. 20 e 21 e 61-5; Hélène Gaudemet-Tallon, La responsabilité de l'automobiliste et du piéton dans les accidents de la circulation, in *L'automobile en droit privé* (Estudos dirigidos por Yvon Loussouarn), p. 206; Peretti-Griva, op. cit., p. 13; Acdeel Ernesto Salas, *Estudios sobre la responsabilidad civil*, Buenos Aires, Lib. Jurídica, 1947, p. 102; Aguiar Dias, op. cit., v. 2, p. 55, 58, 59 e 61, n. 170; Fábio Ulhoa Coelho, *Curso de direito civil*, São Paulo, Saraiva, 2004, v. 2, p. 329 e 332; Aldo Cabrini, I reati in materia automobilistica e il sonno, *Rivista Italiana di Diritto Penale, 7-8*:730, 1936; O *Jornal da Tarde* (na matéria intitulada Aparelho espião nos carros dos filhos, 18-2-2004, p. 15-A) noticia que um invento israelense irá informar pais preocupados com filho no volante, possibilitando-lhes o controle da velocidade do veículo por meio de mensagem ao telefone celular do interessado. O mesmo se diga de empresas para controlar motoristas de seus veículos, evitando acidente de trânsito. Consulte: *RF, 196*:316, *197*:366, *145*:173, *175*:379, *237*:190, *161*:234, *159*:254, *195*:316, *135*:247, *125*:557, *140*:423, *200*:146, *135*:402, *88*:454, *194*:371; *RT, 186*:715, *323*:376, *437*:125, *363*:196, *190*:98, *411*:145 e 326, *407*:392, *422*:182, *429*:476, *423*:200, *431*:93, *228*:341, *296*:499, *278*:527, *288*:483, *432*:351, *286*:539, *242*:357, *363*:202, *318*:328, *370*:271, *267*:510, *261*:471, *347*:343, *431*:381, *256*:367, *376*:330, *381*:199, *368*:263, *350*:412, *301*:406, *353*:304, *351*:326, *306*:442, *446*:101, *392*:176, *469*:84, *372*:111, *583*:221, *585*:118, *591*:226, *603*:139, *769*:237; *RJTJSP, 30*:114, *28*:84 e 89; *AASP, 1872*:353, *1866*:308; *Ciência Jurídica, 57*:310, *58*:113, *69*:88; *EJSTJ, 9*:99, *20*:94, 182 e 183, *19*:51, *23*:128 e 156. "Nos cruzamentos não sinalizados, tem preferência de passagem o veículo que trafega pela direita, sendo que, em regra, o excesso de velocidade não prepondera como causa do evento, pois este tão somente poderá agravar as consequências do acidente. A jurisprudência tem repelido a teoria do eixo médio, não podendo prevalecer o argumento de que o automóvel que chega primeiramente no cruzamento tem preferência. Inclusive esta teoria estimula o excesso de velocidade por parte do veículo não prioritário" (TJSC, *ADCOAS*, 1983, n. 90.843; *JB, 152*:74). "O estar atendendo a uma ocorrência urgente não autoriza o motorista de carro oficial a dirigir sem maiores cautelas, dando causa a colisão com veículo parado cujo condutor aguardava a abertura do semáforo" (*RT, 594*:139). Num caso julgado pelo Tribunal de Justiça do Distrito Federal, em 14-10-2004, o automóvel que vinha à frente, no qual eram conduzidas as vítimas, parou sem maior dificuldade antes do cruzamento, quando o semáforo apresentou a luz amarela. Mas foi abalroado pelo ônibus que vinha atrás, cujo condutor acreditou que o veículo das vítimas iria "aproveitar o amarelo". O Tribunal entendeu demonstrada a culpa do motorista do ônibus e condenou a empresa de transporte a indenizar os feridos (2ª Turma, AC 2002.01.1.068174-8-DF).

"Danos materiais e morais — Acidente de trânsito — Colisões sucessivas. Na hipótese de colisões sucessivas, a culpa é atribuída ao motorista que teve influência decisiva na produção do dano, ou seja, o condutor do veículo que determinou a primeira colisão, que não será necessariamente aquele que colidiu contra a traseira de outrem. A presunção de culpa do condutor que abalroa o outro na traseira é *juris tantum*, podendo ser elidida se nos autos houver prova robusta em contrário. Apelo conhecido e não provido" (TJDF, 6ª T. Cível, AC 2007.01.5.001439-0-DF, Rel. Des. Ana Maria Duarte Amarante Brito, j. 14-3-2007, v.u.).

tiver aquelas características, não poderá ele ser obrigado a ressarcir eventual prejuízo do autor" (TJSC, *ADCOAS*, 1982, n. 84.285). "Em acidente de trânsito, as informações e decisões administrativas gozam de presunção de verdade, e para cederem em Juízo, diante do contraditório, indispensável que esta prova seja robusta e convincente. Prova testemunhal frágil e duvidosa, contrastante com a comunicação do acidente e com os orçamentos que indicam as partes atingidas, não tem força para elidir as decisões administrativas" (TAPR, *ADCOAS*, 1982, n. 83.887).

No que atina a acidentes automobilísticos, dois são os tipos de responsabilidade: a contratual e a delitual. A responsabilidade em contrato de transporte na relação entre transportador e transportado é objetiva, por força dos arts. 730 a 756 do Código Civil.

Se dois carros colidirem causando danos aos veículos e aos que neles se encontrarem (não sendo passageiros), ter-se-á *responsabilidade aquiliana*.

Já se decidiu que: "O comportamento culposo de quem colide com um veículo que se encontra estacionado gera a responsabilidade de compor perdas e danos. Os prejuízos efetivos e certos causados ao ofendido com violação do direito patrimonial são as perdas ou *damnum emergens*, ao passo que a cessação de lucros previstos, que se deixou de obter em virtude de prejuízo sofrido por culpa de outrem, são os danos ou *lucrum cessans*" (1º TARJ, *ADCOAS*, 1982, n. 86.651). "A invasão de preferencial, dando margem a colisão com veículo dirigido em sentido contrário, prepondera sobre eventual excesso de velocidade, na caracterização da culpa para efeito de indenização, não havendo falar-se, portanto, em concorrência de culpa" (TJSC, *ADCOAS*, 1983, n. 89.547). "Em acidente de veículos, onde vários se chocam em sequência, a culpa é daquele que por primeiro abalroou e provocou o engavetamento" (TAPR, *ADCOAS*, 1982, n. 86.119). "Ocorrendo colisão entre trem e automóvel em passagem de nível, reconhece-se a concorrência de culpas, se a vítima ingressa no cruzamento sem as necessárias cautelas e a estrada mantém o local sem qualquer sistema de controle de trânsito" (1º TARJ, *ADCOAS*, 1982, n. 82.018).

Se se tratar de táxis, ônibus, bondes etc., quando as vítimas são os passageiros, poder-se-á ter concomitância de danos que se regeriam pelos princípios da responsabilidade delitual e contratual (Decreto n. 2.681/12 e Código Civil, arts. 732, 734 e 735)[60].

---

60. Wilson Melo da Silva, op. cit., p. 67 e 68; *RT*, *513*:104, *502*:56 e 63, *498*:215 e 221, *496*:83 e 68, *508*:98, *503*:213, *513*:120, *532*:89, *579*:216, *572*:121, *548*:216, *553*:242, *552*:224, *562*:227, *578*:232, *576*:148, *573*:163, *550*:205, *547*:96, *579*:126, *569*:214; *RTJ*, *96*:946.

Em regra, a responsabilidade aquiliana por acidente de trânsito é subjetiva, constituindo uma sanção a motorista culpado pelo dano causado por imprudência, imperícia ou negligência, tendo por escopo diminuir o número de sinistros. A vítima poderá provar a culpabilidade do lesante, mas este poderá demonstrar que o evento danoso se deu por culpa de terceiro ou do lesado, por força maior ou caso fortuito. Se o condutor for empregado, seu empregador por força dos arts. 932, 933, 934 e 942 terá responsabilidade civil objetiva perante o lesado, porém poderá reaver o que desembolsou do lesante (empregado) que agiu com culpa. Compete ao lesado provar a culpabilidade do demandado ou de seu preposto. Casos houve, p. ex., como a 3ª Turma do STJ decidiu (REsp 540.059 e 343.649) que, por acidente de trânsito causado por terceiro, a responsabilidade do dono do carro é solidária, visto que o emprestou ao lesante. Condutor e proprietário (maiores e capazes) são considerados culpados. Haverá responsabilidade subjetiva: se motorista, p. ex., retomar curso de viagem, saindo do acostamento, não observando à sua frente presença de pessoa na via pública, vindo a atropelá-la; ou se não trafegar com velocidade reduzida e redobrada atenção diante de escolas, hospitais, local com grande movimentação de veículos ou pedestres, causando danos (*RT*, *323*:376; *JTACSP*, *151*:182); ou se avançou sinal de trânsito; desrespeitou a sinalização; violou normas do Código de Trânsito; trafegou em contramão, causando lesão a transeunte ou a outro veículo. O juiz deverá também avaliar a culpa da vítima para averiguar se não houve concorrência de culpa ou até mesmo caso fortuito, p. ex., arremesso de pedra no veículo em marcha, que o leva a desgovernar-se e atropelar alguém, visto que tal fato excluirá a responsabilidade.

A frequência dos acidentes automobilísticos gerou a exigência do seguro obrigatório (DPVAT — Lei n. 6.194/74, art. 5º; Decreto n. 2.867/98, com alteração do Decreto n. 7.833/2012; Resoluções da SUSEP n. 56/2001, 153/2006, 154/2006 (ora revogada pela Resolução n. 273/12), 192/2008 (ora revogada pela Resolução n. 332/15), 242/2011 (ora revogada pela Resolução n. 273/2012) e 273/2012 (ora revogada pela Resolução n. 332/2015); Circular SUSEP n. 373/2008 (ora revogada pela Circular n. 393/2009); Resolução da Secretaria da Fazenda do Estado de São Paulo n. 60/2008; Súmula STJ, n. 474) para diminuir os custos dos danos provocados por acidentes de trânsito. O DPVAT (Seguro Obrigatório de Danos Pessoais Causados por Veículos Automotores de Vias Terrestres, ou por sua Carga, a Pessoas Transportadas ou Não) serve para atender a todas as vítimas de trânsito. A cobertura abrange os danos causados aos motoristas e passageiros. O seguro cobre as despesas médicas da vítima e permite que ela ou sua família sejam ressarcidas em caso de invalidez permanente ou morte. Para receber o benefício, a vítima, dentro do prazo de três anos (CC, art. 206, § 3º, IX, e Súmula 405 do STJ), deve procurar uma das seguradoras conveniadas com os documentos necessários para dar entrada no benefício. Caso o veículo tenha sido roubado ou tenha sofrido perda total, o dono deve informar o Detran, senão continuará recebendo a cobrança deste seguro. O DPVAT deve ser pago junto com a primeira parcela do IPVA, mas o motorista também tem a opção de pagá-lo na hora de fazer o licenciamento do veículo. O DPVAT não exige culpa para pagamento de indenização, para tanto bastará o pagamento do prêmio. A vítima do dano ou seus sucessores terão direito à indenização mediante simples prova do acidente e do dano, independentemente da existência de culpa ou de dolo do lesante, de culpa exclusiva da vítima ou de terceiro ou de força maior ou caso fortuito, por força da teoria do risco integral que não admite a discussão de excludentes de responsabilidade civil, que é objetiva. É um seguro de dano. Cobre os danos causados à vítima, mas não a responsabilidade do motorista. O DPVAT paga despesas com morte, invalidez permanente e dispêndios médico-hospitalares (Despesas de Assistência Médica e Suplementares — DAMS). Os valores dessas indenizações a serem pagas pelo DPVAT são determinados pelo Conselho Nacional de Seguros Privados. E, além disso, encaminhou a temática à doutrina do risco criado, que foi a adotada pelo Código Civil (art. 927, parágrafo único). O risco criado no uso de coisa perigosa passou a ser o critério da responsabilidade objetiva por dano pessoal causado por veículo em acidente de trânsito, cuja indenização é paga pelo DPVAT.

A responsabilidade pelos danos decorrentes de acidente de trânsito é objetiva, para a maioria dos autores e da jurisprudência, por força do art. 927, parágrafo único, do Código Civil, fundando-se no risco, pois o Decreto-Lei n. 73/66, no art. 20, *l* (com a redação da Lei n. 8.374/91) impôs o seguro obrigatório para os proprietários de veículos automotores, para *garantir a indenização*, até o valor estabelecido como limite da responsabilidade da seguradora, em caso de acidente, sem se indagar sobre o comportamento culposo do lesante, bastando o simples nexo de causalidade entre o dano pessoal a passageiro ou não e a conduta do seu causador, isto é, entre o prejuízo e a atividade posta em exercício pelo responsável. O autor do dano deverá, para essa corrente, responder objetivamente pelo fato lesivo (*RT*, *314*:184).

Pelo art. 788 e parágrafo único do Código Civil, o seguro obrigatório de responsabilidade civil (p. ex., DPVAT) é imposto por lei para socialização do risco, em caso de responsabilidade civil objetiva por determinadas atividades, para garantia de certos bens. A indenização pelo sinistro será paga pelo segurador, até o limite do valor fixado em lei diretamente, ao terceiro prejudicado, independentemente da apuração da culpa, por ter tal seguro natureza social. A vítima tem opção para acionar, ou não, o segurador. O lesado poderá, mesmo havendo seguro obrigatório, demandar diretamente contra o lesante, pleiteando a totalidade dos prejuízos. Se, havendo seguro obrigatório de responsabilidade civil, o segurador for demandado em ação direta pelo lesado, não poderá ele apresentar a exceção de contrato não cumprido (CC, art. 476) pelo segurado, sem antes providenciar sua citação para integrar a lide.

O art. 927, parágrafo único, veio a traçar novos parâmetros para a responsabilidade civil. Mas, no nosso entender, em acidente de trânsito o lesado está dispensado da prova da culpa para obtenção da *indenização* a ser paga pelo DPVAT (CC, art. 788), mas nada obsta a que a vítima (demandante) comprove a culpa do lesante ou a que o lesante demandado levante a questão da culpa, demonstrando que o acidente de trânsito se deu por culpa exclusiva da vítima ou de terceiro, por força maior ou caso fortuito. Admitida está, portanto, ante a omissão legal, apesar de não haver relação de consumo, por analogia (LINDB, art. 4º), a inversão do ônus probatório da excludente de culpabilidade pelo evento danoso. Realmente, não há por que responder por dano causado exclusivamente por motorista de outro veículo que, p. ex., em ultrapassagem proibida, tenha forçado a manobra desastrosa (*RT, 527*:206). O lesado, ante o critério subjetivo, poderá acionar o motorista culpado pelo acidente, sendo que, urge lembrar, se o lesante for empregado de alguém e praticou o ato lesivo no exercício de sua função, seu patrão responderá perante o lesado, objetivamente, pelo dano, tendo depois ação regressiva contra o culpado. Pode-se dizer até mesmo que se houver concorrência de culpa do motorista (empregado) e do condutor do veículo particular que colidiu com o seu, a indenização será devida pela metade (*RT, 755*:327, *741*:351; *RTJ, 55*:30). Se autor e vítima concorrerem para o evento danoso, haverá, então, o partilhamento dos prejuízos. As indenizações serão pagas, em partes iguais, pelas sociedades seguradoras dos proprietários dos veículos acidentados e, posteriormente, farão entre si a redistribuição das indenizações pagas, em função das responsabilidades legais apuradas, pois nada obsta que discutam a culpa dos respectivos segurados, para reaverem o que pagaram proporcionalmente à gravidade da culpa de cada agente, podendo ter até direito regressivo[61].

---

61. Viterbo, *L'assicurazione della responsabilità civile*, Milano, Giuffrè, 1936, p. 189 e s.; Isaac Halperin, *La acción directa de la víctima contra el asegurador del responsable civil del daño*, Buenos Aires, La Ley, 1944, p. 122 e s.; Jauffret, op. cit., p. 90; Wilson Melo da Silva, op. cit., p. 69 e 70; Aguiar Dias, op. cit., v. 2, p. 27; Roitman, *El seguro de la responsabilidad civil*, Córdoba, Ed. Lerner, n. 11 e 17; Cristiano Graeff Jr., Responsabilidade objetiva dos proprietários de veículos automotores com limitação do valor da indenização, *RT, 467*:11-23; Antonio Penteado de Mendonça, DPVAT, *Tribuna do Direito*, julho, 2004, p.

10; Cahali, *Responsabilidade civil do Estado*, 1982, p. 290; Luciana T. G. Cristofaro, A desnecessidade de alvará judicial para recebimento do seguro obrigatório em caso de acidente de trânsito (DPVAT), *MPMG Jurídico, 18*; 64; Bárbara B. Souza, A responsabilidade civil objetiva sob a ótica do seguro obrigatório de danos pessoais causados por veículos automotores de via terrestre — DPVAT, *Responsabilidade civil* (org. Luiz Fernando do V. A. Guilherme), São Paulo, Rideel, 2011, p. 21-40. Todos temos direito ao trânsito seguro e organizado, que garanta a incolumidade física e facilite a locomoção. Daí a importância das sinalizações, pois sua falta acarreta responsabilidade pelo DER (*RT, 606*:133) e da conservação das pistas. Há responsabilidade objetiva do órgão encarregado da pista rodoviária (CTB, arts. 80 e s.), embora o Estado tenha responsabilidade indireta e subsidiária. A Circular SUSEP n. 266/2004 (ora revogada pela Circular n. 373/2008. *Vide* atualmente Circular n. 451/2012) dispõe sobre instruções complementares para a operação do seguro obrigatório de danos pessoais causados por veículos automotores de via terrestre ou por sua carga, a pessoas transportadas ou não — Seguro DPVAT. O DENATRAN regulamentou o Sistema Nacional de Identificação Automática de Veículos, que os irá monitorar, por meio de *chips* neles instalados, possibilitando não só saber se estão em dia com o IPVA e com o licenciamento, como também sua localização em caso de roubo. O prazo para pedido de indenização por acidente de trânsito (DPVAT) é de três anos contado do sinistro, para tanto é preciso apresentar os documentos exigidos, e o pagamento será feito até 30 dias da apresentação daquela documentação, na conta corrente ou na de poupança da vítima ou de seus beneficiários.

O valor é de R$ 13.500,00 em caso de morte, e de até R$ 13.500,00 havendo invalidez permanente, variando conforme o grau da invalidez, e de até R$ 2.700,00 em reembolso de despesas médicas e hospitalares comprovadas. Sobre DPVAT: *RJ, 330*:139; *RT, 620*:115, *683*:93, *774*:337, *820*:267, *825*:257; *JTARS, 61*:430.

A MP n. 904/2019 extinguiu o DPVAT mas foi suspensa pelo STF na ADIN n. 6.262/2019.

BAASP, 2913:10. Apelação cível. Ação de cobrança de seguro DPVAT. Recurso interposto pelos autores e pela ré. Sentença que concede aos filhos de pessoa falecida em acidente automobilístico metade do capital segurado, destinando a outra metade à suposta cônjuge do falecido, que não faz parte da relação processual. Documentação dos autos que informa ter a vítima de acidente falecido na condição de solteira. Ônus da prova sobre a existência de outros beneficiários a cargo da seguradora e não dos autores. Pagamento integral devido. Impossibilidade de fixação do termo inicial da correção monetária a partir da data do ajuizamento da ação. Recurso da seguradora ao qual se nega provimento. Recurso dos autores provido. É da seguradora o ônus da prova em relação a existência de beneficiários do seguro DPVAT diversos daqueles que já figuram no polo ativo da relação processual. Provando os autores a condição de legítimos herdeiros de pessoa falecida em acidente automobilístico — e não se desincumbindo a seguradora de fazer prova no sentido contrário —, possuem eles o direito ao recebimento da indenização em seu valor integral. O termo inicial da correção monetária em cobrança de seguro DPVAT dar-se-á a partir da data do evento danoso, no caso a data do acidente automobilístico que coincide com a data do óbito do genitor dos autores (TJMS — 5ª Câmara Cível, Apelação Cível n. 0044925-88.2011.8.12.0001-Campo Grande-MS, rel. Des. Luiz Tadeu Barbosa Silva, j. 29-5-2014, v.u.).

Cancelamento — Súmula n. 470 do STJ — O Ministério Público não tem legitimidade para pleitear, em ação civil pública, a indenização decorrente do DPVAT em benefício do segurado. Súmula n. 540 do STJ — Na ação de cobrança do seguro DPVAT, constitui faculdade do autor escolher entre os foros do seu domicílio, do local do acidente ou ainda do domicílio do réu.

CNSP — Res. n. 242/2011 — 2.767/8 — Desburocratização da indenização do seguro que protege o cidadão contra danos pessoais causados por veículos de via terrestre, ou por sua carga, a pessoas transportadas ou não (DPVAT).

Mas no direito brasileiro nada impede, como vimos, que o credor da indenização, não sendo passageiro, dirija-se contra o proprietário ou usufrutuário se ele for o condutor do veículo causador do dano, ou contra o comitente, se o seu preposto for o condutor, caso em que a questão se remeterá às normas relativas à responsabilidade por fato de outrem (CC, arts. 932, 933, 934, 942, parágrafo único; *RF*, *144*:393, *209*:209, *203*:192, *147*:124, *211*:145; *RT*, *430*:97, *271*:299, *436*:107, *433*:216, *421*:129). Exclui-se, então, a responsabilidade do lesante, a ocorrência de força maior, caso fortuito (*RT*, *355*:375), culpa exclusiva da vítima, estado de necessidade (*RT*, *342*:149,

---

Portaria Interministerial n. 293, de 2 de julho de 2012, dispõe sobre a operacionalização dos repasses das parcelas do Seguro Obrigatório de Danos Pessoais causados por Veículos Automotores de Via Terrestre, ou por sua Carga, a Pessoas Transportadas ou Não (DPVAT). Circular n. 451, de 17 de outubro de 2012, da SUSEP, altera e consolida as instruções complementares para operação do Seguro Obrigatório de Danos Pessoais causados por Veículos Automotores de Via Terrestre, ou por sua Carga, a Pessoas Transportadas ou não — Seguro DPVAT; Decreto n. 7.833, de 29 de outubro de 2012, altera o Decreto n. 2.867, de 8 de dezembro de 1998, que dispõe sobre a repartição de recursos provenientes do Seguro Obrigatório de Danos Pessoais causados por Veículos Automotores de Vias Terrestres — DPVAT.

STJ, Súmula n. 573: Nas ações de indenização decorrente de seguro DPVAT, a ciência inequívoca do caráter permanente da invalidez, para fins de contagem do prazo prescricional, depende de laudo médico, exceto nos casos de invalidez permanente notória ou naqueles em que o conhecimento anterior resulte comprovado na fase de instrução.

Súmula n. 585 do STF: A responsabilidade solidária do ex-proprietário, prevista no art. 134 do Código de Trânsito Brasileiro (CTB), não abrange o IPVA incidente sobre o veículo automotor, no que se refere ao período posterior à sua alienação.

E o *Destak* (18-3-2009) publicou o seguinte quadro:

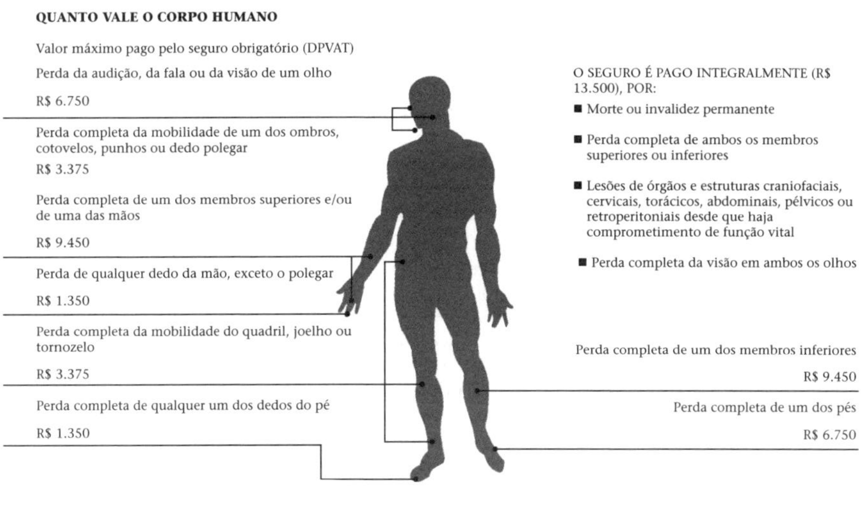

360:384)[62] e fato de terceiro (*EJSTJ*, *11*:87), se invocado como excludente da obrigação de reparar o dano, desde que provado. O ingrediente indispensável à caracterização da obrigação indenizatória é a *culpa* do causador do prejuízo, ainda que não atue diretamente sobre o bem danificado. Não se demonstrando que a atuação do terceiro foi a causa eficiente e exclusiva do evento danoso, improcederá a pretendida isenção por parte do causador direto das avarias em veículo (TARS, *ADCOAS*, 1983, n. 89.443). "Provado ter o acidente ocorrido por culpa de terceiro, o causador direto dos danos não se exime da responsabilidade indenizatória, cabendo-lhe apenas o direito à ação regressiva" (*RT*, *600*:212). Ensina Fábio Ulhoa Coelho que "quando não for fácil a produção da prova da culpa, deve o juiz, em atenção ao princípio da indenidade, ser tolerante na avaliação dos indícios apresentados pela vítima e severo no exame do prontuário do motorista demandado". Todavia, como já dissemos, a maioria de nossos juízes e tribunais (*RTJ*, *51*:631) e mesmo o lesado têm considerado com base no direito positivo a responsabilidade nos acidentes de trânsito objetivamente, por considerarem o automóvel coisa perigosa[63], aplicando o art. 927, parágrafo único.

---

62. Sobre acidentes automobilísticos ocorridos por ocasião de preposição: Wilson Melo da Silva, op. cit., p. 265-97; *RT*, *319*:121, *354*:134, *335*:151; *RF*, *205*:143; Cristiano Graeff Jr., op. cit., p. 20; Roger Pallad, *L'exception de nécessité en droit civil*, Paris, 1949; Deschizeaux, *Influence du fait de la victime sur la responsabilité civile délictuelle*, Grenoble, 1934. Sobre a responsabilidade civil em face de *autoescolas*, consulte: Wilson Melo da Silva, op. cit., p. 245-55; Michel Veron, La leçon de conduite et la responsabilité civile qui en découle, in *L'automobile en droit privé*, Paris, 1965, p. 268; Bertin, *La responsabilité des accidents survenus au cours d'une leçon de conduite automobile*, Paris, 1934, p. 18. Relativamente ao estado de necessidade: *RT*, *100*:533, *349*:294, *331*:295; *RF*, *153*:246. Ruptura de burrinho de freio não é caso fortuito: *RT*, *232*:373, *240*:357, *431*:74. Em sentido contrário: *RT*, *351*:362, *295*:342. Derrapagem não é força maior: *RT*, *278*:529, *315*:734, *296*:501, *481*:87, *130*:349; *RJTJSP*, *30*:114; 1º TARJ, *ADCOAS*, 1982, n. 87.867.

Em sentido adverso: *RT*, *340*:364; *RF*, *209*:347. Rompimento de barra de direção é caso fortuito: *RT*, *355*:375. Responde o dono da autoescola, em virtude de culpa *in vigilando*, pelo ato do instrutor que, ministrando aula ao aluno, permite a este imprimir velocidade excessiva ao veículo, que atropela transeunte na calçada, provocando-lhe lesões deformadoras... (*RF*, *212*:236 e s.). Em razão da morte da vítima de um acidente de trânsito, esposa e filho foram devidamente indenizados através de demanda judicial. Posteriormente o pai e três irmãs do morto também ajuizaram ação indenizatória pelo dano moral, resultante do sofrimento causado pelo ato ilícito. A Primeira Câmara do Primeiro Tribunal de Alçada Civil de São Paulo, no entanto, deixou de acolher o pedido, entendendo que a reparação do dano moral é devida aos familiares mais próximos e mais afetados (na verdade, os mais dependentes), que excluem os mais distantes (Ap. 767.229-5-SP). Tal decisão põe um limite às pretensões de muitos que se sentem magoados pela morte de uma pessoa (vítima de ato ilícito), por razões meramente afetivas, mesmo sem relação de parentesco ou dependência.

63. Justino Magno Araújo, op. cit., p. 425; Fábio Coelho, *Curso*, cit., v. 2, p. 331-32.

Se o proprietário de um veículo for desapossado em razão de furto, ficará privado do uso, da direção e do controle do veículo, não tendo mais sua guarda e, em caso de acidente, nada terá a ver com o fato, mas sim o ladrão. Se, entretanto, a guarda foi perdida por imprudência ou negligência do dono do veículo, permanecerá responsável, aplicando-se, então, os arts. 186 e 927 do Código Civil, cabendo ao lesado provar a culpa do proprietário, isto é, que ele deixou o carro estacionado em local deserto, mal iluminado, de tráfego praticamente nulo, em hora avançada da noite, ou nas vizinhanças de favelas notoriamente frequentadas por marginais etc.[64]. Se o veículo que provocou o sinistro estava confiado a uma determinada oficina para reparos, será responsável pelo acidente o proprietário do estabelecimento (CC, art. 932, III) e não o dono do carro[65].

Se alguém vender seu carro a outrem, que não providenciou a transferência para o seu nome, havendo acidente, há quem ache que o alienante responderá pelos danos causados pelo adquirente, em acidente automobilístico, conforme o disposto no art. 221 do Código Civil, c/c o art. 129, 7º, da Lei dos Registros Públicos (Lei n. 6.015/73) (Súmula 489 do STF; *RTJ*, *47*:760, *40*:133). Observa Silvio Rodrigues que, se se examinar "os julgados que geraram a referida Súmula, verifica-se que as hipóteses neles contempladas não eram semelhantes à da que ora se cogita".

---

64. Mário Moacyr Porto, op. cit., v. 65, p. 483-5. No mesmo sentido: Justino Magno Araújo, op. cit., p. 424 e 425. Sobre furto de automóveis ocorrido em estacionamentos, *vide*: André Jack, Les obligations et la responsabilité du garagiste, *Revue Trimestrielle de Droit Civil*, *23*:653; Jean Pelissier, *L'automobile en droit privé*, p. 357, n. 10; Scheuer, *Le contrat de garage et les obligations qui en dérivent*, Bruxelles, 1945; Chambounier, *De la responsabilité civile des activités du garagiste*, Lyon, 1964; Wilson Melo da Silva ensina: sendo o estacionamento um misto de locação e de depósito, pelo veículo confiado, responde o dono do estabelecimento, por ter dever de vigilância e custódia; logo a vítima terá direito de acionar o dono do estacionamento de onde seu veículo foi furtado, em virtude de o proprietário deste haver negligenciado em sua obrigação de vigilância e guarda, seja diretamente, seja por via de algum preposto (op. cit., p. 258, 259 e 304); Silvio Rodrigues, op. cit., v. 4, p. 123-6; Manzini, Furto d'automobile e responsabilità del proprietario per danni nella circolazione, in *Rassegna Giuridica di Circolazione Stradale*, 1941; Pacchioni, Della responsabilità del proprietario di un automobile rubato per i danni con essa arrecati dal ladro, *Rivista Critica*, Milano, 1936, p. 4; *RJTJSP*, *40*:107; *RF*, *177*:498, *85*:359, *92*:722, *134*:129; *RT*, *414*:144, *510*:68, *520*:109, *512*:229, *347*:131, *591*:147, *659*:79; *Ciência Jurídica*, *24*:124; *JB*, *165*:302.
65. Visanoni, La irresponsabilità del proprietario per la circolazione di un autoveicolo in reparazione, in *Responsabilità civile e previdenza*, 1937; Martinho Garcez Neto, op. cit., p. 163-5, n. 34.

    Vide: Resolução n. 330, de 14 de agosto de 2009, do CONTRAN, que estabelece cronograma para a instalação de equipamento obrigatório definido na Resolução n. 245/2007, denominado antifurto, nos veículos novos, nacionais e importados.

"Com efeito. O primeiro acórdão (Rec. Extr. n. 51.952, de 23-8-1965; RTJ, 34:88) cuida da ação de imissão de posse intentada contra o alienante de um automóvel pelo adquirente do mesmo, que fundava o seu pedido em recibo de venda, devidamente transcrito no Cartório de Títulos e Documentos. O réu alegou a imprestabilidade do documento, que apenas simulava um negócio de mútuo em que o carro fora dado como garantia. O Tribunal, acolhendo o pedido do vendedor, determinou que a transcrição do título aquisitivo, além de torná-lo oponível a terceiro, valia contra o alienante, como tradição simbólica, legitimando-o para a ação de imissão de posse."

"O segundo dos acórdãos geradores da Súmula (DJ, 16-5-1969) trata da validade da venda de um automóvel feita pelo adquirente a terceiro, cujo contrato fora registrado sem menção da cláusula de reserva de domínio."

"Finalmente o terceiro (Rec. Extr. n. 64.291, de 24-4-1968; RTJ, 45:278) cogita também a venda com reserva de domínio e proclama que, se o contrato que a consagra não foi transcrito no Registro de Títulos e Documentos, ela não é oponível a terceiros."

"Portanto, vê-se que a Súmula não foi editada para fazer persistir a responsabilidade do vendedor de um veículo por danos causados a terceiros pelo adquirente, responsabilidade essa que perduraria até que o documento comprovador da compra e venda viesse a ser apresentado à repartição competente."

"O que é lógico, pois desde o momento em que o negócio de compra e venda se ultimou e houve a tradição da coisa, o vendedor deixou de ser o guarda jurídico e material do veículo e sua responsabilidade se extinguiu."

"Aliás, a mera utilização da locução *'terceiro de boa-fé'* na Súmula evidencia que ela se situa no campo do contrato e não no da responsabilidade aquiliana"...

"O antigo proprietário do veículo não pode ser responsabilizado civilmente, por acidente de trânsito provocado pelo novo proprietário, só porque este não levou a registro a transferência, sendo cediço que a simples tradição da coisa móvel caracteriza a mudança de titularidade do bem" (*Ciência Jurídica, 57*:143).

A norma do art. 221 do Código Civil não pode ser interpretada com excessivo rigor, pois o vendedor pode provar por outros meios a alienação (*JB, 170*:285), não havendo registro do contrato. Deveras, diz o relator do acórdão do STF (*Jurisp. STF, 19*:174), nas fls. 47 ou 54, que: "Para minimizar o rigor da referida norma legal temos sustentado, em casos de responsabilidade civil onde a culpa é subjetiva, que pode o vendedor provar por outros meios a alienação feita anteriormente ao evento danoso, furtando-se assim a obrigação solidária de indenizar. E assim entendemos porque, via de regra, o comprador, a quem incumbem as providências junto à repartição de trânsito, retarda a transferência para o seu nome de veículo negociado, não sendo justo que o vendedor assuma os riscos do inadimplemento do outro. No caso dos autos, porém, o recibo de venda não foi sequer objeto de reconhecimento de firma, não havendo qualquer outra prova mais robusta da alienação, senão a própria declaração do comprador, carreada para os autos muitos meses após o sinistro"[66]. Assim, "em acidente de trânsito, comprovada a propriedade do veículo, ainda que não efetuada a transferência do certificado de registro, responde o novo proprietário pelos danos causados a terceiros" (TJSC, *ADCOAS*, 1982, n. 86.653; no mesmo sentido a Súmula n. 132 do STJ e *RT*, *787*:258). "Havendo dúvida quanto à efetiva venda do veículo anteriormente ao acidente, prevalece a responsabilidade civil de quem figura na repartição de trânsito como proprietário do veículo culpado, ressalvando-lhe o direito de regresso, pelas vias legais" (TAMG, *ADCOAS*, 1982, n. 82.795). "Se vendido o veículo causador do acidente, não efetuada a transferência do certificado de registro na repartição competente e não feita prova induvidosa dessa venda, responde, pelos danos causados a terceiro, aquele em cujo nome se ache ele registrado" (TJSC, *ADCOAS*, 1982, n. 82.796).

Cristiano Graeff Jr.[67] pretende que pela indenização realisticamente fi-

---

66. Silvio Rodrigues, op. cit., v. 4, p. 128-32. "A falta de documento comprobatório de propriedade do veículo danificado não indica ilegitimidade de parte, em ações de acidente de trânsito, se os dados relativos ao automóvel constam das anotações feitas pela Polícia — dados informativos, laudos periciais, etc. A exclusão de partícipe do feito, por ilegitimidade da parte, pode ser examinada no decisório final, se o assunto se confunde com o mérito da causa" (TJSC, *ADCOAS*, 1982, n. 86.252).

67. Cristiano Graeff Jr., op. cit., p. 23; Wilson Melo da Silva, op. cit., p. 556 e 557. Consulte: Francisco Soto Nieto, *La responsabilidad civil en el accidente automovilístico*, 2. ed., Madrid, Revista de Derecho Judicial, 1972, p. 227; Uria, Problemas fundamentales del seguro automovilístico de responsabilidad civil, in *Actas del coloquio sobre el seguro de responsabilidad civil en la ley del automóvil*, Bilbao, 1963, p. 23; Elcir Castello Branco, *Do seguro obrigatório de responsabilidade civil*, Rio de Janeiro, Ed. Jurídica e Universitária, 1971, p. 15 e s. "Verificando-se a perda total do veículo, em consequência de acidente do trânsito, a indenização deve corresponder ao seu valor, especialmente quando o preço dos reparos é superior ao custo do automóvel e o pedido do autor é alternativo" (1º TARJ, *ADCOAS*, 1982, n. 83.474). "Se as lesões sofridas em acidente de trânsito implicaram diminuição do valor do trabalho, a indenização, além das despesas de tratamento, incluirá uma pensão correspondente à importância desse trabalho, para o que se inabilitou o ofendido, ou da depreciação que ele sofreu — art. 1.539 do Cód. Civ." (TJSC, *ADCOAS*, 1982, n. 82.662). "Na responsabilidade civil, havendo culpa demonstrada do motorista atropelador e lesão física produzindo diminuição de capaci-

xada, segundo os moldes de uma responsabilidade objetiva, o autor do dano fique totalmente exonerado de qualquer outro suplemento indenizatório, exceto se o acidente automobilístico resultou de dolo seu ou de seus prepostos, hipótese em que se conferiria ao credor um direito de opção pelo critério subjetivo em face do qual pudesse lograr uma indenização integral, caso em que a vítima teria o direito de voltar-se contra o terceiro eventualmente responsável pelo ato danoso. Sugere, ainda, esse autor a criação de um fundo de indenização para atender pagamentos de sinistros de que resultem incapacidade permanente ou morte, causados por veículos não identificados ou sem seguro, ou se houver insolvência da seguradora.

c.3.5.3. Responsabilidade civil das estradas de ferro por danos causados a proprietários marginais ou a terceiros

O Decreto n. 2.681/12 estabelece, como pudemos apontar em páginas anteriores, a responsabilidade contratual das estradas de ferro, ao declarar que a sua culpa será presumida, quer se trate de perda, furto ou avaria das mercadorias, quer se trate de desastres de que resulte morte, ferimento ou

dade laborativa do atingido — portanto, dano patrimonial — e aleijão — portanto, dano moral —, estas reparações são independentes e, portanto, cumuláveis" (1º TARJ, *ADCOAS*, 1982, n. 82.929). "Se a condenação de indenização por acidente de trânsito for em parcela única e não em pensões reajustáveis, não incide a condição do valor de referência para a fixação, mas, sim, o salário mínimo mensal. Se pensão mensal fosse, aí, sim, incidiria o elemento informador do valor de referência, como atualização monetária" (TAPR, *ADCOAS*, 1982, n. 86.253). A Comissão de Constituição e Justiça e de Cidadania aprovou substituto do deputado Edmar Moreira (PL-MG) ao PL n. 4.369/2001, do deputado Ronaldo Vasconcellos (PFL-MG), que obriga as empresas de ônibus intermunicipais, interestaduais e internacionais a divulgar aos passageiros informações sobre o direito a indenização pelo Seguro Obrigatório de Danos Pessoais (DPVAT) e Seguro de Responsabilidade Civil quando houver acidente. Pela proposta, a divulgação deverá ser feita por meio de cartazes, nos guichês de venda de passagens, e de notas escritas no verso do bilhete de passagem. O substitutivo prevê que as modificações aprovadas sejam inseridas na Lei do Seguro Obrigatório (Lei n. 6.194/74) para facilitar sua aplicação. Ronaldo Vasconcellos argumenta que o transporte rodoviário é responsável pela condução de 96% das pessoas no País e, apesar disso, poucos conhecem seus direitos em relação aos seguros. "Embora transportados aos milhares por ano, poucos usuários conhecem e raros usufruem seus direitos em relação à cobertura de seguros contratados para casos de acidentes de trânsito", afirma. O Seguro de Responsabilidade Civil do transporte interestadual e internacional de passageiros deve ser contratado pelas empresas com cobertura no valor de R$ 800 mil por viagem realizada, a ser rateado entre as vítimas nos casos de acidente de trânsito conforme acordo entre as partes ou em cumprimento a sentença judicial. O projeto, que tramita em regime conclusivo e já foi aprovado pela Comissão de Defesa do Consumidor, será agora enviado ao Senado Federal.

lesão corpórea aos passageiros (*EJSTJ*, *3*:73), só admitindo sua exoneração ante a prova de ocorrência de força maior, caso fortuito ou culpa exclusiva do usuário (arts. 1º e 17), mas, por força dos arts. 732 e 734 do Código Civil, a responsabilidade passa a ser objetiva, nem mesmo podendo ser elidida por culpa de terceiro, contra o qual terá ação regressiva (CC, art. 735).

Esse mesmo Decreto-Lei, no art. 26, consagra a responsabilidade extracontratual das ferrovias quanto aos prejuízos causados a proprietários marginais, p. ex., se as fagulhas desprendidas da locomotiva produzirem incêndio que os danifique (*RF*, *12*:302; *RT*, *30*:138). Tal responsabilidade será objetiva, mesmo se o evento danoso advier de força maior ou caso fortuito. Todavia, extinguir-se-á essa responsabilidade se o prejuízo resultou de violação, pelo proprietário marginal da linha, de alguma norma atinente a construção, plantação, escavação, depósito de material ou guarda de gado à beira da estrada de ferro. Assim, se o proprietário marginal depositar mercadoria de fácil combustão perto da linha, a estrada de ferro não deverá reparar dano causado pelo incêndio provocado por carvão inflamado expelido pela locomotiva (*RT*, *69*:554).

Em caso de acidentes em passagem de nível, a estrada de ferro responderá por se tratar de infração regulamentar, pois tem o dever de observar se a linha está desimpedida (*RF*, *81*:359). Se o sinistro for causado pela queda de poste carcomido pela ferrugem, será responsável pela indenização a empresa encarregada da manutenção do trem, pela má conservação de material de serviço.

Quanto aos danos causados pela estrada de ferro a terceiros, que não sejam viajantes, proprietários marginais ou empregados, a questão da responsabilidade reger-se-á pelos arts. 186, 927, 932, III, 933, 942 e parágrafo único do Código Civil, por nós já comentados[68]. Já se decidiu, por exem-

68. Cristiano Graeff Jr., op. cit., p. 12; Justino Magno Araújo, op. cit., p. 423 e 424; Orlando Gomes, *Obrigações*, cit., p. 378; Aguiar Dias, op. cit., v. 2, n. 166, 167, 168 e 169. "Carece do direito à indenização, no caso de morte decorrente de atropelamento por composição ferroviária, a irmã casada que não vivia na dependência econômica da vítima. Porém, se no futuro as condições de vida lhe forem de tal modo adversas que legitimem a pedir alimentos à empresa, poderá propor de novo a ação, se não houver ocorrido a prescrição" (1º TARJ, *ADCOAS*, 1982, n. 85.450); *RT*, *558*:246, *586*:266; *BAASP*, *1872*:131; *EJSTJ*, *20*:182. "Passageiro, atingido por uma bala de revólver enquanto aguardava trem na plataforma de embarque, tem direito à indenização, pois a ferrovia responde por sua incolumidade física a partir do momento em que adquire o bilhete de acesso até o instante em que chegar a seu destino" (*RT*, *795*:228). "Responsabilidade Civil. Atropelamento por trem. Mal conservado o muro

plo, que, "se a linha férrea encontra-se localizada em região de grande densidade demográfica cercada por casas particulares, com intenso m ovimento de pessoas, é dever da ferrovia de reparar o dano moral sofrido pelos parentes da vítima de atropelamento fatal, colhido pelo trem quando tentava fazer a travessia dos trilhos, se a companhia não mantinha no local em que ocorreu o infausto equipamentos de segurança e vigilância que impedissem o acesso de transeuntes, mormente se há ainda a notícia de que a locomotiva estava em velocidade incompatível e sem dar sinal sonoro" (*RT*, *799*:256).

c.3.5.4. Responsabilidade extracontratual no transporte aéreo

Haverá responsabilidade civil extracontratual no transporte aéreo pelos prejuízos causados pelas aeronaves a terceiros na superfície do solo e pelos danos resultantes do abalroamento aéreo ou colisão no ar.

Os atos lesivos a terceiros que se encontram em terra abrangem qualquer dano que uma aeronave em voo ou em manobras de partida e chegada lhes causar; qualquer dano causado por objeto ou substância que cair do avião ou dele for projetado. Essa responsabilidade regida pela Lei n. 7.565/86, arts. 16, 268, 269 e 270, será objetiva, fundando-se no risco da navegação aérea, de maneira que a empresa só se isentará se ficar comprovada a culpa da vítima. Realmente, quanto aos fatos lesivos provocados por aviões a terceiros a empresa proprietária se responsabiliza por todos os danos que a aeronave causar a pessoas ou bens, sem exceção dos alijamentos de força maior, mas o ressarcimento dos prejuízos poderá ser diminuído ou excluído na medida em que houver culpa do lesado.

Essa responsabilidade fundada no risco é, no dizer de Coquoz, corolário imprescindível da liberdade de sobrevoar as propriedades privadas, pois só assim haveria uma proteção eficaz às pessoas e bens da superfície. De fato, a aeronave voa livremente sobre pessoas e bens alheios, que, por não poderem controlá-la ou impedir suas evoluções, devem ter em compensação a

---

que cerca a via férrea, viabilizando a passagem de pedestre, o atropelamento deste resulta de concorrência de culpas: do pedestre, por imprudência; da empresa que explora a ferrovia, por negligência. Recurso Especial conhecido e provido" (STJ, 3ª T., REsp 778.466-SP, Rel. Min. Ari Pargendler, j. 16-5-2006, v.u.). Podem-se aplicar as mesmas diretrizes a bondes e a metrô, afirma Sílvio de S. Venosa, *Direito civil*, São Paulo, Atlas, 2002, v. 4, p. 106.

garantia da indenização pelos eventuais danos que sofrerem ante a circunstância de que não se expuseram a eles e de que não os podem evitar.

Já a responsabilidade por danos resultantes de abalroamento ou colisão (arts. 273 a 276) funda-se na culpa, no que atina aos danos causados reciprocamente pelas aeronaves, pois a indenização será paga pelo explorador do avião que tiver culpa exclusiva pelo evento. O explorador, isto é, quem tem a aeronave à sua disposição ou a utiliza por conta própria, responderá pelos prejuízos sofridos pelos passageiros, quando decorrerem de culpa de seu avião, ou os exploradores das aeronaves que colidiram, pelos danos causados às pessoas nelas embarcadas, se a culpa lhes for comum, caso em que a responsabilidade será proporcional à gravidade das faltas cometidas pelos aviões abalroados. Mas, por força dos arts. 732 e 734 do Código Civil, os transportadores, perante os passageiros, mesmo em caso de colisão dos aviões, terão responsabilidade objetiva, recompondo-se, em ação regressiva, entre si na proporção de suas culpas. E, se for impossível estabelecer tal proporção, dividir-se-á o *quantum* da indenização em partes iguais. Se o abalroamento aéreo causar dano a terceiros na superfície do solo, que tiverem suas casas atingidas pelos destroços, a responsabilidade será objetiva.

Se o acidente foi causado por avião furtado, a responsabilidade pelos danos deverá ser suportada pelo ladrão, mas, se se provar que o furto se deu por culpa do dono da aeronave, este será responsabilizado. O proprietário do avião exonerar-se-á da responsabilidade somente se lhe foi impossível prever ou evitar o desapossamento[69].

---

69. Justino Magno Araújo, op. cit., p. 425; Serpa Lopes, op. cit., p. 347-66; Cristiano Graeff Jr., op. cit., p. 19; Aguiar Dias, op. cit., v. 2, n. 172; Ambrosini, Inordinamento giuridico della navigazione aerea, in *Nuovo Digesto Italiano*, v. 9, p. 254-96; R. Coquoz, *Droit international privé aérien*, Paris, p. 177; *RF*, *91*:445; Paulo Henrique de S. Freitas, *Responsabilidade civil no direito aeronáutico*, São Paulo, Juarez de Oliveira, 2003; *RT*, *591*:71. Quanto ao transporte aéreo, no que atina à responsabilidade contratual, vigora o princípio da culpa presumida ante o art. 248, § 1º, da Lei n. 7.565/86, ou melhor, a responsabilidade civil é objetiva (CC, art. 734); Convenção Internacional de Montreal (ratificada pelo Dec. n. 5.910/2006) que sucedeu a Convenção de Varsóvia de 1929. Portaria n. 1.332/GC3, de 26 de dezembro de 2012 do Comando da Aeronáutica aprova a reedição da ICA 3-2, que dispõe sobre o Programa de Prevenção de Acidentes Aeronáuticos da Aviação Civil Brasileira. A Lei n. 12.970, de 8 de maio de 2014, altera o Capítulo VI do Título III e o art. 302 e revoga os arts. 89, 91 e 92 da Lei n. 7.565, de 19 de dezembro de 1986 — Código Brasileiro de Aeronáutica, para dispor sobre as investigações do Sistema de Investigação e Prevenção de Acidentes Aeronáuticos — SIPAER e o acesso aos destroços de aeronave.

QUADRO SINÓTICO

RESPONSABILIDADE PELO FATO DA COISA

1. CONCEITO	• A responsabilidade civil pelo fato da coisa animada ou inanimada é aquela resultante de dano por ela ocasionado, em razão de defeito próprio, sem que para tal prejuízo tenha concorrido diretamente a conduta humana.	
2. MODALIDADES	• Responsabilidade por dano causado por animal. • Responsabilidade pelo fato da coisa inanimada.	
3. FUNDAMENTOS	• Funda-se ora no risco, caso em que a responsabilidade será objetiva, ora na culpa, hipótese em que será subjetiva.	
4. RESPONSABILIDADE POR FATO DO ANIMAL	• Responsabilidade da guarda do animal	• Tal responsabilidade baseia-se na presunção de culpa, porque o proprietário ou detentor do animal tem o dever de guarda e de fiscalização. Assim terá, p. ex., responsabilidade: pelo contágio de uma enfermidade transmitida a outrem pelo animal; pelos danos causados por animal a terceiros, pelo fato de não ter cercado sua propriedade, fazendo tapume especial ou comum; pelos estragos causados por gado a veículos em estradas; pelos danos ocasionados a outrem por picadas de abelhas ou mordidas de animais.
	• Causas excludentes da responsabilidade do dono ou detentor do animal (CC, art. 936)	• Comprovação de que o ofendido agiu com culpa. • Prova de que o fato resultou de caso fortuito ou força maior.
5. RESPONSABILIDADE PELO FATO DA COISA INANIMADA	• Noções gerais	• O proprietário ou possuidor, ao usar as coisas, pode originar acidentes lesivos ao patrimônio alheio e à integridade física de outrem, devendo, portanto, reparar o dano, com fundamento na culpa ou no risco. Esta sua responsabilidade deriva de infração do dever de guarda e de controle. Assim, a responsabilidade pelo fato da coisa resulta de conduta culposa de quem tem a guarda do objeto por meio do qual o prejuízo foi produzido.

5. RESPONSABILIDADE PELO FATO DA COISA INANIMADA	• Responsabilidade do dono do edifício ou construção	• Pela ruína, parcial ou total, de um edifício que cause dano a outrem (CC, art. 937; Dec.-Lei n. 3.688/41, art. 30). • Pelos prejuízos resultantes de queda de árvore que lhe pertence (*RT*, *413*:324). • Pelas instalações domésticas lesivas a terceiros. • Pela queda de elevador que, por falta de conservação, causou graves ferimentos aos seus usuários. • Pelos danos acarretados por energia elétrica.		
	• Responsabilidade de *effusis et dejectis*	• Pelo CC, art. 938, aquele que habitar uma casa, ou parte dela, responderá pelo dano proveniente das coisas que dela caírem ou forem lançadas em lugar indevido. Hipótese em que se configura a responsabilidade objetiva.		
	• Responsabilidade por queda de objetos espaciais	• Aquele que promover lançamento de objetos espaciais será o responsável pelos danos que sua queda causar.		
	• Responsabilidade extracontratual nos transportes	• Responsabilidade civil no transporte gratuito	• Responsabilidade do transportador	• Pelo acidente que causou por dolo ou falta grave. • Pelo dano que provocar por culpa leve, caso em que se moderará a indenização devida à vítima.
			• Responsabilidade do transportado	• O transportado por cortesia terá o dever ressarcitório se o acidente se der por culpa sua.

5. RESPONSABILIDADE PELO FATO DA COISA INANIMADA	• Responsabilidade extracontratual nos transportes	• Responsabilidade civil no transporte gratuito	• Responsabilidade tanto do transportador como do transportado	• Havendo culpa concorrente na produção do desastre, a indenização será repartida, proporcionalmente, às faltas de cada um deles.
		• Responsabilidade civil nos acidentes de trânsito	• A responsabilidade pelos danos decorrentes de acidente de trânsito é subjetiva, mas para fins de pagamento do DPVAT é objetiva, fundando-se no risco, pois o seguro obrigatório para os proprietários de veículos automotores garante a indenização, bastando o nexo de causalidade entre o dano e a conduta do seu causador.	
		• Responsabilidade civil das estradas de ferro	• Pelos danos causados a proprietários marginais (Decreto n. 2.681/12, art. 26; *RF*, *12*:302; *RT*, *30*:138, *69*:554). • Pelos prejuízos causados a terceiros (CC, arts. 186, 927, 932, III, 933, 942 e parágrafo único).	
		• Responsabilidade extracontratual no transporte aéreo	• Pelos prejuízos causados a terceiros (CC, arts. 186, 927, 932, III, e 933). • Pelos prejuízos acarretados pelas aeronaves a terceiros na superfície do solo, responderá a empresa proprietária, fundada no risco. • Pelos danos resultantes de abalroamento aéreo ou colisão, haverá responsabilidade subjetiva do explorador da aeronave culpada, e objetiva, em relação aos passageiros (CC, arts. 732 e 734).	

4. Responsabilidade por abuso de direito

A. Abuso de direito na sistemática jurídica brasileira

a.1. Conceito e efeitos do abuso de direito

Há casos excepcionais que não constituem atos ilícitos apesar de causarem lesões aos direitos de outrem. Há o dano, a relação de causalidade entre a ação do agente e o prejuízo causado a direito alheio. Mas o procedimento lesivo do agente, por motivo legítimo estabelecido em lei, não acarreta o dever de indenizar, porque a própria norma jurídica lhe retira a qualificação de ilícito[70]. Deveras, pelo Código Civil, art. 188, I e II, não são atos ilícitos: a legítima defesa, o estado de necessidade e o exercício regular de um direito. Sobre a legítima defesa e o estado de necessidade já discorremos alhures; resta-nos mencionar o exercício regular de um direito, para configurar melhor a questão do abuso de direito.

O exercício regular ou normal de um direito reconhecido que lesar direitos alheios exclui qualquer responsabilidade pelo prejuízo, por não ser um procedimento contrário ao direito. P. ex.: o credor que penhora os bens do devedor; proprietário que ergue construção em seu terreno, prejudicando vista do vizinho[71]. Logo, só haverá ato ilícito se houver abuso de direito ou seu uso irregular ou anormal.

---

70. Caio M. S. Pereira, op. cit., v. 1, p. 348 e 349; M. Helena Diniz, *Curso*, cit., v. 1, p. 272.
71. W. Barros Monteiro, op. cit., v. 1, p. 293. *Vide* Código Civil, art. 153.

Toda vez que houver excesso no exercício regular do direito, dá-se o *abuso de direito* (*RT*, *434*:239, *445*:229, *403*:218, *494*:225)[72]. O abuso de direito é, segundo Antunes Varela, o mau exercício dos direitos subjetivos decorrentes de lei ou de contrato.

Não havia no nosso direito positivo norma expressa que aceitasse ou repudiasse a teoria do abuso de direito, mas o Código Civil, no art. 187, a ele se refere, segundo alguns autores, explicitamente, ao preceituar que "também comete ato ilícito o titular de um direito que, ao exercê-lo, excede manifestamente os limites impostos pelo seu fim econômico ou social, pela boa-fé ou pelos bons costumes", condenando assim o exercício abusivo de qualquer direito subjetivo. O uso de um direito além do permitido, lesando outrem, traz o dever de indenizar. Sob a aparência de um ato lícito, esconde-se a ilicitude (antijuridicidade *sui generis*) no resultado, por atentado ao princípio da boa-fé e aos bons costumes ou por desvio da finalidade socioeconômica para a qual o direito foi estabelecido. A "ilicitude" do ato praticado com abuso de direito, para alguns autores, possui natureza objetiva, aferível independentemente de culpa.

Todavia, existem no ordenamento jurídico brasileiro normas que, implicitamente, são contrárias ao exercício anormal de certos direitos. O art. 153 do Código Civil, ao prescrever que "não se considera coação a ameaça do exercício normal de um direito...", está considerando como coação a ameaça do exercício anormal de um direito, para extorquir de alguém uma declaração de vontade, logo, com maior razão está reprovando o efetivo exercício anormal desse direito. No art. 188, ao arrolar as causas excludentes da ilicitude, dispõe, dentre outros, que "não constituem atos ilícitos... os praticados... no exercício regular de um direito reconhecido", de forma que *a contrario sensu* serão atos ilícitos os praticados no exercício irregular

72. Sobre abuso do direito *vide*: R. Limongi França, Abuso do direito, in *Enciclopédia Saraiva do Direito*, v. 2, p. 44 e 55; Campion, *La théorie de l'abus des droits*, Paris, 1925; René Demogue, *Traité des obligations en général*, Paris; A. Rousseau, 1925, t. 4, p. 316 e s.; Giorgianni, *L'abuso del diritto nella teoria della norma giuridica*, 1963; Rotondi, L'abuso del diritto, *Rivista di Diritto Civile*, *15*:295 e s., 1923; Cunha de Sá, *Abuso do direito*, 1973, p. 99 e s.; Josserand, *De l'abus des droits*, Paris, 1939; Dabin, L'abus du droit et la responsabilité dans l'exercice des droits, in *La belgique judiciaire*, 1921, p. 307 e s.; Silvio Rodrigues, op. cit., v. 4, p. 45-59; Milton Flávio de A. Camargo Lautenschläger, *Abuso do direito*, São Paulo, Atlas, 2007; Flávio Tartuce, Considerações sobre o abuso de direito ou ato emulativo civil, *Novo Código Civil — questões controvertidas*, São Paulo, Método, v. 2, p. 89-110; Daniel M. Boulos, *Abuso do direito no novo Código Civil*, São Paulo, Método, 2006; Mª Helena Diniz, *Código Civil anotado*, São Paulo, Saraiva, 2006, p. 219-22.

de qualquer direito. Nos arts. 1.277 e 1.289, p. ex., há uma reação contra o exercício abusivo dos poderes do titular do domínio, tais como o mau uso da propriedade, prejudicando a segurança, o sossego ou a saúde do vizinho; o desvio de águas de seu curso normal para utilizá-las em prédio que lhe pertença, onerando com o escoamento delas o dono do prédio inferiormente situado. No mesmo teor de ideias o art. 939, que comina sanções ao credor que cometer a irregularidade de demandar o devedor antes do vencimento da dívida, fora dos casos permitidos em lei, caso em que ficará obrigado a esperar o tempo que faltava para o vencimento, a descontar os juros correspondentes, embora estipulados, e a pagar as custas em dobro. Ter-se-á aqui a questão do excesso de pedido, em que o autor, movendo ação de cobrança de dívida, pede mais do que aquilo a que faz jus. Por isso, o demandante de má-fé deverá aguardar o tempo que falta para o vencimento, descontar os juros correspondentes e pagar as custas em dobro. Se agiu de boa-fé, deverá pagar tão somente as custas vencidas na ação de cobrança de que decairá, por ser intempestiva. Tal não ocorrerá se se tratar de hipóteses em que se tem o vencimento antecipado das obrigações (CC, arts. 1.425 e 333; Lei n. 11.101/2005, art. 77; Lei n. 6.024/74, art. 18, *b*). O mesmo se diga do art. 940 do Código Civil, que aplica sanções ao credor que demandar o devedor por dívida já solvida, no todo ou em parte, sem ressalvar as quantias recebidas, ou pedir mais do que for devido, pois ficará obrigado a pagar ao devedor, no primeiro caso, o dobro do que houver cobrado e, no segundo, o equivalente do que dele exigir, salvo se houver prescrição.

O Código de Processo Civil, por sua vez, também cuidou da questão do abuso de direito no processo nos arts. 77 a 81, ao dispor sobre o processo de conhecimento, impondo às partes no exercício do direito de ação ou no de defesa que procedam com lealdade e boa-fé, sob pena de responderem, como litigantes de má-fé, pelos prejuízos causados à contraparte. Esses preceitos, editados para o processo de conhecimento, são aplicáveis ao processo de execução, por força do art. 771, parágrafo único, do Código de Processo Civil, de modo que as partes e os procuradores deverão proceder com lealdade e boa-fé. Por outro lado, o seu art. 776 contém sanção específica ao abuso de direito no processo de execução, que, ao lado dos arts. 80, I, e 520, disciplina, no dizer de Calmon de Passos, a responsabilidade do exequente: *a*) na execução provisória, responsabilidade objetiva, oriunda do fato de haver sobrevindo sentença que modificou ou anulou a que foi objeto da execução; *b*) na execução definitiva, apoie-se ela em título judicial ou extrajudicial, ter-se-á: responsabilidade subjetiva, pelo fato de haver o exequente deduzido pretensão cuja falta de fundamento não podia razoavelmente desconhecer, ou responsabilidade objetiva, quando a execução frustrar-se por ter sido declarada inexistente a obrigação que lhe deu lugar[73].

Infere-se daí que no direito brasileiro há uma reação contra o exercício irregular de direitos subjetivos[74]. Luis Alberto Warat[75], lapidarmente, considera o abuso de direito como *"el acto lícito a nivel jurídico, pero que el juez considera que debe ser alterado en su ejercicio en virtud de una prohibición emergente de las reglas de acción con plena vigencia social"*. O exercício abusivo do direito acarretará, p. ex.[76]:

a) obrigação de ressarcir os danos causados a outrem;

b) anulabilidade do negócio jurídico se consistiu na ameaça do exercício anormal de um direito para extorquir do ameaçado certa declaração de vontade (CC, arts. 153 e 171, II);

---

73. Bardesco, *L'abus du droit*, Paris, 1913; Josserand, *De l'abus du droit*, Paris, 1903; Antunes Varela, O abuso do direito no sistema jurídico brasileiro, *Revista de Direito Comparado Luso Brasileiro*, Rio de Janeiro, Forense, 1982, p. 37, 38, 42, 43 e 44; Silvio Rodrigues, op. cit., v. 4, p. 50 e 59; W. Barros Monteiro, op. cit., v. 5, p. 409 e 410; Caio M. S. Pereira, op. cit., v. 3, p. 509 e 510; Aguiar Dias, op. cit., v. 2, p. 182 e 184; M. Helena Diniz, *Curso*, cit., v. 3, p. 513; Análise hermenêutica do art. 1.531 do Código Civil de 1916 e dos arts. 16 a 18 do Código de Processo Civil/73, *Jurisprudência Brasileira, 147*:14; Francisco Cesar Pinheiro Rodrigues, Indenização na litigância de má-fé, *RT, 594*:9; Calmon de Passos, Responsabilidade do exequente do novo CPC, *RF, 246*:167 e s.; Planiol e Ripert (*Traité élémentaire de droit civil*, 10. ed., v. 2, p. 297) escrevem: *"Si j'use de mon droit, mon acte est licite et quand il est illicite, c'est que je dépasse mon droit et que j'agis sans droit"... "Le droit cesse où l'abus commence"*; Luis Alberto Warat, *Abuso del derecho y lagunas de la ley*, Buenos Aires, Abeledo-Perrot, 1969, p. 39 e 56-69; João Batista Lopes, Abuso de direito no condomínio em edifícios, *Tribuna do Direito*, fev. 1995; Súmula 159; *RF, 47*:721, *40*:446, *43*:291, *41*:572, *32*:122, *94*:75, *88*:416; *RTJ, 56*:127; *RT, 126*:189, *138*:184, *467*:198, *520*:213.

74. Antunes Varela, O abuso, cit., p. 49.

75. Luis Alberto Warat, op. cit., p. 69.

76. Antunes Varela, O abuso, cit., p. 58 e 59; Carlos Fernández Sessarego, *Abuso del derecho*, 1992; Fernando Augusto Cunha de Sá, *Abuso do direito*, 1997; G. Noto Sardegna, *L'abuso del diritto*, 1907; Giulio Levi, *L'abuso del diritto*,1993; Jorge Manuel Coutinho de Abreu, *Do abuso de direito*, 1999; Ricardo Luis Lorenzetti, Nuevas fronteras del abuso de derecho, *RT, 723*:53; Mario Rotondi, *L'abuso di diritto*, 1979; Virgilio Giorgianni, *L'abuso del diritto nella teoria della norma giuridica*, 1963; Bernal, *El abuso del derecho*; Louis Salanson, *De l'abus de droit*, 1903; Louis Josserand, *De l'esprit des droits et de leur relativité* (*Théorie dite de l'abus des droits*), 1927; Milton Flávio de A. Camargo Lautenschläger, *Abuso de direito*, São Paulo, Atlas, 2007; *RT, 75*:515, *241*:522, *332*:226; *JTACSP, 4*:252. O abuso de direito está intimamente relacionado com o princípio da socialidade, e com o da eticidade, o da probidade e o da boa-fé objetiva.

c) consideração da condição como verificada se o abuso consistir no impedimento malicioso da condição desfavorável ou consideração da condição preenchida como não verificada se o abuso consistiu na provocação maliciosa da condição favorável (CC, art. 129);

d) inoponibilidade da menoridade e convalidação de um negócio que, normalmente, seria anulável se o abuso resultasse do fato de o menor, entre 16 e 18 anos, invocar sua incapacidade para anular negócio, depois de se ter feito passar, dolosamente, como maior (CC, art. 180);

e) demolição de obra construída se esta for nociva à propriedade vizinha (CC, art. 1.312), respondendo por perdas e danos, caso em que se terá uma restauração natural da situação anterior.

a.2. Casos de responsabilidade civil resultante do exercício abusivo de direito subjetivo

Para assinalar os atos abusivos que possam acarretar responsabilidade civil, os autores concentram sua atenção em três critérios[77]: *a*) intenção de lesar outrem, ou seja, no exercício de um direito com o intuito exclusivo de prejudicar, que deverá ser provado por quem o alega; *b*) ausência de interesse sério e legítimo; *c*) exercício do direito fora de sua finalidade econômica e social (CC, art. 187). O titular do direito o exerce desviando-se de seus fins econômicos e sociais. O direito deve ficar dentro da órbita de aplicação correspondente, pois do contrário seu titular incorreria num desvio, portanto, em abuso de direito.

Caem na órbita do abuso de direito, ensejando, obviamente, a responsabilidade civil[78]:

---

77. Luis Alberto Warat, op. cit., p. 73-80; Julien Bonnecase, *Supplement sur traité théorique et practique de droit civil*, p. 441; Josserand, *De l'abus*, cit., p. 394. "A responsabilidade civil decorrente do abuso do direito independe de culpa e fundamenta-se somente no critério objetivo-finalístico" (Enunciado n. 37 do Centro de Estudos Judiciários do Conselho da Justiça Federal).

"O abuso de direito é uma categoria jurídica autônoma em relação à responsabilidade civil. Por isso, o exercício abusivo de posições jurídicas desafia controle independentemente de dano" (CJF, Enunciado n. 539, aprovado na VI Jornada de Direito Civil). "Constitui abuso do direito a modificação acentuada das condições do seguro de vida e de saúde pela seguradora quando da renovação do contrato" (Enunciado n. 543 do CJF, aprovado na VI Jornada de Direito Civil).

78. *RT*, *123*:167, *129*:198, *103*:14; *RF*, *83*:529; Antunes Varela, O abuso, cit., p. 44-8. *Vide* ainda: M. Helena Diniz, *Curso*, cit., v. 1, p. 272 e 273; Silvio Rodrigues, op. cit., v. 4, p. 46, 50 e 51; Caio M. S. Pereira, op. cit., v. 1, p. 580-4; W. Barros Monteiro, op. cit., v.

a) *Os atos emulativos ou "ad emulationem"*, que são os praticados dolosamente pelo agente, no exercício normal de um direito, em regra, o de propriedade, isto é, com a firme intenção de causar dano a outrem e não de satisfazer uma necessidade ou interesse do seu titular (CC, art. 1.228, § 2º). P. ex.: se um proprietário constrói em sua casa uma chaminé falsa com o único objetivo de retirar luz do seu vizinho[79]. Embora o nosso Código Civil, no art. 1.299, permita ao proprietário levantar em seu terreno todas as obras que quiser e a construção da falsa chaminé não se enquadre nas restrições às relações de vizinhança dos arts. 1.301 e s., não há dúvida de que o direito brasileiro não aprova os atos emulativos, visto que no art. 1.277 o Código Civil reprime o uso nocivo ou abusivo da propriedade ao proibir os atos do proprietário do imóvel que prejudiquem a segurança, o sossego ou a saúde do vizinho, ainda que esses atos venham atender algum interesse de quem os pratica. Esse artigo do Código Civil consigna um exemplo de abuso de direito, pois permite ao proprietário ou inquilino impedir a utilização do direito de propriedade pelo seu vizinho que lhe prejudique a segurança, o sossego ou a saúde. Assim, se alguém em sua propriedade produzir ruído que exceda a normalidade, ter-se-á abuso de direito, que será reduzido às devidas proporções, por meio de ação judicial apropriada.

Além disso, observa Antunes Varela que nosso Código Civil, no art. 1.229, ao definir os limites materiais da propriedade imóvel, colocando o critério da utilidade real acima do princípio do poder ilimitado ou arbitrário, nega ao proprietário o direito de se opor a trabalhos que, pela altura ou profundidade a que são efetuados, ele não tenha interesse em impedir, contanto que, como é óbvio, tais trabalhos correspondam a um legítimo interesse de terceiro[80].

Os atos praticados pelo proprietário, sem qualquer utilidade relevante para ele, com o escopo de danificar prédio contíguo, constituem indubitavelmente um exercício irregular do direito de propriedade.

Igualmente, se o exequente, que tem o direito de penhorar bens do devedor impontual, para prejudicá-lo e forçá-lo a pagar dívida de existência

---

1, p. 296; Aguiar Dias, op. cit., v. 2, n. 185; José Calvo Sotelo, *La doctrina del abuso del derecho como limitación del derecho subjetivo*, Madrid, 1917, p. 109; Roberto Goldschmidt, La teoría del abuso del derecho, *Boletín de la Facultad de Derecho y Ciencias Sociales*, Córdoba, jul./ago., 1942, p. 370 e s.

79. Carbonnier, *Droit civil*, 7. ed., 1973, v. 3, n. 57, p. 200 e s.

80. Antunes Varela, O abuso, cit., p. 45; *RT*, *139*:429.

duvidosa, impedir o devedor de ser nomeado depositário das máquinas penhoradas e exigir remoção destas, forçando o fechamento da indústria, deve reparar o dano (*RT*, *296*:646) por ter sido movido por espírito de emulação agindo abusivamente. O art. 776 do Código de Processo Civil dispõe que o exequente ressarcirá ao executado os danos que este sofreu, quando a sentença, transitada em julgado, declarar inexistente, no todo ou em parte, a obrigação que ensejou a execução[81].

b) *Os atos ofensivos aos bons costumes ou contrários à boa-fé*, apesar de praticados no exercício normal de um direito, constituem abuso de direito (CC, art. 187). P. ex.: se o credor, após haver cedido seu crédito, tendo ciência de que o cessionário não notificou o devedor do fato, interpela este e obtém o pagamento do débito. Ora, o Código Civil, no art. 290, considera a cessão de crédito ineficaz em relação ao devedor enquanto a este não for notificada, logo, será requisito para a cessão a realização da notificação do devedor com o intuito de lhe dar conhecimento da cessão, evitando que pague ao credor primitivo. Assim sendo, o devedor não notificado, ao pagar a prestação devida ao cedente, cumpriu seu dever exonerando-se da obrigação. O cedente, por sua vez, exerceu formalmente o seu direito de crédito perante o devedor, interpelando-o para cumprir, mas deverá restituir ao cessionário o que injustamente se locupletou à custa dele, pois, se não o fizer por estar de má-fé, o cessionário poderá mover ação contra ele e não contra o devedor não notificado (CC, art. 884)[82].

Se o credor requerer maliciosamente arresto de bens que sabia não serem pertencentes ao devedor, mas a terceiros, está agindo no exercício irregular de direito (*RT*, *127*:175). O mesmo se diga se requerer busca e apreensão sem necessidade, pois se trata de medida grave, que se realiza excepcionalmente; logo, se for desnecessária e se a utilidade que representa para o autor puder ser obtida sem ela, haverá abuso de direito.

Se o litigante ou exequente (CPC, art. 771), em processo de conhecimento ou de execução, formular pretensões, oferecer defesas ciente de que são destituídas de fundamento, praticar atos probatórios desnecessários à defesa do direito, alterar intencionalmente a verdade dos fatos, omitir fa-

---

81. Silvio Rodrigues, op. cit., v. 4, p. 50 e 51; Jorge Americano, *Do abuso do direito no exercício da demanda*, São Paulo, 1932; Calmon de Passos, op. cit., p. 167 e s.

82. Orlando Gomes, *Obrigações*, cit., p. 255; Antunes Varela, O abuso, cit., p. 46 e 47; Yvon Hannequart, Transmission des obligations, in *Droit civil*, Bruxelles, 1958, v. 2, t. 4, n. 30; M. Helena Diniz, op. cit., v. 2, p. 360 e 362; *RT*, *430*:156.

tos essenciais ao julgamento da causa, enfim, se se apresentarem todas as situações caracterizadoras da má-fé arroladas no Código de Processo Civil, art. 80, estará agindo abusivamente e deverá responder por perdas e danos, indenizando a parte contrária dos prejuízos advindos do processo e de sua conduta dolosa.

Se o réu lançar mão de recursos procrastinadores e de expedientes censuráveis, está abusando de seu direito de defesa (*RT*, *138*:727), causando dano que deverá reparar.

Suponha-se, ainda, que o vendedor de jogo de loteria venda um bilhete a um cliente após o sorteio. O cliente não ignora a realização do sorteio, mas não sabe o seu resultado, porém o alienante já tinha conhecimento de que o bilhete estava branco, agindo, portanto, de má-fé. O vendedor, ao alienar bilhete que lhe pertencia, exerceu seu direito de propriedade; o comprador, por sua vez, sabendo que o sorteio tinha-se efetuado, correu o risco de adquirir um bilhete em branco, logo não houve erro substancial de sua parte sobre as qualidades essenciais do objeto. Entretanto, o silêncio do alienante, dissimulando um fato essencial à declaração da contraparte, indicou, sem dúvida, sua má-fé na celebração contratual, exercendo abusivamente seu direito.

Nosso Código Civil, no art. 180, ao impedir o menor, entre 16 e 18 anos, que dolosamente se fez passar por maior, de requerer a anulação do negócio por ele entabulado, está admitindo que, se assim não fosse, se teria abuso de direito potestativo de anulação[83].

c) Os atos praticados em desacordo com o fim social ou econômico do direito subjetivo. Como o direito deve ser usado de forma que atenda ao interesse coletivo, logo haverá ato abusivo, revestido de iliceidade, de seu titular se ele o utilizar em desacordo com sua finalidade social. Assim, se alguém exercer direito, praticando-o com uma finalidade contrária a seu objetivo econômico ou social, estará agindo abusivamente.

Josserand explica-nos que o abuso pode ser constituído pelo caráter antieconômico do ato praticado. O juiz deverá pesquisar o móvel visado pelo agente, a direção em que encaminhou seu direito e o uso que dele fez. Se essa direção e esse uso forem incompatíveis com a instituição, o ato será abusivo, tornando-se, então, produto de responsabilidade.

---

83. Antunes Varela, O abuso, cit., p. 47 e 48.

Haverá, portanto, abuso de direito se o agente, ao agir dentro dos limites legais, deixar de levar em conta a finalidade social e econômica do direito subjetivo e, ao usá-lo desconsideradamente, prejudicar alguém. Não há violação dos limites objetivos da norma, mas tão somente um desvio aos fins sociais e financeiros a que ela visa atingir. P. ex.: se A, credor de B, encontrando-se este doente e endividado, ameaça a filha do devedor com o requerimento judicial de falência do pai, se ela não se casar com ele, está exercendo anormalmente seu direito, pois a cominação do requerimento da falência não visa obter o pagamento do débito, mas sim extorquir da filha do devedor o consentimento de casar, o que o art. 153 do Código Civil considera como coação sobre o declarante[84].

QUADRO SINÓTICO

ABUSO DE DIREITO NA SISTEMÁTICA JURÍDICA BRASILEIRA

1. CONCEITO	• Abuso de direito é, segundo Antunes Varela, o mau exercício dos direitos subjetivos.
2. ABUSO DE DIREITO NO SISTEMA JURÍDICO BRASILEIRO	• CC, art. 927. • CC, arts. 153, 188, 1.277, 1.289, 939 e 940. • CPC, arts. 77 a 81, 520, 771 e 776.
3. EFEITOS DO EXERCÍCIO ABUSIVO DE DIREITO	• Obrigação de ressarcir os danos causados a outrem. • Anulabilidade do negócio jurídico na hipótese do CC, art. 153. • Consideração da condição como verificada se o abuso consistir no impedimento malicioso da condição desfavorável ou consideração da condição preenchida como não verificada se o abuso consistir na provocação maliciosa da condição favorável (CC, art. 129). • Inoponibilidade da menoridade e convalidação de um negócio anulável, no caso do CC, art. 180. • Demolição de obra construída, se nociva à propriedade vizinha (CC, art. 1.312).

84. Antunes Varela, O abuso, cit., p. 48; Alvino Lima, *Culpa e risco*, São Paulo, 1963, p. 219; Josserand, *De l'abus*, cit., p. 373 e s.; Silvio Rodrigues, op. cit., v. 4, p. 49, 54 e 55; Calmon de Passos, op. cit., p. 169.

4. CRITÉRIOS IDENTIFICADORES DOS ATOS ABUSIVOS	• Intenção de lesar outrem. • Ausência de interesse sério e legítimo. • Exercício do direito fora de sua finalidade econômica e social (CC, art. 187).

5. CASOS DE RESPONSABILIDADE CIVIL RESULTANTE DO EXERCÍCIO ABUSIVO DE DIREITO	• Atos *ad emulationem*. • Atos ofensivos dos bons costumes ou contrários à boa-fé (CC, art. 187). • Atos contrários ao fim social ou econômico do direito subjetivo (CC, art. 187).

B. Responsabilidade civil nas relações de vizinhança

Não se pode conferir ao proprietário um poder absoluto; é imprescindível vedar-lhe o exercício do seu direito, sem respeitar os interesses dos vizinhos, embora se mantenha nos limites do seu direito e de seu imóvel.

Há, portanto, restrições à propriedade, que surgem ante a necessidade de conciliar o seu exercício por parte de proprietários confinantes, pois a vizinhança, por si, pode dar origem a conflitos. Realmente haverá conflito de vizinhança sempre que um ato praticado pelo dono de um prédio, ou estado de coisas por ele mantido, vá exercer seus efeitos sobre o imóvel vizinho, causando prejuízos ao próprio imóvel ou incômodo ao morador[85]. Ante essa realidade, a norma jurídica limita os domínios dos proprietários de prédios contíguos em favor da harmonia social, reduzindo ao máximo as prováveis discórdias, impondo-lhes um sacrifício que precisará ser suportado para que a convivência social seja possível e para que a propriedade de cada um seja respeitada. Tais restrições estão consagradas pelos arts. 186 e 927 do Código Civil, que consideram violação do direito o dano causado a outrem por dolo ou culpa. O proprietário deverá exercer seu direito livremente, mas dentro dos limites do art. 186, sob pena de reparar os danos que provocou, restituindo o lesado ao estado anterior à lesão ou satisfazendo as perdas e danos que lhe causou[86]. Assim, cada proprietá-

---

85. Cunha Gonçalves, *Tratado de direito civil português*, Coimbra, 1937, v. 11, p. 227; San Tiago Dantas, *O conflito de vizinhança e sua composição*, Rio de Janeiro, 1939, p. 72; M. Helena Diniz, *Curso*, cit., v. 4, p. 167; J. Nascimento Franco, Poluição sonora e direito de vizinhança, *Tribuna do Direito*, nov. 2001, p. 6; Lucéia Martins Soares, Estudo de impacto de vizinhança, in *Estatuto da cidade* (coord. Adilson A. Dallari e Sérgio Ferraz), São Paulo, Malheiros Ed., 2002, p. 287-304.

86. Clóvis Beviláqua, *Direito das coisas*, v. 1, § 41; Gomes da Silva, *O dever de prestar e o dever de indenizar*, Lisboa, 1944, p. 96.

rio deverá compensar seu sacrifício com a vantagem que lhe advém do correspondente sacrifício do direito do vizinho. Se assim não fosse, se os proprietários pudessem invocar uns contra os outros seu direito absoluto e ilimitado, impossibilitados estariam de exercer qualquer direito, pois as propriedades se aniquilariam dessa forma. Essas restrições ao direito de propriedade são impostas, simplesmente, para que esse mesmo direito possa sobreviver[87]. O que vem bem ao encontro do célebre princípio de que "nosso direito vai até onde começa o de nosso semelhante". Logo, os direitos de um proprietário vão até o limite onde têm início os de seu vizinho e vice-versa.

A esse respeito, excelente é a definição formulada por Daibert[88]: "Direitos de vizinhança são limitações impostas por normas jurídicas a propriedades individuais, com o escopo de conciliar interesses de proprietários vizinhos, reduzindo os poderes inerentes ao domínio e de modo a regular a convivência social".

Apesar dessas limitações normativas às relações de vizinhança, elas têm dado ensejo à responsabilidade civil, pelos danos causados a vizinhos. O fundamento legal da ação de indenização pelos prejuízos acarretados nas relações de vizinhança é o art. 188, I, do Código Civil, combinado com os arts. 1.277 a 1.313, visto ser um problema decorrente não só das obrigações ligadas ao direito de propriedade, mas também ao abuso no exercício de um direito subjetivo. Se o evento danoso advier do exercício anormal ou irregular de um direito, ultrapassando os limites impostos à garantia de cada um, caberá indubitavelmente ao prejudicado um direito de reação[89].

Tem-se reconhecido, nesse campo, o abuso de direito, p. ex.[90]:

---

87. W. Barros Monteiro, op. cit., v. 3, p. 137.

88. J. Daibert, op. cit., p. 212.

89. Aguiar Dias, op. cit., v. 2, p. 136; Delliyannis, *La notion d'acte illicite*, Paris, 1952, p. 116 e 117; Cunha Barreto, O problema da responsabilidade nas relações de vizinhança, *RF*, *82*:31 e s.; *vide*, ainda, *RF*, *82*:280.

90. Sobre atos abusivos nas relações de vizinhança, *vide*: W. Barros Monteiro, op. cit., v. 3, p. 137-67; M. Helena Diniz, *Curso*, cit., v. 4, p. 169-87; Daibert, op. cit., p. 217, 225, 227-33 e 248; Vadala, *I rapporti di vicinato*, Torino, 1909; Silvio Rodrigues, op. cit., v. 5, p. 147-84; Caio M. S. Pereira, op. cit., v. 4, p. 177, 178, 179 e 180; San Tiago Dantas, op. cit., n. 137; João Procópio de Carvalho, A responsabilidade do proprietário em face do direito de construir e das obrigações oriundas da vizinhança, *RF*, v. 144; Aguiar Dias, op. cit., v. 2, n. 186; Orlando Gomes, *Direitos reais*, cit., p. 194, 195, 196, 199, 203, 204 e 205; Oreste Senize, Sulla responsabilità di vicinato del proprietario di casa di tolleranza, in *Responsabilità civile e previdenza*, Milano, 1936, p. 109, n. 4; Martinho Garcez Neto, op. cit., n. 32; Tito Fulgêncio, *Direitos de vizinhança*, Rio de Janeiro, Forense, 1959; Fábio Maria de Mattia, *O direito de vizinhança e a utilização da propriedade imóvel*,

a) Nas ofensas a segurança, sossego e saúde dos vizinhos (CC, art. 1.277).

Para se saber quando a utilização ou exercício de um direito é normal ou anormal será preciso considerar: *a*) o grau de tolerabilidade, pois, se o incômodo for tolerável, o juiz desprezará a reclamação do lesado, uma vez que a convivência social por si só cria a necessidade de cada um sofrer um pouco. As interferências lesivas são proibidas, considerando-se os limites ordinários de tolerância dos moradores da vizinhança. Se for intolerável, o juiz deverá levar em conta várias circunstâncias: se os interesses em jogo são apenas individuais, o magistrado pode ordenar a demolição ou remoção da coisa que o provoca; se o interesse do causador coincide com o interesse social, pois não convém a cessação da atividade prejudicial, o juiz obriga a vítima a tolerar essa inconveniência, impondo à outra parte a obrigação de indenizar; se houver possibilidade de diminuir ou atenuar o dano mediante a realização de obras, o magistrado deve ordená-las; *b*) a localização do prédio, caso em que se reflete a ambiência em que se manifestam as relações de vizinhança, uma vez que não se pode ter o mesmo critério para apreciar a normalidade do uso do domínio, numa zona residencial ou industrial, numa cidade de veraneio ou de interior etc.; *c*) a natureza da utilização ou do incômodo, verificando, p. ex., se atinge ele a esfera interna do prédio adjacente. Há quem sustente, ainda, a pré-ocupação, a verificação de quem chegou primeiro no local. Demolombe[91] entende que quem se instalar depois de estabelecido um certo uso pelo proprietário contíguo não poderá alterar esse estado de coisas. Entretanto, não se pode aceitar, integral e absolutamente, a teoria da pré-ocupação, pois que a anterioridade da ocupação não tem o condão de paralisar toda propriedade nova, sujeitando o que chega posteriormente a se conformar com tudo, hipótese em que se teria uma servidão e não restrição aos *jura vicinitatis*. Contudo, a pré-

---

São Paulo, Bushatsky, 1976; Paul Leyat, *La responsabilité dans les rapports de voisinage*, Paris, Sirey, 1936; José Carlos de Freitas, Dos direitos de vizinhança e o direito urbanístico, *O Código Civil e sua interdisciplinaridade*, Belo Horizonte, Del Rey, 2004, p. 165 a 186; *RT*, *504*:192, *521*:105, *429*:265, *443*:287.

91. Demolombe (*Cours de Code Napoléon*, Paris, 1876, v. 12, e *Traité des servitudes*, t. 2, n. 659) escreve: "*C'est d'autre la préoccupation, c'est-à-dire l'antériorité de possession et d'existence: volenti non fit injuria; et, par exemple, on pourrait dire en général, que le propriétaire qui ferait des constructions dans le voisinage d'un établissement industriel antérieurement creé, se serait lui-même et de son plein gré, soumis à en supporter les incommodités. Nos anciennes coutumes et nos vieux auteurs attachaient aussi beaucoup d'importance, dans les relations du voisinage, à cette idée de la préoccupation*". Sobre o critério do uso normal, *vide*: *RT*, *309*:471, *303*:454, *366*:115, *382*:145, *402*:171, *400*:161, *332*:219; *RF*, *208*:175, *211*:174, *345*:119.

-ocupação exerce poderosa influência sobre a tolerância que se deve ter em relação a um uso preexistente.

O proprietário lesado não terá direito de fazer cessar as interferências prejudiciais à segurança, saúde e sossego se elas forem justificadas por interesse público, caso em que o proprietário lesante pagará ao vizinho indenização cabal (CC, art. 1.278). Se tais interferências tiverem de ser toleradas em virtude de decisão judicial, o vizinho poderá, ainda, exigir, se for possível, sua redução ou eliminação (CC, art. 1.279). P. ex., no caso de emissão de gases poluentes de uma fábrica autorizada judicialmente, o vizinho poderá pedir sua redução propondo instalação de filtros.

São atos ofensivos à segurança pessoal ou dos bens, isto é, comprometedores da estabilidade de um prédio e da incolumidade de seus moradores, p. ex.: funcionamento de indústrias que produzem trepidações danosas, provocando fendas em prédios; edifício vizinho que ameaça ruir, cujos estilhaços destroem plantações, animais ou imóveis; exploração de fábricas perigosas, como de explosivos; existência de árvores que ameaçam tombar no prédio contíguo; existência de poço em terreno aberto que pode dar lugar a queda de transeunte; construção de açude junto ao limite com o prédio vizinho, sujeitando-o a infiltrações; queimada em seu sítio, sem cautelas necessárias e sem licença da autoridade florestal ou sem prévio aviso aos confinantes, causando sérios gravames pela propagação do fogo na chácara do vizinho, destruindo parte de suas plantações (*RT*, *138*:614, *499*:91, *526*:65; *RF*, *112*:161) etc.

São ofensas ao sossego os ruídos excessivos que tiram a tranquilidade dos habitantes do prédio confinante, como festas noturnas espalhafatosas em residências, em clubes (*RT*, *352*:298, *365*:196), boates (*RT*, *459*:63, *561*:217, *611*:211) etc.; gritarias, barulho ensurdecedor de cultos religiosos (TJRS, Proc. n. 70052425584, publ. 21-3-2013), de indústria (*RT*, *336*:350, *472*:73, *491*:53), oficina mecânica (*RT*, *350*:548, *470*:106, *481*:76, *567*:126), pedreira (*RT*, *352*:346), escola de samba (*RT*, *565*:180), terreiro de macumba (*RT*, *473*:222) etc.; funcionamento de casa de tolerância fora das horas regulamentares ou sob forma escandalosa; emprego de alto-falantes de grande potência para transmitir programas radiofônicos. Isto porque todos temos direito ao sossego, sobretudo nas horas de repouso noturno, devido à grande influência nefasta do barulho na gênese das doenças nervosas (*RT*, *488*:233).

São atos ofensivos à saúde: a poluição de águas pelo lançamento de resíduos (Código de Águas, arts. 96 a 99); o funcionamento de estábulos ou matadouros; a emissão de fumaça ou fuligem; a criação de animais que exalem maus cheiros; os gases tóxicos; a queima de detritos com penetração de fumaça ou odores; a presença de substâncias putrescíveis ou de águas estagnadas; o recebimento de pessoas com moléstias contagiosas ou repugnantes. P. ex.: os vizinhos de um hotel de Santos reclamaram contra fumaças, fuligens e partículas emitidas por chaminé de aquecimento de água desse estabelecimento e que ameaçavam a saúde dos autores; o Tribunal cominou multa ao réu para o caso de não ter instalado aparelhos antifuliginosos, capazes de evitar o incômodo (*RT*, *277*:413).

Percebe-se que mesmo o uso lícito do domínio, desde que prejudicial pelo seu exagero, incide na proibição legal (*RF*, *116*:432). O mau uso é o uso anormal, sendo que só o que é abusivo e intolerável incorre na proibição legal. O que não ultrapassar os limites da normalidade entra, como pondera Washington de Barros Monteiro, na categoria dos encargos ordinários da vizinhança. Assim, a passagem de uma estrada de ferro, ou a instalação de uma estação rodoviária em bairro residencial podem trazer mal-estar aos vizinhos, pelo barulho ou movimento que introduzem e pela desvalorização dos imóveis situados nas imediações. Entretanto, esses atos deverão ser suportados. Da mesma forma o vizinho deve aguentar o barulho normal das máquinas de uma tipografia confinante ou o rumor que provém de loja situada no pavimento inferior, onde se encaixotam mercadorias, e os ruídos de indústria vizinha, porque são incômodos menores, normais, impostos pelas contingências da vida em comum[92].

Determinado o uso anormal, o prejudicado — proprietário, inquilino ou compromissário-comprador — poderá intentar o procedimento comum do arts. 318 e s. do CPC/2015, ou aquele do art. 3º, II, da Lei n. 9.099/1995, em observância ao art. 1.063 do CPC/2015), para impedir que perdure a ofensa à sua segurança, sossego e saúde.

O Código Civil, no art. 1.280, autoriza o proprietário ou possuidor a exigir do vizinho por meio de ação de dano infecto, a demolição ou reparação necessária de seu prédio, quando este ameace ruína, ou a prestar caução real ou fidejussória que o garanta contra a possibilidade de dano iminente. Nesse mesmo sentido, as normas sobre condomínio, que criam limi-

---

92. W. Barros Monteiro, op. cit., v. 3, p. 138; Silvio Rodrigues, op. cit., v. 5, p. 143 e 144; Carlos Roberto Gonçalves, *Comentários ao Código Civil*, São Paulo, Saraiva, 2003, v. 11, p. 296; *RT*, *122*:157, *236*:157, *186*:176, *168*:244, *171*:517. *Vide* a Lei n. 12.651/2012, art. 2º (novo Código Florestal).

tações mais severas quanto à utilização da propriedade em edifícios de apartamentos[93]. À Municipalidade também se aplica o art. 1.280, em razão de seu poder de polícia e de seu dever de zelar pela segurança pública[94]. "O proprietário ou o possuidor de um prédio, em que alguém tenha direito de fazer obras, pode, no caso de dano iminente, exigir do autor delas as necessárias garantias contra o prejuízo eventual" (CC, art. 1.281).

Washington de Barros Monteiro já acentuava que muitos dos fatos que caracterizavam o uso nocivo da propriedade configuravam contravenções penais, como ocorre com a do art. 30 do Decreto-Lei n. 3.688/41 (perigo de desabamento), a do art. 38 (emissão de fumaça, vapor ou gás) e a do art. 42 (perturbação do trabalho ou do sossego alheios), ou crime ambiental. Esclarecia, ainda, que esses fatos podiam não chegar a constituir infração penal e a ser mau uso do domínio e que a sentença absolutória criminal não impedia o ajuizamento do procedimento sumaríssimo perante o juízo cível[95].

b) Nos atos ofensivos ao direito de propriedade de árvore limítrofe (CC, arts. 1.282 a 1.284), p. ex., em caso de condomínio, como o corte de árvore sem anuência do vizinho; a apropriação de todos os frutos, sem partilhá-los com o dono do prédio confinante e se a árvore não for de propriedade comum; a provocação da queda dos frutos para que caiam em sua propriedade etc.

c) Nos atos prejudiciais à passagem forçada (CC, art. 1.285, §§ 1º a 3º) e no prejuízo sofrido em razão da passagem de cabos e tubulações (CC, arts. 1.286 e 1.287).

d) Nas contendas alusivas ao regime de águas legalmente estabelecido, isto é, no complexo de normas reguladoras de relações entre vizinhos, referentes às águas de nascentes e fluviais (CC, arts. 1.288 a 1.296; Código de Águas — Dec. n. 24.643/34, com as modificações do Dec.-Lei n. 852/38). P. ex.: obras feitas pelo proprietário do prédio superior para facilitar o escoamento, piorando a situação do prédio inferior; edificação de beiral de seu telhado, que despeje água no prédio contíguo, por não deixar entre

---

93. Caio M. S. Pereira, op. cit., v. 4, p. 179 (CC, arts. 1.327 a 1.330 e 1.336).
94. W. Barros Monteiro, op. cit., v. 3, p. 140; *RT*, *132*:237, *254*:451.
95. W. Barros Monteiro, op. cit., v. 3, p. 140; *RF*, *127*:419. Hoje aplicar-se-ia o comando do art. 1.063 do CPC/2015 (Lei n. 9.099/1995 seria aplicável).

este e o beiral um intervalo de 10 cm, no mínimo, para que as águas se escoem; aumento do ímpeto das águas, canalizando-as, prejudicando o dono do prédio inferior (*RT, 157*:711); construção de barragem pelo dono do prédio inferior, fazendo com que as águas refluam para o prédio superior. Por todos esses prejuízos a vítima poderá recorrer ao Poder Judiciário (*RT, 76*:328, *186*:785, *305*:584, *309*:505).

O proprietário de uma nascente pode utilizar-se dela para atender suas necessidades, mas não poderá desviar o curso das sobras, que serão desfrutadas pelo dono do prédio inferior ou pelo povo, desde que se trate de fonte não captada, pois, se esta for captada, o proprietário do prédio inferior não lhe tem direito algum (Código de Águas, arts. 90 e 94).

As águas pluviais pertencem ao dono do prédio onde caírem, podendo este dispor delas livremente, porém não lhe será permitido desperdiçar essas águas em prejuízo dos outros prédios que delas se utilizam, sob pena de indenização aos respectivos donos, nem desviá-las de seu curso natural, dando-lhes outro, sem que haja expressa anuência dos proprietários dos prédios que as irão receber (Código de Águas, art. 103 e parágrafo único), sob pena de pagar perdas e danos e de desfazer essas obras erguidas para o desvio das águas.

Com o escopo de facilitar não só a exploração agrícola e industrial, mas também de atender às primeiras necessidades da vida (CC, art. 1.295, *in fine*), para permitir o escoamento de águas superabundantes, supérfluas ou acumuladas e possibilitar o enxugo, drenagem ou beneficiamento de terrenos, os arts. 1.293 do Código Civil e 117 do Código de Águas permitem a canalização dessas águas através de prédios, alheios, consagrando assim o direito à servidão do aqueduto. Mas impõem o pagamento de prévia indenização aos proprietários que sofrerem dano com isso ou com infiltrações ou irrupções de águas ou deterioração das obras do aqueduto (CC, art. 1.293, § 1º; Código de Águas, art. 121).

Havendo comunhão de águas, os donos de prédios banhados ou atravessados pela corrente podem utilizar-se livremente das águas, desde que não causem danos aos fundos situados a montante ou a jusante, não podendo captar toda a água nem desviar o seu curso, privando o dono do prédio confinante ou inferior da quota a que tem direito (Código de Águas, art. 71). Logo, haverá abuso de direito se o proprietário alterar o álveo, sem manter o ponto de saída para o prédio inferior ou se captar as águas prejudicando o vizinho.

e) Nos danos causados a vizinhos na demarcação de propriedade (CC, arts. 1.297 e 1.298; CPC, arts. 569, I, 574 a 587) ou no ato de cercar, murar, valar ou tapar imóvel, para proteger, dentro de seus limites, a exclusividade de seu domínio.

f) No ato do proprietário que realiza obras no seu imóvel desrespeitando o direito dos vizinhos e as normas regulamentares (CC, arts. 1.299 a 1.313; CPC, art. 47, § 1º). O proprietário que erguer qualquer construção, com infringência dos regulamentos administrativos e dos direitos de vizinhança, causando dano a alguém, será responsável pelo fato, sendo obrigado a reparar o prejuízo.

QUADRO SINÓTICO

RESPONSABILIDADE CIVIL NAS RELAÇÕES DE VIZINHANÇA

1. CONCEITO DE DIREITO DE VIZINHANÇA	• Segundo Daibert, direitos de vizinhança são limitações impostas por normas jurídicas a propriedades individuais, com o escopo de conciliar interesses de proprietários vizinhos, reduzindo os poderes inerentes ao domínio e de modo a regular a convivência social.
2. ATOS ABUSIVOS DO DIREITO DE VIZINHANÇA	• Ofensas à segurança, sossego e saúde dos vizinhos (CC, art. 1.277). • Danos ao direito de propriedade de árvore limítrofe (CC, arts. 1.282 a 1.284). • Prejuízos ao exercício da passagem forçada (CC, art. 1.285) e da de cabos e tubulações (CC, arts. 1.286 e 1.287). • Contendas alusivas ao regime de águas (CC, arts. 1.288 a 1.296; Código de Águas). • Danos causados a vizinhos na demarcação de propriedade (CC, arts. 1.297 e 1.298; CPC, arts. 569, I, 574 a 587) ou no ato de cercar, murar, valar ou tapar imóvel. • Desrespeito, por parte do proprietário que realizar obras em seu imóvel, ao direito dos vizinhos e às normas regulamentares (CC, arts. 1.299 a 1.313; CPC/73, art. 934 — ora revogado — CPC/2015, art. 47, § 1º) — Importa assinalar que o CPC/2015 não reproduz a disciplina procedimental especial da "ação de nunciação de obra nova", que segue o procedimento comum (CPC, art. 1.046, § 3º).

C. Responsabilidade civil por dano ecológico

c.1. Notas introdutórias

O direito não pode ficar inerte ante a triste realidade da devastação ecológica, pois o homem está, com suas conquistas científicas ou tecnológicas, destruindo os bens da natureza, que existem para o seu bem-estar, alegria e saúde; contaminando rios, lagos, com despejos industriais, contendo resíduos da destilação do álcool, de plástico, de arsênico, de chumbo ou de outras substâncias venenosas; devastando florestas; destruindo reservas biológicas; represando rios, usando energia atômica ou nuclear.

Não há dúvida de que o crescimento da produção de bens e o avanço da tecnologia se fazem acompanhar de um aumento de flagelos sociais. Mas, como pontifica sabiamente Bertrand de Jouvenel, essa "produção do flagelo começa como um ligeiro fio d'água que passa despercebido até o momento em que se transforma em rio e, então, suprimi-lo torna-se um problema de Estado". Com isso está causando graves riscos à humanidade. P. ex.: na Baía de Minamata, no Japão, entre 1953 e 1960, 100 pessoas morreram e 2.000 ficaram inutilizadas pela "doença do gato", com convulsões, cegueira, loucura e desarticulação motora, em razão de contaminação por mercúrio, resultante de despejo industrial. Se houver um acidente numa usina nuclear, esse fato poderá ocasionar a morte de mais de 150 mil pessoas, destruir ou danificar propriedades numa área de 1.000 km^2, provocando ainda mutações genéticas imprevisíveis.

O dano ecológico tem causado graves e sérias lesões às pessoas, às coisas ou ao meio ambiente, urgindo sua reparação, por envolver não só abuso no exercício de um direito (CC, art. 188, I), mas também perigosos riscos, pois, nas palavras de Coulombel, o verdadeiro problema para numerosos indivíduos atingidos em sua pessoa e nos seus interesses não é saber o que vale sua causa, no plano jurídico, mas verificar se são bastante fortes social, pecuniária e moralmente para afrontar um adversário que nada será capaz de fazer recuar.

Por essa razão, mesmo que o dano ecológico acarrete luta desigual, competirá ao legislador ou ao órgão judicante restabelecer o equilíbrio, considerando o fenômeno sob o prisma da gravidade de seus efeitos, de suas anormalidades, das repercussões que possa ter, de sua continuidade, pois não deverá apreciá-lo se passageiro ou acidental, e do grau de tolerabilidade, sempre levando em conta as condições da vida moderna.

Não poderia haver responsabilidade subjetiva do causador do dano ecológico, se se verificasse que o evento danoso poderia ter sido evitado, mediante providências cautelares, de acordo com os progressos atuais da ciência. Mas como sua culpa nem sempre poderia ser demonstrada, a Lei n. 6.938/81, art. 14, § 1º, e a jurisprudência (*RT*, *625*:157) têm-se firmado pela responsabilidade objetiva baseada no risco, ante a fatalidade da sujeição dos lesados ao dano ecológico, sendo irrelevante a discussão sobre a culpa do lesante, que somente poderá alegar em sua defesa: negação da atividade poluidora e inexistência do dano. Assim, a empresa privada deverá reparar todas as vítimas pelo prejuízo decorrente de seu funcionamento, desde que haja, obviamente, liame de causalidade entre o dano e a atividade do sujeito passivo da obrigação ressarcitória. Mas, se os danos forem nucleares, outros serão seus princípios norteadores, como veremos logo mais. Assim sendo, se vários forem os fatos lesivos, mesmo culposos, mas se um deles, podendo evitar o dano, interveio e causou o prejuízo, só ele é causa. Se todos contribuíram para o evento danoso, que não ocorreria se não houvesse a conjugação deles, todos serão tidos como causas concorrentes (CC, art. 942). Logo, será imprescindível, na ação regressiva, apurar se a atividade incriminada causou o prejuízo, pois justo não seria que os demais lesantes arcassem, sem direito ao reembolso, pelo que poderia ter evitado a poluição com o dano por eles causado parcialmente.

Os prejudicados terão direito a uma reparação ilimitada, embora haja, hodiernamente, tendência de se adotar uma indenização tarifária, a fim de evitar a ruína das empresas, cuja conservação é necessária.

O magistrado, para restabelecer o equilíbrio, deverá impor a reparação para os casos de necessidade e inevitabilidade da atividade danosa e a interdição para os casos em que o ato pernicioso seja incompatível com a conservação da vida num ambiente tolerável. Ante os abusos cometidos, é preciso intimidar os agentes do dano ecológico, pois a simples perspectiva do ônus da reparação é insatisfatória. Daí a imposição da responsabilidade penal, inclusive das pessoas jurídicas (Lei n. 9.605/98 e CF/88, art. 225, § 3º). Não basta a promulgação de leis que os condenem severamente, prestigiadas pelo sentimento geral de sua necessidade e por entidades de defesa do meio ambiente, que tenham à sua disposição meios judiciais que as habilitem a agir, corrigindo o classicismo das normas de legitimação processual, por sua ampliação à condição de ação popular. A ação popular, ao lado dos remédios reparatórios, é um grande instrumento para proteger o interesse coletivo na seara do dano ecológico ao lado da ação civil pública do mandado de segurança coletivo, do mandado de injunção, da ação de inconstitucionalidade por ação ou omissão. É óbvio que a norma jurídica não pode impedir que um navio derrame petróleo no mar ou que um avião caia carregado de bombas atômicas, mas poderá responsabilizar severamente aquele em cujo proveito se transporta petróleo e impedir que o risco da explosão atômica ameace a destruição progressiva ou paulatina da humanidade. No âmbito do direito internacional, muitos órgãos, para garantir a cada um o direito de gozar de um ambiente são e de viver na dignidade e no bem-estar, têm procurado formas para assegurar e consagrar como legítimo interesse de agir em juízo a pretensão individual ou coletiva à comunidade contra os danos à ecologia, impedindo a atividade poluidora ou exigindo que ela tome medidas para assegurar a incolumidade pública ou da sua vizinhança[96], mas não será preciso criar mecanismos que eliminem as cau-

96. Este é o ensinamento de Aguiar Dias (op. cit., v. 2, n. 186-A), que aqui resumimos. Consulte a obra de Diogo Leite de Campos, Ambiente e responsabilidade civil, *Revista de Direito Comparado Luso-Brasileiro*, n. 2, p. 60-77; Marise C. de S. Duarte, Limitações ambientais ao direito de propriedade e a posição do Superior Tribunal de Justiça: uma aplicação do princípio da função socioambiental da propriedade. *A Fazenda Pública à luz da atual jurisprudência dos tribunais brasileiros*, coord. Fernando Gaburri e Bento H. Duarte, Curitiba, Juruá, 2011, p. 229-54; Floriano de Azevedo Marques Neto, A possibilidade de restrição de acesso a bens públicos de uso comum por questões ambientais e urbanísticas, *Revista do IASP*, *13*:13-37; Anna Trotta Yaryd e Roberto Senise Lisboa, O sistema de coleta de lixo urbano e os riscos de danos ao meio ambiente e ao trabalhador, *Questões de direito civil e o novo Código*, 2004, p. 478 a 525; José Alfredo de O. Baracho, A proteção jurídica do meio ambiente e a liberação do metanol, *Ciência Jurídica*, *31*:35; Fiorillo e Rodrigues, *Direito ambiental e patrimônio genético*, 1996, e *Manual de direito ambiental e legislação aplicável*, São Paulo, Max Limonad, 1997; Celso Antônio Pacheco Fiorillo, Estado e preservação: a perspectiva ambiental no âmbito da legislação em vigor, *Direito*, *1*:9-12, São Paulo, Max Limonad; Fundamentos constitucionais da Política Nacional do Meio Ambiente — comentários do art. 1º da Lei n. 6.938/91, *Cadernos de Direito Constitucional e Ciência Política*, *13*:145-57; Vitor Rolf Laubé, Perfil constitucional do meio ambiente, *Cadernos de Direito Constitucional e Ciência Política*, *4*:216-26; Flávia Piovesan, O direito ao meio ambiente e a Constituição de 1988: diagnóstico e perspectivas, *Cadernos de Direito Constitucional e Ciência Política*, *4*:75-97; Giselda Maria Fernandes Novaes Hironaka, Um matiz ecológico. A propriedade agrária com responsabilidade ecológica vista pelo moderno ângulo constitucional brasileiro, *Revista Literária de Direito*, *1*:14 e 15; José Vicente Silva Camarani, A poluição ambiental no sistema jurídico brasileiro — uma proposta de abordagem, in *Temas de direito urbanístico*, São Paulo, Revista dos Tribunais, 1987, v. 1, p. 107-22; Raul Malta Moreira, A preservação ambiental, a responsabilidade civil por dano ecológico e a atuação tutelar do Ministério Público, in *Temas de direito urbanístico*, São Paulo, Revista dos Tribunais, 1987, v. 1, p. 123-36; Sálvio de Figueiredo Teixeira, A defesa do meio ambiente, a urbanização e a prevenção dos conflitos no Brasil. Os direitos humanos no sistema interamericano, *JSTJ*, *11*:45-56; Maria Adelaide de Campos França, A reparação do dano ecológico, *Revista da Escola Paulista da Magistratura*, n. 1, p. 10510, 1996; Luiz Antonio G. Marrey, Dano ambiental: queimadas, *RT*, *713*:88; He-

lita B. Custódio, Poluição ambiental e genocídio de grupos indígenas, *RDC*, *59*:80; Condutas lesivas à fauna silvestre, *RDC*, *64*:87; A. J. Krell, Concretização do dano ambiental. Algumas objeções à teoria do risco integral, *RIL*, *139*:23; Bittencourt e Kochinski Marcondes, Lineamentos da responsabilidade civil ambiental, *RT*, *740*:53; Vladimir Passos de Freitas, *A Constituição Federal e a efetividade das normas ambientais*, São Paulo, Revista dos Tribunais, 2000; Helita B. Custódio, Uma introdução à responsabilidade civil por dano ambiental, *RDC*, *75*:69; José Rubens Morato Leite, *Dano ambiental — do individual ao coletivo extrapatrimonial*, São Paulo, Revista dos Tribunais, 2003; Luiz Carlos S. de Moraes, *Curso de direito ambiental*, São Paulo, Atlas, 2001; SaintClair H. Santos, *Direito ambiental*, Curitiba-Juruá, 2005; Luciana R. L. Moreira, *Direito ambiental*, Curitiba-Juruá, 2005; Antonio Carlos Morato, A proteção jurídica do bem ambiental, *Revista IASP*, *9*:24 a 39; Guido F. Silva Soares, *Direito internacional do meio ambiente*, São Paulo, Atlas, 2001; Carlos E. Constantino, *Delitos ecológicos*, São Paulo, Atlas, 2002; Alessandra R. M. Prado, *Proteção penal do meio ambiente*, São Paulo, Atlas, 2000; Luís Paulo Sirvinskas, *Manual de direito ambiental*, São Paulo, Saraiva, 2002; Toshio Mukai, *Direito urbano ambiental brasileiro*, São Paulo, Dialética, 2002; Ávila Coimbra, *O outro lado do meio ambiente*, Millenium, 2003; Carlos Alberto Bittar Filho, A coletivização do dano moral no Brasil, *Estudos de direito de autor, direito da personalidade, direito do consumidor e danos morais* (coord. Eduardo C. B. Bittar e Silmara J. Chinelato), Rio de Janeiro, Forense Universitária, 2002, p. 178 a 184; Maria Artemísia A. Hermans (coord.), *Direito ambiental — o desafio brasileiro e a nova dimensão global* (doutrina, seminários, debates), Ed. Brasília Jurídica, 2002; Jacques Demajorovic, *Sociedade de risco e responsabilidade socioambiental*, São Paulo, Senac, 2003; Maria Collares, Educação ambiental: preservar a água, *JSTJ*, *22*:57 a 72; Antonio Carlos Morato, Proteção jurídica do bem ambiental, *Revista IASP*, *9*:24 a 39; Carlos Gomes de Carvalho, *O meio ambiente nos tribunais*, São Paulo, Método, 2003; Durval Salge Jr., *Instituição do bem ambiental no Brasil pela Constituição Federal de 1988*, São Paulo, Ed. Juarez de Oliveira, 2003; José Adércio Leite Sampaio e Afrânio José Fonseca Nardy, Direito fundamental de propriedade, direito fundamental ao meio ambiente ecologicamente equilibrado e o princípio constitucional de precaução, *O Código Civil e sua interdisciplinaridade*, Belo Horizonte, Del Rey, 2004, p. 216 a 248; Clarissa F. M. D'Isep, *Direito ambiental econômico e a ISO 14000*, São Paulo, Revista dos Tribunais, 2004; Édis Milaré, *Direito ao ambiente*, São Paulo, Revista dos Tribunais, 2004; Magda Montenegro, *Meio ambiente e a responsabilidade civil*, São Paulo: IOB Thomson, 2005; Marcelo Buzaglo Dantas, *Tutela de urgência nas lides ambientais*, Rio de Janeiro, Forense Universitária, 2006; Roberto L. dos Santos Filho, Responsabilidade civil da União por dano ambiental em terra indígena, *Revista do TRF* — 3ª Região, *83*:143-63; Adriana Caldas do R. F. D. Maluf, Responsabilidade civil por danos ao meio ambiente, in *Responsabilidade civil*: estudos em homenagem a Rui Geraldo C. Viana, São Paulo, Revista dos Tribunais, 2009, p. 9-26; Nelson Nery Junior, Aspectos principiológicos da responsabilidade civil por dano ambiental, in *Responsabilidade civil*: estudos em homenagem a Rui Geraldo C. Viana, cit., p. 417-23; M. Helena Diniz, Responsabilidade civil por dano ao meio ambiente, in *Responsabilidade civil*: estudos em homenagem a Rui Geraldo C. Viana, cit., p. 387-97; Lucas A. Barroso, A responsabilidade civil em matéria ambiental no sistema jurídico brasileiro e em alguns direitos estrangeiros, *A realização do direito civil*, Curitiba, Juruá, 2011, p. 121-140; Rogério Donnini, Meio ambiente e responsabilidade civil pós-contratual, *Fundamentos do direito civil brasileiro* (org. Everaldo A. Cambler), Campinas, Millennium, 2012, p. 335-54; Nayara Mª S. da C. Dallefi e Fátima A. O. Siqueira, Os impactos ambientais produzidos pelo uso de agrotóxicos e a responsabilidade civil, *Revista Jurídica Luso-Brasileira*, n. 2, p. 701 a 736, 2017. *Vide*: Resolução n. 23/96 do Ministério do Meio Ambiente, Recursos Hídricos e Amazônia Legal, sobre controle e banimento da entrada de resíduos perigosos no Brasil; a Lei n. 7.797/89 e Decreto n. 3.524/2000, que a regulamenta, dispõem sobre o Fundo Nacional do Meio Ambiente; Decreto n. 4.074/2002, que regulamenta a Lei n.

7.802/89, sobre controle de agrotóxicos; Estatuto da Cidade, arts. 4º, III, *c*, V, *d*, VI, e 32, § 1º; Lei n. 10.650/2003 sobre acesso público aos dados e informações ambientais existentes nos órgãos que integram o Sistema Nacional do Meio Ambiente; Decreto n. 4.703/2003 (art. 7º com a redação do Decreto n. 4.987/2004) sobre Programa Nacional da Diversidade Biológica (PRONABIO) e Comissão Nacional de Biodiversidade; Lei n. 13.123/2015 que regulamenta o art. 225, § 1º, II, e § 4º da CF e os arts. 1º, 8º, *j*, 10, *c*, 15, e 16, §§ 3º e 4º da Convenção sobre Diversidade Biológica, promulgada pelo Dec. n. 2.519/98 e revoga a MP n. 2.186/2001; Portaria n. 2.658/2003 do Ministério da Justiça sobre emprego do símbolo transgênico em rótulos de gêneros alimentícios; Lei n. 10.831/2003 sobre agricultura orgânica e Decreto n. 4.680/2003 sobre o direito à informação quanto a alimentos que contenham organismos geneticamente modificados; Lei n. 11.460/2007 dispõe sobre plantio de OGM em unidades de conservação, acrescentando dispositivos à Lei n. 9.985/2000 (arts. 27, § 4º, e 57-A) e à Lei n. 11.105/2005 (art. 11, § 8º-A). E a Portaria n. 313/2006 do Ministério do Meio Ambiente altera a denominação de Comissão de Biossegurança de Organismos Geneticamente Modificados para Comissão Interna de Biossegurança em Meio Ambiente — CBMA; Portaria n. 78/2004 do Ibama sobre Regimento Interno das Comissões de Ética do Instituto Brasileiro do Meio Ambiente e dos Recursos Naturais Renováveis; Portaria n. 452/2011 do Ministério do Meio Ambiente que aprovou o Regimento interno do CONAMA; Lei n. 9.985/2000, art. 22-A (acrescentado pela Lei n. 11.132/2005); Decreto n. 5.459, de 7-6-2005 (*DOU*, 8-6-2005), regulamenta o art. 30 da Medida Provisória n. 2.186-16, de 23-8-2001, disciplinando as sanções aplicáveis às condutas e atividades lesivas ao patrimônio genético. A Lei n. 11.934/2009 traça limites à exposição humana a campos elétricos, magnéticos e eletromagnéticos para garantir a proteção à saúde e ao meio ambiente. Decreto n. 7.830, de 17 de outubro de 2012, dispõe sobre o Sistema de Cadastro Ambiental Rural, o Cadastro Ambiental Rural, estabelece normas de caráter geral aos Programas de Regularização Ambiental, de que trata a Lei n. 12.651, de 25 de maio de 2012 (alterada pela MP n. 867/2018); o Decreto n. 8.235/2014 estabelece normas gerais complementares aos Programas de Regularização Ambiental dos Estados e do Distrito Federal e institui o Programa Mais Ambiente Brasil; Lei n. 10.257/2001, art. 32, § 2º, III, com a redação da Lei n. 12.836/2013, sobre incentivos a operações urbanas que usam tecnologias que reduzem impactos ambientais; Lei n. 13.052/2014 sobre condições para libertação de animais silvestres em seu *habitat*, se apreendidos em decorrência de atividades lesivas ao meio ambiente; Portaria n. 1/2015 Colog sobre regulamentação das atividades de colecionamento, tiro desportivo e caça; Res. Normativa n. 21/2015 sobre critérios para requerimento, emissão, revisão, extensão e cancelamento do Credenciamento Institucional para atividades com Animais em Ensino ou pesquisa das instituições que produzem, mantêm ou utilizam animais para ensino e pesquisa científica, que altera Res. Normativa n. 1/2010 e revoga as Res. Normativas n. 3/2011, 14/2013 e 16/2014; Portaria n. 59/2015 do Ministério do Meio Ambiente instituiu Comitê Técnico no âmbito do Projeto de Apoio a Estratégias Nacionais de Redução do Desmatamento e dos Incêndios Florestais no Cerrado Brasileiro; Lei n. 9.393/96, art. 10, § 1º, II, com a redação da Lei n. 12.844/2013, sobre preservação permanente e reserva legal, previstas na Lei n. 12.651/2012; Decreto n. 6.514/2008 (com as alterações do Decreto n. 9.760/2019) dispõe sobre infrações e sanções administrativas ao meio ambiente e estabelece o processo administrativo federal para apuração dessas infrações; *EJSTJ*, *25*:36, *14*:35, *13*:37, *11*:113; *RT*, *700*:12, *781*:227, *629*:118, *618*:68, *693*:130; *RSTJ*, *82*:124.

"A responsabilidade civil por dano ambiental é objetiva, a teor do art. 225, § 3º, da Constituição Federal, contudo exige a comprovação da ocorrência do dano e do nexo de causalidade entre o comportamento ou a atividade desenvolvida pelo agente desse dano. Ausente comprovação de nexo causal entre o comportamento da apelada e o dano ocorrido, não há responsabilização. Decisão: Recurso desprovido. Unânime" (TJRS — 2ª Câm. Cível; ACi n. 70017402678 — Porto Alegre-RS, rel. Des. Roque Joaquim Volkweiss, j. 20-2-2008; *BAASP*, *2.658*:1.774-05).

sas da degradação do meio ambiente. A ONU, por exemplo, estuda a criação de um ombudsman mundial para a defesa da ecologia.

c.2. Responsabilidade por poluição

O progresso técnico nos trouxe um preço altíssimo e inevitável: a poluição. Nem é preciso salientar a extensão atual da poluição, que tem atingido níveis insuportáveis, pois os despejos poluentes alcançam não só aglomerados humanos pelas águas, pela sonoridade, pela atmosfera e pelo solo, pondo em risco sua saúde, sua segurança e bem-estar, mas também a fauna e a flora, extinguindo-as[97].

Súmula 618 do STJ: A inversão do ônus da prova aplica-se às ações de degradação ambiental.

Súmula 623 do STJ: As obrigações ambientais possuem natureza *propter rem*, sendo admissível cobrá-las do proprietário ou possuidor atual e/ou dos anteriores, à escolha do credor.

Súmula 629 do STJ: Quanto ao dano ambiental, é admitida a condenação do réu à obrigação de fazer ou à de não fazer cumulada com a de indenizar.

97. Armando Henrique Dias Cabral, *Proteção ambiental e seus instrumentos jurídicos*, Trabalho classificado no Concurso de Monografias — Prêmio de Ecologia, Cidade de Curitiba, 1978, p. 2, 3 e 15; *JB*, *165*:147 e 265; Paulo Victor Fernandes, O estudo de impacto ambiental e sua importância institucional, *Advocacia Pública*, *1*:8-9; Resolução n. 1/86; Celso Antônio Pacheco Fiorillo, Estado e preservação: a perspectiva ambiental no âmbito da legislação em vigor, *Direito*, *1*:9-12; Jônathas Silva, Meio ambiente — a contribuição do jurista, *Cadernos de Direito Constitucional e Ciência Política*, *23*:178 e 186; José Roque N. Marques, Responsabilidade civil por dano ao meio ambiente e suas consequências, *Revista da Faculdade de Direito da UA*, *10*:55-74; Juracy Perez Magalhães, *Evolução do direito ambiental no Brasil*, São Paulo, Ed. Juarez de Oliveira, 1998; Patrícia F. I. Lemos, Responsabilidade civil e dano ao meio ambiente: novos rumos, *Revista do IASP*, *17*:145-58; *Responsabilidade civil por dano ao meio ambiente*, São Paulo, Ed. Juarez de Oliveira, 2003. *Vide* Decreto n. 3.942/2001, que dá nova redação aos arts. 4º, 5º, 6º, 7º, 10 e 11 do Decreto n. 99.274/90; Resoluções CONAMA n. 333/2003 que institui a Câmara Técnica de Controle e Dualidade Ambiental, e n. 465/2014, sobre requisitos e critérios técnicos mínimos necessários para licenciamento ambiental de estabelecimentos destinados ao recebimento de embalagens de agrotóxicos e afins, vazias ou contendo resíduos. A Lei estadual paulista n. 14.625/2011 cria não só a taxa de controle e fiscalização ambiental a ser paga por pessoa (física ou jurídica) que polua ou promova a extração, produção, transporte e comercialização de produtos potencialmente degradadores do meio ambiente, como também a obrigatoriedade de constar no Cadastro Técnico Estadual de Atividades Potencialmente Poluidoras ou Utilizadoras de Recursos Ambientais.

O *Jornal do Advogado*, n. *295*:19, noticia: "Em julgamento inédito, a 5ª Turma do Superior Tribunal de Justiça (STJ), por unanimidade, responsabilizou criminalmente uma empresa por dano ambiental. O colegiado adotou o voto do relator, ministro Gilson Dipp, que afirmou atender a decisão a 'antigo reclamo de toda a sociedade contra privilégios inaceitáveis de empresas que degradam o meio ambiente'. O STJ acatou denúncia do Ministério Público (MP) de Santa Catarina contra um posto de gasolina que lançava re-

Poluição é o ato de poluir. Poluir é sujar. Antônio Chaves[98], com clareza, define-a como "a degradação do ar, das águas, do solo e do ambiente geral, em condições de prejudicar a saúde, a segurança e o bem-estar do homem, ou causar dano à flora e à fauna".

---

síduos num rio, tais como graxas, óleos e outros produtos químicos usados em sua atividade comercial, provocando poluição da água. Segundo o MP, o posto violava a Lei n. 9.605/98 que, em seu art. 54, diz ser crime ambiental causar poluição de qualquer natureza em níveis tais que resultem ou possam resultar em danos à saúde humana ou que provoquem a mortandade de animais ou a destruição significativa da flora, e estabelece a pena de reclusão de um a cinco anos se o crime ocorrer por lançamento de resíduos tóxicos, líquidos ou gasosos, ou detritos, óleos ou substâncias oleosas, em desacordo com as exigências estabelecidas em leis ou regulamentos. A Justiça catarinense aceitou a denúncia apenas contra 'A' e 'B', mas rejeitou-a em relação ao estabelecimento. Em primeiro grau, o juiz entendeu que a pessoa jurídica não podia figurar no polo passivo da ação penal. Em Segunda instância, os magistrados consideraram que o instituto da responsabilidade penal da pessoa jurídica não poderia ser introduzido no sistema brasileiro, e concluíram que o estabelecimento deveria receber uma punição de natureza civil e administrativa, não penal. Diante desta interpretação, o MP recorreu ao STJ. Para o ministro Gilson Dipp, a Constituição Federal, consolidando uma tendência mundial de atribuir maior atenção aos interesses difusos, 'conferiu especial relevo à questão ambiental, ao elevar o meio ambiente à categoria de bem jurídico tutelado autonomamente, destinando um capítulo inteiro à sua proteção'. E citou o § 3º do art. 225 da Carta Magna, que prevê a criminalização das condutas lesivas causadas ao meio ambiente, sejam os infratores pessoas físicas ou jurídicas. Dez anos depois, a Lei n. 9.605, regulamentando o dispositivo constitucional, dispôs, em seu art. 3º, que 'as pessoas jurídicas serão responsabilizadas administrativa, civil e penalmente conforme disposto nesta lei, nos casos em que a infração seja cometida por decisão de seu representante legal ou contratual, ou de seu órgão colegiado, no interesse ou benefício da sua entidade'. Segundo Dipp, a referência às pessoas jurídicas não ocorreu de maneira aleatória, mas como uma escolha política diante da pequena eficácia das penalidades de natureza civil e administrativa aplicadas aos entes morais. O ministro lembrou que os maiores responsáveis por danos ambientais são empresas, entes coletivos, através de suas atividades de exploração industrial e comercial, ressaltando que 'a incriminação dos verdadeiros responsáveis pelos eventos danosos, no entanto, nem sempre é possível, diante da dificuldade de se apurar, no âmbito das pessoas jurídicas, a responsabilidade dos sujeitos ativos dessas infrações'. De acordo com o voto do relator, a responsabilização penal da pessoa jurídica pela prática de delitos ambientais surge não apenas como forma de punição das condutas lesivas ao meio ambiente, mas como forma de prevenção da prática de tais crimes. Dipp reconheceu que a imputação penal às pessoas jurídicas encontra dificuldades na 'suposta incapacidade de praticarem uma ação de relevância penal, de serem culpáveis e de sofrerem penalidades. Ocorre que a mesma ciência que atribui personalidade à pessoa jurídica deve ser capaz de atribuir-lhe responsabilidade penal'.

Porém, frisou que, embora não caiba aplicar a teoria do delito tradicional à pessoa jurídica, não há que falar em obstáculo à sua responsabilização, 'pois o direito é uma ciência dinâmica, cujos conceitos jurídicos variam de acordo com um critério normativo e não naturalístico'. Ele conclui afirmando que, não obstante a existência de alguns obstáculos a serem superados, a responsabilização penal da pessoa jurídica é um preceito constitucional, posteriormente expressamente estabelecido na lei ambiental, de modo que não pode ser ignorado (REsp 564.960)".

98. Antônio Chaves, Responsabilidade por poluição, in *Enciclopédia Saraiva do Direito*, v. 65, p.

A *poluição sobre o meio aquático*[99], resultante de lançamento de resíduos provenientes de atividades industriais, comerciais ou residenciais, em lagos,

---

487; Paulo José da Costa Jr. e Giorgio Gregori, *Direito penal ecológico*, São Paulo, 1981; Hugo N. Mazzilli, *A defesa dos interesses difusos em juízo*, São Paulo, 1995, p. 102-7; Patti, *La tutela civile dell'ambiente*, Padova, 1979; José Afonso da Silva, *Direito ambiental constitucional*, Malheiros Ed., 1995; Reinaldo Dias, *Turismo sustentável e meio ambiente*, São Paulo, Atlas, 2003; André Lima (org.), *O direito para o Brasil socioambiental*, Porto Alegre, Fabris, 2002; Juraci Perez Magalhães, *Comentários ao Código Florestal*, São Paulo, Ed. Juarez de Oliveira, 2001; Álvaro Luiz V. Mirra, *Impacto ambiental*, São Paulo, Ed. Juarez de Oliveira, 2002; Renato Nalini, *Ética ambiental*, São Paulo, Millenium, 2003; Decreto n. 3.607/2000 sobre implementação da Convenção sobre Comércio Internacional das Espécies da Flora e Fauna Selvagens em Perigo de Extinção; Instrução Normativa do IBAMA n. 146/2007 sobre critérios para procedimentos relativos à fauna no âmbito do licenciamento ambiental de empreendimentos e atividades que causam impactos sobre a fauna silvestre; Decreto n. 3.842/2001 promulga a Convenção Interamericana para Proteção das Tartarugas Marinhas, concluída em Caracas, em 1996; Lei n. 10.165/2000, que instituiu, ao alterar a Lei n. 6.938/81, a Taxa de Controle e Fiscalização Ambiental; Lei n. 12.651/2012 (modificada pela Lei n. 12.727/2012) sobre proteção da vegetação nativa que altera as Leis n. 6.938/81; 9.393/96 e 11.428/2006; Lei n. 12.651/2012, art. 44, sobre Cota de Reserva Ambiental, regulamentado pelo Decreto n. 9.640/2018; Decreto n. 4.361/2002, que promulga acordo para implementação das disposições da Convenção das Nações Unidas sobre o Direito ao Mar de 10-12-1982 sobre Conservação e Ordenamento de Populações de Peixes Transzonais e de População de Peixes Altamente Migratórios. A Lei Complementar n. 140, de 8 de dezembro de 2011, fixa normas, nos termos dos incisos III, VI e VII do *caput* e do parágrafo único do art. 23 da Constituição Federal, para a cooperação entre a União, os Estados, o Distrito Federal e os Municípios nas ações administrativas decorrentes do exercício da competência comum relativas à proteção das paisagens naturais notáveis, à proteção do meio ambiente, ao combate à poluição em qualquer de suas formas e à preservação das florestas, da fauna e da flora; e altera a Lei n. 6.938, de 31 de agosto de 1981.

99. Jean Lamarque (*Droit de la protection de la nature et de l'environnement*, Paris, LGDJ, 1973, p. 700) pontifica: "*En définitive, le milieu aquatique — qu'il s'agisse des eaux marines ou des eaux continentales — est un milieu vivant; dans un cas comme dans l'autre, la pollution constitue donc une véritable atteinte à la vie*"; Simon, *La réparation civile des dommages causés en mer par les hydrocarbures*, 1976; Du Pontavice, *Réglementation relative à la pollution des eaux douces et des eaux maritimes dans les pays mediterranées*, 1972, p. 131 e s.; Ester de Figueiredo Ferraz, O crime de poluição de água potável, in *Estudos em homenagem a Silvio Rodrigues*, São Paulo, Saraiva, 1989, p. 107-20; Mª Luiza M. Granziera, *Direito de águas*, São Paulo, Atlas, 2001; Maria Collares, Educação ambiental: preservar a água, *JSTJ, 22*:57-72; Decreto paulista n. 42.837/98, que regulamenta a Lei estadual n. 5.598/87, que declara área de proteção ambiental regiões urbanas e rurais ao longo do curso do Rio Tietê; CP, arts. 271 e 272, com redação da Lei n. 8.072/90; Decreto Legislativo n. 60/95, que aprova texto da Convenção Internacional para Prevenção da Poluição por Navios, de 1973, de seu Protocolo de 1978, de suas Emendas de 1984 e de seus Anexos Opcionais III, IV e V; Dec. n. 1.806/96, que promulga acordo entre Brasil e Paraguai para conservação da fauna aquática nos rios limítrofes; Portaria n. 46/96 da Diretoria de Portos e Costas, que aprova diretrizes para implementação do Código Internacional de Gerenciamento para operação segura de navios e para a prevenção da poluição; Decreto n. 2.508/98, que promulga a Convenção Internacional para a Prevenção da Poluição Causada por Navios, concluída em Londres, em 2 de novembro de 1973, seu Protocolo, concluído em Lon-

rios e mares cuja capacidade natural de autodepuração se tornou insuficiente[100], apresenta, p. ex., aspectos de: *toxidez* de numerosos compostos sintéticos, que altera profundamente as funções vitais dos organismos aquáticos, podendo afetar a multiplicação celular, a reprodução etc.; *radioatividade*, que causa graves danos, inclusive alterações genéticas nos organismos aquáticos e no homem que os consumir; *biodegradabilidade nula* ou insuficiente, que se caracteriza por substâncias resistentes à ação dos organismos que os decompõem; como não são eliminadas (ou são eliminadas muito lentamente) do meio receptor pela autodepuração, seu teor pode sofrer um rápido aumento; *eutroficação*, que é devida ao enriquecimento excessivo das águas por

---

dres, em 17 de fevereiro de 1978, suas Emendas de 1984 e seus Anexos Opcionais III, IV e V; Decreto n. 2.870/98, que promulga a Convenção Internacional sobre preparo, resposta e cooperação em caso de poluição por óleo, assinada em Londres, em 30 de novembro de 1990; Lei n. 9.966, de 28 de abril de 2000; Decreto n. 4.136/2002, sobre prevenção, controle e fiscalização de poluição causada por lançamento de óleo e substâncias nocivas em águas nacionais; Decreto n. 7.939, de 20 de fevereiro de 2013, promulga a Resolução MEPC. 165(56), com emendas à Lista de Substâncias Anexa ao Protocolo Relativo à Intervenção em Alto-Mar em Casos de Poluição por Outras Substâncias que não Óleo, adotada em 13 de julho de 2007. Resolução n. 305/2002 do CONAMA, sobre licenciamento ambiental, Estudo de Impacto Ambiental e Relatório de Impacto no Meio Ambiente de empreendimento com OGM; Portaria do Ministério do Meio Ambiente n. 316/2002, que aprova o Regime Interno do Conselho e Gestão do Patrimônio Genético; Decreto n. 4.281/2002; Portaria n. 230/MB, de 14 de setembro de 2005, da Comissão Interministerial para Recursos do Mar (CIRM), cria o Comitê Executivo para o Levantamento e Avaliação do Potencial Biotecnológico da Biodiversidade Marinha (BIOMAR); Decreto n. 5.583, de 16 de novembro de 2005, regulamenta o § 6º do art. 27 (com nova redação dada pela Lei n. 11.958/2009) da Lei n. 10.683, de 28 de maio de 2003, que autoriza o IBAMA a estabelecer normas para a gestão de uso sustentável dos recursos pesqueiros; Decreto n. 8.907/2016 aprova Plano Setorial para os Recursos do Mar, definindo diretrizes e prioridades de 2016 a 2019; Resolução CONAMA n. 482/2017 sobre uso da técnica de queima controlada emergencial como ação de resposta a incidentes de poluição por óleo no mar. *Vide*: *JB*, *162*:240, *170*:327; *EJSTJ*, *9*:101.

100. Aguiar Dias, op. cit., v. 2, p. 145. *Vide* Resolução CONAMA n. 472/2015, sobre uso de dispersantes químicos em incidentes de poluição por derrames de óleo no mar, n. 319/2002, que altera a Resolução n. 273/2000, sobre prevenção e controle da poluição em postos de combustíveis e serviços; n. 323 a 332/2003 instituindo Câmaras Técnicas de: *a*) biodiversidade, fauna e recursos pesqueiros; *b*) florestas e atividades agrossilvopastoris; *c*) atividades minerárias energéticas e de infraestrutura; *d*) gestão territorial e biomas; *e*) educação ambiental; *f*) economia e meio ambiente; *g*) assuntos jurídicos; *h*) saúde, saneamento ambiental e gestão de resíduos; *i*) unidades de conservação e demais áreas protegidas e *j*) assuntos internacionais; Decreto n. 6.099/2007, sobre a estrutura regimental do IBAMA; Portaria n. 452/2011 do Ministério do Meio Ambiente que aprova Regimento interno do CONAMA; Decreto n. 4.613/2003 que regulamenta o Conselho Nacional de Recursos Hídricos; Decreto n. 4.871/2003 sobre instituição dos planos de áreas para o combate à poluição por óleo em águas sob jurisdição nacional.

sais nutritivos, p. ex., nitratos, fosfatos, oriundos de detergentes, decorrentes de terras agrícolas ou de despejos industriais e urbanos; *degradação das qualidades organolíticas das águas*, pois os dejetos despejados dão à água gosto e cheiro desagradável, o que vem repercutir nas qualidades alimentares dos organismos aquáticos, como, p. ex., os peixes, que se podem tornar inconsumíveis; *temperatura*, uma vez que os dejetos de águas quentes oriundas de esgotos e de câmaras de resfriamento industrial modificam o regime térmico das águas, afetando a fauna e a flora aquática. Ter-se-á, então, *poluição térmica*; *poluição mecânica*, isto é, alterações produzidas por excesso de matérias em suspensão na água; *poluição bacteriana*, pois o dejeto de águas servidas contém inúmeros germes patogênicos[101].

A *poluição sonora* (Leis Municipais de São Paulo n. 8.106/74, 11.501/94, 11.016/91; Lei n. 6.803/80, arts. 2º, 3º, 9º, I) é frequente nas grandes cidades; o excesso de ruído produz graves consequências psicológicas: fadiga nervosa, perturbações auditivas, respiratórias, cardiovasculares e digestivas. Por isso a Lufthansa usa, no Boeing 737 (cargueiro utilizado para transporte de curta distância que opera durante a noite), um dispositivo para reduzir o nível da poluição sonora (*noise reducing hushkit*).

A *poluição atmosférica* (*JB*, *159*:270, *165*:174) é extremamente nociva; os gases poluentes despejados continuamente na atmosfera pelas chaminés de fábricas e veículos automotores (*EJSTJ*, *8*:48, *3*:24; Resolução n. 418/2009 do CONAMA; Lei n. 12.490/2011, que altera o § 1º do art. 9º da Lei n. 8.723/93) comprometem os integrantes naturais do ar (oxigênio, azoto, gás carbônico e vapor de água), tão indispensáveis à vida, à proteção da terra, à conservação de calor irradiado pelo sol etc. O desmatamento é um dos fatores geradores da poluição do ar, pois as áreas verdes influem no clima. E, desde que tenham certa extensão, podem determinar em seu ambiente um verdadeiro microclima, caracterizado por temperatura média anual mais baixa, por variações de menor amplitude, bem como um grau higrométrico do ar mais elevado, mantendo a temperatura mais constante. A falta de áreas verdes aumenta o calor da atmosfera no verão e a intensidade do frio no inverno. As áreas verdes exercem grande poder contra a poluição do ar, pois podem filtrar e absorver a poeira, reter gás carbônico e liberar oxigê-

---

101. É o que nos ensina Armando Henrique Dias Cabral, op. cit., p. 3 e 4. *Vide*: Portaria n. 2.914/2011, sobre os procedimentos de controle e de vigilância da qualidade da água para consumo humano e seu padrão de potabilidade. *RT*, *263*:59, *347*:69, *301*:84, *379*:20.

nio. Clara é sua função essencial de regeneradoras do ar, mas, além disso, asseguram a regularização do regime das águas, modificando sua penetração devido ao sistema radicular das árvores.

A *poluição luminosa*, provocada por luzes artificiais dos centros urbanos, impede que 10% dos seres humanos possam ver o brilho do céu noturno, por ofuscarem a luz lunar e a das estrelas, prejudicando inclusive as condições de visibilidade dos grandes observatórios astronômicos[102].

A *poluição visual* que, com pichações, degrada a paisagem urbana fez com que surgisse no município de São Paulo o Decreto n. 57.616/2017, para regulamentar a Lei n. 16.612/2017, alusiva ao Programa de Combate a Pichações no município, impondo multas no valor de R$ 5.000,00 para bens particulares e R$ 10.000,00 para bens (monumentos, bem tombado) do patrimônio público e responsabilidade criminal por ato de vandalismo, contudo, o infrator poderá comparecer à Prefeitura Regional e solicitar a celebração de Termo de Compromisso de Reparação da Paisagem Urbana por

---

102. Armando Henrique Dias Cabral, op. cit., p. 5 e 6. Sobre poluição do ar, *vide* Westerman, *Welche gesetzlichen massnahmen zun Luftreinhaltung und zun Verbenerung des nachbarrechts sind erfordlich*, 1958, p. 67 e s.; Celso Antônio Pacheco Fiorillo, *Associação civil e interesses difusos no direito processual civil brasileiro*, dissertação de mestrado apresentada na PUCSP em 1989; M. Helena Diniz, *O estado atual do biodireito*, São Paulo, Saraiva, 2001, p. 563-718; Salvador Nogueira, Poluição luminosa impede que 10% dos seres humanos observem estrelas, *Folha de S.Paulo*, 15 ago. 2001, p. A 12; Roberto Senise Lisboa, O contrato como instrumento da tutela ambiental, *Revista do Curso de Direito da UNIFMU*, *22*:41 a 74. Como exemplos de casos de poluição atmosférica podemos citar: *a*) o de Galveston Bay (Texas), quando, em 1983, um navio transportando nitrato de amônia explodiu matando 575 pessoas e queimando 2.012, dentro de suas próprias casas; *b*) o de Bhopal (Índia), quando, em 1984, houve um vazamento de gás (*methy isocyanate*) que matou centenas de pessoas; *c*) o de Vila Socó (Cubatão), pelo rompimento de dutos de combustíveis (*RT*, *604*:50). As Resoluções n. 10/89 (ora revogada pela Resolução n. 08/1993), 6/93, 7/93 (ora revogada pela Resolução n. 418/2009) e 8/93 do Conselho Nacional do Meio Ambiente dispõem sobre a emissão de gases de escapamento por veículos automotores com motor do ciclo diesel; Lei n. 8.723/93 e Resolução n. 226/97 do CONAMA, sobre redução de emissão de poluentes em veículos automotores, e Lei n. 9.503/97, arts. 21, XIII, 24, XX, 104, § 5º, 105, V, e 131, § 3º, sobre poluição por veículo automotor; Portaria n. 85/96 do IBAMA, sobre a criação de programa interno de autofiscalização da correta manutenção de frotas de veículos movidos a diesel quanto à emissão de fumaça preta. *Vide* Decreto n. 318/91, sobre a Convenção Internacional para Proteção de Vegetais, e Decreto n. 1.478/95, sobre a execução do Protocolo de Adesão do Uruguai ao Acordo de Alcance Parcial de Cooperação e Intercâmbio de Bens Utilizados na Defesa e Proteção do Meio Ambiente entre Brasil, Argentina e Uruguai, de 15 de julho de 1994. Sobre poluição visual: criminalização e descriminalização de ato de grafitar, *vide* Lei n. 9.605/98, art. 65, §§ 1º e 2º, com a redação da Lei n. 12.408/2011.

escrito, cujo integral cumprimento implicará o cancelamento da multa imposta. Essa Lei tem por escopo coibir não só a poluição visual e a degradação paisagística, mas também proteger e preservar o patrimônio arqueológico, histórico e cultural da cidade.

A poluição, portanto, produz sérias e graves alterações físicas, químicas ou biológicas no meio ambiente, prejudiciais: *a*) à saúde, segurança e ao bem-estar do homem; *b*) à flora, à fauna e a outros recursos naturais; *c*) às atividades sociais e econômicas[103].

Ante os graves inconvenientes da poluição o governo tem-se preocupado com o assunto, emitindo normas atinentes à proteção ambiental, tendo como finalidade precípua a preservação do meio ambiente e a obtenção de melhores condições para que o homem possa ter uma qualidade superior de vida para seu bem-estar e segurança.

A parte mais importante do direito internacional do ambiente encontra-se em convenções internacionais, tais como: a Convenção de Londres de 1954 para a prevenção da contaminação do mar por hidrocarburetos, revista em 1962; a Convenção de Washington de 1973 relativa ao comércio internacional das espécies da fauna e da flora ameaçadas de extinção; a Convenção de 1974 entre a Dinamarca, a Finlândia, a Noruega e a Suécia sobre a proteção do ambiente; a Convenção de Paris de 1974 sobre a contaminação telúrica do mar; e ainda a Convenção de Helsinque de 1974 para a proteção do ambiente marítimo do Báltico.

Os signatários da Conferência das Nações Unidas sobre o meio ambien-

---

103. Nesse sentido Decreto-Lei n. 303/67 (revogado pela Lei n. 5.318/67), na redação dada pelo art. 1º do Decreto n. 76.389/75. *Vide* Decreto n. 3.828/2001, que alterou o Decreto n. 98.816/90 sobre controle de agrotóxicos (ambos os Decretos foram revogados pelo Decreto n. 4.074/2002); Lei n. 9.605/98, sobre sanções penais e administrativas derivadas de condutas e atividades lesivas ao meio ambiente, com alterações de medida provisória, que recaem tanto sobre pessoa física como sobre pessoa jurídica (arts. 3º e 21); Decreto n. 3.179/99, sobre especificação das sanções aplicáveis às condutas e atividades lesivas ao meio ambiente, com a alteração do Decreto n. 4.592/2003, que acresce parágrafo ao seu art. 47-A, ambos revogados pelo Decreto n. 6.514/2008; Instrução Normativa do IBAMA n. 141/2006 sobre controle da fauna sinantrópica nociva; Instrução Normativa n. 2, de 10 de agosto de 2006, do Ministério do Meio Ambiente (disciplina a convocação para a celebração de contrato de transição objetivando a continuidade do manejo florestal de que trata o art. 70 da Lei n. 11.284, de 2 de março de 2006). Consulte: Antonio José L. C. Monteiro, A Lei n. 9.605/98 e a legislação ambiental, *Revista Literária do Direito, 26*:30-2; Mª Fernanda Leis, *A influência do tratamento cruel aos animais domésticos no patrimônio cultural imaterial brasileiro*, dissertação de mestrado, apresentada na PUCSP, em 2002.

te de 5 a 16 de junho de 1972, em Estocolmo, resolveram: "A proteção e a melhoria do meio ambiente humano constituem desejo premente dos povos do globo e dever de todos os governos, por constituírem o aspecto mais relevante que afeta o bem-estar dos povos e o desenvolvimento do mundo inteiro". Nas Convenções Internacionais há, pois, firme propósito de "garantir uma indenização adequada às pessoas que venham a sofrer danos causados por poluição e de adotar regras e procedimentos uniformes num plano internacional para definir as questões de responsabilidade e garantir, em tais ocasiões, uma reparação equitativa". Deveras, essas afirmações constituem uma parte dos considerandos da Convenção Internacional sobre Responsabilidade Civil em Danos Causados por Poluição por Óleo, concluída em Bruxelas a 29 de novembro de 1969, que entrou em vigor, para o Brasil, sendo promulgada pelo Decreto n. 79.437/77, regulamentado pelo Decreto n. 83.540/79. O Decreto n. 83.540/79 apresenta sugestões para medidas preventivas e corretivas nos arts. 5º, 6º e parágrafo único, e 7º[104].

O direito brasileiro não ficou alheio ao problema. A Lei n. 5.318/67 instituiu a Política Nacional de Saneamento, com intuito de controlar a poluição ambiental, as inundações, as erosões, as modificações artificiais das massas de água e de tratar do saneamento básico, compreendendo abastecimento de água, sua fluoretação e destinação de dejetos, cuidando, ainda, dos esgotos pluviais e drenagem. Para planejar, coordenar e controlar a Política Nacional de Saneamento criou, no Ministério do Interior, o Conselho Nacional de Saneamento (Consane). A Lei n. 5.357/67 que, estabeleceu penalidades para embarcações e terminais marítimos ou fluviais que lançarem detritos ou óleo em águas brasileiras, encontra-se revogada pela Lei n. 9.966, de 29-4-2000.

---

104. Antônio Chaves, op. cit., p. 488 e 498-500. *Vide*, ainda, Aguiar Dias, op. cit., v. 2, p. 151; Patrick Girod, *La réparation du dommage écologique*; J. L. Sax, *Pollution et nuisance devant les tribunaux américains*, Le Courvier, Unesco, jul. 1977, p. 20; Diogo Figueiredo Moreira Neto, *Introdução ao direito ecológico e ao direito urbanístico*, Rio de Janeiro, Forense, 1975; Eagleton, *The responsibility of States in international law*, New York, 1932, p. 202 e s.; Guido F. Silva Soares, *Direito internacional do meio ambiente*, São Paulo, Atlas, 2001; Toshio Mukai, *Direito urbano ambiental brasileiro*, São Paulo, Juarez de Oliveira, 2002; Eugene Odum, *Fundamentos de ecologia*, Lisboa, 1988; Giampietro, *Diritto alla salubrità dell'ambiente*, Milano, 1980; Paulo Afonso Leme Machado, *Direito ambiental brasileiro*, São Paulo, 1991; Ada Pellegrini Grinover, Infrações ambientais de menor potencial ofensivo, *Prática Jurídica*, *2*:42-4; Alessandra R. M. Prado, *Proteção penal do meio ambiente*, São Paulo, Atlas, 2000; Carlos E. Constantino, *Delitos ecológicos*, São Paulo, Atlas, 2002; Luís Paulo Sirvinskas, *Tutela penal do meio ambiente*, São Paulo, Saraiva, 2002; Luiz Regis Prado, *Crimes contra o ambiente*, São Paulo, Revista dos Tribunais, 1998.

O revogado Decreto n. 73.030/73 criou, no Ministério do Interior, a Secretaria Especial do Meio Ambiente (SEMA) como órgão autônomo de administração direta, orientada para a conservação do meio ambiente e uso dos recursos naturais, e o Decreto n. 6.107/2007 (ora revogado pelo Decreto n. 6.484/2008) aprovou a Estrutura Regimental e o Quadro Demonstrativo dos Cargos em Comissão e das Funções Gratificadas do Ministério do Meio Ambiente. A competência sobre o assunto passou para a esfera do Ministério do Meio Ambiente. A Lei n. 6.151/74, estabelecendo o II Plano Nacional de Desenvolvimento (PND), traçou as diretrizes e prioridades sobre a preservação do meio ambiente.

O Decreto-Lei n. 1.413/75 dispõe sobre o controle da poluição do meio ambiente provocada por atividades industriais, admitindo aos Estados e Municípios estabelecerem, no limite das respectivas competências, condições para o funcionamento de empresas, de acordo com as medidas nele previstas. O Decreto federal n. 76.389/75 dispõe sobre as medidas de prevenção e controle da poluição industrial de que trata o Decreto-Lei n. 1.413/75. Realmente, prescreve, no art. 4º e parágrafo, diretrizes para prevenir ou corrigir a poluição industrial e a contaminação do meio ambiente, desde que se respeitem os padrões, critérios e normas estabelecidas pelo governo federal, e impõe, além das penas previstas na legislação estadual e municipal, aos transgressores das medidas necessárias à prevenção ou correção dos prejuízos da poluição do meio ambiente, três penalidades: restrição de incentivos e benefícios fiscais concedidos pelo poder público; restrição de linhas de financiamento em estabelecimentos de créditos oficiais; suspensão de suas atividades, a ser apreciada e decidida no âmbito da Presidência da República, por proposta do Ministério do Interior, ouvido o Ministério da Indústria e do Comércio.

O Decreto n. 79.367/77 dispõe sobre normas e o padrão de potabilidade de água e a Lei n. 6.453/77, sobre o dano nuclear.

O Decreto n. 81.107/77, ora revogado pelo Decreto s/n. de 5-9-91, definia o elenco de atividades consideradas de alto interesse para o desenvolvimento e a segurança nacional, para efeito do disposto nos arts. 1º e 2º do Decreto-Lei n. 1.413, de 14 de agosto de 1975.

O Decreto n. 84.017/79 aprova o regulamento dos Parques Nacionais brasileiros protegendo a fauna e a flora.

A Lei n. 6.803, de 2 de julho de 1980, estabelece diretrizes básicas para o Zoneamento Industrial nas áreas críticas de poluição.

O Decreto n. 89.336/84 dispõe sobre as reservas ecológicas e áreas de relevante interesse ecológico. As Leis n. 6.902/81 e 6.938/81 (alterada pelas Leis n. 12.651/2012 e n. 12.727/2012) dispõem sobre a Política Nacional do Meio Ambiente. O Decreto n. 4.297, de 10 de julho de 2002, regulamenta o art. 9º, II, da Lei n. 6.938/81, ao estabelecer critérios para o Zoneamento Ecológico-Econômico do Brasil.

A Lei n. 6.938/81 (com alterações das Leis n. 10.165/2000, n. 12.651/2012 e n. 12.727/2012 e da LC n. 140/2011) dispõe sobre a Política Nacional do Meio Ambiente, prevendo no § 1º do art. 14 ação de indenização ou reparação pelos danos ambientais, legitimando o Ministério Público para propor ação de responsabilidade civil e criminal. A Lei Orgânica Nacional do Ministério Público tem incluído, entre as atribuições do órgão, a de promover a ação civil pública (Lei n. 8.625/93 e Lei Complementar n. 75/93), mas não tem sido utilizada na seara cível, porque a Lei n. 6.938/81 (com as alterações das Leis n. 12.651/2012, e n. 12.727/2012) não rege a destinação da indenização. Ante a necessidade de disciplinar as ações de responsabilidade por danos causados ao meio ambiente, previstos na Lei n. 6.938/81 ou a bens e direitos de valor artístico, estético, histórico e paisagístico, foi elaborado um anteprojeto de lei por Ada Pellegrini Grinover, Cândido Rangel Dinamarco, Kazuo Watanabe e Waldemar Mariz de Oliveira Júnior.

Observa Eros Roberto Grau que a Lei n. 6.938/81 (com as alterações das Leis n. 12.651/2012 e n. 12.727/2012), ao sujeitar o poluidor a indenizar, mesmo que não tenha obrado com culpa, os danos causados ao meio ambiente e a terceiros lesados por sua atividade, nada dispôs a respeito dos meios processuais a serem ativados para tanto, apenas atribuindo ao Ministério Público, federal e estadual, legitimidade para propor as ações de responsabilidade civil e penal. Assim, o anteprojeto supre esta lacuna ao conferir "legitimidade processual às associações que revelem representatividade adequada, para atuarem como assistentes do Ministério Público nas ações penais e para intentar ação privada subsidiária da pública — quando esta não for proposta no prazo legal — visando à responsabilização penal pelos danos causados ao meio ambiente ou a bens e direitos de valor artístico, estético, histórico, turístico e paisagístico.

Quanto às ações civis — que poderão ter por objeto a condenação em dinheiro ou ao cumprimento de obrigação de fazer ou não fazer — dispõe o anteprojeto que poderão ser propostas pelo Ministério Público ou por associações que revelem tal representatividade. Mais: em caso de desistência, renúncia ou abandono da ação, determina o anteprojeto sejam publicados editais, assegurando-se qualquer associação legitimada, bem como ao representante do Ministério Público, dentro do prazo de noventa dias da última publicação, promover o prosseguimento da ação. E admite, ainda, que as associações legitimadas, que não tenham intervindo no processo, recorram de todas as sentenças e decisões, desde que no prazo. Nas ações que tenham por objeto a condenação ao cumprimento de obrigação de fazer ou não fazer o provimento consistirá na determinação da prestação da atividade devida ou da cessação da nociva, podendo o juiz conceder mandado liminar, com ou sem justificação prévia. Quando houver condenação em dinheiro, a indenização pelo dano causado reverterá a um fundo, gerido por um Conselho Nacional e por órgãos estaduais de execução, de que participarão necessariamente o Ministério Público e representantes da comunidade, sendo seus recursos destinados à reconstituição dos bens lesados. De outra parte, dispõe ainda o anteprojeto que, decorridos sessenta dias da publicação da sentença condenatória de segundo grau de jurisdição sem que a associação autora lhe promova a execução, poderá fazê-lo outra associação legitimada ou o Ministério Público; e que a sentença civil fará coisa julgada *erga omnes*, exceto se a ação for julgada improcedente por deficiência de provas, podendo, neste caso, qualquer legitimado intentar outra ação com idêntico fundamento, valendo-se de nova prova. Prevê ainda, o anteprojeto, que em caso de litigância de má-fé, a associação autora e os diretores responsáveis pela propositura da ação serão solidariamente condenados ao décuplo das custas, sem prejuízo da responsabilidade por perdas e danos"[105].

Este intento foi conseguido com a aprovação da Lei n. 7.347/85, atu-

---

105. Antônio Chaves, op. cit., p. 493, 494 e 495; Ada Pellegrini Grinover, Tutela jurisdicional do meio ambiente, *Ajuris*, *29*:204-10, 1983; Eros Roberto Grau, Proteção jurisdicional do meio ambiente, *O Estado de S. Paulo*, 8 jan. 1984, p. 50; Antonio A. Mello de Camargo Ferraz, Édis Milaré, Nelson Nery Jr., *A ação civil pública e a tutela jurisdicional dos interesses difusos*, São Paulo, Saraiva, 1984; Nelson Nery Jr., Responsabilidade civil e meio ambiente, *Revista do Advogado*, SP, *AASP*, *37*:36-47; Celso Antonio Pacheco Fiorillo, *Os sindicatos e a defesa dos interesses difusos no direito processual civil brasileiro*, São Paulo, 1993; Vera Lúcia R. S. Jucovsky, *Responsabilidade civil do Estado por danos ambientais*, São Paulo, Ed. Juarez de Oliveira, 2000; Lídia M. Lopes R. Ribas, Direito ambiental; critérios para a quantificação do dano, in *Direito em questão: aspectos obrigacionais* (coord. W. José Gonçalves), UCDB, 2000, p. 167 a 191; Álvaro Luís Mirra, *Ação civil pública e a reparação do dano ao meio ambiente*, São Paulo, Juarez de Oliveira, 2002. Sanções: CP, art. 271; LCP, art. 38; Código de Águas, arts. 109 e 110; CLT, arts. 220, 221, 222 e 223 (ora revogados pela Lei n. 6.514/1977); CPC, arts. 497, 536 e 814. *Vide*: *RT*, *461*:27-30, *655*:83; CC, arts. 186, 927, 942, 1.277, 1.280 e 1.309.

almente alterada pela Lei n. 12.966/2014, que confere às associações civis, autarquias e sociedades de economia mista legitimidade para proporem ação de responsabilidade por prejuízos causados ao patrimônio artístico e cultural, ao meio ambiente e ao consumidor. Com isso essa Lei veio permitir às associações civis a defesa do interesse lesado em nome de um grupo de pessoas (atividade antes da competência exclusiva do Ministério Público), criando, assim, condições para medidas preventivas e não apenas de ressarcimento do dano causado, o que veio a ser confirmado pela Lei n. 8.078/90, em relação a dano causado ao consumidor. A Lei n. 8.078/90 aprimora a lei ao definir o conteúdo material dos interesses ou direitos difusos como direitos transindividuais de natureza indivisível, pertencentes à coletividade como o direito ao ambiente natural etc.

A Constituição Federal de 1988, art. 5º, LXXIII, dispõe que qualquer cidadão é parte legítima para propor ação popular que vise anular ato lesivo ao meio ambiente.

A Lei pernambucana n. 6.058/67 dispõe sobre o controle da poluição das águas interiores do Estado de Pernambuco.

Procuram, no Estado de São Paulo, estabelecer normas sobre a prevenção e o controle da poluição do meio ambiente: o Decreto-Lei n. 211/70, art. 22; o Decreto n. 12.342/78, arts. 74 e 77; o Decreto n. 8.468/76, arts. 57 e s., e a Constituição do Estado de São Paulo de 1989, arts. 191 a 215.

Ainda em São Paulo, p. ex., para combater a poluição atmosférica, há a Lei n. 3.798/57, regulamentada pelo Decreto n. 32.231/58, proibindo a emissão de resíduos gasosos pelas indústrias e ora revogada pelo Decreto-lei n. 211/1970; a Lei n. 997/76, atinente ao controle da poluição do meio ambiente, proibindo o lançamento ou liberação de poluentes nas águas, no ar ou no solo, ou qualquer outra forma de energia que, direta ou indiretamente, acarrete poluição do meio ambiente, prescrevendo nos arts. 7º e 8º sanções a quem infringir suas determinações, deixando, assim, bem claro que ninguém deverá poluir o ambiente impunemente, ainda que por acidente, pois está obrigado a medidas de segurança, capazes de evitar efetivamente prejuízos à fauna, à flora e à saúde da população[106].

---

106. Antônio Chaves, op. cit., p. 500; Erika Mendes de Carvalho, *Tutela penal do patrimônio florestal brasileiro*, São Paulo, Revista dos Tribunais, 1999. *Vide*: Portaria normativa n. 125-N/93 do IBAMA, sobre desmatamento e venda de produtos florestais; Decreto n. 6.101/2007, sobre Estrutura Regimental do Ministério do Meio Ambiente; Portarias do Ministério do Meio Ambiente e da Amazônia Legal n. 452/2011,

A Declaração sobre Ambiente Humano, a Conferência de Estocolmo, a Estratégia Mundial para Conservação da Natureza e dos Recursos Humanos, de 1980, foram aderidas pelo CONSEMA (Conselho Estadual do Meio Ambiente), em 1984, que as transformou nos princípios da Política do Meio Ambiente e dos Recursos Naturais de São Paulo.

A Lei n. 126, de 10 de maio de 1977, do Estado do Rio de Janeiro, dispõe sobre proteção contra poluição sonora ao estatuir no art. 2º, I, que se "consideram prejudiciais à saúde, à segurança ou ao sossego públicos quaisquer ruídos que atinjam, no ambiente exterior ao recinto em que têm origem, nível sonoro superior a 85 decibéis, medidos no curso 'C' do 'Medidor de Intensidade de Som', de acordo com o método MB-268, prescrito pela ABNT". Isto porque o efeito nocivo do ruído está em função de sua duração, de sua repetição e de sua intensidade, aferida em decibel, que nada mais é senão a unidade de medida equivalente à menor variação de intensidade de um som perceptível por uma pessoa, sendo que o "zero" decibel não corresponde ao silêncio absoluto, mas ao limite mínimo de percepção de um ouvido normal. A zona de fadiga, em regra, inicia-se ao redor de 75 decibéis (a faixa de alerta atinge a 85 decibéis), logo o perigo está a 90 decibéis e a intensidade sonora se torna dolorosa a partir de 120 decibéis. As leis preventivas do ruído são flexíveis ao abrangerem os ruídos de automóveis, de fábricas, de aviões etc.[107].

As Leis n. 4.805/65 e 8.106/74, regulamentada esta pelo Decreto n. 11.467/74 (ora revogado pela Lei n. 11.804/1995), do Município de São Paulo, dispõem sobre ruídos urbanos localizados e funcionamento de indústrias incômodas, nocivas ou perigosas.

O Decreto Federal n. 87.561/82, sobre o macrozoneamento da bacia hidrográfica do rio Paraíba do Sul, e as Leis n. 898/75 e 1.172/76 e o Decre-

---

sobre o regimento interno do Conselho Nacional do Meio Ambiente; n. 313/94, sobre o regimento interno do Conselho Nacional da Amazônia Legal, e n. 139/95; Decreto n. 2.959/99, sobre medidas a serem implementadas na Amazônia Legal para monitoramento, prevenção, educação ambiental e combate a incêndios florestais. Portaria Interministerial n. 702, de 13 de julho de 2004: estabelece mútua cooperação entre os Ministérios da Defesa e do Meio Ambiente para apoio às ações de monitoramento e fiscalização dos recursos ambientais da Amazônia Legal. O IPTU não incide sobre área de preservação ambiental, por ter sido seu proprietário despojado dos atributos de seu direito de propriedade por estar impossibilitado de exercer o aproveitamento material do bem (21ª Câmara Civil do TJRS, Proc. n. 70015524218, j. 5-7-2006).

107. Armando Henrique Dias Cabral, op. cit., p. 5.

to n. 9.714/77, do Estado de São Paulo, disciplinam o uso do solo para a proteção dos mananciais, cursos e reservatórios de água e demais recursos hídricos, delimitando as áreas de proteção.

Protegem as áreas verdes[108]: *a*) a Lei n. 2.440/54 do Estado do Rio Gran-

---

108. Armando Henrique Dias Cabral, op. cit., p. 6, notas 6 e 7; Juraci Perez Magalhães, *Evolução do direito ambiental no Brasil*, São Paulo, Juarez de Oliveira, 2002. *Vide* novo Código Florestal, Lei n. 12.651/2012, com as alterações da Lei n. 12.727/2012, que revogou a Lei n. 4.771/65, que tinha regulamentado seus arts. 15, 19 a 21 pelo Dec. n. 1.282/94; Dec. n. 1.298/94, que aprova o regulamento das Florestas Nacionais, Dec. n. 563/92 (ora revogado pelo Decreto n. 2.119/97) e Dec. n. 2.661/98, que regulamentou o parágrafo único do art. 27 da Lei n. 4.771/65 (ora revogada); Medida Provisória n. 1.956-56, que deu nova redação aos arts. 1º, 16 e 44 da Lei n. 4.771/65 (ora revogada) e dispõe sobre proibição do incremento da conversão de áreas florestais em áreas agrícolas da região norte; Res. do CONAMA n. 31, 32, 33 e 34, sobre vegetação; Port. n. 48/95 do IBAMA, sobre exploração de florestas primitivas e demais formas de vegetação arbórea na Bacia Amazônica; Ports. n. 114/95 e 29/96 do IBAMA (ora revogadas) e Instrução Normativa n. 1/96 do Ministério do Meio Ambiente, dos Recursos Hídricos e da Amazônia Legal, sobre reposição florestal obrigatória; Port. n. 67/97 do IBAMA, sobre desvinculação de projetos de florestamento e reflorestamento; Decreto n. 2.119/97, sobre programa piloto para proteção de florestas tropicais do Brasil; Instrução Normativa n. 67/97 da Secretaria da Receita Federal, art. 10, I, §§ 2º e 3º; Decreto n. 2.661/98, sobre precaução relativa ao emprego do fogo em práticas agropastoris e florestais; Decreto n. 3.420/2000, com alteração do Decreto n. 5.794/2006, sobre criação do Programa Nacional de Florestas (PNF). *Vide* Resoluções n. 237/97, 240/98 e 248/99 do CONAMA; Instrução Normativa n. 15/2001 do IBAMA sobre exploração das florestas na Bacia Amazônica; Decreto n. 8.505/2015, sobre o Programa Áreas Protegidas da Amazônia (ARPA); Lei n. 9.795/99, regulamentada pelo Decreto n. 4.281/2002, sobre Política Nacional de Educação Ambiental; Decreto n. 4.339/2002, que instituiu princípios e diretrizes para a implementação da Política Nacional da Biodiversidade; Instrução Normativa n. 46/2004 do IBAMA sobre exploração, explotação, comercialização e transporte de algas marinhas, apontando critérios para que não se afete a biodiversidade ecossistêmica; Portaria n. 215/2006 do INCRA sobre Projeto de Assentamento Florestal; Decreto n. 5.795/2006 sobre composição e funcionamento da Comissão de Gestão de Florestas Públicas; Lei n. 11.284/2006 sobre gestão de florestas públicas para produção sustentável, Serviço Florestal Brasileiro e Fundo Nacional de Desenvolvimento Florestal; Decreto n. 6.660, de 21 de novembro de 2008, que regulamenta dispositivos da Lei n. 11.428, de 22 de dezembro de 2006, que dispõe sobre a utilização e proteção da vegetação nativa do Bioma Mata Atlântica; Resolução n. 2/2007 do Serviço Florestal Brasileiro, que regulamenta Cadastro Nacional de Florestas Públicas. A 2ª Turma do STJ (REsp 263.383) decidiu que comprador de imóvel com área desmatada é obrigado a fazer reflorestamento ou separar parte para regeneração natural. *Vide* art. 1º da Lei n. 11.828/2008 (alterado pela Lei n. 12.810/2013), que rege doação a instituições públicas controladas pela União destinadas a ações de prevenção, monitoramento e combate ao desmatamento, a programas de remuneração por serviços ambientais, e de promoção de conservação e do uso sustentável dos biomas brasileiros.

LC n. 140/2011, art. 7º, *caput*, XIV, *h* e parágrafo único, regulamentado pelo Decreto n. 8.437/2015, sobre tipologias de empreendimentos e atividades cujo licenciamento ambiental será de competência da União.

de do Sul considera as reservas florestais e transforma em Parques Estaduais as matas que, sendo do domínio do Estado, tenham área igual ou superior a 250 hectares, com o propósito de preservar as reservas florestais nativas do Estado; o florestamento e reflorestamento de todas as essências nativas, para garantir a perenidade das matas naturais; o cultivo, a título experimental, de essências exóticas que possam oferecer interesse econômico; o refúgio e sobrevivência dos espécimes da fauna selvagem. Proíbe, ainda, a caça e a pesca nas áreas dos Parques Estaduais; *b*) a Lei municipal n. 2.826/76, de Salvador, na Bahia, regula a proteção, uso, conservação e preservação de árvores e de áreas verdes situadas no território daquele Município; *c*) o Decreto n. 6.660/2008, sobre uso e proteção da vegetação nativa do Bioma Mata Atlântica; *d*) o Decreto n. 8.576/2015, que instituiu a Comissão Nacional para Redução das Emissões de Gases de Efeito Estufa Provenientes do Desmatamento e da Degradação Florestal, Conservação dos Estoques de Carbono Florestal, Manejo Sustentável de Florestas e Aumento de Estoques de Carbono Florestal.

A Lei n. 7.661/88 instituiu o Plano Nacional de gerenciamento costeiro como medida de política nacional para os recursos do mar e do meio ambiente.

A Lei n. 12.651/2012 (com a alteração da Lei n. 12.727/2012) dispõe sobre a proteção da vegetação nativa, modifica as Leis n. 6.938/81, 9.393/96 e 11.428/2006 e revoga as Leis n. 4.771/65 e 7.754/89 e a Medida Provisória n. 2.166-67/2001.

A norma constitucional, no seu art. 170, define como fins da ordem econômica e social o desenvolvimento nacional e a justiça social; logo, reclama que se atinja o desenvolvimento nacional, mediante o emprego de recursos naturais, sem que haja devastação do meio ambiente, pois aquele desenvolvimento supõe bem-estar, daí ser imprescindível a proteção ambiental. Assim, dispõe, no art. 23, III, VI e VII, que são competentes a União, Estados, Distrito Federal e Municípios para proteger paisagens naturais e sítios arqueológicos; o meio ambiente, combatendo a poluição; florestas, fauna e flora. No art. 24, VI, VII e VIII, confere a Constituição Federal de 1988 competência à União, Estados e Distrito Federal para legislar concorrentemente não só sobre floresta, caça, pesca, fauna, conservação da natureza, defesa do solo e dos recursos naturais, proteção do meio ambiente e controle da poluição, mas também sobre a proteção ao patrimônio paisagístico e responsabilidade por dano ao meio ambiente e a bens de valor paisagístico. No art. 129, IV, atribui ao Ministério Público a função institucional de promover o inquérito civil e a ação civil pública para a proteção do meio ambiente e de outros interesses difusos e coletivos, acrescentando no § 1º que a legitimação do Ministério Público para tal ação civil não obsta a de terceiros. Prescreve, ainda, no art. 200, VIII, que ao sistema único de saúde competirá, nos termos da lei, colaborar na proteção do meio ambiente. Estatui ainda a nova Carta, no art. 220, § 3º, II, *in fine*, que competirá à lei federal estabelecer meios legais que garantam a defesa de atos nocivos à saúde e ao meio ambiente. E o Decreto n. 6.514/2008 (com a alteração do Decreto n. 7.640/2011) dispõe sobre as infrações e sanções administrativas ao meio ambiente e estabelece, ainda, o processo administrativo federal para apuração daquelas infrações.

Com o advento da Lei n. 9.605/98, surgiram sanções penais e administrativas (Instrução Normativa do IBAMA n. 10/2012 regula procedimentos não só para apurar infrações administrativas por atividade lesiva ao meio ambiente, como também para imposição das sanções) a serem impostas a condutas e atividades lesivas ao meio ambiente.

E o atual Código Civil, art. 1.228, § 1º, requer que o exercício do direito da propriedade seja exercido em consonância com as suas finalidades econômicas e sociais e de modo que sejam preservados, de conformidade com o estabelecido em lei especial, a flora, a fauna, as belezas naturais, o equilíbrio ecológico e o patrimônio histórico e artístico, bem evitada a poluição do ar e das águas. Com isso vem a limitar o uso da propriedade em prol da coletividade e do meio ambiente.

A Lei n. 11.105/2005 regulamenta o art. 225, § 1º, II, IV e V da Carta Magna, estabelecendo normas de segurança e mecanismos da fiscalização de atividades que envolvam organismos geneticamente modificados (OGM) e seus derivados, criando o Conselho Nacional de Biossegurança (CTNBio), dispondo sobre a Política Nacional de Biossegurança (PNB).

A proteção ambiental poderá ser preservada por meio dos seguintes instrumentos jurídicos[109]:

---

109. Armando Henrique Dias Cabral, op. cit., p. 12-5; *Fundamentos constitucionais do direito ambiental*, tese de doutoramento apresentada na UFMG em 1988; Diogo Leite de Campos, op. cit., p. 77; Rosalina Corrêa de Araújo, *Direitos da natureza no Brasil*, Rio de Janeiro, 1992; Roxana C. B. Borges, Função ambiental da propriedade, *Ciência Jurídica*, *80*:315-38; Geraldo F. Lanfredi, *Política ambiental — busca de efetividade de seus instrumentos*, São Paulo, Revista dos Tribunais, 2002; José R. Morato Leite, *Dano ambiental: do individual ao coletivo extrapatrimonial*, São Paulo, Revista dos Tribunais, 2000; Vera Lúcia R. S. Jucovsky, *Responsabilidade civil do Estado por danos*

1) Normas que:

a) reconheçam e tornem efetivo ao ser humano o direito a um ambiente são (CF, arts. 170, VI, 200, VIII, e 225), tutelando-o na medida de seus interesses, sem prejudicar a defesa dos interesses gerais pelas entidades públicas e associações particulares. A Constituição de 1988 contém preceitos (art. 225, §§ 1º a 6º) para assegurar não só a efetividade do direito ao meio ambiente ecologicamente equilibrado, preservando-o e defendendo-o, vedando práticas contra sua degradação e obrigando a recuperação do ambiente degradado, conforme soluções técnicas exigidas pelo órgão público competente, na forma da lei, mas também o patrimônio genético, estabe-

---

ambientais, São Paulo, Juarez de Oliveira, 2000; Nelson de F. Porfirio Jr., *Responsabilidade do Estado em face do dano ambiental*, São Paulo, Malheiros, 2002; Marcelo Abelha, *Ação civil pública e meio ambiente*, São Paulo, Revista dos Tribunais, 2003; Vladimir Passos de Freitas, *A Constituição Federal e a efetividade das normas ambientais*, São Paulo, Revista dos Tribunais, 2001; Sérgio L. Mendonça Alves, A prescrição no direito ambiental brasileiro, in *Prescrição no novo Código Civil* (coord. M. Cianci), São Paulo, Saraiva, 2005, p. 386-418. Sobre o tema, *vide* os comentários à nova Carta feitos pela equipe do CEPAM. *JB*, *151*:278 e 280; Lei n. 7.957/89; Portaria n. 383/98 do Tribunal de Contas da União, que aprova a estratégia de atuação para o controle da gestão ambiental, resultante da implementação do Projeto de Desenvolvimento da Fiscalização Ambiental — PDFA. Os Decretos Legislativos n. 1 e 2/94 aprovam respectivamente o texto da Convenção — Quadro das Nações Unidas sobre Mudança do Clima — adotada em Nova York em 9-5-1992 e o texto da Convenção sobre Diversidade Biológica assinada na Conferência das Nações Unidas sobre Meio Ambiente e Desenvolvimento, no Rio de Janeiro, em 14-2-1992. Justifica-se a paralisação liminar de obras para impedir fundado receio de dano ao meio ambiente (*RT*, *629*:118). A Agência de Desenvolvimento do Nordeste (ADENE), no lugar da extinta SUDENE, que, atualmente, pela LC n. 124/2007, foi recriada, passa a ter a função de avaliar impactos ambientais na região. O mesmo se diga da Agência de Desenvolvimento da Amazônia (ADA); considerando-se, porém, que a SUDAM, pela LC n. 124/2007, foi restabelecida; Lei n. 10.165/2000, que altera o art. 17-B da Lei n. 6.938/81, instituindo a Taxa de Controle e Fiscalização Ambiental; Portaria n. 319/2003 do Ministério do Meio Ambiente, sobre requisitos quanto ao credenciamento, registro, qualificação, habilitação e treinamento profissional de auditores ambientais; Decreto n. 5.280/2004, sobre emendas ao Protocolo de Montreal sobre substâncias que destroem a camada de ozônio, aprovadas em 17 de setembro de 1997. *Vide* Lei n. 12.805/2013, que altera a Lei n. 8.171/91. A Lei n. 13.668/2018 altera as Leis n. 11.516/2007, 7.957/1989 e 9.985/2000 para dispor sobre destinação de recursos de compensação ambiental e sobre contratação de pessoal do IBAMA e do Instituto Chico Mendes. Meio ambiente do trabalho: CLT, art. 193, com alteração da Lei n. 12.740/2012.

Vide Instrução Normativa Conjunta n. 2, de 29 de janeiro de 2020, do Ministério do Meio Ambiente e do IBAMA, que regulamenta o processo administrativo federal para apuração de infrações administrativas por condutas e atividades lesivas ao meio ambiente e Instrução Normativa Conjunta n. 1, de 29 de janeiro de 2020, do Ministério do Meio Ambiente e do IBAMA, que regulamenta os procedimentos de conversão de multas ambientais nos moldes do inciso I do art. 142-A do Decreto n. 6.514, de 22 de julho de 2008.

lecendo, ainda, diretrizes e punições às condutas lesivas ao meio ambiente, como o fez a Lei n. 9.605/98;

b) fixem os limites máximos da poluição, não nocivos à saúde e bem-estar da pessoa, a partir dos quais se desencadearão medidas repressivas e indenizatórias contra os agentes;

c) adotem sempre a teoria da responsabilidade objetiva, fundada no risco;

d) estabeleçam presunções de causalidade e definição prévia de zonas afetadas;

e) exijam a adoção do seguro obrigatório da responsabilidade civil e o estabelecimento de fundos de garantia aos beneficiários de atividades perigosas, assegurando, assim, a indenização do lesado, mesmo quando não for possível determinar a pessoa do responsável.

2) Convênios administrativos, isto é, acordos celebrados entre União, Estados, Municípios, ou entre ente público e uma entidade particular, para cumprimento e fiscalização das normas jurídicas preventivas e repressivas às atividades poluentes (Dec.-Lei n. 200/67, art. 10, § 1º, *b*).

3) Limitações administrativas ao uso da propriedade privada (CF, arts. 5º, XXIV, e 170, III e VI), pelas quais o Poder Público, mediante lei ou regulamento, procura impedir o prejuízo causado pela poluição ambiental, pois tem o dever de disciplinar a utilização do domínio, tendo em vista sua função social. Se o uso da propriedade não atender sua função social, atingindo a higiene, a segurança, a ordem etc., o Poder Público deverá limitá-la administrativamente, sob pena de se tornar civilmente responsável pelos danos sofridos por terceiros por ter permitido o exercício de atividade poluente ou por ter negligenciado no policiamento dessa atividade.

4) Controle da poluição pelos organismos federais (CDI — Conselho de Desenvolvimento Industrial; SEMA — Secretaria Especial do Meio Ambiente) e estaduais (SABESP — Companhia de Saneamento Básico do Estado de São Paulo; CETESB — Companhia de Tecnologia de Saneamento Ambiental; EMPLASA — Empresa Metropolitana de Planejamento da Grande São Paulo S.A.).

5) Expropriação por utilidade pública, mediante prévia e justa indenização em dinheiro, tendo por fundamento legal a salubridade pública (Dec.-Lei n. 3.365/41, art. 5º, *d*).

6) Sistema Nacional de Unidades de Conservação da Natureza eficaz (Lei n. 9.985/2000) que: contribua para a manutenção da diversidade biológica e para a preservação e restauração da diversidade de ecossistemas naturais; proteja as paisagens naturais e as espécies ameaçadas de extinção e os recursos naturais necessários à subsistência de populações tradicionais; promova o desenvolvimen-

to sustentável a partir dos recursos naturais, a utilização dos princípios e práticas de conservação da natureza no processo de desenvolvimento e as características relevantes de natureza geológica, geomorfológica, espeleológica, arqueológica, paleontológica e cultural; recupere recursos hídricos e edáfilos e os ecossistemas degradados; valorize econômica e socialmente a diversidade biológica; favoreça condições para a educação e interpretação ambiental, a recreação em contato com a natureza e o turismo ecológico.

c.3. Responsabilidade civil nas atividades nucleares

Ante o crescente desenvolvimento das atividades nucleares, oriundas da fissão do átomo e da aplicação industrial de seus produtos, principalmente na obtenção de energia, surge a preocupação em estabelecer as linhas mestras do regime jurídico da responsabilidade civil por danos nucleares, em virtude do alto grau de periculosidade e dos riscos exacerbados que tal atividade traz em seu bojo[110], pois pode destruir cidades, poluir vastas regiões, provocar sérios problemas a longo prazo, atingindo gerações inteiras, pela influência lenta e paulatina das emanações radioativas[111].

A atividade nuclear está regulamentada não só por convenções e tratados internacionais, mas também pelas leis de nações mais desenvolvidas tecnologicamente, dando origem a um novo ramo jurídico — o Direito Nuclear, que consiste, nas palavras de Guido Soares, no "conjunto de princípios e normas que regem as atividades relacionadas à utilização de energia nuclear com fins pacíficos"[112].

---

110. Carlos Alberto Bittar, op. cit., p. 6 e 100; Carlos Alberto Bittar e Carlos Alberto Bittar Filho, *Direito civil constitucional*, São Paulo, Revista dos Tribunais, 2003, p. 197-205. Também escreveram no direito alienígena sobre esse tema, dentre outros: Michel A. Guhin, *Nuclear paradox: security risks of the peaceful atom*, Washington, American Enterprise Institute for Public Police Research, 1976; Paul Piérard, *Responsabilité civile, energie atomique et droit comparé*, Bruxelles, Bruylant, 1963; Vittorio Di Martine, *La responsabilità civile nella attività pericolose e nucleari*, Milano, Giuffrè, 1979; Grassetti, *Diritto delle energie nucleare*, Milano, Giuffrè, p. 429 e s.; Isabel Tocino Biscarolasaga, *Riesgo y daño nuclear de las centrales nucleares*, Madrid, JEN, 1975; Bonvicini, op. cit., t. 1, p. 136; Jacinto A. G. Baía, A evolução da responsabilidade civil e a reparação do dano nuclear, *RDC, 4*:49; Fernando Gaburri, *Responsabilidade civil nas atividades perigosas lícitas*, Curitiba, Juruá, 2011.

111. Irineu Strenger, *O ressarcimento do dano no direito internacional*, São Paulo, Revista dos Tribunais, 1973, p. 242, apud Carlos Alberto Bittar, op. cit., p. 101.

112. Carlos Alberto Bittar, op. cit., p. 101 e 102; Guido Fernando Silva Soares, Direito nuclear, in *Enciclopédia Saraiva do Direito*, v. 27, p. 382; Nonnenmacher, *Vers un droit atomique*, 1965, p. 44; Orlando Soares, *Responsabilidade civil no direito brasileiro*, Rio de Janeiro, Forense, 1997, p. 171 a 180.

Devido às consequências danosas e aos grandes perigos das atividades nucleares, as convenções internacionais e as legislações optaram pela responsabilidade objetiva, fundada na teoria do risco[113].

O Brasil, seguindo as diretrizes das convenções internacionais existentes e as orientações definidas no direito comparado, promulgou a Lei n. 6.453/77 e outros diplomas legais e regulamentares alusivos à atividade nuclear ou atômica (Lei n. 4.118/62; Dec. n. 51.726/63; Lei n. 6.189/74; Lei n. 6.151/74; Dec. n. 75.569/75, ora revogado pelo Decreto n. 417/92; Dec. n. 84.411/80, ora revogado pelo Dec. n. 417/92; Lei n. 6.571/78; Dec. n. 82.829/78, revogado pelo Dec. s/n., de 5-9-1991; Dec. n. 77.977/76, revogado pelo Dec. n. 417/92; Lei n. 1.234/50; Dec. n. 90.857/85, que, no art. 4º, revogou o Dec. n. 80.266/77; Dec.-Lei n. 1.865/81; Dec. n. 623/92, que revogou, no art. 24, o Dec. n. 85.565/80, e foi revogado pelo Dec. n. 2.210/97; Dec.-Lei n. 1.091/70; Dec.-Lei n. 1.417/75; Dec.-Lei n. 1.630/78, ora revogado pelo art. 32 do Dec.-Lei n. 2.433/88; Dec.-Lei n. 2.434, de 20-5-1998, que revogou o Dec.-Lei n. 1.726/79; Lei n. 12.732/2012, que instituiu o Sistema de Proteção ao Programa Nuclear Brasileiro (SIPRON) etc.)[114].

---

113. Strenger, op. cit., p. 243. *Vide* Decretos legislativos n. 64/98, que aprova texto do Tratado de Proibição Completa de Testes Nucleares, concluído em 1996 em Nova York, e n. 65/98, que aprova texto do Tratado sobre a Não Proliferação de Armas Nucleares, concluído em 1968; Decreto n. 2.750/98, que promulga Acordo para Cooperação nos Usos Pacíficos da Energia Nuclear, celebrado entre Brasil e Rússia em 1994; Lei n. 10.308/2001, sobre seleção de locais, construção, licenciamento, operação, fiscalização, custos, indenização, responsabilidade civil e garantias referentes aos depósitos de rejeitos radioativos.

114. Carlos Alberto Bittar, op. cit., p. 105 e 142, nota 433. Consulte, ainda, Ninon Machado de Faria, *Responsabilidade civil por danos nucleares*, Rio de Janeiro, Instituto dos Advogados Brasileiros, 1981 (Parecer); Wilson Melo da Silva, Danos nucleares e a responsabilidade civil, in *Direito nuclear*, v. 1, p. 27 e s., n. 2. Consulte, sobre atividade nuclear: CF/88, arts. 21, XII, *b*, XXIII, *c*, 22, XXVI, 49, XIV, 177, V, 225, § 6º, e 231, § 3º; Decreto legislativo n. 2/93, sobre acordo entre Brasil e Espanha; Decreto legislativo n. 93/92, que aprova texto da Convenção de Viena sobre responsabilidade civil por danos nucleares, concluída em 21-5-1963; Decreto legislativo n. 19/94, que aprova textos das Resoluções n. 267 (E-V) e 268 (XII) da Conferência Geral do Organismo para a proscrição das armas nucleares na América Latina e no Caribe; Decreto legislativo n. 13/94, que aprova texto do acordo entre Brasil e Agência Brasileiro-Argentina de Contabilidade e Controle de Materiais Nucleares sobre obrigações, privilégios e imunidades, firmado em 27 de março de 1992; Portaria n. 305/2010, do Ministério da Ciência e Tecnologia, dispõe sobre o Regimento Interno da Comissão Nacional de Energia Nuclear; Decreto n. 1.246/94, sobre o Tratado para Proscrição de Armas Nucleares na América Latina; Portaria n. 164/95, da Comissão Nacional de Energia Nuclear; Resolução de 21 de agosto de 1995, da Comissão Nacional de Ener-

É preciso lembrar que, no Brasil, é o Estado quem monopoliza a produção de energia nuclear, autorizando a instalação de usinas nucleares (CF, art. 225, § 6º); fiscalizando suas atividades; controlando a tecnologia e o pessoal que manipula esse material e que trabalha em suas instalações; regendo e executando a sua política por meio da Comissão Nacional de Energia Nuclear[115]. Pela Constituição Federal, art. 21, XXIII, *a*, *b* e *c*, compete à União explorar os serviços e instalações nucleares e exercer monopólio estatal sobre pesquisa, lavra, industrialização e comércio dos minérios nucleares, atendidos os seguintes princípios e condições: *a*) toda atividade nuclear, no Brasil, só será admitida para fins pacíficos, mediante aprovação do Congresso Nacional; *b*) sob regime de concessão ou permissão, é autorizada a utilização de radioisótopos para pesquisa e usos medicinais, agrícolas, industriais e atividades análogas; *c*) a responsabilidade civil por danos nu-

---

gia Nuclear; Lei n. 9.112/95, sobre bens de uso na área nuclear; Lei n. 12.732/2012 sobre o Sistema de Proteção ao Programa Nuclear Brasileiro; Portaria n. 150/97 do Secretário de Assuntos Estratégicos da Presidência da República, que aprovou a Norma Geral n. 5 do Sistema de Proteção ao Programa Nuclear brasileiro (SiPRON); Decreto legislativo n. 4/97, que aprova o texto da Convenção de Segurança Nuclear, assinada pelo Brasil em 20-9-1994; Decreto n. 2.864/98, que promulga tratado sobre a não proliferação de armas nucleares, assinado em Londres, Moscou e Washington, em 1º de julho de 1968; Resoluções n. 1 e 2 da CNEN, de 15 de julho de 1997, que aprovam norma nuclear *Requisitos para o Registro de Pessoas Físicas para o Preparo, Uso e Manuseio de Fontes Radioativas*, norma experimental *Proteção contra Incêndio em instalações nucleares do ciclo combustível* e norma experimental *Operações de usinas nucleares elétricas*, e n. 11/99 da CNEN, sobre controle de materiais nucleares; Decreto n. 2.648/98, que promulga o Protocolo da Convenção de Segurança Nuclear, assinado em Viena, em 20 de setembro de 1994; Decreto n. 5.667/2006 relativo à Estrutura Regimental e o quadro demonstrativo dos Cargos em Comissão e das Funções Gratificadas da Comissão Nacional de Energia Nuclear (CNEN); Decreto n. 5.935, de 19 de outubro de 2006, que promulga a convenção conjunta para o gerenciamento seguro de combustível nuclear usado e dos rejeitos radioativos. Decreto n. 6.045, de 21 de fevereiro de 2007 (ora revogado pelo Decreto n. 8.669/2016), que dispõe sobre a execução no Território Nacional da Resolução n. 1.737, de 23 de dezembro de 2006, do Conselho de Segurança das Nações Unidas, a qual, entre outras disposições, proíbe a transferência de quaisquer itens, materiais, equipamentos, bens e tecnologia que possam contribuir para atividades levadas a cabo pela República Islâmica do Irã relacionadas a enriquecimento, reprocessamento e a projetos de água pesada, bem como para o desenvolvimento de vetores de armas nucleares, e estabelece o congelamento de fundos, ativos financeiros e recursos econômicos de indivíduos e entidades.

115. Carlos Alberto Bittar, op. cit., p. 113; Walter Tolentino Álvarez, *Curso de direito da energia*, Rio de Janeiro, Forense, 1978, p. 521 e s.; Constituição Federal, art. 177, V e § 1º.

cleares independe de culpa (CC, art. 927, parágrafo único, *in fine*). Além disso, pelo art. 22, XXVI, compete exclusivamente à União legislar sobre atividades nucleares de qualquer natureza e, pelo art. 177, § 3º, requer a Constituição que haja lei ordinária dispondo sobre transporte e utilização de materiais radioativos. No art. 200, VII, a nova Carta dispõe, ainda, que compete, mediante lei, ao Sistema Único de Saúde participar do controle e fiscalização de produção, transporte, guarda e utilização de substâncias e produtos psicoativos, tóxicos e radioativos. Há, salienta Guido Soares, preocupação de utilizar pacificamente tais atividades na indústria, na ciência, na tecnologia, na medicina etc. P. ex.: *a*) a fissão deve ser usada em explosões pacíficas e militares e nos reatores; *b*) a fusão, apenas para operações militares (bombas de hidrogênio e termonucleares); *c*) a desintegração, pela utilização de isótopos na medicina (na medicina nuclear, pela injeção de materiais nucleares nos doentes, no uso de radioiodos no estudo e no diagnóstico das disfunções da glândula tireoide, com o qual se detectam doenças como o bócio, a tireoidite e o câncer da tireoide; na utilização das radiações elevadas para a destruição de tecidos cancerosos; no uso do sódio radioativo, no estudo das doenças do coração e dos defeitos da circulação, e na radiologia, pelo aproveitamento como fontes de radiações); na agricultura (como os rastreadores da interação entre insetos e plantas; os inibidores do crescimento de vegetais; os conservadores de alimentos; as aplicações de radiações nas sementes, para a melhoria da qualidade das plantas; a técnica de traçagem de plantas na agricultura por meio da qual se verifica a natureza química das substâncias por elas preferidas; os esterilizadores de insetos nocivos e outros); na indústria (aproveitamento de doses elevadas de radiações ionizantes para a esterilização de alimentos; medição de líquido corrosivo de um recipiente, sem contato com os aparelhos); na engenharia civil (gamografia de grandes estruturas metálicas; rastreamento de circuitos hidráulicos minúsculos e análises não destrutivas, pelo aproveitamento das vantagens radioativas dos isótopos ou pela grande penetração dos raios gama; motores atômicos para impulsão de navios e de submarinos (Portaria n. 277/MB, de 5-9-2008, do Comando da Marinha), como no "Nautilus", possibilitando que operem meses com poucos quilos de urânio e proporcionando economia de espaço e diminuição de peso às embarcações[116].

No nosso país há, como leciona Carlos Alberto Bittar, uma programa-

116. Guido Soares, op. cit., p. 379 e 380; Aristides Pinto Coelho, *O que você deve saber sobre a energia nuclear*, Rio de Janeiro, Graphos, 1977, p. 24 e 25; Carlos Alberto Bittar, op. cit., p. 115 e 116.

ção energética, procurando suprir e expandir sua produção em atividades nucleares desenvolvidas: *a*) com a extração de minério, em diversos polos, sendo o principal o de Poços de Caldas, com 56.600 t; *b*) com as usinas nucleares de Angra I, Angra II, sendo que o rol se completará com Angra III e mais cinco outras unidades. Deverá atuar em Resende a fábrica de elementos combustíveis para a usina de Angra I. As demais usinas atômicas planejadas são as de Peruíbe e Iguape e as restantes ainda não foram definidas quanto à localização. Além disso, há outros projetos desenvolvidos em vários polos, como em Itatiaia (CE); Lagoa Real (BA); Figueira (PR); Espinhares (PB); Amarinópolis (GO), para exportação de urânio, sem falar na reserva do "Quadrilátero ferrífero" de Minas Gerais[117].

Apesar das vantagens na cura de certas doenças, no progresso econômico, científico e tecnológico que trazem, as atividades nucleares estão marcadas pela sua periculosidade, pelos seus riscos, em função das falhas humanas, das máquinas, dos materiais utilizados, causando destruição na natureza e dizimação de pessoas[118].

Há um regime jurídico especial de responsabilidade civil objetiva por danos nucleares informado por princípios próprios, devido a excepcional gravidade do perigo das atividades nucleares e a necessidade de se assegurar aos eventuais lesados uma proteção eficaz, consagrados em normas internacionais e pelo direito interno dos países que ingressaram na seara nuclear ou atômica. São eles[119], conforme se infere do disposto na Lei n. 6.453/77:

a) *Princípio da canalização da responsabilidade*, pelo qual a responsabilidade se concentrará no explorador (ou operador) da atividade nuclear (pessoa jurídica devidamente autorizada para operar instalação nuclear, isto é, o exercente de direito — Lei n. 6.453/77, arts. 1º, I, e 4º) que reparará, nas condições fixadas na legislação especial, o prejuízo causado a pessoa ou a bens materiais pelo seu desenvolvimento. Há uma responsabili-

117. Carlos Alberto Bittar, op. cit., p. 116-8 e nota 375. Portaria n. 28/93 da Secretaria de Assuntos Estratégicos da Presidência da República.

118. Carlos Alberto Bittar, op. cit., p. 119.

119. Sobre os princípios informadores da responsabilidade civil por danos nucleares, *vide*: Carlos Alberto Bittar, op. cit., p. 127-34, 141, 142, 143-5, 187, 196, 197, 199 e 216; Strenger, op. cit., p. 243 e 244; Tocino Biscarolasaga, op. cit., p. 339 e 340, 355-8 e 366 e s.; Piérard, op. cit., p. 37, 38 e s., 118, 356 e s.; Alfonso de los Santos Lasúrtequi, *Problemas jurídicos de la energía nuclear*, Madrid, Junta de Energía Nuclear, 1964, p. 44, 47 e s., 55 e s., 64 e 65.

dade nuclear automática, como escreve Piérard, ou uma obrigação legal de indenizar, como diz Tocino Biscarolasaga, pois nossa lei, no art. 4º, I a III, declara o operador responsável pelo dano causado por acidente nuclear, ocorrido na instalação nuclear ou provocado por material dela procedente ou a ela enviado. Se se tratar de mais de um explorador, a responsabilidade será solidária, sendo impossível apurar a parte dos danos atribuível a cada um (art. 5º).

b) *Princípio da limitação da responsabilidade*, pois a lei pode descrever seus contornos: 1) prescrevendo prazos, caso em que a limitará no tempo (limitação temporal). No Brasil, o direito de pleitear indenização prescreverá em dez anos contados da data do acidente nuclear e, se este for causado por material subtraído, perdido ou abandonado, o prazo prescricional contar-se-á do acidente, mas não excederá a vinte anos contados da data da subtração, perda ou abandono (art. 12, parágrafo único); 2) definindo cláusulas exonerativas (limitação substancial, como exclusão de acidentes nucleares provocados por guerra) (art. 8º); e 3) estabelecendo um teto máximo de indenização (limitação valorativa), isto é, determinando *a priori* um valor até o qual responderá o explorador da atividade. Tal valor-limite (1 milhão e 500 mil OTN [hoje TR] — Dec.-Lei n. 2.284/86, art. 6º) (art. 9º) para o ressarcimento poderá não cobrir toda a extensão do dano nuclear.

c) *Princípio da responsabilização pelo exercício da atividade nuclear*, segundo o qual a simples exploração dessa atividade já torna o explorador responsável civilmente, devido à periculosidade decorrente do desenvolvimento de tal atividade. Logo, não haverá que se falar em ato ilícito para a responsabilização civil dos danos nucleares, visto que a atividade nuclear é lícita e regulada. O simples exercício da atividade gera a responsabilidade do explorador, independentemente da existência de culpa (art. 4º). Nossa lei reconhece, expressamente, a responsabilidade objetiva por dano nuclear. Assim, o explorador deverá arcar com o ônus decorrente de acidente nuclear porque é ele quem retira proveito econômico dessa atividade.

d) *Princípio da fundamentação no risco* (CF, arts. 21, XXIII, *c*, e 177, V, § 1º), daí ser objetiva a responsabilidade por dano nuclear, não admitindo sequer a excludente da força maior ou do caso fortuito, embora, com base no art. 8º da Lei n. 6.453/77, se considerem como exoneradores dessa responsabilidade apenas fatos de excepcional gravidade, como guerra civil, conflito armado, cataclisma natural e outros... A responsabilidade civil por dano nuclear independe, portanto, da prova da existência da culpa.

e) *Princípio da obrigatoriedade de garantia prévia*, que impõe ao explorador da atividade nuclear a cobertura dos riscos que poderão produzir, mediante seguro, caução ou fiança bancária. Ele será obrigado a oferecer uma garantia, que, por sua vez, será condição para o exercício daquela atividade (art. 13 e parágrafos).

f) Princípio da vinculação (direta ou subsidiária) do Estado ao pagamento da indenização devida às vítimas de dano nuclear, esteja, ou não, explorando, frontalmente, a atividade nuclear, a fim de se assegurar a efetivação do ressarcimento. O Estado reparará o prejuízo decorrente de acidente nuclear quando: *a*) for o explorador; *b*) a quantia ultrapassar o limite legal do explorador; *c*) forem insuficientes os recursos provenientes do seguro ou de outra garantia, deverá a União assegurar o pagamento das indenizações de responsabilidade do operador, fornecendo os recursos necessários (art. 14); *d*) houver insolvência do explorador; *e*) for provocado por material nuclear ilicitamente possuído ou utilizado e não relacionado a qualquer operador, pois os prejuízos não serão suportados pelo operador, mas pela União, observados o limite legal e o direito de regresso contra o causador do dano (art. 15).

Ter-se-á, portanto, uma socialização dos riscos, porque a atividade nuclear interessa à coletividade que, então, assume ou autoriza a assunção dos riscos (exploração pelo Estado ou por outra pessoa), assegurando uma proteção eficaz às eventuais vítimas. Há indubitavelmente uma participação ativa do Estado, por si ou por empresas constituídas especialmente para nele atuar. A União participa, portanto, como garante, pois monopoliza as atividades nucleares no Brasil. Compete à Presidência da República a definição da política nuclear, assessorada pelo Conselho de Segurança Nacional. O planejamento, a execução e o controle dessa política incumbirá ao Ministério das Minas e Energia, por meio da Comissão Nacional de Energia Nuclear, que irá supervisionar e fiscalizar as atividades nucleares, a pesquisa científica nesse setor, a formação de pesquisadores, cientistas e engenheiros para o setor, a expedição de normas e de autorização para licenciamento de instalações nucleares, a emissão de normas sobre segurança e proteção na construção e na operação de instalações nucleares e no uso de materiais nucleares; da Nuclebrás (Empresas Nucleares Brasileiras S/A) e suas subsidiárias (Lei n. 7.862/89), que terá não só o monopólio da prospecção, pesquisa e lavra de minérios nucleares, da produção de concentrados de urânio, da construção e operação de usinas nucleares, de comercialização de materiais nucleares, mas também deverá fabricar reatores nucleares, integrar a empresa privada na produção de componentes para as instalações nucleares, projetar a construção e montagem de usinas nucleares, e da Eletrobrás (Centrais Elétricas Brasileiras S/A) e suas concessionárias, encarregadas da programação de localização e de construção de centrais nucleares, do financiamento da construção de usinas nucleares, da construção e da operação de centrais nucleares. A Eletrobrás e a Nuclebrás são sociedades de economia mista (Dec.-Lei n. 200/67, art. 5º, III, com a redação do Dec.-Lei n. 900/69), sendo por isso pessoas jurídicas de direito privado, regidas pelo direito obrigacional comum, conforme a Constituição Federal, art. 173, § 1º, mas no plano nuclear seus patrimônios estão subordinados à responsabilidade canalizada[120].

Para a configuração da responsabilidade civil nuclear será imprescindível, segundo a Lei n. 6.453/77, a ocorrência dos seguintes *requisitos*[121]:

a) Exercício ou exploração autorizada da atividade produtora do acidente nuclear (arts. 4º e 1º, I e VII). O explorador da atividade nuclear responderá civilmente pelo acidente nuclear, pelo simples fato de desenvolver tal atividade. Afasta-se, portanto, qualquer ideia de ilicitude ou de culpabilidade sua; a mera superveniência do acidente acarretará sua responsabilidade.

b) Dano nuclear, seja ele pessoal ou material (art. 1º, VII). Obviamente estão excluídos os danos sofridos pela própria instalação nuclear, pelos bens encontrados na área da instalação destinados a seu uso e pelo meio de transporte no qual se encontrava o material que o ocasionou (art. 18), por constituírem risco próprio da atividade empresarial. O dano nuclear

---

120. Carlos Alberto Bittar, op. cit., p. 186. A Resolução n. 194, de 16 de dezembro de 2008, da SUSEP, dispõe sobre o cadastramento de ressegurador eventual especializado em riscos nucleares e sobre o limite máximo de cessão a resseguradores eventuais, de que trata o art. 1º do Decreto n. 6.499, de 1º de julho de 2008.

121. Carlos Alberto Bittar, op. cit., p. 187-95; Piérard, op. cit., p. 25 e 38 e s.; Tocino Biscarolasaga, op. cit., p. 303 e s. *Vide* Lei n. 9.425/96, sobre concessão de pensão especial às vítimas do acidente nuclear ocorrido em Goiânia; Portaria n. 144/97 da Secretaria de Assuntos Estratégicos, que aprova diretriz para elaboração dos planos de emergência, relativos à Unidade n. 1 da Central Nuclear Almirante Álvaro Alberto; Resoluções da Comissão Nacional de Energia Nuclear n. 11/99, que aprova a norma nuclear CNEN-NN 2.02 (Controle de Materiais Nucleares), n. 13/99, que aprova a norma NN 2.03 (Proteção contra incêndio em usinas nucleoelétricas), e n. 15/99; Lei n. 12.431/2011, arts. 14, 15, §§ 1º a 4º, 16 e 17 sobre o Regime Especial de Incentivos para o Desenvolvimento de Usinas Nucleares (Renuclear); Resolução n. 170/2014 da CNEN aprova Norma CNEN NN 1.01 sobre Licenciamento de Operadores de Reatores Nucleares; Resolução n. 168/2014 da CNEN aprova Norma CNEN NN 8.02 sobre Licenciamento de Depósitos de Rejeitos Radioativos de Baixo e Médio Níveis de Radiação. Em março de 2014, em Haia, 35 países (menos o Brasil) se comprometem em transformar em leis acordo assinado sobre segurança em energia nuclear.

pode atingir pessoas (danos pessoais), produzindo lesões epidérmicas, alterações genéticas, deformações psíquicas, intoxicação, doença cancerígena, esterilidade, necrose óssea, catarata e até morte, e bens (danos patrimoniais), alcançando plantas, animais, coisas inanimadas (móveis ou imóveis), pela poluição da atmosfera, pela deterioração do meio ambiente e pela contaminação e explosões, acarretando-lhes destruição ou avarias.

Como se vê, não se cogita, para efeito ressarcitório, de existência de nexo causal ou de dolo ou culpa do explorador da atividade (CF, art. 21, XXIII, *c*), que arcará com o ônus da indenização, embora tenha direito regressivo, se for o caso, contra o causador do dano. Não há qualquer liame causal entre a ação do explorador e o acidente nuclear verificado, pois este pode ocorrer até sem seu conhecimento. Daí ser uma responsabilidade agravada, pois o vínculo causal é tão tênue que se reduz à mera ocorrência do evento lesivo. Não há que se falar em causalidade para haver responsabilidade do explorador; bastará que a vítima demonstre que o dano sofrido resultou de acidente nuclear[122].

Embora a responsabilidade nuclear se configure mesmo se o dano for oriundo de caso fortuito, força maior, que não têm o condão de a elidir, a legislação tem admitido algumas atenuantes, pois: *a*) no art. 6º dispõe que, "provado haver o dano resultado exclusivamente de culpa da vítima, o operador será exonerado, apenas em relação a ela, da obrigação de indenizar"; *b*) no art. 7º prescreve que o operador "somente tem direito de regresso contra quem admitiu, por contrato escrito, o exercício desse direito, ou contra pessoa física que, dolosamente, deu causa ao acidente"; *c*) no art. 8º admite a exoneração do explorador por fatos excepcionais, salientando que não responde ele "pela reparação do dano resultante de acidente nuclear causado diretamente por conflito armado, hostilidades, guerra civil, insurreição ou fato de natureza excepcional".

Nosso direito considera nula qualquer cláusula contratual que restrinja a responsabilidade do explorador[123].

---

122. Carlos Alberto Bittar, op. cit., p. 129, 187, 189, 193 e 194.

123. Sobre as causas excludentes, consulte: Carlos Alberto Bittar, op. cit., p. 194 e 207-11. A respeito da responsabilidade penal nas atividades nucleares, *vide* as lições desse mesmo jurista (op. cit., p. 217-22, Cap. III, arts. 19 a 27, *A lei atômica brasileira*), e O acidente de Goiânia e a responsabilidade civil nuclear, *Revista de Informação Legislativa*, *97*:155. Lei n. 9.425/96, sobre concessão de pensão especial às vítimas do acidente nuclear de Goiânia.

QUADRO SINÓTICO

RESPONSABILIDADE CIVIL POR DANO ECOLÓGICO

1. NOTAS INTRODUTÓRIAS	• O direito pune a devastação ecológica, pelas graves e sérias lesões às pessoas, às coisas ou ao meio ambiente, estabelecendo ora a responsabilidade subjetiva, ora a objetiva, sendo esta mais frequente.	
2. RESPONSABILIDADE POR POLUIÇÃO	• Conceito de poluição	• Para Antônio Chaves a poluição é a degradação do ar, das águas, do solo e do ambiente geral, em condições de prejudicar a saúde, a segurança e o bem-estar do homem ou causar dano à flora e à fauna.
	• Espécies de poluição	• Poluição aquática. • Poluição sonora. • Poluição atmosférica. • Poluição luminosa.
	• Efeitos da poluição	• Produz sérias e graves alterações físicas, químicas ou biológicas no meio ambiente, prejudiciais à saúde, segurança e bem-estar do homem, à flora, à fauna, a outros recursos naturais e às atividades sociais e econômicas.
	• Normas reguladoras	• Dec. n. 79.437/77, regulamentado pelo Dec. n. 83.540/79. • Lei n. 5.318/67; Dec. n. 73.030/73 (ora revogado pelo Dec. n. 99.604/1990); Lei n. 6.151/74; Dec.-Lei n. 1.413/75; Dec. n. 76.389/76; Dec. n. 81.107/77 (ora revogado pelo Dec. s/n. de 5-9-1991); Lei n. 6.803/80; Lei n. 6.938/81; com alteração da Lei n. 12.651/2012 e da Lei n. 12.727/2012; Lei n. 7.347/85; Lei pernambucana n. 6.058/67; Lei paulista n. 3.798/57, regulamentada pelo Dec. n. 32.231/58; Lei paulista n. 997/76; Dec.-Lei paulista n. 211/70; Dec. n. 12.342/78; Dec. n. 8.468/76; Lei do Estado do Rio de Janeiro n. 126/77; Lei n. 4.805/65; Lei n. 8.106/74, Dec. n. 11.467/74, Lei n. 898/75; Lei n. 1.172/76 e Dec. n. 9.714/77, todas do Estado de São Paulo; Lei do Estado do Rio Grande do Sul n. 2.440/54; Lei Municipal de Salvador n. 2.826/76.

2. RESPONSABILIDADE POR POLUIÇÃO	• Instrumentos jurídicos de proteção ambiental	• Normas mais abrangentes sobre proteção ambiental. • Convênios administrativos (Dec.-Lei n. 200/67, art. 10, § 1º, *b*). • Limitações administrativas ao uso da propriedade privada (EC n. 1/69, arts. 153, § 22, e 160, II). • Controle da poluição por organismos federais e estaduais. • Expropriação por utilidade pública, tendo por fundamento legal a salubridade pública (Dec.-Lei n. 3.365/41, art. 5º, *d*).
3. RESPONSABILIDADE CIVIL NAS ATIVIDADES NUCLEARES	• Conceito de direito nuclear	• Segundo Guido Soares o direito nuclear consiste no conjunto de princípios e normas que regem as atividades relacionadas à utilização da energia nuclear com fins pacíficos.
	• Normas atinentes à atividade nuclear	• Lei n. 6.453/77; Lei n. 4.118/62; Dec. n. 51.726/63; Lei n. 6.189/74; Lei n. 6.151/74; Dec. n. 75.569/75 (revogado pelo Decreto n. 417/1992); Dec. n. 84.411/80 (revogado pelo Decreto n. 417/1992); Lei n. 6.571/78; Dec. n. 82.829/78 (revogado pelo Decreto s/n. de 5-9-1991); Dec. n. 77.977/76; Lei n. 1.234/50; Dec. n. 80.266/77 (revogado pelo Decreto n. 90.857/1985); Lei n. 12.732/2012; Dec. n. 85.565/80 (revogado pelo Decreto n. 623/1992); Dec.-Lei n. 1.091/70; Dec.-Lei n. 1.417/75; Dec.-Lei n. 1.630/78 (revogado pelo Dec.-lei n. 2.433/1988) e Dec.-Lei n. 1.726/79 (revogado pelo Dec.-lei n. 1.726/1979) etc.
	• Princípios informadores da responsabilidade civil por dano nuclear	• Princípio da canalização da responsabilidade (Lei n. 6.453/77, arts. 1º, I, 4º, I a III, e 6º). • Princípio da limitação temporal, substancial e valorativa da responsabilidade (Lei n. 6.453/77, arts. 8º, 9º, 12 e parágrafo único). • Princípio da responsabilização pelo exercício da atividade nuclear (Lei n. 6.453/77, art. 4º). • Princípio da fundamentação no risco. • Princípio da obrigatoriedade de garantia prévia (Lei n. 6.453/77, art. 13 e parágrafos). • Princípio da vinculação (direta ou subsidiária) do Estado ao pagamento da indenização (Lei n. 6.453/77, arts. 14 e 15).
	• Requisitos	• Exercício da atividade produtora do acidente nuclear (Lei n. 6.453/77, arts. 4º e 1º, I e VII). • Ocorrência de dano nuclear, pessoal ou material (Lei n. 6.453/77, arts. 1º, VII, e 18).
	• Causas excludentes	• Lei n. 6.453/77, arts. 6º, 7º e 8º.

5. Responsabilidade civil por ofensa aos direitos assegurados ao menor

A Lei n. 8.069/90 trata da proteção judicial dos interesses individuais, difusos e coletivos, relativos à ofensa dos direitos assegurados à criança e ao adolescente, referentes ao não oferecimento ou oferta irregular:

a) do ensino obrigatório;

b) de atendimento educacional especializado aos portadores de deficiência;

c) de atendimento em creche e pré-escola às crianças de zero a seis anos de idade;

d) de ensino noturno regular, adequado às condições do educando;

e) de programas suplementares de oferta de material didático-escolar, transporte e assistência à saúde do educando do ensino fundamental;

f) de serviço de assistência social visando à proteção à família, à maternidade, à infância e à adolescência, bem como ao amparo às crianças e adolescentes que dele necessitem;

g) de acesso às ações e serviços de saúde;

h) de escolarização e profissionalização dos adolescentes privados de liberdade.

Tais hipóteses não excluirão da proteção judicial outros interesses individuais, difusos ou coletivos, próprios da infância e da adolescência, protegidos pela Constituição e pela Lei n. 8.069/90 (art. 208 a 224). As ações relativas dos interesses dos menores deverão ser propostas no foro do local onde ocorreu ou deva ocorrer a ação ou omissão, cujo juízo terá competência absoluta para processar a causa, ressalvadas a competência da Justiça Federal e a competência originária dos Tribunais Superiores (art. 209). Para as ações cíveis fundadas em interesses coletivos ou difusos, considerar-se-ão legitimados concorrentemente: o Ministério Público, a União, os Estados, os Municípios, o Distrito Federal e os Territórios e as associações legalmente constituídas há pelo menos um ano, com o intuito de defender o menor (art. 210, I a III). Permitir-se-á litisconsórcio facultativo entre os Ministérios Públicos da União e dos Estados na defesa dos direitos do menor. Se, porventura, houver desistência da ação por associação legitimada, o Ministério Público ou outro legitimado poderá assumir a titularidade ativa (art. 210, §§ 1º e 2º).

Os órgãos públicos legitimados poderão tomar dos interessados compromisso de bem atender às exigências legais, que terá eficácia de título executivo extrajudicial (art. 211).

Para a defesa dos direitos dos menores, serão admissíveis todas as espécies de ações, aplicando-se-lhes as normas do Código de Processo Civil, e contra os atos abusivos e ilegais de órgão público lesivos a direito líquido e certo será cabível ação mandamental, que se regerá pelos preceitos da lei do mandado de segurança (art. 212, §§ 1º e 2º).

Na ação que tiver por escopo a obtenção de uma obrigação de fazer ou de não fazer, o magistrado concederá a sua tutela específica, determinando providências assecuratórias do resultado prático equivalente ao do adimplemento daquela obrigação. Se o fundamento da demanda for relevante e houver receio de ineficácia do provimento final, o juiz poderá conceder a tutela liminarmente ou após a justificação prévia, citando o réu. O órgão judicante poderá, ainda, impor multa diária (*astreinte*) do réu, independentemente de pedido do autor, se for compatível com a obrigação, estabelecendo prazo razoável para o seu cumprimento. Tal multa apenas será exigível do réu após o trânsito em julgado da sentença favorável ao autor, mas será devida desde a data em que se configurou o inadimplemento (art. 213, §§ 1º a 3º). Os valores dessa multa reverterão ao fundo gerido pelo Conselho dos Direitos da Criança e do Adolescente do respectivo Município. A multa não recolhida até trinta dias após o trânsito em julgado da decisão será exigida por meio de execução promovida pelo Ministério Público ou demais legitimados, nos mesmos autos. Enquanto esse fundo não for regulamentado, o dinheiro deverá ser depositado em estabelecimento oficial de crédito, em conta com correção monetária (art. 214, §§ 1º e 2º).

Para evitar prejuízo irremediável, o magistrado poderá conferir efeito suspensivo aos recursos (art. 215).

Quando a sentença que condenar o Poder Público transitar em julgado, o juiz determinará a remessa de peças à autoridade competente, para apuração da responsabilidade civil e administrativa do agente praticante da ação ou omissão lesiva ao menor (art. 216). Após sessenta dias do trânsito em julgado da sentença condenatória sem que a associação autora lhe promova a execução, deverá fazê-lo o Ministério Público ou os demais legitimados (art. 217). O juiz condenará a associação autora a pagar ao réu os honorários advocatícios arbitrados na conformidade do § 8º do art. 85 do Código de Processo Civil, quando reconhecer que a pretensão é manifestamente infundada. E na hipótese de litigância de má-fé, a associação autora e os diretores responsáveis pela propositura da ação serão solidariamente condenados ao décuplo das custas, sem prejuízo de responsabilidade por perdas e danos (art. 218 e parágrafos).

Nestas ações não haverá adiantamento de custas, emolumentos, honorários periciais e quaisquer outras despesas (art. 219).

Convém não olvidar que pela Lei n. 8.069/90, art. 220, qualquer pessoa poderá e o servidor público deverá provocar a iniciativa do Ministério Público, informando-o sobre fatos que constituam objeto da ação civil, indicando-lhe os elementos de convicção. E, além disso, se, no exercício de suas funções, o órgão judicante tiver conhecimento de fatos que possam conduzir à propositura de ação civil, deverá remeter as peças ao Ministério Público para que as providências cabíveis sejam tomadas (art. 221).

Para instruir a petição inicial, o interessado poderá requerer às autoridades competentes as certidões e informações que julgar necessárias, que serão fornecidas no prazo de quinze dias (art. 222).

O Ministério Público poderá instaurar, sob sua presidência, inquérito civil, ou requisitar, de qualquer pessoa, organismo público ou particular, certidões, informações, exames ou perícias, no prazo que assinalar, o qual não poderá ser inferior a dez dias úteis. Se o órgão do Ministério Público, esgotadas todas as diligências, se convencer da inexistência de fundamento para a propositura da ação cível, promoverá o arquivamento dos autos do inquérito civil ou das peças informativas, fazendo-o fundamentadamente. Os autos do inquérito civil ou as peças de informação arquivados serão remetidos, sob pena de se incorrer em falta grave, no prazo de três dias, ao Conselho Superior do Ministério Público. Até que seja homologada ou rejeitada a promoção de arquivamento, em sessão do Conselho Superior do Ministério Público, as associações legitimadas poderão apresentar documentos, que, por sua vez, serão juntados aos autos do inquérito ou anexados às peças de informação. A promoção do arquivamento será submetida a exame e deliberação do Conselho Superior do Ministério Público. Se esse Conselho deixar de homologar a promoção de arquivamento, designará outro órgão do Ministério Público para ajuizar a ação (art. 223, §§ 1º a 5º).

Aplicar-se-ão nestas ações, no que for cabível, as normas da Lei n. 7.347/85.

Quadro Sinótico

RESPONSABILIDADE CIVIL POR OFENSA AOS DIREITOS ASSEGURADOS AO MENOR

NORMAS	• Lei n. 8.069/90, arts. 208 a 223, §§ 1º a 5º. • Lei n. 7.347/85.

6. Responsabilidade civil do Estado

A. Noção de responsabilidade extracontratual do Estado

Neste item examinaremos a questão da responsabilidade civil aquiliana do Estado, ou melhor, das pessoas jurídicas de direito público, que, na lição de Celso Antônio Bandeira de Mello, é, sem dúvida, no caso de atos ilícitos (comissivos ou omissivos) uma consequência do princípio da legalidade, sendo que, na hipótese de comportamentos ilícitos comissivos, também o será do princípio da isonomia ou da igualdade de todos perante a lei e, na de atos lícitos e na de danos ligados a situação criada pelo Poder Público (mesmo que o autor do prejuízo não tenha sido o Estado), do princípio da igualdade, pois o fundamento daquela responsabilidade é a garantia de uma equânime repartição dos ônus resultantes do evento danoso, evitando que uns suportem prejuízos oriundos de atividades desempenhadas em prol da coletividade. Funda-se a responsabilidade estatal, portanto, no princípio da isonomia, logo, deve haver igual repartição dos encargos públicos entre os cidadãos, pois, se em razão de atividade administrativa somente alguns particulares sofrerem danos especiais e anormais, isto é, que não são comuns da vida social, haveria um desequilíbrio na distribuição dos ônus públicos se somente eles suportassem o peso daquela atividade. Daí a imprescindibilidade de se restabelecer o equilíbrio, ressarcindo os lesados à custa dos cofres públicos. Consequentemente, ficará a cargo do Estado a obrigação de indenizar dano acarretado pelo funcionamento do Poder Público, evitando-se que se onerem alguns cidadãos mais do que outros.

A esse respeito, bastante elucidativa é a afirmação de José Joaquim Gomes Canotilho: "conquista lenta, mas decisiva do Estado de Direito, a responsabilidade estadual é, ela mesma, instrumento de legalidade. É instrumento de legalidade, não apenas no sentido de assegurar a conformidade ao direito dos actos estaduais: a indenização por sacrifícios autoritariamente impostos cumpre uma outra função ineliminável no Estado de Direito Material — a realização da justiça material".

O Estado de Direito impõe a responsabilidade estatal pelos danos causados a terceiros[124].

As pessoas jurídicas como as naturais devem, portanto, ressarcir os prejuízos causados a outrem. O Estado, sendo pessoa jurídica de direito público, não foge à regra, mas sua responsabilidade rege-se por princípios próprios, visto que os danos que causa advêm do desempenho de funções que visam atender a interesses da sociedade, não sendo justo que somente algumas pessoas sofram com o evento lesivo oriundo de atividade exercida em benefício de todos. Assim, quem auferir os cômodos deve suportar os ônus, de maneira que, se a sociedade, encarnada juridicamente no Estado, obteve vantagens, deverá arcar com os encargos[125].

Celso Antônio Bandeira de Mello, com a clareza e brilho que lhe são peculiares, define a responsabilidade patrimonial extracontratual do Estado como sendo "a obrigação que lhe incumbe de reparar economicamente os danos lesivos à esfera juridicamente garantida de outrem e que lhe sejam imputáveis em decorrência de comportamentos unilaterais, lícitos ou ilícitos, comissivos ou omissivos, materiais ou jurídicos".

É óbvio que não se incluem na seara da responsabilidade estatal os casos em que a norma jurídica permite à Administração Pública investir diretamente contra o direito de terceiro, sacrificando seu interesse, convertendo-o em correspondente expressão patrimonial, como sucede, p. ex., na desapropriação[126].

---

124. José Joaquim Gomes Canotilho, *O problema da responsabilidade do Estado por actos lícitos*, Coimbra, Livr. Almedina, 1974, p. 13; Celso Antônio Bandeira de Mello, *Ato administrativo e direitos dos administrados*, São Paulo, Revista dos Tribunais, 1981, p. 128-30, 137 e 138; e Patrício Aylwin, *Manual de derecho administrativo*, Santiago do Chile, 1952, p. 267; Yussef S. Cahali, *Responsabilidade Civil do Estado*, São Paulo, Revista dos Tribunais, 1982; Carlos Alberto Bittar e Carlos Alberto Bittar Filho, *Direito civil constitucional*, São Paulo, Revista dos Tribunais, 2003, p. 180-96; Marcia Andrea Buhring, *Responsabilidade civil extracontratual do Estado*, São Paulo, IOB Thomson, 2004; Marli Aparecida da S. Siqueira, Responsabilidade patrimonial do Estado por seus atos lícitos e ilícitos, *Revista Jurídica da Universidade de Cuiabá*, *4*:73-88.

125. Celso Antônio Bandeira de Mello, op. cit., p. 127 e 143. No mesmo teor de ideias: R. Marcq, *La responsabilité de la puissance publique*, Paris, Bruxelles, 1911, n. 261; Orlando Soares, *Responsabilidade civil no direito brasileiro*, Rio de Janeiro, Forense, 1997, p. 425 a 482.

126. Celso Antônio Bandeira de Mello, op. cit., p. 121, 122 e 125.

Sendo o Estado uma pessoa jurídica, não pode ter vontade nem ação próprias, logo se manifestará por meio de pessoas naturais, que ajam na condição de seus agentes, desde que revestidos desta qualidade. Esses agentes públicos, desde as mais altas autoridades até os mais modestos trabalhadores que atuam pelo aparelho estatal, tomam decisões ou realizam atividades da alçada do Estado, pois estão prepostas no desempenho de funções públicas. Logo, a relação entre a vontade e a ação do Estado e de seus agentes é de imputação direta dos atos dos agentes ao Estado, por isso tal relação é orgânica.

Assim sendo, o que o agente público quiser ou fizer entende-se que o Estado quis ou fez. Nas relações externas não se considerará se o agente obrou ou não, de acordo com o direito, culposa ou dolosamente, pois só importará saber se o Estado agiu (ou deixou de agir) bem ou mal[127].

Incluir-se-ão, ainda, para fins de responsabilidade do Estado, as pessoas jurídicas de direito público auxiliares do Estado, as de direito privado que desempenham cometimentos estatais sob concessão ou delegação explícitas (concessionárias de serviço público e delegados de função pública) ou implícitas (sociedades mistas e empresas do Estado, no desempenho de serviço público propriamente dito)[128] (*RTJ*, *52*:43).

Será preciso salientar que a expressão *responsabilidade civil do Estado* é empregada na acepção de responsabilidade não penal. As pessoas jurídicas podem ter imputabilidade criminal, estando sujeitas à responsabilidade penal (Lei n. 9.605/98, arts. 3º e 21), e podendo, ainda, exercer as ações penais (CPP, art. 37). Todavia, a responsabilidade civil estatal não está somente disciplinada pelo direito civil, mas, principalmente, pelo direito público, ou seja, direito constitucional, direito administrativo e direito internacional público[129].

---

127. Esta é a lição de Celso Antônio Bandeira de Mello, *Apontamentos sobre os agentes e órgãos públicos*, Revista dos Tribunais, 1972, p. 62 e s., e *Ato administrativo*, cit., p. 139.

128. Celso Antônio Bandeira de Mello, *Ato administrativo*, cit., p. 140. *Vide*, ainda, Silvio Rodrigues, op. cit., v. 4, p. 93; Maria da Conceição do Amaral Monch, *As sociedades de economia mista e as empresas públicas*; controle e responsabilidade, Rio de Janeiro, DIN, 1976; Odovaldo Vasques, Sociedade de economia mista, in *Anais do III Congresso Nacional de Procuradores do Estado*, Belo Horizonte, 1971. Consulte: CF, art. 37, § 6º; Lei n. 6.404/76, art. 242 (revogado pela Lei n. 10.303/2001).

129. Sérgio de Andréa Ferreira, *Direito administrativo didático*, Rio de Janeiro, 1979, p. 276; Vareilles-Sommières, *Les personnes morales*, Paris, 1902, p. 478 e 479; M. Helena Diniz, *Curso*, cit., v. 1, p. 121; Serpa Lopes, op. cit., v. 1, p. 347; Clóvis Beviláqua, *Teoria geral do direito civil*, 4. ed., p. 147 e 148; Rossel e Mentha, *Manuel de droit civil suisse*,

No decorrer dessa nossa exposição, procuraremos demonstrar, principalmente, no que atina aos danos resultantes de atos administrativos, firmemente apoiados nas concepções de Oswaldo Aranha Bandeira de Mello e de Celso Antônio Bandeira de Mello — que nos satisfazem plenamente pela justeza, pela logicidade e pela corretíssima interpretação das normas relativas à responsabilidade civil do agente público — que no ordenamento jurídico brasileiro (CF/88, art. 37, § 6º, e CC, art. 43) a responsabilidade civil das pessoas jurídicas de direito público funda-se nas suas relações com os administrados, em razão de comportamentos comissivos, caso em que, na teoria do risco, será objetiva (CF/88, art. 37, § 6º; *RT*, *745*:278; *RTJ*, *55*:516), e omissivos danosos, hipótese em que será subjetiva, conforme a teoria da culpa fundada na falta de serviço (ato ilícito), e, ainda, nas relações entre Estado e funcionário ter-se-ia uma responsabilidade subjetiva, visto que o direito de regresso da pessoa jurídica de direito público contra o agente faltoso está condicionado à conduta culposa ou dolosa deste (CF/88, art. 37, § 6º, e CC, art. 43).

---

v. 1, p. 131, n. 191; Caio M. S. Pereira, op. cit., v. 1, p. 278, e Responsabilidade civil do Estado, *Revista Brasileira de Direito Comparado*, *8*:1-17; Alice G. Borges, Responsabilidade Civil no Código de 2002, *Estudos de direito público em homenagem a Celso Antônio Bandeira de Mello* (orgs. Marcelo Figueiredo e Valmir Pontes Filho), São Paulo, Malheiros, 2006, p. 42-60.

A Lei n. 12.846/2013, regulamentada pelo Decreto n. 8.420/2015 trata da responsabilização administrativa de pessoas jurídicas pela prática de atos contra a administração pública, nacional ou estrangeira.

Quadro Sinótico

NOÇÃO DE RESPONSABILIDADE EXTRACONTRATUAL DO ESTADO

1. PRINCÍPIOS NORTEADORES DA RESPONSABILIDADE ESTATAL	• Como leciona Celso Antônio Bandeira de Mello, a questão da responsabilidade civil aquiliana do Estado, no caso de atos ilícitos (comissivos ou omissivos), é uma consequência do princípio da legalidade; na hipótese de comportamentos ilícitos comissivos, também o é do princípio da isonomia ou da igualdade de todos perante a lei e, na de atos lícitos e na de danos ligados a situação criada pelo Poder Público, do princípio da igualdade. Sendo, pois, como pondera Canotilho, uma conquista lenta, mas decisiva do Estado de Direito.	
2. CONCEITO DE RESPONSABILIDADE PATRIMONIAL EXTRACONTRATUAL DO ESTADO	• Celso Antônio Bandeira de Mello define a responsabilidade patrimonial extracontratual do Estado como sendo "a obrigação que lhe incumbe de reparar economicamente os danos lesivos à esfera juridicamente garantida de outrem e que lhe sejam imputáveis em decorrência de comportamentos unilaterais, lícitos ou ilícitos, comissivos ou omissivos, materiais ou jurídicos".	
3. FUNDAMENTO DA RESPONSABILIDADE CIVIL DO ESTADO	• Nas relações entre Estado e administrado	• A responsabilidade civil funda-se na teoria do risco, em razão de comportamentos danosos, caso em que será objetiva (CF/88, art. 37, § 6º), se comissivos, ou subjetiva, se omissivos.
	• Nas relações entre Estado e funcionário	• A responsabilidade será subjetiva, pois o direito de regresso do Estado contra o agente faltoso está condicionado à culpa ou dolo deste (CF/88, art. 37, § 6º, e CC, art. 43).

B. Responsabilidade civil aquiliana do Estado por atos administrativos

A responsabilidade extracontratual das pessoas jurídicas de direito público pelos danos causados pelos seus órgãos ou funcionários no exercício de suas funções públicas oferece rico conteúdo doutrinário.

A doutrina mais antiga é a da irresponsabilidade absoluta, decorrente da ideia absolutista que apresentava o Estado como um ente todo-poderoso, contra o qual não prevaleciam os direitos individuais. Assim sendo, quem contratava com um funcionário público devia saber que este, enquanto preposto do Estado, não podia violar a norma, uma vez que o Estado exercia tutela do direito. Se o funcionário, no desempenho de sua função, lesasse direitos individuais, ele é que, pessoalmente, deveria reparar o dano e não o Estado. Infere-se daí que a irresponsabilidade estatal era temperada, pois se admitia a responsabilidade do funcionário, quando o evento danoso estivesse relacionado a um comportamento pessoal, seu. Além disso, os administrados não estavam completamente desprotegidos perante comportamentos unilaterais do Estado, visto que havia leis que previam sua responsabilização em certos casos, como a Lei francesa de 28 pluvioso do Ano VIII, por danos resultantes de obras públicas, por prejuízos causados por gestão do domínio privado do Estado, ou pelas coletividades públicas locais.

Hodiernamente, não mais se aceita tal teoria, pois a valoração dos direitos não se compadece com a ideia de que a vítima de um procedimento lesivo não tenha, contra o Estado, o direito de reparação, devendo limitar-se a demandá-la daquele que diretamente provocou o mal, embora agindo em nome e por conta do Estado.

Tentando justificar a responsabilidade estatal, surgiu a teoria civilista, que distinguia, na ação estatal, atos de gestão e de império. Quando o Estado procedesse como pessoa privada, seria responsável na gestão de seu patrimônio pelos prejuízos que causasse e, quando agisse no exercício de sua soberania e em razão do império a que esta se prendia, não poderia ser responsabilizado pelos seus atos lesivos.

Esta doutrina é inaceitável sob o prisma moral ou prático, pois, se a vítima se queixa de um dano causado pela pessoa jurídica de direito público em atuação ilícita, não satisfaz ao sentimento de justiça distinguir se o ato foi praticado *iure gestionis* ou *iure imperii*, porque em ambas as hipóteses o restabelecimento do equilíbrio exige a composição do patrimônio ofendido. Praticamente, é difícil caracterizar a atuação estatal e dizer em cada caso se o ato é de império ou de gestão. Negar indenização pelo Estado em qualquer de seus atos que causaram danos a terceiros é subtrair o poder público de sua função primordial de tutelar o direito.

Com isso a responsabilidade civil sai da teoria civilista, encontrando seu fundamento na seara do direito público, com base no princípio da igualdade de todos perante a lei, pois entre todos devem ser os ônus ou encargos equitativamente distribuídos. Não é justo que, para benefício da coletividade, somente um sofra os encargos. Estes deverão ser suportados por todos indistintamente, contribuindo cada um por meio do Estado para a indenização de dano sofrido por um.

Três são as correntes que procuram fundamentar a responsabilidade civil do Estado:

a) A da *culpa administrativa do preposto*, segundo a qual o Estado só pode ser responsabilizado se houver culpa do agente, preposto ou funcionário, de maneira que o prejudicado terá de provar o ilícito do agente público para que o Estado responda pelos danos.

b) A do *acidente administrativo* ou da *falta impessoal do serviço público*, que parte do pressuposto de que os funcionários fazem um todo uno e indivisível com a própria administração, e se, na qualidade de órgãos desta, lesarem terceiros por uma falta cometida nos limites psicológicos da função, a pessoa jurídica será responsável. Não cabe indagar se houve culpa do funcionário, mas apurar se houve falha no serviço. Se o prejuízo adveio de um fato material, do funcionamento passivo do serviço público, embora sem culpa pessoal, de um mero acidente administrativo ou de uma irregularidade de apuração objetiva, é o bastante para que tenha lugar a indenização. Assim, o lesado tem direito à reparação não apenas quando houver culpa do funcionário, mas também quando ocorrer prejuízo em razão de fato objetivo, irregularidade material, acidente administrativo ou culpa anônima do serviço. Haveria uma responsabilidade subjetiva fundada na culpa administrativa, caracterizada pela falta do serviço público, por seu mau funcionamento, não funcionamento ou tardio funcionamento.

c) A do *risco integral*, pela qual cabe indenização estatal de todos os danos causados por comportamentos comissivos dos funcionários a direitos de particulares. O risco é o fundamento da responsabilidade civil do Estado por comportamentos administrativos comissivos, exigindo tão somente nexo causal entre a lesão e o ato, ainda que regular, do agente do poder público. Trata-se da responsabilidade objetiva do Estado, bastando a comprovação da existência do prejuízo[130] (*RT, 549*:107, *455*:81, *574*:129, *567*:106, *573*:253, *553*:89, *578*:233, *577*:144, *579*:164; *Ciência Jurídica, 67*:111 e 229).

Esta última, para alguns autores, foi a adotada pelo direito brasileiro, no que concerne a atos comissivos do funcionário, pois o art. 43 do Código Civil, que dispõe que "as pessoas jurídicas de direito público interno são civilmente responsáveis por atos dos seus agentes que nessa qualidade causem danos a terceiros, ressalvado direito regressivo contra os causadores do dano, se houver, por parte destes, culpa ou dolo". Segue o art. 37, § 6º, da Constituição Federal de 1988, que assim preceitua: "As pessoas jurídicas de direito público e as de direito privado prestadoras de serviços públicos res-

---

130. É o que nos ensina: W. Barros Monteiro, op. cit., v. 1, p. 110 e 115. Sobre o tema: Celso Antônio Bandeira de Mello, *Elementos de direito administrativo*, Revista dos Tribunais, 1979, Cap. IX; Aguiar Dias, op. cit., v. 2, Tít. V; Jean Rivero, *Droit administratif*, 3. ed., Paris, Dalloz, 1965, p. 238; Paul Duez, *La responsabilité de la puissance publique*, Paris, 1927; M. Helena Diniz, *Curso*, cit., v. 1, p. 119 e 120; Martinho Garcez Neto, op. cit., p. 167; Silvio Rodrigues, op. cit., v. 4, p. 91-5; Sérgio de Andréa Ferreira, op. cit., p. 280; Celso R. Bastos, Responsabilidade pessoal do dirigente de órgão ou entidade da administração pública, *Revista de Direito Constitucional e Internacional, 44*:261-78; C. Giolo Junior, As origens e a classificação da responsabilidade civil, *Revista Síntese de Direito Civil e Processual Civil, 31*:136. Julgados atinentes à responsabilidade civil do Estado: *RT, 782*:235, *780*:348, *745*:278, *759*:417, *765*:88, *779*:328, *778*:243, *622*:188, *621*:86, *616*:44, *582*:117, *571*:82, *586*:126, *515*:64, *151*:650, *156*:688, *199*:311, *522*:77, *222*:273, *229*:130, *507*:84, *234*:158, *238*:162, *251*:522, *519*:72, *133*:532, *229*:491, *231*:203, *130*:617, *517*:168, *177*:123, *224*:598, *511*:224, *255*:328, *247*:490, *263*:239, *238*:245, *518*:115, *502*:77, *135*:160, *150*:363, *189*:242, *258*:127, *193*:870, *209*:482, *465*:87, *523*:95 e 96, *464*:98 e 101, *468*:70 e 86, *512*:104 e 118, *511*:72, 88 e 121, *504*:79, *526*:68, *510*:76 e 204, *520*:126; *RF, 274*:188, *146*:320, *147*:105, *169*:137, *156*:257, *177*:283, *180*:129, *54*:436, *189*:152, *89*:226, *94*:53, *95*:87, *152*:43, *42*:60 e 68, *72*:362, *27*:293, *70*:110, *67*:122, 511 e 728, *94*:355, *113*:399, *117*:406, *48*:589, *110*:144, *25*:65, *95*:87, *85*:77, *45*:38; *RTJ, 55*:516, *69*:180 e 616, *34*:418, *69*:582, *43*:451, *56*:273-83, *48*:136, *33*:720-5, *51*:703, *52*:613, *71*:99, *47*:378; *AJ, 50*:318, *41*:505, *63*:250; *RJTJSP, 28*:93 e 141, *37*:32 e 41, *41*:105, *40*:96, *39*:68, *3*:112, *9*:145, *17*:173, *51*:73. Conforme decidiu o Tribunal de Justiça do Estado do Paraná, é obrigação governamental preservar a intangibilidade física dos alunos, enquanto estes se encontrarem no recinto da escola pública. Incumbe ao Estado o dever de dispensar proteção efetiva a todos os estudantes que se acharem sob a guarda imediata do Poder Público nos estabelecimentos oficiais de ensino. Responde o Estado, portanto, pela indenização decorrente das lesões sofridas pelo aluno (TJPR — Ac. unânime da 1ª Câm. Civ., j. 19-4-2005, Ap. n. 167.073-1). Sobre razoabilidade de uso de algemas e irresponsabilidade civil do Estado: STJ, REsp 571.924/PR — 2003/0132923-3, rel. Min. Castro Meira, 2ª T., j. 24-10-2006. STF, Súmula Vinculante 11: "só é lícito o uso de algemas em casos de resistência e de fundado receio de fuga ou de perigo à integridade física própria ou alheia, por parte do preso ou de terceiros, justificada a excepcionalidade por escrito, sob pena de responsabilidade disciplinar, civil e penal do agente ou da autoridade e de nulidade da prisão ou do ato processual a que se refere, sem prejuízo da responsabilidade civil do Estado".

ponderão pelos danos que seus agentes, nessa qualidade, causarem a terceiros, assegurado o direito de regresso contra o responsável nos casos de dolo ou culpa". Com essas assertivas a Constituição e o Código Civil consagram a ideia de que as pessoas jurídicas de direito público e as de direito privado respondem pelos danos que seus funcionários causem a terceiro, sem distinção da categoria do ato, mas tem ação regressiva contra o agente quando tiver havido culpa deste, de forma a não ser o patrimônio público desfalcado pela sua conduta ilícita. Adota, portanto, nas relações entre o Estado e o administrado a *responsabilidade objetiva da pessoa jurídica de direito público*, por comportamento danoso de seu funcionário, fundada na teoria do risco, segundo a qual basta, para que o Estado responda civilmente, que haja dano, nexo causal com o ato do funcionário e que o funcionário se ache em serviço no momento do evento prejudicial a direito particular, não requerendo a averiguação do dolo ou culpa do agente público, sendo suficiente que, nessa qualidade, tenha causado dano a terceiro. Mas há forte tendência doutrinária, que constitui a maioria, de que tal responsabilidade funda-se na *teoria do risco administrativo* (Hely Lopes Meirelles e Diogenes Gasparini). Hely Lopes Meirelles assim pondera: "A teoria do risco administrativo faz surgir a obrigação de indenizar o dano, só do ato lesivo e injusto causado à vítima pela Administração. Não se exige qualquer falta do serviço público, nem culpa de seus agentes. Basta a lesão, sem o concurso do lesado".

O Estado responderá objetivamente, mas, se condenado a ressarcir dano causado a terceiro por ato lesivo de funcionário, que agiu culposa ou dolosamente, terá ação regressiva contra ele (*RT*, *525*:164, *537*:163, *539*:196). Logo, nas relações entre Estado e funcionário a responsabilidade será, portanto, subjetiva, visto que o direito de regresso da entidade pública contra o agente faltoso baseia-se na culpa deste (CF, art. 37, § 6º).

O lesado poderá, ensina-nos Oswaldo Aranha Bandeira de Mello, propor ação de indenização contra o funcionário, contra o Estado ou contra ambos, como responsáveis solidários nos casos de culpa ou dolo. A Fazenda Pública poderá, quando acionada pela vítima, chamar o agente público à solidariedade passiva, se ele agiu dolosa ou culposamente. O Código de Processo Civil, art. 125, II, é aplicável à responsabilidade estatal, pois a norma constitucional (art. 37, § 6º) não defende o funcionário perante terceiro, mas o administrado e o Estado[131].

---

131. *Vide* Caio M. S. Pereira, op. cit., v. 1, p. 279; M. Helena Diniz, Responsabilidade, cit., p. 68; Celso Antônio Bandeira de Mello, *Ato administrativo*, cit., p. 167-9; Oswaldo

Celso Antônio Bandeira de Mello esclarecia-nos, com apurado raciocínio, diante da 2ª parte do art. 15 do Código Civil de 1916, que no caso de dano causado por comportamento comissivo de "funcionário", isto é, concessionário, delegado de função pública, gestor de negócios públicos, requisitado ou qualquer pessoa que exerça função pública, ainda que eventual, episódica ou transitoriamente, ou por fato da coisa administrativa ou que se encontre sob custódia do Estado (p. ex.: semáforo defeituoso, que causa colisão de veículos, sem que o serviço tenha funcionado mal, pois aquele defeito se deu, p. ex., por caso fortuito), a responsabilidade do Estado é *objetiva*. Há, portanto, uma relação causal entre o dano e seu produtor, pois o preceito constitucional fala em prejuízo causado pelo agente público. Na distinção entre "causa" e "condição" decorrem fundamentais consequências para o correto entendimento do referido dispositivo. Causa é o evento que produz um efeito, e condição, o acontecimento cuja ausência permite a produção do efeito, não gera o efeito, mas sua presença é impediente dele. Donde: sua ausência permite a produção do efeito. Em suma, condição é o evento que não ocorre, mas, se tivesse ocorrido, teria obstado o resultado.

O art. 37, § 6º, da Carta Constitucional reporta-se a comportamento comissivo do Estado, pois só uma atuação positiva pode gerar, causar, produzir um efeito. Logo, para haver responsabilidade objetiva do poder público cumpre que haja um comportamento comissivo, uma vez que sem ele jamais haverá causa. P. ex.: danos decorrentes da insuficiência da vala de escoamento aberta pela administração, em obras de saneamento, que compreendiam desvio do curso de um rio (*RF*, *89*:530); danos causados pela demolição de sepultura sob o pretexto de retificação de alinhamento (*RF*, *89*:775); prejuízos consequentes da mudança de nível de via pública (*RT*, *455*:81; *RJTJRS*, *81*:399; *RF*, *237*:230, *214*:155); lesões oriundas de revogação de alvará para construção; desvalorização de imóveis residenciais situados em ruas em que a Administração, por medida de trânsito, orienta o fluxo

---

Aranha Bandeira de Mello, *Princípios gerais de direito administrativo*, Forense, 1978, v. 2, p. 481-2; Sérgio de Andréa Ferreira, op. cit., p. 281; J. Nascimento Franco, Danos causados por obras públicas, *Tribuna do Direito*, mar. 2004, p. 6; Hely L. Meirelles, *Direito administrativo brasileiro*, p. 601-2; Érico Andrade, *Responsabilidade civil e o direito de regresso*, São Paulo, IOB Thomson, 2005. Constituição do Estado de São Paulo, de 1989, art. 115, XXIX, § 4º. Concessionária de serviço público tem responsabilidade civil e objetiva, fundada na CF, art. 37, § 6º (*RT*, *745*:278), logo o Estado terá responsabilidade subsidiária em caso de exaurir os recursos financeiros da prestadora de serviço público. O Estado só terá responsabilidade direta e solidária se a falta de sua fiscalização for a causa do evento danoso.

de veículos em certo sentido, mediante sistema de mãos e contramãos, acarretando intensificação da circulação naquelas vias. Nos casos de responsabilidade objetiva o Estado só se liberará do dever ressarcitório se faltar o nexo entre o ato comissivo e o dano, isto é, se não causou a lesão que lhe é imputada ou se a situação de risco a ele inculcada não existiu ou foi irrelevante para produzir o prejuízo. P. ex.: se um automóvel particular sofrer avarias por ter batido em veículo militar estacionado. Se o Estado e o lesado concorrerem para o dano, haverá uma atenuação do *quantum* indenizatório, proporcional à participação de cada um na produção do evento lesivo (*RTJ*, *55*:50; *RJTJSP*, *85*:140; *RT*, *455*:74, *550*:106).

Na hipótese de dano por comportamento omissivo a responsabilidade estatal era *subjetiva*, pelo art. 15 do Código Civil de 1916, 2ª parte, por depender de procedimento doloso ou culposo (*RJTJSP*, *61*:92, *17*:173, *47*:125; *RT*, *275*:833, *255*:328, *251*:299, *297*:301, *389*:181, *517*:128, *523*:96, *551*:110), pois os prejuízos não seriam causados pelo Estado, mas por acontecimento alheio a ele, já que omissão seria condição do dano, ou melhor, seria o evento cuja ausência ensejava a ocorrência da lesão.

A omissão, continuava esse ilustre jurista, podia ser uma condição para que outro evento causasse o dano, mas ela mesma (omissão) não podia produzir o efeito danoso. A omissão poderia ter condicionado sua ocorrência, mas não o causou. O Estado respondia por omissão, quando, devendo agir, não o fez, incorrendo no ilícito de deixar obstar aquilo que podia impedir e estava obrigado a fazê-lo. O fato danoso podia consistir em fato da natureza cuja lesividade o poder público não impediu, embora devesse obstá-lo, ou em comportamento material de alguém prejudicial a outrem, cuja lesividade o Estado devia impedir e não o fez, respondendo assim, em ambas as hipóteses, por culpa ou dolo pela omissão, ou melhor, por ato ilícito. Portanto, no caso de dano por comportamento omissivo, a responsabilidade do Estado era *subjetiva* (*RT*, *753*:156), porquanto supunha dolo ou culpa em suas modalidades de negligência, imperícia ou imprudência, embora possa tratar-se de uma culpa não individualizável na pessoa de tal ou qual funcionário, mas atribuída ao serviço estatal genericamente. Tratava-se da culpa anônima ou falta de serviço que ocorria, p. ex., na omissão do Estado em debelar o incêndio (*RJTJRS*, *87*:333), em prevenir as enchentes, por não ter providenciado a canalização de rios ou por ter-se descurado da conservação do serviço de esgotos ou redes pluviais, dando origem a vazamentos e inundações (*RTJ*, *47*:378, *70*:704; *RT*, *445*:100, *511*:116, *530*:70, *528*:74, *544*:80 e 93, *550*:106, *605*:58, *607*:55; *RDA*, *122*:169; *JB*, *152*:228);

em evitar acidentes, por negligenciar na conservação das estradas, de pontes (*RT, 573*:253); ou por falta de sinalização adequada (*RT, 558*:103, *574*:129; *RDA, 31*:289); em prevenir lesões consequentes do rompimento de galerias subterrâneas de escoamento de águas pluviais, quando muito antes reconhecera a administração o seu mau estado, tanto que a repartição competente propusera ao governo a construção de nova galeria (*RF, 67*:731); em obstar um assalto em praças ou vias públicas (CF, arts. 21, XIV e XXII, 22, XXI, 129, VII, e 144; *RT, 178*:123); em evitar obstrução de via pública por favela (*RT, 601*:99); em evitar depredação em estabelecimento comercial ou em propriedade particular por não manter a ordem em certos tumultos, que é condição da ocorrência de um fato lesivo, mas causa não é (*RT, 255*:328, *275*:833, *297*:301, *251*:299; *RF, 112*:329; *AJ, 41*:507; *RDA, 7*:111, *49*:198); em evitar assassinato de detento (*RT, 800*:391, *599*:175, *495*:261); em permitir omissão de serviços médicos, causando doença infecciosa grave (*RF, 89*:169); em não evitar ausência de tratamento, adequado em hospital público, ao paciente que sofreu acidente de trânsito (*BAASP, 2992*: 11); em evitar explosão de petardos (*RDA, 77*:268) com substâncias nocivas à saúde, como tóxicos ou gases lacrimogêneos (*RF, 91*:437); em negligenciar na conservação de grupo escolar, acarretando dano a colegial por queda de beiral, por exemplo (*RT, 407*:61). Em todos esses casos, aplicava-se a teoria da falta de serviço, segundo a qual, como apontamos alhures, não era preciso que houvesse uma identificação de uma culpa individual para a configuração da responsabilidade estatal, que decorreria da *culpa do serviço*, ou melhor, falta de serviço, que não funciona, devendo funcionar; funciona mal ou funciona atrasado. Logo, ensinava-nos esse eminente professor que, em matéria de responsabilidade estatal, por omissão, havia que se aplicar a norma constante na 2ª parte do art. 15 do Código Civil de 1916, segundo a qual: "As pessoas jurídicas de direito público são civilmente responsáveis por atos de seus representantes que nessa qualidade causem danos a terceiros, *procedendo de modo contrário ao direito ou faltando a dever prescrito em lei*" (grifo nosso). Dessa maneira, toda razão tinha Oswaldo Aranha Bandeira de Mello, que há muitos anos já sustentava a responsabilidade objetiva do Estado, nos comportamentos comissivos, e a subjetiva, nos omissivos, quando ponderava: "A responsabilidade do Estado, por omissão, só pode ocorrer na hipótese de culpa anônima, da organização e funcionamento do serviço, que não funciona ou funciona mal ou com atraso, e atinge os usuários do serviço ou os neles interessados". Deveras, se o Estado não agiu, não podia ser o autor do dano, logo, somente se podia responsabilizá-lo se estava obrigado a impedir o dano e não o fez. Era responsável simplesmente porque se descurou da obrigação que lhe cabia, ou melhor, porque não cumpriu o dever legal de obstar o evento danoso. Sua abstenção acarretava a obrigação de indenizar. Ante seu comportamento omissivo lesivo tinha, então, o encargo de suportar patrimonialmente as consequências da lesão. Além da relação entre a omissão estatal e o prejuízo sofrido, era imprescindível, para configurar sua responsabilidade subjetiva, que existisse o dever legal de impedir o evento lesivo, mediante atuação diligente. Realmente, o dever do Estado era evitar omissões, agindo sempre oportunamente, procurando, sobretudo, prever que remediar, removendo concreta e objetivamente tudo que possa ser lesivo ao administrado. Era mister, portanto, que houvesse comportamento lesivo do Estado, por não ter obstado o dano, respondendo por esta incúria, negligência ou deficiência. O Estado eximir-se-ia da responsabilidade se não agisse com culpa ou dolo, se o dano fosse inevitável em razão de força maior (*RTJ*, *78*:243; *RT*, *275*:319, *571*:238, *572*:66) ou estado de necessidade, se houvesse culpa da vítima (*RTJ*, *91*:377; *RT*, *434*:94, *522*:77) ou de terceiro.

Já se decidiu que a força maior (fato da natureza), em regra, é causa excludente de responsabilidade, mas o mesmo não se poderá dizer do caso fortuito. Para que a força maior seja excludente da responsabilidade civil do Estado exige-se que seja comprovadamente irresistível, inevitável e imprevisível para que fique bem caracterizada a inimputabilidade da entidade pública. Igualmente o Estado não responderá quando, ao atuar por estado de necessidade, causar danos, ante a preponderância, nesse caso, de interesses gerais públicos sobre conveniências, bens ou direitos dos particulares. Não haverá responsabilidade civil estatal se houver culpa da vítima concorrendo unicamente para o dano contra si produzido, mas para tanto ao Estado compete a prova da ocorrência da ação culposa do lesado. Assim sendo, se a culpa não for exclusiva da vítima porque o funcionário também concorreu para o evento lesivo, o Estado responderá apenas pela metade dos prejuízos havidos. O Estado ficará isento de responsabilidade se houver ação direta de terceiro, interferindo danosamente na relação jurídica entre particular e poder público e se se comprovar que este último não concorreu para a existência do dano[132].

---

132. *RT*, *178*:123, *407*:66, *447*:76, *490*:112, *434*:193, *454*:252, *530*:70 e 108, *518*:115, *526*:225, *536*:169, *537*:108, *787*:425, *797*:276, *803*:387; *RF*, *89*:135 e 168, *69*:547, *81*:355, *91*:437; *JB*, *170*:205, 182, 277, 240, 200, 125, 229, 288, 141, 231, 251, 197, 255, 177, 262, 171, 219, 244 e 221; *BAASP*, *1867*:116; Paulo Bonavides, As bases principiológicas da responsabilidade do Estado, *Filosofia e teoria geral do direito* (coord. Adeodato e Bittar), São Paulo, Quartier Latin, 2011, p. 991-98; Celso Antônio Bandeira de Mello, Responsabilidade extracontratual do Estado por comportamentos ad-

ministrativos, *Revista da Procuradoria-Geral do Estado de Mato Grosso do Sul*, *1*:11-25, 1979, *Atos administrativos*, cit., p. 132, 133, 145, 146, 156, 157, 158, 166 e 167, *Elementos*, cit., 1980, Cap. IX; Oswaldo Aranha Bandeira de Mello, op. cit., p. 482, 483 e 487; Aguiar Dias, op. cit., v. 2, p. 276; W. Barros Monteiro, op. cit., p. 116 e 117. Consultem, ainda, para maiores esclarecimentos sobre a responsabilidade do Estado: Jean-Arnaud Mazères, *Vehicules administratifs et responsabilité publique*, Paris, 1962; Caio Tácito, Tendências atuais sobre a responsabilidade civil do Estado, *RDA*, *55*:262; Maria do Carmo G. S. Reis, Responsabilidade civil do Estado: Culpa concorrente, *Revista Consulex*, *6*:40-1; René Chapus, *Responsabilité publique et responsabilité privée*, Paris, 1954; Patrício Aylwin, *Manual de derecho administrativo*, Santiago do Chile, 1952; Kuo Yu, *Quelques aspects nouveaux de la responsabilité sans faute de la puissance publique*, Paris, Montchrétien, 1940; Hermano de Sá, Responsabilidade civil do Estado, *RF*, *260*:13542; H. Lasky, The responsibility of the State in England, *Harvard Law Review*, v. 32, n. 5, 1939; Amaro Cavalcanti, *Responsabilidade civil do Estado*, Rio de Janeiro, 1905; R. Marcq, op. cit., n. 261; Valmir Pontes, *Programa de direito administrativo*, 2. ed., Sugestões Literárias, 1968; Sérgio de Andréa Ferreira, op. cit., p. 276-81; Ernesto Rodrigues, Responsabilidade civil do servidor público, *RF*, *256*:125-37; José Augusto Delgado, Responsabilidade civil do Estado pela demora na prestação jurisdicional, *Ajuris*, *29*:21 e 22, 1983; Gaston Jèze, *Principios generales del derecho administrativo*, Buenos Aires, Depalma, 1949, t. 3; Weida Zancaner Brunini, *Da responsabilidade extracontratual da administração pública*, trabalho apresentado para obtenção do título de Especialista em Direito Administrativo da PUCSP, 1979; Agustin A. Gordillo, *Tratado de derecho administrativo*, Buenos Aires, Ed. Macchi Lopes, 1975; Raymond Malezieux, *Manuel de droit administratif*, Paris, Cujas, 1954; Sônia Sterman, *Responsabilidade do Estado*, São Paulo, Revista dos Tribunais, 1992; Francesco Garri, *La responsabilità della pubblica amministrazione*, Torino, UTET; Numa P. do Vale, *Da responsabilidade dos Estados*, São Paulo, 1925; Jesus Leguina Villa, *La responsabilidad civil de la administración pública*, Madrid, Ed. Technos, 1970; Alcino Pinto Falcão, Responsabilidade patrimonial das pessoas jurídicas de direito público, *RDPubl*, v. 11, 1970; Renato Alessi, *L'illecito e la responsabilità civile degli enti pubblici*, 2. ed., Milano, Giuffrè, 1972; Juan Peirano Bugedo, *De la responsabilidad extracontractual del Estado*, Chile, 1967; Julio I. Altamira Gigena, *Responsabilidad del Estado*, Buenos Aires, 1973; Martinho Garcez Neto, op. cit., n. 25, 26 e 27; Cyr Cambier, *La responsabilité de la puissance publique et des ses agents*, Bruxelles, 1947; J. O. Benchetrit, Culpa de omisión, in *Jurisprudencia sobre responsabilidad extracontractual en el derecho público y privado*, La Plata, 1943, t. 1, p. 230; Helena E. Pinto, Critérios de imputação da responsabilidade civil por omissão estatal, *Revista da Escola da Magistratura do TRF-4ª Região*, n. 10, 2018, p. 227-48; G. Cornu, *Responsabilité délictuelle en droit privé et en droit public*, 1951, p. 80 e s.; Adilson de Abreu Dallari, *Regime constitucional dos servidores públicos*, São Paulo, Revista dos Tribunais, 1990, p. 127 a 143; R. Marcq, op. cit., p. 106 e s.; P. Tirad, *De la responsabilité de la puissance publique*, Paris, 1906; A. Gilberti-Messina, *Responsabilità civile dello stato e delle altre personne giuridiche*, Palermo, 1909, p. 17, 18 e s.; Luchet, *La thèse de la competence administrative en matière de responsabilité civile del'État*, Nancy, 1935; Inácio de Carvalho Neto, *Responsabilidade do Estado por atos de seus agentes*, São Paulo, Atlas, 2000; Carlos Alberto Bittar e Carlos Alberto Bittar Filho, *Direito civil constitucional*, São Paulo, Revista dos Tribunais, 2003, p. 180-96; Wallace Paiva Martins Junior, Ensaio sobre a responsabilidade civil extracontratual do Estado, in *Responsabilidade civil*: estudos em homenagem a Rui Geraldo C. Viana, São Paulo, Revista dos Tribunais, 2009, p. 558-75. Ivo Waisberg, Responsabilidade civil do Estado no exercício da regulação da atividade bancária. In: Alexandre Dartanhan de Mello Guerra, Luis Manuel Fonseca Pires, Marcelo Benacchio (coord.). *Responsabilidade civil do Estado*: desafios contemporâneos. São Paulo: Quartier Latin, 2010, p. 791-820. A Lei n. 10.744/2003, art. 1º, dispõe sobre a assunção pela união de responsabilidade civil perante terceiros no caso de atentados terroristas. Sobre processo de ação de responsabilidade civil do Estado, *vide*: *RT*, *74*:557; *RF*, *265*:216; *RT*, *806*:304, *783*:445, *764*:381, *789*:361, *793*:315, *511*:244, *343*:385, *513*:248, *507*:119, *465*:87, *544*:260, *538*:275, *529*:81, *518*:99, *535*:104, *514*:97, *519*:235, *528*:97, *495*:105, *536*:117, *539*:56, *534*:209, *539*:211, *526*:225, *548*:253. Já se decidiu que: "Furto de veículo em via pública — Zona Azul. Administração feita por empresa permissionária. Prestação de serviço público. Remuneração feita por meio de tarifas. Permissão bilateral. Responsabilidade objetiva. Art. 37, § 6º, da Constituição Federal. Prescindibilidade de demonstração de culpa. Dano e nexo causal configurados. Dever de ressarcir" (TJSC. 1ª Câm. de Direito Civil; AC n. 2003.0195688 — Joinville-SC; Rel. Des. Orli Rodrigues; j. 23-11-2004; maioria de votos). "Responsabilidade Civil do Estado — Queda de Pedestre decorrente de Buraco no asfalto — Via Pública malconservada — Responsabilidade Objetiva — Art. 37/CF, § 6º. Responsabilidade civil. Queda e ferimentos de transeunte decorrente de buraco no asfalto. Responsabilidade do município pela má conservação da via pública. Exclusão do ressarcimento por danos materiais de valores relativos à não percepção de vale-refeição e vale-transporte no período de recuperação. Dano moral. Verificação. Responsabilidade objetiva sob a modalidade de risco administrativo. Atenuação da responsabilidade do Estado. Responsável é o Município por danos oriundos de queda de transeunte em rua, por ocasião de buraco no asfalto. Dever de manter as vias públicas em perfeito estado de conservação, respondendo pela falha no serviço público. Tendo a autora permanecido durante o tempo de recuperação em licença, percebendo salários, não faz jus ao recebimento dos valores relativos a vale-transporte e alimentação, tendo em vista que os mesmos objetivam compensar despesas relacionadas com o próprio ato de trabalhar, preservando a intangibilidade do salário. Art. 37, § 6º, da CF/88 consagra a responsabilidade objetiva do Estado sob a modalidade do risco administrativo, e não a do risco integral, de modo que é permitida a atenuação da responsabilidade do ente público quando demonstrada a concorrência de culpa da vítima. Deram provimento em parte ao apelo do réu. Provido o apelo da autora. Mantida a sentença em reexame necessário" (TJ/RS, Ap. e Reex. Necessário n. 70001676345, Comarca de Porto Alegre, Ac. 10ª Câm. Cív., Rel. Des. Jorge Alberto Shereiner Pestana, *DJRS*, 12-4-2002, p. 36). *BAASP*, *2918*:9. Administrativo. Responsabilidade civil do Estado. Indenização. Falecimento. Danos materiais. Pensão mensal. Pagamento de uma só vez. Não cabimento. 1 — Cuida-se, originariamente, de demanda proposta por sucessores de vítima que faleceu em decorrência de disparos de arma de fogo por policiais militares, quando da abordagem ao veículo em que ela se encontrava, no dia 21 de fevereiro de 2000. 2 — O tribunal *a quo* reformou parcialmente a sentença de parcial procedência para condenar o Estado do Paraná ao pagamento de danos materiais e morais. A controvérsia remanescente neste recurso especial diz respeito à pensão mensal incluída na indenização, consoante ao disposto no art. 950 do CC, tendo prevalecido na origem a orientação de que os recorridos têm direito a que a indenização seja arbitrada e paga de uma só vez, nos moldes do respectivo parágrafo único. 3 — O pagamento de uma só vez da pensão por indenização é faculdade estabelecida para a hipótese do *caput* do art. 950 do CC, que se refere apenas a defeito que diminua a capacidade laborativa, não se estendendo aos casos de falecimento (REsp n. 1.230.007-MG, Rel. Min. Castro Meira, 2ª T., *DJe* de 28-2-2011; REsp n. 1.045.775-ES, Rel. Min. Massami Uyeda, 3ª T., *DJe* de 4-8-2009; REsp n. 403.940-TO, Rel. Min. Sálvio de Figueiredo Teixeira, 4ª T., *DJ* de 12-8-2002, p. 221). 4 — Recurso especial provido (STJ — 2ª Turma, REsp n. 1.393.577-PR, Rel. Min. Herman Benjamin, j. 4-2-2014, v.u.). Esclarece J. Nascimento Franco que, p. ex.: "Em virtude de mencionada teoria, os danos resultantes de obras públicas devem ser ressarcidos, ainda que elas tenham sido executadas no interesse da administração ou da comunidade, vale dizer para o bem comum (...) e o poder público precisa computar, na estimativa do custo de suas obras, verba destinada a reparar lesões infligidas a terceiros (...) a administração tem sempre obrigação de indenizar convenientemente a lesão sofrida por alguém, desde que haja completo nexo de causalidade entre o dano material ou moral e uma obra pública, ainda que executada com obediência aos melhores preceitos técnicos e para atender a relevante interesse coletivo". *BAASP – 3011*:11. Dano moral – responsabilidade objetiva do Estado – Aluno lesionado no pátio de escola pública – Legitimidade ativa do pai – Dano por ricochete. 1 – O pai possui legitimidade para requerer compensação por dano moral reflexo, ou por ricochete, em virtude de ofensa à integridade física de seu filho. 2 – O Estado responde objetivamente pelo dano sofrido por estudante da rede pública de ensino lesionado no pátio da escola por seringa com agulha, diga-se de passagem com sinais de sangue – o que ensejou tratamento preventivo contra doenças infectocontagiosas – apanhada por ex-aluno no lixo do centro público de saúde adjacente ao colégio. 3 – A inexistência da segurança devida pela instituição de ensino e pelo posto de saúde foi decisiva para a ocorrência da agressão. Pelo art. 5º, XXXIII, da Constituição Federal de 1988, todos têm o direito de receber dos órgãos públicos informações de seu interesse particular, ou coletivo, que serão prestadas no prazo legal, sob pena de responsabilidade, ressalvadas aquelas cujo sigilo seja imprescindível à segurança da sociedade e do Estado. Com isso, o administrado terá o poder de acompanhar e fiscalizar a atividade da administração pública. Conceder-se-á pelo art. 5º, LXXII, *a* e *b*, *habeas data* para assegurar o conhecimento de informações relativas à pessoa do impetrante, constantes de registros ou bancos de dados de entidades governamentais ou de caráter público e para retificação de dados, quando não se prefira fazê-lo por processo sigiloso, judicial ou administrativo. Com isso o cidadão poderá defender sua *privacidade* no que atina à divulgação de informações pessoais por entidades públicas, evitando eventuais danos que possam acarretar ao indivíduo por informações imprecisas ou deformadas, que, porventura, tenham sido prestadas pelos órgãos públicos, principalmente o policial. *Vide* comentários feitos à Constituição vigente pela equipe do CEPAM. *Vide* Lei n. 8.027/90, que dispõe sobre normas de conduta do servidor público da União, Autarquia e Fundação Pública, e Decreto n. 2.521/98 sobre exploração, mediante permissão e autorização, de serviços de transporte rodoviário interestadual e internacional de passageiros. A Lei n. 10.309/2001, alterada pela Lei n. 10.459/2002, dispõe sobre a assunção pela União de responsabilidades civis perante terceiros no caso de atentados terroristas ou atos de guerra contra aeronaves de empresas aéreas brasileiras. A Lei n. 10.744, de 9 de outubro de 2003, trata da assunção, pela União, de responsabilidades civis perante terceiros no caso de atentados terroristas, atos de guerra ou eventos correlatos contra aeronaves de matrícula brasileira operadas por empresas brasileiras de transporte aéreo público, excluídas as empresas de táxi aéreo. Pela Lei n. 10.875/2004, que altera dispositivos da Lei n. 9.140, de 4 de dezembro de 1995, a qual reconhece como mortas pessoas desaparecidas em razão de participação, ou acusação de participação, em atividades políticas, criando Comissão Especial que, assim como diante da situação política nacional compreendida no período de 2 de setembro de 1961 a 5 de outubro de 1988, tem a atribuição de providenciar indenização aos familiares de pessoas que: por terem participado, ou por terem sido acusadas de participação, em atividades políticas tenham falecido por causas não naturais, em dependências policiais ou assemelhadas; tenham falecido em virtude de repressão policial sofrida em manifestações públicas ou em conflitos armados com agentes do poder público; tenham falecido em decorrência de suicídio praticado na iminência de serem presas ou em decorrência de sequelas psicológicas resultantes de atos de tortura praticados por agentes do poder público. Essa Comissão Especial poderá ser assessorada por funcionários públicos federais, designados pelo Presidente da República, podendo, ainda, solicitar o auxílio das Secretarias de Justiça dos Estados, mediante convênio com a Secretaria Especial dos Direitos Humanos da Presidência da República, se necessário. A Comissão Especial funcionará junto à Secretaria Especial dos Direitos Humanos da

Pelos arts. 43 do atual Código Civil[133] e 37, § 6º, da Constituição Federal, a responsabilidade civil do Estado é, segundo alguns autores, objetiva por comportamentos comissivos ou omissivos de seus funcionários que causem lesão ao administrado. E já houve decisão nesse sentido: "1 — A pessoa jurídica de direito público responde objetivamente pelos danos originados em evento propiciado por conta de omissão específica, quando tinha o dever de agir e impedir o resultado danoso. 2 — A existência de buracos em via municipal configura omissão específica do ente público, em razão da inobservância ao seu dever individualizado de agir para a manutenção do local. Danos Morais. Inocorrência. A queda de veículo de particular em defeito existente na via pública que não origina transtornos de ordem moral, mas meros dissabores e incômodos, não dá azo à obrigação de indenizar a esse título" (*BAASP, 2.649*:1.745-01). Mas, pode-se, ainda, admitir que a tese de Celso Antônio Bandeira de Mello e Oswaldo Aranha Bandeira de Mello não foi afastada pelo teor do art. 43 do vigente *Codex*, visto que se pode acatar a *responsabilidade civil subjetiva* do Estado por dano causado por *atos omissivos* do agente, interpretando-se a palavra *atos*, do referido artigo, no sentido de um agir resultante de *ação* e não no de *omissão*. Logo, em relação às intercorrências omissivas, o lesado deverá provar a alegada falta diante de um dever jurídico de atuar, o que caracteriza comportamento culposo da Administração, gerando a aplicação da teoria subjetiva da responsabilidade.

Presidência da República, que lhe dará o apoio necessário. Reconhecida a morte nas situações acima previstas, as pessoas mencionadas, na mesma ordem e condições, poderão requerer indenização à Comissão Especial. Para o fim de se proceder ao reconhecimento de pessoas que tenham falecido naquelas situações, os legitimados poderão apresentar requerimento perante a Comissão Especial, instruído com informações e documentos que possam comprovar a pretensão, no prazo de cento e vinte dias, contados a partir da data de publicação desta Lei. Os recursos necessários ao cumprimento do disposto nesta Lei advirão de dotações consignadas no orçamento da Secretaria Especial dos Direitos Humanos. Pelo Decreto de 16-12-2004, admite-se o direito à indenização às famílias dos desaparecidos em atividades políticas.

Resolução n. 1/2016 da CEMDP aprova Regimento Interno da Comissão Especial sobre Mortos e Desaparecidos.

133. O Projeto de Lei n. 276/2007, ora arquivado, pretendia alterar a redação do art. 43 do Código Civil para: "As pessoas jurídicas de direito público e as de direito privado prestadoras de serviços públicos responderão pelos danos que seus agentes, nessa qualidade, causarem a terceiros, inclusive aqueles decorrentes da intervenção estatal no domínio econômico, assegurado o direito de regresso contra o responsável nos casos de dolo ou culpa".

A Lei estadual paulista n. 12.799/2008 dispõe sobre Cadastro Informativo dos créditos não quitados de órgãos e entidades estaduais (CADIN estadual) e poderá acarretar, havendo lesão ao beneficiário de crédito do setor público, responsabilidade civil estatal.

Por isso, pode-se dizer, convém repetir, que, como ensina, magistralmente, Celso Antônio Bandeira de Mello, "a responsabilidade por omissão é responsabilidade por comportamento ilícito. E é responsabilidade subjetiva porquanto supõe dolo ou culpa em suas modalidades de negligência, imperícia ou imprudência, embora possa tratar-se de uma culpa não individualizável na pessoa de tal ou qual funcionário, mas atribuída ao serviço estatal genericamente. É a culpa anônima ou *faute de service* dos franceses, entre nós traduzida como *falta de serviço*"[134].

---

134. Consulte: Maria Clara O. Diaz Falavigna, Nexo de causalidade por omissão estatal. *A Fazenda Pública à luz da atual jurisprudência e dos tribunais brasileiros,* coord. Fernando Gaburri e Bento H. Duarte, Curitiba, Juruá, 2011, p. 153-74; Fernando Gaburri, A responsabilidade civil por conduta omissiva do Estado: a busca pelo fundamento jurídico para a aplicação da teoria subjetiva. *A Fazenda Pública,* cit., p. 175-98; Cátia R. L. Sarreta e Gessica P. Bianchi, A responsabilidade civil do Estado por omissão na fiscalização de crimes ambientais, *Argumentum, 16:*155 a 176. *BAASP, 2.718*:5889 — Processo civil e administrativo — Responsabilidade civil do Estado — Acidente de trânsito em rodovia federal — Animal na pista — Violação do art. 535 do CPC — Inocorrência — Legitimidade da União e do DNER — Responsabilidade subjetiva — Omissão — Ocorrência de culpa — Pensionamento — Termo *a quo* — Revisão dos danos morais — Impossibilidade — Proporcionalidade. 1 — Não há violação do art. 535 — hoje art. 1.022 — do CPC quando o Tribunal de origem analisa adequada e suficientemente a controvérsia objeto do Recurso Especial. 2 — Legitimidade do DNER e da União para figurar no polo passivo da Ação. 3 — Caracterizada a culpa do Estado em acidente envolvendo veículo e animal parado no meio da rodovia, pela ausência de policiamento e de vigilância da pista. 4 — O termo *a quo* para o pagamento do pensionamento aos familiares da vítima é a data da ocorrência do óbito. 5 — Manutenção do valor fixado nas instâncias ordinárias por Dano Moral, por não se revelar nem irrisório, nem exorbitante. 6 — Recurso Especial não provido (STJ — 2ª T.; REsp 1.198.534-RS; rel. Min. Eliana Calmon; j. 10-8-2010; v.u.). Responsabilidade civil do Estado pelo dever de preservar a integridade física e moral de aluno em escola pública, cuja quadra esportiva por falta de manutenção lhe provocou lesão facial — *BAASP, 2.714*:1946-05.

BAASP 2989:11. Direito Administrativo — Responsabilidade civil do Estado — Rompimento de barragem — Ausência de monitoramento — Omissão caracterizada — Responsabilidade objetiva do Estado — Danos materiais e danos morais — Verificação do nexo de causalidade — Fixação do valor da indenização — Necessidade de reexame do contexto fático-probatório — Súmula n. 7-STJ. 1 — Na hipótese em exame, a avaliação da culpa do recorrente; a verificação do nexo de causalidade e o arbitramento de novo valor de indenização são questões que demandam o reexame do contexto fático-probatório, o que é inadmissível pelas vias de recurso especial em razão do óbice da Súmula n. 7-STJ. Precedentes. 2 — Agravo regimental não provido.

Não restam dúvidas a respeito da responsabilidade do poder público municipal pela preservação e manutenção de árvores plantadas no passeio público. Embora tenha tentado esquivar-se dessa obrigação, alegando tratar-se de caso fortuito, a Prefeitura Municipal de Bernardino de Campos — SP foi responsabilizada pela queda de uma árvore sobre um automóvel que estava estacionado em via pública. E, por isso, teve de arcar com o pagamento de indenização pelos danos morais e materiais causados ao proprietário do veículo. No acórdão que julgou o recurso de apelação interposto,

Quadro Sinótico

RESPONSABILIDADE CIVIL AQUILIANA DO ESTADO POR ATOS ADMINISTRATIVOS

1. TEORIAS ATINENTES AO FUNDAMENTO DA RESPONSABILIDADE DO ESTADO	• A da culpa administrativa do preposto. • A da falta impessoal do serviço público. • A do risco integral ou a do risco administrativo.
2. RESPONSABILIDADE CIVIL EXTRACONTRATUAL DO ESTADO POR COMPORTAMENTOS ADMINISTRATIVOS NO DIREITO BRASILEIRO	• As pessoas jurídicas de direito público, conforme ensinam Oswaldo Aranha Bandeira de Mello e Celso Antônio Bandeira de Mello, nas suas relações com o administrado, terão: *responsabilidade objetiva*, fundada, segundo alguns autores, no risco integral ou no risco administrativo como prefere a maioria dos doutrinadores, no caso de dano causado por comportamento de funcionário ou por fato da coisa administrativa ou que se encontre sob custódia do Estado (CF, art. 37, § 6º). E será *subjetiva* por dano causado por ato omissivo do agente. Já nas suas relações com o funcionário, será subjetiva a responsabilidade, pois o direito regressivo do Estado contra o agente dependerá da conduta dolosa ou culposa deste (CPC, art. 125, II; CF, art. 37, § 6º; CC, art. 43). Mas ter-se-á *responsabilidade subjetiva* do Estado por dano causado por *ato omissivo* do agente, supondo culpa anônima ou falta de serviço.

---

o Relator enalteceu que "há plena caracterização do nexo de causalidade entre o fato, queda da árvore, o dano causado no veículo do autor e a ausência ou deficiência do serviço público de conservação de logradouro público e seus equipamentos"(Processo n. 0001138-42.2011.8.26.0252, decisão publicada em 22 de novembro de 2013).

Invasão de casa por esgoto, por problema no sistema municipal de esgoto decorrente de omissão do Poder Público, pode dar azo à ação indenizatória contra o município, requerendo compensação econômica pelos danos morais suportados (TJSC, Processo n. 500543-42.2011.8.24.00.25, publicado em 13 de outubro de 2016).

Pelo CJF, Enunciado n. 558 (aprovado na VI Jornada de Direito Civil): "São solidariamente responsáveis pela reparação civil, juntamente com os agentes públicos que praticaram atos de improbidade administrativa, as pessoas, inclusive as jurídicas, que para eles concorreram ou deles se beneficiaram direta ou indiretamente".

C. Responsabilidade estatal por atos legislativos

O poder público não responderá, em regra, por danos resultantes de atos legislativos. Ter-se-ia, então, um caso de irresponsabilidade estatal, baseado nos argumentos de que[135]: *a*) a lei é um ato de soberania, e como tal se impõe a todos, sem que se possa reclamar qualquer compensação; *b*) o ato legislativo cria uma situação jurídica geral, objetiva, impessoal, abstrata, não podendo atingir situação jurídica individual e concreta, pois se aplica a todos e por igual; está, por isso, segundo a maioria da doutrina e jurisprudência, ao abrigo da responsabilidade, salvo se o legislador, expressamente, reconhecer a responsabilidade extracontratual do Estado; *c*) a lei nova não viola direito preexistente; *d*) a determinação da responsabilidade estatal por atos legislativos paralisaria a evolução da atividade legislativa, pois se se impedisse o legislador de desempenhar suas funções, atender-se-ia mais aos interesses particulares, obstando o progresso social; *e*) o prejuízo causado por ato legislativo foi provocado pelo próprio lesado, que, por ser membro da sociedade, elegeu seus representantes para o Parlamento, consequentemente, não se poderá falar em responsabilidade do Estado pelas lesões dele oriundas.

Entretanto, essa regra comporta exceções, pois há hipóteses em que se admite a responsabilidade estatal por lesões resultantes de atividade legislativa, tais como[136]:

---

135. José Joaquim Gomes Canotilho, op. cit., p. 149 e 45; Paul Duez, op. cit., p. 81, 96, 101, 104, 106 e 108; Maria Emília Mendes Alcântara, *Responsabilidade do Estado por atos legislativos e jurisdicionais*, dissertação apresentada na PUCSP, em 1983, para obtenção do grau de mestre, p. 63-7; Aguiar Dias, op. cit., v. 2, n. 213; J. Cretella Jr., Responsabilidade civil do Estado legislador, in *Responsabilidade civil* (*doutrina e jurisprudência*), São Paulo, Saraiva, 1984, p. 169 a 195; José dos Santos Carvalho Filho, Responsabilidade civil do Estado por atos legislativos, *Estudos Jurídicos*, *6*:207-215; Luis Gustavo Pollini, Responsabilidade extracontratual patrimonial do Estado por atos legislativos, *Revista Síntese de Direito Civil e Processual Civil*, *32*:138-60.

136. Maria Emília Mendes Alcântara, op. cit., p. 67-88 e 95 e 96; José Roberto Dromi, *Derecho administrativo económico*, Buenos Aires, Ed. Plus Ultra, 1979, v. 2, p. 683 e 686; Paul Duez, op. cit., p. 100, 110 e 111; Aguiar Dias, op. cit., v. 2, p. 312; Canotilho, op. cit., p. 164, 169 e 170; M. Helena Diniz, Responsabilidade, cit., p. 71; Oswaldo Aranha Bandeira de Mello, *Responsabilidade civil do Estado*, aula proferida no III Curso de Especialização em Direito Administrativo da PUCSP, em 14 set. 1974; Tito Costa, *Responsabilidade de prefeitos e vereadores*, São Paulo, Revista dos Tribunais, 2003.

Sobre responsabilidade de prefeitos e vereadores: Decreto-Lei n. 201/67, com a alteração da Lei n. 11.966/2009.

a) O fato do próprio legislador ter estabelecido a responsabilidade do Estado fixando a indenização na própria lei causadora do prejuízo, embora isso possa suscitar problemas em relação ao *quantum* da indenização.

b) A circunstância de o ato legislativo constitucional ou inconstitucional ter causado imediata ou diretamente lesão, de ordem patrimonial, especial e anormal a um cidadão ou a um grupo de cidadãos, pois a norma constitucional, no art. 37, § 6º, não faz distinções entre atos administrativos, legislativos e jurisdicionais. O Estado responde civilmente por danos causados aos particulares pelo desempenho inconstitucional da função de legislar (STF, RE 153.464-Rel. Celso de Mello; *RDP, 189*:305), desde que tal inconstitucionalidade tenha sido declarada pelo Judiciário. Não poderá haver lei que negue direito à indenização, já que o lesado poderá questionar a sua inconstitucionalidade. Pode a lei constitucional causar dano a particular, gerando a responsabilidade ressarcitória do Estado (*RT, 431*:141), mas para tanto o lesado deverá, p. ex., demandar contra a Fazenda Pública (*RJTJSP, 131*:124; *RTJ, 65*:799). Entretanto, neste caso, pondera Maria Emília Mendes Alcântara, o dano não decorrerá de ato legislativo inconstitucional, mas de ato lícito. A inconstitucionalidade residiria tão somente na negação ao ressarcimento, porém o dano, em si, foi causado por outro dispositivo (constitucional) do mesmo diploma legal. Deveras, sendo a lei uma norma geral, impessoal e abstrata, não poderá provocar sacrifício ressarcível, mas meras vinculações sociais, condicionando o exercício dos direitos dos cidadãos. Porém, mesmo que se aceite esta tese, às vezes, na realidade, a lei tem executividade imediata, atingindo apenas situações particulares, onerando uma pessoa de modo especial e anormal, que sofrerá, então, danos excepcionais resultantes diretamente da lei, caso em que se configurará responsabilidade do Estado por se não ter observado o princípio da isonomia. Se a atividade legislativa não respeitar o princípio da igualdade de todos perante a lei, justifica-se, plenamente, o dever ressarcitório da pessoa jurídica de direito público, que deverá, então, pagar a devida indenização ao lesado. P. ex.: o monopólio instituído por lei, muitas vezes, é apontado pelos juristas como hipótese de ato legislativo constitucional que pode causar dano indenizável pelo Estado (*RT, 431*:141). Se num regime que sempre incentivou a iniciativa privada se promulgar norma que venha monopolizar certa atividade industrial ou comercial, será devida a indenização aos prejudicados. Os atingidos pela lei instituidora do monopólio exerciam suas atividades licitamente, estando protegidos pela lei vigente, portanto, sua situação era protegida juridicamente; com a alteração das condições da prestação daquelas atividades, pois o Estado as assumiu, não seria equânime negar-lhes a recomposição patrimonial, visto que sofreram tratamento especial e desigual por aquele ato legislativo.

c) A ocorrência de dano causado a alguém em razão de ilegalidade ou inconstitucionalidade do ato legislativo, ou melhor, se houver lesão causada por lei inconstitucional, poderá haver responsabilidade estatal. Há, indubitavelmente, possibilidade de normas inconstitucionais que acarretem prejuízos a terceiros, que farão jus a uma indenização do Estado, pois, se o legislador, que tem o dever de obedecer aos ditames constitucionais, os quais não poderá alterar, editar norma inconstitucional lesiva a terceiros, esse seu ato constituir-se-á num dano indenizável. Admitida a responsabilidade estatal por atos legislativos inconstitucionais, os regulamentos ilegais e inconstitucionais ou de execução de leis geram a responsabilidade legislativa. Outrossim, a falta de regulamento, se obrigatório por lei, poderá originar a responsabilidade do Estado. Todavia, para que haja a responsabilidade estatal, será necessária a declaração de inconstitucionalidade da lei que causou o dano (TJSP, *RDA*, *81*:133). Mas, se a inconstitucionalidade do ato legislativo for irrelevante para a produção do evento danoso, que ocorreria de qualquer modo, mesmo se ela fosse constitucional, poder-se-á pleitear uma indenização ao Estado, dando-se àquela lei tratamento de ato constitucional lesivo, não se exigindo para tanto a declaração de sua inconstitucionalidade.

Em que pese a tais considerações, assevera Maria Emília Mendes Alcântara, poder-se-á dizer que, na verdade, para obter o ressarcimento do Estado não será mister averiguar a constitucionalidade ou não do ato legislativo, bastará comprovar o dano e o nexo causal, isto é, sua conexão direta com a atuação do Poder Legislativo, nada obstando que, paralelamente à ação de indenização, se impetre mandado de segurança para impedir a concretização do ataque ao patrimônio privado.

d) A omissão legislativa. P. ex., leciona Canotilho, se o Poder Legislativo não emitiu normas destinadas a dar operatividade prática a direitos garantidos constitucionalmente, a fim de torná-los atuantes, poder-se-á responsabilizar o Estado, desde que haja um prazo fixado para a emanação daquelas normas complementares à Constituição. Sem embargo da opinião desse jurista, há quem ache, como Maria Emília Mendes Alcântara, que o legislador não pode furtar-se a editar lei que torne exequível direito garantido constitucionalmente, pois de que valeria um direito assegurado pela Constituição, se ele não puder ser exercido? Por isso a omissão do legislador por lapso razoável de tempo, isto é, que seja, p. ex., suficiente para permitir a apresentação, tramitação pelas Comissões, discussão e votação de um projeto de lei, permitirá ao lesado propor ação indenizatória contra o Estado, por ser um titular de um direito garantido constitucionalmente, mas impedido de exercê-lo por inércia do legislador. Com a omissão do Poder Legislativo poderá, como ainda sugerem alguns, o lesado obter um pronunciamento judicial que lhe fixe as condições e forma do exercício do direito garantido pela Constituição, suprindo, assim, a ausência da norma complementar.

O Estado que paga a indenização ao lesado terá direito de regresso contra o lesante, mas não haverá tal ação regressiva contra o legislador faltoso, visto que ele se encontra, relativamente aos demais agentes públicos, numa posição mais favorável ante o disposto no art. 53 da Constituição Federal de 1988: "Os Deputados e Senadores são invioláveis, civil e penalmente, por quaisquer de suas opiniões, palavras e votos". Assim sendo, ainda que o legislador apresente ou vote projeto de lei manifestamente inconstitucional, que poderá originar responsabilidade do Estado, não estará sujeito a responder regressivamente. Além disso, como a lei é um ato jurídico complexo, onde, nas palavras de Oswaldo Aranha Bandeira de Mello, "ocorre fusão de vontades ideais de vários órgãos, que funcionam, destarte, como vontade única para formação de um ato jurídico", não há como responsabilizar os membros da Comissão de Constitucionalidade e Justiça, ou os que votaram favoravelmente à aprovação de lei inconstitucional[137].

QUADRO SINÓTICO

RESPONSABILIDADE ESTATAL POR ATOS LEGISLATIVOS

1. ARGUMENTOS JUSTIFICADORES DA TESE DA IRRESPONSABILIDADE DO ESTADO POR ATOS LEGISLATIVOS	• A lei é um ato de soberania que se impõe a todos, sem que se possa reclamar qualquer indenização. • O ato legislativo cria uma situação jurídica geral, objetiva, impessoal, abstrata, não podendo atingir situação jurídica, individual e concreta, pois se aplica a todos por igual, estando por isso ao abrigo da responsabilidade.

137. Maria Emília Mendes Alcântara, op. cit., p. 91 e 92; Oswaldo Aranha Bandeira de Mello, *Princípios*, cit., v. 1, p. 474 e 475; Rafael C. Tannus, Responsabilidade do Estado por leis inconstitucionais, *Revista de Direito Constitucional e Internacional*, *65*:245-73. *Vide*: *RDA*, *8*:133, *20*:42, *56*:243, *144*:162; *RT*, *431*:141; *RJTJSP*, *122*:52, *131*:124.

1. ARGUMENTOS JUSTIFICADORES DA TESE DA IRRESPONSABILIDADE DO ESTADO POR ATOS LEGISLATIVOS	• A lei nova não viola direito preexistente. • A determinação da responsabilidade estatal por atos legislativos paralisaria a evolução da atividade legislativa. • O prejuízo causado por ato legislativo foi provocado pelo lesado que elegeu, como membro da sociedade, os representantes para o Parlamento.
2. CASOS DE RESPONSABILIDADE ESTATAL POR ATOS LEGISLATIVOS LESIVOS	• O fato de o próprio legislador ter fixado a indenização na própria lei causadora do dano. • A circunstância de o ato legislativo constitucional ter causado diretamente lesão de ordem patrimonial, especial ou anormal a um cidadão ou grupo de cidadãos, não observando, assim, o princípio da isonomia. • A ocorrência de dano causado a terceiro por ilegalidade ou inconstitucionalidade do ato legislativo. • A omissão legislativa.
3. AÇÃO REGRESSIVA DO ESTADO	• O Estado que paga indenização a quem foi lesado por ato legislativo lesivo não terá ação regressiva contra o legislador faltoso ante o disposto no art. 53 da CF e ante o fato de ser a lei um ato jurídico complexo.

D. Responsabilidade do Estado por atos jurisdicionais

Na lição de Arruda Alvim a "função jurisdicional é aquela realizada pelo Poder Judiciário, tendo em vista aplicar a lei a uma hipótese controvertida, mediante processo regular, produzindo, afinal, coisa julgada, com o que substitui, definitivamente, a atividade e vontade das partes". Tem a função jurisdicional, segundo Bonnard, "o escopo de suprimir definitivamente as situações contenciosas que possam surgir no decurso dos fatos de formação, de atribuição e de execução do Direito"[138]. Haveria ou não responsabilidade do Estado por danos decorrentes de atos praticados no exercício de função jurisdicional?

Os autores têm resistido à ideia da responsabilidade estatal por atos judiciais argumentando que[139]:

---

138. Arruda Alvim, *Curso de direito processual civil*, Revista dos Tribunais, v. 1, p. 149. *Vide*: Roger Bonnard, *Précis de droit administratif*, 1934, p. 49 e 50.

139. Aguiar Dias, op. cit., v. 2, p. 320-35, n. 214, 214-A, 214-B; Maria Emília Mendes Alcântara, op. cit., p. 20-5. Sobre a responsabilidade estatal por ato jurisdicional, in-

a) o Poder Judiciário é soberano, pois o exercício da função jurisdicional se encontra acima da lei, logo, de sua atuação não poderá resultar responsabilidade do Estado;

b) os juízes agem com absoluta independência, não sofrendo nenhuma pressão que empane sua autonomia funcional. A irresponsabilidade do Estado por ato jurisdicional decorreria da independência funcional da magistratura, pois, se assim não fosse, o órgão judicante poderia se atemorizar ao prolatar as sentenças, pelas consequências que elas poderiam acarretar[140];

c) a responsabilidade patrimonial do Estado imposta pela norma constitucional no art. 37, § 6º, é alusiva a ato danoso praticado por funcionário público. Assim, como o magistrado, tecnicamente, não é funcionário, não

---

teressantes são as obras de: Luis M. Correia, *O Estado e a obrigação de indenizar*, 1930, p. 69 e s.; Carvalho Santos, op. cit., 1934, v. 1, p. 375; P. Ardant, *La responsabilité de l'État du fait de la fonction juridictionelle*, Paris, 1956; Amaro Cavalcanti, op. cit., p. 351 e s.; Gelsi Bidart, Responsabilidade dos juízes no direito uruguaio, *Revista de Processo Civil*, São Paulo, *4*:28, 1964; Mário Moacyr Porto, Responsabilidade do Estado pelos atos de seus juízes, *RT*, *563*:9-14; Edmir Netto de Araújo, *Responsabilidade do Estado por ato jurisdicional*, São Paulo, Revista dos Tribunais, 1981; Volnei Ivo Carlin, A responsabilidade civil do Estado resultante do exercício das funções jurisdicionais, *RT*, *557*:15-26; José A. Delgado, Responsabilidade civil do Estado pela demora na prestação jurisdicional, *Revista da Faculdade de Direito da UF Ceará*, *24*:157-70, 1983; João S. Sé, *Responsabilidade civil do Estado por atos judiciais*, 1976; Jacira Nunes Mourão, Responsabilidade civil do Estado por atos jurisdicionais, *Revista de Direito Civil*, *3*:65, 1982; Luis Antonio de Camargo, *A responsabilidade civil do Estado e o erro judiciário*, Porto Alegre, Síntese, 1999; Luiz Antonio Soares Hentz, Responsabilidade do Estado por prisão indevida, *RT*, *730*:68; Oreste N. de Souza Laspro, *A responsabilidade civil do juiz*, São Paulo, Revista dos Tribunais, 2000; Giovanni E. Nanni, *A responsabilidade civil do juiz*, São Paulo, Max Limonad, 1999; Fabiano André de S. Mendonça, *Responsabilidade civil do Estado por ato judicial violador da isonomia*, São Paulo, Juarez de Oliveira, 2000; Vera Lúcia R. S. Jucovsky, *Responsabilidade civil do Estado pela demora na prestação jurisdicional*, São Paulo, Juarez de Oliveira, 1999; Danielle Annoni, *A responsabilidade do Estado pela demora na prestação jurisdicional*, Rio de Janeiro, Forense, 2003; Lair da Silva Loureiro Filho, Da responsabilidade pública por atividade judiciária no direito brasileiro, *Revista Forense*, *373*:127-53; *RF*, *49*:46, *225*:154, *194*:159, *220*:105-8; *RTJ*, *59*:782, *10*:64, *64*:695; *RT*, *259*:127, *147*:328, *175*:619, *555*:70. "Pretendida indenização por danos morais — Prisão tida por ilegal. Existência de dano ao particular em decorrência de ato jurisdicional. Dever de indenizar do Estado decorrente de ato ilícito no exercício da jurisdição. Dever de compor danos morais. Majoração da indenização. Recurso do autor provido. Recursos oficial e voluntário da Fazenda não providos" (TJSP-3ª Câm. de Direito Público; AC c/ Rev. n. 315.866.5/1-00 — Rio Claro-SP; Rel. Des. Magalhães Coelho; j. 1º-11-2005; v.u.).

140. Castro Nunes, *Da Fazenda Pública em juízo*, Rio de Janeiro, Freitas Bastos, 1950, p. 419.

se poderá invocar este dispositivo constitucional para que o Estado venha a indenizar o lesado por dano oriundo de ato jurisdicional[141];

d) o art. 143 do Código de Processo Civil estatui que o juiz deverá responder, civil e regressivamente, por perdas e danos quando agir dolosa ou fraudulentamente, logo, o Estado será irresponsável pelos atos jurisdicionais. Se assim é, não haverá responsabilidade civil do magistrado pelo fato de ter proferido decisão neste ou naquele sentido reformada pela instância superior (*RJTJSP*, *48*:95);

e) a imutabilidade ou autoridade da coisa julgada, uma vez que se se admitisse a responsabilidade estatal por atos judiciais ter-se-ia que permitir que alguém pedisse uma indenização sob pretexto de que teria havido violação legal e reabrir discussão sobre coisa julgada. Ora, isso é socialmente impossível, por fazer lei entre as partes e constituir presunção de verdade *juris et de jure*. Expressivas são as palavras de Pedro Lessa: "a irresponsabilidade do Poder Público, neste caso, é um corolário fatal da autoridade da 'res judicata'. Ao particular lesado por uma sentença judicial só poderia ser facultada a propositura de uma ação de indenização depois de ter esgotado todos os recursos processuais, mas, depois de esgotados todos esses recursos, a sentença é irretratável"[142]. O Estado não responde pelo fato do juiz porque ele é considerado como fato da lei.

A irresponsabilidade do Estado por atos do Judiciário é extensão da irresponsabilidade legislativa, porque o órgão judicante, ao sentenciar, indica a lei aplicável ao caso *sub judice* e a autoridade das *res judicata* é extensão da autoridade da lei[143].

A tese da irresponsabilidade estatal está, na verdade, perdendo terreno, paulatinamente, não só em razão do princípio da igualdade dos encargos sociais, segundo o qual o lesado fará jus a uma indenização toda vez que sofrer um prejuízo causado pelo funcionamento do serviço público, mas também porque os argumentos em que se baseia não são convincentes, pois[144]:

---

141. Castro Nunes, op. cit., p. 419 e 420.

142. Lino Leme, *Da responsabilidade civil fora do contrato*, 1917, p. 102 e 103; Aguiar Dias, op. cit., v. 2, p. 323; Pedro Lessa, *Do Poder Judiciário*, Rio de Janeiro, Francisco Alves, 1915, p. 164 e 165.

143. Georges Renard, Il concetto istituzionale del regime amministrativo francese, *Rivista di Diritto Pubblico*, 1931, p. 418 e s.

144. É o que escreve: Maria Emília Mendes Alcântara, op. cit., p. 20, 21, 22, 23, 25 e 26. *Vide*, ainda, Aguiar Dias, op. cit., v. 2, p. 334; Léon Duguit, *Traité de droit constitution-*

a) A soberania, no Estado de Direito, é reconhecida à Nação e não a qualquer de seus poderes, em si mesmo. Mesmo que se admitisse a soberania do Judiciário, este fato não exoneraria o Estado do dever de ressarcir danos causados por ato jurisdicional, por não haver autonomia entre soberania e responsabilidade, pois soberania não quer dizer infalibilidade ou irresponsabilidade.

b) A independência da magistratura não é argumento viável para afirmar a irresponsabilidade do Estado, pois é precisamente porque a responsabilidade seria do Estado e não do juiz que a independência deste estaria assegurada. Não há oposição entre a independência do juiz e a responsabilidade estatal, uma vez que esta não atinge, de modo algum, a independência funcional do Magistrado.

c) O termo "agente", empregado no art. 37, § 6º, da nova Constituição, abrange todos os que agem em nome do Estado. Deveras, se assim não fosse, ter-se-ia que excluir a responsabilidade do Estado quando o dano tivesse sido causado por atos de contratados pela legislação trabalhista, já que em sentido específico essas pessoas não são tidas como funcionários, apesar de serem agentes públicos. Reforça essa ideia o seguinte pronunciamento do Min. Aliomar Baleeiro: "... o art. 105 da Constituição Federal de 1967 (correspondente ao art. 107 da EC n. 1/69) abarca em sua aplicação os órgãos e agentes do Estado, como os chefes do Poder Executivo, os Ministros e Secretários de Estado, os Prefeitos, ainda que não sejam funcionários no sentido do Direito Administrativo. E, com maior razão, também os juízes, como agentes do Estado para a função jurisdicional deste, que os coloca sob regime especial de garantias no interesse de tal função. Esse regime especial e a natureza específica de sua atividade não lhes tiram o caráter de funcionários, *lato sensu*" (RE 70.121 — STF — Rel. Min. Djaci Falcão, *RDA*, *114*:298 e *RTJ*, *64*:698). J. Cretella Jr., baseado em Chiovenda, salienta que o juiz é o Estado administrando a justiça, logo, ao Estado não pode ser indiferente o interesse da justiça, e é no magistrado que tal interesse se apresenta e se personifica. O serviço judiciário é, portanto, serviço público, logo, se for lesivo, é serviço danoso do Estado, e, obviamente, este deverá ser responsabilizado. A responsabilidade do Estado por atos judiciais seria uma espécie do gênero responsabilidade do Estado por atos oriundos do serviço públi-

---

nel, 2. ed., v. 3, p. 499; Teissier, *La responsabilité de la puissance publique*, 1906, p. 27; José Augusto Delgado, op. cit., p. 22-9. *Vide* Lei Orgânica da Magistratura Nacional (LC n. 35/79), art. 49.

co, porque o ato judicial é ato de pessoa que exerce o serviço público judiciário. Há uma equiparação do Magistrado, para efeito de responsabilidade, ao funcionário público e do serviço de justiça ao serviço público, numa relação de gênero e espécie[145].

d) A conclusão de que se o Código de Processo Civil, no art. 143, I e II, firmou a responsabilidade pessoal do magistrado foi porque o Estado é irresponsável pelos seus atos lesivos é errônea. Estado e magistrado constituem um todo indissociável; se o juiz causar prejuízo a alguém, p. ex., por demora na prestação jurisdicional, o Estado responderá patrimonialmente, tanto se o dano for causado por culpa, dolo ou fraude do órgão judicante quanto se a demora na prática dos atos jurisdicionais ou a procrastinação no andamento do processo se der por negligência do juiz ou por "falta do serviço", isto é, por deficiência do serviço judiciário.

O art. 5º, XXXV, da Constituição Federal de 1988 não permite que a lei exclua da apreciação do Poder Judiciário qualquer lesão ou ameaça a direito individual. Se ao Estado compete assegurar o pronunciamento judicial sobre qualquer conflito jurídico, ele deve responder por prejuízos oriundos da sua má atuação em fazer aplicar aquele dispositivo constitucional. O escopo da tutela jurisdicional é garantir que o direito objetivo material seja obedecido, por isso o Estado estabelece a obrigatoriedade de o magistrado cumprir certos prazos fixados pelo direito formal como, p. ex., os dos arts. 120, 307, 366, 321, 347, 592, 660, 419, 430 e 723 do Código de Processo Civil. Além disso constitui garantia individual implícita (CF, art. 5º, LIX) a prestação jurisdicional dentro dos prazos fixados legalmente. O Estado deve reparar civilmente o retardamento da entrega da prestação jurisdicional (*RDA*, *20*:42, *90*:141; *RDP*, *57*:58), pois compete-lhe velar pela regularidade dos serviços públicos, respondendo pelos resultados de seu mau funcionamento (*RDA*, *20*:45; *RT*, *147*:333; *RTJ*, *64*:698). Logo, o administrado que foi lesado pela morosidade da justiça, em razão de ineficiência dos serviços forenses ou de indolência dos juízes, pode voltar-se contra o Estado, exigindo a reparação civil pelo dano.

e) A intangibilidade ou irretratabilidade da coisa julgada é insuficiente para justificar a irresponsabilidade estatal por atos judiciais. A autoridade da coisa julgada não constitui um valor absoluto, pois, entre ela e a ideia

---

145. José Cretella Jr., Responsabilidade do Estado por atos judiciais, *Revista da Faculdade de Direito da USP*, *64*:76 e 100, 1969.

de justiça, a última prevalecerá, porque, se a *res judicata* tem por escopo a segurança jurídica e a paz jurídica, estas estarão mais do que respeitadas, se se desfizer uma sentença injusta, reparando-se o lesado de todos os danos que sofreu[146].

Por essas razões poder-se-á afirmar que há responsabilidade do Estado por atos jurisdicionais que tenham causado lesão material ou moral a outrem, que terá, por isso, direito a uma reparação pecuniária porque[147]:

a) O Estado poderá responder civilmente pelos atos lesivos praticados pelos órgãos do Poder Judiciário nos casos expressamente declarados em lei[148].

b) A ação de responsabilidade do Estado não exige distinção entre atos administrativos, legislativos ou jurisdicionais; requer tão somente a prova do dano e de que ele foi causado por ato de agente público. Realmente, tanto a pessoa que teve, p. ex., seu imóvel prejudicado por obra pública quanto a que sofreu dano resultante de ato legislativo, como a que foi injustamente privada de sua liberdade encontram-se na mesma posição jurídica, pois foram oneradas pelas cargas públicas, devido a violação do princípio da legalidade e da isonomia. Daí ser imprescindível restaurar-se o equilíbrio, ressarcindo o lesado, respondendo pelos danos sofridos o Estado.

c) O Código de Processo Penal, no art. 630, e a Constituição Federal, no art. 5º, LXXV, 1ª parte, reconhecem a responsabilidade do Estado por ato jurisdicional, ao conceder indenização ao condenado reabilitado, ou seja, à vítima de erro judiciário, em caso de sentença criminal injusta, prisão preventiva injustificada (*JB, 170*:128), prisão sem motivação aparente (*RT, 511*:88), não relaxamento de prisão ilegal, prisão por engano oriundo de homonímia (*RT, 464*:101) etc. É preciso esclarecer que o julgamento, tanto no crime como no cível, pode consubstanciar-se no erro judiciário, dando origem a uma reparação econômica apurada por arbitramento e paga

---

146. *Vide* Paul Duez, op. cit., p. 147; Juary C. Silva, Responsabilidade civil do Estado por atos jurisdicionais, *RDPubl, 20*:170; Fabiano A. S. Mendonça, *Responsabilidade do Estado por ato judicial violador*, São Paulo, Ed. Juarez de Oliveira, 2000; Luís A. de Camargo, *Responsabilidade civil do Estado e o erro judicial*, Síntese, 1999.

147. Maria Emília Mendes Alcântara, op. cit., p. 21, nota 1 e 27-62; Paul Duez, op. cit., p. 138-49; Aguiar Dias, op. cit., v. 2, p. 320-35; Mário Moacyr Porto, Responsabilidade, cit., p. 9-14; M. Helena Diniz, Responsabilidade, cit., p. 71 e 72; W. Barros Monteiro, op. cit., v. 1, p. 116 e 117; José Cretella Jr., op. cit., p. 73-102. Consulte: JTJ, 200:90; *RT, 752*:319, *749*:285, *728*:325.

148. RE 70.121 — STF, Rel. Min. Djaci Falcão, *RDA, 114*:298.

pelo Estado ao lesado por dano moral e material (*RJTJSP, 137*:238). Assim, apesar da presunção de verdade que cobre a coisa julgada, não obstante a responsabilidade pessoal, civil e penal do juiz, é dever do Estado reparar o dano causado à vítima do erro judiciário. Tal responsabilidade estatal funda-se no risco social, baseando-se, obviamente, não só no princípio da igualdade dos encargos públicos perante o Estado como também no dever estatal de assistência e de solidariedade social. Com a indenização a vítima poderá reingressar na vida social, mas é preciso deixar bem claro que o Estado deverá fazer o possível para restabelecer a situação anterior ao erro judiciário, dando ao condenado injustamente uma reparação patrimonial proporcional à privação da liberdade e às lesões morais e econômicas que sofreu, visto que foi atingido em sua honra, reputação, liberdade, crédito etc. Se o magistrado, que prolatou a sentença impugnada no processo de revisão, agiu com dolo ou culpa, o Estado tem o dever de propor contra ele ação regressiva (CF, art. 37, § 6º)[149].

d) A má-fé, abuso ou desvio de poder do magistrado, por constituírem ato ilícito, dão origem à responsabilidade do Estado, mas o juiz responderá pelo seu ato, na ação regressiva, se agiu com dolo[150].

---

149. Aguiar Dias, op. cit., v. 2, p. 328. *Vide* ainda: Canotilho, op. cit., p. 212; Juan M. Semon, La reparación a las víctimas de los errores judiciales, *Revista del Colegio de Abogados de Buenos Aires*, 1941, p. 67; Bielsa, Las víctimas de los errores judiciales en las causas criminales y el derecho a la reparación, *Revista Universitaria de Ciencias Jurídicas y Sociales*, Buenos Aires, p. 1; Arturo Rocco, *La riparazione alle vitime degli errori giudiziari*, Napoli, 1906, p. 304 e s.; Mário Moacyr Porto, Responsabilidade do Estado pelos atos dos seus juízes, *RT, 563*:14; José Cretella Jr., op. cit., p. 102. Emeric Lévay (O caso dos irmãos Naves: erro judiciário ou crime contra o Judiciário?, *Carta Forense*, p. 11-2) narra caso de latrocínio sem corpo de delito em que os irmãos Naves foram condenados por terem matado o sócio, apropriando-se de vultosa quantia que a vítima tinha recebido como pagamento de partida de arroz, e confessado o crime após tremenda sessão de tortura. Anos depois reaparece viva a vítima, e o Estado foi condenado a pagar indenização pelos danos sofridos. Lair da Silva Loureiro Filho (*Responsabilidade pública por atividade judiciária*, São Paulo, Revista dos Tribunais, 2005) observa que "como risco inerente ao funcionamento da atividade judiciária, o erro pode ocorrer por dolo ou culpa do juiz ou de seus auxiliares, por falha no serviço ainda que anônima. Por equivocada apreciação dos fatos (erro de fato) ou do direito (erro de direito), pela equivocada condução no procedimento (*error in procedendo*), ou pelo equívoco ocorrido no julgamento propriamente dito (*error in judicando*), o juiz proferirá sentença passível de rescisão (civil) ou de revisão (crime), dando azo ao ressarcimento pelos prejuízos sofridos". *Vide RT, 784*:220 e Lei Orgânica da Magistratura Nacional, art. 49; CPC, arts. 93, 226, 228, 233, 235 e 966, I e II; CPP, art. 621.

150. Maria Emília Mendes Alcântara, op. cit., p. 36.

e) A prisão preventiva, se injusta (*RT*, *511*:88; *JTJ*, *Lex*, *225*:87), ou se ordenada por engano (*RT*, *464*:101), como vimos, dará também origem à responsabilidade do Estado, que deverá indenizar os danos dela decorrentes, que poderão ser até tão ou mais graves quanto os do erro judiciário, visto que, se o acusado for absolvido, ao final da instrução criminal, por ausência de prova ou inexistência de crime, verifica-se que em prol do interesse da sociedade, de apurar o crime e seu autor, um cidadão foi onerado, de modo desigual, pelas cargas públicas, logo, nada mais equânime que essa mesma sociedade, isto é, o Estado, que lhe impôs um sacrifício anormal e excepcional, o indenize pelos danos causados no cumprimento do dever de apurar crimes e responsabilidades. O princípio da igualdade dos ônus autoriza ao lesado por ato judicial reclamar reparação patrimonial do Estado. Deveras, se o cidadão que suportou sozinho as consequências danosas do funcionamento de um serviço público ficasse sem indenização, a igualdade dos encargos públicos romper-se-ia[151].

O Estado também indenizará o condenado que ficar preso além do tempo fixado na sentença (CF, art. 5º, LXXV, 2ª parte).

f) A ação de revisão ou de rescisão de sentença, em matéria civil, por estar eivada de vício previsto pelo art. 966 do Código de Processo Civil, desfazendo os efeitos da decisão causadora do dano, também possibilita sua reparação, pois o magistrado, na relação processual, é agente estatal. Em nosso direito há responsabilidade do Estado pelos prejuízos causados pela sentença de mérito, transitada em julgado, rescindida por: ter sido dada por prevaricação, concussão ou corrupção do juiz; ter sido proferida por juiz impedido ou absolutamente incompetente; resultar de dolo ou coação da parte vencedora em detrimento da parte vencida, ou, ainda, de simulação ou colusão entre as partes, a fim de fraudar a lei; ofender a coisa julgada; violar manifestamente norma jurídica; fundar-se em prova, cuja falsidade tenha sido apurada em processo criminal ou seja provada na própria ação rescisória; ter obtido o autor, posteriormente, ao trânsito em julgado, prova nova cuja existência ignorava, ou de que não pôde fazer uso, capaz, por si só, de lhe assegurar pronunciamento favorável, ou seja, ter havido fundamento para invalidar confissão, desistência ou transação em que se baseou a sentença; haver sido fundada em erro de fato verificável do exame dos autos (CPC, art. 966, I, II, IV, V, VI e VIII). Nas hipóteses dos incs. III e

151. Canotilho, op. cit., p. 219 e 222; Aguiar Dias, op. cit., v. 2, p. 327; Maria Emília Mendes Alcântara, op. cit., p. 41, 45 e 46.

VII do art. 966 do Código de Processo Civil, não haverá que se falar em responsabilidade estatal por ato jurisdicional que resultou de dolo da parte vencida ou de colusão entre as partes, a fim de fraudar a lei, ou que só poderia ter tido aquela decisão em razão dos elementos constantes do processo, pois, se, após a sentença, o autor obtiver documento novo, cuja existência ignorava ou de que não podia fazer uso, capaz, por si só, de lhe assegurar o pronunciamento favorável, não se poderá responsabilizar o Estado. Se a ação rescisória for procedente, o lesado deverá propor ação indenizatória visando a reparação do dano. Claro está que, se a rescisão da sentença tiver o condão de eliminar o prejuízo causado, não há que se pleitear o ressarcimento[152].

g) A responsabilidade do juiz nos termos do art. 1.744 do Código Civil e do art. 143 do Código de Processo Civil criam novo caso de responsabilidade do Estado. Deveras, a responsabilidade pessoal do magistrado não contraria nem exclui a do Estado, mas a consagra[153].

h) As decisões e despachos judiciais que não tiverem caráter de *res judicata*, por terminativa do processo, decidindo ou não o mérito da causa, tais como as interlocutórias, as decisões prolatadas em processos de jurisdição graciosa (*RT*, *135*:680), preventivos e preparatórios, os atos de execução da sentença e os atos administrativos em geral do Poder Judiciário, poderão acarretar responsabilidade estatal[154]. Assim sendo, justifica-se a responsabilidade do Estado por danos causados, p. ex., por despacho que nega liminar em mandado de segurança, pois, embora em muitos casos não seja o juiz o causador direto do dano, ao indeferir a liminar, cria condições para que haja a concretização do prejuízo, pela não determinação de garantia da instância, pelo retardamento injustificável da sentença etc.[155].

i) O erro jurídico, ou melhor, a interpretação e a aplicação das leis feitas pelo juiz, se lesivo, poderá dar origem a uma responsabilidade por ato lícito. Realmente, o Código de Processo Civil/73 não fazia mais explicitamente a restrição do art. 800 do Código de Processo Civil/39, que rezava: "a injustiça da sentença e má apreciação da prova ou errônea interpretação

---

152. Maria Emília Mendes Alcântara, op. cit., p. 49; *RT*, *304*:454.

153. *Vide* Aguiar Dias, op. cit., v. 2, p. 334.

154. Oswaldo Aranha Bandeira de Mello, *Responsabilidade civil*, cit.; Alcino de Paula Salazar, *Responsabilidade do poder público por atos judiciais*, 1941, p. 77.

155. Maria Emília Mendes Alcântara, op. cit., p. 51 e 95; Domingos Franciulli Netto, Indenização por retardamento da prestação jurisdicional, *Informativo IASP*, *62*:6-7.

do contrato não autorizam o exercício da ação rescisória". O art. 966 do atual Código de Processo Civil, no inc. V, todavia, faz menção ao erro de direito ao arrolar como razão determinante da rescisão o fato de a sentença ter sido proferida manifestamente contra a norma jurídica[156].

Há ação regressiva do Estado contra o magistrado, ou seja, juiz singular, se este agiu dolosa ou culposamente, mas quanto aos atos jurisdicionais lesivos dos Tribunais não caberá tal ação contra o agente que causou o dano, por serem atos de órgão colegiado, isto é, constituído por várias pessoas físicas que atuam conjuntamente e decidem em colégio. A declaração de vontade resulta das várias vontades individuais, pouco importando que as decisões sejam unânimes, ou majoritárias, pois o *quorum* encerra acidente na formação da vontade. O ato será perfeito desde que haja aprovação pelo *quorum* legalmente admitido. Logo, pelos atos jurisdicionais praticados ou omitidos pelo Tribunal, só o Estado será responsabilizado, não tendo direito regressivo contra qualquer desembargador ou ministro que concorreram para a deliberação viciada, pois estão cobertos pelo manto da irresponsabilidade, mesmo se agiram com dolo ou culpa[157].

---

156. Maria Emília Mendes Alcântara, op. cit., p. 37 e 50. *Consulte*: Oreste Nestor de Souza Laspro, *Responsabilidade civil do juiz*, São Paulo, Revista dos Tribunais, 2000.

157. *Vide* Maria Emília Mendes Alcântara, op. cit., p. 92, 95 e 96; Oswaldo Aranha Bandeira de Mello, *Princípios*, cit., v. 1, p. 474 e 477; Patsy Schlesinger, *Responsabilidade civil do Estado por ato de juiz*, Rio de Janeiro, Forense, 1998; José Cretella Jr., op. cit., p. 102; Mário Moacyr Porto, *Responsabilidade*, cit., p. 14; Mosset Iturraspe e outros, *Responsabilidad de los jueces y del Estado por la actividad judicial*, Argentina, 1988; Mário P. Teófilo Neto, Responsabilidade do Estado por atos jurisdicionais, *Pensar*, *1*:24-35; Augusto do Amaral Deigint, *Responsabilidade do Estado por atos judiciais*, São Paulo, Revista dos Tribunais, 1994; Lair da Silva Loureiro Filho, *Responsabilidade pública por atividade judiciária*, São Paulo, Revista dos Tribunais, 2005. Daniel M. Camargo e Viviane P. R. de Camargo, Responsabilidade civil do Estado por erro judiciário em virtude de prisão indevida (*Estudos contemporâneos de hermenêutica constitucional*), Birigui, Boreal, 2012, p. 242-74. Sobre a responsabilidade estatal por função jurisdicional: *RTJ*, *105*:225, *59*:782, *61*:587, *64*:589; *RT*, *511*:88, *329*:744, *446*:86, *261*:88, *304*:454, *351*:49, *464*:101; *RJTJSP*, *5*:97, *8*:63, *19*:547, *24*:511, *48*:95, *137*:238; *RF*, *220*:105; *JTJ*, *Lex*, *238*:59, *237*:55 e *226*:119. Mário Antônio Lobato de Paiva (Responsabilidade Civil do Estado por danos provenientes de veiculação de dados nos *sites* dos tribunais, *Revista de Direito do Trabalho*, *112*:257-62) observa que muitas implicações negativas advêm à privacidade e intimidade das pessoas, que têm seus dados devassados pelo acesso à *home page* de tribunais, colocando em risco a conquista de emprego. Assim, qualquer empregador que desejar saber se empregado ajuizou reclamação trabalhista poderá, por meio daquele *site*, constatar isso e impedir seu ingresso no quadro dos funcionários da empresa. O acesso só deve ser admitido a advogados. Quem for lesado por tal *site* poderá pleitear, em juízo, a reparação do dano moral e patrimonial pelo Estado (CF, art. 37, § 6º).

Quadro Sinótico

RESPONSABILIDADE DO ESTADO POR ATOS JURISDICIONAIS

1. CONCEITO DE FUNÇÃO JURISDICIONAL	• Segundo Arruda Alvim, a função jurisdicional é aquela realizada pelo Poder Judiciário, tendo em vista aplicar a lei a uma hipótese controvertida, mediante processo regular, produzindo, afinal, coisa julgada, com o que substitui, definitivamente, a atividade e vontade das partes.
2. ARGUMENTOS DA IRRESPONSABILIDADE ESTATAL POR ATO JUDICIAL	• Soberania do Poder Judiciário. • Independência funcional da Magistratura. • Magistrado não pertence ao quadro do funcionalismo público. • Responsabilidade pessoal do juiz preconizada pelo art. 143 do CPC. • Imutabilidade da coisa julgada.
3. OBJEÇÕES À TESE DA IRRESPONSABILIDADE DO ESTADO POR ATOS JURISDICIONAIS	• A soberania é da Nação. • A responsabilidade estatal não atinge a independência funcional do juiz. • O termo "agente" do art. 37, § 6º, da CF/88 abrange todos os que agem em nome do Estado, e o juiz é o Estado administrando a justiça; logo, o serviço de justiça é equiparado ao serviço público, numa relação de gênero e espécie. • O art. 143, I e II, do CPC não exclui a responsabilidade estatal. • A irretratabilidade da coisa julgada é insuficiente para justificar a irresponsabilidade do Estado por ato judicial.
4. TESE DA RESPONSABILIDADE ESTATAL POR ATO JUDICIAL	• Estado responde por atos jurisdicionais danosos nos casos previstos em lei. • Ação de responsabilidade do Estado não reclama distinção entre atos administrativos, legislativos ou jurisdicionais, mas apenas a prova do dano e de que ele foi causado por agente público. • O CPP, no art. 630, reconhece a responsabilidade do Estado por ato jurisdicional por erro judiciário. • Má-fé, abuso ou desvio de poder do magistrado são atos ilícitos e dão origem à responsabilidade estatal. • Prisão preventiva injusta resultará responsabilidade do Estado pelos danos causados.

4. TESE DA RESPONSABILIDADE ESTATAL POR ATO JUDICIAL	• Ação rescisória de sentença, em matéria civil, por estar eivada de vício previsto no CPC, art. 966, I, II, IV, V, VI e VIII, possibilita responsabilidade estatal pela reparação pecuniária ao lesado. • Responsabilidade pessoal do magistrado prevista no CC, art. 1.744, e no CPC, art. 143, não exclui a do Estado. • Decisões e despachos judiciais sem caráter de *res judicata*, decisões prolatadas em processo de jurisdição graciosa, atos de execução de sentença, atos administrativos em geral do Poder Judiciário poderão acarretar responsabilidade do Estado pelos danos que causarem. • Erro de direito, ou melhor, interpretação e aplicação da lei, se lesivo, poderá originar responsabilidade estatal (CPC, art. 966, V).

5. AÇÃO REGRESSIVA	• Em relação ao juiz singular, o Estado que pagou indenização terá ação regressiva contra ele, se ele agiu com culpa ou dolo; mas, quanto aos atos jurisdicionais lesivos do Tribunal, descaberá tal ação, por serem atos de órgão colegiado.

E. Responsabilidade estatal na ordem internacional

Será de bom alvitre traçar algumas linhas sobre a responsabilidade do Estado na ordem internacional.

O Estado responde, como uma unidade, na ordem internacional, até mesmo pelas normas que promulgar ofensivas aos direitos internacionais reconhecidos, pelas nações, aos estrangeiros, residentes ou não no Brasil, sendo por isso, cada vez mais, menos necessário o recurso à intervenção diplomática. Para pedi-la será mister que o estrangeiro que se queixa do dano acarretado por ato de autoridades públicas ou de pessoas privadas de outro país lance mão de todos os meios jurídicos, permitidos no país, para tutelar seus direitos. O princípio acolhido pela maioria dos juristas baseia-se na consideração de que a responsabilidade internacional do Estado perante particulares só ocorre no caso de denegação de justiça, e esta é mera hipótese, quando o particular não a pedir, valendo-se dos meios oferecidos pelo Estado incriminado para a satisfação do prejuízo.

A responsabilidade de direito internacional nasce imediatamente após o evento danoso. Com o esgotamento dos recursos de direito interno, surge o direito formal à interferência diplomática. Assim sendo, a denegação de justiça, identificada como infração do dever internacional de proteção jurídica ao estrangeiro, ou o esgotamento dos recursos jurídicos proporcionados ao queixoso constituem a verdadeira base da responsabilidade internacional do Estado perante particulares, indenizando-os por lesões materiais ou morais ou restabelecendo-os, se possível, ao estado anterior ao evento danoso[158].

158. É o que ensina Aguiar Dias, op. cit., v. 2, n. 211 e 212. Sobre esse assunto *vide*, ainda, as lições de: Hoiger, *La responsabilité internationale des États*, Paris, 1930, p. 370; Raul Fernandes, Responsabilidade do Estado por dano irrogado ao estrangeiro, *RF*, 55:121; M. Helena Diniz, Responsabilidade, cit., p. 70 e 71; Podestá Costa, *La responsabilidad del Estado por daños irrogados a la persona o bienes de extranjeros en luchas civiles*, Havana, 1939; Robert Ago, La regola del previo esaurimento dei ricorsi interni in tema di responsabilità internazionale, in *Archivio di diritto pubblico*, dir. Donati, Padova, 1938, v. 2, p. 181 e s.; Möller, *Responsabilité internationale des États, à raison des crimes au prejudice de l'étranger*, Paris, 1930, p. 172; Anzilloti, *Teoria generale della responsabilità dello Stato nel diritto internazionale*, Firenze, 1902; Giorgio Balladore Pallieri, Gli effetti dell'atto illecito internazionale, *Rivista di Diritto Pubblico*, 1931, p. 64 e s.; Visscher, *La responsabilité des États*, 1924, p. 118. *Vide* Decreto n. 5.035/2004, que regulamenta o disposto na Medida Provisória n. 61, de 16 de agosto de 2002, que dispõe sobre a assunção, pela União, de responsabilidades civis perante terceiros no caso de atentados terroristas, atos de guerra ou eventos correlatos contra aeronaves de matrícula brasileira e operadas por empresas brasileiras de transporte aéreo público, excluídas as empresas de táxi aéreo.

Vide: Carta-Circular n. 3.342, de 2 de outubro de 2008, do BACEN, que dispõe sobre a comunicação de movimentações financeiras ligadas ao terrorismo e ao seu financiamento; Lei n. 13.260, de 16 de março de 2016, que regulamenta o disposto no inciso XLIII do art. 5º da Constituição Federal, disciplinando o terrorismo, tratando de disposições investigatórias e processuais e reformulando o conceito de organização terrorista; e altera as Leis n. 7.960, de 21 de dezembro de 1989, e 12.850, de 2 de agosto de 2013; Instrução Normativa n. 132, de 14 de novembro de 2018, do Departamento de Polícia Federal, que estabelece o procedimento de comunicação de operações de transporte ou guarda de bens, valores ou numerário suspeitas ou que contenham indícios de crimes de lavagem de dinheiro ou de financiamento ao terrorismo a ser efetuado por empresas de transporte de valores; cria a Unidade de Prevenção à Lavagem de Dinheiro e ao Financiamento de Terrorismo em Empresas de Transporte de Valores; e fixa os mecanismos de controle, fiscalização, apuração, instrução e julgamento dos processos administrativos instaurados em razão do descumprimento das obrigações de prevenção à lavagem de dinheiro e ao financiamento de terrorismo pelas empresas de transporte de valores; Lei n. 13.810, de 8 de março de 2019, que dispõe sobre o cumprimento de sanções impostas por resoluções do Conselho de Segurança das Nações Unidas, incluída a indisponibilidade de ativos de pessoas naturais e jurídicas e de entidades, e a designação nacional de pessoas investigadas ou acusadas de terrorismo, de seu financiamento ou de atos a ele correlacionados; e revoga a Lei n. 13.170, de 16 de outubro de 2015; Decreto n. 9.825, de 5 de junho de 2019, que regulamenta a Lei n. 13.810, de 8 de março de 2019, para dispor sobre o cumprimento de sanções impostas por resoluções do Conselho de Segurança das Nações Unidas e por designações de seus comitês de sanções, incluída a indisponibilidade de ativos de pessoas naturais e jurídicas e de entidades, e a designação nacional

Quadro Sinótico

RESPONSABILIDADE ESTATAL NA ORDEM INTERNACIONAL	• O Estado responde, na ordem internacional, pelas normas que promulgar ofensivas aos direitos, internacionalmente reconhecidos pelas nações, aos estrangeiros. • Baseia-se tal responsabilidade na denegação da justiça ou no esgotamento dos recursos jurídicos proporcionados ao queixoso.

de pessoas investigadas ou acusadas de terrorismo, de seu financiamento ou de atos a ele correlacionados; e Resolução n. 31, de 7 de junho de 2019, do Conselho de Controle de Atividades Financeiras, que dispõe sobre os procedimentos a serem observados pelas pessoas físicas e jurídicas reguladas pelo Coaf, na forma do § 1º do art. 14 da Lei n. 9.613, de 3 de março de 1998, para cumprimento de sanções impostas nos termos da Lei n. 13.810, de 8 de março de 2019; e para as comunicações de que trata o art. 11 da Lei n. 9.613, de 3 de março de 1998, relacionadas a terrorismo e seu financiamento.

Bibliografia

ABELLEYRA, Rodolfo de. El derecho a la reparación de los daños patrimoniales que se originan en el homicidio. *La Ley, 114*:959.

ABELLO, Luigi. *Trattato della locazione*. Napoli-Torino, 1915. v. 1.

ABOAF. *L'état de nécessité et la responsabilité délictuelle*. Paris, 1941.

ACOLLAS. *Manuel de droit civil*. v. 2.

ACUNA ANZORENA, Arturo. Personas con derecho a reparación por la muerte de otra. *La Ley, 28*:727.

______. La reparación del agravio moral en el Código Civil. *La Ley, 16*:536.

AGO, Robert. La regola del previo esaurimento dei ricorsi interni in tema di responsabilità internazionale. In: *Archivio di diritto pubblico*. Dir. Donati. Padova, 1938. v. 2.

AGUIAR DIAS, José de. *Da responsabilidade civil*. 6. ed. Rio de Janeiro, Forense, 1979, v. 1 e 2.

______. *Da cláusula de não indenizar*. 2. ed. Rio de Janeiro, 1955.

______. Dano psíquico e dano estético — uma decisão memorável. *Ajuris* — Revista da Associação dos Juízes do Rio Grande do Sul, *29*:64-76.

ALCONADA ARAMBURÚ, Carlos. Daño moral en los contratos. *JA*, 1951, III, p. 48.

ALESSI, Renato. *L'illecito e la responsabilità civile degli enti publice*. 2. ed. Milano, Giuffrè, 1972.

ALMEIDA, Amador Paes de. Responsabilidade dos sócios. In: *Enciclopédia Saraiva do Direito*. v. 65.

ALMEIDA PAIVA, Alfredo. *Aspectos do contrato de empreitada*. Rio de Janeiro, 1955.

ALPA e BESSONE. *La responsabilità civile.* Milano, Giuffrè, 1976.

ALSINA, Jorge Bustamante. *Teoría general de la responsabilidad civil.* 3. ed. Buenos Aires, Abeledo-Perrot, 1980.

ALTAMIRA GIGENA, Julio I. *Responsabilidad del Estado.* Buenos Aires, 1973.

ALTERINI, Atilio Anibal. *Responsabilidad civil.* 2. ed. Buenos Aires, 1979.

______. *El incumplimiento considerado en si propio.* Buenos Aires, Cooperadora de Derecho y Ciencias Sociales, 1963.

ALVES MOREIRA. *Instituições de direito civil português.* v. 2.

ALVIM, Agostinho. *Da inexecução das obrigações e suas consequências.* 5. ed. São Paulo, Saraiva, 1980.

ALVIM, Pedro. *Responsabilidade civil e seguro obrigatório.* São Paulo, Revista dos Tribunais, 1972.

AMARAL MEIRA, Leopoldino. *Ações de indenização ou reparação do dano.* São Paulo, 1937.

AMARAL MONCH, Maria da Conceição do. *As sociedades de economia mista e as empresas públicas;* controle e responsabilidade. Rio de Janeiro, DIN, 1976.

AMBROSINI. Inordinamento giuridico della navigazione aerea. In: *Nuovo Digesto Italiano.* v. 9.

AMERICANO, Jorge. *Do abuso do direito no exercício da demanda.* São Paulo, 1932.

ANDRÉA FERREIRA, Sérgio de. *Direito administrativo didático.* Rio de Janeiro, 1979.

ANGELONI. Sui criteri volutative del danno recato a persone che non svolgono attività retribuitte. *Rivista Giuridica Circ.,* 1952.

ANTUNES VARELA. *Direitos das obrigações.* Rio de Janeiro, Forense, 1977.

______. O abuso do direito no sistema jurídico brasileiro. *Revista de Direito Comparado Luso-Brasileiro.* Rio de Janeiro, Forense, 1982. v. 1.

ANZILLOTI. *Teoria generale della responsabilità dello Stato nel diritto internazionale.* Firenze, 1902.

ARAMENDIA, José Pedro. A reparação do dano moral na doutrina e no Código uruguaio. *RF, 105*:36.

ARANGIO-RUIZ. *Istituzioni di diritto romano.* 14. ed. Napoli, 1960.

ARAÚJO, Edmir Netto de. *Responsabilidade do Estado por ato jurisdicional.* São Paulo, Revista dos Tribunais, 1981.

ARAÚJO, Justino M. Responsabilidade civil pelo fato da coisa. In: *Enciclopédia Saraiva do Direito*. v. 65.

ARAÚJO, Rodolfo. *A autonomia do contrato de transporte e a obrigação de segurança dos passageiros*. 1946.

ARDANT, P. *La responsabilité de l'État du fait de la fonction jurisdictionelle*. Paris, 1956.

ARROSA, Juan Carlos. Responsabilidade civil e transporte gratuito. *RF*, *83*:228.

ARRUDA ALVIM. *Curso de direito processual civil*. Revista dos Tribunais. v. 1.

AUBIN. *Responsabilité délictuelle et responsabilité contractuelle*. Bordeaux, 1897.

AUBRY e RAU. *Cours de droit civil français*. 4. ed. Paris, 1878. t. 4.

AUSSY, Charles. *Mémento du droit d'auteur*. Paris, Ed. Spid, 1948.

AYLWIN, Patrício. *Manual de derecho administrativo*. Santiago do Chile, 1952.

AZÈMA, Jean. *La responsabilité en matière de sports*. Paris, 1934.

AZEVEDO, Philadelpho. *Direito moral do escritor*. Rio de Janeiro, 1930.

AZEVEDO, Vicente de. *Crime — Dano — Reparação*. São Paulo, 1934.

AZZARITI, Gaetano. Il fallimento dell'assicurato contro la responsabilità civile e il diritto del danneggiato. *Assicurazioni*, 1935.

AZZARITI-MARTINEZ. *Diritto civile italiano*. 2. ed. v. 1.

BAHGAT. *La responsabilité du commettant*. 1929.

BALLADORE PALLIERI, Giorgio. Gli effetti dell'atto illecito internazionale. *Rivista di Diritto Pubblico*, 1931, p. 64 e s.

BALLESTER, Eliel C. Rectificación de noticias falsas. *JA*, 1949, III, p. 60.

BANDEIRA DE MELLO, Celso Antônio. *Ato administrativo e direitos dos administrados*. Revista dos Tribunais, 1981.

______. *Apontamentos sobre os agentes e órgãos públicos*. Revista dos Tribunais, 1972.

______. *Elementos de direito administrativo*. Revista dos Tribunais, 1979.

______. Responsabilidade extracontratual do Estado por comportamentos administrativos. *Revista da Procuradoria-Geral do Estado de Mato Grosso do Sul*, *1*:11-25, 1979.

BANDEIRA DE MELLO, Oswaldo Aranha. Conceito de responsabilidade. *RDPubl*, v. 3, 1968.

______. Responsabilidade civil. *RDPubl*, v. 3, 1968.

______. *Princípios gerais de direito administrativo*. Forense, 1978. v. 2.

______. Responsabilidade civil do Estado. Aula proferida no *III Curso de Especialização em Direito Administrativo da PUCSP*, em 14-9-1974.

BAPTISTA, Luiz Olavo. A responsabilidade civil do construtor. *RT*, *470*:18-24.

BARASSI, Ludovico. *La teoria generale delle obbligazioni*. Milano, Giuffrè, 1964. v. 2.

BARBERO, Domenico. *Sistema de derecho privado*. Buenos Aires, 1967. t. 1.

BARONCEA. *Essai sur la faute et le fait du créancier*. Paris, 1930.

BARREIRA CUSTÓDIO, Helita. Dano causado por construção ou edificação. In: *Enciclopédia Saraiva do Direito*. v. 22.

BARROS MONTEIRO, Washington de. *Curso de direito civil*. São Paulo, Saraiva, 1982. v. 1 a 5.

BASSI e RUBINI. *La liquidazioni del danno*. Milano, Giuffrè, 1974.

BATISTA MARTINS, Pedro. *Comentários ao Código de Processo Civil*. Rio de Janeiro, Forense. v. 1.

BAUDRY-LACANTINERIE e BARDE. *Droit civil*; les obligations. 3. ed. 1903.

BAUER. *Droits de la concubine lesée par un accident mortel survenu à son concubin*. Paris, 1935.

BEAUDANT. *Cours de droit civil français*. Paris. v. 1.

BELLUSCIO-ZANNONI. *Código Civil comentado*. Buenos Aires, 1979. t. 2.

BENCHETRIT, J. O. Culpa de omisión. In: *Jurisprudencia sobre responsabilidad extracontractual en el derecho público y privado*. La Plata, 1943. t. 1.

BENOÎT RUL. *Le contrat d'hôtellerie ou rapports juridiques entre l'hôtelier et voyageur*. Paris, Giard et Brière, 1906.

BENUCCI, Eduardo Bonasi. *La responsabilità civile*. Milano, Giuffrè, 1955.

BERRONDO, Horácio B. Acción resarcitoria del daño causado por homicidio. *Jus*, La Plata, 1962.

BERTIN. *La responsabilité des accidents survenus au cours d'une leçon de conduire automobile*. Paris, 1934.

BESSON, André. *La notion de garde dans la responsabilité du fait des choses*. Paris, 1927.

BETTI. *Teoría general de las obligaciones*. Madrid, 1969. t. 1.

BEUCHER. *La notion actuelle du concubinage, ses effects à l'égard des tiers*. Paris, Sirey, 1932.

BEVILÁQUA, Clóvis. *Código Civil brasileiro*. 1957. v. 5.

______. *Código Civil comentado*. Rio de Janeiro, 1955. v. 4.

______. *Direito das obrigações*. 9. ed.

BIANCA, Massimo C. *Dell'inadempimento delle obbligazione*. Bologna, Zanichelli, 1973.

BIDART. Responsabilidade dos juízes no direito uruguaio. *Revista de Processo Civil*, São Paulo, 1964. v. 4.

BIELSA. Las víctimas de los errores judiciales en las causas criminales y el derecho a la reparación. *Revista Universitaria de Ciencias Jurídicas y Sociales*, Buenos Aires.

BINEY, Pierre. *L'action directe de la victime d'un dommage contre l'assureur*. LGDJ, 1934.

BITTAR, Carlos Alberto. *Responsabilidade civil nas atividades nucleares*. Tese apresentada no concurso de livre-docente em Direito Civil na Faculdade de Direito da USP em 1982.

BITTENCOURT, Mário D. Correa. Responsabilidade do banco sacado pelo pagamento de cheque cujo endosso foi falsificado. *RF*, *255*:455-8.

BLANC JOUVAN. *La responsabilité civile du fait des malades mentaux*. Paris, 1960.

BOFFI BOGGERO, Luís M. *Tratado de las obligaciones*. Buenos Aires, 1973. t. 2.

BOLLACHE. *Les responsabilités de l'entreprise en matière d'accidents du travail*. Paris, 1967.

BONET, Georges. *L'anonymat et le pseudonyme en matière de propriété littéraire et artistique*. Paris, 1966.

BONNARD, Roger. *Précis de droit administratif*. 1934.

BONNECASE. *Précis de droit civil*. 1934. t. 2.

BONVICINI. *Il danno a persona*. Milano, 1958.

______. *La responsabilità civile*. 2. ed. Milano, Giuffrè, 1971. t. 1 e 2.

BORDA, Guillermo A. *Tratado de derecho civil*; obligaciones. 4. ed. Buenos Aires, 1976. t. 2.

BORREL MACIÁ, Antonio. *Responsabilidades derivadas de culpa extracontractual civil.* 2. ed. Barcelona, 1958.

BORRELL SOLLER. *Cumplimiento, encumplimiento y extinción de las obligaciones contractuales civiles.* 1954.

BORRICAND, Jacques. *L'automobile en droit privé.* Paris, 1965.

BOUILLENNE, Robert. *La responsabilité civile extra-contractuelle devant l'évolution du droit.* Bruxelles, Bruylant, 1947.

BOVE, Lucio. Danno. In: *Novissimo Digesto Italiano.* v. 5.

BOVE, Roberto. *Responsabilidade dos gestores das sociedades anônimas.* São Paulo, Revista dos Tribunais, 1958.

BRANDÃO MONTEIRO, José Carlos. Breves comentários à Lei n. 6.024/74. *Revista da OAB* — RJ, *6*:62-3, 1978.

BRASIELLO. *I limiti della responsabilità civile per danni.* Milano, Giuffrè, 1959.

BRASIL, Ávio. *O dano moral no direito brasileiro.* 1944.

BREBBIA, R. H. *La responsabilidad en los accidentes deportivos.* 1962. t. 1.

______. *Hechos y actos jurídicos.* Buenos Aires, 1979. t. 1.

______. *El daño moral.* 2. ed. Rosário, Ed. Orbir, 1967.

BRIGUBLIO. *Lo stato di necessità nel diritto civile.* Padova, 1963.

BRUGI. *Istituzioni di diritto civile italiano.* 4. ed. Milano.

BRUN, André. *Rapports et domaines des responsabilités contractuelle et délictuelle.* Paris, 1931.

BUERES, Alberto J. *Responsabilidad civil de los médicos.* Buenos Aires, 1979.

BUGEDO, Juan Peirano. *De la responsabilidad extracontractual del Estado.* Chile, 1967.

BULGARELLI, Waldirio. Venda à vista de amostras. In: *Enciclopédia Saraiva do Direito.* v. 76.

CABANA e LLOVERAS. La responsabilidad civil del industrial. Régimen de reparación de daños causados por productos elaborados. *El Derecho,* t. 64.

CABRAL, Armando Henrique Dias. *Proteção ambiental e seus instrumentos jurídicos.* Trabalho classificado no Concurso de Monografia — Prêmio de Ecologia Cidade de Curitiba, 1978.

CABRINI, Aldo. I reati in materia automobilistica e il sonno. *Rivista Italiana di Diritto Penale,* 1936.

CAHALI, Yussef Said. Culpa (Direito civil). In: *Enciclopédia Saraiva do Direito*. v. 22.

CAIO TÁCITO. Tendências atuais sobre a responsabilidade civil do Estado. *RDA*, *55*:262.

CALMON DE PASSOS. Responsabilidade do exequente no novo Código de Processo Civil. *RF*, *246*:167 e s.

CAMARA LEAL. *Comentários ao Código de Processo Penal brasileiro*. Rio de Janeiro, 1943. v. 1.

CAMBIER, Cyr. *La responsabilité de la puissance publique et de ses agents*. Bruxelles, 1947.

CAMMAROTA, A. *Responsabilidade extracontratual*. Buenos Aires, Depalma, 1947. v. 1 e 2.

CAMPION. *La théorie de l'abus des droits*. Paris, 1925.

CAMPOAMAR, Clara. Responsabilidade do chefe de família. *Revista de Jurisprudência Argentina*, *74*:109.

CANOTILHO, José Joaquim Gomes. *O problema da responsabilidade do Estado por actos lícitos*. Coimbra, Livr. Almedina, 1947.

CARBONE, Vincenzo. *Il fatto dannoso nella responsabilità civile*. Napoli, Jovene, 1969.

CARBONNIER, Jean. *Droit civil*. Paris, PUF, 1969. v. 1.

CARLIN, Volnei Ivo. A responsabilidade civil do Estado resultante do exercício das funções jurisdicionais. *RT*, *557*:15-26.

CARNEIRO MAIA, Paulo. Juros moratórios. In: *Enciclopédia Saraiva do Direito*. v. 47.

CARNELUTTI. *Il danno e il reato*. Padova, 1930.

______. Sulla distinzione tra colpa contrattuale e extracontrattuale. *Rivista di Diritto Commerciale*, *2*:743, 1912.

CARNEVALI, Ugo. *La responsabilità del produttore*.

CARRAD, Jean. O dano estético e sua reparação. *RF*, *83*:401.

CARRANZA, Jorge A. *El dolo en el derecho civil y comercial*.

______. *Los medios masivos de comunicación y el derecho privado*. Buenos Aires, Ed. Lerner, 1975.

CARREJO, Simon. *Derecho civil*. Bogotá, Ed. Temis, 1972. t. 1.

CARVALHO, João Procópio. A responsabilidade do proprietário em face do direito de construir e das obrigações oriundas da vizinhança. *RF*, v. 144.

CARVALHO DE MENDONÇA. *Contratos no direito civil brasileiro*. Rio de Janeiro, 1911. v. 2.

______. *Doutrina e prática das obrigações*. 4. ed., Rio de Janeiro, 1956. v. 1 e 2.

______. *Tratado de direito comercial*. Rio de Janeiro, Freitas Bastos, 1960. v. 6.

CARVALHO SANTOS. *Código Civil interpretado*. v. 3, 19 e 21.

CASO, Rubén Compagnucci de. *Inmutabilidad de la cláusula penal y la incidencia de la desvalorización monetaria*. La Plata, Ed. Lex, 1979.

CASTELLO BRANCO, Elcir. Dano aquiliano. In: *Enciclopédia Saraiva do Direito*. v. 22.

______. *Do seguro obrigatório da responsabilidade civil*. 1971.

CASTRO NUNES. *Da fazenda pública em juízo*. Rio de Janeiro, Freitas Bastos, 1950.

CAVALCANTI, Amaro. *Responsabilidade civil do Estado*. Rio de Janeiro, 1905.

CAZEAUX e TRIGO REPRESAS. *Derecho de las obligaciones*. La Plata, 1979. t. 1 e 4.

CERIN. Il danno estetico. *Archivio Penale*, 1947.

CHABAS, François. La responsabilité médicale en droit privé. *La nouvelle presse médicale*, v. 7, n. 5, fev. 1978.

CHAIBAN, Claude. *Causes légales d'exonération du transporteur maritime dans le transport de marchandises*. Paris, LGDJ, 1965.

CHAMBOUNIER. *De la responsabilité civile des activités du garagiste*. Lyon, 1964.

CHAPUS, René. *Responsabilité publique et responsabilité privée*. Paris, 1954.

CHATILLON. *Le transport gratuit des personnes en automobile*. Lyon, 1929.

CHAVES, Antônio. Caso fortuito e força maior. *Revista da Faculdade de Direito da USP*, n. 61, 1966.

______. Direitos de autores. In: *Enciclopédia Saraiva do Direito*. v. 26.

______. Esponsais. In: *Enciclopédia Saraiva do Direito*. v. 33.

______. Responsabilidade contratual. In: *Enciclopédia Saraiva do Direito*. v. 65.

______. *Lições de direito civil*. São Paulo, Revista dos Tribunais, 1975. v. 3.

CHEVALIER e BACH. *Droit civil*. Paris, Sirey, 1978.

CHIRONI. *La colpa nel diritto civile odierno.* 2. ed. Torino, Fratelli Bocca, 1903. v. 1.

______. *Colpa extracontrattuale.* v. 2 e 3.

______. *Colpa contrattuale.* 2. ed. Torino, 1897. v. 2.

CICHERO, Nestor. La reparación del daño moral y la reforma civil de 1968. *El Derecho, 66*:172.

CIFUENTES. *Los derechos personalísimos.* Buenos Aires, Córdoba, 1974.

CIGOLINI. *La responsabilità della circolazione ne stradale.* Milano, Giuffrè, 1954.

COELHO, Aristides Pinto. *O que você deve saber sobre a energia nuclear.* Rio de Janeiro, Graphos, 1977.

COELHO DA ROCHA. *Instituições de direito civil português.* v. 1.

COHEN, Marco R. *L'abstention fautive.* Paris, Sirey, 1929.

COLIN e CAPITANT. *Cours élémentaire de droit civil.* 4. ed. Paris, 1924. v. 3.

COLMO. *De las obligaciones en general.* 3. ed.

COLOMBO, Leonardo. Acerca del resarcimiento del daño moral en las obligaciones contractuales. *La Ley, 87*:596.

______. *La culpa aquiliana.* Buenos Aires, 1965.

______. Las lesiones que atentan contra la estética personal de la víctima, consideradas como daños materiales y morales. *La Ley, 29*:778.

COMMENT, Albert. *De la demeure du débiteur dans les contrats bilatéraux.* Courtelary, 1924.

COMPORTI, Marco. *Esposizione al pericolo e responsabilità civile.* Napoli, Morano, 1965.

CONSOLO. *Il risarcimento del danno.* Milano, 1908.

______. *Trattato sul risarcimento del danno in materia di delitti e quasi-delitti.* 2. ed. Torino, 1914.

CONTIERI, E. *Lo stato di necessità.* Milano, 1939.

COPPENS, Pierre. *L'abus de majorité dans les sociétés anonymes.* 2. ed. Louvain, 1955.

COQUOZ, R. *Droit international privé aérien.* Paris.

CORNU. *Étude comparée de la responsabilité délictuelle en droit privé et en droit public.* Paris, 1951.

CORREIA, Luis M. *O Estado e a obrigação de indenizar.* 1930.

COSTA, José Rubens. Da responsabilidade civil contratual e delitual. *RF, 256*:116.

COSTA JR., João B. de O. e. Deformidade permanente-II. In: *Enciclopédia Saraiva do Direito*. v. 23.

COUCOUREUX. *Des délits et des quasi-délits imputables à plusieurs personnes*. Toulouse, 1903.

COX, James. Penal clauses and liquidated damages: a comparative survey. *Tulane Law Review, 33*(1):190, 1958.

COZZI. *La responsabilità civile per danni de cose*. CEDAM, 1935.

CRETELLA JR., José. *Dano*. In: *Enciclopédia Saraiva do Direito*. v. 22.

______. Caso fortuito. In: *Enciclopédia Saraiva do Direito*. v. 13.

______. Responsabilidade do Estado por atos judiciais. *Revista da Faculdade de Direito da USP, 64*:76 e s., 1969.

CRUSELLAS, Eduardo L. G. *La protección de las minorías en las sociedades anónimas*. Buenos Aires, 1959.

CUELLO CALÓN, Eugenio. *Derecho penal*. 14. ed. Barcelona, 1975. t. 2 e 3.

CUNHA, Sérgio Sérvulo da. Responsabilidade civil dos proprietários de veículos automotores — Seguro obrigatório. *RT, 447*:25-31.

CUNHA BARRETO. O problema da responsabilidade nas relações de vizinhança. *RF, 82*:31 e s.

CUNHA DE SÁ. *Abuso do direito*. 1973.

CUNHA GONÇALVES, Luiz da. *Princípios de direito civil luso-brasileiro*. v. 2.

______. *Tratado de direito civil português*. Coimbra, 1937. v. 11.

DABIN. L'abus du droit et la responsabilité dans l'exercise des droits. In: *La belgique judiciaire*. 1921.

DAIBERT, J. *Direito das coisas*. 2. ed. Rio de Janeiro, Forense, 1979.

DANNAY, Richard. A guide to the drafting and negotiation of book publication contracts. *Bulletin of the Copyright Society*, v. 15, n. 5, 1968.

DASSEN, Julio. Daños causados por la muerte de una persona. Quien tiene derecho a su reparación. *La Ley, 1*:687 e s.

DAVID, Simone. *Responsabilité civile et risque professionnel*. Bruxelles, 1958.

DE CUPIS, Adriano. *El daño*. Barcelona, 1975.

______. Il diritto dell'editore. *Rivista del Diritto Commerciale*, 1968, p. 89-106.

______. Resarcibilità del danno morale. *Rivista Critica di Infortunistica*. Milano, 1933.

DEGNI, Francesco. *Le persone fisiche e diritti della personalità*. Torino, 1939.

______. *Il diritto di famiglia nel nuovo Codice Civile italiano*. Padova, CEDAM, 1943.

DEKKERS, René. *Précis de droit civil belge*. Bruxelles, 1955. v. 2.

DELGADO, José Augusto. Responsabilidade civil do Estado pela demora na prestação jurisdicional. *Ajuris* — Revista da Associação dos Juízes do Rio Grande do Sul, n. 29, 1983.

DELIYANNIS. *La notion d'acte illicite*. Paris, 1952.

DELVAUX, Jean. *Droits et obligations des architectes*. Paris-Bruxelles, 1940.

DEMAIN, Bernard. *La liquidation des biens des concubins*. Paris.

DEMOGUE, René. *Traité des obligations en général*. 1928. v. 4.

______. *De la réparation civile des délits* (ouvrage couronné pour la Faculté de Droit de l'Université de Paris). 1898.

DEMOLOMBE. *Cours de Code Napoléon*. Paris, 1876. v. 12.

______. *Traité des servitudes*. t. 2.

DE PAGE, Henri. *Traité élémentaire de droit civil belge*. 2. ed. Bruxelles. v. 2.

DESANTES, José Maria. *La relación contractual entre el autor y el editor*. Pamplona, 1968.

DESCHAMPS, Jacques. *La responsabilité du locataire et l'assurance du risque locatif*. Paris, 1945.

DESCHIZEAUX. *Influence du fait de la victime sur la responsabilité civile délictuelle*. Grenoble, 1934.

DEVOTO, Luigi. *L'imputabilità e le sue forme nel diritto civile*. Milano, Giuffrè, 1964.

DIAS, Adahyl Lourenço. *A concubina e o direito brasileiro*. São Paulo, Freitas Bastos, 1961.

DIAZ, Guillermo. *La inmutabilidad de la cláusula penal*. Buenos Aires, Ed. Ateneo.

DIDONET NETO, João. A responsabilidade civil é independente da criminal. *Revista do Ministério Público*. Porto Alegre, ano 2, n. 5.

DI MARTINO, Vittorio. *La responsabilità civile nella attività pericolose e nucleari*. Milano, Giuffrè, 1979.

DINIZ, Maria Helena. Responsabilidade civil das pessoas jurídicas. *Revista da Procuradoria-Geral do Estado do Ceará*, *4*:65 e s., 1981.

DOMINGUES ANDRADE, Manuel. *Teoria geral da relação jurídica*. Coimbra, 1974. v. 1.

DOURADO DE GUSMÃO, Paulo. *Introdução à ciência do direito*. Rio de Janeiro, Forense, 1956.

DOWER, Nelson G. Bassil. *Curso renovado de direito civil*. São Paulo, Nelpa, 1973. v. 4.

DRAKIDÈS, Philippe. *Du principe en vertu duquel la solidarité ne se présume pas*. Paris, Sirey.

DROMI, José Roberto. *Derecho administrativo económico*. Buenos Aires, Ed. Plus Ultra, 1979. t. 2.

DUEZ, Paul. *La responsabilité de la puissance publique*. Paris, 1927.

DUGUIT, Léon. *Traité de droit constitutionnel*. 2. ed. v. 3.

DU PASQUIER. *Introduction à la théorie générale et à la philosophie du droit*. n. 135.

DU PONTAVICE. *Réglementation relative à la pollution des eaux douces et des eaux maritimes dans les Pays Méditérranéens*. 1972.

DUVAL, Hernando. *A publicidade e a lei*.

EAGLETON. *The responsibility of States in international law*. New York, 1932.

ENNECCERUS. *Tratado de derecho civil*. Barcelona, Bosch, 1953. v. 2.

ESMEIN, Paul. Le fondement de la responsabilité contractuelle. *Rev. Trim. de Droit Civil*, *32*:640 e s., 1933.

______. *La commercialisation du dommage moral*. Dalloz, 1954.

ESPÍNOLA. *Sistema do direito civil brasileiro*. v. 2.

______. *Dos contratos nominados no direito civil brasileiro*.

FACIO, Jorge Peirano. *Responsabilidade extracontractual*. Montevideo, Ed. Barreiro & Ramso, 1951.

FALCÃO, Alcino Pinto. Responsabilidade patrimonial das pessoas jurídicas de direito público. *RDPubl*, v. 11, 1970.

FALQUE. La responsabilité du médecin après l'arrêt du 20 mai 1936. *Revue Critique de Législation et Jurisprudence*, 1937, p. 609 e s.

FARINA, Juan M. Damnificado directo e indirecto. In: *Enciclopedia Jurídica Omeba*. t. 5.

FERNÁNDEZ DE MOREDA, Francisco Blaseo. La extinción de responsabilidad por subsinguiente matrimonio entre el culpable y la víctima. *La Ley, 78*:714.

FERRARA, Luigi Cariota. *Il negozio giuridico nel diritto privato italiano*. Napoli, Morano.

FERREIRA, Waldemar. *Instituições de direito comercial*. v. 2.

FERRES. *Du fondement et du caractère de la responsabilité juridique du médecin*. Paris, 1934.

FERRONNIÈRE, Jacques. *Les opérations de banque*. 4. ed. Paris, Dalloz, 1963.

FISCHER, Hans Albrecht. *Reparação dos danos no direito civil*. São Paulo, 1938.

FLEURY, Marthe. *Le droit et les obligations des éditeurs*. Paris, 1938.

FLOUR, Jacques. *Les rapports des commettants à préposé dans l'art. 1.384 du Code Civil*. Paris, 1911.

FONSECA, Arnoldo Medeiros da. *Caso fortuito e teoria da imprevisão*. 3. ed. Rio de Janeiro, Forense, 1958.

FORCHIELLI. *Il rapporto di causalità nell'illecito civile*. Padova, 1960.

FORGE, Robert. *De la responsabilité du fait du bâtiment*. Paris, Jouve, 1909.

FORNACIARI, Clito. Substabelecimento do mandato. In: *Enciclopédia Saraiva do Direito*. v. 51.

FREITAS GOMES, Luiz Roldão de. Da responsabilidade civil dos administradores de instituições financeiras privadas em regime de intervenção ou liquidação extrajudicial no Brasil. *Revista de Direito Comparado Luso-Brasileiro*, v. 2.

FROMAGEOT, Henri. *De la faute comme source de la responsabilité en droit privé*. Paris, A. Rousseau, 1891.

FROSSI, Luigi. Concubinato. In: Scialoja. *Dizionario pratico del diritto privato*. v. 2.

FUBINI. *Il contratto di locazione di cose*. Milano, 1917. v. 1.

FUEYO LANERI, Fernando. *Derecho de familia*. Valparaíso, Ed. Universo, 1959.

FULGÊNCIO, Tito. *Das modalidades das obrigações*. 2. ed.

FUZIER, Herman. *Code Civil annoté*. Paris. v. 4.

GABBA. *Questioni di diritto civile*. 2. ed. Torino, 1911. v. 2.

GALLI, Enrique V. Agravio moral. In: *Enciclopedia Jurídica Omeba*. t. 1.

GAMA CERQUEIRA, João da. *Tratado da propriedade industrial*. Rio de Janeiro, Forense, 1946.

GANDELMAN, Henrique. *Guia básico de direitos autorais*. Rio de Janeiro, Globo, 1982.

GARCEZ NETO, Martinho. *Prática da responsabilidade civil*. 3. ed. São Paulo, Saraiva, 1975.

GARDENAT e SALMON-RICCI. *De la responsabilité civile*. 1927.

GARRI, Francesco. *La responsabilità della pubblica amministrazione*. Torino.

GASCA. *Compra-vendita*. 2. ed. Torino, 1914. v. 2.

GAUDEMET, Eugêne. *Théorie générale des obligations*. Paris, Sirey, 1965.

GAUDILLOT, Albert. *De la responsabilité civile en matière d'automobile*. Paris, Sirey, 1911.

GAVALDA e STOUFFLET. *Le droit de la banque*. Paris, PUF, 1974.

GAVIN, Gérard. *Le droit moral de l'auteur*. Paris, Dalloz.

GENDREL, Michel. Influence de la dépréciation monétaire sur le droit de la responsabilité civile. In: Durand, Paul. *Influence de la dépréciation monétaire sur la vie juridique privée*. Paris, 1961.

GENTILE, Guido. *La responsabilità civile extracontratualle automobilistica*. Milano, Giuffrè, 1952.

GERI. Le attività pericolose e responsabilità. In: *Diritto e pratica nell'assicurazione*. 1961.

GEVERS, Madeleine. *Étude sur les obligations dans la jurisprudence contemporaine*. Bruxelles, 1929.

GILBERTI-MESSINA, A. *Responsabilità civile dello Stato e delle altre persone giuridiche*. Palermo, 1909.

GIOLLA, Piero. *Valutazione del danno alla persona nella responsabilità civile*. Milano, 1967.

GIORGI, Giorgio. *Teoria della obbligazione nel diritto moderno italiano*. 7. ed. Torino, UTET, 1930. v. 2.

GIORGIOANNI. *L'inadempimento*. Milano, 1959.

GIOVANOLI. *Force majeure et cas fortuit*. Genève, 1933.

GIROD, Patrick. *La réparation du dommage écologique*.

GIUSIANA. *Il concetto del danno giuridico*. Milano, 1944.

GIVORD. *La reparación du préjudice moral*. Grenoble, 1938.

GOLDENBERG, Isidoro H. La tutela jurídica de la vida privada. *La Ley*, 1976.

GOLDMAN, Berthold. *De la détermination du gardien responsable du fait des choses inanimées*. Paris, Sirey, 1947.

GOLDSCHMIDT, Roberto. *Problemas jurídicos de la sociedad anónima*. Buenos Aires, 1946.

GOLDSCHMIDT, Simone. *L'obligation de sécurité*. Besançon, 1947.

GOMES, Orlando. *Obrigações*. 4. ed. Rio de Janeiro, Forense, 1976.

______. *Introdução do direito civil*. 3. ed. Rio de Janeiro, Forense, 1971.

______. Direitos da personalidade e responsabilidade civil. *Revista de Direito Comparado Luso-Brasileiro, 2*:9-18.

GOMES DA SILVA. *O dever de prestar e o dever de indenizar*. Lisboa, 1944.

GONÇALVES, Carlos Roberto. *Responsabilidade civil*. 2. ed. São Paulo, Saraiva, 1984.

GONÇALVES DE OLIVEIRA, Antônio. Responsabilidade civil de empresas de transporte — culpa de terceiro. *RF, 237*:54-8.

GORDILLO, Agustín A. *Tratado de derecho administrativo*. Buenos Aires, Ed. Macchi-Lopes, 1975.

GOUVEIA, Jaime Augusto Cardoso. *Da responsabilidade contratual*. 1933.

GOZDAWA-GODLEWSKI. *L'incidence des variations de prix sur le montant des dommages — intérêts dans le droit commun de la responsabilité civile*. Sirey, 1955.

GRAEFF JR., Cristiano. Responsabilidade objetiva dos proprietários de veículos automotores com limitação do valor da indenização. *RT, 467*:11-23.

GRAND MOULIN. *Nature délictuelle de la responsabilité sur violation des obligations contractuelles*. Rennes, 1892.

GRASSETTI. *Diritto delle energie nucleare*. Milano, Giuffrè.

GRAU, Eros Roberto. Proteção jurisdicional do meio ambiente. *O Estado de S. Paulo*, 8 jan. 1984.

GRINOVER, Ada Pellegrini. Tutela jurisdicional do meio ambiente. *Ajuris* — Revista da Associação dos Juízes do Rio Grande do Sul, n. 29, 1983.

GUHIN, Michel A. *Nuclear paradox: security risks of the peaceful atom*. Washington, American Enterprise Institute for Public Police Research, 1976.

GUILLOUARD. *Du contrat de louage*. v. 2.

GUIMARÃES MENEGALE. Responsabilidade profissional do cirurgião-dentista. *RF, 80*:47 e s.

GUIRAUD. *La responsabilité civile en matière d'accidents d'automobiles*. 1932.

HALPERÍN, Isaac. *La acción directa de la víctima contra el asegurador del responsable civil del daño*. Buenos Aires, 1940.

HANNEQUART, Yvon. *Droit civil*. Bruxelles, 1958. v. 2. t. 4.

HARVEN, Pierre. De la responsabilité du fait des choses. In: *Premier Congrès International de l'Association Henri Capitant*. Québec-Montreal, 1931.

HEDEMANN, J. W. *Tratado de derecho privado*; derecho de obligaciones. Madrid, Revista de Derecho Privado, 1958. v. 3.

HENOCH D'AGUIAR. *Responsabilidad civil*. Buenos Aires, 1950. v. 2.

______. *Hechos y actos jurídicos*. Buenos Aires, 1950. t. 3.

HENRI, A. *De la subrogation réelle, conventionelle et légale*. Paris, 1913.

HÉRBRAUD, Pierre. *L'autorité de la chose jugée au criminel sur le civil*. Paris, 1929.

HOIGER. *La responsabilité internationale des États*. Paris, 1930.

HUBERMAN, Carlos E. *La cláusula penal: su reducción judicial*. 1976.

HUDELOT e METMAN. *Des obligations*. 4. ed. Paris, 1908.

HUGUENEY, Pierre. *Responsabilité civile du tiers complice de la violation d'une obligation contractuelle*. Dijon, 1910.

HUSSON, Léon. *Les transformations de la responsabilité*. Paris, PUF, 1947.

JACK, Andrée. Les obligations et la responsabilité du garagiste. *Revue Trimestrielle de Droit Civil*, *23*:653.

JAMES, William. *Princípios de psicologia*. Ed. Glem.

JARDI, Enric. *La responsabilidad civil derivada de acto ilícito*. Barcelona, Bosch, 1958.

JAUFFRET, Camille. *La responsabilité civile en matière d'accidents d'automobiles*. Paris, LGDJ, 1965.

JEMOLO. *Il matrimonio*. Torino, UTET, 1961.

JÉZE, Gaston. *Principios generales del derecho administrativo*. Buenos Aires, Depalma, 1949. t. 3.

JOATTON. *Essai critique sur la théorie générale de la responsabilité civile*. Paris, A. Rousseau, 1933.

JOSER, Rudolf. A proteção da minoria de acionistas nos direitos brasileiro e suíço. *RT*, *442*:2.

JOSSERAND. *Évolutions et actualités*. Paris, Sirey, 1936.

______. *Cours de droit civil positif français.* t. 2.

______. *Les transports.* Paris, 1910.

KARAM, Munir. Responsabilidade civil dos pais pelo fato do filho. In: *Enciclopédia Saraiva do Direito.* v. 65.

KAYSER, Pierre. Les droits de la personnalité; aspects théoriques et pratiques. *Revue Trimestrielle de Droit Civil,* 1971.

KEMELMAJER DE CARLUCCI, Aída. Naturaleza jurídica de la responsabilidad derivada del transporte benévolo de personas. In: *Estudios de derecho civil en homenaje a Moisset de Espanes.* Buenos Aires, 1980.

KONDER COMPARATO, Fábio. Obrigações de meio, de resultado e de garantia. In: *Enciclopédia Saraiva do Direito.* v. 55.

______. A proteção do consumidor: importante capítulo do direito econômico. In: *Ensaios e pareceres de direito empresarial.*

KUO YU. *Quelques aspects nouveaux de la responsabilité sans faute de la puissance publique.* Paris, Montchrétien, 1940.

LACASSAGNE. *Précis de médecine légale.* 2. ed. Paris.

LACERDA DE ALMEIDA. *Obrigações.* 2. ed.

LACOMBE. *De l'autorité de la chose jugée.* Paris. 1860.

LADRET. *Étude critique des méthodes d'évaluation du préjudice corporel.* Paris, 1969.

LAFAILLE, Hector. *Derecho civil;* tratado de las obligaciones. v. 1.

LAFAY. *Étude sur la responsabilité des coauteurs des délits et quasi-délitis civiles.* Lyon, 1902.

LAGOSTENA BASSI e RUBINI. *La liquidazione del danno.* Milano, Giuffrè, 1974.

LALOU, Henri. *Traité pratique de la responsabilité civile.* 5. ed. Paris, 1955.

LAMARQUE. *Responsabilité solidaire des coauteurs d'un délit civil ou pénal.* Paris, 1911.

LARDEUR, Gustave. *Du contrat d'édition en matière littéraire.* Paris, 1893.

LARENZ, Karl. *Derecho de obligaciones.* Madrid, 1959. v. 2.

______. *Allgemeiner Teil des Deutschen Burgerlichen Rechts.* Trad. espanhola da 3. ed. de Miguel Izquierdo y Macias Picavea.

LASKY, H. The responsibility of the State in England. *Harvard Law Review,* v. 32, 1939.

LASÚRTEGUI, Alfonso de los Santos. *Problemas jurídicos de la energía nuclear.* Madrid, 1964.

LAURENT. *Principes de droit civil français*. 5. ed. Bruxelles, Bruylant, 1893. t. 17.

LEEMANS, A. *De la responsabilité civile des avocats*. Paris, A. Rousseau, 1909.

LEFÈVRE. *La responsabilité civile du fait d'autrui et du fait des choses*. Paris, 1941.

_____. *La responsabilité en cas de transport gratuit des personnes par automobile*. Paris, 1927.

LE GOFF, Marcel. *Le droit aérien; traité théorique et pratique*. Paris, Dalloz, 1934.

LÉGON, Fernando. Naturaleza de la reparación del daño moral. *JA, 52*:794.

LEHMAN. *Derecho de familia*. v. 4.

LEITE DE CAMPOS, Diogo José P. *Seguro da responsabilidade civil fundada em acidentes de viação*; da natureza jurídica. Coimbra, 1971.

LENZI. *Il notaio e l'arte notarile*. Pisa, 1949.

LÉON, Pedro. Interés moral y agravio moral. *La Ley, 104*:934.

LEONE. L'imputabilità nella teoria del reato. *Riv. It. Pen.*, 1937.

LE ROY, Max. *L'évaluation du préjudice corporel*. 3. ed. Paris, 1964.

LESSA, Pedro. *Do Poder Judiciário*. Rio de Janeiro, Francisco Alves, 1915.

LEVASSEUR, G. Le transport en taxi ou autre voiture de place. *Annales du Droit et des Sciences Sociales*. 1935. n. 5.

LEVI, Nino. La restituzione. *Rivista di Diritto Privato*, 1935.

LEYAT, Paul. *La responsabilité dans les rapports de voisinage*. Paris, Sirey, 1936.

LI DONNI, Maria Pia. Sulla relevanza giuridica del danno biologico. In: *Il diritto di famiglia e della persona*. Ano II, abr./jun. 1973.

LIMA, Alvino. *Culpa e risco*. São Paulo, Revista dos Tribunais, 1960.

LIMONGI FRANÇA, R. *Manual de direito civil*. 3. ed. Revista dos Tribunais, 1975. v. 1.

_____. Liquidação das obrigações. In: *Enciclopédia Saraiva do Direito*. v. 50.

_____. Caso fortuito e força maior. In: *Enciclopédia Saraiva do Direito*. v. 13.

_____. Ação de responsabilidade fundada na ofensa ao nome civil. In: *Enciclopédia Saraiva do Direito*. v. 3.

_____. Direito do concubinato. In: *Enciclopédia Saraiva do Direito*. v. 26.

_____. Coordenadas fundamentais dos direitos da personalidade. *Revista de Direito Comparado Luso-Brasileiro, 2*:52-6.

LINO LEME. *Da responsabilidade civil fora do contrato.* 1917.

LITVINOFF, Saul. Cláusulas relativas a la exclusión y a la limitación de responsabilidad. *Revista de la Asociación de Derecho Comparado, 1*:97, 1977.

LLAMBÍAS, Jorge J. *Tratado de derecho civil*; obligaciones. 3. ed. Buenos Aires, 1978. t. 1 e 4.

______. La vida humana como valor económico. *JA*, 1974.

______. Responsabilidad objetiva: daños mediatos y daño moral. *La Ley*, 1980, p. 77.

LLERENA. *Concordancias y comentarios del Código Civil argentino.* t. 4.

LOMONACO. *Istituzioni di diritto civile italiano.* v. 5.

LOPES, Helvécio. *Os acidentes do trabalho.*

LOPES, João Batista. Perspectivas atuais da responsabilidade civil no direito brasileiro. *RJTJSP*, Lex, *57*:18.

LOPES DA COSTA, Alfredo de A. *Direito profissional do cirurgião-dentista.* São Paulo, 1928.

LOPES MEIRELLES, Hely. *Direito de construir.* 2. ed. Revista dos Tribunais, 1965.

LOPES VIEIRA. *Medicina judiciária e pericial.*

LOUP, Jean. *La responsabilité des accidents causés par les automobiles.* Paris, 1932.

LUCHET. *La thése de la competence administrative en matière de responsabilité civile de l'État.* Nancy, 1935.

LUTZ. *Erros e acidentes em odontologia.* Rio de Janeiro, 1938.

MACHADO DE FARIA, Ninon. *Responsabilidade civil por danos nucleares.* Rio de Janeiro, Instituto dos Advogados Brasileiros, 1981 (Parecer).

MACHADO PAUPÉRIO, A. Responsabilidade civil e criminal. In: *Enciclopédia Saraiva do Direito.* v. 65.

MAGALHÃES, Teresa Ancona Lopez de. Seguro de responsabilidade-I. In: *Enciclopédia Saraiva do Direito.* v. 67.

MAGAZZU, Andrea. Clausola penale. In: *Enciclopedia del diritto.* Giuffrè, 1960. t. 7.

MAJO GIAQUINTO. *L'esecuzione del contratto.* Milano, Giuffrè, 1965.

MALEZIEUX, Raymond. *Manuel de droit administratif.* Paris, Cujas, 1954.

MANZINI. Furto d'automobile e responsabilità del proprietario per danni nella circolazione. *Rassegna Giuridica de Circolazione Stradale*, 1941.

MARANHÃO, Odon Ramos. Deformidade permanente. In: *Enciclopédia Saraiva do Direito*. v. 23.

MARCADÉ. *Explication théorique et pratique du Code Civil*. 7. ed. Paris, Ed. Delamotte, 1873. t. 4.

MARCQ, R. *La responsabilité de la puissance publique*. Paris, Bruxelles, 1911.

MARKY, Thomas. *Curso elementar de direito romano*. São Paulo, Bushatsky, 1971.

MARTINS, Fran. *Contratos e obrigações comerciais*. 5. ed. Rio de Janeiro, Forense, 1977.

MARTON. *Les fondements de la responsabilité civile*. Paris, Sirey, 1938.

MARTY. La relation de cause et effet comme condition de la responsabilité civile. *Revue Trimestrielle de Droit Civil*, 1939, p. 685 e s.

MARTY e RAYNAUD. *Droit civil*; les obligations. Paris, Sirey, 1962. t. 2.

MATTIA, Fábio M. de. Direito da personalidade: aspectos gerais. *RF*, *262*:79-88.

______. Direitos da personalidade-II. In: *Enciclopédia Saraiva do Direito*. v. 28.

______. *O autor e o editor na obra gráfica*. São Paulo, Saraiva, 1975.

______. *Estudos de direito de autor*. São Paulo, Saraiva, 1975.

MAZEAUD, Henri. Essai de classification des obligations. *Revue Trimestrielle de Droit Civil*, Paris, Sirey, *35*:25, 1936.

MAZEAUD, Léon. Obligation *in solidum* et solidarité entre codébiteurs délictuels. *Revue Critique de Législation et Jurisprudence*, n. 4, 1930.

MAZEAUD e MAZEAUD. *Leçons de droit civil*. Montchrétien, 1956. t. 2.

______. *Traité théorique et pratique de la responsabilité civile*. Paris, Sirey, 1947. v. 1 e 2.

MAZEAUD e TUNC. *Traité de la responsabilité civile*. 5. ed. Montchrétien, 1957. v. 1.

MAZÈRES, Jean-Arnaud. *Véhicules administratifs et responsabilité publique*. Paris, 1962.

MEDEIROS DA FONSECA, Arnoldo. *Caso fortuito e teoria da imprevisão*. 3. ed. Rio de Janeiro, Forense, 1958.

MEIRA, Sílvio A. B. *A Lei das XII Tábuas*; fonte de direito público e privado. 3. ed. Rio de Janeiro, Forense, 1972.

MELLO ALMADA, Ney de. *Manual de direito de família*. São Paulo, Ed. Hemeron.

MELO, Claudineu de. Da responsabilidade civil dos tabeliães. *RT, 557*:261-4.

MELO DA SILVA, Wilson. *Responsabilidade sem culpa*. n. 25 e s.

______. *Dano moral e sua reparação*. Rio de Janeiro, Forense, 1966.

______. Dano estético. In: *Enciclopédia Saraiva do Direito*. v. 22.

______. Dano moral. In: *Enciclopédia Saraiva do Direito*. v. 22.

MENDES ALCÂNTARA, Maria Emília. *Responsabilidade do Estado por atos legislativos e jurisdicionais*. Dissertação de mestrado apresentada na PUCSP em 1983.

MENDILAHARZU, Eduardo F. La imagen de las personas y el derecho de privacidad. *La Ley, 76*:794.

MENGONI. Obbligazioni di risultato ed obbligazioni di mezzi. *Rivista del Diritto Commerciale e del Diritto Generale delle Obbligazioni, 1*:185 e s., 280 e s., 366 e s., 1954.

MESSINEO, Francesco. *Manual de derecho civil y comercial*. Buenos Aires, 1954. t. 2 e 6.

MICHALON, André. *La responsabilité des hôteliers*. Paris, 1908.

MINOZZI, Alfredo. *Studio sul danno non patrimoniale (danno morale)*. 3. ed. Milano, SEL, 1917.

MIOC. *La sécurité de la personne physique et la responsabilité contractuelle*. Paris, 1938.

MIRTO, Pietro. *Il diritto penale delle società*. 1954.

MOISSET DE ESPANÉS, Luiz. Reflexiones sobre el daño actual y el daño futuro con relación al daño emergente y al lucro cesante. *El Derecho, 59*:791-2.

MOLINA, Iván Diaz. El derecho a la vida privada; una urgente necesidad moderna. *La Ley, 126*:981.

MOLLER. *Responsabilité internationale des États, à raison des crimes au préjudice de l'étranger*. Paris, 1930.

MONTEL, Alberto. *Problemi della responsabilità civile e del danno*. 2. ed. Padova, CEDAM, 1971.

MONTIGELLI, Antônio Disney. Da responsabilidade civil dos pais, patrões e outros (algumas considerações sobre os arts. 1.521 e 1.523 do Código Civil). *RJTJSP*, Lex, *70*:20.

MORAES, Walter. Dano ao corpo. In: *Enciclopédia Saraiva do Direito.* v. 22.

MORAES LEME, Lino. *Da responsabilidade civil fora do contrato.*

MOREIRA NETO, Diogo de Figueiredo. *Introdução ao direito ecológico e ao direito urbanístico.* Rio de Janeiro, Forense, 1975.

MORELLO, Augusto M. Carácter resarcitorio y punitorio del daño moral — En pro de una posición funcional. *JA, 27*:342, 1975.

______. *Indenización del daño contractual.* Buenos Aires, Ed. Perrot, 1967.

MORIN, L. De la responsabilité dans les transports. *Premier Congrès de l'Association Henri Capitant.* Montréal, 1939.

MORTINE, Edmond Noel. *L'option entre la responsabilité contractuelle et la responsabilité délictuelle.* Paris, 1957.

MOSSA, Lorenzo. *Lo "check" e l'assegno circolare secondo la nuova legge.* 1937.

MOSSET ITURRASPE. *Estudios sobre responsabilidad por daños.* Santa Fé, Ed. Rubinzal y Culzoni. t. 1, 2 e 3.

______. *Responsabilidad civil del médico.* Buenos Aires, 1979.

MOTA, Octanny Silveira da. Cláusula de não indenizar (Direito aeronáutico). In: *Enciclopédia Saraiva do Direito.* v. 15.

______. A cláusula de não indenizar e o contrato de transporte aéreo. *Revista de Direito Civil Imobiliário, Agrário e Empresarial,* n. 5, 1978.

______. *Da responsabilidade contratual do transportador aéreo.* São Paulo, Saraiva, 1966.

MOTTA MAIA, J. Seguro de responsabilidade-II. In: *Enciclopédia Saraiva do Direito.* v. 67.

MOURA BITTENCOURT, Edgard de. Dano moral. *RT, 268*:837.

______. *Família.* Rio de Janeiro, Ed. Alba, 1970.

______. Concubinato. In: *Enciclopédia Saraiva do Direito.* v. 17.

______. *O concubinato no direito brasileiro.* 2. ed. Rio de Janeiro, 1969. v. 1.

MUNIZ BARRETO, Luiz & MUNIZ BARRETO, Lauro. *A responsabilidade dos bancos, no caso de pagamento de cheques por meio de procuração pública.* São Paulo, Revista dos Tribunais, 1939.

MYERS, G. *La protection du droit d'auteur dans la jurisprudence française*; traduction, reproduction, adaptation. Paris, Sirey, 1933.

NEAGU, A. *Faute subjective dans la responsabilité civile.* Paris, 1927.

NÓBREGA, W. Londres da. *A Lei das XII Tábuas*. Rio de Janeiro, 1947.

NOGUEIRA, José Antônio. As novas diretrizes do direito. *Revista de Direito, 94*:15 e s.

NONATO, Orozimbo. Reparação do dano causado por pessoa privada de discernimento. *RF, 83*:373.

NONNENMACHER. *Vers un droit atomique*. 1965.

NOVARA, Giampaolo. *La promessa di matrimonio*. Genova, LUPA, 1950.

NUNES, Reginaldo. Considerações sobre a reparabilidade do dano moral. *RT, 159*:492.

NUNES MAIA Fº, Napoleão. Acidente pessoal, suicídio e ato perigoso imotivado (estudo tópico de direito securitário). *Revista da Procuradoria-Geral do Estado do Ceará, 4*:78.

OLIVEIRA, Nuri Rodriguez. *Responsabilidad civil de los administradores de sociedades anónimas*. Montevideo, Ed. Letras, 1973.

OLIVEIRA DEDA, Artur Oscar de. Dano moral. In: *Enciclopédia Saraiva do Direito*. v. 22.

OLIVEIRA e SILVA. *Das indenizações por acidentes*. 2. ed. Rio de Janeiro, Freitas Bastos, 1958.

OLIVEIRA FARIA, Anacleto de. Locação de imóveis. In: *Enciclopédia Saraiva do Direito*. v. 50.

ONETO, Tomás. La violación del derecho a la intimidad como acto abusivo. *La Ley*, 1978, p. 935 e s.

ORGAZ. *El daño resarcible*. Buenos Aires, 1952.

______. La vida humana como valor económico. *El Derecho, 56*:849.

______. El damnificado indirecto. *La Ley, 48*:1091.

______. La acción de indemnización en los casos de homicidio. *JA*, IV, 1944.

______. ¿El daño moral, pena o reparación? *El Derecho, 79*:861.

______. El daño moral en el contrato de transporte. *La Ley, 51*:287.

OVERSTAKE, Jean-Francis. La responsabilité du fabricant de produits dangereux. *Revue Trimestrielle de Droit Civil*, 1972.

PACCHIONI. Del risarcimento dei danni morali. In: *Diritto civile italiano*. 1940. v. 4.

PACIFICI-MAZZONI. *Istituzioni di diritto civile italiano*. v. 4.

PADELLARO, Giuseppe. *Il diritto d'autore*; la disciplina giuridica degli strumenti di communicazione sociale. Milano, Vallardi, 1972.

PALLARD, Roger. *L'exception de nécessité en droit civil*. Paris, 1949.

PALUDI, Osvaldo C. *La relación de causalidad en la responsabilidad civil por el hecho propio*. Buenos Aires, 1976.

PAOLI. *Il reato, il risarcimento, la riparazione*. Bologna, 1925.

PAPACONSTANTINOU, Helen. Legal protection for the titles of literary works: a comparative study. *Columbia Journal of Transnational Law*, *4*(1):28-9, 1965.

PARMENTIER. *Droits de la famille sur l'indemnité en cas d'accident*. 1904.

PATAT, Jean-Pierre. *Les banques centrales*. Paris, Sirey, 1972.

PAULA SALAZAR, Alcino de. *Reparação do dano moral*. Rio de Janeiro, Borsoi, 1943.

PEIRANO FACIO, J. *Responsabilidad extracontractual*. Montevideo, 1954.

PELISSIER, Jean. *L'automobile en droit privé*.

PENNEAU, Jean. *La responsabilité médicale*. 1977.

PEREIRA COELHO. *O nexo de causalidade na responsabilidade civil*. Coimbra, 1950.

PERETTI GRIVA. *La responsabilità civile attinente alla circolazione dei veicoli*. Torino, 1928.

PERREAU, E. H. *Le droit au nom en matière civile*. Paris, 1910.

PESSOA, Fernando Jorge. *Ensaio sobre os pressupostos da responsabilidade civil*. Lisboa, 1972.

PETITPIERRE, Gilles. La responsabilité du fait des produits. Les bases d'une responsabilité spéciale en droit suisse à la lumière de l'expérience des États-Unis. In: *Mémoires publiées par la Faculté de Droit de Genève*. Genève, 1974, e *Revue Internationale de Droit Comparé*, 1975.

PEYTEL, Adrien. *L'union libre devant la loi*. Paris, 1905.

PEZZELLA, Federico. *La responsabilità del proprietario di veicoli negli informi della strada e dell'aria*. Milano, 1935.

PIÉRARD, Paul. *Responsabilité civile, énergie atomique et droit comparé*. Bruxelles, Bruylant, 1963.

PIMENTEL, Iago. *Noções de psicologia*. 2. ed.

PINTO ROGERS, Alberto. *El concubinato y sus efectos jurídicos*. Valparaíso, Chile, 1942.

PIOLA CASELLI. *Trattato del diritto di autore e del contratto di adizione nel diritto interno italiano comparato col diritto straniero*. Napoli, 1927.

PIRAS. *Saggio sul comportamento necessitato nel diritto privato*. Sassari, 1948.

PIRES DE LIMA, Zulmira. Responsabilidade civil por danos morais. *RF*, *83*:216 e 412.

PIRSON e VILLÉ. *Traité de la responsabilité civile extra-contractuelle*. Bruxelles, Bruylant, 1935. t. 1.

PLANIOL e RIPERT. *Traité pratique de droit civil français*. Paris, 1931. t. 2 e 7.

PLANITZ, Hans. *Principios de derecho civil germánico*. Barcelona, Bosch, 1959.

PLINER, Adolfo. *El nombre de las personas*. Buenos Aires, 1966.

PODESTÁ COSTA. *La responsabilidad del Estado por daños irrogados a la persona o bienes de extranjeros en luchas civiles*. Havana, 1939.

POGLIANI, Mario. *Responsabilità e risarcimento da illecito civile*. Milano, Giuffrè, 1969.

POLACCO. *L'obbligazioni nel diritto civile italiano*. 2. ed. v. 1.

POMMEROI, Adrien. *La responsabilité médicale devant les tribunaux*. Paris, 1932.

PONT, Paul. *Les petits contrats*. 2. ed. v. 1.

PONTES, Valmir. *Programa de direito administrativo*. 2. ed. Sugestões Literárias, 1968.

PONTES DE MIRANDA. *Tratado de direito privado*. Rio de Janeiro, Borsoi, 1946. v. 46 e 53.

PORTO, Mário Moacyr. *Ação de responsabilidade civil e outros estudos*. São Paulo, 1966.

POTHIER. *Oeuvres choisies*; de las obligaciones. An M. Bugnet. Paris, 1845/1862. § 131.

PRATT, Georges. *La responsabilité du banquier*. Paris, Ed. Technique, 1981.

PRÉLAZ, A. *De la réparation du tort moral*. Lausanne, 1893.

PROCHASSON, R. *Le risque de l'air*. Paris, 1931.

PUIG BRUTAU. *Fundamentos del derecho civil*. Barcelona, 1959. v. 2, t. 1.

PUIG PEÑA. *Tratado de derecho civil español*. Madrid, Revista de Derecho Privado, 1946. t. 4.

RABUT. *Le notion de faute en droit privé.* Paris, 1949.

RADOJKOVIC. *Le droit d'auteur.* 1964.

RAFFAELLI, Guido A. Sull'incidenza del rischio nella falsificazione degli assegni. In: *Banca, borsa e titoli di credito.* 1938.

RÁO, Vicente. A responsabilidade dos patrões, amos e comitentes no direito civil brasileiro. *RT, 214*:3-13.

RATIGLIA. *Nuove teorie sullo stato di necessità.* Palermo. 1923.

RENARD, Georges. Il concepto istituzionale del regime administrativo francese. *Rivista di Diritto Pubblico,* 1931.

RENAULT. *Droit d'auteur et contrat d'adaptation.* Bruxelles, 1955.

REQUIÃO, Rubens. As tendências atuais da responsabilidade dos sócios nas sociedades comerciais. *RT, 511*:17 e 18.

______. *Representante comercial.* Rio de Janeiro, Forense, 1968.

RIGER, Marguerite. *La notion du préjudice esthétique.* Bordéus, 1937.

RIPERT, Georges. *La règle morale dans les obligations civiles.* 2. ed. 1927.

RIPERT, Lucienne. *La réparation du préjudice dans la responsabilité délictuelle.* Paris, 1933.

RIVERA, Julio C. Derecho a la intimidad. *La Ley,* 1980, p. 931 e s.

______. La tutela del seudónimo. *El Derecho, 56*:813.

______. *El nombre en los derechos civil y comercial.* Buenos Aires, 1977.

RIVERO, Jean. *Droit administratif.* 3. ed. Paris, Dalloz, 1965.

ROCCO, Arturo. *La riparazione alle vitima degli errore giudiziari.* Napoli, 1906.

RODATÀ. *Il problema della responsabilità civile.* Milano, Giuffrè, 1964.

RODIÈRE. *La responsabilité civile.* Paris, 1952.

RODRIGUES, Arturo Alessandri. *De la responsabilidad extracontractual en el derecho civil chileno.* Santiago, 1943.

RODRIGUES, Ernesto. Responsabilidade civil do servidor público. *RF, 256*:125-37.

RODRIGUES, Silvio. *Direito civil.* São Paulo, Saraiva, 1982. v. 1, 2, 4, 6 e 7.

RODRIGUES DOS SANTOS, Lucy. Dano (Direito penal). In: *Enciclopédia Saraiva do Direito.* v. 22.

ROSAS, Roberto. Responsabilidade civil e criminal. In: *Enciclopédia Saraiva do Direito*. v. 65.

ROSSEL, Virgile. *Manuel du droit fédéral des obligations*. Lausane, Payot, 1892.

ROSSEL e MENTHA. *Manuel de droit civil suisse*. v. 1.

ROTMAN, Rodolfo B. La reparación del agravio moral en los delitos contra el honor. In: *Anales de la Facultad de Ciencias Jurídicas y Sociales de la Universidad de La Plata*. 1940. t. 11.

ROTONDI. L'abuso del diritto. *Rivista di Diritto Civile, 15*:295 e s., 1923.

ROVELLI, Roberto. *La responsabilità civile da fatto illecito*. UTET, 1954.

RUGGIERO e MAROI. *Istituzioni di diritto privato*. Milano, 1955. v. 1.

RUTSAERT. *Le fondement de la responsabilité civile extracontractuelle*. Bruxelles, 1930.

SÁ, Hermano de. Responsabilidade civil do Estado. *RF, 260*:135-42.

SACHET, Adrian. *Accidents du travail et maladies professionnelles*. v. 1.

SAINCTELETTE. *Responsabilité des propriétaires et conducteurs d'automobiles en cas d'accidents*.

SALAS, Acdeel Ernesto. *Estudios sobre la responsabilidad civil*. Buenos Aires, 1947.

SALEILLES. *Les accidents de travail et la responsabilité civile*; essai d'une théorie objective de la responsabilité delictuelle.

SALVAT, Raymondo M. *Tratado de derecho civil argentino*; fuentes de las obligaciones. 2. ed. Buenos Aires, 1958. t. 4.

______. *Hechos ilícitos*. v. 4.

SANTIAGO DANTAS. *O conflito de vizinhança e sua composição*. Rio de Janeiro, 1939.

SANTOS, Alfredo Ari dos. Algumas considerações sobre cirurgia estética. *Boletim do Instituto de Criminologia*. Lisboa, v. 14.

SANTOS, Milton Evaristo dos. Da redução da cláusula penal. *RT, 262*:12.

SANTOS AMARAL NETO, Francisco dos. Responsabilidade civil-II. In: *Enciclopédia Saraiva do Direito*. v. 65.

SANTOS BRIZ, Jaime. *La responsabilidad civil*. 2. ed. Madrid, Ed. Montecorvo, 1972.

______. *Derecho de daños*. Madrid, 1963.

SANTOS CIFUENTES. El derecho a la imagen. *El Derecho, 40*:676.

SANTOSUOSSO, Fernando. Il matrimonio e il regime patrimoniale della famiglia. In: *Giurisprudenza sistematica civile e commerciale*. Torino, UTET, 1965.

SATANOWSKY, Isidro. *Derecho intelectual*. Buenos Aires, TEA, 1954. t. 1.

SAVATIER. *Traité de la responsabilité civile en droit français*. 2. ed. Paris, LGDJ, 1951. v. 1 e 2.

_____. *Cours de droit civil*. t. 2.

_____. *Le droit, l'amour et la liberté*. Paris, 1937.

SAVIGNY. *Le droit des obligations*. Paris, 1873. t. 2.

SAX. *Pollution et nuisance devant les tribunaux américains*. Le Courvier, UNESCO, jul. 1977.

SCHEUER. *Le contrat de garage et les obligations qui en dérivent*. Bruxelles, 1945.

SCHLUMBERGER. *La responsabilité délictuelle en matière immobilière*. Paris, 1934.

SCIALOJA. *Dizionario pratico del diritto privato*. v. 2.

SCOGNAMIGLIO, Renato. Responsabilità civile. In: *Novissimo Digesto Italiano*. v. 15.

SCUTO. *La mora del creditore*.

SÉCRETAN, Roger. *Étude sur la clause penal en droit suisse*. Lausanne, 1917.

SEMON, Juan M. *El derecho al seudónimo*. Buenos Aires, 1946.

SENIZE, Oreste. *Responsabilità civile e previdenza*. Milano, 1936.

SERPA LOPES, Miguel Maria de. *Curso de direito civil*. 2. ed. Freitas Bastos, 1962. v. 5.

SILVA, Juary C. Responsabilidade civil do Estado por atos jurisdicionais. *RDPublic*, *20*:170.

SILVA, Justino Adriano F. da. Venda *ad mensuram*. In: *Enciclopédia Saraiva do Direito*. v. 76.

_____. Venda *ad corpus*. In: *Enciclopédia Saraiva do Direito*. v. 76.

SILVA PEREIRA, Caio M. da. *Instituições de direito civil*. Rio de Janeiro, Forense, 1978. v. 1, 3 e 5.

_____. Concubinato. In: *Enciclopédia Saraiva do Direito*. v. 17.

SIMON. *La réparation civile des dommages causés en mer par les hydrocarbures*. 1976.

SOAREG, A. *La responsabilité contractuelle par autrui*. Paris, 1932.

SOTELLO, José Calvo. *La doctrina del abuso del derecho como limitación del derecho subjetivo*. Madrid, 1917.

SOTO NIETO, Francisco. *La responsabilidad civil en el accidente automovilístico*. 2. ed. Madrid, Revista de Derecho Judicial, 1972.

SOUDART. *Traité de la responsabilité civile*. 6. ed. 1902. t. 1.

SPENCER VAMPRÉ. *O caso fortuito nos acidentes pessoais de transporte*. São Paulo, 1914.

SPOTA, Alberto G. *Tratado de derecho civil*; parte general. Buenos Aires, 1950.

______. *Los titulares del derecho al resarcimiento en la responsabilidad aquiliana*. 1947.

______. La lesión a las condiciones estéticas de la víctima de un acto ilícito. *La Ley*, *26*:654-7.

STARCK. Domaine et fondement de la responsabilité sans faute. *Revue Trimestrielle de Droit Civil*, 1958.

______. *Essai d'une théorie générale de la responsabilité civile considérée en sa double fonction de garantie et de peine privée*. Paris, 1947.

STOLFI. *Il diritto di autore*. 3. ed. Milano, 1932. 2 v.

STOUFFLET, Jean. Devoirs et responsabilité du banquier. In: *Responsabilité professionnelle du banquier*. Dir. Gavalda. Paris, Ed. Economica, 1978.

STRENGER, Irineu. *O ressarcimento do dano no direito internacional*. São Paulo, Revista dos Tribunais, 1973.

TÂCHE, Pierre-Alain. *Le contrat d'édition de l'oeuvre littéraire* (Contribution à l'étude de la revision de la législation suisse en matière d'édition). Lausanne, Ed. René Thonney-Dupraz, 1970.

TANDOGAN. *Théorie générale des obligations*. Genève, Libr. de l'Université, 1972.

TAVARES, José. *Os princípios fundamentais do direito civil*. v. 1.

TEISSIER. *La responsabilité de la puissance publique*. 1906.

TEIXEIRA DOS SANTOS, N. P. A responsabilidade do representante comercial e a cláusula *del credere*. *RF*, *249*:403 e 404.

TELLES JR., Goffredo da Silva. Direito subjetivo-I. In: *Enciclopédia Saraiva do Direito*. v. 28.

THELIN. *La responsabilité civile du médecin*. Lausanne, 1943.

THERY, René. Le concubinage en France. *Revue Trimestrielle de Droit Civil*, 1960, p. 33.

TIRAD, P. *De la responsabilité de la puissance publique*. Paris, 1906.

TIRCIER. *Contribution à l'étude du tort moral et de sa réparation en droit civil suisse*. 1971.

TOCINO BISCAROLASAGA, Isabel. *Riesgo y daño nuclear de las centrales nucleares*. Madrid, JEN, 1975.

TOLENTINO ÁLVAREZ, Walter. *Curso de direito da energia*. Rio de Janeiro, Forense, 1978.

TORRENTE, Andrea. *Manuale di diritto privato*. 2. ed. Milano, 1955.

TOULEMON e MOORE. *Le préjudice corporel et moral en droit commun*.

TRABUCCHI. *Istituzioni di diritto civile*. 22. ed. Padova, CEDAM, 1977.

TRIGO REPRESAS. *Obligaciones de dinero y depreciación monetaria*. 2. ed. La Plata, 1978.

TRIMARCHI, Pietro. *Causalità e danno*. Milano, Giuffrè, 1967.

TROPLONG. *Privilèges et hipothèques*. Paris, 1845. v. 2.

TRUJILLO, Rafael Durãn. *Nociones de responsabilidad civil*. Bogotá, Ed. Temis, 1957.

TUNC, André. Force majeure et absence de faute en matière contractuelle. *Revue Trimestrielle de Droit Civil*, 1945.

______. La distinction des obligations de résultat et des obligations de diligence. In: *Juris Classeur Périodique*. v. 1, n. 449 e 145.

______. Ébauche du droit des contrats professionnels. In: *Le droit privé au milieu du XX siècle*; études offertes à Georges Ripert. Paris, LGDJ, 1950. t. 2.

URIA. Problemas fundamentales del seguro automovilístico de responsabilidad civil. *Actas del Coloquio sobre el Seguro de Responsabilidad Civil en la Ley del Automóvil*. Bilbao, 1963.

VADALA. *I rapporti di vicinato*. Torino, 1909.

VALLE, Numa P. do. *Da responsabilidade dos Estados*. São Paulo, 1925.

VALSANESCO, Radu V. *La solidarité au cas de faute commune*. Paris, LGDJ, 1931.

VALVERDE y VALVERDE. *Tratado de derecho civil español*. v. 3.

VAN RYN, Jean. *Responsabilité aquilienne et contrats*. Paris, Sirey, 1933.

VAN WETTER. *Les obligations en droit romain*. v. 1.

VAREILLES-SOMMIÈRES. *Les personnes morales*. Paris, 1902.

VASILESCO. *De la responsabilité du fait des choses inanimées*. Paris, Girard et Brière, 1906.

VASQUES, Odovaldo. Sociedade de economia mista. *Anais do III Congresso Nacional de Procuradores do Estado*. Belo Horizonte, 1971.

VASSEUR, Michel. *La responsabilité civile du banquier dispensateur de crédit*. 3. ed. Paris, 1978.

VAZ SERRA. Responsabilidade contratual e responsabilidade extracontratual. In: *Coletânea de responsabilidade civil*. 1959.

VENZI. *Manuale di diritto civile italiano*.

VERON, Michel. *L'automobile en droit privé*. Paris, 1965.

VERVAECK, Louis. *Annales de Médecine Légale, de Criminologie et de Police Scientifique*. Paris, 1931.

VÉZIAN, Jac. *La responsabilité du banquier*. Paris, Libr. Techniques, 1977.

VIANA, Marco Aurelio S. Esponsais ou promessa de casamento — indenização. *Ajuris* — Revista da Associação dos Juízes do Rio Grande do Sul, *29*:170-2.

VIEIRA FERREIRA. *Da responsabilidade civil em acidentes de automóvel*. Saraiva, 1944.

VILLA, G. *La psychologie contemporaine*. Paris, 1904.

VILLAÇA AZEVEDO, Álvaro. Responsabilidade civil-I. In: *Enciclopédia Saraiva do Direito*. v. 65.

______. *Direito civil*; teoria geral das obrigações. Bushatsky, 1973.

______. Direito do concubinato. In: *Enciclopédia Saraiva do Direito*. v. 26.

______. Liquidação das obrigações. In: *Enciclopédia Saraiva do Direito*. v. 50.

VILLALBA e LIPSZYC. Protección de la propia imagen. *La Ley*, 1980, p. 815.

VILLEGAS-PULIDO, G. T. *Jurisprudencia médica venezolana*. 2. ed. Caracas, 1939.

VIÑAS, R. H. *Ética y derecho de la abogacía y procuración*. Buenos Aires, Ed. Pannedile, 1972.

VISANONI. *Responsabilità civile e previdenza*. 1937.

VISSCHER. *La responsabilité des États*. 1924.

VITERBO, Camillo. La acción y el derecho del tercero víctima del sinistro frente el asegurador de la responsabilidad civil. *Revista de Jurisprudencia Argentina*, *71*:1006.

______. *El seguro de la responsabilidad civil*. Buenos Aires, Depalma, 1944.

VITRAL, Waldir. Responsabilidade criminal. In: *Enciclopédia Saraiva do Direito*. v. 65.

VIVANTE. *Trattato di diritto commerciale*. 5. ed. Milano, Vallardi, 1929. v. 3.

______. *Del contratto di assicurazione*. 1922.

VON IHERING. *Tres estudios jurídicos*. Buenos Aires, Atalaya.

VON TUHR. *Tratado de las obligaciones*. Madrid, Ed. Reus, 1934. v. 1 e 2.

______. *Partie générale du Code Fédéral des Obligations*. Lausanne, 1933. v. 1.

WALD, Arnoldo. Correção monetária das indenizações decorrentes de responsabilidade civil. *RT*, *434*:16 e s.

______. *A influência do direito francês sobre o direito brasileiro no domínio da responsabilidade civil*. Rio de Janeiro, Imprensa Nacional, 1953.

WALTERVILLE, Gérald. L'assurance; responsabilité civile pour véhicules automobiles en Suisse. In: *Recueil juridique de l'assurance*. Paris, n. 15.

WARAT, Luis Alberto. *Abuso del derecho y lagunas de la ley*. Buenos Aires, Abeledo-Perrot, 1969.

WEILL e TERRÉ. *Droit civil*; les obligations. 12. ed. Paris, Dalloz, 1975.

WESTERMAN. *Welche gesetzlichen Massnahmen zun Luftreinhaltung und zun Verbemerung des Nachbarrechts sind erfordlich*. 1958.

WIGNY. Responsabilité contractuelle et force majeure. *Revue Trimestrielle de Droit Civil*, 1935.

XAVIER RYCKMANS. *Les droits et les obligations des médecins*. Bruxelles, 1954.

YUNG, Walter. La responsabilité envers les tiers lesés. In: *Estudios de derecho civil en homenaje del Profesor Castán Tobeñas*. Pamplona, 1969. t. 2.

ZANCANER BRUNINI, Weida. *Da responsabilidade extracontratual da administração pública*. Tese apresentada para obtenção do título de especialista em Direito Administrativo da PUCSP, 1979.

ZANNONI, Eduardo A. *El daño en la responsabilidad civil*. Buenos Aires, Ed. Astrea, 1982.

ZAVALA DE GONZALES, Matilde. Responsabilidad civil y penal en los delitos contra el honor. *JA*, I, p. 760, n. VIII, *e*, 1980.

ZINGHER. *De la responsabilité civile du commettant*. Paris, 1923.